LUZUOFU
WENJI

卢作孚文集

张守广◎编

人民出版社

目　　录

序

张守广教授对卢作孚研究着力甚多,成绩卓著,新编的《卢作孚文集》又要出版了,真是可赞可贺!

这本《卢作孚文集》较之以往的各种文本,又增加了不少新的内容,对深化和拓展卢作孚研究颇有价值。从所辑录的资料来看,关于卢作孚的现代化和地方建设思想发展过程;地方建设实践途径和成效;外出考察活动细节和所受启发;企业与地方及政府关系协调;企业资本结构和劳资关系;企业发展与抗日战争关系等问题,都有可做深化、细化研究的空间。

一

自改革开放以来,学界研究卢作孚的热情持续高涨,研究成果丰富多彩,有文选、文集、全集、书信集、纪念集、回忆录、自述、年谱、画传、传记、论著等,也提出了各种评价卢作孚的观点。各种论著对卢作孚的身份和作用定位多种多样,如对他的身份地位界定,有企业家、实业家、教育家、社会活动家、社会改革家、航运业先驱、北碚之父等;对他的动机和作用评论,有教育救国,实业救国、地方自治、乡村建设、现代化探索等。其中,论述最多的是卢作孚的企业家事功和企业家精神。从卢作孚一生所成就的主体事业来说,其身份的主要属性当然是一个企业家,但从其从事企业活动的旨趣和作用来说,他不是一个普通的企业家;就企业家精神而言,一般企业家都会有这些精神,只不过在表现的程度和形式上有所不同。所以,仅仅说卢作孚是一个富有企业家精神的企业家,是不足以揭示他的独特之行和独特之价的。

何谓企业家?自16世纪企业家概念提出以来,国内外从事企业家理论研究的众多学者,从不同的角度提出过多种定义。他们或从身份的角度,认为企业家是承担企业的组建者、经营者、投资者的人;或从素质的视角,认为企业家是有较强察觉力、判断力、行政力的人;或从精神的视角,认为企业家是具有创新、冒险、敬业精神的人;或从功能的角度,认为企业家是产出者、盈利者、套利者。其中采用和认同功能角度界定企业家的学者较多,如对企业家理论有卓越建树的著名经济学家坎蒂隆、熊彼特、奈特都采用了功能的角度,其他学者的论著也都以此为一个重要的方面。

我觉得从经济功能的角度来界定企业家更能揭示其根本作用和整体内涵。企业家功能是揭示企业家的根本作用,其他三个角度所解释的只是企业家的合成要素,即如何才能成为合格的或优秀的企业家,或解释如何成为一个企业家。从根本上来说,企业家是通过组织新型生产和贸易,获取和实现利润,进而带动社会经济增长的人;熊彼特曾从创新的角度认定企业家的功能是"企业利润的紧要源泉",对社会来说企业家功能则是经济增长的源泉。这应该是企业家最终和专属界定,因为如果没有功能的实现,那么其他三要素都是无效的,甚至是有害的,都不能成为企业家构成要素;而企业家素质和精神的各种成分则不是企业家之专属,其他职业群体中的有些人员也会有不同程度的同类素质和精神。当然企业家要实现功能,就必须凭藉其身份,发挥其精神,运用其素质,所有它们四者是一个整体。

将企业家的功能运用和实现于一个企业,可以称之为企业的企业家,也是一般的合格企业家或优秀企业家,将企业家功能运用和实现于一个社区,即将一个社区作为企业来经营,使之不断实现经济增长,改善社会面貌,这可以称之为社会的企业家或非凡的企业家,卢作孚就是这样的一个社会企业家,也就是他坚守的以"经营社会"为志向的企业家。所谓"经营社会"的企业家,其所经营的社会从理想上来说可以包括整个国家社会、地区社会、乡村社会,但是从实践上来说,一个企业家只可能经营县、乡范围的地方社会,不可能经营整个国家、整个省市的社会,但是亦可予以策略上和道义上的经营,即出谋划策、添砖添瓦,乃至创新示范,概而言之即立足当地心怀国家。卢作孚亦常常将"经营社会"、"经营地方"、"经营国家"兼而用之。

从当时的时代背景和卢作孚的相关言行来看,他的"经营社会"也可以说是实践探索地方社会现代化之路。对于卢作孚与地方现代化建设之关系,我曾在为张守广教授的《卢作孚年谱长编》而写的序言中做过阐释,这里想再谈一些卢作孚"经营地方"思想和实践的发展过程和特色,以进一步揭示其历史地位和作用。

二

卢作孚从参与社会工作起一直以"经营社会"为志趣,抱着经营的态度办理一切事业,其所有的企业活动也都以"经营社会"为宗旨。在1925年组建其第一个企业之前,卢作孚已经有了从教育入手经营地方的想法,虽然自己还没有经营地方和经营企业的足够权力,无法付之实践,但还是积极认真地借助或建议地方政府和当政者进行地方建设。

1921年,卢作孚在讲述自己应川军第二军第九师师长兼永宁道道尹杨森之邀,赴泸州出任教育科长之职时,说自己积极工作,是因为杨森"有志建设","诚能仰赞子惠(杨森)师长,于积极方面之事业建设一二";更希望由此"转移川省军人之趋向,使渐趋向于事业,不复趋向于权利",即由战争夺利转向建设兴利;还企图通过自己主持的教育工作,能促成"人民出来"参与地方"自治",官民共同建设地方。

不久,他又进一步提出经营教育之理念。他说:四川因"兵、匪、政治纠纷……自陷于不可解决穷困苦痛之境,而不知移其倾向,谋于建设";应动员大家"旁午经营"、"经营事业"、"积极经营";而动员之由则"教育尤其根本","全省人士,当竭全力,以共扶助",对教育事业"积极经营之"。他创办《教育月刊》的目的即在于促进教育经营。他同日发表的《教育行政之要义》一文,进一步指出教育经营问题。认为"教育行政有甚重大之责任,然而非即教育事业;经营教育行政,非即经营教育事业也。量的增加,须教育行政者直接经营之;质的改革,则须辅助教育实施者经营之。"如此,教育行政者和教育实施者各司其职,分工合作,才能把教育事业经营好。

他还提出了一套经营地方的具体步骤和通盘规划。在步骤方面,他主张经营地方,特别是经营像四川这样的缺少基础的地方,应从小、从慢做起。他说:"许多事业进行起来,都是起初艰难,后来便渐渐容易;起初缓慢,后来便渐渐快利。所以起初从小处着手,用力比较经济。"其原因有三:"第一便是感觉人才的缺乏"。"所以着手之初,宜为小规模的经营,以为逐渐训练的基础和准备。人才增加,事业自易发展。""第二是感觉方法的困难。我们经营的事业……所用方法,是否经济,有无成效,自然我们不能判断",必须反复"试验"、"改变"。"事业的规模若大,此项挫折的损失也大,所以最初从小规模着手,也是一种最经济的方法。""第三是经费的问题。建设事业,在在需要巨额的经费,在在需要取给于民间;而在中国数千年的成训,都是以轻徭减赋为善政,今若骤然建设事业多端,便要大加税捐,大摄民间,民不愿意,便会大起反对。所以最初更宜以少的经费,经营规模小的事业,等到成绩显着,民众赞成以后,逐渐谋扩大的机会,便少许多困难的问题。"在规划方面,其内容包括:制度、人才、机关、组织、团体、联络、事业、经费等八大方面,每一方面又有若干项目,其中事业方面开列的项目最多,有教育、教育行政、实业、实业行政、交通、团练、司法、市政、综核等九项。这个规划虽然在实施方法上还比较缺乏,但所涉及的范围则非常全面。而且他还强调了地方建设需要整体的、创新的和大众的经营。他指出,地方建设"在进行中间,有三种必须留意的条件:(一)各种事业必须同时努力,因为社会问题,都是相互影响的,所以各种事业都是可以相互帮助的。(二)各种事业,都要天天想法,天天进步或改良,没有一个可以永停的地位,一种可以永守的方法。(三)在经营事业的途程上,对于一般人……[要引导他们]有愉快的精神和积极的兴趣走到经营的路上去。"

从上述几件文献可以看出,卢作孚在1925年之前已经产生了初步的经营地方思想和主张。归纳起来,其基本理念是:部署上因地制宜,稳扎稳打,从小到大;实践上重视风险,讲究效果,注重创新;战略上整体布局,逐步推进,引领大众。其作用虽然主要是给地方当政者提供策划、参考,但亦是他的真实思想,为其后续的自身经营实践打下了基础。

1925年,7、8月间,卢作孚开始在家乡合川县城创建自己的第一个企业——民生轮船公司。他在民生公司组建和后来的经营中,明显贯穿着自己的经营地方的志向和理念,创建公司的想法虽然产生于几个朋友的茶饭聚议之间,但在进入筹建程序之后,卢作孚则做了一番周密的调查研究,如测水道、选轮船、勘地址,并由此做了一个合川的地方建设的规划,包括"合川县城南岸市村建设之意见"、"辅助渝合间三峡诸山经营林矿之意见"两部分。他首先指出乡村建设应是国家和地方经营的"基址",这个"意见"就是为此而发;而合川"锁三江之口",集商贸之货,"实业极易发展","将来轮船停泊,亦应在焉,故计划以县城南岸为经营之起点"。其经营的办法:第一期以"贯注全力经营实业"为起点,包括各种因地制宜的工业和农林业,先办急需、易成、利大、小型之企事业;并规定了资本筹集、盈利分配、经营方法、组织体系、员工待遇等的具体办法;还在"交通"一项中,特别规划了轮船航运逐步发展的办法,规定:"第一步——渝合间之交通事业。Ⅰ、以三峡上下团练之力保持渝合间交通上之治安;Ⅱ、提倡渝合间之轮航:1、开凿滩险;2、促进船业。第二步——合川以上之交通事业。Ⅰ、逐渐辅助合川以上沿江团练保持沿江之治安;Ⅱ、提倡合川以上之轮航,最先沿涪江到遂宁,其次沿嘉陵江到顺庆,又次沿渠江到三汇。"第二期建设的内容包括:市政、学校、银行、卫生、其他工商和文教等。他在经营中采取与众不同的路径,已有轮船都走重庆以下航路,民生则主行重庆以上航路;已有轮船"以货运",民生轮船则"以客运为主";已有轮船以"不定期航行"为主,民生轮船则要"试试定期航行,以便利往来的客人"。又视情况变化而改变经营策略,因为这条航路"至少一年有五个月以上不能通航",便"立刻为它觅求枯水季节的适宜的航线,遂向重庆下游重庆涪陵一段试航……同时决计加造更浅水的轮船,期于终年能够行通重庆合川一线"。

由此可见,卢作孚创建民生公司的一个重要出发点是利用合川地理条件改善社会经济状况,正如其1943年在回忆经营民生公司历史时所言:创办公司的目的"不在利益,而在事业"。这个"事业",并非一个孤立的企业,而是合川的地方事业,是经营合川地方拟做事业中的开首和基础事业。其意义所在,并非有的论者所言放弃原先的"教育救国"转向"实业救国",而是其经营地方的实践范围从教育领域扩展至实业领域;其实践路径亦从奉命遵办转至联官自办。也贯彻了他的着眼整体,从小到大,不断创新,逐步发展的经营地方之策。

民生公司创建后,卢作孚又抓住了一个经营地方的新机遇。1927年2月15日,卢作孚被国民革命军第二十一军军长兼川康绥抚委员会主席刘湘委任为江巴璧合四县特组峡防团练局局长(简称"峡防局")。该局直属二十一军,辖区包括与江北、巴县、璧山、合川四县相涉的沥鼻峡、温塘峡、观音峡,俗称"小三峡",共有约二三十个乡镇;驻地在靠近重庆的巴县北碚乡,职责是主管辖区内的治安和民政事务。卢作孚接任该职务后,一改以往峡防局只以武力剿匪的治安之方,新定了把治安与建设互融的策略,提出以"化匪为民、寓兵于工、建设三峡"为宗旨,即通过地方建设,彻底消灭兵、匪之患。他在峡防团务大会上提出建设三峡的三项方针,要"保障三峡"、"经营三峡"、"建设理想的社会",从地方治安、地方经济和地方社会三个方面同时展开。后来在回忆其历史时,他更明确表示:"因为负了嘉陵江三峡的治安责任,准备将那一个区域,布置经营成一现代乡镇的模型。"

至此,卢作孚的经营地方活动已有了两个自主的舞台,一个民生公司,一个是峡防局,前者是经营地方经济的根基,后者是经营地方社会的根基。这既意味着卢作孚的经营地方志向开始付之实践,也意味着这一志向将凭藉这两个根基而不断完美,不断前进。

三

1930年是卢作孚经营地方活动发展的一个重要年份,其思想理念进一个深化、细化，其实践事业进一步进化、优化。促发这一发展的一个重要因素是卢作孚率领同道诸人赴华东、华北、东北进行历时近5个多月天的考察。通过考察，他一方面看到了日本图谋侵略中国的狼子野心，另一方面也看到了日本等各国在其所占中国土地上的经营状况，进而产生仿而效之，进而抗之的想法。

如考察了青岛后，觉得"由码头以至于旅馆，由市场以至于山上，很惊异德国人之经营这个地方，不过十几年，便由荒岛而变为美丽的市场。很惊异日本人之发展工商业，占据不过几年，便有几万人，几个大工厂，许多大商店。而又回想到中国人呢，如何不奋发起来？""国家的当局们亦应想到国家有待于经营，不要误以为问题只有内争！""统一有两种方式：一种是用武力一部分、一部分地打下去，这个方式已经有十九年的证明不成功了。还有一个方式，就是各经营各的地方，一桩事、一桩事地逐渐联合起来，最后便一切统一。"

在考察大连码头时，"找一位日本职员来说明埠头情形"，详细介绍了码头规模、航线分布、轮船数量、货运状况、船只结构等。听了介绍，卢作孚"不禁有三个深切的感想。第一是日本人的经营，以满铁会社为中心，取得东三省的无限利益，其规模是何等伟大，前进是何等锋锐！第二是满洲的出产矿与粮食是最大的富源，而且一年比一年进展！第三是中国机关的职员，只知道自己的职务，或连职务亦不知道，绝不知道事业上当前的问题，问题中各种的情况；而这一位日本人能够把码头上的一切事项，详举无遗，是何等留心问题、留心事实！中国人何以一切都不留心？"

在参观"满蒙资源馆"时，内中所展物品，种类之多，调查之清，说明之详，使卢作孚等"动魄惊心"。觉得"东三省的宝藏，竟已被日本人尽量搜括到这几间屋子里，视为他之所有了。饶日本人都知道，都起经营之意，中国人怎样办？"接着，"转到工业博物馆，先参观里面的工业馆，凡属机械工业的机器零件、模型、说明，都有陈列。必须使人看清楚机器之转动和使用的……次参观交通馆，凡属轮船、火车、电车、汽车、飞机、电报、电话都有。"他感慨道："我们见着日本是如何以实际的事务刺激日本的人民！其学校，其实业团体，又是如何联络,帮助此等社会教育的机关! 中国情形又怎样呢? 我们愈看愈惭愧了!"在旅顺,"乘车登白玉山,非常陡峻而曲折,我们愈相信四川的汽车路有办法了。"

在考察完东北后,卢作孚看清了日本企图侵略中国的狼子野心,也进一步增强了经营国家、经营地方的重要性。他说:"日本人之经营东三省以满铁会社为经济事业的中心,以大连为经济市场的中心,以旅顺为军事政治的中心,用尽全力,继续前进,实在是全中国人应该注意的问题。最要紧的办法是自己起来经营,才能灭杀日本人的野心。"

通过考察,卢作孚总结说:综观德国在青岛,日本、俄国在东北的"经营,都是以铁路为中心,同时攫取铁路附近的地利,如矿产、森林、工商业亦随以前进。市场每每是由无而有,由小而大,都是人力经营出来的。他们之错误在侵略他人,地方总是应该经营的,奈何中国人自己地方不知道经营,而天天相互斗争……国家的问题仍在如何协力经营,深望一切相互斗争的人们觉悟到这里。"这就是说,卢作孚一方面强烈反对日本等西方列强的侵略,另一方面也十分赏识他们经营地方的方式方法和精心用事,主张中国仿而效之,以抵抗列强之侵略,可谓是新一代的"师夷长技以制夷"。

考察回来后,卢作孚对经营地方问题展开更为深入细致、整体联动的规划和实施,对国家、社区、企业三个层次做了进一步筹划。

在国家层次上,提出了一个全国性的整体性的解决这个问题的方案,即四个现代化,及其实施步骤。他认为,面对九一八事变以来日益严重的内忧外患"两个问题,却只须一个方法去解决它。这一个方法就是将整个中国现代化。换句话说,就是……应成一种极其鲜明的运动。分析起来,第一是产业运动,第二是交通运动,第三是文化运动,第四是国防运动。"为此,全国应开展四项工作:一是对照西方列强和苏联,将"其方法、其历程、其所到达的最高纪录,通通搜集起来、整理起来,摆在全国人面前,摆在关心全国问题的人的面前,使明白甚么样是现代的国家,如何才能够立国于现代。"二是认清自己状况,"将全国的产业状况、交通状况、文化事业状况、国防状况和所感觉的需要,通通调查起来、统计起来,摆在全国人民面前……使明白自己国家是如何空虚,如何贫乏,如何恐慌。"三是制定中国发展目标,对标世界,根据国情,"定出整个国家的生产计划、交通计划、文化设施的计划、国防布置的计划,定出最后的要求,而又依进行的便利定出若干步骤。"四是全国统一行动,以中央政府为"四个运动的发动机",对各地进行帮助和宣传,使之"在国家整个计划之下做四个运动"。如此,"不但建设成功了全国人的公共信仰,而且建设成功了整个国家;不但成功了整个统一的国家,而且成功了整个现代的国家。"

在社区层次上,对北碚的乡村建设,在总结已有成果和经验的基础上,作了更为详细的规划和设想。其总体目标是:从"现代整个世界"、"中华民国"出发,"要赶快将这一个乡村现代化起来";其最高目的是:"供中华民国里小至于乡村大至国家的经营的参考";其具体目标是:"一、经济方面:1. 矿业:有煤厂,有铁厂,有矿厂;2. 农业:有大农场、大果园、大森林、大牧场;3. 工业:有发电厂、炼焦厂、水门汀厂、造纸厂、制碱厂、制酸厂、大规模的织造厂;4. 交通事业:山上山下都有轻便铁道、汽车路,任何村落都可以通电话,可通邮政,较重要的地方可通电报。二、文化方面:1. 研究事业:注意应用的方面,有生物的研究,地质的研究,理化的研究,农林的研究,医药的研究,社会科学的研究;2. 教育事业:学校有试验的小学校,职业的中学校,完全的大学校,社会有伟大而且普及的图书馆,博物馆,运动场和民众教育的运动。三、人民:皆有职业,皆受教育,皆能为公众服务,皆无嗜好,皆无不良的习惯。四、地方:皆清洁,皆美丽,皆有秩序,皆可住居,皆可游览。"

在企业层次上,阐释了"民生公司的意义是在三个运动上"。"第一是整个的生产运动",也就是"要办到供求相应",避免恶性竞争。其办法,一是"将同类的生产事业统一为一个,或为全部的联合";二是"连带的生产事业统一为一个或谋全部的联络",即要建立自己的产业链,"由航业而联络修理厂或联络煤厂",使利益共享,"其联络愈广,其帮助亦愈广。""第二是集团的生活运动"。在民生公司"这个集团当中应该抛弃个人的理想,造成集团的理想,应该抛弃个人的希望,集中希望于集团",无论是工作,还是学问、游戏、生产、消费都应"是集团的,最短期间将要有我们的住宅、我们的医院、我们子女的学校、我们乃至于家属的娱乐场或运动场。"要使"资方"和"劳方""相互帮助以成一个集团"。"第三是帮助社会的运动。民生公司最后的意义决不是帮助本身,而是帮助社会。"以航业"帮助客人的旅行和货物的运输",以"机械业……帮助一般机械的修理乃至于制造",以"电灯和自来水厂帮助合川城市的光明安全和卫生",以"对外投资帮助其它生产事业"。要"尽我们现在所幸得的机会,帮助社会寻求现代文明的方法,走入现代文明生活当中去或竟超越它们前面去。对于公司的这些意义,不但要十分明了它,而更要努力实现它"。

上述卢作孚所规划的经营地方的三个层次,除了第一个层次自己无能为力之外,其他两个层次,卢作孚都在努力付之实行,并逐步取得效果。

四

1935-1937年,卢作孚个人生涯及其事业状况发生了较大变化。1935年民生公司经过于美商捷江轮船公司的激烈竞争,击败并收购捷江7艘轮船,终于完成"化零为整"行动,实现长江上游航业之统一,公司规模顿时成倍扩大。1935年10月卢作孚出任四川省政府委员和建设厅厅长,后来又出任国民政府交通部次长、全国粮食管理局局长。1936年4月峡防局改组为四川省嘉陵江三峡乡村建设实验区。1937年全面抗战爆发,国民政府和沿海沿江地区厂矿企业准备内迁重庆等西南地区。这一切使卢作孚的经营地方面临新的使命,也促使他做新的谋划和行动。

对于民生公司,由于公司规模快速扩大,对四川的社会影响亦随之增大,加之抗战内迁的艰巨运输业务,企业经营管理更加复杂而重要,卢作孚更加重视公司的管理建设和社会作用。他说:"民生公司在十一年来的发展,现在一般人都感觉到它是四川当中的一桩事业了。或者,有少数的人,也许认定它是中华民国里面的一桩事业了。然则,民生公司的事业,不仅仅是民生公司的事业,而是中华民国的事业,大家要请认清楚这一点。",强调了公司社会地位和责任的重大变化,把民生公司与四川乃至中国的事业联系在一起。因而,他要求公司的全体员工要"把生产也设法使它跑到世界的顶点去",如果"只图在社会上取得机会,取得个人成功的机会,那末,社会国家,就只有愈来愈糟。所以,目前,我们要急于解决的就是生产问题。"其途径是创新"技术"和"管理";推行了"计划"和"预算"制度。到1943年,他结束政府任职,回到民生公司,继续强调公司要为国家的富强做贡献。他说:"本公司是民营事业之一,我们所贡献于国家的虽不能在民营事业中者,但也当是大者之一。凡做一种事情,必有一种报酬。然而我们的报酬不是金钱,而是事功,而是我们对国家直接间接的贡献。"

对于乡村建设实验区,卢作孚提出了和实施了更高水平、更加精细的建设规划。实验区的建立,使北碚和整个小三峡地区有了较多的自主权,不再像以往峡防局"究属国民机关,不能过问地方民财教建",而是有了"除司法、税收外,一切地方行政得以过问"的权力,加之前期的治安成效,社会"较为平静,故该署将渐倾全力于建设事宜也"。由卢作孚领头的乡村设计委员会,拟定了《嘉陵江三峡乡村建设划分市区计划纲要》,详细的规划了建设方案。在街市建设方面,拟拆除一些旧庙宇"扩宽道基",建筑"新市街";"改旧式房屋"为"新式楼房"。又编制《嘉陵江三峡乡村建设实验区署计划书》,从"教、养、卫"三个方面系统规划嘉陵江三峡地区,将建设范围从北碚扩大到整个小三峡地区;1941年颁布《北碚市区建筑规则》,明确规定各类建筑的标准。到1943年,卢作孚回到北碚后,又进一步规划了建设方案,提出:北碚今后要从"三面去做——经济教育政治"。"经济方面:如农业,只要多生产粮食、蔬菜、水果,并在水利技术等方面给他保证,不受天时灾害的影响。矿业则用力帮助煤的运出,使能真正繁荣地方,增加经济力量。至于工业,大的工业有待于大的动力,动力解决了,自然会发展。小的工业可以农村副业为主,尽量利用农民的空闲时间增加生产,总是为老百姓想办法做吃做穿。"商业方面,要实行"整买整卖","商品都保持一定标准品质形式,予生产者以合理的规定和指导。"还要发挥同业组织的作用,实行"公平供应,使同业公会有多为同业做事的机会"。"教育方面:就是教怎样学会生产技术,怎样生产组织,同时要大家都有现代智识,能认识整个国家整个世界,更要了解公共事情。举凡公共秩序、公共卫生、公共治安等都能懂得,并乐于参加",旨在培养民众的生产和自治能力。"政治方面:最重要的在安排秩序,安排经济、教育的秩序。一方面执行中央或省府的法令,同时要考虑到当前实际的环境。"并要求有关工作者,"要造成功一种信仰,凡做一桩事情不做则已,一做一定要做好,做得顶好。"

对于地方建设与国家的关系,卢作孚从企业、地方和国家的整体关系上提出建议。他指出企业、地方、国家建设需要有互相依存和互相促进的精神和理想。他认为这个精神需要四大要素组成,"第一是物质,第二是技术,第三是组织,最后就是要有最高的理想去支配物质、技术和组织,然后可以经营好一桩事业,建设好一个国家。"他指出在物质、技术、组织方面,中国均大大落后于世界的先现代化国家,我们需要提高开发和生产物质的能力,需要增进我们的科学技术,也需要加强组织建设。但是更为重要的是,要"有整个国家伟大的将来的理想;就事业说,参加某种事业,亦必须有对于某种事业的理想";"就民生公司的航业说,也要有整个理想,如何使我们的航业由内河扩展到沿海,乃至于远洋,使国内外到处看到我们的轮船。如何设备各埠的码头、趸船、仓库,如何提高我们的技术水准和改善我们的管理方法,这是我们对于自己事业应有的理想"。又总结说:北碚建设成就的取得,特别是在战时,得到了"中央的力量帮助",今后更要考虑"如何与中央希望的配合的问题。"。

对于国家建设,到1944年8月,卢作孚开始思考抗战胜利后如何经营国家的问题。他说:"战后国家的建设,不仅为了防御可以再来的侵略,防御侵略仅为其消极的目的,确立公众的良好秩序,完成一切物质基础的建设,提高人民的生活水准和文化水准,使国家成为一个本身健全的现代国家,尤为吾人必须全力趋赴的积极的目的。"政府"确定中国整个建设的办法,为决定中国若干代命运的大事,诚应迅速为之,尤应慎重为之,应注意有现代头脑的中国

人的意见,并应注意有现代国家建设经验的外国人的意见。"他主张"建设应
以经济为中心",促进各方面的建设。"政治方面,要求成功一个完全独立自
主的民主国家,以实现民族主义和民权主义;经济方面,要求工业化,人民的生
活水准提高,以实现民生主义;文化方面,要求教育普及,人民的文化水准提
高,使能完全实现三民主义。""这三方面的建设诚当并重,但更当以经济建设
为中心,更当集中一切力量于经济建设。政府机关是用以管理经济建设的,法
律是用以保障经济建设的,教育是用以培养经济建设所需要的人才的,科学研
究是用以克服经济建设所遭遇的困难的。"他还更自信地指出地方建设对国
家建设的重要性和必要性说:"我们希望中国能够建设起来,先曾以北碚这个
小小的地方作一度经营的试验,悬出了一个理想,叫做'将来的三峡'。最初
进行起来颇困难,但毕竟能建设成功一个这样的局面。尤以迁建事业机关的
帮助,两三年内完全实现了原来的理想,甚至超越了原来的理想。从这小小地
方的经营,可以证明:中华民国是可以建设得起来的,是能够建设得起来的;使
别的国家也认识中国,必决有希望,有前途。"

卢作孚把这些规划和设想尽力付之实行,并取得了很好的成绩。1943
年,卢作孚在陈述在战时的发展状况说:"民生公司的事业,究不止于航业,伴
随着航业发展的,为其直接经营的机器事业——民生机器厂,战前即随航业逐
渐发展到可以胜任四十六只轮船当中一半较小的轮船的修理,战后更发展到
胜任全部轮船的修理……机器和厂房设备数倍扩充……算是后方最大的一个
民间机械工厂,而且是惟一优良的锅炉制造工厂。……民生公司间接投资最
早的,为与航业有关的煤矿,它协助嘉陵江边几个煤矿,建筑了一条轻便铁路,
组织了一个北川铁路公司,并促成了这几个煤矿根本合并起来,组织了一个天
府煤矿公司。抗战开始后,又促使这煤矿和铁路与河南的中福公司彻底合作,
改组为天府矿业公司……供给战时首都需要燃料三分之一以上,也供给民生
公司需要燃料三分之一以上。"对从上海和汉口内迁的大鑫炼铁厂和周恒顺
机器厂,"民生公司各帮助了它一半的资本",在重庆重建为著名的渝鑫钢铁
厂和恒顺机器厂。对常州迁来的大成纺纱厂,"民生将自有的三峡染织厂提

出与它合并……名称变为大明,完全交由大成纱厂的人经营,是后方一个最大的布厂"。又总结说:"北碚有过的一些理想,如今都实现了。如教育有各级学校,游览有各处名胜,经济方面工业虽说不上[很大],而矿业却占大后方第一的位置了,有好多甚至超过原来的想像。"除了这两方面用力最多、成就最大之外,"例如农业推广、家畜保育、市场整理、造林育苗等,也做了不少的事情。"这些民生公司和北碚经济建设的成功过程,都反映了卢作孚的企业为地方和国家建设作贡献的理念和路径。

五

卢作孚的一生,从经营社会的志向出发,办教育、办企业、办地方建设之事,谋国家强盛之路,并取得了丰硕的就,发挥了增进地方和国家财富的功能,体现了一个"经营社会"的企业家的独特作用。

企业家的"经营社会"之志,亦可以说是企业家的社会责任。但是抱有经营社会之志的企业家的社会责任大多是原发的或主动的,以谋求和推动社会发展作为其从事企业活动的原始责任和担当;一般企业家的社会责任往往是守身的或被动的,将不损国民利益和辅助社会发展作为其从事企业活动的行为准绳和公益善举。怀抱"经营社会"之志的企业家是极为稀少而珍贵的,他所发挥的功能作用亦比一般企业家多得多、大得多。

像卢作孚那样的一生以"经营地方"为宗旨且成就卓著的企业家,在中国少见,在世界无睹。美国学者罗安妮在2006年评价卢作孚说:"使我特别感动的是,他是一个实业家,可是他主要的目的是为社会服务。在美国历史上也有一些实业家,他们对美国社会、文化也有相当的贡献,可是他们是在发财了以后,才想到了社会。卢作孚不同,他每个行动都是为了社会。"这也就是说美国的那些发财后想到了社会的企业家,只是一般企业家的社会责任所在,在中国的近代和当代有这样社会责任的企业家也不少见,当然这也是一种优秀企业家的表现,但是比起卢作孚来还是有根本区别的。产生中外企业家这种区别的缘由,卢作孚在1936年有一段话,或许是一种解释。他说:"大家须知道世界上许多所谓好的国家,并不是先定了整个好的计划然后依着那计划经营好了的,都是同着周围的进化而逐渐进化。那所谓好,是由东补一块,西补一块的凑成,不是应着社会福利的需要成功的,而是应着自由主义的商业进展的需要成功的。他们的商业……几乎无不是为了商业进展的需要,而今他们的商业,已进展到日暮途穷了"。"我们国家的未来,却可依了理想画成。一般已经成熟了的国家,是已经染污了的纸,我们却是在一张白纸上去着丹青,因此她的美丽是可完全如我们的意,比世界任何国家值得努力,而这一幅美丽的图画是完全操在我们的手上,只看我们怎样画法了。"卢作孚在此指出了中国与西方国家不同的经济发展路径,西方的建设是不依社会需要的、无计划的自由发展而自发形成的,中国的建设则是依社会需要的、有计划的有序发展而实现理想的。因此,西方缺乏产生卢作孚式企业家的土壤,而中国则富有这种土壤,而这种土壤的不同,应是由中国的后发赶超型现代化与西方的先发渐成型现代化的道路不同所决定的。

卢作孚这样的以"经营社会"为宗旨的企业家,无疑是中国企业家的一大特色,可谓是中国式最秀企业家的典型。其所创造的企业→地方→国家互动路径和模式具有中国式现代化道路的探索意义,亦是近代中国志士仁人以为民谋利为最高目标的一种有效实行方式,对实现中国式现代化的公共富裕目标颇有借鉴价值。

上述所言是我学习卢作孚文集的一点体会。

期盼《卢作孚文集》的出版能促进更多、更深的创新性研究!

虞和平

2024年元月5日于北京寓所

编 辑 说 明

    本书将卢作孚论著、谈话、讲话、讲演、部分书信等加以编辑,目的在于为企业界、学术界提供一个比较系统全面并且可靠的文本。

    一、本书辑录的文稿,主要来自各种报刊和档案,搜求力求系统与完整。内容包括论著、讲话或讲演、题跋序言、告示、书信等。

    二、本书收录的文稿,注重思想性和准确性,对少数异体字、通假字以及具有作者个人语言习惯和用词习惯特点的字词,不作改动。原文"如左"之类与书写习惯有关的情况,文字也不作改变。

    三、对于对原文中脱字、衍字须要更正或添加的文字,一律置于[ ]内。对于文字和标点的明显讹误,则径直更正。对于讲话记录的段落,根据上下文意略加整理与合并,但不改文字。

    四、对于原文中旧有表达省略的"……",根据情况改为"等"。

    五、所录文稿以时间先后为序编辑。公开发表的文章以发表时间为准,演讲类文章以演讲时间为准,内部呈阅的文章以呈递时间为准,私人信函以信函发出时间为准编辑,个别没有信函原件的收入留存的抄底稿件。有月无日期者,置于月末。有年无月者,置于年末。

    六、各篇文章题目,原则上采用原有标题。个别标题,为切合文意略有变动。

    七、对于比较生疏的相关人物及其字号、事件,加以简要的注释和说明;"呎""吋"为中国近代特有的新造汉字,分别表示英尺、英寸,本书所引材料原文中时常出现,俱不加改动。

八、1946 年 10 月 30 日签署的《民生实业股份有限公司与加拿大帝国银行、透浪多银行、自治领银行签订借款合同》和 1950 年 8 月 10 日签署的《民生实业公司公私合营协议书》这两份文件,严格地说,不能算是卢作孚的著述。但这两份文件具有特别重要的影响,又都是卢作孚代表民生公司经过艰难的商谈后签署的,故此加以收录。

九、选自他人记述的卢作孚谈话或演说,有删节后上下文脱节等情况者,则原文照录,或根据情况加【 】以为无关部分的标示。

编者虽然勉力进行,仍难免有错误和不当之处,诚恳欢迎读者和有关人士批评指正。

前　言

在 20 世纪三四十年代,卢作孚以其成效显著的建设业绩为社会所称道,被誉为"建设健将"①"创业奇才"②。卢作孚的建设思想、建设业绩、建设方法,在今天仍具有重要的借鉴意义。

近代中国饱受内忧外患的困扰,甚至大有"亡国灭种"的危险。面对这一"三千年未有的变局",从晚清到民国,先后产生出各种各样的救国思想和救国思潮,如"实业救国""工程救国""科学救国""教育救国"等,大批仁人志士为此付出了许多努力。受此影响,卢作孚也曾经积极主张过"教育救国",并著文表示"教育为救国不二之法门"③。但他从切身的感受中,逐渐对许多空疏的救国主张产生怀疑。他曾说:"如果总是遇一回灾难救一回亡,恐怕要一直救到亡的时候。"由此,卢作孚开始寻找在他看来更加切实的人生道路,并越来越注重各种建设事业的创办和经营,从而形成一套有关建设的思想主张。他明确表示:"中国的根本办法是建国不是救亡,是需要建设成功一个现代的国家,使自有不亡的保障。"④又说:"我们的责任绝不是救亡,而是将一个国家经营到像一个国家——像一个现代的国家。"⑤他还说:"根本问题,就是建设

---

① 黄炎培:《蜀道·蜀游百日记》,上海开明书店 1936 年版,第 115 页。
② 《近代中国工商经济丛书》编委会:《陈光甫与中国银行》,中国文史出版社 1991 年版,第 60 页。
③ 卢作孚:《各省教育厅之设立》,见本书第 2 页。
④ 卢作孚:《建设中国的困难及其必循的道路》,见本书第 537 页。
⑤ 卢作孚:《我们对于国家的责任》,见本书第 663 页。

成功一个现代化的国家。"①他还明确指出:"整个中国现代化……就是促使中国完成现代的物质建设和现代的社会组织。此在国中应成一种极其鲜明的运动。分析起来,第一是产业运动,第二是交通运动,第三是文化运动,第四是国防运动——皆各有其物质建设方面和社会组织方面。凡感觉到中国根本问题的人们,都应负起责任做这四个运动。"②具体到四川,他提出要经过建设,使四川"各个地方布满铁路之网,布满电线之网,一切大规模的工业都次第举办起来,集中生产大批出口,使原来贫穷的人都会变为有钱的富家翁了。这样一来,不单是可以把'魔窟'变为'桃源',而且是也要把'天府'造成'天国'"③。以上述现代化建设思想为强大动力,卢作孚着手并主持了一系列成功的建设试验,其中最重要的是建设城市化、工业化的北碚和创办经营现代企业——民生实业有限公司。

一、北碚建设试验

卢作孚倾注大量心血开创的北碚试验,从清剿土匪开始,在经济发展、社会进步、生态文明建设等方面均取得显著成就。

北碚地处嘉陵江江畔。20 世纪 20 年代中期,这里约有 200 户人家,1000多人口,是一个规模不大、局促偏僻的小乡场。加上四乡,人口约有数万。在四川军阀混战愈演愈烈的岁月里,北碚所在的嘉陵江小三峡地区盗匪横行,民不聊生,被称为"魔窟中的魔窟"。1927 年 2 月,已经创办民生实业公司的卢作孚被任命为四川省江(江北)、巴(巴县)、璧(璧山)、合(合川)四县特组峡防团务局局长,其职责是清剿所辖峡区内的土匪,解决由匪患引起的严重治安问题。北碚凭借其优越的地理位置和地势优势成为峡防团务局局址。

到任后,卢作孚迅即采取整饬团务、剿抚并举等强有力措施,在 3 个月左右时间内,基本肃清峡区的匪患。鉴于北碚范围内山多田少,土地所出仅敷农家 3 个月生活所需的现实,卢作孚决心打破苟安现状,摸索出一套治理峡区匪

---

① 卢作孚:《国际交往与中国建设》,见本书第 967 页。
② 卢作孚:《从四个运动做到中国统一》,见本书第 459 页。
③ 卢作孚:《中国科学社来四川开会以后》,见本书第 414 页。

患的根本之策。经过细致的调查和缜密的思考,在 5 月初召开的峡防团务局大会上,卢作孚提出以"化匪为民,寓兵于工"为治理匪患的根本方案,发起嘉陵江三峡的乡村运动,初步目标是将"这乡村现代化起来"①,"经营成一个灿烂美妙的乐土"②。建设主要从三个方面着手进行:一是北碚生态环境的改善和建设,包括整治北碚的环境卫生,拓宽道路,广植花草树木。据不完全统计,仅 1927 年到 1935 年,北碚街区道路和公园有统计的植树量即达 7 万余株;二是以北碚为中心大力兴办各种经济事业,先后投资和参与兴办北川铁路公司、天府煤矿公司、三峡染织厂、农村银行等;三是在北碚创办文教事业和地方公共事业,包括地方医院、图书馆、公共运动场、平民公园、实用小学及各类民众学校等。1929 年 10 月,卢作孚把自己在北碚建设中的经验和思考写成题为《乡村建设》的长文,由重庆江北县自治研究所刊出。这是迄今为止我们所能够看到的 20 世纪 20—30 年代乡村改造运动中第一次明确使用"乡村建设"提法并对该问题进行系统阐述的长篇文章。

　　数年间因陋就简草创起来的一系列新兴现代事业,使当时的北碚及受其辐射的附近地区呈现出无限蓬勃的生机。1930 年 12 月初,著名学者翁文灏与中国科学社的任鸿隽等人到重庆,并到北碚参观了中国西部科学院以及其他建设事业。翁文灏对卢作孚及其在北碚的建设事业赞叹不已:"于此水乡山国之中,竟有人焉,能藉练兵防匪之余,修铁路,开煤矿,兴学校,倡科学,良出意计之外。更观之川中军界政界,颇多颓败不振之气,而能布衣粗食,节饷捐薪于建设之事,无论其将来成绩如何,要其不囿于环境,卓然独立之精神,良足尚焉。"③

　　就北碚试验而言,卢作孚此时的建设计划是以北碚乡为中心,"将嘉陵江三峡布置成为一个生产的区域、文化的区域、游览的区域"。通过建设,使北碚经济发展,文教繁荣,科学肇兴,使这里的人民"皆有职业,皆受教育,皆能

---

① 卢作孚:《四川嘉陵江三峡的乡村运动》,见本书第 557 页。
② 《两年来的峡防局》,江巴璧合四县峡防团务局 1929 年刊,第 2 页。
③ 翁文灏:《四川游记》,《地学杂志》1932 年 1 月第 20 卷第 1 期,第 2 页。

为公众服务,皆无嗜好,皆无不良的习惯",使这里的自然生态环境和社会环境"皆清洁,皆美丽,皆有秩序,皆可住居,游览"①。这总体规划,使北碚建设事业有了明确目标和丰富的内涵。黄炎培在1936年初实地考察北碚后,不仅盛赞北碚的经济和文化建设事业的突出成就,而且对于"花团锦簇,盛极一时"的北碚生态环境建设给予了高度的赞赏②。

全面抗战时期,沿海沿江经济、文化事业的内迁为北碚的发展注入新的动力。集聚在北碚这一幅员仅有158平方公里的狭小区域的教育科学文化界人士,曾多达3000人左右,北碚一跃成为大后方著名的教育科学文化重镇。就连当时到重庆考察的著名科学史家李约瑟也注意到北碚的重要性,在《重庆的科学》中他记述道:"无疑,此地最大的科学中心是在一个小镇上——北碚,它位于嘉陵江畔。这里有18所科学和教育机构,它们大多数都有极大的重要性。"③内迁并在北碚及其附近居住的梁漱溟、晏阳初、陶行知等人,在不同的场合高度评价了卢作孚的北碚试验。梁漱溟和晏阳初都曾称赞北碚的建设"很有成绩"④;陶行知认为北碚的建设"可谓将来如何建设新中国的缩影"⑤。到20世纪40年代末期,卢作孚仍时刻关注着北碚建设事业的进展,并时刻加以指导。他提出北碚的城镇化建设中要注意住宅区、文化区、工业区的设计和规划,强调北碚的科学、教育、文化事业,都应该使其处在优美环境之中。

北碚试验不仅以其显著成效赢得许多有识之士的嘉许,而且在抗战胜利后开始成为仿效的对象。著名经济学家孙冶方(原名薛萼果)的胞兄、无锡籍著名实业家薛明剑就是这样的模仿者之一。全面抗战期间,薛明剑作为江苏旅渝同乡会会长经常往来北碚,对于北碚的建设成就印象深刻。抗战胜利返

---

① 卢作孚:《四川嘉陵江三峡的乡村运动》,见本书第558页。
② 黄炎培:《蜀道·蜀游百日记》,开明书店1936年版,第119页。
③ 李约瑟:《李约瑟游记》,贵州人民出版社1999年版,第96页。
④ 梁漱溟:《我的过去与山东工作的概况》,《新世界》1937年6月16日第10卷第11期;宋恩荣主编:《晏阳初全集》第2卷,湖南教育出版社1992年版,第122页。
⑤ 《陶行知全集》编辑委员会编:《陶行知全集》第4卷,四川教育出版社1991年版,第341页。

回无锡后,薛明剑即效法"北碚乡村建设之都市化"办法,呈准江苏政府,于1945年10月22日在江苏无锡设立自治实验乡并任乡长,提倡教育、实业、水利①。其后有报道称该"自治实验乡成绩斐然"。

可见,在某种意义上,北碚建设试验已超越了乡村建设的历史局限而导入城镇化建设的新因素,为乡村建设开辟出以城镇化、工业化为核心的区域现代化建设新局面。

二、民生公司试验

民生实业公司是卢作孚主持的以轮船航运为主体的"新型经营"试验。该试验力图使企业经营摆脱唯利是图的大股东的控制,使民生公司真正成为"大规模的、有系统的、有计划的、有步骤的"的非资本主义现代经济事业。卢作孚在民生公司成立八周年纪念大会上明确表示:民生公司"不是只图资本家发财的,他的经济立场,可以说是站在整个的社会上面的,纯全是一桩社会事业。……(民生公司)不能走入资本主义事业途上去"②。

民生公司开办之初,股本只有艰难筹措而来的8000元现款,卢作孚用其中的一部分订造了一艘70吨内河小轮船。由于船小股份少,"大家以为开玩笑"③。但在卢作孚的主持和悉心经营之下,民生公司于20世纪初通过企业并购,很快发展成为川江轮船航运业的劲旅,改变了华商轮船公司经营分散、缺乏竞争力的不利状况。接着与资本雄厚、横行川江的美商捷江轮船公司展开竞争,并成功收购该公司的大部分轮船和产业。

全面抗战爆发后,民生公司成为沿海沿江厂矿、机关、学校内迁的重要运输力量。尤其是在被称为中国实业界"敦刻尔克"的宜昌大撤退中,民生实业公司作为主要的轮船公司发挥了无可替代的重要作用,成为长江航运史和中国抗战史上的伟大传奇。卢作孚以国民政府交通部常务次长身份充分发挥了其组织和运筹的长才,有力地保证了宜昌大撤退的有序和成功。截至1942年

---

①　无锡市史志办公室编:《薛明剑文集》,当代中国出版社2005年版,第88、747—748页。
②　卢作孚:《在民生公司八周年纪念大会上的开会词》,见本书第427页。
③　卢作孚:《我总是希望大家继续为国家为公司努力》,见本书第769页。

底,民生公司运输"兵工器材约 17 万吨,壮丁部队约 200 万人,军品辎重约 26 万吨,其他工商物资,尚未计入"①。公开身份为《大公报》记者,实际身份为中共地下党员的徐盈,于 1944 年在评论卢作孚和民生公司时说:"没有卢作孚,没有民生公司;没有民生公司,没有这些牺牲,也没有这些创造,也许不是今天的局面。"②这是关于卢作孚和民生公司的客观公正的评论。

卢作孚创办了民生公司,并一手将其经营成为以轮船运输业为核心的大型集团性中国早期现代企业,但他始终只是公司的一个小小的股东。直到 1949 年底,卢作孚及其亲属在民生公司的股本合起来只有 4937 股,在民生公司 80 万总股本中仅仅千分之六而已③。他认定真正的报酬是建设的成绩和对社会的贡献。他说:"我们的报酬不是金钱,而是事功,是我们对国家直接、间接的贡献。"④他指出:"个人的工作是超报酬的,事业的任务是超利润的。""个人为事业服务,事业为社会服务。"⑤卢作孚不断地努力,探索建设现代化国家的途径,试验社会改造的方法,他用一生的精力致力于"局部改造以规范全局"的努力⑥。他希望通过局部社会改造的成功经验能够影响中国社会整体的改造和发展进步,以局部改造的经验来做大规模社会改造的先导,从而推动和加快建设一个富强、文明、美丽、现代化的新中国。

三、创造性的源泉

在中国早期现代化建设试验中,卢作孚提出了一系列具有重大意义的理论观点,作出了具有创造性的重要贡献,建立了彪炳千秋的战时抢运伟业,令人肃然起敬。何以卢作孚能够取得这样多方面的成就?这与卢作孚高远拔卓的人生理想,淡漠名利的人生态度,大处着眼、小处着手的创业精神,思想活

① 龚学遂:《中国战时交通史》,商务印书馆 1947 年版,第 230 页。
② 徐盈:《当代中国实业人物志·卢作孚》,《新中华》复刊号 1944 年 6 月第 2 卷第 6 期,第 133 页。
③ 《民生实业公司股东名册》1949 年 12 月 31 日,广东省档案馆藏。
④ 《公司成立十八周年纪念会志略·卢总经理报告》,见本书第 878—879 页。
⑤ 徐盈:《当代中国实业人物志·卢作孚》,《新中华》复刊号 1944 年 6 月第 2 卷第 6 期,第 108 页。
⑥ 黄立人主编:《卢作孚书信集》,四川人民出版社 2003 年版,第 144 页。

跃、注重试验的科学精神密不可分。

1934 年 8 月，卢作孚在《建设中国的困难及其必循的道路》中，第一次明确地把自己主持的各项主要事业称为创造现代集团生活的试验。在 20 世纪二三十年代，定县实验、邹平实验都曾经煊赫一时，但卢作孚有关"试验"的概念和方法却自有渊源。经过仔细考察我们能够发现：这是卢作孚将中国历史文化中注重"践行"的传统与 20 世纪初传入中国的杜威试验主义相结合的产物。我们知道，蔡元培和黄炎培是最早向中国学术界、教育界介绍杜威实用主义（蔡称其为实利主义）教育理论的先驱。早在 1912 年和 1913 年，蔡元培和黄炎培就先后发表《对于新教育之意见》《学校教育采用实用主义之商榷》等文章，"鼓吹此实用主义"。前者强调实利主义教育为"当务之急"[①]，后者强调实用主义教育为"对病良药"[②]，引起强烈反响和讨论。1914 年，黄炎培又发表《小学校实用主义表解》等文，进一步阐释和宣传实用主义教育。恰在此时，青年卢作孚来到上海盘桓一年多，其间与黄炎培相识。受黄的影响，卢作孚萌发从事教育的想法并回川付诸行动。稍后，受业于杜威的陶行知于 1917 年留美归国，写下《试验主义之教学方法》等文章[③]，着重介绍和强调杜威学说中的试验方法。杜威本人于 1919 年应邀来华访问、讲学，胡适和陶行知以其授业弟子身份，随行翻译并著文介绍，杜威学说风靡全国，产生巨大社会影响。受此影响，卢作孚在从 1922 年到 1948 年的二十多年中，多次以杜威的教育学说为依据阐述自己的教育主张。值得注意的是，陶行知在介绍杜威学说时倾向于使用"试验"和"试验主义"，这与胡适倾向于使用"实验"和"实验主义"显然不同。尽管卢作孚与陶行知结识较晚，但显然主要是受到了陶行知的影响。从 1922 年初开始，卢作孚开始在教育问题上使用"试验""试验方法"概念，从 1923 年开始在社会改造问题上使用"试验"概念，并提出局部改造以规

[①]　中国蔡元培研究会编：《蔡元培全集》第 2 卷，浙江教育出版社 1997 年版，第 10 页。
[②]　中华职业教育社编：《黄炎培教育文集》第 1 卷，中国文史出版社 1994 年版，第 30 页。
[③]　《陶行知全集》编辑委员会编：《陶行知全集》第 1 卷，四川教育出版社 1991 版，第 243—247 页。

范全局的设想。1934 年初,卢作孚与陶行知结识,此后联系越来越多。全面抗战时期,陶行知得卢氏兄弟帮助,迁居北碚并创办育才学校,联系更加紧密。总之,正是通过黄炎培、陶行知,卢作孚吸收了试验主义方法,并由此奠定了其致力于中国社会改造的方法论基础。而这种方法论上的趋同与接近,也成为卢作孚与黄炎培、陶行知毕生友谊的重要思想基础。

新文化运动前后,科学在近代中国作为一面标识现代性的旗帜已经得到社会的普遍认可。深受新文化运动影响的卢作孚,自 1923 年起开始在著述中使用"科学"这一概念。随着各项事业的展开,卢作孚使用"科学"一词的频率越来越高,对科学的认识也越来越深刻和全面,并逐渐形成一种分析问题、解决问题的科学态度。卢作孚指出:"科学就是整理经验的方法。"①他还说自然科学和社会科学是现代世界的两个宝贝东西,"凡运用科学方法,加之于一种物质上,而使其有更好的结果,以供给人们享用的就是技术。至于把社会科学应用起来使两人以上的人群能够很好的共同工作,则为管理。"②卢作孚认定:提倡和发展现代科技是提高人民生活、维护国家尊严的必由之路,必须致力于"以机器替代人力,以科学方法替代迷信与积习"③。在北碚试验中,卢作孚把传播现代科技当成一项重要工作,他明确要求峡防局人员:"凡现代国防的、交通的、产业的、文化的种种活动当中有了新纪录,机器或化学作用有了新发明,科学上有了新发现,必立刻广播到各机关,到各市场或乡间。"④为提倡科学和发展科学,他以民间的力量创办中国西部科学院,不仅促进了四川及西南地区科技的长足进步及经济发展,而且为抗战爆发后内迁到后方的科学工作者提供了难能可贵的基本设施和栖身之所。20 世纪 40 年代初,卢作孚还以其诸兄弟私人捐款为主要资金来源,设立嘉陵文化基金会以提倡科学。卢作孚在《事由书》中写道:"吾国过去忽视科学,以致文化落后……值此国难严

① 卢作孚:《乡村建设》,见本书第 138 页。
② 《国父诞辰　卢总经理亲临业训班训话》,见本书第 1000 页。
③ 卢作孚:《论中国战后建设》,见本书第 936 页。
④ 卢作孚:《四川嘉陵江三峡的乡村运动》,见本书第 555 页。

重,百物凋敝之秋,对于文化建设,亟应认定目标,先树基础,俾期逐渐发展,获得成效,以裨益国家,福利人民,进而探讨研究,日新月新,求与欧美文化并驾齐驱。"①同时,卢作孚作为一个实业家,高度重视科学管理。他说:"工商管理所采用的方法系科学的方法。……管理亦系技术。"②他要求公司人员:"报告数目字,尤须力求准确,不可马虎。"③他强调事业必须先有精密的计划,而且计划的根据不能是想象的,应该"是根据从调查和研究得来的事实,又是从后来进行所得的结果证明相符的"④。在民生公司试验中,他设计并推行了包括举行各种会议在内的一系列办法,以便于随时发现和解决问题,改进工作。他还将这一套卓有成效的管理方法,整理成《工商管理》一书,产生很大的影响,时人把他与王云五一道,誉为"科学管理专家"⑤。

四、知识精英为本色的现代企业家

在现代教育科学上,卢作孚投入了相当多的时间和精力。卢作孚曾经说,自己前半生的时间,几乎都花在办教育上,"现在所办的实业,也等于是在办教育"⑥。卢作孚的兴趣、爱好十分广泛,他在年轻时"爱编演话剧,吟咏诗文"⑦。在主持成都市立通俗教育馆的时候,他在馆中设立新剧部,着意于新剧、川剧、京剧事业的推广。在创办民生公司之后,他还多次临时参加新剧的编排,效果很不错。如1929年8月18日,民生公司在合川开会悼念陈伯遵等逝去的公司同人,其间公司和峡防局职工联合上演新剧,"第十一幕择婿,成绩算此幕最佳,因为是卢局长作孚说的剧情,当演剧时,前门的人只有挤进来,

① 卢作孚:《嘉陵文化基金会理由书》,见本书第852页。
② 卢作孚:《工商管理》,见本书第908页。
③ 卢作孚:《在民生公司朝会的讲话》,见本书第406页。
④ 卢作孚:《最有希望的国家》,见本书第585页。
⑤ 召川:《我所知道的卢作孚和民生公司》,《文史资料选辑》(全国)第74辑,文史资料出版社1981年版,第78页。
⑥ 卢作孚:《如何彻底改革教育》,见本书第1038页。
⑦ 丁芦:《饥饿与监狱——卢氏点滴》,《民生实业公司简讯》1950年8月11日第1038期,第2版。

不能挤出去,只好往后面走才行"①。再如 1931 年元旦,峡防局职员、少年义勇队学生、北碚实用小学师生等在北碚禹庙坝子上演新剧,共演 4 出,第 4 出戏《孝子复仇记》由卢作孚临时编排剧情,由实用小学教师临时准备后登台演出,该剧中"孝女在法庭上的一番悲痛陈述和自戕,使人感动不已"②。

卢作孚还是撰写联语的高手。大约在 1914 年夏初,一位友人即将从法政专科学校毕业走上社会,卢作孚为其写下联语云:"学到精微惟一,法随时势乃迁"③,这是迄今为止已知卢作孚现存最早的联语之一。该联语不仅显示出卢作孚具有深厚的旧学功底,而且清楚地表达了卢作孚在知行问题上的明确取向,以及对于知识学问和社会改造方法问题的独特思考。资料中最早提及和记载这幅联语的是黄炎培,再一个提及此联语的是上述《民生实业公司简讯》中一篇纪事诗的记载,这首纪事诗把该联语放在卢作孚第一次赴上海之前,由此帮助我们断定该联语大致的写作时间在 1914 年的春夏之间或夏初。从这两句赠言联语中,我们确实可以体味到青年卢作孚的学人特质。宋代大儒朱熹曾经说:"学者工夫只求一个是。天下之理,不过是与非两端而已。"又说:"学,大抵只是分别个善恶而去就之尔。"④在卢作孚看来,学到精微无非就是求得一个"实事求是"或作出一个"择善而从"的选择而已,而为善、行善之法,则可以根据时代的变迁而有或大或小的变化。

卢作孚自始至终高度重视吸收现代知识。由于出身城市平民家庭,卢作孚只念到小学毕业就中断了正规的学校教育,但他深受王闿运授业弟子、著名学者张森楷的欣赏,曾应邀参加由张森楷主持的《合川县志》的编纂。他酷爱数学,曾著《应用数题新解》一书并由重庆中西书局于 1914 年出版。在新文化运动期间,卢作孚做过报刊记者和总编,也当过中小学的语文、数学教师,并

---

① 《合川民生公司开追悼大会》,《嘉陵江》1929 年 9 月 23 日,无序号。
② 《卢作孚元旦导演新剧》,《嘉陵江》1931 年 1 月 3 日,无序号。
③ 丁芦:《饥饿与监狱——卢氏点滴》,《民生实业公司简讯》1950 年 8 月 11 日第 1038 期,第 2 版。
④ 黎靖德编:《朱子语类》,岳麓书社 1997 年版,第 203、204 页。

一度担任川南永宁道教育科长,与恽代英等一起领导川南新文化运动及新川南建设,并由恽代英介绍加入了少年中国学会,成为以改造社会为志业、以"社会重心"自认的青年知识精英群体的一员。他自学不辍,读书多,读书快,知识丰富,被人称为"小学博士"①。1931年9月25日到30日,他与公司同人乘船去成都,一路上并有访友等许多活动。即便如此,数日之间,他还是在船上阅读了《满蒙外交论》《战后欧洲十年史》《世界工业史》等著作②。他对罗素的思想,对杜威的学说有深刻的研究和领悟。他说过:"我的思想受罗素的影响很大。"③他不仅从杜威的试验主义教育哲学中广泛吸收当时国际上新兴的进步主义教育思想,而且从杜威的试验主义(一般称为实用主义)哲学中摄取具有现代科学精神的试验方法,为其社会改造的探索活动所用。

卢作孚对中国传统文化有深刻的理解,曾经与陈立夫讨论"礼义廉耻",把过去注重应酬的礼义廉耻,应用到国家建设上来。他说:"我们所谓礼者,客气之谓也。好比一桩经济事业赚得的钱,大多数拨归公有,继续作生产的用途,个人则只享受最低限度的生活费,此之谓礼;一桩公众的经营,今天没有钱办了,我们毁家纾难,枵腹从公,此之谓义;凡是公众的财富,我们绝不苟且一点,此之谓廉;同时做一桩公众的事情,假设我所做出来的成绩,不若别人的好,此之谓耻。"同时,卢作孚认为单纯只是发扬传统文化已经不够,必须充分重视西方科学技术的引进,他表示:"只发扬中国的固有文化,我认为还不够,那只算是做到了一方面,可以说是消极的方面。我们还须得尽量运用现代世界上的科学技术,才能够完成一个现代国家的物质建设和社会组织"④,卢作孚的意见使一向以推崇中国传统文化自命的陈立夫也甚为赞同。科学的态度和科学的精神尤其是对数学的热爱和数学方面的训练使卢作孚思想缜密,曾经与他同事的周佛海感叹:"此人(指卢作孚——引者注)头脑清晰,且肯研

---

① 《中大校长罗家伦在总公司讲演》,《新世界》1938年5月31日第12卷第5期,第45页。
② 《卢局长游程中寄回峡的两封信》,见本书第285—288页。
③ 张守广著:《卢作孚年谱长编》,中国社会科学出版社2024年版,第63页。
④ 朱树屏:《庐山印象记》(续),《新世界》1935年4月1日第67期,第16页。

究,余远不如也。"①美国杂志 *Asia and America's* 1945 年 6 月号刊载中国乡村建设学院社会系主任孙恩三所撰《卢作孚和他的长江船队》,介绍卢作孚是一个现代企业家,同时也是"一个没有受过现代教育的学者"②。

确实,卢作孚是一个爱国而且成功的现代企业家,也是一个经历过新文化运动时期"伦理革命"的学者,一个头脑中有睿智和梦想的学者,一个具有丰富社会阅历并能够从事实际建设以追求中国式现代化的学者。他提出了一整套改造中国社会的主张,即创造现代集团生活。该主张的核心是要打破旧的集团生活格局,创造出以国家、事业为重心的现代意识、生活态度。卢作孚创造现代集团生活的理论,为小到集体主义、大到爱国主义的社会情感,提供了一个非常具有实践意义的学理依据。卢作孚这位中国近现代史上著名的爱国实业家,一生创造了无数的事业,但自己却始终不是资本家,而是一位怀抱改造社会理想,以"社会重心"自认的知识精英、以事功广为人知的现代企业家。

卢作孚是一个值得后人敬仰的人。

张守广

2023 年 10 月修改于重庆北碚

---

① 周佛海著、蔡德金编注:《周佛海日记全编》,中国文联出版社 2003 年版,第 89 页。
② 周永林、凌耀伦主编:《卢作孚追思录》,重庆出版社 2001 年版,第 64 页。

赠法专毕业友人联语

（1914 年 6 月）

学到精微惟一，法随时势乃迁。

丁芦《饥饿与监狱——卢氏点滴》,《民生实业公司简讯》

1950 年 8 月 11 日第 1038 期

各省教育厅之设立

（1916 年 9 月 17 日）

教育总长范静生，拟于各省设教育厅直辖于中央，藉促教育之进行。据新闻所载，目前已持此意，向各省磋商，能成事实与否，今不可知。惟吾亦留心教育之一人，且始终认教育为救国不二之法门，以谓立国家于法治，而缘实业致富，军备致强，民智民德，顾乃卑下。民意民力，尤复薄弱，不有教育以扶持长养之，徒云法治，犹无物也，富强之效，亦如捕风。故教育厅设立之消息，苟未遽成事实也。吾为兹论，将以证明其必须设立，而冀当局者之深省，使已有成为事实之望也。吾将更进一步论教育经费之宜谋优裕；教育权限之宜谋扩张；教育人才之宜谋独立。要即欲教育有完全独立之精神，不受外界之逼拶，及为其他政潮所牵引，以尽教育之能事，得在亚洲大陆放一异彩，致国富强，毋落人后。呜呼！吾言为拙，吾望实深矣。

袁世凯任总统者四年，筹化施为，几以便私图，遂私欲，方嫉视人民有真教育起，与之为难也。故于教育扼制之，漠置之，中央教育部等若闲曹，至不复有关轻重。各省设教育厅本属绝不可能之举，虽有拟议，泡影而已。顾彼所以缩小教育之规模，束缚其者，亦自振振有词，谓教育厅离省行政而独立，或教育事业亟图进趋，则职员之岁俸，物事之购置，所需经费必骤增加。值今国帑空虚，罗掘无计，绝难胜此负担也。而不知谋逞大欲，辇人运动，所耗者非国帑欤！征收无法，吏胥作弊所侵渔者非国帑欤！厚置军备，力奖恶探，所支给者，又非国帑欤。彼乃靳而不与，此则挥霍如泥，利国利己之不同，手段遽以悬绝。独不思教育为国家根本大计，法治赖以立，实业赖以兴，军备赖以裕，即为国家所赖以存。政府筹各项经费，当以教育为先着，偶有不足，尚应自他项移注，方足以弘教育之施，收完美之果，非然者直是自杀政策耳。

顾袁氏犹有说曰：教育诚救国要图，然收功在十年二十年以后，今日军事财政，纷如乱丝，稍缓解决，且酿巨变。则不得不就目前状态，为因应之设施，整军经武，理财治赋，图于急切之功，以防祸变之作而不知，凡斯问题，终待教育昌明，始能解决。且对内治功，对外图力，必待教育大昌，能始持之弗坠，惟其收功缓，斯谋进行，愈不可不急也。不然比诸先进国而终瞠乎其后，且恐兼弱攻昧之事，终不免及乎我国也。袁世凯忽于根本之图，无期月三年之虑，盲其目以趋，欲弗颠踬，恶可得耶！幸止亡身，未及于国耳。然则今日不可不谋教育独立，以促教育整理。而各省教育厅之设立，亦即有不容游移迟虑者矣。

或谓就事实观之，教育行政不过法令草拟，册报钩稽已耳，非如财政之繁复，军事之紧急，何须特立机关，徒高位置，致虚糜国帑为耶。吾则以为教育行政，果仅草拟法令，钩稽簿籍外，此非所闻问，诚无须特立机关，徒高位置，然又何贵有此法令？何须为是钩稽乎？法令颁于下必求其一一实现，表报集于上，必问其事之当否。孰者应予变通，孰者应谋改进，得要持衡，以为措施，则联络之事，考察之法，不可不用周密。教育愈普及，即职掌愈繁复，非设专司难期整理。若夫我国教育徒颁法令，不责效之实现与否，但凭簿书，不问事之真际如何，此腐败之习，正国家之病，当从根本上图救治，未可因噎废食也。

读东西史册，每见国家新政，格尼难施，迨其学说浸灌既深，人民知途径之所择，而阻力竟去于不自知，岂非教育之功欤？赫胥黎氏论天演曰："治人之人，固赋于治于人者也。凶狡之民，不得廉公之利，偷懦之众，不兴神武之君，故欲郅治之降，必于民力、民智、民德三者之中，求其本也。"又曰："智仁勇之民兴，而有以为群力群策之资，而后其国乃一富而不可贫，一强而不可弱也。"此教育之说也。盖一国之教育与其政治恒互为因果，一国政治之施，必赖教育为之倡导；一国政治之良，必得教育为之扶植，则是教育也。实立于政治对峙之地位，而未可忽视也。岂惟政治然哉。即社会上凡百事业，孰非以教育培之根底者,故必有独立之精神,勿复使风雨飘摇,如旧时现状,始足以振起教育,改良政治,发展社会之实力,而富强我国家也。特自实际言之,教育规划整理,持全局之衡者,亦政治中事,一手一足,经营旁午,则社会之自为谋也。离政治而独立,其为辞觉非雅训。然吾谓独立者,不过教育一部离他项政治而独立。如司法之地位然,求免外界逼移,不为其他政潮所波及,以尽教育之能事,如是而已。各省教育厅,则吾立张,中不可缓之图也。

虽然教育厅果成事实,而权限局促如故,经费拮据如故,则机关徒立,位置徒高,仍属无益也。吾国教育事业设施未几,进步殊迟,以已有之经费维持,已有之成绩,尚时虞不济。此后之谋发展,图进行,岂遂能为无米之炊? 以吾为言,应裁抑国家他项之支款,尽先拨付于教育。常年费则优为支给,设施费复预为储备按年计月,以计增加,而减政之说绝不可议及于教育。是后,经费无拮据之苦,进行乃无掣肘之虞也。中央教育部,在能规划大体,立教育之准鹄,使各省勿风气自为,背道而趋,如是足矣。故为问教育厅之设立,直辖于中央,究为统一的性质? 抑为独立的性质? 如为统一的性质也,吾国幅员辽阔,交通有便不便,风气有开不开,难易上之差别,缓急上之区分,必欲事事绳以一律,削足适履,则反有碍于教育进行。范静生总长富有教育研究之人,其设教育厅,必为独立的性质,可知则吾所期。凡事予各省以伸缩之地,缓急进趋,听自为谋,而惟据其始以观其终,按其施而责其效,而后各省教育之权限,庶无局促之虞耳。下至于各县教育,又必离县行政而独立,使直辖各省教育厅,不受县知事之束缚,始能自由发展也。若今之知事,勿论其罕有教育之研究也,试问知事中曾得几人由小学校而中学校,躬受各级之教育,一领其旨趣者。以如是之人,且无教育明了之观念,令其主宰一县教育而为之监督,则教育堕于黑暗宜矣。况庶政纷纭,精神亦难贯注,故必离却知事之指挥,而后各县教育之权限,始无局促之虞也。

尤有进者,则教育人才之独立,必期实行。教育中人,无论处于行政之地位,抑处于实施之地位,要须知教育精义,而有其志趣,可于行政及实施间,互换以资调节。断不可以他项人才或志趣游移者,滥竽充数,亦勿听教育专门之人才而营逐他务,紊其心思。诚以教育者,具义最深,措施最难,影响最大,稍有误会,毫厘千里,贻国家以隐忧。故必以恒为经,以专为纬,朝夕勤勤,实心任事,乃有浓郁之兴味,足树教育稳固之基。且调节人才,而常以教育行政与实施教育者,互为更换,则得双方之平,而愈使接近,除去隔膜,下易施为,上易查考,岂非至善哉!此吾人才独立之说,所以必系于设立教育厅之后者也。

《四川群报》1916 年 9 月 17 日、18 日

告反对戴戡诸君

（1916 年 9 月 29—30 日）

反对戴戡，究为感情上之好恶，抑有事理上之是非，以不可而指，吾不得而论。惟日前开公民大会，是否得真正之民意，将来用武力解决，能否有良好之结果，就事理上推之，则实为两重疑问。以公民大会，先发布传单，即经以反对戴戡之旨相诏告，到会之人，果以千数，谓为表反对戴戡之同情似也。然仅由发起一者二三人登坛演说，述反对之意，数戴戡之恶，所谓表决，不过对付方法，有若干人击掌而已。至戴戡应反对与否，及反对之方法如何，则无讨论之机会，正确之表决。到会虽有千众，谓于反对戴戡，遂人同此心，心同此理，何所见而云然哉。夫是日与会之人，谓震于公民大会，反对省长之举，及所倡请复盐公司，关系民命之说，来觇其异则然耳。初不必加入反对之数，亦不尽有所反对于人，此妇孺能辨之，何待吾之断然反对戴戡，或向督军请愿，或主张武力解决，不径以个人意见行之，而必经公民大会之手续，其必有所利用。可知彼以是日与会之人，虽无以证明其表反对戴戡之同情，而亦未尝表示反对发起人之意，既不反对，发起人即反证之，即曰赞成反对戴戡之举，亦未不宜。则发起诸君，对于政府及公民大会以外之人，尽可谓是日付表决者，得公民全体之赞成，而以发起人为代表，亦公民全体之所以。呜呼！袁氏欲皇帝自为，当日，所谓讨论者，自讨自论；赞成者，自赞自成；表决者，自表自决；请愿者，自请自愿；梁任公尝痛谪其奸，彼实有所劫持，使人对于帝制不敢倡言反对，即利用之，以为是皆默认而赞成，岂知人民不表示赞成者，正其所以为反对乎？今诸

6

君与袁氏地位不同,所图异趣,而所以学其步趋者,抑何其剧相似也。顾以筹安会,请愿团,国民大会论,彼其审慎周详,装饰外表,为极可观,而犹恐人之有以议其后。今诸君于此公民大会,既轻用之,又草草出之,尤知者所不取矣。虽然吾之言此,诸君或误会吾为故意诋毁,有所私于戴戡,有所恶于反对,非也。吾之所惧,乃有劫持民意而利用之,后祸之烈有不可言。而诸君一忆开会时情景,而诉诸自己之良心,反对戴戡,自反对戴戡耳,假此手段忍乎哉。

反对戴戡既以发起人为代表,向罗督军请愿,请将反对之情,电达中央,期于收回成命,志若不达,即以武力对付戴戡,此大会之日表决情形也。所电达于中央者,准否之权,固犹操在政府,假使中央以戴戡过犹可恕,则为保存威信,顾及国家体统计,必难俯徇一部分之人,至于此日诸君不用武力解决乎?则今已种恶因,挑恶感,其何能必相安?苟如所拟计划竟用武力解决乎,则所系于川人之利害,大局之安危,吾姑不论,且问诸君究能驱逐戴戡,使出川境否?夫诸君今日虽因戴戡故,而反对中央明令,然以利害切身,请愿之权,固人民所有,至政府认为不当时,诸君更以武力驱迫戴戡,则显以武力抵抗中央矣,中央能坐视乎?相传同盟之十三省能勿乘机思逞乎?龙济光纵毒人民,贻祸地方,粤民欲啖其肉,彼负恃险阻,盘踞广州,滇越义军,环而攻者以万数,卒博得萨巡阅之来,赣闽军之动十,一通电又之指摘孽龙,初无所损义军,亦无所利,虽中央对龙,若不免有所袒,而武力能否解决,此要为一先例。武力不能解决,徒糜烂地方,杀伤人民,或更生他种之变,至所得与所期相反。诸君非蒙昧,胡为出此哉。

诸君反对戴戡,自信为充足之理由,莫如请复盐公司、蹂躏护国军两事。盐公司今已撤销,虽云请复,未得允准。谓戴戡之省长,系出于盐公司之运动,无何种证据,亦不足成为问题。护国军果能自爱,不扰地方,戴戡非神经错乱,何至遽用征剿,遍地有护国军,戴戡兵力非极雄厚,又具何种能力,敢有蹂躏?反对其人,欲挑之衅,何患无机?欲加之罪,何患无辞?独谓蹂躏护国军,如吾友某君所言:"戴戡蹂躏护国军乎?护国军蹂躏人民乎?护国军之冤,今有人为之伸吁矣!人民之冤万重,其谁氏为之伸吁乎?将为是伸吁者,公乎?私乎？利乎？义乎？"言虽激急，意则沉痛。恢复共和护国军之功，有足多者，然共和为国精髓所在，须人民有完全之自由，克享真正之幸福也。今共和云恢复矣，而所谓自由者，一部分人有之，且劫持他人之自由以为自由也，所谓幸福者，亦一部分人有之，且夺取他人之幸福以为幸福也。吾人民自由幸福，被劫夺于独夫与彼劫夺于一群之豪暴，为祸何择焉？权其重轻，后者尤烈矣。回忆曩者，川湘战事正亟之日，即国家几至绝命之时，幸而天殛袁氏，国命得续，不亡者一缕耳。至今大局犹隍杌也，外祸且侵逼矣，盗匪充斥，民生憔悴。自少数军政界人物，踌躇满志，聊得自娱外，人民境地，其为愁苦，一堪想念否耶？于此调护休养，犹恐不给，诸君诚何心者，不顾一切而动欲以武力从事哉！请转而告护国军首领曰：公等起义初志，为国与民，不利于己，尽可婉商，铤而走险，则民不堪命矣。又请敬白督军罗公曰：公前本国务院漾电与省议会争开会，缓急之期，尊重中央，顾全统一，下民曷胜钦佩。此次反对戴戡公，必有以处之，使勿趋于不正之轨，而为扰害地方之为，则为公光明磊落，终始如一，不愧当世英雄。吾民实具有无限之望也。

《四川群报》1916 年 9 月 29—31 日

自治要人民出来自办
要人民出来须用教育

——复渝中某公

（1921 年 3 月 23 日）

奉示感极，公所痛心于川局之已往，与所致忧于川局之未来，思亦窃有同慨。忆去年道经渝中，每次趋谈辄移数时，公则慨然以地方建设为期。果川局解决有日，各县得稍稍宁息，当与数有心人图有为，于三数封邑，所有事宜彼此磋商，所得办法彼此交换，期在最短之时间，能见最良之成绩。思佩极而尤盼极，以为不止成绩之良，影响所及，且足移易风气，使竞争权利者移其权利之倾向，而为事业之经营。今公乃厌尘嚣，而作入深藏密之想。丁兹世之浊乱，正赖贤者挺身当冲，以图扶救，岂是容公入深藏密之日耶？或以环境之艰，不易有为于甲事业，亦必别谋有为于乙事业。以川中人才之少，而有志于事业之人才尤少，区区尤望于吾公耳。思托于公之深知与力助，志本决于留学而遽无由筹得学费之全部。归以与故乡亲友谋，非漠然则摇首。职是之故，不能不延留学之期于日后。适子惠师长嘱舍弟，以书来邀赴泸县。乡人有闻者，或以相庆，并相询以所处地位。思曰：此非素所愿欲，祇以子惠师长之足以有为，当往为万一襄助，致力方面当是教育耳。而闻者又转淡漠于此，大足以见乡人之心理矣。到泸以后，觉子惠师长之有志建设，在川省军人中实不易有，且认定某事应办则立办，应具如何之力量，则立竭如何之力量，绝不有所迟疑审顾，致滋贻误。思于教育有所陈述辄见采纳，有所进行亦皆容许，而其对于教育款项之拨付或增加,尤莫非决于须臾,不稍吝惜。祗思为学本陋,应事尤疎虑,终不足副所期待耳。所差足自幸者,十数日来得同志之友益多。或指示所不明,或扶助所不逮,凡所经营尚觉顺易,惟亦微闻有嫉思为多事者。此其人口之所谈,心之所思,大抵为学校未兴,科举未废时事,直不问今是何世。对于思所企图与所措施,实不明其意义,乃因误会而深愤懑。子惠师长与人谈而及于思,又每过为奖誉。思惭愧之余,尤深懔懼。盖此尤足招人嫉妒,而为事业前途之大梗。然一转念,觉亦无须过虑,诚能仰赞子惠师长,于积极方面之事业建设一二,将来或遂转移川省军人之趋向,使渐趋向于事业,不复趋向于权利,此则思之野心,成败利钝所不暇计。惟当此川省高唱自治之日,思亦当初主张自治之人,尤以谓自治之真义,必须充分含有民治之精神。今所措施,类借官权以求有济,诸友朋中必有怀疑及于思之言行者。然思去年回里以至于今,觉有一经验最为确实可信:欲实施民治,欢迎人民出而图治,恐竭欢迎之诚,终也不能欢迎出来一人,而争欲出来者,仍是无职业者,抱掠夺主义者一类之强盗,而非有职业之人民。今倡自治之流,不谋解决"如何欢迎人民出来"之问题,只谋解决"如何催促自治实现"之问题,此种换戏目不换角色,换招牌不换底货之自治,川局实无所需之,且将以为诟病,故思不以为急。而以为急者,乃在"人民出来"一层。彼今虽不能出来,而能用教育之方法促成其出来,此则思所自信者也。匆促为书,不尽欲云。敬请筹安!

卢思　三月二十三号

成都《国民公报》1921 年 4 月 5 日第 6 版

《教育月刊》发刊词

（1922 年 2 月 1 日）

　　自国体变革，十载以还，存于吾人心目中之问题，远且无论，请论四川，殆惟兵、匪、政治纠纷①，日谋所以解决之，而至今未解决，且尚未得解决之术，未卜解决何日者。类为消极方面之问题，无论从消极方面解决之，终不可能也，即能解决，其为效不过一瞥。此解决矣，彼又酝酿，补苴罅漏，日不遑给，疲于追逐，终无穷极，吾人欲稍坐享安宁，终不容有坐享安宁之日。乃吾人无所觉察，倾向所在，犹只消极问题，以自陷于不可解决穷困苦痛之境；而不知移其倾向，谋于建设，解决积极方面之问题，使所求乎宴安无事者，一变而为旁午经营，所感乎穷困苦痛者，一变而为浓郁醋醉，使今之妨害事业者，转而乐于扶助或且经营事业，使今之嫉恶人者皆爱人，如是之积极经营，所需于吾人之力正多，而教育尤其根本。国中万事，希望若绝，寻求希望，必于教育事业。是以全省人士，当竭全力，以共扶助，期其进行达于坦途。顾教育界悬以为问题积极经营之者几何人？教育界以外悬以为问题积极经营之者伊谁？此吾不能不深自慨，而深有爱于永宁一道之时机也。

　　永宁一道，自杨前道尹于教育事业消沉之日谋所以振起之，而王道尹继之经营，屈指且期年矣！效果所呈，与所预期，相去远甚。迹其经过之状况，而求其困难之原因，一在教育界大多数之人尚未知所适从，一在教育界以外大多数

---

① 此处原文中有省略号。

之人尚未有所信仰。要皆未睹教育界之良果，未觉教育为一问题，为一目前亟待解决之问题。斯则同人所欲提出；虽为学甚陋，无所贡献于教育，夙夜奔忙之余，复不能深思详考，发为论著，不惟于教育裨助无由，抑且多纰缪处，然以教育相需之急，提出问题，以供讨论，终有所不能已也，爰定发行本刊之议。

本刊之为义二：（一）研究教育应循之途径，与夫应采之方法。教育事业，经世界甚多教育家之研究，迄于今兹，仍不能谓已发明有可以共循之途径，共采之方法，而不可移易，仍方在研究与改进中，其称最良者，即研究之事日精，其改进也亦日增，其可靠之效率而未有已也。吾道教育，则大多循于旧有途径，而局于旧有方法，由其所加之力，与其所获之果，可以证其为病甚深。乃施教育者习焉不自觉其为病，除所循途径外，不信尚有其他途径可循，除所采方法外，不信尚有其他方法可采。一切以旧有者为当然，未尝稍加探索，稍加研究。故步自封，何能进步？不但以今日状况，较于十年以前，无进步可言，缘此以往，虽累百年，仍复如今，亦可预断。本刊即在输入研究之精神，祛尽成见，研究道属教育究应循何途径，采何方法。一面介绍各国教育家之主张，及其实施之状况。然非以直接供吾道教育应用，而只以供解决吾道教育问题之参考。愿全道教育界人士及教育界以外关心于教育事业之人士，以所蓄教育问题提出于本刊并以研究所得解决问题之方法，及试验方法所得之结果，披露于本刊。其相与研究，不必藉如何之集会，即以本刊为道属研究教育之中枢，为道属解决教育问题之前锋，此则本刊发行之目的，而有望于吾道热心教育人士共举本刊之精神者也。

（二）叙述道属教育之状况及其改进之经过，非谓改进已有如何之成绩，亟亟以求襮于人也。就教育之状况言：吾人注意之，宜深知之，而谋改进，尤必以所有状况为所对之症，以决所施之方，虽目前尚无从容之视察，完密之统计，道属教育，究为如何状况，同人亦方茫然；然愿举所已知者，披露于本刊，更藉视察及统计，以求所未知者，随时披露，期有以供稽考焉。至所欲述改进之经过，非改进之成绩，乃经过之困难。困难之象，紧迫四周，与日相随，吾人求所以逐步度越之。其所获得之知识，无论属于成功，属于失败，皆为有裨，而可以供临困难时之参证。且其有裨,不在知识,而在知识如何发现之,非直以成功失败之迹,足为一切趋避之指针。乃望热心教育人士,于解决困难问题时,能就当前状况,自然审所趋避,能以最小之力,获最大之果,不更如吾辈之迂拙,有时挟甚大之力,结果乃所获甚小,或竟一无所获也。

由上言之,本刊有异于一般之政报,徒载行政上无谓之公牍及消息。乃以所研究,与所经过,贡献之教育界,而吾教育界复以所研究与所经过笔录赐投于本刊,以共求教育途径所应适从。一方面亦以贡献于教育界以外之人士,以求其于教育有甚明之认识,甚深之信仰,因而为协力之扶助。且不止于此也,乃更望有以批评之,指导之,俾于进行之际,即有自鉴之资,愈减所加之力,提前成功之期,则不惟同人之所窃祷,抑亦表同情于教育事业诸君子之所共愿者也。

署名:卢思

《教育月刊》第 1 卷第 1 期

教育经费与教育进行

（1922 年 2 月 1 日）

吾提出此问题,乃欲明教育经费与教育进行之关系。教育进行含有相异之两义:其一,但使教育未尝停搁,学校未尝闭门,皆得谓之进行。如是,则已有之教育经费,已足以维持教育进行而有余。即支其七成或至于七成中之五成、四成、三成,学校亦未至于闭门,无庸筹甚多之经费,且无庸恢复原有之足数,以供其滥费。惟进行之又一义,则就量言,须谋增多;而就质言,须谋改良。此其所资之经费则虽支足原数,亦感不足,必随进行之度以为增加,求其进行益速,即必增加经费益多,如问经费之应增加与否,则不如直问教育之应进行与否。分析言之,即量应增多与否? 质应改良与否? 如斯以求解答,较为直截了当也。

第一问题:量应增多与否? 解答甚易。自一方面观之,人人皆有天赋之本能,即人人皆应有受教育之机会。自他方面观之,吾人所处欲得良好之社会,必其社会中皆系受有良好教育之人。是今后受教育者,应为人类之全体,不应复为少数,而实际上尚仅少数受教育者,不容不亟亟以谋量之增加;经费与量相随,既增加其量矣,又安容靳于经费而不增加也?

第二问题:质应改良与否? 吾人试一考究目前所施教育之良否,即可知之。若以欧美列邦比较而观,则其教育可谓良矣,至少亦良于吾人之所施;然而彼教育家求发现更良之法,乃皇皇如不及,研究施行,相辅并进,改革速度,日有加增。吾国,则安于不良,大多教育界或教育界以外之人,犹不知此不良之法外,世尚发现有甚多之良法,足供吾人之则效,至少亦足供吾人之参考。吾之教育事业,既落欧美之后,改良教育之速度,宜较欧美而尤速,即经费增加之速度,亦宜较欧美而有加,安可遇增加经费辄反对,使无所资以为改革,长此安于不良之教育,以食不良之结果也?

欲上述两问题之解决,教育经费,须有巨额之增加,绝无可以反对之理由,苟有反对者,是认教育只为少数之人所应受,且此少数之人,只应受不良之教育也。顾道属教育经费,即为解决上述问题以谋增加矣,反对者乃正有辞。其一:以为不良之教育,不应投以甚多之经费。其二:以为教育问题,非目前急切之问题。其三:以为教育经费增加,人民不胜其担负。其四:以为道属增加教育经费,不合法定之手续,此理由之充分与否,请分别推论之。

(一)不良之教育,不仅不应投以甚多之经费,乃真不应投以经费也。不仅新加之经费为可惜,即原有之经费,无谓消耗之,亦未始不可惜。消耗之而无裨,犹仅经费损失已耳,以支不良教育之进行,乃更于损失经费外,蒙不良之结果,直接中于受教育者之身,间接乃中于全社会,无论吾身或吾所亲受教育与否,举无所逃之,是应反对者不仅新加经费,直应并原有经费而反对之;不仅使经费纤毫不如,直应使经费纤毫无有,教育事业全停,乃为计之得也。

今乃亟亟以谋教育经费之增加,谋之者非至愚也,非愿以甚多之经费投于不良之教育,乃正欲使不良之教育改良,故益以经费,以为改良之资也。虽经费有加,其良果之加率,乃逾于经费,吾人非至愚,又胡为不勉担有限之经费,以换取无穷之良果。即谓换取良果,尚为不可必得之事,吾人亦终不应挟消极之方法,听其不良,而应先尽乎己之责任,充量供其设施上之需要,排其设施上之障碍,扶助促责,期其改良,乃为吾人应采之方法,吾人诚病今日教育之不良也,愈不容不加力,而增加经费,愈为吾人所必身自担当,而不容委卸,亦绝无可委卸者也。

(二)目前待解决之问题甚多,其尤急切而为人民生活之安宁所关者,乃兵如何裁撤?匪如何消灭?人民如何休养生息?故反对教育经费之增加,有为说者曰:民必富而后教,今民未富也。又有为说者曰:国必偃武后而修文,今武未偃也。此其先后缓急之见解,乃有根本之错谬。民何以富? 其必生产能力增加也。彼欧美人生产能力之所由雄伟,何莫非资于教育? 今舍教育,将安有增加能力之术? 倒果为因,以为民必富而后教,而欲坐以待富,岂有异于俟河之清乎?

军事与教育,断断不能分为不可并存之文武。以欧战之剧烈,战线之上犹且施教育,安得谓为修文必待偃武? 又况国中用武,不幸之事,原因繁复,而必归根于教育。盖一切自人为之,使人而受良好之教育,则所为必裨于人群,绝不至用武国中,反以祸吾人群为也。

于此两点,可见目前之问题,无有急切于教育者。一切病象,皆缘于人,须教育救治之;一切事业,皆待于人,须教育兴举之。吾人于其他问题或为避免一时之痛苦,而有重大之捐输。如军费、团费,前数年收回军票之费,虽以为病,亦必勉为担负。乃于教育为有永久之福利者,而独疑之,加经费甚轻,而反对甚力,此其眼光,近乎远乎? 愿反对者省之!

(三)人民负担诚重,而负担之教育经费则甚轻,所惜此日尚无精密之统计,不过大要计之,教育经费为额之巨,以较于军费、团费皆远不逮,以较于一切负担之总额,则且不达十分之一。其间尚有学田及历年所拨之庙产会款,此在县区经费每居大半,以关系甚重。吾人需要甚急之教育,吾人所担之经费,乃尚不足与消极事业所担经费比并,而尚以重为辞,一度增加,增加而后,仍远不逮军费、团费,即必起而反对。教育所以为吾人群谋也,反对而遂,果为谁利? 人非至愚,宁能出是? 今后负担,必日增加,乃自然之趋势,于前此增加之经过,乃今后应增加之事业,可以推测知之。不加于此,则加于彼,不加于今日,则加于明日。吾人如犹不知经营旁午之为利,而犹以政府轻徭减赋,休养生息为德政,不独至愚已也,抑亦事实之不可能。但使吾人移其他之浮费,(如种种迷信及送子弟入私塾之费)以助教育,则教育所增已巨,必且超出于今之所增;今之所增,又安有负担莫胜之虑? 愿反对者省之!

(四)法为人群所立,且为人群之福利而立也。诚使吾人所为而不合于法定手续,亦须视其是否妨于人民之福利。使其妨于人民之福利,则当依法禁制之;使其即为人民之福利,则当依法承认之;乃无悖于立法之原理。不能为求合于法定手续故,乃竟以人群福利殉之。苟必持法以绳,则道属增加教育经费,类属县区所有,非省经费,无庸提交省议会;而县议会选自宣统之末,讫于今兹,已历十稔,不惟时效已逾,抑亦名义徒存,内容已非。果举全道计之,合于法者,曾有几乎?法不律己,徒以绳人,且不问是非,只问从违,高明之士,岂宜尔尔?愿反对者省之!

要之:反对增加教育经费之理由,无可成立,吾人至诚之所希望,在反对者,详加考较,终自觉醒。亦复希望吾教育界,有自举教育之成绩,成绩与经费,互有因果之关系,经费而不增加,固不易表著成绩,成绩而未表著,亦不易增加经费。彼反对增加经费者,由其对于教育未有同情,所以未有同情,由其未有信仰,所以未有信仰,即由其未见教育之成绩也。故教育界希望增加经费之方法,不在责备负担经费者,乃在力谋改进教育之方法,表著教育之成绩,以引起人之同情。断断不宜对于反对经费增加者,有所深恨。即令为之解释,态度之间,亦宜诚恳殷勤,而以变反对为扶助期望之。根本解释,仍在工作之勤,与夫工作结果之美,此予人以共见,人无有不乐于协助者也,惟吾教育界人士亦相与深省之!

署名:卢思

《教育月刊》1922 年 2 月 1 日第 1 卷第 1 期

教育方法与暗示

（1922 年 2 月 1 日）

　　吾人感觉或忆起一事或物时，所起于吾观念中者，不仅其事或物，而尚有其事或物所含之意义，其意义乃属于他事或物。例如盛夏之际，见黑云四集，所起于吾观念中者，不仅黑云四集，而尚有其意义，其意义为"将下雨"。又如晨起开门，见屋瓦街路全湿，所起于吾观念中者，不仅屋瓦街路全湿，而尚有其意义，其意义为"尝下雨"。前之将下雨，为黑云四集之所暗示。后之尝下雨，为屋瓦街路全湿之所暗示，前为由因而予吾人以果之暗示，后为由果而予吾人以因之暗示。此外尚有由事物之部分或属性，而暗示其本体，或由事物之本体，而暗示其部分或属性者，要皆属于事物方面或然或当然之关系。不过其暗示于吾观念中，则非仅仅属于事物方面之关系而已，必为吾经验所尝有。使吾未尝有黑云四集之经验，或未尝有雨之经验，或未尝有因黑云四集而将雨之经验，则虽事实有此变化，亦不能予吾人以此暗示也。故暗示者，乃由吾人经验中有所感觉或忆起之事物，而复有其事物所暗示之他事物，且有其间之关系，同于当前之所暗示，而后起者也。

　　暗示亦有并或然关系而无之而不能引起吾人信念者。如秋日之云，多所变化，或如层峦，或肖鱼鳞，亦予吾人以暗示，而吾人绝无其信念，其有信念者，必其至少有或然关系者也。思想之进行，即此暗示不绝的呈现于吾前，而一切知识，亦莫不由暗示获得之。读仅有墨迹满纸之书，而知其为声光电化之原理，或历史地理之纪述；闻仅有唇舌为动之言语，而知其所命令之事，或所告诉之物,莫非缘于吾人假定之符号以得其代表之意义,即亦莫非缘于暗示。故杜威氏以暗示为思想惟一之要素,实亦一切知识所由获得之锁钥,其为宝贵,从可知也。

暗示之起,有难有易。吾人行街衢中,偶见一人,若尝相识,此之暗示,起也甚易。顾其为谁,则已忘之,再三思索,尝以何事、何时、何地接晤其人,久乃有得,此则暗示之起甚难。吾人于实施教育之际,欲儿童易于领悟,即须儿童对于其所示事物,易起暗示,易起暗示之原因有四:

一、经验已熟。据此原因,教育不但须多予儿童以经验,尤须多予儿童以甚熟而可运用之经验。然则经验而至于可以背诵,可谓熟矣!问时教育之以背诵为方法者,非良好之方法乎?不知经验之熟,不贵温习,而贵运用。即以经验第一事,而仅使常常温习第一事,其结果只能谓经验已死,不能谓经验已熟,如有第一事之经验后,授以第二事,使运用第一事之经验,复授以第三事,使运用第二事及第一事之经验,如是前进不已,其经验之熟,乃真熟于运用,而可宝重也。

二、印象甚深。稚儿玩火,手为火灼,后此再玩,必知戒惧或且历久不能忘之,即由其脑中有火灼之印象甚深。教育者应运用何种方法,以使儿童有甚深印象,历久不忘乎?其一:在使儿童有甚浓之兴味。其二:在使儿童感甚深之痛苦。火灼儿手,即感痛苦之一事。然则鞭笞惩罚,孰非使儿童感甚深之痛苦,孰非教育上应有或且甚良之方法乎?此则须知吾人所要求于儿童易起暗示者为一事,吾人所予儿童以痛苦惩罚者又为一事。例如要求儿童能背书而熟,乃予儿童以无数鞭策,使感剧痛;则暗示所易起,仍只为鞭策,非即所读之书,仍为痛苦惩罚,非即吾人所要求于儿童易起暗示之事也。吾人教育儿童,本不应予儿童以痛苦,又况毫无裨助乎?今后应废除者,不仅鞭笞,即有其他惩罚方法,均应减至最低限度,或竟废除,而于积极方面引起儿童兴味,乃能有功也。

三、期待方切。此有一甚近之例:杨军长子惠[1]月前由渝旋泸,泸中各界,

---

[1]　杨森,字子惠。

集于江干欢迎,期待久之,忽对岸以外,黑烟萦绕,见之者争呼轮船已至。仅见黑烟,遽知其为轮船,使非期待方切,暗示之起,当不如是之易。然则儿童考列前第,予以奖励,亦足引起其期待之心,岂非教育上良好之法乎?则又须知奖励之品,与教师要求之事,既非同一,又无直接之关系,而其结果或反引起儿童夺利或好虚荣之不良的心习;教育者不应常用之,即偶用之,亦须特别审慎。教育之贵,在以事物本身引起儿童研究之兴味,而使其有期待甚切之心乃为有效之事也。

四、有甚高之或然程度。一事物暗示之意义,或然程度,有高有低者在事实上十之八九有之,低者在事实上或仅十之一二有之,暗示而有甚高之或然程度。除由事物本身之变化本具有之而外,亦视事物之现象及其意义呈露之显晦。对岸一犬,使距吾人甚远,吾人仅见其影,觉有一物,为木为石,均不可知。犬之暗示,绝不易起。使其稍近,吾能辨其四足,则或料其为犬为羊,暗示之起,已较易易,使更近而略辨其头尾形式,则料其为犬,或然程度,已到十九。此为或然程度高低之实例。吾人授儿童以事物,而期其易起暗示,为法在使所起暗示之或然程度增高,即在对于事物本身有明了之观察,对于事物所含意义有明了之思想。即不宜仅使儿童认识书本,而不让其观察事物,亦不宜仅由教师始终讲授,而不让儿童自由思想也。

署名:卢思

《教育月刊》第 1 卷第 1 期

教育行政之要义

（1922 年 2 月 1 日）

予至惭，处于教育行政之地位，顾于教育行政无研究。川南师校十一班生，以距毕业之日不远也，研究教育之余，欲更知教育行政之大要，乃请讲授于予。予无以应，复不可却。事忙，复苦于讲授时间短促，不能有所考证。近以念虑偶及，与夫经验偶得者，提出讨论，凡五次而毕，乃复整理之以为是篇。不能谓于学理有合，区区所望，乃在教育行政有研究诸君子因是而指正之，庶处于教育行政之地位不幸如予者，亦得一线曙光，知所向往，不致长如今兹冥行摘埴也。

第一章　绪　言

吾以为凡吾人之所经营，无间于何种事业，但有进行，即有研究。决定事业之目的，首须研究者也；而达是目的之方法，横而各部，纵而各步，无不有待研究者。一步有困难，即有解决一步之方法，而此方法，即有待于先研究。故去年道署视学会议及中等学校校长会议，除讨论教育上实施之方法外，研究之方法亦与并重。各县各校，特取联络，以相稗助。教育行政，自亦有然。不过今之任教育行政者，不必于教育行政有研究也，无研究者，求其措施适如需要，不有舛误，难已。

研究教育行政，不仅任教育行政者所应为，不仅为欲任教育行政，乃应从事研究也。盖今各地教育所受教育行政之支配甚多,使所支配而有舛误,直接受其病者即教育也,故身任教育者亦应知教育行政为何物,今任教育行政者之所支配有当与否,无当,吾人当如何促其改革,俾能为教育之改革及扩张助。此则吾所甚望于肄业师范及担任教育诸君均措意者也。

顾是篇所提出者,问题耳。其间偶有推论,非已证明无误之定理,非已试验有效之良法,只能一一认为假定,尚有待于证明,尚有待于实施教育行政时证明。要之只可供实施时之参考,非遂可为实施者率循之准绳也。

第二章　定　义

欲下"教育行政"一词之定义,须先明彻"行政"一词之定义。通常所谓行政,乃对立法、司法而言,乃指立法、司法以外政府一切活动,即本于法律所赋予之权能,以为一切活动,以经营一切政治上事业之谓也。内务、外交、军政、财政皆是。教育行政,向隶内务行政范围,即今美国,中央犹无独立之教育行政机关,仅有一教育局隶于内务部。内务行政,有消极与积极之分。消极者,依法律赋予之权能,维持必要之秩序,使不至于被扰乱或被破坏也,如警察是。积极者,依法律赋予之权能,经营或扶助一种事业,使有充分之改革及发展,以呈美满之效果。教育行政,其一端也。故教育行政云者,在法律赋予可能的最大范围以内,经营或扶助教育事业,使有充分之改革及发展,以呈教育上美满之效果者也。教育事业内容至繁,范围至广,举其要而言之如下:

（一）普通教育

（二）专门教育

（三）社会教育

此外有因教育事业所在之区别而经营遂有不同者,如都市教育与乡村教育。有因一种人类对于教育需要上之悬殊而经营遂有不同者,如美国之黑人教育、移民教育,川南之苗民教育、凉夷教育。又对低能残废者所施之特殊教育,皆教育行政之所必扶助或经营,以谋发展或改革者也。

第三章　两大途径

吾人就教育现状观之,为量则少也,为质则劣也。以现状为出发点,所欲达之目的地,盖有两端:(一)量须达于普及;(二)质须达于完美。即须由现在教育之量,逐渐发展之,以达于普及,而复由现在教育之质,逐渐改革之,以达于完美,由是教育行政所必由之两大途径为:

(一)量的发展

(二)质的改革

此两大途径者,固须同时竭力以谋进行,顾主持教育行政者,或有先后缓急于其间。比较而观,果孰为尤急而为从事应先者乎? 请推论以明之。现在之教育,不良之教育也。不良教育之结果乃为害。吾人果置质的改革,而先量的发展,则是不良教育之发展,结果乃害之发展也,故应视质的改革为尤急。

不过于此复发生一问题,吾人果欲对于教育而谋质的改革,则立于教育行政之地位易乎? 立于教育实施之地位易乎? 此一问题,稍加审思,解决固易。盖立于教育实施之地位而谋质的改革,责于己者也,直接施以改革也。范围大不过一学校,比较于教育行政所及之范围固甚小也。立于教育行政之地位而谋质的改革,望诸人者也,间接施以改革也。范围至小亦为一学区,学校累数十,比较一学校所及之范围已甚大也。吾人果欲改革教育不良之质,立于教育行政之地位,断断不若实施教育之为易。果于教育行政而有志,则所研究者,不仅行政已也,与所属之教育事,尤须有研究,乃能传导夫实施教育者,使臻于完美之域。而其用智之周,用力之伟,举有加于实施教育,乃能有功。以今日四川之教育言,循于旧法,无间于教育界或教育界以外之人士,殆皆不信旧法之外,尚有所谓完美教育,使立于行政之地位,责教育界以改革,或对于教育界以外之人而口耵以改革,期其有所悟而动于中,愈非于教育有湛深之研究,乃更有浓郁之兴趣,热烈之感情,忠实之态度不能也。然而今之任教育行政或要求任教育行政者,果其具有此能力乎? 此则吾所怀疑而深慨者也。

第四章　教育行政之权限及任务

吾人既知教育行政应达之两大目的,与夫应由之两大途径,则须进而考究教育行政之界域,及其内容。横的方面之界域,固甚明了也,所办理者,必在教育事业范围以内而不能轶出其外。纵的方面之界域,则与教育实施之事项相连而甚混,如何划分始能各展所能,不至于相牵而为病? 换言之,即行政机关对于教育事业应有之权限,限度安在? 吾人欲考究之,须先明了教育事业为何种要素所结合以成,吾人应对教育要素加如何之力,从而知教育行政者应对教育事业办如何之事也。兹将在现今政治制度及社会制度之下,教育事业所含不可少之要素列举于左:

一、施教育者

二、受教育者

三、设备

四、材料

五、方法

在现今社会制度之下,一切设置及消费,均有赖于经费。离经费,则无所资以进行也,故经费亦为教育事业之要素。教育行政者,对于教育事业之要素,究须加如何之力,请更以所建见于各国所尝实施者,分别举于后:①对于施教育者:培育、检定、任用、待遇;对于受教育者:入学(规定资格、劝导、强迫)、在学(春[审]查成绩、规定年限、待遇)、毕业(成绩:审查、试验;待遇:任用、辅助、奖励);对于设备:规定纲要、指导设置、辅助研究;对于教材:规定科目、规定课程、编辑教本、审查教本、指导选择、辅助研究;对于方法:规定纲要、指导实施、辅助研究;对于经费:收入(全筹、补助)、支出(规定、监督)。

右表所列教育行政之事项,欧美列邦,采取而实施者,各沿于历史,应于需

---

① 此后一段文字原文为表的形式,此处改为文字表述。

要,而异其倾向。就其倾向而言之,有所谓管辖主义、辅助主义。对于施教育者而检定任用,对于受教育者而规定资格、审查或试验成绩,对于设备及方法而规定纲要,对于材料而规定课程、编辑教本,对于经费而规定或监督支出,皆采用管辖主义所必实施或重视者也。此外则属于辅助主义之范围。欧美列邦,有采管辖主义者,有采辅助主义者,有兼采管辖、辅助二主义者。吾国自有教育行政以至于今,迹所实施实毗于管辖主义。顾以与辅助主义相较,果孰结果为良,而为吾人所应采乎?则须知教育上之设备、材料、方法,如何而为最适宜,惟实施教育者有以研究得之,经验得之,外此纵偶有所得,亦断不若躬自实施者所得之亲切。即亦不必以教育行政者代大匠斲,而为种种规定,施种种监督以束缚之,驰骤之,使生机为蹙,改进不易,欲以利乎教育者,反以病乎教育也。由是,则管辖不如辅助,不过以目前情势推之,固不能骤然撤废管辖方面之设施,而代以其纯之辅助主义。惟倾向立须移易,须求管辖方面之设施日渐减少,以至于最低限度,而辅助事项,则尽力所能至,以设施之,然亦不宜长久以一切辅助事项自任,仍须辅助教育实施者使有自立自助之能力,日减教育行政之任务,而断不宜以任务攒于己为能,尤断不宜以权力揽于己为能也。

于此后有两问题:(一)目前教育行政上之权力及任务,究应至于如何程度,所根据者为何物?吾尝深思,惟一根据,殆为目前教育之状况,教育事业之各种要素,各为如何之状况,得其详悉,有资于视察,有资于统计,故视察与统计为解决教育行政问题最重要之两事。教育行政赖此以决所设施,设施限度,即限于教育实施者所未知或未能为,而又属于改进教育必要之事体。此则必由教育行政者担任之,或促教育实施者为之。即其相促,亦不能过用其权力,而贵引起其动机。换言之,仍不能一毗于管辖而贵竭力扶助之能事。此吾所下之假定也。(二)[1]将来教育行政上之权力及任务,应减至如何限度?欲解决之,须知教育实施者最后不能自为之事,即教育行政者最后不能更减之事。

---

[1] 原文(二)为"二",且为另一段落,从上下文看,显然顺序号应该为(二),且不应该另起一段。

就教育要素言,材料、方法及设备,教育实施者具有充裕之能力,自能以精密之研究,为适宜之处理,不劳教育行政者规定之,监督之。不必如法国教育总长一视其时表,即知全国小学其时方授何科、何课、用何方法。菲律宾之事业教育,所制为何成品,为何样式,均须中央教育局为之一一规定也。材料方法及设备果适宜,则学生自有良好之成绩,无论其在学或毕业,举无劳于教育行政者慎重的审查或试验也。教育普及,或更普及的提高以后,则对于学生入学,亦无待于教育行政者之劝导、强迫或规定,学校能应社会之需要而与社会为联络,学生毕业以后,自能善为谋所处。至于缺乏施教育之人才,彼培育师资之学校,亦必有以适应而供给之,均无须教育行政者之为力。然有两事终为教育实施者所不能自为,而教育行政者所必以自任,虽其权力及任务减到最低限度时,亦不能更减者。

其一,经费之补助。教育经费筹自行政机关而不能终赖行政机关,须渐筹得教育基金,期终有以自赖。不过国有若干区域,饶瘠互异,则教育事项有待经费而举者,优美之域,必难同吾跻。教育设施,有此不均,终属遗憾。一大区域内之各小区域,饶瘠互异之状况亦多类此。补救之计,惟有对于经费不足之区域或学校补助之。此种任务,任到何时,不能废去。惟补助之方法,现今各国,亦复各异。有依教师任用所自为准者,有依学生数或教师数为准者,有依学生数、教师数、学校之设备、教育之成绩为准者,有较大之区域为筹不足之一部分,而所属区域须自筹措一部分者。其为用,或在奖励学校之进行,或更养成较小区域自立之能力,而不专以较大区域为恃,此补助经费之事也。

其二,视察与统计,亦为教育行政上之任务,最后不可复减者。盖教育上之状况,不惟教育行政者须由视察与统计详悉知之,以为行政上使所根据,而尤须以之供给于教育实施[者],乃至关心教育者,俾有以知教育详悉之状况,或为裨助,或慰其希望。美国中央教育局最大之任务,即在综全国教育状况于局中,而复以之分布于全国,对于各省教育,无所谓计划,无所谓管理而其为效亦甚宏。视察与统计,非教育实施者所能为,即为之亦难普遍而完备,故教育行政者必以自任,虽减任务至于最低限度时此亦不能或减也。

第五章　教育行政之机关及区域

　　教育行政机关之权限及任务已有明了之假定,如以上所述。顾国无大小,教育行政之机关,每有数重。其区域最小者,即其地位最低者,区域愈大,则地位愈高,区域大至于全国,地位高至于中央机关也。例如吾国最小之区域为学区,以上为县为省,最后为国,其间递为统属之关系,惟自列国言之,统属关系之有无及强弱则各异,其原因于分权或集权之政治组织者位史甚远,非偶然也。不过假定吾人立于教育行政机关,而尚有其较小区域、较低机关为所管辖者,对之应有之权限及任务当为何如? 当一切发号施令督责之以求有功乎? 抑亦听其一切自为乎? 此所根据以为限度,亦同于吾前此之所假定,同于教育行政,对于教育实施者,权限及任务上应有之限度——须较低机关所未知或未能为者,乃倡为之,仍须逐渐养成较低机关之能力。至于最高限度,而吾所有权限及任务则逐渐减少至于最低限度,盖其倾向亦全与教育行政之对于教育实施者同,而断不宜集权于己,陷教育于统一束缚中,使不复有自由发展之地也。

　　其次,教育行政之区域,究如何划分? 与普通行政区异,抑与普通行政区域同? 亦应加以研究。不过适宜之划分,须根据教育行政之需要,无须争执与普通行政区域之异同。前此行政区域所由划分,缘于历史,迹其始初,每在文化未进,事业未昌之日,适宜于其日简单之需要,能否复适宜于今日? 事业百端,日益发达,需要各异,区域则一,其不适宜,甚易明了。① 从根本上言之,岂惟教育行政区域与普通行政区域之异同不成问题,即普通行政区域,亦无存在之余地。盖应于交通之需要,应有交通行政区域;应于实业之需要,应有实业行政区域;应于军事之需要,应有军事行政区域。各有其特殊之区域,不应复有所谓普通行政区域也。吾国教育行政区域,未尝特为适宜之划分,“列国亦

---

　　① 　原文为“明甚了易”,令人费解,显然系排印错误。

多有然者",自县以下,或与普通行政区域异,自县以上,则与普通行政区域同。菲律宾教育行政区域,全国四十一,普通行政区域,则全国一十六。如是各有适宜之划分,在教育行政之推行,有甚多之便利,无如何之牵制,吾国亦宜酌采之。自县以上,更就教育行政之需要,划分教育行政之区域,不必长以普通行政区域自局。不宁惟是,即教育事业中,大学教育,应有特殊之大学区域,实业教育,应有特殊之实业区域。亦各应因其需要而划分之,不必各种教育区域全同也。

第六章 教育行政机关之组织

教育行政机关之组织,不能立如何之标准,须视范围广狭,职务繁简而组织之,且不能一成不变,应于问题起灭,职务变迁,仍得随时增减,不过组织方法,今可略论及之。一机关内部之组织,或以事之性质分或以事之范围分,事之范围又或以地域,或以教育之种类分,或以教育事项之种类分。兹将英美及吾国中央教育行政机关组织概要,列表于后,①以见组织方法之概要也。

英　以性质分:法律局、调查报告局、庶务会计局;以范围分:以地域分(威尔士局)、以教育种类分(初等教育局、中等教育局、高等教育局、实业及技艺教育局)、以教育事项之种类分(卫生局)。

美　以性质分:编辑科、文牍科、统计科;以范围分:以教育种类分(教育行政科、乡村教育科、家庭教育科、幼儿教育科、高等教育科、职业教育科、黑人教育科、移民教育科)、以教育事项之种类分(学校行政科、学校卫生科、公民教育科、社会组织科、外国教育制度科、教员介绍科)。

中　以性质分:总务厅(秘书处、编审处、文书科、会计科、统计科、庶务科);以范围分:普通教育司(第一科师范教育、第二科中等教育、第三科小学教育、第四科实业教育)、专门教育司(第一科关于大学事项、第二科关于专门

---

① 以下英、美、中三国情况,原文为表的形式,此处改为文字表述。

学校事项、第三科关于留学及学会事项)、社会教育司(第一科关于陈列事项、第二科关于讲演戏剧等事项)。

教育机关如以事之范围分,于每一范围之下,乃以事之性质分,则使一范围之事,有专门之研究,为所长;而各范围之相互间则失联络,为所短。且就事之性质言,有须统筹其全,不能割裂而分属于各范围之下者。故仅以事之范围分,为非宜也。如以事之性质分,于每一性质之下,再分其范围,则一性质之任务可以举其全,为所长;而各依性质而分为数截,不能复专,为所短。最良为错综之方法,就性质言,甚重要者,如统计、会计、文牍等,于第一重组织提出而划分之,于第二重或第三重乃分范围。就范围言,甚重要者,如普通教育、专门教育、社会教育等,于第一重组织提出而划分之,于第二重或第三重乃分性质。要须一方谋划分之适宜,一方谋联络之周密,既贵分功(工),复贵协助。属于部分之问题,由部分决议之。属于全体之问题,由全体决议之。如是组织,举办事项,乃能敏活而周密,教育行政之推行,乃能迅速而少阻滞也。

右所陈述,若仅为中央教育行政机关之组织,而无与于地方,或仅足供大的区域组织行政机关之参考,而无与于小的区域。实则教育事业之范围,国家与地方,大的区域与小的区域,相去不甚悬殊,乃在职务之繁简,则组织之差异,亦不在方法,而只在规抚之大小。假定以一人而担任社会教育全部之职务,其在社会教育范围以内者,仍不能不有适宜之划分,完密之组织,特其完密度,可酌减耳。

视察亦为教育行政重要职务之一,前章已略言其关系,吾乃不列入机关组织之中,意以区域非甚大如一省以下者,教育行政机关之人员——省教育厅道教育科之科长、科员——均应担视察之职务。即全国疆域过大,行政人员,势有难兼,亦宜以其一部——以事之范围分者之一部——担视察之职务,而视察归部后,复于其范围相同、性质相关之职务,互易而担任之。譬如,第一年两次甲出视察,第二年两次乙出视察,第三年两次复由甲出视察,如是更迭,于教育行政之推行为助必大。吾国所采制度,则中央与各省之视察,皆为特殊之职务,有专任之人员,惟县以下,尚多以行政主持及协助之人员——如县视学及劝学员——兼任视察者,此外不复有也。且视察所采为分区制度,全国分为八区,四川一省分为五区,各县又分为数区十数区,而未尝有分科者。分科较分区为尤要,分区不过使区域小而视察可以从容,分科所以使职务专,而有从容之研究。就教育种类,应分为小学教育、中等教育、专门教育、实业教育等科目。就教育内容,应依小学教育事项中之重要者,如学校卫生科,中等教育、专门教育、实业教育之各项重要科目而分科,乃能于教材教法,及其他设施事项有深透之视察,及正确之批判,而断非学无专门之研究,事无专门之担任者,所能为役也。

第七章　结　论

教育行政之意,大要已尽于前。顾更以简单数语,为本篇之结论,而供担任教育行政诸君子之反省焉。教育行政有甚重大之责任,然而非即教育事业;经营教育行政,非即经营教育事业也。量的增加,须教育行政者直接经营之。质的改革,则须辅助教育实施者经营之。所循途径,所采方法,均有待于随时随地之研究,尤有待于竭所能至以进行。断断非苟焉视察,苟焉规划,便可相掉,可以利己。则贻害于教育事业滋大,愈非吾所忍言也。

署名:卢思

《教育月刊》1922 年 2 月 1 日第 1 卷第 1 期

教育考察团之组织

（1922 年 4 月 1 日）

　　四川自办学校，讲求所谓教育以来已达二十年，未始有倡考察教育之议者。教育之法，只问成法，不谋更易，教育设施，直可一切照例。学校照例有种种拘束禁止学生之规则，学生照例须受规则之支配——上课、自习、出入、食寝，学监则规则之看守者，照例须干涉违反规则之学生，教员照例须上教室为教科书任文言、白话间之翻译。苟做完此种种照例之能事，即可得一般人之称许。苟并此种种照例事项而怠废，在学校内相习，在一般人见惯，任教师者未始不内安于心，外亦不必见责于人。但相与屈指计岁月之迁流，盼寒暑假期之早到而已。既未尝加思想于自己担任之教育，自未尝萌意念考察他人或异地之教育。

　　以不佞所闻，由行政机关派遣专员出省考察教育，实始于永宁道尹公署。由教育界组织团体出省考察教育，实始于永宁道各中等学校校长及各县视学。由学校派遣毕业生出省且复出国考察教育，实始于国立成都高等师范学校。不佞窃以此为川省教育大改革之发动机。虽改革之结果为何如，此日不可知，要考察者归来，不能复安于前此教育不良之状况，而竞谋所以改革之，则不佞所敢预决者也！颇闻东川道视学亦有请求政府特许出省考察教育之议，窃愿继今以往，考察教育之团体，近赴南北各省，远赴欧美各邦，相属于长江道上，则四川教育之改革——由不良以臻于良，虽遏阻有不能，而良果为可期矣！

　　永宁道视学校长考察团，以四月内先后出发。校长团如何组织，不佞方在渝,未有所与闻。视学团则在渝组织时,不佞实与议其间,尝有一得之贡献,颇愿更以贡献于全川教育界。盖求旅行及考察教育之愉快、便利及一切时间、精力、金钱之经济,个人出发实不如团体。而团体无组织,则牵掣、扰乱、濡滞,结果反不如个人。故组织方法,为考察教育之先决问题,须于出发以前先谋解决之。就组织之性质言,方法有两类。

一、属于事务方面者,此为旅行便利计,不可不有之组织也。概要如次:

(一)文牍　担任信件之草拟、誊录、收发、保管等事。

(二)会计　管理考察旅费之收支、汇兑等事。

(三)庶务　管理下寓、购买船车票、行李运输、火[伙]食费用等事。

(四)交际　担任考察范围以外之接谈、访问等事。

以上四股,事简者可以一人独任,事繁者可以数人共任或轮任。如以数人共任,则所有职务,更宜为较细之分配;轮任,则事尤繁者,所定任期宜尤短也。着此组织之精神,以真得实施之便利,尚须:(一)分工负责,能自思索应办事项及应如何办理之方法,期在己愈经济,而对人愈周到;(二)各职员在职务范围内主张或办理之事项,有待一致行动或赞同时,则须牺牲个人之私利或偏好。假使甲愿乘车而乙必主张坐船,或丙用面包而丁必主张用饭,此等现象在团体中常有之,则上列执事人等将不胜其烦,团体组织或竟因而破坏。团体中之分子,如有旅行上之要求,无论在途在寓,均宜提出磋商,取得全体或多数之同意。不可一味孤行己意,遂与团体离异。又对于各职员宜有曲谅之心,尽协助之力,不可因不满意,遂生訾议,致当事者灰心,而复无裨于所訾议之事。

二、属于考察方面者,此为考察便利不可不有之组织。

川省教育界外出考察教育,首感困难者为时间问题,渝以上水陆交通之不便且不论。宜渝间仅有数月可航轮,春季考察,须在四月以后,乃有轮东下,一达七月,遂放暑假。秋季考察,须十一月以前即归,乃有轮西上。考察时期,屈指计之,皆不过三月上下。即此三月,又有一月以上在途,充量不过以六周乃至八周尽力于教育上之考察,而以职务上之关系,在主办教育行政者,寒暑假期为最重要。在主办学校者,一学期之始末为最重要。依现在行政机关及学校之组织,及一切改革之情形,主办人员尚未可长时间离职务而在外。以旅费上之关系,出入川省,所费已巨。一县教育方改革,而经费未增加,或地方较贫瘠者,筹费数百元,以资三数月时间,三数省区域考察之用,已非易易。自不能由春季出省考察,度越暑假,至十一月而后归。亦不能由秋季出省考察,度越寒假,至四五月而后归。从事考察之时间,终只能在六周乃至八周内。最短之时间,欲为最大之获得,则考察上之组织须最精密可知。

兹举组织方法之大要如此:

(一)教育行政　可更细分为:甲、机关之组织及办事之方法;乙、规划及设施;丙、视察统计及报告。

(二)学校教育　可更细分为:甲、学校组织及设备;乙、各科教材及教法;丙、训育;丁、体育;戊、其他事项。

(三)社会教育　可更细分为:甲、演讲及戏剧;乙、图书及各种陈列品;丙、其他事项。

考察任务之分配,亦可视任务繁简而变更,不必如右列各项之固定。团体人多,或以数人共考察一项;团体人少,或以一人考察数项。且必分负考察之责任,实为一人之精力、时间,或未能考察及于教育事业之全部而皆留意,且皆深至。既分则观察之时,问谈或讨论之时,各对于所担任之范围负完全责任,而仍可以其余力旁及于其他各部分。例如担任学校教育之考察者三人,问谈之时,甲则注重提出学校组织及设备上之问题,乙则注重提出教材及教法上之问题,丙则注重提出训育或体育上之问题。此所谓注重一部分问题,并非限制于一部分问题。不过每人精力比较有专注,发问比较有范围,谈话自必比较有条理,中肯綮。合若干人各所注重之一部分,相加而计其总量,当远超过一人所能兼顾之各部分。此种组织,于考察者之时间、精力,节省甚巨,故永宁道视学筹议考察教育时采取之。

一团出发,欲并南北各省而考察之,虽团体内部组织甚精密,亦非二三月间所能及。此次永宁道视学团,则分两大组。一组尽力考察南方,而以余力考察北方;一组尽力考察北方,而以余力考察南方。每组约十余人,尚有三数人东渡日本。他日归集于泸,除以所得贡献于教育界及其他各界外,必且互有贡献。第一步就地域上之分组,第二步就教育事业之范围上分股,始于分工,而终于互助。

国中考察教育者多矣,或以考察所得,著为专著,印行国中。窃尝取而读之,觉所录列,类只在当时教育之状况,即重在一种教育方法之成绩而未及于方法。或偶介绍方法之大要,如何运用则未详。

此类报告,未始不能引起教育界改革之思想,然影响仍小。因读之者虽有感动,仍迷于方法或方法之运用。教育事业之设施,苟能适于需要而着有成绩,必非偶然,必尝经若干之困难及若干之变更。一度变更,或且经甚深之考虑。虽甚微之点,亦常如此。此其历程,在教育家得之,乃真亲切有味,乃真有裨于实际设施上之参证。故考察教育时,谈话尤为重要。各种教育上之状况,有资于观察,而欲得其详晰之历程,必有资于谈话。黄君芸浓①考察教育归来为不佞言,言大江南北之学校,参观者日踵接于门,在办学校之人虽欢迎参观,终因应接莫给,于引导外,每每不能为从容之谈话。不佞以为,假使其学校办理寻常,设备方法均为吾人所已明了,则无从容谈话之必要,(假)使一学校设备、方法,各有其意义,而有待于寻求,则谈话实为寻求最要之方法,无论如何感有困难,必要求为数小时谈话。在办教育者有甚深意义之经验——其心得之点,亦即其兴味所在,实所乐于告于人。只虑考察者谈无条理,无关系之话,则非其职务繁忙之人之所愿。此为考。察教育最宜留意之点。诚能以教育家亲切有味之经验,列于报告,印行国中,则所贡献于教育界者必甚必大。故不佞于讨论组织方法以后,反复以为言。

署名:卢思

《教育月刊》1922 年 4 月 1 日第 1 卷第 2 期

---

① 黄芸浓即黄云龙。

一个根本事业怎样着手经营的一个意见

（1923 年）

△就政治方面可以着手的处所言

我们相信，无论什么事业，都应"大处着眼，小处着手"——这有两种解释，横的方面，事业要做到大的范围，却应从小的范围起；纵的方面，事业要做到大的进步，却应从小的步骤起。许多事业进行起来，都是起初艰难，后来便渐渐容易；起初缓慢，后来便渐渐快利。所以起初从小处着手，用力比较经济。在现今的中国——尤其在四川——提倡一种什么事业，起初更是艰难的。因为以前没有这些积极的事业，就有这些事业，没有怎么积极的经营，现在骤然积极地经营起来，第一便是感觉人才的缺乏。现在所谓人才，大抵工于对人，而忽于做事，他们没有经过做事的训练，对于事业没有志趣，自然因循而不振；就有志趣的，也多浮夸而无实。骤然做起事来，需要的人才还待一个一个地切实的训练。所以着手之初，宜为小规模的经营，以为逐渐训练的基础和准备。人才增加，事业自易发展。第二是感方法的困难。我们经营的事业，如果以前没有的，所用方法，是否经济，有无成效，自然我们不能判断，因为没有经验。就令事业以前有了，而经营的方法须根本改变，我们也是重新试验，结果必难完满，纵不至终于失败，意外挫折也终难免。事业的规模若大，此项挫折的损失也大，所以最初从小规模着手，也是一种最经济的方法。第三是经费的问题。建设事业，在在需要巨额的经费，在在需要取给于民间；而在中国数千年的成训，都是以轻徭减赋为善政，今若骤然建设事业多端，便要大加税捐，大

35

摄民间,民不愿意,便会大起反对。所以最初更宜以少的经费,经营规模小的事业,等到成绩显著,民众赞成以后,逐渐谋扩大的机会,便少许多困难的问题。

我对于这种建设的程序,提出具体的意见,贡于四川有志而且有力改革政治事业的人们。却并不是主张大家对于政治全局从此不问,不过希望大家对于"怎样着手改革政治"一点上特别注意,而且特别加力。积极方面,希望获得一些可靠的结果;消极方面,希望减少许多无谓的纷争。执口说以与人争执,人不相信,也得以另一种口说以与我争执;如果把主张的成绩实现出来了,人便自然相信了,虽然规模很小,影响也是很大的。

我现在并不能完全指出各种应该建设的事业和怎样建设的方法来。就我一时想到的,只能预说一个大概。而在进行中间,有三种必须留意的条件:(一)各种事业必须同时努力,因为社会问题,都是相互影响的,所以各种事业都是可以相互帮助的;(二)各种事业,都要天天想法,天天进步或改良,没有一个可以永停的地位、一种可以永守的方法;(三)在经营事业的途程上,对于一般人重在指导和帮助,期于引起他们的信心和同情,期于他们都有勇气,都有愉快的精神和积极的兴趣走到经营的路上去。我们想用这种方法替代那偏于用强迫手段急遽地改革社会或解决社会某方面的问题。因为社会不是急遽改革得了的,而施强迫的手段,每每弄到弥漫了愁怨或恐怖的空气,纵然能由强迫得着预期的结果,也未必就如预期那样圆满或迅疾,可使一般人深深印了愁怨或恐怖的刺激,而一切引起这种情绪和由这种情绪引起的行为成了积习,更是人类一种痼疾!一时不容易治疗得好的。所以我们应该用指导和帮助人的力量到最高度,而减强迫人的手段到最低度。

我所希望于有志的当局着手的初步,是集中精神在力所能及的区域以内,是更集中精神在力所能及的区域以内的两县或三县以内。指定两县或三县作为特别试验的区域,许多建设的事业和怎样建设的方法,都从这两县或三县的区域以内开始试验。今且把建设上的种种问题和应该注意的种种事项的大要列在下面:

甲、制度

一、以现行各种制度的大纲为起点。

二、不受现行各种制度的束缚,依于地方上或事业上的需要,而更依于审慎的计划和完密的手续,可以变更现行各种制度。(这一层是在现行制度下面应该容许的,切不可误把统一认为划一,分裂认为分歧。就一方面说,国家须统一,制度却不须划一;就他方面说,国家不可分裂,制度却可分歧。)

乙、人才

Ⅰ. 需要的条件

一、对于所有事业,有透彻的研究和见解;

二、对于事业的进行,能具体地设计;

三、对于事业的计划,能切实地进行;

四、对于进行的事项,能切实地整理。

Ⅱ. 任用的条件

一、经营一种事业的人,对于所有事业或事业的每一步骤,须拟具体的而又切于实施的计划。

二、按期进行并且进行到每期应到的地步。

三、届期报告:

1. 进行的事项和方法;2. 获得的成绩;3. 感受的困难;4. 届期未到达原有计划的地步的原因。

四、提高待遇,不提高地位。

丙、机关——主要各机关特别选用主持的人才

一、行政总机关——此对其他各机关含有以下各性质:

1. 帮助的;2. 联络的;3. 指导的;4. 监督的。

二、财政机关。

三、司法机关——监狱附。

四、教育行政机关。

五、实业行政机关。

六、交通行政机关。

七、市政机关。

八、团练机关。

丁、组织——各机关的组织

一、职务,依性质或范围重新分配;

二、有一定的办事时间;

三、有一定的办事处所;

四、有办事上一定相互衔接或联络;

五、有办事上需要的设备;

六、有关于左列各项精密的整理:

1.物的整理——款项、文卷、图书等的整理;2.事的整理。

附带的条件:

Ⅰ.变更组织和人员的条件:1.组织一经确定以后,只能随事变更,不能随人——机关主任的人——变更;2.人员一经确定以后,只能因事变更,不能因人变更。

Ⅱ.一切公开——用人公开,办事公开,收支款项公开。

戊、团体——应帮助或指导的团体

Ⅰ.地方的团体

一、城——由各街以到一区,由各区以到全城。

二、乡——由各团以到一场,由各场以到一乡或一镇。

三、县——由城各镇和各乡以到一县。

Ⅱ.职业的团体

一、商——由各帮以到商会。

二、工——由各帮以到工会。

三、农——由各乡农会以到县农会。

Ⅲ.团体的组织

一、议事的组织。

二、办事的组织。

Ⅳ. 团体的事业

一、如何改善团体中各分子的生活。

二、如何提高团体内各分子的知识和能力。

三、如何防御或救济团体内公共的灾害，寻求或促进团体内公共的福利。

己、联络

一、应相互联络的是：1. 各区域；2. 各机关；3. 各团体；4. 各事业。

二、相互联络的事项和方法：1. 协商；2. 互助；3. 交换方法；4. 比较成绩。

庚、事业

Ⅰ. 教育

一、量——须经营到：1. 义务教育与社会教育，以普及为度；2. 除义务教育外，各级学校以能供需要为度；3. 教育经费以能应教育上的需要——最初一步以能应最低需要为度。

二、质——期在受教育者：1. 有政治的、社会的、家庭的、职业的、游戏的等①实际生活的训练；2. 从实际生活上，有获得科学的、艺术的等②知识的能力；3. 有不自束缚于成见的思想；4. 有不拘于习惯的习惯。

Ⅱ. 教育行政

一、直接经营量的发展

1. 社会教育从城内经营起，同时巡回到四乡去；2. 义务教育须有统筹的计划，而从急切需要的区域经营起；3. 各级学校，依于社会需要的缓急，次第设施；4. 教育经费，须尽先以最大部分增加于教育事业上的设备。

二、辅导质的改善

1. 关于研究方面

①读书；②通信；③开会；④参观教育事业。

---

① "等"字原文为省略号。

② "等"字原文为省略号。

2. 关于实施方面

①教材;②教法;③训育;④设备;⑤与社会或家庭之联络。

三、经营和辅助的方法

1. 统计;2. 视察;3. 研究;4. 计划;5. 进行或催促进行;6. 奖励:①对于人员的奖励,寓于待遇方法内;②对于事业的奖励,寓于补助经费内。

Ⅲ. 实业

一、开发地方产业。

二、改进一般人职业上的状况。

三、增加一般有职业的人数,到最大度;使有财产者的生活也依赖职业,逐渐增加职业上的收入,限制财产上的利率。

Ⅳ. 实业行政

一、事业

1. 直接经营的——森林、矿产、大工厂等;2. 尽力辅导的——地方产业的经营和工人职业的改进。

二、方法

1. 调查——调查地方的物产、需要和职业状况等;2. 研究;3. 计划;4. 试验或经营;5. 宣传——传习、讲演或刊行报告;6. 为经营者代问、代办一切事项;7. 视察及指导;8. 奖励——促进其销场。

Ⅴ. 交通

一、关于水陆道路事项

1. 水——开凿滩险;2. 陆——修筑道路。

二、修筑道路的规模和方法,须视

1. 地方产业上的需要;2. 经过地方的运输上的需要。

三、促进各种交通事业

1. 促进船车事业;2. 促进邮电事业。

四、促进各种事业的方法

1. 辅助扩充或改良;2. 排除障碍。

Ⅵ.团练

一、征练的方法

1.征志愿的民丁,常备人数暂照现有的常练人数;2.分组递换,如把常练人数分为三组,每组训练六个月,便应两月递换一组——两月退伍一组,新征一组。

二、负担的任务

1.除匪患;2.御军队的暴乱或侵犯;3.负担其他保护人民和事业的任务。

Ⅶ.司法

A.审判

一、须力减手续和时间,以便利于有职业者和无产业者的诉讼案件。

二、须依事实上充分的证据和原因以为判断。

三、对于犯罪者,须依偶犯或惯犯的性质,而分别予以适宜的处办。

B.监狱

一、感化

1.藉谈话、演说、音乐——事项或其他的机会感化犯罪者;2.使犯罪者受友爱、正直的感化。

二、训练

1.藉工作、游戏、饮食起居——事项或其他的机会训练犯罪者;2.使犯罪者受勤劳、节省、洁净等训练。

Ⅷ.市政

一、关于工程事业

1.道路;2.污水之排泄,用水之供给;3.一切建筑物。

二、关于公安事业

1.警察注重——①服务的训练;②治安事项上的指导;③治安事项上的取缔。

2.消防注重——①消防的取缔;②救灾的设备。

三、关于卫生事项

1. 卫生的指导;2. 卫生的取缔;3. 卫生的设备。

四、关于公共娱乐事项

1. 娱乐的指导;2. 娱乐的取缔;3. 娱乐的设备。

Ⅸ. 综核

一、综核的机关——县以上的综核机关

二、综核的事项

1. 选择人才——选择各县主要各机关主持的人才;2. 审定计划;3. 考核成绩。

辛、经费

一、组织经费委员会——各县的经费委员会

Ⅰ. 委员

1. 地方团体选派;2. 职业团体选派。

Ⅱ. 任务

1. 筹措增加的经费;2. 审核预算和决算;3. 监察收支。

二、增加经费的步骤

Ⅰ. 增加支出

1. 从需要经费最急而又最感不敷之部分增加起,著了成绩以后,再增加到别部分;2. 从最低限度增加起,著了成绩以后,再增加到较大数。

Ⅱ. 增加收入

1. 先清积弊,从最初收入到最后支出,须求没有一钱入了私囊或作了私用;2. 次加各种无病平民的税收,并用累进率征收资产方面之所得税。

署名:卢思

北碚图书馆同名藏件

军队里的两种新事业

（1925 年上半年）

我们很诚恳的而且很急切的愿为中国的一般军人找一条可以倾向着走的路。因为现在大家走着的路，相互都冲突，在自身都会以最后失败为结局。至于国家或地方，更要承受剥削骚乱之祸，一切事业不能整理，不能兴举，无论轮到谁手，只有提高糟的程度。要图挽救，只有盼望军人们立把倾向变更了：由战争的倾向变到消灭战争，由破坏一切建设的倾向变到建设。这才是一切军人可以相携着走的路。由这一条路走去，对国家或地方才有最大的帮助，在自己才有最后的成功。但就前者说绝不是以战争消灭战争，就后者说绝不是侵越权限到行政上去。这其中的方法和理由说来很长，这里只说到可以建设的事业和建设事业的方法罢了。

甲、生产事业

一、目的

1. 为社会增加需要的生产。

2. 为官佐士兵准备退伍以后的职业上需要的知识和技能。

二、调查和选择

1. 调查

（1）销场方面——需要怎样？

（2）原料方面——供给怎样？

2.选择的标准

(1)销场很大的——地方很需要的或输出很便利的;

(2)原料很多的——地方能供给的或输入很便利的。

3.可供选择的事业

(1)农——普通农艺、园艺、蚕桑、森林、牧畜、水产、农产制造等。

(2)工——棉、丝、毛、各种染色及织造、金属、木属、竹属、藤属、各种器具的制造、各种土木建筑工程、各种印花工艺、各地方的特殊工艺等。

三、经营的步骤

1.最初

(1)规模

a.从少数人作工起。

b.从每人的少数时间作工起。

c.从简单的生产器具作工起。

(2)方法

a.工作的轮流:假设最初购置的生产器具,可供一连人工作,一连工作两小时,则至少可供一营人(四连人)轮流工作。

b.学习的轮流:假设最初购置的原料和生产器具,可供一营人轮流工作,而有军队一团,便可分为三期,轮流学习。若以半年为一期,中间不加生产器具,一年半间也可使全团的人学成。

2.最后

(1)逐渐增加作工的人数,到全体都能工作为度。

(2)逐渐增加作工的时间,到最大度。

(3)改用生产器具,到最完美的地步。

四、资本和赢利

1.资本的筹措法

(1)剔除军队里的一切积弊,节省军队里一切开支,以剩余的款项作资本。

(2)不足的资本依累进率分配于各级军官,共同担负。

(3)由比较高级的军官分任借贷,期于完足最低需要之数。

2.赢利的分配法

(1)酬报作工的官佐士兵:给予工资,并另分配红利;或完全分配红利,不另给予工资。

(2)付还借款。

(3)扩充经营:增多生产器具或改良生产器具。

五、组织

1.规模

(1)宜大规模经营的,由高级军官经营。

(2)宜小规模经营的,由低级军官经营,高级军官担负指导、帮助和考核的责任。

2.内容

(1)营业:采买和材料的保管、出品的保管和售卖、原料和出品间的计算、成本和价格间的计算。

(2)工作:分配、联络、考察、整理。

六、消费

1.种类

(1)公家消费:军事的、工作的、教育的、各种消费;

(2)私人消费:私人在军中和家属的消费。

2.经营

(1)购置:务求经济;

(2)售卖:务求价格减低。

七、银行

1.储蓄

(1)储款:按月储款;

(2)取款:定期取款或退伍时取款。

2. 借贷

（1）贷款人：退伍的官兵；

（2）贷款用途：经营生产；

（3）贷款保证：物的保证和人的保证。

乙、社会事业：帮助各方面经营

一、事业

1. 消极方面　防御或救济一切灾害：水、火、时疫、兵争、匪劫等灾害。

2. 积极方面　帮助经营一切增进福利的事业：教育、实业、交通、市政等事业。

二、应帮助的各方面，不问人的关系，只问事的关系

1. 军队方面

（1）自己的部属；

（2）各方的军队。

2. 政治方面

（1）政治机关；

（2）政治团体。

3. 社会方面

（1）有组织的：各种事业和各种团体；

（2）无组织的：一地方、一阶级、一种职业的民众和各个人。

三、应帮助的各要点

1. 组织

（1）要无组织的有组织；

（2）要组织不良的改良。

2. 进行

（1）积极的指导进行的方法增加进行的力量；

（2）消极的破除进行的障碍。

a 自然界的障碍；

b 社会上的障碍。

3. 报告

（1）报告所采的方法；

（2）报告进行的状况；

（3）报告所获的成绩。

四、编组

1. 指导部

（1）组织

a 总务股——担任调查、计划、派人实施指导等事宜；

b 讲演股——分为固定讲演和游行讲演，材料须重在故事、科学常识、公民常识、解决当前的问题的理由和方法等；

c 出版股——定期的出版：周刊、旬刊或半月刊；不定期的出版：小册子或传单；

d 交际股——担任通讯和接洽。

（2）应代办的事项

a 调查；

b 计划；

c 代办一切应办的事项；

d 代为设法解决所遇困难之问题。

（3）应具有的精神

a 引起人的同情；

b 坚定人的信心；

c 鼓舞人的勇气；

d 提高人的要求。

2. 实施部：组织

（1）保卫队

a 平时——保持地方的治安；

b 临时——保护灾难地方或维持会集场所的秩序。

（2）消防队

a 平时注意预防——减少火患发生之机，或预为火患发生之备；

b 临时立往扑救。

（3）卫生队

a 平时注意公共卫生的设施和个人卫生的指导；

b 临时对于时疫的发生，施以防御和救济。

（4）工程队

a 土木工程——修理已有道路，或提倡建筑马路或铁路；

b 建筑工程——建筑公共机关或公用场所。

3. 游戏部

（1）组织

a 音乐；

b 戏剧；

c 电影；

d 幻术和武技。

（2）演的性质

a 选择地点，取最低的费，容最多的人；

b 为各种团体的成立或会集，事业的创办或纪念，增加人众的兴趣。

丙、军队中需要的事业与精神

一、官佐士兵的教育

1. 教育的材料

（1）科学常识；

（2）公民常识：政治的、经济的、家庭的、各种生活的常识；

（3）运动；

（4）乐歌；

（5）扶助社会事业需要的知识或技能；

a普通的：在教育时间教授；

b专门的：特别减少工作时间或军事训练的时间教授。

2.教育的方法：重在经验的联络,扩充和整理。

(1)自然科学的材料：可以观察的必须观察,可以实验的必须实验或参观他人实验；

(2)社会生活的材料：重在故事的表演或讲演,或实地训练。

3.教育的设备

(1)设备的事项：图书、器械、标本、模型等。

(2)设备的方法：(a)借用；(b)购置；(c)采集。

二、研究

1.研究的方法

(1)派人学习：学理上的和应用上的学习；

(2)派人考察：组织上的和进行上的考察；

(3)与人通讯或接洽；

(4)延人教授或指导；

(5)开会研究一切事项。

2.研究的帮助

(1)求助于各种事业；

(2)求助于各种人才；

(3)求助于各种设备。

三、时间——各种生活所占每天的时间

1.增加工作时间到四小时或四小时以上；

2.增加教育时间到二小时或二小时以上；

3.减少军事训练时间到四小时或四小时以下。

四、经费

1.收支条件

(1)须事前有精密的预算；

（2）须随时有精密的登记；

（3）须按期有精密的整理。

2.公开事项

（1）预算公布；

（2）每月的计算公布；

（3）簿据和一切收据存根交付审查。

五、各种事业间的关系

1.应衔接的须互相衔接；

2.应帮助的须互相帮助；

3.应划分的须斩截划分。

六、军人的兴趣

1.移权利上的兴趣到事业上；

2.移提高地位的兴趣到提高事业的成绩上。

七、军人对人的态度

1.由仇恨而变亲爱；

2.由相互争夺而变为相互帮助。

丁、裁兵的办法

一、裁减官兵

1.志愿退伍：在职业上予以帮助；

2.因故开除：开除以后，不再招补。

二、裁减部队

1.裁的预备

（1）应裁的部队逐渐增加工作的时间，减少军事训练，以至于停止训练；

（2）应裁的部队逐渐增加工资，减少饷项，以至于停发饷项。

2.裁的方法

（1）解除武装和军事训练，便是纯粹的生产事业和社会事业的团体。生产事业规模大的应这样办理；

（2）全体解散,听他们在生产事业或社会事业上另行组织。生产规模小的可这样办理。

署名:卢思

（成都）昌福印刷公司,人生小丛书第三种

成都市市立通俗教育馆大事记①

（1925 年 7—8 月）

第一期　筹备初期

一、创议　十三年春,杨军长子惠②入成都,兼摄民政,委王旅长治易③督办成都市政,即有创办通俗教育馆之议。思自渝奉电召到成都助办市教育事业,自念识力不足以规恢宏远,但愿择一数间房屋以内之事业,以筹备到成立为期。与王督办议商数次,遂决定办通俗教育馆,并决定以商品陈列馆为经营之地,受委为筹备主任,时方在三月中旬也。

二、商品陈列馆之满目荒凉　既决定就商品陈列馆改经营通俗教育馆,遂随王督办往相度馆内外之房屋及地方。是时馆内房屋作陈列室者六向,员司丁役住用者四向,租人设茶肆者三向,废而未用者三向,半皆破败欲圮,动物园敝坏尤甚。室外,则私人所租菜圃花圃之外,遍是荒草。馆外广场,在纪念碑以西者,大半租人作菜圃,亦有租人房屋住家设肆者。紧贴于纪念碑之后,乃为说书唱书之场。破败茅棚,纵横夹成巷道,由西而东,直延至万春园外之木桥。纪念碑东及其西南环以私家花圃,枯篱杂树,凌乱满眼,仅余纵使横约二

①　原标题为"全馆大事记",撰写于 1925 年 7、8 月份,刊于 1926 年成都市立通俗教育馆编:《成都市市立通俗教育馆周年报告》。

②　杨森,字子惠。

③　王治易即王缵绪。

十丈许空旷之地,尚复有凉粉凉面等食物挑担,塞于场之西南隅,馆门之两旁也。

三、布置之大要　是时拟将通俗教育馆分为博物、图书、体育、音乐、讲演、出版、游艺、事务八部,并拟因地布置,期于短期间,筹备完成。乃决定就馆外之广场改为公共体育场,就入馆正中之两式房屋一向,及环绕于此房屋以面之房屋四向,共有陈列室八间,改为博物馆,而就所围旷地一幅之正中筑一花坛,就入馆东偏之房屋改为图书馆,两偏之房屋改为音乐室,音乐室西之房屋改为体育室。环池塘设椅,并筑路增树,植荷池中,以供游憩。改池东租茶社之房屋为讲演室及游艺室,乞讨池西租作社之房屋为事务所。事务所北有长十丈余之房屋租作电影室,改动物园外南北两偏之房屋为饮店。动物园原有地点甚狭,鸟兽栏不足以供鸟回旋,且破败不堪,乃就公园所有菜圃扩充二七丈余之地面,改建房屋,并于其东端辟后门利游人出入。不适用之房屋则折去,或移于僻隐之地,以之住宿丁役或储藏废物。此最初所欲置之大要情形也。

四、延请职员　既已决定通俗教育馆内部之组织,并商准于王督办,乃觅求各项职员。电邀省二女师庶务郑璧成君任博物部主任。由诸友介绍,得识高师体育教授陆君佩萱,聘为体育部主任,音乐教授叶伯和聘为音乐部主任。复聘公所教育科聂科长灿宵任出版部主任,刘科长仲容任讲演部主任。图书部初仅有管理一人,其后访得高师图书馆主任穆君耀枢系专门研究图书馆学者,乃请其到馆相助。此外职员由思直接觅求者三数人,余皆请托诸友转相介绍,急遽间,成此复杂之机关也。

五、接收商品陈列馆发生之问题　商品陈列馆原系省办事业,今改为市立通俗教育馆,老成持重者虑后来者生枝节,持议以为不可。杨军长方兼民政,毅然批准全将商品陈列馆所有房屋地面及陈列品拨归市有。迨由市接收后,复有持审慎说进于省署者,认为可由商品陈列馆改为通俗教育馆,终不可由省有改为市有,如必解决此问题,则权在省议会,不在省署。顾由省划归市办之事业,有先便在,此议省署置之,不久亦寝息矣。

六、退租　布置全局,须先将租出之房屋地段全行收回,乃能着手。顾佃户类系贫苦之人,租金复较私人所有地面房屋为轻,系租房屋者,别觅房屋,已感困难,系租土地者,已建筑之房屋,难复觅地建筑,已培植之花木难复觅地培植,所仅有之财力,陷于地上,半数收回。押金总额复巨,本馆未尝接收,市款非甚充裕,请于公所,未准如数发给,至于再请,乃准发给八成,限期迁徙,终屡逾期。不明此中情形者,且谤议朋兴,谓为虐民也。

第二期 由筹备到成立

一、重要之工程

甲、房屋 博物馆之工程重在培修房屋,添制并培修陈列用具。前此商品陈列馆就屋壁上悬挂图画,每与光线相背,今陈列图画、照片、植物标本及丝,皆就屋之正中插立隔板,陈列于其两面。图书馆则隔为二间,以其外为阅览室,内为藏书室。图书馆之南,商请杨督理子惠(时已任督理)捐款,新建一儿童图书室。音乐室亦隔为二间,以一间为演奏室,一间为教室。音乐室亦隔为两小室,一为游艺部准备室,一为讲演部准备室。事务所则隔一大间为会客室,由会客室入,隔一大间为公共办公室,更入则夹成巷道,左右各隔为三寝室。厨房移建于绕办事室之溪流以南。动物园新建兽栏八间,鸟栏八间,改修黑熊栏两向,虎豹栏两向,移园丁室于溪流以北,种竹为篱以蔽之。动物园西口之外,改修储藏室房屋一向,女宾茶社房屋一向,啡馆房屋一向,新修前后门售票房各一向,以甚狭小,每向中隔玻窗,外为售票房,可容两人并坐,内为寝室,有上下两床。其窗板挂平则为望板,其门闭则为售票房之门,开则为寝室之门,省工料也。电影场西新修馆警寝室两间,床皆有上下层,可容馆警二十人。又废去原有厕所,另择地新修男宾厕所二,女宾厕所一。

乙、交通 馆内原有道路,概经翻修,并应游览之需要,择要添筑。塘边之路原仅一面有之,今则绕塘一周。动物园前此未尝特筑道路,今则绕于鸟兽各栏,筑路相通。向仅有动物园西朽坏木桥一座,今则改修为朱色拱桥,于后门之外复建一绿色平桥,动物园内建一黄色平桥,桥身皆用宽约两寸木条,隔开五分钉于桥梁之上,使不致停蓄雨水及灰渣。出馆经运动场,凡四出入口,各筑宽一丈七尺或两丈之路。冬青路西口改建木桥一座,形式与馆内同。

丙、风景　原有竹树错杂于馆中各处,今则芟其芜杂,添购竹树,分别植之成行。入大门之左右,第一行为刺柏,第三行为紫荆,第二行则东为马尾松,西罗汉松。音乐室图书室之南,各植槐树一行。在物馆所围之地段,东西各植桂花一行,中央筑花坛一座,花坛之外植浅草而以生垣,生垣之外则列椅以供休憩。博物馆与电影室之间,培浅坪二,周围亦复环以生垣。儿童图书室之前莳花成纹,左右种竹成行。塘之周围仍前以桃、梅相间,引流入塘,滨流植扁柏一行。讲演室之东植石榴一行,西植梧桐一行。博物馆与塘之间仍前梅花一行,花下铺以浅草。动物园外河流之西岸植桂花一行,东岸植洋槐一行。入动物园左右皆植桂花成林。虎栏以东,植桂花一行,柏树一行,梅花一行,以西植柏树一行,以南植腊梅两行。鸟兽栏之间植柏树一行,复于其尽头处筑菱形花坛一座。花坛之东留隙地以待建筑,复暂作为花圃。路之两旁,在馆外者,或植杉树,或植冬青。在馆内者,或植干枝柴柏,以为生垣,或植麦冬草,灯草花、洋荷花,以供观赏。是时蓄种造苗不及,向各处搜购,为费颇不少也。

丁、运动场　馆外地面全辟为运动场,保路死事纪念碑以东画跑道四,筑跑道,以其内为足球场。纪念碑西南辟为队[足]球场一,篮球场一,网球场二。纪念碑西辟器械场一,北辟儿童运动场一。儿童运动场西辟浅草坪一,并于其中央筑花坛以供游赏。

二、博物馆

甲、征集　博物馆除选择商品陈列馆之陈列品外,仍多方征集陈列品。商品陈列馆原有者,以农工业品为最多,教育成绩品次之,他皆寥寥。今扩充史地、美术、自然各类陈列室,即亦须增加各类陈列品,且原有之农业品及教育成绩品亦多朽坏不堪,尤以籽种为甚,陈列须谋更新。故借第四次劝业会之机会,偕郑主任璧成在[再]征集陈列品一次。维时馆未成立,人未了解此项事业是何性质,颇生误会。得郑雨宜、王次陵、马德尊诸君之助,稍有征集。其后,复向成都各海陆空校,及各工厂、商号征集陈列品一次。农工业类及教育类陈列室,集新旧所有勉可敷衍。史地类则请张幼荃、杨叔明诸君,或搜所储藏,或转借诸储藏之家,得于开馆以前,陈列一室。美术类,西洋美术赖曾孝毅、林君墨、李剑秋、施效长、李德培、刘履安、袁少成、闵德新诸君,借所创作之品,陈列半壁。中国美术,则赖张幼荃、陈玉长、黄遂生诸君搜得图书若干幅,并商品陈列馆旧藏之图书画绣等品陈列之,以备一格。自然类原有矿石颇多,余多缺如。赖有人生社之采集,黄子裳君之剥制,动植物标本乃得各具数十百品,但以征集期短,复苦力弱,都多缺憾也。

乙、陈列 旧时商品陈列馆陈列各品,错杂混乱,毫无统系。一室之内常有各类陈列品,一类陈列品常陈于各室。今博物馆所有各品,概由郑主任璧成照料分类、分室陈列。每室之中复分细类,细类之下复分细类,使成统系。陈列有序,以便观览并比较。陈列用具,则大半沿用旧有者,而变更其陈列方式。如高柜原皆倚壁,妨碍光线,今则曲折相倚陈列于屋之正中。正面数层,以置陈列之品,背壁则悬图画、照片及织造之品可入匣悬挂者。在史地类陈列室添制“一”字形隔板以陈图书照片等,美术类陈列室添制“><”形隔板以陈图画及刺绣,自然类陈列室添制“><”形隔板以陈植物标本,农产类陈列室添制“丁”字形隔板以陈各县之丝。添制籽种谷籽种瓶以陈各种籽种。皆系一方就房屋,一方就陈列品斟酌为之,限于经费,未敢大更张也。

三、图书部

甲、成人图书馆 系求供普通阅览者,本拟设于馆外,因无适当房屋,乃暂就馆内觅屋经营。最初购置图书二千余册,以常识及小说为最多,普通科学参考用书次之,皆系就成都各书局现有图书中选择。需购置者或成都无有,则待诸后来添购。所有一切设备,如书架、报架、阅览桌、目录柜等,屡经研究更改。所有图书登录编目等,初无专门研究之人支持,进行甚滞。其后得穆耀枢君到馆相助,乃于一两月间,筹备完成。

乙、儿童图书室 馆内工程已到大半时,复念成都尚无儿童读书之所,成人图书馆,尚有隙地一幅,拟就以创建一儿童图书室。试以商于杨督理,请其捐助建筑设备之费,得概允,遂领款动工。室内求可以作儿童读书及开会游戏应用,平时陈列桌椅为读书之所,如开会则室隅有讲演之台,如游戏,则地板上有供列队游戏之线。建筑完成,计用银三千七百余元。惟儿童读物及玩具太少,搜遍成都所有,书不过数百种,玩具不过十数种。

四、体育部

体育部在求为公共运动之设备。除布置运动场外,关于球类、器械、田赛、径赛各种运动上所需之用具,完全设备,供人运用。布置制造之顷,由体育部职员分绘图样,分任指导,并聘指导员二人,名誉指导员若干人,备开馆后指导运动之方法。从暑假起,开女子体育会,择授体育上重要科目,以备将来教授小学校体育。

五、音乐部

除培修房舍,设置演奏室及教室用具外,(一)陆续购置中西乐器;(二)办音乐补习班,在开馆前两月,即开始授课;(三)拟招生组织音乐队,因托商号调查管乐全部,为价甚昂,乃暂从缓;(四)接洽中西各音乐专家,准备开馆后常开演奏会,使市民有欣赏音乐之地。

六、讲演部及出版部

两部选材,初皆决定以故事及常识为主,讲演部敦请研究理化博物之人,有实验的讲演科学常识,医师讲演卫生常识,农工业专家讲演农工业常识,文学专家讲演故事。出版部准备印行小丛书,亦分别敦请专家编著,则有以代坊肆间不良之出版物。

七、招考服务生

本馆组织既极繁复,办事助手需要极多,完全聘用员司办此新创事业,仍须一一经相当时期之训练。因此,决招服务生若干名,明定三年训练之时期,然后升为职员。在筹备期间凡招两次,录取各十余名。资格在高小学校毕业以上者,年龄在十四以上十八岁以下者。先检查体格,其健全无病,视力听力无亏者,榜列之,然后笔试。试其国文及数、理、史地各科常识,合格乃复口试,问其向来生活及家庭环境,并验其言语态度是否诚笃,然后决其去取。到馆之初,每月津贴银三元,每经六月升一级加津贴银一元。每日办事时间以外,仍定时教授国文、算术等科，但在筹备期间，办事甚忙，暇时无定，尚未能开始授课也。

第三期　开馆以后

一、会集

甲、纪庆日

1. 开馆　去年八月八日举行开馆仪式。会场设于馆门之外，成半圆形，环列千余人之座，来宾皆有券。各出入口派有童子军，持赠悬于胸前之小纸国旗，各路派有童子军指引，会场则由各部主任分区担任招待。开会杨督理、王督办、徐子休先生均有演说。会毕乃启门，引各来宾到各部参观。是晚电影不取费，游人拥挤，直到九点钟后乃渐散归。

2. 秋节　午前，平民教育促进会借运动场为游行出发集合之地，并有所表演。馆内又方开古物展览会，故游人甚众。午后，因杨督理假运动场招待市民闭馆。入晚，试演新剧，不另售票，观者数千人，剧场为之挤满。

3. 国庆　博物馆搜陈辛亥革命战争照片、革命人物照片、历任总统照片、历任四川军民长官照片、保路同志会各种印刷物、讨赵尔丰檄文、都督府布告等。图书馆搜陈与国庆有关之图书，体育部开各学校体育表演会，音乐部开中西乐各种演奏会，新剧部演新剧，新明电影社夜间放露天电影，讲演部延请学者在新剧场讲演与国庆有关之问题，出版部印售辛亥革命史，并散关于国旗使用法之传单，游艺部表演各种幻术、武技。全馆开放，馆门及新剧、电影、幻术、武技等均不售票，游人终日拥挤，夜十钟始散，为数至少达两万以上。国庆之第二、第三日仍有新剧、幻术、武技各种表演，中西乐各种演奏，每日游人照所售门票计算，均达一万上。

4. 元旦　敦请曾在各国留学诸友，纪述各国年节风俗，录贴于图书馆。搜集各种贺年片样式陈列之，以供仿照印制者之参考。音乐部开中西乐演奏会，体育部于一号举行足球比赛，二号举行篮球比赛，三号举行自由车比赛。一号游人达万以上,夜间请督署讲演团携所有电影机片在公共运动场演放电影,任人围观。

5. 春节 中华卫生教育会毕德辉医生到省,借其所携有关卫生问题之动画百余幅,陈列一周,并于春节第二日借其所携关于卫生问题之影片演放一晚。又从是日起,连演新剧、幻术、武技两周,初一、二、三日游人皆达一万以上,以后日亦七八千也。

6. 夏节 博物部搜陈与夏节有关之陈列品,如屈原像等。音乐部开演奏会,午后在新剧场表演京剧、川剧,不加售票。河内游船供人乘游。游人入馆者达两万以上,运动场公园皆极拥挤。

乙、欢迎会

1. 欢迎团务会议代表 杨督理于十三年九月召集全省团务会议,本馆送各代表游览券,请其随时入馆参观,并为开欢迎大会。开会之日,前后门均派职员招待,服务生轮流引导,先由王督办致欢迎辞,嗣请杨督理演说,各县团务代表亦有答辞。旋到音乐室听中西乐演奏,到电影场观电影,后乃散会。

2. 欢迎各县实业所长及所派代表 十四年一月省署发令召集第五次劝业会,本馆即发函欢迎各县实业所长。声明(1)凡各县实业所长或代表到省,本馆当特别派员招待,其于省城情形不熟者,当为之介绍或引导;(2)对于各所长及代表人各送游览券一张;(3)对于各所长及代表人各送本馆印刷物全份;(4)特开欢迎大会欢迎各所长及代表。此项欢迎函中并印有各所回覆之明信片,留有空白,填到省人员之姓字、住址、日期。又附有征集陈列品简章,请托各所人员为征集陈列品。旋得各所覆函,即派专员招待,并在会场设招待所,附设阅报室供人阅览。凡各所人员有到会报到者,招待员问明住址,即往与接洽。赠以游览券及印刷物,或并借与陈列用具助其布置一切。定期在馆特开欢迎大会,会场设于新剧场。开会时,先由市政公所提调孙少荆代表王督办致欢迎辞,次请杨督理演说,次请捷克斯拉夫人马德演说,由华西副校长苏道璞翻译。最后由思报告一年来之经过情形,及希望扶助之意。会毕,表演新剧、武技,并在音乐室演奏中西音乐,在电影室演放电影。

3. 欢迎外县运动员　十四年四月间,杨督理举办四川全省学校运动会,外县到省运动员约数百人。运动会毕之第二日,本馆会同运动会筹备处开会欢迎,并慰劳担任筹备诸人员。在新剧场开会,在电影室演放电影,其余各处均派有引导参观之人。

4. 欢迎师校毕业生　十四年夏,成都高等师范学校、省立第一师范学校、第一女子师范学校、华西协合师范学校、协合女子师范学校,各有学生一班毕业,本馆特为开欢迎会。敦请贝爱理教士讲演学校与社会之关系,方叔轩君讲演教学与游戏,张心如君讲演学校卫生,本馆音乐部叶主任伯和讲演小学校之乐歌,博物部郑主任璧成讲演学校博物馆,图书部穆主任耀枢讲演学校图书馆,而间以中西音乐之演奏。会毕,在电影室观演电影,影片借自华西大学,并由华西大学副校长苏道璞翻译。

丙、职员会

1. 全体职员会议　每月最后一周开会一次,讨论全馆应兴应革事宜。十三年开会三次,十四年开会三次,中间曾停止数月。

2. 各部主任联席会议　每星期日开会一次,讨论每周全馆应办及各部应取联络之事务。十三年开七次,十四年开十次。

3. 各部周会　每星期一事务部开会,星期二图书部开会,星期三博物部开会,星期四音乐部开会,星期五游艺部开会,星期六体育部开会,讨论各本部每周应办事项暨前周议决已办未办各事项。

4. 俱乐会　每月第一、第三两星期五、日开全馆俱乐会各一次,各部员生均参与。因平时各员生忙于办事,休息及相互接触之时间绝少,惟此为游戏及交际之良好机会也。

丁、名誉职员会

1. 会议　各部举办特殊事业,须请名誉职员襄助时,则约集名誉职员会议。如开古物展览会,先请陈玉长、沈靖卿、黄遂生、何尔辰、张幼荃诸君开筹备会议。开菊花会,则请马绍寅、应子乘、黄柱臣诸君开筹备会议。开音乐演奏会,则请张伯伦、龚圣俞、邱叔明、王斐然诸君会议。开体育表演会,则请张鼎新、陈土型、谢啸仙、秦雪棠、秦厉金、罗仲渠诸君会议。

2. 俱乐会　凡本馆开俱乐会,均通函欢迎各部名誉职员,节庆日亦必请各部名誉职员到馆聚会。

二、工程

1. 本馆　开馆以后,工程偶有减少,仍未停止。在露天电影场添建一座新剧台,并制新剧景六堂。在事务所西添建游艺部人员住室三间。改动物园土墙为花坛,高约三尺,上可植花两行,内外人影都在花间相望。植藤本香花于出入口左右,绕架以为门。移图书馆到馆外,就原有之房屋改为金石馆,移游艺场到新剧场,就原有之房屋改为武器馆及卫生馆。最近复在动物园新建一纵横三丈,高两丈之大鸟笼一座,在池塘南新建高三丈余之水塔一座,安设喷水机一具,并拟利用其屋顶为气象台。

2. 少城公园　折卸园门以内之石花茶社房屋一向,就其地改植菊树。折卸江边近河茶社及夏宜茶社房屋各一向,就其地改植梅花及柳树。折去新花桥亭及夏宜附近之桥亭一座,以便行船。折去镜桥房屋,准备植树。折去四川图书馆与公园间敝坏之长廊,种竹为篱,以代土墙。半边桥方面原有之门,狭窄敝陋,折去之。收回门外公地,加于正中间门,左右筑梅花墙,外面留为停舆之场。

新筑馆中游行之路,一绕江边,一穿中部,一到本馆后门。原有纵横二十丈以上之广场,今于其正中建纪念碑一座,绕以星形花坛。花坛之外为圆形之路,路由场之四隅成对角线,以会于此。两路间筑扇形花坛一,皆各植花成纹。扇形花坛以外,则植楠木四百株,纵横成行。今兹木本小,利树下隙地莳菊花万余本,准备秋节开菊花会。

金河贯园中,河北有荷池,隔以土堤,堤宽不过数尺,乃掘去之,但留其有大树成荫者三处,砌石以为岛。其一最高处可围坐以谈,其一穿石洞出入,其一砌倾斜之石层成峰。向之荷池,今乃成湖。湖北筑长堤,其西端及东端复各筑成半岛。造小船数只以供游驶,溯金河而上,可游到新西门。修金河及其支流小桥各一座,金河桥栏采网桥形式。又全淘贯入本馆及公园河流之污泥一次,而以所取之泥,砌高园内之山,今工尚未及半也。

就浣花茶楼改修为图书馆,下添地板,周围添窗壁,中添图书馆应有之台柜等,以楼下为阅览室,楼上为藏书室。

此外租由佃户经营者,永健滑冰场就金河北岸隙地筑滑冰场一幅,办事室一间。晋龄饭店就香积厨及其附近之房屋改修为便饭店。枕流浴室就龙园浴室旧有地面扩充之,改修为规模较大之浴室。鹤鸣茶圆内改修房屋一向为弹子房。鹤鸣浓荫两茶园外,折去木桥一座,改修木桥一座。

3.支机石公园　移祠堂街文昌宫之正殿到支机石公园中部,建筑大厅一座,改修支机石原有正殿为敞厅,改修两厢为办事室及休憩之房屋。于南北两端各建厕所一处,租与森深茶社。就园之北端建筑开设茶社之房屋两向。

园内地面,大部分颇洼下。入夏每成泽国,取土填筑,较前约高两尺以上。北端添辟一门。由园登游城垣,添筑两道,添购竹树植于城垣上下。

三、各部事业

甲、博物部

1.开办展览会　十三年九月开古物展览会,十月开古泉展览会,十一月开菊花会,十四年六月开照片展览会。

2.扩充陈列馆　开馆之初,有史地类、美术类、自然类、教育类、实业类八陈列室。十四年二月增加金石馆,七月增加卫生馆、武器馆。原有各陈列室亦皆易名馆。实业类各陈列室易名为工业馆、农业馆、模型馆。八月动物园增加大鸟笼一座,鸟若干。

3.征集陈列品　特在第五次劝业会征集陈列品一次,在西门外五里墩,彭县九尺铺检察古墓各一处,运取墓及中所藏古物。特派职员到峨眉,派服务生同实业考察团到松、理、茂,到大、小凉山采集各种标本。特请兵工厂赠送各种武器,华西大学浸制人体各种标本,此外仍随时随地采集各种陈列品。

4.注意当前之问题　如国庆日陈列与革命有关各种印刷物及照片。英日交涉发生,陈列各种民众运动之照片。夏节陈列屈原像之类。

乙、图书部

1. 迁移图书馆　图书馆在本馆内,阅览人为门票所限。十三年九月接奉公所改修少城公园之命令,遂决将图书移到公园内。十月动工,次年二月完成,随即迁移。五月开馆,取书阅览者,日由六七十人增加到百余人,阅报纸杂志者,晴日常以千计。

2. 举办儿童巡回图书馆　十四年寒假中经图书部周会议决,先就国立、省立、县立各小学试办十校,春季开学时筹备完成,约集各校图书管理员会商一度,即开始巡回。其余各校有自请加入者。放暑假时,乃暂停止。

3. 注意当前之问题　如国庆日搜陈与国庆有关之图书。全省学校运动会开会之前,搜陈关于体育各种参考图书。孙中山先生噩耗传来,搜陈关于孙先生一生事迹之各种记载。英日交涉发生,搜陈各种新闻材料及外交痛史之类。

丙、体育部

1. 关于教授者　办第一期武术班及女子体育会,均经依期毕业。

2. 关于指导者　每日午后均有指导员在场指导市民运动。各校学生在场竞球,常请指导员为任评判。十三年冬,复于每星期日延请名誉指导员到场举行特殊指导。寒假中,更分别定期指导田赛、径赛、球类、器械各种运动。

3. 关于会集者　十三年国庆日举办各级学校体育表演会,十一月举办幼稚生联合游艺会。十四年元旦后二日举行自由车竞驶,三月举行越野赛跑,暑假中举行田赛及器械运动之表演各一次。

丁、音乐部

1. 教授　从十三年夏季起办男女音乐补习班,补习者以女子为多。十四年春季暂停,暑假中复开班,全系女生补习。

2. 演奏　在全年中开西乐演奏会二十三次,昆曲演奏会七次,京剧演奏会十七次,表演一次,川剧演奏会十四次,表演一次。成都好尚音乐者少,延请演奏员至难。京川剧较多,西乐、昆曲乃各仅数人也。

戊、出版部

1. 小册子　印行通俗小丛书,计小说四种,戏剧三种,常识一种,诗歌一种。征求著作为难,嗣乃改编馆报。

2. 馆报　印行馆报十七期,每周印行一期,每期印行一小张。各部轮流出专号,记载各本部所有游人应知之事项及全馆重要之消息。

3. 传单　国庆日散发国旗应用法之传单,夏节日散发传染病预防法之传单。

己、讲演部

1. 讲演地点　在讲演室举行者十三次,新剧场举行者九,音乐室举行者两次。

2. 讲演题目　属于理化常识者六次,属于卫生常识者七次,属于实业常识者八次,属于风俗习惯者三次。

3. 讲演人员　延请各种专门学者讲演十四次,延请外国人讲演二次,本馆各部职员讲演七次。

庚、游艺部

开馆之初,在讲演室每日表演幻术两次,及在幼孩厂拔得练习生练习武技,并招东亚奇术团住馆,遂改在新剧场每日表演幻术、武技各一次。十四年停止,只准备在表演新剧及有各种会集之日表演。

辛、新剧部

1. 成立新剧部时期　聘新剧部设备主任一人,排演主任一人。邀研究新剧诸友助演,助演者先生二十余人,多系任教师、新闻记者、专门中等各校学生,纯以义务相助。最初表演,任人入观,异常拥挤。乃后售票,每座取设备费,钱为一百文到二百文,限制座位。每周演两次,星期三晚一次,星期日昼一次。

2. 裁撤新剧部以后　十四年二月以后,本馆经费支出,遂裁撤新剧部,改邀新剧团体表演,借用剧台及已有之化妆布景用品。款由新剧团体自收自支,略缴本馆备补助之费。于时旧有演员,成立美化社,又增加艺术研究社,与本馆商定轮流在场表演,每周表演两次。

壬、租出经营之事业

1. 电影场　租与新明电影院经营,有电影室一,露天电影场一。每夜演放一次,每星期日昼间加演一次。夏季在露天演放,冬季在室内演放,天晴在露天演放,天雨在室内演放。

2. 弹子房　租与合记体育球房。十四年春开始经营,在鹤鸣茶园内。自有台球三具,本馆加入一具,共四具。

3. 滑冰场　租与永健滑冰场经营。场南临河,东滨湖,有地三十三方丈,冰鞋十余双。春初开始经营,练习滑冰者颇多,入夏天气渐热较少。

4. 浴塘　租与枕流浴室经营。室有三等,春初落成。开始营业后,复多所修改,近渐完备。浴费廉者,每人只取钱二百文。

5. 便饭店　与晋龄饭店及聚丰园经营,均在公园内,于清洁事项,受本馆职员之检查及指导。

6. 咖啡馆　租与味道咖啡馆经营,售卖咖啡、点心而外,并治西餐。惟地点狭小,仅可容三数席人。

7. 茶社　少城公园减少四家,馆内则只准在环塘一带游人坐憩之处,及女宾休憩处卖茶。前此公园茶桌蔓延,遍林荫之下者,今概禁止,以利游观。

8. 花园　以运动场西隙地,租与延春及经香花圃,两花圃主人有助本馆搜求及培植花木之义务。

录自成都市立通俗教育馆编《成都市市立通俗教育馆周年报告》(1926 年)

署名:卢思

成都市市立通俗教育馆四部[①]

（1925 年 7—8 月）

讲　演　部

组织

一、职员

甲、设主任一人，商决于馆长，办理下列各事：

1. 延聘讲演人员；

2. 商订讲演时间题目及材料；

3. 设备讲演场所；

4. 编印讲演录。

乙、设助理一人，商承或襄助主任办理左列各事：

1. 排列并整理讲演日程；

2. 拟办并缮发函件及通告；

3. 布置讲演场，并准备一切用具；

4. 招待讲演人员；

5. 办理讲演统计。

---

① 原标题分别为"出版部""讲演部""新剧部""游艺部"，署名均为"卢思"，撰写于 1925 年 7、8 月份，刊于 1926 年成都市市立通俗教育馆编《成都市市立通俗教育馆周年报告》。

丙、设服务生一人,受主任及助理之指导,担任下列各事:

1. 清洁讲演室;

2. 管理讲演室器具及用品;

3. 练习速记;

4. 襄助助理办其他一切事项。

二、名誉职员

甲、常任讲演者

1. 延聘各专门学校、中等学校、理化博物教师,担任理科常识讲演;

2. 延聘各专门中等学校生理教师及西医,担任卫生常识讲演;

3. 延聘农业工业专门学校、工业试验所、农事试验场各处职员,担任实业常识讲演;

4. 延聘研究社会科学者,担任公民常识讲演;

5. 延聘研究文学者,担任故事讲演。

乙、临时讲演者

1. 对于临时发生之问题,如英日外交问题之类,请各专门学者及有经验之人讲演;

2. 敦请中外人士旅行到成都、川中人士出外留学或考察归来者讲演。

设备

一、讲演场所

甲、讲演室　最初设备者,现改为博物馆。

1. 大小　长七丈二尺,宽二丈四尺;

2. 座次　最长椅一百,可容人三百;

3. 讲台　上置讲桌、黑板诸用具;

4. 其他用途　(1)演幻术、武技;(2)置屏风贴图画,供游人休憩瞻仰。

乙、新剧场　十三年十月以后讲演常借用之。

1. 大小　长约十丈,宽约六丈;

2. 座次　置长椅长凳各若干,约可容人一千以上;

3. 剧台　讲演之顷,乃布置成讲演台。

丙、音乐室　间或借以为讲演室。

1. 大小　长三丈六,宽二丈;

2. 座次　可置长椅五十,可容人一百五十;

3. 演奏台　讲演之顷,乃布置成讲演台。

二、讲演用品

甲、图书模型或标本

1. 借自本馆别部;

2. 借自书局或学校;

3. 由讲演员自携以来。

乙、实验用具及药品

1. 借自各学校;

2. 由本馆购置;

3. 由讲演员自携以来。

三、簿录及广告

甲、登记簿

1. 名誉职员录　登记名誉职员之姓名行号、通信地点、原有职务及所任讲演科目;

2. 器物登记簿　凡本部各种器物如桌凳、图书、药品等类,均将名称、数量登入此簿;

3. 讲演登记簿　凡讲演一次,所有讲演人员、题目、日期须登此簿;

4. 会议录　凡本部周会议决事项,登人此簿;

5. 办事录　每日应办事项,须登入此簿。

乙、广告

1. 广告牌　悬于讲演室外及馆外者,每次讲演之前两日填写之;

2. 广告纸　系刻板印成,每次讲演之前,填以张贴街衢者。

四、经过概况

甲、方法上之变更

1.讲演问题　先重在输入理科卫生、实业各种常识,由讲演人员提出题目,尚能引起听者之兴趣,但究不甚亲切,乃更介绍本馆各部事业,以导游人,但又不必随时有之。乃决提出政治上或社会上当前应解决之紧急问题,为有系统之讲演,每人讲演一部分或一方面。

2.讲演人员　先请理化、博物、生理、政治、经济、文学各种专门学者担任讲演,其后加入本馆各部主任,又后乃就种种问题需要之讲演人员,随时敦请,不复固定也。

3.联络事项　先与武技、幻术联络,在讲演前或后,表演武技、幻术各一次,藉以召集听众。后因武技、幻术表演日久,观者日稀,乃改与新剧联络,在闭幕之顷讲演。

4.听众　专以讲演关系召集听众,殊感困难。有知识者不肯卒听,无知识者听难了解。而以有趣事项,如新剧或武技幻术召集,则来者主要目的在观表演,久听讲演,殊不耐烦,且妇女、小孩为多,嘈杂殊甚。后改提重要问题,讲演乃专欢迎与此问题有关之人士听讲,如欢迎各师校毕业生,为讲小学教育各种问题。欢迎各校学生,为讲与英日外交有关之各种问题是也。

乙、办事程序

1.商订讲演问题　先与讲演人商订讲演日期时间及问题,讲演之前一日,并去函通知准备情形。

2.发通函及广告　写广告牌悬于馆外,填广告纸贴于各街,或更送贴各校,或发函通知各校。

3.设置讲演场所　设置讲演台及座次,并设备实验需要之用品。

丙、讲演次数

1.平时

(1)理化常识六次;

(2)卫生常识七次;

(3)实业常识八次;

（4）风俗习惯三次。

2. 临时

（1）请中华卫生教育会总干事毕德辉医生讲一次；

（2）请美国植物学博士罗克讲演一次；

（3）请捷克斯拉夫国马德君讲演一次；

（4）请巴塘基督堂李国光君讲演巴塘风俗一次；

（5）请由南洋回川之濮永叔君讲演南洋近况一次。

3. 特殊问题

（1）为各师校毕业生，敦请贝爱理教士讲演小学教育与社会之关系；方叔轩君讲演教学与游戏；张心如君讲演学校卫生；叶伯和君讲演小学之乐歌；郑璧成君讲演学校博物馆；穆耀枢君讲演学校图书馆（因时间过长未及讲演）。

（2）为英日外交问题发生，敦请李哲生君讲演外交问题之历史的观察；尹亮易君讲演什么是爱国主义；廖学章君讲演英国之帝国主义；杨吉甫君讲演资本主义与外交；林叔彦君讲演英国政府及人民眼中之中国。此外尚有讲演问题未确定，均因各校已放暑假，定期讲演而未举行也。

出 版 部

甲、组织

一、设主任一人，其职务如左：

1. 编撰各种出版物；

2. 联络各种专门学者，编撰各种出版物；

3. 管理出版物之印刷及发行事务。

二、设助理一人，其职务如下：

1. 交涉印刷并管理交稿、送校及接收出版物等事务；

2. 经理出版之出入，及售得之款，并登记其账目。

三、设服务生一人，担任保管并收发出版物。

乙、设备

一、登记簿

1.丛书逐日登记簿　凡印行之通俗小丛书,收得印刷局若干部,赠送若干部,或售卖若干部,必立刻登记于逐日登记簿。

2.丛书分类登记簿　依丛书出入登记于逐日簿后,须于每晚转入分类簿,每周结录其所存部数。

3.丛书寄售登记簿　依寄售处分类,凡一寄售处寄售之丛书,及每周售卖之册数须登记于寄售簿。

4.馆报逐日登记簿　收得印刷局送来馆报若干份,购送或售卖若干份,须立刻登记于逐日簿。

5.馆报分类登记簿　依其分类,凡馆报出入登记于逐日簿后,须于每晚录入分类簿。

6.馆报预定簿　有订购馆报及应赠送馆报者,须登记于此簿。登记事项如下:子、收报人;丑、起迄期数;寅、所交款额。

7.馆报截送簿　此簿系活页本,每周一页,须同时有一年以上之页数,于一份报寄送之始,即查明其应停日,登记于簿上。如日历然。到一周,即查出其页填馆报应停各地,分别停送,并取下页加盖经手人戳记。另订入一册以备查考。簿式如左(略)。

二、统计表

1.丛书印刷统计表　每印行一种填列一次,表式如左(略)。

2.丛书出入统计表　每月填列一次,表式如左(略)。

3.丛书寄集统计表　每月填列一次,表式如左(略)。

4.馆报印刷统计表　每印一期,填列一次,表式如左(略)。

5.馆报出版统计表　每周填一次,表式如左(略)。

6.馆报截送统计表　每周填一次,表式如左(略)。

三、其他

1.办事录　登记逐日应办事项。

2.议事录　登记本部周会议决事项。

3.送稿簿　登记送稿日期、稿件、题目、件数、每年页数,交由印刷局查收盖章。

丙、进行概况

一、印行之出版物

1.通俗小丛书印九种　子、小说三种:短篇小说集、老妇人、一个农夫的话;丑、戏剧三种:卖妻公司、寻尸、刺李;寅、常识两种:防疫法、辛亥革命史;卯、诗歌一种:诗。

2.馆报出十七期　子、属于全馆者两期;丑、博物部专号共四期;寅、图书部专号共三期;卯、体育部专号共四期;辰、新剧部专号共三期;巳、音乐部专号一期。

3.传单出三次　子、十三年开馆时一次,说明馆内之陈设及游人可以欣赏之事业;丑、十三年双十节出一次,说明运用国旗之方法,另一张说明双十节之来历;寅、十四年夏节出一次,说明夏令之病症及其预防之方法。

二、变迁之原委

第一期　计划以小丛书充满坊肆,替代不良之印刷物,分为小说、戏剧、歌谣、常识四类。用一般人日常易于经验之事实为材料,用极明显之白话具体的叙述,或描写出来,不惟易于了解,抑且极有趣味(下缺)。

新　剧　部

甲、组织

第一期　从十三年秋节到双十节,附属于游艺部内。

1.设排演主任一人,专担任选择剧本、接洽剧员,兼管理关于排演新剧之一切事务。

2.设设备主任一人,专担任采办或监制各种布景、化妆用品,并管理各种已有之设备。

3. 演员若干人,大抵在新闻界、教育界任职。纯为提倡戏剧,扶助社会教育。到馆表演,系名誉职,由馆邀请。

第二期　从十三年双十节至十四年三月,新剧部离游艺部而独立。除第一期所有演员及职员外,并添:

1. 演员若干人,大抵系在大学及中等学校读书者,以事业及友谊关系到馆助演,系名誉职;

2. 布景员二人,演剧时专任布景,系名誉职;

3. 排演员一人,襄助排演主任选择剧本,商配演员;

4. 设备员一人,襄助设备主任,保管布景、化妆各种用品;

5. 服务生固定者一人,专任演剧前后取用,并归还布景、化妆各种用品。演剧时由别部派往者二人,或三人,专任卖票或收票等事;

6. 杂役一人,受本部各职员之指挥,办理各种事务。

第三期　自十四年四月到七月,新剧部撤销,欢迎新剧团体在馆演剧。

1. 新剧团体

(1)美化社,原有演员及新剧部职员所组成;

(2)艺术研究社,新加入本馆表演者,社员大抵系四川美术专校学生。

2. 本馆所派员生丁役

(1)由事务部保管员兼保管新剧用品;

(2)仍留服务生一人,于演剧时取用并归还各种用品;

(3)仍留杂役一人,供两团体指挥办理诸事。

乙、设备

第一期

1. 自制　供第一次演时,制室内背景三堂;供第二次演时,制火景一堂;供第三次演时,制野景一堂,景一堂,添制室内景二堂,扶梯栏杆及其他应有景物附之,并建剧台一座。

2. 自购　化妆品中之耗用者。

3. 借取　(1)借取之物。布景如桌椅等陈设之品,化妆、衣服等装饰之品;(2)借取之处。馆内各部,馆外各友人家。

第二期

1. 自制

(1)布景 扩大剧台,添制室内景一堂。配景之物,如亭、栏、井等。陈设之具,如桌、椅、床、塌等,自制者凡数十种,添制观剧人坐凳约一百根。

(2)化妆 利用博物馆陈列剩余之料,并选购需用需要之细料,缝制各种女衫裙。

2. 自购

(1)布景 几案上之陈设,如花瓶、杯盘等。

(2)化妆 新旧各式装饰品。

(3)借取 无力新制新购者,仍暂向外借取。

第三期

1. 本馆设备者 除前两期所有者新加只以背景为限。

2. 团体设备者 属团体所有,其无力设备者,仍向外借取。

丙、进行概况

第一期

1. 创议 本馆筹备之始,即拟创办新剧事业,并定由游艺部经理之。苦无人有此经验,延至于开馆以后,乃约曾孝谷、王怡庵诸君,暨音乐、出版两部职员会商,金以约集演员为第一困难问题,遂请王怡庵约集演员准备秋节试演,一面征求馆内职员服务生加入。

2. 试演 由王怡庵君约得杨鉴莹、张拾遗、张望云、周存宪、谢□祥、江啸秋诸君共同筹备。画背景、借装饰、选择剧本、分配试演时之演员及职务,于秋节之夜试演。刘君啸嵩亦于是晚加入。本馆服务生加入一人。

3. 续演 试演一次以后,王君怡庵离省,仍聘杨鉴莹君担任排演,刘啸嵩担任设备,约得杨君志文、周君晓帆助演一次。两君皆在华西肄业,因此更约得华西大学、中学同学数十人,准备双十节表演,并准备以后定期常演。双十节连演三日。第一、二两日,未限座次,十分拥挤。第三日乃售票,每人钱一百文,入观者约千人上下。

4.经费　所有舆马费、津贴、消费、设备等款,概由馆内开支。

第二期

1.约定职员及演员　约杨君志文襄画排演,周君晓帆襄助设备,常住馆中。张君望运纯尽义务,管理布景,亦常住馆中。约定各学校同学十八人,在教育界、新闻界任职者数人,按期到馆助演。

2.确定演剧日期　各校同学,星期日乃便出校,而任有职务者,每须夜间乃有余闲。遂确定每星期演两次,一次在星期日昼,演员大半系各校同学。一次在星期三晚,演员大半系有教育界或新闻界职务者。

3.预备演剧情形　排演人员,随时须选定两周以后之剧本,于每次演剧后,即集商下次演剧应留意之事项,并配定演员分头预备需要之设备,列单交馆长核阅。或制、或购、或借,决定后,乃交由事务、新剧两分别办理。

4.观剧人　以军政界、教育界人士及学生为多。女子几占半数。星期日,各机关各学校放假,观剧者常达廿百人以上。星期三晚,亦常有二三百人左右。

5.经费　所有舆马费、津贴、设备、消费等开支,概由本馆担任。售票由一百至二百文,所入月仅百余元,仅足补助设备之费。

6.募捐　春节中新剧演员为谋准备成立团体募集基金,商定于本馆演剧日期以外演剧两周,募捐票每座仍仅钱二百文,消费过大,余款亦无几也。

第三期

1.改组原因　本馆经费支出,多设备则力难胜任,少设备新剧又难改进。演员复间有以事牵掣,不能如期到馆助演者,始议减少表演次数,终难维持进行,乃议改组办法。

2.改组办法　由馆欢迎新剧团体表演。所有馆中设备,自剧台布景、化妆等物,以至剧场椅凳,完全借与团体使用。票由团体自售,经费除服务生、杂役及电灯费用由馆担任外,余由团体担任。新增加之设备,较固定者如背景之类,由馆设备。在各团体每次演剧售票所入之款内扣取五分之一,作此项设备费。其余布景中之陈设,或化妆中之服饰等品,则由团体自行购置或借取。

3. 演剧团体及日期 改组办法既定,艺术社便有代表到馆商洽一切,其任有职务者,并即移住馆中准备表演。前次到馆助演诸员中,复有大部分组成美化社,准备表演。旋由两团体商定时间,每星期各演一次。此星期美化社在星期六昼演,艺术社在星期日晚演,下星期则两团体互易其时间。

4. 票费与观剧人 两团体最初售票,每座仍仅取费二百文,后因设备、消费开支甚大,加费为四百文,观剧者初常四五百人。后因战事起,天气复渐热,渐次减少,每次仅一两百人。

5. 募捐 五卅事起,成都外交后援会倡议募捐,汇济沪工人。两剧团协议,演剧募捐方法,除演新剧以外,并演京剧、川剧、幻术、武技,凡一星期。

6. 停滞情形 各学校放暑假后,演员多半回里,于是两团皆停止进行,拟俟秋季开学后,再协议组合成团体表演云。

游 艺 部

甲、组织

第一期 在开馆以前

1. 设主任一人,其职务如左:子、计划本部一切进行事务,仍商决于馆长;丑、指导本部职员服务生办理一切事务;寅、主持表演事项;卯、联络长于游技之人才,常到本馆相助表演。

2. 设助理一人,职务如左:子、表演幻术;丑、采买监制并管理本部用具;寅、商承主任办理其他一切事务。

3. 设服务生一人,职务如左:子、保管本部所有用具;丑、登记本部一切簿册;寅、受主任及职员之指导,办理其他一切事务。

4. 设杂役一人,职务如左:子、担任游艺室内之清洁事项;丑、安置游艺室内之清洁桌椅等件;寅、受主任及职员之指挥办理诸事。

第二期 从开馆到十四年三月,除第一期所员生丁役外,并添:

1.练习生六人,系自幼孩厂选来,专练习各种武技;

2.武技教习一人,专教各练习生表演武技;

3.武技助教二人,襄助武技教习教各练习生并表演武技。

第三期 十四年三月以后,游艺部自给,裁撤职员服务生,仅留主任一人,助教一人,练习生六人,馆中不为担任经费。

乙、设备

一、表演幻术用者

1.新制者 各种帷幕,各种铁制、木制、纸制等用具,及演幻术者着用之服装。

2.新购者 各种普通用具如伞及杯盘等。

3.借用者 博物部陈列剩余之材料及用品。

二、表演武技用者

1.练习生之服装;

2.各种武技上之用具。

三、辅助表演用者 洋鼓、喇叭、军笛等。

四、游人用者 汽枪。

五、登记用者

1.幻术用具簿 须填明名称、数量、用途及制造年月等。

2.武技用具簿 填法同前。

3.表演登记簿 登记表演武技、幻术之日期及项目。

4.汽枪登记簿 登记游人射击汽枪之次数,及所收之费额。

5.汽枪票 游人射击汽枪一次,须先扯票一张,票有存根,须于每册完时交事务部查对。

6.议事录 登记周会议决事项。

7.办事录 逐日登记应办之事项。

丙、进行概况

第一期 由十三年开馆到双十节

1.幻术　每日表演幻术两次,午前十一点钟到十二点钟一次,午后六点半到七点半一次。每次表演幻术两种或三种,地点在讲演室。

2.武技　练习生在此期内,练习翻竹竿、翻铁棒、翻筋斗等。

第二期　由双十节到十四年春节

1.幻术　加入东亚奇术团助演,每日一次,地点改在新剧场。

2.武技　游艺部练习生已能翻竹竿、翻铁棒,一面又练习踏球、翻四方绳。东亚奇术团并加入助演,每日一次,在新剧场。

第三期　由春节到三月

1.幻术　在春节中,每日售票表演两次,每座取钱一文,以助设备费,地点在讲演室。

2.武技　在新剧之后表演,此期练习生已能踏球、翻四方绳。

第四期　由三月到七月,游艺部改为自给,其方法如次:

1.表演武技、幻术,概由游艺部售票;

2.雇请洋琴清唱,附带卖饮料;

3.由练习生售卖点心,本馆仍为津贴食费。

录自成都市立通俗教育馆编《成都市市立
通俗教育馆周年报告》(1926年)

署名:卢思

两市村之建设

（1925 年 8 月）

合川县城南岸市村建设之意见

缘起

（一）窃以为求在国内政治、教育、经济等各方面，有完美之改革及经营，最终固应普遍而彻底，最初则有其基址。就地方言，乃应以一市一村为起点；就事业言，乃应以一端二端为起点。本此理由，爰为市村逐步建设之计划，为一市村以内各种事业逐步建设之计划。

（二）窃以为合川锁三江之口，交通至便，上下行之货，属于原料者泰半（如花、纱、丝、毛、皮等），成品之需要尤宏，可以就地制造者无数。物价低，人工廉，燃料之供给亦丰，但得治安上之保障，实业极易发展。而县城南岸有纵约十里，横亦数里之平原、依江流之形势，将来轮船停泊，亦应在焉，故计划以县城南岸为经营之起点。

（三）窃以为建设完美之社会事业，必赖巨额之经费。若拨地方之公款，或加地方之税捐，则易起反对与纠纷；为额过巨，地方且终难胜任。故在事业之效未著以前，主张树植经费之基础于实业之盈利上，故拟将所有建设计划分两时期进行焉。

办法

第一期　贯注全力经营实业之时期

一、可经营之实业

甲、工业方面

Ⅰ.本县及上下各县原料之供给较丰者;

Ⅱ.本县及上下各县销场之需要较大者;

Ⅲ.地方原有工业,可改用机械或应用化学方法制造者;

Ⅳ.进口货品可由地方仿照制造者。

例如榨油、造纸、缫丝、丝织、棉织、毛织、制造五金杂货,及一切附属工业等。

乙、农林方面　在可发展之市场区域以外

Ⅰ.改良普通农产方法;

Ⅱ.提倡园艺;

Ⅲ.提倡造林;

Ⅳ.提倡牧畜;

Ⅴ.提倡农产制造。

二、经营之程序

甲、选择

Ⅰ.先从地方需要较急之实业着手;

Ⅱ.先从经营较易之实业着手;

Ⅲ.先从赢利较大或较可靠之实业着手。

乙、进行——先从极小规模着手

三、资本及赢利

甲、资本

Ⅰ.个人经营;

Ⅱ.集股经营;

Ⅲ.在宗旨相同之条件内,扶助人经营,或扶助人集股经营。

乙、赢利——分配于四项

Ⅰ.红息　较一般之红息为轻;

Ⅱ.工作之报酬　较一般之报酬为重;

Ⅲ.公积金——以之扩充经营；

Ⅳ.社会事业经费。

1.存储以为次第经营社会事业之经费；

2.划拨一部以为贷助青年研究各项专门学术（建设需要之专门学术）之费。

四、经营之方法

甲、筹备

Ⅰ.调查事项

1.原料；

2.工具；

3.销场；

4.需要之资本；

5.组织及进行之方法。

Ⅱ.计划事项

1.关于各部之组织及设备事项；

2.关于逐步之进行、准备及整理事项；

3.关于资本之预算及募集事项。

乙、组织

Ⅰ.内部须有经济之组织，职务可由一人兼任者，初必兼任之，到不能兼任时，乃更添设一人。

Ⅱ.每种职务须有甚明之权责。

Ⅲ.各部职务相互往还间，须有甚密之联络及甚完之手续。

Ⅳ.任用工人或职员。

1.须经测验；

2.须经训练；

3.有认真之考核及奖励；

4.有逐渐加优之待遇。

丙、进行

Ⅰ.原料

1.尽力搜求其良者；

2.趁价值之低落。

Ⅱ.工作

1.促进工作之经济；

2.促进工作之精美。

Ⅲ.开支

1.求人员薪资之节省；

2.求设备之节省；

3.求一切消费之节省；

4.求废料之利用及节省。

Ⅳ.销售

1.研究广告及贩卖之方法；

2.谋分销处之推广。

丁、报告

Ⅰ.营业之经过；

Ⅱ.款项、原料及成品之出入；

Ⅲ.工作中之工作状况。

五、交通

第一步——渝合间之交通事业

Ⅰ.以三峡上下团练之力保持渝合间交通上之治安；

Ⅱ.提倡渝合间之轮航。

1.开凿滩险；

2.促进船业。

第二步——合川以上之交通事业

Ⅰ.逐渐辅助合川以上沿江团练保持沿江之治安；

Ⅱ.提倡合川以上之轮航、最先沿涪江到遂宁,其次沿嘉陵江到顺庆,又次沿渠江到三汇。

第二期　着手建设市村事业之时期

一、建筑市场之计划

甲、应划分之地段

Ⅰ.市街之地段(接近江滨之地段);

Ⅱ.工厂所在之地段(市街以外,接近轮船码头之地段);

Ⅲ.居民住户之地段(市街以外,距离工厂稍远之地段);

Ⅳ.公共机关及场所所在之地段(全市适中之地段);

Ⅴ.马路所经之路线(除沿江及到轮船码头必筑马路外,其余视地形及全市交通上之需要划定马路所经之路线)。

乙、建筑之程序

Ⅰ.依各种营业之需要,逐渐建筑市街之房屋;

Ⅱ.依居民户口之需要,逐渐建筑市街以外之房屋;

Ⅲ.依各种公共事业成立之需要,逐渐建筑公共机关或场所;

Ⅳ.依市场交通上之需要,逐渐筑修马路。

丙、各种公私建筑应遵之条件

Ⅰ.卫生上之条件;

Ⅱ.交通上之条件;

Ⅲ.灾患预防之条件。

丁、市场需要之各种工程上之设施

Ⅰ.沟渠;

Ⅱ.自来水;

Ⅲ.电话、电灯;

Ⅳ.厕所;

Ⅴ.菜场。

二、各种社会事业之经营(以渐及于附近之乡村)

甲、教育事业

Ⅰ.学校教育

自小学办起,以后视经费之能力,扩充到中学,更扩充到需要之大学某科或某种专门学校。并拟于市中社会事业建设完备以后,试验一种理想上之学校组织及教育方法。教材上观察或实验之设备,乃至于一切教育环境,不复限在学校内,而什〔十〕九在社会上。譬如教动物学,到动物园或博物馆;教工业,到工厂;参考图书,到图书馆;练习演讲,到公共演讲处;贩卖设于市场;树艺附于农事试验场;运动常在公共运动场。自治不仅限于学校以内,乃更酌量依儿童所在区域,练习地方自治,依儿童所习职业,练习职业自治。视年力之所胜,各□以相当之任务,年龄渐长则任务有加,到成年,则与一般公民等。学校以内不过为集合、准备、整理所学之地。其有教学事项,社会上不能为应有之设备,或无须由社会上设备者,亦于学校以内实施之。

Ⅱ.社会教育

1.主旨 予一般人以各种生活——政治、经济、家庭、团体等生活——之指导;

2.设备 设图书馆、博物馆、美术馆、音乐社、讲演所、阅报室、公共运动场等;

3.机会 利用各种陈列、试验、人众参观之机会、各种会集或纪念之机会,地方或各种职业上发生何种问题之机会;

4.材料 须切于一般人当时当中急切之需要;

5.方法 (a)讲演——除利用各种陈列、试验之机会外,关于常识之材料,一切寓于故事或具体之问题中,不为抽象之讲演。(b)表演。(c)指导或传习——对于一种知识及技能,为特别之指导或传习。(d)印刷物——印行图书、传单、小册子、通俗日报或周报等;

6.改良事项——戏剧、鼓书、评书、宣讲等均应谋改良之方法。

乙、经济方面之辅助事业

Ⅰ.实业方面

1. 关于资本者——设立银行,贷与资本;提倡信用或生产协社,以利生产;

2. 关于研究者——设农事试验场、工业化验所,商品陈列所等,导人参观,为人说明,对于特殊之方法则更特别予人以传习或指导之机会;

3. 关于调查者——调查各处实业状况,以供研究或经营实业者之参考;或应经营实业者之请托,代向各处询问或调查;

4. 关于经营之筹备者——代为规划进行或组织方法,物色人才,购买机械或原料;

5. 关于销售者——设立贸易介绍所,代谋销售之推广。

Ⅱ. 个人生活方面

1. 储蓄——由银行办理;

2. 消费——提倡消费协社;

3. 职业——设职业介绍及指导机关(此或由各组织团体任之)。

丙、卫生事业

Ⅰ. 关于指导事项　此与社会教育联络办理

1. 指示内外病症传染之原因及危害;

2. 指导个人及公共卫生之方法。

Ⅱ. 关于取缔及检查事项

1. 建筑;

2. 饮料及食物;

3. 工作或集会场所;

4. 排泄积秽方法;

5. 澡浴及理发处所。

Ⅲ. 关于设备事项(此有与社会教育之设备同者)

1. 休憩场所,如公园或其他休憩之广场;

2. 运动及游戏场所;

3. 澡浴场所;

4. 医院。

Ⅳ. 关于临时设施事项

1. 时疫流行设施事项；

2. 时疫发生之预防。

丁、娱乐事项

Ⅰ. 娱乐之机会

1. 每日闲暇之时；

2. 年节闲暇之时；

3. 国家、地方、团体、家庭、各种纪庆之会集。

Ⅱ. 关于指导事项（此与社会教育联络）

1. 个人娱乐方法；

2. 家庭娱乐方法；

3. 公共娱乐方法。

Ⅲ. 关于设备事项（除与社会教育及卫生事业相同之设备外）

1. 戏剧；

2. 电影；

3. 幻术及武技；

4. 鼓书、评书或宣讲。

上列事项均与社会教育联络

戊、救济事业

Ⅰ. 临时救济事项；

Ⅱ. 残废院；

Ⅲ. 孤儿院

Ⅳ. 贫民工厂。

三、市政机关之组织

甲、组织时期

Ⅰ. 筹备——从筹备建筑之时起；

Ⅱ. 成立——筹备时期起定之。

乙、组织方法

以法定之,不能预拟,将来或应采委员制。所有委员,由市民直接选举,选举资格,不问财产,而以识字与否为限制,委员会下,视行政上之需要,或应设左列各机关!

Ⅰ.财政——分金库、会计、审查等事项;

Ⅱ.工务——分建筑、道路、自来水等事项;

Ⅲ.警察——分治安、消防、卫生等事项;

Ⅳ.教育——分学校教育、社会教育等事项。

Ⅴ.实业。

四、经营上之种种问题

甲、经费

Ⅰ.类别

1.市经营者,由市拨款。

2.团体经营者,由团体拨款;不足,市补助之。

3.私人经营者,由私人捐款;不足,市或团体补助之。

Ⅱ.来源

1.自有产业之利息,或事业上之收益;

2.由机关、团体或私人按期拨款;

3.临时募捐(此只以用于设备事项及临时开支为限)。

乙、人才

Ⅰ.来源

1.助费培育;

2.向外征求;

3.就事业上训练。

Ⅱ.待遇

1.无故不更换,期其生活稳固;

2.报酬逐年增加,期其生活优裕;

3. 于其应用之学术上,予以研究之机会及扶助。

丙、程序

Ⅰ.时期

1. 市村急切需要某种事业时;

2. 所积或所筹经费已有着手经营之能力时。

Ⅱ.步骤

1. 由一二事起,逐渐增加众多之事业;

2. 每一事业,由极小规模起,逐渐扩充到较大、更大、极大之规模。

辅助渝合间三峡诸山经营林矿之意见

三峡诸山绵亘至远,富有煤矿,开采或感困难;而面积广袤,可造森林,虽言土壤有肥瘠,于阳光有向背,而林木固有各适其宜者。地方人士于提倡改良之事,忽焉未图,或知其利而不知其方,虽有志而难为。是以林则难于倡始,矿则难于更辟。自社会言,林矿两业,需要綦切,如此良区,乃弃置不图,岂不大可惜欤? 不有辅助之力,恐终无提倡改良之日。又虽林矿两业提倡改良矣。而距市较远之区,交通不便,生产纵丰,而运输甚难,或竟无利益可言。是则交通事业,乃为至要之图,不可或忽。窃以为宜有团体——团体中尤宜延揽专门人才——专当辅助之任。谨略抒辅助经营之法,与有志者讨究焉。

一、林业

甲、团体中之准备

Ⅰ.调查

1. 调查需要培植之林木;

2. 调查诸山之土宜;

3. 调查诸山之地主及所有之地面。

Ⅱ.种子

1. 就地选集;

2. 向外采买。

Ⅲ.苗木

1.自行培育；

2.向外采买。

乙、指导

Ⅰ.指导事项

1.播种；

2.换□；

3.移植；

4.修剪及保护；

5.采伐。

Ⅱ.指导方法

1.于实施上列之事项时,引人参观,为人说明,有愿实习者,并指导其实习；

2.藉乡镇赶集之期,或其他人众集合之时,讲演造林之利益、方法及可得团体辅助之事项；

3.将诸山可种之样本及其种植之方法,写成白话,印成小册及单张,播散或张贴于四乡；

4.于经营者发生困难问题时,特别予以解决指导。

丙、辅助

Ⅰ.其能自行育苗及移植者,廉价售与种子(或为代购种子)；

Ⅱ.其得种子不能自行育苗者。

1.派人前往助其育苗；

2.嘱其派人先来苗圃实习；

3.廉价售与苗木(或为代购苗木)。

Ⅲ.其得苗木不能自行移植者。

1.派人前往助其移植；

2.嘱其派人先来林场参观或实习。

二、矿业

甲、团体中之准备

Ⅰ. 调查

1. 调查各处采煤方法；

2. 调查诸山地质；

3. 调查诸山采煤状况；

4. 调查订购采煤机械之价额、地方及方法。

Ⅱ. 设置

1. 设置工程师,专任辅导；

2. 设置可以租用之机械；

3. 设置机械厂,由小到大,由修理而进于制造。

乙、指导

Ⅰ. 指导事项

1. 探勘；

2. 开坑(抽水、通风、运输等属之)；

3. 取煤。

Ⅱ. 指导方法

1. 于实施上列各事项时,引人参观,为人说明,有愿实习者,并指导其实习；

2. 藉机械、图画、模型等陈列之处所,集合人众讲演；

3. 将地质之大要,机械之用法,需要之资本,写成白话。印成小册,播散于远近地方；

4. 于经营者发生困难问题时,特别予以解决指导。

丙、辅助

Ⅰ. 人才

1. 为经营者介绍；

2. 为经营者培育；

3. 特派专门人才往为经营之辅助。

Ⅱ. 辅助事项

1. 辅助经营者探勘；

2. 辅助经营者开坑(或为规划开坑之方法)；

3. 租与机械(或代为购运机械)。

三、交通

甲、筑修马路——沿于山麓筑修马路

Ⅰ. 经费

1. 林区所有者协同负担；

2. 借款。

Ⅱ. 步骤——视经费之能力定之

1. 就一路中先修重要之段；

2. 就各路中先修重要之路。

乙、促进车业

Ⅰ. 马车业；

Ⅱ. 摩托车业。

四、治安

第一期——匪患尚未肃清,由团练负责

Ⅰ. 以少数常练为中坚(常练征民丁任之)；

Ⅱ. 以全数民团为后援。

第二期——匪患肃清以后,改常练为

Ⅰ. 道路警察；

Ⅱ. 森林警察。

五、村落

甲、村落之发展

Ⅰ. 林矿发达,利用林矿而经营之实业亦必发达,依以生活之人增加,村落自逐渐发展；

Ⅱ.沿山间入,空气良,风景佳,交通便,远近人士必多以养病、避暑或喜农村生活而迁徙来峡。

乙、村落之建设

Ⅰ.村落之自治组织;

Ⅱ.村落之教育事业;

Ⅲ.村落之经济事业;

Ⅳ.村落之娱乐事业;

Ⅴ.村落之救济事业。

署名:卢思

人生社《人生小丛书》第4种

成都市市立通俗教育馆周年报告序

（1925 年 12 月 1 日）

  吾于吾馆周年报告稿成付梓，窃深有感焉。杨前军务督办子惠，于为政必重教育、实业、交通、市政四端，尤以社会教育为今日当务之急。囊在泸以九师师长兼永宁道尹，则倡办通俗教育会。去年到成都兼慑民政，于议成都市政建设时，复首提出通俗教育馆。思两度皆于役其间，扶植指导，固赖王前市政督办治易及热心社会教育事业诸君子之力，而拨款捐金，无所迟回，晨夕顾复，问其所欲施，告以所宜察，勤勤焉惟恐有未至者，则杨前督办尤可感已。盖既去犹系人思，在军事上反对之者，在建设上则固称许之。于是可知有力者非无坦途可循，最后成功，自有在也。彼徒相追逐于覆甲败乙，以求幸有成者，安见其终有成耶？终自覆败已耳！

  抑又思事业贵在倡始，而草创之后尤当有以发扬光大之。囊在泸题图书馆之壁曰："但愿馆之前途，不悲凭吊，而侈崇闳。"今亦将持此以祝吾馆也。

成都市立通俗教育馆编《成都市市立

通俗教育馆周年报告》(1926 年)

署名：卢思

建修嘉陵江温泉峡温泉公园募捐启[①]

（1927 年 5 月 1 日）

　　嘉陵山水，自昔称美。江入三峡，乃极变幻之奇。群山奔赴，各拥形势，中多古刹，若禅岩、若缙云、若温泉，风景均幽。而温泉前瞰大江，后负苍岩，左右旷宇天开，林木丛茂，尤备登临游钓之美。无如年久失修，殿宇倾圮，荆棘蔓生，坐令天然胜景，绝少游踪。闻者徒增向往之忱，过者弥切引领之憾。乡人久欲从事修葺，徒以费巨力不能举。湘等或游屐偶经，或谈念偶及，每以为宜有汤池供人沐浴，宜作公园供人憩息，胡君南先、卢君作孚，先后长峡局，倡议醵金兴工，窃深赞许，决为募助，期成盛举，爰将概要述列如下：

　　（一）风景

　　寺居温泉峡中，登岸拾级而上，数百步造寺门，寺侧有温泉涌出，气蓬勃如沸汤，隆冬尤温，寺与峡因以名。

　　寺后峻岩围抱，高可百仞，竹树权丫，乱石崚嶒，禽鸟栖息，其中鸣声相应。峰头岩下，可矗高阁，可曲回廊，以供凭眺。有曲折崎岖之路迤逦而上，纵观禅岩拱其前，江流环其麓，殿宇林园，历历足下。船舶出没，小者如蝇，大者列桨如栉，咿哑人声若为歌，欸乃桨声若为节。时或有停桨踞坐者，扬帆呼风，呜呜应岩壑，益尤有悠扬之致，愉快之情。而岩泉激响，自成清韵，坐憩其间，直令人有遗世出尘之想，不复知身在人间。寺右宽可数亩，或铺浅草，或培平林，或

---

① 本文为卢作孚草拟，以刘湘、杨森等 24 名四川军政首脑署名。

94

造花坛,或建草亭,茅榭纵横错置,景物愈新,本为名胜之区,益以艺术之美,更使人流连不忍归去矣。

寺左有深邃之(俗名五花洞)颇可游,洞石多为岩泉所积,撑者如柱,卧者如桥,梁覆者如钟,悬者如乳,展者如翼,蓄势欲飞,拳者如莲,含苞欲吐。或空如宫,或合如隙,或高不可攀,或深不可测,或路已绝矣,及蛇行而入,则又豁然开旷。或暗不见人,摩索不可得,路偶一转折,则又复漏天光,可以恣行,愈入愈奇,乃愈使人必欲穷探其奇而后已。及临绝壑,闻流泉,往往有悚然而却步者,但缒而入,则仍可越而前也。

由寺后窬峻岩,约四里许,到绍隆寺,景亦清幽,有古松数株,大可两围,高十数丈,百年前物也。更六里许,登缙云,凡九峰,峰各异态。有寺,在狮子峰前,藏深密古树中,入示所在,终于茫然,惟见青葱一片,入林路愈曲,几经回转,闻木鱼声,乃瞥然呈露,则既达寺门矣。更由寺穿林,樾登狮子峰,有古寨门掩荆棘中,僻路而进,危立石颠,令人股栗。游目四瞩,可达数百里外,向之岗峦起俯者,皆成平原,远近市村数点,江流如带,显有更上一重,小视天下之慨。

(二)古迹

温泉寺中,明清两代名人题刊之迹,未漫灭者尚多,时有游人拓玩。

(三)出产

山产甜茶,色青味甘,香沁心脾,较之峨茶尤美,前代曾作贡品。面则产于寺侧,用水力磨成,细润适口,远近多来采购,快游归去,携赠亲友,尤饶风味。

(四)交通

于江滨新辟码头,并与各汽船公司交涉,特在温泉寺停车,接客送客,凡由渝合往来及附近人士,均可过此游憩信宿而去,极感便利。渝埠南岸温泉,山深路远,游浴尚不乏人,此则兼有其胜,而无跋涉之苦,当更为各地人士所乐集也。

(五)设备

就寺内左侧已圮房廊,添构精舍若干间,住宿游客(可携眷属)。其下辟球场二所,以供运动。食品则寺内有甜茶、清泉以供饮,有精美之腌菜、香菌、嫩笋、细面以佐食。并筑温泉浴室,男女异处,以供沐浴。

(六)经费

寺内精舍,寺外浴室、浴池,岩间游息之所,及其他亭榭、房廊,培修建造,凡十余幢,更筑球场两所,约共需洋八千元。培平林数区,地景数幅,筑路六七百丈,及购备草木、花本,约需洋三千元。全数约需万元左右,乃能初具规模。

卢君作孚,已就建设当先,而需款较小者,先行开工。将来经营有绪,学生可到此旅行;病人可到此调摄;文学家可到此涵养性灵;美术家可到此即景写生;园艺家可到此讲求林圃;实业家可到此经营工厂,开拓矿产;生物学者可到此采集标本;地质学者可到此考察岩石;硕士宿儒,可到此勒石题名;军政绅商,都市生活之余,可到此消除烦虑,人但莅此,咸有裨益,事在必举,端赖众擎,敬乞各界人士慷慨捐输,玉成此役,谨当刊碑题纪,其有独修一亭一台者,即请其题名,并恳当代名流题赠翰墨,以资矜式,倘得集腋成裘,告厥成功,不仅足供公共游乐,而于一般人士培养优美之情感,增加自然之认识,提高经营地方事业之志愿,尤助莫大焉。临颖拳切,尚祈鉴诸。

重庆市北碚区地方志编纂委员会编:《重庆市北碚区志》,
科学技术出版社重庆分社 1989 年版

峡局改进计划

（1927 年 5 月 6 日）

一、关于团务者

甲．改组局中常备队

（一）归并常备队，旧有两中队，归并成一中队

（二）成立学生队

1. 学生　从各场征集高小毕业及有同等学历之学生

2. 训练　施以军事训练及政治训练

3. 期间　六个月毕业

4. 用途　回本场训练民团

乙．辅助各场训练民团

（一）采用征兵制

1. 征调事项

（1）经费

利用原有常练经费

（2）名额

依经费多少决定

（3）征集

从各保或各团轮派征集民丁

（4）期间

四个月退伍

（5）用途

退伍以后为预备丁或回各保各团训练民团

2.训练事项

（1）第一期　（排教练以下）各场自行训练

（2）第二期　（连教练）邻场集中训练

（3）第三期　（营教练）四县集中训练

（二）普及的训练　从冬季起

1.第一期（两个月）每日一次,各保各团自行训练

2.第二期（两个月）每场一次,各场集中训练

3.第三期（两个月）每十日一次,各县集中训练

4.第四期（两个月）每月一次,四县集中训练

丙.调查各场团务

（一）调查事项

1.团款

2.团枪

3.团丁

4.办团人员

5.组织及训练方法

（二）报告方法

1.制图　绘制峡区地图及各种统计图

2.列表　列各种统计表

二、关于交通者

甲.电话

（一）步骤

第一步安置重要各场

第二步普及其余各场

（二）经费

1. 电话总机及电话线由峡局担任

2. 电杆及电话箱由各场担任

乙. 道路

（一）铁路　促成建筑北川铁路

（二）马路　促成建成安沙马路（由沙溪庙到安居），进而联络成遂马路

（三）修治其他道路

丙. 江流

（一）掏滩

（二）绘列水表

（三）树立标杆

（四）商订木船轮船避让方法

（五）商订木船搭客公允价目

三、关于矿产者

甲. 调查

（一）调查矿脉

1. 矿层厚薄

2. 矿质良否

3. 开坑深浅

（二）调查窑户

1. 开采方法

2. 运输方法

3. 工厂组织

4. 工人生活状况

5. 意外事变——水患火患崩岩

6. 产量

7. 价目

8. 消场

乙. 辅助

1. 倡用电灯以弭火患

2. 倡用吸水机以弭水患

3. 倡用打风机供充分之空气

4. 改良开采办法

5. 改良运输办法

四、关于森林者

甲. 调查

（一）调查林区

1. 现有之林区

2. 将来之林区

（二）调查土宜

乙. 辅助

1. 为购种子

2. 为造苗木

3. 为培植人才

4. 为指导培植林木方法

五、关于其他事业

甲. 教育事业

（一）辅助各场设立社会教育机关

（二）辅助各场改良私塾增加学校

（三）组织巡回讲演队及巡回文库

乙. 卫生事业

（一）提倡种痘运动

（二）提倡防疫运动

（三）设立相当医院

丙. 培修名胜

(一) 建筑温泉公园

(二) 辅助培修缙云禅岩绍龙各古寺

(三) 印布游览指南

六、关于经费者

甲. 报告

(一)

1. 收入细目及收入统计

2. 交款项目及交款单据

(二) 报告方法

1. 呈报

2. 通告各场

3. 登报

乙. 监察员

(一) 选举

由峡局召集四县属峡区各场团务领袖开会,各选一人为监察员。

(二) 职权

1. 核对局中一切账据

2. 调查两卡收捐情形

根据重庆市档案馆馆藏档案整理

在峡防团务会议第一次大会上的讲话

（1927 年 5 月 6 日）

　　此次会议，承各位不辞跋涉，在很远的场及这两天，都一一惠临，没一处未到，实是荣幸。但一周来，局内各职员，因筹备开会，又有通常的公务，忙碌之下，设别草率，招待不周，尚望各位原谅。在今天开会，要对各位陈述者，略有三点：

　　1. 本局办法，如团务，如经费，及其他事业，已详具改进计划。并有各种表式，如收支表、职员表、峡局统系表、区域图、教练进度表、基准表、会议录、队长职务、局务日记等，陈列招待所，以昭财政公开、用人公开、办事公开，盼望各位加以斟酌。如有错误或不妥的地方，请大家尽量指正。

　　2. 本局经费，在从前酿出种种纠纷，皆因局外不明了收支情形，以致纠纷日深一日。现在局内支出，俱已详细列表，陈列招待所，盼望大家查看。若有不亲切或不适当处，即请指出，以便日后改正。但这收支账目中，很有可查的地方。查收账，请查缴款之商人；查支账，请查收款之卖家。且自接任以来，二三两月之收入已列表登入《大中华报》披露。在这收入表中，虽声明请大家众尽量查对，如有不符或怀疑之点，来函质问，定彻查底细以对。倘大家能尽量的查核指问，以期事事核实，个个都明了局中真相，是我最感幸（谢）的。

　　3. 在经费当中，现在不但使个人或有关的人明了收入多少，并要使各场及四县都明了收支状况。所以改进计划中，定有经费监察员一职，是（旨）在随时监察收支账目，期于四县人人了解，使办事的在经费上得人人了解，不生任何嫌疑,能以全部精神来办事,不像其他的机关,以全部精神来对付人、这也是我所最感幸(谢)而最希望的。

在这三点之外,近日时间过晏,大家远来疲乏,不再讨论他事。如有提案,明日开会再议。但各位如有应提议的事件,请今日准备议案,并请在招待所阅看改进计划及收支表,以便明日开会提议。尤望各位对于团练,及各项事业,予以适当的指导,更所感祷。

据重庆市档案馆藏档案整理

在峡防团务会议第二次大会上的讲话

（1927年5月7日）

今日先讨论几宗事情，再选举监察员。

第一，峡局的改进计划。所列经费、团务，及其他事项，均经过呈报省渝主管机关。至练队，曾经一年以上之训练，前与向（传义）团务总办商议，拟为裁撤变更办法。向总办以为既有两年以上之训练，完全裁去，实属可惜，似应酌为存留，但只要有训练，临事可用，不是养空人。亦属得宜。故现拟将原有常练两中队并为一中队，开办学生队一队，为各场培育团练人材。

第二，为各场训练。在改造计划中，并两中队为一中队，将裁并一中队所余之款，用以办学生队，为大规模之训练。其所以为此者，因现在团务，第一感人材缺乏，第二感经费困难，团务因无起色，但经费尚易想法，人材比较困难。故拟征调各场民丁，开办学生队，先行训练人材。此项人材回乡后，即从各保训练，依次由各场各县集中训练，期成真正有力量之团练。惟此种办法，在预定计划以前，虽亲到各场调查情形，并定期请各场团务人员到北碚接谈，才想此办法。惟此前到各场查视，现养有常练队的固多，全无的也不少。尤其有养十数名为供奔走者，此种常练，实不妥当。总望设法把常练撤尽，征调民丁入学生队，联合训练。此为改进之一，应请讨论。

第三，与团务有关之各种事业。现在峡区，在交通方面，水道因有汽船通行，而陆道如铁路、电话尚未兴办。近有人主张建筑北川铁道，此铁道之计划者，业陈列于招待所，望大（家一）齐起来集股兴办，促成此举。再如乡村电话,于我到任两星期后,即将此事交涉妥当,准备安设。因局款不济,,以致停搁。如果峡中安好电话,不仅寻常消息灵通,遇有匪警,可以即刻通知,即刻通知调队防堵,其利益实不可胜言。此外如煤窑纸厂,俱应设法改进。煤窑宜倡用电灯以防火患,倡用吸水机以防水灾,倡用打风机以供充分之空气。而运碳尤宜用起重机,既省人力,又为敏速。纸厂在峡中,材料较他处丰富,倘能改良用机器制造,出品之美,利益之丰,可以预料。现在嘉定之嘉乐纸厂,出品极优,已著成绩,俱是我们合力所能办得到的。但这些事业,都要团练先有成绩,地方安靖才有办法,才可以维持进行。

第四,禁止滥军通过峡区及团职人员拖抢成军。盼望各场,以后不留常练名额,完全裁去。利用此名额,征调民丁入学生队,轮流训练,以厚实力。如有招抚或有不肖团绅,拖枪成军,一律禁止通过,并准直接提回作该场公用。此项办法,俟峡局呈报各层峰备案。

第五,财政监察员。局内收支情形,要使大家明了,所以订定公开方法,设置监察员核对账据,及稽查两卡收费是否扯票,有无弊端并在渝合两处,随时调查商人缴纳数是否与票填相符,惟监察员每月可不常住局。但每月五号,必须到局一次,查对一次上月账据,以便表报。

各场训练,以四个月为率。以前团练不进步,是训练不一致,纠纷太多。而且办团人只闹声势,不重实际,所以终无良好成绩。现在我们总要从实际着手,办到确有力量,才算事。此时虽说是理想,两三年后或者理想成为事实,亦非难能之事。

现在我们为峡局办事,是要有一个钱。办一个钱的事,决不致在这当中想一个两个钱,也不容其他的来想一个或两个钱。就是我的月薪,也贴在公事上用去。若我要向来图拿月薪,或想一个钱两个钱,那吗,就是无人格。在峡局既有监察员在局,随时查对一切账据,谅不致再生何种诟病。

据重庆市档案馆藏档案整理

介绍《嘉陵江》①

（1928 年 3 月 4 日）

各位朋友：

　　替你们介绍介绍，

　　这便是《嘉陵江》。

　　嘉陵江是经过我们这一块地方的一条大河，我介绍的却是一个小朋友——两天出版一次的一个小报。我们盼望这个小报传播出去，同嘉陵江那条河流一样广大，至少流到太平洋，并且嘉陵江的命有好长，这个小报的命也有好长。所以竟叫这个小报也为《嘉陵江》。

　　这个小《嘉陵江》身体虽小，肚皮却大，大到可以把五洲吞了。各位朋友不要见笑！不信试看一看，简直可从这个小《嘉陵江》里，看穿四川、中国乃至于五大洲——全世界。面积之大，诚然不能去比河下面那条嘉陵大江，内容之大却又不是河下面那条嘉陵大江够得上同他一天说话的呵！

　　三峡有许多地方，我们要在三峡做许多事业，各位不晓得，可以在《嘉陵江》上去看它。我们做些什么事业，做到甚么程度，怎么样做，各位朋友，都可以从《嘉陵江》上看出来呵！

　　我们是专门来帮助三峡的——不止三峡的——各位朋友的，我们很关心各位朋友：家庭好吗？职业好吗？居住的地方好吗？身体上健康吗？精神上

---

① 本文为卢作孚出任峡防局局长后在北碚创办《嘉陵江》报时所写的发刊词。

快乐吗？却苦不能一个一个地来同各位朋友闲谈闲谈,谈些好的生活方法,只好请这位小《嘉陵江》当代表登门拜访!

今天是这小朋友《嘉陵江》来拜访各位朋友的第一次,所以我们先介绍介绍!

《嘉陵江》创刊号,1928 年 3 月 4 日

署名:努力的同人

改造社会的第一步

（1928 年 3 月 18 日）

今天到土沱开会，是有意义的。因为下期规范队要开到这里来驻，学生队和常练队，好像是欢迎他们及参观他们的驻所，模范队好像是在看自己的驻处，究竟怎样。

土沱场算是三峡里面顶繁盛的地方，我们要经营三峡所以不可不在这里开会，以后才知道这个地方也是我们应当注意的，现在的人都说要改造社会，要把坏的社会，改成好的社会。人们的心坏，要想改成好，但是改造却很不容易。例如峡防局的办公室，我们嫌他不好，曾经用很多人去计划，很多力量去布置，现在虽然比较以前稍好，却也不见十分精密。

我们创造的温泉公园已费了一年的工夫，在一年之中，我们也曾浪费了许多人的计划，许多人的经营和许多人的力量，但是却未达到我们的目的，虽然也改好了一些地方，但是未改成的却不少。

照这两种事情看来，改造一个地方，我们认为很容易的，作起来竟如此费力。我们要想改造社会和人心，却是很不容易的了。

我们知道改造社会这件事，办[起]来很难，所以我们要不畏难的从实际办起去。改造社会的办法，我们是要从实际着手，我们先要改造本身，然后一步一步的去改造社会。若果只是空谈空想，不下手去做，那么，我断定是决不会达到目的的。若果要想办好，非用精密和十分的力量去干不可。

　　模范队将来开这里来驻,也应当想法把这里经营得很好,然后渐次改造旁的地方。照这样做去,我相信社会[一]定可以改造好。

《嘉陵江》1928 年 3 月 19 日

《民国十七年峡区秋季运动会报告书》序

（1928 年 11 月）

　　吾国人民太瘠弱，识者深耻病夫国之讥。然终一任病之流衍，不求所以致病之由，不谋所以治病之方，悬问题而不解决有如是，可慨也！窃以为治病当及其根。吾民劳者几无休息，逸者几无动作，既不知卫生，更不知有所谓体育，瘠弱之因在此，疾病之乘亦于此。作孚来峡治团务，与百余青年处，计年余，十常病二三，深惊叹，以为青年且如此，中年以上，病之侵夺当复何如！又常见乡人无事则惟相聚赌博，无肯谋正当生活者。虽与诸青年提倡运动，求有以振拔之，究不足以动一般观听而开风气也。爰邀峡区团学人员，在北碚场举行秋季运动会，聘请渝合各学校体育教师相助，并约学生参加。事虽草创，然各项运动，规模初具，颇足以开乡人士之眼光，励后来之进取，谈者皆望继此更扩大经营之。果能继此而不断地扩大经营，影响当不仅及于四乡已。因列始末为报告书，并定明年春季运动会之计划，以告各运动团体。亦以见吾辈办事之方法，事前有计划，事后尤应有整理，报告书乃整理之一端也。

《民国十七年峡区秋季运动会报告书》1928 年 11 月

过去一年中所做的事[①]

（1929 年 1 月 6 日）

今天是十八年的第六天,也算是十八年第一次周会。我们回转去把我们在十七年一年中所做的事算一算账,究竟做了些什么事业。在我们初到峡的时候,就拟定了许多计划,我相信凡认识字的兵士,都知道我们信封上面印的那些条件,那些条件就是我们的计划。

第一,教育方面。我们要使蠢人变成聪明的人,一件事不懂得的人,要变成什么事都懂得。所以我们就拟定峡区各场办设图书馆,办设小学校。于是在去年二月间,在北碚就把图书馆办起,实用小学办起。后来又办一次秋季运动会,提倡一般人的体育。

第二,交通方面。沿嘉陵江一带划水表,使船商知道水的深浅。其次沿河掏滩,使船行便利。后来河道上匪多了,汽船行驶不便,须在渝请驻军检查,其中不免有手续未尽的地方。航务处商量峡防局派一分队到渝担任检查,并且沿河护送往来汽船。复后又安设乡村电话以防匪警,继续又改修北碚市政。至于风纪方面,从前这个地方的娼妓和赌博很多,差不多遍街都是,一年来我们把他革除净尽,不但北碚如此,就是峡区各场也差不多革尽了。

第三,卫生方面。开办地方医院,帮助北碚水土沱、八塘场扫除街道,又在北碚实施杀蛆运动,减蝇运动,在各处宣传剪指甲、洗牙齿,以及天天不断地检

---

① 卢作孚于 1929 年 1 月 6 日在峡防局周会上的讲话。

查街面清洁。我们帮助各场的小孩子放牛痘,大家还不知道合川有一件新闻,就是一个人被匪拉去了,后来把那个人救回来,算是救了一个人。我们今年点种了一万多个小孩的牛痘,把他们从死里救了出来,岂不是救了一万个人吗?

第四,治安方面。从前征调民丁训练,在一年内办三期,一期办五百名,一年办一千五百名,三年就可办到四千五百名。后来因为乡民生活,对于征调训练,有些妨碍,才改更计划,办常备队。但是我们办的常备队,不是把一批人办成兵,是要办成一般良好的百姓。于是就在各中队里面办工业,使当兵的人人都有职业。除薪饷而外,人人都有红息分。如果有匪来了,我们拿起枪背起弹就是兵。把匪打了,放下枪就是良好的老百姓,并且工业办好之后,队兵的家属还可以搬到这里来住家,帮我们些事。如织布的倒筒倒遇,打草鞋的撮麻线,另外的如洗衣服等事。

第五,调查户口。在年底我们又做了一桩很大的事,就是调查户口。从来中国的户口,是没有人调查过的。我们在到年底的两天,全局的职员出发去把北碚场乡下的户口调查得清清楚楚的。这件事是士兵没有去干的,全是峡局职员和各队的官长去干的。今天说的,就是在十七年以前没有的,在十七年中间我们才把他办起来了的。没有办的,在今年起,继续努力的把他办下去。今年要办些什么,在下次周会再讲。

《嘉陵江》1929 年 1 月 9 日

在峡防局周会上的禁赌演说①

（1929 年 2 月 17 日）

我们到峡来一两年了，所作的事，都是维持地方治安，帮助人民的，不过还有不彻底的地方，就如赌钱这一件事。我们初到峡的时候，曾经调查过，在各个场的赌博，差不多每天有几百块钱，乃至千多块钱的输赢。当时我们想，一个乡场，每天商业还做不到几百块几千块的生意，而赌竟有如是的骇人，不知道曾经输穷许多人，所以才同各场的团务人员商量禁赌。在我们能够监视的地方，就直接禁止起来。远的地方，就借团务上的人帮助禁赌。这时就惹起一股聚赌抽头的流氓，和爱赌钱消遣的朋友们的怨恨。同时就有人商量请和缓的办法，然而在这个时候，我们不能分别谁是聚赌抽头的，谁靠赌吃饭，谁又是赌钱消遣的，所以通通禁止了。但是我们禁赌并没有处罚过人，总劝人不赌，没收了赌具，以期达到没人赌钱就算了。直到去年腊下，又同团务人员商量禁赌，各场张贴布告，恐在新年时候，人们做工的停工，经商的停商，务农的亦停止做活路。在百业停止人民休息的时期，不免有丛生赌博的情形。我是在正月初一日就组织巡查，在街面巡查。总是劝人不赌钱，没收赌具，并没有粗暴的行为。不过其中有官长处理不适当，和士兵言语不对的，冒犯了赌钱的朋友。我们知道后，已曾几次责备自己的人，不应该有如此轻易得罪于人，但是赌仍是要禁的，我们总不愿意人穷。其实赌对于我们毫没关系，我们的官长职

---

① 这是卢作孚于 1929 年 2 月 17 日在北碚公共体育场峡防局职员、官兵周会上的演讲。

113

员学生士兵,一个也不准赌的,不过对于人民利害关系很大。前已有位朋友,又重庆来,那夜宿悦来场,在店里睡觉的时候,听着后面有一家赌场,已经花了几百块钱的输赢。我们想这几百块钱的经过,你输了,我赢了。你赢了,我输了。往来许多周折,一往一来,回合到几千块钱的输赢,结果输了许多人,没办法的就流为盗贼,并且场上还要头钱,十块钱抽一块,百块钱抽十块。磨来磨去,结果安赌的人,还要得多些。看起来这些赌钱的人,值得不值得呢?我们认为禁赌这件事,对于人民有利,精神是要贯彻到底的,纵然有少数的人民怨我们恨我们,我们还是要做。以至于要杀我们,亦还是要做的。至于下星期起,每中队在开周会的时候,都要有游艺表演,使看的人欢一欢心。运动的时候劝他们来参加运动,切莫要去赌钱。赌钱是静坐费思想、费眼睛,毫没有利益的。

《嘉陵江》1929 年 2 月 21 日

对峡局第三中队赴渝担任检查
汽船任务官兵的讲话

（1929 年 3 月 8 日）

　　此次下去担任检查往来汽船,责任是很重大的。希望的第一是维持交通,扶助交通事业的发展,要从没有汽船达到有小的汽船,有小汽船的地方能够达到走大的汽船;第二是希望保持峡局的精神,每天工作、读书、运动,早晨洗冷水澡,不要染起各种嗜好;第三希望你们忠实地做事,诚恳地对人。不要人一文钱,不受人一袋纸烟。

《嘉陵江》1929 年 3 月 9 日

一个团体的理想^①

（1929 年 3 月 11 日）

理想是安慰人的。假若人没有理想，那就痛苦极了，但是理想有一个人的同团体的。一个人的理想，就如像一个没有结婚的青年，他理想将来要结婚哪个女子，人才是怎么样的好，谈话是怎么样的漂亮，学问又是怎么样的高明，总是理想样样都是生得很完全的，样样都是如我的心意的。又如像一个人得了彩票，假如他中了头彩，得了一万块钱，这一万块钱拿六千块来买田地，一千块来请客，两千块来修筑房屋，再拿一千块来买家具，这都是一个人的理想。假如我们个个都只从一个人的理想，那社会就不知道闹成个什么样子了。因为个个都只从自己的福利，那公共的福利又拿来怎么样办呢？所以我们现在要有团体的理想，如像峡局一二三中队，各队的教官都理想把这一队的士兵，身体要锻炼到怎样的强健，信心要锻炼到怎样的坚固，作事要锻炼到怎样的热心，心理要锻炼到怎样的娱［愉］，这都是对于一个团体的理想。又如像邓少琴先生经理温泉公园，未去温泉公园之先，他就理想一个公园，房屋建筑得很美丽，花木培植得很好看，鱼鸟蓄养得很多，游戏场又如何的宽阔，总是理想来成一个很完美的公园。大而言之，还要理想把峡区、四川、中国，以至世界变成怎么样的好，我们就照着这理想去做，一直到死就完了。假若还生存在一天，那我们还是要协同继续的努力，照着理想做下去。

《嘉陵江》1929 年 3 月 13 日

---

① 卢作孚于 1929 年 3 月 11 日在峡局周会上的讲话。

116

在北碚峡防局何北衡、
王伯安讲演后的致辞

（1929 年 4 月 15 日）

　　大家要注意世界的纪录,什么是世界的纪录呢？譬如那年远东会,径赛一百米,定的最快是十秒钟,曾有人跑过七秒钟八秒钟的,这几秒钟就开了世界的新纪录了。又如像教学,先生在昔是讲谈式,先生讲学生听。后又发明启发式,学生做先生在旁指导。现在又发明设计教学,就如教煮饭由米办成饭这是化学,找米的来源又是植物学了。这些是经过一世界的纪录了。我们现在做的事虽小,只要成为一世界的纪录就对了。再说:做事不怕慢,只怕断。美国有家高房子,是一家祖孙父子,三代人修成功的。头一辈人只立下计划,还看不到第二一辈人修的结果,第二一辈人还看不到第三一辈人修的结果。但终于修起了,他是多慢,但又是不断得来的。所以我们不管做任何一件事情,只要继续努力,再无有不成功的。今天两位先生来给大家很好的教训,我也在这里说一点小的意思,就是大家要留心世界的纪录,做事不怕慢,只怕断。

（黄）尚荣:《晚会中的谈话补记》,

《嘉陵江》1929 年 6 月 25 日

怎么样做事——为社会做事

（1929 年 4 月 20 日）

做事不怕慢只怕断!

事贵做得好莫嫌小!

做事有两要着:大处着眼,小处着手。

我们应一致反对的是空谈,应一致努力的是实践。

天下事都艰难,我们如能战胜艰难,天下便无艰难事。

事求妥当,第一要从容考虑,第二要从容与人磋商。

无论做什么事,事前贵有精密的计划,事后尤贵有清晰的整理。今天整理出来的事项,不但是今天的成绩,又是明天计划的根据。

做事要免忙乱,总须事前准备完善。

可靠功夫须从实地练习乃能得着,学骑马须在马上学,学泅水须在水上学。

人不贵徒有抽象的知识,贵能随时随地解决具体的问题。

书只能介绍知识,却不是知识。读书只能作为求知识的帮助,不能只从书上求知识。

我们应从野外去获得自然知识,到社会上去获得社会的知识。

人每每有透彻的知识,深厚的感情,但不能影响自己行为;所以贵从行为上增长知识,培养感情。

我们天天从办事上增加经验,从读书上整理经验,从游戏上增进我们身体的健康。

做事应在进行上求兴趣,成绩上求快慰,不应以得报酬为鹄的,争地位为能事。

人生真味在困难中,不在安泰中。最有味的是一种困难问题的解决,困难工作的完成。

做事不应怕人反对,但应设法引起人的信心同情,减少人的反对。

我们对人有两美德:一是拯救人的危难,二是扶助人的事业。

对人诚实,人自长久相信;好逞欺饰,人纵相信,只有一次。

从行为上表现自己,自得人佩服;从口头上表现自己,徒讨人厌恶。

人有不可容的事,世没有不可容的人。

消灭社会上的罪恶,不是消灭在罪恶里面的人,是要拯救出他们。

给人饭吃,是教人吃饭靠人,不如给人一种自找饭吃的能力。

但愿人人都为园艺家,把社会上布置成花园一样美丽,都为建筑家,把社会上一切事业都建筑完成。

好人只知自爱,不顾公众的利害,结果便是让坏人坏。

我们为社会努力,莫因事坏而不管,效缓而不为;事惟其坏更应设法弄好,效惟其缓,更应设法提前。

我们第一步要训练的是组织——怎样分工?怎样合作?怎样合议?

目前的中国,是一切人不能解决问题,不是一切问题没法解决。

要在社会上享幸福,便要为社会造幸福。社会不安宁,绝没有安宁的个人或家庭。

苟安是成功的大敌,应该做的事情,每因苟安终于不做,应该除的嗜好,每因苟安终于不除。

我们要随时随地转移社会,不为社会所转移。

我们要改造社会环境,应从我们一身的周围改造起。

今天以前的社会兴趣,在以个人的所有表现于社会上。今天以后的社会兴趣,应以个人的所为表现于社会上。

我们应以建设的力量作破坏的前锋,建设到何处便破坏到何处。

人要在饿的时候才知道饭的味道,在乏的时候才知道睡的味道,所以人生的快乐不贵有太丰的享用,贵在极感需要的时候才享用。

事业的失败不为病,只病不求失败的原因,不受失败的教训。事应着手做的,便应立刻着手,不可今天推到明天,今年推到明年。

我们的时间,便是我们的生命。时间过去一天,便是生命少一天。我们爱惜生命,更应爱惜时间。

我们工作与休息应调匀,用心与用力的时间须常相交换。人应当爱惜时间,所以应当不辍的做事,尤应当爱惜经验,所以应当不辍的做一桩事。

人贵有不拘于习惯的习惯,贵能立刻养成良习惯,去掉不良习惯。

侥幸是误事的大原故,人因为有侥幸的心,便常做没把握的事,常坐待祸免,或坐待事成。

我们做事应取得利益,但应得自帮助他人,不应得自他人的损失。

人对人的行为,宜找出好处,对自己的行为,宜找出错处。

办事须尽力揽人才,更须尽力训练人才。

望人做好一桩事业,自己应在前面指导,不应在后面鞭策。

搜寻人的坏处,不但无由望人好,倒把自己的思想引向坏处了。

对人说话须先想想,使人了解,并须使人感动才有力量。

我们最可惜的精神是不做事而对人,专门防人图己,或更专门图人。

我们应努力于公共福利底创造,不应留心于个人福利底享受。

北碚峡防团务部 1929 年 4 月 20 日所印单行本初版

在北碚嘉陵江运动会开幕式上的致辞①

（1929 年 4 月 22 日）

今天是嘉陵江运动会开会的一天，在这里开运动会是第二次，开嘉陵江运动会是第一次。各处学校团体来宾莅临参加，复承各方军政长官、地方人士赠赐奖品，本会很荣誉的。以后希望每年都能办一次，并且希望二次来参加的还不止这些人，最好多有人来，互相观摩，这就是个人希望的。

《嘉陵江》1929 年 4 月 29 日

---

① 标题为编者所加。

在嘉陵江运动会结束后欢送会上讲话[①]

（1929 年 4 月 26 日）

　　我们此次开嘉陵江运动会，并不是奉有政府或教育厅的命令，不得不办的。不仅是为提倡体育，为重庆江巴璧合各处的体育教师有聚会的机会，也为挽救我们不好运动，积弱不堪的民族起见，才努力的举办这个运动会。经费纯是峡防局担任的，筹备的不周到，招待上太简略，这些都要请各赴会学校团体来宾原谅。我们希望这地方有一次嘉陵江运动会，别处也有。四川到处有，中国各处有，那么我们到处也可以赴运动会了，到处也可以有参加运动会的机会了。就是北碚这个地方，也盼望以后还是每年有一次运动会。此外我们还有一种意见，特别是对各个学校的，就是提倡校外教育。教育不完全限定在学校内，要把野外作实际观察试验的地方，学校作为整理报告的地方。在三峡一带很适宜，可以调查研究农业、矿业、生物、地质，天然的材料、天然的标本都是很多的。还有一点意见，就是希望教育界的朋友，把重庆经营出一个教育区。这些具体的意见，我们有几种印刷物分送大家，请大家看看，发抒意见，并且指教。

《嘉陵江》1929 年 5 月 11 日

---

① 标题为编者所加。

《嘉陵江运动会报告书》序

（1929 年 5 月初）

峡局为提倡运动而开运动会,而延四县之运动团体,运动人数以千计。事体甚大,筹备未周,以致中间不无小小争执,幸而终了,未成纠纷,究有遗憾。因念运动会之意义,在促起一般人运动之兴趣,绝非在促起人与人间之争执与纠纷。运动会及其有关系之人,于表现运动之成绩外,尤当表现谦让之美德,尤当尊重公共之秩序。以积弱不堪之中华民族,提倡运动会,诚为当务之急。以一时国人好争意气,好争权利,成为风气,尤当提倡一种新精神也。人群之集会,正所以增加相互之谅解及情感,不宜隔以墙壁。佩服成功者,致歉疚于失败者,两皆为人群集会时,尤其为运动会开会时,必须具有之美德。甚望训练青年者,特注意于此,奖励其运动,却勿奖励其闹争也。报告书成,感而志于其端。

《嘉陵江运动会报告书》(1929 年 5 月)

在峡防局周会的讲话[①]

（1929 年 5 月 12 日）

我们这次运动会的成绩，比较去年的好。大家要晓得，不是临时预备得来的。如像吴中队长竞赛的二百米、八百米第一，不是在峡防局才是第一，他在学校每次开运动会就是第一。由如像左明德掷铁球得第一，平时平费特别预备过的。去年运动会我们没有得第一，是因为这几个人没有去的原故。再如张荣去年在运动会一千五百米已经是跑到第二，今年练习以后，二千五百米、三千米还是第二。去年运动会我们没有一点成绩，今年我们在运动会当中，团体和个人都是第一名。总算有成绩了，但是这个成绩并算不得什么。我们运动好的只有少数几个人，这是没有用的。譬如我们去打大球，只得几个人跑在前面，其余的人不能上前，还是终归失败的。所以以后我们每人都要练习运动，练习各种运动，并能参与各种运动，不论省内省外，只要我们能够加入的都要派人去加入。至于有机会，远东运动会都要派人去加入。这远东运动会是中国、日本、菲律宾三国组成的，还有这次运动会，为了分配奖品，有一二处扯，扯到现在还没有伸腰。尤其是在运动场里面有扯的学校，扯的学生，但是我们并没有扯，连我们运动的奖品也没有要。对于参加的运动员，我们还是准备为他们稍留纪念，使他们在努力上有一种安慰，现在正去做去了，将来方分发他们有成绩的人。

---

① 1929 年 5 月 12 日在北碚温泉公园举行的峡局周会上的讲话。

你们知道峡局近几个月的收支,每月不过收三千多元,最近这一月,收了十天,还不到一千元钱。我们的开支,每月要六千元才够。就是今天来开会这些人,吃饭和薪饷就是六千多元,还不说要办的各种事业,你们看相差好远呢。不但现在的账还拉起你们的薪饷,拉起外面各场的还多得很。这些困难,是你们不知道的了。现在峡局的事业根本困难问题,就是我们这些人,如像一部机器样,有些有动力还能走,有些原动力不能走的,反生了阻碍。这动那不动,你看困难不困难呢?我希望大家每人都能守自己的职务,交一桩事业跟你,硬把这一桩事情办好,才昭人信用。再有一种不好的情形,就是每人不能明白自己的责任,时常会发生零零碎碎的问题在我们面前来,这也希望大家要多想法子自己做自己解决。完了。

《嘉陵江》1929 年 5 月 15 日

在黄葛场通俗书报社开幕式上的讲话

（1929 年 6 月 18 日）

黄葛场，我有两个月没有来了，两个月以前街也没修，路也不好，市政也没有办，现在什么都办起来了，书报社今天又开幕，个人觉得十分庆幸。一般人以为把这些事办起来，有什么好处呢？谷子还不是要那么多钱一石，米还不是要那么多钱一升，办不办有什么关系呢？我是近几天有朋友到峡里来商量设农场，谈到养猪的问题，感觉书报的重要。去年峡里瘟的猪最多，由瘟猪说及喂猪的问题，第一食料要喂够，每吨不要剩，剩的都不要。第二猪槽要洗干净，要盖好，免得瘟病的毒物跑到槽子里面去了。第三猪要每天放出来洗，要出来运动，还要教猪在一定的地方屙屎屙尿。这样办法，未必就可以保证猪不瘟不死，但至少可以使猪少瘟些少死些，这些事马上办得到的。人只觉得猪死起来没得法，不知这法就可以事先在书上找得到。这书报社对于我们何等有益处呢？乡间的人每苦于忙，忙后又无事，除赶场外，无法混过时间，有钱的子弟，无事便打牌，结果子弟弄坏了。如果认得字的，有书报社，也可以帮助他混混时间。所以此次我庆幸黄葛树书报社办起来，也希望与各场联合办起来。就如北碚场的峡区图书馆，有两千多块钱的书尚嫌不够，设如各场轮回交替起来，书籍互相交换，比方峡区有二十多场，每场只需有三百元钱的书，一互相轮换，那便每场的人可以看三五千元钱的书了。还希望书报社多想方法，吸引人来看书，一方面地方事业逐渐改良需要知识，即需书籍来帮助。黄葛树出煤很多，可是现在不畅销了，应如何改良它，可以进锅炉。和炭厂淹死了七八十名

126

工人,应如何改良煤窑子排水,煤洞里如何通气,大宗煤炭如何运输,这些都是要在书籍上去找方法的。读书重要,供给读书人读书的地方,要读的书籍,尤其重要,这是贵社负的责任,也是我个人今天对于贵社说的一点希望。

《嘉陵江》1929 年 6 月 21 日

在峡局周会的讲话^①

（1929 年 6 月 30 日）

　　刚才邓先生^②代公园要奖励大家的东西，还奖励大家的话。说到工作，大家在峡局，还是有工作的，晨早操场，上午办事，下午下操。到温泉来倒是减少了工作，并未增加工作。其次大家到温泉来，一方面在做工，一方面也在享受。我们看许多人要到温泉来耍一回，房间要一元钱一天，往来的路费起码也用几块。花钱也只能耍上三天两天，要耍一月两月的是万不可能的事。大家来做工，大太阳不做，下雨不做，一天也够大家耍的了，而且耍了两个月，池子洗澡不要钱，以后来客都是要钱才能洗澡的。和大家算一算，不知道大家要付出多少呢！今天公园奖励大家的钱，我觉得这种不算是你们的奖励，我们做一件事做成了功，成功那便是奖励，还要别样奖励做甚呢？大家来温泉久了，辛苦了，不免伙食也要多吃些。这些奖励，也就算是津贴大家的伙食一样，奖励的意思确实如此。

　　邓先生在温泉来两年了，私人没有用一文钱，没有开一个钱铺，到处有奖励来。有的三百元五百元，一千元两千元，多的三千元也有，但是不是奖励邓先生个人，是奖励邓先生做事。邓先生把温泉公园做成功了，便是邓先生的

---

　　①　北碚温泉公园第一期工程完成后，1929 年 6 月 30 日在此举行由峡局全体官佐士兵参加的周会，对于参加建设的 200 名官兵，根据情况给予物质奖励，总共发奖金 303 元。卢作孚发表了本讲话。

　　②　公园筹备主任邓少琴。

奖励。

一般人的眼光,是在几文钱,只是给他自己一个人有好处。要是永远得着安宁也好,但是等到钱多了,不到三年五年,匪徒者来抢他,遇着儿子不好,一脚踢得精光,有什么好处呢? 所以我们是想法专门为众人好,使众人有一个舒服的地方,使得友人来见了温泉公园,一下觉得,哎,还有这样地方,这样地方还是人能造出来的吗? 我们也去做起出来,那时他们自然学了你们了。他们做你们后学,你们做了他们老师了。你看这是对你们何等的奖励呢,这才真正是大家的奖励!

邓先生要为大家立纪念碑,但我恐怕你们的工作脆弱了。纪念碑先没有立,那些路早已坏了,倒使得大家格外的惭愧吧!

现在公园的工程本没有完,但我们这个时候不做了,待到下[半]年秋凉时候再来。我们的理想,把公园修造完全。顶少来客可以不断的游三天。假如有几位客来,经河边起船上岸,爬了几步梯子到待船亭坐下来休息一阵,解一解热,把河边望一望,继续上走,在来□□棒石坪歇一歇。这样走法,就是六十多岁的老人,也不觉得疲倦的。上去几步,走拢麦草亭,可以坐,可以吃茶,吃咖啡、西餐,然后上来土路分岔地方又可以歇步。进山门,看黄葛树、北碚的风景。再进庙子,接洽住地,打房圈,足足已可费两个钟头,等着吃午饭了。吃罢饭,转棕树亭子,又转高楼房,又有亭子可歇。到游泳池,那里将来还要建更大的一幢房子,游泳池那面还准备修咖啡店,于是买票下池子洗澡。洗了澡,回来天黑了,去了一天,第二天吃罢早饭转五花洞。五花洞据前回两个外国人来说,他写信到英国去问水力机,利用温泉这股水力来点电灯,进五花洞不必提灯,白天也可以游。出来在悬岩上看喷泉。到六角亭,下来到洋房子,看小池塘,小岛屿,据邓先生说,到处还要名人题字、刊画,随地可赏可玩。然后转上坡,五步一阁,十步一亭的一直筑到来亭。中途有石洞,有灵岩,有观音庙,这些都是要地方来加以布置。总使游客不知不觉的很容易的到来亭上,于是缓缓下来又是一天了。第三天游柏林园,访评石像,沿路看花木果树,四时花草,一直到东面炭窑子。绕马路回来,不过那许多地方都是要待我们再加以人工布置的。总之,温泉公园再要经营,都是可以成一个在四川伟大的名胜,工作也不是像我们昨天以前一两个月办得到的。今天工作歇下了,再等秋凉又鼓励重来。公园给大家一点小小的酬报,在表示一种纪念,在我们当兵是要使人学我们,要自做好样给人学,不要学人家的不好。今后,峡局各股各职员均有工作报告,常备一中队队长报告。此次给奖分工作成绩为三等,一等一元二角,二等一元,三等八角。回北碚营房即照人点名分发。

《嘉陵江》1929 年 6 月 30 日、7 月 5 日

航务处士兵检查工作[①]

（1929 年 8 月 3 日）

此次下去的兵，计成四分队。一分队驻航务处。一分队驻盐码头，检查小河往来汽船。一驻纸码头，检查大河下游由重庆到宜昌的轮船；一驻下游朝天门趸船，检查大河上游重庆到叙府、嘉定一带往来的船。在小河，汽船检查每天两次。晨早船要开时一次，十二点钟船到了时一次。检查的任务，一防匪，二违禁物品，三私货（系受人请托的），四帮助检查票。检查的步骤，一行李（查违禁物品或枪支子弹），二身上，在朝天门驻的兵检查下游开来开去的轮船。当船来时，一切小划子在一个地方停着，客人通通经过那个地方，如有形迹可疑的人，即打开行李检查。若说向来的划子，没有规定，船一开拢便上船去抢行李，船夫抢，力夫也抢闹得不亦乐乎，常时打架角力。现在通通规定，力夫不准先上小划子，小划子的船夫不准上轮船。行李由船上的茶房水手递下来，小划子拢岸，力夫才敢去问，不会吵架，也不会打棰。船拢了，各机关好像禁烟、护商、统捐都要检查，以前是各查各的。这个去了那个又来，闹得客人刚刚收好行李，又要打开，很感不便。现在各机关派来检查的人，同航务处同时一路检查，使客人减少麻烦，人多了，又免生发弊端，不好私下要钱。检查毕了，各机关的人通通走的，航务处的人不走，住在船上。船开以前，再检查一次。每一客上船检查行李，其次就是检查行人。到了要开船的时候，各机关的人来齐了,又同道检查一次。这种方法,以前先后不一,也很使客人麻烦。现在只一次检查,各机关有后到的,也不再检查了。各机关的人检查毕了,有一张公共的单子,检查员通签名盖章在上头,每天报到军部。

《嘉陵江》1929 年 8 月 4 日《峡局周会中
卢局长演说航务处士兵检查工作》

乡 村 建 设 [①]

（1929 年 10 月 1 日）

第一章　建设的意义

建设的意义是说：今天以前没有举办的事情，把它举办起来。这是好多乡村朋友不很明白的。因为他们骤然见着今天以前没有举办过的事情，他们不会明白这事情的意义，你就给他们说得十分明白了，他们也是不会感觉这事情的需要的。因此他们见着你来举办这些向不经见的事情，不是大惊小怪至少也是会怀疑莫解的。

我举两个例子。一个是：我们要改良巴县北碚市场的街道，许多老百姓便大骂特骂起来。说是：自有北碚场，便是这个样的街道，至少也有几百千年，大家走得好好的，你偏偏一来就见不得，走不得了！真怪！又一个例是：我们不要一个钱帮助各乡场的小孩子点种牛痘，许多人都劝别的人切不要抱小孩来点种。他说：哪有这样做好事的？他今天不问你要钱，等害得你的小孩子要死了，他才问你要！

由这两个例看起来，乡村的朋友不但不懂得建设事业，而且不愿有，深怕有建设的事业；不但是无知识的人们是这样，尤其是那在乡村的地位很高，名

[①] 后来卢作孚作过《乡村建设概要》《乡村建设》等讲演，与此文结构、内容同。只有极少的变动。

望很好,权力很大的人是这样。因为他们另有建设的倾向,是他们向来把持着经营的。

第一便是建设赌博,赌博愈多愈大便愈有希望。第二便是建设庙子,唱戏,酬客,一年大闹一两个月,是他们的面子。你要在场上去办一桩什么建设事业,绝对找不出一文钱来。他们却是每天可以有千块钱以上的输赢,每年有万块钱以上的戏钱、席钱的开支。这些事业是他们要把持着经营的,因为他们可以摆面子出来,找钱进去,这便是他们建设的意义。

我们要提倡的事业却不同,在消极方面是要减轻人民的痛苦,在积极方面是要增进人民的幸福。怎么样减轻痛苦呢? 是要他们少些骚扰,少些病痛,少些天灾,少些强力的压迫,少些不应该有的负担。怎么样增进幸福呢? 是要他们多些收获,多些寿数,多些知识和能力,多些需要和供给,多些娱乐的机会。我们要做这样的事业,便要准备人,准备钱,准备地方,准备东西,尤其是准备办法。许多人分工合作,继续不断地办去。这便是我们要讲的建设的意义。

第二章　乡村地位的重要

向来县以上的政治机关,都在城市里边,所以政治上的种种经营,往往集中于城市。城市问题,因为在政治机关的眼前,最容易被政治机关发现。政治机关的种种设施,亦自然的首先从城市起,或竟不设施到乡村。所以城市地位十分重要,甚重要的乡村地位反因此降低。

因此,形成一种城市中心的政治。不但政治机关皆在城市,举凡高级学校,皆在城市,各种工厂商店银行皆在城市,铁路、马路、航路亦皆力谋城市与城市间的联络,一切自来水、自来火的供给,消防卫生的设备,皆集中于城市,城市建设极其完备,乡村建设,却不成为政治上的问题了。

然而乡村地位仍是十分重要,绝不因为政治上的轻视而降低其地位。第一是政治的关系。政治上最后的问题是全国的问题,他的基础却在市村。无数乡村乃仅仅绕一城市,乡村人口的总和亦不知若干倍于城市,乡村地位之重要,就此已可证明。还不只此,每每盗匪问题是起于乡村,不起于城市,在历史上只听着说盗匪满山,不容易遇着盗匪满城。盗匪一起,发生了乡村的治安问题,也就是地方的治安问题,扩大起来,便成了国家的治安问题,乡村地位之重要,就此更可证明。乡村人民不能自治,不肯过问利害切身的乡村问题,便完全让土豪劣绅专横;自然,他们更不肯过问眼前以外的地方乃至国家的政治问题,便完全让军阀官僚专横。一个乡村问题放大起来,便是国家的问题,乡村地位之重要,就此愈可证明了。

第二是教育的关系。人每每说:中国人受教育的太少。要知道这些太少的数目,绝不是在城市,是在乡村。我们调查乡村的学龄儿童时,曾经问过他们的父母:"何以不把子弟送去读书?"他们不是说:"读不起书",便是说:"没有地方读书。"这一个回答中的第二个问题在城市是不会有的,第一个问题在城市里也比较少得许多。城市人民贫富的不同,其子弟读书年数多少常因而不同,因贫而绝不让子弟读书的,却并不占多数。所以就数量说,乡村教育的经营远在城市以下,乡村教育的需要却远在城市以上。就结果说:乡村中间的少壮年人是常常向城市迁移的,至少也常常在城市里求生活的。乡村是不断的供给城市人口的地方,如因教育缺乏,供给的都是无知识的人口,那不惟于城市文明没有帮助,反有妨碍不小。乡村教育如果不发达,不但是乡村问题,而且变为城市问题了,可见乡村地位十分重要。

第三是经济的关系。乡村的经济事业越不发达,乡村的人民便越往城市跑,乡村的农作和工作,便会乏人担负了。城市的商品,虽大多数是经过工业制造来的,虽大多数的工业都在城市里,原料却来自乡村。或须开发,或须培植,或须就乡村里制造完成,这些事业里作工的人都跑到城市去了,就会减少开发培植制造之量,就会引起城市原料的恐慌。再则城市工业进步甚快,交通事业发展亦快,原料需要增加之量因而愈大,乡村经济事业如没有同样的速度进展,即不衰退,亦必引起城市原料的恐慌。所以就经济方面说,乡村地位亦十分重要。

如果人们仍是继续不断的重视城市而不重视乡村,努力于城市的经营而不努力于乡村的经营,必更有一危险的问题,便是促成人口集中城市。因为政治机关都在城市,所以愿意作政治活动的人们,都愿意活动于城市。因为经济事业,城市特别发达,职业种类,城市特别繁多,所以选择职业和想过较优生活的人们,都愿意从乡村跑入城市。因为乡村不易求学,有了学问亦没有用的处所,所以要求学的和有学问要应用的人们,都不能留在乡村,而必须移入城市。因此,不但乡村人口逐渐减少,会成了乡村问题,城市人口无底止的逐渐加多,更会成了城市问题。人口集中于城市,在现今的欧洲、美洲已经成了问题,在未来的中国,亦自必成为问题的。要避免它,便应赶紧解决乡村问题。所以乡村地位十分重要,是多数人应该知道的,尤其是乡村里的人应该知道的。

第三章　乡村教育建设

乡村第一重要的建设事业是教育。因为一切事业都需要人去建设,人是需要教育培成的,所以努力建设事业的第一步是应努力教育事业。教育事业分为两类:一是学校教育,二是社会教育,请先说学校教育。

第一学校教育的量。一个乡场不下几千个小孩子,却每每不过一两个小学校,私塾的数目不知若干倍于学校的数目,不读书的小孩子不知若干倍于读书的小孩子。大多数的小孩子在可以读书的年龄,没有读书的机会,他们也一样有聪明才力,但没有法子发展起来,帮助社会。在今天以前,读书是一种专业,读书人是农人、工人、商人和一切有职业的人以外的一种专业的人,所以只须有一小部分的人专读书。今天以后,农人、工人、商人和一切有职业的人,都需有知识,有能力,读书便须普及。学校便须扩充到市场以外,到四乡去,尽量容纳一切应该读书的小孩子。

这样办理,首先便应该调查学龄儿童——应该读书的小孩子,调查进了学校,进了私塾的和连私塾都没有进,完全失学的,各有数若干,才能决定应该办理若干学校,一个学校应该容纳若干学生。学校的大小和多少既已决定了,进一步应想法筹备的便是经费。

向来乡村小学所有的经费,只限于教师最低的月薪,而且低到连教师的生活都不能维持。因此,不能得着好的教师,或虽然得着好的教师,却没有教的东西。以后教师的月薪,最低须够维持他的一个小家庭当时的生活。除教师的月薪外,还须有充足的设备费和应教育需要的种种费用。

有了经费还须得培育教师,今天以后的教师不是仅仅认得字便够了的,还须有丰富的常识,不仅仅是为了吃饭来当教师,还须有教育的兴趣,不仅仅是教几句书,还须要教学生种种的行为。这样的教师,不但今天不够,而且今天没有,是须急切联合各乡村乃至于一县设法培育的。

有了经费,有了教师,便要开始设置学校了。设置学校的第一要事在选择适宜的地方,求便利周围就学的小孩子。第二要事在建筑经济而适用的校舍,辟广大的运动场和校园。第三要事在购置丰富的图书、仪器、标本、模型等。要使学校成极可爱的地方,里面有许多可爱的东西,让那些小孩子去努力经营。怎样经营,正是先生应该教的。不应像现在的学校,一座烂污而黑暗的庙子里,安了几张破败的桌子、板凳,而且放了一块可怕的板子。

现在至少初级小学教育应该普及,高级小学应该适应初级小学毕业生升学的需要;初级中学,应该适应高级小学毕业生升学的需要,这些计划不应该完全等着县教育局决定,各镇乡的人们应该各就本镇、本乡,提倡或联络邻镇乡经营,做一个好样子,使别的地方学起来,这也是一种教育的精神。就是教育局要完成县的计划,也是应从一个镇乡着手先经营的。

以上说的是学校教育量的问题,但是质若不好,结果不但是教出许多无用的读书人,而且教出许多比较更能想方打条,扰害社会的。设如在这不好的教育的量上去谋普及,结果不但使人们全体无用,或且全都去想方打条,扰害社会,那如何得了呢? 所以我们更要紧的工作,是怎样去改良学校教育的质。

现在学校实在办得不好,旧的先生说:"学生读不了几本书,认不了几个字,还不如私塾。"新的先生说:"学生还在念四书五经,至少也腐败得同私塾一样。"从我们看来,两方面的见解都有一样的错误,都是认为学生只应该读书,不过读的书有不同,读法不同。我们认为学生于书本以外,还要到学校以外去认识自然，认识社会，不但是多识鸟兽草木之名，还要去多识鸟兽草木；不但是专从书本上去看人的言语行动，还要从实际上去看人的言语行动，而且要亲去言语行动。要从自然界、从社会上，才能得着真切的知识，书本不过是记载那些知识的东西，并不是知识。要养成儿童获得知识的能力，他才能够一辈子随时随地获得知识。

教育的主要目的，不在给于学生知识，而在训练学生的行为。第一是训练学生在家庭中间的行为，使他知道怎样去管理家庭的银钱，整理家庭的东西，讲求家庭的卫生，改良家庭的习惯，注意家庭的教育。第二是训练学生在政治上的行为，使他知道怎样选举，怎样会议，怎样参与地方的事业，怎样完成国民的责任。第三是训练学生在经济上的行为，怎样养成他在职业上的技能，怎样提高他在职业上的地位，怎样教他继续不断的努力于一种职业。第四是训练学生在交际上的行为，教他对人怎样恭敬、亲切、诚实、有信义，语言怎样明了，委婉而动听。第五是训练学生游戏上的行为，教他怎样运用暇时，运用人群，作正当的游戏，消灭以前社会上有的赌钱、饮酒、吸鸦片烟，种种不良的行为。

训练学生最要紧的两点：第一是训练他们运用科学的方法。科学就是整理经验的方法，就是将我们所有的经验整理成统系的方法，就是将我们所有的经验，整理出一定因果关系的方法。我们今天以前遇事不知理出统系，找出因果必然的关系，所以容易迷信鬼事。认为赌了冤枉咒，菩萨是一定要降罚的，拿一个人脚跌断了的偶然事实，来证明赌咒的灵验，却把许多没有灵验的事实忘却了。你偷了人的东西，菩萨是不管你的，你错赌了咒，菩萨却要来管你，这很显然的是不通的事情。经验应该是不让你去迷信的，只因为你不去整理它，它也就不会来帮助你。

训练学生最要紧的第二点，是教他们随时随地有艺术的欣赏。艺术不是限于图画、雕塑、音乐和其他专门的作品，或专门的活动，是要人们的一切言语行动为所获得或造成的结果，都充分含有艺术的成分，围绕着、浸润着人们，使人们倾所有的感情去欣赏它。

如果乡村的小学校，能够实现以上的办法，培育出来的小孩子，一方面是能干的,一方面是快乐的,必能够创造无数崭新的、可爱的乡村,为我们愿意在里边居住的。

请再说社会教育,社会教育的量,第一步是应普及于市场,第二步是应普及于乡村的人家。社会教育的事业,不仅是需要一个讲演所或一个图书馆,是要创造许多模范事业,给予人学;其次亦要利用新剧、电影、幻灯、照片、图书、模型等,给予人看。目的尤其是在辅助人们,指导人们改良实际的生活——改良他们家庭的生活、职业的生活、游戏的生活、个人饮食起居的生活。尤其是在辅助人们,指导人们,解决社会当前的问题! 解决政治问题、经济问题、教育问题,都从一个当前的乡村起,要紧在促起人们的行为,继续不断地改良他们的生活,解决社会的问题;要紧在指导他们许多方法,帮助他们许多力量。首先还须自己要有方法、有力量。最好各个乡场先行培养这样的教师,联络各场担任新剧、电影、幻灯、照片等种种的设备。然后办理一种场期学校,用简单的文字、表演的方法,授以各种常识。不必要固定的学生,凡赶场的人,无论男女老幼,都可来学,学一回算一回,至少可以学会一桩简单的事情。

第四章　乡村的经济建设

经济问题是人们物质生活的需要和供给的问题。包含着怎么样生产,怎么样交换,怎么样消费,怎么样分配几个问题。经济建设,就是用来解决这些问题。

无论要解决一个什么问题,都须先把那问题分析清楚——把那问题里边的事情调查清楚。所以我们在乡村事业建设之先,还须调查乡村经济状况。必须调查的有四类事项:第一须调查本地的出产、原料或成品是什么价格,宜于什么用途,每年产若干数量。第二须调查原有的或应提倡的生产事业。他的资本多少,人工多少,利益多少,经营的方法怎样。第三须调查生产事业,需要的原料和工具。社会上一般需要的成品,须由他地方运来的。第四须调查现有的不敷或过剩的人工,失业者的状况。区域以内的事项,派专员或组织调

139

查队去调查,区域以外的事项,通信或派专员去调查。

同时应筹备关于经济的公共事业。第一是气象台。乡村农人最感痛苦的是天灾,或苦久晴,或苦久雨,或苦风雹,不但是他们无法宰制,亦并无法预料。气象台便是测量气象变化的机关,它可以把最近的将来气象如何变化告诉农人,农人便可对农作设法预备,对灾害设法预防。第二是农人[事]试验场。可以将各种不同的种子不同的播种期,不同的土壤,不同的肥料,不同的距离,通通试验出来,比较成绩的好坏,告诉农人,并且指导他们怎样改良种子,改良土壤,改良肥料,改良一切种植的方法,改良农具,期于节省生产费,提高并加多生产品。第三是设立苗圃。培植各种关于园艺和森林的苗木,指导农人讲求园艺,培植森林。第四是开辟公用堰塘,蓄水以灌农田,或购公用吸水机。第五是设立农村银行。在农人青黄不接的时候,贷与款子,并办理存储或汇兑。第六是提倡合作社——提倡消费合作社。供给农人廉价的消费品,并分与最后所获的红利;提倡生产合作社,购置农人公用的工具,或为采买种子,销售出品;提倡信用合作社,以公共的保证,帮助需要借款的农人,取得随时可以借款的权利。

此外还须指导农人改良副业——改良养蚕的方法,置设公共缫丝厂,公共干茧室。改良养猪、养鸡的方法,并提倡堰塘和农田养鱼。指导农人暇时工作,改良工具和工作方法,制造农产原料,供给农人需要,并倡办工厂。指导商人运销农人产品。对于农工成绩很好的,为之介绍,为之宣传,给予奖章,施以种种的奖励方法。

如果有特殊产业的地方,亦须对于他们特别指导改良生产的方法。产煤的区域,须指导产煤改良的方法;产纸的区域,须指导造纸改良的方法。就采煤而论,以前用油灯常有火患,便须改用电灯。以前用人力吸水,到很深处,便不易再吸起来,蓄在里边常常有水患,便须改用吸水机。用人力打风,不能供煤窑规模大的,路多的路远的需要,便须改用打风机。人力向上拖运非常困难,如果煤量丰富,便须改用动力运输。人力开辟煤窑非常困难,而又需要甚长之时间,便须改用动力钻眼。这样的节省人力,减少销费;一方面仍使人力有致用的地方,不使有失业的恐慌。第一教以新职业的技能,第二为之介绍新职业,那便骤然失业的人都有办法了。地方上还有根本没办法的,应由地方为想救济的方法,病废的、老弱的、幼小的,都应特别由地方想法去救济他。

第五章　乡村的交通建设

交通事业,是现代人们生活上最需要的事业。货物,全世界的要相互交换。人们,全世界的要相互往还,一个人常与距离到万里的人们有关系,常常要知他们的消息,常常要和他们通问讯。这断断不是人力或以畜力的交通事业办得到的。以人力担挑子,抬轿子,以人力拉船、划船,是四川以前的交通事业;以人力推车,以驴力、马力、驴驼力拉车,是中原以前的交通事业。到了今天以后都不适用了。第一是时间问题。人力、畜力,日行不过百里,火车、轮船日行却达千里,电报、电话,则更顷刻达数百里、数千里、数万里。缩短时间便等于延长寿命,坐在轮船、火车上过一天的生活,如果坐在轿子里或木船里,便要过十天;用人力带信件,如到万里以上至少要一年以上,才可以得回信,用电报一天两天,便可以得回话。这样缩短时间,帮助我们太大,不可不赶紧想法。第二是数量问题。如果生活必要的食物,燃烧料,大批运到几千里、几万里以外去,断断不是人力的挑子,或车子办得到的,必须要用火车、轮船。第三是运费问题,如果真用赖人力的挑子或车子把煤炭运到几千里以外,恐怕豆腐也要搬成肉价钱。

不过前面曾经说过,世界的交通建设,差不多都以城市为中心,铁路、马路、航路、航空,都是谋城市与城市之间的联络,乡村人民如果不当路,是不易享这样幸福的。今天以后的乡村建设,不易就达到这样的程度,乡村人民,亦自不易遽然享受这样的幸福。不过交通事业,总须由城市而逐渐及于乡村,于城市与城市的联络以外,亦须逐渐谋乡村与乡村的联络,尤其要谋乡村输出输入的便利,以辅助改良乡村人民的经济生活。

第一便须建筑道路。如果人多货多,不问路线长短,只要可以节省时间和运费,便须建筑轻便铁路或马路。其次亦须改修人行的道路,减少大的弯曲,或陡的坡坎,把路线缩短,并使晴雨都便于行走。第二便须经营河流。许多小的溪流,只须筑起堤堰,常有几里、十几里、几十里可以行船。乡村出产大半是粗笨东西,譬如米粮、木材、煤炭,有了比较便利的交通帮助,便比较地容易运输出来。

传话的交通事业,可以节省无数的人的往返。如果能够改良,便可以节省甚多的时间,便利解决一切的事件,更须要赶紧办理起来,也比建筑道路、河堰等容易办理起来。第一便是邮政。好多镇乡都已有了,但是很不便利,每每他们要三天、五天才走一次,仅仅距离几十里的地方,或须十几天才能得着回信。我们平常说话,都是希望说出来人就立刻听着,而且立刻回话,如何可以在最近的距离也等待好多天,或更因为传递迟滞而贻误事件。所以乡村的邮政,最好多辟路线,多加邮寄的次数,最少也要一天有一次的往来。

能够在远距离立刻听话而且立刻回话的设备,最好是电话机,在乡村里安设一里,不过花上几十块钱。安设百里,不过几千块钱,一部电话箱,不过花钱几十块,一部几十门(可以接几十个地方的电话),不过花钱几百块。应以最短时间把各乡场安设完备,而且须予一般人民以说话的权利。

第六章　治安建设

乡村的治安建设,在几年或十几年以前是没有的。大家受了无数的损失,吃了无数的痛苦,才知道起来谋治安的办法。办团,防匪,已经有了显著的成效。不过从我们看起来,仍觉得是一个没有解决的问题,还须怎样想法去解决它。

团防是被匪徒抢劫,逼迫得无地可偷安了,才办理起来的。所以匪徒消灭以后,便消灭了办理团防的需要,团防放松懈了。匪徒抢劫得最厉害的时候,大家都肯出钱、出人办理团防;而今,人是不肯出的。一个场只有几个无业游氓当团丁。钱是不肯出的,大概团练经费,都是抽的买路金银,用此方法办团,自然是有名无实的。目前乡村苟得治安,不是仗恃有团,是仗恃没有匪,如有匪患发生,在现今情况之下的团练,是不会有多少办法的。而且团在打匪的时候,是由人民集合起来的,也是帮助人民的,到了匪患消灭以后,人民不再与团发生关系,团也由帮助人民而扰害人民了。一个场上有几支公共的枪,在有匪的时候,是打匪的;在没有匪的时候,便是压迫人民的。所以乡村团练并未建设完善。

团练是要人民亲自担任,仅仅用冬防训练,晚聚早散停三歇五的方法,不能期必成功的。因为一切民丁各在家里,不能没有偶然的牵挂,天天都要集合,而且距离远近各异,天天都要同时间集合,断断难于办到。就办到了,亦断断难于持久。我们认为每个壮丁,至少要有三个月左右的集中训练,应用征兵的方法,按期轮流各乡征调,直到训练普及而后已。凡经调练的壮丁,每月每场集合一次或两次,既藉以检阅他们的军事动作,又藉以训练他们开农民大会,给予种种公民的、农业的常识,养成大规模集合的习惯,避免天天集合的困难,节省天天集合耗费的时间,才容易造成人民集中的力量,防御未来的匪患,而且不止匪患。

我们纵不能像上面说的,用征兵的方法,使民众武力化,亦应使武力民众化。使无业的团丁,变成有业的人民,于严格的军事训练之外,更施以严格的职业训练。搜尽游氓,入此陶冶,陶冶成熟,便即遣散。一场人数太少,不便办理,可以联络各镇场,扼要驻扎,集中训练。这样办理,一方面可以消灭游氓,消灭未来的匪患,另一方面又可以增加民力,防范未来的匪患。

稽察奸宄,也是防范匪患的一种方法。调查户口,更是稽察奸宄的惟一方法。这种工作,今天以前,各地方还没有认真做过,今天以后应该有一定的方法、一定的人员、一定的时间,专门去做。如果把户口调查清楚,结果不但是可以稽察奸宄,而且可以得着男女、婚姻、财产、职业、迁徙、疾病、年龄等参考材料,以供一切乡村建设的参考。

防止游氓的产生,也是防范匪患的一种方法。搜求游氓施以职业的训练,可以减少游氓。到处开设烟馆、赌场,却亦可以增加游氓。办团人员,有一种重大的责任,是自己从来不知道的,便是劝戒烟和禁赌博。有的不但不禁,反转重抽烟捐,大招赌博,用以制造游氓,聚集游氓,解释起来,便是一方面造匪,一方面办团防匪,岂不是大相矛盾?

第七章　卫生建设

虽然团练还没有办好,乡村人民,大抵都知道必须办团,以造成财产的保障。却绝不知仅仅有了团练,生命还没有保障,疾病传染的危险,比匪徒抢劫的危险还厉害。我们有方法避免匪徒的抢劫,却还没有方法可以避免疾病的传染,一般人都知道治安建设,是很紧要的事业,却还不知道卫生建设,是更紧要的事业。

卫生建设的第一桩紧要事业,便是设立乡村医院。使凡得病的人们,都有医病的地方,而且不取医费,使没有钱的人们,亦有医病的机会,这样施比较可靠的医,比较那施棺材、施阴地,总算更重要些。这样的医院,每场至少应有一处,不但医病,还要防病,如像天花是可以点种牛痘预防的,便要为乡村人民,尤其是小孩子,普遍点种牛痘。

讲求卫生,是防病最要紧的方法。在个人方面的要靠继续不断教育;在公众方面的,要靠种种卫生的检查和设施,只要有一个小小的市场,便须注意到公众的卫生。第一点是厕所必须清洁,尤其须密闭,乃不至发生蛆蝇。第二点是渣滓必须掩埋。当河流,则让水涨冲去。不当河流,经过相当时间以后,以与土壤混合,还可有加肥的功用。至于人家烧过的煤屑,不应让人和入渣滓以内,应利用起来铺填土路。第三点是蓄积的死水须消灭干净。市前市后,添辟阴沟,务使污水流到远处。第四点是检查售卖的食物,禁止摆在灰尘中,并禁止售卖凉水和陈腐的食物。第五点是全市街面和街沟都须常常洗扫,常常检查市民认真洗扫没有。这些都是乡村里的市场必须办而又容易办的事项。公共卫生的事项还不止于这些,不过首先要从这些办起。尤其是窄狭而又黑暗的市场,必须改修它,使它宽大而又光明,可以使场上或乡间赶场的人们少染多少疾病。

个人卫生,家庭卫生,最好场期都有讲演,而且都有表演。医院里在为病人医病的时候,告诉病人,效力更大一些。发现了人们不讲卫生的事体,随时随地,予以纠正,亦可慢慢变更人们的行为。务要全社会都养成卫生的习惯,卫生建设乃告完成。

第八章　乡村的自治建设

从第三章到第七章提出的各种建设问题,都是属于乡村自治的范围,是自治事业里边怎样经营的问题。现在要提出来讨论的,是自治事业里边,怎样组织的问题。第一是机关怎样组织;第二是人员怎样产生。这两个问题首先解决了,各种建设的事业,乃能次第经营。

原来的场,现在江巴两县已改为里。每里有一个教育委员,负的是教育建设的责任;有一个建设委员,负的是经济建设、交通建设、卫生建设的责任;有一个团务委员,负的是治安建设的责任。每一个委员负一方面的全部责任,其下如有各种事业,还须各种专门人才去管理。另外,每里有一个财政委员,专管各种事业的经费收支;有一个里长,便是委员长,主持里全部的建设事宜。可是,一切问题之解决,不应出于委员长个人的意思,而应出于几个委员的会议。委员长便是这会议的主席。执行,则由各个委员各负一方面的责任,各谋一方面的改进,是不相混淆,不相侵越的。一方面分工,一方面合议,这便是委员制。

里长以下,还有各闾的闾长,各邻的邻长,办理小范围的关于建设的事务。在今天以前办理的,大概是关于治安建设的事务。如果教育建设、经济建设、交通建设、卫生建设,种种事务,都有一样的经营,都有一样经营至乡村里边去,也应一样划相当的不一定相同的区域,或且另有一定的人员,料理一定的建设事务,隶于一里的教育委员或建设委员之下,亦如邻长闾长是重重隶属于里长一样的。

由江北现状论,在一里的委员长和委员,是惟一的受到县政府的指挥和监督的。虽然合几里有一区,区有区长,然而没有同于一里的更大的组织,可以管理一区中各里的一切建设事宜,便不能任各里的监督和指挥。我们认为凡与里有关的建设事宜,虽然在一里内,亦应听受县政府的指挥和监督。但仅仅关系本里,则本里亦应另有监督的机关,更亲切的监督着主持建设的人员,才不易于误事或越轨。谁担任这样的监督责任呢?惟一的是里民的代表会议。里民的代表会议,第一是解决全里本身的重大问题——与他里无关系的。第二是选举里委会。开会和选举,是自治问题中间的两个中心问题。他的意义和他的方法,是应训练里民完全弄清楚的。怎样推举主席,怎样提出议案,怎样讨论,怎样表决,是开会应有的问题。怎样选择人,怎样投票,是选举应有的问题,必须随时、随地训练里民。彻底的,每邻或每闾应常有人民会议,亲切的商量邻或闾应办的事情;应常选举出为他们办某一件事或办某一件事的代表人,应常介绍本里中的好人或能干的人,使他们认识,这都是训练他们选举和开会的机会。

一切建设的人员可以由选举或上层机关的遴委产生出来的。但是,他的专门的知识和技能是需要特殊训练的。今天办这一个自治研究所是简单的予大家一种自治方法的训练——还不算训练,只算一种讲演。我们盼望继续着办农业研究所、矿业研究所、建筑道路研究所、医药卫生研究所等,训练出许多建设的专门人才,各种建设才会举办得起来。

刚才讲道:现在办的自治研究所,只是一种讲演,须要知道大家将来实地建设的时候,才会开始受自治的训练。我们建设事业以前,应先建设我们的行为——能力和习惯。可是这样的行动,要从建设事业中才训练得起来。此后大家努力于地方建设,即便是训练自己,亦便是建设自己的一种"建设的行为"。今天的讲演未尝不是在做建设的功夫,尤其需要做在一切建设事业以前。因为人们在努力于一种事业的建设以前,应先有一种心理的建设,有一种美满的建设的理想,在心理上先建设起来。今天讲演的结果,正是盼望大家心理上都怀抱着一种美满的理想,讲完便求其实现。有理想便实现,亦应该养成一种习惯。

里委员会的组织,上面曾经说过大概。每一个委员范围的职务,亦应划分成统系,有几个人负担,便须明白地分工,即在一个人职务范围以内,亦须有统系的分析出来,这尤其是组织中间的重要问题。组织便是建设人与人间的一种秩序,亦是建设一种事业的秩序。

现在我们应该知道建设的根本问题在哪里,不在经济,也不在教育,也不在……却在秩序。无论何种事业,秩序建设不起来,绝对不会有良好结果的。我们对于任何事业,事前应有精密的计划,事后应有精密的整理,其性质都是建设秩序。秩序问题,是包含着自治事业的经营问题和组织问题,是乡村建设中不可避免亦不可疏忽的根本问题。

最后还应有朋友难着我说,你尽管说得天花乱坠,要为乡村谋这样建设,那样建设,不知道于你提出来的问题之外,还有一个根本困难的问题,"就是钱从何处来?"这却怎样解决呢? 我们认为真不成问题,江北有一个场为修一个庙子,唱几十本戏,花了一万多块钱,要是把这一万多块钱移来办地方建设事业,应该什么事业都建设起来了。我们所虑的还是人的问题,人没有训练的问题,人没有建设秩序的训练问题。这倒是研究自治问题的朋友须得十分当意的。

江北县自治研究所 1929 年 10 月 1 日刊印

双十节在北碚对峡局职员官兵的讲话

（1929 年 10 月 10 日）

　　十八年以前的今天,是少数的人把几千年的皇帝推翻的事,在他们肯使力。现在中国并没有整得好像欧美一般文明的国家。还是希望有多数的人努力,齐心把它整好起来,不辜负庆祝的意思。

《嘉陵江》1929 年 10 月 10 日

四川人的大梦其醒

（1930 年 1 月）

一、时　　机

前一会中原忽发生了战局,最近中原的战局忽发生了一部分的变化,便急遽地促起了四川人——尤其是四川的军人——耳目心思的紧张。十分留意着中原如何变化,亦十分留意着自己如何应付中原的变化;或许要利用它,或许因它而发生恐慌。向来中原有了问题,都予四川以深刻的刺激,感觉非常敏锐的人们为中原揣想,亦复为四川揣想,有些或竟把揣想当做事实,或竟多方探取这些消息,根据这些消息打算些办法。于是乎弄得满城风雨,只图苟安的四川局面,又有许多酝酿,又有不可终日的现象。

无论什么人也应该知道这是四川危险的时机,不过从我们看来,也是四川良好的时机。根据十八年来的历史,每次战争都由若干时间酝酿起来的,四川人知道四川在酝酿战争了,却也让他们一直酝酿到战争的时期,所以酝酿最是危险的时机。不过由另一方面着眼,平日在可以苟安的局面中,什么人也不需要什么办法的,以为苟安便是办法了。现在大家都注意到中原的变化,同时又都注意到自己的办法,或且还没有确定何种办法是可以应付变化的,正在急切地寻求它。如果趁这时候贡献大家一种办法,虽然不见得最后采纳,可也许邀得大家几分注意。至此,也算我们贡献这种办法的望外的效力了。

二、办　法

不过大家要知道，我们提出来的办法，绝不是怎样去应付中原的变化——如果变化成这样，我们左手拿出这样办法；或变化成那样，我们右手拿出那样办法。变化是不可捉摸的，有如用炸药炸开一块石头一样。我们绝不能预料炸开以后有若干破片，何片飞向何方；亦并不能预料此块石头是否成为破片。我们如果用尽气力于这样预料，并且仓皇的引避那一破片或伸手接这一破片，不惟为事太苦，而且冤枉。

又因为变化太快，纵有巧妙的应付办法，每每刚才决定刚才准备，那种变化又已变化了，刚才变化过去，或又变化过来了。纵然感觉十分敏锐，办法十分丰富，可以期必面面周到，也苦追求不及。追求不及，则陷于错误，徒得痛苦。不但我们不应该贡献这样的办法，而且应该劝大家不要去搜求或使用这样的办法。

可靠的办法不是无定的，不是随时局的变化为转移的，还进一步可以转移时局的变化。他本来摆在大家面前，只要大家瞠眼开睛便可看见。只可惜都被现局蒙蔽着了，误以为惟一的世界是现局，惟一的道路是如何应付现局；却不知现局以外还有更平坦的道路，可由以到达另一个光明的、美丽的世界，大家在那一个世界里快乐地生活去。

因为人们不求可靠的办法，遂误以为没有办法，亦遂听便其没有办法；但求苟安，苟安于现局里面，或更于现局里面苟得利益，苟得进展，苟可以与人比赛，便足以苟自娱或且自豪，这是何等堪悲悯的现象。

又因为人们不求可靠的办法，遂误以为人事不可靠，大家不复信仰人事，而相率信仰佛，信仰道，信仰……如果都是没有知识的人们，也还不关紧要；却由有知识的人们领导起来，研究、尊崇人事以外不可明了的现象，不可解决的问题，不可到达的境地，而自信其可解决，可到达。却没有人领导大家去研究、尊崇人事上可靠的办法，有讲佛的团体，有讲道的团体，有讲……的团体，却没有讲政治问题的团体。本有政治团体，也有政治工作，却一向不集合起人来讲政治问题的。

三、意　见

一位朋友从各省跑了转来，曾经考察各省的情形，觉得中原的将领，不肯一致把中华民国弄好，你要这样，我偏要那样；专在准备相互间厮战，叹息着说："中国人太爱闹意见！"其实不然，从我们看来，这许多人都是没有意见的。另外一个朋友亦曾经游历中原，会过许多中原的将领转来。他便曾经问过许多将领对于中华民国的现在和将来，有什么妥当的办法没有，得的答案，大概都是默然。可见他们对于中华民国实在没有确定的或光明的意见。如果有了意见，为什么不堂堂正正发表出来，纵然有些不同的地方，大家同着讨论、修改，以期把中华民国弄好起来！

回转来看四川，亦是一样。许多将领何尝一度提出四川现在和将来的问题，提出解决问题的办法，以求人们修正，或求人们赞成？一个人的意见，应该是一个人提出的办法——一种具体的计划，大家何尝对四川有具体的计划？大家只在为自己或为自己一群人研究办法，只在争个人偶然认定的利害或一群人偶然结合起来认定的利害，何尝对四川有意见。

如果一定说是他们有意见，也可以说：极端相反的两个将领，却有极端相同的意见。如果一定有人同他们论裁兵问题，他们一定是一致地认为应该裁；如果有人同他们讨论国家或缩小下来而说四川统一的问题，他们也一定是一致地认为应该统一。岂惟意见是一致的？两个极端冲突的将领，行动也是极端一致的。整理财政时，都在整理财政；改编军队时，都在改编军队；办理军事政治学校时，都在办理军事政治学校；修公园时，都在修公园；修马路时，都在修马路；几乎各方面的行动，件件都可以证明相互一致。偶然有某种行动与其良心上或口头上的主张相反，也一致是相反的。

既然大家的意见极端一致，行动极端一致，便连聚集在一处讨论、修正的手续都不必要了。有这样彻底相同的精神,我们真不明白,又何至于极端相冲突呢?而且冲突得无已时呢?由民国元年冲突到十八年而且到十九年了,不知以后还要到若干年呢?这个理由,因为大家不断地要准备冲突——抑或许要应付时局,或许没有时间从容想想,且容我讲讲。

四、冲　突

我们很显然地看得明白,各方互相间的冲突,不是由于意见或行动不同,正是由于意见或行动相同。要在中间找一个意见或行动超出于寻常的——与寻常不同的,虽然中间也或许有,我们总还没有明白地找出,或正因为他们都一样在寻常状况之中,没有一个曾经超过他们,所以永远只有相冲突,而不能相制服。

要解释大家冲突的内容,可以从两方面看:

(1)从纵的方面看,军人都讲究系统,都讲究服从,其实上下常相冲突。上级的人以为下级是我提拔起来的,下级的人却以为上级是我拥护起来的。上级要支配下级的人,下级却亦要挟制上级的人。这还是同一时间的小小问题。每每最初抬上级的,便是后来倒上级的。一个军人在最下级的时候,候到第二阶级,其方法是把原第二阶级的人抬到第一阶级去,自己便到了第二阶级。但是,如果自己已到第二阶级了,想到第一阶级去,又把原第一阶级的人抬向何处去呢?则最后的方法,惟有对不住而倒了。这样的上下级军人的冲突,是到最后才显著的,却是从最初起便预备的。

(2)再从横的方面看,几乎每一个将领都派得有代表到各方面去,同时亦都有各方面的代表在他那里。极其联络之能事,以求其一致,而其实是冲突的。好比甲与乙两势力是常立于反对的地位,甲常联络丙丁求其一致,丙丁亦表示一致;乙常联络丙丁求其一致,丙丁亦表示一致。直到甲与乙火并起来的时候,丙丁仍自各算利害,各看形势。其初促成火并的原因,正是表面虚伪的一致,而骨子里绝找不出两种不冲突的势力来。

虽然有许多聪明人在陈旧的历史堆里找了许多合纵连横的方法,以求避免冲突,或是联姻,或是换谱,或是歃盟,或是以人为质;然而这些办法,从历史上、从新闻上都惟一地证明转瞬便靠不住。更聪明的人则都结合旧有关系的人,或是同学,或是同乡,或竟是至亲至戚,以求其内部无冲突,而能一致地以与他势力冲突;殊不知到最后来,仍一样是靠不住。

一势力内部无冲突,其真谛全在其与他势力冲突。一个系统下面之军队,所以成其为一个系统,正因为有协同对敌的作用。如果协同对敌的作用早晨消灭,则向来本是一个系统的军队便会夜晚分裂。如果四川有将领凭着一个系统去统一四川,姑且无论成功困难,即令幸而成功了,失败也就在成功之后。因为分裂也就在协同对敌的作用消灭以后。原有协同对敌的精神,一到此时,便移以相互敌对,只把射击的靶子掉了方位。

这种现象是毫无足怪的,因为大家脑筋中并没有一个社会公共的问题,立足点都在各个人的利益上面的,所以不会有两人以上的协同动作和协同精神。虽然各个人眼光中所发现的利益不一定都是房屋、田土、娇妻、美妾的增加,或亦竟是把四川放在他的手板心上;便总是以个人为中心,以如何取得的方法谋个人的利益或势力的进取。几军而共谋取得一个四川,当然发生冲突了;即令一军而最后得着,此军下面尚有几师,不过又变成此几师而共谋取得一个四川罢了,其结果也当然发生冲突的。基础建筑在各个人的利益上,绝没有两个人以上的协同动作只有冲突。惟其动作相同——攫取的动作相同,冲突乃愈厉害,何时能够避免?

五、比　　赛

最堪悲悯的是人们明知现局之坏,而甘沉酣于现局之中为所左右,不能而且不肯自摆脱于现局之外以将现局变过。自己并不知道亦不考察这是什么缘故。

乡下人都拼命地挣钱,虽然挣得许多钱了,自己却不享受,亦并不让子孙享受,吃饭穿衣,以至于住的房子,用的家具力求其节省,至与穷人相等。这样拼命地挣钱,究竟有什么意义?解释起来,这乃是一种社会兴趣促成的。社会上相与比赛的事情,便是一切人兴趣集中的事情。一般人都羡慕那与于比赛成功的人,那与于比赛的人亦都愿由成功而取得一般人的羡慕。乡下人津津有味地谈起:"今年某老太爷又买了一大股田,租谷收到整整千石了!"旁边人亦津津有味地听着而且想着自己何得也到这个地步。一个有钱人嫁女,许多抬盒由一路经过,旁边村落中许多老幼男女都站在屋角,不能看得抬盒里的内容,也要数那抬盒的数目。数到四十架了,五十架了,非常羡慕而且叹息。邻里亲戚,彼此会着后,亦要以这抬盒数目作为谈资,这都是人们兴趣集中的事情,因为是大家注意着比赛的,应该争的一乡或一方的面子。

一些人都盛传某人在外面做官,又汇二十万回来了,都相互勉励,你快生个好娃娃,将来也这样做官去。于是乎做官人以找钱为能干、为体面,乃正贪官污吏之所由来了。烟盘子旁边,一个代表同另一个代表说:"我们老板的家屋越是大了,已达几万枝枪了,比你们那位老板怎样!"他们竟认长官是老板,认枪枝是老板的家屋!虽然是扩充枪枝为着准备战争,却也是在比赛家屋。人都奖励比赛的胜利,所以人都努力从这些方面比赛,求得胜利。

修马路的时候都讲究修马路,办市政的时候都讲究办市政,修公馆的时候都讲究修公馆,造滥币的时候都讲究造滥币,都是比赛着在做。因为大家比赛的程度都很低,所以也没有一个特别高的。马路都坏,不会有一处特别造好;办市政都只改街道或修公园,不会有一处特别注意设医院或办学校。

比赛是促起人们行动的原动力的一种,而且是重要的一种。跑路只跑一百米,这并无何等意义可以促起人们注意;可是一到了运动会场,几个人比赛,千万人赞赏,便成兴趣集中的问题了。与于比赛的人,都要大努其力而且大拼其命。今日的全四川,也可解释成一个大的运动会场,不过运动科目不是田赛、径赛,奖品不是金章、银章,另有许多花样。大家比赛最剧烈的科目是战争,最企图获得的奖品是地盘和捐税。于如何获得之外,则研究如何享受了。亦复在享受方面去互相比赛,如何吃大菜,穿大衣,屋内应有何种华丽的陈设,手上应有何种名贵的戒指,都是许多人们悬在心中、目中、口中的问题。既留意人所有的,又留意自己所有的。要能够以所有的表现在人群中才体面,要能够以如何取而有之的能力,表现在人群中才叫能干。

利用比赛所有以奖励人取得其所未有,于是逼成人们有四种普遍的行为:

第一是"要",逢着人便苦苦要接济、要调剂。

第二是"偷",钱到手便舞弊,官司到衙门便秘密磕取。

第三是"抢",团总之于一乡,军队之于一方,苟有力量,都尽力抢。

第四是"争夺",一物而两人或群人要取而有之,则当然拼命争夺了。如果大家不断地比赛其所有,又不断地比赛其行为,如何取得其所未有要,或偷或抢,所得惟一的结果,便是不断的争夺。失败便是最好的结局。

六、觉　悟

由第三节到第五节提出来的问题,都是人们——尤其是四川的军人——一把镜子,可以把自己和自己的所为彻底地照照;亦是一把算盘,可以把自己的所得彻底算算。大家努力于争夺,所得的结果仍只有争夺,何以终不觉悟?由民国元年到民国十九年了,无数走一条道路的人们,由袁世凯、段祺瑞、曹锟、吴佩孚、张作霖等①以来,都次第失败完了,绝不见有最后成功的。虽然目前还有许多人们在那里挣扎,没有到达最后失败的一天。我们可以断定,如果他们不改变道路,最后亦只有失败。是非利害如此彰明较着,何以终不觉悟?

一个军人专求战争上的成功,结果却显然失败了,有这亲切的证明,总该促成自己的觉悟。然而他只觉得战争方法的错误,绝不觉得战争的错误。只有再想方法预备战争,绝不因此企图废止战争。有如赌徒,一注输了,便又加注;再掷而输,宁掷孤注。只有因输而拼其所有以求赢,绝不因输而悔赌。所以凭战争作方法,永远不能促成军人的觉悟。

---

①　"等"字原文为省略号。

因为战争的关系，因为军人只知道攫取人民所有，以预备战争的关系；人民的担负一天比一天重；痛苦一天比一天深，忍受不了，应有起来反抗军人的时候——应有觉悟的时候，却也不然。一个蛙放在热水中间，立会跳跃起来；可是，放在冷水中间慢慢地生温，直到把它煮沸，也不会跳跃起来的。现在军人所加于人民负担和痛苦，亦正是用慢慢加温的方法，有把人民煮死的时候，却没有人民跳跃起来的时候。

到底如何才可以促起人们的觉悟？惟一的方法，便是拨开现局，使人们伸伸头来，看看现局以外，还有一重天地，不误以为现局便是天地。如果人们长埋在现局中间，纵然觉悟了现局之坏，然而不知道何处才好，永远不会从现局中间自拔出来，跳到另外一重天地里去。因为他们从没有见过另外一重天地。

七、公共理想

今天以前，一切问题都是以人为中心，却没有以事为中心。我们注意着人的成败，亦注意着人做这样，做那样；却不注意着事的成败，需要若干人在一桩事中间，或做这样，或做那样。我们只知道四川有许多人在活动——在这里开会或在那里接头；却不知道四川有许多事要待人做——要待许多人共同去做。以四川之大，七千万人之多，中间又有无数预备治理四川的人才，却不知道四川有些什么大事，是四川人应该共同努力做的，岂不令人十分诧异！

姑且不问整个的四川，即已经大家分裂了的若干个防区，每个防区里面有些什么大事，是与人民有关系的，亦或许未具体地想到——虽然亦零碎地想到了一些，再退一步说：即大家驻在的都市中间，有些什么大事，是与人民有关系的；亦或许未具体地想到。再退一步说：即大家驻在的衙门以内，有些什么大事，是与人民有关系的，亦或许未具体地想到，一个衙门里的陋规，一个城市里的渣滓堆堆，一个防区里的盗匪，也每每摆得好好地在那里，没有人管他。因此，我们非常地叹息，四川人太没有问题——太没有公共的问题了。

虽然近几年来，颇有人着眼于地方的经营，市政、交通、教育、实业，都在逐渐提倡,不能不算是四川进步的现象。但究竟是以个人为中心的事业,而没有以事业为中心。以个人为中心的事业,只能奖励人皆各为其个人,绝不能促成一群人的团结。

要一群人团结起来拥护着一个人,便在君臣之义甚严的时候,天下一乱,也不可靠;而今君臣已废,形势变化又甚快而不一定,还要一群人团结起来,始终拥护着一个人,更何尝办得到? 虽然有些人在那里作一时的表面的敷衍,亦不过因以各其利自己。各其利自己则相互间只有冲突,何能团结? 形势一转,便各离异。所以,以个人为中心的事业,终究是没有良好结果的。

惟一的是团结人群的方法,便是提出公共问题,提出解决公共问题的方法,而且促起人群去解决它。换句话说:便是建设公共理想,而且促起人群去实现它。今天以前,大家满怀着个人的理想——如何发财,如何升官,如何扩充自己的地盘,如何装点自己的门面;今天以后,却要把大家的理想,从个人身上移到公众身上。要一心一意为公众打主意,不要再为个人打主意。要使公众的生活如何安定——便不要打仗;要使公众的交通如何便利——便不仅自己备两部摩托车;要使公众的生产事业如何发达——便不仅自己拿出钱来做一笔生意或办一个工厂。如果提倡一桩事业,而为了自己占有或自己享用,那还是个人理想,不是公共理想。公共理想的利益,是完全在公众身上的,个人只是在公众中间享受的一员,但绝不能由个人占有了。

公共理想是从全省的公共问题中,提出解决的具体计划,不是偶然的建筑一条道路,或创办一个学校,它含有最后要达到的境域,使人向往;亦含有如何去达到的方法,使人信仰。它可以取得人的同情,亦可促起人的决心。它是人间可以实现的天国,圆满无缺。人都愿意实现它,而且实现了它之后,又把它重新创造。

公共理想是公共生活中间的人们,全体都应该有的理想。一种公共生活中间的人们,亦或许没有公共理想——解决公共问题的具体计划,如像今天四川一样。然而人不能无理想,不过都是些个人理想;社会亦不能无问题,不过都是些无法解决的问题——而且满目都是无法解决的问题,亦正如今天四川一样。要替代个人理想,只有创造公共理想;要解决公共问题,亦只能创造公共理想。一种公共理想的建设程序,是每每由少数人到多数人,由创造它到实现它。

如果一社会里人,各发展其个人理想,则人与人间不觉其相需,但觉其相妨,不足以促成团结,但足以促成分裂。四川——而且不止四川——正是这样。惟有建设全四川人的公共理想,乃可以促成相互冲突的各军,以至于一盘散沙的人民,一致团结起来,共同努力,每一个人在大的组织中间作努力的一分子,综合全局,以解决一个整整的问题。必须如此,人与人间乃不觉其妨,却觉其相需。

孙中山先生提出三民主义,五权宪法,建国方略,建国大纲,是为全中国人建设一种公共理想,以促成全中国人的团结;一省一县一市一乡都应一样,各建设其一省一县一市一乡的公共理想,以促成其一省一县一市一乡的团结,确是必需的方法。虽然公共理想的内容,人或各有不同之点,然可以用讨论、修正的方法,促成其相同,促成其一致行动,不致为团结的障碍。而且愈专门的,愈具体的计划,不同之点愈小,愈成其为全体的——至少亦大多数的——公共理想。

又就革命问题说:人都以为革命问题是先破坏后建设;亦就把它截成两个时期:一个是破坏期,一个是建设期。在破坏期中,只努力破坏,只训练人怎样去破坏。因为破坏有了若干回训练之后,这一段工程亦或许终于成功了,便绝不是革命成功了。革命还有一段重要的工程是建设,到这时才开始,而且每每没有法开始——因为向来只在破坏,没有经过建设的训练,于是失败紧跟于成功之后。革命人物循此错路,每不觉悟。

如果认为革命是一桩完整的事业,便不能把破坏与建设截成两段?必须且建设且破坏;而且必须以建设的力量作破坏的前锋,建设到何处,才破坏到何处。再进一步说:先要有好的建设,然后有快的破坏,河下有一只好的轮船,坏的木船便揽不着客货;乡下有一个好的学校,坏的私塾便招不起学生,这便是显然的例。大家应该知道:破坏的实力是建设,绝不是枪炮,亦不是军队。不要搪塞着说:预备枪炮,扩充军队,目的是为了破坏。就令目的为了破坏,手段亦当采自建设方面。建设应从心理起,从建设公共理想起。

八、经　营

经营的意义便是如何去建设。四川的经营便是四川人应如何协同地、团结地去建设四川中间需要建设的事业。如何计划，如何整理，如何排除障碍，如何解决困难，这都是经营中间的问题。

一个外省人会着我们问："贵省是哪省?"我们答以"四川"，他们必十分赞美着说："好地方!"我们却很惭愧想道："地方倒很好，只是人们太对不住它了!"这样一幅很好的地方，要是交与能干的白种人，早就把它经营得很好了;我们呢，却不但不经营，而又加以蹂躏!

(一)请先论四川的交通

(1)就铁路说:原来曾经准备建筑过的有川汉铁路——由汉口到成都;曾经拟定过路线的有同成铁路——由山西大同到成都，有兰成铁路——由甘肃兰州到成都，有云成铁路——由云南省城到成都，有钦渝铁路——由广西钦州到重庆。如果我们从急切需要的而且可能建筑的着手，则次第建筑起来，最后，四川便成一个四通八达的区域，成都、重庆尤其成为交通的中心了。

(2)就航路说:四川境内，扬子江流域有二千多里，可以四季通行轮船。其分支有岷江、有沱江、有涪江、有嘉陵江、有渠江，如果能浚河凿险，施以工程，去其障碍，亦各有数百里或千里以上，可以四季通行轮船。

水陆交通，如此便利，只苦国家多事，四川尤其多事，无人顾及。并不是无钱，综计全省有兵不过二十余万，即不裁减，官兵平均，每人费用年二百元，当年不过支五六千万，而税捐收入，综计全省，烟税、盐税便已各数千万，粮税又一年辄数征，数倍于以前，尚有一切货捐，重重征收，一地方而名目多种，同名目者复多种。计其总额，何止万万? 如将收支情形整理清楚，除却军费以及一切行政经费，而且裁掉甚不当的烟捐，每年亦当剩余数千万。如以建筑铁路，每年可以筑成数百里乃至千里之路线。如此伟大事业，不知联合经营，以为四川人创造无穷的幸福，贻留无穷的纪念;乃为一群无聊的亲戚、朋友，谋一时间的利益,各据一方,搜尽所有的钱财,以增长其相图相防力量,以求得最后的失败,使各四川人更总承其害,何苦呢?

虽然四川人也都知道提倡交通事业了,各建筑其防区中的马路,各安设其防区的电话,各买几部汽车,亦订几只小船,然而枝枝节节,无与于根本大计,无与于大多数人民的利益。要说今天以后的交通问题,便应就四川全省着眼,尤应就中国西方[部]着眼,觅得专门人才,根据运输状况,勘测路线,定一全四川的交通计划。分析起来,便是:

第一,定四川的铁路计划。

第二,定四川的马路计划。

确定:第一期建筑那[哪]几条路线,第二期建筑哪几条路线。

交通如血脉,必须使全省有系统,相互贯通起来,乃能增加运输力量,乃能增加贱价物品大批运输之量。不应这里建筑一段或那里建筑一段。

第三,定四川的航路计划:第一期开凿何处航线,第二期开凿何处航线。

第四,定四川的电报及电话计划:第一期安设若干县,第二期安设若干县。

这些计划,便是四川人的一种公共理想——公共的交通理想,应该创造起来,而且去实现它。

(二)其次论四川的经济事业

生产由手工而进于机械,第一需要的是钢铁,第二需要的是煤炭。两种材料,四川都出产,不过此刻都是用土法开采。如果改良开采方法,其产量之增加,当可以供给四川机械事业发达以后的需要。尤其是富有天然的发动力。灌县和大渡河的水力,不知可发若千万马力。重庆周围一二百里,山间瀑布,亦数十处,综其全量,亦当不下万匹马力。有这伟大的不需燃料的自然的帮助,试想一想:可以发展若干的机械工业,安设若干地方的电灯、电炉,行驶若干路线的电车。有自贡一带的盐,可以用机器开采,而且可以制成精盐,制成化学原料,遍销于国内外,不为引岸所限。有资、内一带的蔗糖,可以制成精糖,抵制外来的车糖,兼大宗的输出省外。遍山都是竹树,都是造纸材料。大规模的造纸厂,可设数十百家,供给国中的需要。嘉定、潼川、顺庆、保宁一带的丝,如果由改良养蚕以至于铁机缲丝,彻底想法,则不但生产量可以增加,价亦可以提高。又可自行提倡织造,以成品运输出省,不以原料。松潘养羊,可以改良,可以提倡纺毛,又可以提倡织毛。荣、隆、江津纺麻织布,均应特别改良,以提高其出产量之量。桐油应改用机械榨取,并可造成油漆,运销到各国去。综四川所有,今天以前,出口大宗,都是原料;今天以后,出口大宗,可以逐渐改为成品,加量加价,都无限量。可辟油田,以供燃烧;可制水泥,以供建筑需要。这一块大好的地方,原料无限,制造无限,农业、林业、矿业、工业、商业,可以同时发达;只要大家不去蹂躏它——不从战争上去蹂躏它,改变方针,共同扶助人民去经营它,只要十年,便成天国了。

以上所提一切生产事业,亦应如交通事业,觅得专门人才,定一发展计划。设立指导机关,扶助人经营,并指导以经营的方法,为之介绍专门人才,为之调查一切情况,供其参考。如是,则人民经营任何事业,都不感一点困难。如问资本,四川人并不是没有资本,只是没有安全的地方和安全的事业,可以放心投资。即令本省资本不足,亦可欢迎外国人投资。只要四川不打仗,促成政治事业上轨道,不使一切生产事业有外来的妨碍,而又有指导监督的方法,不使同类事业盲目竞争,不使一桩事业内部发生弊窦或纠纷;则一切生产,必可如春笋怒发,蓬蓬勃勃地经营起来,每年出口货物当增加数万万。

(三)再次论教育事业

(1)就学校教育说:

A.第一应如何筹划小学教育,使它普及;不仅仅教学生读几句死书,应如何训练他们认识自然,认识社会,并训练他们对人作事,各种生活的能力。

B.第二应如何筹划中等教育,一方面应小学毕业生升学的需要,他方面准备学生升入专门学校或大学,尤其准备到社会上去应用。如在自贡两井,便须在盐业上去应用;如在资、内一带,便须在糖业上去应用;如在成都、重庆,便须在商业上去应用;如在乡间,便须在农业上去应用。

C.第三应如何筹划四川办若干大学,在哪一地方办哪几科。期于这几个大学能够领导四川研究科学——社会科学和自然科学;尤其是要以四川所有的自然问题——地质和生物的问题;四川所有的社会问题——政治、教育、经济、宗教、种族、人口等等问题,作为研究的对象,以其所得贡献于国家,并贡献于世界上。亦领导人欣赏较高的艺术——文学、戏剧、音乐、图画和其他。期于以科学代替迷信,以艺术的生活代替一切下流无聊的娱乐。

(2)就社会教育说:

A. 应有如何完备的图书馆供人研究学问和解决问题时的参考。

B. 应有如何完备的博物院供人游览。

C. 应有如何广大的运动场供人运动。

D. 应有许多公开的集会,尤其是公开的讲演,以代替茶馆、酒馆,乃至于烟馆闲谈。

教育上需要举办的事业非常复杂,需要专门的人才,亦非常众多,四川缺乏,延揽至于省外,本国缺乏,延揽至于各国,亦当把它举办起来。虽然费用稍大,然绝不能与无限制的军费比较。如论其结果,则教育的力量,可以使糊涂的四川人聪明,可以使无办法的四川有办法,可以使领导人把四川经营好,而且使全中国受好的影响。军费使用的所得,则惟一的是战争相寻,把一切事业毁坏无余,把四川的前途弄得黑暗沉沉,使人几不相信世界上还竟有光明,这两样事业摆在面前,请大家比较,把钱使用在哪一方面更妥当。

(四)再次论财政问题、军事问题 如果各有专门人才,考察现在状况,拟定具体计划,使全四川人——尤其是四川的军人——知道这些问题都是全四川人的公共问题,急切需要全四川人共同努力去解决它,并且知道这些事业都是人事上有把握实现的事业——只要大家愿去实现它。把它作为四川人的公共理想,我们相信,可以消灭各方的纷争,可以慰安一切感觉无办法的人的灵魂,可以把天国移到人间,亦可以把凡人渡到天上。

九、秩 序

前节提出来的各种经营,是建设上重要的问题。我们向来亦都知道教育、交通、经济事业是建设上重要的问题。然而此外还有更重要的问题,是根本、是解决一切问题的前提,我们却忽略了,便是如何建设秩序的问题。要这一个问题有法解决,其余一切问题才可以迎刃解决。不管教育也罢,交通也罢,经济事业也罢,如果秩序建设不起来,任何事业也是建设不起来的。

要政治上轨道,正是要政治有秩序。有人误解,以为战争是一种有效的方法,可以平定国家的纷乱,而恢复其政治的秩序。其实,战争是破坏秩序的利器,绝不是建设秩序的工具。不但政治上、社会上原有的秩序,一旦有了战争,会破坏无余;即军队的编制,财政的整理,是战争者本身平时要把秩序建设起来的,亦往往因战争而被毁之。从另一方面说:川省各军,一年以来,能够逐渐编制其军队,整理其财政,正因为没有剧烈的战争,没有战争,便渐有秩序,所以要使政治上轨道,惟有消灭战争,建设秩序。

人们有了公共生活,便必须有秩序。它的含义并不像平常使用它的时候那样简单,不但是讲堂上不要说话,或戏场里不要打架。一桩事业,要细致地分工,亲切地合作,要从一个严整的系统上,甲做这样,乙做那样,各个不放弃责任,相互不失掉联络。这种秩序,尤其是公共生活中间不可少的,不但是公共生活如此,一间屋里,什么东西放在什么地方;一件事情,纵应该分若干步骤,横应该分若干部分,应如何次第进行,分别整理;此就个人生活中间,亦应建设一种秩序。公共秩序的建设,其繁复,其困难,比个人大大有加,其细致却一样,如果大家没有秩序的习惯,绝不易急遽地训练。所以这不但是建设一切事业的根本问题,尤其是第一个困难的问题,人说:中国之大,不易有三人以上的团体。我们觉得:中国之大,亦不易有两人以上继续办好的一桩事业——这便是困难的证明。

从此,我们便应知道政治问题不是可以大刀阔斧解决的。因为政治上主要的是建设问题,是建设秩序问题。国家虽大,其建设秩序的工作细致,乃与个人生活秩序是一样细致的。分析起来,都是一点一滴的问题,不是大刀阔斧的问题。合无数一点一滴以成一桩事业的系统,合无数事业以成一个地方的系统,最后乃成一个国家的系统。

因此，我们亦不要以为四川问题是可以大刀阔斧解决的。四川问题亦是如何建设和秩序问题。如果要明白这桩事情的困难，只须大家回头顾到本身的事业是否已经建设起秩序了。因为社会上一切事业，人们一切生活，都没有秩序，几乎大家不觉得秩序还是人生需要的。犹如居住在一个城市里，众人作事都没有一定时间，自己也不需要钟表一样。能干的脚[角]色都超越乎秩序讲究活动去了，不能安顿他在办公室里，亦不能给予他一种固定的职司。一般人羡慕的都是能够活动的人，这在无秩序的社会里，相尚成一种风气。好在社会无秩序，这般人乃颇适宜于生存。不但他们不适宜生存于一种组织之内，他们几乎以反秩序，以不遵一切公共生活的规律为能事。进戏园不给钱，坐轮船不扯票，然后才有面子，他们何能创造社会的秩序？如果四川的军人各想念到自己的贵部有这样的情形，便会感觉得眼前创造秩序已经非常的困难，何能谈到四川重大的问题。此后惟一的使命便在如何亲亲切切、细细致致从自己起，创造秩序。由自己有秩序，促成全四川有系统，自己亦在那系统中间生活去。

十、人

人都知道目前遍中国是问题，而且都是无法解决的问题，不管它是教育问题或经济问题，军事问题或政治问题，都是一样无法解决的。从我们看来，不是一切问题无法解决，是人无法解决一切问题。在解决一切问题之先，便要解决人的问题，便是训练人如何去解决问题。

有人问着我："四川到底还有办法没有？"我们答道："有办法，但递交何人手里办呢？这却没有办法了！"我们要为四川想一种妥当的办法，而那一大群一大群的人，是为了另外一种关系聚集起来的，不是为了这种办法选择起来的，他们何能担任这种办法呢？他们没有这样的志趣，更没有这样的训练。所以四川的问题不是没有办法？是没有人，我们所希望的亦不是天生圣人贤人，是要一切人有训练。是要有力量的人都为四川训练人，都为四川未来的办法训练人，不要训练人各为其自己，或更相互间准备战争。

今天以前,因为许多有力量的人们专门准备战争,使得社会没有秩序,便使得许多人生活不安定,到处找事,找不着事。掉一方面看,无办法的社会,亦没有训练出有办法的人来,供给各种事业上的需要;一种事业,到处找人,找不着人。这是两方不能协调的现象。事业上需要的人才,还须建设事业时重新训练,重新训练,非常困难,所以建设事业,极易失败。

无办法的社会,岂特没有训练出有办法的人才,即令有了人才,亦要被它毁坏。

第一便是专门技能要被它毁坏,专门技能须用在专门事业上;社会上没有专门事业,专门技能便无所用之。所以学工业的,学农业的,半在军事机关当起秘书来。

第二是高尚志趣要被它毁坏。许多青年朋友,颇有热烈的感情要去改造社会,结果倒被社会把他改造了。社会的势力,一方面压迫,一方面引诱,谁也只好随波逐流,不能在中间独行其是,独抱其高尚志趣。

第三是良好习惯要被它毁坏。一般社会的习惯是在讲嫖、讲赌、讲奢侈、讲欺骗,逼得一切人只有跟着,不能反抗,纵有良好习惯,亦要丢掉。

毁坏人才,岂止以上三端,无办法的社会,使许多有志趣的人才,不肯同流合污,则消极、厌世、悲观,或竟自杀了,或竟激起其不良的感情,以与现社会——尤其是现社会中不良的势力——对敌,认为现社会不可以改善,只可以摧毁。结果,摧毁现社会未得,却被现社会仇杀了。这般人如在有办法的社会里,亦是极有办法的。可竟因为社会上无办法,不给予他们以可走的大路;或竟急不暇择地走入与世相连的路,其被毁坏乃较以上三端为尤酷,岂不令人悲痛。

最可悲痛的,乃是不能训练人则罢了,又从而甚酷地毁坏之!

所以今天以后训练人是一切问题的中心问题,而且是建设秩序的前提。虽然一切事业都需要建设秩序;然而需要人去建设秩序。不但我们要训练得人们能够作事,能够从事业上之建设秩序;还要训练得人们能够影响社会,同时绝不受社会影响,绝不被社会毁坏下去。这样养成强健的风气,才能解决今天以前不能解决的问题,才能够建设一切事业,才能够把人民拔出苦海,才能够发现一个快乐的世界。

十一、盼　望

我们最后还有几点诚恳的盼望,是盼望四川人的,尤其是盼望四川军人的。

第一是大家应该认清楚力量。力量的大小绝不能从官兵数目上去计算,亦绝不能从枪支子弹的数目上去计算。从另一方面看,也不是枪枝子弹比人好,或官兵比人更有军事训练,便算强的力量。如果两种军队的性质和要解决的问题都是一样,这些条件也可以作为两方力量的比较。

终须知道:真正的力量大小,还不在军队本身,而在政治影响。军队力量只能及于疆场,政治影响却可以弥漫及于全国。掉过来说:猛烈的枪炮可以抵御敌军,却不能抵御自己军队随着政治影响而起变化。所以袁世凯拥有几十万雄兵,不能对付那云南、贵州、广西几省的独立,退而依然求当一个总统,亦终没有办法。

什么是政治影响? 就是在不良的政治状况下面做一个好榜样。给以人学,给予人享,譬如无希望的国家,闹得无宁日,哪里要是有一幅干净土,而且把那一幅干净土经营得十分美好,便会引起全国人集中的希望,便会影响及于全国了,成绩愈好,影响愈大,范围愈小,成绩愈好。

今天以前,从川省里也就看得出许多好的影响是从一隅及于全局的。只要一桩事业有人发起,不久便会影响及于全川,成为风气。如修马路,从成灌一线起;改街道,从成都一市起;都是显明的例。不过,其影响不定都是好的,不一定能够彻底影响全川,使它变到好的方面去。

在桂系军队尚存在时,川省有代表到了中原回来,劝告各将领不要随着中原的乱子转移,说是:中原割据的趋势,还正在学川省,而且是学几年以前的川省,川省人又何必回转去学他们呢? 这样见解,好多明白人都很以为是。我们且不必据此断定川省应否步武中原，而如据此以证明川省人历年经营的影响，不仅及于川省，乃更及于省外，及于中原了。大家便不应自夸而应自惭。今天以前如果曾经予中原以影响，乃是予以不好的影响。今天正应忏悔，彻底改变自己的生活方法，进而改变川省的政治状况，期予中原以极好的影响——使一切不好的势力亦都一样学好。这才是我们所期望的政治影响。

不过现在各方有力量的人所可经营的范围，已嫌其太大了。如要就那范围全部有所经营，已绝对的难有好的成绩，何必更进一步，图扩大其范围！图扩大其范围，徒惹起争夺，妨碍经营；纵然侥幸成功，所得结果亦只有经营不好而已，安有政治影响，安有伟大力量。所以今天以后，断断用不着争夺，只用得着经营，只用得着各方联合起来一点一滴经营，以求其成绩最好，影响最大。

第二是大家要认清楚幸福。人生的快慰不在享受幸福，而在创造幸福；不在创造个人的幸福，供给个人享受，而在创造公众幸福，与公众一同享受。最快慰的是且创造，且欣赏，且看公众欣赏。这种滋味，不去经验，不能尝到。平常人都以为替自己培植一个花园或建筑一间房子，自己享受，是快乐；不知道替公众培植一个公园或建筑一间房子，看看公众很快乐地去享受，或自己亦在其中，更快乐。一个朋友说："人们建筑一间美丽的房子在一个极大的公共猪圈里面，何如建筑一间小小的草房在一个极大的公共花园里面！"这便是一个顶好的盘算，最大的快乐，最大的幸福，都在公共的经营里面。

我们如果不汲汲于个人幸福的享受，便不求有所取得，便用不着互相争夺了。如果掉一方面而努力于公共幸福的创造，就四川人说，努力于四川人公共幸福的创造，那便全四川人应该联合起来了，联合起来创造极大的无穷的幸福，享受极大的无穷快乐，不再创造痛苦，不再从争夺方面创造痛苦了。

第三是大家要扩充爱的对象，变更爱的方法。今天以前，爱的对象只能及于自己的妻子、自己的家庭、自己的亲戚朋友，不管他们好坏，都要为他们装饰，为他们安排。尤其是当首领的对于部属要替他们找事，替他们找钱。一生辛苦为人忙，试想一下究竟有什么意义？那许多人半是无聊，半是原来有用，也被诸公爱得他们无聊了。

我们爱一个人，便须得望一个人好，便须得把一个人训练好。现在社会上需要的好人，不但是消极地不妨害社会而已，还须积极地为社会作事——为社会作一桩有益的事体。我们便要训练我们所爱的人，由妻子兄弟以至于亲戚朋友，以至于一切部属，个个都成好人，都能够为社会作一桩有益的事体的。

大家应该觉得，无论对人、对物施其爱的感情，都是精神上非常感觉快乐的。我们爱自己的儿子或是爱一幅古画，可以用尽我们的力量去替他或它想办法。如果我们真要寻得这样的快乐，却遍地皆是。只要我们扩充爱的范围到社会上去，到处都需得我们用尽力量去想办法。我们可以爱一个公共的图书馆，把它装饰得非常美丽，安排得非常完善，使一切社会上的人都羡慕它，都要来亲近它，都感激它的亲切的帮助。我们如果拿十万、二十万来加在这一桩爱的事业上，我们无穷的快乐，至少也应该超过我们抢十万、二十万的财产，来交在一个不成器的儿子手上。

第四是大家应该认清楚目前大好的时机。人都知道如果政治上、社会上的状况非常良好，我们在中间做起事来，可以得许多帮助，无一点障碍。可是，不幸而生在这时的中国，尤其是这时的四川，环境上只有障碍满眼，何能帮助一点？因此，万事经营起来都非常困难、非常危险。其实，有力量的人如果彻底地明了除自身外，别无所谓障碍。如果肯改，便可马上改到帮助方面。正惟其环境不好，是予我们以弄好的时机，要是大家很聪明，便不要放过这时机，赶快努力，把现在不好的政治环境——这正是今天以前大家创造起来的——乃至于不好的社会环境设法改好。绝不可误认为环境太坏是予我们以坏的时机——我们违背一切法律，无人可以干涉，攫取一切款项，无人可以清理，高兴可以施仁，发怒可以宣战，平时有无数人可以供奔走，战时有无数人可以供牺牲。这样误用时机，而且把这时机继续创造起来，交与后来人。须知后来人弄好的一天，便是诸公最后难看的一天。即令自己苟延到生命终了，亦永远留一个历史上的污痕，千万世人都叹息着，这一个篇页是被诸公染污了的。

我们盼望四川人，尤其是四川的军人把这四点认识清楚。认识清楚了便下手，下手以后便一直做到最后成功！千万不要继续错误，一直以最后失败为结局！

十二、怎样下手

我们经营四川,怎样下手。却要分出步骤,各个地方的专门人才宜联合起来组织团体,研究政治问题,同时亦考察四川的情形。为各军将领介绍世界的趋势,同时亦考察四川的情形,为各军将领介绍解决四川问题的方法。此种研究团体亦可由各军将领联合专门人才发起,往来讨论,求得一个大体相同的办法,以促四川人实行。这是第一步。

全省专门人才向来没有一次集会讨论其专门的问题。许多工程师在建筑零零碎碎的马路,何不集合起来讨论一个四川马路的建造方法及其系统！在讨论以前,调查现在马路的建筑状况;在讨论以后,便应定一具体的计划。教育专家、工业专家、农业专家、医师等①,各应有同样性质的专门会议。此种会议,可由专门人才发起,亦可由将领发起,其费用各由所任职务的机关担任之,这是第二步。

四川的军师旅长,常常这一部分在这里开会,那一部分在那里开会,从没有见全体集合起来开一次会。会议的内容都是秘密的,我们不敢妄猜不是四川人的利益;但如其是四川人的利益,便可以不守秘密了。最好有一次全四川的将领,自师长以上或自旅长以上的会议,各种专门人才都有代表列席,共同商量四川人的问题。商量哪些事错误了,哪些事应该做,又应该怎样做。商量停止军事的发展,采行各种专门人才的计划,分配各种事业的经营于各种专门人才,分配各种监督的责任于各将领。此种会议可由将领发起,亦可由社会方面的有心人发起。这是第三步。

依省政府的组织或斟酌变通之,组织一个委员会,各军将领之外,加入几个专门人才为委员,指导考核各种事业的进行,逐渐促成其统一。这是第四步。

---

① "等"字原文为省略号。

这四步办法有两个要点：

第一是促成四川人研究政治问题——由原理以至于实施的方法，具体的计划。使我们知道政治上完全是关于国家或地方的问题，其立足点绝不在自己一个人、一家人或一群人的利益上；是有正当方法解决的，相互争夺绝不是解决的方法。其形式是以四川人解决四川的公共问题，绝不是以这一军解决那一军，或那一军解决这一军。换句话说：这是一种事业，纵分若干步骤，横分若干部分，是依赖大家共同经营成功的，而非可以相互争夺成功的。相互争夺，正是今天第一个待解决的政治问题，横梗了一切政治事业的经营，是需要大家首先想法共同解决的。

第二是促成四川人以公开的会议替代秘密的会议，以全体的会议替代局部的会议，以性质为着全四川想办法的会议替代性质为着与会的一群人想办法的会议。向来局部之秘密集合，是为图人或防人图己，是为预备战争，或足以引起各方疑惧，因而引起各方作战争的预备。如果全体集合在一处，商量公共的问题，而且常有这样会面的机会，则可以促成相互了解，相互接近，可以消灭相互的芥蒂和疑惧，可以消灭战争及其预备。今天以前，大家的团结也便是偶然结合起来的，并非有何种血统的关系；大家的敌人也便是偶然隔阂起来的，并非有何代世仇的关系。时而为友，时而为敌，全随形势为转移。我们盼望大家创造一个新形势——这新形势是全体集合起来开会议，为四川人谋福利。由这会议消灭了相互间的隔阂，由隔阂消灭，消灭了相互间的敌对关系，由敌对关系消灭，消灭了相互间的战争。

我们提倡这样的办法，第一是无悖乎三民主义的，是可以在三民主义之下具体实施的。许多人把一个三民主义加上许多不同的注解，使人莫衷一是；拉起党徒来，更使人左右做人难。我们认为只有提出具体的办法，实施具体的办法，以建设中华民国——以建设中华民国里的四川，乃能为三民主义下一个极正确的注解。

我们提倡这样的办法，第二是无悖乎国家统一的——或且是可以促成国家统一的。我们在国民政府法令之下经营四川，实足以发生法令的效力，而促成其推行。不幸而中原不宁,亦无碍于四川的经营。以今日四川过剩的力量,只要没有人去援引外力,是不虑着任何外力来侵扰的。中原十年不宁,我们便有十年经营,那时大有成绩,亦许可以进而促成中原澄清了。

光明就在眼前,只有盼望四川人——尤其是四川的军人——大梦其醒!

《建设月刊》1930 年 1 月第 9 期

出川考察前对峡防局欢送官兵的答词

（1930年3月2日）

今天承诸位厚意，不敢当。在这欢送的行列中，有几位是要同我出去的，也是被欢送者。刚才黄主任①说我也许劳疲了，正是说到反面。我们决不劳苦，决不疲乏。事业是无穷尽的，没有止境的。人类有好长，事业就有好久。个人的努力不过在无限长的中间，占一小部分，算不得什么。人们的天性，是要找事情做的，人不是好逸恶劳，乃是好劳恶逸。没有事的便无聊，那才是苦痛。我们的找事做，犹如那吃酒的找酒吃，打牌的找牌打一样。人要在苦中寻乐，那才是真乐。前回我骑马到合川，途中口渴极了，在一小店中找得一碗红苕稀饭来吃了，其甘美倍于寻常。普通不渴不饿的人，他哪里尝得出来那种滋味！关于我此行所负的使命，和对于峡区将来的计划，在昨日所开的全体职员讨论会中，已经大略说过了。我们到外边去，每日都有报告回来，我们的生活，和我们所做的事，你们都可以知道。在这几个月中间，峡区如有困难，要大家想法来解决它。我们不可畏难，我们遇困难要想办法。世间没有不困难的事，一遇困难就停止，则什么事都不能成功。事不成功还不说，最槽糕的是人不成功。峡区的青年，我希望要到任何坏社会去，不但不受它的坏影响，反能以好影响给予它。能如是，乃算成功。真正成功的青年，可以独当一面。我们有三百余人，可以分散开来，到一百多地方去，以从事于社会的建设事业。现在不

---

① 峡防局政治股主任黄子裳。

能够,则我们的成功,为期尚远。诸位要知道,我们所努力的事业,举例来说,如少年义勇队所采集的动植矿物标本,预备和欧美交换,乃是全省全国乃至全世界的事业。

《嘉陵江》1930 年 3 月 5 日

科学院计划大纲

（1930 年 4 月 2 日）

一、设备

甲、品物设备

Ⅰ．自然方面

第一院　植物

第二院　动物

第三院　地质

第四院　理化用具与药品

Ⅱ．社会方面

第一院　衣食住与用具——农工商业与交通

第二院　政治与战争

第三院　教育与宗教

第四院　风俗习惯与人口统计

乙、研究设备

1.图书馆

2.实验室

3.教室

丙、旅行设备

1.寄宿舍　饮料食物均期便利

2.增加重庆到三峡之小轮,建筑由渝简马路到北碚之支路

二、采集

第一集团——约十余人,由川江航务管理处、江巴璧合峡防团务局、民生实业公司、北川铁道公司人员合组之。

第一区　国内

第二区　日本

第三区　南洋

第二集团——约二十余人

第一组　松潘

第二组　打箭炉

第三组　宁远

以上三组商请中国科学社采集人员领导之。

第四组　打箭炉附近,由德国人傅德利领导之。

三、交换

1.与中国科学社南京、北平两研究院交换。

2.与日本交换。

3.由德国人傅德利帮助与德国交换。

4.商请华西协和大学校长毕启帮助与英美交换。

四、研究

1.附近各县学校每当春和景明、秋高气爽,教师带领学生到此,可资研究。

2.省外、国外学者游历或采集过此可资研究,或可得其辅助。

3.凡到峡游浴或参观各种事业者均可便中到此参观或有所研究。

五、建筑

1.地点　嘉陵江三峡中东阳坝上坝。

2.时期　从十九年秋季起每年完成一院。

3.经费　向省内外及国内外募集。

《嘉陵江》1930年4月2日

致熊明甫函

（1930 年 4 月 10 日）

明甫先生、仲舒、子裳、代荣、绍业、羡陶、茂棠诸兄，成之、宴清、子英①弟：

在沪逐日接到政治股报告及《嘉陵江》刊，狂喜！一致努力的精神跃在纸上，此间青年及诸好友读过，无不惊异愤起，不但可证成就之伟，亦可见影响之深矣！

孚等在沪穷日奔驰，乃欲作一详悉之报告不可得。忆在涪陵一日，恨时间太长，到沪以后，又恨时间之太短，远出此前预期之外。恐考察计划因此变更，缩短时间与距离，以便作几桩事体，同来诸青年亦各学一种专门技能而归，不然，徒飞跑几个月，恐一无所得也。

峡局青年能力太低，无法为社会作事业，出川以后，愈有许多证明，认为此后只可增加专门人才，万不可增加青年。如少专门人才，则诸青年亦绝少进步可言，且误自以为即是人才矣，详情容另函痛论之。吾辈千万只可就现有青年设法，不可再增加无法之青年人，以增加事业之累，并望痛告现有诸青年。到沪者入校或入厂求有所学习，均虽为能力所限，以现有的能力，求学且无法，何能办事？读书千万不可随便，且须各有统系。

拟约友人二三到峡，下年成立一中学校，专准备青年投考交通、同济诸大

---

① 仲舒即赵仲舒。子裳即黄子裳。绍业即王绍业。羡陶即孙羡陶。茂棠其人不详。成之即缪成之。宴清即熊宴清。子英即卢子英。

学,一方面准备应用。此后事业至少需用高中毕业以上之青年,今日诸青年亦须逐渐提高到高中以上之程度乃有办法也。

《嘉陵江》刊最近两三期宣传稍稍溢于事实,尤常常及于孚个人。程耕如,航务处之办事员,乃误为名流。峡防局果然注重规律之消息,中间只有批评乃未列具,如系宴清编辑,请千万变更态度!峡局之事业乃正以质实取得人相信,不可烘染!

中央研究院有友欲征求药物标本,列举办法数端,请派义队学生采集,并通知川边各组,将办法详细说明,一面函商蒙华章兄向药商征求药材,调查产地产量,有所得汇集在峡局,运交上海霞飞路八九九号中央研究院化学研究所。原稿附上,请存底子。

峡局事业之照片不成整,此间友人盼于记载册中多列照片,望嘱陈道湘多多摄制,并望加速寄来。稍不明了,即复另照,每种事业能得多种以便选择最好。各种事业中间宜常显出普通人,尤以地方医院及图书馆两处为宜注意。前此照片,大概都偏重本局中人,殊失事业之本意。

读书会,天候加热,多在野外举行,照片亦取野外者。运动场须如开运动会时,在山上摄一章全景,并将运动会照片选寄若干来,盼甚!

此刻黄任之①约谈话已过时间,须即往,信姑止此,余容续陈。

敬祝

健安!

卢作孚

一九三〇年四月十日

《卢作孚书信集》

---

① 黄炎培,字任之。

公共道德与个人道德

（1930 年 4 月 13 日）

先要有公共道德，才有个人道德。

在这道德坏的环境，社会坏的环境当中，决不会有一个有道德的人才。

高代华编注：《乡建事业践行者：高梦先文存》，

西南大学出版社 2023 年版，第 81 页

致熊明甫函

（1930 年 5 月 1 日）

明甫先生：

示敬悉。各种照片，关于事业设置及人之活动者，前此尚嫌拍照太少，或不甚好，请嘱陈道湘多拍照，以便编成册子一本也，并望从速寄下，以须往各地游历，此后留沪时间甚少也。峡局经费得甫公①补助，仍系仗北衡②之力。当时声明系峡局为航处训练护航队，军部则补助峡局经费，本系交换之意。而今划分为两部分，确定补助峡局者为两千元，此两千元内，只要不别负义务即妥当矣。建筑房屋感困难，即二队让开或另租房屋亦无不可，拟请裁酌暂缓建筑。至于委用人员最好由两方会委，只可惜此函到峡，此项争执不知已如何解决矣。两方会委，则于两方皆可保存统系，亦免因此发生争执，致伤感情。峡局事业终不应仰赖于人，弟到此竭力留意生产事业以为根本自立之计，决派梁仑织袜，陈德织布，织袜已开始，织布亦颇有新式方法，只须加资本一万两即可完成，一年以后，当年有万元以上之赢利。决计于回川时将机械购齐，具体办法另函报闻。生产资本弟意即联职员投资，所有全体职员，除发不可少之生活费外，月薪不发，皆以移作资本。此为救济峡局计，各职员应有此种决心，为扩充各职员未来经济能力计，亦应有此种决心。另函告全体职员，请印布最好，

---

① 刘湘，字甫澄。
② 北衡即何北衡。

航处之补助费,峡局不拨,全汇上海购置机械,乃为计之得也。峡局经费到万难时,太弱之职员及士兵仍宜裁减,如何? 敬乞裁示。

匆祝

健安!

弟　作孚

五月一日

《卢作孚书信集》

东 北 游 记

（1930 年 6—7 月）

一　由上海到青岛

自到上海，事便麻烦，比在重庆在峡里都厉害了。问题不是自己能够解决的，要同许多洋行，许多不可信的商人去解决。不是一天可以解决的，要经过许多天的调查，才能够决定我们要买的东西；又要经过许多天的接洽，才能够决定我们要买的东西谁家好些，谁家坏些，何种样式最为适宜；又要经过许多天的接洽，才能确实比较出各家价值的多少才能决定买谁家的；你看，一桩事体是何等的麻烦呵！谁也不想在上海过两个月有半的日子！而这两个月有半的日子，都付与洋行商店中间。惟一的唐瑞五是一个共同工作的朋友，胡绥若在事务上是特别有帮助。此外则各有所长，各视问题为何如了。

我于此番到上海办事，愈有两个深切的感想：第一是中华民国急切需要一个辅导各种事业经营的团体，至少可作各种事业的一个顾问。如果今天有了这样的团体，我们到上海来办事，何至于这样费力！第二是一切人都需要养成公共事业和公共生活的兴趣，认为自己是为公众服役的，尤其是峡局青年，须着眼于这一点！因为几年来的事业，差不多都是在为青年谋，没有要青年马上去为社会谋，所以大家还不知道在社会上的责任，还不很对社会问题发生兴趣。虽然没有染得社会上许多恶习，然而习惯了各了其自己，只须加上社会上的恶习，便完整的成为现社会中间的人了。青年们没有超于现社会的志趣，要求其不为现社会所染,恐怕不可得罢!

闲话少讲,好容易到了六月二十日夜一点钟,才把上海已经着手的事务告了一个段落。还有一二件办理未完的,交与刘华屏、卢魁杰两个青年试办去。睡觉三个多钟头,便起来准备行事。

这回游历是准备由青岛到大连,再到奉天,游历东三省各地后,到北平。如便利,或到绥远一行。最后仍转到上海准备回川。同行有李佐臣、唐瑞五、王鳌溪、李公辅、胡绥若、袁伯坚,连我七个人。

六月二十一日　星期日　天雨

晨起,到杨树浦码头,上大连轮。寻得三等舱位,一看,是一个广大的统舱,人都平铺在高出于路几寸的地板上。左右两旁都被更早来的人占领了,我们只好到中间去。

魁杰、华屏亦乘电车来,同到船舱上下看了一遍。上一层是二等舱,其房间布置、陈设,与三等相去甚远;至于头等,则三等客人看的资格都没有了。我们很叹息阶级之彰明较着而森严,恐怕首先要在船车上去找了,只要几块钱和十几块钱的差异,便把它显然划分出来! 这是我们经营航业的人应该留意的一点。

船开了,我们仅仅得着的剩余地位,也发生了问题。两次俄国人来移开我们的行李,一次职员茶房来要我们他移。他说:"中间是外国人住的,外国人多,中国人便须让到两边去。"然而两边早已没有地位了,茶房便把我们移到货舱口上去。我们为尊重他们定的秩序,亦只好听他们的安排。只感到一切自由行动的四川军人们也应出来游历游历,才知道本国轮船之当爱惜呵!

等到安排已定,走上甲板望望,船已离岸甚远,到海洋中间了。但见一片汪洋,中有几点风帆,倒是一幅好画。

船中无聊,取出关于山东和东三省的各种记载,觉得青岛、大连、奉天等处以外,安东是中韩交接的地方,又在鸭绿江边;满洲里是中俄交界的地方,又在兴安岭外,铁路在岭上穿了两个洞子,绕了一个圈子。各自值得去游一游。但一算旅费,相差到现有的一倍。瑞五说:到奉天发电与天津喻元恢,请其电汇来,岂不快哉! 但又计算时间,须超过预定计划一周以上,这又找谁汇来呢?还是以事业为中心,看看抚顺的煤,本溪湖的铁和煤,并到哈尔滨一看中东铁路和松花江流后,即转向关内,不要纵所欲游吧! 虽然如此打算,究竟感情上还是十分歉然呵!

二十二日　星期日　偶雨仍晴

由傍晚睡到天明,出甲板再望,已经不是黄海了,水色深黑,然而地图上告诉我们,就是青岛也还在黄海中间的。洗脸时候,尝尝海水滋味。咸得非常,瑞五说:中有百分之七都是盐呵!

近午发现远山数点,慢慢接近,山亦延长,知道已是大陆了。忽而他面亦发现群山,山上怪石屹立,各成奇峰,其面前竟隐隐有房屋,瓦似红色,规模不小,像是一个城市。同行人猜,这或许是青岛了。

果然船开慢了,停了。岸上静悄悄地。竟不见一只接客划子来。正令我们疑怪的时候,船里面的人忽都跑上甲板,茶房任指挥官,把所有的客人,属于三等的,编成队伍,并将行数人数,数了又数。我们亦自受编制了。说要检查。等候好久,才传医生来了。举行阅兵式似的在队伍面前走过一遭,便说完了。

船又向前续开,一直开抵码头。码头边站的中外人士好像比苦力还多些,并不像长江各个码头那样嘈杂拥挤。那许多中外人士伸着头向船中寻找,找着他所盼望的客人了,高呼、举帽,快活得了不得。这个风气也好像与长江不同,长江船到码头抢着跑上船来欢迎的,有两种人:一是栈房接客先生;一是苦力。一上轮船,到处乱窜,就有朋友要来欢迎船客,也拥挤不进来,而且苦力最有权威,竹杠摆在那里,谁也不敢帮助客人设法避免的。

船在完全靠岸之后,才准一种穿制服、戴红帽的力夫上船来搬运行李。此等力夫持铜牌子一交客人,一系在行李上,以便取对。我们曾从青岛记载上看明了他们的规矩,很放心地将行李交给他们。上岸正不知往谁家旅社去,突来一位穿黄制服的,是中国旅行社的职员,问我们从哪里来。我们亦便问他谁家旅社好些。他说:第一旅社。你们坐汽车去,我自替你们行李运起来。请给我几张名片,我好应付检查行李的人员,免得麻烦。我们感觉得到了长江一个码头,便感痛苦。到了这里,倒反得着帮助,为什么这些办法不影响到长江去?

进旅社门,茶房见着我们,还没有等我们开腔,便告诉我们,只有小房间一间了,住不了这许多人。于是我同公辅另寻旅馆去。走一家,满了。走二家,还是满了。顶多也只有房间一间,同第一旅社一样。只好回到第一旅社来,则同行人已决计苟安在这里,以待午后旅社中想办法。因为中国旅行社的职员送行李来,从电话上问了许多旅馆,都没有房间了。我们很诧异青岛竟有这般热闹。

青岛的市场是安置在一些浅山上下的。马路亦随以起落曲折有致,两旁都有树木,房屋高高低低,各据形势,绿荫中间衬出黄墙红瓦,愈显出其鲜丽。

午饭后游览德国人经营的几个炮台,还有遗迹在。先到汇泉岬,许多中外游人在那里抚摩大炮,讲说故事。有人燃烛给我们,入地道,中有铁轨,有房屋,有厨具,其布置不但坚固而又完备。其用意,固在以此为远东根据地,立军事上不拔之基,谁料成败无常,图人尤其是不可靠的事业,而今一个青岛竟两办移交,仍归故主了。

此可以为今之帝国主义者殷鉴,而不可以为中国人之光荣。还有许多这样的地方在外人手中,何时收得回来? 一身都是耻辱,何时说清? 曾否记忆?

次到旭山,亦有地道。持烛领导我们的人为我们介绍:这是饭厅,这是寝室,这是输送子弹的路轨,这是治疗所,这是厕所。差不多是应有尽有的。

他又告诉我们:德军守青岛的时候,水有鱼雷,陆有地雷,而又有山上的大炮,山下的机关枪,若干重的障碍。日军如何进攻,又如何失败,如何占了崂山、浮山,又如何掘战壕而前进,口讲指画,非常明了。我们且听且想,德人苦心经营的成绩,便是这样!

转到第一公园,深喜其为深邃,满布尔木。从这条路穿过去,又从那条路穿过来。或植梅花,或植樱花,或植海棠,令人百游不厌,只可惜留不住的时间要迫着我们出来。

过农林事务所,访其职员,问以青岛经营的经过。他说:德人经营的时代成绩最好。山上的汽车路,平整与市面无异;市内市外皆满植林木。自从日本人来,便以赚钱为事,不肯像德人那样经营了。自从我国接收,则并日本的精神亦失掉;其可称的成绩是砍伐了许多木料,卖去了许多地皮,建筑了许多房屋,如斯而已矣!

问青岛的人口多少?他说:接收的时候不过二十几万。到而今不过七八年,有三十几万了。为什么人口增加得这样快呢?第一是内地连年灾荒,无钱的人都跑到青岛来求吃;第二是内地连年战争,有钱的人都跑到青岛来避难。我们想想:这倒不是青岛的问题,而是中华民国的问题呵!

出公园,横断跑马厅,到海水浴场。场在沙滩上,备有更衣的小房间和游艇。我们欲浴而未得,离开浴场了,终于不能忘情,找一个地方,踞石而坐,脱鞋脱袜,下水洗脚,忽有人发现石缝中有螃蟹,于是大举搜索。螃蟹之外,又得许多螺蛳、蚌壳,一律收拾起来携带它们到中国西部科学院去。

二十三日　晴

晨起,雇汽车一辆,游崂山。经过街道很长,风景都佳,心很惊异。三十年前一个荒岛,而今竟经营得这样好,发展到这样大,何尝不是出于人力呢?中国人一向做什么去了?过市场最后一段,房屋矮小,大有北方城市的风味,才觉得这里还是中国的地方,真令我们有无穷的感想!

出了市场,经过几处密林,几处农村,但见许多男女在屋外广场,曝晒粮食,工作得很亲切很快活似的。前面发现一座高烟囱的洋式房子,问汽车夫,说是自来水厂。去看,技师告诉我们,这水是取自井中,供给青岛的。青岛每天需水一万五千吨,有三处供给,都在一二十里以外。一部分的机器是德人安设的,一部分是日本增加的。

在乘车前进,过一市集,你们再也不会想到,这市集是在河中间的。不过北方的河在没有水的时候,便是一个长的坝子。此刻正没有水,所以竟成市集。

我们觉得太有风味,亦就下车混在乡下人中间赶市集去。许多摊子,卖食物的,卖杂货的,卖铁器竹器的,乃至卖烂布破鞋的,无虑数百起。比起那上海大马路所贡献于社会的,生活程度是何等低!抑或许让他不齐,将这里提高,将那里降低？倒是一个问题。

很多老人，被太阳熏晒得同棕色一样了，纹路一条一条地粗大而且紧密。两位坐在地下而饮酒的，端着杯子，我饮了递给你，手上各拿了牛肉一块，细细地嚼，又细细地撕。另有以花生做下酒好菜的，亦有以茶当酒的。他们且咀嚼，且谈，且饮。另外见着一位买烂镔铁筒子的，他取着一个镔铁筒子，用手敲敲，侧耳听听，又翻来覆去看看。将第一个放着，又取第二个查考。我们觉得他们的味，不仅查考，亦好像很欣赏，亦好像科学家进了实验室样，而且给予我们亦从容欣赏的机会了。或许我们这时欣赏他们的味，比他们来得还更浓！

我们找着一位乡下朋友，问他们几天赶一回市集。他说：五天一次，逢二逢七。问隔好远都有人来。他说：远至于七八十里。

我们在这市集里细细地参观了一周，绥若介绍我们买了一个柳藤的篮子，准备带回博物馆陈列去。佐臣①、瑞五又买了一些食品，拿在手里。鳌溪说：许多研究社会问题的人，总要想把中国社会下一个笼统的断语，是封建制度，是半封建制度，是商业资本制度，很剧烈地在那里争执。其实中国社会万有不齐，以这一个乡村，比上海一个都市，不知隔了若干世纪，何能把他扯在一起？我们感觉得中国人不研究实际问题，向来喜欢在空的理论上扯，实在是一个大病，是急切需要治疗的。

离了市集，心犹系念着他。经过许多浅岗低原河流乡村而入山谷了，车在谷间不断的回转好像发现了无穷的新世界。最后到一个地方，见着有无数的轿子，有几家店子，有两个警察，知道开始登山了。

警察告诉我们游的方向，从那边到柳树台、北九水、靛缸湾，从这边上崂山。我们说：很想从那边去，从这边转来。警察说：时间不够。许多轿夫亦说：时间一定不够。我们问问路程，不过五六十里，以我们四川颇有跑山训练的人，何至于不够，决试一试。于是为佐臣雇了轿子一乘，以备缓急之用。另雇轿子一乘抬运衣物，便抖擞着精神前进。

---

① 佐臣即李佐臣。

不知走了若干牛掉尾的路,转过来又转过去,一直转上柳树台,问路程是八里。这里有德国人修的医院,而今毁了。有德国人修的饭店,而今事业还在,主任已改了。

在柳树台喝了汽水两杯,继续前进。沿着溪流迤之迤逦而下,到最深处,有一个村落,在溪流边,在林荫间。轿夫告诉我们:这便是北九水了。由柳树台来北九水,一位道人招待我们进他的庙子,备茶给我们解渴,煮了几碗白水干溜的面,更和以盐,供我们一顿饱餐。

在沿另一溪流而上,且听水声,且听鸟鸣,这是好久不尝的风味了。从乱石深草间寻路,穷了水源,得着深潭。轿夫说:这便是靛缸湾了。外国人常到这里洗澡。我们见着泉清可以彻底,亦澡兴勃发,而又有人顾虑时间,主张纷歧,又令我们嗒然。终于染指涉足其间,以了心愿。

应从此登上崂山了,轿夫却迟疑起来,认为路险,时间太晚:可我们终疑他懒,一切不顾,仍主前进。便又前进。可是常常走投无路,轿夫要证明艰难,亦绝不指点我们的错误,可他也终究不能阻止我们这一批不怕艰难的人物。

不幸我们七人中间,绥若、公辅都不习于爬山,予轿夫以口实,轿夫又向我们宣传起来。不得已分作两组,他们两人另寻归途,分配轿夫两名担任引导。我们则继续前进,不到绝顶不休。

在这荒山乱石间走了许久,忽发现前面竟有人影,惊喜。走到近旁,见他蹲在那里。问他在干什么,他说:在捕山鸡。问他捕得没有,他说:这里只有作引诱用的,在笼子里。于是我们看看所有山鸡,别他而去。

走了半里许,又发现两个老人,亦是捕山鸡的。他们已经捕得几个,每个要八角钱,鳌溪①劝我们买送科学院。于是商量他们买四个,连笼子四块钱。一位老人站起来高呼刚才碰着那一位捕山鸡的提笼子来伙卖。佐臣、伯坚凑了四块钱,瑞五替他们摄了一个影。四个山鸡于是有了万里游历之后,远入四川的机会。倒是许多人们应该羡慕的。我们却羡慕这三个老人,只知道山上

———————————

① 鳌溪即王鳌溪。

有雀子,不知道世间还有许多问题,中国还有许多乱子。

再爬山,愈爬愈无路。穿的都是皮鞋,踩着草是滑的,踩着石头也是滑的。我们一面要斟酌方向,一面要斟酌下脚的地位。不提防一脚滑了,竟倒跌下来,不是手伸得快,几乎头撞进石缝去了。可也手脚都负伤,仍不顾一切地前进,以至于崂山之顶。据危石而四望,只见着云山云海。轿夫指示我们南是青岛,北是崂山湾,东是大海,这时都被云雾遮掩。四围都是乱山,奇峰怒石,非常好看。

从此我们下山了,滑得更厉害,放开脚步快跑,不让他滑下来,一气跑到汽车停止的地方。公辅说:我们等候两个多钟头了。然而终究还没有傍晚。我同鳌溪谈:万事都要肯亲自去试验,不可轻信而畏难,一生这样做事成功的例不少,今天又添一件。

这时,问题发生了。绥若说:付轿夫没有钱,怎么办? 于是又搜索,鳌溪有,汽车夫也有,有多的,大起胆子叫了两瓶汽水来,止情急的口渴。

午前汽车盖把我们盖着,望不见许多美的风景。转去,我们便商量汽车夫把盖子去掉,殊不知山上起雾了,来了,来到我们面前了。雾中的水分触在脸上如像细雨,风从前面打来,有时连树上的水点,打得脸痛起来,衣服都已润湿,发上都起水珠。沿途什么都看不清楚。过午前那一个市集,已经没有一个人影了,只剩得一片荒凉,几个冷灶。

二十四日　星期二　午前雨午后晴

午前因为下雨,各作事务上的整理,未出去。

午后,乘公共汽车往沧口参观日本人办的洋灰厂。约半点钟,到沧口。竟是一个热闹的市镇,有几条大街。问一家商店中人:洋灰厂在什么地方? 他说:已停几年了,还剩有房屋几所,就在那边。我们依着他指的方向,沿河边去,寻得两位在旁边坐家的人,请他们领导。他们很高兴地替我们解说:炉子是怎样用法,碎石的机器是藏在哪间屋子。炉子,砖砌的。将石灰岩石碎成粉,与黄泥调好,做成砖后,才堆在炉子里边,加火于下,这是旧式的烧法。据说:烧的洋灰还好(捡了几块用力抛在地面,很坚)但销场不好,折本很多,所以停闭了。已卖与山左银行一位姓赵的,但不知何年何月,时局安好,才能经营。我们感觉得在这资本事业剧烈竞争的情况之下,规模太小,方法稍差,都是会失败的,还不仅时局成为问题咧!

转到一个日本人经营的窑业工厂参观,烧砖、烧瓦,红的、灰的,各式各样都有,全部规模不小,也是日本人经营的。又有人告诉我们,这里有几家日本人经营的纱厂,一家中国的纱厂,才知道这里热闹的原因。问日本人经营工厂的年月,都在他们占领青岛之后。几年之间,便新有了几个纱厂,更惊日本人经营能力之敏锐,中国人怎样呢?

回来过四方井,停车,亦是因为有了胶济路的机械厂、日本人的纱厂,而成为一个市镇,热闹同沧口一样。机[械]厂曾经营有一个公园,规模很大,林木花草山水之外,还有运动场一处,动物多种。其附近还有职工住宿的房屋,这都是德国人之所遗留。

二十五日　星期三　晴

晨起,全队开往新新池洗澡。洗澡后往市政府访葛市长。一位姓陈的秘书出来接洽,说是葛市长病了,正在辞职中,不能同诸君谈。病了,正是中国官场中的一种精神,不能不引起我们无限的感想。问以青岛情况,大半不知道。他说:同葛市长来,不过三月,又在机关内办事,所以外间情况,都不明了。他又告诉我们:市政府成立期,是去年五月,而今已三换市长了。我们联想到汉口一市,成立市政机关,亦不过两年,已经三变制度了。政治上的措置如此,如何把事办得好呢?我们问他:青岛有什么记载可供参考的没有?他说:有胶奥志一部,只市政府有,可以送诸君一部。跟着就去取来,翻开看看,记载很详,可惜外间不能售卖,止于市政府有。

到社会局晤得第一科董科长,问他青岛的各种事情,仍不知道,同陈君一样。他又介绍一位李君,是接收青岛时就到这里来的。才告诉我们几个问题。第一是人口。接收青岛的时候,只有二十八万几,去年调查便有三十六万几了。接收青岛的时候,日本人有三万几,去年只有一万二千几了。第二是教育。接收青岛的时候,小学校只有四十三所,而今有八十二所了,但发达程度又远不及日本。第三是交通。接收的时候，只有柏油路几条，而今柏油路差不多到一半了。又告诉我们：屠兽场很可参观，现在已改为宰畜公司，是中日合办。每日宰牛一千几百头，猪几百头，不过几点钟可完。牛肉是青岛的大宗出口，大半来自河南、山东。我们问他：青岛增加的人口来自何处？他说：人口来自江苏、浙江、安徽的很多，浙江人多半在机关，宁波人很多在这里开商店。他又说：这里热天热闹，冬天冷淡。热天各处有钱的人都来乘凉，一时房屋、旅店，为之挤满，商店亦有生意了。一到秋天以后，许多旅店，生意都关了门，街上亦不易看到人影。所以这里的物价非常昂贵，因为卖物的人，卖半年，吃半年。我们也于此才知道这时找旅馆困难的原因了。

午饭后，叫了两部马车，连人带物，运到轮船码头，又见码头边站了许多中外人士在那里欢迎来客，我们想到：接送客人大概在这里久成风气了，轮船开到，仍无力夫拥挤，客人都从容下船，很有秩序。又令我们联想到长江码头了，乱得来客人害怕，那些力能定国家之乱的当局们，为什么对于这一点码头之乱不想办法。

我们离开青岛了，都留恋着他，由码头以至于旅馆，由市场以至于山上。很惊异德国人之经营这个地方，不过十几年，便由荒岛而变为美丽的市场。很惊异日本人之发展工商业，占据不过几年，便有几万人，几个大工厂，许多大商店。而又回想到中国人呢，如何不奋发起来？

上船没有地位了，要等着装货之后，安顿在货舱口。等着货装完了，正有许多客人围着，为丢被盖上去，发生口角。日本人就在旁边，真不好看。毕竟我们让步，睡在舱口之旁，楼梯之下。为什么负国家重大责任的许多人们，一点不肯忍耐，专因争执而打战火给各国人看？

二　由青岛到大连

二十六日　星期四　天晴

晨起，上甲板一望，尚沿着山东海岸的山脉前进。满山荒凉，不见村落树木。回想到三十余年前的青岛,岂不是一样荒凉,国家的当局们亦应想到国家有待于经营,不要误以为问题只有内争!

写一篇游记给峡里的朋友,未完。午饭后再上甲舨。则船已到辽东半岛的岸边,迫近大连了。收拾铺被,准备上岸。

船快到岸了,又停起来。茶房鸣锣,叫三等客人,到上层去,站在头等船外之走廊边。每行三人,点清人数,而后有医生来,仍用阅兵式检验。以为如是完了,突又来一人指问我们:是什么人? 到哪里去? 从哪里来? 我们说明来历,并一张团体名片交他看看,仍不能了,还要细细问我们姓名、职务,到大连住什么地方,考察什么事业。我们都一一告诉了他。他才说:你们就是这样到各处去参观是会被谢绝的,最好先到国际观光局去找一位中国职员李秀山去,他可以介绍你们,并可以替你们买车票,比较便利。我们谢了他最后这一点好意,可仍气愤他之严格询问太缺乏礼貌对人,而且怀疑大连这一块地方究是谁的? 竟如是其[提]防中国人!

船抵岸,比青岛来得更清静。有可以升降进退的铁桥渡客人登岸,却没有力夫跑上船来。等一会,来了一位南方旅社接客的先生,帮助我们运输行李。

坐马车到旅社,将一切安顿停妥了,便去访周孝怀①先生。沿途所经大连街市,比青岛阔,但不及青岛曲折有致。马车夫亦不甚熟悉街道,每一个十字街头,都有一个区域的详图画在木板上,连号数也注明在上面的。我们同着车夫在图上去找,经三数回才走到。孝怀先生不在家,其弟竺君先生出来接谈。问以大连事业,他说:大连是一个东三省的运输口子,只看一条南满铁路,一年比一年发展,没有其他大的事业。如尽一般的说,可以分为三类:第一是油坊。专榨豆油。近来大豆贵,油饼贱,尤其是日本人折本的很多。第二是钱庄。近来为赌金票,亦多倒塌。其中用力于兑换生意的,还稳当。因为这时日本人用金票,中国人用上海小洋,外来的人携带大洋必须掉换,离开这里,又需掉换,所以掉换生意,比较发达。第三是代理店。许多买卖大豆的人不是买现货,是

---

① 周善培,字孝怀。

买空卖空,同上海交易所一般。代理店招待这些商人非常周到,并替他们垫款,却赚他们大钱。这本是一种赌博性质的生意,商人赚了,倒还代理店的垫款;输了,便还不出钱来,牵累了代理店。我们问:大连近来人口增加的多么?他说:不错,许多阔佬都到这里来避难了。房屋只见增加,前江西督军陈光远,福建督军周荫人,都在这里开代理店,损失八十万。王占元现在大修其公馆,田中玉则修许多房屋出租,图收租钱。鳌溪叹息着说:军阀官僚之末路竟至于此! 我说到:我们由他现在之所为回想到他们当年做官的时候在做些什么,更值得我们叹息了!

鳌溪问:日本人在大连经营的教育事业如何? 他说:有一个工业专门学校,有一个商业学校,有两个中学校,有一个高等女学校,有几个小学校。这都是教育日本人的,办得很好,很注重军事操。另外有几个公立学堂,是教中国子弟的,那就办得不好了,七年毕业,无论中文、日文都弄不清楚,教科书很守秘密,除了学生不能购买。但是中国人呢? 除此而外,自己也没有学堂读书。

接着周孝怀先生回来了,细细地问四川近来的状况。我们告诉他:这几年来,四川比较少战争了,少土匪了,军队逐渐讲究训练了,财政逐渐讲究整理了,地方经营逐渐成为风气了,尤其是修马路,办市政,全川都在进行,一个地方别离两三年,再去便会认识不得了。周先生很安慰,又很叹息。说道:这种现象已经比中原好。又细细地问我们经营的事业,我们告诉了几样。他说:我早就听着说了,以那样混乱的政局下面,还有许多朋友在那里努力创造事业,倒是难得的。我们又告诉他:事业上也感受内外无数的困难。他说:现在大家遭遇的困难,已远不如我们在四川的时候,杨子惠可以拆人的房子。我们当时要拆去街心的肉架子,也很不容易。他又说:四川是太好的地方,有无数的富藏。四川人亦肯做,而且有坚持的毅力,只嫌其规模太小。我们想到四川人作事规模太小,实在是由于眼光太短,一方面只看到自己,一方面只看到今天。所以虽肯做,究不能把公共事业做好。

又谈到统一问题。周先生说:民国以来,袁世凯有了第一个好机会,蒋介石有了第二个好机会,都把中国弄不好,真可惜了。进步不一定要统一,能够像四川那样不统一而在经营地方上比赛着努力,比统一还要来得活跃些。我们说:统一有两种方式:一种是用武力一部分、一部分地打下去。这个方式已经有十九年的证明不成功了。还有一个方式,就是各经营各的地方,一桩事、一桩事地逐渐联合起来,最后便一切统一。这正是今后须得采用的方式,周先生亦极以为是。

周先生是在四川建设上惟一有办法且有成绩的人。他办警察,警察有起色,办实业,实业有起色。他每办一桩事业,必先训练一批学生。凡他的学生或曾经从他办过事的人都很佩服他而且很思念他。我们倾慕很久,想象他必有可敬可爱之点,在这一次会面中间,我们发现有两点,是我们青年朋友特别值得留意的:第一是关心事业,第二是爱重人才。

二十七日 星期五 晴

晨起继续写峡局的信末完,孝怀先生、竺君先生同着一位日本人来商参观大连各地方的办法和程序。接着公辅、绥若约同国际观光局李君秀山来,遂将引导的任务,改由李君担负。

先到埠头事务所,登屋顶,一眼望尽了全埠。李君找一位日本职员来说明埠头情形。他说:现在有四个码头,同时能容三十九只五千吨的轮船,还不够,还在扩充。进出这个港口的,日本有七路航线,到安东的,到青岛、上海的,到天津的,到香港的,到汉口的,到南洋的,到欧洲的,到南北美洲的,都有。去年进口有五千多只轮船,日本占了两千多只。港深三十九英尺,可容三万吨以下的大轮。另有危险码头一处,距离较远。凡危险物品如炸药、洋油之类,都在那里起运。又有民船码头一处,每天有千只以上的民船进出。全年民船进出的货五十五万吨,轮船进出的货九百二十万吨。每年约可增加一百万吨。轮船进口一百五十万吨,出口七百七十万吨。中有煤三百六十万吨,大豆一百五十万吨,豆饼九十五万吨,杂粮六十九万吨,豆油九万吨。码头上有铁路七十英里,马路八英里,仓库七十四处,每处有五十万吨的容量。有待船室,可容五千余人。这种完整的布置,就是日本的本国也没有的。码头的全部资产约一万万元。甘井子在港湾的对岸,新辟一个出煤码头,费约一千万元,苦力最忙时是冬天,每天一万多人,平常每天七八千人。北方港口,冬天大半结冰,所以这里运输更忙些。事务所的职员三千余名,中有华员六百余名。这都是满铁会社经营的。

由埠头雇汽车到满蒙资源馆,更使我们动魄惊心。凡满蒙所产之动植物、矿物,通通被他们搜集起来陈列起了;凡满蒙各种出产之数量,通通被他们调查清楚,列表统计,画图说明,陈列起了;凡满蒙之交通、矿产区域、形势,都被他们测勘清楚,做成模型,陈列起了。我们要细细地看,李君却迫切地催。我们边走、边看、边想:东三省的宝藏,竟已被日本人尽量搜括到这几间屋子里,视为他之所有了。饶日本人都知道,都起经营之意,中国人怎样办?

转到工业博物馆,先参观里面的工业馆,凡属机械工业的机器零件、模型、说明,都有陈列。必须使人看清楚机器之转动和使用的,更用电力发动。日本之大工厂、大学,或专门学校,都送得有陈列品来。次参观交通馆,凡属轮船、火车、电车、汽车、飞机、电报、电话都有,很完备。可发动或可使用的模型,发动或使用以供人参观。于此,我们见着日本是如何以实际的事务刺激日本的人民!其学校,其实业团体,又是如何联络,帮助此等社会教育的机关!中国情形又怎样呢? 我们愈看愈惭愧了!

再乘汽车到星浦,由花园中,穿树阴,到海边,看海水浴场,坐憩于一个亭中。李君告诉我们:刚才花园中有隐约的房屋,那都是有钱人的别墅。我们不禁叹息起来。许多布置都是为有钱人享受!

转到中央试验所,由日本一位化验师领我们参观。有许多化学分析室。看了几种化验的东西。有一种是豆饼,以前只用以喂猪,而今用作顶好的食品,可作面包,可作面条,可作点心了。凡属满洲之所产,都要交到这里来化验。中国人何尝知道这是国家的重要事业呢,偶有一二机关,都是穷得可怜;偶然化验了出产品几件,何尝大规模搜求,大规模举办,以指导人们着手或改良经营呢?

午后六点钟到孝怀先生家晚餐。谈到满铁的规模和大连的经营,孝怀先生说:王正廷认为旅大可以收回来,我们很虑着他还没有这样的手腕,日本人

以战争取得,投许多的资,用许多的力,以经营到今天,又视这一进出口〔港〕
为他的生命之源,除非是流血,不容易取回来。

　　二十八日　星期六　晴

　　八点半钟乘汽车往旅顺。过星浦后,都是山地。经历了许多陵谷变迁,亦
间或转到海边,望望茫茫一片。路都铺以柏油,两旁都栽有洋槐。车中谈天,
谈到日本把旅大金州一带早已划为他的关东州了,行政用人,同他本部一般,
地图的颜色,亦已改变。鳌溪非常叹息。我说:中国人有一种精神,大气则受,
小气则争。团阀同团阀争得不得了,遇着军阀则一切忍受;军阀同军阀争得不
得了,遇着列强则一切忍受。瑞五笑着说:中国人画地图,还是把这一幅地方
画作中国有的,各行其是,并无冲突发生。

　　过盐田,下车问土人,晒盐的方法。据说是替日本人晒的。每取盐一次,
须三天,须放入盐水三次。到了相当时间,盐便结晶。满三天时,盐积几分厚
了,十方丈之田,可取盐二千余斤。我们细看田中,第一天的田,已有结晶的
盐;第二天的田,盐已铺满,白成一片了。

　　再到水源地参观,工程很大,筑一长千余尺,高百余尺的堰,将一条山间的
河流塞断,将水蓄积起来。有四十几里可通小的汽船,费了日金一百九十余万
元。可以供给旅顺、大连两地的水,四时不断。

　　我们联想到中国的物质享用,在个人方面进步很快;在公众方面,却没人
去管。所以好多大的城市,至今没有自来水的经营,这一种私而忘公的习惯,
应该赶快矫正过来!

　　再乘车到旅顺,过日本的兵营,过俄国人以前的经营的市街,过火车站,过
日本桥,到日本新经营的市场。访罗叔蕴先生。先生穿一件洋布衫子,胡须半
白了,体态还很丰盈,精神还很强健,还有很小的发辫,对人很恭敬。问他的年
纪,他说:今年六十五了。问他何时从天津搬到旅顺来,他说:前年以前本在日
本住,因为老病移回天津;又因天津是个过路的地方,应酬麻烦,所以移到旅
顺。问他藏的书籍。他说:已一并搬到这里,只苦房屋太小,不能容纳。问他
近来有什么著作没有,他说:只有几篇零碎文章。话完,便去取所印就的文章,

来送给我们。我们看一看室中的陈设,都是图书,最有味的是光绪皇帝赐了他四个大字:文泉言律,上款题的是光绪二十年,下款题的是赐顾问大臣紫禁城骑马南书房行走臣罗振玉。罗先生固犹是前清的遗臣呵!

我们访罗先生,第一是很敬佩罗先生的学问,他藏书很富,读书很深,考证很精。第二是张石亲先生死于北平以前曾在他家里住过,想问问当时的情形。

罗先生亦很关心四川的事,问四川的战争、匪患和地方的经营,又谈了些中原的战争,北方的荒旱,种种问题。我们又觉得他不只是一个读书先生,亦很留心国事。这回出来会着许多朋友了,谈起国事,还少有这样殷勤细致的。

饭后到博物馆参观,中有风俗、历史、动物、植物、地质,各陈列室,搜求的陈列品很富,至少为中国内地所没有,而又以搜求自中国内地来者为最多。从历史说:远到三代以上;从地理说:远到新疆以外。这个工作,我们觉得是不应该让外国人做的,国人应该起来,而且各地联络起来,作伟大的搜求和经营。

馆外有动物园。离馆到海边有很完整的公共运动场,有许多大的、小的学生在场中运动。瑞五说:无怪乎日本的体育进步比中国快,你看他们在体育上是何等努力呵!关东军司令部和关东洲民政署都在这附近。

乘车登白玉山,非常陡峻而曲折,我们愈相信四川的汽车路有办法了。登山顶,问车夫以周围炮台和兵营之所在,车夫一一指点。俯看俄国经营的市场在左边,日本经营的市场在右边,如张图画,一目了然。山上有日俄战争的纪念塔,许多战利品,大的、小的炮和炮弹。塔顶有东乡大将、乃木大将记述战争经过之文,纯是中国古文体。俄国人当时以旅顺为军事的中心,结果赢得今日的遗迹;日本人方以战胜而骄人,继俄之后为同样的经营,后来的结果当如何呢? 实值得深长思之,尤其是日本人!

下山,回大连,过星浦,参观水族馆。回寓后,又往电气游园,从电灯明灭中看园中的设备,有动物园,有儿童游戏运动的设置,有广大的园景,几处休憩室。这种布置,都是都市中极感需要的。

我们准备明天起身了,换日金,买车票,都商由绥若办好而后就寝。

日本人之经营东三省以满铁会社为经济事业的中心,以大连为经济市场的中心,以旅顺为军事政治的中心,用尽全力,继续前进,实在是全中国人应该注意的问题。最要紧的办法是自己起来经营,才能灭杀日本人的野心。

请看一看满蒙资源馆日本人调查的统计表一种,便知道他们是怎样留心中国人的家务,中国人留心到哪里去了?

满蒙物产统计表:

大豆	37 243 000 石	牛	2 000 000 头
高粱	36 562 000 石	马	2 500 000 头
粟	28 726 000 石	羊	2 600 000 头
包谷	12 293 000 石	猪	6 500 000 头
木材	4 700 000 头［立方］	鱼介	9 657 000 贯
石炭	9 218 000［吨］	铁	67 000［吨］

上表权与量,都是日本的单位,特由绥若录下来的。

三　由大连到沈阳

六月二十九日　星期日　晴

晨起各人整理日记,准备行装完,便坐马车到车站。站中很宽大,人很稀少,无论办事员或客人都很从容,并无拥挤、慌忙、喧嚣的现象。车中亦很清静,大约可坐两人的座次,半只座得一人,很宽裕。到规定开车的时间便开车了,并不迟延一会。

开车以后,常有役人在车中洒扫地板,拂拭坐位,很洁净。因此搭车的人亦似各爱洁净,没有乱吐痰、乱抛东西在车内的。车之两端都有洗面漱口的装置,都有厕所,厕所中间亦有洗手的装置,都很洁净,无臭味。

铁路都是双轨,往来的车常常在急行进中掠过,不在站上相等,所停各站,除站上的职员警察外,只有几个客人,没有呼喊跑跳卖食物的。站上的职员大概都是日本人,常有日本的武装警察持着枪在那里站起。车站附近常有日本人家,城市常有日本人经营的街市。可以从两行房屋中间的树影,两行树影中间的道路望穿过去,以见出其整齐。如有高烟囱耸立在中间,则大抵是日本人经营的工厂了,烟囱上常标明其是什么会社或株式会社。这些景物一一从我们眼中经过,都是日本人的势力,深惊其侵略之锐,几乎尽驱其原有之我国人而去之!而尤疑自己一身不知到底到了什么地方了!回头一看中国人呢,各有自己的问题放在自己的面前,永远不会觉到这里!

乡间的村落很稀,房屋高仅及人,屋顶是一个覆瓦的形式,用泥糊成的。一个村落常有一片泥色的细小房屋若干列,衬在广漠的绿野中间,倒也觉得有他的美丽。

土壤,渐往沈阳渐较肥美。铁路以东,有不断的山脉,蜿蜒而北,此外则都是平地。

午后四点钟,车到沈阳才离开了日本人的范围,而在沈阳商埠之马路,觅得大陆旅馆。在旅馆下之饭店中吃早饭,时间则已傍晚了。口味很好,又半是菜蔬,客人寥落,清静有似日本车站,又当腹中饥饿的时代,倒很吃得痛快。

晚间走了好几条街,找着一个浴堂洗澡。凡七个人,花了三百零四块钱。大家看了这笔账目,一定疑惑沈阳这个地方怎么生活程度会这样高?不然,亦疑惑这几位君子怎么在旅行中有这样的奢侈?两个原因必占其一了。却是一个原因都不占。只因为这里洋钱是纸造的,一块真的洋钱可以买得这种洋钱六十块。如果发行的人胆子再大一点,在后面多加几个圈圈,或许一块真的洋钱,可以买他几万块、几十万块,以与马克比赛了。

六月三十日 星期一 晴

午前九点钟到清皇宫参观博物馆。第一值得注意的是建筑,红柱、绿窗、黄瓦,而杂以雕刻,绘画。分观各部,综合全局,皆自成为图案,以见其端正、庄严。此自是一种艺术的建筑,帝制所遗,惟此值得欣赏了。第二是陈列,殿之中央,宝座犹在,宫之侧室,床榻依然。如果古来文人来到这里游览,一定有许多盛衰兴亡之感,形诸楮墨,赋之诗歌。殿中宫中,陈列有许多祭器、乐器、武器、仪仗、御用的服饰用品等。壁上挂有历代帝王的画像。乐器有一套只剩得架子,管理人说:"是被袁世凯做皇帝时移到北京去了。"我们笑道:"袁世凯想做皇帝才是为了享用这些玩意儿?"宫中铺有棕毯在地,问管理人,据说亦是当时皇帝享用的,我们倒很诧异,不过如此如此,足以抵得今日之土豪劣绅而已,如果叫那上海新兴的财阀阔少来看看,其所挥霍足以睥睨千古帝王而有余了。

到教育厅,晤得第一科韩科长。据说:东三省和热河的政权,现在完全统于四省政务委员会。政委会以东北边防司令长官张学良任主席。交通完全统于东北交通委员会。日本准备改安奉线为双轨,以增加其铁路运输;中国人无法与之竞争,只好多筑路线分他的利益。现在最显著的是打通铁路,已可以通到齐齐哈尔,沈海铁路亦已延长到吉林,就是这种意义。建筑葫芦岛以分大连海口的势力,现在举行开工典礼,然而日本人受影响甚微,中国人吃亏却大了。铁路所经都是山地,出产甚少,运输量小,收入或不敷开支,无根本之计,何能长久支持?

问东三省的省教育事业。他说:东北大学每年经费一百一十余万,是由辽宁担任大部,吉林、黑龙江各有少数补助。至辽宁省办教育事业,有四个中学,五个师范,十个小学,一个图书馆。在沈阳者,可介绍往参观。

我们告以还打算往抚顺、本溪湖两地参观煤铁厂,问可以介绍不,他说:抚顺煤矿是日本人经营的,最好自往满铁公所接洽,他们可以作函介绍。本溪湖则直往建设厅商量,这是中日合办的事业,与建设厅有关系的。

于是到满铁公所,出来一位穿中国服的日本人,问明团体人数和代表人姓名,便去写了介绍信一封。

午餐后出城到建设厅,经过几条偏僻街市,然后知道沈阳市政之不修。比较看得的只有商埠几条马路和城内几条大街。有无数的市民固仍在地狱之中。道路积满灰尘,任风飞扬;秽水、秽物,点缀左右,任他奇臭。人则局促于破烂的房屋里,衣服面目亦自同周围环境一样不肯讲究。中国人真有守旧的精神,连野心侵略者紧迫着在旁的影响,都不容易接受。

到建设厅访彭厅长,因他忙着到别处去,便派一位姓吕的接谈。问他辽宁的建设事业,他不知道。但说:建设厅的范围很狭,现在只有汽车路和电报电话是隶于建设厅的。问汽车路有若干里了,他说:"这要技术方面的人才知道。我们在总务科,是办事务的,所以不知道外间的事情。"我们告以往本溪湖参观,盼望介绍的意思。他说:"等彭厅长回来写信去,这是农矿厅管理的,要商量农矿厅,由农矿厅写介绍信。"

参观第一工科高级中学校。这是就以前工业专门学校改组的。现在分高中班、职业班。职业班的课程略与初中同。高中分机械、土木两科。职业分金工、木工两科。高中每日实习一小时,职业每日实习二小时。实嫌实习时间太少,不能学得足够应用的技能。

转到清皇宫侧文溯阁参观图书集成和四库全书。我们曾经在浙江参观文澜阁四库全书,这算是参观第二部了。袁世凯曾将这部四库全书移到北京去,后来无所用之,运回保存,便损失若干部,而今倒也补抄起来了。

到东北文化社问东三省的两个问题,移民与铁路,他们都不清楚,但允写信介绍到本溪湖。

七月一日① 星期二 晴

晨五点钟起床,六点半钟搭火车,行经一小时半到抚顺。出站,见市场甚整齐,道路甚宽敞,两行树阴,掩映行人;有电车、有汽车、有公共汽车、有马车,往来络绎,直像一个大都市了。瑞五在四年前曾到这里来参观,那时还没有这个市场,几年之间,便建设起来了!

瑞五领着我们去寻得抚顺煤矿事务所。当由事务所派一姓佟的中国职员领我们到各处去参观。在客堂等候佟先生的时候,我们从案上一个炭坑模型,便把抚顺的市场、住宅、机关、工厂、铁路、马路、炭坑等等通通看完了。从壁上一张岩层的断面图里,将煤层、油岩,亦看得清清楚楚了。从他们送给我们每人一本的炭矿概要,更将这一桩事业的过去、现在、未来的出产和规模看得没有剩余了。很惊日本人之摆出一桩事业的内容有如此之明了。

抚顺煤之丰富,实可令四川人惊异。据他们的说明书上说:煤层平均厚一

---

① 原文为"六月三十一日",以下到七月四日的日期原文均有误。

百三十尺,最厚到四百二十尺,埋藏量约十万万吨。现在每天产二吨左右,每年产七百余万吨。十几年来,逐渐扩大,总共不过才采几千万吨,还可以采一百二三十年。这都是中国人的财产!

佟先生同我们坐电车到制油工厂,觅得一位日本职员领导我们,仍然各送说明书一本,参观从碎石起。据说:现在每天要碎石六千吨,要废去两千吨太碎的。其余四千吨约方寸大的送到炉内。大约有四五百度的热力,系用瓦斯燃烧,其所得新瓦斯引入冷却器中冷到八十度,经过水洗以后,变成液体,再将水分蒸发,以成原油,每天可得原油两百吨。再将原油分析,可得重油一百五十吨,蜡三十五吨,焦炭十五吨。重油现供日本海军使用,年约出五万吨。日本海军年约需用三十余万吨,将来都由这里供给。另有一部分亚摩尼与硫酸化合而成硫化氢,作肥田粉,每天可得五十吨。每一个炉子熔岩石五十吨,共八十个炉子,每天可溶岩石四千吨。

他最后又告诉我们:这油岩有五百万万吨。开采规模扩充到每年出油三十余万吨后,至少亦可以采三百余年。

我们听完这位日本人的介绍,第一是惊异日本人竟准备三百余年的海军用油在这里取携;第二是惊异日本职员对于事业的内容、数目能够详细告人有如此之清楚。大连埠头事务所一位职员,其清楚亦是一样的。

转到碳坑参观,这碳坑是从平地开采的。日本人叫做露天掘。煤层之上便是油岩,是倾斜的,高的方面采煤,低的方面采油,都是用钻眼机钻眼放炮爆炸,用起重机装载,用电车拖一列车厢运输。上下已经绕着好几层的电车道了。

最后参观发电所,由一位中国职员领导。他说:发电所有四处:第一处规模太小,没有用了。第二处便是这里,发电一万二千启罗瓦特。第三处发三万启罗瓦特。第四处尚在设置中,准备五万启罗瓦特。总共要达九万二千启罗瓦特。大家要知道这个规模之大,差不多与上海租界的发电厂相等了。

他又说:这桩事业是抚顺煤矿办理的,抚顺煤矿资本一万万元。这桩事业的资本一千万元,蒸发瓦斯用了三十三个炉子,每个炉子每天加煤二十四吨。

除用瓦斯烧锅炉外,并出产防腐油、臭油、臭油干、硫酸、硫酸氩,各若干吨。

到市场中觅一个馆子午餐,餐后到日本店子买炭精制成之用品及抚顺之风景照片后,搭车回到沈阳,已经是夜晚了。

七月二日　星期三　晴

午前九点钟搭车到本溪湖,车渐行渐入山中,最后穿一洞而发现市场,发现空中有运输线路,知道本溪湖到了,行约两点半钟。

到这里是参观煤铁矿、熔铁厂和炼焦厂。往厂的事务所接洽,问知铁矿在庙儿沟,距本溪湖还有几十里,不能去看。时间又快到十二点钟了,职工都要停止职务,约午后一点半再来。于是我们利用此时间游本溪湖城,经过了日本人的居留地,经过公馆式的一个小小县政府,两条市街,觅得一个中国饭馆吃饭。

午后一点半再到厂,厂中职员赠送我们每人一本说明书,介绍一位刘先生领导我们。据刘说:这里煤矿有六个坑,第一坑产煤太少没有采了。参观第二坑,门外立有一块木牌,是表列坑里的几种事项的。特摘录重要的在下面:

井长 3595 尺

井深 134869 尺

倾斜 17°38′

每日出煤 295 吨

现在二、三、四、五和柳塘五个煤井,每日出煤一千余吨,运煤出井,皆系挂线铁道,下用铁轨,上用铁链,以发动机转动铁链,车随链转,空车入井,载煤出来。参观第二坑之发动马达,有马力二百五十匹,井外运输,与井内同。只道路甚平。另有火车行于较大之铁路,但装蒸气,不用锅炉。

至于挂线于空中,以铁架为支柱者,车厢悬在线上,随线旋转,所载系山间碎石,用以帮助熔铁的。

参观炼焦厂。新式炼焦炉有六十座,每日装入煤五百八十七吨,炼焦煤四百六十吨。另有副产物,臭油、硫化钲、硫酸三种。此炉一部分损坏,正修理中,仍兼采旧式炼焦法,掘地为炉,以资补救。

参观熔铁厂。有一百五十吨熔铁炉两座,每日各出铁一百五十吨。由卷扬机陆续将铁矿运入熔炉中,而于其下准备砂模,栉比于铁汁经过的砂道的两旁,每开炉门一次,则铸成铁若干条。不断的预备,不断的出铁,一炉点火以后,往往出铁到三四年而后熄火。

参观发动厂,系供给电力的地方。其锅炉的燃料可用煤,亦可用熔铁炉里来的瓦斯。用煤的方法有两种,一种是人力加煤,一种是打风机送入煤粉。

参观修理厂,各部机器损坏,都送到这里修理,其规模比上海一般的铁工厂还大些。

离厂后,口渴万分,找了几条曲折迂回的街市,才找着一口清凉、几杯冰淇淋和几瓶汽水。

到车站,搭车到沈阳,又是夜晚了。

七月三日　星期四　雨

整天在旅馆写日记,从上海起,到大连止,写了40张纸,报告峡局。正写得手惫腰痛的时候,鳌溪来说:大家主张到大陆春吃饭去。看表,已是午后七点钟了。有此解放的机会,便同他们一道出门,冒雨跑到大陆春。

这里一家四川馆子,茶房说是成都人姓李[的]开的。我们笑道:四川向外发展的事业,只有成都的馆子,上海、南京、北平、天津,到处都是,而今竟到东北来了。得到胡豆瓣和咸菜。经过了很长的时间、距离,而在这里得亲近它,是何等珍贵呵!

瑞五提倡吃饺子,遂痛吃饺子。席间谈到戏剧问题,深觉表演深刻,须利用心理上感觉的对比。中国旧剧每能曲折婉转,用此方式,亦自有其价值。可惜上流人,有文学研究者,不措意于此。回想到清末光宣之交的成都,周孝怀先生任劝业道时,提倡戏剧而又改革剧本,曾稍稍以上流人加思想上去,亦颇引起一时社会的兴趣,而提高其欣赏的能力。可惜后来绝少人继续用力,直到而今,不见几种新的剧本。又谈到前年峡局编新剧一本,写武昌起义一件大事,仅仅在一个党人家庭,总督办公室及其燕居,几个士兵的街头私谈看出全部的变化来,亦是编剧最重要的方法。不然,一件国家的偌大变局,何能在一个小小的剧台上面表演。

七月四日　星期五　夜雨

晨起写信完毕,团体七人,同到沈阳东北交通委员会去调查东北铁道建筑的情形。伯坚持名片向传达说明来意,传达问我们的来历十分详细,而后递名片进去。等了好久,才得着好音,只要一个代表进去。于是我便当代表了。走到一个最后的院落,引导人掀开门帘,发现一个大办公室,坐得有许多办公的人员在那里。会着一位韩先生,不知道他是科长或是主任,他劈头便问我们来东三省调查什么事情,我说:是来游历的,值得注意的事项都须得注意。他问:调查铁路是什么意义? 我说:全国人都关心东三省,东三省有两个问题:一个是建筑铁路,一个是移民。所以人都愿意知道铁路建筑和移民的情形。移民无专管的机关,亦不容易从旁的机关访问。只有铁路归贵会主持,故特来访贵会的执事,问问铁路的现状和未来的经营。他说:我们总务处科是办事务的,不知道铁路上的事情,最好等我通知路政处,改天再约你们谈谈。请将通讯处开给我,好通信约你们。我说:承先生的好意,太对不住,我们旅行的一群人是要忙着到处跑的。今晚就要到哈尔滨,连回信也不能等,何况还要再约日期,如果可与路政处的人员谈谈,最好就在现在。他不得已答应了,便派那位传事持名片到路政处去。接着他又问我们旅行的经过。传事转来说可以过去会萧先生,我便同他转到路政处向萧先生说明来意,虑其仍有怀疑的地方,遂尽量说明。萧先生说:太对不住,敝处处长到葫芦岛参加开工典礼去了,我们无法答复先生。第一是我们不能明了全局的情形,第二是无长官的命令不便答复许多问题。我说:我们中国人参观日本人经营的事业,他们无所用其秘密,有说明书,有领导人,介绍事业的内容,详悉无遗;今以关心东三省的状况的本国人,来问东三省对外国人亦无须秘密的铁路概况,却秘密起来。无长官的命令,便不能告人,这好象不合于道理。如果先生不知道铁路全部的情形,请赐我们以铁路上重要的记载和简单明了的图解,亦未尝不可以。萧先生说:好罢! 且等我请示科长再来回答你。他请示去了,我则找壁间的地图一幅细看。图是几年以前印成的,有几条最近修成的铁路和准备要修的铁路,还没有印上去,仅用笔划了几条线痕,而这一间屋子,便是路政处处长的办公室。其成绩有如此,令我们不禁边看边叹息。接着萧先生转来了,手上拿着印刷物一卷。我很欢喜,心想从此印刷物中,必可参考出东三省铁路的概要了。等他递给我手,才是各路的火车时刻表而已,绝无其他记载的东西。时刻表是报纸、旅行的书籍、杂志,常有载列的,用不着在东北交通委员会来取。而他竟仅将时刻表赠与,更当如何令人叹息。我听听萧先生的声音,很疑他是四川人。问他,果然是夔府籍,自从读书到北方,便没有回去过了。谈起四川的现状,他认为无办法,只有兵有匪而已,做不成事,远不如东三省。所以在这里的朋友,都想回四川去。我用力替他解释,说:这回出来,好多朋友都问我们以四川的状况,我们都简单明了地答复他们,这两年来,四川总一切比中原好。匪绝少了,不像湖北、江西那样。各将领都讲究做事、办市政、修马路、安设乡村电话,都各成了风气,都是显然进步的现象。一个地方,几年不去,便叫你认识不得了。你有多少年不回去,所以不知道四川的状况。你若回去一看,便会有同样的感想。

四　由沈阳到哈尔滨

回寓,午饭后准备出发。三点半钟上了火车,离开沈阳。途中所见,与沈阳以南仿佛,只多了一些水田。秧针之线,纵横成行,我们目送着它,心却想到四川了。途中除看看风景外,交换着读东北问题的各种书籍,并读侯鸿鉴的环球旅行记。他每到一处必调查华侨的状况,在南洋,在美洲,人数皆极众多。东三省的移民记载,亦极称中国人的移殖能力,非日本所能及,并推求其原因,实在中国人勤俭过人。广东、福建之移殖南洋、美洲者,能工能商。山东、直隶、河南人之移殖东三省者能农,各能用其所长,以图生存。只可惜优于个人奋斗,缺乏组织能力,所以一到集团的事业,便陷于无办法,在南洋、美洲之商业亦有日衰之象。此为根本之危,不仅华侨而已。

东三省现有人口达两千六七百万,由山东、直隶、河南等省移去的,乃达二千四五百万。近几年来，每年移去四五十万、五六十万，并无政府之奖励，踊跃如此，可以看出中国人的移殖能力了。日本政府竭力奖励其人民移殖，至今在东三省者，朝鲜人不过八十万，日本人不过二十万而已（此见于东三省移民问题中记载）。

到长春九点半钟，此是南满铁路的时间。走几十步，一到中东车站则是十点钟了，很令我们诧异。问是什么原因，有人告诉我们，一以沈阳时间为准，一以哈尔滨时间为准，故有此显然之差异。至于四川，至于重庆，则并无标准时间，任人差异到一分钟，两分钟，亦并不显然，并不使我们诧异了。

哈尔滨车须十二点零五分开，还有两小时的余裕时间，我们决定利用之以解决晚餐。于是携箱挟包，离开车站，往饭馆去。从容吃完，望望市街，而后回到车站。南满车买票用日金，这里却用哈大洋了。哈大洋是一种使用于哈尔滨一带的银票，约合普通大洋八角余。我们买好车票，上车寻求地位，则形式骤变了。第一便是光线暗弱，几乎不能辨别人影；第二便是坐次纵横皆有，各成长凳，上有挂铺，可收可挂，以备客人睡卧。每相间两凳之间，隔成一个区段，木质甚旧似已很有年纪了。好在客人无多，无须挂上层之铺，便可供我们睡卧了。只是一到卧榻之旁，黑暗更甚，直如进了地狱一般。

我们便以木凳为榻，木板为褥，睡了一夜。朦胧中常觉车停车开，可非常静寂，不闻人语，可以想见途中各站之荒凉了。

七月五日　星期六　晴

醒来已是拂晓，微觉冷，以布毯遮遮腹部，求再睡熟不可得，便起来看看风景。凭意引目，平原广漠，绿得无边。偶见短墙一线，中有草房几列，寥落点缀，便是村落了。林木绝少，绿野远近，偶有人影一二，工作其间。铁道两旁，间或发现牛马猪羊，各自成群，少或三五，多累数十，在那荒草蒙茸中，很自由而且安详地吃草。我们从烦嚣的都市来到这静寂的野景间，岂特如赏图画？直如另到一个世界了！

将到哈尔滨了，许多俄国人家，住在铁路近旁。短篱平房，绿树成行，掩映着黄墙红瓦；偶有俄国女子，携筐挟物，出入其间；恰像一幅西洋油画。前几天经过大连、奉天、长春一带，见着的都是日本的经营，自有其特殊的方式，或竟如到日本国里了，这时突又感觉得如到了俄国一样。因回念到中国人有地方，如何不自经营呵！

到站，雇马车，连人带物运到北京饭店去。店中布置很完整，费较我们所过各处为多，每间四元，而客人特少。我们将行李安顿妥当后，问可游的地方，旅馆中人告以江北和道外。

原来道里是俄国的租界，道外是中国的商场，大的中国商店多半是在道外。哈尔滨在松花江南，所谓江北，即是在哈尔滨的河对岸。

我们步行往游江边，街上之两旁半是俄国商店，商店名称译成中国字，都怪而且长。店前常有一种特殊职业的人，为道路绅士刷皮鞋。见着松花江了，其宽在重庆大小两河之间，北岸亦多家人，大大小小的西式房屋，半隐半露在林荫中间。下游横着大的铁桥，过此便往满洲里，再前进到西伯利亚了。江里轮船不少，大的长约十余丈，都是明轮在后边或在两旁。问起来，采用明轮是因为吃水太浅，无数荡桨的小船，人持双桨，可乘客四五人，或以一人两人划船，在江浪中间，随波起落，倒也好看。我们沿江而下，经过铁路旁边，有两种货物山积，第一是大豆，第二是木材。可以想见东北的森林和农产是何等大的富源。

乘小艇渡过船坞，船夫告诉我们，这便是道外了。走入市街，比道里的确繁盛。大的商店很多，问问都是定价，一钱不少，比南方人的生意质实多了。于是大胆买哈尔滨独家织造的俄毯，人买一床，花掉旅费一百多块钱。问知是裕庆德厂造的，不能自由参观。商店中人告诉我们有公园二，一在道里，一在道外；有商场三，一在道里，两在道外，均可游览。道外公园由此经过二三四等①道街，以至于二十道街乃到达。我们决往一游。中间经过同记，进去看看，是一个百货商店，规模比先施、永安较小，秩序却比先施、永安更好。货品分类陈列，极为整齐明了。人员皆着短服，皆有徽章，卖药品者服皆白色，举动

---

① "等"字原文为省略号。

极皆敏捷,对客耐烦。凡此情况,都在先施、永安之上,不图此等良好组织竟在哈尔滨发现。又经过数街,发现一女子商店,店员皆女子,亦他处所少见。到一河南馆子吃饭,吃了许多菜,结果不过花了三块多钱,人说哈尔滨生活程度特高,也不尽然。

到公园,树阴之外,则景物在花坛。有几种矮小整齐而颜色显然不同的草组成图案,格外好看。图之左旁有一市政筹备处,很想去问问哈尔滨的现状,并请其介绍参观。而传事不明来意,始则多方盘问来历和调查什么事,有什么原因。继则推诿于课长正在会客,无暇接谈。我们在传事房中等了好久,便同一位青年职员谈起话来。中间最要的一点,是俄国人在哈尔滨求生的,不能与中国人竞争,他们每天有一块钱用一块钱,如果剩两角钱,便积到星期一天用完。中国人每天只有五角钱,却只用二角半,总想储积一半。所以许多空起两手到哈谋生的,不几年或十几年便成团团富家翁了。我们感觉着东北,尤其是哈尔滨的人,就社会方面看确比别地人兴奋,大半原因,是在他们由内地来,开辟这一块新大陆,都是兴家的。

我们向传事说了许多恳切的话,他又进去跑了一趟,传命准进去了。会着刘课长,问市政处的经营。他说:市政才开始筹备,除特区外,将来都是市政处经营的范围。问特区行政长官的权限和管辖的区域。他说:特区行政长官驻在哈尔滨,凡中东铁路沿线及其附属地的军队警察、行政、司法,都归其管辖。道里原来是俄国人经营的,亦属铁路的附属地,所以亦归特区行政长官的范围。问人口的总数,他说:道里近二十万,道外亦近二十万。以前比较少,中国接收以后,增加更快。秦家岗一带的人都是中国接收以后增加起来的。问吉黑两地未开垦的荒地还有多少。他说:交通不便的地方还有荒起的,铁道附近的地方都已经开垦了。问:我们由长春来何以见着铁路两旁的荒草坪中有牧牛马猪羊的。他说:那是铁路附属地。问:东三省移民来自什么地方的最多。他说:山东最多,直隶次之,河南又次之。问:俄国人近来的移殖情况。他说:自从中国接收以后,为数锐减。我们联想到青岛自从我国接收以后,日本人亦锐减。可见帝国主义之侵略人,纯凭其政治上的努力。但政治的势力一旦崩溃,则未见得还能保持其对外移殖及其他侵略之经营。哈尔滨尤其是显然的例子。我们打倒列强,还不一定需要国际的战争,彼自有其国内的问题,很容易促成其政治势力崩溃的。问:中东路经过大的森林不?他说:大的森林,中东路没有,吉敦路或有之。问:哈尔滨有些什么大的工业?他说:哈埠工业只有磨面、榨油而已,规模都小,只有裕庆德毛织厂比较最大。我们请他介绍我们去参观,他便介绍一位王先生领我们同往。

进毛织厂,接洽厂中职员。问厂成立好多年了,一位职员说:成立五年了。问有若干资本,他说:一百万。工程师系波兰人。以前人都叫这种羊毛毯为俄国毯,其实是波兰产,并不是俄国产。王先生说:俄国人在哈尔滨生活的,大半是以铁路为中心,任铁路上的职员,在俄国革命以前,还有一部人是在这里营商的,革命以后都推翻了。大概他们国内不准私人买卖,私人生产,所以很久没有货物来,至今货物仍少。日本商店势力最大,商货十之八九都是销日本人的。尤其是金票,在市面上最活动了。第一,买日货必须用金票;第二,坐南满车必须用金票;第三,存款、贷款于日本银行必须用金票,所以金票的侵略比商货还厉害了。

参观全厂,由清毛、弹毛、染毛起,以至于织毯、洗毯、压缩、括光、烘干、剪毛,而后割断成为毯子,再经检查,即便售卖了。从前曾经织呢,因为无利,现已停止。织毯工作,共有二百余人。

转到一条街,参观大乐兴商店,其规模比同记大,整饬则一样,分门别类之标识特别明了。

回寓稍息后,又乘车往跑马场附近通道街看新经营的"蛛网市场"。通道街之两旁都是住居人家,都绕以极大花园,林木成行。但任其自然生长,其下荒草蒙茸,不加修剪亦自有其风采。以比于大连、旅顺日本人之所经营,树必剪成一种方式,草常铲除干净,又觉得这里较为自然而美丽了。

人行道在两行树阴中间,散步极为舒畅,信步尽走,终不得所谓"蛛网式市场"。执警察而问之,乃知只有计划,尚未经营起来。于是转过电厂,乘电车回寓。望秦家岗一带,只见林木翁郁,不知其间尚有房屋了。

下车往游道里公园,则游人甚多,络绎在途,几如市场、茶社、游戏场所,亦复不少。花坛布置,尤精美有变化。几种颜色形式各有不同的浅草,加以几种浅花,图案由简单而复杂,各显露其巧妙。花坛,大概是哈尔滨公园的特长了,精美在上海几个花园之上。

[七月]六日　星期日　晴　傍晚暴雨旋止

乘汽车往屠宰场参观,路见文庙,其伟丽直同宫殿一样。不幸而逢星期日,停了屠宰,仅得参观空场。其宰猪全用旧法,宰牛则先用短而锋锐之刀,砍入牛的脑部,使其失去知觉,再割其颈而放其血。地面系微倾斜的水门汀三合土,中有沟,以利水洗,有铁环以系猪牛。不很洁净,有奇臭,苍蝇群集,不可数计。据言:每天仅宰猪数十头,牛十数头。

转到博物馆,进馆问职员:可容许参观否? 他说:如有公文而且经特区教育厅核准才可参观。我们很诧异,为什么参观一个博物馆都要有公文,而且要郑重地经教育厅核准。遂为之说明:我们到了哈尔滨才知道这里有一个博物馆,所以没有准备公文,我们远从万里以外的四川来参观,请你特别通融罢。他说:也只好请你们到教育厅去交涉,请得教育厅特许参观的命令来。我们说:为参观一个博物馆,何必费这样大的周转! 他说:如果不然,每一个人便要花三角钱,买一张票,才能进去参观。转了这样大一个圈子,才说出了他的本题,才叫我们明白了他是要钱。于是我便问他:博物馆本是经营起来供人观览的,为什么要取这样多的费以限制人观览呢? 他说:我们只知道服从命令,不明白这许多道理。当然我们既要参观亦只好服从命令,拿钱买票了。他却又只收钱,不给票,岂不奇怪?

馆中搜集很富,略可与大连、旅顺的陈列馆比;惟陈列秩序不如。关于矿业、工业、农业、牧畜,各地风俗之照片特多,陈列亦各有方式,折叠壁间,不占地位。尤以表明风俗,塑人而着衣装,作种种姿势,最饶风味。可惜许多标本,许多统计图表之说明都是俄文,中国人接收过来,好几年了,并没变更,只利用来收费。出馆时以译说明为汉文建议于馆中职员,他答复我们,正在进行。进行? 恐怕还是问题!

　　再转到商品陈列馆，门是紧紧关着的。按电铃，有人出来问什么事，我们告以是来参观的，他便招待我们进去。所见都是日本人的广告和货品，偶有中国或俄国货，都是注明供参考的，才知道仍然是日本人的经营。以棉织物和化妆品为最多。日本有几种工业总算有长足的进步，即于这陈列馆中，也可以看得出来。哈尔滨都摆得有日本人的陈列馆，中国却绝少这样的陈列馆摆在自己的各地面！

　　到阜合昶商场参观，亦是先施、永安一类的百货商店，上有屋顶花园。职员皆着白色汗衣，佩徽章，很有精神。鳌溪说：我好久就听着哈尔滨的人振作有为，即于几个百货商店中也就可以看出几分了。瑞五笑道：这时都是兴家的人，享福的人还没有产生。

　　午饭后，渡江看游泳。江心有太阳岛，隔岸看去，游人如蚁，去来坐卧，沿江都是。江中有无数小艇，纵横荡桨，穿插如织。此时风波正起，我们亦乘着仅容四人的小艇，随波逐流，一起一伏，有时浪打船头，水溅衣服，为之湿透。幸而安全渡过江北，登太阳岛，向游泳场前进。

　　岛近江北，中隔水流甚浅，游泳的人甚多。起来都卧沙上，无论男女，都仅着浴衣一袭，一成风俗，便无所谓羞耻了。瑞五欲为卧着的两女子留影，刚预备镜子，被一女子察觉，翻身而起，说不可以。瑞五亦即停止。穿着浴衣，去来闲游的男男女女，尤其众多，几如市集，皆俄国人。中国男子已少，女子偶有一二，不过散步旁观而已。浴场人更拥挤，有汽船在场头接送客人，场后咖啡店子鳞次栉比，大半搭草棚为之。其间亦或有篮球设备，游戏的活动的设备，音乐的设备。一家矮小的咖啡店里，一个男子奏着手琴，一个中年肥大着肚皮的妇人在绿草如茵的地面应着节奏跳舞。而那绿草是割来铺在地面的，令我们笑起来，他们却不自觉其滑稽。

　　卧着的男女相依，走着的男女相携，一个高的男子，携着一个短而肥的妇人，更如一副滑稽电影。日本男女则常有在江边垂竿钓鱼的。

　　我们再渡江到北岸，向下游行，经过许多人家门前，常有一家男女并小孩子在篱落外，望着江中小艇，岛上游人去来欢喜。这些人家的房屋都小而美丽,各成一种形式。亦有咖啡店子,有人在那里且眺望且喝咖啡,我们觉得俄国人似喜欢野外的和水中的游戏。鳌溪说:中国人或忙着做事去了,不像他们从容暇豫。我说:还要看他们有没有别的游戏,如像吸鸦片、搓麻将一类的。

渡江回南岸,仍乘小艇。风太大,岸上已有警告的标识,船夫忙摇回岸来,嘱改乘帆船去。我们于是改乘帆船,这算我们第一次在大江中乘帆船了。船之大约可容五六十人。因为风不顺船行方向,所以风帆斜挂,风甚紧,吹得船要翻了。前进亦甚迅疾。此时已不见江心再有小船之影。只见满江波浪翻腾,远远黑云蔽天,雨脚注地,显然大雨将至。船中人都着急,而船夫却收帆改用篙撑,以待雨至。好在雨变方向,终未照顾我们,安抵南岸,跑回寓去。

准备行李,雇马车到火车站,买票上车,而后下雨,可谓幸事。一会雨止,新晴,景物愈明。车开之后,细赏野景。前日晨间所见今皆于晚霞中映照出来,格外美丽。旷野漠漠,不但不易发现村庄,亦不见一个人影,愈显其格外寂静。

在哈尔滨的夜间,似觉特短,与四川迥异。每晨四点钟天已大明,八点钟以后乃渐入暮,夜间之长,不到八时。黑且尽了,俄国人来发灯,手持洋蜡几段,点燃放入玻璃灯中,乃知车厢黑暗之源,亦知如何发光之法了。于是我们亦取出洋蜡折成数段,放在箱上,辅助灯光,浏览书籍,以待瞌睡之至。

五　由哈尔滨回长春转敦化

七日　星期一　晴

天未明时,有人来叫醒我们,照顾东西,谨防扒手。天明,俄国人来收票了,知快到长春,才把我们叫得大醒,凭窗而望,发现无数矮小的房屋以逐渐至于西式的,则长春到了。鳌溪惊异着说:我衣袋里的银元十几块,何时竟被人偷去了! 大家才想起长春站上之坏,书上且有记载。昨晚有人来招呼我们小心扒手,于此看出其原因内了。

将行李运到福顺栈,开了一间房屋,检放在里边。洗脸以后,到车站外之北广场查街道图,找可游观的地方,决定往西公园。觉得日本人经营的时常在大连,在沈阳,在抚顺,在长春,都采蛛网式。蛛网的中心各有一广场。我们经过西广场,见着日本的兵营正有一队兵在那里演习劈刺,非常努力。所谓文明国家,处心积虑,朝夕准备的才是同人厮杀的事,岂不太可叹息!而且在这里准备厮杀的是谁人,我们岂可熟视?

转到车站,搭车到吉林,途中仍是俯首读书,仰首看风景。初系平原,渐入浅山之间,由窗中日光之或出或入,可以看出铁路之蜿蜒啊。快到吉林了,再发现松花江,此在哈尔滨之上游,比哈尔滨来得秀丽,又有山景为之配偶,更觉其于书图中较为充实而耐人欣赏了。

到吉林时,正十二点钟,下车步行,沿马路进城。马路很宽,但究竟是中国人经营的,仍自保存有几分特殊的风味。两游有阳沟,沟内自然有可见的活水,铺面仍是北方式,偶有高大洋房相形于许多矮小房屋之间,亦正等于鹤立鸡群了。常有日本商店,深怪日本人之势力,在东三省中,几乎无所不见。比较他处最多而最早引起人注意的事业,便是木材公司,相信吉敦路上的森林一定不小了。进一个书店,买吉林地图,问吉敦路上的森林所在,及其可见的规模、景物。店里先生告诉我们森林的范围几百里,火车便要从森林中穿过。此去敦化车行须七小时,三小时以后便到森林区了。同人听着这般热闹的前途,半数以上主张去游一游。原定今晚回到长春,而且搭夜车回到沈阳,再搭北宁路车转到山海关去。经这一番临时会议便又延长时间,主张今晚宿敦化,明日转来游吉林后,再搭午后的车回到长春了。

于是到岭南饭店。这饭店是广东人开的。我们笑道:四川人的势力到了沈阳,广东人的势力,却更到了吉林了。电话上问吉敦路车开车的时间,得消息是午后两点钟。吃饭后便赶着到车站,恰好车快开了。飞跑到站外换得哈票,才买得车票。

车离市外,略经郊原,渡松花江。水势迂曲,或摩山麓,或于浅沙中流,很像轻描淡写的川江景物。两岸村树,匠心帆船,点缀其间,更使人心目留连。深怅车行之太快,倏忽迎送,不及细玩其味也。然今后知走马观花之难,而况走火车哉!

最有味的,是发现了剞木而成之独木舟,大抵是剖木之半而空其中,宽可容人,长或二三丈许。一人撑之,中流容与,打从我们桥边经过,让我们知道此地此时还有此物,而且引我们想象到几千年几万年前人们的生活。

由此以往,火车所经,地处平衍。农夫大半散居,屋舍远近几点,在绿野间。很少大的村落集成一团,引领远望,发现前面多山,山渐深厚,且渐接近,而且车行渐入山间了。山之深厚都为茂林所笼成。但见蓊郁一片,随山起伏,蜿蜒引伸,莫知所届。偶有缺失,亦大地绿草如茵,或麦田成行。火车如急流,随山旋绕,常临绝地,而又发现新境。变换离奇,亦正有如乘快轮而下夔巫三峡间。山之突兀不如,而秀丽过之,可以想见风景之好,和我们此时欣赏之快乐了。

初进大森林时,铁道两旁树木,砍伐很多,但余根干,呈露土中,好象古代屠过的城,还剩得供人凭吊的骷髅,人头可数。如此可恐怖的砍伐,继续下去,再经若干年后,这大的森林、富的宝藏、好的风景,终会为之一洗而空。人力开发,亦应该顾到家屋!

经三点站后,树木渐渐亲近铁路了。车行陵谷之间,林樾茂密,莫能透视。水流清细,从容流转于树下,时隐时现。古干虬枝,仪常伸展于群木之外。我们凭窗骋目,时而跑到车左,时而跑回车右,为了贪看风景,比较什么工作还要忙碌。

自从入山以后,所见车站,都是纯用木料建筑。墙壁不用砖石,而用圆木,排比重叠,留窗留门,整齐古雅,耐人观赏。车站周围,常积有大批木料。路遇一车,相掠而过,见其所运,木料而外,别无货物。可见此条铁路惟一用途了。

过老爷岭,车又渐入平原。山在周围,仍满布森林。平原则半系荒芜之地。到蛟河,竟是一繁荣市场,在荒地中央。房屋大抵泥墙草盖,或用木造,半是新的。可见其为繁盛,都缘铁路造成。

车行不久,又入山中。密林紧接铁路两旁,引领望不见前途。但觉车从林樾中穿去,不知如何深邃。数站之后,又达平原荒草弥漫,愈少垦辟。渐看景渐模糊,检查时表,已过八点,始知入夜晚了,便由俯首读书。读完一部《东北问题》,车始到达敦化。

下车,出了车站,乃黑暗不见人影,但见灯笼一串,人声庞杂,在路旁大呼客人自唱其旅馆名字,知道是旅馆接客的。车中人曾为我们介绍菊生旅馆,人声中有唱菊生旅馆的,我们便请其为叫马车到旅馆去。在黑暗中稍经时间,始觉微有月光,可以仿佛望见近景,都是平原。路影亦不明了,但觉宽得没有界限,车行跳荡得我们头昏骨痛,乃想象这路不知是如何陂起伏。好容易到旅馆了,马夫驱车直入一短垣之门,停在一个广场中间,右是一个黑暗世界,左有一列平房,一列纸窗露出灯光。走进入问房间,茶房引视,里面都是炕床,炕上置几,另有一凳而已。四围都是粉墙,还清洁。有窗,亦通空气。房间既定,便忙洗脸。毛巾一揩全黑,然后知道大家为看风景伸头窗外,面目为煤炭所涂,直与铁厂中或煤窑中无异了!

开饭来,两菜两汤,味道很好。尤其是汤,兼应渴的需要,喝而干之,都称快畅。

饭后与鳌溪畅谈回川后要作的事,大家自由分配住屋两间,一间四人,一间三人,共炕而睡,直到天明。

六　由敦化回沈阳到山海关

八日　星期二　晴

正睡得有味的时候,佐成①大呼隔壁房间的朋友,不断而且加急地说:快要到六点钟了,火车要开了,还要进城游呵! 起来! 起来! 这时大家睡眠都浓,应声很少,倒惹得另外房间的客人干涉起来了。

自佐成呼喊后,又苟安了半点钟才起床。将很安静的店主人和茶房也都闹起来。喝茶洗脸,并在屋外站站。很觉凉快。穿着单衣,还嫌薄了。结算店

---

①　佐成即李佐成,又名李佐臣。

账，共七个人，人各一餐一寝，花钱到一千七百钏，这恐怕是世界物价最高的地方了！不过原因还在钱贱，每银一元便可换得钱一百六十八钏。亦无须虑其不易运输，所谓一百六十八钏者，并非旧制小钱，亦非新制铜元，不过纸票几张而已；所以其价甚贱。

接着进城，马路两旁，有一段人行道是用木板铺的，过吉林时，亦曾见此，可见木料之价，应比石头还低。所谓马路者，不过就中国旧路稍加改良，车辙马迹，还很明了。天阴如此，可想见其天雨之泥泞，天晴之灰尘了。

我们由东门转到南门，觉得所经的街道还有相当的热闹。城门矮小，城墙是土筑成的，高不过六尺而已。转出东门之外，路走错了。离开市场，然后发现。问人，指示我们须由小路折回。小路中经过许多院落，都以木条为篱，恶犬三五，时来迎吠，而又听着远近鸡鸣。微有薄雾，雾渐散开，始觉得平原广大，青山很远，朝暾映出美丽的色彩，枝头听着鸟音，这哪里是在都市之中、船车之上，可曾领略得的味道呢？

到车站，买吉林车票，六点半钟车开，由细细欣赏昨天经过的荒郊、密林、青山、曲水。偶见人在屋外、田间或土路往来，都有亲切难得之感。于车停中补记两日来日记，直到吉林乃完。

下车已是午后两点钟了，雇马车到岭南饭店吃饭后，乘汽车渡松花江，游农事试验场。场门之外有布棚无数，几于夹成街道，争买汽水、冰淇淋等饮料。又有鼓声发于林间，蔽以篾棚，大概是演杂技一类的。又有管弦之声，似唱戏者。进去，则林荫遮道，游人不少。高楼之上，歌声远扬。这何曾是农事试验场呵！饲有动物数种，麋鹿和中外之羊，各自成群。我们试以麦草饲麋，麋来亲近我们，一时忘形。

出试验场，洗澡于松花江上。水浅流急，鹅卵石特多，下脚甚苦。洗约半点钟后，佐成上岸大呼：钟点到了，火车开了，衣服被人抱起跑了。都狂笑。穿好衣服看表，距开车还有两点钟，往试验场喝两杯冰淇淋而后渡江。

渡江后，乘马车回到车站，搭车回长春。在车上看完《东三省旅行指南》，深以未能到满洲里一行为憾。

到长春时九点钟。我们分头办事,绥若换钱,公辅准备菜饭,其余先回旅社准备行李。漱口、洗脸,又各自洗出黑水一盆。饭后,携行李到车上,客人很少,便各准备睡觉。

九日　星期三　雨

晨起,车快到沈阳了,收拾零碎物品。停一站上,来了一群日本小孩,背着书包去读书的,小五六岁,大或十一二岁,活泼泼地在车中谈笑,有时亦唱起歌来,每站都有增加,交通便利,小孩读书竟可到几十里外,他们亦似有训练,到几十里外读书,上车下车和在车上都不要人照管。这次在青岛,在大连,在抚顺,街市上,电车中,或火车中,常常见着日本读书的小孩子,很令我们回想到中国不读书的小孩子。

到奉天才六点钟,回到大陆旅馆,取行李。绥若往中国旅行社取款,瑞五去买照像底片,我们则押着行李到车站,搭北宁车往山海关。

十点钟出发,读侯鸿鉴的环球游记,亦时伸首窗外,望望风景。车上的情况与南满迥然不同了。拥挤得人没有座次,亦没有人管理,人乱吐痰,抛渣滓,厕所尤无下足之地。每到一站,卖食物的大声叫喊,和国内其他的路站上一样,好像就在这几点表示中外之分别似的。附近土路都深印着车辙马迹,远的村落,房屋一线,有如列车。沿途发现泽地,满目荒芜,不知边际,假设国家或地方于水力知所经营,应辟出良田若干万顷了,而竟荒芜若此!河流很多,风景亦好,两岸都有村树,只中流无船只上下,可见其未经疏浚了。过锦州后,常常可望见海边,或望见帆船二三。常有远山,抑或蜿蜒到铁路附近,都清秀,却少树木。偶有一河,闻蛙声,都相惊告。这是乡味,可见乡味之难尝了。夕阳西下未尽,晚霞方浓,月圆如镜,悬在天上。乃知如有阴历,应是十五了。昼色见渐暗,月色渐明。两者交代于无形。这是我们从车窗中寻得的风味。

过连山站时,见有纪念坊,大书葫芦岛开工纪念。又见有铁甲车一列,想张学良举行开工典礼后,尚滞留在葫芦岛的。南方人都很于国内战争重视张学良的态度,其实东三省重受日本人的压迫,感觉得的问题,正在本身,不在中原,于铁路和港湾之建筑足以见之,恐不见得他自卷入于中原问题之内致贻东三省以根本的危机。

夜九点半钟,到山海关,住日升旅馆。议定明日游程后,往街中略用面食,归来就寝。

十日　星期四　晴

晨五点钟起,乘马,游角山,看长城,涉溪,踏泥泞而驰,衣服为之污湿。上山乃缓辔徐行,回头看长城,由海滨起,经过临榆县城五里而上山,上山以后,则随山起落,都跨险隘,山间城垣,半砌乱石为之;山下却都是砖砌,转角完好,应该是几百年来重修过的。远望渤海,水与天连,莫由寻其界限。东南海滨停有轮船,问马夫,知是秦皇岛。系马栖贤宫外,登长城头,相互留影。更转到山顶,望前面山峰回转,突兀很像崂山。轻烟起于山谷,远近诸峰,半为云所遮掩。俯瞰溪流迂回汇流而赴平原,白沙一片,或绿树一林,点缀两岸。公辅嘱寺中人煮鸡蛋,连汽水点心,提一大篮,送上山来。我们便踞坐乱世间,边吃,边喝,边看海景、山景。临榆摆在眼前,北宁路跨过诸江亦有线索可观。最后,回到寺中选择长城照片。

下山后,路旁有矮松数株,枝叶平铺,留驴一匹,一人牵之,摄影一张,恰似一幅画景。骑马回寓,瑞五、鳌溪又往山海关门去看了"天下第一关"五个字的匾额而后转来。

午饭后,雇车到海边淋浴。路八里,有轻便铁路,用驴子拖车。近海边,乃更有宽大的马路,路旁树木大已合围,高已数丈了。丘陵起伏,都已培成森林,林中常有西式房屋,故疑不是中国人享受的。问车夫,他说是英法意三国人经营起。

暑沐浴的有帐篷数列,车夫说是住的英国的军人。到海边洗澡的,西人居多,男女都有。我们没有浴衣,未便赤裸裸地跳将下去,或着短裤,或围毛巾。浪扑海岸,打得人立足不稳,初不敢深入尝试,后来瑞五几度泅水到数丈外,立于水中,甚觉安全,于是都趣[趋]浪头而前,不敢泅水的,亦痛洗积垢。起来以后,沿岸拾取贝壳,拾取到长城之尾,而后折回。

七　由山海关到唐山

回寓整理行李,晚餐后,往搭九点半西行的火车。瑞五、鳌溪和我到开滦,其余四人到天津。一直等到十点钟了,车才来。站上卖食物的,排列成肆,旅店接客的亦在客人丛中拥挤,太无秩序。

上火车一看,客早挤满,无隙地可容人,亦无隙地可放行李。到第二客车,亦是一样。只好将队伍散开,各自寻地位安顿,很久而后就绪。检查结果,分住在二个车中,闹杂污浊两臻其极。瞌睡逼人,危坐亦能睡熟,车停忽又惊醒。我们要到的站名叫古冶,不知是在前面第几站的。所停各站都是黑暗少灯光,无由看得站名。问同坐客人,问茶房,都没有知道的。最后才问得查票人,告我们在前面第四站。

到古冶了,已是夜两点钟,下车非常沉寂。站上除了警察之外,不见人影。我们问他:旅店在什么地方? 他说:往车站后面去。我们便遵着往车站后面去,黑夜摸索,到了站后才是弥望的列车,好容易把第一条路的列车走完了,第二条的列车又摆在面前的。从缝隙中看过去,前面仍只有列车影子,没有人家,没有灯光。瑞五想起了开滦之林西一厂,有办事处在车站旁,随转到办事处。处中职员告诉我们,等两点钟,有车开往林西,可以搭着火车头去。

于是我们便靠在他们的办公桌旁睡觉了,还没有睡得清楚,一位职员又告诉我们:车头来了,请快自到站上去找。我们又到站上,从满目都是列车的中间去找车头,听得汽笛在那边鸣了,跑去问问,却不是的。又听得汽笛在这边鸣了,又跑过来,问,不是的。这样奔驰几番,莫法再寻找了,从隐约中见得列车之旁有两个人影,去问他们,则林西车头并没有到。于是我们坐在地上,瞌睡又惠临了。不知何时,瑞五又跑到办事处,问得车头来的时间还早,转来喊我们仍到办事处等去。于是我们再到办事处,再倚着桌案睡觉。

十一日　星期五　晴

一位职员喊醒我们,说:林西车头现在到了。我们忙抱毯子,跑到站上,天已拂晓，一位工人领我们到车头之旁，我们才登上车头，锅炉之热，使人闷损，瞌睡又来了，加力也无法支持。只瑞五一人稍好，深虑我们跌下车去，随时喊醒我们。糊里糊涂到达林西，天已大明了。

为什么我们疲倦得这样非常？是因为从到哈尔滨起，七天之间，有四个整夜都在车上，其余有两夜，亦九点钟以后，到达车站，十点钟以后到达旅馆，一钟以后才得睡觉。不到五点钟，又要起床。所以疲倦得不能支持了。

瑞五找着他的一个同学的姓王的朋友，叫喊起来，向我们一一介绍了，便商量办法。第一是洗澡，第二是睡觉。这些问题都得圆满的解决。因为姓王的是窑下工程师，自窑下工程师起，每人得有房屋一间，冷热自来水和电灯的供应都全。于是我们便轮流洗澡。洗澡后，王君又约有几位朋友来同瑞五谈，人各吃面一碗，然后他们起办公，我们到寝室睡觉。

直到十二点钟才起床。午饭后，商量参观程序。准备在林西看洗煤机、发电厂。三点半钟乘车到马家沟，夜下窑子，明晨看马家沟子地面的布置和砖瓦厂，九点钟到唐山，看启新洋灰厂和瓷器厂。

先到他们的办公处觅一职员领导我们看洗煤机。洗煤机的作用，是将煤的好坏分为三等，第三等的便是夹子了，都抛去。其洗法系用水从下喷起来，将煤鼓起，轻的在上层，流到第二段去，最轻的仍在上层流到第三段去。最轻的是头等煤、次轻的是二等煤。机有两种，旧式的系粗细煤同洗。新式的系先将粗细煤分开，然后分洗，洗过后的头等煤、二等煤，又各自将粗细的混合起来。这样分洗，是免得大的沉淀下去，误为夹子抛去。我记到这里，却感想到四川卖煤炭的商人了，煤无夹子，还要掺和进去，同这里煤厂的工作，恰恰是相反的。

领导的人向我们解释：开滦煤窑共有五处，日产煤约一万五千吨。资本原为二千万元，因为获利，改为二千万两，又因为获利，改为二千万镑。中外股各半，外股又英、比各半，事务由英人主持，工程则此人主持。

领导的人又说：林西煤头等炼焦煤；二等售卖，每吨约五六元。炼焦仍系旧式。煤窑内运输用马车，出窑用起重机，窑外则用火车了。林西一处日出煤三千吨。

参观发电厂，都是透平机。有三千匹马力的两部，六千匹马力的两部。电力是供给全厂五个窑子用的。

三点半钟，坐有轨电车到古冶，再坐煤车到开平，转有轨汽车到马家沟子，到时，已经是午后七点钟了。住招待所。

瑞五的同学黄君来商定参观程序后，谈开滦公司的内容。他说："每一个煤厂都有俱乐部，有中外人联合的，有分开的。俱乐部中有运动设备，娱乐设备，图书报纸的设备。马家河还有戏院，演电影，亦演京戏。京戏的演员便是许多同事。另有中学、小学、幼稚园，是为职工的子弟谋教育的。职员都须储蓄，自己储百分之五，公司补助百分之五，离职时取用。公司房屋租与职工，三间的每月两元，五间的每月五元，窑下工程师以上则不纳租金。公司事业，售煤、炼焦以外，有玻璃厂，有砖瓦厂，秦皇岛有码头，航海有轮船，附近各地有地皮，每年获利的总和不小。"

饭后，黄君领我们到更衣室，介绍一位窑下的技师，在浴室改穿了下窑的青色的衣裤，笨重肥大而不浸水的皮靴，戴了一顶恰像天主教堂士戴的一顶平坦的博士帽子，是硬壳的。大家穿好出来相见，都把样子变了，都笑起来，可惜这时不能留影，如果能留一影下来，倒也叫人好看。

于是由技师领我们到窑口，一步踏上水淋淋的升降机，很野蛮地，绝不像上海那样很斯文地，便把我们降了下去。中间速度骤然减慢了的时候，引起我们一个错觉，好像它又在上升了。这一回降了两百米，到二道行。离开升降机一望，简直是很宽阔的地道，铁轨是双的，马车同时可以去来。电灯点得通明，空气亦与外间无异。参观吸水机，是用马达发动，房间之大差不多与地上的相等。

再乘倾斜之升降机到三道行，沿石级转到四道行。中间经过马棚，有骒马好几十，骈立棚中。它们工作于洞中，休息于洞中，饮食于洞中，如果不因疾病到医院治疗，永远没有重见天日的时候。

再乘升降机到五道行，路比较湿，泥泞比较深了，人和骒马运输很忙，转到升降机口,再降到六道行,问领导我们的技师,据说二道行以下,每两道行间,相距约两百英尺。总计,我们此时已距地面一千四百英尺以下了。

为想看一个挖煤的地方,走尽马路以后,仍继续前行。马路顶上都是用砖起卷,马路以外,则用衬料了。架木支撑,同嘉陵江三峡的煤窑一样。高或六七英尺,可愈走愈矮,有时矮到三英尺以下,曲着脚,弯着腰,俯着头,都常常有冲突发生。这样吃力地疾走,走得汗流浃背的。走了好几百丈,才到了挖煤的地方。煤好几层,都是一样倾斜的。在每一道行中间,都可采取几层的煤。挖煤用人力,系向每一道行之上挖起,让他由倾斜之孔,泻到那一道行之上。我们看的地方,煤层之厚有五六尺。一带都没有电灯了,全靠我们手上各有灯一盏,只能看得清眼前。

回转来乘升降机到五道行,到四道行,再乘升降机便直到窑口。略看看升降机的绞车如何动作,转回浴室洗浴。浴后同技师一路回俱乐部。他在路上告诉我们:"窑里每天的工作分三班,每班约作七点钟,最低每人可得工银四角,五个厂合有工人四万多。"

十二日　星期六　晴

晨起,同黄君一路,看窑上设施。先到灯房,昨晚我们手提的灯,就是这里取出来的。灯用蓄电瓶点照,蓄电、修灯、搽灯,都在这里。每蓄电一次,可点用十钟,是专作窑下用的。瑞五在上海曾订买了若干个。

看绞车,到二道行的是用蒸汽发动。到四道行和一道行的是用电力发动。电由林西供给,自己亦有预备。

到砖瓦厂。炉有两种:一种是若干炉连接的,火力可以流通,坯子系用电力压成,无须烘干,即可入炉。一种是各个炉分开的,火力由下而上,再回下去,才出烟道。坯子是用人力压成,须先烘干,才可进炉。其程序,系先将耐火泥、黄泥等各磨成粉,然后加水调和起来,输入压坯机。砖分三种:一种是耐火用的,一种是道路用的,一种是房屋用的。有一种房屋用的很美观,只须用刀切破,便成一种虫蚀似的平面。

回俱乐部,乘人力车到唐山启新洋灰厂,访张厂长。据说:每天出洋灰约四千几百桶,湖北约六百桶。资本总额六百余万,销场以上海和东三省为最大。由他指定职员一人领导我们参观全厂。有大窑两部,每天共出洋灰二千八百桶;有中窑两部,每天共出一千桶;有小窑两部,每天共出六百桶。用黄泥约二三成,石灰岩石约七八成,先碎成细块,然后和起来磨成粉,用旋转输送到管子,输送到炉内。烧成的洋灰落到炉下,用风机扇凉,运入储蓄池内。约一月,加石膏20‰,再磨成粉,即以运入栈房,准备装桶或装口袋出售。

我们问领导的人:"这里是用干的原料磨好入炉;南京龙潭,上海龙华两厂,则于和原料时加水而后磨成细粉;究竟两种烧法,比较哪种好些?"领导我们的人说:"干烧比较地节省燃料。"我们问:"出品的优劣呢?"他说:"一个样。"可就我们参观中央大学的工程试验室时,一位教师告诉我们:"龙潭、龙华的水泥比较启新好些。其原因是否由于干湿烧法之不同,倒是一个疑问。"

再参观瓷厂。其工作程序,系先将原料磨成细粉,调和起来,用模子车好,烘干,然后入炉烧第一次。炉与砖瓦厂的形式略同,烧好要费三天。出炉后加上釉子,再烧三天或一天半。如上釉以前画花,则经此一度再烧即成功了。如上釉而再烧后画花,则须烧第三次,费一天。瓷器入炉,都是装在耐火的瓦烧盆子以内,有三个支点的磁架子支撑之。出品除普通瓷器外,有大小便具和沐浴用具,都很精良,陈列在一间屋子里的。

出厂已过十二点半钟了,忙乘车到火车站,中间经过唐山的市场,极为繁盛,都是两个大的事业,制造洋灰和开采煤炭创造起来的。

八　由唐山到北平

到车站,恰好一点钟,西行的火车刚到了,上车便开。途中所经,都是平原,居民房屋之小,几与一带的死人坟墓相似,而且一样是黄土,不过形式不同,一是方的,一是圆的罢了。

过塘沽,看见北河,有大的海船在中间移动,午后四点钟,便到天津东站了。

下车,先到聚兴诚访喻元恢,问知先到天津的四位游侣住在泰安栈,便往泰安栈。全体集合商量到北平的办法,后读上海转来北衡①的信,说考察实业的学者团体入川,刘甫公②愿助银四千元,合川陈师长抑或可助银一两千元,遂致中央研究院蔡孑民③先生一函,请其留心人才。

接着往应聚兴诚银行的晚宴,九点钟罢席,同元恢往访大公报胡政之先生。谈到时局问题,他非常叹息,认为袁世凯统一中国时,是第一个弄好的机会,不幸而错过,乱十余年以至于今日;国民政府统一中国是第二个好机会,何可以再错过去! 他非常反对国内战争,认为要国内战争消灭,有两个方法:一个方法是不让战争起来,一个方法是战争到底,不堪再有第二次牺牲。

谈话未完,时钟已过十点半了,于是同往参观报社的印刷厂。有滚筒机一部,每钟可印报八千余份,每日发行三万余份。

再到劝业场顶楼一游,与元恢谈公共事业的困难,最困难的是人才。虽有人才,其兴趣乃在公共事业以外。

十三日　星期日　晴

九点钟搭车到北平,有元恢同行。车拥挤比往天更甚,前后月台都站满了人。我们亦在月台上站了许久,才得一点隙地。元恢说:这不稀奇。以前平汉车人多的时候,连车的顶上和车的脚下都是人。这大只是由于中国火车营业太好了的关系,抑或不是?

到北平,住正阳旅馆。午饭后,往访张弘伯④。相见皆大欢喜。我们在上海起身时候,曾写信通知他,说十几天内要到北平,而今延到二十几天了,他天天盼望,望得眼睛都坏了。弘伯说:我们兄弟在清华亦盼望得很,肇文在城内亦盼望得很,等了好久不来,都到上海去了。

于是同游中央公园,弘伯指着皇城角上很鲜艳的故宫房屋说:这房屋快坍

①　北衡即何北衡。
②　刘湘,字甫澄。
③　蔡元培,号孑民。
④　张昌圻,字弘伯。

塌了,美国人见着深为可惜,才由罗氏基金会捐钱来重修的。罗氏基金会是因为美国煤油大王捐六千万美金作为中国文化基金,保管这基金而组织起来的。

中央公园里最宝贵的是参天的古柏,前后成林,大有到四人合围的。参观社稷坛,见着坛前还立有一座可耻的参战纪念坊,是段祺瑞于参加欧战后建立的。而今又于其上涂以不伦不类的标语,可以看出中国人无所不用其胡乱的施为。

公园里边游人很多,茶馆亦如之。许多男女安详地坐在矮的椅子上,围着小的桌子,快活得像国家没有事的光景。我们在奔忙之余,亦陪他们小坐两小时,商量在北平几天的游程,而后出来吃晚饭。

饭后到汽车公司,讲好包用整天的公共汽车,银三十元,而后回寓。

十四日　星期一　晴

晨起,约七点钟,汽车已至,乘往约弘伯,出西直门,到燕京大学。这时学校都已放暑假了,只好大约参观其设备。校中建筑采中国的皇宫式,而变圆柱为墙壁,很美丽。有一发电厂,其规模之大乃胜过平常一个城市。有一自来水塔,从外面看去直是一座若干层的白塔,很艺术的。转到清华大学,参观一个大的礼堂,可容千人。坐次依阶段而上。演说台,可作演剧用,亦可作演电影用。弘伯说:因为会场很大,又座次都编有号数,学生开会极有秩序,比别的许多学校好些,所以人的行为的改善,有时亦须靠物质的设备。参观图书馆,是工字形的建筑,前面是阅书室,后面是藏书室。藏书室上下三层,架子都是铁铸的。阅书室可容几百人,然而还苦不够,还要扩充。可见清华学生之喜欢读书。参观体育馆,楼下有游泳池,楼上有篮球场、径赛练习和各种健身设备。校地很宽,树林阴翳,我们走了好久,才走完一周。校中有银行、有邮局、有消费合作社、有衣庄、有鞋铺,一切生活的需要,都有供给的地方,不需常入城市。尤其是图书、体育的设备完好,所以是最好的一个读书而无他种牵扰的学校。

午饭后到颐和园,园中全景有一湖一山,其精粹的经营在湖山之间,雄伟庄严为排云殿,精巧玲珑为佛香阁,其美丽在间架配置之方整,雕刻堆砌之繁复,画楹画栋之细致,形式颜色之调和,或为长廊,或为深宫,凡所表现都在建筑。野景经营却无佳处,宫中殿中陈列之品,最优美的是瓷器,盛极于康熙雍正乾隆之时。次则木石漆角之雕刻,亦有许多名贵之品。我们沿湖边而往,绕山后归来。乘车到万牲园。现在已经改为天然博物苑了。范围广大,林木阴翳,足供游览。有动物园、植物园,中所陈列,尚觉寥然。尤其是动物园中半是空栏,可见名称改良,内容尚无与焉。

十五日　星期二　雨

乘汽车同弘伯到香山,参观熊秉三先生所创办的香山慈幼院。一位湖南邓君,是由慈幼院中出来,曾经在大学预科毕业,现在院中办理的青年,带领我们参观。对我们说明:"慈幼院分七院,第一院为幼稚园,第二院为小学校,第三院为中学、师范,第四院为职业学校,第五院为附属的工厂,第六院为大学,最后为总院,是各院的办事机关。"工厂规模很大,种类很多,专以作为训练学生的机关,学生学成便都他去。常常来的都是做工不熟练的人,所以折本很利害,逐渐将范围缩小了。大学亦并未办。六院学生都往各大学中送,每年寒暑假中归来,颇与大的家庭一样。我们曾在院中见着几个归来的学生,其态度皆极亲切。衣服亦都朴素。邓君说:"女校平时是不准男生进去的,都叫女校为紫禁城。"洗浆、缝纫,都由女生自行担任。我们从幼稚园小学参观起,转到中学师范,最后到女校,都各有很多假中留校的学生。小学生最可爱,都喜欢亲近人。活泼泼地在校里做事或游戏。

最后到熊秉三先生的别墅,地名双清。住室之外,小有园林。乱石隙中,泻出清泉,诸色小鱼,游泳往来,竟留我们围坐而细玩,久乃再起登山。看辽王坟,砖砌墓道,掘露出来,工作很坚。转到一亭,俯瞰香山全景,各院历历,道路纡回,亦隐有可寻,远望发现无数土堆,高与屋齐。问邓君:"是何物?"邓君说:"是清代征回部之乱,为要破回部的碉楼,特在西山一带造起无数碉楼试攻。"

到碧云寺,佛殿极为庄严。停樊钟秀的灵柩,有兵看守,不让人入。后面有雕刻极精的塔,曾停中山的灵柩,墙壁上还留有遗嘱。出寺,买照片多种,寻小馆子吃些无味的面,转往汤山。

汽车前进越一山岗以后，便进了泥泞，愈走愈深。方向不由驾驶的人作主，时时要同树干碰头。且由慢而至于不动。车轮但就原地自转，转得泥浆乱飞，而车始终不动。急得汽车夫汗如雨注，不断地摆头，我们心里几乎都在同他一样使劲，而终究于他无助。本来是要到汤山参观温泉浴池的布置，今天没有希望了，而且照我们的日子算起来，今年亦没有希望了。便向车夫说："转去了吧!"好容易车掉了头，又好容易才出泥泞之险，然后知道汽车不可以走牛路，而为四川的前途踊跃踌躇，无怪乎有人推汽车而且坐车的人下来推车的时候。

转回城中，到地质调查所，访丁在君先生，与约时间长谈，并参观其陈列馆，关于矿石、化石、岩石的搜集很富，在国内是仅有的了。我们觉得南北走了一周，难得看出显有成绩的事业，地质调查所总算显有成绩了。几位学者领导一些青年到各地搜集，在里边研究，试问国内这样做正经事的，共有几处?

到天坛，参观皇极殿和园丘，伟大精细两有长处。据地之宽，等于大的城市。古柏阴森，纵横组织成林，愈增其庄严静肃。想见古时候祭天典礼是如何郑重。

乘汽车游先农坛，坛犹存在，亦有古树。路的左右，茶社林立，以息游人，可见游人很多。我们迫于时间，未能停住。

同游的人都觉得到了北平，不听京戏与不看皇宫，应一样是憾事。遂于晚饭后往戏园。一出主要的戏是赚文绢，是一段秦少游和苏小妹的故事。程砚秋扮苏小妹，于表情的动作、言词、声调，都轻描淡写，而有含蓄，令人觉得深刻之处，固自有其艺术。一部人专唱打倒旧剧的，却忘了无训练的新剧，直率、肤浅，其艺术或竟旧剧之不如。

十六日　星期三　晴

访邓木鲁先生，问张石亲先生病中和殁后的情形，以及移柩回里的问题。木鲁先生说:石亲先生到平，我即迎其住在我的家中，照料其饮食起居，惟恐不周。我所以这样事石亲先生实有两点意义:第一因先生是一个坚苦卓绝的学者，在史学上曾用很博大的功夫。如在江南，早已为群流所推重，不幸而生在四川,四川人向来是不推重人的,所以亦没有人推重先生。我则尽一点推重先生的诚意。第二因先父在时,我们在外边读书,没有得侍奉。先父死了。只有石亲先生是先父的一个朋友,侍奉石亲先生正所以追念先父。

我觉得旧来的读书人讲究知大义,于木鲁先生的一段话也就可以看出来。新的读书人根本不要这些东西了,更不知眼前有人值得推重,忽略了一切人的好处。而专寻求其坏处,或更以坏的心理解释人的好的行为,如何肯推重人呢?

同弘伯游古物陈列所,古物陈列所是就故宫文华、武英、太和、中和、保和五殿设立的。文华在东,武英在西,太和在中,中和在太和之后,保和则又在中和之后。故宫建筑之艺术,在能表现其伟大庄严,而又以这几殿为最伟大庄严了。我们瞻仰这种遗迹,回想到以前皇帝时代庄严的设备和朝见群臣时庄严的仪式,便知道帝王制度之能够保持,正全靠这些人为的东西在下面作支柱呵!人不比一切人伟大崇高,是另以一些伟大崇高的设备和仪式把他装点陪衬起来的。

文华殿的陈列品值得人细细欣赏的是书画,不仅欣赏书画中的笔意,直与古来无数事业、文章、艺术中人晤对一室,而亲炙其对事接物之态度、认识、兴趣,或更深觉其寓意之深,寄情之远。武英殿之陈列则以瓷器、玉器、古铜器为最丰富,近代的瓷器,古代的铜器,是中国两大艺术的代表,从这陈列所中便可以显然看出来。太和、中和、保和三殿之所陈列,则御用和进贡之品为最多,可以想见当时皇帝的生活和四围诸国与天朝所产生的一点关系了。

出宫,到无人进出而食料还待新买的小面馆,人各吃面一碗,又从担子上吃豆腐脑各一两碗,转到故宫博物院之东路。

故宫博物院系旧清代的后宫设立的,分中、东、西三路。以其范围太大,照料难周,所以每天只开放一路。今天逢着开放东路,故先游东路。

进东路后,首先到文渊阁,看四库全书。阁的建筑和书的皮藏同文溯阁仿佛,有目录和一二摆开的写本供人观览。我们到这里算看第三部四库全书了!只有这一部是全书,没有遗失一种。

东路各宫中间的陈列品最有意义的是宫中遗留下来的文件,有历朝大臣的奏折,皇帝的批答,可以看出国中几桩内政、外交、内乱、外战的大事,中间是如何紧急,如何措置。有历朝、殿试的各种试卷,可以看出当时之考试制度和读书人的考试生涯。最有趣的是光绪的疾病诊察报告,如何失眠,几天遗精,列举为表,又宣统两个夫人的来往信件里半通的词句,偶含的醋味。可惜我们来的时间太晚了,次第摇铃关门的人紧跟着我们,迫着出去,不能细细将里面宝贵而有趣味的东西看完,以资玩味。

出游东安市场,晚饭后回寓。黄君纪[汲]清来访,与谈川省近年进步的概况,较中原为有望。

十七日　星期四　晴

午前游南海瀛台,戊戌政变以后,慈禧太后曾将光绪幽囚在这里,不令亲政。所谓瀛台者一簇房屋在南海之北,假山之南,与世隔绝,可以想见当时皇帝的苦况了。假山上有木化石,约一丈多高,湖中有荷,湖边有茶亭,凭栏看湖,风送香来,在我们感觉是快乐,在当时皇帝不知作如何的感觉呵!

转到中海游居仁堂,参观图书馆。这算一个古书最多的图书馆了。有宋明版本,据管理员说:宋版书而今每篇值银十元,明版每本值银十元。有不全的永乐大典,亦是写本,每本值银四百元。有文津阁的四库全书,是从热河移起来的。我们到这里是看第四部四库全书了。瑞五笑道:我们此游行程两万里,看了四部四库全书,真可以自豪了。

游怀仁堂,是以前中海作总统府时总统接见外宾的地方,建筑很精雅,而今作为国民党扩大会议的会场了。

出中海,往文化基金董事会访任叔永①先生,谈川局,近年逐渐减少战争,建设秩序,如再有人肯作和平运动,则战争或竟可弭,或竟成为中原之好的模范区亦未可知。叔永先生主张相同,并说曾努力作此运动而未有成。仍当继续作此运动。与谈中国西部科学院之标本采集交换问题,彼极愿帮助。最后

① 任鸿隽,字叔永。

商量觅专门学者到川省考察几大生产事业，彼极愿约人，并愿亲自回川一行。

转到北海，观所谓五龙亭。而今都已改成茶亭了。我们亦就其中喝了清茶几杯，赏了赏北海风景，并登高处指点清故宫的建筑，何处是三殿，何处是中、东、西路各宫，于是全宫的布置都明了在胸中了。

再进故宫博物院之中路，共十七个陈列室，仍以字画、瓷器、玉器、古铜器，各种雕刻，如木、漆、骨、石的雕刻，最为丰富。古铜器自商代起，瓷器自宋代起，品类繁多。读古书时，所谓尊罍瓹觯等物，莫名其妙，而今都知其分别了。以前皇帝赐大臣在尚书房行走或南书房行走，而今我们在这里来行走过，也才认清楚所谓尚书房、南书房了。建筑很伟大的乾清宫和坤宁宫为明代所遗留，我们才知道京城之伟大是几代堆积起来的，不是一姓经营之物。字画中有一种最精致的长幅图画是郎世宁画的马。瘦的、肥的、健的、弱的，各种姿势的，与夫驱马骑马的人物，莫不深刻地写出其精神，不仅酷肖而已。

访丁在君先生。谈起川中经营的事业，彼力劝缩短战线，集中精神、人力、财力于一种事业以求其有大成。并为介绍张伯苓先生，盼望到天津时与之晤谈一度。

夜晚赴弘伯之宴会。弘伯特约十余位川中良友和平教社的发起人，以便交换事业上的经验，并各报告其情形。得晤陈祝三、汤懋如两君，问定县的平教经营很详。据说：定县教育计划分为四类：第一是文艺的，第二是生计的，第三是公民的，第四是卫生的。第一期侧重在文艺，现正在第一期。第二期侧重生计，现正在准备第二期。文艺以民间文学为主，生计以农业为主，公民以乡村自治为主。试验区域有三四十村，拟更以一村为中心。定县城内有百余职员，其组织分三部：第一部行政，第二部教育，第三部学术。各职员轮流到四乡担任实施教育或调查任务。

弘伯要我们报告川中情形和川中事业，我报告了三事：第一是有希望的川局。并说明其今天之前之种种进步。第二是我们有关系的事业，峡局方面、科学院方面、经济事业方面。第三是此番考察之所得，基于学术之研究而发生影响于社会的事业。

十八日　星期五　晴

　　午前参观协和大学,其建筑亦是仿照皇宫,可见皇宫建筑之值得欣赏及其
对西人发生之影响。校中陈列有周口店掘出的猿人时代的头盖骨,爬虫时代
的恐龙模型,研究得的效用很好的中药。有一位博士是专门研究中药的。我
们很感想到中国人研究中药的却没有几个人,尤其是中医!转到医院参观洗
浆房,规模极为完备。洗、排水、烘干、熨,都用机器,能够在二十分钟内,便将
一件衣服洗好交还。参观厨房,自厨子一身,以至器具,地面都是极为洁净的。
没有一点食物之屑或一滴污秽之水。是有人专在那里任洗扫的。参观眼科和
喉鼻科的诊断室,其余各诊断室因正在诊断,未去。三等病室最便宜,每天只
取钱七角五分,药费在内,可容两百以上的人。头等则最贵,每天十二元,现在
是革命人物常常享有的。

　　领导我们的人为我们指点孙中山解剖处、梁任公病殁处和制石膏模型处。
为我们说明每年经费是一百五十余万,医院收入有三十余万,其余是由美国煤
油大王所捐的文化基金六千万美金的子金中拨付。

　　张石亲先生之公子胜伯约午餐于邓木鲁先生家,商处石亲先生著作问题。
我们由协和出来,便往木鲁先生处。有邵伯钧、曾叔度先生在座。邵深叹息石
亲先生著作尚未完成,不能印行。曾主张存稿本于清华学校以俟机会。后来
谈到时局问题,曾说:阎之局度太小,只知道用山西人,又太吝。两千块钱一个
月的财政部经费,一千七百块钱一个月的外交经费,天下岂有此理?又说:最
无办法的是他们不用人才,而且不知道有人才。到底项城高出于他们,其诱用
一个人才,无微不至;如终不为用的或竟杀之。如像对付宋教仁。国民党还不
知宋教仁是一个人才,只有袁项城还可算宋教仁一个知己。我笑道:袁世凯用
其奸雄的手腕,蹂尽中国的人才罢了,少认识几个,或许还可多留下几个。邵
说:现在用人的只知用私人、同乡、同学或亲戚,倒不如满清,一个机关的主管,
不能乱用或乱去一个机关的属吏,亦不能乱支钱一文。曾又举了几个例,并
说:那时主官对于最小的属吏亦有礼貌的,何尝像现在的武人可以随便仰卧着
接阅秘书科长送来的文件,而不须起来呢?

午后参观静生生物研究所,搜集的动植物标本很富;于木材、于果树、于虾、于蟹,更有专人研究。一组人先到故宫博物院,得参观西路,宣统几年前住居的房屋种种陈设和用具。我们则去时太晚,院门已关,回到前门外找浴室洗澡,准备行李,等人回来齐了,便运往车站,搭车回天津。

这回北平的参观本来准备一周,因为接到上海转来的信:有许多问题要回上海解决,遂缩短成五天,居庸关和张家口未去,弘伯约往定县一观平教设施亦未去,是大憾事。

最可感念的弘伯,为我们筹备无所不至,整整牺牲了五天领导我们参观,直送我们到车站待车开而后去。这是永远萦绕在我们脑里,我们想起北平便会想起弘伯的。

九 由天津回上海

十九日 星期六 晴

午前九点钟往南开中学,由施先生领导参观。据说:全校学生约一千六百人,每年招新生八级,三分之二住在学校内。伙食分三等,每月由七元余到五元余,每年学费六十元。校中特注重体育之设备。新修一科学馆,是由校友会募款来修的。

参观女中。施先生说:女中成立不过七年,是由女生十数人要求设立的,为此问题还摄有一影,陈列在大会堂里。现有学生三百余人。

另有小学一所,成立不过三年,有学生一百多人,在女中对面,因张伯苓先生在大学相待,未去参观。

到大学晤得张伯苓先生,问我们游程所经,我们告以东北的情形。他说:我们现正组织东北研究会,搜求东北的材料,研究东北的种种问题,每年暑假都有人到东北去考察,今年更有教师四人专去作地理材料的搜集。准备从今年秋季起,中学校特加授东北地理。至于大学毕业生,则力劝他们到东北去任职。他又说:刚才有一位学生李春晖送来一本关于东北著作的稿子。说着,便取出来给我们阅览。其对于东北的交通、生产、人口、移殖及日俄在华之种种势力,东北在中国和世界上的位置,画图列表,加以说明,极能引起人们对于东北种种问题的注意。

适来一位青年会张先生,张先生便介绍给我们,说:这便是一位到东北去工作的,是蒙古籍。又叫人去请李春晖来介绍给我们,并问李君原是何处人,李君说:"满洲籍",接着便很诚恳地同我们谈满蒙的问题,我们觉得这两位满蒙的青年,显然同汉人中间的优良者一样优秀的。我们问张先生:各级学生是否各省籍都有? 他说:都有,自然直隶特多,东三省亦增加很速。我们问:比较各省学生学行的优劣如何? 他说:极南、极北的学生最振奋,中部不如。所谓极南是以广东为代表,极北是以东三省为代表,其余则又较之稍差。接着他又说:这里还有华侨的子弟,最怪的是他们生长欧美所造的环境当中,却不爱洁净,倒不如本国的学生还爱洁净。

张先生留着午饭,并留着李君春晖同我们谈谈。饭后参观图书馆,这向房屋是卢木斋①先生捐银十万元,校里又自已加上几万元修成的。规模差不多同中央大学和清华大学一样大。里面有西文书一万余册,卢木斋先生捐有中文书二万余册,另有一位姓李的,捐有书七万余册,中间还有一部手写的图书集成。阅览室还剩余一端陈列学校模型。所有房舍、地景、运动场、道路、河流等等,一目了然。另一区段陈列学校照片,从严氏私塾到私立中学,逐渐扩充,成立大学,成立女中,成立小学,顺次陈列,加以说明,令人把一个生长中的南开学校看得清清楚楚,同时并想到其生长之延续,未来的无限的前途。前面的陈列是南开的地理、后面的陈列是南开的历史,用这种方法讲地理、历史,岂不更明白而有意义?

参观丽生园,园里有金鱼好几十种,是唐丽生捐助的。最大的金鱼长约七八寸,其寿数有已到了三十几岁的。现有人专门作金鱼的研究。

---

① 卢靖(1856—1948),字勉之、木斋,湖北沔阳人,民国时期藏书家、实业家、教育家,长期寓居天津。

参观思源堂,楼下为物理实验室,中为生物实验室,上为化学试验室,是袁述之母捐银十万元建筑的。问张先生:大学分几院? 有多少学生? 每年经费若干万? 他说:大学分文学、理学、商学三院。学生三百多人。全年经费几校共几十万,除基金、学费各种固定收入外,还差十万左右,全靠募捐。

离南开后到聚兴诚访喻元恢,才知已承他代买船票,而且明天晨早船就开了。

晚饭后再访胡政之先生,不遇。半夜,喻元恢来谈聚兴场杨灿三总理有毅力、有见地。此后将用全力提倡抵押借款,改对人信用的习惯为对物信用的习惯,决以川滇黔为经营的中心。

二十日以后

晨起,上顺天轮船。船舱甚少,而客特多,行李比人更拥挤,堆得来路都没有了,要侧起身子才能过去。房舱里边甚偏狭,郁热而没有空气。舱外污水所积的甲板,已经站满、坐满搭船的人,大抵都是穷苦的人们,没有我们容足的隙地。楼上却只有几个外国人,一个中国人也不准上去。天堂地狱,还在哪里去寻求,只在一个船中,隔一层舱板而已。无办法的中国人,只知打战火是事业,将陆路良好的交通,津浦、平汉两线无端梗断,又将本国的海运商船,尽量扣作军用;让本国人通通送钱到外国船上去进地狱。这些问题,本来便非他们所愿,说来痛心而已,有什么益处?

好容易船开了,有点海风。从缝洞洞挤了进来。比较地凉快一点。在未上船时,满准备到船上来整理日记。可是终因为太热太挤,作不成事体。每顿菜饭尤怕去吃,可怕的是不干净。厕所尤其是奇臭,刺人心肺,不能呼吸。只好间或挤到船尾人丛中间去看看海景,换换空气。有时无聊,他谈谈细小时候所见的乡里故事和许多乡下人的生活,共同玩味,亦或许忘了当前的苦境。

走了两天有多,二十二日午后五点钟才到青岛。我们上岸到海水浴场,痛洗一次澡。又到前回过青岛时曾经吃过的馆子去痛吃一顿饭,半夜才回到船上。

船上人说:二十四日的傍晚可到上海了。殊不知开到吴淞口时,已是晚八点钟了，不能进口，便停在吴淞口外。这晚更苦了，船进江面，温度骤加，彻夜酷热，不能睡眠。我同鳌溪、绥若、伯坚、魁杰①等都瞪起眼睛，直到天明。船由拂晓，经过两钟开抵上海，才把罪罚受满。

匆匆游历中之所偶得

我们从去年起，即准备联合几桩事业中间努力的朋友，作中原的游历，或竟想及于南洋和日本；因为事务是继续的，太不容易结束，一直闹到今年三月才匆匆起程，有以下三个机关和其他的朋友连我十五人：

1. 峡防局五人；

2. 北川铁路公司二人；

3. 民生实业公司四人；

4. 其他的朋友三人。

亦或有临时加入的，临时因事减少的，就全部行程说，员额并没有一定。

计自三月八日离开重庆，八月廿日回到重庆，费了五个月又十三天，中间仅有五天游浙江，十六天游江苏各地，一个月又三天游东北几省，两个星期以内是在上海吴淞一带考察而已；合计起来，用力于考察的时间，不到七十天。除上海外，每一个地方住留最久的不过五天；短或至于一天；所得的不但有限，而且连这有限的也未看明，应该是何等怀惭！出去的主要意义，本在考察，附带办几桩事。结果，却发生了变化，办事倒居主要的地位，考察乃用剩余的时间了。

偶然看得的几个问题，抑或有值得各方面朋友注意的，分别报告于下：

一、从江浙一行看得的几个问题

（一）一般的概况

个人曾同郑璧成君于八年前游过江浙两省，此番重游，除却新添了标语无数，纪念碑多处之外，觉得交通和都市情况变化很少。八年前教育改进，一时成了风气，并成了全国的中心，而今倒反消沉了。八年前四乡很宁，而今江南、

---

① 鳌溪即王鳌溪。绥若即胡绥若。伯坚即袁伯坚。魁杰即卢魁杰。

江北都有匪患了。有钱的大抵都往上海逃跑,弄得人向都市集中,钱也向都市集中,上海地价与房租,因此愈益提高,没有房屋的隙地,都修起房屋,房屋矮小的都改为高大的了。

(二)几桩事业在社会上产生的影响

1. 除昆虫害

在江浙两省,除昆虫害已成民间运动了。两省的昆虫局,成绩很好;一方面研究,一方面宣传,而今乡下农夫,大抵知道虫害应该除,而且大家起来作[着]手除了。我们曾经细细看过浙江昆虫局:他们收集饲养害虫,制成标本模型,摄影画图,加以说明,并画出捕虫的方法,编成捕虫的歌语,派人分赴各县劝人除害虫,很有影响。

2. 制秋蚕种

养秋蚕是三四年来才有的运动,而今逐渐普及了。据合众蚕业改良社蚕种制造场的职员说,去年调查全省需要秋蚕种五十万张,今年调查需要到一百万张。这个数目未见其正确,然可见其进展之迅速。合众社的蚕种制造场在镇江,其邻近今年又新成立两个公司,一个资本十万,一个资本五万,是专门制造蚕种的。南京中央、金陵两大学,我们去参观的时候,亦正忙着制造蚕种。苏州附近亦有专门制造蚕种的事业,都是注重秋蚕种,于此可见其需要之急切了。

3. 农田灌溉机

用小的柴油引擎,带动离心力帮[泵]浦,为农田吸水,在江苏尤其是江南特别普遍。我们过无锡、苏、常一带,随时见着一支木船,撑着一根高的水管弯向旁边,都是装的水帮[泵]引擎在里边。而且上海、无锡有好多厂专造水帮[泵]引擎,江苏省政府更为专造此新农具,在苏州设一农具制造厂,可见其需要数量之大了。

4. 改良棉种

改良棉种,有很显著的效果。由南通大学试验出来,最适宜于南通种植的鸡脚棉,现在已普及于南通;由中央大学试验出来,成绩优良的江阴白子棉,亦大发展于江南一带了。

5. 提挈生产事业的银行

南通上海银行的经理李申甫君说：南通几个纱厂和油厂，经营失败到不能支持了，而今交与几个银行代营。油厂和海州纱厂，是由上海银行放款，其会计和仓库保管由银行派；凡买原料进库后，都在银行支款，自仓库提成品时，则交还，是一种可靠的抵押放款法，赚折仍自属于厂家。

无锡机械工厂的厂长陈子宽君说：无锡的工业，不是无锡人的钱经营起来的，是苏州、常熟人的钱经营起来的。苏州、常熟人有钱，不做事，只拿去放利，于是各银行都到那里来吸收存款，而移来放与无锡；无锡人得此帮助，一切生产事业，更加春笋怒发，容易生长起来了。

我们觉得上面五桩事业之前四桩，是由学术的研究而及于社会的影响；是中华民国中间一点最有希望的新进化；一切事业，都由学术的研究出发，一切学术都应着眼或竟归宿于社会的用途上，在今天的中国尤其感着急切的需要。

至于银行吸收存款，贷与生产，尤其是提倡生产事业之始，急切需要的办法。以资本贫乏的中国，新经营的生产事业，一般都有资本未能充裕的现象。或仅仅买机器，修房屋，而资本就完了；或房屋未修好，机器未运到，而资本就完了；不赖银行救济，则失败每每相随，提倡生产事业的信用愈益降低，再提倡愈益困难了。四川几个银行家的眼光，亦应看到这里才好。

二、从东北一行看得的几个问题

（一）德国人的经营　德国人对于山东过去的经营，是以胶济铁路为中心，于全局为经营的。于其出发点之青岛港湾，则为军事的，将以为东方海军根据地，故筑有极坚固的堡垒以保护此港湾，而今还留有遗迹，供我们凭吊叹息。可是其于市乡之经营，则自有其艺术的价值，值得人欣赏的。青岛是一个荒岛，竟造成了一个大的市场，而且竟造成了一个森林围绕着的美丽的市场，则更值得人惊异了。据青岛志载：德国人为经营青岛的森林，曾搜求世界的树种而一一试验，耗马克到一百一十余万。仅仅一个第一公园种树便到二十万，可见其森林规模之宏大了。一切建筑，依山起伏，房屋都配置得宜，各具形式。

尤其是绿林红瓦,青山碧水,相衬之美,在十数里外,便可望见。来时令人向往,去时令人留恋。好友张君弘伯说:"一位朋友曾于暑假中往游青岛归来后,问他:人说青岛像一个公园,究竟怎样? 他说:我还没有看见过这样好的公园呢!"于这一句回答,可以看出青岛之绝好了。

(二)日本人的经营

日本人之经营满蒙,以南满铁道为中心,以经营南满铁路的满铁会社,经营矿业、航业、码头、旅社,乃至于学校、医院,以其他一切公共事业,差不多权力之大,等于一个政府了。其铁路所到的地方,即其国家军警所到的地方;即其工厂、商场所到的地方;即其金票银行所到的地方;即其学校教育所到的地方;可见其各方面侵略的武器,都随铁路以深入了。

他们侵略满蒙,有两个更厉害的武器,为平常人所忽视:

一个是满蒙资源馆;

一个是中央试验所。

凡满蒙的矿产、农产、畜牧,都被日人将标本搜集起来,将数量统计起来,将地形测量起来,绘图列表,并制模型,一一陈列在满蒙资源馆里。我们不需到满蒙,只需到满蒙资源馆,便可以把满蒙的家屋看得清清楚楚了。别人已把我们的家屋囊括到几间屋子里去,我们自己还在梦中。

规模很大的中央试验所,则更把满蒙的出产一一化验出来,考求其原质、用途及制造方法。有两个显著的成绩:一个是抚顺的油岩,由化验而至于试采,现在已经正式经营起来,年约出重油五万吨了;一个是榨过豆油的豆饼,以前只用来作肥料或喂猪,而今才知道更可作面包、饼干,人的优良食品了。

日本人不仅有其事业,值得我们特别注意的:

第一是秩序。从大连码头,沿着南满铁路的日本市场,车站、车上,都可以看出其秩序的经营。到处无力夫、小贩、客人拥挤喧嚣斗争,与长江各码头比较,这种现象尤其是显然不同的。

第二是指引与介绍的方法,极其明了。一到大连,便可以把满蒙各地的地图和风景照片买得出来。每一个日本市场的码头、车站广场,都有极明显的街道图书,在竖立路旁的大木牌上。大连更有分区的详图,门牌号数,都列明于图上。我们到周孝怀先生家,马车夫便不知街道,几次下车在图上去找寻而后到。

日俄战争的纪念物,到处都是。何处有一道壕沟?何处有一个堡垒?亦大书在铁路之旁,而指示其地位与方向。

每一桩大的事业,都有说明书赠与参观人。关于那一桩事业的组织,经营的概况,尤其是数目列举很详。如像抚顺煤厂、本溪铁厂,都各有其说明书,说明厂的概况。

一桩事业的概况,又常列表镌碑,或竖立木牌,以告参观的人。如大连旅顺间的水源地,塞河筑堰,以蓄用水,完成之后,有碑记载如下:

堰堤　粗石和泥土造成。

贮水地容量　一千六百零三万二千二百吨。

满水面积　四十七万一千八百坪。

水深最大　七十五尺。

堰堤本体长　五百二十八尺。

堰堤本体高　一百二十五尺。

幅顶部　十四尺。

幅底部　九十八尺四寸。

溢水部长　三百五十二尺。

溢水部高　八十一尺。

溢水部底幅　七十二尺八寸。

工资　日金一百九十万零五百余元。

着手建筑期　大正九年八月十一日。

竣工　大正十三年三月三十一日。

又本溪湖煤井,每个井口都竖立木牌,说明井长、井深的尺数,煤层的名称,及其倾斜的度数,每日、每年所出的吨数,及其可采的年数,使人一见明了其内容。

参观每一事业,都可得领导的人。他们都清楚地告诉全部事业的内容。告诉得最清楚的是大连埠头的职员,为我们介绍大连埠头。他说:全埠同时可以容纳五千吨的海船三十九只,三万吨以下的大轮可以进口。

去年大连进出口轮船五千几百只,日本有二千几百只。

去年大连的进出口货九百二十万吨。出口货七百七十万吨中,有煤三百六十万吨,大豆一百五十万吨,油九万吨,豆饼九十五万吨,杂粮六十九万吨。进口货为一百五十万吨。进出口货每年增加一百万吨。

大连有四个埠头,新加一个埠头,原有资本一万元,新加一千万元。

大连埠头有七十四个仓库,有七十英里铁路。

大连埠头有可以容纳五千人的待船室。

大连往来的船,日本有七条航线,中国天津、青岛、上海、汉口、香港都有航线,欧洲、美洲、南洋都有航线。

于这一段话中,可见日人事业中的职员是怎样明了其事业的全局! 我们一到中国机关访问事件,则接洽或领导的人员,一切茫然,每每有托词于自己有专职,职务以外的事件都不知道的,有时对于无须秘密的事件亦严守秘密,不让人明了,这是我们在考察中所得的显然的比较。

(三)俄国人的经营

俄国人对满蒙的经营,是以中东铁路为中心,沿铁路的森林矿产,都曾被他攫取。哈尔滨是现在东北一个顶繁盛的市场,便是俄国人于建筑铁路之后经营起来的。俄国在光绪二十二年取得中东路建筑权,二十六年便建筑完成。路长有一千多英里,中间经过大兴安岭,铁路在岭上盘了一周,并穿两英里长的洞子,可见其用力雄伟。

综三国的经营,都是以铁路为中心,同时攫取铁路附近的地利,如矿产、森林、工商业亦随以前进。市场每每是由无而有,由小而大,都是人力经营出来的。他们之错误在侵略他人,地方总是应该经营的,奈何中国人自己地方不知道经营,各要解决中国的问题,不知道眼前许多问题都是发生于自己身上的。国家的问题仍在如何协力经营,深望一切相互斗争的人们觉悟到这里。

德国已成过去,俄国尚有所未知,日本则方进取未已,为东北最可顾虑的问题,十分紧迫,尤其是我们应得觉悟的。

三、从上海知道的德国人

(一)中国市场之恢复 德国在欧战中完全失去了中国的市场,而今竟完全恢复了。颜料已经布满全中国,机器和电料又几乎取英美国人的地位而代之。到上海买机器或电料的人们,差不多都只知道找德国的洋行,甚至于美国行家如慎昌等亦经理德国的货品了。

(二)经济事业之联合

德国经济事业,逐渐趋向于全国的联合。而今颜料厂统一了,化学药品厂统一了,钢铁厂统一了,乃至于灯泡子厂亦统一了,所以他们对外贸易的力量愈加伟大。中国人则方趋向于分化,最低限度的政治问题,亦还无统一的办法。大家无公共的企图,只知道相互的争夺,所以利害是永远冲突的。

(三)机器进步之迅速

德国机器进步之迅速,于柴油引擎之逐年改变样子,即可以证明。每厂每年都必发明几个新样子,我们三年前订一只小汽船,买了两部奔驰厂新出的引擎,而今这引擎已经三变样子,第三次变了样子的引擎,最近一个月内又到上海了。回顾中国仿造柴油引擎的厂,最初一部是什么样子,最后一部仍是什么样子,在这金价奇涨进口货疲滞的机会当中,亦不知道改良,岂不太可叹息吗!

《东北游记》1931 年 11 月,川江航务管理处印

考察归来在合川民生公司
欢迎会上的讲话①

（1930 年 8 月 26 日）

这几天话说得太多，把声气都说嘶了，此次我们四个团体，十几个人，一同出去考察了五个月十三天，有两种意义：（1）是考察；（2）是顺便办几桩事；结果两种目的都没达到。在浙江待了四天，南通、镇江、扬州、南京、无锡、苏州一带待了十几天；青岛、大连、沈阳、哈尔滨、吉林、敦化、开滦、北平、天津，待了一个月又五天：统计考察的日子，不到七十天，所以考察这一层，完全说不上。说到办事，更没有一桩办好。办些什么呢？不外乎当买办，并不是洋行底买办，是买一切零星对象的买办。关于机器方面的，便是我去，其他的便是胡董事去，所以此次带回来的东西只有一样，——惭愧。那么，只是惭愧又说什么呢，只好把惭愧暂且来收折起，不说我们的事，而介绍我们所看见的德日两国人办的几桩事情，与各位听罢。

说到德国，各位一定以为是欧战以前的德国，以陆军称雄于世界的。其实世界上的民族，不单是德国人最强，中国人也是最强的；中国人的特长，我们在书上去找着有两种：就是"勤"与"俭"。有几个明显的例子。

中国人侨居在海外最多的地方，要数南洋与美国。南洋在最初是一些荒岛，后来漂流到岛上的中国人，许多都成了大富翁，人数总有好几百万。美国

---

① 题目是编者加的，原标题为《卢作孚之演说词》，1930 年 8 月 26 日在合川民生公司讲。

凡是一个繁华都市，总有好几万人，或者几十条街，是华人区域。现在南洋荷属、英属都禁止华人入境，美国也一样，尚且不断的前去，可见华人向外发展的力量，是何等底伟大！他们能够空拳赤掌，造出自己的前途来，是靠的什么呢？就是"耐劳"和"节俭"，华人向来就有勤劳的特性，如以前的读书人，"三更灯火，十载寒窗"，做农人的"日出而作，日入而息"，以及工人夜半纺织和行人每日步行百余里等，都是很好的例子。

反转来调查外国人在中国的数目就很少。以上海最繁华的中国第一商埠来说：侨居的外人，不过几万；天津也不过几万；东三省侨居的日俄人，共计不过三十万；重庆更少了。我曾问驻渝日本领事，有多少日人居留在重庆？据他答复说：只有九家，合计不到三十人。可见外国人侨居在中国的，的确很少。我国东三省原是满洲地，现在的人数共二千万，满人不到十分之一，华人占大多数。日人最占经济势力的时候，以为俄人在奉天的，一定是大找其钱了，殊知不然。俄国人一天能找两元钱，便要用去两元，一天能积一元钱，到了星期日亦要完全消耗去。譬如我们要请一个外国技师，不特钱要得很多，并且要坐［住］洋房子，要用很精美的器具，要吃很好的饮食，如何请得起？上海有个美国花旗轮船公司，营的沪美航线的航业，其中办事的，大多数是华人。因为华人消耗不大，要钱不多，随便都干。后来美国政府下令禁止任何经济事业，雇用华人。该公司用算盘一算，假使一律改用美国人，只好关门，不如早点关了为妙，就因此歇业。可见"勤"与"俭"，是华人两种特长，外人是不能同我们竞争的。

刚才我不是说要介绍德日两国人吗？并不是德日两国人，不及中国人，只是欧战后的德国，打得破碎无余，如青岛用了大力量来经营，都抛弃了。可是到现在，不满十年，德国的情形是怎样呢？拿商业来说，从前在上海的德国颜料厂，有几十家，到现在呢？只一家了。并不是其他的都停歇，是把其他的都联合成一家独营了。其次如钢铁、化学药品乃至于电灯泡子，全国都联合成一家了。他们在中国的市场，已完全恢复。就是本公司除民望船外，民生、民用两轮船，及电灯厂全部修理厂一部分的机械，完全用的德国的。至于德国的科学,进步也快得很,在[从]前我们买民用船的机器,是新发明的样式,这回我们到上海的时候,比较民用新式的机器出来了。我们深悔民用的机器买早了。殊不知不到许久,又有比较适用便利的新式机器出来了。还有更奇的,汽船的机器舱里不用司机人,一切开关,都在领江台上,进退快慢,机器自会动作起来。

我们再说日本人吧,日本谁也知道是东亚一个小而强的国家,别的用不着我们来介绍,单说大连工厂的烟囱,到处皆是,并且尽是某某会社的字样,还有日人经营的大连汽船会社,起初只有一支奉天丸,大约五千吨,专走沪奉航线,轮费比其他的船要贵一倍以上,顾客却非常拥挤,什么缘故呢?因为他的招待特别周到,就是统舱也比别的房舱还漂亮,并装设冷热自来水管,班期准,行驶快,所以营业很为发达。在我们中国人做了这样好生意,就不会图改进。但日人并不自满,不久便添了一支木神丸,比奉天丸更好,生意也一天一天更发达了。不久又添一支大连丸,比前两支更大、更快、更漂亮,生意不消说也更好。可见外人是何等向上!大连有个日人经营的埠头事务所,有码头五个,华日职员三千余人,我们去参观之时,该所职员领导我们,说得很详尽。去年一年,进出口的轮船有五千余支,日商占二千余支;南满铁路一年赚的钱到两万万。重庆一家轮船公司,至多不过两三支船,一家公司一支轮船的最普遍,至大的船,载重不到五百吨,资本自然也就有限。至于营业方面,只图赚得到钱,毫未替顾客着想。譬如以空拳与枪炮搏战,决无胜利之可言,要想营业发达,自然很难。

我们在东三省时,问了几个东三省人,东三省出产些什么?可以作什么用途?一句也答不出来。但是我们在日人几间屋子里,却把满蒙的家财,看出来了,这是个什么地方呢?就是日人所设的满蒙资源馆,蒙古与满洲所产的动物、植物、矿物,都采集有标本,依次陈列,加以说明,叫什么名字,出在什么地方,作什么用途,可以制造什么东西,一年可产若干,什么时候播种,什么时候收获,都注明得很详细。这还不算,还有一个中央化验所,把东三省所产的矿植物,都一一分析化验,看它可以作什么用途。最可惊人的,就是把一种岩石来提取柴油,大豆榨油,余剩的豆饼来作饼干与面包,以备他日军食。日本人的野心,是何等可畏。

中国人不能做二人以上的合资生意,即或能做,就要扯皮下场;说到扩大,更不容易;虽则原因极为复杂,总之没有组织能力,是最大的毛病。

随时有人说中国要亡,怎么又未见亡呢?是亡起来不觉得。中国原料,一天天输出,外货一天天输入,既把原料括去,又把金钱括去,将来一旦亡国,不但不得做官,连工也不能做,衣食也难解决,这是多么的危险!中国人还没觉得,可悲孰甚呢?

我们要是不想当亡国奴,或是要为个人前途谋光明,那么就要有组织的能力,与进展的精神和勤俭两种美德,最好是从在会诸君身上想办法起,是我惟一的希望!

《嘉陵江》1930 年 9 月 4 日、7 日

世界交通问题

（1931 年 1 月 13 日）

【峡局职员读书，已改为实行上课。每星期二、四晚间，都要举行一回。本星期二晚（一月十三日）为卢作孚先生讲授"世界交通问题"，峡防局全体职员和一中队士兵、警察及实用小学教师，兼善中学学生等，都前往静听。这晚所讲内容，大概说】世界水路交通分三大航线：（一）由欧洲到美洲；（二）由欧洲到亚洲；（三）由亚洲到美洲。陆路交通方，分两大铁路干线：（一）由海参崴经黑龙江、西伯里亚至莫斯科以达欧洲各国；（二）由美国西部旧金山到东部纽约。航空已由国府与德国订约，不久开始航行。其他如邮政、电报等问题，亦讲得十分详尽。各种交通发达以后，所有一切经济的、文化的事业，都随着变成世界的了。

《嘉陵江日报》1931 年 1 月 16 日

地方自治与公民常识

（1931 年 5 月 9 日）

前几天，青年会出个地方自治与公民常识的题目来考我。我是未学过自治，也未上过公民课程的人，是很难做出文章来的，只要仔细思想，把它分析一下，也就明白了。首先看地方自治与公民常识这题目，显然是我们先问什么是地方自治，再分析起来，我们先问什么是地方。可以说一条街，是个地方，一村一镇也是个地方，推之于一县一省一国也是地方，这时地方是对着国家说的，是指省以下的地方。自治的意思，可以分三层来解释。第一是认清楚公共事是何人做的，就中国说，当然是四万万人做的了。第二要知道这些事是谁有的，当然是我们人民共有的。第三就是要晓得这些事何人去做呢，不消说就该我们人民共同去做了。现在我们要讲的地方自治，是除开国家的事，凡一省一县一镇一村的事，就是大家共有的事，这一县与那一县无关的事，就是这一县自己的事。一市一省也是这样，算是一种解释。又如各村各县的事，由各村各县全体的人去办，不要靠着人替他办，不能说这些事我们交给村长或县官，我们不必去管，那就错了。我们不过是托他们来总成，大家还是要去做的。一村的事，全村的人都该去做，一县的事，全县人都要去做，以至于一省的事，都是一样。这又是一种解释。回转来我们再说说公民常识，一种说法，就是人皆知道的，就是常识，无知识的人，都知道的事情，每每是错误的。今天要说的，就是每个人应该知道的事，不是每个人已经知道的事。人生在世界上，就该知道现在世界上一切事。再说什么又是公民呢？有一个简明的譬解，如我卢作孚，在家中我就是一家的人;我在民生公司,就是公司的人;我在北碚,就是北碚的人;我在合川,就是合川的人;我在四川,就是四川的人;我在中国,就是中国的人。所以说我是公共中之一分子,不单该做我个人的事,应该做民生公司、北碚、合川、四川、中国的事,这就叫做公民。现在不单一般人没有这种公民的观念,就是一些学生教学生的,乃至于任公民课程的,也还不大知道。今天我要来把公民常识细讲,限于时间,只得略提几个大纲。第一先问地方自治要办些什么事。地方的人,不能无往来,既有往来,就有交通,所以就该知道交通上关于火车轮船等常识。人有知识和技能,是从哪里得来,当然是要教育了,所以就要有教育上的常识。我们日常的衣食住问题,如何解决,所以就应该知道关于生产上的常识,以至于经济上的常识。人生在世,谁不愿寿命长久,所以就该有卫生的常识。以上四项,不过就其大者言之,其他应该知道的常识不少。第二要问什么人去办什么事,我们应该知道一个地方的人优劣长短,谁人可以做什么事。第三要问以什么方法去做,怎样组织,怎样立法。

重庆《商务日报》1931 年 5 月 12 日第 11 版

四川的问题

（1931 年 6 月 2 日）

政 治 问 题

一、世界的政治意义

我们提出政治问题,而必及于世界的意义,是有很深切的原因的。现代世界上许多事是有意义的,却到了中国便失去了意义。别的国家的人在自己的一间房子里,也往往做有意义于世界上的事。例如:一个机器工程师,发明一部新式的机器,不久便推销到世界上去。而我们中国的人,在公共事业中间,亦往往只做于个人有作用的事。例如许多服务于政治上的人,是到政治上去解决个人生活问题的,不是去解决政治问题的,这是我们一个很大的毛病,应得赶紧医治。

再则,我们解决目前一个什么小的问题,都须得知道世界上已经有了一个什么好的方法。例如热天的汗衣,用罗纹的格子布或条子布,冬天则得用毛绒,这点调剂冷热的意义,也是从世界上带来的。如果只顾眼前的问题,不顾世界的方法,必定做出许多错误的事体,幸而避免危险,亦是避免损失。例如合川县城修马路的工程师,没有看见过世界上今天的马路,便修得来一边有四五尺[也]没有用。

小事如此,而况政治的问题,而况破碎之后新造基础的四川政治问题。所以,我们每提一个问题之时,必先提及世界的意义。不是我们明白了世界的意义,是希望比我们更明白世界意义的军政长官,更着眼于世界意义,更着眼于现代的世界意义。

就政治问题说,其意义很明了,就是国家及地方公共的事务。故第一个意义即在公共有办法的国家,其人民亦普遍有公共的训练。中国则供职于公务的人员,亦没有公共的训练。一切问题的中心在个人,纵然扩充,但到家庭而止。再事扩充,便已模糊不清。好人自爱,解释起来,就是只爱自己。坏人则不惜利用公共以为个人,法纪紊乱,此例愈明。在极端的个人主义之下,如何会产生公共成绩。所以,以全中国之大,自清朝变法以至今天,举不出几桩确有成绩的事业,其成绩是显然在众人身上的。

第一,在向来政治是倾向于消极的。公共事务,办到一切没有了,办到垂拱无为,才算是天下大治。当然没有公共的训练,亦可认没有公共的训练。但是社会的组织,一天比一天扩大,人们的关系一天比一天密切,公共的事务,即亦一天比一天众多。如果人们没有公共的训练,连公民的资格也还没有,而况执行公共事务,岂不坏尽公共事务。要想四川的政治清明,似乎首先要解决这一个问题。要供一般以个人为中心的行动,变为以公共为中心。丢掉解决个人生活的人们,而寻求可与共同解决政治问题的人们。

第二,现代世界上有办法的国家,其政治上的人物都是有办法的,都是为着公共、为着国家,或缩小下来,为着地方,有具体办法的。有人说,中国人肯闹意见,其实中国人最缺乏意见,最缺乏公共的意见,只会闹个人的利害,在政治上争嚷不已的,有几个人曾经提出政治上的具体办法来。再则,别的国家政治上的办法,不是人自为主张的,而是一群人共同决定共同信仰的。虽然那一群人亦有一个领导者,而那领导者的意义,正是由于能领导人,而有一致的具体办法,所以成其为领导者。我们盼望四川的领导者,领导万人而有一致的具体办法,而且使这办法经过共同决定,以成共同信仰。同时又使四川纳入全中国的整个的领导之下,促成全中国有一致的具体办法。

公共决定,亦是现代政治的一种特征。公共事务由公共决定,实属天经地义。再则优良的办法,应是许多人的思想相互影响、相互组织而成的。会议是公共决定办法最好的机会,亦是思想上相互影响、相互组织最好的方法。所以,不但是立法机关全采会议制,即行政事务亦往往取决于会议。会议是现代世界上尤其显著的特征,一切公共问题都由会议而解决,不但是政治。所以,解决四川政治的问题最好的方法,是用会议不用战争。

第三,现代世界上的各个国家,虽仍各个独立,然其作为都有世界性,尤其是在国家独立的政权管理下的事业,尤其有世界性。他们管理下的文化事业,是要求于世界上有地位、有贡献的。他们管理下的经济事业,是要求立足于世界的经济市场,适应世界的供给与需要的。他们管理下的交通事业,是要求与世界交通一切人或物都藉以与世界往来的。他们是那样大的器宇,万事都看着世界在干,在世界上去比赛。我们却关起门来,虽然我们的生活常常在世界的震撼当中,甚至因金价的变动,而我们的家屋都已打了折扣,然而还在闭起眼睛做我们的酣梦。偏僻的四川,不但不受世界的影响,而且不受中原的影响。大家的问题只在混乱生活之中,只在如何适应混乱生活,绝不过问到今天的世界上,这是军政长官应该感觉成问题的。

第四,现代世界上最显著的特征是组织科学的方法。应用在物质上的成绩,是轮船、是火车、是飞机,我们已经知道享用了,只还不知道创造科学的方法。在社会上的成绩,便是组织,我们连享用亦还不知道。组织最要紧的精神,是分工与合作,是从个别的活动,完成整个的事业,而且时时刻刻尊重公共的规律。一个严整的组织下面,无论其为首长,或为从属每个人,都有权,而权都有限,不容人在权限以外做坏事,亦不容人在权限以外做好事,全局乃不致紊乱。即在各个权限内的,亦并不是让人自由活动,而是处处要顾及全局的,要遵守公共规律的,这是组织的精神,亦即是法治的精神。

今天以后的中国,应靠法治不能靠人治。所需于人的,亦重在造法的训练和守法的训练。如果四川政治上的领导者,能领导人们上此轨道来,我们相信很容易地打破防区制度,而为分工制度;很容易变冲突为合作,很容易统一四川,并助中国统一。只需要勇气与毅力,从自己训练起,没有旁的困难的问题。

二、四川的政治问题

本来我们提出世界的意义，便是要讨论四川的问题，四川的政治问题。四川政治上有些什么问题，便要先问清楚政治上有些什么事业。就我们今天所提出来的是几端荦荦大者，是军事、是财政、是交通、是经济、是教育、是边务、是地方自治。一个谈话机会当中，提出各方面需要解决的问题，似嫌庞杂，然而义在具体，每桩事业都曾提出现代的意义，是盼望领导四川的军政者打破四川的现局，另辟新的天地。是证明四川的问题，不仅仅是哪一部分解决，或哪一部分放手，是有许多事业的，是要领导一切人向那许多事业上去，乃能替代现局，消灭现局的。

就军事言，除了四川军人用以相持一个意义之外，在现代的世界上是毫无用处的，用了四川最多的人力财力，集中于军事，才全是经营了世界上毫无用处的东西。而只为了相持，则又何必相持。就财政而言，任何方面都是朝不保夕，而且都是卯粮寅食，而且顾不了出钱人民之生活降低，出钱减少，世界上是找不出这样财政局面的，为什么我们终能苟安于这样逐渐穷迫的天地。就交通言，虽然几乎同军事一样，集中了许多人力财力，建筑了许多道路，何尝促进了四川与中原，乃至与世界的交通，何尝影响于运输，而增加了运输之量，且方见运输之量之减少。就经济言，粮食恐慌，出口货失掉了销路，市场萧条。什么人生活都感穷蹙恐慌，什么事业都无办法。这是几千万人吃饭，而且不止吃饭的问题；不仅是几千万兵吃饭的问题，尤其有关于几千万兵吃饭的问题，我们没有想办法去解决的。就教育言，各级学校，尤其是中等学校，都缺乏了教育的环境，输送了许多不可应用的青年到社会上来害死，谁把他当做吓人的问题。每一个学校都有公民的课程，而没有课程教城里、乡里、偏地现有的公民。就边务言，荒地几千里，出产无限极，而至今荒起。虽然有军政长官在提倡经营，究竟内地的问题紧急于边地。就地方自治言，在一般土豪劣绅把持的局面之下，什么都不可实施，而且什么人也没有经过实施的学习。

这哪一样不是根本的问题，哪一样不是今天亟待解决的，而且哪一样不是今天临席的军政长官和一切来宾注意并试图解决的，所以尽量提了出来贡献，偶然得到的几个意思,不暇顾及堪不堪采取。

我们知道四川有许多问题,都是要急切解决的,便须急切寻求解决每一个问题的具体办法。这许多具体的办法,不是我们能够提出来的,是盼望军政长官集中专门人才,一方根据于事实的调查及统计,一方参考于世界的趋势,分门别类提出来的。解决政治问题需要的是手腕,尤其需要的是办法,只有办法才可以引起人信仰,才可以制驭一切的变化。许多问题长久存在而且逐渐积累,都是因为没有具体的办法。政治上没有具体的办法宣布,舆论上亦没有具体的办法发表,这是要盼望四川的政治局面首先从这一点更张的。

有了具体的办法,便要试验,便要实施,便要定出程序。譬如政治上首先要使人安定,次则要使人有饭吃,再次则使人聪明,最后乃使人享乐。如果这是应有的程序,不幸而颠倒转来,首先使人享乐,人是不会有资格享乐的。事有缓急,什么时间应做什么亦有步骤,什么时间应做到什么程序,都须事前有一种决定,事后还有一种整理。

不过一切实施,还有一个先决问题,是要政治上的人们,在整个的秩序上活动的。就时间说固是在整个的秩序上活动的,就空间说更是在整个上的组织活动的。今天以前政治上的人们的活动,虽然训练了几年或十几年,而这样秩序的活动,或竟待重新训练,万事都自本身起,全四川的事,即须自全四川的最高机关起,必须以最高机关为训练人才的中心机关,一切人从最高训练机关产生出来,一切办事用钱,都从最严格的秩序下而整理出来。尊重秩序,从领导者本身起,才实现了领导的意义。中国许多问题不能解决,问题都不是在问题身上的,而是在人身上的。所以四川的政治问题,应从训练人解决起。

训练人不仅需要在秩序上活动而已矣,尤其需要活动得有意义,这意义是需要由研究产生的。政治上的人物,每天至少要有一个时间研究政治,研究四川、中国,乃至于世界上各国的政治。研究的方法:第一是读书,第二是讨论,第三是考察,考察直需要考察到世界上去。每一个做事的人,在相当时间之后,都需要出外考察。他有许多问题,他可以考察得许多解决的方法。边做事、边读书,现又外出考察去,这是人生最亲切、最快乐的事情,尤其盼望军政长官领导人们这样前进的。

军　　事

一、世界的军事预备

世界的军事预备，久已成为专门的问题，不是我们可以讨论的。不但如何预备我们不能讨论，应否预备亦不是我们需要讨论的。在我们不能促成全世界的军备撤废以前，虽然酷爱和平，亦自不能从自己起撤废军备。因为这是国际间对待的问题，不是一个国家单独的问题，然而我们究应设法促成他们撤废军备，不可以促成他们提高军备。

中国的军事问题，却还没有到国际，虽然貌若有伟大的军备，然而在国际上是毫无用处的。国际的战斗武器，天天在用科学的方法发明，我们却只有能力购买人家不用的。国际的战斗人员，在现役以外，还有若干倍以上可以到前线，而且除前线的战斗员外，举国都动员，我们却只有不可靠的若干群现役兵而已。有什么用处呢？

这用处自然只在国内了。国内有若干对峙的势力，便把国内变成了国际，我们一时不能运动世界的国际撤废军备，却应运动国内的国际撤废军备。因为国内的对峙形势是一时有力者造起的，亦即是有力者可以消灭的，这种军备，牺牲了全国的人力、财力，仅仅能用于国内，用于一时实属无谓的牺牲，实应该立刻撤废。

再则，军备的本身是没有意义的东西，各国为掩护其国家文化的、经济的、交通的事业不断地进展，其意义乃在文化的、经济的、交通的事业上面的，然而我们以其侵略弱小尚应反对，我们中国的军备，却每每障碍着国家的文化、经济、交通等事业，随时把他们的经费剥夺了，苟可以移作军事用的东西，亦都移作军用去。

这哪里还有意义，各国的军备，是为了国家文化、经济、交通等事业的经营，中国的军备，是害了国家文化、经济、交通等事业的经营，弄得竭国家的人力、财力来办到几个势力的对峙,四川今天以前的局面亦正是这样的。今天却是根本想办法的时机,纵然这样的军备不能一时撤废,亦须得赶紧裁编,赶紧减少造成撤废的趋势。

二、无法解决的军事问题

目前却还没有如我们的希望,川省军队的总量,事实上还不断地增加。如何可以减少?各方面虽然同样希望川军裁编,然究竟不见得都希望裁编自己。由这一个问题实足以引起许多无法解决的问题。首先兵就无法募起,募来的兵又随着逃去,一连人一年不止逃一连人,何能训练成一种军队?好在各方面都一样逃,还能保存其均势,然而军队愈多,这愈成为无法解决的问题。结果便是军队尽管几十万,却没有可以决定的士兵。第二饷糈问题是随军队的增加愈增加,其严重的,任何方面的将领都叫穷,都是东筹西借穷于应付,都为了军队太多的关系,收入不敷支出,而且永远不敷支出,形势岌岌,各方都安之若素,军队愈增加则愈不可挽救。第三是随时都在战争的预备状态中,人都感觉不安定,尤其是服务在军事中间的人,感觉生活不安定,分内的收入,不足以供目前的享用,而况时时刻刻虑着将来,于是收入都企图得诸分外,地位都企图迁变。此更是大乱的根源,影响在全社会上的,比筹军饷还要厉害。

这是四川的问题,尤其是军队本身的问题,何以不谋解决而反逐渐提高无法解决的程度,这应是"军事领袖"十分明了的,因为迫于各方对峙的形势。

三、如何消弭战争

要消弭战争,便要先消弭对峙的形势。要消弭对峙的形势,以一部分武力消除一部分武力是一种办法,然而不是根本的办法。根本在以政治上具体的方案,人们分工的组织代替目前对峙的形势。或许以为这是办不到的问题,其实从来没有人试办过,何以证明办不到?只怕提出来的不诚恳,不能有实施的证明。如果有人诚恳的提出,并诚恳的实施,我们相信任何方面都愿意实施的,而况提出者是有力量的领袖,而且是两个以上的领袖的合作,问题不应在人不接受。

只要对峙的形势一经消灭,则战争的准备无所用之,无须甚多的军队,痛痛裁编不复成为问题,只须留重要少数的部队,担任地方的警备,国防预备乃另为一问题,今日在全部武器,以至官兵,都无法应用到国防上去的。

至于以后国内的政治问题,即经统一以后,是全靠政治上的办法解决的,无须军事。军事只有妨碍政治问题的解决,如果政治本身没有办法,军事是不能帮助解决政治问题的,万不得已,军事只能作政治办法实施的保障,附属于政治办法的实施而存在,而不能作主干。这样一来,军事预备自当全部的减少,而不当侵占一切的人才,一切的经费。

这样具体的办法,是盼望这次重庆的会,集军政长官有一种决定的。

教　育

一、教育之世界意义

教育为世界文化之根源,提高民族之热力。就纵而言之,其作用在求学理之精深。就横而言之,则在谋民众知识之普及。至学理之浅深,固视其学府程度之高下而不断,而知识之是否普及,视其国民识字之多寡为衡教育之良窳,关系一国之兴衰,中外古今,理无二致,谋国者诚不可不注意及之也。近代号称强国,无一而非教育发达所致。文化衰落者,虽大国不免于灭亡,文化精进者,即最小民族犹得保其存在。世界各国立国之要素不一,有称军国主义,而致力于海陆空军之设备者;亦有偏重经济,致其全力于农工商业而不重视军备者。至于教育一端,则各国无不重视,经营策划不遗余力。让其文化之突飞进步,诚岂偶然,当国者之知所重轻也。我国之从事新兴教育已数十年,而其结果乃日形退化,识者病焉。至于四川则以连年内战之不息,交通之不便,文化衰落,更有江河日下之势。循是以往,恐文化亡而国亦随之耳!迩者,教育救国之呼声甚嚣尘上,爱国之士奋起直追者亦大有其人。其范围广大,讨论实施宁或有待。兹惟就四川目前之实况,取其可以易决而易行者,略条列如下,备采择焉。

二、经费之增加及其保障

四川学校开办于前清末年,向无固定专款。综其来源,不外粮契税附加、肉税附加,以及提取少数庙产,而或各地方就地抽收,丰裕不等,破碎支离,无详确之统计。但就事实上观之,小学离普及之程度尚远,中学之设备不良,大学更无成绩,则知经费相差过巨,硬益以军区形成捐税繁杂,挪移变卖急济军需,学款虚悬,演成教育破产之势,更何发展之可言。有心人士高呼学款独立,实际未尽通行。现值物价日涨,税收较前为丰,则教育经费又应增加,并宜严禁军政之挪移侵蚀,则教育方有希望。

三、教育之检定及其位置之保障

察世界各国教师,皆系经考试及格者,即无异于国家之职官,苟无过失,即可为终身位置,薪金按年循例增加,逐渐优厚,年衰退职,犹得例给年金。资格极严,待遇优厚,腐朽者不得滥竽,而不正当之竞争亦止。努力者食厚报,而生活之保障极坚。我国夙重师资,办学之初,人选亦尚慎重。革命而后,战争不已,政纲解钲,学界乃等于仕途,奔竞钻营,党同伐异,甚至驻军换防,教职员亦同为进退,驯至贤者,不免于排挤;不肖者,或得幸进。教育之坏,以此为端。故欲图教育之发展,首宜检定师资,并予以相当之保障,次即严禁军人操纵,俾有独立之精神。否则教育之根本未清,欲求文化之发展其亦难矣。

四、学风之改善

学生皆属青年,学力未富,知识未充,诚宜一心求学,受严格之训练,涵养身心,储为大用。不宜荣心外事,荒废学业,此理至明,无待论述。不幸国家多事,纷争日起,学生迫于爱国之至诚,参加运动,偶一为之,自无不可。然而学风之坏,乃即以此为滥觞。常有少数不良分子,平时荒废学业,或者不满任何私人,于是煽动同学遇事生风,或称爱国,或谓择师,掀起学潮,游行罢课。爱国择师不过虚名,而要挟免考,逞露头角乃其实意。甚至教职员附党营私,引为工具,待积重难返,太阿倒持,而操纵者亦无所施其伎俩矣。今欲改善学风,首宜慎择师资,次则厉行考试,荒惰者无能幸进,力学者自可出身,是非明现,学潮自息,学风乃可归于整肃,教育振兴之机在于是矣。

五、小学教育之应普及

小学教育普及已成为各国通例。国家有施行之义务,人民有入学之义务,我国江浙各省,均已注重义务教育之实施。四川各县,虽亦间有呼声,而经费不充,奉行不力,学龄儿童之未能入学者仍属多数。现值训政期间,宜速令各县调查学龄儿童确数,计划设立相当之义务小学,实行强迫入校,尤其注重多设乡村小学,以收普及之效。至其经费之超出,虽至增加赋税以补充,人民亦不能辞其责任。若谓筹军费,则可以任意加收;筹学费,则恐负担过重,有识者当自知其谬误也。

六、限制普通中学之增加

普通中学之设,原为入大学及专门学校之预备。而教育计划与国民经济有密切之关系,年来我国生活日高,而国民经济状况未能改善,甚至日就穷促。以四川近况论,中产之家,其经济能力大多不能供其子弟一人住中学之学费。以此推论,则四川一般人之能力,足以供其子弟毕业于大学或专门学校者,为数盖鲜,则普通中学之设亦无须若是之多也。故四川中等学校暂时可以不必增加,言其旨趣,则不期在量之多,而期在质之美。其有各县或有经费不足者,宜合数县而办一校。盖目下各县均有中学,往往以经费不足而办理腐败不堪,实属贻误学子,今宜力矫此弊也。

七、大学程度之提高与整顿

大学为一国最高学府,办理条件较中学尤为严格,盖与其滥不如缺也。以川省现在情形而论,成都各大学经费皆不充足,因之程度难于提高,学生人数不多,宜合并而为一,重庆大学及川东师范、工专、农专,亦宜提高程度,合并办理。而成渝两大学设立之科目内容,宜互相联络,各设不同之科目,如此则多数志趣不同之学子,不患无可学之科学,而学校设立之费用,亦可比较经济,且可使其经费充足更为推广也。

八、职业教育

小学、中学所习,皆普通科学而非职业教育;大学虽属专门,又苦不能普及民众。故于普通中学之外,宜注重职业中级学校。前闻中央政府有改善普通中学为职业学校之命令,四川宜酌留足用之普通中学外,余即改设职业中学。但职业教育办理甚难,经费亦较巨,宜集合数县财力合办一校,并斟酌各地环境与需要而设科目。如成渝,为四川工商业之中心,则举办工商等科;叙泸农田森林较多,则举办农林;富荣产煤,资内产糖,潼州、嘉定产丝,则皆各立专科,就地取材,既便实习,又便推广。如此则学校所造之人才,即供地方之实用,不至如毕业普通中学者之彷徨中道,时虞失业也。

九、成年补习学校

义务小学举办以后,所有学龄儿童自当受普及教育之厚赐,但成年失学之人,则以年龄生活关系,已无循例入学之可能。今为弥补此种缺憾起见,似宜多设成年补习学校,俾成年失学之人,亦得于工作之暇,或于夜间,或于农隙,可以随意入校,略识字义,完成公民之应有之常识,则社会自当日趋于健全也。

十、经费之合理化

教育之不振,经费不足固其重要之一因,而使用方法之不经济,亦未可忽视。查学校之设立多寡,诚宜适应环境之需要。小学校就学龄儿童甚多,设备亦易,自以力求普遍为宜。至如中等以上之学校,则设备较难,多寡之间宜有斟酌损益之余地。川省各地办学人员,往往以地域或经费之关系,每于同一城市或距离甚近之处,所设立性质相同、等级相同之学校。外表近似教育发达,而一究其内容,则以地域有限,经费不充之故,设备异常简陋,每校学生不过一二班,每班至多不过二三十人,其成绩虽少,而用费则多。如从经济方面着想,则归并二三所小规模学校,而成为一较大、较为完备之校,则用费可以节省,而成绩必更优良,其事显而易见。办学者亦非见不及此,不过各不相下,而不主合并。而主持教育之当局,又积以增设学校为可博发达教育之虚名,所以工作因循,虚縻学款,弊害则在所不计。常见教育发达之国家,皆重各校之推广,每校学生多或二三万,少亦数千,其数百者已属少有,岂惟设备易完,经费亦极经济。四川各地若能仿而行之,则事半功倍,其效可立睹也。

十一、取消贷费添设留学外国经费

四川各县留学贷费,其初本为补助寒酸子弟而设。俟其学成而后逐渐偿还，又复转贷他人，其用意未尝不善。无如实施之际，管理分配甚属困难，竟至与初意完全相反。盖于请领贷费不必尽属寒酸，拒绝则滋为怨府。及于现在，各地留学者均已不分贫富，按名一律均分，人数既多，则每人所得者每年不过二三十元，至多七八十元。似此区区，仅供富家子弟之一醉，而寒酸者则仍不能恃以济用，其不能求学自若也。至于归还之说，从未实行。故四川贷费成立已近十年，合计全省所入每年不下三十余万，十年合计已三四百万。为数不谓不多，而对于教育上之实益则丝毫未有，其为不合经济夫复何言。今宜收集此项贷款，专备选派留学外国研究高深学问之用。至于派遣方法，务将各县全年贷费总收，合计可供遣派学生若干而分配学额，再由各县保送已经毕业国内各大学之学生，并由教厅严加考试，录其最优者，资送外国研究高深科学，储为国用，俟其学成归国以后，遗缺再予补充。如此则十数年间可以造成专门有用之人才二三百人。四川人才之盛，可以甲于全国，而贷费一项亦不至等诸虚糜矣。

十二、初级师范之停止

教员资格，学问固其一端，而年龄过幼则万不可任教职。四川初端师范盛行，考其学级则与初中同等，以年龄计之，十四五岁即可毕业，其最大者亦不过十六七岁，遑论其知识不充，即其身体发育亦尚未健全也。即以学问之浅涂而论，亦惟高中阶段毕业，始可充小学教职。故此时之初级师范宜一律停止，改为高级师范也。

以上所陈，系就四川目前教育情形，暂作补偏救弊之计，至于全局规划，则责在主持教育之人，殊难一纸所能详尽，疏漏之处，在所不免。惟鉴察焉！

经　　济

社会各种事业，无一不关经济。其范围至广，馨竹难当。兹将四川目前急需讨论举办者，约略条陈如次：

一、世界的意义

自闭关主义破，吾人乃知"世界"在经济上实一整个的有机组织。其各地带、各分子间之相须为命,凡初具世界知识者,靡不识知惟其然也。故就生产言,国家遂有农业、工业之分;产地遂有原料、机制之别。同时各以供求相关而交相利用,语其利则有无相易,诚足以增加人类之享乐;语其害则不独工业国侵略农业国,形成吾人所嫉恶之帝国主义。即工业国与工业国间,农业国与农业国间,因各谋推广销场,致起血战之危机,史乘中更不乏其例矣。故一国在国际间之重要性,要视其经济地位以为断,而国之经济地位,要必视乎国民之经济状况以为衡,此不易之理也。

抑尤有进者,西哲马克思以经济解释历史,早成不磨之论证,以历来国际间之纠纷,与夫各国内政盛衰治乱之迳迹而益可征信。循以推断,可知在文明进步之国家,国民之经济状况足以支配政府之生命。而在后进国家,则政治势力实大可改进国民之经济状况,夫然则政府欲增进国家在国际间之地位,除改善国民之经济状况而外,抑岂有他途。

苏俄之列宁,现代伟人也。因力图改善农民之经济状况而创为惊人之政绩,继遭列强之痛恶而无敢轻侮之者。土耳其青年党因欲致国家于独立,不惜竭全力以施行新经济政策,至今为人称道。甘地亿兆印人之领袖也,苦英人之经济压迫,乃鼓动国民厉行苦行策略,彼知英人之输入棉织品,足以致印人于经济破产也,乃提倡手织机以为抵制。兹数人者,被侵略民族之救星,历史上所谓之大英雄也。或凭政治力量,或凭修养功夫,卒各使其国家逐渐企于不可侮视之地位,而其着力处则全在国民经济状况之一点。

我中华民国,伏处列强经济铁蹄之下亦既久矣。川省同胞苦于经济状况之不振,亦既深矣。今我主席督办军长,均膺中央重命,受川民仰托,其必憬然兴觉,喻乎"藏富于民,取用不匮","百姓足,君孰与不足"之旨,对于同人拟具之经济方略,倘能猥予倾听,同人等曷胜钦佩,曷胜祷切。

二、调查

世界一切事物情态,动而不静,变化靡常。欲求因应之宜,举指之正,非诹咨博访难期有济;若或盲然轻举,结果多归失败。甚而应兴不兴,应革不革,形成死气充满之社会。徒见日趋退化,精神湮灭,遇迟落成,为识者笑而贻先进者之讥。吾蜀经济上之建设及组合之幼稚而乏实力,亦由在上者倡导之未得其道耳。各种事业既难逃经济范围,则善于经济之调查,实为当务之急。私人调查,力弱难精,约而不博。是以东西诸邦政府,设立专门调查机关及旅行调查团,种种组织,调查所得公开发表,以备各业之参择。事有专攻,其效乃宏,故应请政府罗致专门人才,设置经济调查机关,以供各业之创兴及改进,而立吾蜀富庶之基,此根本之图也。

三、研究与试验

调查所得,常进而求其作用,不然亦何贵乎调查之有。举如世界趋势之所在,与乎本国国情,地方习惯,人民程度,必求其适合无悖。能力克胜,或因调查而有所发明,或摹拟而行之,或变通而行之,或得其时,或得其地。缓急轻重,利弊取舍之间,研究尚矣。学理如斯,犹非实验不足以资证明。实验既效,推而广之,则成功可操左券矣。此种研究试验之设施,四川固非缺,如中国西部科学院,各县农事试验场是已。但研究之设施,嫌其过少,试验之成效,亦觉尚未显著。此应请政府划分区域,因地制宜。如产棉之区,专力于棉之试验;产丝之区,专力于蚕桑之试验。山地宜造林,草地宜牧畜,不务庞杂,乃可收得事半功倍之效。至于矿产之开发,工业之振兴,亦当有赖于研究与试验也。

四、大宗出口货

四川号称天府,农产丰饶,富源之辟,专赖出口货物之畅销。乃以商人道德沦胥,骛于目前区区之利,每每操合虚伪,以希蒙混一时,不知近世人工奇昂,欺骗之术,乌可再三。苟非精纯之品,必致大赈无价,结果双方无利,而信用丧失,销行以阻,不啻自杀也。国府有鉴于此,已有商品检验之设立。四川大宗出口货物,据海关报告(十八年)计丝值一千余万,桐油值八九百万,山货值百余万,绸及夏布值四百余万,药材值三百余万,植物类约值洋五百余万,并其他货物总计价值四千余万(盐、土未计)。

十九年尚有逊色,是四川经济已陷于危险之境。此应请政府特别注意晓喻各商外,并设法提倡改良,防止作弊之行为,则出口货物应有日增月盛之希望也。

五、农业问题

四川为农业省,常年出口贸易农产占百分之九十以上。就农业省而言,改进农业固为根本之图,况农业问题直接关系人民之衣食,间接影响工商业之发展。故今后四川不谋长治久安之计则已,如欲谋长治久安之计,则首在改良农业。但农业建设经纬万端,今仅就其所亟报择四事而谈:

(一)振兴水利　农田水利息息相关,四川为产稻区域,尤以水利为至急。振兴水利之上策,莫如运用天然河渠,堤闸分疏,使能收止水、蓄水之利。距今二千四百年前,川人李冰导岷江之水灌溉成都平原,使三千五百方里不毛之地尽为沃土。古德幽光,至今犹垂不朽。查四川各江,子母河错交如织,加以溪流纵横,人工稍事修筑,在在可收灌溉导利之效,再加依山作堰,凿地引泉,或用机械灌溉,因地制宜,而为之倡于农事,亦不无小补。

(二)禁烟种棉　鸦片为毒杀人民之具,棉为人民衣被之源,凡种烟之地皆宜种棉,且棉利可敌烟利,群能厉行禁烟种棉,则使四川人民转强为福,不但可塞每年棉品输入五千万元之漏卮,更可促进纺纱事业之创兴,一举而兼数善,望亟图之。

(三)改良蚕桑　日本平均每三百斤茧即能制丝一担。四川之茧,制丝一担消耗至七八百斤,其品质及产量皆不及日本。其原因固由于蚕种不良,然制种机关需款浩大,应由政府举办。再就四川气候而论,颇适于饲养夏蚕,亦可增加茧量收入,再则四川所有之桑大都退化,影响蚕业不小,尤应举办大规模桑苗圃,以为推进蚕业之助。

(四)改善农政　农业机关试验、研究及推广三项并重,尤应因地制宜。如当地出产棉花,则其农事试验场应以改良棉业为主要,其余仿此。再则各县建设局每因建设事业范围太广,经费不足,行政开支即已消耗殆尽。兹为事业计,各县建设局如常年经费不足万元者,可改为农业局,使专注农业;如不足五千元者,只设农业指导员,俾减少行政之消耗,而谋农业积极之发展。

以上四项之外,如改良稻麦,增进白蜡、桐油、糖、茶各业,在四川均为切要,亟愿实施,川民有厚望焉。

六、基本工业

民生所需,衣、食、住、行四大要素而已。蜀人之食,幸足自给,住行亦无不足,惟衣所需,强半仰给于外来。据十八年海关华洋贸易总册,输入四川之疋头来疋头一项,约值八百万两,而本国外省疋头之输入,尚未计及。四川非不产丝也,非不产棉也,工业不振,成品遂不足以供我七千万众之用。其故皆由政府未注意及此,而提挈倡导于上也。输出多为原料,输入多为成品,上下货物早成入超之象,此又经济上之一大危机也。就四川所产之原料,以谋基本之发展,得免运输关税等费,价必较廉,不特可以减轻人民生活上之负担,而亦抵制外货,防止漏卮,开拓生产之良法也。四川丝产居出口货之首位,年产亦不过万余担;日本长野一县,年可产丝六万余担,实缘彼政府之善于提倡耳。川中制丝工厂虽有数家,惟制法尚应改善,税率尤当减轻,始克与日本丝争胜而达畅销之目的,否则已成之工厂,皆将难以为继,欲其发展尚可得乎。棉为普通衣着之需,亦宜就种植、纺织两宗同时倡导,以促其发展。他如特产之桐油,炼制成漆,成本低廉,为用至广。水泥为城市交通建设所需,原料既多,急需设厂自制。大竹、江安、梁、垫等县产竹名区,而乏机制之厂,以至洋纸充斥,利权外溢。煤铁甚富,钢厂可兴,凡此富国利民之图,非不能举,是不举也,专悬政府之提倡、维持与奖励耳。

七、筹集资本

四川过去和现在,对此立国必应注视之经济问题,未始无人从事提倡。如丝、盐、糖、煤、铁、布匹、化妆等各种工厂之设立,及两川实业之开发,在吾人目睹耳闻均非一日,乃大都归于失败,鲜有成效。其因时局不靖,苛捐太多者固属不少,而其实则资本不充,以致垦殖者徒拥虚名。工业者出品既微,而又无力改善,亦为其一大原因也。盖今之所谓资本者,要皆由少数人之结合,其力量实属有限,处此商战剧烈之时,小工业被大工业侵吞之际,生活自不易谋。故吾人所望于政府诸公者,即应竭力与民共同设法筹集大宗资本也。果政府能确实保障,人民无不乐从,募集资本亦非太难,省内不足,募诸省外,乃至侨民异族,均无不可,要必实事求是,尽力提倡维护耳。

八、整顿金融

工商业之兴替,与金融市场之枯活息息相关。而金融市场之安定与否,又当视其金融机关之组织良窳以为断。故吾蜀不振兴工商业则已,如欲振兴工商业,必先有良好及健全之金融机关,使市场活泼安定,而后乃能各尽其调剂之能力也。乃察四川钱业组织颇多种类,经营率乏远谋,或则竟发执照,或则投机申票,或则以厚利诱吸社会资金,而仍以大利盘剥工商事业。凡此种种近利是图,行为虚伪,何以维久。以故今兴明仆,比比皆是,不特无补于社会,反足使社会受其损害。以经济落后之吾蜀,正有赖于集中游资,以图开发有用之工商业,若于此负有调剂市场机能之金融机关,听其自生自灭,不加监督或取缔,将必致民众失其信赖,而仍趋于窖藏之一途,使货币减其功用,市场资金缺乏,其影响于社会生产事业之发展又如何。故不能不仰望政府,对于组织健全、宗旨正大之金融机关,予以特别之维护,充分之补助,以培其运用之机能。其组织不善,进行不合,足为社会之隐忧者,应严加监督或取缔。金融根本纳入正轨,则有如人身血脉流畅,各种企业皆蒙便利,而易于发展也。他若筹设信用征信机关,使民得信托之所。创立票据交换所,以严金融之组织;取缔倒闭者,实施破产法,皆可以促市场稳定,奠金融之基础也。亦惟赖政府之督促而提倡之,诚如是,则市场安定,金融活泼,工商业之发展庶有豸乎。

九、救济失业

觇国之强弱,于其失业人数之多寡,可以判之。故治国之道,首重民生。民生既足,秩序安定,政治上一切设施计划之推行,如庖丁之解牛也。四川失业者编[遍]于里闾,以故盗匪横行,商旅裹足,发展之碍,修明之羞。试溯盗匪之源,实皆为衣食所迫,无业可作,铤而走险,以冀幸存,岂生性然哉?亦不得已也。故失业者之救济,乃刻不容缓之图。救济之道,莫大于振兴基本工业,加意保护劳工,举办社会保险与职业介绍之类,非此不能得所救济也。

财　　政

　　欧战以还,世界经济日趋衰落,失业问题遍于各国。1927 年国际联盟会,发起举行国际经济会议于日内瓦,其时决议财政、经济等对策甚多,而各国皆以自利之财政政策所限,不但未能躬行实践,且益变本加厉,增加关税壁垒,妨害国际贸易之发展,加以印度改行金本位制,安南继之。1929 年,日本实行财政紧缩政策及现金解禁,国内产业日趋不振。法国与意大利之国际关系,既有恶化之势,且与素睦之英国,亦有龃龉之形迹,故自 1930 年以来,遂以全力集中金货。美国以生产过剩,而工人失业者达数百万,亦亟欲充实金货之准备。于是世界金货之分配,失其调剂之效用,金银比价日形悬殊(本年 5 月 27 日上海标金市价八百十二两五钱)。世界购买力互趋微弱,而国际间经济之恐慌不可终日矣。有识之士,莫不奔走号呼,希望各国政府,一方面改善财政政策,一方面召集国际经济会议,共同维持世界破产之危机。

　　财政与经济之关系既已略如上述,而与国民经济之关系,尤不可须臾离也。何则？财政与国民经济之基础,均以私人经济为本位,故国家之财政政策,须以人民富力为标准,务使生产交换适得其宜,否则国民经济日见衰落,而国家赖以征税之源泉,不能不终于枯竭,此自然之理也。愿今之理财者,稍致意焉。

　　我国目下最重要之问题,莫如财政整理。财政之提案,盈篇累牍,而多未能实施者其故安在？当事者之畏难苟安,因循敷衍,有以致之也。溯自民国十二年,曹锟贿选总统以来,北京政府之财政日趋竭蹶,关余、盐余抵借已尽。民国十三年段祺瑞执政,国际联盟之经费累月不能支拨一文,遗羞国际,穷况可知。财政者以盐余担保,欲发数百万元之库券,尚须仰承汇丰银行买办之颜色。追至张作霖践位大元帅时,莞度支者之眼光,仅注意于北京之九门售卖官产,兴办苛捐(北京房捐之类),而不属于税务司保管之内国公债,竟停止还本,或延期付息,政府威信扫地以尽而自毙矣。国民政府统一告成,财政当局遂以上海为根据地,三年之中发行公债库券达七万三千余万元。上海者仍昔之上海,上海之市场与曹锟、段祺端、张作霖时代之上海市场自若也,而相去若此者,理财者之运用与信用而已矣。吕览有云:使乌获疾引牛尾,尾绝力竭,而牛不可行,逆也;使五尺竖子,引其棬而牛恣,所以之顺也,其是之谓乎。

四川兴革之问题,固亦伙矣,而根本问题亦莫若财政。财政运用得法,百事具举,否则徒托空言。所谓实业计划也,整理交通也,改良教育也,不过纸上空谈、供凭吊而已。

今日四川财政之紊乱,可谓达于极点。斯亦无可讳言,试执途人而问之,莫不皆曰:应整理之。而整理之最大障碍物,厥为防区制,防区一日不废止,财政一日不能整理,其他政治问题更无进行之可能。今幸四川之军政领袖,萃集一堂,畸形政治之防区制,或可废止,实行统一,吾人欣幸之余,不揣谫陋,始以久茹之痛苦,切身之厉害,谨举数端,用渎清听,既不敢立异鸣高,复不敢空言要誉,兹事就实,略陈如下,幸垂察焉。

一、租税

蜀为山国,沃野千里,租税问题急待整理。查现行粮税,制定于清康熙年间,距今二百余年,当时生活与今日比较,奚啻霄壤。民国四年,虽有一度经界局之设(蔡锷为局长),然实施计划阇然无闻。四川以军事关系相率预征,一年之中,竟有征至两年、三年,以至十年者,既无一定办法,驯以喜怒为准。业农者不知今年之中,须纳几年之粮,生活极感不安。故望政府在中央未能彻底改革租税之前,以公平合理之原则,划一各县之粮税,安定业农者之生活。

二、厘金

清咸丰初年,曾涤生创办湘军,饷糈无着,奏请设立厘金局,设卡征税,相沿迄今,民困久矣。我国产业落后,不能与列强相竞,固以最惠国条约所拘束,而国内厘金实有以致之也。故辛亥以还,裁厘之声遍于国中,而北方之中央政府,亦深知厘金之弊害,足以阻碍内国产业之新生命,故有裁厘之议,卒以裁厘后之损失,无法抵补,逡巡审顾不敢实行。华盛顿和会中,顾维钧等以改订关税问题,不能得列强之同情。中山先生力诋外交之失策,倡言关税自主,自动废厘,世界为之耸听。北政府折衡樽俎者累年,卒无结果。国民政府本中山先生大无畏之精神,应世界之潮流,毅然废止全国厘金,另订关税税则。据财政部长宋子文十九年十二月二十三日之裁厘通电报告,厘金撤裁后,每年损失数目厥为八十万元,益以常关进口税、子口税、铁路货捐、邮包税等,综计九千九百余万元。本年新进口税则实施后,据可靠之估计,较之民国十八年可征收关平银二万四千二百余万两,以之抵补裁厘损失,已倍蓰而有余,是则数十年阻碍产业发达之障碍物,一扫而去之,政府收入则倍焉,良法美政孰逾此者。而回顾四川之厘金,则仍如故也。抵补未定,不能遽撤,亦犹北政府昔日之所持论也。甚愿我政府亦师中央之故智,慨然裁撤,另筹抵补之法,岁收增加,而民不困,斯在理财者之善谋而已。

三、盐税

清光绪初年,丁宝桢总督四川改革盐税,屡经挫折,卒底于成。民国以来,鄂岸遽弛,川商据理力争,终无结果。川盐销鄂,因之大减,而近年以来,战事频仍附加无已,盐价日增,民生益蹙。川中财政,盐为大宗,既云理财,必先盐政。中央亦有改革全国盐政之议,立法院制定之新盐法三十九条,已于本年三月二十一日议决通过,其用意在扫除积弊,溥利民生,其办法在废除引岸,减轻税率。盐专家估计每年有增加四千七百零五万元之望,而人民负担可由每人每年之纳税款七角五分四厘之数,降至四角一分余,并主张设置盐政改革委员会。此次国民会议复又通过新盐法,咨请政府刻日施行,公布之期当已不远,而四川统一既有希望,应先设置四川盐政改革委员会,以新盐法为基础,斟酌损益改革现制,务期商民交受其赐,而税收不减于昔。

四、烟税

四川烟税,亦为财政收入之大宗。据可靠之估计,民国十九年二十一军范围内所征烟税约达九百五十万,全省综计其数可观。烟税为恶税,固已尽人知之。而川中军政费多恃此为挹注,一朝废止,何从抵补,然事在人为,岂无良法。溯忆前清末叶,粤省有所谓赌税者,岁入二百余万两,张鸣岐督粤时,奏请废之,声震天下。民国十一年间,莫荣新执粤政,复开赌禁,岁入达千万。国民政府成立废除之,军事未尝不若莫督也,政务未尝废弛也,在人之挹注而已。尤有进者,川省虽为农产之区,而人口稠繁,生产供给已若不足,去年偶有歉收,民食已困,若泰陇赤地千里,三年不收者,川民恐无噍类矣。

五、币制

川省币制之紊乱,实较他省为尤甚。客有搜集四川之各种货币,竟达七十余种之多,二十一军防区内虽已恢复大洋为本位,而川南、川北省币尚复充斥,商民交困,而政府税收亦将蒙其影响,凡国民经济之巩固与政府财政之充裕,必须货币统一,金融团结。故英、法、德、日俱有中央银行之设,握全国财政金融之枢纽。美国以联邦共和,虽无中央银行之设立,而有联邦准备银行之组织。各州复有州银行之设,组织虽异,而运用则一也。吾国虽有中国银行之设,始终未尽国家银行之职务。国民政府成立中央银行,代之而起,运用固较中国为优,然势力仅及江浙一隅。而我川省岁入逾万万,人口七千万,面积一百三十万方里,有过欧洲之一小邦,而无一健全省银行之组织,无一正当发行权之枢纽,致演成今日货币混乱之局面,甚可哀也。为今之计,中央既不能顾及四川之币制,而川人不能不求自决之道,应速组织健全之省银行,或用其他方法统一全省发行权。联合金融界之先进者,组织公库,公开发行,十足准备,受政府之监督,不受政府之支配。除可以留充本位货币之大洋外,所有一切恶货币,一律收回销毁,另铸合法之辅币,以十进位,而各银行粗制滥造之无息存单,亦可限期收回,币制统一完成矣。

六、整理旧债

国家财政之原则,既已如上所述,必须视国民经济之富力而后定,尤应以合理及公平之方法行之。政府或以紧急之需要,暂向一地方之商民借垫者,固属一时权宜之计,既曰借垫必应归还。然而卒未能如约者,比比皆是。政府有无厌之求,商民有力穷之际。良者指名,黠者侥幸,政府可得之数甚微,而所失则甚大矣。国民政府三年之中,发行公债及库券竟达七万三千万元之巨。其故安在?国府能维持其信用,按期付息还本,金融界竭全力为之募集,互相维繁,利害共同,故中央财政得以充裕,斯皆理财者之能保全信用而善谋之也。

凡我政府向各地商民借垫之各种款项,自应逐一清理之,或发公债偿还,或筹专款付之,是在莞度支者之审度情形,要以信用为指归也。

以上所举,荦荦大端,至应兴革者尚多,不复缕述。世称财政者,量出为入,制成预算,提交人民代表之议论,公开审核,此法治国家之常轨也。英日虽为君主立宪政治,而议会对于政府提出之预算案,有精严之审查,严重之质问。而吾蜀政治,既已渐趋光明之途,自应统筹全局,制成预算,宣示人民。但望量入为出,稍恤民力。何则?民生凋敝,百业萧索,不堪恣其所欲也。一方召集人民代表,共同讨论,斟酌损益,以定兴废。务使政府之收入日裕,而民生亦得渐苏,此吾人之所以馨香祷祝者也。书曰:惟善人能受尽言。或有目为书生之论,而嗤其愚者,则亦听之而已。借使十年以前,客有自南者而告人曰:重庆城中崎岖殊甚,何以不筑马路?饮料为市民生活要素,何以不置自来水?闻者莫不掩口匿笑,目为妄人谬论,岂仅视以书生而已哉!今能以书生而目吾人,则吾人已不胜荣且幸矣。

交通:现代的交通问题

现代的交通事业,是许多国家竭全力经营的事业。虽然还由许多国家各个经营,然已成为世界的组织。万国邮政协会便是第一个例,水陆联运亦已连成世界的了。每一个国家都把自己国内的交通,布置成繁密之网,同时亦把它纳入世界的繁密之网中。每一个地方的交通,都有一个共通的意义,就是如何使他那个地方与世界上来往,如何使他那个地方的人或货或一切信息到世界上去,同时又使世界上的人或货或一切信息到他那个地方来。他们的第一个作用在运输,要求交通事业办到运输量最大,运输费最廉,时间最快,联络最远。

他们的第二个作用在通信,要求时间最快,联络最远而取费最廉。他们的交通事业,或许是国家经营,或许是奖励扶助人民经营,要之是供给人民使用的。正因为人民普遍使用交通机关,交通机关乃成为繁密之网。

我们明白交通机关在世界上的意义是这样,我们便应明白四川的交通事业应如何经营了。

第一是铁路。铁路是同世界上往来最重要的利器,虽然四川已经有航运,然而航运在川江行驶之不经济,几乎与铁路等。河面很窄而水流很浅,船速很大而载量则小,兼之陆地运输尚未发达,仅靠水路亦少希望。虽然已有若干汽车路,究竟汽车不适宜于货物运输,尤不适宜于长途运输。所以应赶紧经营铁路,求与世界交通,不一定是修成渝,或修川汉,有最紧的两个意义:第一是一端要到出产区域,他端近则要到河口,远则要到海口。例如井邓铁路,或钦渝铁路;第二是有若干钱修若干路,只要有运输需要,可以先完成一段,再逐渐延长,亦可以先修轻便路,后改宽大铁路,不过先要定全局的计划,然后逐步经营,免吃亏于错误。

第二是汽车路。不幸而修有若干条了,不能再事扩充。因为现代陆上主要的运输,还是靠铁路。汽车路只能作为铁路的辅助,以四川甚贵的汽车,使用甚贵的汽油,断断不能运输货物,然而不幸已有了的东一段、西一段,时而通时而阻,究应连成一个全局,使它成一个人身的血脉,能够相互流通,这于已经完成的路程,实有很大的帮助,可以增加他的运输。即建筑方法亦应考察,应研究这些事业,应责各地马路工程师联合起来经营,而断断不可以各自为政。

第三是航业。川省已经失败的事业,一半的责任应由经理人负,一半的责任应由政局[负责]。别的许多国家,海洋才是他们自由竞争的航线,我们中国内河,竟成自由竞争的航线。中国轮船走到哪里,外国轮船亦走到哪里,是川省航业失败的第一个原因。别的国家奖励其本国航业在海洋上去竞争,予以补助费,中国航业则因政局之乱,常常无偿的扣作军用,或强令运输,其直接的损失,还可算出数目,而信用的损失,则无法恢复。近年来因为军政长官认定交通的重要,竭力减去航业的病害,可还没有减尽,更说不上奖励与补助,这不是今后交通行政上重要的问题,须得急切解决的吗?

第四是电报电话。虽然各县已逐渐提倡乡村电话了,究竟县与县间乃至于全省范围,还须得敷设长途电话,虽然许多地方已设有电报局,然因线上常有问题,时间可靠或竟不如邮信。虽然少数地方已设有无线电台,然因容量有限,发电太多便成问题,而且取费太贵,实非平民可以胜任。整理增加电报线路,大大减低电费,亦是目前的要政。

第五是民用航空。民用航空的利益:第一在邮件运输,以四川交通之不便利,不要说世界上的消息,即如中原在政治上或经济上有了变化,由邮信传到四川的时候,他又已有新的变化了。每每免不掉应付错误,或处理错误,其损害何有限量。如果民用航空到了,四川便可救济了。上海的消息,两天可到重庆,重庆的处理,两天可到上海。这并不是很困难的问题,亦不需要很多的资本,不久或可到重庆,再进一步或可到成都。如果肯接头,将来中德航空,抑或可以运动他们经过川省。那时不但到上海便利,只需得两天,到欧洲亦便利,只需得四五天,许多人都可以飞到欧洲去游历了。

边　务

一、殖边意义

(一)巩固国防

1. 使边地为我所有,不至为外人侵占。西藏自达赖亲英,名为自主,实入英人势力范围。英人便利用之以争吾疆宇,卒兵内向至西康,全境失陷三分之二,沦陷县份,均恢复旧名。如硕督改称硕般多,昌都改称察木多,宁静改称江卡之类,并置政务官治理其地,派兵戍守。近复进陷甘孜、瞻化,有进取泸[定]城之势,吾人或尚有认西康自今为金瓯无缺。又英人所指之西藏,包含甚广,自昆仑山安定塔以南,新疆一部,青海全部,甘肃西部,川边打箭炉及云南阿墩子以西之地,皆为西藏之地,直欲深入我之内地。北京当局且将昆仑山以南,当拉岭、三十九族、察木多、德格土司以北及青海南部之地,划为外藏。旋以宁海镇宁使等据理直争,始成悬案。犹幸民十华府会议,承认西藏为中国之领土,但英人经营未已。此次藏兵内犯,有英人在内为之操纵。万一西康有失,则四川首当其冲,危殆情形,不难想见。

2. 使边民为我所用,不至为外人愚弄。番藏人民,崇信佛教,为酷好和平之民族。风土淳朴,待人笃厚,旅行者入其境,于无处觅食宿进,可进入人家,要求食宿。主食亦食,主卧亦卧,俨如家人。汉人之有礼貌者,尤为到处受人欢迎。西康三百数十万之同胞,除极少数土司贵族喇嘛外,无不倾诚内向,与汉族谋合作。吾人应视之如兄弟,如朋友,休戚相关,以期于共存共荣。

(二)移殖人口 四川边荒之地有三:一为松理茂汶;一为雷马屏峨;一为西康。前二者人口、面积均不见于记载,然要当与西康无异,西康面积,东西约二千二百里,南北约九百三十里,总面积为二百四十五万方里,人口仅三百八十余万,每方里平均居民不过二人。以视四川之每方里平均约为四十五人,江苏之为八十七人,浙江之为七十七人,稀密之度,相去悬殊。正宜以我稠密之人口,使荒寒之区有所充实。荒土有人,然后不为外人所混争。又内地人口过多,粮食常感缺乏,酿成内乱。若将此过多之人口,移肥美之边地,则生活有所调剂,内乱因之消弭。

(三)开发利源 西康矿产,着称于世。上年英人嗾使藏兵内犯,尽占所有矿区,边务不振,可为浩叹。西康金矿、铜矿,蕴藏甚富。煤铁为一国命脉所系,西康煤矿约占一百二十万方里,铁矿约占一百七十万方里。查美国人每年用铁平均为六百磅,而吾国人仅为半磅,工业之落后可知。设于西康开发一二处铁矿,年产能达每人消费百磅之数,西康石油占中国第一位,可供世界二百年之用。化学制品原料多于德国九十二倍,惜货弃于地,土人不知开发,吾国又坐而叹穷,正可以之植生产事业之基础,以改进土人之经济,增加吾国之富力。

(四)安插军队 四川苦于捐税之繁苛,兵多实尸其咎。今日人民所期望者,多在裁兵以屯垦之一途。盖非裁兵无以裕民,非屯垦无以固边。四川亦有多种边防军队之建置,惜以陷于环境,不能实施其计划。现人民困穷已极,亟应打破防区,共谋建设四川。所有军队,挑其精壮,缩编若干师,统以之屯垦与成边。其余被裁汰者,则以之分段筑路。再举办大规模之工厂,由工兵以教成工人,使人有职业,不至流离失所,铤而走险。至屯垦之兵,深入边地,即可于边地成立家庭,繁衍子孙,族类自然强大。又移兵效力,比移民为大。盖兵士曾受军事之训练,有合群御侮之能力。平时各自开垦,有事一呼即至,比人民为团结有力,不但可以自卫,且可以保护边民。

二、倡导事项

(一)奖励边地调查 吾人无论对于何种新兴事业,均须有精密之调查。了解全部组织,然后设计始有标准。故边事调查工作,为眼前急切之要务。西康风土、人情、政治、经济、宗教、教育、交通、物产均有待于调查。然徒作粗浅之调查,仍不能据之以立适当之方案。是调查更有赖于边疆之深入,彼英美日法人之为本国调查而赴边地者,恒有十数年之过程。生活行动与之同化,人我无猜,窥其堂奥。故调查所得,无微不至,以之献于本国政府。故英美日法,虽远隔重洋,对于康藏情形,洞若观火,侵略之方,卓著成效。边地险苦,人民难堪,调查人才尤难物色。故凡遇入边之学术团体,或为采集而努力,或为调查而冒险,应力予奖励,庶考察能得其详,以供治边之参考。

(二)搜集边地图书 一事之成,须有多数人为之研究,多数人知其利益,多数人为之鼓吹,始能造成一种倾向,然后走趋有人。现留心边务之士,不患无人。惟缺乏图书以供研究,既不熟悉其情形,无由强解其利益,是以兴趣无由生起。宜搜集中外边事之书籍,成立边地图书馆,供人参考;搜集边地各种风物名产,成立边地博物馆,供人浏览。耳闻并得眼见,自能引起一般人士之注意,而见之于实行。

(三)编制边事教材 吾国人均安土重迁,而缺乏冒险精神,是以社会之进化甚慢,而边事更如风马牛之不相及。此种畏缩习性,极宜加以矫正,然后中国之民族乃有可为。转移民情当注重小学教育,宜将边地情形、边事要件,列为课程,一一讲授。俾幼小学生,童而习之,自然养成好奇探险之风尚。如是倡言殖边,乃应募有人。可于农业学校增加垦殖科目,以造成专门人才。

(四)设立移民机关 国人如发生垦边志愿或兴趣,设无人鼓励之,使其实现指导之,使有归往。如是或兴尽而返,或遇困难而止,仍属无益于事。应设立垦殖事务所,专谋垦民便利,为之接洽舟车,为之补助费用,为之具备农具,为之相定耕地,俾垦民入边毫无困苦,自然人争愿往而安其业。

三、初步建设

(一)修筑路道,敷设铁路,为帝国主义侵略之工具。铁路所到之地,即势力所到之地。日俄之于东三省,英人之于西藏,法人之于云南及广西,皆有铁路可通,以求其势力之伸张。我国至朝鲜、安南、缅甸、印度之沦为英日属国,更无论矣。交通事业,乃建设事业之先决事件。便利货物之运输,促成政教之统一,节省时间之消磨,减轻金钱之费用。平时以之便民,一旦边陲有警,以之运兵,尤为神速。战情之报告,军队之联络,粮饷接济,息息相通,可收呼应敏捷之功。年来二十八军经营松理茂汶,渐知修筑道路。惜由雅安以至巴安,由雅安以出会理,尚无路道之修筑。军情政务,常有迟钝之虞。近日炉霍有警,康定米价飞涨至值藏洋一百一十元,折合汉字大洋五十元。接济困难,是为交通不便使之然也。

(二)开办学校。西康乃一极顽固、极凌乱之社会。欲使其同化,除振兴教育,增进智慧之外,别无途径。各县宜设立学校,招收番汉子弟,合炉而熔铸之。俾相聚一堂,声息相通,汉藏文字,等齐教授,无使偏拈。则番汉子弟,自无彼此歧视之嫌。并挑选番藏子弟,入内留学,资以费用,使浸濡我之文明,改变其土风,自然同流而合俗。更有畏者,西康、青海之地,法人积极传教,成立之教堂、学校亦多,边民渐受其化,民间发生争执,不讼之于土司,竟诉之于法国教士,一听法人之裁判以为曲直。是法人已取得政教之权威,吾人当急起直追,制其文化之侵略。

四、绥抚方法

(一)破除种族偏见　种族之见不除,边民之隔膜益深。往往因睚眦之怨,酿成战祸,而日益离异吾人。从前鄙弃外族,自尊自大之恶习,应引为厉戒。更于异族联婚,不加禁绝,抑破除种族偏见之一法也。

(二)改进边民生活　边地除喇嘛、贵族、土司之生活较为优美外,余皆劳苦终身,简陋异常。以物易物,不用货币,不治生产,无所积蓄,崇信鬼神,不知医药。以生以死,纯任自然。吾人应为之开辟利源,予以经济之援助,俾生活改进,天才得以发展,而现处地位亦有所提高。

(三)解除边民痛苦　西康道上,匪盗如毛。豪暴之徒,专事劫夺。以是边民常存得过且过之心,无所用其储蓄,生活因之日窘。吾人若能为之解除痛苦,使得安生业,自然痛养相关,可以同心同力以抵御外侮。

五、工作人员

(一)须检派节制师旅　民元藏人苦于驻藏军队之苛虐,其时钟颖统戍之兵,竟以色拉寺之富裕,图其财货围而攻之,以是激成民变。推谢国栋为统带,以驱逐钟颖。并用达赖名义,通告全藏营官喇嘛,攻击各地汉军。其后钟颖被迫缴械出境,西藏遂以自立。是军队须加选择,有救人于水火之心,然后边民始得安贴。

(二)须慎选贤能官吏　官逼民反,四川于王三槐之乱,见之在昔。边地汉官,累以威势取其财宝,土司则从而勾结边民,以抗汉官。民国以来,汉官多在康定遥领,但按月责土司以财货。民七藏兵内犯,土司乘机崛起,收复旧地。雅砻江以西县治,相继沦陷,竟不为我所有。此次大金寺与白利雅拉寺之纠纷,亦源于甘孜县长不谙边情,延岩过久之故。以致酿成藏兵内犯,攻陷甘孜、瞻化,进迫炉城。是亲民之官,更宜有所检定。

(三)须聘用专门人才　办理边政,包含外交、军事、交通、建设、教育、经济诸大端。非用专门人才,决不能运用时机。统筹全局,拟具精确计划,以收事半功倍之效。是则延请专门人才,尤为开边之急务。

六、地方自治

地方自治,在欧美先进诸国中,早成过去之名词。而在吾国光复以来,虽不乏人提倡,然实际施行的则至少。以故地方一切事务,不由官厅之支配,则必受土豪劣绅之把持。此固国人向来不问公共事务之过,而无人为之先倡,亦一主要原因。

"自治"一语,乃对官治而言。即由官厅行政范围内,分出一部事务,授予地方团体办理之意。现今欧美先进诸国,自治权力日益扩张。都认为此乃地方事务自然之进步,不认其为中央或官厅所授予。在将来大有消泯自治与官治的界限之趋势。

民主国家欲实现其主权在民之原则,尤不可不从地方自治做起。此层如不能办到,则所谓民治仍无异于官治。欧美诸先进国的政府和官厅权限以内的政务,多是与全国人民有切身利害的重要问题。如外交、军事、交通、经济之类,以求其国家在国际上有突飞猛进之发展,而增高其国际的地位和荣誉。至于地方事务,则多由地方人民决定之。地方与中央权限的划分,纵有所出入,其趋于民治则一。我们要实现民治的精神,自治便是训练我们的最好机会,几乎一致而很少例外的。故孙中山先生所订国民革命程序,于军事时期之后,继以训政时期。在训政时期内,便以地方自治为重要工作之一。兹将吴拯寰着地方自治概要所列自治实施程序,列下以供参考。

第一时期:1.举行考试。2.设立短期学校或养成所。甲、警务学校;乙、合作人员养成所;丙、测丈人员养成所;丁、区长、乡镇长训练所。3.召集会议。甲、行政会议;乙、教育会议;丙、实业会议。4.组织各种调查会。调查各县政治、警政及教育、交通、农业、工业、商业、人民生计、财政积弊、人民痛苦、贫民状况等。

第二时期:1.划定县以下自治区域。2.确定自治经费。甲、详查各县自治经费实况;乙、确定各县自治经费标准;丙、就整顿土地及公共事业之收入,确定地方自治经费。3.举行地方自治运动。4.开始清查户口,造册报省;办理人事登记;实行户籍法。5.开始测量土地,整理田赋。6.改良及扩充警务。7.测量干路、支路路线,并开始修筑。8.整顿教育。甲、考试并评定教员资格;乙、推广农村教育;丙、举行识字运动;丁、中等学生实施军事训练;戊、以劳动学院为基地,推广劳动教育;己、设立残废贫儿低能等学校;庚、审查书报戏剧。9.设立公共卫生局。甲、考试医生;乙、实行饮食物品药品检查;丙、设立检疫机关;丁、推广卫生行政及设备。10.革除陋习。甲、禁赌博、鸦片、吗啡;乙、禁溺女弃婴及贩卖人口;丙、禁蓄妾纳婢;丁、禁男女蓄辫,女子穿耳、束胸、缠足;戊、限制庆吊酬酢;己、破除风水神权;庚、取缔卜巫星相。11.设立粮食机关,调节粮食。12. 开办工厂,收容犯罪游民。13. 签订各种税制,铲除财政积弊。14. 施行所得税及遗产费。15. 调查各河流、水道、堤岸,有无淤塞障碍,断决水患,并计划浚治。16. 宣传并指导农村组织,改善农民生活。17. 宣传并指导农民以生产合作及消费合作。18. 宣传并指导耕地改良及种子肥料改良。19. 实行劳动法及农民保障法。

第三时期:1. 乡区户口调查完竣。2. 试办乡镇自治,试用四权及乡镇普遍选举。3. 继续测量土地,设立土地登记局,规定地价,依价征税,并促进开垦荒地。4. 计划开发地方富源及筹办大规模之工商事业。5. 实行造林。6. 治理水道河流。7. 乡区警察整理完成。8. 乡区道路修筑完成。

第四时期:1. 试办区自治,试用四权及区普遍选举。2. 全县干路修筑完成。3. 全县户口调查完竣。4. 全县土地测量完竣。5. 全县警察整理完成。6. 实行乡镇自治及普通选举。7. 自治乡镇自定乡镇自治法。

第五时期:1. 试办县自治,试用四权及普遍选举。2. 普及教育实行普及。3. 实行区自治及区普遍选举。4. 自治区自定区自治法。

第六时期:1. 实行县自治行使四权及县普遍选举。2. 自治县自定县自治法,人民直接选举县长。

第七时期:1. 全省各县自治完成。2. 组织国民代表会,选举省长及省高级官吏。3. 实行四权。4. 宪政时期开始。

以上所列实施自治的程序,自然有当斟酌地方情形变通的。就四川实施地方自治言,下列事项尤为当务之急。

第一,训练人才　不仅予以课堂上讲习的机会,尤需予以实施上学习的机会。

第二,调查户口　不是发一通令于乡镇公所可以得到的,必须训练专门的人员,专任调查的任务。

第三,禁烟禁赌　四川各县乡镇,每每烟馆多于饭馆,赌场盛于商场,实为盗匪之源,应当厉行禁止。

第四,指定试验区域。

1.每一县至少有一镇乡为指定试验自治的区域。成绩好者,由县政府予以补助,其余各镇乡派人前往学习。

2.每一旧有道属,至少有一县为指定试验自治区域。成绩好者,由省政府予以补助,其余各县派人前往实习。

重庆都邮街德新铅石印刷公司代印同名单行本

在公共体育场周会讲话的要点

（1931 年 6 月 7 日）

【星期日（六月七日）早上五六点钟时，峡局职员官兵等在公共体育场开周会。这天卢作孚局长在会，并作主席。勤恳训话一番，分两要点】（一）勇于接洽，（二）敬事。关于（一）点，卢局长认为是成功之母，如温泉公园之修成，科学院之设立，都是由接洽收来的效。关于（二）点，凡事只要肯从"敬"字上用功夫，顶繁难的事可以办好。就如筑马路，如砌坎子，不敬可以完成于一时，但不久就变坏，这种不算真成功，更说不上艺术。

《嘉陵江日报》1931 年 6 月 10 日

致赵仲舒函

（1931 年 7 月 12 日）

仲舒兄：

　　郭属人有过失，无论实在与否，但闻人言即宜虚心接受，乃不致塞明闭聪。此点实望吾兄省察。林芳赌钱问题经孚查问，似非事实，但究竟立足嫌疑之地，仍应严加责备。峡局应养成爱护好的、痛恨不好的风气，尤望局中几位主任人员倡之，故复以为言也。天下事业之成，必有一批人披肝沥胆、推心置腹，以相纠其短、相携于义，此种精神亦正待吾辈倡之。

　　敬祝

　　健康！

弟　作孚

七.十二

《卢作孚书信集》

峡区图书馆夏令读书会征求会员启

（1931 年 7 月 16 日）

前途远大的青年朋友们呵！暑假又到了,曾否想想已去的时间和现在的办法呵?

我们眼睁睁看着流水似的光阴,一年一年地不在,很快的过往呵！不久的将来呵！抓捉不住,身命与俱！尤其是青年时代万金可得,一瞬难再,岂能把它拿到家里等闲度过,随便葬送无上宝贵生活的一般[段]?有这纯洁一身,又应当如何珍爱?岂肯留在都市,让那罪恶之海的都市狂潮,卷将入烟、酒、肉、赌等的罪恶深渊里,戕害我们过去未来[的]一切一切呢！

在这物质进步太快,社会问题太多的世界当中,中国人是何等茫然于应付之术！尤其是青年,是何等彷徨于歧途！是何等缺乏知识领导者呵！应该如何感着知识的饥渴,甚于生理的要求,而更急切地要求满足！图书馆正是知识的宝库,读书是寻求知识的一条大路——虽然大路也不止于读书。因此我们便欢迎青年捉着暑假,不让它随便混过,到北碚来小住,与青年朋友们共同快乐地读书。

大家都知道三峡里的北碚,算得一个新村。她有许多新兴的事业,有比较优良的社会环境,有值得流连的山水名胜。我们到这里来"亡羊补牢",填上期的缺憾;"未雨绸缪",作下期的准备。屏[摒]去我们一切杂念,到这山明秀水间静静地研读。离开那繁嚣都市,到农村里舒舒胸襟;聚四方好学朋友于一堂,与古今中外无数学者相亲近,这是何等快乐的事情！

前途远大的青年朋友们呵！光阴就在面前快去追求,不要徘徊!

峡区图书馆夏令读书会征求会员简章

一、读书

1. 本馆藏书六千余册,供会员自由选读。

2. 本馆有雅洁之大阅览室,精致之参考室,作读书研究地点。

3. 北碚附近林间溪畔,随处都可读书。最热时可到著名凉快的缙云寺、干东子、温泉。

4. 会员读书有疑问时,本馆可代请各科专家解释之。

二、读书以外生活

1. 运动　北碚公共运动场各项设备均可供应。2. 如好音乐,北碚俱乐部所有乐器亦可借用,并可巡船划船游江。

三、会员

1. 会员限于中级以上学校在学学生。

2. 会及[员]生活上必须遵本会公约。

3. 本届限定征求会员五十名。

四、住地

已由本馆觅定,交涉地主布置。预定住宿费一元,由会员向住宿地主预交。毯被用具自备。

五、伙食

已由本馆向饭馆交涉,每月五元,由会员自行预交。

六、入会手续

各校学生愿入会者,须自请原有学校校长具函介绍。

七、会期

自七月二十四起,九月五日止,计六周。

六、费用

七、报名期

自七月十六日起,满额截止。

八、地点

巴县北碚乡峡区图书馆。

会　长　卢作孚

副会长　熊明甫　黄子裳

《嘉陵江日报》1931 年 7 月 16 日

游程中寄回峡的第一封信

（1931 年 9 月 27 日）

峡中许多朋友：

大家喜欢看我们的游程吗？

我们在二十五日晨早匆匆起床，携带着简单的行李，跑上民生轮船。那时正围着一大棹检查的人员，拿着了不知好多张的税票在分散，在查对，在盖图章。令我们从旁无事闲着的人都看得眼睛花了，还算那棹检查人员能够分明出来，没有错路乱。

他们检查票之后，检查客人，检查船舱，都已完毕，船员才招呼：这下没有事了，准备开船吧。于是我们暂时同重庆告别了。

船上无事，偷闲读书。书为《满铁外交论》，是说明日本外交以满铁为中心，是认为日本之于满铁交通不仅有满铁富源的问题，更有世界经济、世界政策的意义。因其路线是经过西比利亚①一直交通到欧洲的，其交通的关系是在全世界上的。

过小南海望江上屹立的青葱葱岛，有石径环绕而上，庙宇掩映在丛树间，人立峰头，正同我们相望。

猫儿峡北岸风景极佳，山势起伏，崖壁曲折，极多变化，过此则山间迤逦，上下都有橘树点缀，令人贪赏。

---

① 即西伯利亚。

船到江津,停一小时,因张致和副师长曾托着为他找一个公园管理,特别跑去看公园。园临江,帆樯即在足下,据地很好,而布置却差。也有几处亭阁和休憩的房屋,也有楹联题于门墙,也有乱花栽在路旁,抑或长有乱草。可惜张副师长此刻不在这里,而且我们也忙,不然,倒可同他商商办法。

中国人作事,每每有那一回事罢了,绝不求意义之充分表现的。这是我每见一事便有的感想。峡中努力的朋友,亦应得于自己所做的事时时反省一下。宜充分的求意义之实现,不可徒有那一回事便罢了。

骤在大河游历,觉得河面顿然宽广,而且愈上江岸愈低,竹树田园,村落房屋,愈亲近人。这是我们最喜欢倚栏贪看的。

晚宿白沙,船停江北,只见着点点灯光,或疏或密,远在江的南岸一带。

廿六晨经松溉,船特由南岸驶上,看看还困在江水中间的"民安"只露出烟囱一段,船尾一段。

轮船掉回北岸,傍着人家门前门后上驶,许多人都出来看看。我们也喜欢看这许多人跑出来。中间都各含着奇异的感觉,浓厚的兴趣。每亲近一个市场,都有这样的风味。

过合江后,又有一种点缀风景之物,是团团的桂圆树,或成平林,或铺山上。

所过时有人立竹树之下,或锄于土间,或行于道上,竚而观望,抑或有儿童牵牛饮水于河边。有时则又野渡舟横,不见人影。沙洲几里,风吹草低。此都是我们十分留恋的风味,可惜不得同峡里的朋友共赏。

今天读《战后欧洲十年史》,惊叹几个新兴国家的领导人有办法,能领导着其全国人,在现代的世界中找到办法,使其国家及国家的地位在几年中全变。

晚宿泸县,上岸小河街大河街,还能认识还是十年前那个样,进东门,街道便改了,约莫二丈多宽的马路,两边有假洋楼,亦有还没长成的行道树。跑到十年前曾经在中间过了一年半生活的旧道尹公署,现在改为县政府,去访问万县崇修不遇。又跑到白塔寺中十年前建筑的图书馆去看。除进口和后面的殿宇墙面□（该字无法辨认）改而外，图书馆还在，馆外荒芜依然。用电棒从窗外照了照里面阅览室、藏书室的陈设，还是十年前的未变，当馆舍建筑完成之日，曾有碑志嵌在壁间，很想进去覆读，而找不着馆员，只好出来。

访友人李肇基于其家，"不在"，一个六七岁的小孩子，活活泼泼地这样答应我，并接着我的名片。我们走了，他又追来，问住在什么地方。告诉他了，他便欢喜地答应去找他的父亲来。

回到船上，不久，肇基来了。问泸县近来的事情，又谈到东北问题、三峡经营的问题，直到电灯熄了，肇基才去。

今天过江安，又是十七八年前旧游之地，认识何处是我们随时进出的北门，认识何处是我们曾经住居的庙宇，何处是中学，何处是河街，半在观望，半在想象，至饶趣味。

过南溪，城在江边，又系平地，船从南岸经过，望去直如长江下游、中原的城市。

三个整天了，觉得经过所见，大概都是可爱的。这大地上的人们，如何才对得住这可爱的大地？

东北问题，总是时时刻刻萦绕在心里，不知这两三天的消息又是怎样的？正在草一篇文章没有完，或须两天之后，乃能寄回峡来。

快到叙府了，忙着准备上岸，完结。

敬祝

健康！

作孚

（一九三一年）九月廿七日

重庆市档案馆档案

游程中寄回峡的第二封信

（1931 年 10 月 1 日）

峡中诸好友和诸青年：

前一封信写完，船到叙府了，出看江面渐狭，渐入两山之间。到两江口，水显然两色，金沙江黄，岷江灰，各随其所洗泥沙以变，可以想见两江经过的土壤乃至于岩石各异了。

叙府即在两江交流处，城位于山前，船停于城下，我们到轮运办事处晤得办事处人员和护商处人员，谈上游航运甚久。晚访刘星廷处长于其公馆，商未来办法。归宿轮运处，又与民治颜经理民福宓经理，谈至深夜乃就寝。

廿八晨起，往访城内诸友，觉市街已改建，却很萧条。问诸友叙府生意，以前靠金沙江上游，靠云南，山货是出口大宗，布匹是进口大宗，而今因为捐税太重，货已绝迹了。这是川省商业上一个大的变化，可惜没有统计表把它算列出来！

在护商处早饭后，适民殷亦由嘉定到，遂与民殷张经理约分头开船，我们上嘉定，他们回重庆，商定便分头商船。

船开后取读《世界工业状况》，亦看看风景。南岸多山，层峦叠嶂，由近而远，引领无尽。北岸则丘陵起伏，甚秀丽。江面常有沙洲，两岸常有烟缕，问船员，说是烧草作肥料用。船宿干柏树之下游，傍于沙洲。

廿九晨起，行近月波，岸愈低，船拂市场而过，场上人物，瞥见甚明，愈觉亲切有味。沿途山都细小，亦常有平原衬在山麓，江流乱以沙洲，轮船傍岸行驶，常常引得妇孺出门相望,行人驻足,小孩相与追逐,欲同船比胜负。此后经过市场,船常行于人家门前窗下,我们凭栏游目颇有应接不暇之劳。

最好看的,是天气晴朗,晨起船主即指示峨眉山影,显露于一带青山之外,问路程却有数百里。山脉绵亘甚远,而峨眉特高起。愈看,愈近,愈明,船主更为指点何处是舍身岩,何处是金顶,何处是去来路径。半在观察,半在想象,至饶趣味。

船到嘉定了,船员招呼眺望,为言隐约浮在江上的便是嘉定城,右岸有山临水突起,林木丰满,名马鞍山。马鞍山外,林更深厚,是乌尤寺,更前是大佛寺。皆屹然江边。左岸平原之外,接以丘陵,亦为竹树所蒙,远则更有峨眉峰头衬在云外。江流为洲渚所分,左右逢源,水陆相间,景愈分明。嘉陵山水,自昔称美,或许应让嘉定了!

我们因为明天要赶到成都,决趁天未黑尽,游乌尤寺。遂商船员在乌尤寺下解船上小划子,载我们上岸。跑步登山,路在林间,河流原野,仅有乱影在树枝叶之外。入山门,和尚殷勤相迎,请到客堂,饷以茶点,并赠以赵尧先生之碑刻拓片。相伴游览寺内外,再三留宿不得,复送出门外,派人到山下觅取渡船。因为乌尤寺山,周围都低,一当水涨,便为河所围绕,水愈大,则岸愈小,最后紧紧围到山麓,山便成为孤岛了。我们到时,山犹在围绕中,我们游大佛寺,便要渡过河流。没有渡船,只有渔船借渡。

刚才这位和尚,便是乌尤寺的方丈。在这一方鼎鼎有名的传度和尚,据同人言,这位和尚很能用全力经营这座寺宇,从找钱以至于监工都一身担负,其招待人不分贵贱贫富,以之比我们缙云寺前此的和尚,有钱吃烟吃肉,绝不经营寺宇,其不招待人,亦不分贵贱贫富,智愚贤不肖之相去,真不知几千万里啊!

我们渡过河后,时时回顾乌尤,想念和尚,不忍别去,复寻路绕山而登绝顶,得大佛寺。天已黑得难辨人影,遇一和尚合掌念佛,烧香寺外。入寺凭电棒横扫而观四围,以不得登东坡读书楼四瞰而且怀古为恨,和尚殷勤招待休息,再三谢之而去。

渡江,到轮运处商船之行期后,往城内访友人杨鲁玉君,谈甚久,仍归宿于船上。

三十日午前四点钟即起,开窗,夜月甚明,准备行事,杜大华同行。颜经理和几位船员,送船队长和几位士兵必须送到车站,却之未得,结队上岸。在市街行进时,我却想起今人的两句话"这时只有很清明的月光,射在冷清的街上",古人的一句话"履声满街",是这时景物最好不过的描写了。只恐怕大家不知道这典故,回来再讲罢!

过河街,将轮运办事处的朋友闹了起来,同到车站。经了好几里长的市街才走出郊外。时时接近河边,有人说,到站了。一望门还关得很严。隔壁一家站房的人倒起来了,对门一家卖汤圆醪糟的摊子倒起来了。天犹未明,只对岸山头隐约有白云,知道那是东方了。

等了好久,好容易天才大亮,又等了好久,好容易车站门才打开,而且有汽车在叫了。争着准备上车,车出门竟驶向城那边去,说是被人包了。问站上人:没有包的车呢?他说还在夹江,等一阵会来。许多乘客,纷纷到站,有的问无着落,便坐人力车走了,有的亦同我们一样,恭而且敬地等着。等得太久了,又去问消息,站中人说:车由夹江开来,已一点多钟了,马上就到。等了一点多钟又去问,站中人又摇电话问夹江,仍说是由夹江开来一点多钟了。看站上的挂钟没有响动,乃知道他们之所说时间!

又等好久,果然有车两部到来,乘客纷纷抢上车去,挤得人都要扁,好在开车了,吃苦的时间有限。

车出站,便穿林树中而驶,远山近水,左右桑田,历历过去恰像由浙江杭州出来的景物,煞是好看。所经多是平原,抑或绕着山转,皆青葱曲折可爱,回望峨眉,还在天际,诸峰愈延愈远,不知所届。

马路间有泥淖之坑,车过则跳跃起来,抑或东驶西突,直欲爬山下崖,驾驶人还不坏,还能随时入险,随时出险。

好容易跑到新津河边了,渡河换车,而车站寂然。有守卫的兵,无买票的人。问车开时间,人说以客能满车为准。望挂钟,亦是没有动作的陈列品。

　　杜大华去再三请求,再三声明客已超过一车了,乃有人进售票房,门一开,售票的饳子外边,客便围得铁桶似的,只见无数手杆,伸向里面。争买票后又争上车,人只有一二十个,却闹得天花地乱。乱定,车开了,所经是无尽的平地,无尽的田园村落,竹树影子重重飞过,恍若游于中原,经过双流和几个市场,而发现汉昭烈祠方知道成都到了。

　　十月一日之夜,写这一段,到此已经是十二点钟,电灯熄了。且完。

敬祝

健康!

作孚

(民国)二〇.十.一

重庆市档案馆档案

致张伯苓函

（1931 年 10 月 4 日）

伯苓校长尊兄大鉴：

去夏过津参观，得悉贵校有东北研究会之组织，研究中日满蒙问题。迩者东北失陷，深佩吾兄远识，而国人犹纷争离析，曷胜慨叹。敝局同人顷亦谨效步趋，作东北各种问题之研究，深苦材料难寻，拟请先进将研究所得检赐一份，俾作参考，并祈介绍研究资料，以便购买。此后研究如有疑问，更盼指导。再贵校所出南开校刊，亦盼惠赠全份，借观勖业。上列各件如蒙愈允，统请赐交四川巴县北碚乡峡区图书馆查收。烦渎之处，不胜感祷。专此。

即祝

教安！

弟　卢作孚

四日

重庆市档案馆档案

《东北游记》再版序

（1931 年 10 月 20 日）

我们一度游历东北，见日本人在东北之所作为，才憬然于日本人之处心积虑。才于处心积虑一句话有了深刻的解释。才知所谓东北问题者十分紧迫，国人还懵懵然未知，未谋所以应付之。一旦东北各地，没于日军，然后举国震惊，起谋救济，已太迟矣；而又况狂呼之外，仍无如何应付之计。这岂止是东北的问题，实是国家根本问题。而且东北问题正由于这根本问题而起的。

有人说：日军突占东北，诚然是国家不幸的事情；然亦或许是一个好机会，足以刺激起中国人。不错，足以刺激起中国人！然而感情上的刺激，旋起旋灭，历史上因已有了不少的证明，何尝有与于国家的根本！根本有为是需要办法的，是需要整个国家的办法的，是需要深谋远虑，长时间不断的办法的。中国人的行动则往往由周围的情况所偶然刺激而起，故亦往往随情况而变迁。一切缺乏意识，更无论国家的意识，更无论深谋远虑。此则值得看一看日本人之所作为，看一看日本人在东北之所作为。

游东北时，曾从船车旅店中匆匆记其见闻所及，尤着眼于日本人，于其所谓东部内蒙古南满之经营，报告三峡中共同努力的青年，盼望由此而更加努力。第一次邮寄一部分，峡局乃印成册子，以赠友人。后理其余，再印一册，亦作赠品。各地友人先后索取，或仅得前一册，或仅得后一册，每以不全为憾。然而公私交困，无钱再印，终于置之。

日军占据东北之消息传来，人皆欲知东北情形，从游记中抑或可偶得其一二;人皆欲奋起而有所作为,从游记中抑或可偶将办法之所宜择取。故商至友何北衡君再交印刷,半作赠品。所介绍者外人在中国之所经营,尤在其如何经营。此则盼望有心人浏览之余,绕室从容,反省及于自身的。

录自《东北游记》川江航务管理处 1931 年 11 月再版本

署名:卢作孚

介绍一些有关东北问题的书籍

（1931 年 11 月 20 日）

中国人向来有两个精神：第一是遇着问题不研究，第二是遇着问题不解决。这一次东北问题予我们以很深刻的刺激，应该激起我们稍稍加以研究了。或许因加以研究而促起我们开始对着问题设法解决，这是我们非常希望的。所以这一本册子付印之后，更想对于东北问题的研究有小小的帮助，依郑君璧成的提议，袁君伯坚的搜求，将有关东北问题的书目录列在后边，供研究者的参考。研究东北问题而仅仅读书，已觉得太可怜了；最好于读书的时候，看看日本人的研究方法，然后明白东北问题之所以成为东北问题了。

书名	编著者	出版书局及发行地址	定价	备注
蒙古与中国	高博彦	天津华泰印书馆	六角	
国际竞争中之满洲	张明炜译	上海华通书局	一元	
满洲现状	野泽原之亟著　徐焕奎译	商务印书馆	二角	
国际纷争与国际联盟	萨孟武	商务印书馆	一元六角	
东路中俄决裂之真象	董显光	上海美善书店	七角	
东北亚洲搜访记	鸟居龙藏著　汤尔和译	商务印书馆	一元	
中俄关系略史	左舜生校阅者	上海中华书局	八分	
日本侵略满蒙史	支恒贵	上海世界书局	三角五分	
外国在华之经济侵略		上海中华书局	八分	
吉林省之林业	汤尔和译	商务印书馆	三元	
中俄问题全部之研究	文公直	上海益新书社	一元	

帝国主义侵略中国之财团		萧百新译	上海太平洋书店	五角
内蒙古近世史		陈崇祖	商务印书馆	一元
日本的农业金融机关	牧野辉智著	黄枯桐译	商务印书馆	三角
蒙古调查记		东方杂志社	商务印书馆	一角
蒙古问题		王勤堉	商务印书馆	
东三省之实况		王慕宁	上海中华书司	四角
蒙古问题		谢彬	商务印书馆	
近代弱小民族被压迫史及独立运动史		胡石明	上海大东书局	五角
日本势力下二十年来之满蒙		陈轻	上海华通书局	八角
日本生活		李宗武	上海世界书局	五角
近时国际问题与中国		杨幼炯	上海泰东图书局	一元
美国与满州问题		王光祈	上海中华书局	四角五分
日本蹂躏山东痛史		唐巨川	上海大东书局	三角五分
帝国主义与中华民族		董霖	上海光明书局	七角
东方问题与世界问题		戴季陶	上海爱智学社	一角
日本殖民与人口问题		包怀白	上海黎明书局	三角
卡奔德世界游记	卡奔德著	罗隐柔译	商务印书馆	一元四角
中国近时外交史		刘彦	太平洋印刷公司	一元八角
国民外交常识		陈辉东	上海新月书店	六角五分
战后世界资本主义研究		巴克	上海明日书店	八角五分
中国资本主义之发展		朱新繁	上海联合书店	一元三角
列强在中国之势力		李长傅	上海大东书局	三角五分
帝国主义与世界政治	汤麦斯蒙著	朱延丰等译	新生命	二元六角
近百年外交失败史		徐国桢	上海世界书局	八角
日本帝国主义与东三省		许兴凯	商务印书馆	一角
国民外交常识		陈耀东	上海新月书店	六角五分
日本帝国主义侵略中国史		蒋坚忍	上海联合书店	一元八角
中东铁路问题之研究		傅角今	上海世界书局	四角
帝国主义压迫中国史		高守一	上海北新书局	四角
大战后欧陆军务之一瞥		余乃仁	上海大东书局	八角五分
战后世界各国之军备		刘荫棠	上海大东书局	六角
世界战术与战史	藤伊欧之助著	王成齐译	上海华通书局	一元
国防与物质		厉尔康	上海大东书局	一元五角
国民军事学		石铎	上海大东书局	一元二角
中国民族的留痕		曹松叶	商务印书馆	六角

中国社会的经济结构	朱其华	上海新生命书局	一元八角
日本研究丛书提要	陈德征	上海世界书局	七角
日本研究丛书	陈德征	世界	二元
分类编辑不平等条约		商务印书馆	
中国世界主权力	倪林著 吴寿彭译	上海北新书局	一角五分
近代中日关系略史		国民外交藏书社 上海中华书局	八分
各国对中国的不平等条约	程中行	上海世界书局	五角五分
中日交通史	木宫秦彦著 陈捷译	商务印书馆	
三国干涉还辽秘闻	王光祈	上海中华书局	
世界之纷乱	玻温著 冯承钧译	商务印书馆	六角
国际现势与中国革命	丁立三	上海大东书局	七角
帝国主义国家对华政策的内幕和冲突	陈孺平译	上海北新书局	三角五分
中国领土内帝国主义者资本战	长野朗著 丁振一译	上海联合书店	九角
国际帝国主义史论	马哲民	上海昆仑书店	一元三角
揭破日本的阴谋	龚德柏	上海太平洋书店	八角
日本并吞满蒙论	王慕宁	大平洋	一元
帝国主义论	刘楚平	重庆书店	五角
国民外交常识		劝工局马路西南书局	
日本民族性研究		商务印书馆	八角
日帝国主义与中国	唐文蒨		二角
到大连去	孙广珍	上海现代书局	四角五分
中俄关系略述	陈登元	商务印书馆	五角
蒙古志	姚明辉	商务	八角
东蒙辽代旧城探考记	冯承钧译	商务	四角
台湾	袁先吾	商务	一元一角
最近之日本	陈懋烈	上海中华书局	三角五分
帝国主义史	吴敬恒等著	商务印书馆	五角
被侵害之中国	刘彦	上海太平洋书店	三角
帝国主义与中国	梅生	上海新文化书社	七角
满洲问题与日本殖民	顾诗耿	新文化	一角八分
满蒙经济大观	吴自强译	上海民智书局	七角
帝国主义对华之三大侵略	吴君如	上海民智书局	
日本对华最近野心之暴露新满蒙政策	周佩岚	上海民智书局	三角
蒙古旅行记	王无为	重庆朋友书店	一元二角

蒙古鸣筑记	叶小凤	朋友	一角五分
日本对华野心之暴露	周佩岚	朋友	三角
东北之金融	张梦九	上海启智书局	现于印刷中
帝国主义论	刘楚平	启智	
帝国主义侵略下之中国外交史		上海三民书局	
中国对俄外交史		三民	
日本并吞满蒙论		三民	七角
反帝国主义概要		同	一角五分
不平等条约十讲		同	三角五分
国民革命中之外蒙问题		同	一角八分
帝国主义侵略中国史		同	三角六分
帝国主义经济侵略下之中国		同	二角一分
列强在中国之经济侵略		同	一角四分
日人谋杀张作霖案		同	四角九分
日本政府纲要	胡庆育	上海太平洋书店	八角
日本的国际地位	邓明亮	上海三民书店	一角
日本之国势与现状	王继善	上海大东书局	
日本社会主义运动史	冯叔中译		
日本工业发达之研究	于化龙	上海世界书局	四角
日本经济史论	金夜光	上海光华书局	九角
日本小史	滕柱	商务印书馆	三角
日本全史	陈恭禄	上海中华书局	
日本一瞥	余松笠	商务印书馆	三角
日本史 A，B，C，	李宗武	上海世界书局	五角
日本政府	梁大鹏	上海民智书局	四角
日本民权发达史	黄文中	商务印书馆	一元八角
东洋史（上、中）	王桐龄	商务印书馆	各八角
日本视察记	王桐龄	上海新月书店	八角
日本文学史	谢六逸	上海北新书局	一元二角
日本社会运动史	周曙山	上海民智书店	一元
日本社会运动史	冯叔中	上海联合书店	七角
日本资本主义研究	巴克	上海现代书局	六角
日本之文明	健者	北平华严书店	四角
日本无产政党研究	施伏量	上海新生命书局	五角
日本经济史论	金奎光	上海华通书局	九角

近代日本文艺论集	侍桁	上海北新书局	六角五分
日本德意志民族性之比较的研究	潘光旦	上海新月书店	四角
日本地理	周光倬	新月代售	一元二角
日本外交史	陈博文	商务印书馆	五角
帝国主义压迫中国史	刘彦	上海太平洋书店	三元六角
被侵害之中国	刘彦	上海太平洋书店	一元三角
最近三十年中俄外交史	刘彦	太平洋	一元
不平等条约十讲	周鲠生	太平洋	五角
西原借款真相	龚德柏	太平洋	三角五分
揭破日本的阴谋	刘士木	暨南大学	一元
帝国主义者在太平洋上之争霸	陈宗熙	上海华通书局	五角
日本帝国主义与东三省	许凯兴	上海昆仑书店	一元八角
满蒙铁路网	太平洋国际学会	商务代售	五角
日本新满蒙政策	周佩岚	上海民智书局	三角
日本并吞满蒙论	王慕宁	上海太平洋书店	一元
中东铁路与远东问题	高良佐	太平洋	五角
东铁问题	祁仍奚	商务代售	六角
东北铁道要览	祁仍奚	同	三角
葫芦岛	祁仍奚	同	六角
难民的东北流亡	陈翰笙等	同	五角
黑龙江流域的农民与地主	陈翰笙 王寅生	同	六角五分
国防与外交	谢彬	上海中华书局	一元
外蒙始末纪要	白眉初	北平建设图书馆	五角
库伦条约之始末	王光祈	上海中华书局	五角
韩国痛史	朴殷植		一元
台湾近世史	彭子明	福州鸣社	三角五分
山东问题汇刊	张一志	北大出版部	二元
华盛顿会议小史	周守一	上海中华书局	一元二角
济南惨案史	李宗武	上海开明书局	一角
日本人谋杀张作霖案	龚德柏	沈阳长城书局	七角
万宝山事件及朝鲜惨案	徐钧溪 刘家墺	日本研究会	非卖品
亡国鉴	殷汝骊	上海泰东书局	三角
革命的外交	周鲠生	上海太平洋书店	四角五分
国际贸易导报		商务代售	三角
现代殖民地解放运动概观	陈崖夫	上海群众图书公司	六角五分

日本印象记	严露清	同	一角
俄国第三革命	卢剑波	同	六角五分
帝国主义殖民政策概要	胡石明	上海大东书局	五角
帝国主义侵略中国痛史	唐守常	同	四角
列强在中国之势力	李长傅	同	三角五分
不平等条约讨论集	张廷灏	同	八角
帝国主义的真面目	李世刚	同	三角五分
殖民政策	吴应图	上海中华书局	三角五分
帝国主义侵略中国史	黄孝先	商务	一元
世界大战史	陈叔谅	同	六角
帝国主义与国际经济	吴其祥	新生命	八角
苏俄十年来之外交	胡庆育	同	五角
苏俄的东方政策	布斯胜治著　半粟译	太平洋	一元二角
帝国主义战争与制铁业	温盛光译	上海放智书局	二角五分
现代五大强国	许世毅		
帝国主义浅说	列宁		

《东北游记》川江航务管理处 1931 年 11 月版

五年来的经过

（1932 年 2 月 16 日）

二月十六日是江巴壁合特组峡防团务局成立后改革开始的纪念日。该局是从民国十六年起始改革的,计算到今届满五年了。该局初成立时,一切幼稚得十分可怜。革新以后一切的进行,战胜困难多多。如在庙嘴的峡局局址,原来是一座烂庙(文昌宫)。近来作会议厅办公室的地方,原来都是菩萨的地盘,里面堆了些瓦片渣,污秽肮脏的情况,与普通破庙一般无二。在成立峡局后,卢作孚未长峡局以前,那时峡局并无办公室。如今在峡局总务股当主任的赵仲舒,和在该股服务的熊春浓,当时只在碉楼上办公。峡局那时工作上活动范围之不大,可以想见。

至于那时峡局的兵,操练犹且说不上,因操场根本就没有。及卢作孚接长峡局,起初仅仅在离峡局很远的河边地方池谷凼,去平了个操场来操练操练。继后才费了不少的力气,多方接洽、会商,由借用地土而渐至办到长租。在于今的北碚市东端,辟出了公共体育场,由小而扩充,渐辟渐大。既便训练士兵,后又训练学生一队及二队。直延到今,除兵仍在体育场操练外,峡局各机关职员,及兼善校学生与新并入兼校原叫实用小学的学生,都朝朝日日在该体育场运动了。以此体育场的范围,在乡场地方,每年尚由峡局共出租金百余元,土地价格不可谓不高了。而峡局为了事业的前途,不欲工作人员有堕落的机会,故该局自觉不得不出此。

至说改修街道,碚市原有一个地方名叫九口缸,因为有九口屎尿缸子,故而得名。这东西就只一口,也已臭得不行了,何况九口！该局首先设法解决,算除去了市政卫生上消极方面的一重障碍。接着为全市打算,开头不便公布计划,恐怕有如石器时代的人,忽然见着一人发明了铁器,大家抢住他的铁器,把他杀死。才设法先于自己租定的房子即现在的消费合作社发起,改修起来。把房椽退进去,把街心让宽来。然后,左邻右舍向我看齐,由这条街渐及别条街。最滑稽的是,条街里有坚决不肯改修房子的。初向他劝说了不生效,便时不管了。后来等别家都改修完了,独独剩他一家人的房子,还长伸伸池露出在街心。这时他才自觉一家人不改修房子是不美观的,自愿照样改修。这时有人向他开玩笑说,你这房何必改修呢? 他才面红耳热地说,你也太开玩笑了,你们的房都改修完了,怎么却叫我不改修呢。这样情形,等于他不吃敬酒吃罚酒一般,岂不滑稽可笑吗!

至于温泉公园,原只一座烂庙,毫无布置。那时温泉水可洗澡处,一处就是现在的三角池地方,一处就是大佛殿外的一个浅池。那时澡堂既没有房子的建筑,也没有坐落,更没有挂衣服的地方。池子外边是土坎,脱下的衣服只放在石头上就入池。池里使人泥手泥脚,当然比现在相差天渊。

又如温泉马路,谁不说还相当的艺术呢? 其实,此项建筑费还是王方舟捐的六百块钱。又如农庄,那座洋楼的地基,原来是纸厂凼凼。起名叫农庄的"农"字,是有意义的,因这座洋楼是陈书农捐的款修的。据云劝陈书农捐款时,初只说大概只用得到一千把块钱,先请拨来了伍百块,再请拨已拨足了一千块,不够请添又拨来伍百块,又不够又请拨,结果陈捐助三千块建筑费。又如民生公司捐款修馨室,及去年鲜特生等捐款修数帆楼,郑东琴捐款修琴楼,廿年尾汉藏教理院出资修该园山腰马路工程,都是逐渐点缀上去的。当初毫无一点基础,说干就找人。找着邓少琴先生负责干去。当初为这公园曾出了一种募捐册,册上著有游记式的募捐启事,四川各军师旅长都出有名义,代为募捐,实际上军师旅长捐款的也多,故有今日相当的建筑成绩。

以上这一些话,差不多都是卢作孚先生十六日晨在峡局向局各职员演说,而偶然又抽出了记者一丝丝的印象。

《嘉陵江日报》1932 年 2 月 17 日

吊刘蜀鹃等哀辞

（1932年2月20日）

吾笔欲下吾泪与俱，事变之来殆入梦幻。方吾在渝伏案草对日之文，赵仲舒忽以电话告长宁覆于草街子，刘蜀鹃及手枪兵三名殉，吾惊愕不知所为。置听筒，并从另一电话机告航务处，则谓长宁固在渝。吾信船沉没当非虚，再以电话问仲舒①，谓系平福，死达百人。呜呼！死达百人，悲恸此间，损失之巨，乃在国家前途，岂可以数目计。亟嘱峡局加派人往，人不可救，必得蜀鹃及手枪兵三人者之躯体，将相与抚之而痛哭也！

世人为己而嫉人，乃至为己而蠹社会。独兹北碚，集有青年，专为人群。盖曾岁为城市乡村调查户口，岁为中外学术机关采集生物，岁为救护小孩种痘上万，乃至为地方除匪，为一切事业宣力，为一切人服役，为国家问题而读书，凡有为社会努力之机会必努力，有助人之机会必助人。蜀鹃于役其间，沉着勇迈，以当前锋。吃尽人间一切痛苦，冒尽人间一切崎岖，历尽□□，曷堪回溯！

北碚士兵不满三百，足迹穷于峡境。以言治安，江上巡逻，山中搜索，为求人宁，乃无宁日。以言交通，敷设电话，芟枝□□，植杆挂线，迄于完成；江流湍急，岁为浚除，船为匪觊，慨任护运。温泉北碚，两有公园，锄土砌石、筑路莳花，游人所赏，泰半士兵为之，手枪兵者，其间精英，曷堪耗损！

民国积廿一年之混乱，吾辈乃誓作探险之尖兵，为觅国家一线之生机，乃

有此青年,有此士兵。溯其所以为人群竭力者,端在皆有可歌可哭之行动,而况竟为人群而死!安得不令吾人悲恸!安得不令吾人为中华民国前途悲恸!

　　愿吾人勇气,绝不因此而阻,前仆后继,乃为吾辈精神。中华民国生路未得,吾辈前进,惟有加疾。为对死者英灵,乃愈提高吾辈勇气。人皆怕死,惟吾一群忘其死,庶几中华民国生机在此,特此志事,以悼吾少年义勇队员刘蜀鹃,手枪兵周子君、谢云五、马胜清。

　　　　　　　《嘉陵江日报》1932年2月20日《卢作孚吊刘蜀鹃等哀辞》

为康元印刷制罐厂建厂十周年题词

（1932 年 5 月 12 日）

　　草草参观，深感厂中布满科学的精神。于计划、于整理、于材料、于工作、于工人生活之各方面，皆有完密的布置，充实的训练。寓教育于工作，令人向往之至。

康元印刷制罐厂 1933 年编印《康元印刷制罐厂十周纪念刊》

四川实业情形①

（1932 年 5 月 13 日）

四川一省支出，须有一万万元，因之苛捐杂税，到处皆是，以致实业衰落。四川各军分治，极难统一，如能各不相犯，尚于民生无碍。惟现在四川却逐渐进步，如财政方面，已谋整理与归公；教育方面，军人亦知办理；市政方面，街道房屋均多刷新。而军人多各自办报，尤可称许。至于救国办法，据鄙见须从扩大本会组织起，成为全国地方维持会，即应由上海领导全国，蔚成势力。至于本会谓将结束，余想经此结束后，必有永久之组织，以谋地方与国家之福利；否则因事而立会，组织不全，终非救国办法。此外须求科学之进步，尤以化学工程与机器为重要。各国所以能侵掠我国，即为社会组织健全，与化学工程及机器精良之故。四川军人，对于交通等事业，均知爱护。而人民亦有许多事业，无须藉政府之力量而可自办者，最重要则为不可穷奢极欲。因物质文明，足致财力消耗。四川乡村经详细调查，平均每人仅有二十元之富力，如不设法增产，后患正不堪设想。吾国现须调查全国财富，此虽由政府办理，较易成功；但如由社会团体办理，成绩亦未必不良。其提倡国货，社会亦可办理。苟社会自不动手，而责政府，实在不通。总之各国对于各种事业，均有办法，全系社会有力量。而我国处处无办法，实缘社会无力量。余来申购买机器，觉得极难购置，因社会无调查报告可据。苏俄能将世界上最好之机器购去，全在调查清

---

①　这是卢作孚 1932 年 5 月 13 日在上海市民维持会第 66 次大会上的讲演。

楚。再欲改造中国一切,颇有整个之计划。政府固应负责提倡,但社会亦可自行办理。如四川地方办理电力自来水交通事业,因无人计划只得请外商代谋。然吾国人亦须自行计划,方能适合国情。如定一种政策,政府欲办事业,吾人扶助之。个人或团体欲办事业,吾人扶助之。如属商品,我人为之推广介绍。总之,救国方法,第一先要有中心组织,由此组织发展经济与文化,则前途有望矣。

上海市民地方维持会编:《上海市民

地方维持会报告书》,1932 年。

四川大宗货是鸦片烟

（1932 年 5 月 28 日）

前个月二十三号晚上，我在重庆上了轮船，十五号到了宜昌。与各方面的熟朋友接谈起来，才知道四川今天的问题有如此的重大。眼前四川的大宗出口货是完全靠着鸦片了。从前每年大批输出的盐巴是二千几百载，现在减到三百几十载了；糖从前每年输出是三百万石，减到现在没有了，反转变成为进口货。其他如白蜡草席篾席等，都是从前每年大宗输出品，到现在简直没有了。在这种情况之下，设一旦四川每年没有大宗的鸦片输出去，掉［调］需要什物输入，则在宜昌的人，就会断绝生存。不但宜昌人，就是在四川的人也要受一样的危险。去年水灾，宜昌以下荒了许多地方，人民粮食成问题。那时四川秋收很好，很可以运米出去调济，但又绝对禁止米粮出关。不单是不准这样货运出去掉［调］货回来，即是出口现金，也须是受限制，每个人不得带上两百块钱出口。这样一来，外货不得进来，就全靠那天地鸿大之恩的鸦片来救济四川，救济宜昌，并且救济了汉口一部分的四川商人及各个银行。因为四川有鸦片输出，然后汉口的四川商人才有生意做，各个银行也才有汇兑。非然者，汉口的四川银行界就与四川人及宜昌人有同样的危险。

《嘉陵江日报》1932 年 5 月 28 日

中国人在中国境内找不到地方住家

（1932 年 5 月 30 日）

我到上海会着周孝怀先生的一位侄子,问他周孝怀先生的近况。他向我说:周先生住在大连很不安,近来想在中国里找一块干净土来住家,终于没有决定在何处。在青岛吗? 或上海吗? 回浙江吗? 或四川吗? 我不禁叹息起来:这样一个大的中国境内,一个人竟找不着住家的地方,可以想见中国现在糜烂到达什么程度了。又有一位德国朋友,是孔士洋行的老板。招待吃饭,他说有一笔财产,放在德国银行不安全,于是放在一个英国银行,以为比较来得稳健一点。谁料去年英国金镑大跌,他赶快地取出来放在一个美国银行里。最近他兄弟在德国给他拍电来,传美国将要废除金本位,金价跌落得很厉害。于是乎,他听了又赶快取出来,去放在一个法国银行里去。你们看今天的世界恐慌到什么程度?!

《嘉陵江日报》1932 年 5 月 30 日

为什么发行这小小的半月刊^①

（1932 年 6 月 19 日）

　　我们请张从吾先生编辑小小的《新世界》半月刊，张先生问我们："请你先说，为什么要举行这小小的半月刊？"我写了这篇意见答覆张先生，亦以供给读这半月刊的许多朋友。

　　我们盼望中国人，尤其是我们事业中间的朋友，认清楚我们今天所处的世界，不是向来的世界，是变化得非常之厉害的世界。向来我们是以华夏为天下，我们所感觉的世界之大，不过是我们中国加上四围多少有关系的蛮荒。这世界里的人们非常幸福，只需要天下无事，便可以各自乐业安居。要在市集中才找得着热闹的人群，要在年节庆吊中才找得着亲戚和朋友的关系。大家最希望的是相安，最恐怕的是相扰。集中希望于消极，消极到只有家庭，只有个人，消极到化大事为小事，化小事为无事，——此种倾向，尤其是涉及公众，更为明了。除了为个人要求，偶感忙碌，便可以从容幽闲，咀嚼人生。有识的朋友的胸襟，常怀着诗情；无识的朋友的脑里，常堆着故事，常常赏着了花好月明，常常想着了骑竹马、放风筝。如果不发生意外的变化，这样的世界倒也是安详的、清净的，最足以使人留恋的，我们亦愿永远居留在这世界当中，不愿离去。

　　不幸世界发明了一种方法——一种科学的方法，是专门用来整理人们的

---

　　①　本文是卢作孚为民生公司发行的《新世界》撰写的发刊词。

经验的。任何事物,一经接触了它,横的方面,便被它理出一个系统,纵的方面,便被它找出一个因果必然的变化。人们使用这个方法在物质上,便产生了两种伟大的事业,机械的和化学的。在社会上便产生了一种伟大的组织。从经济方面说:这伟大的组织,几已成为整个的世界,而这世界是同地球一样大的。

自从人间有了这个方法,便把整个的世界改变了。向来我们的世界,各管各是最经济的事情;而今这一个世界,要集中最大的人群于最大的工厂、最大的农场、最大的矿坑和最长的交通机关才最经济。向来的世界,只须人各为其自己;而今必须要整个社会的人相为,而且是要在整个的组织、整个的系统之下活动的,必须每一位朋友努力于社会,亦倚赖着社会,不能再仅仅努力于个人或倚赖着家庭。而这样的社会,在今天的世界上,许多人正在努力创造。我们中国却正待创造。我们正从小小的几桩事业中努力作这样的创造。

更就经济的状况说明罢。向来中国人的经济生活以家庭为中心。没有两打伙的农业,亦没有长期几打伙的工业或商业。一般朋友颇能尽心竭力于其家庭的经济生活,因为只有家庭是他们的经济集团,是他们的生活所倚赖着的;向来是没有社会经济集团的,所以无从尽心竭力于社会。而今经济组织随着科学发明扩大了,经济集团已经变成了社会的,须合社会的人力和财力乃能够经营起一桩经济事业来——这社会之大是一个国家或一个地方或一个公司,而一个公司之大往往是铺设到了许多国家或许多地方的。如果我们仍只信赖家庭,不肯信赖社会,仍只尽心竭力于家庭的经济生活,尽心竭力于家庭财富之如何造成,不肯造成社会公共的;乃至尽取社会公共的利益,以造成自己家庭的财富,则所有公共事业都会失败到底的,永远不会创造成功国家,创造成功地方,或创造成功一个公司。我们牺牲了社会公共的事业,苟得了个人一时的便宜,这在社会身上是得是失,很容易打算清楚。直接是损失了这一桩事业,间接更损失了一切事业的信用,这是何等令人惊异的,究在个人身上是得是失,亦需要打算清楚罢。我们自己在人群中直接损失了一度成功,间接更损失一切信用,这又不足以令我们自己惊异吗?

我们牺牲了群的生活的一个新的世界,以苟得了个人一点便宜,绝不是一个得计。须知这新的世界是一个趋势,正向着整个的社会乃至整个的地球推进。它不能停顿,你也不能抵御,你可以打倒帝国主义,但是你不能抵御这新的世界。这新的世界不久便会临到你的面前。岂止你不能抵御,也没有地方逃避——虽然你拿着了苟得的便宜。

这新的世界已经在地球上有各种花样的实现,已经在我们周围有各种的方式压迫,我们已经抵御不得,逃避不得。然而也须知道这并不是痛苦的世界,乃是快乐的世界,痛苦是抵御它或逃避它产生出来的。只有下大决心,挟大勇气,尽我们的花样,定我们的理想,从我们手上去创造它,创造出一种社会的关系,创造出一种有组织的社会的关系,创造出一种互相信赖的社会的关系,创造出一种社会帮助我们、我们帮助社会,社会离不了我们、我们离不了社会的关系。无穷的快乐便会从这世界产生出来。这是我们今天以前不相信社会有,却在眼前,就是我们今天正拼命努力经营的许多事业。或许更说直截了当些,就是许多事业中间的一桩事业,就是民生公司。

民生公司是一个世界,是许多朋友创造出来的一个世界,是有社会的相互信赖的关系的一个世界。这不是个人所有的事业,不是各人只求自利或只求自了的事业,所以不是向来我们所处的无情的世界。这是社会的事业,一方面是集合了社会许多的财力,一方面是集合了社会许多的人力,其最要紧的意义在所共同努力的不仅仅在共同的利益,而更在帮助一般的社会。这范围是超乎事业的本身的,不过事业也在这范围中间的。我们努力于交通事业,是要以交通事业帮助一般社会的;我们努力于机械工业,是要以机械工业帮助一般社会的;我们努力于什么,便是要以什么帮助一般社会的。纵然我们事业的本身有了利益,利益的大部分亦是处理在事业上的,事业上的终极意义仍是归宿在社会上的,纵然我们为了工作的朋友谋利益,亦是共同的利益,而非个人的利益,而是共同的范围,亦往往不仅及于工作的朋友,而及于一般社会的。我们希望这世界当中有美满的住宅,而是努力的朋友所共同拥有的;我们希望这世界当中有美满的学校,而是努力的朋友所共同拥有的;我们希望这世界当中有娱乐的设备,而是为努力的朋友所共同享有的。而这所有一切的帮助都不仅仅及于事业中间的朋友,都要及于事业周围——及于社会的。帮助社会,是我们的中心意义。我们在任何时间、任何地方都不要忘掉这中心意义,永远帮助这桩事业,去帮助社会——乃至于全般社会。你个人的问题让这事业去帮助你解决,你则去解决这事业的问题。你时时刻刻耽虑着你的事业,不要时时刻刻耽虑着你自己。如此贯彻下去,事业便会成功的,你便会在事业中间成功的;换句话说:新的世界便会成功的,你便会在新的世界当中成功的。

只要我们希望这新的世界到来,新的世界便会到来;只要从我们手上创造这新世界,便会完成这新的世界。我们亟应决定事业的一个理想,作为我们理想的一个世界。不要以为社会不可信赖,只要我们造成社会的信赖。不要怀疑事业会失败,只要我们决心不让它失败,它便不会失败;绝不要怀疑我们的理想不会实现,只要我们要它实现,它便会实现。

这新世界是实在的,因为它是在我们手中的;亦有如这《新世界》小小的刊物是实在的,因为它是在张从吾先生手中的。的确的,从这刊物上看得出我们希望的新世界,从我们的手上便做得出来我们希望的新世界。

从吾①先生! 努力吧! 我们急切地盼望着你创造的新世界! 事业中间的朋友更都努力吧!

我们急切盼望大家手上的新世界创造出来。

卢作孚

(民国)二十一年六月十九日于上海

《新世界》1932 年 7 月 12 日第 1 期

---

① 从吾即张从吾。

呈请巴县政府准予成立兼善初级中学及附属小学校董会函

（1932 年 7 月 13 日）

为创设北碚私立兼善初级中学及附属小学呈请准予成立校董会事：窃巴县所属北碚数年以来地方安静，附近沿嘉陵江三峡一带实业繁兴，交通便利，而西南唯一文化机关中国西部科学院适建于此，既无通都大邑之浮嚣，又非穷乡僻壤之鄙陋，环境之佳无与比伦，诚一培植子弟之良好地方也。且渝市为吾川商务中枢，近在咫尺，而三峡一带新兴工业正在萌芽，其间需才之亟匪可言喻，若能于此大好环境之中训练适合于工商事业之人才，其补益吾川固非浅鲜。△△△等再三筹议，佥以为创立学校以适应环境，不容稍缓，爰集合同志于中华民国十九年七月下旬开设立者大会于北碚，公推卢作孚为临时主席[①]，决议创设初级中学，附设两级小学一所于北碚，定名为北碚私立兼善初级中学校，同时公推△△△等为校董，更由各校董公推卢作孚为主席，成立北碚兼善初级中学校校董会，更由各校董设会所于北碚东岳庙，自是积极筹备，以期稳固。至设备费及经常费由中国西部科学院担任，除设备费不计外，每年拨助银六千元，如临时需款或扩充班次时增加经费，则由校董会负责筹集。所有筹备及组织校董会经过情形，理合连同校董会章程，备文呈请钧府转请四川省教育厅准予成立，并恳颁发铃记一颗，以昭信守，实为公便。

    谨呈

---

① 说明：当时卢作孚出川考察尚未回到重庆。

巴县县政府县长冯

计呈校董会简章二份(略)

设立者:卢作孚　谢明霄　黄子裳　郑献征　王伯安

郑东琴　唐瑞五　骆敬瞻　郑璧成　唐建章

唐贤轶　李云根　何北衡　罗广业　熊明甫

杨次臻　邓少琴　何静源　文德扬　张澍霖

在中国银行星五聚餐会上的谈话^①

（1932年7月）

　　四川所有的一切，都是很幼稚的。这几年中，大概自民国十五年以来，我在重庆和几个朋友，做过几件事情。在经营方面，办有川康殖边银行，另外还有一爿民生实业公司，内部办三种事业：（一）航业，有十八只轮船，小的是非常的小；（二）机器厂，设在重庆；（三）自来水及电灯厂，民生实业公司之外，还有北碚铁路公司，设在长江上流，专以运煤为主。又在乡间北碚地方，办一小小的农村银行，有几万元的资本，另外还办一家小小的工厂。关于文化方面，办一中国西部科学院，以调查农村生活为主，不在深切的研究，所以另外设立农产化验所及农场，并附设中小学校各一。其意义在培植科学和生产事业人才，所以所授学科，除普通科目之外，再灌输统计、会计、保管等学识，使每一个学生都有这种技能，那么中学毕业以后，对于生产事业，足以服务。另外再设立一个小小的医院。离开重庆十几里地方，有一个温泉，在那边就开辟公园，供人游览，并设立一个小小的图书馆、小小的公共运动场和公开阅报社。从北碚到重庆，有一个乡村电话。此外还有乡村警察，因为在前几年，四川匪风甚炽，才组织一个机关，叫做峡防局，来办这件事情。差不多除了中国西部科学院之外，其余事情，都[是]由这个峡防局办理的。所办的各种事业，成绩当然谈不上，因为尚在草创试验期中，今天发现差误，明天设法改良。所以每一二

---

　　①　题目是编者加的。

316

年终要到外边来一次,学一些方法。这一次自己到上海来,除要办理几件事情之外,就是想多学些方法。

再简单报告一个消息。在重庆自五月一日起,办一个国货展览会,展览时期定半个月,也许会延长。展览会之后,预备成立一个国货陈列馆,就设在重庆总商会里边,现在正从事征求样品。

讲到购买力方面,四川比上海低。价钱高贵的,在四川很难销。价钱低贱的,比较容易售出。以三友社所出的自由布而论。三十二支的可以卖出,四十二支的就少销路。因为四十二支的价钱,要贵一些。二十支的阴丹士林布有人要,三十二支的就难售出。因为二十支的价钱,要便宜一些。这就可证明四川的购买力,是很低的。关于在川陈列样品一层,当然不是积极办法。但有陈列终胜于不陈列,有货运去销售,当然更胜于陈列。但是有一个问题。譬如重庆缺乏的东西,如新闻纸原纸等,上海不知道其需要,而重庆也不知道上海可以供给,所以最好设立一家国货商店,完全经售国货。此次中国银行张禹九先生,很热心的去,希望可以把这种介绍国货工作鼓动成功。这件事情,在重庆提倡起来,由上海加以力量,那么两面联合起来,一定可以成功。还有一件事情要介绍。今天以前,四川商家到上海办货,大都派有庄客。这种庄客,很是旧式,办货不直接到工厂和大商场去,平时坐在四川人所开的栈房里面,由跑街来和他接洽,中间当然吃亏不少。所以更有提倡信托事业的必要,来办这种事情。其他如保险、运输等,也可以由信托机关代办。这件事情如能做到,那么国货运去推销,更能便利。此时很想和上海几位朋友商量,假使上海能和重庆携手合作,那么一定可以成功。如是以后,国货情况,当然会比此前好一些。

四川的出口货物,以丝和桐油为主,丝的情况,和江浙两省差不多。目前金价虽贵,但丝价非常低落,无法出口。其次桐油,这一二年中,还算平稳。但以价目涨落不一,以致吃亏不少。这是生产数量最大的。其他如牲畜方面,羊皮牛皮,最近几年中,出口很少,以致进口货多于出口货。入超的结果,汇水涨的很高,像重庆一千六七百元汇到上海,只作一千银两,汇水占一百多元。因此货价就提高百分之十几。这在进口方面,当然很难。关于丝的出口方面,已经有相当的办法。重庆经营丝的共有九家,现在联合起来,筹集基金二十万元,向重庆银行界借款一百万元,从事收蚕。从前各家收蚕,大都竞争收买,以致蚕价很高,成本加重,出品低劣。现在联合收买以后,可以平均蚕价,缫丝出品,亦可定一标准,将来出品,当然减少许多困难。四川丝商因得到银行界的帮助,在这一年之中,也许不会吃亏。因丝价低落不能售出时,还有暂为存贮的能力。四川缺乏资金,确是事实。货色一运出以后,就要将货银带回调剂,否则市上周转不灵。四川银行界,因力量薄弱,对于丝一方面,能够这样帮助,对于其他方面,就有心余力绌之感。譬如桐油商最近也联合组织,集资二十万元,拟向银行界也借款一百万元,但银行界因力量不够,不能答应。这一次自己赴汉口,对几个朋友讲,将来四川有桐油运到汉口,如市价低落,请设法暂贮栈房,藉资帮助。假使将来有桐油运到上海,希望上海方面,也要设法帮助。以前四川商家和钱庄借款,数目很小,期头也短,现在和银行往来,当然没有这些困难了。

《中行生活》1932 年 7 月第 1 卷第 3 期

在民生实业公司旬会上的讲话

（1932 年 9 月 27 日）

　　我想在这几个月间，公司的情状，每人都是想尽情知道的。公司今年自开始经营下游航业起，直至今天，算来已有二十只船了。但是民江已死，民选不生不死，不知何日始复活。民强久病，现正在上海从事医治。已经把它船身接长了一丈，等待机器装好，即可祝其长命富贵也。还有常在行程中，自动停摆的民享，现在决意将它拍卖出川，或整卖或零割，均在所必行。另行买机器造船壳，不久即又航行。今年新买的民康，前到上海彻底改造，比以前接长了一丈，速率比以前要快一些，每一点钟可以多走一海浬半。又新买一只皮托谦，拟再走两轮水，然后开到上海改装。已另订好船壳，将来把它改装成十九丈五尺长，十五丈〇九尺深每点钟可走十一海浬的航船。计算到今天，我们二十只船中，死者、病者、坏者都有。死者盼其复生，弱者盼其复强，不好者将其舍去，这是公司目前重大的问题。我们全体的同事，都该晓得，并望大家努力做去，方能圆满解决这个问题，以达到最后的希望。

　　此外尚有一只川江公司的新蜀通，在黄浦沉没，现将捞起，待看机器有无损坏，将来再决定收买。计算民康在十月初间可望来渝，民强十二月底可往来渝。还有假定名称为民族的一只，大致在廿二年的一月十七日以前，可望来渝。其他民江、民有、民选，尚停在修理厂，何时复活，尚无确期。这样看来我们二十只船，目前就有七只船在歇空。若是把二十只一齐摆出，同时活动起来，大家生产，公司的困难亦就可望渐少了。这个局面，还是要请各部分的同事的努力,才不至于失败。

其次关于我们资产的情形,也得详细的向大家说说。我们现在的资产额,是一百八十万。这几年来,我们提出来的保险费、公积金、销磨费,共计已有四十万。公司股本原定一百万,现已募得八十万,于最近期中,加紧募股,可得二十万。三项共有一百四十万,与资产额相较,不过只差四十万了。在这个问题当中,就要希望船上各经理、副经理,注意茶房的训练,妥为招待客人,注意保护客货,以广招徕。岸上的人,注意尽力的揽货。似此船上岸上合力经营,总使轮船往复不歇,预计今年内,可以期得赢余二十万元,核与资产额相差即只有二十万了。此二十万元,从二十二年一月起,至二十三年八月止,每月在赢余中提一万,即满可以抵偿了。这就是本公司资产额和抵偿的情形。

我们对于各个同事的居住、子女教育、医药、娱乐等许多问题,并没有忘记。不特没有忘记,还是时时都在想法,以谋能决。如系关于住的问题,早已有一种提议的。我从现在的账上看来,已经可以办到提出五万元办理这住的事情了。在我的意思,我们只是抱定宗旨,为民生公司做事。我们的一切衣食住的问题,将来都应该让公司来为我们解决。既是这样的打算,那么,我们此刻就要把公司当成自己的家庭。公司的二十只船,就好比是自己的儿子。现在都在幼稚的时期,还要靠大家协力把他们培养成人。自然这二十个儿子,会对我们来尽他们抚养的义务。所以我们在此刻,还是吃苦的时期。只要度过了这个时期,就对了。

至于说到工作分配的问题,我觉得各部的问题,应该由各部负责的人去解决。我们公司的负责人,应该多留点时间,把各部(船厂、趸船)整个的计划、整个的监督,不必去代各部分解决细致的事情。这样做,倒还扼要一点。我想,我们要使各部事业振兴,就要先使各部分的各个人,都要能工作紧张起来才行。但是要如何才能使人们这样的活跃呢? 我在此间提出一个原则,就要想一种办法来提起各部各职工本身的兴趣,以养成他们有秩序、有方法,而且努力工作的习惯。这种兴趣,如何才能提起? 我觉得非有竞赛(即是比较)的兴趣不可。比较,可以拿自己前后的工作来比,可以拿多数人的工作来比。比较的结果,即在新世界半月刊上发表。像这样的活动越多,比较的越是有趣。我盼望各部分的经理,大家应在这些地方多多注意。

《新世界》1932 年 10 月 1 日第 7 期

在民生公司第一次朝会上的讲话

（1932 年 10 月 8 日）

照着今天这个会，以后每天都有一次。此会的意义，在使各部相互了解每日进行状况，并促其进步，在使了解各部每一个人办事的方法和其结果，有无善状。每部分的人，都应相当准备次日的报告。例如潘少毕最近所制的油表，张华贵所制的轮船航行停泊修理表，逐日配派航线表，都可提出向大家说明，以供参考。此后各营业、会计、出纳、运输、保管各股，都应照此把所作的事，在朝会中报告出来。此外即本公司全体职工的生活方面，亦须注意。尤其是公司内一般青年，其能力见解，有无进步，也应该就此机会，去想办法，总期使每日都有进步。至于住所、茅厕、食堂及一切地方的清洁问题，亦在讨论的范围。以上所说，都是这个会的内容。今后盼每人必到，按时开会，并请文书主任陈觉生负督促摇铃开会的责任，潘少毕负责设备会场的责任。今天就请潘少毕说明所造之油表，张华贵说明所造之航行各表。

《新世界》1932 年 11 月 1 日第 8、9 期合刊

在民生公司第四次朝会上的讲话

（1932 年 10 月 13 日）

昨天看一练习生致张从吾的信,说民生公司只知赚钱,不顾及练习生的钱够不够用,自怨父母不该送他读书,反转不及一个当茶房的等语。这种思想,毋乃太过错误。(原略)我们应该把社会放在前面,把个人放在后面。个人练习能力,是为社会。社会有办法,我们自然有办法。

《新世界》1932 年 11 月 1 日第 8、9 期合刊

在民生公司第五次朝会上的讲话①

（1932 年 10 月 14 日）

朝会的意义,在盼望各部分报告他对于职务进行的概况和所得的方法。再者,我主张民生公司的人,应该明了各部办事的手续和其内容。最好各部轮流报告,或每部每个人轮流报告。

每周的六次朝会中,须有一次有意义的讲演。讨论结果,每周星期一举行讲演。讲演人由星期六朝会时推举的星期一的主席延请。

《新世界》1931 年 11 月 1 日第 8、9 期合刊

---

① 根据《新世界》第 8、9 期合刊(1932 年 11 月 1 日)第 22 页《民生公司朝会记录》整理。

在民生公司旬会上的讲话^①

（1932 年 10 月 17 日）

一、服装问题

今天解决这个问题，我觉得只该决定几个原则就够了。

1.高级职员服装,公司津贴三分之一,低级职员服装,津贴三分之一再加一点。

2.样式,依照中外船员一定之服式。

3.制服,在职时必须穿,不在职时可不穿。

4.小工应同其他一般低级职员,照样,取保。服装津贴,亦同低级职员。

5.服式及颜色,不在此讨论,由公司决定。

总体来说,我对服装的最大盼望有二:

1.提倡短服,以整顿精神,便于操作。

2.提倡布服,经穿,耐久,合乎俭德。

二、职务清理问题

职务清理,是随职务分配而来的。分配了职务而不清理,那么,执行未执行,完成未完成,都不知了。所以在分配之后,加以清理乃是当然之事。不过清理也要有方法。每天各部分分配今天的工作,回头就要清查昨天的工作做

---

① 根据《新世界》第 8、9 期合刊(1932 年 11 月 1 日)第 30—33 页《民生公司旬会记录》整理。

325

完没有,做好没有。好比如船到了重庆,事务所就把经理的职务清理清理。船在行程中,经理要清理各部的工作。各部每一个人,也须自己清理自己的工作。在事务所方面各股,如会计、出纳、保管、采买,也须各部分自己清理起来。乃至如工务、工料各部,亦莫不如是。总要有秩序的清理。

三、最近募股的情形

我将最近募股的情形谈谈:截至今日止,已募足八十七万,未及十天,差不多增至廿万,较原定一百万,只差十三万之谱。这些股,是从军、商、政、学、绅以及本公司的职工募来的。更希望全部职工,都能加入。由职工而同时为股东。对于职工入股,已定有特别优待的办法,赓着就要宣布。至于红酬的标准:1. 月薪多者,红酬少;月薪少者,红酬较多。2. 能力高者,红酬多;能力低者,红酬少。3. 对于职务尽责者,红酬多;反之,红酬少。4. 对于公司没有不妥当的行为者,红酬多。

四、关于公司的问题

我主张每日午前八点半钟到九点钟,开一朝会,报告或讨论各部的问题,请潘少毕负责设备,陈觉生负责召集开会。就从明日起。

五、最近与聚兴诚银行商量组织一个会,联络感情。

《新世界》1932 年 11 月 1 日第 8、9 期合刊

在民生公司第十八次朝会上的讲话

（1932 年 10 月 29 日）

　　船上用的各种物品，公司应该有个陈列的地方。至于各物品使用的情况，也应该有一种统计表。

《新世界》1932 年 11 月 1 日第 8、9 期合刊

我们对于一件事情①

（1932 年 10 月 31 日）

今天不是要报告一桩事情,乃是要提出一桩事情。我们对于一切事情,都需要有一个明了的观念。对于民生公司的观念,我们更应该要明了。记得一年前到东三省游历时,参观日本人经营的每一个事业,它的职员都能够清清楚楚的答复出它的全部内容。反观我们公司,今天还有许多职工常常在问我:"公司现在有好多船呀?"须知对于民生公司内容的明了,是与我们作事的兴趣和事业很有关系的。好比如像民生公司现在究竟有好多船,我们必须明白。民生公司现在各轮船的吨位、马力,总共有好多,我们也要有个统计。又好比如像我们的资产负债总额好多,欠职员好多,欠别人好多,该收进的如水脚等好多,我们都要把它一一的弄清楚。再好比各船烧的燃料,这一次是好多,上一次是好多,应该有个统计,而且还要根据统计,造出比较表来。比方说民安这一次比上一次多烧或者少烧几吨煤,那么,我们就要研究为什么少烧或多烧。其次,又如在各处上的煤,消费量是不相同的。好比如像在重庆上的煤,就要比在汉口上的煤少烧些,但是一直到今天,因为还没比较,所以本来可以省许多煤的,结果我们并不曾省到一点。今天以后,我盼望每个人都要把这些数目弄清楚,并由新世界介绍到各船去。永年轮的煤,因为我每次挽［找］到大车要闹清楚,结果由四百零吨减到三百几十吨。因此,我觉得把数量弄清

---

① 这是卢作孚于 1932 年 10 月 31 日在民生公司第十九次朝会上的谈话。

楚,是一个很重要的问题。

我们作事的兴趣,可从两方面鼓动起来。第一是人与人的比赛。这种比赛,要能够摆出来使各个人都晓得,以激起其竞争心。第二是不断地前进。好比如像民主昨天烧四百六十吨煤,今天烧四百五十吨,明天烧四百四十吨。那么,他以后更有兴趣,一定要努力再减少。所以这些事情,我们都要弄明白。因为要明白过去的数目,才能定未来的计划。所以我们为了鼓起作事的兴趣,为了作未来计划的根据,为了对答外人间的询问,都应当把这一切一切的数目弄明白。盼望大家集中精神,努力这件事。

民生公司今天有个缺点:事情当前时,吃紧一下,事情过去了,就松下来了。我们要打破这种现象,把经常的工作弄得非常紧张。

回转来举个例。去年参观大连埠头,一位中国话说得很好的日本职员说:"我很愿意告诉你们一切:本埠现在有四个码头,同时能容卅九只五千吨的轮船。日本有七条航线,去年出口有五千多只船,日本占了二千多只。另外有一个较远的码头,专启运危险物品。轮船进出口的货九百廿万吨,每年约可增加一百万吨。轮船进口一百五十万吨,出口七百七十万吨。中有煤三百六十万吨,大豆一百五十万吨,豆饼九十五万吨,杂粮六十九万吨,豆油九万吨……"这样多的数目字,整得我们写都写不赢。

再好比如像苏联的五年计划,它的每一种事业,都有一个具体的数目,绝非笼统的空谈。请看今天人家,居然一件一件的实现了。

总之,对于民生公司的内容,我们要有一个明了的观念,这个观念是基于数目字上的。要想把这一切数字弄清楚,却有一种困难,就是我们的技能太差了。所以我们要努力研究,增进技能。以后每天的朝会,就须有关于这种技能之增进的材料。

《新世界》1932 年 11 月 1 日第 8、9 期合刊

在二十一年民生公司临时股东大会上代董事会重申提出增加股额案理由

（1932 年 11 月 2 日）

一、本公司股本额之变更，很大而且很快。从十五年看，初为五万元，十六年则为十万元，十七年十五万元，十九年三十万元，廿年为一百万。迄至今天止资本额已达八十四万三千元，只欠十余万元，便到百万了。但是，现在我们的资产额有一百八十几万，除掉我们的公积销磨约四十余万，比较看来，所负之债，稍嫌大点。本有债辄偿的原则，此为应该增加股本的第一个原因。再我们接川江新蜀通，应在上海另订船壳，修添机器，约需二十多万元，也是应该增加股本的。

二、我们本着简章第二条促进交通开发产业的宗旨，那么，对于交通产业有关的事业，我们应设法帮助。如北川铁路公司，我们投入五万余元资本，但北川现尚有很多困难，对于资本的需要正多，我们应当多方想法，予以帮助。

三、民生翻砂厂，需用煤焦极多，但各地的煤焦，均经试用不好，由于各处无有炼焦煤的方法，所以准备在峡中设一炼焦厂，将来成货可以运出省外，因外面需用量极大，而又无好焦煤，每一吨焦煤运出，可卖二十几元或三十元之价。同时北川需用电力，我们可以就炼焦厂借瓦斯发电，供给北川就不小。同时，马路需用柏油，而炼焦厂可以提出柏油，其帮助于道路铺设者亦不小。现在计划尚未确定，关于此事，已交中国西部科学院从事化验，大致一二月后必得至明确的报告。

四、民生厂对于本公司之轮船修理,都日不暇给,供不应求,每天都在加夜工,实有扩充之必要,所以准备订造一个浮筒船坞,其价在十万乃至十几万,即可办到,此坞不独便利修船,且能救船。在十五丈三以下船,都可以从水中抬起。

五、下游各轮,烧煤甚多,买煤总觉不合算。业与江合公司,共同组织一煤运处,办理此事,亦需一笔巨款。

六、与航务本身直接相关的事业,此外还多,我们都应该择要的进行。以上各端,处处皆为必须增加股额之原因。所以董事会提出这个增股额案,请大家讨论。

《新世界》1932 年 12 月 1 日第 10、11 期合刊

朝 会 讲 话

（1932 年 11 月 3 日）

关于装货,可定出两个方法来,通知船上:1.一切货的重要要弄清楚;2.货的体积——所估空间的大小——要弄清。这两点明了之后,该装好多重,好多容量,便有一个标准。装不了标准重量与容量时,应由装货人员负责。

货的保护:要注意装货与卸货的联络,要与囤船联络,要与行船联络。要使他们都知道保护。运输处今天就要以这个工作作中心办起来。

今天运输处的事情,是应付的多,整理的少,以后须谋全部的整理。

在政治上不安定的现局下,那[哪]天要倒几家商号,那[哪]天报关行要扯拐,我们实在没有把握,所以水脚收现的运动,是很切要的,虽然很困难。

水脚太低,只要肯想办法,是会慢慢提高的。而且今天我们还可以找到几个帮助:第一找航业公会帮助,第二找航务处帮助,第三自己直接去找帮助。

《新世界》1932 年 12 月 1 日第 10、11 期合刊

朝 会 讲 话

（1932 年 11 月 5 日）

图书室最要注意的有两点：1. 要使人与图书发生联系。单是买些书来放起而无人看，那简直是藏书室。2. 各船的图书馆，要设法办起来。搭客在船上无事，须要看书，比我们急切得多，不过搭客们要的是些什么种类的书，务必设法知道。单是书还不够，图画、照片，更需要。

《新世界》1932 年 12 月 1 日第 10、11 期合刊

北碚农村银行的三项工作

（1932 年 11 月 6 日）

　　【11 月 6 日,北碚农村银行举行第 1 届常年股东大会,熊明甫主持大会,卢作孚报告银行开办以来经营情况,提出应努力的 3 项工作】1. 帮助商人;2. 帮助经营煤业;3. 促成新兴事业。

《嘉陵江日报》1932 年 11 月 8 日

与恽震问答录①

（1932 年 11 月 17 日）

十一月十七日　　　星期四　阴

晨发自合川,午一时抵重庆。由罗瑞芬君伴往购物。再访卢作孚先生,谈合川电厂注册事,又问答如次。

恽问:贵公司人员,薪水甚低,厂长月薪闻仅四十元。每年加薪一元至十元,平均为二成。除以至好朋友团结外,先生如何维系此十余人之心,使能安于工作,而不外骛?

卢答:本公司不能出大薪水,且不能多加薪,但愿负责使各同事之生活,由公司代为解决。例如住宅问题,已由公司从盈余中提一巨款,购地建房,以后养生送死、疾病生育、儿童教育、恤孤抚婴等责任,均可由公司负担。而同人只消安心努力,为社会服务,其他不必愁。上自总经理,下至工人,皆同此待遇。

恽问:对于不能合作或有恶习嫌疑之人,先生主张酌量通融抑或主张一刀两断?

卢答:绝对的一刀两断,不妥协。余屡次任事,必先向主管上司声明,绝对不许用条子派荐人员。接任航务管理处时,旧人习气太深,其中虽有好人,亦清浊难辨,只得全部换过。民生公司董事会,任会计一职,必须董事会委派。余为总经理,坚持必须余自用,否则宁可不办民生公司。

---

① 题目是编者所加。恽震为著名电工专家。

335

恽问:若自用人员,亦有恶习嫌疑,人言籍籍,查又无据,则奈何?

卢答:此事应尽量彻查,如有其事,立即撤换。否则当彻查经过公布,俾释群疑。

恽问:先生是否将最简单之言语,说明四川现状。

卢答:四川人并不排斥外省人,学校经费尚能保持独立,军阀防区内地方建设,亦有相当进展。任何城市,皆有马路数条,公园一所。民国已经过萌芽时代及与军阀抗争时代,现在组织尚好,与人民及军阀皆相安,土匪无法滋蔓。余深信武力不能统一,惟建设可以统一。目下最可痛者,惟鸦片之流毒,将来总要中央及地方各方面,下决心始能铲除。

《旅行杂志》1933 年 3 月第 7 卷第 3 号

朝 会 讲 话

（1932 年 11 月 19 日）

今天我们的船,常常发生毛病的原因很多:第一是船买得不好;第二是船应修理时不觉得。第三是船应当修理时,却鼓捣拖。至于引水人才的问题,现在已逐渐解决了。

常有船停在厂方,很久都修理不起,这是厂方备件不齐,迁延时日的关系。今天以后,盼望厂方事前就把备件准备好了,一个船停了,很快的修好。还有一桩事情,就是备件来源的问题。今天以后,我们先要打算一下,哪些东西应当买外国的,哪些可以自己造。否则做些来放起不中用,实在太不经济。其实这些事情,都是船上同岸上可以取联络的。民生公司只有两个问题:一是联络;二是人才。所以今天民生公司只要找到人来把一切秩序建立起来,使各部都能联络好,那么问题就很少了。

《新世界》1932 年 12 月 1 日第 10、11 期合刊

朝 会 讲 话

（1932 年 12 月 9 日）

1. 通知各轮船,凡中外轮船需要我们帮助的,就要马上帮助。我们要把这种帮助人的风气提倡起来。

2. 通知各轮船、各办事处,以及各分公司,要注意时间问题,船多待一天的损失,实在大得很。

3. 通知各轮船,行动一定要有决断——很快的决断。无论怎样,都要缩短停泊时间,增加航行时间。

《新世界》1932 年 12 月 16 日第 12 期

中国的问题是人才有无的问题[①]

（1932 年 12 月 12 日）

在我右边的，是宋师度先生。我与宋先生，是先在文字上认识，后来自己到成都，才得与宋先生见面的。那时宋先生正与一位朋友在办四川群报，我亦加入。后来自己帮杨子惠办学校去了，与宋先生同事的那位朋友亦走了，四川群报亦改称为川报。虽然经费困难，环境恶劣，但是宋先生仍独自经营到民国十四年。宋先生这种精神，真值得人佩服。

我们应细细玩味宋先生演词中最精彩的一段：做大事，成大才；做小事，成小才；不做事，不成才。

人才，要用得得当。我们曾看见的人才，例如梁启超，会作文章，我们可以说他们是文章人才。但是他们要当官，那就不是人才了。因为他们不是当官的人才。学校不是训练人的地方，更不是训练领袖的地方，只是训练学习做事的地方。因此，做大事是不很容易的。以前曾找一位下江朋友，请他介绍人才到四川来。他说：人才有三种：1. 原来没有钱，没有事，没有人才的，要办成有钱、有事、有人才，这是第一流人才。你说，你说，中国有几个这种人才？我回答不倒他。所以他又说：2. 原来有钱，有事，有人才的要把事办好，这是第二流人才，你用不着这种人才。3. 在人领导之下把事办好，这是第三流人才。请问

---

① 1932 年 12 月 12 日，宋师度应邀在民生公司朝会演讲《人才的造成》。讲演后，卢作孚作了这篇讲话。题目为编者所加。

你们四川有没有领导的人？有的,在麻雀桌上,在烟酒场中,领导的人多着哩!所以我不敢介绍这流人才到四川来。由此,可见人才不容易找,特别是四川。古人办事有用违其长,今人都往往用过其长。"例如某甲最好当个县长,其实已经过大咯,最好是当个乡约。"这绝不是瞧不起某甲的话。又如某乙最好当个旅长,其实也大了,最好当个连长。然而他们要当大的,所以把他们已有的才能都显不出来了。因为他们只是当乡约、当连长的人才。

数年前与璧成①到南通参观张季直②先生的建设事业。问他:你老人家经营的事业好呀?他说:难呵!追问他为什么,他说:人才缺乏,人都没有旧道德,人人都有我见。我的意见则不同:1.旧道德不适用。因旧道德知识消极的告诉我们怎样去做一个好人。我们要建议一种积极的新道德来指示群体去做好人。2.中国人都没有我见。不信,你试去问:先生,教育应当怎样办呀?初级教育应当怎样办呀?现在的小学教科书中的材料要不要得呀?要不得,应当用什么材料呀?怎么编制呀?他一定没有意见。好有又再去问乙。你说:先生,开发事业应当怎样办呀?矿业应当怎样开采呀?怎样提炼呀?等等,他也没有意见。再去问丙,没意见,再去问丁还是没有意见。可见中国人都没有我见。掉转来,你如果拿大题目去问他们,他们的答案都是一样的。好比你问他们,民应不应当爱呀?应当爱。兵应不应当裁呀?应当裁。铁路应不应当修呀?应当修。他们会同样的答复你。这都是他们的面子话。你也许要说,但是就他们壳子里的企图说,又何尝不是一致的呢?可见中国人都没有我见。所以中国人并不是意见的问题,实在是人才的问题,是人才有无的问题。

《新世界》1932 年 12 月 16 日第 12 期

---

① 璧成即郑璧成。
② 张謇,字季直。

朝 会 讲 话

（1932 年 12 月 13 日）

公司应该有一个救火的组织。不单救己，有时也可帮助别人。请在今早晨朝会，推出几个人来负责研究妥当后，另外特别召集一个会来解决。

《新世界》1932 年 12 月 16 日第 12 期

我们应该学北方人那种和蔼的态度

（1932 年 12 月）

  有桩事情，要特别请下面坐柜台的几位"先生"注意。许多人都感觉的民生公司不是个商店，是个衙门。问他的事情，他不高兴时就不来你的气。这个现象，应得改良一下。无论什么人问着，都要与他答复。即使他问错了，你亦要指引他到该问的那一部分去。对答时，态度应该客气些。还有，凡是友人等着的事，都要提前办理，都要赶快办理。我们四川人与其他的南方人一样，脸色是不大好看的。我们应该学北方人那种和蔼的态度。又以后的轮船消息，○○○、○○○、○○○三位菩萨，应该每天都把它弄正确。有人问时，三人要多多答复。彭经理①曾提过："民生公司应专设一个询问的人。"不错，在公司各部的人都齐了以后，询问处是要设起来的。

《新世界》1932 年 12 月 16 日第 12 期

---

① 彭经理即彭瑞成。

航业为什么要联成整个的

（1933 年 1 月 15 日）

民生公司为了要把川江华商经营的航业联成整个的，引起了外间不少的误会，认为民生公司抱的是帝国主义，压迫弱小公司，要操纵航业，要垄断独占，乃至于对着民生公司切齿痛恨。这在我们是感觉得非常沉痛的事，值得沉痛地解释的。民生公司之盼望航业联成整个的，不但对航业界是好意，是帮助的意义，对社会尤其是好意，是帮助的意义。民生公司之合并任何轮船公司，在事实上都曾经证明是帮助了他们，同时亦是自己吃亏，以为在今天以前，独立的公司曾经折本、负债，至少亦没可靠的赢余；自与民生公司合作起，直至今日止，是事实上证明有赢余的。在民生公司开始与福川公司合作时，福全轮船是只估得银七万元，民生资本十七万，当时岸上事业便达资产十七万，尚有民生、民望、民用三只船，都没有算上一个钱。后来合九江两只轮船加上一只囤船，亦只估得十六万。再后合通江、嘉福、岷江三只船估价九万一千三百元，仅得一只可用的通江船。嘉福改为民享，虽然先后行驶了几个月，收入还不够它的修理费，而今机器船壳都废掉了。岷江则至今尚停在修理厂外。合并重庆轮船去银三万元，而今改为民选，为了修理，乃加上银五万余元，共值八万余元，走得与否，尚是一只未可知的轮船。合并乘风，改为民殷，去银三万余元，可值钱者，只有机器，船壳至今悬为问题，尚待更换。长天丸去银六万元买来，改为民强，行驶不过几次，每次必有问题，而今只用船壳，去了机器。须知六万元可以造成同样大的新船壳了，而这一只旧的船壳便去了六万。利通改为民觉,去银四万六千元,须知它是新船时,只比民生多费一千余元,只去三万六千余元。这都是上游的轮船,很可以证明吃亏都在民生公司,次则先合并的福川、九江公司,而不在其他合并的轮船原有的公司。他们以历年亏折,掉得现金,或掉得赢余,其为额又都超过他们的轮船所应值得的。如果另有公司能以这种精神合并民生,亦应是我们所十分愿意承认的。

到了今年合并下游的轮船,民生的船价应是二十五万元,因在福顺时候有两只修理船价,乃加了十万。民康的船价是十二万元,因在涪丰时候有一度修理,船价乃加了五万。永年共费去二十八万元,若加上汇水,应到三十万元以上,以今天造船的价廉,直可以此船价造成同样大的新船。皮托谦去银七万七千两,仅仅买了它的一对机器及附属机件,另造了一支船壳,命名民族,如照同样大的新机器计算亦至多不过去银六万。最近合并万安,它在四年前的卖价是十六万两,今天仍是十六万两,整整走了四年以上,并未要它消磨一点。

我们这样吃亏去与他公司合作,似乎不是帝国主义所肯采的手段,其意义亦绝不在操纵航业或谋垄断。第一就航业本身言,联成整个的,若干轮船只有一个公司,开支应较经济。何条航线需有几只轮船,或某线需要大船,某线需要小船,或有时需要大船,有时需要小船,应着需要分配,更较经济。可以设备比较完备的工厂,担任修理。由重庆、宜昌以至于上海,大小问题发生,自己皆能修理,亦较经济,更较便利。这些利益,不是从社会上去取得的,是从航业一经联成整个的时候产生的。

航业联成整个的以后,公司利益更是安全。一只轮船发生问题,尚有他轮可以替代;一条航线发生问题,尚有他线可以行驶。可以增加救船的设备,或安设在各个船上的,或准备在工厂的。例如橡皮的气囊,是有浮船的功用的。一个公司有了若干轮船之后,尤其是行驶川江,更应设备。轮船公司太多的时候,大家尔虞我诈,竞争营业,水脚时涨时落,轮船的营业太不安定,商人亦太不安定。一经联成整个的以后,则轮船公司间易于协定水脚,与商人间亦易于协定水脚,大家都入了安全的境地。

这些意义是部分的实现了,还有没有实现的部分,是盼望同人努力求其完全实现的。然而这些意义,还没有及于社会。我们最要紧的意义是帮助社会。是帮助货物的运输,十分感着安全和便利。是帮助客人的旅行,十分感着舒服安全和便利。例如客人,例如下游的客人,向来统舱铺位不够,统舱客是散住周围走廊地板上面的,简直不是人的待遇。我们正要求各轮的统舱铺位增加到能供需要,而统舱客票亦只卖到统舱铺位满了而止。船上须设无线电机,沿途可供新闻消息,有了意外事变,亦可求得最近的公司派最近的轮船救济。船上须有急救的药物,须有可以供人读玩的图书。到了夏天,船上须有妥当的洗澡设备和电扇。这些都是帮助旅客的事体。不止这些,不过举例而已。这些意义,尤其是我们应急切要求实现的。

我们甘愿吃亏合并许多轮船,得着的好处,就是以上的意义。我们应将以上的意义,对许多误解的人解释,尤其需要的是从事实上证明。这是我们非常盼望于同人共同努力的。

《新世界》1933 年 1 月 15 日第 13 期

报告几件事情①

（1933 年 3 月 2 日）

自己离开重庆,整整有两个月。但是没有什么工作可以报告,因为都是琐碎的,比较大一点的要算在上海的几件事情了。

一、船的修理　据上海有人统计民生公司在上海修理的船,最多有八只,最少的时候,都有四只。这个问题,还值得注意。所以酿成这个现象的原因有两个:(一)今天以前,各轮没有尽量的保护。所以今天以后,我们要列一个轮船保护之比赛表,使各轮都能保护得好。(二)修理船本身的困难,单是估价就要花一个星期或两个星期。有时价估好了再检查,又好求加价。因为坏的地方太多了,等到价估好了,修起来又要拖延日子。任你怎样催,他却不睬您的。

从此我们得到一个教训:请别人修船,拖延日子不说了,如果某件东西只有某个厂能够修,那你就要被逼到一个住。所以我们需要自己的船厂。因为我们在上海修理的船太多。

二、上海买东西困难　因为公司的事业发展的结果,所以需要在上海买的东西也就多,也就复杂。以致常有重庆要买的这样东西,却被上海买成那样东西去了。自然,这种情形,也许一方面是由于重庆没有开明白,一方面是上海不明白重庆的需要。所以我这一次到上海,就把胡绥若调为采员,另找一位江

---

① 　在民生公司朝会上的讲话,题目为编者所加。

346

苏人来当出纳。

三、上海揽货难　我们的船开到上海,有时市场上一件货都没有。原因是别的轮船公司有心腹报关行,并暗中跌减水脚。我们就没有心腹的报关行,并老老实实的维持原来的水脚。所以我就告诉了张澍霖,我们不要站在维持水脚的前面,也不要站在减低水脚的前面。总之,我们在没有货装的现况下要弄得有货装。

几桩有意义的事

"字典上没有难字。"

世间并没有困难的问题。只要问题来了,我们迎着去解决,就终会解决的。不信让我举两个例证吧:去年我们的兵差费,不是许多人都以为收不到了么? 但是,经我们一次二次三次的"扭倒闹"之后,现在已收到大半了,这是一个例子。其次,下面的兵差,起初我们的船开起下去就被扣,当我接到这个电之后,即刻去招商、三北,"你们的兵差怎么打法?"他们说:"中央要打差的时候,先打电来通知我们公司,又经理酌派一只或两只船去。"我听见之后,唉,好奇怪呀! 为什么我们不能援这个例呢? 因此便打电给军政部、给蒋委员长,要求不要扣我们的船,结果目的也达到了。

上海办事处

上海办事处的组织与职务,我已用会议的方法替他们解决了。并且,今天以后,在每晚(除航空班期比期轮开的日子而外)都要开一个会议,应各人提出自己的职务来讨论或报告。

上海办事处有一个缺点,对于公司情况不甚明了。我替他们想了一个办法,即公司的《新世界》到了之后,要有一个人负专责来报告,看公司有写什么新的办法,有些什么消息公布,可惜,今天以前的《新世界》这种材料不多。今天以后,我们要努力把它充实起来。

三个改进的方法

轮船上(永年、民贵、民康)最近采取三个整理的方法,现在已实行了。

(一)会议的方法 除了消防委员会、卫生清洁委员会、船员考绩会而外,各部还各自有部别会议。此外更有联席办公会。这是民康的办法。他如永年、民贵也都实行了会议的方法。无非会议的种类小有出入罢了。

(二)教育的方法 自民康实行上课教育船员以来,永年亦打算仿行起来。我更希望各部都注重这个教育的方法。

(三)相互参观相互批评 不久之前,永年实行了一次,由民贵、民康去参观。参观之后,批评了永年许多不是处。好了,不几天之后,永年下至茶房、水手都拼命,想把自己船弄好。

总之,一件事业要想成功,非弄成全体的整体的不可。单是少数人努力,即使成功,也算不得全体的成功。

"要把重庆都没有那样阔的房子给职工住。"

民生公司的事业,要想弄好,责任全在职工身上。所以民生公司的问题,要由职工来解决;同时职工的问题,也要由民生公司来为他们解决。因此,我想在今天职工大会提出,将去年收得的几万兵差费,拿出来建筑职工宿舍之用,现在已经请朋友在计划了。今年下半年不动工,明年上半年一定要动工,我们要建筑一座重庆都没有那样阔绰的房子来给职工住。

职工宿舍修起了,赓续着就要在附近设立学校。教育职工们的子女。

《新世界》1933 年 3 月 16 日第 18 期

关于身心修养的两封信

（1933 年 3 月 8 日）

应武①兄：

　　离沪之前一星期日，兄莅青年会问所以修养身心之道，因事忙，未及答覆。怀怅至今，窃欲有言：此日中国，好友所需，不在个人修养，而在社会生活之修养。在工作方面，为社会的；在学问方面，为社会的；在暇余娱乐方面，为社会的；此盖社会生活之三个方面而非离异的三个社会也。譬如吾兄，今所与工作者，民生公司之良友；所与学问者，民生公司之良友；所暇余娱乐者，最好亦为民生公司之良友。又使此三种生活相互有关相互有助乃系身心修养之极，则其所成就，不仅个人，乃一整个的社会也。兄谓如何？示及，当更推论之。

　　敬祝

　　健康！

（卢）作孚　（1933 年）三月八日

澍霖②兄：

　　本日未接航空信，未知强、享、贵、族各轮情况如何？至念！上海会议记录，亟盼寄交总公司摘要介绍于新世界，并盼会议精神及方法日异而月不同，常有新的贡献于公司。各部会议，乃训练人员最重要之一种方法，不但盼吾兄

---

　　①　应武即李应武。

　　②　澍霖即张澍霖。

不断地用之于公司，尤盼吾兄促成在申及到申各船不断地用之于各部船员，公司所以表现于社会者，不在船多，而在船好，而在船员工作之好。能保护船，能保护货，能招待旅客。此三种成绩，均须超中外一切公司之上，乃贵乎有此一新公司也。求有此三种成绩，惟一方法，在人之训练。担任训练者，以船主经理为中心，而更由重庆总公司宜昌上海两分公司帮助之。重庆已着手，宜昌已商肇基，上海则端望吾兄矣。吾兄工作甚苦，工作，亦成吾辈最紧要之生活。工作之训练，尤为吾辈最重要之生活。训练之中心问题，乃在分工与合作，乃在每人有确定之任务，又相互有密切之联络。望兄力分自己之工作于公司之人员，而分精神于公司人员工作之分配与检点。领导人做事，须将自己做事之时间减少，训练人做事之时间加多也。三峡照片太多，未能交航邮，已交民福带宜托肇基觅便轮带申，请致意麦克米林，如来不及交彼带去，当由邮寄英伦。请兄代表科学院请托麦氏千万到英后为科学院征求机械陈列品，为学校商订半作捐赠之机器也。

敬祝

健康！

（卢）作孚 （1933年）三月八日

《新世界》1933年3月16日第18期

朝会与民生公司^①

（1933 年 3 月 10 日）

朝会的形式是好的,钟点一到大家就来齐了。精神可就不好了,报告的材料引不起大家的兴趣。

我觉得一个人在要向公众说话之先,应有充分的准备。公司各部都是有组织的,那么,你在要报告之先,就应该自己同自己商量一下,并同你那一部的人商量一下:看报告什么好,什么材料才引得大家的兴趣,什么材料才是大家所需要的。

在运输方面,有许多统计我们都需要知道,盼望把它弄出来,并且要做得正确。

数目字的比较是很重要的,我们要从中找出问题来报告给大家听。

所以我盼望今后的报告材料,要事前加以选择,加以整理。报告之后,并盼望听的人加以批评。"你报告的某一些材料是好的,请以后多拿这种材料出来。某一些材料是要不得的,请以后改一下。"

大家不要把朝会看得不紧要,须知朝会是我们报告自己做事的结果和介绍自己解决问题的方法的。所以,如果我们的朝会弄到没有意义,就表示了民生公司各部没有办法。如果我们的朝会有结果,民生公司将来也就不

---

① 在民生公司朝会上的讲话。

愁无归宿了。

从明晨早起,要报告的应事前求助于人,切实把材料选择和整理一下。

《新世界》1933 年 3 月 16 日第 18 期

为己？为人！

（1933 年 3 月 10 日）

提出一个含有几分哲理的问题来同大家讨论。

在中国，有许多朋友都说人是为己的动物。自己研究了很久，得到的结论是：人不是为己的，人是为社会的。要说明这个结论，须得引很多很多的例子来证实才成功。

"己"的范围很狭隘。下一个解释：所谓己者，就是"我"一个人；所谓为己，只限于为我一个生活上所必需的东西。例如饿了，必须要吃饭，所以吃饭可说是为己的。冷了，必须要穿衣服，所以穿衣服可说是为己的。风雨来了，必须要住房子，所以住房子可说是为己的。但是，这三桩事情如果严格地说起来，也是为人的成分多，为己的成分少；因为，饿了只须吃得饱就是了，冷了只须穿得热烘就是了，风雨来了只须有遮风雨的东西就是了。如超出这个范围，要吃海参、鱼翅、西餐，要穿西装洋服，要住四合院房子、洋房，那就不是为己的，而是为人的了。社会上有很多人都穿西装洋服，过去要住四合院房子，是因为社会上兴住四合院房子。现在要住洋房，也是因为社会上兴住洋房。

又如挣家务，我们知道一个人要想储蓄财产，必须拼命的节省开支，增加生产。自己一个人这样做还不够，还要告诫他的儿子："你要跟倒你爸爸这样做呀！"还不够，还要告诫他的孙子："你要跟倒你爷爷这样做呀！"但是，挣家务是不是为自己或自己的儿子、孙子呢？都不是的。不过，因为社会上兴挣家务，社会上尊重有钱的人罢了。

又如，自己的父亲、母亲死了，我们常常拼命的办丧事。请问办丧事是不是为自己或自己的父母呢？不是的；还是因为社会上兴办丧事。

再如，嫁女娶妻。为什么一般人常要的嫁奁、喜酒办得很阔绰呢？那还不是因为社会上兴，社会上对于嫁奁、喜酒办得阔绰的人，有时甚至羡慕得口角流油的关系。

最后，让我们再举一个极简单的例子：一个人，除了有特别了不得的事情而外，无论生活如何困苦，总都想继续地活下去。因为他舍不得这社会，舍不得他周围的许多人。

根据以上各个例证，我们可以下一个结论：一个人的思想行动是依着社会的趋势而转变。虽然也有例外。

所以，我们说人是为己的动物，不如说人是社会的动物好。

什么是社会呢？有一派社会学家说：社会是一个有共同生活关系的群体。

另一派社会学家说：社会是一个存在于相互压迫上的东西。例如社会上兴男女各有一种装饰，如果你要故意去破坏它，你就马上要受社会的压迫；不一定是直接的、严厉的惩罚，单是讥笑你就受不了。

这个解释，虽说得相当中肯，但是，是偏于消极的。我以为，不如把它解释得积极一点，说社会是一个存在于相互影响上的东西。举个例吧，好比许多人在演说的时候，常常肯说"今天，这个"等①。于是我在演说的时候亦不知不觉的说起"今天，这个"来。但是，你在演说的时候，如果不说"今天，这个"不会有人要压迫你或讥笑你呀。可见得，这不是受了别人的压迫，乃是受了别人的影响。

一个社会兴哪一种人最有地位，那么，那种人在那个社会里，就影响最大。例如，哪个社会兴有钱的人最有地位，那么，那个社会中少数的有钱人，就最能影响那个社会。

反转来，社会上虽兴某一种制度，例如以储蓄财产为自己及儿孙的生活保

---

① "等"字原文为省略号。

障的制度；但是有一部分人如果要起来反对而且另兴一种制度。假如他甘愿把产业捐赠了而另以自己工作所得为自己及儿孙的生活保障的制度可不可能呢？有些是可能的，那个社会上最有地位的人，要这样做更容易。

中国人今天的生活，为什么很困难呢？就是因为没有把一种合理的、好的生活所持以为保障的制度创造起来。

归纳起来，我今天同大家讨论的总结论是："人不是为己的，人是为社会的。如果社会要求的是对的，我们就要遵从它；如果社会要求的是不对的，我们就要努力把它改造过。"

今天以前，人是以"我"所有的（例如讲究的食品、漂亮的衣服、高大的洋房）来为社会。今天以后，我们要拿做出来的、说出来的为众人做出来，为众人说出来。这样一来，才能创造一种新的生活的依赖、新的生活的保障。只有这种新的生活依赖、新的生活保障，才能创造出新的中华民国来。

（1933 年）三月十日

《新世界》1933 年 3 月 16 日第 18 期

三月廿一日峡防局周会主席报告①

（1933 年 3 月 21 日）

　　今天要报告的第一件事,是刚才与医院商量的关于医院募捐的事,医院为了建筑房屋和点种牛痘必须募捐,募捐却必须有方法。需要募捐见人便募,募得便完,是一个方法,但是一个最失败的方法。如见参观的人动辄募捐,则参观的人会不来了;见医病的人动辄募捐,则医病的人会不来了,所以这回医院募捐,必须先定一个精密的计划。不但医院募捐,今天以后我们任做一桩事业,都得先定一个精密的计划,才不至于动辄失败。

　　医院要建筑房屋先得定一方案,绘成图画,列出预算,制定异于寻常的募捐表册,这表册上捐款人姓名之下,须有数目三栏:第一栏是所捐金额,第二栏是连前共有金额,第三栏是尚差金额。例如建筑一间房屋需银三万元,某先生捐银一千元,连前已收之捐款共有五千元,尚差两万五千元。收得捐款时给收条外,还须有谢函,还须登报致谢,而又将报寄去,皆所以安慰捐款人。什么时候捐款收齐了,什么时候房屋动工了,什么时候房屋完成了,什么时候住满病人了,什么时候为捐款人留有纪念了,都要拍照影片附函寄赠与捐款人。这样安慰捐款人,才是募捐有效的方法。

　　我们开口向一个人募捐,还得斟酌这个人是必能而且必肯捐款的,才不至于难为他人,丢掉自己。假定我们觉得来了一位参观者是可以募捐的,引他参

---

① 该文是卢作孚于 1933 年 3 月 21 日在北碚峡防局周会做的主席报告。

观了医院内容以后,便应请他参观壁上所陈列的建筑新医院的计划、图画、预算和捐款人一览表,供他比较,这些都是促起人捐款的利器,我们必须细致地、殷勤地运用它。我们提出募捐的请求必须先充分予人以考虑斟酌的自由,绝不出诸强勉。人如稍有为难的表现则立刻乱以他语,不使为难。这些都是盼望医院募捐十分留意的问题。

第二件事是每人要集中精神于自己的中心问题,要天天在中心工作上继续前进,天天接触与自己中心工作有关的人讨论中心问题。可是我们往往没有勇气在一种前途遥远的工作上支持,好像必须天天寻求不相干的人,说不相干的话,做不相干的事,以安慰自己似的。其结果乃至于任何事业都无所成,这是足致死亡的病症,必须急切疗治。

《工作周刊》1933 年 3 月 23 日第 1 期

在峡防局周会谈话

（1933 年 3 月 21 日）

听了今天的周会报告,想着一桩事业,是应该举办的,是应该从这一周起举办的,是应从今天的周会报告起举办的,就是我们每周有工作,每次周会有报告,应该以这种材料发行一种工作周刊,而就今天周会的报告作为第一期周刊的材料。

今天周会的内容很丰富,尤其是意义很丰富,是应该一点一点地提出来介绍于大家的:

第一是督练部卢督练长子英的报告。每一项用动员的方法描写种痘的预备和出发,是很有意义的。我们叙述一件事情,往往不引起人的兴趣,但另用一个方法描写得很灵动,则听的人兴趣昂然了,只可惜后来事项理论稍多,事实嫌少。

第二是政治股黄主任子裳的报告。当中最值得注意的是工人教育,是工人教育中间的一个标语和一些教材,一个标语是识字的工人要帮助不识字的工人,促起人帮助人,是我们今天最紧要的工作;一些教材是像教工人储蓄,教工人造成一个伟大的三峡染织工厂。我们教人的要点就是在教人生活的方法,并教人造成一个社会的理想而去努力实现它。

第三是审计股魏策方的经费收入和支出的数目字上的报告。中国人最怕数目字,做事不求正确,只问大概,我们必须改正过来,要求数目必须正确,必须养成一个习惯。

第四是图书馆袁主任白坚的报告。最小的事情像贴一张小小的书上的标签亦有很多的麻烦,很大的困难,我们便不要把天下事看得太容易,认为自己能办。他于民众学校,一方面实施,一方面考察,一方面研究办法,而且几个实施的朋友,遇着机会便相互研究。这样不忘自己的中心问题,而且集中力量去解决它,这是我们急切需要的精神。大家都需要集中力量于自己的中心问题,少做不相干的事,少会不相干的人,少说不相干的话。

第五是医院蒙炳光的报告。完全是数目字,极其的简单明了,我们留意数目字是要从数目字当中找出问题来,医院报告的治疗人数,普通病人不如各机关各学校各队多,而各机关各学校各队总共不过几百人,普通人不知要多若干倍,而到医院看病的倒反转比较少,这究竟是因为各机关各学校各队的病人特别多,而普通人病的特别少,抑或是因为普通病人虽多,而相信医院的特别少呢? 这倒是一个值得注意的问题,望大家研究研究它。

第六是动物园郭倬甫的报告。到重庆取鸟兽,看见民生公司和民康船上的人都非常忙碌,非常紧张,希望我们为了社会活动亦紧张起来,做事说话走路都要忙碌,要莫太从容。

第七是"第一特务队"吴队长定域的报告。士兵也是平民,我们施平民教育应该首先施到士兵身上,他们对于北碚清洁运动不重街前,而重街后,并且决求深入市民的家里,每桩事情都应该办得这样彻底。

第八是"第二特务队"刘队长骐良的报告。以前只知维持铁路上秩序,好像没有事做,而今担任白庙子市场的整理,才觉得早晚忙碌,才觉得时间太短,我们工作起来会感觉时间太短,总算是一种进步了。

第九是"第三特务队"刘队长学理的报告。因为峡防局奉命派特务队去驻下溪口,很使一部分人感觉不安,想激起意气,闹成纠纷,而特务队却事事谨慎,决不与争意气,与闹纠纷,这是我们作事最要紧的方法。我们的精神必须集中于我们正面的事业,所以必须消灭意气,避免纠纷,而且战胜人的方法,用意气去加强人的意气决不如不用意气,而用帮助人的精神去消灭人的意气,而且进一步取得人的同情,这才算是获得全胜。

第十是"第三特务队"戴大椿的报告。以士兵帮助人民清洁街面和街沟,并先教士兵去向人民宣传,每一个人都需要有宣传的能力,每对社会做一桩事,都需要有宣传的工作,这种程序是非常重要的。他的报告当中每一桩事都注意到社会的考察,而且注意到数目字的考察,例如见着烟馆就注意烟馆的数目,并与住户的数目比较;想到实施民众教育,便调查现有学校和学生的数目,这都是我们解决社会问题必须先有的工作。尤其有意义的是禁止赌博之后,提倡正当娱乐,设体育场和俱乐部。

第十一是"特务学生队"罗队长代荣的报告。黄葛镇清洁运动以学生队去担任,是非常有意义的工作,不但于黄葛镇有帮助,于学生队亦有帮助。尤其值得注意的是他们的内容,第一是在事前有确定的计划,我们得养成习惯,每做一件事都事前有计划;第二是他们宣传时想到一种对馆子挂牌的方法,如果一个馆子不清洁,在门前替他挂一块牌,写明这馆子不清洁,人就会怕去吃它,这种方法颇有效,如果从正面做一个馆子最清洁,在他的门前挂一块牌,写明这馆最清洁,岂不更有意义吗? 第三是他们运动镇长,请他去看一周,而又送登载这桩事的报纸去请他看,用这种包围的方法,是社会运动最有效的方法,尤其是我们作一次清洁运动之后应该鼓起当地人继续工作起来。

综合今天的报告,内容和意义都十分丰富,都是由于一周以来我们有丰富的社会活动。今天算是从我参与周会以来报告内容最优美的一回。所以主张工作周刊从本周起。今天的报告列入第一号,而盼望从今天的周会报告更进步,我们的社会活动更进步。

《工作周刊》1933 年 3 月 23 日第 1 期

《工作周刊》所贡献的和所贡献于
《工作周刊》的

（1933 年 3 月 23 日）

我们的工作、工作的方法和工作所得的成绩，是我们自己应得知道的，是在我们一个集团当中共同工作的朋友应得共同知道的，是凡在社会上工作的朋友都应得知道的。

有两个推进工作的原动力：第一个是时间的，随时需要知道我们的进程；第二个是空间的，随时需要比赛有人。

报告我们的工作，兼有这两个意义。

有两个指示工作的罗针：第一，明日工作的计划，须根据今日工作的成绩；第二，自己工作的错误，须借鉴于他人的指陈。

报告我们的工作，兼有这两个利益。

所以我们自有工作便有周会，自有周会便有报告，所报告的都是工作——工作的方法和工作所得的成绩。有时因工作丰富而使报告丰富，亦有时因报告有意义而使工作有意义。我们曾经研究它、欣赏它、抓住它，然而只有批评，没有记载；只有影子，没有痕迹。

三月十九日，峡局门外的周会，尤其是内容丰富而有意义，尤其是值得我们纪念的。遂决定从这周起将报告内容记载起来，发行一种《工作周刊》，由科学院与峡防局联合举办。

我们的工作是继续不断的,我们的《工作周刊》也是继续不断的。我们将从《工作周刊》看出各位的前进,不断地而且加速率地前进,即以此祝各位。

《工作周刊》1933 年 3 月 23 日第 1 期

峡防局特务学生队种痘归来
欢迎报告会上的讲评①

（1933 年 3 月 30 日）

谈话的方法

今天听了许多有趣味的报告,当中给了我们不少的经验,尤其是罗正远的报告,最有趣味。我们知道,同样的话,有说得好的,有说得不中听的,这就在看各人所用的方法怎样。例如罗正远的报告,他是文学作生活上的描写,描写得极其灵动,所以使人听了,觉得有趣。直如身临其境一样。第二,报告最有条理的高孟先,他是用科学的方法,把一桩事情,整理得有系统、有条理,报告出来,所以使人听了,十分明了。从这两点上,我们可以得到两种说话的方法:一是用文学的描写,一是用科学的整理。但是最重要的,还是要有内容。

特务学生队和兼善学校要留意实际生活

因为这种关系,所以联想到特务学生队和兼善学校的学生,尤其是要留意实际生活。如果只在几本教科书上去寻求知识,那是有限得很,我想除星期一、二、三、四、五、六在教室活动外,星期日尽可以到社会去寻求实际的问题。因为每一个人,都要有经验,每一个人都需要将他的经验用文学的方法描写出来,用科学的方法整理出来。如果你们都能常常接触社会、亲近社会,那么,你们都能一定得着许多有意义的经验和切实的学问。

---

① 在欢迎峡防局特务学生队种痘归来会上卢作孚的讲评。

精粹的佳句往往从平凡人的口中流露出来

我们知道,一般做文章的,都差不多只是一种照例的方法。一种平凡的语句,当中难得寻出亲切的、深刻的文章来。就是古人中间的好文章中,也难找出许多精粹的句子来。但是,我们从今天的各个报告中,已经得着许多精粹的话句了。

人有好的行动在社会上可以互相影响的

第一,如宋春浓所说的:一个人有好的行动,在社会上可以相互影响。

人有不好的行动在社会上也可以互相影响的

第二,是罗正远反过来说,人有不好的行动,也可以在社会上相互影响的。从这两点上我们可以得着一个结论,就是:如果我们为社会打主意,就容易找着方向了。

事业范围小,愈容易把它做好,要做得愈细致的地方影响才愈大

坏的方向我们应当消灭,好的方向我们应当前进。可是要想把一桩事情做好,就需要范围极小,因为小的关系,所以才把它做得极细致,最细致的地方,最能造起广大的影响。今天我们要晓得我们的范围愈小,就是愈给与我们造得大的影响的机会。即是我们更不要错过这样的机会。

不入社会便不知道社会

第三,刚才报告中有人说,不入社会,便不知道社会,这便是到过社会的人才能说出来的话。但我更还要把它的意思加深刻一些,就是说,如果入社会戴起眼镜,仍不能看清社会。这有个例证,以前在办泸县教育的时候,川南共派了二十五县的视学,去考察教育,考察之后,便得两个结果:

一个结果是说泸县教育太旧了,还有许多新的应该办的未办起来。一个结果是说泸县的教育太新了,有许多地方都没有这些新的办法。这便是证明戴起眼镜到社会的一个证明。

我们对社会要认识清楚

我们对社会要认识清楚,北碚这个社会是偶然的,不要以为它便是顶好的,还须要看到连北碚都还没有的社会。要怎样的社会,才是我们理想的社

会,这个理想的社会,我们还没有把它创造出来,还要待我们努力的去创造。

我们对不好的社会要有同情、帮助的态度,决不应有责备痛骂的态度

假定我们看清了离我们理想的社会的距离,那么,我们就不应该责备他人、形容他人、痛骂他人,我们应该像爱护无人照顾的小孩子一般的爱惜他们、同情他们、帮助他们,今天特务学生队对不好的社会的态度,加以极端厌恶的态度,是应得修改的。

一个活动所得的结果

这个种痘活动当中,他们应该得着几点意义。

第一,进社会才知道社会;

第二,用了力量帮助社会;

第三,在集团当中练习了一个生活。

如何帮助社会?第一要先调查,第二要用集体的力量

更要知道,我们认识了社会,才能为社会打主意,其次才能帮助社会。今天同伍玉璋先生谈及救济农村问题,我就问农村怎样救济法,他说第一须得调查,才知道我们应帮助的是什么,第二才是想办法,第三才是怎样用集团的力量去帮助。所以更觉得此次特务学生队的集团活动,是我们十分值得宝贵的。

集团生活的意义是在共同发现问题解决问题

今后兼善学校亟应设法认识社会、帮助社会,过集团的生活。所谓集团,并不止于共同吃饭、睡觉、游戏而已,最需要的是在共同发现问题、解决问题。

《工作周刊》1933 年 3 月 30 日第 2 期

本公司历年营业进展概述

（1933 年 3 月）

  本公司自发起迄今，屈指七年，资本及事业，股东及工作人员，皆以加速率迈进。因是，本公司创造及前进之经过，遂为多数人所不知，亦遂为多数人所欲知。向来忙于工作，而忽于整理，求一具体之报告不可得。于二十一年年终完成之后，谨述梗概于其端。

  本公司之发起，其地点始于合川，其时间则始于民国十四年。初募资本拟以两万元为度，实收则不过八千元，以订行驶合川重庆间之小轮民生一只，此为本公司经营航业之发端。另购十五马力之引擎，十启罗之电机，五百盏十六支光之电料，为合川城安设电灯，以为电厂之小小试验，于十五年二月完成。小轮则于八月入川，定期航行于渝合航线间，日一班。十月后，江水枯落，乃新辟渝涪航线，营业有利，人喜投资，遂于十六年收足资本五万，而改募足标准为十万，是为本公司事业经营之第一期。十六年冬，加订民用小轮一只，预备渝合洪水每日有船，枯水亦航行不断。合川电灯，不敷安设，预备扩充为四千盏。为应修理轮船及电厂机械之需要，预备设一机械工厂。航行、电厂及机械厂则于其冬完成。是年有顺庆轮船者，为债务所迫，商本公司合组一长江轮船公司，改顺庆为"长江"，开始加入渝叙航线，始深知航业之困苦颠连，急待救援。又北川铁路公司之发起人，虑募资本为难，就商本公司投资，允之。顾因股东主张之不一，及公司事业增加太骤，资本太苦不敷，乃仅投资五千元，而同时决定公司资本，增加为十五万元，是为公司事业经营之第二期。

　　十八年秋,合并长江于公司,改为民望,他无进展。十九年迫于叙渝航业之益坏,轮船过剩,编列次第,或两月而一开行。一曝十寒,亏累日巨,乃提议合并为整个的经营。是年十月,福川公司首先赞成并入福全,改为民福。二十年一月,九江公司决议继之并入合江、九江,改为民安、民治,于是开始加入渝宜航线,始深知渝宜航业竞争之酷,其无整理之望,乃远在叙渝航线之上,因集全力于叙渝航线之整理,进一步促成通江、青江、岷江并入公司,改为民有、民享,而停搁岷。促成重庆、乘风、长天并入公司,改为民选、民殷、民强。促成定远小轮并入公司,改为民约。最后并入利通,改为民觉。又因此而促起叙府有新华公司之组织,并有昭通、南通、蜀通、元通四轮。化零为整,遂成趋势。航业以外,应北川公司延长路线之需要,加投资本为五万元。应合川城防卫生之需要,加设自来水。应轮船修理之需要,复扩充机器厂。此为公司事业经营之第三期。

　　二十一年春,除更并入渝合间小轮长宁,改为民宁外,开始经营下游航业,接收福顺改为民主。接收涪丰,改为民康。接收永年所得义商之抵押权利。接收川江公司所遗产业,救起新蜀通之机器及锅炉,改蜀享为民贵。接收皮托谦,以其船壳改为囤船,以其机器改造一民族轮船,准备行驶宜申间。民强换去机器,民享换去船壳,民康则改造船壳并接长十英尺,加上油舱,最后接收万安,改为民宪。以此数轮,分驶重庆宜昌间,重庆上海间。本公司之航业,遂由重庆下游,直达上海。重要各埠,皆有分公司或办事处设立焉。此为公司事业经营之第四期。

　　综合本公司经过之四个时期,其间侧重航业,并非起于本公司利益之要求。由历年盈余之分配,亦可证明本公司未尝因航业之扩充而有利益之增进,或竟证明其有低落。所以不得已而为化零为整之运动,实为救航业之急促使安定。顾事业愈大,则困难愈深。资本人材,两未充实。国内军事及同业竞争,重重险阻,皆为本公司当前之问题,且皆紧急。其成败系于同人之努力。用是竞争,尤有望于本届股东会之督责与扶持。未来计划,另有提议,兹不述及。惟鉴察之!

《新世界》1933 年 4 月 16 日第 20 期

战胜日本茶房

（1933 年 4 月 1 日）

　　瞿先生讲演词中有几句最精辟的话,就是"请永年茶房战胜日本茶房"!推广起来,应该是:"永年全部船员战胜日本船员",乃至"民生公司全部船员战胜日本船员"。如果全中国这样总动员,真能够把日本战胜了,何愁东北不能恢复呢? 快起来参加这新式战争呵!

《新世界》1933 年 4 月 1 日第 19 期

答刘同仁半日读书之请求

（1933 年 4 月 1 日）

作孚亦穷光蛋，读书之兴趣尤浓。顾为事业所迫，晨起工作，直至深夜；于是学问不能在读书中，而只在做事中。当此全部事业万分紧张以求前进之日，吾辈何忍以最少半日以上读书？最好办法，工作时间仍自工作，需要参考图书则尽量参考图书；工作以外，苟有时间，不拘多少，皆以读书；静极则稍杂以运动。相信吾兄读书虽少，以工作紧张故，所得必多。工作系经验，读书所以整理经验。即就个人立场说，亦不可重视整理，轻视经验，而况社会问题比个人问题更为迫切；事业要求比家庭要求更为迫切；吾辈更不可重视个人与家庭之成功，而忽略社会与事业之成功。惟兄更深察之！

《新世界》1933 年 4 月 1 日第 19 期

民生公司三个运动

（1933 年 4 月 1 日）

民生实业公司的意义在没有充分实现以前，不但是公司以外的朋友不是十分明了，即在公司中间工作的朋友亦莫由十分明了，所以今天特别提出来同各位讲讲。

民生公司的意义是在三个运动上：

第一是整个的生产运动。生产是适应需要的，但是在自由竞争的商业状况之下，其结果是非常残酷的。如果生产不足，则竭力压迫需要者；如果生产过剩，则又为需要者所竭力压迫，永远没有供求相应的时候。如果要办到供求相应，必须作整个的生产运动。其一是将同类的生产事业统一为一个，或为全部的联合。其意义在消极方面避免同类事业的残酷竞争，积极方面，促成社会的供求适应。譬如重庆三个面粉厂一经联合营业以后便不复竞卖麦子。竞卖麦面，社会需要若干麦面时，即制造若干，所以节省人力、节省物力、节省财力，促成经济上生产与消费两方面的安定，实是社会总体的利益，而非为事业本身谋利益。自然事业本身的利益亦在当中，然而绝非如一般人之所误会认为垄断、操纵、其利益只在本身的。其二连带的生产事业统一为一个或谋全部的联络，例如公司有许多轮船即须有适应修理需要的修理厂，燃烧需要的煤厂。此亦所以谋供求适应之直接联络，自己供给自己需求，使双方都不至感有恐慌，尤其为调整社会经济最重要的方法。其由航业而联络修理厂或联络煤厂，其利益不仅在航业，亦同样的在修理厂，或煤厂。其联络愈广，其帮助亦愈广。

这是我们的事业所含意义之一，不但要十分明了它，而且要努力实现它。

第二是集团的生活运动。现代文明因为有了科学方法，适用在社会上，便有了科学的组织方法。社会愈进化，便是组织愈扩大。一个组织形成一个集团。凡在现代文明当中成功的人群，都是有了组织的训练的，亦都是有了集团生活的习惯的。中国人亦未尝不习惯于集团的生活，但只限于一个家庭当中，一出家庭便只有个人的活动。从修养身心到学问事业都以个人为中心。在若干年以前中国自成一个天下的时候，这未尝不是一种生活的方法。可是在现代文明的前进当中则不容许这种生活的存在。谁无集团的训练谁就失败。成功绝非个人只有集团。民生公司便是一个集团。我们在这个集团当中应该抛弃个人的理想，造成集团的理想，应该抛弃个人的希望，集中希望于集团。不但我们的工作是集团的，天天进我们的办公室或工场去；我们的学问亦是集团的，天天进我们的图书室或讲演会场去；我们的游戏亦是集团的，加入我们的音乐会和球队去。但是我们的生产是集团的，有事务所、有工厂、有轮船；我们的消费亦是集团的，最短期间将要有我们的住宅、我们的医院、我们子女的学校、我们乃至于家属的娱乐场或运动场。个人都去解决集团的问题，个人的问题都让集团去解决。这是一个集团运动不是两个，不是两个冲突的，如像一般流行话，一是资方，一是劳方，是由两方相互帮助以成一个集团——最后都不至于失败的集团。不但一桩事业成一个集团，若干事业又是联成集团的，他们都相互帮助、共同工作、共同讲学、共同娱乐或运动——有如聚兴诚与民生近来提倡的生活。这亦是我们的事业所含意义之一，不但要十分明了它，而且要努力实现它。

第三是帮助社会的运动。民生公司最后的意义决不是帮助本身，而是帮助社会。

我们不要忘却我们的航业是帮助客人的旅行和货物的运输的，不要忘却我们的机械业是要进一步帮助一般机械的修理乃至于制造的，不要忘却我们的电灯和自来水厂是帮助合川城市的光明安全和卫生的，不要忘却我们要对外投资是帮助其他生产事业的。我们现在的事业帮助的范围是太狭小，然而就我们的力量而论,现在帮助的范围亦就太嫌伟大。我们有什么方法可以增加我们的力量去帮助社会——尽我们现在所幸得的机会。帮助社会寻求现代文明的方法,走入现代文明生活当中去或竟超越它们前面去。我们决心帮助社会决不是等待机会的是要寻求机会。不是要人请求我们帮助,是要运动人接受我们帮助。我们决不像一般旧习,帮助亲戚邻里朋友为他们找碗饭吃,谋个差使。

我们只帮助社会,帮助个人亦只是因为他要帮助社会。这是我们的事业最后所含的意义,不但要十分明了它,而更要努力实现它。

《新世界》1933 年 4 月 1 日第 19 期

四月二日周会主席报告①

（1933 年 4 月 2 日）

今天要提出的是盼望我们一群事业，在目前以两个工作为中心。一个是训练特务队执行警察的任务，一个是各机关联合总动员实施民众教育。这两个工作是一个问题，总是向民众身上做——做民众运动。

警察亦是民众的教师，是帮助民众的——不问他们是偶从外边来或常在北碚住。他们是要帮助民众防范匪徒，防范小偷，防范火灾，防范疾病。这都是显然的事情。他们从调查户口中发现了没有职业的，而促其有职业，发现了不能识字的而促其受教育。他们天天巡逻天天搜求，凡民众有需他们帮助的事情，他们便立刻帮助。这便是我们理应[想]中的警察，是盼望训练一个特务学生队，三个特务队去实现他。

民众教育不仅仅是民众学校，是可以从多方面举行的。如像医院天天有病人，博物馆动物园天天有游人，图书馆天天有读书、看报的人。再则，如像上下木船的船夫子，当场天的赶场人，都是我们应施教育的民众。各街茶房、酒馆都是我们值得布置教育环境的地方。各机关的职员都是担任教育的朋友。平时的夜晚，有时的白天，都是我们担任教育的时间。凡教育所需要的事项都有了，只等我们举行。我们应得马上举行。

《工作周刊》1933 年 4 月 6 日第 3 期

---

① 该文是 1933 年 4 月 2 日卢作孚在北碚峡防局周会上的主席报告。

周 会 批 评

（1933 年 4 月 2 日）

　　这次周会整整开了三点一刻钟，各机关的内容很丰富。只盼望此后报告减少议论，集中工作——集中于工作的方法，给予我们参考。集中于工作的结果，给予我们安慰。

　　化验所黄冶平的报告说：化验煤的药品有几种缺乏了，煤有三种化验不能举行。但绝不愿这三种化验停顿，现在就其他的药品另谋调制。这就是我们成功必要的精神。工作的历程中所必须经过的是困难，遇困难而停顿是一切事业失败的原因。

　　动物园郭倬甫的报告当中给予我们以两个机会：第一是参观人不认识动物，第二是参观人不爱护动物。这正是我们实施民众教育的机会，而且天天给予我们以机会。

　　农场漆联金报告花卉一科的活动，曾经帮助地方医院布置花坛。我们认为这一类的工作十分紧要，花卉园艺不仅可以帮助地方医院，农场可以帮助人的事业不仅花卉园艺。我们可以帮助人的机关不仅农场，凡我们所有的一切活动，最后意义都是集中于帮助人一点。又为垦殖，而定计划，为定计划而与化验所联络。亦是最有意义的活动。每件工作我们都应得与我们有关的机关取得联络，第一可以少许多隔膜，第二可以得许多帮助。

　　三峡工厂缪主任成之的报告值得我们注意的是工人教育。教育比工作还要紧，因为工作的效率是要教育去推进的。其次是休假日工人旅行团的组织。

处理空闲的时间,而去领导他们,使之发生意义,这亦是于工作有帮助的。不然,工人由空闲时间所得不良的影响,是要影响及于工作时间的。

农村银行伍经理玉璋曾经报告了银行很有价值的统计,今天以后盼望农行给予我们报告一些很有价值的活动。

兼善学校王定一先生报告中学教育,课内加入应用文、珠算、簿记、习写,以备学生毕业后之应用。课外举行社会考察,促成学生多与社会接触。小学教育作农场的经营、校景的布置,都是极有意义的活动。在他的报告中最有统系的是今天所作宝源煤矿的调查。盼望今天以后学生在每次调查之后都有这样可宝贵的报告。

卢督练长子英的报告,有意义的是三点,第一是注意于各队的教育,但不应只限于六星期,而只应以六星期为无限教育长途中之一小小段落。第二是种痘整理。我们平常最大的缺点,就是忙于工作忽略整理,所以我们工作无由进步。我们今天的工作有了整理,便可据此整理确定明天工作的计划,增进明天工作的效率。第三是明定各中分队长的职责,而让各中分队长自行寻求,自行认识,时时刻刻都能记忆,时时刻刻都能执行。

黄主任子裳报告从医院中发现了候诊室一群病人,发现了民众教育最好机会。就其发现问题一点说是颇有价值的。但因为无人担任,而须等待,等待则绝不是解决问题的方法。应急切从医院中或医院以外寻求担任教育的人。

图书馆唐明镜报告为了垦殖计划供给若干图书,这是图书馆必须有的活动。图书馆应时时刻刻寻求各种事业的问题,而供给参考必需的图书。

“特务第一队”秦沛南报告的有价值的工作是在下周。第一是调查户口。北碚已经有了两次户口调查,而且有了两次统计的比较。很盼望三次调查以后,有更精细的统计比较供我们参考。第二是检查市民屋内清洁,这是最有价值的运动,却亦是最须审慎的事情。不是考虑做与不做,是要考虑方法,考虑宣传与检查的方法,办到市民乐于接受。

“特务第二队”的报告中有一桩最有价值。为了维持文星湾的剧场,文星镇的镇长准备招待酒食,刘队长却婉谢。婉谢不了,则请其化无用为有用,改捐一个篮球场。这篮球场不仅帮助了特务队,亦帮助了文星湾的人们。

　　"特务第三队"的报告当中,最有价值的活动是在大雨中为澄江镇洗街。最可玩味的是他从经验中得着了几句精粹的话:"苦与乐是联着的","难与成功是联着的","我们要维持继续,增加新的经验,推进未来的工作。"

《工作周刊》1933 年 4 月 6 日《四月二日周会
主席报告·周会批评》第 3 期

在二十二年度民生公司股东
欢迎会上的演说

（1933 年 4 月 9 日）

在今日多数公司都折本的当中，为什么我们公司该赚钱？如果民生公司的意义止于赚钱，那民生公司就该打倒。……要知我们除了赚钱之外，还有一个极重大的意义，就是要帮助社会呀！

《新世界》1933 年 5 月 1 日第 21 期

买东西的经济办法

（1933 年 4 月 15 日）

买东西这个问题，关系民生公司极大。买东西的问题很多，特别是在重庆买五金。甲、五金店常常乱开价钱；乙、牌子太复杂；丙、买某种东西才是最经济的，很难决定。

解决方法：一、某种东西应该在什么地方买，须要绝对的确定价钱，也不宜瞎猜；应该确确实实的调查清楚价钱，以免吃亏，以免多说话。二、牌子要认清楚。三、买某种东西才是最经济的，应当绝对弄清楚。

要想上述方法能够实行，须有统计作根据。

买物与收物，都须一人经手。因为穆学文说各部自己要的物品，只有不合用的时候才有退转来的，没有因为牌子的问题而退转来的。

《新世界》1933 年 5 月 1 日第 21 期

公司的灵魂①

（1933 年 4 月 16 日）

　　我这一位小小的股东不是自谦，是事实，因为我的股本小至于全公司的二千分之一。股东会快开了！我呢，是有言要发，然而又恐怕有股太微，言亦不足动听，听亦无关重轻。于是我想行使我的发言权，不应在股东会，而应辟新世界了。可也无须啦！公司工作的朋友早已[经]为了公司事业辟出一个《新世界》，是备他们为了公司问题发言的，是屡次供给我们进去"目游"的。于是我就乐得借花献佛——借地发言，而且乐得先一般股东而发言。以股东资格进《新世界》发言，我乃开宗明义第一回，是应对许多股东道歉："我太不客气了！"

　　我们有几个相同的经验：

　　　　中国人是自私自利的，

　　　　　　是不会有三人以上的团体的，

　　　　好的建设是会被内乱摧毁的，

　　　　近年做生意赚钱是偶然的，

　　　　　　折本却是常有的，

　　　　公司组织是不会长久的，

　　　　　　是人不会相信的，

　　　　　　是人不愿投资的。

　　可是，我们由这些经验却发见[现]了民生公司一连串的问题：

　　　　何以民生公司的，

　　　　　　资本会由五万至于一百万？

---

　　① 原署名：一个小小的股东。

股东会由几十至于六百几十?

职工会由几十至于一千五百几十?

轮船会由一只至于二十二只?

合川的电灯会由五百盏至于五千盏?

投资于北川会由五千至于超过了七万?

全部资产会由几万至于二百八十几万?

何以民生公司,

会有这七年的历史?

会有这七年的赢余?

会有这七年的前途?

好像解决这一连串的问题,是有几个法宝或几个灵魂:

第一是努力,

工作的朋友努力工作,

投资的朋友努力投资。

第二是和气,

从公司各部中看出职工的和气,

从股东大会中看出股东的和气。

第三是以公司利益为前提,

职工绝不舞弊营私,

股东绝不多分赢余。

第四是联合同业,

公司愿分利于同业,

同业愿并入于公司。

第五是无数朋友的帮助。

何北衡先生说:

非民生实业公司,

是民生朋友公司。

民生公司是终不安全的,只要灵魂发生变化,公司便会发生变化。可是,民生公司是最有希望的,因为她竟有这几个灵魂是别的公司没有的——不常有的或不全有的,而且竟有这七年的历史,尤其是七年的前进,可以证明这灵魂不但不会变化,还在长养,就请一位八字先生来,也可推定她的未来的。不过她的命运是操在她的手里的,不是决于八字的。

要使民生公司有:

　　无尽长的历史,

　　无尽长的赢余,

　　无尽长的前进,

必须继续长养她的灵魂。

如何长养呢? 且看下文:

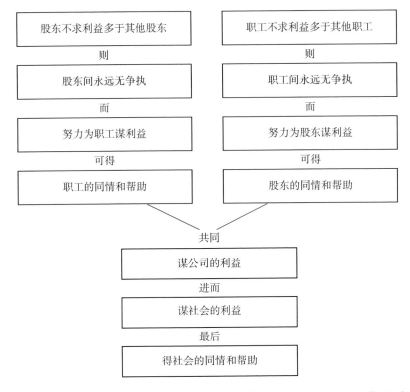

朝会约法三章

（1933 年 4 月 21 日）

盼望朝会能够继续维持。

甲、盼望各朋友互相劝勉每天都按时到会。

乙、到会一定要在会场来坐着，不要逗留在总务处办公室。

丙、收集材料要注意两点：

一、批评本来是需要的，但是在互相批评的习惯未养成之前，往往容易被人误会。所以今天以后如果有涉及别人的短处的事，最好个别的去同他商量，不要在朝会上来揭发别人的短处以显自己的长处。

二、有许多很宝贵的材料，如有意义的数字统计、个人职务上的进展和困难等，万不要轻轻的把它放过了。

《新世界》1933 年 5 月 1 日第 21 期

我们要与他们步法一致

（1933 年 5 月 16 日）

　　谈到民生公司之不能与峡防局的步法一致，就是峡局方面的人员能忍苦耐劳，以自身为众人干事，为社会干事。卢子英这人是值得介绍的。他最近将他的财产——一千几百册书，捐与图书馆。同时他给了我一封信说：今后不管理自己的事，[专]为众人干事。还有一个人，也是值得介绍的，就是峡局的赵主任。他从前一月得薪一百余元，尚且不敷，但是现在却够用了。这是什么原因？还不是能够吃苦呵！举个例来说：有次，他的夫人看见有人担一担青菜皮去倾[倒]，她便要了来做成一种咸菜。这咸菜的味真美——并不是咸菜味真美，是她的意义真美！于是此事在北碚便传为美谈。我们且看看，北碚峡局的人，上自官长，下至兵士，无不皆着布服。从这两点看来，我们民生公司的人员，能不能如此呢？所以民生公司的人员，不能同他们峡局步法一致。若是我们要想与他们步法一致，也不难，便是照着他们所持的意义干去，就行了。

《新世界》1933 年 5 月 16 日第 22 期

前瞻后顾的两段论①

（1933 年 5 月 16 日）

　　这回到叙府来,经过泸州,一位老朋友笑着说:你是最迷信青年的。刚才走进宝元通,我却笑向朋友说:这是由长江流域一直走到叙府不曾见着的商店,这样有秩序,而且有一色的青年。宝元通与民生公司是朋友,宝元通里好几个朋友同民生公司里好几个朋友是朋友,宝元通有许多青年同民生公司有许多青年尤其应是朋友。有这三重朋友关系,宜乎欢喜同大家见面,同大家说话——不客气地说话了。

　　青年常常有一种错误的认识:以为天下应是为我造成的,生下地来第一个天下是家庭:父亲十分刻苦地做庄稼,或做生意,母亲十分刻苦地煮饭洗衣,必须挣起钱来,而且必须省出钱来,为了什么? 很容易认识出来是为了我,为了我读书,为了我读书成功。然而这第一个天下是显然为我造成的。第二个天下是学校。地方筹出许多钱来办学校,先生站在我们面前讲书,自午前八[点]钟至午后三[点]钟,自星期一至星期六,自秋徂夏或自春徂冬,为了什么? 又很容易认识出来是为了我,为了我读书,为了我读书成功。然则这第二个天下又是显然为我造成的。因此确定了天下应是[为]我造成的一个原则,带着这个原则走向任何地方去,都要牺牲了天下以为了我,为了天下那便立刻觉得牺牲了我——虽然我并没牺牲,立刻觉得精神上有了忍耐不住的痛苦,大

---

　　① 该文是卢作孚在四川叙府宝元通公司的演讲。

大埋怨起天下来。因此天下无办法了。

为了什么？是我们作任何一件事情必须首先提出的问题。在今天提出的，可以分为两段：我们之到宝元通或民生公司为了什么？这是第一段；如果要找出答案，必须更进一步问：宝元通或民生公司之到社会上为了什么？这是第二段。我们不可误以为宝元通或民生公司是为我造成的，社会是为宝元通或民生公司造成的，如像我们以前的天下一样。而要将它颠倒过来说：我们是为了宝元通或民生公司工作的，宝元通或民生公司是为了社会工作的。换句话说：我是去解决宝元通或民生公司的问题的，宝元通或民生公司是去解决社会问题的，这是前瞻的两段论。

这个解释还要解释：宝元通或民生公司的问题不是我个人可以解决的，同社会问题不是宝元通或民生公司可以解决的一样。没有一个人有绝大的能力可以解决一个社会问题，虽然那个社会十分地小，比宝元通或民生公司小。只有一个社会中间的人的全体才可以解决一个社会的问题，只有宝元通一百几十个朋友联合起来，才可以解决宝元通的问题，民生公司一千几百个朋友联合起来，才可以解决民生公司的问题。同样，只有整个社会中间所含有的事业的全体联合起来，才可以解决整个社会的问题。所以我们有一个口号：不但是一桩事业的朋友是要成群的，事业也要成群的！这是前瞻的两段论。

不可把我们看得太大，认为我便可以解决宝元通或民生公司的问题；却亦不可把我们看得太小，认为我无能力解决宝元通或民生公司的问题。我是可以解决宝元通或民生公司中间的一个问题或问题中间之一部或一段的，例如我可以解决民生公司的会计问题或叙府分公司的会计问题。同时宝元通或民生公司是可以解决社会中间的一个问题，或问题中间的一部或一段的，例如宝元通可以解决社会中间的经济问题，经济中间的交易问题。所以我是值得在宝元通或民生公司中间努力的，凭着个人的努力可以解决事业的一部分问题，同时亦可以促起他人努力。宝元通或民生公司是值得在社会中间努力的，凭着一个事业的努力，可以解决社会的一部分问题，同时亦可以促起他事业努力，这是后顾的两段论。

中国人最可怕的弱点就是怕,做事深怕失败,所以万事都做不成功。三年以前,一个青年朋友刚刚到了事业工作,忽又觉得恐慌,要求读书。问他为了什么? 他说:怕不安全。我便再问:你是怕你在事业上不安全呢,或是事业在社会上不安全呢? 你怕你在事业上不安全,有一个非常简单的方法,就是你做,做得事业上离不了你,你在事业上就安全了;你怕你的事业在社会上不安全,你更要做,做得社会上离不了你的事业,你的事业在社会上就安全了,这是后顾的两段论。

这一篇前瞻后顾的两段论,不但是青年急切需要的良药,尤其是中华民国急切需要的良药,它可以挽救中国的危亡,亦可以促起中国的健康。不怕热河乃至滦东的战争天天失败,地方天天失陷;只要我们踏着两段路程,努力地前进,最后是必得胜利,东北是必得克复的。我们当前的事业便是两段路程的[桥]梁,这座桥梁不但待我们经过,而且待我们筑造,尤其对于许多青年朋友集中了努力的希望。

《新世界》1933 年 5 月 16 日第 22 期

朝 会 讲 话

（1933 年 5 月 19 日）

【十九日朝会,卢总理将赴叙府与广安先后两次观察所得之最有意义者提出加以评论,并劝勉公司同人】办事要勤奋,随时要整理秩序,逐处要建设秩序,私人用费,尤要节省,能俭用,必不妄取云云。

《民生公司简讯》1933 年 5 月 20 日第 4 号

嘉陵江滨夏令读书会征求会员启

（1933 年 6 月 1 日）

前途远大的青年朋友们：

暑假又到了，曾否想想已去的时间和现在的办法呵？

我们眼睁睁看着流水似的光阴，一年年地不在，很快的过往呵！不久的将来呵！抓捉不住，生命与俱！尤其是青年时代万金可得，一瞬难再，岂能把它拿到家里等闲度过，随便葬送无上宝贵生活的一段？有这纯洁的一身，又应当如何珍爱？岂肯留在都市，让那都市狂潮，卷将入烟、赌、酒、肉等①的罪恶之海呢！

在这物质进步太快、社会问题太多的世界当中，中国人是何等茫然于应付之术！尤其是青年，是何等彷徨于歧途！是何等缺乏知识领导者呵！应该如何感着知识的饥渴，甚于生理的要求，而更急切地要求满足！图书馆正是知识的宝库，读书是寻求知识的一条大路——虽然大路也不止于读书。因此我们便欢迎青年捉住暑假，不让它随便混过，到北碚来小住数周，与青年朋友们共同快乐地读书。

大家都知道三峡里的北碚，算得一个新村。他有许多新兴的事业，有比较优良的社会环境，有值得流连的山水名胜。我们到这里来"亡羊补牢"，填上期的缺憾；"未雨绸缪"，作下期的准备。在这山明水秀间屏［摒］去我们一切

---

① "等"字原文为省略号。

杂念,静静地研读。离开那繁嚣都市,到农村里舒舒胸襟;聚四方好学朋友于一堂,与古今中外学者相亲近;这是何等快乐的事情!

前途远大的青年朋友们呵! 光阴就在前面,快去追求,不要徘徊!

嘉陵江滨夏令读书会征求会员简章

一、宗旨　本会以助各中级学校学生利用暑假自修并过有意义之生活为宗旨。

二、读书

(1)本馆藏书一万三千余册悉为实用之新书,临时聚书一万册,共二万余册,供会员自由选读。

(2)本会聘有各科专家组织指导委员会,指导会员读书并解答疑问。

(3)凡三峡中风景幽美、气候凉爽之地点,如缙云山温泉皆为本会读书地点。

(4)本年中国科学社在温泉开会,本会得组织学术讲演会请与会各学者讲演。

三、读书以外生活

(1)运动　组织运动团体借用北碚体育场全部设备。

(2)游艺　组织游艺团体借用北碚俱乐部各种乐器。

(3)旅行　组织旅行团旅行峡区各名胜。

(4)参观　组织参观团参观峡区各事业。

(5)游泳　练习游泳有水袋并可受温泉游泳池免费之优待。

四、会员

(1)会员限于中级以上学校在学男生。

(2)会员读书及生活须遵本会规律。

五、入会手续　入会者须先期请由原有学校具函介绍或本院认可之人介绍报名。

六、会期 共四周自七月二十三起八月二十止。

七、费用 预交全期食费五元杂费一元。

八、报名期 自七月一日起十五日止,须缴报名信金一元。远地可用邮票十足代替,到会作食费不到不退。

九、地点 巴县北碚中国西部科学院图书馆。

附　　则

(1)毡被等物自带。

(2)会员依手续报名后,由本会发给证明书,凡搭重庆民生公司轮船来会均得享费折扣优待。

会　长　卢作孚

副会长　张博和

《新世界》1933 年 6 月 1 日第 23 期

介绍两件好的事情

（1933 年 6 月 1 日）

我到叙府，看见一件最使我钦佩使我惊异的事，就是宝元通。那里面大概有六十几个青年，却仅仅一个小工。我们总事务所比他多不到几个人，可是茶房已用到十几个。宝元通的青年，不但是认真服务，小工的事都一脚代替了。这可见他们做事的精神。

我觉得他们与本公司特别不同的有几点：1. 闹。我们只要一进公司，就听得闹得不得了，从进门起，直到三楼，都是这样，有说话声气大的，有隔一层楼喊人的，有隔两层楼喊人的，真是热闹极了。2. 乱。我们公司的秩序太不好了，进公司一看，这里也有人在跑，那里也有人在走。有的把脚放在椅子上或者写字台上头，简直怪象多端，无所不有。这些情形，是我们公司特有的，宝元通却是找不出来。他们的秩序，真是好极了！3. 东西不乱。货品分类放置，极有条理，一看清楚，与普通的大不相同。当时我就这样想，从上海到叙府，可说没有像这样的商店。从前在哈尔滨看见三个，使我至今难忘。现在看见宝元通，可算是第四个了。他们那边的青年程度，比我们公司要低些。我就考查他们听话的能力和精神。他们请我去讲演，从九点钟到十一点多钟，在这样的长时间，他们并没有一点不好的现象如瞌睡、谈话，就可见他们能听，而且比我们公司的青年们的精神好多了。他们的工作时间，比较我们的时间长得多，从早晨七点钟起，一直到九点多钟，有时候到十点钟、十一点钟，以至十二点钟都还没有睡。他们的工作真是骇人，但是他们的报酬却非常的少，简直太少了。从练习[生]到经理,都少得来使我很惊异。他们在上海有一个经理,每月才几块钱的报酬。有一次那位经理从上海转来,找我们介绍他搭船。我就问他"是房舱吗"?他说"统舱才是我们坐的"。这里足见他们的节省。

宝元通是行的三三三一制,以百分之三十为股东红息,以百分之三十为职工红酬,以百分之一十为公积金,奇怪,却竟以百分之三十来帮助社会公益事项。

我这回在宝元通所看见的,都像是第一次才见着的。恐怕有人要说宝元通是世界上的一个癫子,拿这许多钱来助社会公益,但像他这样的癫子,现在还找不出一两个来。在以前我说有两弟兄:民生公司、宝元通。可是现在,兄弟到前进了,这老哥子还落在后面哪!以前宝元通总想把民生公司的精神,输送过去;现在我们倒要把宝元通的精神运输过来了。

第二,就是到广安。在那里有一种现象最使我惊异的,就是街上找不到一个坐轿子的来。在头两天,还不觉怎样,后来才听说从军长以下,都没有坐轿子的。还有一件,就是没有哪一个带勤务兵。像这样的办法,岂不是又像一些癫子吗?我敢说,中国现在的社会,正需要这样的癫子,越多越好。听说,他们的待遇低到极点,最多的不过五十元。因为这样,收入既少,支出也就少了。这点精神,我们公司,也是应该采取,应该效法的。

回转来要声明一句,我介绍只是介绍好的,因为一般人对于别人的好的,往往不容易看出来,所以我只介绍好的。

《新世界》1933 年 6 月 1 日第 23 期

欢　迎　词[①]

（1933 年 6 月 7 日）

今天要介绍三位好朋友给大家认识，一位是胡筠庄先生。[②] 他很难得到四川来，他对于我们的事业，中国的问题，都是独具热诚特别关心的。一位是罗君彤副师长，他是极聪明极勇敢而又有办法的一位军人。一位是蒋云逵司令，在四川他算是一位新式的军人。

我们常常感觉做起事来办法不够运用。此次三位先生光临峡里，正是请他们予我们许多作事的办法的一个机会。这是欢迎三位先生讲演的第一个意义。

胡先生罗副师长都是很关心我们事业的，并且常常都得着他们的帮助，尤其蒋司令我们常常都要去搅扰他。前几天兼善学校的学生就才去参观过他们的飞机场，就曾经得了他们许多的指教，更曾经厚厚地扰过他们，并且将来请教骚扰他们的地方正多。我们为感激几位先生过去的帮助，并盼望未来的指教，所以欢迎几位先生讲演。这是欢迎的第二个意义。

我们常常感觉接触人的机会太少，一层是因为处于偏僻的乡间，一层是因为我们不易出去，不容易出去参观和考察，所以接触人的机会太少。今天三位先生既来到了这里，也就是正好请他们给我们许多作事上的方法的一个好机

---

① 这是卢作孚在北碚峡防局欢迎胡筠庄、罗君彤、蒋云逵演讲的欢迎词。

② 上海德华银行经理。

会。这是欢迎三位先生讲演的第三个意义。自从今天介绍以后希望各个青年如果以后随时随地碰着了这三位先生，都要亲近他们，而且亲切地同他们谈话，因为这样他们能够予我们以很多作事的方法。现在欢迎远客胡先生讲演。

《嘉陵江日报》1933 年 6 月 10 日

谢　　词①

（1933 年 6 月 7 日）

很感谢三位先生，可是中间奖励的话太多，奖励得使我们无法自容了，尤其是罗副师长形容得更厉害。

在三位先生给我们以深切的影响的地方很多。如像参观图书馆的时候，袁白坚主任就出来解说馆内书有若干种，书有若干册等等②。然而罗副师长并不听他，只是问"每天有多少人到馆看书"？因为书的种类、册数多少是不关紧要的，只问看书人多不多，才是重要的问题。胡先生讲的都是中国的问题，尤其是中国的国防问题，还有蒋司令说的关于秩序的问题，现在就引这几点来说说。

第一，今天我们每做一桩事情，其意义不在专摆起让人在表面上去看而已矣，还要使人在看不着的当中去看，去看它在社会当中的活动，去看它在社会当中的影响和影响的程度，那影响才算是我们事业的成绩。如像图书馆就要有它每天有多少人看书，地方医院就要看它每天有多少人医病。因为多少人看书，多少人医病，才是他［它］的成绩，才是他［它］对于社会的影响。影响社会一经影响之后，便成为一种风气，风气便是一种力量，力量就可以改良社会。如像刚才蒋司令讲的外国人买票看电影或买票上车上轮船，都是站成一个列

---

① 　这是胡筠庄、罗君彤、蒋云逵在北碚峡防局演讲后卢作孚的答谢词。

② 　"等等"原文为省略号。

子,先来的站在前面,后来的站在后面,更后来的站在更后面。如果当中有人不遵守秩序,要跑到前面去的时候,各人都看他一眼,于是自己就会不好意思起来。第二者也就是再不会有这不遵守秩序的行动了。看这种力量大不大呢?又如一个朋友谢明霄说法国福煦送葬的时候,人人依着一定的秩序在走,殊不知当中也有一个不遵守秩序的人,从后面跑到前面去了,但是大家又仍然把他拉到后面来。因为他受了这次方[教训]之后,第二者再也不会不遵守规律了,于此可见社会的风气,力量无微不入了。那么,我们也应当创造一种风气起来,这是几位先生所讲而介绍于我们的第一点,就是每作一事要使它深入社会,影响社会,造成社会一种风气。

第二是国防问题,在去年我曾经与胡先生同访宋子文部长谈过国防的问题,我觉得国防应当分为三道防线:一道是海陆空军,二道是农业工业矿业农场工厂矿山工场,三道是实验室。现在我们可以说是站在第二和第三道防线中间的,罗副师长同蒋司令是站在第一道防线上的,我们要救中国,就是要这三道防线,有了充分的力量国家就会强固起来的。如像日本他侵略我们中国,是有几十年的计划,是全国人都总动员的,虽然到前线的仅仅有几万人乃至几十万人,然而后方所有的老幼男女也是一致的在防线上工作。这种工作是站在第二和第三道防线上的,前方作战是站在第一道防线上的。这样看来,要想救国就应当三道防线都要充实,是不成问题了。那么,回头看看我们己身的工作,是站在第一和第三道防线上,对于国家的责任,前途关系也就非同小可,我们应当要怎样的努力才是啊!不要说我们作的不是救国工作,要到前线去作战,才是救国的工作。前年四川岂不是就有这样一批敢死队出去吗!经过这里的时候,他们还劝我们都要跟着一同到前线去,说"国家这样危险快要亡国了,你们还在乡间工作,有什么用呢"?但是他们到了上海之后,前线不许他们加入,因为都是无训练乌合之众,后来才找着我们设法,找船一个一个地把他们送回川来。同时又同他们讲,救国要应当就各自的工作范围以内努力去做。你原来是教学的,现在回去仍然去教学。原来是务农的,现在回去仍然去务农。原来是经商的,现在回去仍然去经商。总之,以各自的范围去努力工作,那就是救国的工作。这是几位先生所讲介绍于我们的第二点。

　　还有觉得三位先生都对我们太客气了,希望各个青年自从今天认识以后,碰着了这三位先生的时候,就应当去亲切地领教,因为这样在能力上智识上无形当中就会大大地予我们以不少的帮助。尤其在谈话当中更能找出有许多问题出来,有许多有意义的问题出来,因为我就曾经从谈话当中得到几位先生的益处不少。

　　　　　　　　　　　　　　　　　《嘉陵江日报》1933 年 6 月 12 日

希望补习班继续不断地前进

（1933 年 7 月 1 日）

今天公司帮助练习同事的，不是生计，不是加薪，而是帮助提高各种能力——因为社会上许多许多好的待遇都由能力产生。现在公司愿意在这方面帮助你们。又有许多比你们更忙的人，百忙中抽暇来教。但是你们不接受，不感兴趣，这本来是为你们自己好，何必要公司加以强迫？

如果读起来感困难，宁可走慢些，总要继续不断地走。例如举五百斤的铁锤与只费二两力气的纺棉花，究竟哪个力量大？纺棉花力量当然大，因为他是继续不断的。往往一桩小事情，可以看出一个人一生的成就。如戒鸦片烟，口头尽管说不吃了，但他手头丢不下烟枪。如因教快了读不走，可同教的人商量教慢点，总要读一样理解一样。好像读英文，记得生字不算，还要懂文法，能会话。

以后补习班练习同事，下了办公室，不能稍稍说了就是。如上课时有无理由不来的，一定要加以取缔。

《新世界》1933 年 7 月 1 日第 25 期

告茶房(三则)①

（1933 年 9 月 1 日）

一

我此次下去时是赶的吴淞船,他们真是办得好呵！记得那天,起初一个西人率领几个中国人,到船上各处查看,就是柜子的缝缝,窗子边边,门扇背后,都要用手摸一摸,检查干不干净。这样过了一刻,一个中国人(是个头脑)引几个茶房来,指点着教他们哪些地方该怎样擦洗,怎样安置。再过一刻,几个茶房,很有秩序的分头把房间整理得规规矩矩的。你们看,人家办事,是怎样的有方法有秩序呵！像这些事,难道一定要高鼻子才做得到吗！我们公司也曾经改良过好些事情,但切不可松懈、落后。我们要永远的跑在前头。

二

南通旅社的茶房很好。我们到时,所有茶房完全出来,引我们到房间去酌量房间之好歹。每到一个房间,茶房必告诉价目。房间一经决定之后,茶房立刻问明哪几件行李属于哪位先生的,一一安置妥当,而且所安置的地位颇适当、颇美观。茶房又问能在此地住几天,要会些什么人。若客人要出外游览,

---

①　该文由《新世界》编辑摘自卢作孚在民生公司有关会议上关于茶房问题的讲话。

便帮助喊汽车、马车或人力车,并告诉各种价目。所游览的地方若安有电话,茶房则先用电话告知各游览地点,嘱咐妥当招待,客人所住的房间外面,不断有人,一按电铃,茶房立即到来。客人走时,茶房立刻帮助喊汽车、马车或人力车,并将行李细细的照件数搬上车,那态度来得极其亲切、恭敬。

三

大连船上的茶房,不断的来问候客人,地板上稍有残渣,立刻打扫。壶中无水,立刻装满开水。桌上有龌龊东西,立刻拭去。厕所不洁净,立刻抽水冲洗。设使房间风大,立刻将窗门关闭。房间觉热,立刻将窗门启开。并且告诉客人厕所在何处,船上有什么食物,有什么设备。我们民生公司的茶房,应当学大连船上茶房那样的服侍客人。

不单是这样呵,还有:客人到船,所有行李,须问明客人,哪些行李是放在上面或下面,有无重要物品交与账房收检。又必须问客人洗脸用船上的毛巾,或带自己的毛巾。开饭时与客人添饭,手指甲应剪除,手指拇切莫放在饭碗内。摆筷子,应拿筷子的中端。洗碗,应该用开水。设使客人有病,更要留心侍候,并且我们应问客人是什么病,即刻到经理室问明经理,有无此种药品。到码头时,船停泊若干时间,码头的规矩如何,岸上街道如何,过河划子费若干,什么地方适宜游览,都须详细告诉客人。又,凡客到船,必须问明客人姓名,以便称呼。自己的姓名,亦须告诉客人,以便客人喊叫。

《新世界》1933 年 9 月 1 日第 29 期

工作与休息

（1933 年 9 月 5 日）

昨天在重庆遇着黄子裳主任问他："你到重庆来做什么？"他说："一则因为私人有点事情要办，二则因为这一向来过于劳累了，藉此前来休息休息。"人在劳累了之后是不是就应该把事情搁下来等休息了之后再做，这是很成问题的。所以我就籍［藉］此和黄主任作了如下的一段谈话。我认为这一段谈话很值得介绍，因此打算在此提出来同大家谈谈。

自家这一次从上海回来，在路途中就头痛作呕，十分难过，船抵重庆河岸时，曾一度想回家去休息两个钟头，及到轿子抬到民生公司的时候，心里突然转了念头，想慢着且走进公司去看看有无问题。一跨进公司，啊呀！求神问卦，前来环着解决问题的人多得很，奇怪得很，虽然工作到晚间十点钟以后才回家，但是难过却通通都忘却了。第二天一早到公司开朝会的时候，宋师度经理玩了一套把戏，叫我出去作报告，会散后仍继续工作，虽然感觉得有些不好受，但是在一瞬间这一点不好受，也就被一种紧张和兴奋的情绪战胜了。

十二［点］钟到了，赶着又要坐车到成都去，这时疲倦又袭上来了，但是仍然要继续，而且还要彻夜的继续。行至途中，肠胃病发了，而且呕吐得十分厉害。虽则如此，但是亦不愿停顿，最凶时下车休息片刻而已。到了成都之后，一位名叫何成俊的朋友劝我进医院，至少也要就医疗治。我感谢他道："是的，但是哪里能有这样的空时间呢？"因此亦只随便找了一个医生看看，吃了一次药便算了事，这样抱病工作到次一天，便又搭车离开省垣，中间在烧酒房休息了三个半钟头,但是不是我们要休息,是因为雨下得太大了,扎雨班。第二天九点钟许到重庆,仍然不休息的继续工作,结果痔疮又发了,要走路的工作虽然做不得,但是不动步的工作仍然要做。

总之,精神越用越有,越不用越没有。好比如像前几天自己的肚子屙,我不理采它,屙了又办公,而且约定次日一早到民生厂去解决问题,第二天按时前往。咳,怪!连屙也不屙了,这就足以证明精神上的鼓舞,能使你忘了累,甚至把病也驱开!近来民生公司的朝会设在午前七点半钟举行,自己从早跨进公司,一直要做到晚上十一或十二点钟才能回家睡觉,计算起来一天整整要工作十四个钟头以上。大家要知道,世界上打起精神,熬更受夜,为人类工作的老头子多得很,何况我们还是青年。我虽然不要求大家和我一样每天做十二或十四点钟以上的工作,但是规定时间内的办公和晚上的那一点民众教育的事情总要请大家努力维持,不要使它有一分钟的松懈。

《嘉陵江日报》1933 年 9 月 5 日

促进工作的研究①

（1933 年 9 月 16 日）

（一）检查　工作约可分为两类:1.日常的;2.偶然的。

各人每天经常应作的事,如茶房之照料客人起居饮食,水手之扫除、涤洗舱面等②,称为日常的工作。

船上的消防火险、水险及泅水练习等③,称为偶然的工作。

日常的工作,自然我们每天都在实习;偶然的工作,我们也要择时候去练习。实习的结果怎么样? 这是管理人应该随时去检查它的。严格的说,管理人主要的责任就是在检查工作人员的工作,不然啦,就无从知道各个工作人员的成绩怎样? 其结果就会赏罚不平,于是勤劳分子无所激励;怠惰分子无所惩戒,遂不免相率而为萎靡,百事不振,哪能促进?

检查的方法,是由各部分主干人分头负起责任,逐一去考察各个人的工作状况。例如茶房头脑,他就须在某一个时间,到某一个地方,视察某一个茶房在做什么,做得如何。有时假如某一件事,是派某一个人做的,在他做的时候,并不须去看他,等他做完之后,可再去看他的结果。例如厕所的扫除是"拖把子"应有的工作,水手头脑就可选一个时候去检查它洁不洁净,各部检查工作,均可照此类推。至于经理啦,只须检查各部管理人负责检查没有,检查的

---

① 该文为杨成质笔录的卢作孚讲话。
② "等"字原文为省略号。
③ "等"字原文为省略号。

方法如何,检查着不合理的曾照实报告前来没有。换句话说,各部管理人的工作就是检查,经理的工作就是检查各部管理人的检查工作。

检查的结果要分判出优劣,分别登记汇报总公司。在消极方面,工作有不合方式的,就要告诫他、纠正他,必使之合方式而后已。在积极方面,工作有合方式的,就要奖励他,并要替他宣扬。这一来,成绩好的,必力求再好;成绩坏的,也就可以鼓励为好,纠正为好。

(二)提起兴趣 兴趣是成功之母,有兴趣做事才积极;若是不感兴趣,则做事必消极,消极就不会求进步。所以提起工作人员对工作的兴趣,是非常必要的。人类心理,在比赛中最易感到兴趣。例如,有许多喝酒的,静悄悄的喝,他们是不感觉兴趣,也就不大肯喝,必定要在[猜]拳竞赛下才喝个不休。又如运动,若是不含有比较的意义,运动的人必很少感到兴趣,也不会有人去精益求精。所以对任何工作,都必须要提出几个比较标准。

比较是两方面的:1.个人的比较;2.与人的比较。以泅水作例:例如某个水手前一星期只能浮水一丈远,这个星期却能浮两丈,那就是他个人的比较有进步了。假如甲在前个月浮水的能力较乙远五尺,在这一个月却比乙远两尺,那就是甲与乙的比较退步了。推行这比较的标准,不仅工作的人感觉兴趣,就是管理的人定奖惩也有所依据,其结果自会使工作在比较标准之下逐日地进步了。

(三)接近工作人员 人是社会的组合分子,所以他的活动都喜站在社会面前,就是站在人的面前。换句话说,就是怕使了力别人没有看见。理会了这些心理,管理人就应找寻常常接近工作人员的机会。照此,就要时刻照料着他们,使他们的一切活动都常常在你眼面前,那么大家就不得不起劲了。

(四)暇时的商讨 与工作人员的商讨,也是促进工作的一个有效方法。在某一部的工作不紧张的时候,你就找着某一部的人询问和讨论他那一部的工作情况及改良方法。这一来他见着主干人都在注意他们的事,于是他也就不敢懈怠了。前次我在永年船上同二车刚谈了一度煤的节省问题,他接着就造了一个关于煤的最有意义的比较表,这就是一个实例。所以主干人应该不断地、个别的同工作人员商讨,他们也就会不断地想新办法,不断地提供意见,工作哪有不进步呢?

《新世界》1933 年 9 月 16 日第 30 期

在民生公司朝会的讲话[①]

（1933 年 9 月 16 日）

在朝会，每人报告中，理由的叙述要极求减少，或竟至不要。所要求的是方法的交换，是每人在办事经验中所得的方法的交换！

报告的办法，要能条分清楚，切忌拉杂，使人能于最短时间里可得一详确观念。

报告数目字，尤须力求准确，不可马虎。并且这个数目是怎样得来的，报告出来有什么用，要说明它的原因，才能提起大家的兴趣，不至干燥无味。往往这个数目报告出来与另一问题有关，于是引起别部的探索了：例如去年全年修理费十六万几，我们嫌他多了，今年半年就达二十余万，似这样推算下去，全年至少要增加到三十余万！今天公司所有的船，如保护得好，民贵等六只大船，每年十二万块钱修理费够了；民意等七只二级船，每年七万块钱够了；民殷等几只三级船，每年不过三万块钱可解决；民用等几只小船，每年不上一万块钱可解决；总共不过廿三万块钱。现在才半年工夫就达到这个程度了！并且它不似省煤运动那样，减省十万，仅止十万而已，它的节省是两头打算盘，拿出去的修理费损失是很小的一部分，延误营业时间的损失大得多，所以去年的修理费，我们计算如果节省六万几，就要多赚廿八万几。

今天民生公司的问题，要绝对看到大处，不要在小地方抠鼻屎吃。我们要

---

① 原题："在朝会"。

集中精神来一件一件的办,如夹夹杂杂一把挽着,结果一样都没办好,毋宁不办!

还有,个个办事,都要使他有兴味,要少做,不望多做,最忌天天都在"扰民"而不得结果。如果一桩事情预料办起来感困难,要搁浅,我们就要注意到底,——如船员缝制服,仅仅在缝时、扣钱时注了意,过后穿不穿就不问了。如果注意他到底,使他养成习惯便好了。

公司每天下办公室后,有任务的应该首先是经、襄理及主任人员。当公司"小家屋"时,大家很亲切,船一抵岸,船上经理们必到公司接谈。现在呢,"侯门深似海",即使船上人来了,而公司各人因为事忙,往往不照他们的闲。今天以后,盼望公司的人们多与船员亲切的接触!

《新世界》1933 年 9 月 16 日第 30 期

中国科学社来四川开年会以后

——九月廿四日在峡局周会席上讲演

（1933 年 9 月 24 日）

今天有几桩事情，是要介绍给大家知道的：

中国科学社，今年到四川来开年会，这算是整个中华民国当中的学术团体到四川来的第一次，在这中间产有几个新的意义：

变更省外人对于四川的观念

在外间的人，因为少有到川来的关系，所以向来就不明了四川的内部情形，常常是把四川当作野蛮的社会看待，而且是传说得来非常之神秘。于是乎惹来一般想到四川来的人，都不敢到四川来了，认为现在的四川当中，找不出一个好人，找不出一块好的地方，尤其是在驻有军队的地方，更是糟糕得厉害，总认为四川是一个莫有办法的四川了。这一次中国科学社到四川来开年会，把四川的各个地方如像嘉定、峨眉、成都等①地看了一遍之后，所得的观感和印象，才觉得竟有出人意料的事情，如像建设方面的成绩，各军都在提倡修建马路，而修马路的人都由士兵担任，现在许多城池市镇和名胜地方都有马路可以到达了，譬如由重庆到成都，现在只需一天的工夫，由成都去峨眉还需不到一天了。总计现在的四川已有四千多公里的马路，这是一桩事情。第二在各军戍区里的城市，都把旧的街道改修过了，比较从前来得宽大整齐，而且清洁，

---

① "等"字原文为省略号。

不单是大的城市如此，乃至于一个小的乡场也莫不然，除了改修街道以外，都修公园，都辟运动场和设立图书馆，这是就建设的方面说。又如教育方面的发达，各军都在提倡兴办学校，一方面扶持和奖进地方上原有的学校，同时也办军事学校或其他的专门学校，以及一切平民教育，义务教育，无不努力提倡进行。以上两点，都是这一次中国科学社到四川来开年会，把四川的各个地方看了一遍之后，所得的观感和对于四川的认识。足证明他们是很同情于我们的，而且极愿意帮助我们宣传。今天以后，我们有了这样大的一群，在今天中国学术上，教育上，有地位、有声誉的人来替我们把四川近年的真相介绍出去，使外间的人了解我们四川内部的真情实况，不像今天以前外间的人都怀疑四川，提起四川的问题都漠不相关。今天以后，不单是要使外间的人都明了四川的真象［相］，而且是要使外间的人都以技术的力量或经济的力量来帮助四川，以促成四川各种事业的经营，这是今天以后要把外间的人向来对于四川的观念根本转变过来的。

促起川人对于科学事业兴趣

这一次中国科学社到四川来开年会，很得着四川各方面的同情。因为向来还没有这样的科学团体到过四川来，尤其是中国科学社。这有一桩事实可以来证明，中国科学社生物研究所需要基金，打算借这一次到四川来开年会的机会，募得一点捐款，在期望当中，至少可以募得五百元或至一千元。但是这个念头都是后来才产生的，在最初还不敢有这个希望。后来中国科学社的社员到了四川，再后来有一部分人到了成都，与各军首长，几度接洽，几度谈话之后，刘甫澄军长及杨子惠①军长，各慨然允捐中国科学社生物研究所一万元。其他各军将领，均已决定捐款，不过数目尚未十分确定，但是至少也是几千，廿一军甘典夔处长私人亦捐了两千块钱。已由重庆川康、中国、美丰、聚兴诚四银行各免费汇去五百元到申分行，由上海民生分公司代为汇齐，于九月半交与中国科学社。同时杨军长捐款一万元亦已拨由民生总公司汇往申分公司，于

---

① 刘湘，字甫澄；杨森，字子惠。

九月底转付与中国科学社。从以上几点看来,足以证明四川人对于科学事业的兴趣和对于学术团体的同情了。只要是他们能够帮助的事情,他们都乐于尽量地帮助。何以今天四川人对于科学团体有这样热忱,这又不可不归功于这一次中国科学社到四川来开年会以后所发生的影响和意义了。

组织委员会以帮助中华民国

中国科学社的社员觉得这一次到四川来开年会,得着各方面很周到的招待和很热烈的欢迎。如果要是仅仅止于开年会而已,便不单是觉得对四川人有点抱歉,而且是长此下去的开年会,恐怕于整个的中华民国,实际上毫无一点帮助,因此各路回到重庆来,召开一度会议,大家一致主张回到上海以后,组织一个委员会,决对中华民国做几桩帮助的事情,并盼望我于九月底到上海去一趟,设法把这桩事情共同帮助促成。他们计划要做的帮助事情,有下列几项。1. 帮助调查:帮助派人调查地上及地下的各种物产。2. 帮助计划:经过调查之后,如果是要去经营他,他们可以帮助计划一切。3. 帮助介绍人才:事业上需要何种专门人才,他们可以帮助介绍何种专门人才。4. 帮助对外接头:如果有须得要向外接头的事情,他们可以帮助接头。他们这个委员会是要要求给予中华民国各方面以帮助,如像政治的、经济的、教育的各方面,都予以深切的帮助。这是我们同科学社的朋友在渝一度谈话后所产生的新计划。我们深感觉到于一般不明了意义的人,常常在闲说这一次科学社来重庆招待费用了一万多元,民生公司又用了数千,峡防局及中国西部科学院又用去了几千,总在说钱,然而并没有一个人看到因这一次科学社来而予四川以各方面的帮助和很好的影响,即如上面所说的几点来估价,相信决不是以钱计算得了的,这是大家要明了的一桩事情。

工程学会组织考察团来四川

工程学会原来决定明年年会在四川来举行,后来他们因为感觉得只是到川来开一次年会而已还不够,因为鉴于已往开年会的经验,都在应酬去了,没有做到实际的工作。所以今年八月底工程学会在汉口开年会的时候,恽荫棠先生力争明年年会如果拿在四川去举行决不妥当,第一,应酬太多,不能做实际工作;第二,全体会员当中能力不齐,设若全体都去,未必个个都能工作,所以才另外决定了一个办法,就是改组为四川考察团,来川作实际的考察工作,期于各方面有实际的裨赐,约集三十个以上的头等专家和第一流工程师参加。

帮助四川研究十四个问题

决定研究煤、桐油、煤油、铁、丝、盐、糖、纸等,水泥、水利各种重要的矿业和工业,还有许多交通方面的事业,如像铁路、汽车路等,都列为研究问题,昨天接到恽荫棠先生的来信,谓到南京后决定进行办理这桩事情,并望四川供给研究各项问题之材料,把供给材料之机关及人员早日确定通知,以便从容着手准备。

来川考察至快明年春天至迟秋天

到明年春三四月间即可来川,如万一来不及,至迟秋季九十月间,绝对可以到四川来。关于川西灌县水利的问题,他们尤为重视,恽荫棠先生曾经函托一位成都华西大学的教授李明良去把一位西人满里所有关于灌县水利的记载,设法抄寄给他,这一次来信说是应该是有回信时候了,为什么至今尚还没有消息,请我代他催问,足证明恽先生他们之直接对于这桩事情间接对于四川的热忱了。更足以证明这一次这个团体到四川来的影响,定会比中国科学社更来得大而且深,前一会我还在对科学社的一些朋友说笑话,今年欢迎科学家来四川探查地上和地下的出产,明年就欢迎工程师来四川帮助确定开发的计划,在这桩事情因为他们是已经确定了的,同时我们也在准备着供给他们的材料,所以说颇有希望,只要于事前把研究的材料收齐,加以相当研究和讨论之后,明年就可来川开始计划。

欢迎经济学会后年来川开会

后年就可以欢迎经济学会到四川来开年会,帮助我们解决钱的问题。这个团体是许多金融机关当中的朋友或学者组织起来的,其中也有是大学的教授,不过他们的背景都是银行,只要他们一来,就可以把钱带到四川来,促成四川各种生产事业的开发。在这当中,有一个步骤,第一步调查,第二步依据调查所得拟定开发计划,第三步拿钱开始经营。明年这个计划——工程学会来川考察——可以确定其实现；后年那个计划——经济学会来川开会——可以希望其实现。或许后年那个计划也许可以提前一年实现。最近重庆美丰银行经理康心如，乘永丰轮出川，就是为的这桩事情。因为在他未起程以前，听说上海中国银行的总经理张公权①，于今年九月底要到四川来一次，不知究能成行否。所以得到这个消息之后，才决定了不如跑去请上海银行界的朋友联合组织一个考察团，不约而同的与工程会明年一道入川来，这岂不是一桩很有意义的事情吗？这个计划假使不能于今年里实现，到明年上半年一定可以实现，至低也要提前一年，那么，后年经济学会再到不到四川来开年会，那可不必去管了。

用力运动外省人都到四川来

现在我们正在用力做这几个运动，就是用力运动省外的人以及国外的人都到四川来。把科学家运动到四川来帮助我们探查地上和地下的出产，把工程师运动到四川来，利用四川所有的出产帮助我们确定生产的计划，把金融界有力量的人运动到四川来，帮助我们的钱去经营或开发各种事业。如像这种种的运动，有没有成功的希望？都有！只要我们肯去做，努力去做，不放松手地彻底去做，那么，不管你是做的哪一种运动，绝对都有成功的希望。我认为北碚的地方医院、民众学校和特务队，这时正好共同努力去做一个很有意义的运动，就是用力运动周围的民众都来接受我们的帮助。这个运动是可以有把握使它成功的。因为我们今天把中华民国都可以造得动，何况一个小小北碚的民众造不动呢？例如中国科学社之到四川开年会，仅仅几度谈话后，采用双管齐下的方法，一方面通知北平，一方面通知南京，就把中国科学社运动到四川来了。这次运动工程学会也是一样，一方面通知上海，一方面通知南京，以至于运动上海金融界的朋友组织考察团来川考察，亦莫不是采用一样的方法。我们要人帮助我们，都可以运动起来，我们要人接受我们的帮助，岂不可以运动起来吗？所以希望北碚，今天以后，凡与民众身上有关系的事业，都要把民众运动起来接受我们的帮助。

---

① 张嘉璈，字公权。

以成群的集团力量帮助四川

上面所说的各个运动,都是以成群的集团力量来帮助四川的各方面。要知道以集团的力量来帮助的意义和所发生的影响,是格外来得伟大而深切。如像已经过去了的中国科学社,和已经确定了明年来川的工程学会,以及尚在希望中的经济学会等。凡这些运动都是永无止境和广无边际的,须得我们继续努力去做,和联络各方面继续努力去做的。现在中国银行和马寿征先生在外面找了一些研究蚕桑的专家,约共有六位,帮助到四川来考察,其中有一位还是意国人,是被国联派到中国来专门考察丝业的改良问题的。要是我们像这样继续不断地努力做下去,恐怕四川今天以后,年年都会有成群的学术团体或个人到川来考察,而且使四川的各方面都得他们深切的帮助。进一步更要办到每一个月都有,每一个星期都有,甚至每一天都有省外的学术团体或个人继续不断地到四川来作考察工作。但是这还不够,我们除运动外省人到四川来以后,更还要促起世界上的人都到四川来,或来考察,或来游历。使世界上的科学家都到四川来,世界上的工程师都到四川来,世界上的金融界或实业界有力量的人都一齐欢迎到四川来。什么时候可以来呢? 这就看我们去做这个运动的力量如何,如果是我们下大决心去做,那末,我们要想他们哪一年来,就可以使他们哪一年来,这纯全视我们用力的程度以为转移了。

拼命运动　白日不够继之以夜

前一次八月九号由汉口坐飞机回重庆,在飞机上几次欲呕,下了机场,愈觉得厉害。进城经过自家里的门口,很想趁此回去休养一会,再到公司,但是忽然一下想起了,走了一个多月之后,公司还有很多堆起待解决的问题,于是乎并不停留地一直跑到公司。走进了办公室,求神问卦的就开始继续不断地来了,一直坐到晚上十二点多钟以后才回到家里去。第二天又包车跑到成都,白日赶不拢,继之以通夜,中间发呕数次。呕时叫车稍停,呕毕仍叫开车,并不因此而稍有所停留,为什么要这样拼命的忙,为的是向成都各军当局做了一个运动,盼望四川今天以后永不打仗,多用新的方法整理四川,从事于生产的开发、政治的建设和教育的普及与提高,以把四川变成一个租界。

四川造成租界吸收世界上的人和钱

只要把四川一经变为租界之后,世界上的钱和世界上的人,都可以吸收到四川来。上海租界里面有一个见方不过十里的地方,曾经集中过三百万以上的人,和十万万以上的现金,所以只要四川一经安定之后,就会马上有办法的。要知道现在世界上有许多的钱都找不到安稳的地方存放,世界上有许多人尤其是中国人都找不到一块乐土来住家。假使四川永远安定后,各方面都集中精力来创造、来建设,把四川的各个地方布满铁路之网,布满电线之网,一切大规模的工业都次第举办起来,集中生产大批出口,使原来贫穷的人都会变为有钱的富家翁了。这样一来,不单是可以把"魔窟"转变为"桃源",而且是也要把"天府"造成一个"天国"。

各方彻底觉悟　川局前途乐观

现在岷江军事结束。在这个情形之下,可以说是最有希望的时候,也可以说是有最大危机的时候。因为往往在每次战争结束之后,随着又在作第二次战争的酝酿了。假使我们这时再不用旁的方法去促起他们的觉悟,那末,第二次战争又将没法避免了,所以说这时也是危机最大的时候。又假使说,我们在这时从各方面去包围努力吹嘘,促醒他们今天以后不要再用战争去解决一切,而另以新的方法来整理四川,那末,又可以说这时候算是最有希望的时候了。在成都以两天半的工夫与各方面接洽下来所得的感想,觉得是川局的前途很有希望。因为各军的将领都已彻底觉悟了,愿意相互开诚布公,一致联合起来,为四川确定一个整理的办法。如果是都存在于这个整个办法之下,都去作一桩事情,则自然可以消灭敌对的形式,用不着各拥重兵以自卫或图人,刘甫公①曾经说过,今天以后决不再用武力来经营,而决用力量去帮助各方面整理内部的问题,以帮助二十八军整理财政的精神去帮助于各方面。

不带兵来做事　改分区为分工

并且今天以后,各军将领,都要去担任一种专门事业的经营,或一种专门

---

① 刘湘,字甫澄。

事业的经营监督责任，或是修铁路，或是修汽车路，或是经营灌县的水利，或是到边地去垦荒，分工进行，让他们把兵带起去工作，恐怕他们也不愿再带兵了。前次促何北衡处长到省，也就是为的去设法促成这个运动。从上面的种种情形看起来，川局的情况也一天比一天好起来了，我们利用这个最有希望的时期，用全力去帮助他们，相信绝对可以使四川永远安定下去，并且在这安定之基础上，可以逐渐产生出许多的事业来，这一次由上海跑到南京，又跑到汉口，又跑到庐山，都是为的这一个运动。

埋头努力工作同时顾到周围

我们一方面埋头努力工作，同时亦须顾到周围，换言之，即是也要把周围的环境变好起来，除了努力我们的事业本身以外，更盼望我们的周围——川省局面今天以后有一个比较好的情况。这几天，我们又要邀约几个朋友跑到成都去一趟，希望把这个运动，在短期内促其实现。我们都晓得大的运动即是范围比较广大的运动，做起来不易收效，但是我们决不因此为难而遂灰心，反为加力去做，至今不特证明并未绝望，而且已收到相当的成效了。足证明只要我们肯努力去做，肯想方法去做，是终究有成功希望的。尤其是北碚要是做起一个运动来，更有把握的成功。第一，北碚有这样大的一群人，可以担任这个运动；第二，范围并不广，仅仅止于峡区，而且目前止于北碚。但是中国人向来都没有公共的要求，尤其没有强烈的公共要求。即是有一点要求，都止于个人，更缺乏一种强烈的行动，跟随着每个公共要求之后，所以是常常不会做成功一桩事情。我们之所以能够把中国科学社运动到四川来，把工程学会确定明年到四川来和尚在希望中的经济学会欢迎到四川来，完全是凭自己的力量用方法去促成的。所以我是很盼望今天北碚的朋友，万不要入于安眠的状态中，反之是要常常不安于现状，随时想出新的标准，以强烈的行动随其后，一致要求达到而后已。这样一来，北碚未来成功的希望，绝对是很伟大的，而且是很有把握的。

《嘉陵江日报》1933 年 10 月 10—16 日

关于北碚私立兼善初学校设立校董会事项册上巴县县政府的函

（1933 年 9 月 30 日）

呈为设立校董会开具事项、简章再请鉴核,转呈备案由。窃本校前于民国二十一年以创设北碚私立初级中学及附属小学成立校董会,曾经报请钧府准予成立备查在案。旋奉指令教字二八四号开以经费问题,与定章不合,饬另具复报核等因。叠经一再续呈经费情形,俱以手续未合,未奉核准。兹谨遵照[民国]十七年二月六日大学院公布私立学校条例及同时公布校董会条例,开具设立董事会各事项,并拟具简章,先行呈请钧府察核,转呈备案。俟校董会奉准成立,再行遵章办理。学校立案事宜专案呈报,实为公便。所有设立校董会再请备案缘由,理合备文呈请钧府察核,指令祗遵。谨呈巴县县政府县长唐[步瀛]。

及呈校董会事项单二份[略]、校董会简章二份。

私立兼善初级中学校校董会主席卢作孚

中华民国二十二年九月卅日

附:

北碚私立兼善初级中学暨附属小学校董事会简章

第一条　本校董会由本校校董组织之,校董名额无定。

第二条　本校董会设常务校董九人,由校董互选之主席及副主席各一人,由常务校董互相之。

第三条　主席代表本会执行一切事务。因事缺席时,由副主席代理之。

第四条　有左列资格之一,经常务校董开会通过者,得延为本会校董。

一、专门学者。

二、富于教育学理及经验者。

三、热心于教育事业者、

四、捐常年经费或巨资于本校者。

第五条　本校董会每年开常会一次,有紧要事故时得开临事会议。常会欲罢临时会均由主席召集之。

第六条　校董会议议案以出席校董过半数表决之。如可、否同数时,则取决于主席。

第七条　校董之职责如左:

一、考察学校一切事务。

二、审核预算及决算。

三、决定筹集常年经费及决[定]保管基金办法。

四、推选常务校董。

第八条　常务校董每半年开常会一次,于必要时得开临时会,由主席召集之。

第九条　常务校董会议议案以出席常务校董过半数表决之,如可否同数时则取决于主席。

第十条　常务校董之职务如左:

一、计划学校之进行方案,考察学校之进行状况。

二、审核学校之预算及决算。

三、经费之筹划。

四、财产之保管及财务之监督。

五、选聘校长。

第十一条　常务校董任期为三年,期满改选,但得联[连]选[联]任。

第十二条　本简章如有未尽事宜,得由校董会议修改之。

第十三条　本简章经校董会议决施行之。

重庆市档案馆档案

在成都二十天的工作

（1933 年 10 月 7 日）

今天我报告在成都二十天的工作。前次从上海归来,曾谈过目前的急务:一方面是要埋头经营我们的事业,一方面是盼望事业周围的环境亦稍稍改善。

现在,凡个人可以加力的,都在加力。中国人是向来不愿意过问国事,假如自己不是利害相关的话。昨天我报告古代社会中农业生活的人民向来不问政治,这种消极的倾向,是应该改变的。一次战争完结,正是避免下次战争的机会。所以我很盼望从今天起,四川产生一种和平整理的方法,这是一般人应共同促成的。

我看《科学画报》有一期,找了一段小小的问题,值得研究它:假如从太平洋西岸投一块石头到海洋里,波动可以达到太平洋东岸。大洋的范围内,一块石头,竟能从大洋的此岸达到彼岸,物理学证明确系事实。这种影响之大,不能计算。因一克重量在手里不感觉得到有力量,但科学上已用到千分之一克。普通时间到百分之一秒,便不能想象,可是科学上已经用到了千分之一秒。所以两三丈以外,非无波动,不过人力不能考察罢了。

今天所盼望的,是今天以后没战争,用建设的方法来整理一个崭新的局面。即这一种盼望,但得当局想一想,也就是一种波动,对于庞大的四川仍然会发生影响。这又有历史可以证明。民国十年以前,四川没有一个人到省外去考察,尤其是政府未派人到省外去。当我们在永宁道署时,曾派许多视学、校长出川考察教育。因此,四川行政上或事业上,或是毕业生,皆结群成队的出去考察。这种考察,简直成风了。做这一点,便影响到周围了。

此次到成都,也是为民生公司进行募股。费了廿天的工夫,不过才得三万块钱。民生公司每月收支是廿几万,八月份收入廿六万几。只要民生公司朋友努力一点,增加三万,是意中事。我们要拼命加力,只要有做生意的机会,如像轮船要怎样吸收客人,及吸收货件,电灯厂增加电灯,机器厂增加修理。用这种精神和方法,每月增加三万,很是容易,何必募股!因为募股所得亦不过三数万也。此点,本公司的朋友应当留意。再,公司应当做的,都是值得寻求的。如像商业场被焚,"保险"的生意应到成都。"进口"的生意,也应到成都。许多人,询及成都存款容易,何不在成都设一分号?民生公司确有设一机关于成都之必要,一面吸收存款,一面吸收股本。但最严重的问题是要找人来经营。凡我认识往来的朋友,我都很留意,然而没有合格的。因为要具备下列几种资格:1. 熟悉商场情况;2. 能与学、政界周旋;3. 能用新的方法整理内部;4. 很为可靠。前面两条,是此一种职务特须有的。后面两条,是人人应该有的。可是我在成都提了出来,大家伸出舌头,认为困难。还有号称知识阶级的人,是不愿意整理事务的。他们以为整理事务,是降低了身份,埋没了天才和学问。结果没有办法,只得回到重庆设法。俟人选定后,再作相当的准备。

第三是成都的经济事业。我在成都是住在光明电灯公司里,总公司发起人为郑璧成先生。电灯有两三千盏,是经营在成都最繁华的区域春熙路一带的。过后,郑经理集中精神于民生公司,忘却了光明之前进。光明事业,开始经营以后,老大的启明电灯公司,便生恐慌,乃买了一千基罗瓦特的电机,包围了光明。郑经理曾写信叫他们赶紧设法应付。第一步联合小的电气业,现已着手了。第二步仍与启明联合,能否办到,尚是疑问。但是电气业,终应化零为整。在川西平原之电气,并应以水电为根据。从近到远,几十几百匹马力,扩充到几千几万马力。期于川西平原马路改为电车路。这样,因电车低廉,二百铜子可坐几条街,四百铜子可坐通成都。与黄包车价钱比较起来当然是便宜多了。成都现在的包车,一天拥挤不通。如公共电车成功时,当然营业异常旺盛。市场以外,南门可发展到新津雅安一带,西门可发展到郫县灌县一带,北门可发展到新都广汉一带,东门可发展到龙泉驿简阳一带,都是容易办到的。再,水利灌溉,亦须用吸水机,即亦须电力。水利为主,交通为辅。

还有,在成都同人看果园,路上看了几个,听到说的有几十个。而且华西坝有一位坎[加]拿大人丁克仁,说成都苹果已有几万株。种苹果这种风尚,也好象北平之养蜂。见到别人在养蜂,自己亦就买蜂种。养蜂极盛之后,便是极衰。成都提倡果园,也是要趋于同一现象。光明经营的果园,如不放弃,即应该联合各果园成一家,或委托一事业经营。如何培植,如何保护,如何推销,如何制造,均须有整个计划,乃成为现代经济事业。这便是廿天在成都的生活的经过。

《新世界》1933 年 10 月 16 日第 32 期

在民生公司八周年纪念
大会上的开会词①

（1933 年 10 月 11 日）

今天是本公司第八周年纪念日,联合本公司及各船厂的工作朋友,举行一个纪念会;同时欢迎各来宾参加指导批评,使本公司更有一个明了的前进的途径。这里先要向各来宾及公司的朋友介绍的是本公司在这八年当中生长的情形和对未来的一点希望。

从艰难困苦中生长到今天

民生公司是在民国十四年的今天发起的。在那个时候的筹备处,设在合川城里的通俗教育馆。当时有筹备人十余个,到现在已经有一部分人不存在了,例如当中最得力的一位朋友,尤其是在民生公司经济的撑持上加了最大力量的陈伯遵先生。自从这一天起,把民生公司产生下来之后,无时无刻不在艰难困苦当中与环境挣扎。一直努力奋斗到今天,仍然是在艰难困苦中继续着前进的。从民生公司过去八年的成长历史看来,最初资本很少,仅仅有几千块钱。规模很小,仅仅有一条走重庆—合川间的小船,民生经营到今天,虽然民生公司的资本已经扩充到一百多万元,大小轮船已经增加到二十三条,然而还不够,觉得有限得很,须得我们继续努力设法去创造。在这八年当中,详细生产状况,一会儿有本公司各部人员出来报告,这里不说。

---

① 该文为朱树屏记录。

整理川江航业,从公司到船上

上面说的都是民生公司生长方面的历史。这里要报告的,是对川江航业的整理情形,在已往川江的航业状况:

第一,每个公司都是单独经营,没有整个的联合。其次,内部的组织都很松懈,充满着纷乱的现象。所以在当时的各个轮船公司,结果大家都闹得来折本、负债,以至于倒闭。情况不得了,所以才对川江航业的整理工夫,下了决心去经营它。在民生公司这一部八年的历史当中,整理川江航业的要占史料的大部。整理即自本公司起,从公司的内部整理起,一直整理到每一条船上每一部分而后已。例如"建设秩序",使每一部分的每一个工作人员,都能够在一个整个的秩序之下,去作有系统的工作和前进。

第二,在从前川江的轮船,外国人为了利用中国人自私自利的心理,特别采用一种买办制,给他以舞弊的机会,所以结果常常是闹得来公司折了本,而买办一个人赚了大钱。民生公司自有了轮船,就没有买办制度,改用经理制度。轮船上的经理,就是公司的代表。整理这桩事情,本来不是一件很容易的事。在中外的轮船公司看来,都认为是一件很困难的问题。但是只要我们肯下决心去思想方法,用力整理它,终有成功的一天。其他的倒不必枚举,等一会儿各部分朋友,自然会向各来宾及本公司的朋友报告的。

大家忍受痛苦,为的就是创造

民生公司过去八年的历史,是全公司人员一致努力从艰难困苦中奋斗出来的一部历史。这不仅是公司的职工才如此,常常是有许多的股东,也在周围想尽办法帮助,同时又常常有许多的朋友,也在各方用力促成,才把民生公司扶持到今天。民生公司从开始预备起,不知遇到了好多的困难问题。从公司营业起,就同周围的困难问题开始拼命,想尽各种方法去战胜它,这样继续不断地一直努力下去,才有今天。凡参加这桩事业的朋友,都曾感受到生活上的痛苦,然而都决不为了自己生活上的痛苦而遂放弃了这桩事业的经营,反转要加上力量,忍受着痛苦拼命去为这桩事业创造前途。因为大家都认清楚了民生公司不是一桩自私自利的事业,这从已往的八年历史当中,就可以很显然的看得出来,所以大家纵是吃苦,也乐于去干,总是要想把这桩事业怎样创造成功,使它于社会上的帮助更加大而多。

事业若要成功,必须化零为整

我们的要求,不仅止于此,凡百事业,我们都要使它一切化零为整,以去适应社会的需要。今天以前的一切事业,都是零零碎碎经营起来的。同是一类事业有很多不同的小组织,彼此"盲目竞争",相互倾轧。所以在这种情况当中,不是需要的去压迫供给的,便是供给的去压迫需要的。如是循环的演战下去,常常使社会上有不安的现象产生。这是我们今天以后所要拼命设法去挽救,务使每一桩事业的经营,都得"供求相应",决不让它有生产过剩或者需要恐慌的现象发生。就航业来说,由重庆到涪陵和由重庆到合川,这两条航线,我们是用尽力量去供给他们的需要——有大的船,有时开两只船,也有时开三只船,总是以恰恰能够适应那个时候的需要为目的。

不是自私自利,为了帮助社会

从上面的许多情形看来,民生公司都是逐处是在想法去帮助社会,不仅是为了事业的本身。但是还不够。除了公司事业的本身,要求于社会上有很多直接的帮助以外,更去造起环境,帮助周围的许多事业或者朋友,以去帮助社会。像这样联合起来去帮助社会的力量,才比较来得更伟大而深厚。以此足证明民生公司这桩事业,决不是一个自私自利的组织,绝对是一个帮助社会的事业。不过在今天以前,公司本身在生长的过程中,遇着的困难问题太多,往往尚不暇自顾,一方面在这一群人尚未十分完成训练以前,用来担任这种工作,总是有些嫌其来得太快了。所以今天以前对于社会各方面帮助的工作,都不免有未周的地方,或者帮助不彻底的事情。这是回顾八年的历史当中所感觉到的一点。这是盼望本公司同人在今天以后,所要特别想法加力量于社会的帮助上去的。

促成开发四川各种生产事业

今天以后我们的要求:

第一,不仅是要求公司本身有继续不断的生长,更须进一步要求帮助开发四川的各种生产事业,使四川所有的各种工业原料,都能够尽量的运用起来制造为各种成品,除供给四川的需要以外,并且有大宗的出口。这样一来,就不会再像今天以前,完全仰给于舶来品了。但是,这还不够,还要想法去帮助周围的事业或者朋友,也去作这样同类的运动,促成四川各种生产事业的开发。这是我们要想把过去八年的生长历史,慢慢转移到这个方向来的。

用力超越困难,继续不断前进

第二,觉得今天以前我们整理的工夫,尽管是在继续不断地努力,然而一直整理到今天,总觉得还有很多不彻底的地方。例如在公司和各厂船上的秩序,就尚未完全的建设起来。因此工作的效率,不免减少,群众的兴趣,无法提高。这是今天以后我们要继续不断地想法的。

第三,盼望本公司的朋友,要继续不断地忍耐着生活上的痛苦,去从艰难困苦中奋斗。这并不难,只要我们用的力量去超越了那个困难问题就够了。假使我们都能够用力量去超越我们当前遇着每一个困难的问题,那么我们就可以永远继续不断地在这艰难困苦的途程中发荣生长了。

第四,今天以后,我们帮助社会的事情,要从适应社会各方面的需要上去着眼、去努力。

以上四点,是我们今天以后悬出来的公共要求,而且要想法去实现它的。

报告过去历史,确定将来途径

本公司从今年起,到了每一年的今天,都要举行一个纪念会。宜昌、叙府、万县、涪陵、合川以至上海、汉口各地分公司,或办事处,都要同时举行一个纪念会。各个轮船,就各停泊地方,加入分公司或办事处开会庆祝。其正在中途进行的船,也要在途中举行。为什么又要这样的办呢?这有一个重大的意义在,就是整理过去的历史,找着怎样前进的路程,以便今天以后大家好继续不断地跟着前进。在这个时候,各地都要向全场报告过去八年的历史和经过的情形。各轮船各分公司或办事处,在同一时间内都有同一样的报告,内容有如像今天向各位来宾及本公司的朋友报告的事情一样。

延长、发展我们历史上的精神

在本公司努力的朋友,要知道我们这桩事业,从开始经营以至现在,不是哪个人有的,是我们的。也不是哪一群人有的,是社会的。所以我们今天以后要用全力保持我们历史上固有的精神,继续不断地从艰难困苦中生长,继续不断地从艰难困苦中整理,尤其是于社会的帮助工作上,更要特别加上力量去做的。盼望公司的每一个朋友,都好好地用力把这部历史延长下去,每一个人都忘掉了自己,而用全力去帮助社会。更好好地用力把这部历史发展起来,促起这桩事业的整个力量,都用到帮助社会上去。现在,我们不要把我们看得太好,同时也不要把我们看得太小。因为在过去总还算是做了很多帮助人的事情。据去年的乘客统计,总数是几十万人。假使我们帮助人的工作要是做得来真正好了,那么在这去年的几十万人当中,都得到了我们深切的帮助,而且这几十万人当中,就有许多是在做帮助人的工作的。我们用了力量去帮助这几十万的乘客,间接地就是用了力量去帮助社会。所以我们帮助的地方并不小,实在是很大;帮助的事情也并不少,实在是很多。又如在四川的进出货,就由本公司航业部担任了大部分,他如在四川的民生机器厂,最初虽然是规模很小,但是可以次第扩充,而且未来对四川所有的使命,是要把四川的一切工业机械化,都用机器来开采或运输。但使用机器又离不了动力,所以民生厂又决定了帮助四川制造三种动力机:(一)水力机;(二)柴油机;(三)蒸汽机,以供四川的需要。

欲跻民生于现代,必须继续努力

为了制造动力机,促成四川的工业机械化这个关系,仿佛我们对帮助社会的责任愈渐加大起来了,但我们并不因此而把这桩事业看得很大。虽然民生公司在今天有了一千多名职工和一百多万资本,在四川一省当中看来,似乎觉得还有相当的大,然而要是拿在现代的当中去比,实在是差得来太远了,小得来太可怜了,简直说没有容许你生存的余地。所以,我们如要想把民生公司跻入现代的里面去,必须从我们本身继续不断地努力前进起。现在有一桩最要紧的事情,就是请大家绝对不要误解,就是说恐怕民生公司将来不免沦为资本主义事业一途。大家绝对要晓得,今天不赞成共产主义的就是资本主义,但是,各有意义不同。在民生公司不是只图资本家发财的,他的经济立场,可以说是站在整个的社会上面的,纯全是一桩社会事业。现在本公司投资最多的股东,也不过五万元。像这五万元的数目,在四川,在中国,又岂少也哉!尤其是在现代的资本主义事业当中去比较起来,简直是微乎其微了。然则民生公司之不能走入资本主义事业途上去,已昭然若揭矣。这是盼望大家对于民生公司绝对应该有的一点认识。

非大规模经营不得生存[于]世界

今天以后绝对要想法去帮助周围的事业。即:投资一半,用力一半,把同在一个意义上经营的各个事业,都尽量的联合起来,成功一个大的系统。要晓得今天非大规模经营前进,世界上不容许你生产[存]起来。三年以前,有一位德国人曾经告诉我说,假使今天以后,中国人再不努力,即使你们中国有资本,世界上也不许可你们有生产的机会了。而且继续着连劳作的机会,也不让给你们中国的人有了。大家想想,这是何等的严重! 如像我们今天经营这些小小的事业,假设再不想法去前进,实在是再没有在世界上生存的可能了。要知道现代世界上的许多经济事业的资本,动辄就是几千万或几万万。如像日本满铁会社的经营,就是四万万四千万的资本。因此我们欲要以小小的资本力量去和他们竞争,实在是不容易的一桩事情。所以你就是有资本,到了那个时候,世界上也不容许你有生产的机会了。同时,在外国的许多农场、工场和矿场,到了那个时候也都不到中国来吸取原料了。他们可以取自较近的南洋和印度。这一来,连劳作的机会,也不让给你们今天中国人有了。因此我们假设不单是要想在四川能够生存,也要想在中国当中而且在现代的世界经济状况当中也得生存,就非大规模的、有系统的、有计划的、有步骤的努力经营不可了。这是我们今天经营经济事业的每一个人应该具备有的认识。

介绍几点意义,盼望来宾指导

今天是本公司第一次纪念会,是第八周年纪念会,仅仅介绍给各位来宾及本公司的朋友由过去八年的历史上产生出来的几点意义。盼望各位来宾亲切的指导,使我们比较更得有一个明了的前进途径。同时也盼望本公司的朋友,从整理已往八年的历史中,更找出今后新的途径。这是今天非常恳切希望于各位来宾和本公司许多朋友的。

《新世界》1933 年 10 月 16 日第 32 期

日本侵华问题①

（1933 年 10 月 11—13 日）

日本何以要侵略我国,咄咄逼人的夺据了东三省、热河,还要进占华北呢?此中原因,绝不是单纯的。除了它自身的几种要求之外,国际关系的威胁,也是日本向大陆发展的推进器。［第一］,日本土地狭小,人口平均每年要增加一百万,衣食住等问题,感觉着非常的恐慌,所以它不得不向外发展,寻求殖民地。但是我们知道,南洋群岛是欧洲各帝国主义分领着的,日本不能染指。美洲大陆更休想插足其间,于是遂惟有向亚洲大陆发展,向幅员广阔的中国要地方住,这是日本一个迫切的要求。

第二,日本生产膨胀,货物过剩,向外推销实属当务之急。然而印度是英属的宝藏,日本不能作为自己的销场。世界各强如英、美、意、法等,不特各自竞事生产,货物须向外推销,而且关税森严,日货绝不能在其国内畅销。惟有中国人口多,需要大,是日本过剩生产品的绝好销场。所以它想方设法来占据,企图成为它的生命线。

第三,因生产膨胀,同时就需要大量的原料品。旁的地方的原料品,日本是不能找的,只有找我蕴藏极富的中国要工业原料品。

再,欧战的时候,中国虽然已经是民主国了,但实际上还没有变好。我们知道欧战是一个好机会,世界上有许多弱小的民族,都利用这个机会独立了,

---

① 原标题是"纪念双十节",现题目"日本侵华问题"为编者所加。有删节。

有许多弱小的国家,都利用这个机会变富强了。美国在战前是个债务国,战后变成债权国了,在战前是不甚惊人的,战后一跃而变成第一等的强国了。又如日本,也知道利用机会,结果军备雄厚了,原来原料、销场都是极严重的问题,变来都得着相当的解决了。国土窄小,变来殖民地扩大了。国民患穷,变来平均有千元的财富了,国家资本增加膨胀了。因为这个缘故,于是不得不向外投资。但是向其他国家投资,是要受限制的,所以只得仍然转来向中国投资,作有保障的投资。最有保障的投资,是自己经营,所以日本要拼命占据中国领土,实行其所谓统制经济。

以上四个要求,有些人认为是日本军阀的要求,其实乃是日本全体人民的要求。

日本之所以要向中国伸张的原因,除了上述四种本身的原因而外,还有两种外在的威胁,一个是美国的威胁,一个是苏维埃俄罗斯的威胁。

美国的威胁。日本的海军设备,是常常比着美国的。虽然它的财力不及美国,但也拼命在竞争着。因为美国新海军计划完成之后,是会使日本惴惴不安的。而且一九三六年国际严重的局面,也得充分准备应付。我们知道一九三六年是世界最大的危机,因为不但日、美海军计划皆完成于是时,而且世界各国军备条约又都要在一九三五年终了施行效用。但是这种危机是不很大的,因为美、日一时还没有发生陆战的可能性。至于说到海战,在数年内也是不会发生的。就美国方面说,一则因为他[它]的新海军计划没有完成,再则在太平洋西岸没有良好的海军根据地,所以是不能开起兵舰来打日本的。就日本方面说,眼前海军虽与美国比较稍占优势,但在三二十年内却不敢对美出诸一战。因为美国的财力十分雄厚,可以尽量扩充军备,时时刻刻威胁着日本。

苏维埃俄罗斯的威胁。苏俄历年以来,除分别与各强订立互不侵犯条约,集中精神努力于五年计划的建设以外,一方更竭力从事于陆军的扩张,以备与白色帝国主义的联合战线相抗,它特别见长于世界的空军,尤其给予各国一种威胁——特别威胁着日本。不但这样,它还想向外伸张,可是它不会向着欧洲伸张的,因为那么干起来,必然要激起反俄战线加速形成。在欧洲方面,法、意间是存在很大的冲突的。德自战败之后,紧紧地被凡尔赛条约约束着,经济不能复苏,也是横挣顺扎的想废除和约,这两个白色帝国者间的矛盾、冲突,是苏俄的开心剧。可是今年英、法、德、意已经成立了四强协定,一方藉以减少各国间的冲突,稳定欧洲局面,他方更为联合对付苏俄的第一声,苏俄是聪明的,它岂肯去点燃这不利于己的火线?所以苏俄是不会朝欧洲伸张的。但是伸张到远东来却是可能的。一则陆军、空军是其长处,再则联合反俄不致立刻就实现。日本受到这种重大的威胁,于是不惜冒大不韪而向亚洲大陆伸张,以与苏俄抗衡。

《嘉陵江日报》1933 年 10 月 11—13 日

为什么举行公司纪念日？

（1933 年 10 月 16 日）

本公司所以决定于公司诞生之日举行纪念，无论在总公司或分公司，无论在厂上或船上，一到纪念日，必庄严地整齐地各就所在地方开一纪念大会。这并不是像一般流行的纪念日，徒放一天假，由各个人无聊的休息，事业则无聊的停搁。亦不像商店之利用纪念日，招揽生意，张灯结彩之外，特减货价，或特附赠品。本公司举行纪念日，是为深厚的意义，在事业上，尤其是在事业中间每个人身上。

第一，盼望每个人都着眼事业的全局，所以每次纪念日，必将事业全局的状况，介绍于每个人，使有明了的认识，因而有深厚的感情，关心全局的成败，努力于全局的经营。

第二，是盼望每个人都注意事业生长的历史。所以每次纪念，必将公司过去是如何生长的历程，未来有如何生长的希望，介绍于每个人，使知事业的生命，全在不断的生长中，促起个人的努力，集中于事业，集中于事业的生长。不但不许它失败，亦并不许它苟安于现在的状态。

第三，是盼望每个人都明了这桩事业在社会上的意义，它是帮助社会的。纵然它在社会上有所取得，与值得社会的帮助。所以每次纪念，必将公司所以帮助社会者检讨一度。如其为力太微，为量太小，或竟无所有，绝不是事业不能帮助社会，而是由于努力的人们，还未对于事业十分努力，还未对于事业之所以帮助社会这一点意义上十分努力。由此相与警省，相与策励，从事业与社会接触的机会上去帮助社会,而且去寻找机会。

我们从第一个意义上,促起我们着眼事业的全局。从第二个意义上,促起我们注意事业的生长——不断的前进,足以排除个人的苟安,尤其是排除人群的苟安,这是中国人急切需要的。

如此以人群为中心,岂特树植了事业的基础,大之树植了国家生存的社会基础,都是要求培养于公司纪念日中。所以无论在船上,在厂上,在总公司,在分公司,都必就地同时举行纪念,都必充分将所含的深厚意义实现出来,乃是我们所十分希望的。

《新世界》1933 年 10 月 16 日第 32 期

北碚私立兼善中学设立校董会应开各事项呈巴县政府

（1933年10月）

北碚私立兼善中学校谨将设立校董会各事项逐一缮呈，伏乞鉴核：

一、名称　北碚私立兼善初级中学校

二、目的　遵照部章作育实用人材

三、事务所地址　原设北碚东岳庙，现迁移鞍子坝青山堡新建校舍

四、校董会之组织　开会互选卢作孚为校董会主席，公推何北衡、郑璧成、李佐臣、熊明甫、唐瑞五、罗广业、黄子裳、张博和为校董，所有校董会组织及职责详载于校董会简章内，另册缮呈。

五、设立者全体大会　民国十九年七月二十一日开设立大会于北碚火焰山东岳庙，列席者计有卢作孚、谢明霄、黄子裳、郑献征、王伯安、郑东琴、唐瑞五、骆敬瞻、郑璧成、唐建章、唐贤轶、李云根、何北衡、罗广业、熊明甫、杨次臻、邓少琴、何静源、文德扬、张澍霖等，公推卢作孚为临时主席，决议设立斯校并附属完全小学，训练工商事业人材以应环境需要。自是积极筹备进行，设立校董会，拟订简章，即招收中学第一班，于九月十三日开学行课。

六、经费状况　民国十九年秋由设立者卢作孚、何北衡、郑东琴、谢明霄等先后募得捐款十万元，分存北碚农村银行及重庆民生实业股份有限公司各五万元，作为本校基金，年约生息洋一万两千余元，连同学生学费收入，每年经常

各费足可维持。上项存款另影印有收据一纸,拟在学校呈请立案文内附呈,伏乞派员查核准予成立。感祷弗胜。

校董会主席卢作孚

中华民国二十二年十月

重庆市档案馆档案

团体生活的整理①

（1933 年 11 月 18 日）

今晨对大家把团体训练问题报告一下。

昨晚曾有一度会议商议团体生活加以整理的问题，因此决定了很多办法，准定下星期实行。

先说工作。工作的意义，是常常提起的，今天只来讲方法。整理工作，在前礼拜曾由主干会议决定，各处股办事人员，每日工作情况，列表说明：办些什么事？用什么方法办理？写出来交给主干人员转商经理总理。这样征集起来，可以作为分配工作的参考。

至于主干人，要留意给予各人员的工作，是否能办，而且对于每一个工作，都要先决定方法，才教他下手去做。

还有，每一个人都要学习应付问题。问题来了，不单是经理襄理主干人的事，是公司中人都有责任的，不是叫主干人负了责就完事。要练习各个人都能应付问题，各人始得益处。

次谈训练饮食起居问题。现在决定将练习生等另行编制移住。从今天起，永远下去的是：每晨六钟半起床。在半钟以内将寝室整理完竣。七［点］钟赴运动场。除工作时间外，晚间，或读书，或娱乐，都可自由，但是出外须得请假。

---

① 该文为朝会讲话。

　　早晨的时间,较前亦稍有变化,每周的一三五有朝会,时间是八钟[点]半至九钟[点]半。报告方式,每股每人至大限十分钟,全体只需要一点钟。余三天上课。星期一的讲演会,星期五的读书会,都移到晚间。

　　午后六时到八时,是娱乐时间,方式不一定。除办航空班而外的人员,分组的读书、游戏、下棋、唱戏,不加限制。

　　读书会,全体加入。

《新世界》1933 年 12 月 1 日第 35 期

朝 会 讲 话

（1933 年 11 月 22 日）

　　自己昨夜参加了一次共同生活之后，感觉情况很好。就寝铃摇了之后，都睡得很整齐。据茶房已往的报告，以前到时睡的人不多。同时，很晚了，门还关不着。昨夜只有二三人到时未睡，今晨也只有一个人到时未起。上课也很整齐。不过还要留意的，在午后八钟［点］半后自由的时候，顶好即或自己有事，也应得请假。

　　晨铃以后，上课以前，听见预备铃声，通通都要到教室。教师是摇上课铃时到教室，以免教师来了，还有许多学员尚未到齐。有事不得到，一定要请假。对于缺席学员，由教师告知张主任从吾，转知宋经理①处理。

　　公司的电灯，电力不敷用。在未到就寝以前，寝室的电灯，通通一律关闭。八钟［点］半以后，办公完结，办公室的灯，也通通关闭。尤其是希望每一个人养成他不需要开灯的时候，便将电灯关闭的习惯。

　　洋烛，以后应不再用。公共的通路等地，有庶务股另备路灯。还希望的，不仅仅是按时起床就寝。对于事务，还要有相当的整理。就是一件小小的物件，也要位置井然。顶好是养成惯性。每一宿舍，推一值星，轮流充任。清晨晚间都要检查人数，要负责清理工作。

　　训练股办理的是各股互相参观、讲演、清洁检查、私货检查，但感觉事实上

---

　　① 宋经理即宋师度。

稍为空洞一点。

各船不一定同时靠泊在一处,而到码头上,各船员又很忙。点名后,各人因事去了的,当又不在少数。

清洁的检查,各轮到码头后,成绩还不错。但开头过后,恐怕又有些不然了。现在拟从实际上做一点工作。即应由船上主干人员随时考察。

训练的目的:1. 补充各船员常识;2. 增加各船员技能。如像水手应该知道些什么,茶房应该知道些什么,都预备供给材料告诉给他们。尤其重要的,船上生活不同,对于卫生常识一项,尤须注意。其他还有水、火险及救护病人等,都拟供给材料,使得增加常识,练成各种技能。

查理货人员中,有宜昌人,有重庆人。当船到宜昌时,住宜昌的人员,每有去办自己的事,而将职务托之于重庆朋友的。船到重庆,住重庆的人员亦如此。因此,中间难免不发生错误。自实行理货人员画到办法以来,此种弊端,已剔除了。

至于宜昌包装货的装单,只有总件数。其货物之花单,此后盼望副经理复写数份交给理货人员查装。这一来,可免错误发生了。

《新世界》1933 年 12 月 1 日第 35 期

我们的要求和训练

（1933 年 11 月）

　　第一个要求是活动：中国人的生活习惯是静的，是被问题逼着了而后动的。我们要变更这个习惯，要求动，要求在一个理想上活动，在一个使命上活动，在继续不断的前进当中活动。例如我们的理想是建设成功一个美满的三峡，是从经济上、从文化上、从风景上、从治安上建设成功一个美满的三峡，我们便要从各方面包围着这整个的三峡活动。假如我们在这整个的理想中间负着的使命是治安，治安的使命一方面是防匪，防匪的一个准备是军事训练；我们便要在军事训练上要求活动，要求继续不断前进的活动。便要从各方面包围着军事的训练活动，从睡觉、起床、吃饭、走路、运动、读书、上课、下操以至于休息、游戏，都包围着军事训练而活动。任何时间、任何活动，都在军事训练的意义上，绝无一个时间无聊，绝无一种活动在自己的使命以外。

　　又假如我们负着的使命是警察，我们便要在警察上活动，我们便要从维持公共卫生、公共秩序、公共的好习惯各方面去包围着警察的意义活动；我们为维持公共卫生而防疾疫传染，便不得不驱逐苍蝇，便不得不从肃清一切污秽的地方消灭苍蝇的卵，从江边及饮食摊子上消灭苍蝇。我们自己要求这种活动，同时还要促起人民要求这种活动。

　　又假如我们的使命是布置花园，我们便要在风景的调和上活动，便要从我们游各处的公私花园，游自然的野景，看图画，看照片，看电影，乃至于朝夕看我们自己的公园，去作风景调和的活动；我们便要求有地方都有布置，有花园

440

都有方式。我们自己要求这种活动,同时又促起人们要求这种活动。

总之,我们随时随地在活动,而我们的活动都在我们所负的使命上。不但专一于所负的使命,而且包围着所负的使命;不但有恒,且有不断的前进;不但有时间都活动,而有活动都紧张;不但使人惊服于我们活动的成绩,尤其是我们活动有精神,因而有深刻的感应,以将这静的社会变成动的社会。

从我们的活动上,不但要看出一手一足之劳,尤其要看出一点一滴的思想以使人欣赏。所以我们不但要求活动,尤其要求活动产生于思想:第一是运用思想去寻找我们的问题。例如警察在北碚市场当中要寻出清洁的问题,码头上要寻出秩序的问题。第二是运用思想去寻求解决问题的方法,例如我们为了菜蔬除虫而用除虫菊粉,而用漂白粉水。第三是不怕失败去运用思想解决问题,例如我们为种牛痘而宣传,第一天是讲演,失败了,第二天便改为鸣锣,还是不很成功,第三天便与乡人各个接谈。从各方面去进行一个问题,不解决不已,我们的活动是需要这样彻底。

第二个要求是正确:我们任何活动都必须正确,有如我们在操场上每一个动作乃至于每一个举动当中的身体各部分都必须要求正确一样。立正姿势要求两脚跟靠拢,并齐在一线上,两脚尖离开约六十度,两膝并拢,两腿打伸,小腹后收,胸部外张,两臂自然下垂,两手贴于裤缝,颈宜直,头宜正,两眼平视前方,这是何等正确!不但操场上的动作需要这样正确,野外演习、内务整理,以至于饮食起居、说话做事一切活动,都是要求正确的。

不但军事活动要求正确,任何事体都有同样的要求。例如平民公园要建筑一条上山"之"字路,我们要求每一转弯之处,石级长宽步数,以至于转变的角度,都必须正确。要求公园路的梧桐树,必须种在一根直线上及相同距离上,分枝在相同高度上。要求北碚任何机关的时间必须正确,我们必须依据正确的时间参与一切公共集会。要求新闻记者载新闻必须正确,录士缮写必须正确,会计记账必须正确,审计人员审计收入支出必须正确。

总之,我们看一样东西必须正确,听一句话必须正确,思想必须正确,说话必须正确,任何行动都必须正确。正确的第一个要求是形式:正方必须是正方,必须每一边等长,每一角都是九十度;正圆必须是正圆,从圆心上到圆周上的任何点都是等距离。第二个要求是数目字:是三百五十二个人,不能说大约是三百余人;是一万四千八百六十三元,不能说大约是万余元。第三是系统:我们必须将整个三峡的事业分为经济方面、文化方面、治安方面、游览方面,又必须进一步将经济事业分为矿业方面、农业方面、工业方面、商业方面、金融方面,将文化事业分为研究方面、教育方面,将治安事业分为军事方面、警察方面;这就是使我们当前的问题有个明白的系统,有个明白的分析。第四是因果关系:我们必须训练一群有创造能力的青年,才能创造成功一个良好的社会环境;必须有了好的社会环境,才能培育成功更多的好人。我们帮助人必可得人的帮助,嫉恨人必可得人的嫉恨;地湿不一定是天雨,谷贱不一定是年丰,这些必然的和或然的因果关系,必须认识正确的。

第三个要求是亲切:对事要求正确,对人必须要求亲切。我对峡里各主任人员非常亲切,同时盼望各主任人员对于所训练之服务人员非常亲切,各中队长于分队长非常亲切,分队长对于班长,班长对于兵,特务队的兵对于人民,都须要非常亲切;一个机关中间的服务人员相互须要亲切,各机关的人员各主任人员相互须要亲切,我们对人的活动,须要亲切乃能发生影响,对人的要求,须要亲切乃能达到目的。我们对人亲切,知人乃能深切;同人做事,乃能避免误会和隔阂。

对人亲切的方法:第一是多与人接触,尤其要领导一个大群必须在一个人群前面或在一个人群中间,乃能认识清楚这一群人的问题,乃能促起他们共同去谋问题的解决;第二是共同活动,譬如训练兵做工必须共同做工,训练学生运动必须去参加运动;第三是相互帮助,互相供给方法,指正错误,帮助力量,促其前进或为排除困难;第四是亲切的态度,对于人的好处有深厚的同情,对于人的成功有热烈的庆祝,对于人有不好处始终希望其改好,人有失败处予以安慰并鼓起其勇气。这都是不可或少的态度。

任何时间都需要:(一)检查自己是不是在活动?是不是在围绕着我们的整个理想,围绕着整个理想中自己所负的使命,围绕着自己所负使命中的问题而活动？（二）检查自己的活动对事业是不是正确？是不是辨认问题十分正确，寻求方法十分正确，依据方法做得十分正确？（三）检查自己的活动对人是不是亲切？是不是在人群当中，关心人群的问题；帮助人群，促成人群去共同解决问题？

我们有这三种训练——第一是活动，第二是正确，第三是亲切——之后，必须进一步训练士兵，训练士兵到这样的程度——他都能够在他的使命上活动，做事都能正确，对人都能亲切，才算尽了我们训练人的能事。

我们这样训练人，不是要求他们仅有一种自找饭吃的能力。自找饭吃还算是中国人优为的，还不算是中国当前的问题，普遍的缺乏——缺乏要求、缺乏习惯、缺乏能力——乃为如何帮助社会。因此乃要求他们都有能力帮助社会，在消极方面都能帮助社会排除灾害，在积极方面都能帮助社会创造福利。

水、火、疾疫、盗匪、战争，都是社会的灾害！我们在事前必须如何防范，在当时必须如何应付，在事后必须如何救济。生产事业、交通事业、文化事业等①，都是福利社会的事业，我们必须如何集中人力、集中财力，如何创造、如何推进——如何扩大、提高和普及其所及于社会之福利。这些活动，都不是个人的，而是社会的，我们便应负起责任从这些活动上去帮助社会。可是凡活动都是社会的，必须要一群人乃至一大群人，在整个的有系统的组织下面共同去担当，而每个人只能担当其中的某一项。有如今天我们所努力的事业，有在治安方面的，有在文化方面的，有在经济方面的，有在游览方面的，即在治安方面亦有在军事方面、警察方面的；即在警察方面亦有在市场上的，在铁路上的，在矿山上的；即在铁路上亦有在车上的，在站上的，在路上的。我们每一个人都在活动，然而都不是个人的活动，而是一大群人当中的活动，都不是独立的活动，而是一整个计划当中的活动。

我们是从个人的活动，变到社会的活动，一方面我们不是为了个人而活动，而是为了社会而活动；他方面不是个人独立的活动，而是为了社会而活动；

---

① "等"字原文为省略号。

443

他方面不是个人独立的活动而是社会组织中间的活动,例如医院的医生是为了社会的病人而活动,而又各活动于医院一个社会组织当中。其意义有两重:在小的社会——医院——当中的活动,是含有训练的意义;在大的社会——一个市场或一个乡村——当中的活动,是含有帮助的意义。我们要求这样积极的活动,而且要求这样活动有大的效率,其训练有精髓,在对事正确、对人亲切,在小的社会当中,有严格的组织,在大的社会当中,有极大的帮助。

据 1933 年 11 月同名小册子

训练要方式与精神并进^①

（1933 年 12 月 6 日）

本公司训练方式变更，已有两周。两周以来，住在重庆的日子不过两三天。在电话上知道变更后情形很好，但，有了方式，还须有活跃的精神。

办公是办公的时间，娱乐是娱乐的时间。现在每天晚膳以后，办公一律停止，专去娱乐。那么，在办公时间以内，应如何紧张，应如何严密整理！两周以前，曾嘱各处、股的各个人，填一职务调查表。因很多人不明了这种意义，填来的表，太不一律。我们需要的，是各个人做些什么事，用什么方法去做这些事。因就缴来的表中选出合于此种意义的两篇，嘱各个人照样去填，结果，大家都未如期办妥，可见精神上未能一致合作。

现在不仅仅是职务形式上要整理，第二步还要希望各个人把他的职务中的重要部分抓着。试举一个例子来看：最近三峡中，不几天，匪徒一连劫了两个场：八塘及草街子。这个问题发生了之后，我们就要[用]很多很多的方法去办理，用各种不同样的方式派人出去侦查，而且是昼夜不息的侦查，又派人到邻近县署去抄写供词，因此得到一点线索，而捕获一匪。又用许许多多的方法去问捕获的匪人，由他的口供又得着其他的匪的消息。因此，在几天之内，将劫八塘的匪类，差不多通通捕获了。峡防局遇着这种问题，都可想出种种方式去解决，想种种方式抓着最重要的所在去解决，那么，我们呢——我们根本

---

① 在民生公司朝会上的讲话。

的问题当然也要尽心尽力去解决的。一部分的人,不明了什么问题应该重要,什么问题应该不重要,往往做了一大堆、一大堆的废事,莫有抓着重要所在,而反把重要问题忽略了。

公司职工,谁努力,谁不努力,我们应该用种种方法去考察他,核定他。此事,各处股主干人同人事股都要负责,到了年终始有加薪的标准。整理工作标准明了确定之后,就可由此考核成绩了。

社会上并无难事,只有遇事不去做,就难。做,而怕得罪人,也难。我们如果决心努力去做,努力合作去做,那么什么都不难了。昨晚视察京剧组时,一部分的人,已到民主轮去了,但结果,一个催一个,还是召集了不少的人。由此可以看出,凡遇一个很大的问题,或很困难的问题,只要一个催一个的努力去做,努力抓着重要点所在去做,便无所谓难,亦无所谓不成功了。

《新世界》1933 年 12 月 16 日第 36 期

关于训练班的几个问题

（1933 年 12 月 16 日）

学员上课，几星期以来，情况很好，但还有几个问题，应该解决。

公司要求上课认真，众人也就认真起来。但尚有一部分的人，在授课时间以内，故意用种种方式，表示不满。这，究竟是觉得不生兴趣吗？或是故意为难？

试盼望每个学员，试回转去想想，公司为什么定要上课？如果平心静气去想，总会想到公司有公司的苦心。盼望切不要把以往在学校里的坏习气，拿来对付公司和对付教师。须知，学校是因学生和教师而举办，教师［书］是教师自己的职务。公司则不然。公司的教师，通通另有职务。平日各教师工作繁忙，劳心之深刻，当然比较学员为多。现在要请他们抽时间担任上课，我们应该如何感激呵！在此种情感上，我们是决定［绝对］应当恭敬客气的。即使不得已而发问，也应当在一定范围以内。若故意要拿些事情来为难，那么，一个小孩子也未始不可以难着饱学之士。切莫以为我们都可以难着教师，以为教师还能教我吗？这种情形，适足以表现青年以往未受相当的教育。自今以后，应当痛悔以往的过失。

公司不是学校。学校因为会考，办理不能不认真，不能不严格。公司不会考，但希望提高各人的技能，也不能不相当认真办理。我觉得每每有人这样感觉：我们待遇这样的低，我们的能力又未见如何的弱。主干人做得了的事，我们也未始不能做。但，实际上，这真是谈何容易！我以为，大家只要今后能够把大家的事做得正确,也就了不得!

提高大家能力,即是提高大家地位。若是十年以后,你的能力还是如此,毫不增加,那么,十年以后你也只好还是一个练习生。又,不要以为以前曾经住过学校,能力就了不得。据我看,还是十分幼稚的罢。公司因为要提高大家的地位,才先想办法提高大家的能力。举办训练班的目的,即在乎此。不然,拿上课的时间来作工,岂不是可以替公司多做一点事情吗?

现在,我们为认真训练起见,很诚恳的定下几个方法,催促大家前进。若是违背的,那便只有取缔之一法了。

有在教室里故意为难的,由教师当时予以教训。不遵教训,即转告人事股告诫,以至于记大过。

不上课,或不到读书会的,也要处分。即或请假,也须说明理由,得许可后,方成事实。若仅仅是一张好像"仰即知照"的条子,不问下文,不能算是请假的。尤其重要的是不请假,又不出席。上课缺席,即等于办公缺席。旷职的处分,是记大过以至于开除,旷课也是一样的。

我常常这样想:中国人民的人格,是不乐于旁人干涉的。自己有不好的事情,不算是人格有亏。要是因自己不好而被旁人指责,那就以为于他的人格有亏了。公司原为催促训练进行起见,不得已而定处罚,大家若能自重,则处罚虽定,当然还是等于零。

同时,我们想到教师的困难:凡上课是要事先预备的。不得已,现刻才在办公时间内抽一些时间,以为教师之准备时间。这样,教起来时也才便利一些。

我们的教师并无代价,完全是义务性质。公司一方面要学的人认真,同时要求教的人一直把一班教完结。但教完结以后,如再要他担任一门科目,当然应得他的同意。

至于暑假,或办年结,或阴历春假,或大会集时,看情形,相当的停课几天。

《新世界》1933 年 12 月 16 日第 36 期

把事业做好就是救国^①

——在刘航琛公司演讲后的讲话

（1934 年 1 月 1 日）

刘航琛先生的讲演,是为我们指出必要的地方,必要的事业,我们应该努力去经营的。今天以前,我们做的和希望的,都很符合于刘先生今晚的谈话。公司的航业,当然是说不上。张华贵曾经报告过,公司所有的船的总吨数,还比不上外人的一只海船。

刘先生说,现在是百废待举的时候,航业当然不是例外。经过了七八年努力奋斗之后,才有这一点属于整理范围以内的可怜的船舶。说到创造,而又只许三年,那么,我们不知要如何努力的增加力量,拼命去干。

今天以前,民生厂只限于整理公司船舶的范围。今天以后,决定要它担负起创造工作来。第一步开始创造四川动力机。现在已经代三峡厂制造瓦斯机。同时又请张华先生去调查高坑岩的水力,计划将来能发二千匹以上之动力,供给我们创造之用。

不仅仅如此,还用心于交通上面,想有一种较轻便而又省燃料的瓦斯机,应用于船舶上,汽车上也是一样的,这都是民生厂未来的使命。但是,现在物质如此,人力不够,整理的工作,已如此其难,还说创造的工作吗? 民生厂都如此,推而至于四川,这是何等的困难呵! 而时间又只有三年,我们应该加好大

---

① 这是卢作孚在刘航琛于民生公司演讲《我们干——干什么?》后的讲话,题目是编者加的。

的力量去做呵！

还有，不仅仅是动力机的计划，还要计划动力机的供给。刘先生早已有经济的筹备，短期内当可实现的。同时，公司想在三峡里，做各种轻重工业，如煤及水泥等。现在已经测量水力，并已投了一笔资金。

水泥厂的组织，已同何北衡先生，刘航琛先生研究很久了。傅德辉先生专门在调查计划进行中。

现在尤其注意的，是煤的问题。重庆南北两岸都产煤，北岸较南岸丰富些。平时的煤矿，矿层不过一二尺厚，据调查，西山的煤，竟厚至十四尺。北川铁道因此联络五个小厂，组成一个天府煤业公司。现在用的是旧法开采，预备一年以后，改用新法。

炼焦问题，也很重要。科学院已将煤质化验完竣，将来看煤里哪一种原料含得多，就炼取哪一种原料。其次还要推至炼钢等等事业。

四川主要工业是丝，但现在渐渐衰落得不成样子了，这也是一件急待整理的重要事业。刘先生有见于此，已经联合各小厂，组成大华丝厂。马利博士来川考察，认为用此种办法，还可以去整理江浙一带衰落的丝业。航业也是一样的，四川已着手整理，招商局也想用我们的方法去整理。

第一步整理工作，第二步创造工作，都是我们急切应做的。盼望各人立刻集中精力，向同一目标去做。每一个人能做一点，联合若干做好之点，即可成一件伟大的事业。尤其盼望互相帮助，互励进行。

刘先生今天既已指出了选择的地方和事业，如果我们努力的拼命做去，终究总会弄好。事业做好，个人当然不成问题。即大而至于全国，也许不成问题了。大多数的国人，只说国不好，他不知道，国之所以不好，都由于各个人不去做的关系。

欧洲的波兰亡而复兴，苏俄也由异常的混乱一变而为能创造能建设的国家。这原因都不外乎有努力前进的精神。今天以后，我们果能努力不断，向着一定目标，奋勇前进，能把事业做好，也就是救国了。

《新世界》1934 年 1 月 1 日第 37 期

在科学院、峡防局三峡厂、农村银行
联合周会上的报告

（1934 年 1 月 10 日）

在最近比较重要的有几桩大事：

一是捕匪。为了两个案子，用很大的力量，督练部及各队不分昼夜拼命鼓劲，总算把全案的匪犯捕获了半数以上，只要在眼前可能范围以内，捕得了的匪多捕得了，草街子、歇马场劫场的案子告了一个小小的段落。但是附近峡区的匪，我们不晓得的还多得很，决不能以为这就可以松懈下去，还要用力量绝对的想法肃清周围的匪。如较远的合川东里滩子坎、双凤场、渭子溪、石龙场，西里的太和场、萧家场，各处的匪非办到肃清不止，一直要捕拿完了，然后才算清楚。可是，纵然把已经知道的匪捕完了还不够，我们还要任何时候防范周密，决定了的防匪办法，随时都要执行，决不要像今天以前中国政治情况一样，官厅的命令一经发出去万事就不管了。反过来，我们硬要一点一滴办到试验成功，绵密地彻底地办完成一桩事情。然后再做第二次试验。如像要把各场警察都办起来，须要调查户口，维持秩序，很细密地做完做好，继续不断。又如要想把各场的学校办好，市场办得整齐，都是一样，无论哪一桩事情须得办起来的，只要经我们决定办法，即要执行，精神一直贯彻到底，决不可马虎一点。

二是训练。峡防局现有这点人的力量是不够的，如像原来有的两中队和手枪队、学生队，承平时还可以应付，一旦遇到事变，便不够分配。目前来说，学生队大半都在［到］前方救济难民去了，我们一方面要维持地方秩序，一方面又要随时开发出去捕匪。如前次为要协剿龙多山的股匪，充其量抽去了的才百多人，所以我们决定要求增加力量，准备是在好久以前的，一直延到而今才实现了。自然今天以前有很多恨事，今天以后还补救得及。今天以后在北碚夏溪口宝源煤场、北川铁路、水土沱各处维持秩序，整整要一百余人，此外还要能够随时出发。但是还不够，例如龙多山之匪，绝不是我们这点力量——三中队——所能解决的，因此打算加入两种特殊性质的义勇队。一种是加入的人，自己有钱，有枪，吃自己穿自己，从合川东西两里试验办起，相信他们的成绩，比我们好[还]要好。因为他们不是为了生活而来，他们的要求就在他们的生活上。他们都不要饷，而且精神出于自动。相信将来绝对比我们好，但是我们也绝对不要落后。假如他们今天的成绩赛过了我们，那么，我们明天绝对要把他们赶过或赶上。还有一种是有人有枪，而没有钱的，这就集中在峡局，只供伙食。峡局收入不得了，是要想法子的。他们加入来受我们训练，回去还是要保护本地方的，有了集中的力量，如合川龙多山股匪，我们出去担当打了就是。此外不管是峡区以内或以外，任何地方有了土匪警报，我们都去打，打平为止。将来办到彻底肃清华蓥山、龙多山的匪徒，保护地方安宁。因此办这两种义勇队，一方面应付目前紧急需要，一方面也提起一种新的精神。向来中国人一遇有公众的大难子，就决不管了。我们今天就要出来担起担子绝不跑，而且吃自己穿自己，出来保护地方安宁，从这种精神，相信今后中国人还有办法。不会像今天这样，大难来了只有一跑了事，自然有人有枪支持地方目前的困难。但是没有子弹怎么办呢？这也不虑的，只要我们肯做，什么人都会同情我们。不但这样，只要我们努力做，周围都会帮助我们的，因为前一会不分界限的很努力，才会有今天的帮助。在这帮助之下，尤其应该拼命努力。因为这种关系，航务处也把枪领来还我们，他们领下来修理完了以后，峡局就可派人去领，这一来枪已够了。总之人帮助我们，是帮助我们努力，决不是帮助我们懒，决不是帮助我们取功，决不是帮助我们今天只为自己，是帮助我们去帮助人，增加我们的力量。数量上还是小事，有了这个力量还要训练得好，要能担当大的担子。在学生不要以为课太厉害了，在兵不要以为野外太苦了，训练就是训练我们任何时候都要吃苦。吃苦要下决心,抱定我们不落人后的宗旨。平时吃苦,习惯成了家常便饭。一旦遇有大的困难,才担当得住。否则遇到苦点的工作,在别人才稍感困苦,即我们便感觉加倍的苦了。如送船兵向来不出差,一经出差走不得了,在平时走路走惯了的人,一点也不觉得苦痛,所以平素的训练很要紧。又如最近开到铜梁捕匪,日夜奔跑,这一回便不感觉苦了。所以我们有了保护的力量之后,还要把这个力量训练得好。训练就是吃苦,吃苦才能担当得了大难。学生、士兵、新来的义勇队比我们还要苦。也可以提起地方上的一般人的精神,才知道要想使地方安宁,也要像我们这样吃苦才可求得。

三是指出眼前艰难困苦。在大家每一桩事都感觉得钱不够,差得太厉害,都负了债,今天债或许还要增加,以往年论峡防局还有款一万多元预为在明年二三四五月用的,但是现在已经变为一个负债的时候了,这样的不得了,我们尤其更要努力,只要我们努力,就会有办法,就会更有力量去帮助人。一方面节省开支,一方面开辟事业生路,才可以解决眼前困难。例如医院从他帮助人的工作上,可以取得社会的帮助,重庆、成都、合川都会取得帮助。假如医院能够帮助峡里的人,峡区的人绝对是要帮助医院的,结果医院也好了。又如报纸可以办到完全自立,因为他本身经费不多,只要办得来情况比较好,能够想法办到绝对经费独立。此外许多事业皆有办法,不过可惜都做得不彻底,大家更要节省开始,辟出生路啊。科学院负债到八万以上怎么啦?科学院初办起是美丰银行康心如先生捐五百块钱起头,哪里想到有今天如此的规模,今天每年开支有八九万了。以前无事办成有事,今天有事便更要彻底努力,到有更好的成绩,便会得社会更大的帮助。三峡染织工厂本身资本六万,负债到十几万了,而且内部还要扯筋。假使大家都努力,认为那桩事是应该做的事,和和气气的唯恐其做不好,哪里还有做不好的事呢?大家要知道全都在困苦中,今天要全体用力量解决,不许一人落后,尤其领导人更要抓住全体促起努力,互相帮助。大家应该预备今后的工作,解决困难的问题,不问事业困难如何,只问大家有无勇气。不要以为这事业与我没有关系,要诚意做事,不是对事,盼望继续支持下去。大家要相信做,决可以做成功的,不要怀疑,要知道成功是基于努力来的。现在归纳我的话有三点:一、治匪,二、训练人,三、支持眼前艰难困苦。问题从我们手上去解决,不是最后不得了。不要以工作为游戏,全部都用力量都加力量。

《工作周刊》第 19 期

敬告共同支持公司事业之好友

（1934 年 1 月 11 日）

共同支持公司事业之好友：

　　吾人皆知公司在社会地位上所负责任之重，皆知公司为最后维持集股事业之信誉者，皆知公司为四川生产事业之大胆的尝试与提倡者，故万万不可失败。一失败，则不仅牺牲此艰苦缔造之一事业，其影响乃及于未来无穷之集股事业与生产事业，使皆无法再举，尤有以斩绝川江航业最后一线之生机。此可见事业所负责任之重，亦即吾人所负责任之重，尤当于万分困穷之日，见吾辈负责之能力，故于此不能不为同人言。

　　公司之主要事业，在此时期为航业，而航业在此时期竞争最酷，营业最坏，收入最微。吾人无法促成同业之诚意、整理，即只好退而望我公司同人共同努力。特悬几个目标，请共同赴之。

　　第一，总公司、分公司、办事处，皆注全力于揽客、揽货，船上则注全力于招待客，保护货，并各决定办法，悬出标准。

　　第二，竭力减少修理费、燃料费、购置费及各种可以节省之消费。由总公司、分公司、办事处及两厂各轮共同促成此运动，并公布所决定之办法及所悬出之标准。

　　第三，加紧工作，减少冗员。各部分均作整理工作之运动，均做增加效率之运动。领导人多分时间训练人，期于练习生在短时间内亦能胜任一种工作，且能独立任职，不须人照料关注。

此所提者,只及于问题,盼各部分提出办法,悬出标准。例如修理费要求节省,即须注意于驾驶之和气及谨慎,水道上有变化,互相通知,或并报告公司;引水员不时作时辍,不随时变更,而按月公布各船驾驶之成绩,按月检查船壳及船面,使皆能妥当保护,则船壳之修理自减少矣。又须注意于机舱人员之保护机器,注意于开车以前之准备,停车以后之整理,中间之细心照料,如有小问题,即立即解决,或纠正。随时考察机舱人员之能力,公布各轮机舱管理之成绩,使知损坏及修理较多者为奇耻,则机器之修理自减少矣。机器厂尤应妥与船上取联络,此医生也,不但船有病能医,尤贵在使船不生病。

又例如购置,既集中核准之权于总公司,则于此艰困之日,必须权衡其是否必不可少,少则事不能办。如但求其较好而止,则绝对缓购。此须请总务处、船务处决不稍瞻顾者。如虑人或不满,则仅可为之说明。

此外,消费社之货物,机器上之材料,几个煤号之煤,凡可以积压资金者,皆不宜多堆积,现在堆积者速处理。此外随时增加,皆宜万分审慎,只供短时间之需要而止。

凡此,皆望各部分自提明了之办法与标准,尤望总公司有以促成之。

事业不成功于顺易之日,实成功于艰难困苦之境。吾人不自馁,惟有十分紧张以求战胜艰难困苦。不惟公司未来无穷之成功,系于此一点精诚,即未来无穷之集股事业生产事业,皆当系于此一点精诚也。敬乞有以教示!作孚并为事业祷祝健康地前进!

卢作孚

[1934 年]一月十一日

《新世界》1935 年 3 月 1 日第 65 期

电复军政部交通司庄应时司长陈明公司困难及请决定各轮租费文

（1934 年初）

南京军政部交通司庄司长应时兄大鉴：俭电悉。速秘。（一）二十二年民康、民宪、民贵应租，因用船不多，时间甚暂，虽受损失，亦未计较。今兹用船至十只之多，公司几全绝营业，不能与二十二年比。兼以现在有领江费及绞滩费，不能与下游比。（二）申航会代请所列数目，并未事先商得公司同意。民康大于民主，而租金反在民主之下，足知申航会并未详细考察情形。（三）三北、招商皆只租一二只船，不能作比。如敝公司亦只租一二只船，绝对不同政府争多寡也。（四）政府困难，敝公司所深知。惟租费，政府且不能担负，损失则责诸公司担负，万万不可。全部轮船，皆被租用，若不在租金上稍予救济，转瞬即绝生机，虽欲为国宣勤，而不可得。环顾今日国中如敝公司之主要轮船全部应租者，尚无第二，自问已尽最大之力矣。救国救川，固属亟图，但救公司之存在，俾能长久努力，当亦政府所乐为。区区顾至成本之请，实沧海之一粟。（五）敝公司各船之租费，务恳至少族、主、康、宪每日为六百元，强、享、意每日为五百元，福、治、安每日为四百元，皆系申款支付。凡此皆系最低成本之要求，苟并此而不蒙允，则公司力实难胜，无法维持生命矣。伫候电复。弟卢作孚叩世

《新世界》1935 年 3 月 1 日第 65 期

457

从四个运动做到中国统一

（1934 年 1 月 29 日）

读丁文江先生的《公共信仰与统一》这篇论文后，很有深刻的感触。第一是讨论到中国当前的问题，第二是讨论到中国问题的根本。只是，这篇文章提到了我们需要一个最低限度的信仰，而未提到最低限度的信仰是什么；提到了政治首领需要使个人的信仰变为多数人的信仰，而未提到使个人信仰变为多数人信仰的方法是什么。

我们觉得中国急切需要的是根本问题的讨论和解决方法的追寻，而不是枝节的批评。徒有这桩事与那桩事的批评，这个人与那个人的批评，无裨于中国问题的解决。只是为了现状想办法，而不是为了变更现状想办法，绝无解决一切问题的希望。

我们觉得最可悲怆的中国人每每忽略了当前问题的酝酿，而徒震惊于事变的爆发。在很长的时期中，忽略了东北问题的酝酿，而徒震惊于九一八事变的爆发；忽略了若干反抗势力的酝酿，而徒震惊于福建军事变的爆发。由前之例，每每陷于问题之无法应付；由后之例，每每陷于应付问题之无已时。以至于一个中华民国全为内忧外患所包围，且一天比一天包围愈紧，不能发现一条生路或一线光明。

东北之成为问题远在数十年以前，到九一八事变以后，则问题已扩大到东北以外了，奈何我们才觉得东北是问题，而且此一点觉得，亦止于发生事变之顷，而今已模糊不明，且已明知问题方在继续酝酿，而不复视为当前必须解决的问题。即令后来事变继东北而爆发或且成为强弩之末之刺激,认为是意料中应该有的,乃并求如东北问题之足以刺激起我们一顷间的感情亦不可得,此为何等可怕的事情! 可怕何尝在日本,乃正在中国人!

中国如果不断的内乱,日本——或且不止日本——即可不断地前进。但是,内乱之成为问题,已不知经了若干次,诚能解决此已发生之问题,如何能消灭问题之不断地酝酿,以至于不断地发生? 在中华民国已整整有二十二年的证明,在国民革命后,亦已整整有几次的证明。且无论目前的形势,即一切反抗的力量完全消灭以后,亦未能消灭反抗的酝酿。如果仅凭力量,因为一方面有进攻的企图,他一方面必有防御的企图,反抗正是被力量压迫或排除促起的。

所以我们最盼望国人能提出当前的问题,而且能提出问题的根本;不仅注意问题之已经发生,尤须注意问题之正在酝酿。东北诚然是尚未解决的问题,而不是仅对东北可以解决的;过去的内乱诚然是已经解决的问题,而不是仅对反抗者可以解决的。义勇军抗日不是收复东北可靠的力量,武力对内不是消灭反抗可靠的方法。

内忧外患是两个问题,却只须一个方法去解决它。这一个方法就是将整个中国现代化。换句话说:就是促使中国完成现代的物质建设和现代的社会组织。此在国中应成一种极其鲜明的运动。分析起来,第一是产业运动,第二是交通运动,第三是文化运动,第四是国防运动——皆各有其物质建设方面和社会组织方面。凡感觉到中国根本问题的人们,都应负起责任做这四个运动。中央政府,尤其是最高领袖,应以这四个运动为活动的中心。集中全国乃至于延揽国外的专门人才,担任下列的几个工作:

无论英美自由主义的国家、德意法西斯蒂的国家、苏联社会主义的国家,所有的产业运动、交通运动、文化运动、国防运动,其方法、其历程、其所到达的最高纪录,通通搜集起来、整理起来,摆在全国人面前,摆在关心全国问题的人的面前,使明白什么样是现代的国家,如何才能够立国于现代。这是第一个工作。

以中外的专门人才总动员将全国的产业状况、交通状况、文化事业状况、国防状况和所感觉的需要,通通调查起来、统计起来,摆在全国人民面前,摆在关心全国问题的人的面前,使明白自己国家是如何空虚,如何贫乏,如何恐慌。这是第二个工作。

根据世界的最高纪录作为目标,根据国内的目前状况作为出发点,适应整个国家的需要,定出整个国家的生产计划、交通计划、文化设施的计划、国防布置的计划,定出最后的要求,而又依进行的便利定出若干步骤。如此,既有明了的可以到达的境域,又有明了的可以率循的路径,使全国人尤其关心全国问题的人于明白了现代的英美、现代的德意、现代的苏联、现代的日本之外,更彻底明白了一个现代的中华民国,非常之爱好她、希望她、急切的要求实现她。这样确定一个具体的理想,必定可以促成实际的行动,必定可以吸收忠实的信徒,而成功为全国人的真切的公共信仰。这是第三个工作。

一部分专门人才,集中在中央,以中央政府为全国政治机关组织的模范,为政治人才训练的中心,为四个运动的发动机;另一部分的专门人才,则帮助各省。无论其在今日之东南或西南或华北,无论其在中央直辖之省份或非直辖之省份,都一样予以帮助。不断地赴各省视察,赴各省宣传,赴各省指导,促起各省政治方面或社会方面的人做四个运动,在国家整个计划之下做四个运动。但有动机即予帮助,无论其规模之大小,要为整个计划中所需要。对于事业:需要调查即为调查,需要人才即为介绍人才,需要办法即为提供办法,需要对外接洽即代为对外接洽。对于人才:需要赴各省或各国考察,需要赴某地或某国研究,即予人事上种种的帮助;需要在中央或某事业上练习,即调派或介绍其前往练习,如此帮助扩大到什么地方,即是中央的权威扩大到什么地方;深入到何种程度,即是中央的权威深入到何种程度。今天中央的兵力还有不可到达的地方,中央的帮助却在任何地方都可以到达。谁受中央的帮助,谁就变为中央的信徒。这时,不但建设成功了全国人的公共信仰,而且建设成功了整个国家;不但成功了整个统一的国家,而且成功了整个现代的国家。这是第四个工作。

　　集中了国内外的专门人才总动员而且十分紧张地以第一、第二两个工作为预备工作，并以促起全国人的觉悟，以第三个工作建设成功一个理想，而以第四个工作促使这理想成为全国人的公共信仰，促使全国统一于一个公共信仰四个现代化的运动之下，这是最可靠的统一全国的方法。由这种方法不但有了对内的力量，亦且有了对外的力量。因为以一千万方公里、四万万人口的一个大的国家，完成了现代的物质建设和社会组织，至少也可以比拟现代的任何一个强的国家，并要求有超过了他们的完整和良好，不但不至再来人欺，而且还可以找人算账了。

　　今天以前用军事的方法求得全国统一，直到今天没有统一，则这种方法已可证明无效了，至少应作一度新的试验，求一种新的方法。这新的方法是从四个运动使中国现代化，建设成功一个公共理想，使全国人去要求实现它，政治领袖要如此乃可以言政治领袖，党要如此乃可以言党。更须知道：用军事方法解决军事问题，只能得一个适得其反的结果，因为适足以促起天下聪明才智之士，集中其聪明才智于军事，于是军事问题乃弥漫天下不可解决了，如果迁移天下聪明才智之士的聪明才智于军事以外，则军事问题自然消灭不待解决。徒欲排除反对的势力，适足引起一切势力的反对；纵能排除反对者，然不能取得信仰者。必须用鲜明的政治理想作鲜明的政治运动，号召全国人、领导全国人、帮助全国人，从此促使全国人信仰中央，乃至于促使全国人倚赖中央，然后可以统一中国，而且必定统一中国。因为今天以前的统一，只是中央的要求；今天以后却变成全国的要求，而且是全国对中央的要求。合全国的力量要求统一，统一自不成为问题了。

　　　　　　　　　　　　　　　　　　　　《大公报》1934 年 1 月 29 日

给中国西部科学院西山坪农场的题词

（1934 年 2 月 4 日）

举锄将大地开拓，提兵向自然进攻。

《兼善友讯》1947 年 7 月 15 日第 22 期

比武力还厉害的占据

（1934 年 2 月 10 日）

日本用武力占据了东北四省，使全国人惊心动魄，倒还不是可怕的事情，最可怕的是她的棉纱，已经占据了华北，而且已经占据了扬子江的下游直到湖北为止，棉织物则已占据到长江上游，进了四川，驱逐了一切本国的棉织物了。当着重庆抗日会因内部组织不良，停止工作的时候，日本棉织物便趁机袭取了重庆，一切匹头商店都举行大拍卖，六折、七折拍卖国货。他们并不是用此以抵御日货，乃用此欢迎日货用拍卖的方法将国货驱逐完了，好整个的畅销日货。毕竟商人爱国不如爱利益，消费的人则又爱国不如爱便宜，两者相乘，可以断送一个国家的生命了。何至于等到日本的兵力，日本也正不必用兵力，听说他们的商业舰队，不久又将直抵重庆占据着长江的内部，棉纱进而占据着全川了。全国每年需铁四万吨，本国只有一个六合沟厂可以供给三万吨，然而日本的生铁来了，比什么驱逐舰或驱逐机还要厉害，六合沟铁会被驱逐于一切的市场以外，日本的生铁，会将全国占据。这比武力还有权威，征服了中国，而且制着了中国人的死命。这是何等可怕的事情，应如何促起全国人的注意，促起全国人一致起来作积极的抵抗！

《新生周报》1934 年 2 月 10 日创刊号

赴申之经过①

（1934 年 2 月 12 日）

此次到上海，各报曾载公司去年营业折本，谋接收捷江公司消息，并据云为本公司中人所传出。如真为公司人所说，为什么有事实又如此相反？原来这次到上海，为了两桩最关紧要的事情：第一，因西门子洋行要求公司为之在川的经理，而该洋行德国大班行将离沪，不乘飞机，恐不及相晤。第二，因水脚低落，无法维持，捷江公司建议，商之同业，设法联合。报纸所传消息，却与事实相反。盼望以后公司每个朋友，都要深知公司的情形，以便正确解释。否则于人于己，都感不便。

一、经理的业务

到上海的第一天，即与西门子洋行大班凤西克筹商。该行曾有一人在川，代为经理较小电机材料。此次决定以后在四川酆都、垫江、渠山以下和下江以南的区域，无论机件大小，全由公司经理。但公司及公司连带事业所用之电机，并不因公司代为经理而受限制，即，有选择价值和不一定限用西门子电机之自由。

又因四川每每有较大的事业，而苦无专门人才为之设计，此次与西门子洋行交涉，他可以无条件的帮忙设计。设计之后，购买与否，不生问题。但须由公司斟酌其经营相当可靠，即请西门子派遣。所有工程师往来路费及月薪，均

---

① 1934 年 2 月 12 日在朝会上的讲话。

由西门子自行担任。

人们买取较大的电机贸易,往往都到上海解决,因上海厂家竞卖之故而价格较廉。此事与本公司之经理上颇有妨碍。因之商定,凡以后四川客商到申订购该行电机,应由本公司电分公司代为交涉。这一点,我们并不是希望要获利,是要立起帮助四川人们的信用,证明无欺。

附带的小问题,公司取货可在五万元以内,只须银行担保。我们如此担任代销,得了较便利的价格,可以帮助四川电机事业之发展。而且还有国外工程师来帮忙计划,使事业不致发生困难,更不致因困难而失败。同时,不单是帮助了四川,也可以使公司事业在国际上使人注意。

四川需要开发,而开发需要资本,现在四川商家,都是运用别人的资本。人民都知道绅粮有钱,但今天的绅粮,已大半负重大之苛税,几于不能自谋其生活。今天欲在四川聚集多金以经营事业,困难实多。本公司处此环境,八年以来,无一毫之挫折,年年获利,此种侥幸,已为省外人士所惊异。今天以后,为事业的继续和发展计,不特要与省外经济事业发生经济关系,还要同国外经济事业发生经济关系。同西门子洋行的交涉,一方便利发展事业,一方可以与国外生起经济关系,所以目的并不要获得浩大的利益。

代为经理的事务,不只西门子一件,还有代办水险的事情。对于开办水险一事,已有保泰公司筹商颇久,原拟希望与美亚合组而事实不许可。最后决定仍同保泰公司订约,保费八折之外,打九折,三节收费,从渝万汉宜四埠开办起。

二、货运问题

第一个急切盼望维持水脚的,就是捷江公司,第二个是太古公司。决定依太古建议,重庆宜昌间大打官。从二月起,试办至三月底止,由申到渝的水脚,要求由二十元到二十八元为止。这种水脚,仿佛很高,但试一查往年枯水的水脚,就不会算什么了。总之[以]客家能买,而轮船公司不致吃亏为原则。

报关行因揽不到货而放价,也是事实。我们要求报关行也联络起来,与中外各轮船一致进行。

民生公司上游船多，下游船少。怡和、三北，下游船多，而上游船少。盼望联络一气，转运货物便利。太古公司在一年以前，就有此种条约，今皆有相当接洽。

三、保险和修理费用降低情形

轮船保险，当民生公司初期接受的时候，每百元十二元。本公司川江保额八十万，长江在外。历年陆续降低，由十二元降到七元八角，最近降到七元。民主已降至六元八角，条件是如果一条船满期未赔偿，还要退百分之三十。赔偿未到百分之三十的，也要退足百分之三十。永年以日记。照此计算，永年也是降到四元余。若再退一个百分之三十，只好算三元。康、宪亦只四元余。全体平均，都在四元以下。八十万的保额，以前需要九万余元的保险费，现在降至三万余元。长江以下，则只二元余了。这可算是保险费有巨额的节省。

修理费的降低，已在上海同年、贵、族三轮商量。预算今年经常修理，计族轮只需三千元，贵轮只需八千元。永年因湾地轴还有一点问题。如无问题，也不过二三千元。与去年四十余万修理费比较起来，今年大船不过五万元，较小的船不过二万元。如果无意外，总共不过只需十余万元。经去年整理清楚之后，今年要求修理减少，行驶增多，并盼望各轮各有一预算，在预算内还要减少。这样一来，我们便不怕一九三四年的航业比一九三三年更困难了。

《新世界》1934 年 2 月 16 日第 40 期

什么叫做自私自利

（1934 年 2 月 17 日）

人们每每从中国目前的病象,感觉着"中国人太自私自利",认为是中国人的病根。诚然不错,做官人做到一国之大了,每每不顾到国计,亲民如一县之长,每每不顾到民生。他们忙着刮钱,忙着位置私人,忙着扩充势力,只知道而且只努力于"自私自利"。这都是被人们常常责骂的。不过自私自利岂是被责骂的做官人特有的精神? 做官以外的人——做公众的事以外的人——更谁肯问公众的事,更谁不是做自己的事,更谁不是自私自利? 茶馆里贴着条儿"休谈国事",口头里念着要诀"各人自扫门前雪",正都是自私自利的标语。坏人固然是自私自利,好人亦以自爱为美德。所谓自爱者,只爱自己,不爱他人之谓也。然则严格规定范围,中国人全部都将划在自私自利的范围以内。由全部只做自己的事的人们自私自利,遂让那全部做公众的事的人们去利用公众自私自利,不会做好公众的事。

但是,从另一方面解释,自私自利而缩小到个人的范围,则范围太小,只有肚子饿了要吃饱,身上冷得厉害了要穿衣服,风雨来了要找遮蔽的房屋,才是纯个人的需要。性欲亦基于个人的要求,然而已有对方的关系。无论程度或范围超乎此,则皆非自私自利,至少非个人的自私自利,而为适应社会环境,给予社会的要求了。当他们为社会的环境所压迫,为社会的要求所征服,无法抵抗的时候,其行动几乎全部是社会的,是徇社会的,或竟是殉社会的,而非个人的行动,非自私自利的行动。

人要吃饱是为了个人的要求，然而要吃好的，无论其为中席或西菜，则是为了宴请亲朋，应着社会的要求了。要穿得温暖是为了个人的要求，然而要穿好的，无论其穿丝织的长袍或毛织的洋服，则是为了出入交际场中应着社会的要求了。人要房屋遮蔽风雨是为了个人的要求，然而要修一进几重的中国大厦或是一升几层的西式洋楼，则是为了都市比美，应着社会的要求了。乃至于屋外要有很美丽的花园，由旧式的曲折幽深以至于西式的整齐开朗，屋内要有很美丽的陈列，由中国古董以至于现代艺术，都不是个人的而是社会的要求。你所接近的社会要求什么，你便供给什么，而且要求什么样式，你便供给什么样式。一个乡间有钱的人，切于要求钱的增加，然而自己吃的同穷人一样，穿的同穷人一样，自己不肯用钱，也不许儿孙用钱；然则积起钱来何用？这决不是个人的要求，而是社会的要求。因为那一乡最尊敬、最羡慕的是最有钱的；他们可用银元作单位，也可用田亩作单位，来随时替他计数，从这计数的工作当中表现出他们的羡慕。替姑娘办陪奁，替她缝制一辈子也穿不完的衣服，虽然知道明年就会变更样式，有穿不得的苦，然而陪奁是必需办理的，不是为了他的姑娘的要求，而是为了社会的要求。当着许多陪奁摆在抬盒里边抬着经过街上的时候，立着瞻仰的许多人们，必一一点数，必记着数目，必街谈巷议，议到他家陪嫁姑娘的抬盒架数。

这许多例子——还不止这许多——都可以证明人们的行动绝不是为了自己，而是为了社会。社会要求什么，你便给予什么。为了给予社会的要求，你可以牺牲了自己的自由，你可以牺牲了你所认为应该有的行动，以至于由行动积累而形成的人格，你可以忍着精神上终身的痛苦。这样牺牲了自己为了社会的行动，绝不是自私自利的。

中国人是与世界上任何人种一样没有自私自利的行动，病根不在人们的自私自利，乃在社会要求的错误。人是社会的动物，是由社会刺激而起反应的动物，正面有社会的引诱，使你不能拒绝；反面有社会的压迫，使你不能反抗。你惟有屈服——屈服于社会的要求。社会要求人们以什么表现在社会面前，人们便以全力趋赴，不但不为自己，任何时间皆可牺牲自己——乃至于牺牲了自己的生命。今天以前社会的要求，有一个根本的错误，是要求人以所有的表现在社会面前，要求人有好的吃、好的穿、好的房屋、好的陈设、好的财产、好的地位，——以这一切所有的表现在社会面前。于是人都努力而且拼命追求或积聚其所有，以表现在社会面前，以此形成一种自私自利的局面。今天以后则应变更社会的要求，不要求人以所有的而要求人以所为的在社会上表现。要求你有很好的讲演或有很好的著作，要求你在科学上有新的发现，或在机器上有新的发明，要求你为公众担当大难或为公众创造幸福，你便会努力而且拼命地趋赴于这些方面，以你所为的在社会上表现。整个社会都迫切地要求你为他们工作，你便不得不为他们工作。你为什么在战场上冒着弹雨地冲锋，为什么在运动场上不顾命地跑第一，都是被逼迫于社会的要求。社会的要求，可以叫你使尽力气，可以叫你吃尽痛苦，甚至于可以叫你死。如果你个人的要求与社会的要求冲突的时候，你只有压抑着或躲藏着你个人的要求，除非是两个社会不同的要求绝不能冲突。

所以我们要医中国人的病，并不需要去医人的自私自利，中国人之不自私自利，终是与世界上任何人种一样的。人们之努力追求并集聚其所有，非为了自私自利，乃为了社会的要求，所以医病要从社会的要求医起。如何变更社会的要求？是需要凡关心中国问题的人努力，而不需要等待政府或仅仅责备当局，尤其是需要以新的社会要求，促起政治中间的人们有新的行动。如果你有一段好的演说，全体听众便都鼓掌，如果你有一篇好的文章，传观、转载遍于各处，如果你有新的科学的发现，便为举国所争先研究，如果你有新的机器的发明，便为举国所争先采用，如果你为社会担当了大难，便万众欢迎，如果你为社会创造了幸福，便万众庆祝。你看着万众是如何欢迎保障国家的凯旋部队，是如何庆祝铁路建筑的完成典礼，你的生路会沉溺在这强烈的社会要求当中，如醉如痴，如火如荼，比较沉溺在漂亮的衣服，高大的房屋，名贵的陈设，富有的财产，出人头地的地位，其要求人的力气和生命，更深刻而浓厚。只要社会变更了要求，人就会变更了行动。好友何北衡说："要创造新的社会，只有赶快的创造新社会的引诱"，其解释是何等精透。人绝不是自私自利的动物，有认定自私自利竟是人的天性的,那只是为社会要求造起保护。可惜人只敢给予社会的要求,而不敢变更或创造新的要求。虽有最聪明的领袖能将一切权力集中,然而亦只集中了给予人们要求的权力,而绝未尝变更或提倡了新要求。今天急切需要的便在提起新的要求,以整个的世界作为刺激,以现代的解救国家困难的运动作为新的社会要求,乃可以起中国人的沉疴,使脱离于自私自利的病榻中。

《大公报》1934 年 2 月 17 日

朝会报告之整理①

（1934 年 2 月 21 日）

在朝会报告的方式和意义，要盼望合于以下的四个要求：

1. 整理意义，应将工作意义提出来。在朝会上无论报告哪一件工作，都要给我们以意义，即，这工作是否对于事业上有帮助？事业是否对于社会上有帮助？

2. 抓着中心问题，要抓着工作前进状况，变化状况。如像去年船的吨数、只数、运输的数量，比较逐年是如何的不同，如何的进展。一个问题，不断的提出向大家报告，务使大家要明了此问题如何的活跃，如何不停止的前进，或是退化。

3. 要有统系条理。凡报告一件事，要有统系在问题上，还要在各个问题的内容上。凡于问题无关的，都无须说出。

4. 要提出兴趣。在报告每个问题时，要留意报告方法，求有以引起兴趣。如峡防局有一次报告收入支出的数目字，这是何等的枯燥？但变更方式，便不同了，即一个人说：一月份我找了好多钱；而另一个人说：一月份我用了好多钱。方式不同，便兴趣横生了。只要先事预备，决不离提起听众的精神，而使明了各种问题的内容。

《新世界》1934 年 3 月 1 日第 41 期

---

① 是 1934 年 2 月 21 日在民生公司朝会上的讲话。

如何抉出问题，负起责任？

（1934 年 3 月 1 日）

公司产生于四川经济状况凋落之后，航业一蹶不振之秋，困难问题乃环周围皆是，工作诸友日在忙乱应付问题之中，虽有工作，缺乏时间，缺乏整理。吾人深知一切工作之进步，产生于逐日之整理，实为明日工作之根据，顾公司诸友乃往往以无时间而有遗憾。欲于每年度抉大要以白于爱护公司诸股东，并以自供工作诸友之回顾，借以确定次年工作之进程；而材料之收集爬梳，每在一年既结之后，益以工作技术有待训练，事后整理乃愈感困难。此间于年结报告，及《新世界》专刊既经付梓而十分怅然，切望补救于对来者也。

公司前途之安全，端赖社会之扶持，尤以股东及工作诸友为中心。目前两大问题：一为财力——必须增加资本；一为人力——必须提高工作效率。工作上又悬两大问题：一为如何增加收入，一为如何节省支出。此皆于两种刊物之粗率材料，尤其于表列数字中可以抉出梗概者也。

其应如何帮助社会，解释各方之误会，取得同情，乃至取得各方之帮助？则过去八年之问题非数字所能列，未来无穷之希望，尤系在股东及工作诸友之共同努力。须知公司事业前进至于今日，关系之巨，不仅百余万资本及三百余万资产而已；尤为川省生产事业最初之基础，川江航业最后一息之生命，集资事业最后一度之信用所系，其责任全在吾辈身上，思之悚然，何可忽视也！

《新世界》1934 年 3 月 1 日第 41 期

工作的报酬

（1934 年 3 月 3 日）

在商品交易的市场当中，凡百商品都以价银决定它的高低。工作亦是商品，待遇就是这种商品的价钱。不问工作是有意义，无意义，而问的只是月薪、地位、红利等①，以为这乃是工作的报酬，其实乃是错误。工作的意义是应在社会上的，工作的报酬亦应是在社会上的。它有直接的报酬，是你做什么就成功什么。比如你要办一个学校就成功一个学校，要修一条铁路就成功一条铁路，这便是直接的报酬。它有间接的报酬，是你的成功在事业上，帮助却在社会上。你成功了一个学校，帮助了社会上无数读书的小孩子，或培植了未来社会上无数需要的人才；你成功了一条铁路，帮助了无数的客和货，帮助了生产建设和文化传播，这便是间接的报酬。最好的报酬是求仁得仁——建筑一个美好的公园，便报酬你一个美好的公园，建设一个完整的国家，便报酬你一个完整的国家。这是何等伟大而且可靠的报酬！它可以安慰你的灵魂，它可以沉溺你的终身，它可以感动无数人心，它可以变更一个社会——乃至于社会的风气。这是何等伟大而且可爱的报酬！一点儿月薪、地位算得了什么！月薪、地位决不是你的工作的报酬，只是你的工作的帮助。帮助只需要到最小限度，工作乃需要到最大限度。最大的工作可以得最大的报酬——直接的在事业上

---

① "等"字原文中为省略号。

473

有最大的成功,间接的在社会上有最大的帮助。这是从来不辜负人的,然而亦不让人侥幸。

《新生周刊》1934 年 3 月 3 日第 1 卷第 4 期

中国人的生活是这样低！

（1934 年 3 月 10 日）

人们的生活费都知道衣、食、住是必要的，近来又知道行是必要的，现在还须知道用是必要的。我们从起床到睡觉，需要用的物品是与生活程度的全部比高的。中国人大多数在农村，他们的生活程度却是低到衣、食、住、行、用都不成问题，以我们敝县合川而论，人口总数六十万以上，在市场上的人口却在十万以下。农村中，佃农占绝对多数，而且穷人占绝对多数。

他们的用品，除了简单而廉价的铁器和木器是买一次可用若干年外，很多更简单的竹制、草制用品都是自己制造，用是不成问题的。他们每间几天到附近的市场赶集一次，距离不过几里或十数里，耕地就在房屋的周围，早出暮归，凭着两腿，便可解决，行是不成问题的。他们的房屋一向住几户人家，一户人家的客堂、寝室、饭厅、厨房，又每每都在一间屋子里，住是不成问题的。他们的衣服，是结婚时缝制的，每每穿到老死。哥哥穿过的，弟弟还要穿，前一辈穿过的，后一辈还要穿。四川七千万人，每年棉花进口最多不过十四万包，值银四千余万圆，平均每年每人穿的棉纱，不过值银六七角，"衣"是不成问题的。过年、过节、生期、喜期，才有肉吃。肉类不成问题。早午晚餐都是咸菜，以其咸也，为量甚少，菜蔬不成问题。夏天出了玉米，冬天出了甘薯，便是他们主要的粮食，米亦不成问题；总而言之，食是不成问题的。

这都是我们中国人！这都是我们最可敬重的中国人！这都是我们最大多

数的中国人！请穿洋服,吃大菜,住大洋房子,乘一九三四年式的汽车,由剃胡刀到抽水马桶都要非常漂亮的朋友,看一看而且比一比!

《新生周刊》1934 年 3 月 10 日第 1 卷第 5 期

最近提起注意的三件事①

（1934 年 3 月 14 日）

一、营业问题

我们如果要求个人不失败,首先须要求个人所在的社会不失败。现在我们所在的社会是民生公司,而公司最重要的事项是营业的收入。所以要求公司不失败,就应当注意公司的收入情形,这实在是严重而应十分注意的,尤其盼每个人都要注意此问题,不仅仅是负营业责任的几个人。

今天要求上下游短航各线,有客货预算最低最高的标准,要如何想法,达到最低标准之上,才可以不失败。每一个人都要很明了的记得此标准的数字,尤其在负那一件事责任的人,记得此数字,然后有希望达到此标准。

据今天的货运情形看来,已经有了几个问题,恐怕达不到去年营业的情形了。上游近来缺货,涪陵航线下货没有,宜渝、汉渝、申渝间均无上货,下货也少,而日清公司又有恢复的消息。这样严重的时间,应该如何想法应付呢? 这不是一二人的问题,是全部都有关系的,应该大家留意。否则,今年的公司非折本不可。盼望运输处的朋友,先确定全部航线的预算,要如何才达得到不折本的程度。

票费,也很重要,而况还有两条航线以票费为主,因此,在运费不景气之下,更应注意票费的收入。例如永年、民贵直申,假如每次客满,一律以统舱

---

① 在民生公司朝会上的讲话。

计,也可收入三千余元,来回约七千元。二十天一次,两只轮船一月共计三次,票费的收入即在二万一千元以上。每年行驶七个月,可收入十几万。如汉口直航船也如此,每年也可多收入十几万。这只看我们有莫办法促起客人的增加罢了。

我们为了客票的增加,应该促起四川的人往外走,促起外省的人到四川来,所以要提倡联运,联合旅行社及组织旅行考察各种团体,同时还要把四川的风景介绍出去,所以要拍照片,映电影。继续不断的来往客人都是中国人,当然喜欢坐中国人经营的船。我们的船如再加以整理,使客人满意,即使货运差一点,也不致遭受损失。这是一件很有意义、值得努力的事情,盼望每一个人不要忘却了。

为营业发展想办法,不管是哪一处,哪一人,都有严重的责任。每个人都应该担负起这个责任来,抓着营业中心问题,全体总动员去干。

二、训练问题

现在中国的人,如果只是用说的方法,即可以完成事业,中国早不是这样了,所以有根本想法之必要。北碚训练茶房,受的是军事训练,对于服务能力还不充分,所以也应想法实际训练。最近决定十种训练的活动,如敬茶、添饭、叠衣服、捆被盖,以至于洗练、擦鞋种种事务,都要实际亲身的服侍。现在分组学习,能尽茶房之职责。

近来感觉公司每一个都埋头做他一个人的事,整个的公司里,不免冷酷。所以每每来的生朋友,我们不单是莫有热烈的帮助他,有他不知道的,还有些人在暗地里非笑他。现在亦应由个人只管自己的工作,增加社会的训练,即,来了一位新朋友,衣、食、住的地方和方式,我们都得详细的介绍知道,并介绍每一个朋友同席桌吃饭的,同寝室睡觉的,同办公室办公的,与他认识。有这种诚挚的意义,他就可以安定在这个环境里了。

三、帮助职工

每一个人都应当想方法帮助全体,并应该从小的事情入手。如像现在米贵了,加价钱,是帮助伙食的方法之一,更需要运来比较价钱贱的米。所以现在商同宋经理、刘襄理,在宜昌运了十石米来试验。首先分派在总公司伙食上,再以一部分分配给民生厂,还要帮助每一个职工的家庭,从米办起。其次运炭以及其他的零零碎碎的物件。这种种由庶务科送到各职工的家庭,将来由会计处扣账,使各个职工减少私人的麻烦,而努力整个的事业。再将此意扩而大之,能促起消费社将此责任担负起来,尽量作帮助的事情,用来便利各个职工,这也是一种社会的意义。办理如能成功,再供给于社会,则不特职工得了相当的帮助,社会也得到相当的帮助了。

《新世界》1934 年 3 月 16 日第 42 期

二十三年应该抓着的问题

（1934 年 3 月 16 日）

二十二年以前，每部或每一个人工作都很忙。然而，对于一切问题，常常悬在眼前未能时时刻刻注意解决，二十三年应该集中精神于此。因此在二十二年与二十三年之交，特别在总公司的主干会议里切实讨论。到了上海，又提起上海分公司连次开会讨论，并于到申的船也开会讨论。已经提出了二十三年上海和各船应该解决的几个问题，如下：

（一）业务上的问题

业务上数目字，上海分公司占全部的第二位，占下游的第一位，足见上海分公司在公司业务上占地位的重要，影响于公司至大。去年营业达五十八万，占全部运费将近十分之三。因此之故，上海的营业好不好，可以影响到全公司。当时在上海商量应注意的事件及方法如下：1. 要求每船满载。船由上海开出，要求每一只船每一次，都要装满载。2. 要求时间缩短。不但要求满载，还盼望进出口的时间缩到最短。以前第一天进口，第二天、第三天都在上海，要第四天才能出口。但是，永年现在已经打破了纪录，有二次都只在上海停泊一天。3. 要求维持相当运费。确定应该维持到最低限度，以每次票运的收入，足够开支为度。以上三事，均要求上海一齐做到。

至于维持运费，应用什么方法，第一应联合同业，时时刻刻商量方法。运费，本公司不愿提高，也不愿低落到连本身都不能维持的时候。这完全要靠平时与同业联合，并不管有船无船开，都要随时注意。第二是时时刻刻调查行情,如此,就不会发生由互相猜疑而放价的事实了。

其次,与同业同样的水脚而我们的货运要占优势。其方法:第一,凡转口货毫无停留,能于最短时间转到。第二,直航船要求缩短时间,于预定期间以内到渝。能如此,客商对于公司,自会发生信仰。再促起驾驶人员,不发生一点问题,船壳机器,都极安全。如此客商既愿意,保险行也愿意,报关行也愿意,成了一种空气,使人更加倍的相信了。经理以至于管舱,应极力保护货件,则本公司装货,一定占优势而无疑了。

除了促起上海分公司注意业务上的问题而外,还要促起代办处注意,增加自己的货运。去岁我们自运的钢料,以及代北川铁道运的铁轨,同时购办自用的水泥,算起来自己的运输占了全部运输百分之十几,我们自己的货件增加,我们的运输量也就增加了。这要求要有确切的联络。

(二)购买问题

每年在上海购买五金材料及日用品,数目十余万,也是上海一件很重要的问题。盼望注意到的:1.机器厂的材料,决定要求降低。去年截止到年底,厂存材料值十万以上,本年拟降低至多不过存三万。以后购买,要求能在二周以内运到,并要求厂中材料只预备以三个月为限。2.本公司日常需要的,也要求降低。用以前的根据,来定今后的预算,并需在预算内降低。3.要求在生意上提高。盼望代办处的进口增加,消费合作社的营业增加。

每每感觉中国人的习惯是"事不关己不劳心"。今天以后,要公司每一个人都注意及公司的每一件事,上海的人要注意到重庆的事,重庆的人也要注意到上海的事。

(三)船务处的修理问题

修理费,在上海的支出,也占在第一位。据去年年终报告,全年修理费共四十三万元。重庆只十余万,其余二十几万,均在上海。要求二十三年降低,今后的办法:第一,非万不得已不修。第二,不要等到最烂才修。修理费既如此之巨,应临时注意叮咛。小有一点该修的,即由船上自修。为了只是较好而无关行驶的,也就不修。并要求每一只船,很快的制一个预算,以限制修理费。

假使经常修理,降在十二万元以内,再加八万意外修理,今年的修理费当可降至二十万以内。

除此而外,上海还应该注意的:第一是分工严密。第二是工作以外,仍须有团体生活,因此组织一俱乐会,引起大家的集团兴趣。

以上所说的,都是公司全部问题。盼望每一个人都明白问题,并且要努力达到各种要求。

凡是一件事情,有人提起,即成为了一时之风气,而可收相当的效果。以去年的省煤和清洁运动来看,便是一个好比喻。只要注意到的问题,即要求抓着此问题而达到解决的时候。则今天以后,不但事业前途较易,每个人作事兴趣亦当较浓了。

《新世界》1934 年 3 月 16 日第 42 期

社会生活与集团生活

（1934 年 3 月 16 日）

人们是不能离开社会而生活的。有人说共同生活即是社会,这意义不很明了。

一位研究社会学方法者说:"社会是存在于相互压迫的关系上,而为人们所不能反抗的。"这在平常成了习惯,顺应社会的时候,自不易察觉社会给予我们的是压迫力量。例如中国以前的习惯是男子长服,女子短服。假使有男子着了女服,社会上立马可以给予他一种压迫——不是干涉,即是嘲笑。又如以前留学生到欧美,不能留长辫,而回到中国,又必须饰以假发。这都是社会给予压迫,迫使如此。一个人如果有不合于社会规定的行动,其受压到最难堪时,可以到自杀的程度。

再从习惯上来看,为什么我们一定要宴客? 而宴客又一定要不愿意的鱼翅、海参? 这也是暗地里有社会相互压迫的力量在,从来没人敢于反抗的。又,穿得必须好,也因为穿坏了支持不过压迫的力量。好像你穿好了,而你的社会地位即可提高一样。这种力量,在有钱时还不十分感觉,到了没钱的时候,便可明显的看出来了。每一种生活,都有一种相互压迫的力量,人们即在此力量之下活动。

从我们的观察,人与人之间,不仅仅是在相互压迫,还有相互影响的力量。个人行动,每每可以影响到群众里去。试看,每逢演剧演到忠臣孝子悲苦壮烈的情形,每每可使观者落泪。作战的军队,某一个士兵挺身前进,全队的士气为之一振。这都可以证明是影响的力量所致。

因此,我们知道,我们的要求待遇,享受提高,都是为整个社会力量所驱使,而不是各个人的自由。都是社会潜伏着的压迫,或者影响的力量,在暗地逼促着我们如此。

再如公司的朋友,以前或者是在本地服务,家庭开支,油盐柴米,什么都加以预算,洗衣煮饭,什么都自服贱役。及到进了公司,一旦所处的社会不是从前的社会,便受了现在社会的压迫和影响,也就忘却了当时生活情况,而被征服于现在的社会之下了。

就每一个人说,也是一样的。我们是穿的布衣,然而别的公司或别的轮船的职工穿的是哔叽或洋服,这一种压迫和影响的力量真大,当然一部分的人,被征服而不能抵抗了。某一年,北碚地方人士,天天要求唱戏。问他们的理由,乃是"周围各场都已唱过戏,独有北碚未曾举行,好像是很寒碜样"。由此,便可见社会的力量,每一个人,天天都在被压迫着,被影响着,不过在顺应的生活情况下,苦不自知罢了。

有些学者,他忘却了自身是在一种不奖励个人发展的社会压迫之下,而主张"个性",这实在是错误。人只有成型的社会性,没有成型的个性。个人先天带来的只有可能性。

更强有力的社会生活是集团生活。自有人类以至于现在,无论为何种国家,何种民族,乃至于任何时代,人都不能离开社会生活,更不能离开集团生活。人都受社会生活的支配,更受集团生活强有力的支配。

集团生活,可从两方面来解释:第一,集团生活是有生活的相互依赖关系。每一个人要依赖那个集团,而那个集团也要依赖每一个人。第二,集团生活是有两个以上彼此由比赛而斗争。中国人几千年到现在,是与其他任何民族一样没有离开集团生活的,惟集团之方式不同耳。中国人的集团生活,第一个就是家庭,家庭生活是永远相互依赖的。要不是你依赖着家庭,即是家庭要依赖着你,绝对不容许脱离或解散的。有重重叠叠的道德条件,严格的限制着,以致人们不能不忠实努力于家庭。

中国人这种道德观念，完全集中于家庭。所以此外无论何种集团，都要借家庭的意义去维持，如"君，父也"，"臣，子也"，"官吏，民之父母"，"四海之内皆兄弟"，各种不同的关系，都要借家庭名义去解释，可以证明家庭的道德条件，是强有力的道德条件，深入人心地维持着家庭的关系，乃至于家庭以外的社会关系。

不特此也，每一个家庭，还要与其他的家庭比赛斗争。提高门阀，正是家庭与家庭斗争的方式，因而促进了很多人的发奋。分子的地位提高了，他的家庭集团亦随之而高。社会是赞许成功者的，这愈足以促进集团间的比赛。

家庭集团既是在强有力的道德条件之下支配着，于是每一个分子，不得不努力拼命以求比赛的胜利。故披星戴月的，胼手胝足的，十年寒窗的，都是为了家庭。至于营营求官，孜孜为利，乃至于为匪为盗，也莫不是为家庭而不顾一切。一个集团到了强有力时，集团以内的分子如何对外，是每每不须选择手段，无所用其顾忌的。

除了家庭而外，因亲戚朋友、邻里的关系，也成了集团生活，人们也依赖此集团而生活。有了这个集团，即使无职业、无能力，也可以赖此集团而生存。由父族、母族的关系，而造成亲戚的关系。由同学、同事的关系，而造成朋友的关系。由邻里的关系，而造成直系、皖系。这各种方式的集团，可以由做寿、吊丧的人数，而看出他们的比赛情形，由这一群人和那一群人，相互的争权夺利，而看出他们的斗争情形。

由此证明了中国人是有集团生活的，不过集团的方式有区别而已。要是社会永远不变更，保持在此种方式之下，安眠于此种情况之中，未尝不是中国人的幸福。然而现代不许可你了。帝国主义不断的向你进攻，由"九一八"而"一·二八"，而热河，而我们又应该怎样办呢？日本派起军队占了东三省，是看得见的，但，他派的生铁、棉纱占据了华北以及长江下游，我们看见没有？奉天失守，热河失守，我们看得见的，海关每年损失的数万万，我们又看见没有？要是终于安眠在旧有集团生活之下，终必迄于灭亡而后已的。

情况如此，新意义的集团生活，明显地重要起来了。集团生活中包括着

"工作""学问""娱乐"三个要素。今天以前,是属于家庭的。今天以后,超过了家庭而成为社会的了。本于"有集团就该互相依赖"的条件,所以每一个集团的分子,都要为此集团努力拼命,以求生存。

世界既成了现代的世界,任何人都逃不出现代的集团生活,而且还需要忠实努力拼命以求胜利。尤其显明的,需要形成最大的集团,才有最大的力量去比赛斗争。这种集团,最低限度也应扩大到以一国为单位而后止。世界上各个集团在比赛斗争,因而每个集团都有它的强有力的道德条件支配着,而每个集团的分子,无不努力拼命以为此集团。

先前说过,中国的人不能再安眠于以往的情况当中了。除立马起来反对现代之外,只有跟着人家向前飞跑之一法。最低限度,也要跑去赶着先进的国家,才可以说上生存。再进一步,以占有全世界人口四分之一的中华民国,只要集团生活能够扩大,努力向前,将来改造世界,未始不是我们的责任,这是我们最急切而应认识的一个问题。

《新世界》1934 年 3 月 16 日第 42 期

大胆生产　小心享用①

（1934 年 3 月 17 日）

　　中国人有两种美德,是可以战胜世界任何民族的:一个是勤,一个是俭。一般劳作的人,日出而作,日入而息,常常是整天的工作,常常是十二小时或十四小时的工作。裁缝店子夜半还未停工,豆腐店子夜半便起来磨豆腐。这是勤的证明。许多富有财产的乡下老,穿的是同穷人一样,吃的是同穷人一样。自己不用钱,说是留给子孙,但亦不许子孙用钱,与其说他的财产是由增加收入积聚起来的。不如说他的财产是由节省支出积聚起来的,这是俭的证明。华侨之在欧美和南洋并不需要本国政府的帮助,有他个人的成功,正是因为他有超过于人的工作,同时又有不须选择物质条件的生活,这尤其是勤俭兼有的证明。

　　勤与俭是中国人的两美德,是两个有力的拳头。也许是两把锋利的刀。只是它能助成个人的成功,不能助成社会的成功。两把锋利的刀终究敌不了现代的大炮,现代威力最大的大炮是社会组织,它可以远射,复可以深入,它可以摧毁敌人到无复存在的余地。如果能够以勤俭的分子,组织成功一个现代的社会,必定更有可攻可守,超越其他国家的战斗力。如果既不能造成现代的大炮——现代的社会组织,又丢了两把刀,四体不勤,享用则极现代的能事,则在四围敌人大炮围攻之下,会全军覆没,个人亦身首莫保矣,其结果直令人

---

① 　该文又见 1936 年 12 月 16 日出版的《新世界》第 107 期,标题为《中国人有两种美德》。

战栗。

所以我们创造两句新的口号,是:"大胆生产,小心享用"。大胆生产之谓勤,小心享用之谓俭。我们应大胆运用现代的方法生产,现代有什么,我们便要生产什么。但须小心用闭关自守以前的方法节省物质上的享用,任何东西我们不能生产便不要享用。反转来说:能够生产什么,才享用什么。将就以前两把刀,铸成现代的大炮,不但要求与现代比齐,还要超越了她。这是中国成功失败唯一的岔道,请问我们的生活途程究竟指向哪一方? 成功的一方或失败的一方?

《新生周刊》1934 年 3 月 17 日第 1 卷第 6 期

民生实业公司
第九届常年大会欢迎会欢迎词

（1934年3月19日）

今天代表公司全体二千左右的职工致欢迎词。记得去年股东大会的前夕，曾举行了一度热烈的欢迎会，因此，今天到会的股东人数，大有增加。本此意义，经过今天这一度欢迎会之后，盼望明年六百多位股东，一齐惠临。

还有几个欢迎的意义：第一，各股东与此事业阔别一年了。这一年当中，事业的情况如何，是要报告出来，请各股东检讨的。第二，职工一年来工作是否努力，是要请股东考核的。第三，由各种图表，可以看出二十二年的收入、资产、盈余，都增加得很多，独于资本，增加得很少。要盼望马儿跑得好，必须马儿吃点草，所以今天盼望各位股东，踊跃投资，增加股本。要想事业长久的安定，须得坚固的基础，所以更盼望资本的增加。第四，本公司事业的大部分是航业，船的需要是客是货，因此除了盼望股东加股之外，还盼望股东及股东的亲友，旅行都坐本公司的船，货物都托本公司运输。公司现成立有代办处，购买机器货品，都能尽力地帮助各股东。代办处内有保险部，水火险都可投保。我们有若干的股东，而股东又有若干亲友，则凡属于公司能帮助的事情，通通盼望交给公司去办。这样，既便利了各位股东，同时又帮助了公司营业。如能这样，今年的情况，便不难超出去年了。至于一年来公司情形，即有各处的经理出席报告。

《新世界》1934年4月1日第43期

中国的根本问题是人的训练

（1934 年 3 月 19—20 日）

从中国许多政治上、经济上、社会上不能解决的问题考察研究，而又亲身经验之后，认定没有不能解决的问题。所以有一切不能解决的问题，不是一切问题不能解决，而是人不能解决问题。凡白种人能解决的问题，黄种人亦未尝不能解决；日本人能解决的问题，中国人亦未尝不能解决。目前中国人所以不能解决许多问题，亦不是人的根本问题，不是先天缺乏了什么资质，实是后天所从社会得来的行为缺乏了训练，缺乏了解决当前许多问题的技能的训练，所以不能解决当前的问题。

每一个人的行动都曾经受过长时间的社会训练的，其时间之长，乃与其生命之长相等，从极简单的走路、吃饭以至于说话、作事、讲求学问，没有一种行动当中没有社会训练人的成分。中国人的行动，并不是缺乏社会训练，其所受周围社会之训练，与任何其他国家的人所受周围社会训练是一样的，不同的是行动的方式，其不同的程度是与其社会之不同相等的。

假使中国的社会不因中国以外的社会的压迫和影响而发生变化，则中国人的行动，亦正不需要发生变化。而且在原有社会中间的行动是极其有训练的，其训练时间在个人之长等于其年龄，在社会之长乃至少等于中国之一部已经知道的历史——已有记载以来之历史，无论在农业方面、工业方面、商业方面、教育方面、政治方面，每个人皆有其原有社会中之行动之充分训练的。

不幸而社会随国家周围不同的社会压迫的力量发生变化了，许多新的社会产生了,还没有产生许多新的行动;许多社会变更了组织,而其中人们还没有变更行动的方式,我们必须知道人的新的行动没有训练完成以前,新社会是不容许产生的,不管这新的社会是一个议会,其间的代表是产生于选举,或是一个委员会,其间的委员是产生于委任。或是一个城市的警察或是一个农村的合作社,在其间活动的人们,如果没有受过那种活动的训练,那一种社会是不容易形成的。我们又必须知道一个人的装饰变更起来非常容易,行动变更则非常困难。要从长衫改为短服,要从发辫改为光头,非常容易,亦非常容易成为社会风气。行动之改变则不很简单,如解小便、吐口痰之习于上轨道而不外溢,亦是需要长时间的训练的。一个朋友说:不进化的中国人吐口痰是没有方向的,进化的中国人吐口痰有方向了,向着痰盂那一方,而不一定吐进痰盂去。到中国的外国人,有吃中国饭的纪录到几百次而不能好好的使用筷子的。行动简单如此,训练已非常困难,而况组织复杂、手续繁重的行动,常需要积久的习惯、纯熟的技术,而又需要社会一般的行动,其变更之困难,是更不可以计算出倍数的。在初生下的婴孩,开始训练以至于成熟,虽然要经过十几年乃至二十几年,然而因其是一张白纸,着色尚比较容易。最困难是习惯已经成熟的成年人,要变更已成的习惯;又要他们在已成的社会当中去变更已成的习惯,就会有新的压迫的力量,那种力量也远不如原社会,就令有新的训练的方法,那种方法之易于接受,也远不如原社会,所以训练起来绝不容易。科举虽改为学校,四书五经虽改为教科书,至于念书之行动,则仍如今天以前一样。在没有动的训练以前,偶然想有所动,却都不能持久,要整饬官方,然而不久又弊病丛生,要建筑公园,然而不久又荒芜满地,这些问题都是由于没有新的训练产生的。

在一个人没有新的训练以前,就有新思想也是不中用的。一个青年很惊喜的写信给我说:"我现在已经觉悟了。"我回信说:"虽然你已经觉悟了,于你的行动恐怕还没有关系,你的觉悟是一回事,你的行动又是一回事。"梁任公在做了财政总长、司法总长之后,大做文章批评其自己,认为自己毕竟是一个政论家,不是一个政治家,他似乎知道这个意义,因为他受了数十年的政论的训练,而没有受过政治的训练,所以他在政论上的活动是应该成功的,在政治上的活动是应该失败的。革命党人如果仅仅经过了若干年夺取政权的训练,而没有经过运用政权的训练亦是一样,其夺取政权是应该成功的,而运用则应该失败的。虽然已经取得政权了,仍只有兴趣于继续取得政权,而无兴趣于已经取得的政权的运用。物理上的惰力,是相当可以支配物的行动的,人的习惯,尤其是社会习惯的惰力,是尤其可以支配人的行动的。

中国人的行动是积了几千年的惰力,所以支配人的行动最强。虽然已经试过了许多新的社会的制度,代议制与独裁制,内阁制与总统制,以至于委员制等,然并没有产生新的行动。一直到今天许多人乃至许多集团,其行动仍在几千年来的惰力支配之中。

然则中国人的行动,是容易施以新的训练的,则又不然。鸽子可以训练成邮差,狗可以训练成警察,岂有不可以训练成功的人,岂有不可以训练成功的中国人?军队要训练人稍息,便稍息,要训练人立正,便立正,要训练人跪下,便跪下,不但可以极正确的行动训练人,而且可以极正确的训练马。然则人之受训练,虽然困难,虽然因为其已有旧社会的关系而困难,但究竟困难有限度,其限度是可以人的训练超过的。受训练的人只需要一双徒手等待训练,此外则一无需要的条件,最困难在训练人的人——他第一是需要有专门的技术,训练人做什么便需要有做什么的专门技术;第二还需要有训练的技术,如何训练人乃亦是一种专门技术。以如何训练人的技术,乘所做的事的专门技术,其积乃等于一个训练的成功。这在中国却成问题了,训练的人又从何处受着新的社会的训练呢?在中国里边的人,即是在原有社会里边的人,只受得原有社会的训练。曾经到过现代的旁的国家、新的社会的人们,虽然带得有新的社会的知识回来,然而没有带得新的训练回来。虽然他亦受过新的社会的训练,然而是从已经成熟的社会中受的训练。例如曾经在一个工厂或一个矿山实习过几年,然而没有经过创造一个工厂或开发一个矿山的训练。回到中国,乃初学做创造的事业,既没有学校,又没有教师,则宜乎是易失败。又况从外国带回来的智识,每每不在创造方面,而在享用方面。回来变更了自己生活的享用,而不能变更一种社会行动。这乃是中国今天的病源。

本来在许多到现代的旁的国家去的朋友,因为去得太早了仅仅由学校出来,未能带得许多社会问题出国去,便自不能带得许多的办法回国来,这也无怪。一部机器是旁的国家制造好了的,我们要使用还须得要长时间的训练,要照式样仿造,要非常感困难。社会乃是一部极其复杂活动而不容易制驭的机器,又不能完全照着人家样式仿造的,今天要急遽完成一部社会机器,其比较困难的距离,更不可以道里计算。

人之训练虽感困难,但问题究竟须从这里解决起。如这根本问题——人之训练的问题——不解决,则所有社会的一切问题,都不能解决,因为没有人去解决。

如何训练人使能创造中国的新社会使成现代的?这方法第一是要将现在负起责任,要解决社会上某种问题或训练社会上某种人的人,随时送到现代的旁的国家去,先受过训练。第二是要多多请旁的国家有专门技术而又有训练人的技术的多多到中国来帮助训练,乃能训练成功许多新的社会里边需要的人才,训练成功许多训练人的人才,使他们能够从旧社会当中创造出新的社会来。

只要训练人成功,不要怕所创造的社会失败,即是不要怕所经营的事业失败。不管他是一个公司或是一个医院,只要人成功,一个公司偶然失败了,会有若干公司成功,一个医院失败了,会有若干医院成功。今天中国什么都不缺乏,只缺乏人——只缺乏有训练的人,所以根本在先解决人的问题——解决人的训练问题。

《大公报》1934 年 3 月 19 日、20 日

到北碚旅行之预备及意义^①

（1934 年 3 月 31 日）

　　下星期或再下星期，本公司同人分两组到北碚，做秋季四竞赛会的一个预备活动。四竞赛会，本来拟在春季举行，因时间太短，预备不及，只好移到秋季去。虽然时间是移了，但预备的活动，应该就目前起。此次到北碚，试验以下三个活动：一、球类的比赛，分足球、篮球、网球、排球四组。二、演讲的比赛，民生公司担任演讲航业问题。其他的铁路问题有北川公司预备，国防问题有峡防局预备，产业问题科学院预备。演讲的问题，虽然一部分的人不能听得，将来可由去过的人，或记纪录的记载可以知道的。三、预备游艺，不仅包涵着京剧川剧，凡可以促起人群快乐的活动，都盼望预备加入。

　　时间大概是下周或再下周。遇雨顺延。如何组织，如何预备，各部联络开会解决。去的人分两组，分两次去。除了参加运动讲演游艺几个活动的分子而外，其余的人，也可去旅行。预计上午五点半开船，十一时到白庙子，参观新完成的绞车。午膳后到北碚，即开始比赛一种球类，于晚间举行演讲会。讲演之后，参加游艺。第二晨，再作一种运动的比赛，再到温泉沐浴，再赴夏溪口参观运河工程。午返渝，最迟不过午后五时即返。预定情况，不过如此。

　　为什么旅行的活动，一定要到北碚去呢？我们盼望各事业团体互相影响，

---

① 1934 年 3 月 31 日在读书会上的报告。

494

用一方面的长处来补另一方面的短处。就服务社会说,公司不如峡局。盼望去旅行的朋友,能于短时间内,找出材料,看哪些是为社会做的事。我们旅行北碚意义即在于此。

《新世界》1934 年 4 月 1 日第 43 期

现代的领袖与中国的领袖

（1934 年 4 月 7 日）

现代的领袖是为社会寻求出路，是领导着一大群人努力，乃至于拼命以为社会寻求出路，是以整个社会为前提，造起一种社会运动，是应着世界的环境和环境的变迁及环境变迁的趋势以造起社会运动，所以那一大群人都有坚强的信仰，深厚的感情，热烈的行动，足以使纷乱的社会立刻有秩序，无组织的社会立刻有组织，落后的社会立刻前进，追逐或且超越那早已或正在前进的社会。他们因为有了鲜明的领袖，竟能使整个社会至于国家之大，立刻变更了气象，千万乃至万万以上的人，一致变更了行动。

中国的许多领袖，则根本不同，每每不是要一大群人为社会寻求出路，他正是为一大群人寻求出路；一大群人亦无兴趣于为社会寻求出路，只汲汲皇皇于各自为自己寻求出路。

因此现代的领袖，每每有显著的成功于所在的社会，乃至于所在的国家；中国的领袖，则止于成功了一大群人，而此一大群人所在的社会，则每每不蒙利益，只蒙痛苦。又因人各为己，易于分裂，若干群人相互斗争，失败每每即在成功之后，其病害则辗转由社会接受。

故盼望中国的领袖，终能变成现代的领袖，不沉陷在现局中，而将现局推动，以至于彻底改变过。由为了一大群人努力，变成促起一大群人为了社会乃至于整个国家努力，然后国家有最后的成功，领袖亦有最后的成功。

《新生周刊》1934 年 4 月 7 日第 1 卷第 9 期

打擂与世界运动会

（1934 年 4 月 21 日）

　　中国的政局，依据二十三年来的经验，应该叫做擂台。上台的是台主，是国术的选手，是专门在台上预备着打擂，等待另外一个台下的选手上台把他打下去，便接着当台主；或是被他打了下去，他仍然当台主，等待着另外打他的选手，一直等待到把他打下去的时候。观众有四万万人，所以那许多选手都非常起劲，努力，拼命，不是在打擂便是在预备着打擂，成了一时而且普遍于一国的风气，这是中国政治上的国术。

　　如果诸君回头一看那边呢，场子更大，几乎遍了五洲；观众更多，恐怕不下十万万罢。他们却正在那里轰轰烈烈地开世界运动会。以一个国家为一个运动团体，以产业运动、交通运动、文化运动、国防运动为运动节目。他们简直在那边运动场中作长距离的赛跑。在一种节目上，今天打破了昨天的纪录，明天又要求打破今天的纪录；今天甲打破了世界纪录，明天乙又要求打破世界的纪录。任何一个运动团体都不仅仅是选手，而且是总动员。这个运动会场逐渐扩大，几乎一个地球没有多少隙地了。虽然像似剩了中国，然而已经挤得我们气都不能出，早已从沿海、从西、从北挤了进来，尤其是最近更将东北挤掉一大块地方去了。

　　我们还是提倡国术，天天打擂或预备打擂吗？恐怕几年之后，会并擂台一齐挤掉了。但是，如何可以停止打擂？纵我不打人，人要打我，其将奈何呢？这却有一个简单办法，只须将那四万万看众，和那预备着打擂的选手一齐送到世界运动场去,使他们参加那更大的运动会,看一看那许多惊人的纪录,就会自己惶急起来,赶快努力,拼命,作那许多世界的运动节目的预备了。愿我们的国术专家都参加到世界运动会去。

《新生周刊》1934 年 4 月 21 日第 11 期

为社会找出路的几种训练活动

（1934 年 5 月 16 日）

中国人，尤其是中国的青年，忙得不得了的是个人出路。为了个人生活和个人地位找出路，不惜用尽个人的能力找亲戚，找朋友，找地方，找一切帮助。

事实上应该认清楚，个人绝对莫有出路。今天每一个青年忙着找的出路，是将来在社会上的地位。在政治上，在教育上，在经济事业上，以及其他，总是想占着优越的地位，即以为是个人的出路。实在此种要求，完全是错误。

在政治上想当一县县长，一省主席，乃至一国主席；在教育上想当小学校长、中学校长乃至大学校长；在经济事业上想当大公司的总经理，大银行的总经理。因为找自己的出路，遂形成一个人很忙，忙着作此准备，忙着择取得此种地位的机会，以求达到自己的目的，所以中国大成问题。

今天不然了。县长是社会的，一县有人民、有土地，它决不是为当县长生成的。当了县长，不是为个人谋出路，是要为一县谋出路的。如果地位再优越一点，那社会的范围也更加扩大一点。学校也是一种社会的，校长要为全校青年找出路，不是为个人找出路。经济事业，也是社会的。总经理要为此种事业找出路，也不是为个人找出路。

不过，现在很多人还莫有把此意义看明白。我们只看见许多取地位的，少有看见取得地位以后为社会找出路的。向政治上，教育上，经济事业上找出路的，大多数只是为自己，莫有为社会。因此把中国弄到不得了。今天要介绍一个为社会的工作——学替社会找出路的活动。

峡区有几队人,有学生,有士兵。另有几个机关,如医院、报馆,以及社会教育团体等。现在集中有一群人,来学如何为社会找出路。

如何办法呢? 今天要办事,首先要人办,便要先将人办好了以后,才可以办事。今天以前,人的手艺都是为个人找出路而学的,对于为社会找出路的手艺,一点莫有,所以为社会就要先训练为社会的人。我们常常说:中国人如果能从今天训练出来,中国绝不致亡。以占有世界人口五分之一的中国人,不特不亡,还有主宰世界的可能。曾经有学者推论过:世界上的富力及支配力,有由欧洲转到美洲,又由美洲转到亚洲的趋势。但中国人以前只为自己而不为社会,所以始终毫无办法。今天以后,人都需要重新训练,否则是无望的。

《新生》的编者杜重远先生最近发表一篇文章,骂日本人是在大耍"大变活人"的把戏。台湾原来是中国人,现在日本人把他变为日本人了。朝鲜原来是中国人,现在日本人把他变为日本人了。满洲原来是中国人,不久的将来,日本人也要把他变为日本人了。我看了这篇文章,很沉痛地写给他一封信,请他不要骂日本人。因为今天的世界上是在耍大变活人的把戏,不止日本。日本人的成功,就因他把戏耍得好而成功的。如果中国人也能耍这套把戏,中国人也会成功。要是不会耍,只好让别人来! 与其骂日本人耍把戏,不如回头来骂中国人不会耍把戏。

现在我们也想从眼前变起,所以要介绍峡区的几队特务队学为社会找出路的训练。此种训练有四个活动:一、军事的活动;二、警察的活动;三、民众教育的活动;四、地方经营的活动。

军事的活动为的是防匪,决定了许多的军事动作,不论在白昼或夜晚。有时黑夜的紧急集合,或夜行军,有时在白天野外演习,或瞄准打靶,每周必有几个动作。或用纸面通知,或用电话通知。总以训练到能够奉命马上出发,或在限定时间内达到限定地点。匪患的发生,往往是不能预测,因此要训练这样紧急适应的行动。

警察的活动,第一是属于治安的,首先调查所在地点之一切人口以至于一切人的活动。无论一件什么事情发生,我们要办到坐在屋里,可以预料出事的原因以及出事的人物。其次是随时侦察，无论在何处或发现一个行动态度可疑的人物，都要留意。如此，可以利用警察来帮助军事。因为军事是临时需用，而警察则平时需用的。再其次，教你调查烟馆，那吗[么]，你所住的地方，有好多烟馆，烟馆有好多烟枪、烟灯，甚至每天吃烟的人数，都要调查出结果。第二是属于卫生的，由街面、街沟，以及于人家的屋子或厕所内，尤其是饮食店，都要训练得很清洁。如像现在苍蝇蠢动了，扑灭蝇类，添置各饮食店的纱罩盖着食品。北碚、夏溪口、北川铁路沿线，都是一样。第三是消防，正在作消防训练的准备。虽然没有火灾发生，但为防患未然计，已在上海购置水龙及消防用具。

民众教育，从职员起，到学生，到士兵，再到民众。教材是现代的，因要使中国人能够知道现代人的把戏。物质方面，火车、轮船、飞机、大炮；社会方面，军事、政治、工商业学校，及其他社会事业的组织；凡是现在有的，尽量介绍给职员，由职员介绍给学生或士兵，再立马传给民众。只要有什么机会，即用力于民众教育。夏溪口的煤矿工人，北川各站的工人，河边茶馆里的人，囤船上的人，都是你应教的民众。总之，只要有人的地方，即是你应教育的地方。乃至于有好多人家，人家有好多人，通通是你该教育的民众。

我们到一个地方，即要经营那一个地方。我们的人到那里，即要经营那里。原来北碚没有图书馆、公园、运动场等等，现在有了。凡是一个地方未有的，通通要一点一滴经营起来。夏溪口、北川沿线，原来都很糟，现在很整洁了。我们一部分的人，或其中的一个人，不论到何处，即要经营何处。

以上四种活动，通通为的是替社会找出路。为一个地方安宁、清洁，为一些民众的知识，为培植一个地方的风景，有的整理好，没有的经营好。把一个很糟的地方变成了美丽安宁的乐园，把无知的民众训练得都知道世界上的事，这完全为的是社会，完全不是为个人。

至于训练的方法又如何呢？每天峡局必要用电话问：第一特务队的活动如何？军事方面是怎样的？警察方面是怎样的？民众教育是些什么？地方经营是些什么？要你把昨天的四种活动告诉出来，记录清楚。第二队，第三队，也是一样。峡局把各队搜集的材料比较一下，又重新输送到各方面，使各队有一个比赛。整理昨天的活动，同时还要计划今天的某种活动，应该达到某个程度。例如民众教育传播今天的新消息，日本如何向列强宣言，如何图扰察东。又如新到图画、照片，先交给队长，转交学生或士兵，看了过后，立马又交给民众。不必一定要在讲堂上或会场上，只要有时间，就要尽量的应用。航空公司的飞机，到成都要过北碚，我们先与航空公司约定，如果天晴到北碚时，低飞一匝。头一天，就普遍的告诉民众："明天请到运动场看飞机，看过后，还有人给你讲飞机。"如此一来，不难促成大家一个热烈的活动了。

又如北碚地方，只有一条路通高地，其余地方很低，每值涨水，很感危险。民众提议填沟，很多人都赞成。开会商议，如何筹款，如何分工，这些办法，都是民众教育的教师在做前锋。议定之后，每家每日都要担任填筑工作，每几家人都有一个挨户民众教师，几家人集中在一起，有民众教师促起他们活动，现在正积极进行此种训练。

每一天峡局在电话上公布这些，第二天各工作人员即要缴卷。这都是训练人去帮助社会的各种活动，训练人去帮助社会找出路的各种活动。

为什么要如此办呢？因为我们要看中国人究竟学不学得会。要是能学会为社会找出路，中国的前途也就有希望了。记得一次北碚公园负责管理动物园的一位小朋友向逵，在周会上报告工作，他说他在训练豹子散步，猴子打滚，鸡生蛋。向逵有这样大的本事，令人羡慕！我们相信，动物尚且能训练，训练人虽难，只要努力，终会成功。

《新世界》1934 年 5 月 16 日第 46 期

数目字与中国人

（1934 年 5 月 19 日）

一般人没有认识数目字的训练，须用数目字的时候，只须用了大约、差不多便可以替代。在学校学数学，或在事业上办事与数目字接触，每觉得与自己个性不合，误以为这个性是由先天带来的，而不是由生活的习惯上带来的。在社会环境里没有受过数目字的训练，其困难乃至于接触数目字便头痛起来。

我们须要认识现代文明是在数目字上比赛。我们惊讶着的苏俄五年计划便是满纸的数目字。那满纸的数目字不是由想象得来的，而是根据着新经济政策实施以后的结果得来的。由新经济政策实施的结果，证明了经济建设可能的效率，乃根据此效率确定一个五年计划。这自然是有实现的可能。虽然世界上的人当时都怀疑，而苏俄的人颇自信。

现代的国防问题亦是数字上的问题。兵舰是在比只数、吨数，比速率，比大炮的口径和射程；飞机是比架数，比速率，比升空的空度，比继续航行的时间，比炸弹的重量；陆战是在比动员人数，比每分钟发射的炮弹数，比大炮的口径、射程和尊数。列强都是在数目字上看清楚了国防的需要，都是从数目字上去巩固自己的国防，要求自己国防上一切的纪录，能与列强抵抗。

中国人不认识数目字，所以不认识国防问题，所以有国无防，却泰然无事，似若有恃。日本人一举手而夺去东北四省，不仅证明了数十年来东北四省之危机，实证明了整个中国之危机。任何时间，任何地方，皆可为东北之续，事乃凭人决定，而非我可避免的。

一个国家的问题需要从数目字上认识清楚的,不止[只]是国防。凡是问题都需要用数目字证明。而亲近数目字,使用数目字,更需要养成一个新风气,使成为中国人的新要求和新活动。

《新生周刊》1934 年 5 月 19 日第 1 卷第 15 期

世界水上交通概况

（1934 年 6 月 1 日）

　　我们人类早就有交通——陆上用车马，水上用帆船。因交通工具的不进步，以后文化停滞，无从发展。到十九世纪的初期，才有轮船、火车的发明，文化亦就随之突飞猛进。凡交通发达的区域，其文化便高。反之，则其文化低落。而且地方的繁荣与贫乏，都以交通为转移。证之近世，宁不信然。

　　交通既已发达，凡浩瀚的重洋，险峻的山谷，都可交通，不至如前之望洋兴叹，或以为中国之外，便是洪荒。现代交通发达，尤其是海上交通的迈进，乃知世界之大，远非古人所能梦想。从前我国也有不少杰出人材，对于交通方面有相当贡献。如：西汉的张骞，曾经到过西北的葱岭以西。明代的郑和，由长江出海，从南洋群岛，经印度半岛，到波斯湾，沿阿拉伯半岛走红海，又沿非洲东岸一直向南，几乎达到了非洲的南端。世界的领域，是因交通的发达而扩大了，但因此而无重洋峻岭之阻，也就把它缩小了。吾人试一观世界交通状况，及其影响到经济政治文化各方的关系，便可知道交通力量的伟大，在现代社会的组织上，是占着何等重要的位置。

　　十五世纪的时候，发生了许多新的事情。中国的郑和，由台湾而至非洲东岸。葡萄牙的地［迪］亚士，他沿非洲的西岸，向南进行，到了极南的好望角。达加马继之进行，经红海而到印度。意大利的哥伦布深信地球是圆的，能由东方走到印度，西方也就可以走到。于是航行两月而至美洲东部，发现了新大陆，这就是所谓西印度群岛了。一五一九年，西班牙人麦哲伦继续哥伦布的路线,绕南美洲南端航太平洋,无意中发现了菲列[律]宾群岛,再向西航,终达印度,其后绕好望角回国。欧亚交通的经过,大致如此。

至若开凿运河,促航路缩短,在近代交通史上最为出色的,要算苏彝[伊]士同巴拿马两条运河了。苏彝[伊]士运河成功以后,红海与地中海的交通,遂取得联络。由欧洲到亚洲的印度等处,就不再绕非洲南端的好望角。从此,自伦敦到孟买的一万二千五百英里的航程,可以缩短五千五百英里。自纽约到孟买的一万一千五百二十英里的航程,可以缩短三千六百英里。巴拿马海峡,为美洲大陆最狭的地方,斜开着一条河,便是巴拿马运河,河开以后太平洋同大西洋的距离便接近了,由纽约到旧金山,可以缩短八百英里的航程。由中国上海经巴拿马运河到纽约,比较经苏彝[伊]士运河去,要缩短三千五百英里以上。

世界上的名都,滨于海洋的,约计四分之三,如伦敦、纽约、马赛、上海、横滨、孟买、汉堡等处皆是。因为海上交通发达,故各国名都,大半皆为滨海之良港。

海运业发达较早的国家,是葡萄牙、西班牙、荷兰诸国,其后,因英国交通事业特别飞跃,遂逐渐突过葡、西诸国,而造成世界惟一的海王国了。此为水上交通近百余年经过的大概情形也。

《新世界》1934 年 6 月 1 日第 47 期

过宜昌在民强轮船对职工谈话[①]

（1934年6月11日）

【本月卢总经理偕朱树屏、徐世全、秦鸿烈三君,乘永年船,由渝赴申,于十一日道经宜昌。适是时民主、民强二船均在宜,乃召集宜昌分公司及永年、民主、民强三轮全体职工(当班者除外),于是晚九钟在民强船三楼谈话。总经理向各职工谈话甚长,兹撮其大要,志之于次】

今天这个集会,诚属难得。要是在重庆,大家要找个人作一度谈话,时间上颇不容许。今天得有充分时间与大家聚首谈话,个人非常高兴。今天要向大家报告的,有两个问题:

一、加薪问题 本公司今年的营业,就过去几个月观察,实较过去任何年度为差。各埠货运之减少,水脚之低落,为向来所无之现象。记得前年由上海到重庆的棉纱,曾装过二十一两银子一件,约合洋三十余元。今年呢,由上海到重庆的棉纱,已跌到四元钱一件的水脚,除了回扣,实际不过三元余,仅仅及前年十分之一。这影响自然不是一方面的,但本公司今年的营业情形就可想见了。在这种情形之下,别家公司已在裁员减薪,然而本公司则不然。职工方面不但未减少,反而由一千九百几,增加到二千人以上。薪水方面不但未减,还增加了,虽然增加得太少,甚至一元二元也有,但处在这种情形之下,办到加薪已是颇不容易了。虽然不能令各个人都满意,但同时要体恤公司的营业不

---

① 题目为编者所加。

佳！公司的事业，是在二千多职工手上。要大家努力使公司的事业能够由困苦艰难中奋斗出来，使公司有了办法，大家才有办法。即使这次加薪加少了，个人只要成绩好，下次也是不辜负大家的。现在最盼望的是大家要替公司想办法。在一桩经济事业，最要紧的是在开源节流。现在开源方面是没有好多办法，只有从节流方面努力。公司同事中，从个人起，一直到水手茶房止，都感觉薪水不够用。实际说来，只要肯用，任便许多钱都感觉不够用。无已，只好节用。个人的薪水，比公司各位经理都多，但是舍下及个人还是过的最低限度的生活，敝内还是要操作做事。个人的钱，自己并未用到许多，因为要得周围的帮助，便随时要帮助周围。不过周围所帮助的不是个人，而是帮助这一桩事业。所以盼望大家对于个人开始要切实节省，不要浪费。同时对于公司的一钱一物，都要爱惜，凡是节省得下的，尽可节省，不要以为数目细小，漫不经意，须知公司有三十几部分，每天每部能够节省一块钱，每月总计就是千把元，每年就是一万元以上。反之，每年无形中就要损失一万元以上了。一桩事业，不怕收入不好，只要能够维持前进，我们能在开支方面处处想法节省，即使营业再不好，也不怕了。这点意义，希望岸上船上的同事，大家明了，大家遵守。

二、红酬问题　红酬早已在说发给，为什么此时还未发呢？这点是要望大家于体恤公司之后，再体恤公司办事的人。公司办事人，因为加薪，上走至叙府，下走至上海。此时叙府方面的加薪问题都还未解决。因为公司的办事人，实在忙不过来，一时走不到叙府去，所以红酬的分配，虽然在办，但还不及办理完竣。虽然很慢，实缘很忙，只好等二十一年的红酬办好之后，就发二十一年的红酬。二十二年的办好之后，就发二十二年的红酬。此事大家自然很盼望，但公司的盼望早点办好更急切，这一点，要希望大家的原谅。

《新世界》1934 年 7 月 1 日第 49 期

人 的 训 练

（1934 年 6 月 24 日）

【《黄炎培日记》（1934 年 6 月 24 日）载：同席卢作孚演说人的训练】越难训练的人，训练越有效。训练在先，造成风气。

《黄炎培日记》第 4 卷，华文出版社 2008 年版

快乐与痛苦

（1934 年 7 月 1 日）

快乐与痛苦是产生于人们的感觉,尤其是产生于人们的要求,而非产生于环境或刺激。我们要求什么,什么便是快乐。相反或不同的刺激,便是痛苦。

快乐和痛苦的程度,亦决定于要求强烈的程度。达到了愈强烈的要求,愈快乐;违反了愈强烈的要求,愈痛苦。例如,朋友谈天,是快乐的事,但是我们正在要求读书,而有朋友来搅扰着谈天,便是痛苦的事了。运动,是快乐的事,但不好运动的人,倒视运动为痛苦的事了。要求玩耍的人,做事便是痛苦,而要求做事的人,无事却又是痛苦。要求集团生活的人,在集团中便是快乐,离群索居便是痛苦。要求秩序生活的人,在秩序中便是快乐,杂乱无章便是痛苦。反之,孤僻的人,则以人群聚居为痛苦,而自由活动的人,则又以规律束缚为痛苦。

不明白快乐与痛苦的来源在自己,却每每埋怨着社会。其要求愈缩小——缩小到个人的前途,个人的装饰,个人的舒服等①,其痛苦则愈扩大,扩大到社会环境的全部。因此为社会的要求而工作,是非常快乐的工作,却变成了非常痛苦的工作;为社会的要求而讲学,乃至于为社会的要求而运动而游戏,是非常快乐的生活,亦变成了非常痛苦的生活。只以个人读小说为快乐,一到了读书会有组织的讲学,则以为痛苦。只以个人乱扯胡琴为快乐,一到了

---

① "等"字原文为省略号。

游艺会在大庭广众中表演游艺，则以为痛苦。为了以社会生活为痛苦，乃至于谢绝了一切快乐之来源，陷其生活的全部于痛苦的重围当中。自己缩小快乐的范围，扩大了痛苦的范围不觉悟，倒反感觉环境的烦闷，社会的冷酷。社会每成一个被憎恶的中心，虽然那一个社会在用尽力量帮助个人，亦不会产生个人对它快乐的感情。强者辄思毁坏，弱者止于沉没，好人自然的消极到只爱惜自己，不好的人，便扩大要求的范围到牺牲社会，无所爱惜。尤其是人各为其自己，产生了人与人间要求的冲突，由此冲突产生了弥漫周围的痛苦。愈从个人身上去寻求快乐，便愈加紧了弥漫周围的痛苦。

个人身上是决不会产生快乐的。快乐只有在社会中间寻求。只有将个人的活动全部安放在社会中间，给予社会的仰望，取得社会的赞同，取得社会的欣赏。个人的活动，全为社会的感情所紧紧包围，沉酣在社会的强烈刺激当中，乃是人生无穷的快乐。在今天不但这样快乐须我们去寻求，这样社会还待我们去创造。我们要创造一个社会，这社会当中任何个人，都为了社会而工作而学问而运动或游戏。假设这一个社会竟是民生公司，则里边的朋友必须努力工作，从工作上增加收入节省支出，扩大帮助社会的实力，而且随时随地地寻求机会以帮助社会。必须努力学问，参加一切授课读书讲演的机会；必须努力运动或游戏，参加运动，参加音乐演奏，参加戏剧，尤其是在一切快乐的会集机会。从这些社会的活动当中去创造社会的要求，社会的欣赏，社会的快乐感情，自己的活动则全部鼓舞于此社会的快乐感情笼罩的当中，则浑身都是快乐，尤其是与人接触的都是快乐的活动，所谓痛苦便完全被祛除了。

只有社会中间没有痛苦。快乐都在社会中间，只待你去寻求。

《新世界》1934 年 7 月 1 日第 49 期

麻雀牌的哲理①

（1934 年 7 月 16 日）

　　几块麻雀牌儿,何以会使乡村以至都市的人,下层社会以至上层社会的人,无论男女老幼皆喜欢它,亲近它？这有一个很简单的答复,便是搓麻雀已经形成功了一个坚强的社会组织,在这个社会的组织当中,有它的中心兴趣,足以吸引人群,足以维持久远而不至于崩溃。

　　搓麻雀是在一个社会组织当中作四个运动:用编制和选择的方法,合于秩序的录用,不合于秩序的淘汰。把一手七零八落漫无头绪的麻雀局面,建设成功一种秩序,是第一个运动。全社会的人总动员加入比赛,看谁先建设成功,看谁建设得最好,是第二个运动。到一个人先将秩序建设成功时,失败者全体奖励成功者,是第三个运动。去年偶同黄任之②先生谈到此段哲理,他还补充了一点,就是:失败了不灰心,重整旗鼓再来,这是第四个运动。这样的哲理,实值得介绍与国人,移用到建设社会、建设国家的秩序上去,也许一样可以吸引整个社会、整个国家的人的兴趣于社会秩序和国家秩序的建设上去。

《新世界》1934 年 7 月 16 日第 50 期

---

①　该文为卢作孚在永年轮上口述,由朱树屏记录。
②　黄炎培,字任之。

建设中国的困难及其必循的道路

（1934 年 8 月 2—11 日）

一、中国人的两重社会生活

中国目前感受了极大的困难，我们很容易猜想这困难的问题是日本侵略问题，是农村破产问题。这些诚然都是当前感受着的非常困难，然而还是枝节，远不若另外一个根本问题厉害，而且是可以随着另外的一个根本问题解决的。根本困难乃是从中国人的社会生活转变中感受着的，从前清变法起，没有得着适当解决的方法，一直到今天，其困难仍全然存在。

这篇文章是要提出这个根本问题——中国人的社会生活问题，并且想用方法寻出它之转变非常困难的原因来，最后还想寻出一些如何转变的方案。

如要寻出中国人的社会生活，必先考察中国的地理环境。中国是在亚洲最好的一块地方，东南有大的海洋，西有大山，北有大的沙漠，自然形成一个非常安定的世界。周围则一向都是蛮荒。而又恰在温带，土地肥沃，最适宜于农田，自然形成一个长时间的农业民族，长至几千年。

农业民族是最安定的民族，亦是最散漫的民族。所以在历史上屡被北方游牧民族骚扰，止于去防范他们的时候多，进而去征服他们的时候则绝少。有时竟被他们征服了；然而在礼教文物上，却反将他们同化。所以在历史上我们值得自负的，到底是一个礼教文物的天下。其实这本来不足奇异，那般游牧民族僭越名分来统制了这农业民族之后，绝不能再运用游牧民族的礼教文物。我们的礼教文物原来是为了统制这农业民族积累起来的，他们当然用了这农

513

业民族的礼教文物来统制这农业民族。

因为农业民族是最安定的民族,所以政治上的变乱常常是起于治者阶级,不问他们是宗室或是外戚,是宦官或是权臣,事变是内起于朝廷或外起于藩镇,要皆是起于治者阶级的本身。而被治的农民却常苟安于安居乐业的状态之下,除非是不容安居乐业了,事变是不会起于民间的。

因为农业民族的经济单位非常简单,简单到一个经济单位只需要一个家庭。所以农业民族的社会生活就是家庭生活。纵然有时超越了家庭的范围,然而亦是由家庭的关系扩大的。第一扩大为家族的关系;第二是由父的家族、母的家族联络而为姻戚的关系;第三是由家庭的接近而为邻里的关系;第四是由个人以至家人的往来而为朋友的关系。综合起来:家庭生活是中国人第一重的社会生活,亲戚、邻里、朋友的关系是中国人第二重的社会生活。这两重社会生活集中了中国人的要求,范围了中国人的活动,规定了社会上的道德条件,政治上的法律制度。这两重社会生活是中国社会问题的两重核心,所以尤其是这篇文章讨论的中心。

人每责备中国人只知有家庭,不知有社会;实则中国人只有家庭,没有社会,家庭就是中国人的社会。就农业言:一个农业团体是一个家庭。就商业言:外面是商店,里面就是家庭。就工业言:一个家庭里边安了几部织机,便是工厂。就教育言:旧时教散馆的是在自己家庭里,教专馆的是在人家家庭里。就政治言:一个衙门往往就是一个家庭,一个官吏来了,就是一个家庭来了。天下是在一个家庭管有之下的。皇帝大崩,太子可以就位,太后亦可以听政。可见得一切社会生活——无论其为经济的、教育的、政治的——要皆以家庭为核心。

孝悌是维系家庭关系的主要道德条件,亦是一切社会的道德条件之源泉。家庭以外的社会关系必用家庭的关系去解释,用家庭的道德条件去维系。就天下说:君父、臣子,是以父子解释君臣的关系;君主、臣妾,是以夫妇解释君臣的关系。就地方言:官是父母官,民是子民,是以父母子女解释官民的关系。人臣的道德条件是要移孝作忠,为官的道德条件是要爱民如子,是用了家庭的道德条件去维持了大则天下,小则地方的关系。尊称朋友为仁兄,自称为愚弟,先生便是父兄,学生称为弟子,更可见得没有一种社会生活不笼罩以家庭的意义。

必须有强有力的社会结合,乃能产生强有力的道德定律。我们很容易明白家庭是一种强有力的社会结合,因为它是具备了其间的分子整个生活相互倚赖的条件。人从降生的时候到老死的时候脱离不了家庭的生活,尤其是脱离不了家庭的依赖。你可以没有职业,然而不可以没有家庭。你的衣食住都供给在家庭当中。你病了,家庭便是医院,家人便是看护。你是家庭培育大的。你老了,只有家庭养你,你死了,只有家庭替你办理丧事。家庭也许倚赖你成功,却也祷祝并帮助你成功,你须用尽你的力量去维持经营你的家庭。你须为它增加财富;你须为它提高地位;你须为它建筑高大的房屋,布置美丽的花园,点缀若干华贵装饰的东西。不但是你的家庭这样仰望着你,社会上的奖惩亦是以你的家庭兴败为中心。最好是你能兴家,其次你能管家,最叹息的是你不幸而败家。家庭生活是这样以整个社会的关系包围了你,你万万不能摆脱。你为了家庭可以披星戴月,可以手胼足胝,可以蝇营狗苟,可以贪赃枉法,可以鼠窃狗偷,可以杀人越货。你为了家庭可以牺牲了家庭以外的一切,亦可以牺牲了你自己。家庭生活的倚赖关系是这样强有力,有了它常常可以破坏其他的社会关系,至少是中间一层障壁。所以要维持其他的社会关系,亦必援用了家庭关系去笼罩,去解释。

第二重社会生活——亲戚、邻里、朋友,亦是形成一种相互倚赖关系的。你要是得志的时候有提携亲戚邻里朋友的义务,你要是不得志的时候有求亲戚邻里朋友提携的权利。亲戚是包含你的家族,你由婚姻或前辈、后辈、同辈的婚姻所产生的直接或间接的关系;邻里是包括一村、一市、一县乃至于一省的关系;朋友是包含同学、同事、同榜及第乃至于如棠、如棣种种关系。在一群无干的人中,惟有亲戚显出亲切的情谊;在一群亲戚中,惟有更直接的亲戚显出更亲切的情谊。他们不但有终身往来的关系,而且终其身有缓急时是有相互倚赖的关系。有比较可以信托的道德条件存在,虽然这道德条件只存在于亲戚间,并不存在于所在的公共事业或公共机关。所以一个机关的重要位置,尤其重要为银钱出入,每每位置亲戚,或位置更直接的亲戚。因为亲戚的关系有如此的重要,乃至于女儿婚姻也许是为了发生这种关系而成立的,而不是为儿女选择配偶成立的,而不容儿女自择配偶的。在一县中同村的人显出亲切的情谊,在一省中同县的人显出亲切的情谊,在一国中同省的人显出亲切的情谊。他们不但有相互的认识和往来,尤其是有形成团结互相倚赖的关系。所以一省的某机关是某县人主持的时候,也许就是某县人盘踞的时候;一国的某机关是某省人主持的时候,也许就是某省人盘踞的时候。甚或竟以同乡会馆称那一个机关。尤其是自湘军、淮军以来,一直到今天的军队,往往是由同乡组织起来的。而所谓同乡也者,不一定要招致,往往是不惮跋涉,千里趋赴,那里得志的人都有辗转设法安插他们的义务。在一群朋友中,同学显出亲切的情谊;在一群同学中,同班的同学更显出亲切的情谊。他们亦不但有情谊,尤其有相互倚赖帮助的关系。所以如有用人或荐人的机会,必尽量援引同学,以至于同学成了派别,在政治上、在教育上尤其在军队上,是强有力的团结。许多军官学校是为了形成军队系统而举办,而那许多出了军官学校又进军官学校的人们亦正是为了多多发生同学关系而屡受训练。

家庭是你周围的帮助,亲戚邻里朋友又是你的家庭周围的帮助。有了亲戚邻里朋友可以救济你的困穷。你需要钱的时候,不必去仰赖银行;你需要职业的时候,不必去仰赖职业介绍所;你要避免任何困难或取得任何便利,都只须要你有亲戚邻里朋友。你如果得志,自然有许多亲戚朋友会来依附,虽然你予他们以提携,他们亦很能予你以拥护。你得他们成功了一种势力,可以保证你所在的地位进展或至少巩固。于是乎所谓领袖人才都用提携亲戚邻里朋友的方式形成的团结,录用不必是人才,只问亲戚邻里朋友倚赖你的关系之亲厚。而且只要有亲厚的关系,奖励不必有功尤其是不必于社会国家有功,犯罪不必有诛,或且倒有营救的义务,任何人皆感亲戚邻里朋友相互倚赖之需要,尤其是读书人;木匠尚可赖有其手艺,车夫尚可赖有其力气,读书人则不必赖有职业上之技能,却必赖有亲戚邻里朋友之援引;其地位愈高,所仰赖之亲戚邻里朋友乃愈众,错综复杂至于不可爬梳!尤其是向所谓世家者,非常重视这种关系,直将相互帮助凛然垂为大义。

一般亲戚邻里朋友之结合是以应酬方式表现的,是在结婚、上寿、开奠等机会中表现的。凡结婚、上寿、开奠之仪式,都视为人生大事,力求其庄严,其中心意义在予亲戚邻里朋友以结合之机会,在予个人以有所表现于亲戚邻里朋友面前的机会。你为举办这样大事,可以经若干年月的筹备,可以耗若干年月的储积,甚至于可以高筑债台,再经若干年月而后偿清,或竟可以将你累死,却绝不可以不举办这婚丧大事以及寿酒的。你的亲戚邻里朋友有这样的大事,你绝不可以不去应酬;乃至于随便请你吃饭,任何时间,不需征求你的意见,你亦得去趋赴,乃至于搁下你的当前工作去趋赴。有人认为应酬是中国人无谓的事,其实是中国人的正事。中国人的社会生活,家庭以外,只有亲戚邻里朋友的关系。而这亲戚邻里朋友是赖应酬结合起来的,尤其是上流人所需要于亲戚邻里朋友的关系更密切,应酬更为重要的工作,直超越了在社会上所担负的任何工作。

从上面的分析,知道中国人只有两重社会生活——第一重是家庭,第二重是亲戚邻里朋友。许多积极的道德条件都是从这两重社会生活确定的。超此范围,则社会关系虽然存在,[却]非常薄弱;道德条件,亦都是规定在消极方面:忍耐、和睦、洁身、自爱、与世无争,都是一向社会上所称许的美德。凡涉及公共问题,则多一事不如少一事,有一事不如无一事。能干脚[角]色正在化大事为小事,化小事为无事。政治上所一向要求的是清静无为,是与民休息,是轻徭减赋,是讼狱大息,囹圄空虚,是垂拱而天下治,是卧治。这是中国人的社会的特点,自家庭和亲戚邻里朋友的社会生活以外,什么都不需要,所需要的是天下太平,只是无事。

二、集团生活——社会生活的核心

我们知道支配人们的行动的是社会生活的全部。社会是有极其错综的相互倚赖关系的,如陶瓷有需于瓷厂,磨面有需于面厂,织布有需于布厂,都是我们生活有所倚赖的社会,都在我们的社会生活范围以内。然而还不是支配我们主要行动的主要动力。支配行动的主要动力,还不是普泛的社会生活——虽然它也有支配行动的成分。而是社会生活当中的核心——集团生活。集团生活是以三种因素表现在社会上的:第一是整个生活之相互倚赖,而不是仅仅生活之某点所需;第二是集团间之悬为标准相互争夺或相互比赛;第三是因维持前两项的集团关系,有强有力的规定人们行动的道德条件。

我们知道中国人的家庭生活是集团生活,因为一家人的生活之相互倚赖是从生到死,从衣、食、住到职业、学问,不是供给自家庭,亦是得自家庭的帮助,其相互倚赖到不可分离的程度。虽然大的家庭分离了,亦分离到小的家庭而终止。这是集团生活的第一个证明。

门阀比赛是中国人一向强烈的运动,刻苦的积聚财产,不肯吃、穿、享用,刻苦地教督子弟,要他十年寒窗猎得官做;都是为了门阀比赛的缘故。"隔壁张家又买田一百亩了!"可以使一乡人羡称。"隔壁李家的孩子高中了! 你家的少爷呢?"可以使一家人歆动。这些都是非常明白比赛门阀的标准。选择婚姻尤其是比赛门阀的天平,甚至于可以产生一乡的舆论。这是集团生活的第二个证明。

你为了家庭可以牺牲家庭以外的一切,也可以牺牲你自己,却不可以不忠实努力于你的家庭;尤其是你成功了一个家庭的被倚赖者的时候,你更须得负起责任。这强有力的道德条件,甚至于可以逼你自杀而不许你脱逃的,这是集团生活的第三个证明。

我们又知道中国人的亲戚邻里朋友间的生活,是一种集团生活。因为亲戚邻里朋友问题的相互倚赖亦是无条件的。任何时间都可以发生效力。只要你的亲戚邻里有办法,你便可以去求他;一样,只要你有办法,他便可以来求你。你可以成功一个职业介绍所,不问人的能力;你可以成功一个银行,不问人的保证子金及还期。这是集团生活的第四个证明。

亲戚邻里朋友亦自有集团生活的斗争或比赛。在政治上官僚的派别,在乡里间士绅的派别,往往都是各自成功于亲戚邻里朋友的集团,集团间的斗争非常厉害。一般从结婚、上寿、开奠等机会中作亲戚邻里朋友间的集团比赛。

比赛数量,某家老太太的寿宴坐上一百二十席,可以传诸一乡,为一乡人所称羡。比赛人物,其间来了某某大官,某某名宿,便为那一场宴席增了体面。人们认为结婚、上寿、开奠等是一生几回大事,正是因为在这机会中作亲戚邻里朋友的集团比赛的缘故。这是集团生活的第五个证明。

你为了亲戚邻里朋友的应酬,你必得在月薪正当收入以外去寻求收入;你为了安插你的亲戚邻里朋友,你必得有局面较大的地位向上或向四周发展的机会;你如果负着这领袖的责任,你天天都可以被人包围,你都得为人踌躇、为人忙碌。你发生的亲戚邻里朋友的关系愈多,你愈不得自由。这不仅是情感作用,实有大义,实有强有力的道德条件在当中。这是集团生活的第六个证明。

人不能离开社会组织而生活,更不能离开集团组织而生活。从渔猎时代起,至工商业时代止,集团生活的方式屡有变迁,然而必有集团生活存在则绝对无变。集团生活之支配人们的行动是常常加紧了个人的努力,而又抑制了个人的要求;是常常毁坏了——至少障碍了——超乎集团生活范围的组织以集中个人之努力于其集团的要求。人没有自私于个人的,只许自私于集团,而且堂堂正正垂为天经地义。在一个公共秩序或公共承认之下奖励其间能够尽量自私于其集团分子,无论其为同集团的,或异集团的,或竟是敌对的集团的。

中国人同世界上任何民族一样,有效忠于其集团生活的美德,绝没有个人的自私。只其集团组织在农业生活的状态之下,只有家庭和亲戚邻里朋友,与现代已进化到工商业时代的民族有不同。他们是进化到现代的事业,而且由地方以至于国家了,中国人则尚留滞在家庭和亲戚邻里朋友的关系当中。我们常常觉得中国人个人的要求最强烈,常常有朋友要求你培植他或帮助他,而没有社会的要求——要求一桩事业好或一个[地方]好;实则他个人的背后正藏着两重社会——家庭和亲戚邻里朋友——的要求在。常常觉得许多朋友忙着为个人找出路,不肯为社会——一桩事业或一个地方——找出路;实则他个人的出路背后就是两重社会——家庭和亲戚邻里朋友——的出路。常常觉得许多朋友忙着为个人增加财富,不肯努力为社会——一桩事业或一个地方——增加财富;实则他至少是为了一个社会——家庭——增加财富。中国人仍只有努力于社会的活动,没有自私于个人的活动。不过中国人的社会生活尤其是社会生活的核心——集团生活,不是一桩事业或一个地方乃至于一个国家,而是一个家庭和一群亲戚邻里朋友。整个社会有天下那样大,天下者,普天之下之谓也,是涵盖的意义,不是集团的意义。而集团生活则只有家庭和亲戚邻里朋友那样小,并没有形成一个现代的集团生活的国家。他可以效忠的地方只有家庭和亲戚邻里朋友,所以他只好效忠于家庭和亲戚邻里朋友。

三、集团生活转变的困难

假使中国人的农业生活还可以延长下去,则中国人的集团组织亦尽可延长下去。不幸而自前清起,鸦片之战、英法联军之战、中日之战、八国联军之战,无一役不失败。安南、缅甸、台湾、朝鲜失掉于前,入民国来,西藏、外蒙、东北发生问题于后。在政治上有国无防;在经济上只能享用,不能创造,不断的入超,最多时一年超过八万万元以上。周围的压迫一天比一天加紧,我们的生命一天比一天加蹙,不得不练海陆军,不得不修铁路,造轮船,不得不冶铁炼钢,不得不设制造厂,不得不变法,不得不办学堂。然而这些都是新的社会生活,尤其是新的集团组织,不得不转变其原有的集团组织;不得不降低原有的家庭相互倚赖和亲戚邻里朋友间相互倚赖的关系,而产生适应现代生活的新的相互倚赖关系;不得不看轻原有家庭的和亲戚邻里朋友间的比赛标准,而提倡新的比赛标准;不得不减少原有家庭和亲戚邻里朋友间的道德条件,而增加新的道德条件;于是乎极大的困难乃随此问题而同时产生了。对于新的集团活动一向没有训练,须待重新训练起来,而重新训练在社会间相互适应的活动,乃非常的困难。尤其是原有的集团要求,就是新的集团要求的障碍。譬如政治上有新的建设或社会上办新的事业,各有其新的要求,例如在交通上或生产上;然而所有积聚在这新的集团当中的人们,都是没有这样要求的,而一向家庭生活强有力的要求还存在,自然地仍各自忙碌于解决其家庭的生活问题,不暇顾及这新的集团的利益,而且正从这新的集团取得利益以解决其家庭的生活问题。其行动不但无由实现新的集团的要求,而且恰反破坏这新的要求了。有失败的公司,同时有成功的经理;许多政治上的人们不是去解决政治问题,而是去解决生活问题,便是很明白的例子。

那新集团的领袖无法应着新的要求集中一群人才,同时有强有力的亲戚邻里朋友的要求存在,乃适集中了一群亲戚邻里朋友,成功了亲戚邻里朋友的集团,其间分子各以家庭生活的要求消灭了新的集团的要求,于是乎训练陆军成功了北洋系,分化为直系和皖系,训练了海军成功了闽系,整理铁路成功了交通系①。总之,在任何新的事业之下,仍自成功了一群亲戚邻里朋友,彼此相为,而不能成功新的集团,为着事业。要建设新的事业乃至于新的国家都容易,要改变这集团组织乃非常困难。从前清变法起,直到今天,还没产出适当解决的方法来。

四、现代的集团生活

中国当前的途径非常明了,不管是社会组织抑或是物质建设,只有迈步前进,追逐现代或更超越现代,不然便会受现代的淘汰,虽然继续安眠在农业生活里,继续安眠在家庭和亲戚邻里朋友的集团生活里,是我们非常情愿的;然而周围的形势绝不容许的,至少日本两三年来的行动代表着现代给予了我们非常明白的暗示。我们要进入现代,一向的集团生活即不能不有所转变,不能没有现代的集团组织。分析起来,不能没有现代的相互倚赖关系,不能没有现代的比赛标准,不能没有现代的道德条件,不能没有现代的训练,不能不训练个人去创造现代的社会环境;同时又不能不创造现代的社会环境去训练个人。这是当前根本的问题,任何事业不能避免,虽万分困难亦是必须解决的。

现代的进化在社会方面直可以说是集团组织的进化——逐渐扩大,在未来应得是整个的世界,在现代至少是整个的国家。一方面国家正在极盛的时代,一方面许多生活要求例如文化、交通、生产的交换,亦正要求突破国家的重围而尚未能。我们可以努力的限度仍在国家范围以内。在一个国家范围内包含有极其错综复杂的无数集团组织,就社会方面说:有政治的、文化的、经济的

---

① "等"字原文为省略号。

和其他社会的;就个人方面说:有职业的、学问的、运动的、娱乐的和其他社会生活的。一个人在银行里任职员同时亦在一个政党里任政治的工作,在一个学术团体里参加某种问题的研究,在一个运动团体里参加运动,在公园里游玩,戏院里看戏,医院里医病,这一些都是我们生活所倚赖着的。其相互倚赖关系,从一身的周围起直到国家为止,最后是要由国家负起责任的。一个国家里有若干人失学,有若干人失业,有流行的疾病传染,有过多的死亡率,有过弱的国民体质,有不足的需要品或无法处理的生产品,有不便的交通,有较低于人的生产力,都是应由国家负起责任设法,或奖励地方,奖励团体,乃至于奖励个人设法的。这是一种新的集团组织,新的相互倚赖关系,不是家庭,不是亲戚邻里朋友,不是中国人一向的集团组织和相互倚赖关系,而是要重新创造的,而是要训练人重新创造的。

有了新的集团组织,不但是产生了新的相互倚赖关系,亦同时产生了新的比赛标准。在一个工厂中比赛工作的效率,一个学术团体中比赛新的发现或发明,一个运动团体中径赛比赛时间,田赛比赛距离和高度等①。这些比赛标准,是存在于集团里的分子间的。在一个工厂的出品比赛优良,一条航线的轮船比赛快慢,一个运动场的两个球队比赛胜负,这些比赛标准是存在于两个以上的集团间的。各国的陆上交通——铁路和汽车路——比赛里数,水上交通——轮船——比赛吨数,空中交通——飞机和飞艇——比赛架数、速度或高度,陆军比赛动员人数,比赛大炮尊数、口径和射程,海军比赛兵舰只数和吨数、航行速度和航程,这些比赛标准是存在于世界最大的集团——国家——间的。以这重叠的比赛标准,集中整个社会中的人们的兴趣和活动。人们为了趋赴这种种比赛而预备、而训练、而努力、而拼命;比较我们农业生活中的比赛——家庭与家庭间这群亲戚邻里朋友间与那群亲戚邻里朋友间的比赛——其为兴趣更浓,其为活动更紧张,几乎是举世若狂。然而新的比赛标准在尚未明了,社会风气在尚未造成以前,人们于任何新的活动是不会有兴趣的。提倡

---

① "等"字原文为省略号。

起来非常困难。成功乃端在忍受这困难以促起新活动,一直忍受到整个社会的活动竟被促起以后。

必须维持集团间的相互倚赖关系和比赛标准,自然产生了强有力的道德条件。或由国家制度上规定起来,或由社会成训上规定起来。当兵是国民的义务,企业者必忠实于所集资经营的事业,学者必虔诚于学术之研究,工程师必尽心竭力于机器之发明。分工必负责任,会议必服从多数之议决案,买卖可以预于数万里外,几个月前,在人丛中不喧嚣;买火车票要依到的先后鱼贯而前;凡此活动都是产生于现代的集团生活,都是为了维持现代的相互倚赖关系和趋赴集团比赛而有的强有力的道德条件。

五、集团生活没有改变不能学现代

这现代的生活方式与我们一向的生活方式产生于另外两重集团生活——家庭和亲戚邻里朋友的迥然不同,然而一样是集团生活,一样是由生活的相互倚赖关系,集团的比赛标准,产生了公众的道德标准,规定了人们的行为;只因为不同的集团生活才产生了不同的行为。在一种集团生活没有改变以前,是没有方法改变人们的行为的。换言之:我们在没有形成现代的集团生活,没有形成现代的生活倚赖关系、现代的比赛标准,没有产生现代的道德条件的时候,我们仍被包围于一向的两重集团生活——家庭和亲戚邻里朋友当中,仍只有一向的解决家庭生活提携并应酬亲戚邻里朋友的行动,没有方法产生新的行动。纵然产生了新的集团的招牌,亦没有方法产生新的集团的实际。乃至于屡次变更招牌,而不能变更实际。政治上最初一切学日本,间接亦许学了一些当前强盛的德国;直到五四运动以后,一部分聪明人觉得学错了,没有将一个中国弄好,于是学英美、学德谟克拉西。闹了几年,只闹了一种空气,则又学俄国、学布尔塞维克。几年之后,觉得不对,又到世界上去另外找学的。然而有一个根本问题,政治上的团体,仅仅进化到从政治的机会当中拼命维持其所集聚的或依附的一群人的利益,还没有进化到以这一群人或竟牺牲这一群人去维持所在的社会或国家的利益,这问题没有解决以前,任何国家是不会学得成功的。现代的国家有一个根本的要素,他们有国家那样大的集团组织,而我们却至今没有,只有政治团体本身那样大的集团组织。

我们认识清了中国人的社会生活尤其是集团生活之后,才能解释我们如何应付这社会的行动,无论是改良的或革命的,都有绝大的困难在我们行动的面前。这个困难不在帝国主义身上,不在军阀官僚身上,也不在土豪劣绅身上。我们要建立一个完好的国家,帝国主义诚然可以增加我们的困难,然而因为我们实有绝大的困难先自存在。至于军阀官僚土豪劣绅却正紧紧被这困难包围着,只可怜他们无法打破这重围,他们绝不是困难之源。这困难之源只在一向的集团生活——家庭和亲戚邻里朋友的相互倚赖、相互比赛,而又有强有力的道德条件。要变更这倚赖关系,要变更这比赛标准,要变更这道德条件,乃是当前绝大的困难。一个强有力的革命军人有力量打倒一切军阀,然而没有力量打倒军阀所由形成的集团组织。只要有人群,便有一群亲戚邻里朋友在各努力去解决其家庭生活问题。虽然亦有人群间相为的精神——亲戚邻里朋友间相为的精神,究竟还没有明了地为所在更大的人群努力。

六、问题是在整个社会组织的改变

所以今天中国的问题是整个社会组织改变的问题,不仅是政治的问题,尤其不仅是政治当局的问题,你责备政治太坏,你转回来看看社会上有哪几桩公众的事业确办得很好。你责备政治当局自私自利,只知道照顾他们的家庭和亲戚邻里朋友,不管国家的问题;你回转来看看你自己,又是不是只照顾你的家庭和亲戚邻里朋友,不管国家的问题;不问你是做生意的,做庄稼的或任教育的,你总是未尝为了国家做任何事情的。每一个人都只知自私自利于家庭以至于亲戚邻里朋友,何独责备政治当局超越此范围以为天下?绝无仅有的圣人。他们要提拔亲戚邻里朋友,是因为只有亲戚邻里朋友为着生活问题而包围他们,要求他们,乃至于为他们努力、拼命,以保障他们的地位和利益,以排除他们的敌对;但绝未尝有国家的问题而包围他们,要求他们,同他们努力、拼命,以保障国家的地位和利益,以排除国家的敌对的。然则他们只应提拔亲戚邻里朋友于他们有帮助的人群,他们乃竟无法提拔一个国家——因为国家里面乃竟是苦于无人帮助他们的。我们只看见许多复杂的亲戚邻里朋友为了他们的利益拥护起来的领袖,绝不容易看见一国的人民为了国家的问题,或一个地方的人民为了一个地方的问题拥护起来的领袖。你如果真正帮助中华民国,不帮助一向的亲戚邻里朋友,便不会有人帮助你。亡了国的印度还会产生一个甘地,诚然因为英国政府容许了他,然而英国政府并不能产生了他。须知道那个社会一方面有管众人的闲事的甘地,一方面还有管甘地的闲事的众人。在中国原有的社会里,却是两方面都有的。所以至少从民国以来,希望得一个理想的政治当局有二十余年了,而不容易超越乎一般范围的理想的政治领袖以为整个国家的问题努力的,因为是没有这样的人群。虽然也偶然为了国家重大的刺激而有某种为了国家努力的人群产生,然而不久即归消沉;只有亲戚邻里朋友的人群才是长久可以支持的,尤其以家庭为核心。

于此愈证明了今天中国的问题是整个社会组织改变的问题,而不是某甲或某乙的问题。不要以为某甲或某乙打倒了,中国就不会再有问题。某甲或某乙是由一种社会组织产生的,是由家庭和亲戚邻里朋友的要求产生的。你纵然打倒了某甲或某乙,然而你并不能变更产生某甲或某乙的社会组织,野火烧不尽,春风吹又生,继起的人物还是他们一类的。如此循环的斗争,可以争到无已时。可以打倒无穷的坏人,而终于不能产生一个好人。如果你将社会组织变更了,尤其是社会要求变更了,要求人们倚赖着一个国家生活,努力而且拼命于这个国家所悬的个人的和集团的比赛标准,尊重所悬的抑制自己乃至于牺牲自己的道德条件,则整个国家群众产生了,领袖产生了,一向的某甲或某乙自然亦没有了,何须得准备力量不断地去打倒他们呢?今天则还只有亲戚邻里朋友关系的人群和亲戚邻里朋友当中的领袖,急待改组,亟待进步,虽小至于一桩经济的、教育的乃至于其他社会事业的组织,亦须以现代的集团生活的方式形成相互倚赖关系,个人或集团的比赛标准,抑制自己乃至于牺牲自己以为集团努力拼命的道德条件,事业才会有办法的。

七、如何发扬国人一向的美德

我们不要怀疑这样一来抛弃了中国人一向的美德,实则只改变了社会组织,向有的美德却依然存在。社会组织只是我们一种生活方法,如像划木船,驾牛车,手摇纺纱车是我们一种社会生活方法一样。变更社会组织,也如像牛车需要变成火车,木船需要变成轮船,手摇纺纱车需要变成机器纺纱厂一样。要创造或运用现代的物质文明,便要创造或运用现代的社会组织。即须由木船、牛车、手摇纺纱车时代的集团生活变成轮船、火车、机器纺纱厂时代的集团生活;即须由家庭和亲戚邻里朋友的集团生活变成政治的、经济的、教育的和其他现代社会的集团生活。家庭和亲戚邻里朋友仍存在于现代社会生活当中,然而不能存在于轮船、火车、机器纺纱厂当中。只能为了这些事业的需要集中人才去培植这些事业,不能在这些事业当中培植家庭的子弟或提携亲戚邻里朋友及其子弟。中国人一向的美德是抑制了自己乃至于牺牲了自己以为集团生活——家庭和亲戚邻里朋友;今天虽然集团生活有所转变,转变为政治的、经济的、教育的乃至于一个国家的,而抑制自己乃至于牺牲自己以为集团生活的美德,却仍然是一样需要的。不但不会抛弃了而且反会加强了。如果他们的生活集团小则变为一个经济的、教育的或社会的事业,大则变为一个国家;他们便会为了事业,为了国家,抑制自己甚至于牺牲自己。向来可歌可泣的忠臣烈妇的行动,现在便可以殉社会、殉国家;向来勤俭兴家的行动,现在便可以兴一桩事业,兴一个国家了。奖励这种美德的人群愈加众多,则这种美德之表现愈加强烈。保存国粹的人们不要以为这是忘掉根本的运动,实则这正是培植根本的运动。因为如果不将中国人的集团生活急切改组,一向的集团生活亦必蒙现代生活的影响而逐渐崩溃,一向的抑制自己、牺牲自己以为集团美德,亦必由此而逐渐消沉,逐渐泯灭。最危险乃正是这青黄不接的时期,原有的集团生活崩溃了,新的集团生活没有建设起来——原有的生活倚赖关系崩溃了,新的生活倚赖关系没有建设起来;原有的比赛标准崩溃了,新的比赛标准没有建立起来;原有的道德条件崩溃了,新的道德条件没有建立起来。这时简直是人欲横流,人与人间的行动冲突无法和谐,社会的秩序大坏无法调整,所以应得赶紧建设新的集团生活去维持人们一向忠于集团的美德,愈是不容徘徊了。

还有不应误会的,我们提倡了新的集团生活,无论其为职业的——在政治事业里、经济事业里或社会事业里;学术的——在学术集团里、学校里或公共图书馆里;游戏的——在球队里、音乐会里或电影院里;或更扩大而为整个地方的,整个国家的;或更以某种无国界的活动扩大而为世界的——例如万国红十字会或世界运动会。并不是这许多集团生活产生了,我们一向的家庭生活或亲戚邻里朋友的生活便崩溃了,灭绝了。一向的集团生活——家庭和亲戚邻里朋友仍然存在。一如有了整个国家的集团生活,仍自有我们职业所在的,学问所在的或游戏所在的集团生活存在一样。今天以后的集团生活,本来就是极其错综复杂的,其进化即是由简单而进化到复杂。有如今天中国的亲戚邻里朋友的关系常综合到了几万人乃至几十万人,亦是非常错综复杂的一样。不过产生了新的集团生活之后,一向的集团生活——家庭和亲戚邻里朋友——的相互倚赖关系会降低了,因为有了新的倚赖关系,更可以使人们的生活安全了;一向的比赛标准降低了,因为有了新的比赛标准,更可以集中人们的兴趣了;一向的道德条件一部分不适用的会降低了,因为有了新的道德条件是急切需要的,会树立起来,指导人们的行动了。

八、大胆创造可以战胜困难

所以提倡新的集团生活决不是洪水猛兽,无论其采温和的改良的手段或竟采剧烈的革命的手段,绝无任何危险。只一向的改革的方法都主张先破坏,这一个程序却应该颠倒过来,应该先建设后破坏,建设到哪里便破坏到哪里,最艰难乃在这一点。破坏工作非常容易,无如只训练人们破坏,幸而成功之后,却建设不起来,于是乎每每紧跟着成功之后更是失败。破坏还可以利用一向的家庭和亲戚邻里朋友间两重集体生活的弱点,使人们为了这种要求集合起来,努力拼命去干;然而为了这种要求集合成功一个集团之后,正是新的集团生活的障碍。虽然他们也曾打破了敌对方面的这样的障碍,他们本身却往往就是替代。

训练人建设新的集团生活,如已到了新的集团生活完成之后,却亦非常容易。人们的行动不是由社会环境影响起来的,便是由社会环境压迫起来的,集团生活尤其是紧紧的包围着人们的活动的社会环境。最困难乃在新的集团生活开始建设的时候。人们的行动正紧紧被一向的社会环境——家庭和亲戚邻里朋友——包围着,我们要建设新的集团生活还没有成功,还没有成功一种相互倚赖的关系可以使人信赖,还没有成功一种比赛标准可以使人趋赴,还没有成功一种道德条件可以使人尊重;而同时家庭的、亲戚邻里朋友间的相互倚赖关系还有强烈的要求,比赛标准还有强烈的引诱,道德条件还有强烈的责备,这正是训练人非常困难的时候。

困难并不是可怕的事情。困难之成为可怕的对象,原因只在我们怕它。我们只要肯用力量一直用到可以超越困难的时候,便不看见困难了。解决中国人的集团生活改组的问题,正在同样的原则之下,只要大家认清楚问题了,便可以着手干,并不需要有最高的政权,亦不需要有最大的事业,只要有了立脚的地位便有了着手的机会。你可以从一个学校里做起来,也可以从一个公司做起来,可以从一个乡村做起来,也可以从一条市街做起来。人各从其现在的地位干,是比较容易的事,因为并不需要分了精力另谋地位。如果有了若干人大胆创造,一直创造到使全国人明白这是一条道路之后,自然全国总动员,尤其是政府当局必立刻改由这条道路将全国统整起来。因为一向只有极其错综复杂的亲戚邻里朋友相互倚赖的关系,虽然这关系逐渐扩大,终没方法扩大到整个国家。一向只运用了一群人地位的比赛和所得以解决家庭生活问题的财富的比赛,只有将公共局面弄坏;一向只有一群人彼此相为的道德条件,然而如何共同为了国家的道德条件并未能从此充分培养起来,新的中华民国即亦决不能从此产生出来。提倡新的集团生活是任何人应有的责任,不仅是政治当局的责任,任何人都可以从自己的地位提倡起来,并不需要选择更好的地位。尤其是明白现代意义的贤者,应明白选择地位是促起纷争的一个大原因,你要是于地位无所择,于道路之开辟成绩之表现则绝不让人,你终会得着人的信任和同情,得着人的帮助,至少亦得着人的容许的。你要集中你的全力于创造新的集团生活,你应得避免一切纷争。不问地位就是避免纷争最紧要的法门。

新的集团生活如何创造呢? 这是我们最后的问题了。须得先引几个实在的例,然后再加以说明。

九、创造集团生活的第一个试验

十年前我们在成都创办了一个通俗教育馆。一个通俗教育馆本是一桩很寻常的事业,然而曾经藉这试作一种新的集团生活的试验,颇吸引当时在成都各界朋友的兴趣,无论其为有智识的或无智识的,无论其为头脑很新的,或头脑很旧的,这却是空前未有的活动,而证明是成功的。通俗教育馆的内容是:一个博物馆,中间分为自然陈列馆、历史陈列馆、农业陈列馆、工业陈列馆、教育陈列馆、卫生陈列馆、武器陈列馆、金石陈列馆;一个图书馆中有成人图书馆、儿童图书馆;一个公共运动场中有足球、篮球、排球、网球、田赛、径赛等各种场所和设备;一个音乐演奏室中有中西音乐及京川剧演唱之组织;一个动物园;一个游艺场。所有这些设置都穿插在一些花园当中。花园各依地段异其布置,或为草坪,或为花坛,或为竹树,或为池塘,或为山丘,或为溪流。这些都是寻常的事。我们常这样说:不盼望人看我们做出来摆在地上或摆在屋里的成绩,而盼望人看我们做,看我们如何做。所有全馆的人员常常夜以继日,常常要求工作有变化,要求艺术,要求正确,要求迅速,要求集中成都各界的人们到最多的时候。尤其利用机会集中人群至每日以数万计。只要这个月你到过通俗教育馆,下一个月你再到,便觉得有些不同了;乃至于这一周你到过通俗教育馆,下一周你再到便觉得有些不同了;乃至于今晚闭馆的时候你到过通俗教育馆,明晨你再到,便觉得有些不同了。我们以一天改换了新的桥梁,以一夜改换十个陈列馆的陈列品,以几天堆了一座山,以十几天完成了一座房屋。馆里的职员以至于泥、木、石工人常常这样紧张的工作着,要求工作的表现能够吸引而且集中了成都市的人,尤其是在一个节令以前的布置,是要几个白天夜晚不睡觉的。职员之用尽全力于通俗教育馆,忘却了他们自己还不算希奇;那许多泥、木、石工人继续工作一年有余,直视馆里如家庭,虽然外间待遇比馆里加高了,亦不忍离去,可见他们浓厚的感情。博物馆里常常开古物展览会、中国画展览会、革命史展览会等①。运动场常常开运动会,球类比赛、脚踏车

---

① "等"字原文为省略号。

比赛、团体操表演,音乐演奏室常常开中西乐演奏会,游艺场常常演新剧、川剧、京剧、幻术,常常为卫生运动、教育运动而公开地放电影,花园里每年必开菊花会;这样一来不仅将成都游览的人集中了,尤其将成都各方面的人才集中了。为了轮船、火车、机器的模型,池中喷水而集中了机器工程师;为了建筑房屋、道路、桥梁、堤岸而集中了建筑和土木工程师;为了运动会及运动指导而集中了体育专家;为了音乐演奏而集中了西乐、中乐专家;为了游艺会而集中了川剧、京剧的票友和新剧的演员;为了展览古物集中了古物专家,展览图书集中了美术专家;为了园艺集中了农业专家,集中了花园的主人和工人;为了卫生运动,尤其是普遍种痘,集中了中外医生;为了饲养动物集中了兽医;几乎凡在成都的朋友有一技之长的,都被我们集中了。常常在集合他们开会,集合他们工作,集合他们表演;这是一个集团生活的试验,亦是一个集团生活的运动。虽然因为事业是寄托在政治上,不能造起生活的相互倚赖关系;又因为时间短促,只有一年又半,不见得确立了新的道德条件;然而已有了强烈的新的比赛标准,完全在穿的、吃的、房屋、财产乃至于结婚、上寿、开奠之外,使各种集中的人才都在社会上有充分的表现。集中了社会上多数人们的欣赏,取得了多数人们的喝彩;许多认识和一向不认识的、有一技之长的,都兴高采烈地愿趋赴这成都向来没有的比赛;任何时候到过通俗教育馆的人们,都对这一新的公共事业发出了深厚的感情;这新的集团生活的试验证明了是可以成功的,而且三个条件只须有了比赛标准一个条件,时间只需一年半。

十、创造集团生活的第二个试验

因为纷乱的政治不可凭依,我们从社会上作第二个试验了,以嘉陵江三峡为范围,以巴县的北碚乡为中心。始则造起一个理想,是要想将嘉陵江三峡布置成功一个生产的区域,文化的区域,游览的区域。因为这里有丰富的煤产,可以由土法开采进化而为机器开采;为了运煤可以建筑铁路;为了煤的用途可以产生炼焦厂;用低温蒸馏可以产生普通用焦,电厂用的瓦斯,各种油类及其他副产品;两个山脉的石灰岩石,山上山下的黄泥,加以低廉的煤炭,可以设立水泥厂;为了一个山脉产竹长亘百余里,可以设立造纸厂;为了许多矿业、工业、交通事业的需要，可以成立电厂；如果在那山间、水间有这许多生产事业，可以形成一个生产区域。以职业的技能，新知识和新的兴趣的培育为中心，作民众教育的试验；以教生产方法和创造新的社会环境为中心，作新的学校教育的试验；以调查生物——地上的出产、调查地质——地下的出产，又从而分析试验，作科学应用的研究；并设博物馆、图书馆、植物园、动物园以供参考或游览。如果在那山间、水间有这许多文化事业，可以形成一个文化区域。凡有市场必有公园，凡有山水雄胜的地方必有公园，凡有茂林修竹的地方必有公园，凡有温泉或飞瀑的地方必有公园，在那山间、水间有这许多自然的美，如果加以人为的布置，可以形成一个游览区域，这便是我们最初悬着的理想——一个社会的理想。

于是乎我们先后寻求人才了。寻求担任公园布置的，寻求担任警察训练的，寻求担任民众教育的，寻求担任学校教育的，寻求担任金融事业的，寻求担任工厂管理的，寻求担任科学研究的，从成都到上海，从四川各事业到国内各学术机关；因为事业之待创造，经费之无着落，寻求人才非常困难，然而因此乃竟得着许多支持困难的骨干，打破了无数困难的关头，以成立了许多事业，提挈了许多事业前进。一向的亲戚邻里朋友的人群往往牺牲了社会以解决自己的生活问题，而这一个创造社会的人群，却都忘掉自己的一切以创造这一个社会。

于是乎我们先后训练青年了。训练青年的中心意义是要让他们充满了社会的要求，社会的思想，社会的活动；要求他们都非常明白现在世界的趋势，中国的困难，而且都非常明白理想的三峡而要求实现它。他们都受严格纪律的训练，都经社会服务的实习，都随时在社会服务上相互帮助，都历经险阻，尤其是吃尽苦头。先后训练了学生第一队、第二队，分配在团练各队和各事业服务；训练了少年义勇队一队，分配在学术机关和各事业服务；训练了特务学生队一队，分配在特务各队和各事业服务，现在又正训练少年义勇队一队，预备分配到各事业服务。此外各事业委托训练和随时增加的青年还不在此数。他们虽分到各队各事业服务，而他们自晨早起床，至夜晚睡觉仍然充满了社会的生活内容。晨早起床之后，集中到运动场各依排列的运动程序运动一小时；早餐后，开始工作；直到午后完结的时候，则又集中到图书馆依所分配研究的问题读书两小时；如还有余裕时间，仍自由运动或休息；夜间，都分头去担任民众教育，或民众娱乐，或整理一日的工作，或再以余暇时间自由读书。他们运动有分类比赛的运动会，读书有挨次报告的读书会，工作有各机关挨次报告的周会。各有比赛的标准，各有公众的讲评，他们每天生活有日记，每机关办事有日记，每周有周报，每月有月报。他们工作的整理每日有局部会议，每周有主任联系会，有全体职员会议。他们在那里不是亲戚邻里朋友的集团，另外有一种生活的相互倚赖关系、比赛标准和道德条件，是他们的行动所趋赴的。

于是乎先后经营各种事业了：温泉有公园，北碚有公园，运河有公园，凡有隙地必有园林；峡防区则有各特务队，驻在北碚市镇，北川铁路沿线，夏溪口以至于矿山；他们有团练的任务，有警察的任务，有民众教育的任务，有帮助地方建设的任务；有手枪队，有事帮助周围捕匪，无事则帮助各机关服务；有民众教育办事处，在办事处领导之下有民众学校，依职业的种类和集中的便利而有不同的教育，有挨户教育，有场期教育，有力夫学校，有船夫学校，有民众问事处，有职业介绍所，有书报阅览室；在各茶社酒店有各种通俗图画、照片和新闻简报，有新知识广播，有民众娱乐场——娱乐事项有新剧、川剧、电影、幻灯、跳舞、唱歌；此外有地方医院，为乡民免费治疗疾病，每年春秋两季必指导各机关乃至各队人员总动员为纵横百里间的小孩以至于成年人点种牛痘；有公共运动场，一方面联络各学校，一方面联络各事业，一方面联络市乡中之青年，使都参加运动，并参加运动的比赛；有《嘉陵江报》，由周刊进化而为三日刊，再进化而为间日刊，再进化而为日刊，最后更由石印进化而为铅印。其材料只重在积极方面，只以现代的国防、交通、产业、文化四大问题为中心，使读《嘉陵江报》的朋友都逐渐能够认识现代是一个什么样的世界；中国西部科学院有理化研究所，目前正以分析燃料为主要工作，欲帮助四川解决燃料问题；有生物研究所，地质研究所，目前正以调查、采集整理为重要工作，欲帮助四川解决一切自然开发问题；有农林研究所，目前正作造林和改良农作的试验，欲解决当前社会急切需要的粮食和木材问题;附设有一个植物园、一个动物园,附设有一个图书馆、一个博物馆,附设有一个中学校、一个小学校,附设有一个染织厂;此外还有一个农村银行是要求小小帮助农民借贷和各种合作运动的,常从各方面帮助这一个区域里边新的经济事业,例如北川铁路公司、天府煤铁公司、洪济造冰厂、嘉陵煤球厂等①,只要它们有帮助的需要。

凡这一些事业,如果是直接经营的,绝对要求它充分实现应有的意义,绝不容许混杂一点亲戚邻里朋友的关系,决不容许任何人以事业为解决家庭生活的机关。虽然家庭生活问题是不断地要倚赖事业,尤其是不断地倚赖事业的繁荣;然而那是在事业规定的方式之下被帮助的,每一个人则只努力帮助事业——不仅是一桩事业的关系,尤其是一群事业的关系。大家在那里穿是一样的,吃是一样的,房屋器用亦差不多是一样的,困穷是一样的,所有一向的家庭和亲戚邻里朋友间的财富、地位、门面装潢通通无所用其比赛了,比赛的都是工作,都是学问,都是运动或游艺,都是表现在社会上的成绩。另有一种大义,是这社会里边要求的,而不是家庭和亲戚邻里朋友要求的。他们之兴趣盎然,他们之工作紧张,他们行动之可歌可泣,乃不是一向沉陷在家庭和亲戚邻里朋友当中的人们所能领悟。一向沉陷在家庭和亲戚邻里朋友当中的人们总迷信以为人是自私自利的,只能利用人的自私自利的弱点;而忘却了家庭和亲戚邻里朋友亦正是一个社会,人只是为了社会的要求而甘愿牺牲自己,尤其是为了更大的社会;这是从我们今天的试验可以证明。

十一、创造集团生活的第三个试验

除这第二个试验是从嘉陵江三峡着手的而外,还有第三个试验的事业是民生实业公司,所谓民生实业公司,是从一只小轮船起增加到二十八只轮船;是从合川五百盏电灯起增加到四千五百盏,而又增加了全城需要的自来水;是从一个两万元的机器厂扩充到三十万余元的机器厂;是从五千元的对外投资增加到二十万元的对外投资;是从八千元资本增加到了一百六十万余元的资

---

① "等"字原文为省略号。

本。仍然是一个小的事业,但是一个要求有意义的事业,是要求这事业的一切完全成为现代的。要求每一个人解决事业的问题,从轮船上的茶房水手起,从工厂的小工起,以至于各级职员工人,无一个不为事业努力。他们之在公司中是一群工作的分子,不是一群亲戚邻里朋友;他们之到公司都是凭自己的能力,不是家庭和亲戚邻里朋友的关系。事业之要求他们努力加强于他们家庭和亲戚邻里朋友的要求。一方面促起他们都知道事业前途的希望,另一方面促起他们都关怀事业周围的困难和危险。是要以团体的工作,团体的讲学,团体的娱乐乃至于一切生活包围了他们,一直到他们的家庭。如何努力解决事业的问题,这是事业上的一群人非常恳切地要求于每个人的。至于每个人最迫切的家庭生活问题,则由事业上帮助他们解决,只须他们倚赖事业,不须倚赖他们的亲戚邻里朋友,这是我们正用全力预备的。

我们的预备是每个人可以倚赖着事业工作到老,不至于有职业的恐慌;如其老到不能工作了,则退休后有养老金;任何时间死亡有抚恤金。公司要决定住宅区域,无论无家庭的、有家庭的职工,都可以住居。里面是要有美丽的花园,简单而艺术的家具,有小学校,有医院,有运动场,有电影院和戏园,有图书馆和博物馆,有极周到的消费品的供给,有极良好的公共秩序和公共习惯。凡你需要享用的,都不需要你自己积聚甚多的财富去设置;凡你的将来和你儿女的将来,都不需要你自己积聚甚多的财富去预备;亦不需要你的家庭帮助你,更不需要你的亲戚邻里朋友帮助你,只需要你替你所在的社会努力地积聚财富,这一个社会是会尽量地从各方面帮助你的,凡你有所需要,它都会供给你的。

这样的意义——个人努力地帮助社会,社会亦尽量地帮助个人——还不够;还得进一步,个人是要帮助所在的事业,使自己有显著的成绩表现在事业上,事业尤其要帮助所在的社会,使事业有显著的成绩表现在社会上,我们所要求的不是一群人之为自己,而是一群人之为更大的人群;我们所要求的不是事业的大小与他事业比赛,而是事业对于社会帮助的大小与他事业比赛。譬如民生公司的轮船一年接触到二十万人,便应亲切帮助到二十万人;电灯自来水在四万人口的合川县城,便应亲切的帮助到四万人。虽然这一些要求在这短时间没有完全实现,这要求却是非常之明了,必须完全实现而后已。白种人做得到,黄种人亦做得到;日本人做得到,中国人亦做得到,这是我们的口号!从我们的试验也有相当的证明,这不仅是口号,而是可以实现的行动了。船上人员之拼命节省燃料,一部分周到地招待客人,甚至于让了自己的铺位,这是令人敬佩的行动;同白种人谈来,他们亦不相信,以为业务人员之能招待客人,除非是客票收入是他们自己的,不相信是涓滴必归公司的。而不知有了充分训练的中国人之能刻苦自己、牺牲自己,以为其集团生活的精神,本来在家庭和亲戚邻里朋友的生活当中就有了充分的训练,今天不过转移了方位,乃竟出乎白种人意料以外了。

十二、证明了创造集团生活是可能的

我们一面用力作现代化的集团生活的试验,作超越乎家庭和亲戚邻里朋友关系集团生活的实验,仍一面帮助周围。假如有一桩事业,有一个乡村,有一县的当局,一省的当局乃至于一国的当局,如果愿意打破家庭和亲戚邻里朋友的重围,打破一群人彼此相为的重围,以为更大的人群,建立一种现代的社会,这是今天中华民国里边急切需要创造的风气,我们可以帮助一点一滴的时候,必须用全力帮助一点一滴的。

总之,原来的集团生活——家庭和亲戚邻里朋友,是障碍了一切新的集团生活的产生,今天有许多能干的领袖,能领导原来的生活集团,然而不能解决中国的困难,尤其是根本的困难。如何促起几千年安眠的农业社会转变而为现代的社会,急切需要更强毅、更能干的人们,能够在此万分困难的环境当中,打破重围,创造新的适于现代生存的集团生活。创造新的倚赖关系,使人们在没有职业的时候,倚赖着社会训练职业的技能,并倚赖着社会介绍职业;在老的时候,倚赖着社会有相当养老的帮助;在遗族无法生活的时候,倚赖着社会有相当的抚恤;在子女没有成长的时候,倚赖着社会相当的教育;在疾病的时候,倚赖着公共的医院;在余暇的时候运动,倚赖着公共的运动场;游乐,倚赖着公共的电影院、戏场和公园。而这些人们所倚赖着的社会,又都倚赖着人们的忠实和努力。这是新的集团生活所需要的新的相互倚赖关系,是急切需要寻求人才并训练人才去创造它的。

同时亦须有新的比赛标准。在一群事业当中必须时时公布各个事业的成绩,无论其为口头的或文字的。例如,医院增加的治愈人数,警察调查得的人口和卫生运动所减少的死亡率,图书馆增加的读书人数,民众学校减少的文盲人数,工厂改良和增加的出品、年终增加的纯益,这都是事业的成绩,应尽量使之表现在社会上的。在一桩乃至于一群事业当中,必时时公布各个人的成绩,亦无论其为口头的或文字的。一个茶房殷勤地帮助了客人,一个看护殷勤地帮助了病人,一个教师殷勤地帮助了学生,一个乡长殷勤地帮助了乡村,无论其为事的大小,只要帮助了社会,必用力介绍到社会。尤其是要寻出表现显著的行动在公众面前的机会,在公众面前讲演,在公众面前表演戏剧,在公众面前布置一个花园或陈设一个会场,在公众面前救了火灾或救了疾病,在公众面前御了大敌;这都是新的集团生活的比赛方法,其鼓舞人的力量常常等于万人围观的运动场上踢球或赛跑。每个人群乃至于每个人都要用全力于比赛,虽然牺牲了自己的生命亦非所顾惜,绝不是比赛门阀,比赛亲戚邻里朋友的集会所可以比其热烈的。

只要新的倚赖关系和新的比赛标准成立了,新的道德条件便成立了。合于这一种倚赖关系和比赛标准的行动,便是整个社会所奖励的、要求的;不合于这一种倚赖关系和比赛标准的行动,便是整个社会所惩罚的、反对的。人之热烈的趋赴社会的奖励和要求,难堪于社会的惩罚和反对,乃是先天带来的情感;尽管有各种不同的社会和人们适应社会不同的行动,而这趋避的原则却完全是相同的。不问所有的道德条件是存在于法律制度,抑存在于风俗习惯,其奖励和要求人们的行动,惩罚反对人们的行动,是一样有力量的。其集团组织愈大,其道德条件乃愈有力量。

我们从上面的事实和推论,可以证明在家庭和亲戚邻里朋友的关系以外,在现代的生活方式之下,建设新的集团生活是可能的。只要成功了新的相互倚赖关系,新的比赛标准和新的道德条件,便成功了新的集团生活。这工作虽然非常困难,而这困难却可以[藉]决心、勇气不断地前进、长时间的忍耐战胜。聪明的人们不应被任何困难征服,不应被家庭和亲戚邻里朋友的关系重重围困,不应用破坏新的集团组织的力量——家庭和亲戚邻里朋友的关系——去建设新的集团组织——无论其为一个行政机关、一个学校、一个公司或一个医院。聪明的人们不应爱好一时结合的人群——这人群只于亲戚邻里朋友相为,而尤各为其家庭——以求一时的成功,而使失败紧紧跟随于成功之后。不应徇人们的要求——家庭和亲戚邻里朋友的要求;几十年来,上至政府,下至人民,在交通上、产业上、教育上以及其他社会上,有许多建设被这人们的要求毁坏得没有几处剩余;一个中华民国尤其是毁坏得无法统整,尤其是值得我们猛省。因为家庭和亲戚邻里朋友的要求,就是促起小至于一桩事业大至于一个国家四分五裂,而又相互冲突的最大原因!各人只顾家庭和亲戚邻里朋友,不肯顾到大局。

十三、复兴中国只有这一条道路

中国的根本办法是建国不是救亡,是需要建设成功一个现代的国家,使自有不亡的保障。是要从国防上建设现代的海陆空军,从交通上建设现代的铁路、汽车路、轮船、飞机、电报、电话,从产业上建设现代的矿山、工厂、农场,从文化上建设现代的科学研究机关、社会教育机关和学校。这些建设事业都是国家的根本,然而建设现代的集团生活更是建设一切事业以至于整个国家的根本。在现代的集团生活没有建设成功以前,是不容易看见上面那许多建设事业的,只会看出家庭和亲戚邻里朋友的关系在那里毁坏许多建设事业而已。

建设新的集团生活虽然是一切建设事业的根本,然而并不是另外一回事,正是需要从任何一桩新的建设事业上同时将新的集团生活建设起来的。新的集团生活完全表现在新的建设事业上,开始建设新的事业即须开始建设新的集团。这是一点一滴的工作,尤其是非常困难的工作,万万不能等待,万万不能等待到事业成功的时候。宁肯失败,不可运用亲戚邻里朋友间彼此相为的关系去取得事业成功的机会;因为亲戚邻里朋友间之彼此相为正是新的集团生活的障碍,也正是任何新的建设事业的障碍。纵然取得整个国家了,亦不会取得最后的成功,只会取得失败。

我们在国家危难的时候希望美国帮助或英国帮助是错误,就希望中国自己好起来亦是错误。做几篇劝告国人的文章,定几种上下遵循的法律,乃至于举国如狂地做几回对内对外的运动,亦通通是错误;好的中华民国并不是由希望可以产生的,不是由劝告可以促起的,不是由法律可以规定的,也不是由几回运动可以成熟的。不劳而获和一劳永逸,是永远不会有的事。好的中华民国只有从新集团生活产生。建设新的集团生活在一点没有新的集团生活的环境当中,最是困难的工作。一切新的建设事业的困难,都只在建设新的集团生活一点上。必须用绝大的努力乃可以战胜绝大的困难,尤其是在着手的第一关。只要逐渐前进,新的集团生活逐渐形成——即是新的相互倚赖关系逐渐形成,使人们有了信心;新的比赛标准逐渐明了,使人们有了趋赴的兴趣;新的道德条件逐渐确定,使人们有了遵循的大义——之后,这工作自然逐渐容易。最初因为最困难,所以最缓慢,往往是急切希望中国好起来的人们所不能忍耐。然而成功正在这忍耐工夫当中,愈到后来愈快,是加速率前进的。然而必是依着步骤的,必是由工作积累成功的,不是由偶然的刺激产生的,偶然的动作成功的。尤其是最初的集团生活是一个农业试验场,必须十分精细的试验,得着显然可以比较的成绩,然后可以帮助四周的农人推广起来。

我们很盼望在许多新的建设事业当中的人们,无论其在政治方面、经济方面、教育方面或其他社会方面,无论其局面大小,愈小愈好,都从所在的机会当中作根本的建设运动,作新的集团生活的建设运动。将自己的事业当做农事试验场,将周围的事业还陷在原有的集团生活——家庭和亲戚邻里朋友——的重围当中的当做农民去帮助他们,谋新的集团生活的推广。帮助的力量所施,不问关系,只问此一点意义。纵然周围的事业在未明了此意义以前谢绝帮助,亦当多方面地而且不断地影响他们、包围他们,一直到他们接受了帮助以后。

我们觉得复兴中华民国只有这一条道路,只有运用中国人比世界上任何文明民族更能抑制自己、牺牲自己,以为集团的精神,建设现代的集团生活,以完成现代的物质文明和社会组织的一个国家,才可以屹立在世界上。你如果不满意这世界的趋势,你还可以改善它。我们要救整个二十万万人日陷于困难之境的生活,整个不安的国际局面,岂止于救中华民族之亡,这是由我们的努力最后可以期望实现的结果,并不是夸大。

《大公报》1934 年 8 月 2—11 日第 3、4 版

LUZUOFU
WENJI

卢作孚
文集

下

张守广◎编

人民出版社

谈 范 旭 东

（1934 年 8 月 6 日）

中国真正的人才，范旭东先生要算一个。

录自朱树屏《华北回忆录》,《新世界》

1934 年 12 月 16 日第 60 期

谈 张 季 鸾

（1934 年 8 月 6 日）

此人极能深思远虑。

录自朱树屏《华北回忆录》,《新世界》

1934 年 12 月 16 日第 60 期

南洋华侨的两个工作

（1934 年 8 月 12 日）

我们对于侨居国外的同胞，尤其是侨居南洋的同胞，一向怀着非常深厚的情感。几回要到南洋游历看看侨胞在南洋的经营，苦于挪不出时间，向往之心，一直怀到现在或许一直怀到将来实现的一天。四年前曾经一度到了今天已经失掉的东北，是为看看日本人在东北的南部经营，俄国人在东北的北部经营，尤其是为看看东北的同胞在东北的全部经营。东北是中国自己的领土，有二千余万人在那里胼手胝足，努力生产，不比南洋的同胞侨居在异国的地方，有更多的不便和困难。然而有与南洋同胞同样的精神，是他们从内地去，从山东、河北、河南到更苦寒的东北去，到数千里外开辟荒地、耕作、做工或做生意去。他们并不需要政府的奖励和帮助，亦不需要资金，只带着他们勤俭的精神，去开辟了东北那样广大一幅地方。虽然那时的日本人和十几年前的俄国人挟着了举国的力量去经营东北，经营了几条铁路、几个矿山、几个城市，是令我们十分惊异而叹息的；然而那茫茫大野纵横数千里碧绿无际却都是中国的人力经营出来的，一点没有仰仗国家的力量，只凭他们一手一脚创造到那样伟大，则更令我们非常惊异而佩服了。

我们问着一位哈尔滨人："中国人和俄国人在哈尔滨生活的比较？"他的答复是："俄国人只在做事的时间做事，中国人做事是没有时间限制的，没有礼拜休息日。俄国人每天收入有一元的时候支出亦有一元，如果只用八角，其余两角必留到礼拜日用。中国人收入只有五角，支出却只有二角半，十年以前赤手空拳到哈尔滨,日积月累而今团团富家翁了。"这是中国人的勤俭精神在东北的一种表现!我们觉得东北的地方可爱,更觉得东北的同胞可爱。因为他们都是刻苦兴家的;他们都有冒险的精神,冒险到几千里外去谋生;他们都有开辟的精神,将纵横几千里的荒地开辟成田园村落,使有大宗的农产——大豆、高粱等自给之外还输出大宗供给内地和海外。不幸而由民廿年辽吉黑事变发生以至于民廿二年热河事变发生,东北四省全部被日本人占据。什么人都痛心于这可爱的地方之损失,可爱的出产之损失,我们最痛心的却是这二千几百万代表中国人的勤俭精神开辟东北的同胞之损失,被人强名之为"满洲国"的人民,求如我们南洋的侨胞当一侨居南洋的华人而不可得,这是何等痛心的损失啊!

我们想念到东北四省大感亡国痛苦的二千几百万同胞的时候,愈是想念到海外尤其是南洋的华侨,一样代表了中国人携带着勤俭的精神、刻苦兴家的精神、开辟草莱的精神,而且一样赤手空拳到海外去,一点没有仰仗着国家的力量——奖励和帮助,乃能在世界上任何地方立足,而且大大地帮助了世界,令世界上许多文明民族惊惶起来。大部分同胞之刻苦是不问什么东西都可以吃、可以穿,不问什么地方都可以住,工作的时间可以比任何民族加长,待遇只要够他的最低限度的生存,绝不同任何民族比较多少。嫉妒他们的人们讨厌他们,但如从整个人类着眼客观的观察和批评起来,则这正是值得令人钦佩的民族,对世界上只问工作不问待遇,乃正是非常沉痛的行动。以视运用了物质文明和社会组织、奴使其他民族以自享丰厚,不肯以之作世界上的帮助的文明民族,则孰可尊重,实值得后人批评。此刻无是非,是非乃以一时的文明方式为转移,只可叹息,无可争诉。

侨胞之在海外,进一步有以对世界,退一步亦有以对国家。他们之在任何地方、任何时间,未尝忘自己是一个中国人。他们的饮食起居和一切生活的习惯、器物的使用、社会的风尚,尽管到了旁的国家里数十百年,犹自保存中国人的模样。从坏的方面说来是守旧,从好的方面说来正是不忘自己是中国人的证明。比那一部分留学生——留学欧美几年之后,凡欧美人可以完成物质建设或社会组织的方法一点没有学得,只忘却了自己是中国人,在饮食起居一切享用上竭力要求与欧美一样——却要贤得多了。这还仅仅是就物质上观察。最可宝贵的是华侨对祖国关切的情感,远超过了我们关切华侨,亦远超过了我们关切国家;一方面他们由想念家乡扩大到想念国家,一方面与一切挟着国家权威以向世界进展的文明民族深切地接触,乃觉自己没有国家的帮助,乃感觉国家是非常宝贵事物,至少在今天的世界上人是不可以没有她。国家的地位如果提高了,每一个人去到世界上的地位都提高了。所以华侨盼望祖国好比在祖国里边的人还恳切。尤其是在祖国有对外问题的时候,有天灾的时候,有较好的希望的时候,他们不但都有极深的关切,而且都有极大的帮助。一个中华民国都是他们帮助产生出来的。孙先生的几次革命运动几乎完全是成功于华侨的助力;许多生产的建设的事业常常等待着华侨的投资经营;因为华侨不断地汇款回国,减少了中国每年的入超数目:这些都是极明了的事例。

以上所列举的华侨之对于世界和对于祖国的好处,尤应以侨居南洋的同胞为代表。不但是这里有更大的人群,尤其值得我们注意的,是这里有更多的事业、更多的成就,对于世界、对于祖国有更多的帮助,与祖国的关系更密切,来往更频繁;在工业上、在商业上、在文化事业上,乃至于游历考察的活动上都可以看出来。所以南洋侨胞任何时之所遭遇所经营更是我们非常关切的事情。时时刻刻想知道消息,而且想知道究竟,在可以帮助的地方尤其想帮助一些,只可惜我们今天以前知道的事情太少,帮助更无从说起。南洋侨胞许多经营,有成功的时候,亦有失败的时候,他们表现在世界上有中国人的长处,亦有中国人的短处;即就成功的方面说:事业成功于个人的努力比成功于人群的为多,成功于机会的获得比成功于有把握的计划的为多,有人群的兴趣还缺乏人群的组织,有现代的事业还缺乏现代生活必需的方式。因此成功的事业易为周围的变化所影响,而不能控制周围的变化;易为更大的经济力量所压倒,不能完成更大的经济力量。所以有这现象,不完全是华侨本身的关系,亦有环境的关系。就华侨所处的环境说话,无论其在经济上、在文化上,都不容易有痛快的经营如我们之所想象,也是我们应得承认的。

因此盼望今天以后华侨的事业有更多的成功,对于祖国乃至对于世界有更多的帮助。特别提供两个沟通的工作,是侨胞应得加力,亦是我们应得协助的。一方面作沟通世界的工作。中国弱点只在没有走入现代,没有完成现代的物质建设,没有完成现代的社会组织,没有运用现代的科学方法去完成物质建设和社会组织。留学生有深入现代的机会,然而他们苦于只接触了现代的学校、现代的书籍,有了科学方法而不能运用到物质建设和社会组织上去。华侨乃更有接触现代的机会,更深切地接触了现代的物质建设和社会组织。今天以后需要的是运用现代的科学方法,青年以至于儿童以至于婴孩都应得让他们有学现代科学方法的机会,都应得让他们有进现代的学校的机会。这些学校自己能够办起来的自己办起来,自己不能够办起来的,祖国有的送回祖国去,祖国没有的送到外国去,专门去学科学的方法——学运用到物质建设或社会组织上的科学的方法。凡在事业努力的成年人们,总得常常到现代的文明国家去考察,专门考察他们如何运用科学的方法在物质建设上和社会组织上。凡现代的经营无论在南洋的或在南洋以外的,尽量搜集他们的消息、模型、图书、照片、记载,在一个博物馆或图书馆里陈列起来,在报纸里、杂志里披露起来,总尽量摆在华侨的眼前。凡有公众的讲演是讲这些问题,个人的接谈是谈这些问题。电影院多多搜求这些影片。尤其是华侨当中有现代的事业必尽量采用现代的方法,必尽量让人参观,必尽量对人解释:用这种种作进入现代的运动,使今后南洋的经营不复恃赖个人,恃赖机会,而恃赖力量伟大的人群,恃赖可靠地控制自己的工作和周围的形势的办法。我们要知道美孚石油公司和亚细亚背后的英荷石油公司组织几乎与地球同样伟大,各在要求作世界石油的控制,正是显示那大的人群的魄力,不肯听命于机会的证明。

虽然这样勇猛地向现代前进,然而还是保存而且发扬中国人一向的勤俭精神,决不忘记自己是中国人,不过由个人的事业移到公众的事业上去。不要求享用,不计较劳力,以刻苦兴家的精神去兴华侨整个的人群,最后去兴整个的祖国,是这样地运用了现代的方法发扬中国人的精神,从沟通世界的工作上去取得现代的方法,才会有今天以后更伟大的成功,才不会再有今天以前不幸的失败。

另一方面更需要作沟通祖国的工作,凡华侨的子弟不但都要能说本国话,尤其要能读本国书,就是现在不识字的成年亦须要能识本国字,随时从报纸杂志上看祖国的消息,随时从讲演的机会上听祖国的报告。凡华侨不能办的学校而祖国有的必遣送弟子回祖国,没有回国读书的机会的成年亦常组织团体回祖国考察。不但考察沿江、沿海、各埠,尤其是深入内地考察那犹有勤俭之风可敬佩的同胞的生活,能忍耐着处在困穷的环境当中,并华侨一向成功的希望亦没有,他们仍自苦斗。如果有了现代的方法,他们亦不仅可以兴家,尤其是可以兴一个国家。除盼望华侨去考察这些人事之外,亦考察祖国可爱的自然。这样大的适于农田的土地,无数的地上、地下的出产,正等待着华侨的力量帮助经营。华侨当中如果有剩余资金不能在南洋寻求得投资的生产事业,正可回到祖国寻求生产事业投资。今天以前华侨之帮助祖国是有一回问题帮助一回,今天以后应常常组织团体回来考察,选择那更有希望的事业,有希望的地方,继续不断地予以帮助或直接经营,一直到最后成功的时候。同时国内各地和各界人士亦常常组织团体考察南洋,亲切地存问远离祖国万里的同胞和他们的生活,他们所经营的事业的状况。如有需要国内人士帮助的地方,亦尽量予他们以帮助。不但是经济事业方面,尤其是文化运动方面。在南洋几个重要的地方特设图书馆,搜集国内各处的报纸、杂志、各书局出版的新书和中国以前的旧著,藏在馆里供人阅读;特设博物馆陈列中国各处的风景照片、各处的物产、各处的风尚器用,供人游览,藉以引起华侨对祖国内地更深切的认识和情感。另一方面亦在国内各地有华侨住的地方的器用、物产、风景和事业的照片陈列在博物馆,有华侨的记载,无论其为书籍、杂志、报纸陈列在图书馆,藉以引起国人对华侨更深切的认识和情感。这样地作沟通华侨与祖国内地的工作,使华侨在南洋乃至于其他地方的经营常得祖国各界人士的帮助,华侨努力经营的区域,亦由他人宇下扩大到祖国内地更有希望、更可痛快前进的地方。华侨之回到祖国,其发展之速,成功之伟大,将更有逾于其初到南洋时。一直到祖国的物质建设和社会组织完成了,完成一个现代国家了,则华侨比现在当更知道国家之可宝贵了。因为那时华侨在国际上的地位亦随祖国而提高了。今天仅知道没有国家帮助的痛苦,那时更知道有了国家帮助的愉快和光荣了。

以南洋华侨的地位,一方面沟通世界,一方面沟通祖国,自己在中国作一个桥梁,以极快的时间而将祖国渡入现代,这尤其是我们非常恳切的盼望。今天以前华侨有了关切祖国的情感,今天以后华侨更有了推动祖国的方法。须知道大难未已的祖国,亦正大有人在那里刻苦想以国人一向兴家的精神兴一个国家,同志正复不少。只要一旦上了轨道,便会一日千里以完成祖国的物质建设和社会组织。我们随时提出了两个口号:白种人办得到的事情,黄种人亦办得到,日本人办得到的事情,中国人亦办得到! 请即以此祝南洋同胞的健康。

原载新加坡《星洲日报》1934 年 8 月 12 日,
录自《中国的建设问题与人的训练》,上海
生活书店 1935 年版

与陈立夫谈"礼义廉耻"

（1934 年 8 月 22 日）

[陈立夫先生对于"礼义廉耻"的解释,打了一个比喻来说:"有了两杯茶,多的一杯让给你吃,我吃少的一杯,此之谓礼;只有一杯茶,不够两人分配,但是你口渴了,我不吃,请你吃,此之谓义;有两杯茶,每人一杯,你吃你的,我吃我的,此之为廉;我假设多吃了你那一杯,便算是耻。"]总经理说:"陈先生这个解释很实际而又具体,在原则上我们是极端赞同的。要是本这个意义,更进一步,把只注意对人的方面改变到对事的方面,把只运用在过去应酬上的礼义廉耻,也运用到现代的国家建设上来,岂不是更有意义而更好吗!此话怎么解释?也可以假设几个例子来说。我们所谓礼者,客气之谓也。好比一桩经济事业赚得的钱,大多数拨归公有,继续作生产的用途,个人则只享受最低限度的生活费,此之谓礼;一桩公众的经营,今天没有钱办了,我们毁家纾难,枵腹从公,此之谓义;凡是公众的财富,我们绝不苟且一点,此之谓廉;同时做一桩公众的事情,假设我所做出来的成绩,不若别人的好,此之谓耻。但是只发扬中国的固有文化,我认为还不够,那只算是做到了一方面,可以说是消极的方面。我们还需得尽量运用现代世界上科学的技术,才能够完成一个现代国家的物质建设和社会组织。"[相谈至此,陈先生颇为首肯,并表示将向中央党部辞去部长职务,而集中精力作文化救国运动,易言之,即作如何使中国现代化之运动,并拟集合国内贤者,共为中华民国商一明白出路,使全国人知所趋附。]

录自朱树屏《庐山印象记》,《新世界》

1935 年 4 月 1 日第 67 期

《中国的建设问题与人的训练》序

（1934 年 8 月 26 日）

　　这一本小册子是同杜重远君讨论社会问题时偶然商定交与生活书店印行的，搜集了最近两年的论文刊登在报纸或各种刊物的凡十二篇。《中国建设的困难及其必循的道路》《什么叫做自私自利》《中国的根本问题是人的训练》《从四个运动做到中国统一》四篇，曾经交与《大公报》登载。《我们的要求和训练》一篇，曾经专印了一本最小的册子，分送各个事业当中工作的人员。《南洋华侨的两个工作》是应朋友为星加坡①《星洲日报》征求星期论文而作的。《前瞻后顾的两段论》《民生公司的三个运动》《航业为什么要联成整个的》是为民生实业公司的半月刊《新世界》作的。《四川嘉陵江三峡的乡村运动》是应中华书局《教育界》征求而作的。《工作周刊所贡献的和所贡献于工作周刊的》是为江巴璧合峡防团务局和中国西部科学院共同主办的《工作月刊》发刊时作的。《工作的报酬》曾经登于《新生周刊》。

　　介绍的是我们从工作中发现的问题，亦是我们工作时根据的原则。偶有所得，不敢自是，亦不敢自私，谨以贡诸全国有心人参考和批评。但令错误所得指正，所偶[作]试验的非办法而将因此引出办法来，便是我们望外的结果了！

卢作孚

二三.八.二六于上海

《中国的建设问题与人的训练》，生活书店 1935 年版

---

　　① 即新加坡。

兼善初级中学校
关于开班授课呈巴县政府文

（1934 年 9 月）

呈

为赍呈开办各表,仰祈鉴核转请备查事。窃属会前以校董会成立,责呈立案表册,请予转呈立案一案,会于本年三月卅一日,奉钧府训令:"以奉四川省政府教育厅'奉教育部第九零零号指令准予照准'令饬遵照"等因立案,查属会设立此校于北碚,以峡区地方安静,风景幽美,新兴事业次第繁兴,且与渝合两市相距甚近,日有汽船往来,交通极便,环境之佳,无与比伦,诚一培养人材之良好地方也。兼以峡区一带事业需用工商事业之人才甚多,不得不急谋训练,以应环境之需要,乃于民国十九年九月招收新生一班,就北碚东岳庙为校址,开学授课,遵照部颁教育标准,以陶融国民道德,养成生活技能,增进生产能力为□义;二十一年建筑新校舍一幢,费银二万一千四百余元;是年八月添招第二班,新生一班,廿二年春,复添招第三班新生一班,同年秋又添招第四班新生一班,二十三年秋,复添招第五班新生一班。其中第一班,业于二十二年毕业,优秀者当即介绍到各事业机关服务,成绩尚属良好。现有学生四班共计一百二十名,悉能遵守校规,努力学业,此属校开办以来之大概情形也。除遵照教育部规定私立学校规程第卅条之规定,照式填具开办各表,随文赍呈外,理合备文呈请钧府转呈四川省政府准予备查,指令只遵!

计呈各项开办表二册,计每册十四种,七十九页,又附六件。

　　谨呈

巴县县长毛

　　　　　　私立兼善初级中学校董会董事长　卢作孚

四川嘉陵江三峡的乡村运动

（1934 年 10 月 1 日）

　　四川嘉陵江三峡是在嘉陵江流域重庆与合川一段间,跨在江北、巴县、璧山、合川四县的境界。我们凭藉了一个团务机关——江、巴、璧、合四县特组峡防团务局,凭藉局里训练了几队士兵,先后训练了几队学生,在那里选择了几点——北碚、夏溪口以至于矿山、北川铁路沿线——试作一种乡村运动。目的不只是乡村教育方面,如何去改善或推进这乡村里的教育事业;也不只是在救济方面,如何去救济这乡村里的穷困或灾变。中华民国根本的要求是要赶快将这一个国家现代化起来,所以我们的要求是要赶快将这一个乡村现代化起来。

　　现代是由现代的物质建设和社会组织形成的,而现代的物质建设和社会组织又都是由人们协力经营起来的,人都是训练起来的。人的训练有三个要点:第一要他们的头脑有现代整个世界那样大,能够在非常明了的整个世界的状态之下决定他们自己的办法;第二要他们的问题至少有中华民国那样大,在非常明了的国家紧急状态之下决定他们自己的任务;第三要他们在可能的范围内创造一个现代的物质建设和社会组织起来,无论在交通方面、产业方面、文化方面或其他公共生活方面。而这一种创造的工作,是要在安定的秩序下面才能前进起来,所以首先要创造的尤其是安定的秩序。我们依着这样的程序在这一乡村里为中华民国作小小的试验,供中华民国里小至于乡村大至国家的经营的参考,其经营止于一点,其帮助则愿意到各方面。虽然困难比成功为多,然而常常得周围社会上的帮助,尤其是政治上的帮助,尤其是政治上最高领袖的帮助,度过了许多困难。谁说中华民国不能往好的方面做? 谁说环境是前进的障碍? 由我们的试验证明我们所得周围的同情和帮助,远比我们所做的多。只有我们十分惭愧没有能力运用周围帮助的力量去尽量做好一桩事情去酬答包围我们的同情,却没有周围对不住我们的问题。

我们初到这里办理团务是在民国十六年,责任只是在维持地方的安宁,而又当那地方还偶然有匪在周围为患的时候。于是我们决定以使地方安宁为第一步。为使地方安宁,乃必须使匪不安宁;乃决定我们是[主]动的,匪是被动的;乃决定以攻为守,帮助到我们的周围。不但不让匪活动,亦不让匪藏匿;不但不让匪在本地方,亦不让匪在邻近。那时各地方都讲究办团,军队都讲究清匪;我们则只须联络他们,协助他们。很短时间之后,周围也就都清静了,于是我们积极地乡村运动开始了。

第一是吸引新的经济事业。这里富有煤矿,产煤都在山间,运输不便,促成煤业有关的人们组织北川铁路公司,建筑一条轻便铁路在江北西山的山间。不久又有宝源煤矿公司筑堤以成运河在璧山县属东山之下,而且改用机器采煤了。我们又进一步联络北川铁路沿线的五个煤厂组织一个天府煤矿公司,准备改用机器采煤。促成友人组织洪济造冰厂,利用水力,组织嘉陵煤球厂利用煤粉。欢迎义瑞桐油公司购地大种桐林,重庆友人集资培植果园。除开我们直接经营的三峡染织厂,集资经营的北碚农村银行而外,凡这许多事业需要帮助的时候都尽量予以帮助。一方面盼望这许多事业成功;一方面盼望乡村里的人们对这许多事业有一种认识,认识生产是应这样变成现代的。可以说她们是几个现代的模型,是想将这一大幅地方变成一个现代的生产陈列馆,以上一些事业便首先陈列在中间。而将来的如水泥厂、发电厂、炼焦厂等,是正在预备着要经营的,都将她们装置在乡村人们的理想里。

第二是创造文化事业和社会公共事业。先以北碚乡而且北碚乡的市场为中心。这市场是在五年间由四百九十几家人增加到八百五十几家人,由一千九百几十个人增加到三千五百几十个人。我们用文化事业和社会公共事业将这市场整个包围了。另外造成功一种社会的环境,以促使人们的行动发生变化。在今天以前乡村的人们,除了每年偶然唱几天或十几天戏外,没有人群集会的机会;除了赌博外没有暇余时间活动的机会;除了乡村的人们相互往还外,没有与都市或省外国外的人们接触的机会,因此他们没有一切知识和一切兴趣。这样死板的乡村如何可以运动到活起来? 这是我们感觉得非常困难的问题。于是姑且以北碚作第一个试验,以其比较集中,容易办,而且可以造起周围的影响来。

我们训练我们的士兵一队,其后更训练学生一队,担任北碚的警察任务。维持公共秩序,管理公共卫生,预防水火灾患,训练人们在一切公共地方或公共问题发生的时候有秩序的行动,取缔人们妨害公众的行动。创办一个地方医院,为远近的人民治疗疾病,尤其是普遍送种牛痘到纵横百里间的区域,每季到几万的人数。创办一个图书馆,供给附近的人们到馆里读书,远的人们到馆里借书。创办一个公共运动场,集中了青年,尤其是小孩,在那里活动;集中了无数中年以上的人们在那里围着欣赏那许多青年和小孩活动。创办一个平民公园,在公园里有一个博物馆,一个动物园。每天下午集中了无数本地和嘉陵江上下过此停宿的人们在那里游玩。有一小小的嘉陵江日报馆,每天出一张日报,载着现代的国防、交通、产业、文化各种新消息,在一切公共的地方陈列着,在一切公共经过的地方贴着,让人阅读。峡防团务局所经营的乡村电话总机关,训练的学生和士兵,和新创办的中国西部科学院,其中生物、地质两个研究所,附设的一个三峡染织厂,一个兼善中学校并附设一个小学校,都在这市场的旁边。每年总有几个时期让人尽量进去参观,由办公、上课、研究的地方以至于寝室、厨房、厕所,都让他们参观完。

我们更认为中心运动的是民众教育,由峡防局设了一个民众教育办事处。联络各机关服务的几十个青年,白天各担任机关的工作,夜晚便共同担任民众教育。他们曾经办了十个民众学校,现在更进化而为挨户教育,派教师到人家去,周围几家或十几家都集中在一家里授课。今夜晚在这家里,明夜晚在那家里。他们在这个机会当中除受教育外,还大大地增进了人群会集的快乐。在船夫休息的囤船上办了一个船夫学校,在力夫休息的茶社里办了一个力夫学校,为训练妇女的职业技能办了一个妇女学校。设置了三个书报阅览处。在各茶社、酒店里都张贴着一切国防的、产业的、交通的、文化的和生活常识的照片、图画,都悬着新闻简报的挂牌,在市集正繁盛的时候都有人去作简单的报告。设置了一个民众问事处,帮助人决疑、写信和写契约;一个职业介绍所,一方面帮助需要人工作的事业和人家,一方面更帮助了需要工作的人。他们与运动场、图书馆、博物馆、动物园以至于地方医院联络,利用每一个地方有人进出的时候,即是实施民众教育的时候。尤其总动员的是民众会场的活动,因为这里不仅集中市场上的人,亦并集中了四乡的人。其中有电影、有幻灯,电影里边有三峡的事业或人们活动的影片,有四川风景的影片;幻灯有实物、图书、照片、书报、显微镜下的玻片都可以映射出来幻灯片。每星期有两项演剧——新剧或川剧,演员都是各机关服务的青年。在这民众会场的机会当中尤其注意的是闭幕时间的报告,是要给予民众以深刻的刺激和影响。

我们的各种报告材料,各种教育的材料,都集中在下列几种运动里面:第一是现代生活的运动。有三种重要的材料:(一)是新知识的广播。凡现代国防的、交通的、产业的、文化的种种活动当中有了新纪录,机器或化学作用有了新发明,科学上有了新发现,必立刻广播到各机关,到各市场或乡间;(二)是新闻的广播。今天世界的、中国的、四川的乃至于三峡的消息,举凡大众应得知道的事件,米价,银价,今年的粮税额,下一次民众会场的活动节目,警察调查得的人口、医院发现的流行传染病,正待介绍职业的男女工人,到处的新闻简报必写出来,更必在人群集中的时候扼要报告;(三)是生活常识。要如何讲卫生? 要如何教子弟? 要如何分工合作地做事? 要如何处理钱银的收入和支出? 要如何解决公众的问题——何处应掘沟? 何处应修路? 一方面讲,一方面做,这样促起现代生活的运动。

第二是识字的运动。辅助教育必先运用文字,文字本身并不是教育。我们在民众学校和挨户教育都从各种实际材料中去教人识字。凡一切事业,一切陈列品,一切动物,一切花木,以至于一切道路的指引,都用文字说明。凡替不识字的人们解释一切事物,都指着文字替他们解释,为他们叹息不识字是大憾事,常让识字的人们将一切说明念与不识字的人们听。凡有一切参观的机会,无论动物园和博物馆,无论电影或戏剧,往往是让识字的先进去,或需要收费的让他们免费进去。多方面布置一种环境去包围那不识字的人们,促成他们识字。

第三是职业的运动。民众教育主要的意义是在增进人们谋生的机会。我们觉得增加职业人数比增加识字人数更要紧。今天以前一家人只依赖一二人有职业,我们要促成除开衰老的、幼小的而外都有职业。今天以前许多人农隙便赋闲,我们要促成他们增加副业。在商业上为他们联络都市的关系,在乡村里增加工厂,在工厂里增加工人,增加都市需要的或我们有关事业需要的手工制造品,以增加大众寻求职业的机会。

第四是社会工作的运动。我们利用人们农隙的时间作副业的工作,更利用人们工余的时间做社会的工作。促起大众起来解决码头的问题、道路的问题、桥梁的问题、公共会集或游览地方的问题、公共预防水灾、火灾的问题、公共卫生的问题,不但是大众出力、大众出钱,而且是大众主持。由这些具体的活动以引起大众管理公共事务的兴趣,以训练大众管理公共事务的方式,以完成地方自治的组织,尤其是进入现代的经营。举一个例:北碚面临嘉陵江,高出江面八丈以上,然而是要被洪水淹没的。后面被一条溪围绕着,中央高而周围低,每被洪水淹没的时候,市场的人无法逃避。最好是将溪流填了起来与北碚一样平,作人们逃避的道路,而且增加了现在无法发展的市场到一倍以上的地面。分头征求市民的意见都很赞成,于是召集一次全体市民会议,决定全市总动员。除市集的日期外,八百五十余家人,每家人皆担任运石、运泥,每天由一挑以至五挑。各种营业的人,不问卖米的、卖肉的,都出钱,都由他们决定。尤其是私人的厕所,由警察指定为公用,一向粪是肥料,年有收益,仍然是私人的;召集这许多私人一度会议之后,这许多收益都让归公有了。这许多钱来雇用筑堤的工人,每天加以数百市民在那里工作,狂呼歌唱,非常热烈。许多老年人亦常在那里欣赏他们的工作,尤其是选举了二十位执行委员,必常常有人在那里照料、指挥并处理各种问题。每夜必开会一次,都列席,列席的人都发言。对于一个问题必提意见。必考虑批评他人的意见,必得一个共同承认的方案。我们偶然去参加两次会议,亦震惊他们勇往和紧张的精神。谁说中国人无办法？最有办法的乃是老百姓！谁说公众的事情做不好？你看这一群老百姓把他们公众的事情做得是何等好？

我们对于北碚所作的运动,推广到璧山县属的下溪口,由下溪口一直到宝源、遂川两个矿场。推广到北川铁路沿线,跨有江北县文星、黄桷两镇的地面。由两个特务队在那里担任四种工作:第一是团务,担任防匪工作;第二是警察,管理公共秩序、一切卫生、救济等事务,并附设治疗所;第三是民众教育,一样有民众学校,有书报阅览处,有民众问事处,有职业介绍所;一样做新知识的广播,做新闻的广播,做生活常识的广播;一样做识字运动,做职业和社会的工作的运动;一样得地方的同情和帮助,促起了地方各种组织和活动。

他们要办一个民众学校,便有人捐助房屋;他们要建筑书报阅览处,要建筑菜场,要建筑公共运动场,便有人捐助木料、捐助石灰、捐助砖瓦、捐助工钱。他们召集会议,便训练众人会议的方式;选举办事的人员,便训练众人选举的方式。都由具体的问题,由举办某种公众的事业,而集合众人讨论办法,举人担任。让众人眼见着提议,眼见着预备,眼见着开始工作,眼见着工作前进,眼见着完成。以此引起众人做事的兴趣。第二回乃比第一回更热烈,这尤其是在那里造起运动的人们更深切的感着的兴趣。

他们的要求是深入到人们的生活内容里去找着帮助的机会,由帮助他们做促起他们自己做,造起环境去包围了他们以改变他们的行动,由一个一个问题的解决以促起他们最后能够管理公众全部的事务,完成乡村自治的组织,担任乡村一切公共的任务。尤其是使这乡村现代化起来。

我们如何将这一个乡村——嘉陵江三峡——现代化呢？请看:

将来的三峡:

一、经济方面:

1. 矿业　有煤厂,有铁厂,有矿厂。

2.农业　有大农场、大果园、大森林、大牧场。

3.工业　有发电厂、炼焦厂、水门汀厂、造纸厂、制碱厂、制酸厂、大规模的织造厂。

4.交通事业　山上山下都有轻便铁道、汽车路,任何村落都可以通电话,可通邮政,较重要的地方可通电报。

二、文化方面:

1.研究事业　注意应用的方面,有生物的研究,地质的研究,理化的研究,农林的研究,医药的研究,社会科学的研究。

2.教育事业　学校有试验的小学校,职业的中学校,完全的大学校;社会有伟大而且普及的图书馆、博物馆、运动场和民众教育的运动。

三、人民　皆有职业,皆受教育,皆能为公众服务,皆无嗜好,皆无不良的习惯。

四、地方　皆清洁,皆美丽,皆有秩序,皆可住居,皆可游览。

《中华教育界》1934 年 10 月 1 日第 22 卷第 4 期

本公司是怎样筹备起来的[①]

（1934 年 10 月 11 日）

公司从开始筹备到今天，不觉得整整地经过九年了！整个公司四十几部分，包括各分公司、各办事处、各厂、各船，由叙府一直到上海，都在今天同时举行集会，纪念这整整的九年，尤其是这开始筹备的一天，都应得知道这公司是怎样筹备起来的。

我们——我和彭君瑞成、赵君瑞清——从成都放下了通俗教育馆回到合川县城，许多长辈和朋辈见着这几位不容易回到乡里的人，都有深厚的情感，必得从"请吃饭"表现出来。甲当了早饭的主人，乙又当午饭的主人，丙又当夜饭的主人。当我们离开甲家便到乙家，离开乙家便到丙家，废时利用，便讨论起事业问题来了。如果资本集得起来的话，我们应得造一只小船走重庆合川间，或办一个工厂在合川城内外。大家认为造小船比较容易些，于是乎就在那年的今天开了一个筹备会，组织了一个公司，推定了几个筹备人，一个筹备主任，决造一只小船，写了十几位发起人，八千多块钱股本，于是乎我们就开始筹备去了。陈先生伯遵担任收款，我和黄君云龙、赵君瑞清担任造船。

我们的第一步工作是到重庆调查一切轮船，第二步工作是到上海调查一切机器，接洽九个船厂，然而愈考虑愈困难，直困难到没有胆子订造了。然而无奈，合川股本已经收得八千多元，而且已经汇到上海，则只好惹祸订约，议妥

---

① 该文是卢作孚于 1934 年 10 月 11 日在民生公司九周年纪念会上的讲话。

船价全部二万四千五百两,约合三万五千元。又以合川很有安设电灯的需要,决买一部小小的油引擎和发电机试办试办。电机电料去了五千多元,轮船却仅仅交了二千多元。回到合川才开始加募股本,但许多人却要等到轮船到了,看看再说,因此只好向外借钱。这时多亏得陈先生伯遵大胆借了七八千元,郑先生礼堂大胆借了几千元,才得按期交款,直到轮船造成回来。

轮船造成了,彭君瑞成、周君尚琼到上海去接,我同陶君建中到宜昌去接,因为水大,在最枯燥的轮船上等了一个多月,水才退到三十呎三吋。人都认为危险,我们却以领江的保证,决心生死与俱地开了回来。

当开始收股以后,是有筹备人,无筹备处。开始安设电机,正式成立公司了,才租了小小的药王庙。前殿是电厂,后殿是办公室。虽然狭陋,却严定了工作的纪律。自早至晚都要求紧张地工作着,这在合川县城算是造起新纪录了。

第一只小船"民生"的第一任经理是陶君建中,同时兼办重庆岸上的事。因为两三个月后合川水枯,民生不能行驶了,需辟涪陵航线,重庆需要人经理,才在重庆设了办事处。建中调任办事处第一任主任,徐君晓江接任民生船经理,是时兼办涪陵岸上的事。最苦算是这个时期的船上经理了!船到涪陵停在距城几里的荔枝园,经理到岸上赶场揽货,黑夜摸索回船,应付上船的客人。常常拥挤得经理没有睡觉的地方,只好坐在账房打盹。刚刚入梦,则又要检查客票,预备开船了。

第一届董事监察的舆马每月仅仅银四元,总经理月薪三十元,两位协理陈先生伯遵和黄君云龙,月薪是十五元,总务主任彭君瑞成月薪是十元,船上经理和重庆办事主任月薪都是十元,另外津贴这两位一点交际费。在没有成立公司以前,一切筹备人员,不管是否专门办事的,一样不支月薪。第一次到上海的旅费,亦是各人自行垫了出来。郑君璧成是没有当董事就帮起忙来的,郑东翁是从没有当股东就帮起忙来的。

在这艰难缔造的时候,努力的朋友都有牺牲个人的决心。没有说事苦的,亦没有说钱少的,同时各方面尤其政治方面争来拉人做事,待遇地位都远在这桩小小事业之上,却没有一个人离开这桩事业而去的。

我们要知道这桩事业是这样下决心而且以不断的强力支持着产生的,前进的。这样精神是要长时间继续的。尤其是在纪念筹备开始这一天,不要忘掉事业开始那个时候的精神。

《新世界》1934 年 10 月 15 日第 56 期

峡防局联合周会上的谈话

（1934 年 11 月 21 日）

今天的周会，费的时间是三点一刻钟。当中有些报告，稍觉过长，而且还有一个问题，就是今后凡报告都少说理由，少说工作以外的活动，只报告工作的方法和工作的结果。因为工作的方法可以作大家的参考，工作的结果可以作我们的安慰，同时可以鼓舞人。

我们知道，每每做事，当中都要克服困难，都要遇到无办法的时候。如果我们能战胜困难，能想办法，事便成功。然而许多人每遇着事在无办法的时候，就会搁着不举办，不想办法，这一点情形，值得我们大家注意，要在无办法的时候想办法。

我们要知道，工人教育是工人整个生活的惟一方法，施教比较工作还要紧些。工人利用暇余时间作有意义的活动，是好现象。不但工厂，今后我们每个人，都要有平常以外的工作，平常以外的活动。

今后全部的报告，最好都能够变成数目字，大家在数目字当中比较。

一个人有些什么任务，与何人何机关有何关系，这是每个人都要明了的。而在执行自己任务的时候，更须先明白全部事业各方面的职责，以便多提取联络。因为这样自己做起来，才有帮助，而且把自己的职务对别人，才会解释得十分明白。

兼善学生有意义的调查或活动，都盼望让兼善的学生报告。我们不但是听着宝贵的报告，而更得着宝贵的活动。

调查户口这项工作最重要的不只是调查,还有统计,要比较。如前年,北碚的户口是四百九十几户,现在已有六百几十户了。前年北碚的人口是一千九百几十人,现在是三千几了。看他是如何前进或如何的后退等问题,如果要把特务队办好,就全靠调查。

我们要知道,苦即是乐,最苦的时候,就是我们最快乐的时候。所以苦与乐的生活绝对是联着的。我们又知道,凡事有困难,如果我们能战胜困难,即是成功,所以凡成功的事,都有困难。

我们每一桩事业,都有帮助人的机会。如峡局各个机关,都寻着机会开放,而使很多人都可从此开放机会当中,得着许多智识,得着许多学问,并且得着我们事业的内容和办法。

我们今天只有工作,没有成绩。只有活动,没有办法。只有双手,没有头脑。今后我们每一个人都要想办法帮助老百姓,每一个机关都要想办法帮助老百姓。

我们今后的中心问题,一是民众教育,一是特务队帮助人的工作训练。我们要不断地研究,要设法有帮助人民的机会,教育人民的机会,促使一般人民识字的机会,告诉他们应该知道的道理,告诉他们人生应该晓得的常识,并且要把那个地方的人和妨害或利益那个地方的人或事弄得非常清楚。

重庆市档案馆档案

四川蚕丝业改良初步经过报告[①]

（1934 年 11 月）

1. 四川蚕丝业之过去及现在

四川蚕业历史,由来已久,所产之茧,为黄色长圆锥形,酷似山东产之长圆锥形,故其品种,约自当时中原文化中心地之黄河流域传入可无疑义。清末因四川禁烟当局为弥补财政计,设立省蚕务局及高等蚕业讲习所于成都,并于合川、南充、保宁等县,设置蚕务局,终以经济、设备、技术等关系,致无成效。又当时曾有白色茧种之输入,现在嘉定、万县等处,尚有此项纯种白茧之痕迹,惟数量甚少,质亦恶劣,于四川丝业,不足轻重。制丝方法,向极陈旧,其器械大约分为三种:(一)大车,(二)以人力回转之座缲;(三)利用蒸汽及原动机之缲丝车。第(一)(二)两种在嘉定、顺庆等处约有八千余釜,规模自三十釜至一百釜左右,以协业状态,为季节的劳动,年产丝约三四千担,大都销于云南、印度等处,第(三)之蒸汽机械缲丝,以一九〇八年潼川创设之意大利式直缲丝厂,为机械制丝之嚆矢。其次则为江北之蔽川丝厂、磁器口之天福、同孚等丝厂,相继成立,从来之直缲丝因四川气候多湿关系,生丝品质不良,因改再缲得矫正从来直缲丝之缺陷,故络续有增设日本式再缲机之倾向。一九三三年川丝整理委员会之立,督促四川半数以上之丝厂十一家,组织大华生丝贸易公

---

① 本文署名者有高沛郇、刘航琛、卢作孚、黄勉斿。

司于重庆,设办事处于上海及潼川。十月间曾聘请国际蚕丝专家玛利博士及合众蚕丝改良会总技师何尚平,实业部夏道湘诸氏来川考察,当时并由诸氏规划一整理川丝大纲。惟以丝价大跌,大华公司营业失败而停顿。今夏得同业及一般社会人士之呼号,政府拨款补助改组,而得重整旗鼓。今年春由全国经济委员会蚕丝改良会,派遣技术员至川指导饲育改良蚕种,颇著成效(试验成效见后)。将来如能继续努力,则川省蚕丝业之发达可期,而于川省之社会经济,民众福利,利莫大焉。

四川周围高山,中间低洼,土现赤色,故曰赤河盆地。气候多是湿而温热,似有热带性质,故各项农作物收获甚早。夏季温度最高达(华氏)百〇五六度,然一经下雨则温度立降,冬季则在冰点度以下者甚稀。四五月间最高温度(华氏)九十度,最低温度(华氏)五十五度,平均七十二度,湿度百分之八十左右(今年春蚕时因匆促弗及记录)。惟九十月间为霉雨期,雨天日数较多,自十一月至翌年二月,阴天日数竟占二分之一,雨天占五分之一,故有蜀犬吠日之谚。自气候观之,对于育蚕尚称适宜,九十月间为霉雨期,最高湿度百分之九十,最低百分之六六点六,平均百分之八十点五。温度(华氏)七七点六度,故对于饲育秋蚕,亦无大碍。

四川生丝生产总额照各方推定,约年产四万担左右,最盛时期年输出约一万五千担,照生产总额推算其价值,以现在价格每担四百元计,约一千六百万元,或最高价时之六千四百万元,平均约四千万元。其中副产品约五百万元,共计四千五百万元。其中十分之一乃至十分之四为工人之工资及其他费用,而十分之九乃至十分之六为农村收入。平均都市与农村收入之比率为三与一之比,而都市中工人大都来自农村,故由蚕丝收入之现金,实为农村周转之一大要素。同时农村中除由耕耘多得之食粮及蔬菜外,其他日常用品均由都市供给,商业因此巨大款项之流通,而为市场繁荣之所系,故吾人认为四川蚕丝业与四川农村社会、商业经济上有极大之重要性,现在试观四川贸易与四川蚕丝业之关系。如左表(单位:万两):

种类	1930 年	%	1931 年	%	1932 年	%
丝	1200	28.3	900	27.3	600	26.6
盐	100	2.4	80	2.4	120	5.3
山货	1700	40.1	1400	42.4	900	39.8
药材	460	10.9	320	8.5	310	13.7
夏布	500	15.0	320	9.7	60	2.6
烟叶	100	2.4	140	4.2	140	6.2
纸	100	2.4	90	2.7	70	3.1
糖	30	0.7	90	2.7	60	2.6
合计	4 190	100.0	3 340	100.0	2 260	100.0

注：上列各数字据重庆中国银行《四川月报》第 4 卷第 4 期第 2 页。

以上各数字,实表示四川贸易价格逐年减少之倾向,究其原因,第一因世界经济恐慌日益尖锐化,国外销路梗塞。第二因各国科学技术进步,农作物生产增加,惟药材一项为四川之特产,故由第四位升至第三位,反而夏布因朝鲜输出减少,而自第三位降至第七位,其他变迁不足重轻。但生丝一项始终维持其第二位,且占贸易价值之四分之一强,山货虽占第一位,但其包含之种类甚多,故实际当以生丝占第一位。最近日本缫丝方法进步,整个华丝受其压迫而渐见淘汰,然欲挽救亦非无术,而吾人若能计划周密,上下一致协力,不难达后来居上之公例。

2. 发展四川蚕丝业之可能性

四川蚕丝业之衰落与社会经济之影响已如上述。兹更进而论其发展之可能性：

第一,现在四川人民之生活程度尚低,每日缫丝工人平均工资在重庆附近约五吊左右,合申洋仅一角五分。如与江浙比较,则为三与一之比,而潼川、嘉定、顺庆等处尤为低廉,且四川产煤极丰,煤价便宜,每吨仅合申洋八元左右,煤质佳良,比沪上各厂用煤为优,故在其价值方面与上海比较,亦为一与二之比。其他开支,均可比江浙低廉,惟以现在原料、缫丝技术、机械等关系,一日平均产量仅及上海方面之三分之一,幸加工费尚廉,勉强可以维持。如四川原料得以改良,技术水准提高与上海及江浙方面相等,则生产费可接生无分之三,可不成问题。

第二,汇兑与上海每百元平均差约十五元,即为一零零与一一七之比,在生丝输出贸易上颇为有利。

第三,改良原料之成效,今年春季在巴县、潼川等处试育改良蚕类之成绩,据大华公司技师沈文纬君试验之结果,在茧及茧品质价格上均有极大之增加。如以土种作一零零,对巴县蔡家场川丝整理委员会蚕业指导所示范育及蚕户育之茧各价值之指数如左:

茧价值别	对指导所示范育指数	对蚕户育指数	平均
全茧丝长	144.0	124.0	134.0
茧层量	116.3	102.1	109.2
一粒茧平均纤度	173.7	162.6	168.2
解舒丝长	211.2	157.1	184.2
匀度	103.7	103.4	103.6
丝量	—	134.9	117.5
一时间蚕丝量	204.1	189.8	197.0

吾人若以茧市场上土种茧之价格作一零零点零比较时,则在潼川改良茧之价格指数为一四一点八,在巴县江北之指数为一六六点六,于此足见改良茧种之成效之一般。

第四,统制蚕价之先声。现在四川经营缫丝业者,除一部分季节工作之大车及木车扬返外,已能觉悟目前蚕丝业之危机,非经济统制不足以挽救,除物力继续经营及一二盲目者外,已能互相团结纠正从来竞争之错误。故今年在巴县江北方面,对于决定之茧价已能始终维持,目前虽属少数,然吾人不得不视为一统茧价格之先声。

3. 对于试育各品种批评

一九三三年春,由川丝整理委员会向江苏镇江合众蚕丝改良会购得圈制种五千张,及请玛利博士代购散卵种若干,分给重庆附近巴县江北二县及川北产茧区域之潼川等处,虽仓促从事,结果颇称圆满。兹将巴县蔡家场川丝整理委员会蚕业指导所示范育各种试育成绩、缫丝成绩、茧及茧品质、价值试验列表如左,以作综合之批评。而为今后采择品种之标准。

第一表[略]

第二表[略]

第三表[略]

在第一表各品种饲育成绩,第一对二十八蛾蚕种一枚之收茧量相差极大,原因品种多而饲育人员少,房屋狭窄及就地雇佣人员技术生疏,未免略有混合所致,故未能作为批评之根据。但在各处乡间蚕户对于饲育改良蚕种趣味极浓,尤以今年改良种茧价对土种指数平均为一五四点二,故预料明年对于改良种必然欢迎,第二为 B 黄×华五之死笼茧甚多,今后对于以上二品种之饲育及上簇方面应注意改良。

自第二表之一时间缫丝量看,则以金黄×欧黄为最佳,故解舒指数亦佳(第三表)。其次则为华六×欧十八,B 黄×华五,而以绫黄×华五为最劣,其解舒指数与解舒丝长均劣。惟 B 黄×华五之外形价值缺乏(第三表),而死笼茧多。金黄×欧黄则缺乏外形价值与定粒能率(即一粒茧纤度过细)。从丝量指数上看时,则以华六×绫黄、华六×诸种为最佳。其次则以绫黄×华六、华五×A 黄及其反交,而以华六×诸种之色泽匀度最佳(第二表)。在解舒丝长方面则以华六×绫黄为最佳。次则为华六×欧十八,欧黄×金黄及其他逆交与绫黄×华六。吾人若以全般批评时,白茧则以华六×诸种为最佳,华六×欧十八次之,虽该二品种之一时间缫丝量指数不佳,实则因茧层过厚而煮茧时间不能加长所致耳。A 黄×华五与欧黄×华五亦为可取之品种。金黄×欧黄与 B 黄×华五不是缺乏多丝量之条件,即欠诸外形价值或定粒能率,故今后吾人为蚕丝品种统制计,除将以上各品种作为试验外,同时当现在时太丝流行之际,A 黄×华五之一粒茧纤度平均四点零五但尼尔,亦为可注意之问题。

最后吾人对于今年各品种试验之结果,发现数种现象须待科学之研究者。(一)第二表中之金黄×欧黄及逆交之试验结果,在丝量及解舒方面,有返对之倾向,A黄×华五及其反交亦有同样之现象,然后二品种最大之差异,即受定粒能率之影响。因A黄×华五之一粒茧平均纤度为四点零五,而华五×A黄之平均纤度为二点九二即为一零零与七二点一之比。此种现象在蚕品种之雌雄的遗传及其配合上即有研究之价值;(二)今年试育各品种之茧形,略带有似四川在来种之尖圆锥形,或因蚕虫在此环境,气候的、饲料的,所起的胜利上之变化,而值得注意之问题;(三)土种茧之茧层步合与指导所示范育指数仅差一点七三,与蚕户育仅差零点二五,将来饲育如果能改良,或可成为多丝量之品种,以上各品种扑平系以第二表为根据,二以第一三表为参考,而第二表与第三表自身有部份的不一致现象,系因试验准备时间、处理方法、设备及试验人员缺乏之结果。例如在同一煮茧机及煮茧时间温度中煮厚薄不匀和解舒不同之茧,其结果必如华六×绫黄等之现象。然欲区别煮茧温度与时间时,在事实上所不许可,殊为遗恨之事实。

4. 今后挽救四川蚕丝业与吾人之要求

今日四川蚕丝业已至完全崩溃状态,今日四川之农村已入危险之阶级,今日四川社会已将到达最不安全之程度。然则四川为中国之一部分,四川问题与中央关系之大,任何人所不能否认。占四川输出价值四分之一之蚕丝业,农村经济四千几百万元周转所系之蚕丝业,因吾人经济力量所限制而不能加以拯救,试问为父母者之见爱子溺于水而不能援救之痛心为如何?吾人相信中央之对四川,全国经委会蚕丝改良会之对四川蚕丝业,犹父母之对于亲爱之子女临于最危险之境地而无不尽力加以援救者。故吾人敢向经委会蚕丝改良会提出以下之要求。

一、发给二十四年度春蚕种十万张。

二、发给改良制丝机械费五万元。

说明　照浙江办法由全国经济委员会借拨。

三、担保五十万元之金融流通。

说明　照上海金融界习惯约二成垫款约十万元。

注　将来拨种拨款后可由全经会蚕改会与川省蚕丝当局合组改进川丝设

计会或由蚕改会派员指导监督进行。

以上三点,吾人必信经委会蚕丝改良会能加以切实援助,此项援助,受其惠者不只蚕丝业而已矣,间接即以援助四川农村经济之复兴,与夫增加四川全社会之安全,此处须附带叙述者,吾人必须尽力实现去冬来川考察之诸专家规划之计划外,并将以川丝整理委员会之力量,于明年制造改良春秋蚕种十五万张,以解决二十五年度之蚕种问题,以无偿供给农民饲育,以收统制蚕种之效果,而积极使在来之土种,归于自然淘汰。吾人于上述之计划中,尤切望蚕丝改良委员会与予精神上及技术上加以指导和助力!

《四川善后督办公署土产改良委员会月刊》

1934 年 11 月第 1 卷第 4 期

四川的新生命

（1934 年 12 月 21 日）

一、机关的生活

甲、办事

Ⅰ.提倡大办公室

A.原因：1.易于取联络；2.易于照料全局；3.易于提起办事的精神。

B.设备：1.每人有一定席次，并有储藏文件之抽屉；2.每部有一定段，并有储藏文卷柜；3.有必须参考之图书；4.有必须应用之各种器具；5.机要事项可在另一较小之办公厅办理。

C.规律：1.每部须将：一、本部应办事项列为表；二、本周应办事项及前周已办事项列为表；三、本日应办事项及前日已办事项列在黑板上，并列在办事日记上。2.每人须将：一、自己职责以内的事项列为表；二、本周应办事项及前周已办事项列为表；三、本日应办事项及前日已办事项列在办事日记上。3.每人每日须将办事日记、每周须将办事表送交各部主任人员核阅。4.每部每日须将办事日记、每周须将办事表送呈主管核阅。5.无论何人，一事项交来必须立刻办理，不得搁置。多种事项交来，必须依缓急先后办理。办理完成后，必须立刻交与应接手办理之人。6.在办公室内除办公外，只许参考与自己职务相关之图书文表。7.在办公室除商量事务外，不许谈笑。8.办公室内须极整洁，不许吸烟唾痰，或抛纸屑等在地面。

572

Ⅱ.严定办公时间

A.时间问题:1.至少每日须有六钟以上之办公时间。2.至迟须从午前八钟起。3.每办事二钟须休息一次。

B.划到问题:1.一切人员须在开始办公以前到机关,开始办公时间便全体入办公室。2.设置划到人员或并设置划到机。3.每部主任人员到办公室,其专司本部人员划到者,应将已到人员、未到人员、请假人员,列报主任人员,并交全机关专司划到者。4.主管到办公室,其专司全机关人员划到者,应将全部已到、未到人数,请假人数,列报主管。

C.退席问题:1.全体人员须待办公室时间满后退席。2.如办公时间已满,尚有紧要事项未办完毕,则须待办理完毕后始能退席。3.办公时间内有因事、因病必须退席者,须先向主任人员请假。

Ⅲ.实施整理办法

A.登记:1.办事必须立刻有登记。2.进出款项必须立刻有登记,采用簿记法。3.交付物品必须立刻有登记。

B.条据:1.一事的交付必须有条据。2.一钱的交付必须有条据。3.一物的交付必须有条据。

Ⅳ.注重办事程序

A.办事之根据:1.调查　调查现状;2.统计　统计调查所得之结果。

B.办事之前进:1.计划:事前须拟具切实之计划,横分为许多部分,纵分为许多步骤,乃有统系,乃有程序。2.进行:中间须不断的排除障碍,不断的进行,一直到完成而后已。3.整理:事后或可告一段落时,或且每日均须有精密的整理。

Ⅴ.采合议制

A.一部会议:1.会议时间,每日一次;2.会议事项:a.讨论每日应办事项;b.整理前周议决事项。

B.联席会议:1.全体会议:a.会议时间:每月一次。b.会议事项:一、全军教育改进事项;二、地方政治设施情况;三、全局人员之生活方法;四、各部互相间应联络之事项。2.两部以上之联席会议:a.时间:两部以上协定之;b.事项:关于两部以上互相联络之事。

乙、读书

Ⅰ.读书室

A.设备必须参考之图书:1.关于政治问题之图书。2.关于经济的问题之图书。3.关于教育问题之图书。4.关于身心修养之图书。5.关于其他问题之图书。

B.设备须有可容全体职员列席读书之席次。

Ⅱ.读书会 每日须有一次,每次须有两钟。

1.分组研究军事、政治、经济、教育等①各种学科,读各种书。

2.各组须列出大纲,报告研究之结果。

3.每日读书有一定起讫时间。

Ⅲ.讲演每周一次

A.讲演问题:1.本机关人员之生活。2.本军之生活。3.四川的建设问题。4.中国的建设问题。5.世界的将来。

B.讲演人员:1.本机关人员。2.延请专门学者。

丙、游戏

Ⅰ.积极方面

A.运动:1.设备:a.运动场;b.运动器具。2.项目:a.球类;b.田赛;c.径赛;d.团体运动;e.国技。3.比赛:a.与其他运动团体相约的比赛;b.运动会中相约的比赛,一、召集运动会,二、参加运动会。

B.音乐:1.设备:a.音乐室;b.音乐器具。2.音乐种类:a.中乐;b.西乐。3.演奏:a.以暇余时演习;b.在集会时演奏。

C.杂技:1.戏剧:a.新剧;b.旧剧。2.幻术。

D.此外:1.提倡园游。2.提倡郊游。3.划船及游泳。4.提倡骑马。5.提

---

① "等"字原文为省略号。

倡看有意义电影。

Ⅱ.消极方面

1.禁止赌博;

2.禁止接近娼妓。

丁、饮食起居

Ⅰ.积极方面

A.晨起:1.提倡拂晓起床。2.提倡晨间会集。3.提倡晨间运动。4.提倡晨起冷水沐浴。

B.饮食:1.提倡会食:a.设备大食堂;b.自主官以下均在大食堂会食。2.提倡分食:a.每人分配菜一碟或一小碗;b.如有公共的菜,须有公共的箸、调羹,不得用自己吃过的箸和调羹插进去。3.提倡俭德:a.每周有几天素食;b.每日只有两顿或一顿素食;c.菜肴限于三样以下。4.改良应酬:a.时间问题:一、在用饭时间;二、在一定时间。b.饮食问题:一、提倡不用酒;二、提倡不用纸烟;三、提倡分食;四、提倡素食;五、提倡在大食堂会食时间招待客人。

C.服装:1.提倡短服。2.提倡布服。3.提倡妇女不用装饰。

D.此外:1.提倡步行。2.提倡饮食起居自动,不用人添饭、打面巾。

Ⅱ.消极方面

1.取缔宴会;

2.取缔饮酒;

3.取缔吸烟;

4.严禁吸鸦片;

5.取缔带多数弁兵及勤务兵。

戊、考查

Ⅰ.考查之事项

A.就范围分:1.政治方面。2.经济方面。3.教育方面。4.其他社会方面。

B.就性质分:1.组织内容。2.经营状况。

Ⅱ.考查之区域

A.就考察方法考查言:1.省外。2.国外。

B.就考查现状言:1.本省以内。2.实施区域以内。

C.考查之人员:1.就事业言:因举办一种事业,特[派]专人考查办法。2.就人员言:服职人员每经几年有一次出外考查与其职务有关系之事项。

二、政治的工作

甲、经济方面

Ⅰ.设立调查部

A.调查事项

1.调查本地出产:一、原料品;二、制造品。

2.调查生产事业:一、调查原有之生产事业;二、调查应提倡之生产事业。

3.调查需要品:一、调查生产事业需要之工具;二、调查生产事业需要之原料;三、调查社会一般需要之成品。

4.调查人工:一、生产事业需要之人士;二、现有及过剩失业的人工。

B.调查方法

1.区域以内:一、委托各县驻防军队从事调查;二、委托行政官吏调查;三、委托地方团体从事调查;四、利用一切机会调查;五、派委专员调查。

2.区域以外(如汉口、上海):一、通函调查;二、派员调查。

Ⅱ.设立指导部

A.关于生产事业方面

1.经营事项:一、设立气象台;二、设立农事试验场;三、设立苗圃;四、设立工业试验所;五、设立工商陈列馆;六、设立介绍贸易处;七、设立银行;八、设立各种专门学校。

2.辅助事项。

Ⅲ.设立管理部

A.管理事项

1.奖励事项:一、奖励出产:a.奖励制造品之发明;b.奖励改良生产方法之发明;c.奖励必需品之供给。二、奖励合作社:a.奖励生产合作社;b.奖励信用合作社;c.奖励消费合作社。

2.改进事项:一、积极方面:a.使工人对于工场务有建议之机会,进而至于有决议之机会;b.使工人亦得选举相当名额之董事及监察人(姑在不危及资本利益之限度内)。二、消极方面:a.取缔工作时间;b.取缔工作期间(未成年之儿童及疾病期间、女子生育期间不应作工)。

3.工资与赢利:一、工资依年功加俸,逐渐提高;盈利须规定工人应分配之最低限度,并逐渐将此限度提高。二、限制:a.限制操纵物资;b.限制操纵物价;c.改良广告、装潢,取缔糜费,限制提高成本。

4.救济:一、应救济的人:a.病疾的救济,b.老弱的救济,c.幼小者的救济,d.意外失业者的救济;二、救济费来源:a.由供职的机关担任,b.由地方或国家担任;三、救济的方法。

5.物价:一、限制操纵;二、取缔糜费;三、改良广告;四、改良装潢。

乙、交通方面(须本于经济的需要,为全省的统筹,组织交通委员会)

Ⅰ.事业

A.陆路

1.路的种类:

一、铁路或轻便铁路

a.需要的条件:子.数量:一、有多数人往来;二、有大量或贱价的货物运输;丑.性质:一、一般的需要,如成渝铁路;二、特殊的需要,如井富铁路。

b.建筑的规模:子.路轨大小:一、运输量小则筑轻便铁路;二、运输量大,现在或将来非轻便铁路可运输乃建设大铁路。丑.路线长短:一、短可至于十数里仅到水路而止;二、长可至于数千里,与其他国有铁路相衔接而止。寅.经营的顺序:一、由急需的轻便铁路经营起;二、由极短的路线经营起,逐渐推广之。

二、马路

第一期建筑省道：a. 需要：子. 运输往来的人；丑. 运输价值较贵的货。b. 建筑：子. 省的干路，与别省联络之路；丑. 省的支路，应经济需要建筑；寅. 现有路线的联络。

第二期建筑县道（尽力改成车路，各县有能在第一期中即能兴建者，亦尽力扶助之）：a. 择较重要之路先筑；b. 择较易建筑之路先筑；c. 就一条路中择较易筑之段先筑。

第三期建筑乡村道路（各乡有在第一、二期中即能兴建者，亦尽量扶助之）：a. 可以成车路者必须改成车路；b. 可以一段改成车路者必须使这一段改成之。

三、航路

A. 河流：

子. 凿滩：凡洪水、枯水的险滩，须凿去之，使航轮上下安全。

丑. 淘滩：凡枯水之险滩须淘深，以增加上游之航线。

寅. 安设标记：须于水涨退枯时，就危险处安设标记，以指示航船应趋应避之路线。

卯. 建筑码头：须建设沿江各城镇码头，须设置囤船，以利停泊。

B. 轮船：

统一航业

第一步联合营业：子. 设公共营业处；丑. 定相当价目，或依船的好坏等级定价目，无论客票与运费；寅. 货物随客的意愿交与某船运输，不必定出轮次；卯. 票费减到极轻。

第二步划一管理方法，并须认真：子. 组织：Ⅰ. 公司办事须依一定的组织；Ⅱ. 轮船办事须依一定的组织。丑. 整理：Ⅰ. 事务须有一定整理的方法；Ⅱ. 款项须有一定整理的办法；Ⅲ. 人员须有一定考核的方法。寅. 取缔：Ⅰ. 禁绝船上一切人舞弊；Ⅱ. 禁绝船上一切人带私货。

第三步统一经营：子. 估定资本，合并为整个的公司。丑. 估定每段航线：a. 需要之航船；b. 最适宜于行驶之航船。

取缔航业

子.应取缔之轮船:Ⅰ.取缔超需要之轮船;Ⅱ.取缔不适宜于某段航线之轮船;Ⅲ.取缔构造不良之轮船;Ⅳ.取缔机器已坏之轮船。

丑.取缔之办法:Ⅰ.令其停止行驶;Ⅱ.令其改装或改换机器;Ⅲ.令其变更航线。

保护航业

子.防止匪患;丑.防止拉兵差;寅.维持客票。

四、邮政

A.改进邮递方法:子.尽量使用汽车轮船,须使轮船、汽车开拔与到达有一定时间;丑.提倡使用飞机。

B.促使邮递加快:子.增加邮递次数:Ⅰ.繁盛城市每日仅走一次者,改走两次以上;Ⅱ.乡村几天走一次,改为每日走一次。丑.缩短邮递时间:Ⅰ.在途时间;Ⅱ.收发时间。

五、电报与电话

A.增加电报电线或无线电台,使普及于各县及重要场市;

B.设无线电话,并增加电话线,使普及于各乡;

C.减轻电报费及电话租费。

Ⅱ.关于预备者

A.测勘:1.测勘铁路线及马路线;2.测勘沿江滩之曲折深浅,应凿或应淘。

B.计划:1.拟具铁路或马路建筑之计划书:一、种类;二、工程;三、材料;四、资本;五、完成后之利益。2.拟具凿滩淘滩工程计划书:一、工具;二、工程;三、经费;四、完成后之利益。

C.设管理局:

1.调查:一、调查陆路货运与客运需要之数量,以便决定需要建铁路或马路;二、调查钢轨、车头、车箱、压路机、摩托车等①一切机器材料之价格及采购

---

① "等"字原文为省略号。

方法;三、调查水路货运与客运需要之数量,以便决定需设轮船之大小、多少;四、调查各轮船之载重量、吃水深浅、长宽、马力、速率等事项;五、调查机器及造船费之价目价值;六、调查各城市、乡村之邮寄及需要邮寄之数量(因尚有信帮代邮寄不少);七、调查交通事业上现有及需要之人才。

2. 计划:一、资本或经费:a. 省道及航路,全省统筹:子. 按县摊派,丑. 提拨庙会产业或其他款项。二、事业:a. 提出省道计划;b. 核定县乡道计划;c. 提出全省县竣河计划;d. 核定各河流需要航船之大小多少;e. 核定全省电报电话之安装计划;f. 提出全省邮递之改进计划。

3. 管理:a. 辅助国有交通事业;b. 管理省有交通事业;c. 监察并辅助县有交通事业;d. 监察并辅导私人经营之交通事业。

丙、教育方面

Ⅰ.学校教育

A. 量

1. 普及小学教育:一、调查学龄儿童:a. 就学者;b. 就私塾读书者;c. 失学者。二、筹措经费:a. 须有充足的设备费;b. 须有最低限度的月薪。三、培育师资:a. 须有丰富之常识;b. 须有教育之兴趣。四、设立学校:a. 须于适宜的地方设立学校;b. 须有适用的校舍、校园、运动场;c. 须有丰富的图书、仪器、标本。

2. 扩充中等以上的教育:一、扩充中等学校使足应小学毕业生升学之需要;二、经营职业补习学校,使足应小学毕业生就业的需要;三、扩充专门学校,使足应各种经济事业实际的需要;四、扩充大学校,使足应中学毕业生更造高深学问之需要。

B. 质

1. 以训练儿童之行为为主:一、训练在家庭中的行为;二、在政治中的行为;三、在职业上的行为;四、在交际上的行为;五、在游戏上行为。

2. 以实验及观察的教学方法为主:一、观察每一事物之原因及结果;二、自造正确之原因,以证其应有[之]结果。

3. 以校外实际接触的教育为主:一、从校外寻得接触社会之机会;二、从校外寻得接触自然之机会。

Ⅱ.社会教育

A.量 1.第一步普及于城市:一、普及于各个家庭;二、普及于各团体、社会、学校。2.第二步普及于乡村:一、普及于各乡之市场;二、普及于各乡居之人家。

B.质 1.目的:一、以辅导改善实际生活为主:a.家庭之生活;b.职业之生活;c.游戏之生活;d.个人饮食起居之生活。二、以辅导解决社会当前的问题为主:a.政治问题;b.经济问题;c.教育问题。三、以促起一般人的优良行为为主。2.方法:一、创造模范的事业引人参观;二、表演——利用新旧戏剧与电影;三、演说;四、利用书籍、传单和图画等使人阅览。

Ⅲ.教育行政

A.权限:1.管理省办教育事业;2.监察县乡教育事业;3.监察并辅导私人经营之教育事业。

B.责任:1.筹备经费;2.设立学校;3.视察教育现状;4.调查并统计教育事业上应有之数量;5.研究教育设备、选材、教学及训育之方法;6.奖励良的教育事业并取缔恶的教育事业。

丁、内务方面

Ⅰ.团务

A.调查:1.调查户口:a.性别;b.年龄;c.职业;d.财产;e.生育与死亡;f.婚姻。2.调查壮丁与枪枝。

B.编制:1.编联户口;2.编联壮丁。

C.训练:1.施以军事训练;2.施以政治训练;3.施以职业训练;4.施以常识训练。

D.集中:第一步谋各乡以时集中;第二步谋各县以时集中;第三步谋若干县以时集中。

E.实施征兵制度:1.定兵役期;2.定训练法;3.定征调法。

Ⅱ.市政,须注意左列各事项

A.市治安:1.防盗匪;2.防火灾。

B. 市卫生:1. 为公共卫生之设施;2. 为个人卫生之宣传;3. 设立市医院。

C. 市交通:1. 经营市以内之交通;2. 辅助市以外之交通。

D. 市民之公共消费品:1. 电灯;2. 自来水。

E. 市民职业:1. 设立职业补习学校;2. 设立职业介绍所;3. 救济失业者。

F. 市民教育:1. 学校教育;2. 社会教育。

G. 市民游乐事项:1. 运动场;2. 剧院;3. 电影院;4. 音乐会。

戊、司法方面

Ⅰ. 审判　A. 须缩短时间;B. 须根据事实;C. 须根据法律;D. 须革除房差一切积弊。

Ⅱ. 监狱　A. 须建适宜的监狱;B. 对于罪犯之待遇须设法改善;C. 设法感化罪犯。

己、财政方面

Ⅰ. 收入:A. 设联合收税处及验货房;B. 造日报表;C. 办通知书,甲地统捐通知乙地统捐,经乙地复验后通知甲地统捐,并由接收通知书之机关逐日呈缴;D. 公布税收数日;E. 严定调查方法;F. 严惩舞弊人员。

Ⅱ. 支出:A. 须有极明晰之单据,可以派人查考;B. 须有极明晰之簿记;C. 须有日报表即日填好;D. 对于上级机关须有计算书比较表,于下月三日前办好;E. 由一项至三项须逐日交本机关核阅,四项除全报外,并须公布于民众。

庚、民众团体

Ⅰ. 团体的种类

A. 地方团体:1. 一乡的团体;2. 一市的团体;3. 一县的团体。

B. 职业团体:一、依事业性质分者:a. 矿业团体;b. 工业团体;c. 商业团体;d. 农业团体。二、依组织性质分者:a. 职业团体;b. 产业团体。

Ⅱ. 训练事项

A. 选举:1. 选举的注意;2. 投票的方法。

B. 会议:1. 提案的方法;2. 讨论的方法;3. 表决的方法。

C. 执行:1. 计划的方法;2. 进行的方法;3. 整理的方法。

三、政治的训练

甲、应训练之人才

Ⅰ.就政务需要言之：A.县行政；B.县教育行政；C.县实业行政；D.县交通行政；E.团务。

Ⅱ.就技术需要言之：A.医生；B.工程师；C.统计人才；D.会计人才。

乙、组织训政委员会

Ⅰ.委员就下列各项人才中选择：A.有各种专门学问及有经验之人才；B.地方上办事有成绩并有志趣之人员；C.各师旅保荐之人员。

Ⅱ.训练

A.研究：1.政治上之原理；2.研究政治上之实施办法。

B.考察：1.考察国外政治状况；2.考察国内政治状况；3.在政治机关实习办事。

C.选用：选用行政官吏：1.须在委员会中有显著之成绩者。2.须经左列之试验：一、试验研究或考察所得之结果；二、试验办事之能力。3.试验以后，须有左列各项之预备：一、令其视察该行政区内之现状；二、令其拟具该行政区域之计划。

D.考核：1.责令按照计划及期限，努力政治之经营；2.按期考核其进行状况及所著成绩。

四、军队的生活

甲、士兵的训练

Ⅰ.军事训练

第一期：A.学科术科：1.学科的训练到可供使用最低限度；2.术科以切于实际应用为主；3.学科须与术科取联络。B.身体锻炼：1.须使强健能耐劳苦；

2.须使强健不易染疾病;3.须使体力超过[常]人。

第二期:A.复习前期教育;B.进一步增加实际使用上必要之科目。

第三期:以下递推。

Ⅱ.政治训练

A.工程:1.建筑河道;2.浚河;3.建造房屋;4.制造用具。

B.治安:1.缉查盗匪;2.救火;3.维持秩序,尤其是为各种人民集会维持秩序。

C.卫生:1.检查;2.救济。

D.宣传:1.讲演;2.设备展览会;3.演剧;4.演电影;5.杂技;6.印发传单。

E.调查:就驻在地帮助地方调查以下各事项:1.调查户口;2.调查学龄儿童;3.调查地方经济状况。

F.游戏:与宣传取联络。

乙①、普通教育

Ⅰ.饮食起居:A.卫生;B.节省;C.敏速。

Ⅱ.时事:A.作时事报告;B.以时事作课文;C.教兵士看报。

Ⅲ.经济常识:A.生产;B.交换;C.分配;D.消费。

Ⅳ.政治常识:A.历史;B.政治经营;C.政治组织。

Ⅴ.教育常识:A.事业:1.学校教育;2.社会教育。B.要项:1.设备;2.资料;3.方法。

Ⅵ.自然常识:A.数学常识;B.生物常识;C.进化常识。

Ⅶ.革命史:A.本国革命史;B.外国革命史。

Ⅷ.外交史。

重庆档案馆档案

---

① 原文为丙,实际应为乙,酌改。

最有希望的国家

（1935 年 1 月 1 日）

　　中华民国是一个最有希望的国家，因为中华民国是一个最后起的国家，最后起的国家最得便宜。凡物质的建设都是逐渐进步，愈到后来愈美满的。一个先进的国家有各个时期的铁路，各个时期的蒸汽机，各个时期的发电机，各个时期的建筑物，由最初的以至最后的，由比较地不好的以至最好的。一个后起的国家，则直接采用了最后发明的最好的东西，倒超越了一切先进国家了。一位美国工程师对苏联的人说：苏联是最幸福的，因为一切物质建设都是采自世界各国最后的发明，所以是比较地美满些。

　　中华民国的建设时期虽然落后，建设方法则倒应超前。一切机器，一切工程，均得采用最新的发明，求其最完备，最经济，最便利，最正确，不再在工具上、方法上落人之后，采取他人所抛弃的。假如一部机器最新的也许需要较大的价银，最旧的虽然价银省却一些，可是不久仍须换用新的，则倒反多需要一套资金。而且机器是落后的，出品亦是落后的，不能同人最新的竞争，其损失更不可以数目计。

　　不但一切机器，一切工程应得采取世界最新发明的，即是一桩事业的组织和管理方法，亦须采取世界最新的发明。如何人训练人，尤其是有新发明的方法，我们须得采用。不然，纵有了新机器，我们不能制造它，乃至于不能享用它，好的机器不出好的成品，而且倒成了坏的机器，这是每一桩事业都值得注意的。

假如创办一种事业，必须先有精密的计划。在这计划当中有最经济适要的设备，有可靠的专门人才，有数目字极其正确的资本和成本，有可靠的市场消纳和原料供给，然后依据计划进行。而这计划之确定不是想想的，是根据从调查和研究得来的事实，又是从后来进行所得的结果证明相符的。必须由此前提出而后能经营一桩事业。不然，盲目地干起来，一切问题随时发生于意料之外，不但解决困难，其结果是会失败的。

不但每一桩事业是要经过调查研究而后确定精密的计划，尤其是整个国家的建设，是需要经过调查研究确定整个的精密的计划，才可以使落后的国家超越其他先进的国家，至少也可以将他们追上。不但旧式的铁路我们不应再铺设，旧式的机器我们不应再采用，须知旧式的进步，无计划的办了许多专门学校，培养出许多专门学生而没有用。办了大的电力厂，产生大的电量而没有用。始而轮船不敷分配，继而过剩了。办起铁厂来，找不着铁矿。办起煤厂来，找不着销场。凡这种种问题，损失皆大。虽然每一桩事业有精密的计划，然而只能计划到本身，未能计划到环境。除非是整个国家的建设有了计划以后，纵然有一桩有计划事业，也有一半是会失败的。凡先进国家都经过这样的辗转的损失，我们便不应再跟随着，也而应避免这损失。使我们的建设，尤其是生产的建设更经济些。因此不但事业须有计划，国家更须有计划。国家不但须有计划，而且须有"有计划"的进步。这亦是落后的国家所得的便宜，应取得而不应忽略的。

计划不是文章，乃是数目字的报告。所以第一步须有若干专家专作调查和研究工作，第二步乃根据所得结果确定计划，第三步乃依据计划努力进行。而这所谓进行，并不是一切由政府经营，除必由政府经营的少数事业以外，是一切要由政府提供于人民，奖励并辅助人民去经营。不合格或过剩则限制他们。政府是必须负监督的责任，而非必须负经营的责任。这尤其是今日之中央和地方官吏需要明白的。

中华民国是一个最有希望的国家，因为中华民国的每一种建设可以采用世界上最新发明的工具和工程，最新发明的组织管理和训练人的方法。根据最新的设备和方法确定每种建设的计划,而且确定整个国家的计划,可以造成一个最美满的中华民国。又可以省却其他国家今天以前由进化上所蒙受的一切不幸的损失。这可靠的而且无穷的希望都操在我们的手上。只看大家如何去创造她。

《交易所周刊》1935 年 1 月 1 日第 1 卷第 1 期

回 渝 谈 话

（1935 年 1 月 3 日）

今晚演剧——演剧虽是玩笑，意义却很郑重。①

此次出去，时间太短，没有带得什么回来，我们的国家，满目都是困难和问题，总要多想办法解决它，并且还要多找有意义的材料。中国人几千年来，都是过的农村生活，无事的时候，生活都很安定，有事就感到困难。因此，我去年写了一本小册子，主张动。这次在上海，见着申公司的职员，十几位都是青年，就想促起他们动的机会，但在周围五里内找不出运动场，虹口运动场、跑马厅等距离又远。反之，娱乐场所，到处都是，如小世界等。这些都是自己不动，只有享受的。可见，中国人的游戏是不动或坐着动手的，如打麻雀、下棋等。我们有关系的事业，都是欢迎青年朋友，并且希望在工作之外要动。每每作正事的人，以为这些都是空事，但实在是正事。亲戚朋友的往来，无味的酬酢，才是空事，无意义。

戏剧是正事。《民族英雄》，有关救国运动。这种关系，大至国家，小至事业，都各有其中心意义。譬如读书，总要与当前问题有关，才合于用。中国的读书人，都希望自己成功一个学者，做做文章，一点不切实际，当然不能解决目前的问题。他们认为游戏是无聊的。正当的游戏，都是苦差事。民生公司和

---

① 由于当日卢作孚等人从外地刚回公司，为表示欢迎，当晚演出由公司襄理甘南引新编的《新村》助兴。

峡防局,对于平时的活动,这样的提倡,是要促起人群活动的情感,互相影响,从戏剧音乐的活动上,围绕着当前的问题,影响到社会上去。我们提倡活动的精神,是与提倡民生公司一样的。我们要救国,不能以为有了东北的义勇军和上海的十九路军,就够了。我们要从各方面去提倡,才能使这种意义更为深刻。

这次与任望南先生坐在飞机上,谈到海船中设备的游戏,几乎无一样莫有,并且不拘什么都有比赛与决赛。甲与乙比,乙与丙比,丙又与甲比,大家都是很庄严的。天天所有的音乐、电影等游戏,也是想尽办法,多方面加力量,总使其一天比一天好起来,正如摆在眼前的问题,非设法解决不可一样。回到公司,听说这几天异常好玩,观剧的人,还有掉下泪来的,为什么要掉泪? 正因为当时有掉泪的问题在。

现在中国的问题,愈趋愈严重了。自然我们看看中国的历史上,各个时候都有困难,但总不如现在之甚。国内与国际的利害程度,一天高过一天。举眼一看,遍地无宁土。我们应该促起中国民族的注意,要用种种的方法,就是不拘做事也好,讲学也好,其他游戏也好,都应该有方法,集中全副精神去做。这都是我们回来时的感想。

就公司内部介绍。

1. 上海分公司

我到上海,在周孝怀先生家里会谈,知他到申三月,对于申公司的事,只是看。看后的批评,是努力两字。本来上海分公司的人,除一二人稍弱外,其余都能负起责任的作事,无须要经理去管,这是周先生观察后的介绍。总公司也应当照样作起来,后来周先生要走,申公司的人留他不住,都说:"请总经理留[下]吧!"当然,周先生要去,我还是一样的留不住。周先生走,申公司同人办欢送会,我看会里,并无一人欢喜,反转伤心。周先生很有眼力,平时含蓄甚深,爱培植人,所以受人爱戴。我想申公司的人不努力,不想好,是不会有这样表现的。民生公司的根本精神,就在这一点上。

再说民生公司的困难,不在重庆就在上海。重庆是民生公司的发源地,各方面熟人甚多,遇有困难的事,还易于解决。上海则不然,实不如重庆之易于解决。但如能忍耐,含蓄情感,自然就不难了。因此特介绍于总公司的百余人。

2. 民贵

我在民贵三日,一部分的问题,是当学生去问船上各人工作情况。民贵船上有四位水手,都是船员养成所毕业的。在他们未毕业的时候,读书是在河边,出来总是着起呢制服,那时候我以为他们都是准备当船主的。但自我向郑科长说过以后,制服就没有看见穿了。中国许多青年,都认天下为机会,而况员与官是相联系的。现在官有水手大,而且是学习的。记得船员养成所共毕业四十五人,到公司的有四十三人。分派在别船的,我不知道。民贵四人确好,最好的是瞿成富。我问遍船上的人,都说他好,并且没有一个不服。中国人是不容许有好人的。有,就要想法陷害。民贵能服好人,使我非常安慰。张遂亦不错,其余二位较差。这些学生水手,都很亲切,每作一事,无不先问,把水手头脑当作先生。例如地板怎样擦,都是要去问过的。他们——学生水手——一系读过书的,一系未读过书的(老水手尚有三人不识字),我们以为两派相处,必如四川学系一样,定要冲突。殊知不然,他们是互相敬重、合作。现在中华民国,恰应有此需要。要这种需要影响出去,才可以解决中国的问题。永年的,我也问过,还是不错。

刚才介绍的学生水手,做劳苦工作,总公司的青年朋友应当注意!峡防局少年义勇队,也当注意!民贵的茶房,一期二期的都有。船上原有的,脸上已起皱纹。新旧两派极合作,并且肯学,这些都是可爱的地方。虽然外面的人,说民生公司的茶房,还有"乡巴佬"味。

上面说的水手茶房,在民生公司的这样好,但若在别处,恐怕未必了。我想,这都是训练人的责任。

民贵还有两个办法,值得向大家介绍。1. 装货打足印。每装一件货,都打有足印。每舱货要列表,记□头,总使它一点不错。像这样每件事情都想办法去解决,求圆满,而又能执行的,真是不得了。打足印的事,原前是由囤船做,现在改归行船做,这种办法,都是为了解决问题。2.搭客行李贴名条。搭客上船,就在他的行李上贴出名条,到码头的时候,按名提取,一点不会弄错。这些办法,是由旅馆和航空公司摹仿来的。至于各部分也是各有其相当办法,不再一一的介绍了。

希望总公司的朋友,少说多听,知道困难才好想办法。多在船上去看,去问,那么,事情就容易办好了。

《新世界》1935 年 1 月 16 日第 62 期

学生应如何提倡国货

（1935 年 1 月 11 日）

一位朋友跑到伪满洲国去考察归来，谈起：车过山海关时，见着一群日本学生，争举着自己宝贵的书籍、扇子或图画，请驻在该地的日本长官盖印。据说是留作出国境时的纪念的。盖印之后，相互间都有演说，并高唱国歌。最后则叫车上茶房取啤酒来痛喝。几瓶日本啤酒之外，再取出来的便是中国啤酒了，日本学生拿着瓶子看了一看是中国货，都抛掷在车外打坏。在这故事当中有两点最令中国人痛心的：第一是日本人已经把山海关当做自己的国境了！第二是日本学生是那样提倡国货，仇视中国货！

中国人不须有仇视外国货的态度，如像打坏中国啤酒瓶子那一群日本学生，却必须提倡国货。尤其是中国学生，不问哪一年，如果今年以前于此有所忽略，至少应从今年起有所觉悟；不但自己提倡国货，而且要做提倡国货的运动。

提倡国货有两件事：一件是提倡购用国货。在积极方面，凡本国有那种货便要购用本国货；在消极方面，要使本国没有那种货，便宁肯不用那种货，其必需的，亦必须尽力减少用的数量或程度。假如我们自己不能造钟表，我们每人手上不须有表，每家壁上便不须有钟，但在公共的地方设置公共钟供公共用。

另外一件是提倡制造国货。一方面自己需要的货要自己供给，一方面还得供给别国需要的货，去交换我们必得需要的别国货。我们必得需要的别国货是什么呢？在这一个生产落后的国家，需要的是生产，有了生产的时候，才需要消费。我们消费既以提倡国货为范围,则需要别国的货不应是供给我们消费的,而应是供给我们生产的,应是生产需要的原料和工具,尤其是机器——在自己还不能生产的时候。

然则学生如何提倡制造国货呢?请大家留意!这是中国的根本问题,亦是学生的根本问题。学生到底应学什么呢?便应学如何制造国货,至少应有大多数学生制造国货。这国货范围之广,乃包有一切物质为国内所需的,乃至于别国所需的,不仅是上海市场可以买的若干吃的、穿的、用的东西。

《国讯》1935 年 1 月 11 日第 84 期

如何把握住时间呵!

（1935 年 1 月 16 日）

最可贵的是时间,最可怕的是时间之快。你的工作、学问,或事业纵然也在不断地前进,总不如你那不断地前进的时间。你如果把工作、学问或事业偶然停顿了,你的时间却仍然前进了,不会停顿着在那里等待你的。

中华民国尽管一切不前进,或前进甚缓慢,然而时间则前进二十三个整年了。平常不觉得,回顾乃知道有惊人之快。如果这样宝贝是只让我们玩味的,我们纵在一个社会状态里留连几千年,再留连几千年,也不成为严重的问题,然而一到现世界,许多民族活动都在时间上比赛,只要时间进一步,他们便进一步,他们尽量运用时间,时间亦不辜负他们。你看:美国独立才好多年! 德国崛起才好多年! 日本维新才好多年! 就欧战以后说:苏俄才几年! 意大利才几年! 土耳其才几年! 他们在很短时间里,都由乱到治,由破坏到建设,由削弱到健全。尤其是五年计划,四年完成,不单是口号,而且成为事实。这是如何的决心战胜了时间! 九一八事迹后,在日本倒认为是他们的国难期间,认为是非常时间,举国注目在 1936 年。为了世界大战的准备,早已全国总动员。他们是如何决心应付而且把握住时间!

我们不但坐看着时间流得那样快,而且坐看着许多没有办法的国家,在这时间有办法了;自己问题却一天比一天严重,比历史上任何一天严重呵! 到底该怎样办?

应该急起直追,把握住时间,把一点一滴的时间都用在所在的社会,乃至于所在的国家,尽可能的程度有计划地将所在的社会乃至于所在的国家弄好起来,这是整个国家的人们应追求的目的地。因为时间不能等待你,别的民族是在那里紧张着与时间共前进,亦不能等待你,你便不能等待任何人。无论你站在什么地位,你都得努力。无论是你的工作、学问乃至于暇余时间的活动,都得是为了改善你所在的周围,不是为了你自己,然后才会有好的社会,乃至于好的国家产生的。

我们当前的问题太多了,只要我们加以检讨。然而如何把握住时间,不让它随周围的混乱过去,而要尽可能的程度努力改善周围,这是一个更要紧的问题,更是任何时间要加以检讨,不可须臾忽略的。不管你在哪一个地位——就本公司说罢,不管你在总公司里的哪一处,不管你在哪一个分公司或办事处,不管你在哪一个厂上或在哪一只船上,你都得在任何时间从改善你自己到改善你的周围,决不容许你等待,亦不容许你迟疑,因为你的时间是不断地前进的。

如何把握住时间啊？朋友们！尤其是共同工作的朋友们！

《新世界》1935 年 1 月 16 日第 62 期

瑞山小学三十周年纪念特刊序

（1935 年 1 月）

瑞山由书院改为小学，忽忽三十年矣。此三十年间，以言事业，则进展毫无，以言培成之人才，乃屈指难数。校名几经更易；教师则岁有来去，房屋犹是书院以前之房屋，设备犹是开办学校以来残余之设备，经费不足活教师之家口，此外更无所有。如此学校，诚不知社会何所需要，而必延其寿命以灾后生！数年前与诸友谋所以改进之，而又难在一群之教师。循法抚书，则将儿童处死；为启儿童之生机，则指导将持，每穷于计；造诣之新，尤迂乎俗。亦既屡变不得一当矣！丁女士秀君，长校以后，乃能兼赅并蓄，有以策学校之改进，复有以应环境之要求，使内外翕然，得各方之协助，先生皆努力，学生皆活跃有生气。瑞山历史，其将自此翻新页乎？中华民国前途无穷之希望造端在此，为事非细，值得一群人以为毕生事业者也。社会不辜负人之努力，学生尤当不辜负先生之裁成，困难可泯，绩效可期，一切操之在己。谨以此祝学校之前程，并以此祝诸先生！

录自《瑞山小学三十周年纪念特刊》(1935 年 1 月)

596

做事要正确地做到

（1935 年 2 月 16 日）

公司职员和练习生大约二十余人在民宁船上，有以钥匙递给第二人的，因有数尺的距离，随手抛掷，竟掷到江心去了。由这一件事情连带引起了我许多感想。做事不求正确地做到，正是我们感觉着一般人的大病。递东西不到人的手上，倾水不入水漕，吐痰不到痰盂里边，开门、关门只用力一掀，听话不听清楚，说话不说清楚，想事不想清楚，托人办事不一定要回信，只将事交与人，自己不负责照料，有不胜枚举的例。总之，凡事不一定做到，不一定正确地做到，乃是我们的大病，急切需要治疗的。

《新世界》1935 年 2 月 16 日第 64 期

二十三年本公司之营业概述

（1935 年 3 月 1 日）

　　二十三年一年中之计划,本在完成二十二年未完成之整理,甚愿航业有粗安之局面,故曾赞成同业宜渝水脚公摊之提议。徒以立法未周,议水脚复未当,仅试验一度而止。立约于二月初,废约于三月杪。废约以后,水脚骤落,问以维持水脚号召之公司,至此亦争放水脚。甚至棉纱一件,由申运渝放到银二元五角。直至枯水时期之水脚,尚不如往年洪水时期。以与二十二年较,公司轮船有加,货运有加,而水脚收入反锐减,直为公司有轮船以来最坏之一年,亦为川江有轮船以来最坏之一年。兢兢业业,深以亏折为忧。竭全公司职工之力,在收入上谋涓滴增加,在开支上谋涓滴节省,乃得勉强支持,且幸小有盈余。以较往年,则相差太远。但在此太坏之年,尚小有盈余,亦不幸中之大幸,差足以慰吾踊跃投资之股东矣。

　　本公司计划经营之主要事业,原为生产,而非航运。不幸而航运危急,乃舍己救人,以重金接收甚感困难之若干华轮,加以整理,冀得与中外成整[同业]之公司彻底合作。稍稍安定,转移全力于原定目的,从事生产。故开始经营下游航运,即开始与中外航商商洽合作之办法,此应为同业所谅解者。合作要求,只在营业安定,水脚只盼望足敷成本,绝不主张提高如曩昔,以难商人,以碍商运,以侥幸取得一时之盈利,此应为商人谅解者。顾各方有所未谅,事势有所未许,合作之局无成,营业之争愈烈,使公司同人不得不延长努力航业之时间直至今日,或且直至今日以后,其间盖有非常沉痛之感情,非苟为利益,乃求此最后兴起之公司信用不致坠落,一息仅存之华轮生机不致斩绝,则全为社会,非为公司本身,尤非为个人。深信一切结果,可以吾人全体努力苦干获得之,以此相互策励。亦期望社会各方人士,予此一群苦干朋友以深厚之同情,而加扶持之力。食赐亦绝非个人,乃为事业,其后乃为更大之社会信用,与社会要求也。

其次为协助公司曾投巨资之北川铁路公司,不得不进一步投资整理铁路沿线之煤业,而新组织一天府煤矿公司。其发轫在二十二年,而接收经营并处理一切纠纷,则集中于二十三年。为使无办法之事业有办法,又不得不投资金予天府以协助。此外事业之与公司投资有关,须助其完成者,亦于此日助其完成,使各为有利之事业,愈增加社会之信用。但非事业全部有办法后,绝不增加任何新事业,以增加现有事业之重累,盖不仅有资金不敷分配之感,尤有人才不敷分配之感也。

公司固定资产达三百三十二万八千八百零四元余,而资本仅一百一十七万四千五百元。历年提存之折旧保险公积金等,亦仅一百四十八万三千三百七十七元余。资金所差甚巨。因此去年金融界好友特提出募集公司债之主张,经临时股东大会之议决,募集公司债一百万元,八年还完,请托申渝两地银行认募,正协议办法中,最近即可完成。今后每年分还之债既少,则整理已办各事业使皆健全,当有余力矣。此亦差可告慰于吾股东,乃至社会各方人士者也。

《新世界》1935 年 3 月 16 日第 65 期

为什么要穿公司的制服

（1935 年 4 月 1 日）

我们为什么要穿布质短衣——公司的制服？

第一是要造起节约的风气。当前的社会，正在淫靡奢侈中迈进，比赛着谁的衣服漂亮，谁的衣服华贵。我们当要纠正它，另外造起节约的风气，造成功一个朴质而有意义的新社会，即从穿衣服起，去影响一切的一切。

第二是要表现事业精神。事业是我们这一群人的力量创造出来的，而这一群人有一样的形式，一样颜色的制服，每一个人穿起，不论他是什么职务，都可代表整个事业的精神。这是何等的光荣！决不是耻辱。

自有公司以来，就有穿制服的规定，并不是现在多事造出来的。只可惜，社会影响我们的力量，比较我们影响社会的力量来得更大，所以今天以前，尚有一部分朋友，被社会的力量压迫驱遣而不能摆脱。

恐怕我们影响社会的力量会渐渐被社会影响我们的力量所消灭，所以今天要设法整理了。从三月二十一日起，一律应照规定穿着公司制服。不论长衫和洋服，均应摒去。

公司以外的朋友，常常赞美公司的朋友，如何节约，如何一致，首先举出的例，便是一律穿制服这件事。见于演讲，见于著作，公布宣传在全国。然而，我们彻底吗？

我们应该坚定信仰，只要规定的不错误，毕生都应彻底照着做。我们一色的服装成功习惯后，民生公司的精神，才充分表现得出来。

要如此,才可建立公司,不致为社会摧毁;

要如此,才可以影响社会,创造出现代需要的新社会。

《新世界》1935 年 4 月 1 日第 67 期

中国人并不自私自利，
只看社会的影响如何[①]

(1935 年 4 月 9 日)

中国人并不自私自利。他平日异常节约，绝不享受。吃得很坏，粗粝仅够果腹，但一旦遇到做寿、送丧、娶妻、嫁女、公共享受的时候，即吃得很好了。穿，平常也是很坏的，那怕是补过的破衣。即有一件新衣，必传其子，兄传其弟，爱惜珍宝样到极点。但每到新年初一，因公共要求的缘故，穿也变得好了。而且当着这些机会，还要比赛着某家做寿的人数多寡，席数多寡；某家嫁女的妆奁多寡，贺客多少。这都是为了社会环境的要求而如此，平时极少数的需要，拼命节省，节省来有机会公共享用，甚至于举债亦无所顾惜。

某次，毕启（成都华大校长，美国人）曾在青年会讲演，他认为中国人的弱点，即是"自私自利"。当时个人在座，听后曾经发表意见，谓中国人并不如是，所举出的理由，有如上说。现在又寻觅着更多的例子了。

昨日由北碚返渝，同船有位程孔嘉先生，曾任合川税局局长，平时并不积钱，所有收入，大都散而帮助别人。最近，他还送了一千元的留学费给前瑞山校校长丁秀君。最近十余年来，很多的人，本身一钱不名，而可以留学北平、上海，甚至于欧美各国，这当然是要依赖别人的帮助。由此可以证明帮助人求学那些人，决不自私自利。虽然，我们总以为中国人所帮助的不外是个人的亲

---

① 该文是卢作孚于 1935 年 4 月 9 日在重庆一个研究会上所讲。

戚、邻里，绝少有帮助事业、国家的，谁知今天大谬不然了。现在更有实例在，由周围到民生公司都可举出热烈的帮助社会、牺牲个人的实例。

北碚要建筑一条路，积极的意义，因为人口渐多，扩充市场；消极意义，因为嘉陵江每值暴涨，北碚市地势较低，有被淹没的可能。这条路修筑完善后，即遇涨水，市民可由此迁往高地，不致危险。在修筑此路时，当中有不少可歌可泣的事实，由此可证明，中国人确实能够牺牲自己，帮助社会。修路既经决定，当时即组织一个委员会，一度召集市民大会来讨论进行方法，议决路基泥土，由市民挑往填筑。最初以为一定无人愿挑，殊到后来，竟有预先挑来预备起的。其次又感觉无款，复议决将私人所有的公共厕所，收归公有，就是厕所出款，全由公家收入，每年只付相当租金于业主。一时北碚的公共厕所，统统被没收了，大家都高兴赞成。

夏溪口，宝源煤矿公司修有铁路，用人力来拉炭车，路的地基，是向各地主租用的。后来因路线略有变更，把原租路基地皮退还。当时驻夏溪口的特务队队长，商量各地主，就此旧路基，另修一条公路，由运河直至公园。初以为不易办到，殊各段地主，以事属公共建设，不但愿意，而且不取租金，自愿捐出地段。而这条公路线中间某一段，又恰恰与铁路改道后的路线重复，势必要另外通过一段地方修造，觅出路线上的各地主，也愿意捐出地段，并正在土中的青苗都不取值。这种乐于公共建设的情况，中国人何尝自私自利。

今天以前，平时刻苦节约来的做寿、送丧、娶妻、嫁女，才有享用的兴趣，现在确实转移到修路及整理公共事业的方面去了。

公司也有不少的例，去年到上海，坐的永年。上船一看，客多，船员的寝室都多让与客人住了。到上海以后，曾向外国人说起，说永年的经理、领江、账房、茶房于客人多时，竟肯让出自己的房间情形。当时，外国人很希[稀]奇，他绝不相信。既是涓滴归公的客票，而船员却愿意让房间给客居住。他以为如此热忱招待，那客票费一定是由船员自己取得。由此，更可看出，中国人有超过世界各国人的精神，决不自私自利。

走小河的几支船，船上设有贩卖部，每月盈余，以前由管理账房、茶房分配。小河船上的管理账房，每月待遇不过十余元，至多三十元，则这笔收入，不无小补。然而，现在通通变了，所有贩卖来的盈余，都用作制备茶房制帽、鞋子和公共用的球类，公共用的书籍纸笔等等。

由这些事实看来，我们觉得，某种社会产生了之后，无论何人都能牺牲自己的利益。中国人确实富有牺牲个人的精神，何尝自私自利？不过方法和地方未加选择而已！新方向终竟要产生出来的。现在的交通、生产、经济等①各方面都压迫起来了，压迫到使我们不能把以前做寿、送丧、娶妻、嫁女而牺牲的精神，转移到另一个新的方向，造成一个新的社会。

刘鸿生先生向我谈过，他的公子，初在上海，穿必洋服，出必乘头等车。其后到日本留学时，即不能不降格相从了。何以呢？因为日本学生皆着制服，他就不能不着制服了，日本学生皆坐三等车，他也不能不坐三等车了。这可证明某种社会的兴趣一经建立，人们便随之而来。即是说，如果我们也建立起一种新的正当的社会兴趣，那什么事也都会照着我们所建立的而兴起来了。

现在日本兴起的一桩事，是日本的青年训练所。日本何以成功一个现在的日本？因为她一切都是受过训练的青年在活动。他们所授的课程，并不是如何为个人，乃是如何为家、町、县、府乃至国家。又由交通、产业、陆军、海军等②，直讲到日本与世界的关系，才算完毕。因此，日本成功了现在的日本。人是社会训练成功的。可惜，直到今天，中国还没有创造出此种社会来。

日本青年训练所，除了在知识方面注重，还用力于技能方面，有军事的技能，职业的技能，现在的日本人几无一个不是由此训练出来的。

马君弼先生曾经谈过，德国也正积极从事于训练青年。世界不许可德国征兵，他就变更方法征工，凡十八岁到二十五岁的青年，必被征工两年，来作筑路、建桥、垦荒等最苦的粗工，实际即施以最严格的军事训练。德国青年凡未经过此种训练的，欲谋升学，全国学校皆不收。

---

① "等"字原文为省略号。
② "等"字原文为省略号。

苏联的青年，也训练成功两个完整的战线，文化战线和经济战线。文化工作的先锋队，没有资金做文化运动，乃约集多数青年，先事垦荒一百万公顷，以作文化基金。莫斯科有次遇到国家大庆典，工厂放工，全市人皆沉醉于庆祝，却有几万青年，不去参加，不去休假，而仍努力工作，把那一天的工资捐作文化运动。这是何等感动人的行动！

青年，不是日本、德国、苏联才有，中国一样的也有。然而，中国的青年在做什么？都在浪漫的地方放任着个人的生活，萦绕着个人的问题。这是什么原因？为什么不牺牲了自己热烈地为着社会？实是中国还未创造成功一种新的社会。

假如我们要想产生出如日本、德国一样的社会，只要有个人或一部分人造起兴趣，不难影响全国。全国青年都变化了，中国的前途，绝不至于无办法，不过现代的社会要如何才创造得出来？这绝不是可以坐着等待的，急切需要从我们本身做起。

《新世界》1935 年 4 月 16 日第 68 期

船上新生活运动办法

（1935 年 4 月）

一、用人

甲、取消包办制度

1. 取消买办包办制度；

2. 取消机舱包办制度；

3. 取消驾驶包办制度；

4. 取消厨房包办制度。

乙、采取考试制度（除驾驶、轮机两部高级船员已有考试制度者外）

1. 理货人员全部采用考试制度；

2. 账房人员全部采用考试制度；

3. 茶房全部采用考试制度；

4. 水手全部采用考试制度。

丙、按年考绩

1. 采取薪资升级制度——确定薪级年功家俸办法，地位尽可不变而月薪逐年提高；

2. 采用职务升级制度——茶房可以希望升到经理，水手可以希望升到船长。

丁、加紧训练

Ⅰ. 训练内容

1.提高工作技能；

2.提高与工作有关之专门知识；

3.使认识现代的国防问题、现代的经济事业、现代的交通事业，尤其是使认识现代的航业在中国的或在别国的。

Ⅱ.训练方面

1.在工作时间训练；

2.在工作时间外授课；

3.轮流调到指定的地方或指定的轮船训练；

4.送往专门学校深造或其他事业实习。

二、设备

甲、消防设备

1.附于主力机上或蓄水柜中之出水管；

2.动力加水机；

3.人力加水机；

4.灭火药水；

5.灭火砂；

6.太平桶。

乙、救生设备

1.救生舢板；

2.救命圈；

3.水带；

4.救生排。

丙、卫生设备

1.救急药品及卫生材料；

2.消毒药水及肥皂；

3.厕所中之自来水冲洗；

4.蒸汽消毒具。

丁、教育及娱乐设备

1. 足供客人消遣之图书、照片、报纸、杂志、小册子；

2. 无线电收音机接收中西音乐、名人讲演及新闻报告；

3. 公布新闻简讯；

4. 设备桌上娱乐用品（如棋类）；

5. 简单乐器。

三、要求

甲、保护船

Ⅰ. 尽量使客人明了者

A. 船上一切设备

1. 何处是厕所及入厕应留意之事项；

2. 何处是浴室及入浴应留意之事项；

3. 船上有图书及其取阅手续；

4. 船上有娱乐用具及其取用之手续；

5. 船上有危险地段应请客人如何当心；

6. 窗门电灯如何开关；

7. 船上有救生带及其使用之方法；

8. 船上有客人应明白规定之事项。

B. 客人一切活动

1. 何时开饭；

2. 夜间宜于何时睡觉晨早宜于何时起床；

3. 如何分配客人入浴时间；

4. 如何分配客人图书及游戏的时间；

5. 如有收音机何时开放；

6. 过码头停船时客人应如何当心行李或关闭门窗；

7. 客人到达起岸之码头时宜于何时收拾行李；

8. 上岸雇划子、力夫之价目、方法及船上可以帮助之事项。

C.沿途一切事项

1. 风景；

2. 重要出产；

3. 特殊风俗；

4. 特殊事业及人物；

5. 码头上一切明白之事业如较好之旅客餐馆及车马费等。

Ⅱ.尽量服务客人

1. 上船时为客人妥当觅得地位安顿行李并为张开铺位；

2. 为备茶水及其他需要之事务；

3. 入晚为开电灯；

4. 入眠为准备铺被及衣服；

5. 晨起为准备洗面漱口水及其他事物并为准备铺被拭擦皮鞋等；

6. 入浴为准备水、浴巾及肥皂；

7. 入厕为准备纸、洗手水及肥皂；

8. 就食为指定地位递奉菜饭,食尽为准备牙签及漱口用水；

9. 为介绍并取阅图书；

10. 为介绍并取用娱乐用品；

11. 考察客人之需求并立刻为之帮助。

Ⅲ.整理及清洁

1. 凡船上物品、客人行李及用品须随时整理清楚,无使凌乱；

2. 凡客人餐间、房间及器物须随时清洁,无[勿]使稍有灰尘,无[勿]使有一点渣滓或一滴水；

3. 凡过道地板、壁间及栏杆,须随时保持清洁,无[勿]使稍有灰尘,无[勿]使有一点渣滓或一滴水；

4. 凡厕所、浴室,须要随时清洁,无[勿]使有臭气、有秽物；

5. 厨房必须清洁,勿使鼠及苍蝇入内；

6. 茶房、厨房身体衣服,尤其是两手必须清洁,勿使有污秽。

Ⅳ.必须规定事项

1.吃饭时间；

2.开放收音机时间；

3.取阅图书时间；

4.开灯及关灯时间；

5.取用娱乐用品时间；

6.查票时间及收票时间；

7.入浴人多时分配入浴时间；

8.夜深客人静肃时间；

9.晨间催请客人起床时间；

10.乘客活动之地段及范围；

11.船开、船到之日期乃至时间。

四、生活

甲、工作

1.必有确定之计划；

2.必有确定之分配；

3.必有确定之起讫；

4.必有确定之时间；

5.必有确定之考察；

6.必有确定之记录；

7.必有确定之比较及批评；

8.必有确定之奖励。

乙、知识（并寻求比赛之机会）

1.必有课程（中文或英文）；

2.必有读书方法并作读书报告；

3.必作新知识广播运动；

4.必作新闻广播运动；

5.必报告事业之设施状况伙计一切公布之办法。

丙、技能

1.必提高职务上特殊需要之技能；

2.必提高其普通需要之技能如泅水及急救实施等；

3.必提高其运动技能如足球、篮球等；

4.必提高其游艺技能如唱歌、演剧等。

丁、联络

1.举行首脑会议由船长召集各部首脑讨论各部分之分配及相互有关之问题；

2.举行全体船员大会工作及读书报告并联络两船以上之在同地者举行。

戊、旅行

1.欣赏风景；

2.考察地方风土人情；

3.参观其他轮船；

4.参观其他事业。

《新世界》1935 年 10 月 1 日第 79 期

本公司之职工教育运动

（1935 年 5 月 1 日）

　　本公司自总公司以至各部分,对于职工教育运动,提倡好几年了。有的非常热烈,有的却沉寂一些;究[竟]没有普遍的运动,亦不见得有继续不断的活动。其间努力撑持着的,亦多少觉得有些强勉,教学两方皆然。

　　在民约船上曾听着管理朱钧权的职工教育报告,并见着茶房习字的成绩,觉得这小小的船只,倒有造起一种运动的希望。在民法船上与总公司派到各船考察教育状况的娄元亮君,船上管理曹康候君,账房黎明诚君,讨论职工教育的办法,认为今天以前方法太不够。一种运动是从各方面总包围成功的,遂提出以下的意见:

　　第一,由公司发起一职工教育联合会,凡任教师的都为会员。易于集会的几部分应随时联合开会,或在重庆,或在宜昌,要是会员聚在一个地方较多的时候,即是开会最好的时候。各部分会员应各报告其学生人数的增减,学生成绩的进退,教材如何,教法如何,又所解决的困难问题如何。每年应开大会一次,每部分须有代表列席,比较各部分职工教育的总成绩并讨论如何继续推进。

　　第二,以每一个机关为一个学校,依程度高下划分班次。教授项目为读书、写字、音乐、拳术、球类运动、游泳及各种工作技能。教授时间不须一致,在各部分工作暇余,分别地方,分别航线,分别工作人员规定。

　　第三,新世界应特辟职工教育运动专栏,专载各部分职工教育运动的消息,所提出的问题及方案。会员都有通讯的义务。随时可从其间看出学校的增加,会员的增加,学生的增加,学生的成绩和各种超越从前的纪录,并搜载学生特优的作品。

第四,每季应由会派人赴各部分考试。其有数部分在一地方者,则联合考试。每年指定某种班次的学生每部分一人或二人,举行一次竞赛。竞赛的科目是:读书、写字、拳术、游泳等。其成绩优越者特给奖品,并给其所在团体以奖证。

第五,举行成绩展览会,并不仅在一地方展览,重庆展览之后,移到宜昌,移到上海,除请与公司事业有关之来宾外,凡在当地的公司职工必须有组织的前往参观,并有专人引导解释,藉资激劝。

第六,提倡参观。凡岸上工作人员在星期日,或偶在工作绝少之时间,船上工作人员偶在停船之时间,必整队到有意义的地方参观。如电厂、自来水厂、机械工厂或其他机械工业、化学工业之工厂、农场,[其]他公司之轮船、兵舰、飞机、办理优良之学校等。参观人员必须有组织,有整齐之服装及行动,必须对于参观人员有明了之解释。尤其在各部实施教育时间,需要相互参观。

以上各种办法,非偶择其一二施行,要须全部施行,又互相有联络,才有效力。担任造起这种运动的人员应还须在推进时间,随时更亲切的共同研究推进方法,不仅今天偶然提出了这一些。甚盼望造成全公司非常浓厚的空气,以使每个[人]都有非常浓厚的兴趣,务产生显著成绩,尤其要表现在生活上、工作上,不仅表现在死的书本上。

《新世界》1935 年 5 月 1 日第 69 期

青年会所耍的把戏

（1935 年 5 月 1 日）

最近有一个朋友在外面回来向我说重庆变了象[相]了,我说青年会还大变了哪! 他要找住地我就介绍他到青年会,这个青年会在今天以前自己(没)有房子,办事是租的万寿宫,不晓得他要的什么把戏,空起两只手不久有地皮了。他们买地皮,原是盼望美国的捐款来修房子,殊不知,这个把戏没有耍灵,遇到世界经济恐慌,美国的捐款没有募到。有一天我看见一本杂志内有一篇说世界上有一种人专门耍把戏,没有土地,耍一个把戏土地有了,不但有土地而且把土地上的人,都另外变了一个样子,也许眼睛鼻子还没有变。现在又在某地耍把戏,听说某地的人也都要变成他们的人一样了,这个把戏是别国的人耍的,总之社会上的一切,都是耍把戏。没有钱,耍把戏钱有了。没有人,耍把戏人也有了。社会上的事,根本是[耍]把戏。我们不应责备别个耍把戏把人变成他们一样去了。我们自己应该照样耍把戏,我们本已会耍把戏。青年会就可以证明,三年以前,滥[烂]房子都是租得人家的,不晓得今天照样成功了这个青年会,这是耍把戏。又今天以前是本身在变,今天以后,便是要变附近的一切了。不会读书的,进青年会,会读书了。旱鸭儿进青年会,也会浮[凫]水了。不知道卫生的,进青年会,也讲卫生了。所以我由青年会感觉得中国人能耍把戏,青年会原来没有钱,没有地方,没有人。耍把戏钱有了,地方有了。由今天这个会场证明人也有了,由此看见世界上某一种人耍的把戏,并不稀奇,白种人耍的把戏,黄种人还是耍得来。

其次我们中国人有一种好的精神,就是帮助人的精神,不过帮助有范围,只晓得帮助家庭。挣钱来跟儿子读书,跟女子办陪奁,或者跟老人做生酒,和死了开奠之用。总之,关于家里的事,是拼命的帮助,有些人甚至偷东西使人来帮助家庭。还有些人,一做了事了,便帮助亲戚、朋友、舅子,假若有关系的人来找到,便马上想办法。帮助的精神本来是好的,惜乎帮的范围太狭小了,狭小的帮助,是错误。青年会是做的帮助一切人的缺点,本来他做的事情,社会都有的,如澡塘[堂]、电影院,不过青年会办得来于大众有利益。其他的,只能帮助有钱的人,青年会是连一切没有钱的人,都帮助了。社会上有钱的人是很少的,其他的澡塘[堂]、电影院,有钱的人才能够进去,没有钱的人只有到青年会,才有机会看电影。电影是与教育有关系的,故青年会给大家以机会看电影。而且他们的影场很规矩,很整洁。青年会的寄宿舍,没有这种现象。此外有图书馆、博物馆,还办得有学校。我们是知道青年会没有钱,而青年会的朋友竟能办这么多帮助众人的事。今天以后青年会有钱,必定还有多少帮助人的事情表现出来。黄次咸向我说,最近青年会收入很好,这就是帮助众人得来的。为相信今后在重庆的人,必定还要得青年会很多的帮助。青年会以前没有钱,拼命的干,今天有钱了。世界上有多少东西,中国都没有,若拼命的干,必定也会有的。这个可以由青年会证明,所以由青年会盼望今天以后的国家。这是我为今天参加青年会的典礼的一个感想和希望,至于青年会的内幕,用不着我来介绍,大家都是明白的。完了。

《重庆青年》1935 年 5 月 24 日第 37 期

在世界社上海图书学校的讲演^①

（1935 年 5 月 24 日）

兄弟来到世界社^②，便联想到世界问题，现在世界上有两种相反的现象和关系：一是斗争的现象，由关税壁垒起到海陆空军的斗争；另一种是国与国之间扶助的现象。在扶助方面，可以分为二种：一是文化的扶助，须知学术是无贵贱的。还有现在的经济世界，也已构成一个有机的整体，不能稍为分离，尤其是在交通上，我们更可乘船绕世界一周。这许多，都说明国际间是有密切联系底必要的，但事实上恰恰相反。所以，我们认为当前最重大的问题，就是如何改善国际关系。要改善国际关系，那就得增加国际间的帮助。帮助愈多，斗争的减少也愈多。这样，一定能够达到消灭斗争的目的，这个认识是确信不变的。

国际间帮助的增加，可以从两方面着手：一是从文化上，一是从经济上。假如能加多这种帮助，一定可以消灭国际间的斗争。

在目前，世界各国的进化阶段，殊不相同。有些已起[超]越在前，而有一部分，却遗落在后；迨至将来国际间斗争消灭之后，自然能到达整齐的标准。现在不科学的以及组织落后的国家，经过自身努力之后，再加以国际间的帮助，一定可以与先进国同样整齐。那时候，才是美满的时期。我们现在从事事

---

① 题目是编者加的，原题为"卢作孚先生讲演辞"。
② 社址在上海法租界福开森路。

业以及研究学问,都应当在这一条途径上努力,我们确信世界各国都会予以帮助的。即以个人在四川的工作而言,虽然对于经济、社会以及各种文化事业十分努力,但力量还嫌不够,四川的外人也曾给我许多帮助。这一种良好的现象,将来一定可以由四川而扩充至世界。

每一个人都愿意成为一个好人,但是所谓好人,总是不多见,这是什么缘故呢?根据我个人的认识,以为那些不良的人,一定是他们行动欠佳。行动欠佳的原因,就是因为没有受过训练。这两句话似乎有些武断,其实不然,这里有一个例子可以证明。一个四五岁的小孩,如果他有些食物或玩物,总是不肯给旁人吃的。但是到了十岁以上的年龄,他的东西就能让人吃,甚且欢喜给他同年龄的小孩吃。这一个现象,就可以证明那些不良的人,乃是因为没有受过训练的缘故。因为一个小孩,在四五岁的时候,没有相当的训练,所以他的食物,不肯送给旁人。及至十几岁后,已经受过相当训练,所以能改变他的行动。这就是受训练的人,能够成为好人的一个例子。

本人见到贵校①消费合作社,是采用共信制度的,是注重信用的。其实"信用"这两个字,就是行动。行动不好,就是信用不好,甚至可以说是没有信用。闻贵校共信制度的消费合作社,实行以来,未有丝毫错误发生。由这一点看来,就可以知道诸同学行动的一斑,更可以由此知道诸位是受过良好的训练的。谈到读书方面,本人是不主张读死书的。一般人以为读书必须由小学,而中学,而大学,而至于出洋留学。但结果如何呢?还是个无用!这是现代教育的一个根本的错误。我以为读书的阶段,最好由中学毕业后便作事。几年后,再入大学,再作几年事,然后再出洋留学。为什么要采取这些步骤呢?我们必须认识一个人作事之后,才可以运用思想,才能够发现问题。有了问题,自然要求解决。所谓求解决,既是求结果,这样才能使所学的合乎实用。假使无工作,当然就没有问题,没有问题,就没有方法。所以,也就不能切于实用。试看我国的留学生,虽则在外国读了许多的理论,但外国的各种好方法,还是不能

---

① 即世界社上海图书学校。

拿来用。这是因为他们没有实地去作的缘故。因为没有留心那些实际的事，所以就没有问题。既没有问题，当然是用不着去求解决。所以假如我们不实际地去作，是不能求得真实的东西的。由此我们可以知道由小学而……留洋，只是形式上的读书，是没有用的。我们更须集训，无论哪一件，非有一种事实上的需要决不能有实际的产生。由于则产生的结果，一定比较地来得大。有时我觉得在火车或轮船上，看一些书，时间虽然很短，但是可以得到许多作事的方法。这是什么道理呢？这就是因为脑筋里面，早存了许多问题，亟待解决。所以遇见一个机会，当时就会解决的。这一种读书的方式，比在讲堂上呆板的受课，高明得多了。总之，没有切实去作，没有亲身的经验，就不能发生极大的效果。

再谈到训练。我们学习行动，有两个要点：一为自身行动，一为团体行动。一切行动，全须有方式。个人行动方面，如站着、坐着、谈话以及其他种种，都要有方式。我们社会所以紊乱的原因，就是因为方式不好，甚且个[各]人有个[各]人的方式。人多，方式也就多，所以我们不能有一个社会共同行动的方式。因为行动而发生种种的矛盾，彼此因为方式不同不能合作，甚而至于争。那么我们所谓理想的方式是怎样呢？须知方式就是行动。由一个人的活动上，不但能看他的手足的操力，而且能看出思想来。也由他行动方面，推断到最后的结果。一个人要有推断另一个人的结果，决不是由另一个人的美衣华居上所能知道，乃是要从他的行动上表现出来的。今天看到贵校的行动，我们就可以知道，这确是注重实际教育的一个学校。

《工读试刊》1935 年第 6—7 期

如何应付当前严重的问题

（1935 年 7 月 11 日）

　　我常常这样想，也常常这样看到：中国从有历史以来，最严重的时期，恐怕是今天。

　　我们必须认清楚，每一个问题本身，不是没有方法解决的。哪一个问题没有方法解决，问题一定没有在问题身上，一定在解决问题的人的身上。中国人的行动，在中国环境没有发生变化以前，几千年也没有发生问题。虽然在那时期中，也曾发生了若干问题，但没有成为根本的问题。几千年中，中国民族，屡次南迁，中原的人民，被北方人压迫，往南方跑。来的路线是，内外蒙古、新疆以至东三省一带的人，向黄河流域压迫。黄河流域的人，向长江流域压迫。长江流域的人，向更南方压迫。在历史上，这样的时期，不知道经过了多少次。最明显的，有两个时期被北方来的民族占了一半，有两个时期被北方的民族，完全占完了。两个一半的时期，是东晋和南宋。两个被占完的时期，是元与清。何以这不能算是中国的根本问题呢？

　　中国是个农业民族，他比周围的民族文化要高。因为这关系，虽然被周围民族占据，可是同时自己的文化，把周围的人克服。中国以往的历史，都是这样的程序。所以他的政治上虽失败，文化上还是成功。一个国家，征服中国，中国就把他同化。野蛮民族征服文明民族，是世界上的通例。中国常受到他们的征服，仍旧能存在到今天，为什么现在又成了问题呢？因为我们的国家虽然没有亡，但是自己的文化，根本上已经发生了动摇。

记得从前同梁漱溟先生研究中国问题的时候,曾提出一个疑问。中国自变法维新以来,尽量的采用现代别的国家的文明,如海军、陆军、新式教育办学堂,以及其他的一切物质文明。这从形式上看,像是欢迎的接受的样子,从另一方面看,它对此却是排斥的。在上海就可以看见。有钱的人出丧,灵柩要人抬着走,送丧的人要坐汽车跟在后面。以这例子可以证明上面的问题了。棺木用人抬是旧文化,送丧人坐汽车是接受新文明。不过叫汽车跟着人后头走是反对现代文明。农业生活最浓厚的幸趣是家庭,它的经济单位是在经济上生活上享福以外的小团体。这种小团体即是一个家庭。要是工业民族便不同了,它的团体动辄几千几万人。

由家庭生活发生周围的关系,便是亲戚、朋友。这些人在哪里表现呢?就在做喜事、寿事、丧事、开张等现场表现。享福的,凡现代人所造成的物质方面的文明,中国人都是接受的。凡中国人原来的社会生活,对现代的一切,是反对的。中国人对于要办现代的工厂、教育、交通、建设等事业是欢迎的,可是有反对的。即是建设厅在哪一天成立,建设厅的意义便在哪一天消逝。公司、工程、教育厅或其他事业,哪一天成立,那些事业便在哪一天消逝。但是另外的意义产生,也就是反对现代的意义立刻产生。这些亲戚、朋友的意义,就在这事业当中形成了。于是,建设厅不成建设厅,教育厅不成教育厅,公司或工厂不成其为公司或工厂,成为众亲戚朋友的噉饭所,在里面赶紧想法解决个人的生活问题。我到一个政治机构里去,不听见他们问:"你今天的政治工作如何?"只听见他们问:"你的生活问题怎样了?"以此可以证明,他们不想解决政治问题,专在解决生活问题。这不能说他坏,是在农业民族生活应有的,可是到了今天便没有办法了。

还有一个最没有办法的,是中国人的负担无穷。一个人在社会上的地位愈高,他的负担愈重。换句话说:依赖你生活的人,跟着地位的提高成正比例。这些依赖者,即是中国所最重视的亲戚朋友。他们的集合方式是应酬。应酬的方式很多,吃鸦片烟、嫖、请客、送礼,都可以做应酬的方法。亲戚朋友,对地位高的,有依赖你的权利。你对他,有提携的义务,你要屈服在他们的应酬之下。所以今日做事的人的四大开支,不是衣、食、住、行,是捐、送、借、请。这四大开支没有办法预算。薪水有四十、五十、一百甚至五百也不够生活的,不能不在正常收入以外再想办法,事业上便发生弊端。做一件事犹嫌不足,再兼上几个事做,俾多收入,我曾看见一个人兼了十一个事。大家都这样做,这一个社会如何能好?每一个人走到社会去,他不但不能替社会解决问题,反给社会添问题。就是有人愿意来解决社会问题,被中国人原来的生活形式所抓住,不容许他放一点时间、能力去解决社会、公众问题。社会上便布满待解决的公众问题,无人去解决。这更严重的问题仍旧没有人去解决,待他蔓延滋长来毁灭我们的民族。

我们要绝对的相信,要中国人真能应付当前的问题,要中国人能有训练,必得从我自己做起。我有三个口号:

一、每一个人的知识,至少要有世界这样大。意思就是说:这一个世界里一群人,在做什么活动,我要认识明白,然后我们才知道,在今天这时候,我们应该作什么活动。

二、每一个人的问题,至少要有中华民国这样大。不管我今天做什么事,脑筋里有一问题,这问题之大,是中华民国这样大。我们要弄清楚,整个的中华民国,有些什么问题。哪些问题,哪里是需要我们帮助的。

三、我的工作,是要有当前的工作这样大。假定当会计,我的工作,有会计这样大。意思就是我应该从工作所做的地方想法帮助中华民国。

到了今天,中华民国,在这样严重时期,许多问题不能解决。尤其严重的问题,悬在我们的面前,不能解决。我们要从精神上接受,从我们的工作接受,不求自己的成功,要求社会的成功。要拿小的社会,在那更大的社会成功,对那更大的社会有更多的帮助,然后才能解决今天悬着的种种问题,才能解决悬着的两个最严重时期的最艰难困苦的环境,造成最伟大的中华民国。这是最后的盼望。

《国讯》1935 年 7 月 11 日、8 月 1 日第 101、102 期

十周年纪念日

（1935 年 10 月 11 日）

　　公司从开发起人会议到今天，整整十年了！这十年当中，诚然促成了事业的进展，亦经过了无限的险阻艰难。一群努力的朋友，无时不在惊风骇浪中挣扎前进、悬心吊胆，绝未容有瞬息之苟安。此是痛苦，却亦是快乐。太安详的中国人，在风雨飘摇的国家中，诚应过着这样极度紧张的生活，回头仍自多所慰藉；却一想到未来，又怵然于那无限险阻艰难之不断地到来。这不应得逃避，却应得负担。不但公司中间的好友应当如此，凡中国人都应当如此。

　　人所见着的公司，仿佛有其成功的方面，为所直接或间接经营的事业。我却认为这是侥来的局面。我所见着的却还在这些事业的背面，在撑持这些事业的险阻艰难者，为了事业忘却了自己，为了增加事业的财富，忍受自己的困苦。如果整个公司的人有这一种精神，可以建设一桩强固的事业，如果整个民族有这一种精神，更可建设一个强固的国家了。

　　中国人最感缺乏的是群的信赖。因此，宁肯损群利己，没有法子结合成功三人以上的团体。如果有之，不是纷争，便无实际。公司乃结合成功了五百余股东，二千余职工，相互依赖到投身可到老死，投资可留给儿孙。这种观念，愈到后来愈明了，信赖愈到后来愈坚强。公司的基础不是在百余万资本上，几桩事业上，几十只轮船上，乃在这种精神上。

　　只因十年的进展史都偏向在量上，于是质太不足了。第一是物质方面。例如航业：码头、囤船、栈房，以至于行船上种种设备，尚未完整；又例如职工待遇:住宅、医院、学校、娱乐机关,至今尚未及设备。第二是精神方面。最困难的是各种专门的技术训练尚未成熟;全公司人员的公共理想——要求趋赴的公共理想,尚未完全深入于全公司人员的脑海。这是从满十周年的今天起,应竭全公司好友的力量去谋进展的。一个儿童,夏季增加体高,冬季增加体重;我们公司也是应到增加体重的时候了!

在十周年纪念会中,我们应得算算十年来的总账,那些事情是:(1)为着事业的安全的;(2)为着社会的需求的;(3)为着职工生活的恃赖的,还没有做到,便赶着做到。有这许多工作,还有那无限艰难险阻,摆在面前,大家应该怵惕策励,不是庆祝,欢喜。

《新世界》1935 年 10 月 11 日第 80、81 期合刊

社会的动力与青年的出路（上）：
社会的动力

（1935 年 10 月 12 日）

刚才白副总司令的介绍，有好多是超过了事实的。在自己以及四川的友人，虽然也时常想试办一点小事业，但总是苦于知识穷、能力穷，一直到今天还是不够。因此就时常利用工作之余的时间，走到各处去找办法，这次到广西参观，也就为着找办法来的。

一

自己平时和友人在一起，时常谈中国的问题。但一谈中国的问题，许多人都说无办法。在四川和友人说起来，说是无办法；到上海谈起来，也是无办法；到北平谈起来，更是无办法。记得在民国十九年到东北去的时候，虽然当时东北的问题已经是到了万分迫切的时候，可是当时东北的人民还很自负。不过他们所用以自恃的，是"人不亡我"，而不是自己有不亡的把握。但等到九一八事变以后，我们这种自负自恃的心理，给日本残酷的炮火粉碎了。所以，在我去年和今年再到北方去的时候，就大大不同；北方人民的自信力几乎完全丧失了。和北方的友人说起来，大家都是摆头喊着"无办法"。尤其是最近，仿佛觉得华北已不是中国的了；所以一般人不但说是"无办法"，而且说"无问题"了。我在处处都无办法中，但我还要找一个地方来证明，看看中国今后到

624

底还有办法没有。这次到广西来,就是为找这个证明而来的;可惜因为在广西的时间太短。可是就我观察所及,昨天在武鸣今天在南宁所见到的,觉得中国的前途还是有办法的!

二

自己在考虑中国问题时,感觉得中国最近的政治史上,似是划分为三个时期:第一个时期,是每个人替自己想办法的时期(当然这并不是只是一个人,在个人的背后还有他的家庭,以及亲戚邻里朋友,不过是以他个人代表罢了)。在这一时期中,每个人都是忙着在为他自己想办法。在什么地方想办法呢? 比如说:他是在省府作事,他就在省府内替自己想办法;在某一机关中作事,就在某机关内替自己想办法。替自己想什么办法呢? 即在那一机关中取得些利益,更简捷些说,取得一些钱放在自己身上。他取得的钱,又是不是纯为自己呢? 不是! 而是为他的太太、小姐、少爷以及其他的亲戚邻里朋友。这些人都要他想办法,于是他也不得不在那一机关中想办法,这是第一个时期。第二个时期是替自己的机关想办法。假如某一个机关自己能够把握得住,他必在那一个机关中来树立自己一系一派的势力,这时那一个机关就等于他自己。于是他若是一个县长,就只替县府想办法;是某一机关的长官,也只替某一机关想办法。在什么地方想办法呢? 在那一个机关所管辖的范围内想办法。大概现在国内,有好些地方,是进化到了这个时期。第三个时期,是替所管辖的范围想办法。然而到了这个时期的,除以广西外,在他处是没有的。我所要证明的中国今后还有办法,就是这第三时期的政治。因为在第一个时期内,只可造出袁世凯或段祺瑞,不能造出一个地方和国家;第二个时期也许可以造出几个机关,但还不能造出一个地方或国家;一定要在第三个时期中,才可以造出一个地方,才可以造出一个国家。目前广西的政治,就造出了一个新的广西,决不是造出了一个李宗仁、白崇禧、黄旭初! 这是自己到广西来以后所感觉到的。

三

这次到广西,首先所看到的,是广西已造成了一个新的推动社会的原动力;如政治、经济、教育、军事,都是一个系统的几方面。所谓系统,就是一贯的组织。有了一贯的组织,才可推动政治的、经济的、文化的、军事的、整个社会的前进。不过这种组织还不是发动力,组织犹如机器,机器还需要发动力来推动它,然后它才能有作用。这种发动力在广西也是有了的。现在让我在没有说明理论指明事实以前,先介绍一段反面的文章。

社会的前途,需要有一种发动力。而这种发动力仍旧是在社会,而不是在个人。但这点一般人都不大相信,因为他们觉得,人的活动谁不是在为自己?既然每个都在为自己而活动,何以发动力又在社会呢?平常一般人的观察是这样,其实是错误了。或者有人要这样的来驳我,每个人拼命挣钱,不是为他自己吗?他吃好的、穿好的,家里一切都布置得精美堂皇,哪一样不是为他自己?再,他自己想做官,做了一个县的官,还想做一省的官,做了一省的官,更想做一国的官,又哪一样不是为自己?再或者做寿酒、喜酒,死了人开奠,尽量的做得非常热闹阔气,又哪样不是为着自己?可是我却以为并不是为自己。我们试想想:人为什么要挣钱?我看见有许多挣钱的人,自己"披星戴月","胼手胝足","十年寒窗",真是可怜极了!然而他挣来的钱,不肯自己用,自己还是穿着破补的衣服,清淡的饮食,并且还天天告诫子孙不要[乱]用钱。请问他何以要积起钱来不用?从这一点可以证明他挣钱并不是为自己。那么为谁呢?我可以说,是为社会。因为这是社会的要求,社会在奖励有钱的人。有钱的人,人人都羡慕他、恭维他,吃酒,有钱的人坐第一席。因为社会有这种要求,所以自己就应该有钱;因为社会奖励、恭维、羡慕有钱的人,所以自己就应该有钱。那么,拼命挣钱的人又何尝是为着自己呢?譬如有些人要吃鱼翅、吃大菜,说他是为着自己吗?也不是。为谁?还是为社会。因为社会以吃鱼翅为阔,于是自己请客非吃鱼翅不可;因为社会以吃大菜为阔,自己请客也不得不吃大菜。再说穿点,现在社会上要穿毛织物、要穿西装,自己就不得不穿毛织物、穿西装。住的房子,以前社会认为前后几重为阔,于是自己建筑房子也就前后几重;现在社会上又改变为高下几重了,自己也就跟着建筑高下几重了。然而这一切都是为自己吗?不是,是社会的需要。尤其是在婚丧事件上,更表现得非常露骨。假使某个人的父母死了,这丧事若办得不阔气,社会上就要批评他;反之办好了,人人就羡慕他。假定现在自己的经济力量原本不能办到,还要借债来举办。所以,不但个人的行动是为社会,而且还要为社会大大的牺牲个人。至于做大官,更是为社会。固然,他不是为社会的全体,乃是他有许多亲戚、邻里、朋友需要他来提拔;他不做大官,就不能安置这许多亲戚或邻里朋友。这样,我们就可以得到一个结论:我们每个人的行动的原动力,不是为自己,而是为社会。那么,推动社会的原动力更是在社会了。我们现在要推动社会,一定要找出这个社会的原动力;否则,只有了机器,而无发动力,仍旧是无用的。

四

其次,刚才所说的是证明推动社会的原动力是在社会,但是在什么社会?在世界?在国家?在一省?从中国看来,所谓社会,还待解释。现在所谓社会,从世界一直到一个国家一省甚至到一种事业,都可以称之为社会。然而社会生活的核心,是"集团生活",这种集团生活,才是社会发动力的社会。在全世界上,我们可以说无一时代无一社会,更无一时代无集团生活。同一时间,从野蛮的一直到文明的,无一个民族无集团生活。平常一般人认为中国人无社会观念,其实不是的,中国人一样有社会观念的。不过中国人的社会观念只是一个家庭,以及与家庭相联系的亲戚朋友邻里关系。这是因为中国数千年来都是一个农业社会。在农业社会中的社会结构,是极其简单的,这时一个家庭就是人的集团生活,最多是因家庭互相关系而引起的亲戚邻里朋友的关系。国家并不成一个集团生活,因而常常受其他民族的侵略。如在历史[上]常受游牧民族的侵略,虽然几次南迁还可以苟安到现在。不过到了现在的情势就不同了,今天的世界变化得太快了,现在中国人所遇到的敌人的侵略,已不是游牧民族,而是工商业发达到极点的国家;同时侵略的方式也由单纯的武器变为政治的、经济的、文化的种种方式。因此在今天以前,对于游牧民族的武力侵略还可以避让,而现在连猛山中也不容许我们退避进去了。因为这样,我们就感觉得以家庭为中心的集团生活,现在是不能再用以维持生活了。我们必须打破这以家庭为中心的集团生活,扩大为以国家、以民族为中心的集团生活,然后中国才有办法。否则,虽然我们也可以学外人筑铁路、办轮船、开工厂,但旧日集团生活不改变,仍旧是无用的。比如我们今天开一个工厂,工厂本身是一个集团生活;可是在现在的情形之下,办工厂是人所欢迎的,但工厂的集团生活,却不为人所欢迎。某一人开了一个工厂,那一厂的管理、监督等职位,都是他的子侄、亲戚、朋友,仍旧不离开以家庭为中心的集团生活。所以近年来有许多工厂、公司失败了,而工厂、公司的经理并没有失败,就是这个原因。

五

我们现在要创造一个推动社会的动力,这动力是集团生活。但旧日以家庭为中心的集团生活已不能适用了,必须创造一个新的集团生活,才能作现代社会的动力。集体生活中包含有两个条件,可以作为推动社会的最大动力,现在让我来说明于下:

中国的家庭,是个人生活上从生到死惟一的被依赖或依赖者;纵然不能依赖家庭,也可以依赖亲戚、邻里、朋友。但在西欧各国的人民,失业是非常恐慌的事;中国人则不然,他们失业后可以依赖家庭。故中国对于失业者,用不着调查。这种个人因有家庭的依赖关系,就只知道替家庭想办法。他们不以有了职业就是有了办法,反之认为将钱拿回家庭去才有办法。这种家庭的依赖关系,我们必须要将它打破;但要打破这种家庭的依赖关系,比打破迷信还要困难。要打破迷信,除非人们心理上对于科学有了信仰认识以后才行;同样的,要打破旧日的依赖关系,必须先树立新的生活的依赖关系才行。这种新的生活的依赖关系,就是社会动力的一方面。

但仅此还不够,还要集团与集团的比赛。过去集团与集团比赛是以家庭为单位的;比如有两个家庭在地位上是一样的,但某一家子弟中了举,某一家若没有人中举,就感到非常惭愧。尤其是婚娶办喜酒上面,更容易表现这种比赛的心理。此一家办喜事用了好多钱,彼一家也一定要用那么多;否则就无"面子"——争面子就是比赛。这种以家庭为单位不合现理的比赛,我们是要打破的;但在集团与集团的比赛,未悬起新的标准以前,旧的比赛也是无法打破的。这种新的集团与集团比赛标准,就是社会动力的另一方面。

由此我们可以知道:集团生活所发出的动力,在内有依赖关系,在外有集团的比赛。这不但可以解释中国,在外国也是同样的。不过在外国已不是家庭的依赖关系,而是国家的依赖关系;不是家庭单位的比赛,而是国家单位的比赛。例如外国人民,他开办一个工厂,一切原料、市场、人才、机器,都可以依赖国家为他寻找,他的商品运到某国销售,如发生了困难,也可以依赖国家保障。从这方面我们可以证明在完成现代国家的人民,他们可以依赖国家,是个人对国家的依赖关系。这是在国家以内的。至于国与国之间的,则是国与国的比赛。目前国与国的比赛,最重要的节目有四种:第一是国防的比赛,如比赛海军的兵舰吨数、炮的口径、射程以及舰之速率,陆军则比赛动员人数、大炮口径、射程,空军则比赛速率、爆炸弹重量。总之,无一不在比赛。现在的世界已成了一个运动场,这个运动场上更无一天不在开运动会,运动会中的第一个节目,就是国防比赛。第二是产业的比赛。今年这一国家出了多少铁、煤、粮食、纱布,都是在与其他国家比赛中。第三是交通的比赛。比赛铁路筑了若干里、公路若干里、汽车多少。第四是文化的比赛。这分为两部分:一是科学的研究,看谁有新的发明或发现;二是教育上,比赛识字的人数到了百分之几、千分之几、万分之几。总之,一切都在比赛之中。从这种比赛中,就发生了很伟大的社会动力,以推动社会的前进。这在外国是如此,在中国呢? 一般人都说中国人是自私自利,但我认为不是这样。他是自私自利于集团生活,不是自私自利于个人。不过中国人的集团生活是家庭,所以他只自私自利于他的家庭;所谓文明国家的人民则自私自利于他的国家。因此现在中国人民的集团生活,必须打破,另产生新的集团生活。但要改变集团生活,首要创造新动力,若不创造新的动力,旧有的动力就可为新集团生活的障碍。譬如,中国近数十年来将外国所有的制度都尝试过了,何以有些制度在外国很好,而在中国就不行了呢? 如最初学日本,民国六七年后学美国,十四五年时学苏俄,到近来似乎又想学意德。可是学来学去一样都不像——原因是新集团生活的动力未产生,一切的改变,都变成无效了。所以我们现在必须赶快来创造这种新动力。

六

第一,我们要创造新集团内新依赖关系。譬如我们在广西做事,我们要永远相信广西能安定;同时,我们也永远保持广西的安定;我们要与广西造出不可分离的关系。我曾遇着一个青年,他一切都很有希望,但在意志上有时会动摇;我就问他动摇的原因,他说是由于不安定;我再问他所谓不安定,是由于你怕在你的事业上不安定,还是怕你的事业在社会上不安定呢? 他说两者都有点。我就向他说:第一,你要努力的做,做到事业离不开你,到那时这种事业虽然失败了,另外的事业还要找你;第二,你还是努力的做,你要做到一桩事业在社会上离不了它。只要能够这样,就无所谓不安定;这就是造成功一个新的依赖关系——事业离不了我,社会也不能离开这种事业;到了这时,你与社会的依赖关系构成了,你也就安定了。如现在广西办国民基础教育,学生入学可不收学费,将来还可以供给书籍文具,更进而供给服装;那么以后自己有小孩读书也可以不依赖自己家庭,而依赖社会。一切需要都有供给了,又何必自己徒劳去拼命挣钱来保障呢? 现在我们就要造成这种新的依赖之网;我要做到社会离不了我,同时我一切也可依赖社会。这个新的依赖之网,就是推动社会的伟大动力。

同时在另一方面，我们要打破旧日不合理的比赛方式，树立新的比赛标准。我要和人家比赛谁个讲演得好，比赛谁的道路选得好，比赛谁的生产量出得多。就是将我们比赛的标准，做到不是以我所有的表现出来，而是以我所做的工作成绩表现出来。有了这新的比赛标准，然后我们的工作才有兴趣。另一方面，我们将比赛的标准悬得越大，这种社会动力就越大。有一位日本新闻记者游历俄国的报告，说目前的俄国，每天要公布他前三日煤、铁、油的产量，希望每天的出产量都要超过昨天的出产量，来鼓起大家比赛的兴趣，同时在横的方面，我非超过他不可。在我的经验上，这种比赛获得了很大的效果。以前我们办的工厂，工人只在发工钱时才努力做工，后来我们采用比赛的方法，甲今天出三丈布，乙明天出五丈布，对于胜利者我们大家都恭维他。于是今天有人出五丈，明天就有人出六丈，后天有人出七丈，天天都有人打破纪录。再有一次，公司为要节省经费，当时会计处要把新列的预算公布出去，我立刻阻止他，而要各部自己去列预算，要他们在节省上比赛。出乎意外的，各部所列的预算，较会计处列的还要低。由此可知社会的动力，不在命令，而在比赛。我们现在就是要在纵的时间上去比赛；横的人与人间比赛。有了这种比赛，工作人员才肯拼命的去干。试看平常要有一个人去跑百米以至万米，谁也不肯跑，但要在运动会中，他却拼命的去跑；这就是因为比赛的关系，也就是证明比赛为社会最大的动力。

七

因此，目前我们要想中国有办法，我们一方面要打破原来的集团生活的依赖关系(即个人对家庭的依赖关系)，创造新集团生活的依赖关系(即个人对国家的依赖关系)；打破原来不合理的比赛标准，悬起新集团的比赛标准。这样就可以创造伟大的社会动力，以推动社会的发展。

目前的广西，新的依赖关系已在创造着，新的比赛标准也悬了起来；如这一区与那一区比赛谁的民团训练得好？谁的基础学校设得多？各县也是这样在进行比赛。我们今后更要做到凡是现代社会上所需要的活动,都列入比赛的节目中;同时我们更要将标准提高到与世界各国比赛,我们要做世界运动场上的一个选手,要将世界最高的纪录打破。只有这样——只有在世界运动会上,才可以把中国人的国家集团生活形成,然后中国才有办法。

因为自己平常的想象是这样,这次到广西来得到一个事实证明,所以今天就与诸位谈了这些话;至于中间有无错误,很盼望大家与我一个指正,完了。

《宇宙》1935 年 10 月 15 日第 3 卷第 7 期

社会的动力与青年的出路（下）：
青年的出路

（1935 年 10 月 13 日）

承白副总司令介绍,感觉得非常惭愧！因为介绍的话,超过了事实的内容。今天要同各位说的话,可分为三点：

一

若干年来,因为自己在社会上做了些事,于是许多人说是我仿佛想在社会上做多少的事业；可是在我,觉得不是。

我以为凡是我们今天所做的事业,都不是最后的成功；而且终会有一天失败！在哪天失败,目前亦不易卜。那么我们在这每件都免不了失败,而且不知道什么时候失败的事业上,仍然拼命的努力；它的意义,就不仅限于事业,而还有超乎事业之上的意义在。因此我又想到,今天所做的事业,不过是取得一种机会,并不是一种目的。然而我们又把这当作什么机会呢？ 即是觉得中华民族,缺乏人才；过去一切的事情,办理不好,一切的问题,解决不了,那是因为缺乏人,根本缺乏一批有办法可以解决问题的人！所以我们把所做的事业,当作一种机会,一种培养人的机会。故常常同朋友谈到,过去我们做事,与其说是做事,毋宁说是造人。但是想培养什么人？ 我们可以说,除了不得已用了些年纪长大的人之外,培养的都是青年。常常在一件事业中,举行多次的考试；这就是要搜求青年,来培养他。故我想今天我们所做的事业,其意义不是在事业上,而是在事业中的人!在培养事业中的人。可是这里又很容易引起一种很错误的观念:仿佛说"这些事业不是事业,其目的仅在培养人,在培养我"。这是很错误的!因为有这错误观念的发生,于是又使我们想到"究竟培养人的目的又为什么"?就是说,今天我们所做的事业,目的不在事业,而在培养事业中人,——也许不把事业当作事业者,而把它当作学校。然而培养人的目的,又在什么地方?

培养人的目的,在什么地方呢?反转来说,培养人的目的,即在事业上,而事业的目的,是在社会上。那么培养人之目的,即在为社会上,而不是为谁的本身。所以我有两点意思:一点是培养人的目的,不是为这被培养的人,而是为所努力的事业;还有一点,就是事业的目的,是要为社会。归结来说,就是我们把自己本身,放在事业上,而事业却放在社会上。我做过一篇《前进的两段论》,意思就是说:我们需要前进,第一段自己要向事业上前进,第二段要提着事业向社会前进。

故我们所做的事业,是在培养青年;然而不是培养各个青年的本身,而是培养社会需要的青年。这是平日自己感觉做事业的意思,须得介绍出来,给各位知道的。

我要引一段故事:民国十二年的时候,在四川重庆,有一个省立第二师范学校,他们举行讨论会,讨论一个问题;这个问题是:"中等学生,应不应该参加社会运动?"请我去当评判。讨论的结果,许多学生发表的意见,都认为学生在读书的时候,应该尽量的读书,绝对不应在读书之外参加社会运动,为的是恐怕妨害读书。后来学校里面的教师评判,更沉痛地认为学生应该读书成功之后,才参加社会运动。最后请到我去评判,我说:"对不住得很,假如你要我来批判的话,免不了要把你们的结论完全推翻!现在我先请问:读书是为什么?而读书又到哪个时候,才算是成功?'成功'是什么东西?读书之后,个人得了功名,家庭收入很丰,这是你成功了?除此之外,没有成功可言。中国就是因为每个人都想自己成功,因此国家的事、社会的事,什么都失败!如果长此以往,中国的一切,也就永远失败! 故关于中等学生要不要参加社会运动,这是很容易了解的。我们如今在学校做的是什么? 就是社会运动。因为当前没有好的环境,如家庭、社会、政治、教育等①都不好,在这不好的环境中,就不能产出好的人。因此要想产生好的人,必须改变环境——家庭、社会及天天接触的政治,乃至学校,都应把它改变,这些种种的改变,是什么呢? 就是社会运动。学校所教的课程也就应如此。"

本来每个人的行动,有两条路:一条是有权力把环境改造;一条是跟着现时的环境走。我们既不幸生在不好的环境中,只有把环境改造,然后给后一辈的青年,跟着环境走。而且我们要认识,环境是活动的,时时改变的;这种改变,就是社会运动。所以学校的课程,脱不了社会运动。

由这段故事的引申,就是说学校之培育人才,不是培养他个人成功,而是培养他作社会运动,使社会成功。

要说到本题:也有一段故事。就是我在四川的时候,有一次四川青年举行学生集会,集合了许多青年,要我讲《青年的出路》。这问题很使我诧异。我想:"怎么会有青年的出路?"今天我讲这问题,正是取消这问题——当时我就对那些青年说:我不讨论这问题;虽然这问题在报纸上,天天有人讨论。中国没有出路,社会没有出路,你们青年,又哪里有出路呢? 每一个青年为自己出路而努力,这是根本的错误!

中国的社会,原来只有两重窄隘的范围:一重是家庭,一重是亲戚邻里朋友。一个家庭里面只要有一个人成功,就是这家庭成功;一群亲友之中,有一个人成功,这一群人也就成功。于是这种社会,专门培养成功个人。大家只求个人的出路,不想到国家民族;所以一直到现在,虽然成功了若干人,社会乃至于国家却被这些人毁坏了。因此今天我们要绝对的取消"青年出路"这问题。

可是青年没有出路,我们岂不是失望了吗? 还努力作甚? 有的,出路还是有的;不过是在社会上,而不是每个青年的本身。每个青年想到自己的出路的

---

① "等"字原文为省略号。

时候,总脱不了想使我在未来成为一个教育家或政治家,也许要成为一个经济事业上的经理,或做其他旁的事业。所谓出路,不过如是。但是大家要晓得,这些通通没有自己的出路。如果只准备取得这些地位,那是根本的错误!比如假定你在未来成为一个教育家,办一个学校吧,那你应该想,你要去办的那个学校,要怎样才办得好,成为你理想中的学校。又假定你准备做一个政治家,去办理一县的政治吧,那你应该就那一县的事情,想想怎样办理。如几十万的民众,应如何使之行动一致?纵横几百里的土地,应如何使之变为很好的园地?如果在此地着想,就有出路。出路就是在你要办的事业上,根本不应想到你自己。因为一个学校,或一县,就是社会;故没有自己的出路,只有社会的出路。

今日尚想如过去那种在学校混混多少时候,得文凭后,就有出路,这是错误的;纵使有,是你自己的出路,不是社会的出路。如果只求个人好,恐怕中国永远不会好。要想盼望中国好,只有从我们做起,从我们当前的事做起;我们办什么事,就求什么事的出路。

所以青年人应该晓得我们自己没有出路,只有社会出路。在敝县教育界的朋友,常有这种错误的观念:就是我们在外面读书,得一纸大学毕业的文凭之后,就认为我有资格,该当校长了;而社会每年应以一两千元的薪金报酬我——不是为我办学校,而是因为我过去读书,有了大学毕业的资格。这种观念,真是大错特错!要知道社会培育你,你应该报酬社会,为什么反要社会报酬?!故我们应该明白:我们是为社会而读书,是为社会找出路,绝对不要为自己找出路。说到此,使我联想到广西的学生,幸运太好了——得这样好的环境,培养能力。培养什么能力?就地方上说,就是培养把广西一省弄好的能力;而广西怎样才得弄好,又已有了《广西建设纲领》。各位在学校,以这建设纲领为课程之一,大家想怎样才能从这课程中,把九十九个县建设好?这就是在好的环境,培养自己为社会做事的能力。将来到一乡村,就把一乡村弄好;到一县就把一县弄好;到一省也把一省弄好;扩而大之,中华民国也弄好了,那是很有把握的。这把握就是在青年人的手上。

故我常常想:中国前途的希望,只有在一般青年;然而青年在过去没有正确的目的,好似大家都为青年的本身而努力,这是很危险的。如今我们应该知道了,青年不是为谋自己的出路,而是替社会谋出路。如果每个青年都能够如此,中国在三五年后,就可变好,这是可以断言的。

所以各位要认清楚:我们得在这好的环境中,培养能力;社会盼望我们能力成功,去改变社会。而广西已有改变社会的办法,我们应当以这办法为课本,怎样去学会能力。等到改变社会的能力成功之后,将来走到哪个地方,就改变哪个地方;当前一县一省可以改变,整个中华民国,也就可以改变。这是每个人应该有这种自信力的。

民国十一年,我在川南参加"五九"国耻纪念的时候,对各校学生,曾有过一篇沉痛的话。我说:"我们今天举行这个国耻纪念,每个人都晓得痛骂曹汝霖、陆宗舆、章宗祥的卖国;可是我们要晓得,他们几个人做学生的时候,是最优秀的分子,当时他们只求自己的成功,因此读书之后,只顾自己的出路,不惜卖国!假如今天各位还不认清楚,而专求自己的成功,那将来危害,怕比这三个卖国贼更甚!"

故每个青年中学生,都应该认清学校培养人才,是盼望社会成功,而不是盼望个人成功;盼望为社会谋出路,不是为自己谋出路。而且在目前的社会之下,我们自己无出路可言;我们的出路,是建立在社会的出路上。

今天没有别的贡献,仅仅是这点意思。虽然理由不十分充分,但意思是非常诚恳;如果有错误的地方,盼望各位指教!

《宇宙》1935 年 10 月 25 日第 3 卷第 8 期

广 西 之 行

（1935 年 11 月 1 日）

这一次到上海，时间是八月中旬，有许多朋友争为我介绍一位广西朋友温翘生君，遂在几个机会中见着。他谈起曾读过我所著《中国的建设问题与人的训练》一本册子，极同情于我所主张："人非自私自利的动物，而绝对地忠实于集团生活。中国人仍是有集团生活的，家庭是第一重，亲戚邻里朋友是第二重。此两重集团生活有了几千年根深蒂固的历史，成了今天改造中国大大的两重障壁。改造中国，必须打破此两重障壁；又必须训练人造起新的集团生活，乃能打破旧的集团生活。故训练人实为今日根本问题，而训练人在现社会的重重包围中，另外造成一个社会，尤为今日困难问题。这困难却又是必须用全力打破的。"

温君以非常诚恳的态度盼望我到广西一游，与广西当局谈谈，并对一般青年讲演。我觉得游览是一生最感兴趣的生活，尤其是到有办法的地方去寻找办法，我们问题太多办法不够的人最愿意的活动。只对青年讲演，则胸中一无所有，殊觉惶悚。且计算往来广东、广西，至少需时两周，而事业上问题之待解决者，天天都有。个人一切活动应在事业上，两周自由似不为事业所许。但温君恳切的精神太令人感动，屡来商促，不游乃更不为温君所许了。

于是约事业中好友张君澍霖、徐君兆瑞，同往广西，亦便沿途中商讨事业中诸问题。适我们事业中的领导者郑君东琴和另一好友刘君属九亦由四川出游，并约同行。温君相伴，以成一队，计达七人。十月二号他们坐轮船，我为求速乃改搭四号飞机。前一个月曾乘飞机遵海而北,这一次又乘飞机遵海而南,快将我们国家的海岸线看完了,澍霖①说:也快将中华民国的航空线走完了。

此行先到广州,住了两天,看了广东省府经营的几桩经济事业:糖厂,士敏土厂,棉毛丝麻等纺织厂,凭吊了七十二烈士英灵所在的黄花岗。得上海银行、广州分行的帮助不少。与李德邻先生晤谈,问广西的办法,极感谢他那极爽快而一点没有含蓄的解答和极其周到的照料。

到梧州住半天,看了一看桐油检验所、广西大学和其他几个地方。李德邻先生说:"广西亦有苛捐杂税呵! 是抽自旅行的客人身上。"倒使我吃了一惊,不幸广西大学马君武先生竟从梧州抽起,而且抽到我们这般穷人身上来了。所谓抽税也者,非抽钱也,抽讲演也。恰好我们在到梧州的船上有段争论,有两位朋友主张非战论,我是一个主张方法论的,遂向两个朋友谈:"战诚应非,但应如何非法? 于是引了杀以止杀的意义,止戈为武的意义,而提出一扩大战争论。所谓扩大战争也者,第一要有扩大战争的准备,有不可侮的战争的实力,而使人不敢侮,乃能避免战争。第二要扩大战争的范围到制止世界的任何战争,不仅为各个国家自己的生存,世界乃无敢发动战争者。第三要将经济、文化、政治一切运动划成战线,一切活动战争化,时时要求突破世界的纪录,以推进世界的文明,以替代野蛮的战争。"这一个游戏的题目,是针对我非战论而产生的,遂在梧州捐与广西大学了。

到南宁住了三天,曾看了看新建设的省政府,正在研究全省国民基础教育,而且编辑全省国民基础学校教科书的国民基础教育的研究院,正在为全省赶印教科书的印刷厂,作牛瘟防御运动并划了全省的牛瘟防御线的家畜保育所,对军民伤病兼施治疗的军医院。看了一个省政府的图书馆,一个公共图书馆,一个搜集广西物品颇有办法的博物馆。中间曾以一天跑到武鸣,看了看民团干部训练大队。这一大队的散兵线是在南宁区十七县的乡村,受训练的青年现正准备着当乡长、副乡长、村长或学校的教员。看了看学生在大队里学着

---

① 澍霖即张澍霖。

经营的乡村活动,看了看两个实际的乡村。与那南宁区的民团指挥而又是行政监督的梁君浩川恳切谈了好久,梁君很能够把未来的政治理想和今天以前的经过及天天看着出生长的快乐道得出来。我们必须知道生活之味要亲切地做得出来,才亲切地道得来。他们不但教学生以军事的学科和术科,尤其教学生垦荒、种树、养猪、养鸡、布置花园、开辟道路,凡在乡村应有的一切活动都在大队里学过做过,使每个人明白回到乡村去应做些什么事,应怎样做事。梁先生谈他常常到各乡村去看各乡村建设的成绩,到处有穿着灰色服装的青年乡长、青年村长笑脸来迎,报告工作的进程,提商种种问题。隔一些时候到一个乡村去,又必进化一些。这是梁先生深切感觉的趣味。连我们倾耳听这许多故事的人,亦非常感觉趣味,更可想见梁先生了。

看完之后,梁先生又抽临时税。将所有干部大队、警察训练班、初中毕业的军事训练班,集合起来,凡一千多人,要我讲话。

一千多人集合起来,于是乎我不得不讲话了。问题是由梁先生的一段课程引出来的。"人都说教育应是做人的教育,教人如何做一个人。我觉得教育应是做社会的教育,教人如何做成一个社会。这社会是有理想的,是有极完整的计划的。例如广西定了一个极完整的计划,是广西的建设纲领,我们便须得造成这样一个广西。这就是做成社会的教育。"

可惜我们不曾到广西各地,甚至于柳州,是广西军事的中心,而又有试验的农村;还有那山水甲于天下的桂林,是广西文化的中心;都来不及考察或欣赏去。我们知道广西太少了! 然而在短时间见着的、听着的,综合起来,已可看出广西是在从根本上做,不是装点门面,更不是感情冲动。民团是要定期完成壮丁训练,就南宁一区十七县言:壮丁四十一万有余,已受训可动员的已达十一万有余。军队是改募兵为征兵,今年已经开始试办,征兵已达现有兵额三分之一了。乡村长要在定期内完全变成曾受军事政治训练的青年。就南宁一区言:乡长已经完全变成青年,副乡长亦已变了大半,村长变到五分之二了。国民基础教育是要在六年内普及,每一村要有一所国民基础学校,每一个学龄儿童,每一个成年,必须强迫接受教育。他们一切进行都是按着计划、按着时间、检着数目字在做,在不断的做,数目字在不断地变。这样在空间上、在时间上全般有规律、有策划的活动,正是中华民国所急切需要,而广西竟实现了。

尤其值得注意的,第一是他们的政治力量完全培养在人民身上。成年的有壮丁的训练,儿童则有学校的训练,其训练的中心问题,为广西如何建设,使建设的要求者不仅为最高领袖,亦不仅是政治上的人物,而是全体人民。此种整个社会要求培育成功以后,建设乃有了极其坚强的力量。就是政治上的人物再要毁坏他亦没有办法了。

第二是他们的政治基础完全建树在青年身上。一般人常觉得青年含有危险性,实则青年之危险,是由于没有训练,没有人领导,而不良环境之诱惑,又非常有力量。广西却用全力训练青年,领导他们在一个谨严的秩序当中,生长的社会当中前进着,他们自然不会危险了。我们要领导被现有社会已经陶育成功的人们去改变现有社会,倒非常困难;最可靠,还是未成熟的完全由新的社会当中陶育出来的青年。

他们在今天以前是以自卫为中心。自卫本来不是广西的建设意义;办到能够自卫,不过取得安定的机会,可以从容建设广西而已。凭借民团的训练已使政治工作上了完整的组织,推动的工具,今天以后决定转移全力到生产方面去。举凡军事、政治、教育,一切活动都以生产为中心。从地上面垦辟荒地;在没有垦辟的荒地提倡牧畜,提倡种树,大规模经营水利,改良农产,防止兽瘟。从地下面开发矿产。同时提倡工业制造,整理对外贸易,以救拔广西的穷困。增加村有、乡有、县有、省有各种公共财产,以助地方一切建设经费。我们觉得他们已发现政治上最后的问题是在管理社会经济,是在增加公共财富了。甚盼望他们对广西物产及消费有整个调查,整个研究,确定一整个计划,分期经营。凡同时期必须顾到其相等的事业,要求其同时期经营或完成。试一试有策划的生产成败利钝,较之无策划的生产究为如何。我们须知道消费的浪费可怕,生产的浪费乃更可怕。供求是永远不能适应的,不是供给过剩,供给方面损失;就是供给不足,需要方面损失。例如梧州设一硫酸厂,因无销场而停顿;南宁有三桩事业都有小的发动机,实应算得几年内各种事业应到达的动力需要,设置一发电厂供给电力,较为经济。这都以策划的生产为较便利。白健生先生黄旭初先生都以为是。

自给运动的呼声,年来盛倡于各省。我觉得自给运动是中华民国应竭力造起的。各省则有其自给的部分。必须交换的原则是:第一,自己缺乏而又必要的产品;第二,自己虽不缺乏,但他省供给较为经济,自己大量出产其他产品亦较为有利。此种条件不仅可以适用于"省际",亦未尝不可适用于"国际"。我需要某种物品,即请人供给某种物品;需要若干数量,即请人供给若干数量。这是极其经济有益无损的交换办法呵!

我觉得广西建设计划,应编为各级学校的课程。各级学校除普通各种课程外,还有一更重要的课程,即为广西建设计划。白健生先生说:"我们正是要将广西建设纲领第一步灌输到公务人员的脑中去,第二步灌输到全体人民的脑中去。每个人须将广西建设纲领说得出来,然后才做得出来。"

教育即是宣传,是相当有真理的。要宣传广西建设纲领,不仅令每人诵读了解而已,还须以各方面的宣传包围之。凡关于讨论问题,描写故事的图书、杂志、报纸乃至于电影、戏剧、公开讲演、私人谈话,其内容无一不含广西建设纲领、建设意义。同时造起各种比赛,人与人间的比赛,地方与地方间的比赛。这些正是造起一种社会运动必须具有的条件,白先生、黄先生均以为然。广西亦已从事于此类运动了。又讨论到改革社会,须抓住女子,许多男子的行动都是出自女子的要求。我们的一群小小事业当中,最初只管理各个工作人员的工作,后来觉得工作以外的生活大可以影响工作,于是进一步要求管理工作人员的全部生活。然而发生了严重的冲突:这边有强烈的社会的要求,那边却有强烈的家庭的要求,许多工作人员都在这样恶战当中。我们要救拔他们,只有将他们家庭里妇女的要求变成同社会一样,这样一来,每一个工作人员在夹持的社会要求之下,纵欲偷避社会工作而不可得了。白先生说:广西已因此而为公务人员的家属设置学校了。真好呵!如果更进一步,更为妇女们设置种种的经济的、教育的、娱乐的环境去包围他们,则更有力量了。

我们盼望广西的人员除已准备静的方面需要的,如乡长、村长之外,还须有一批动的人员,是不断到各地方宣传、联络、指导、考察的。还要有余裕以便轮流调回训练的。白先生说:"等现在乡村需要的名额填满后,即当进一步准备交换的,而且准备太不成功而须淘汰的了。"黄先生说:"现在国民基础教育的中心区,亦已有指导人员的设置了。"

我们盼望广西一方面埋头工作,一方面将办法提供到中央推行到各省去,从积极方面造起一个极有希望的建设运动,是今天中华民国急切需要的。中央现亦正励精图治,必能让广西试验去,亦必能采纳广西的提议。广西应先有这积极的意义,排开一切政治上的纠纷,而另为中华民国造成相互期望和帮助的新风气,至少是于中华民国的前途有利无损的。白先生说:"愈从建设方面努力,便愈求安定,愈想避免政治上的纠纷。几年以前只有战争的经验,以为战争是可以唤起精神的活动;但战争结束之后,精神便消失了。这几年来,在建设方面努力,随时到各地方看着蓬勃生长的气象,乃知人生的真快乐,还在不断地建设当中,创造当中,无时不可以唤起精神。于是认定我们努力的方面应改变到这里。"这是白先生亲切体验出来的话,极有意义。

黄先生态度诚恳而寡言语。白先生言语温和,对事勤求办法,提出好几个问题讨论。对人则体谅人的处境的困难。因此我们知道这几年的白先生,在亲切地工作上,不知道经历若干重困难了。

广西几位领袖能够和谐,能够合作,表现的是一群人的活动,这亦是中华民国极其需要的。他们应本已有的和谐精神,造起中华民国的和谐运动,与中央彻底合作。中华民国统一最大的障碍,就是人与人间,[不]和谐、不合作,而对外的力量必须产生于整个中华民国,所以和谐和合作运动是急救中国的良药,急切需要去造成。再则广西似乎是为了一个建设的公共理想的需要而成功和谐和合作的局面;如果要从整个中华民国造起这样一个运动,乃须得为中华民国造起一个公共理想,共同趋赴。这个工作,蒋委员长正准备以坚毅的精神领导着全国做起来。如更能得各方面辅助,从积极的建设的方面促成全国和谐和合作,我们相信最近的将来,必可产生整个中华民国彻底统一的局面。因为广西正在同样意义上努力,必可为这种运动很大的帮助。只是促起政治局面和谐,不仅是政治上的人物的任务,社会人士亦应共同起来担负。

广西抽税之重莫过于南宁,白、黄两先生约十二日在省党部对公务人员讲演,十三日在南宁初中对中等学生讲演,太困难,穷人又得勉强纳税呵!

我想广西正在努力推动一个社会,于是就在省党部讲社会的动力。其内容的大概是:"人的行动的来源,没有一个是为了自己,都是为了社会。为了社会的要求,为了表现自己到社会上去,不但是社会的,而且是徇社会的。所以人的行动的刺激不在自己,而在社会。社会是有两个强力的要求:一个是造成相互倚赖的关系,一个是悬出相互比赛或斗争的标准。一个集团范围以内是相互倚赖的,两个以上的集团间是互相比赛或斗争的。克鲁泡特金的互助论适用在一个集团范围内,达尔文的生存竞争论适用在两个以上的集团间。"这一天就讲这个原因。太无以对当时党政军一千多人员,自白、黄两先生起。因为地点不够安设座位,遂都站立整整两小时,很佩服他们的精神,却很惭愧自己有话太长,而没有可以贡献的意义。

对初中学生讲一个什么问题呢? 以前重庆青年会曾要我讲一个题目,是青年的出路,于是乎就讲青年的出路。不过讲的内容,正是取消这个题目。此刻社会国家问题之紧迫,只许青年为社会国家谋出路;因为近来一般人都只为自己谋出路,没有人去为社会国家谋出路,而且许多人宁肯将社会国家牺牲了去为自己谋出路;所以弄得社会风气非常坏,国家局势非常危险。只有等待我们青年挽救,将自己捐与社会国家,去为社会国家谋出路。所谓青年自己的出路,亦只有将来在社会上要做的事业,事业都是为社会谋出路的。今天要准备着能力去做事业,亦即是要准备着能力去替社会谋出路。绝不是为自己谋出路。白先生笑我创造一个讲演的新纪录,讲一个题目,便取消一个题目。

白先生更阐发了许多青年应得为社会国家谋出路的原理,而且引了许多的历史上的故事,引起大家的兴趣。我想,广西的建设运动,也可以说是一种教育运动。我们须知道改变社会最可靠的方法便是教育运动。

税已抽两重了,我们本来准备十三日夜晚上船回梧州,白先生要再留谈一度,遂改在十四日乘飞机。谈话之后,白先生又提出了一重新税,盼望在军校纪念周再将西大讲的扩大战争论讲一回,然后起飞。我们觉得广西领导者,在意义上、在办法上都有强烈的要求,虽然我们的贡献一点没有也不便谢却。白、黄两先生都曾谦逊地说:"可惜大家时间很短,没有从容看的时间,广西却亦没有许多可以看的事业。"我们觉得广西的事业已经多了,似乎比任何地方都多。然而我们留意还不是陈列出来的(在这方面,也许广西比其他完整丰富的地方不如),而是想看看动态,看看他们是如何动。在这一点意义上,我们实觉得广西究竟动的有策划,而且在根本上,全部人员共同在一个要求上,这些意义都为中华民国所需要。

只是李、白、黄三先生及领导我们到广西的温翘生先生招待、照料太周到了,一直照料到我们离开广州以后,这是使我们非常不安,别后非常感念的。

十月四日离开上海,十月十七日回到上海,刚好两个星期的旅行。时间上不容许整个写了下来,仅仅抽出一些与中华民国有关系的问题,写交朋友指正去。

《新世界》1935 年 11 月 1 日第 80、81 期合刊

和谐运动的具体意见

（1935 年 11 月 1—2 日）

大公报为了"忧时"一篇造起举国和谐运动的文章，提出一种盼望，盼望有进一步的讨论，讨论到具体的办法。我想：举国和谐的理由，为举国人所承认，直无须乎讨论。问题是在举国之应和谐，有举国人的承认，无举国人的要求，绝无一人起来做此运动，坐视政治上的纠纷延长或者滋长，认为是他们自身的事情，谁也不去过问。虽然也有人关心，盼望他们有结束之一日，自那一日起，便举国和谐起来办到国家彻底统一；然而止于盼望，而且知道这种盼望隔离事实太远，或竟不能达到事实，亦只好一切听之，从不加上可靠的人力。

统一应为举国人所要求，不幸举国人无要求，于是此问题遂缩小到似乎只有中央政府才需要解决似的。因为只有中央政府才要求解决统一问题，遂失各方恳切的助力。除开中央便是地方，其对立的形势遂不容易完全消灭。

在无组织训练的人群，不信赖组织与秩序，亦不信赖人，盼望一切权力集中在自己手里。地方自不愿多分权限给中央，中央亦不愿多分权限给地方，则随时有权限的争执，则随时有冲突的可能。两方面的人无论在何机关，可以说都是冲突的对手，而非做和谐的运动的人。在没有统一以前，没有一种确定的方式将中央与地方的权限划分清楚以前，这种不可避免的冲突，乃成了统一的障碍。

尤其是中国人的集团生活，虽然进化到几万人乃至几十万人了，究竟还没有进化到一个国家。那几万人乃至于几十万人，大多并非怀挟着为国家的志愿来参加这样的集团生活,而是凭着亲戚、邻里、朋友,辗转攀援的关系来解决自己生活问题的。其在生活上的相互依赖关系,可以使本身团结坚强,同时可以使两个以上集团,成了敌对的堡垒。虽然最高领袖以及其间少量明达的人常以大义勉励其人群,如何去为国家努力,而事实上的刺激究较强于理论,要求斗争究较强于要求和谐。纵然有欲以协商或会议解决一切纠纷的,然亦以协商或会议为一种斗争的手段,而不是以求和谐的局面。

现代政治领袖的态度,总是非常鲜明,在任何实际问题上总以自己鲜明的态度,强烈的要求,转变一切人的行动,以成功一种政治运动。中国人的态度,却一向是消极的,至少在表现出来时是消极的。总常常等待考察他人的态度,不肯表明自己的态度。因此人与人间非常隔膜,即欲求得一和谐及合作的办法,亦常常讨论甚久,头绪毫无。又实际上的要求是在利害上,提出来的要求却往往在是非上。在利害问题无从解决以前,是非问题徒为争执者所借口,自亦解决无从。此所以国内合作问题,尽管常有代表往还,常有文电往还,而一切隔靴搔痒,终不会搔着痒处。

有以上种种问题足为和谐的障碍,如何造起和谐的运动,便有值得注意的地方了。

第一,我们盼望不和谐的两方面自身扭转局面和谐起来,是不容易的事情,应由要求双方和谐之第三者起来从客观方面考察不合作的原因,研究和谐的办法,促成其和谐。此第三者乃几为国民全体,尤其为社会上有知识、有地位的分子,应埋头做自己的事,亦应协同帮助做国家的事。当此危急存亡之秋,内部和谐乃为国家第一件应当先做的事。

第二,我们彻底改革一种现状,只有两种方式:一种将现状根本推翻之;一种从将就现状起,有策划地逐渐变更之,一直到彻底变更为止。目前中国的局势,绝不容许再给伺隙者任何机会,即不容许再有根本推翻现状之举,即不得不将就现状去深入现状,研究一逐渐变更现状可靠的办法。因此和谐运动之第一期,必须使各军事或政治集团各相安于原有地位;然而非维持现状的,必须确定一改变现状之办法指导并帮助各方改变之,其方法绝对是积极的指导和帮助的。欲使中国成功一现代国家,必使政府成功一现代政府。就这一点说:改善运动首先就得从中央政府起。以中央政府为训练全国人才的总机关,轮流集中各省实际工作人员到中央政府或指定的机关担任训练或接受训练,派人到各省考察实际工作状态,指导如何改善。用此方式使各地方有人参加中央政务,地方政务,中央亦有人参加。其意义止于参加而非更变,止于帮助而非夺取;其结果乃可打破集团间的畛域,推动政治的设施,不让现有集团争相消长,而将现有若干集团合为一真正为国家努力的大集团。那时中央和地方的人员任怎样调换也没有问题了。

第三,统一全国是要靠国家整个的办法。因为国家没有整个的办法,于是各省想各省的办法,产生了若干不同的花样,竟足以妨害整个的国家。就生产建设说:整个国家应有自给的计划,各省相互间则应谋交换的办法。因国家没有整个计划,于是各省皆作自给的计划,皆奖励土货,限制外货;在政治上纵然统一了,在经济上或将因此划为若干的独立国家,比政治上不统一为害尤大。故要求全国统一,必须有整个建国的计划。中央不仅用力于中央直接经营的事业,尤当用力扶助或指导地方经营的事业。如果中央不肯过问地方事业,而只用力于中央直接经营的事业,是自己不能笼罩地方,不能与地方产生良好的感情和密切的关系。今天以后中央应对整个国家有明了的要求,凡能在国家要求上努力的,不论是地方或竟是私人,均应给以奖励,至少予以承认,一切人好的行动,都是产生于社会上好的要求和好的奖励的;只要中央能对地方要求好的,奖励好的,一个中华民国便会变好起来的。地方对于中央亦然,应搜求好处,不应搜求坏处,应在好的方面助其进展,坏的方面助其消除,积极地要求并协助中央往好的方面做。

再就中央说,纵应由中央直接经营的事业,如其事实上已由地方经营起来了,或可由地方经营起来,亦可承认地方经营。国家财力有限,而待经营的事业无穷,实宜多让地方分一些担负,只要求在某种必要条件上合于中央的规定,不必完全由中央去经营。如像实业行政上,实业部尽有超于实业的事业。调查、统计、研究、计划、宣传、奖励、限制、指导、纠正,皆系事业,皆应由实业部去负责办理的。实业部不一定自己办理一切实业,尽有自己应负的责任,而这责任在能推行并调整全国的实业。要之,中央应切实管理全国的事业,而不须与地方争做事业,致增加中央的负累,减少地方努力的机会,同时又增加地方与中央间的隔阂。地方努力建设却亦须时时刻刻顾到国家的要求,尊重中央的取缔,而不宜一切自为风气。

第四,要谋整个国家的统一,就是要完成整个国家的政治机构,因此必须造起建设政治机构运动,必须从中央政府起,建设政治机构。应有完整而不重复、不分歧的政治机构,一切政务应由完整的政治机关依据事实,依据计划,依据应有的手续裁决执行,最高领袖则只用全力于如何提出国家的要求,如何鼓起国民的勇气和决心,奖励国家要求的行动。最高领袖是发动的,不是被动的。只造起一个动向,要求举国人都能在一个方向动,不要时时刻刻待命令而后动。尤其是不动的中国人要叫他们不动非常容易,严办几个人便会都不动了。如果要他们动起来,那可非常困难,尽管三令五申,乃至于严办人亦不容易动起来的。纵能勉强的动起来以应付领袖的要求,然而非自己心中所要求,所以一动而辄止,任何事体不能继续,也就任何事体不能成功。所以领袖的要求简单,要在积极方面去造动向,而不处理一切琐碎的事件。一切琐碎的事件,是有各种专管机关去处理的。自然,人的行动太不一定,我们不可以太信赖人,或信赖更多的人;然而在完整的政治机构下,人的活动是可以信赖的,因为他们的活动是依据事实,依据法律,依据计划,依据规定的手续,故不会有甚大的错误。如凭着领袖每日裁决各方面的专门问题,只依据当前的文件或自己一时的情绪,急遽地判断,是非常危险的事情。同时领袖本身常常被束缚于日常事务之中,常常是应各方的要求而被动。自己有零碎的经验,不能整理起来,在纷忙应付之中,来不及建设一思想上的系统,来不及为中华民国确定一根本的要求;同时一大群人员不能竭其聪明才智于一种明了之动向下,时时刻刻须待领袖之命令而后动,或多所徘徊瞻顾。凡此皆足使政务易于堆积,而不易于整理,易于停顿,而不易于前进。所贵乎领袖者,有策划的、系统的发动一切,日常政务的推行或处理,则必须信赖政治机构。不但中央与地方各须将政治机构强健起来,各依赖其政治机构,尤须相互信赖政治机构,由整个国家政治机构产生的统一,乃为最可靠的统一,不为人所左右,亦不致因偶然事变而摇动。

政治所需于领袖者在有系统、有策划的发动,政务的推行和处理,必须信赖政治机构。如果不信赖政治机构而一切只信赖自己,一方面是误了自己,间接即是误了国家的事情。地方如此可以减少中央的信赖,中央如此可以减少地方的信赖,此乃为国家的大害,不可不立刻根本改变。

第五,与有关者接头,为现代社会组织上需要的工作。解决中国人的问题,尤其需要的是接头。接头可以增加助力,不接头可以增加阻力。可是中国人因为缺乏组织的训练,故缺乏接头的训练。立法或颁布政令不与事实接头,更不与接受的人们接头。及到与事实抵牾,则又以威信为重,因此中央与地方随时可以发生冲突,即易成对抗之局。统一障碍,此亦重要因素。为求国家彻底统一,地方与中央间即必须时时刻刻接头,形式纵然是命令,实际都常须经过商洽。惟有商洽方法可以解决中央与地方间的隔膜。

上列五项都是可以助成和谐的方法。方法应该不止于五项,应待我们去搜求,尤其待我们去运用,去造起运动。每个人应多搜求奖励他人的好处,使社会全部弥漫了同情,发扬了好处。尤其需要明白,政治之设施与改善,最可靠的动力,不是法律与命令,而是造起运动,而是用宣传、联络、指导、帮助种种方法造起运动。无论中央有所希望于地方,或地方有所希望于中央,都宜有造起运动的方法,鼓起人们的行动,有如疯狂似的,沉醉在一种新的要求之中,乃可打破一切的僵局。今天是需要行动,不需要叹息,盼望至少从和谐运动上试验一度。如果全国有心人,在此危急存亡之时,都起来用力量和方法以作和谐运动,必有可靠的成功。

《大公报》1935 年 11 月 1、2 日

为社会找出路①

（1935 年 11 月 15 日）

刚才郑校长②的介绍太过誉了，实际上兄弟也只不过在替社会和国家服务而已。今天能到贵校来和诸位青年见面，本人觉得非常欣幸。

常听得人说，中华民国是断定无希望的了。然而，我们相信，凭着我们的热血，努力从事于实际的工作，我们的国家是可以改造过来，变成一个理想的国家的。即如贵校在郑校长的领导之下，全体团结一致，努力从事于迁校的工作，终于脱离了极恶劣的环境，而到达了最后的成功。这就是我们国家有着无限希望的最有力的证明。

平日喊着"国家无希望"的朋友，他们没有看清楚什么是国家当前的需要，他们没有成功他们所做的事，他们没有认清社会的出路是什么。今天，我就提出"青年的出路与社会的出路"这个问题来和诸位谈谈。

我们知道好几年前的报章杂志，常常提到青年的出路问题。当然，我们每一个人都要找求自己的出路。然而，在找求个人的出路时，我们须得找求社会的出路与国家的出路。好比郑先生的服务贵校，也是在替社会找出路，替国家找出路。贵校在苏省会考，占最优地位，毕业生又能尽力服务社会，替社会找出路。假如每一个人都能如郑校长和贵校的学生那样为社会努力，那么，我们

① 卢作孚讲，周鉴文、朱继清记。
② 江苏省立上海中学校长郑西谷（通和）。

651

相信我们的社会一定可以弄好，一定是有出路的。这是第一要认识清楚的。

第二，便要认清楚出路是什么。我们在中学毕业后，或是升学，或是就职。大学毕业后，或是留学，或是做校长，做经理。但无论如何我们总得认清楚要寻求自己的出路，就得把自己当前的事做好。假使不这样，没有把当前的事做好，而想另找别的出路，我们可以断定的说，那是绝对没有出路的。

考虑到自己的出路，一定要感到彷徨。然而，我们知道，我们的出路必不是自己的出路而是整个的社会的出路。譬如要做校长，就得谋全校的幸福；做县长，就得把全县的政治弄好；做经理，就得谋整个公司的营业上的发展。学校，县治，公司，都是社会。社会弄好了，社会的出路有了，个人的出路是不必忧的。假定丢掉了自己，社会就不能繁荣，就没有出路。因之，我们知道，"个人的出路"与"社会的出路"是有着联锁的关系的。我们更应深切地明了，"我们是在替社会找出路，不是为着自己找出路"。

任何事情都在帮助社会的发展，如果寻求的方法正当，一定可以把一切都弄好，决不会没有出路。

郑先生为上中努力，看到上中有出路，也看到社会有出路，不断的安心的努力，终于建设起一个新上中来，一个新社会来。但是一般人却往往不如是，他们看到中国一切都没有办法，他们怀疑他们的社会，不知把自己安顿在什么地方，安心的工作。于是，他们便没有了出路。假使我们到一个地方安心的工作，把事弄好了，我们就绝对的有出路。

也许有人因为感到悲观，时时刻刻不安心于他所做的事，就另想办法，找朋友帮助，或托朋友介绍，得到了一官半职。他在事业上，也许做了一辈子，也有成功的一天，然而我们知道那不是真的成功。也有一般人，他有地位、财产、权力，有没知识的人恭维他，然而那也决不是成功，决不是出路，那是被人利用。试问成功的自己在哪里？严格地说，这一般人比一般庸庸碌碌的人都不如。由此，我们不需要恭维，不需要任何人的帮忙，我们所需要的就是社会。

每个人有钱都是没有用的，我们须要把金钱运用在社会上，表现在社会上，这无论如何比较用在自己身上要光明得多。我们知道："我们要有社会的地位,不要有个人的地位。"

任何地位没钱较有钱要安稳得多,自己的经济力量能读到中小学毕业,就读到中小学为止,不必负了债读上去,那样继续着拼命的读书有什么用呢? 经验是比较理论更紧要的。日本的留学生,带了问题到国外,能带着办法回来,把国家弄好了。中国的留学生,回国后却是忙于自己找出路,把社会的出路与国家的出路忘了,终于不能把国家弄好。这便是证明继续的读书而没有想到社会的出路是没有用的。

因此,我们知道,时时刻刻替国家社会服务,且时时刻刻在找寻着社会的出路和使社会弄好的办法的青年,才是中国当前所需要的青年。假如郑先生所训练成功的学生,都能为社会国家服务,谋社会的出路,都是中国当前所需要的青年,那么我想,这风气一定可以传布到全国,我们的社会一定可以建设起来。小团体的社会建设好了,我们的国家一定会立刻强盛起来。关于许多和外国发生的纠纷,也一定可以藉此解决。这权力,这"为社会找出路"的权力,全在我们的手中,全在我们的掌握之中。我们到了成功的一天,我们得感谢郑先生的功绩!

《江苏省立上海中学半月刊》1935 年第 97 期

超个人成功的事业　超赚钱主义的生意①

（1935 年 11 月 27 日）

今晚看这里很整齐坐着的诸位,人员很不少。问童先生,说有一百多人,不禁惊羡贵所,不但生意发达,而且人口发达。人口发达比生意发达更重要。我们盼望一桩事业成功,尤其是盼望一桩事业里工作的人成功。

人的成功不是要当经理、总经理,或变成拥有百万、千万的富翁,成功自己;而是盼望每一个人都有工作能力,都能成功所做的事业,使事业能切实帮助社会。许多人都把这个意义弄不清楚,往往败坏事业,成功自己;自己虽说是成功,社会却失败了。因为自己这种成功,是从剥削社会得来。

外面的原因使我们事业失败了,我们毫不畏惧,因为里面的人是成功的,可以救济,把它恢复起来。就令恢复不起来,因为人是成功的,亦可产生新事业。如果人是失败的,则虽无外面的原因,亦会失败的。

从前川江轮船公司的失败,就是每一个人对他所工作的事业,都没有要求成功。时时刻刻都在为自己要求成功;于是里面经理、账房、船上买办,都私自组织起轮船公司来。不但他们办事的精力不能集中于川江轮船公司,而且他们因为要求自己成功的关系,还大肆剥削川江公司。若是当时他们都尽心竭力地办好川江公司,则川江公司当办成四川惟一的轮船公司,哪里还有其他的轮船公司产生呢? 或许还可以成为中国最荣誉的一个轮船公司。可惜里面一

---

① 该文为卢作孚,1935 年 11 月 27 日在重庆国货介绍所的讲演。

般的工作人员,只为自己要求——这要求根本错误。

在一般的社会里,工作的人,都为自己打算,剥削事业,则社会永无良好的事业产生。事业的前途是操在我们手上的。若今晚在座诸位尽忠为国货介绍所服务,国货介绍所将来定能扩大经营,在社会上的地位和对社会的帮助都会非常伟大,是我们可以预期的。

我们在任何一桩事业上工作,兴趣都应在你所工作的事业上,事业才得成功,自己亦才得成功。东奔西跑,总是失败。至于个人吃饭,不成其为问题。我们在某件事业上工作,某事业便给我们吃饭。吃饭不是我们的目的,工作才是我们的目的。吃饭不过是为了帮助而已。所以我们要将吃饭问题缩到最低限度,工作效率提到最高限度。

民生公司有位朋友,从前在教书时候,每月月薪不过十二元,那时他们很节俭,妻子洗衣、煮饭、刺绣、打毛线,自己也不乱用钱,足以维持一家生活。后来到民生公司任经理,月薪逐渐增加到一百二十元以上时,可是他家里不够开支了。原因是妻子不再洗衣、煮饭、刺绣、打毛线;自己也不像从前那样节省——家里请奶妈,请大娘,有时看电影、看戏、请客、自己做客;或许还要进国货介绍所购买物品。这样下来,当然不够开支。川江的领江亦然,初从木船上轮船时,月薪不过二三十元的薪金,羡慕能得到百元便心满意足。到现在有的三百元一月了,他们还是不够用。设若每月与他加到五百元、一千元,他们还是感觉得不够用。这是什么缘故? 就是他们的收入有限度,开支却太无限度了。

我们现在的生活,开支应尽量节省,生产应尽量加大。换言之,即"大胆生产,小心享用"。不能生产的,就不应消费,尽量的把我们日用的开支数目节省起来,用到生产事业上去。

我们作事有两重目的:第一是自己尽量地帮助事业;第二是要求事业尽量帮助社会。我们到了何处,便好到何处。我们在坏社会里去逞能干,使社会弄到愈坏,意义安在? 能够把坏的社会变作好的社会,岂不是更能干吗? 社会上只有我们作的事业比其他的人所作的事业作得更好,才是值得令人羡慕的。

邹韬奋先生到了欧洲,别人把他认作日本人,对他很恭敬,很客气。经他声明是中国人后,那刚才恭敬他对他很客气的人,态度立刻变傲慢了。这是什么缘故? 就是中国人不会做好一切公共事业,不会弄好中华民国,只知道自私自利,所以别人瞧不起我们。我们现凡遇着一桩事业,就想把它干好,其意义也就是要给那些从来看不起中国人的人的一个证明——证明中国人也是能做的。只要我们肯下决心,把我们所做的事业都做好,世界上的人,还是很佩服我们的。

我们做生产事业的目的,不是纯为赚钱,更不是分赃式地把赚的钱完全分掉,乃是要将它运用到社会上去,扩大帮助社会的范围。所以我们的目的,往往是超赚钱的。我们直接得来的钱,便直接运用到社会上去,比拿钱到了自己家里,然后再运用到社会上去,简捷得多,经济得多。

末了,我还要作个总结:诸位在这里工作,每日自己应当问问,自己的工作是否有助于事业? 事业希望我们凡在事业里工作的朋友,每天都应当自己问问:我的工作是否有助于事业? 事业是否有助于社会?

《新世界》1936 年 1 月 1 日第 85 期

在欢迎张伯苓、陈衡哲、
任鸿隽讲演会上的开会词

（1935 年 12 月 10 日）

今天聚集了川康银行、美丰银行、省银行、川江航务管理处、财政特派员公署与民生公司等六个团体,欢迎张伯苓先生、任叔永[1]先生、陈衡哲先生讲演。这三位先生,大家早已知道用不着怎样表扬。不过现在有几点很值得注意的事情,且扯他作一个简短的介绍:

第一个介绍的是张伯苓先生。张先生的一切都很伟大。现在的南开大学,就是张先生一手一脚创造出来的。原来的南开大学,并不像现在这样完备——那时是没有人,没有钱,而且没有校址。不知费了张先生若干心血,才有现在的成绩。由幼稚园而小学,而中学,一直到大学。这期间所经过的艰难困苦,是很值得我们注意的。我们晓得张先生这种伟大的精神,许多年来在华北作复兴民族的努力,于社会国家的帮助,实在很大。就是我们这个小小的事业在四川,都先后得到了不少的帮助。南开大学毕业的学生,在社会上的足迹,已经是布满了全国。目前的中国,许多人认为最有希望的要算是西南,所以张先生现在又把这种爱国的热忱和伟大的精神转移到西南来了,尤其是西南的四川来了。这不特是我们西南民众很庆幸的,更是我们整个国家所急切盼望的。

---

[1] 任鸿隽,字叔永。

第二要介绍的是任叔永先生。我们平时听到外面的人往往批评四川人不好,然而在省外的四川人却几乎个个都很好,都能惹起省外人们的敬仰。如像现在在定县努力的晏阳初先生,在大公报社的胡政之先生,他们在外面的努力,很得一般人的钦佩和同情,替四川人争得光荣不少。任先生,就是替四川人争取光荣当中的一位。今天以前,任先生在全国教育界努力的成绩,颇为显著,对于中国文化方面的帮助更为不小。我们要晓得,目前中国的文化研究机关就只有一个中国科学社,任先生便是创办这文化机关当中的一员。今天任先生回四川来办川大,实在是我四川民众喜出望外的一件事。今后不但四川的大学教育有新的希望,听说任先生还要为中国最有希望的四川作各种调查和研究的工作。

第三要介绍的是陈衡哲先生,陈先生是研究哲学的大学问家。我们晓得,在目前中国的妇女界中,很难找出几位学者来,尤其是研究哲学的人。陈先生在学术上领导全国的女同胞,今后更要在四川来在学术上领导我们四川的女同胞,这更是我们四川女同胞的望外之幸了。

《新世界》1936 年 1 月 1 日第 85 期

《新世界》三年的检讨

（1935 年 12 月 16 日）

《新世界》降生了三整年,发行了七十二期,直接参加里面的活动做文章的凡二百三十八人,间接参加里面的活动,有活动,有报告的纪录更多,多到无法统计。我们从《新世界》降生那一天就为《新世界》悬了一个理想,这理想一直到今天未曾实现。本来从民生公司降生那一天就为民生公司悬了一个理想,这理想一直到今天就未曾实现,不应独责乎《新世界》。回转去检讨三年来的《新世界》,只觉得汗颜,只觉得我们创造能力之可怜,并一个纸上的世界也不能创造起来,更无关乎实在的了。

可是我们从这三年七十二期的《新世界》也可以看出一些《新世界》的活动,活动的意义,以至于追求到哲理上的根据。

在《新世界》降生的第一期,我写了一篇"为什么要发行这小小的《新世界》",中间便介绍了民生公司的要求,同时也是介绍了《新世界》的要求。

"民生公司是一个世界,是许多朋友创造出来的一个世界,是有社会的相互信赖的关系的一个世界。这不是个人所有的事业,不是各人只求自利或只求自了的事业,所以不是向来我们所处的无情的世界。这是社会的事业,一方面是集合了社会许多的财力,一方面是集合了社会许多的人力,其最要紧的意义乃在所共同努力的不仅仅在共同的利益,而更在帮助一般的社会。……我们努力于交通事业,是要以交通事业帮助一般社会的;我们努力于机械工业,是要以机械工业帮助一般社会的;我们努力于什么,便是要以什么帮助一般社会的。……我们希望这世界中有美满的住宅,而是努力的朋友所共同享有的;我们希望这世界当中有美满的学校,而是努力的朋友所共同享有的;我们希望这世界当中有娱乐的设备,而是为努力的朋友所共同享有的。而这所有一切的帮助都不仅仅及于事业中间的朋友,都要及于事业周围——及于社会的。"

"只要我们希望这新的世界到来,新的世界便会到来;只要从我们手上创造这新世界,便会完成这新的世界。我们亟应决定事业的一个理想,作为我们理想的一个世界。不要以为社会不可信赖,只要我们造成社会的信赖。不要怀疑事业会失败,只要我们决心不让它失败,它便不会失败;绝不要怀疑我们的理想不会实现,只要我们要它实现,它便会实现。这新世界是实在的,因为它是在我们手中的;亦有如这《新世界》小小的刊物是实在的,因为它是在张从吾先生手中的。的确的,从这刊物上看得出我们希望的新世界,从我们的手上便做得出来我们希望的新世界。"

从这几段话里可以看出民生公司最后的要求是在帮助社会,而且坚定地相信这理想会成为事实的。虽然直到今天没有成为事实,却相信只是时间的问题。

第十九期写了一篇"民生公司的三个运动",意义更为明了。

"第一是整个的生产运动。……其一是将同类的生产事业统一为一个,成为全部的联合。其意义在消极方面避免同类事业的惨[残]酷竞争,积极方面,促成社会的供求适应。……促成经济上生产与消费两方面的安定,实是社会总体的利益,而非为事业本身谋利益。……其二连带的生产事业统一为一个或谋全部的联络,例如公司有许多轮船即须有适应修理需要的修理厂,燃烧需要的煤厂。此亦所以谋供求适应之直接联络,自己供给自己需求,使双方都不至感有恐慌,尤其为调整社会经济最重要的方法。……。"

"第二是集团的生活运动。……民生公司便是一个集团。我们在这个集团当中应该抛弃个人的理想,造成集团的理想,应该抛弃个人的希望,集中希望于集团。不但我们的工作是集团的,天天进我们的办公室或工场去;我们的学问亦是集团的,天天进我们的图书室或讲演会场去;我们的游戏亦是集团的,加入我们的音乐会和球队去。但是我们的生产是集团的,有事务所、有工厂、有轮船;我们的消费亦是集团的,最短期间将要有我们的住宅、我们的医院、我们子女的学校、我们乃至于家属的娱乐场或运动场。个人都去解决集团的问题,个人的问题都让集团去解决。……。"

"第三是帮助社会的运动。——民生公司最后的意义决不是帮助本身,而是帮助社会。我们不要忘却我们的航业是帮助客人的旅行和货物的运输的,不要忘却我们的机械业是要进一步帮助一般机械的修理乃至于制造的。不要忘却我们的电灯和自来水厂是帮助合川城市的光明安全和卫生的,不要忘却我们要对外投资是帮助其他生产事业的。……我们决心帮助社会决不是等待机会的,是要寻求机会。不是要人请求我们帮助,是要运动人接受我们帮助。"

这意义是需要公司努力的朋友全体了解,全体要求实现的。

第二十二期有一篇在叙府宝元通的讲演,题目叫做"前瞻后顾的两段论",中间更有两个重意义的介绍。

"……我们是为了宝元通或民生公司工作的,宝元通或民生公司是为了社会工作的。换句话说:我是去解决宝元通或民生公司的问题的,宝元通或民生公司是去解决社会问题的。……所以我们有一个口号:不但是一桩事业的朋友是要成群的。……。"

以上理论都是足以互相发明的,所以提出这样理论,还另有理论的根据,是从四十二期的讲演题目,叫做"社会生活与集团生活",六十八期的讲演题目,叫做"中国人并不自私自利"里面寻出来的,这个根本问题的研究,除两篇讲演外,还有两篇发表在大公报上,汇辑在《中国的建设问题与人的训练》一本小册子里。一篇题目叫做"建设中国的困难及其必循的道路",一篇题目叫做"什么是自私自利",都是说明:人们离不了社会生活,尤其是离不了集团生活。没有个人的自私自利,只有自私自利于其集团。今日以前中国人的两重集团生活:第一重是家庭,第二重是亲戚邻里朋友,是农业社会里边的集团生活,而非现代的集团生活,且适为进入现代的集团生活的障碍。现代的集团生活在政治上完成了若干国家,在经济上完成了许多伟大的工商业,交通事业、金融事业,竟跨越在全世界。我们的集团生活必须适应着现代的趋势改善。

从《新世界》上的讲演、讨论、报告、描写、批评,看出了公司的理想,亦看出了公司许多朋友的活动,从那许多活动上证明了理想是会变成事实的。这样有价值的讲演、讨论、报告、描写、批评举来太多,为时间所苦,只好请从吾先生继续。

《新世界》1935 年 12 月 16 日第 83、84 期合刊

为《四川县训》题词

（1935 年 12 月）

政治应以建设为中心

建设应以经济为中心

《四川县训》（1935 年）第 2 卷第 8 期

我们对于国家的责任

（1936 年 1 月 1 日）

中国人应得认识清楚自己的责任，不仅是因为国家怎样危急，应得怎样赶快救她，只要救到不亡就可以告一段落了，只要救到压迫我们的力量稍稍缓和便认为可以不亡了。这样危机一回去救一回，便一直可以救到亡完的时候，绝不是办法。

我们的责任绝不是救亡，而是将一个国家经营到像一个国家——像一个现代的国家，还不够，应得经营到比现代好的国家还要好。这样的工作是积极的，是没有止境的。如果真能够把这一个在世界上人口最多的国家经营得比别的国家更好的时候，谁还能亡这一个最大而又最好的国家呢？只要求我们好到不亡别的国家，便可以将这一个混乱的国际扭转成功另外一个局面了，岂特效果可以救亡？直可以救世界呵！反之，如果我们长时间不能将国家经营好，总有人会亡我们的，纵没有甲，也会有乙，亦没有救的办法罢！

中国应得经营成功一个现代的国家，或比现代的国家更好，责任不只在当局身上，不应只责备当局。如果我们每一个人都只知道替自己个人打主意，替自己家庭打主意，替自己有关系的亲戚邻里朋友打主意，为什么偏偏责备当局去替国家打主意？一个社会里面的人的行动，总是相互影响的，总是大体不会隔得太远的。当局只能提倡替国家打主意，提倡亦不一定需要当局，结果是需要办到整个国家里每一个人都替国家打主意，然后任何当局不得不替国家打主意,然后国家有人去经营,而且有整个国家的人去经营。我们须知道我们心目中没有中国,没有要求将中国经营好,倒让压迫我们的国家的举国上下心目中都有了中国,而且都想经营中国去适应他们的需要。我们更须知道中国经营好,是中国人绝对需要的,不仅是对国家负责任,在这国际局面很纷乱,经济文化关系很密切的世界上,也是对世界负责任。

在现代这一个世界上,要将国家经营好,要每一个人都能够将国家经营好,必须悬出三个口号:

第一,我们的知识要有世界那样大。我们要在整个世界上找出好的国家和好的方法来。须知道落后的国家最幸福,如果真正努力的话,直可超越了先进的一切国家。因为我们取得的方法乃至于一切工具都是他们最后发明的,最后发明的,就是最有效的。凡他们失败的经过,我们都不再去经过;凡他们不忍废弃的东西,我们都不再去使用。我们必须取得这最后的机会,即是必须寻找出一切世界上失败的经过和最后的发明,所以我们的知识必须有世界那样大。

第二,我们的问题要有中华民国那样大。今天以前我们把自己个人或自己家庭放在一切的前面,不管他们[在]任何地方都在替自己家庭打算。今天以后,我们应把国家放在一切的前面,在任何地方都得替国家打算。不管我们是在政治上、在教育事业上、在经济事业上,其努力都是在整个国家的要求上,都是要造起整个国家的运动,要使影响及于整个的国家。

第三,我们的工作却只须当前正在做着的那样大。许多人都有误解,以为我们要作国家的事,才可以帮助国家。其实每一个人不管是农夫,或是工人,不管是医生,还是教师,只要是在中华民国里,都是中华民国的事,只要真正努力,便也从自己地位上帮助了国家,而且在职业以外还很可以去作许多造起影响国家的事。只要我们从中华民国去找出问题,从世界上去找出解决问题的可靠办法,便尽有我们解决问题的机会。

申报之要求进步非常显著。日刊之外,现在更要发行周刊。我们相信他们的要求是随着整个世界进步,促成中华民国进步,促成每一个人在自己所在的地位上进步。我们相信他们必能够随时介绍世界的知识,提出中华民国的问题,促起每一个人从自己所在的地位努力设法帮助中华民国解决问题去。

《申报》1936 年 1 月 1 日

青年会与社会

（1936 年 2 月 15 日）

青年会提倡为人服务，尤其在饮食、起居、读书、演讲、运动、娱乐等。凡人的实际生活，需要的事物上为人服务；在提高人的志趣和知识，改善人的习尚和行动上为人服务；其裨助社会，最为切实而有力量。

吾人与其视青年会为一宗教运动的团体，无宁视青年会为一社会运动的团体，其努力于社会服务，即为中国当前急切需要的一种社会运动。其要求常超过宗教的，而为社会的。凡社会当前的问题，无论其为政治的、经济的、文化的，乃至于社会救济的，凡成为社会的问题，即每每为青年会的问题，每每由青年会发起一种组织，造成一种运动，以促成解决之。今日以前，青年会之所作为，在国中发生的影响已不小，尤其为青年们感受青年会的帮助最大。此种运动，实有急切扩大的需要，至于如何扩大，则不仅青年会应努力，更希望社会各方面共同努力，乃能造成更大的力量。

《重庆青年》1936 年 2 月 15 日第 42 期

667

公司当前的最大问题

（1936 年 3 月 1 日）

民生公司当前的最大问题是增加股本。因现在资产太大了，股本就太不够。资产到了七百余万，股本才得一百二十万，除靠历年提存的消磨保险公积等款撑持外，即靠借款撑持。这是太不妥当的事。借款终有限度，且须归还，只可利以通融缓急，不可利以作事业的基石。最可靠的撑持者还是股东自己，还是由股东自己增加股本或转相劝募股本。

或许有人会批评，公司股本既仅仅一百二十万，公司资产便根本不应增加到七百万。这个疑问却有很简单的解答。公司资产最多的部分是航业，航业中资产最多的部分是轮船。如果说轮船不应得增加，则请问业务处和船务处的朋友，轮船增加到现在，并未到有剩余的时候，不得已还在填补不足，由去年下半年到最近，还有订造或修改。再则公司事业的重心如永远在航业上，则永远不安全，必须有岸上事业。必须有岸上的生产事业，必须有与交通事业夹辅的生产事业。欲进一步经营生产事业，至少使与航业平衡，则亦即需要增加大量的资金，此大量的资金，须相当时间之后乃有利益，更不可仰赖借款，只可仰赖股本。

四川统一了，安定了，应得大规模开发，此已成为举国人瞩望的事情，公司应得担当一部分的责任，因此在航业上既有相当基础之后，更应得进一步经营生产事业，庶几于四川未来之开发问题上有些微帮助。

董事会已提出议案，盼望加股本为二百五十万。此议案不但盼望通过，尤其盼望于最短期间即完全募足。省内的财力如果不足,即宜募诸省外,要必达到足数,因为股本收足二百五十万,不但股本可以增加一百三十万,同时或尚可加募一百五十万公司债务,使成长期债款,分年付还。总共在事业上,可得二百八十万资金的帮助,不但解决了目前事业前进的困难,也同时解决了事业上未来的需要。成功失败之机,全在于此。盼望股东大会之中之俄顷,能把握住成功之机,一致主张加到二百五十万股本,并募足二百五十万股本。此案成立之后,不但股东应努力加股募股,职工亦应共同努力入股募股。此次数额募足之后,数年之内,绝不需要再加股本,而一切肆应可以裕如了。

《新世界》1936 年 3 月 1 日第 89 期

读书人今后所应走的道路^①

（1936 年 4 月 13 日）

今天我到这里来同大家说话，是想提出一个疑问：在世界上文化落后的国家，要想学得先进国家的办法，似乎都是从办学校和派遣留学生入手。例如：俄国，日本，中国，都是这样的。日本兴办学校和派遣留学生的时间，与中国本来相隔不久，为什么日本日强一日，而中国到了此刻，仍旧弄得毫无办法呢？这即是说：日本已将"近代物质文明"的把戏，从先进国一件一件的学来，而且学得很像。俄国文化比西方诸国亦较落后，不过因为地方接近寒带，国民性要冷酷一些，所以在吸收西方文明之后，还以为不够，因而便造成了一个共产主义的国家。我们中国呢，却将近代文明的把戏，从各省、各县、各乡教起，并先后还送了若干人到国外学去，但无论如何总不大容易学会，这缘故何在呢？中国历来的读书人的读书方法，其目的只在读书，只读那白纸黑字的书，与实际问题，不相接触。从前派遣到外国的留学生，大部分都是这样特征的读书人。譬如说严几道先生是学海军的，但回国以后的生活，除了读书译书之外，便只是烧鸦片烟。其他读书人的出路，得意时便当官，失意时则只有教书，因为这两种全是不大需要什么"手艺"的。

但是不幸得很，在现代文明之中，所有的一切东西，都是与实际有关，完全从实验中得来的。就以学科学来说，中国人也大都学得一个结论，而却不会去

---

① 这是 1936 年 4 月 13 日卢作孚在四川大学理学院纪念周上的发言。

学得如何得着结论的方法,我们须知道学者著的书,都是已经得着的结论。他们得着那样结论还须先得着许多方法,书上只告诉了结论,并不会告诉方法。例如数学题都是已经证明的定理,或是已经得着答数的答案,而不是尚待解决的问题。我们对于定理和答案确能记得很熟,而如何解决问题的方法却欠研究,自然解决不了问题的。实在自然方面社会方面你所遭遇着的无一不是问题。你都没有学过,何种方法去解决它? 当然这一些中国无法解决的种种问题便一直延到今天了。中国人还有一种根深蒂固的病就是享现成,如像火车、轮船、飞机、大炮等人家都已经造好了,我们只须去买现成的。

何以中国人遣送留学生到国外,又办无数学校在国内,而未造出解决中国问题的人才呢? 我的答案是:

(一)读书人只知道读书,不知道实际事物。

(二)只习于看答案,而不会解决问题。

(三)历来培育人才,都毫无一定目标,并不明了社会国家当时的需要,不知需要什么? 培养什么? 需要多少? 培育多少? 尤其是关于最后一点,弊病尤为厉害。因为中国培育人才的目标,都只是为了要培育那"个人",根本上并不知道要为社会国家的。所以结果,除了个人成功之外,并无所谓社会国家的成功。即以个人所亲眼看见的各种公司而论,历来都只见得公司失败,而经理却不会吃半个钱的亏,有的还可以借此扶摇直上,步步登天。所以我们要知道,个人成功,大都不知道要牺牲若干社会,牺牲若干众人,那人才能得到成功。

那么,中国此刻岂不是毫无办法了吗? 不,只要读书人能够将读书方向一扭转过来,就会另有办法了。因为所谓现代文明,大都不外两样:(1)关于使用物质方面的——技术。(2)关于人事方面的(如社会、教育、行政等)——管理。总而言之,只不过科学的方法而已。如果我们读书时,时时都谨记着"社会需要我们,应付自然某种的问题,社会某种的问题才去读书",那岂有学不好的道理呢? 而且学了那样手艺,又岂怕不作出那种东西来? 一定的,我们是能作好的。

次则,如像从前那种"为知识而知识"的读书法,更足以造成读书人的两重人格来。你们看,在一般人口里所讲的,书上所写着的,岂不是天花乱坠,纯洁万分。但求其实,他们所作所为的,大都与此完全相反。所以往后,我们真须得:A. 学的就是做的;今天学校教的,就是我们后来用的。B. 人格并非虚玄的东西,是有规律有统系的行动。

自然,此刻的川大,是正向着比我上面所说的还要更高尚,更伟大的道路上走着的。所以在建厅方面,希望我们彼此能彻底的合作。我们是需要者,学校便是供给者。

《国立四川大学周刊》1935 年 4 月第 4 卷第 30 期

致范旭东函

（1936 年 6 月 1 日）

旭东先生：

中华机器厂大概系以盛聘如任总经理，杨俊生任总工程师。俊生骤隶人下，稍感精神上之不安。弟曾约谈一度，劝其不问地位。要此事业之解决，一面系为已成事业，不忍睹其失败，一面仍系为俊生好友于造船技术有独到处，虽然地位隶于总经理下，仍系一群良友，并无阶级区分。技术上由彼负完全责任，盛君有见解仍提与参考，工厂由彼指挥，彼对盛君负责。但盛君业务上如购料、包工及接收工程之议价，彼不须参预，只何种材料、何种工作与雇主磋商工程方式，彼须参加。议定之价，彼须明了。如此划分职权，俊生已甚谅解。想与盛君磋商亦必可得其同意。如何？尚乞吾兄更与作民先生商决之。弟今晚入京，四日回川，未及候作民先生晤谈，怅极！并请转达为感！

敬祝

健康！

弟　作孚

[1936 年]六月一日

上海市档案馆馆藏档案

会议为促进事业的惟一方法[①]

（1936 年 6 月 16 日）

人们都说民生公司的会议过多,我认为民生公司的会议尤应加多。以本年论,本公司的会议增加两次:(一)各部经理会议;(二)此次的各轮经理会议。开会非公司所特有,乃为世界各事业应用以促进事业之惟一方法。

民生公司有三个口号:(一)智识要有世界的大;(二)问题要有中华民国的大;(三)工作要有每天内所负责任的大。

我们须有智识,智识的由来,是要到世界上去找。须知各种动物,都能利用它自己的东西。例如马能利用它的蹄子,鸟能利用羽毛,虎猫能利用爪牙。人能更进一步,不但用自己本身的东西,还能利用身体以外的东西。从前利用石器。后来由石器进化利用铜器,为铜器时代。再后来利用铁器,为铁器时代。人并能使用牛马以代劳,还能享用猪、鸡作食品,故人类是超乎其他动物智识以上的。

人所以异于其他动物的原因,就是人能说话。可是,其他动物也好像会说话。例如狗能发出一种悲伤的叫声,人就能晓得。然而人能利用说话,谈出一切的经验和方法,其他动物则没有此种能力。后来,人又发明了文字来记载以往的经验和事迹,能使后代的人都知道以往的一切事实,此为人类进化的一点。人类在未有文字以前,进化是很慢的。近几千年来因为有了文字,所以进

[①] 1936 年 6 月 15 日在民生公司轮船经理会议上的讲话。

化是非常地快。以前，是有口能说，有笔能写，但在现在的世界是不够了。以前是用手工制造一切器物，现在是不够了。现在的世界的智识是有方法的，这种方法就是科学方法。例如今天的各轮经理会议，就是科学方法，所有每个经理的提案，可以整理出来成一件东西，然后用来推动事业的进行。假如要造一只船，事先计算要好多长、好多宽、好多马力。造成以后下了水，果然与所计划相合，这就是科学方法。用科学方法造船，乃是一种技术。把它利用到社会上去，就是科学管理。例如某大工厂职工有数千人之多，可是厂长坐在室中，就可晓得工作出产量的多寡，工作的效率是如何，这就是用科学方法的管理。

现在的民族智识跑得非常地快，例如能造飞机、大炮种种。故在今日的世界，应从速利用科学的方法去计划、制造、管理。决不应该抱着以往的一切便满足。

我们应当随着事业往前进，要跑到世界智识的前头。日本人作得到的，我们中国人也要作到；欧美人作得到的，我们中国人也能作得到。再说，公司中的朋友们，应当负起此重大的问题与责任来，努力发展事业。要知道，这不是为公司，这纯粹是为国家负起责任。希望公司同人，要把眼光放大，要把问题看成中华民国的那样大，才能解决重大的问题。那就是说，会议的次数愈多，才愈可以解决事业的问题。

回转来，此次公司的会议，有一最后的要求：第一，每人应晓得自己的任务，每个船上经理要负起业务上的责任。例如驾驶部有什么问题？客人的招待如何？货物的管理如何？人员的训练如何？这些，每个经理应负起任务来。并且有五个条件，就是：要看清楚、作清楚、想清楚、听清楚、问清楚。例如船靠岸之前，一切事务与物件看清楚与作清楚了吗？是否听清楚、想清楚了吗？若在船上睡觉，或看与职务没有关系的书籍，那决没有看清楚、想清楚、听清楚的可能。其次是要问：每天必须问大车的轮机部有无问题，问大副驾驶上有何问题。一切都应当把方法研究精当，才能推动全船事务，使得安全。至于事的产生方面：第一，要到世界上去找方法，就是求智识，所以必须参考西洋的航业书籍。第二，是必然的：假若船不叫它打烂，它就不会打烂。此为必然的，不是偶然的。

四川建设施政纲要①

（1936 年 6 月 27 日）

一月以来，个人感谢本班各位管教职员，多方设法，以军事化的管理，锻炼各学员的身体，科学化的技术，培养各学员的智识，六周训练的结果，使各学员在身心上俱有极大的增进，这是个人十分感谢的。同时，我同各位受训学员，到今天才算是初次见面，这次的说话，可说是最初一次，也可说是办技训班以来最后一次，这点算是自己对不着大家，个人到建设厅以后，感觉得四川要做的事太多，然而在此百废待举之时，恐怕一事无成，终归失败，所以照目前四川的建设情形看来，只将想做的事情，分为下列四项述之如次：

一、调查

四川全省建设事业，在调查方面，分为四种调查：

（一）矿产调查

由川西绕川南到川东一部分，由本厅直接派人调查，一部分则由重庆大学、西部科学院共同担任，[此]刻正在进行调查中。

（二）森林调查

有岷江、青衣江、大渡河三流域之森林，本厅已先后派人调查，完竣其事者，有二流域，所得结果，森林颇多。此外，如涪江流域、渠江流域之森林情形，亦拟即派森业专门人员前往调查。

---

① 1936 年 6 月 27 日在建设厅举办的农技士训练班毕业时的讲话。

（三）工商调查

关于工商调查,已经商请张肖梅先生觅人在重庆方面,作全川进出口货调查。

（四）农业调查

四川的农业调查,希望各位担任,然而农业的范围极广,欲做全部调查,实在不易,故建设厅认定,第一步工作,就是农产品分布情形的调查,一方面是生产的分布情形,一方面是运销的分布情形,得到一个比较切近的数字,当然要作一个很实际的调查才可能。我们知道,欲求得个正确数字,固然不易,只须求得一个比较近于正确的数字,那总比没有数字的统计好多了。说到农业调查,很不容易,不但调查的人员没有训练,而且根本找不到有农业调查技术或知识的调查员,如建设厅得到各县填报来的调查表,巴中的猪,其数目有二百九十万,渠县的猪,则为五千,巴中猪的产量,至少等于全川二分之一,渠县的产量,则不如比较大的一乡场之多,这样悬殊的数目字决不可靠,决不能凭各县用想象的方法去调查,因此,我们今后的调查,除去比较专门的,如森林、矿产、工商之外,对于农业,要有方法的,普遍地举行调查,只有委托各县的农业专门人才——各县专门学过农业的技士,就全川各县的技士言,各县府已经请委的,只有七十余人,就中学农业的只有四十几个,政府有鉴于此欲求四川农业之发展,故决定要把全川一百四十八个县的农业技士补充起来,因此,才开办技训班,一部分是调训各县现任技士,一部分是招收学农的人才,准备在训练之后,分派到各县去分别担任农业调查工作,农业的指导工作,关于农产品的调查统计工作,就是农业调查当中基本的一个工作。

二、测量

我们要知道,测量工作对于农业前途的发展,有很大的关系。譬如农田测量,有关系于土地之整理与经营;荒地测量,有关系于荒山之开辟与利用;水利测量,有关系于水源与水力之利用;欲使这些问题得以解决,成为科学化,这是政府方面认为重要的第二个准备工作。如航空测量,期以最短期间完成全川整个测量实为当今之急务。在建设厅目前的测量工作,水利方面,分为两队,一队正在灌县测量,一队正在安县、绵竹一带测量。森林方面,已在天回镇测量完成作为明年的造林区域。总之,测量关系地尽其力之利用极大,这是个人准备做四川建设之第二重大工作。

三、试验

在过去的四川,每县有农业试验场,实际是没有试验,完全是有名无实的,个人到建设厅以后,遂通令完全停止。我们要晓得,试验工作,不但各县不能做,即省政府亦不易担任。在四川的人力、财力困难情形之下,关于今后的试验,大都商同中央各机关合作或就近商同川大合作。第一,稻麦试验,是同川大合作,本年已经开始试验工作。第二,甘蔗试验场,设于内江,已经在准备中,并将约留美的几位专家,明年回川来同川大共同工作,彼时,一定可以充实内容。第三,棉作试验,在遂宁一带,已设立三个指导所,是同中央棉业改造所及定县的几位朋友合作的。第四,园艺试验,准备在成、渝两点,设立二个小规模之园艺试验场,关于这类的事业设立之地点,与其推广区域,极有关系,如棉作试验,以涪江流域为推广区;同农业有关的蚕桑改良场,则以顺庆为中心,川北以三台、南部、阆中、盐亭,川东以江北、巴县、璧山、合川等地为其发展与推广区域。再其次,关于家畜保育所方面,除防疫工作外,首先改良的从猪起,因为猪鬃为四川出口之大宗,此为第一步。第二步是耕牛的改良,水牛,在生时使役很大,如死后,则其皮肉都不值钱;黄牛,其种不强,其在生时,用处较小,而在死后,用处极大,因其皮肉皆贵,所以耕牛之在四川有改良之必要。再如羊、鸡,亦有渐次改良的计划。如鸡蛋之在四川,无地无之,每年产量极丰,中国鸡蛋出口价值,最多一年,在六千万元以上,据此可知家畜试验工作,实为重大。这些事情,现在虽然是省办,以后是要普遍推广到全川各县的,希望各位要注意这一类的工作。

四、管理

中国是落后国,受世界列强,尤其是日本的欺压,吃亏不小,然而今日之中国,要如何迎头赶上,使我最落后的国家,可以马上走到最进步国家的前面去?就物质上说,过去不经济的、不合科学的,通通不用,而用最进步的东西,如像英国的棉业，为最先进发达之国家，因近来日本突飞猛进，发展至为神速，大有取得世界棉业第一位之形势。我们要知道，凡物质在自由竞争之下，其牺牲极大，进步也很慢，如纺车用手，有人发明用机器时，前者即被后者打倒，由此类推，大机器纺纱厂打倒了小机器纺纱厂，其进步之过程中，真是不知牺牲了许多聪明才智和人力物力，才进步了目前科学的物质世界。如其管理得法，一直可以走到大机器厂去，其有利益于吾人，当不可以语言形容了。如四川蚕丝管理局之设立，就是试验管理的一种办法。以后要蚕与桑之得以调剂，缫丝得以合法，价格得以安定，均有赖于管理之科学化。个人看了丝业的七年成本会计，每担丝制造费变化很少，而蚕茧的变化却很大，结果是蚕丝业皆形成极不安定状态。如果蚕丝业管理合法，使桑价、茧价皆相当安定与缫丝业相适应，更从运销上注意国内外之丝业趋势，以稳定丝价，这是管理第一件事。其次，就是等级之检定，以提高品质，使其纯洁，自然可望日益恢复世界市场之优越地位，当然不至于再失败了。因此之故，则我国木车、铁车，乃至丝业界一切劳心劳力的人，都不再失败，要如此，才算是尽了管理之能事。

再举一例言之，建设厅方面，准备明年产生粮食管理机关，只要四川的农业调查完成之后，关于民食之分配问题得以解决，应于何地填补，应于何地运输，办到堆积谷米之合理化，如仓库之设置、谷价之稳定等，一切管理适当，售买以时，计划周详，不管是平年、丰年或歉收，一定可以使民无饥荒之虞，政府也无须用大款救灾，这岂不是粮食管理的利益吗？此种工作之完成，亦必希望大家来参加！这是我们准备管理工作之第二个。

以四川物质生产来说，虽然古有天府国之称，从矿产上言，煤虽到处皆有并不特别丰富，金的需要，亦并不多，钢铁更有限得很，所以地下出产比较很少。可是，地上的出产，确实很对得起我们，可算无物不出，丰富极了。四川的人口，至少有五千几百万，以地上的出产来供养之，每年至少有五万万以上的帮助，无论如何，都可以自给自足而有余。但是，四川的农人可怜极了，生活太勤苦。以食论，非常简单。以衣论，有三四年换一新衣，有十年八年换一新衣或递经兄弟姊妹几人穿着衣者。从其生活的享用说来，可知农业帮助于人类太大,这是大家要看清楚的。可是,有最值得我们注意的,就是四川原生的东西太多,而制造品太少,故欲发展四川的农业,同时也要注意到工业的改进,这是农工业互为关系的地方。

今后各位到各县去推动四川的建设,最需要的就是"技术和管理","从调查做计划做到切实进行"。这是我们做技士的责任。

即以调查工作而言,真是太不容易,以苏俄为例,新经济政策实施了八年,才有可靠数目字的统计,所以最重要的工作,就是调查数目字的工作。以个人经验而言,曾经做了三天的调查工作,调查了一百零六家户口,结果虽然比较可靠,但是这种工作的困难,可谓到处皆是。今后各位去做调查工作,在教建合一政纲之下,应以何处着手才比较经济而且便利呢?我们要知道,凡是最小的事,与最大的事,有同样的困难,及到各县去后,对于调查一件事,首先就要调查所调查区域内的小学教师及有农业常识的人,切实取得他们的帮助共同去做调查的工作,要怎样调查?如何接洽小学教师,取得联络?何时可以供给材料?这一切,就要希望各位跑到四乡去看清楚,弄明白,一切准备妥当,然后开始工作。其原则是:

"我们要帮助他们取得他们的帮助",今天我们要做的事,今天就要做,要本着政府施政纲要去做,不要为地方恶势力所征服,要以坚强的意志,苦口婆心,使他们不愿我所做的让我来做,更进一步,使他们来帮助我做,让我做我的,容许我做我的,要这样,才算克服困难环境,全靠我们以精诚感动人,天下事无有不可做的!如果各位到各县去做农业调查工作,人人如是,则地位自然可以增高,酬报一定可以丰富,一切事情只要是汗血换来的,绝没有白费,当然是有代价的!要是不然,对地方一般士绅周旋迁就,不但事业不能成功,而且失掉做事的信用,个人希望于各位的,以后去工作,一方面要使人了解,一方面要埋头苦干,这是希望大家下一个最大的决心,从早到晚,时刻努力,完成四川的新计划、新工作,这才是我们大家无限的光荣!

四川省建设厅《技训周刊·毕业专号》1936 年 7 月 10 日

如何应付当前之国难与敌人

（1936 年 7 月 3 日）

彼田中义一执政以来，倡第一步维持东亚和平者即征服中国也。日本必要求在世界其他国家未能控制日本以前即完全控制中国，使未来遂永无可以控制日本之国家。故凡目前提出之要求，皆非最后目的而只为达到最后目的之步骤。达到一步必更进一步。退让可以缓和相当之时间，顾此时间乃非常有限。

使其所要求者，仅仅为土地为金钱，即有步骤之牺牲尚可勉强忍受，于此忍受时间尚可竭我余力，为民族复兴，为最后抗争之准备。不幸其所要求乃为吾政治上社会上一般的行动，则极其干涉所至，可以绝不容许吾有复兴以至于起而抗争之图。愈逐步退让，前途乃愈无希望。

此而分析既明，则吾国所以应付敌人之计，利害之间，颇有值得权衡重轻者。

应付日本，不外两途。一持外交，一持国防。在日本方挟武力以胁我，我如只用外交方法应付，纵令非常巧妙，亦只能办到退让。纵能缓和其要求，然而不能谢绝其要求，除非持有国防实力，或至少有实力在外交之背后，或至少在外交绝望之日，有实力以继其后。

而一顾日本之武力，其物质设备其技术训练，绝非中国今日所可与之周旋者。历史上已有屡次战争之失败，今日则距离愈远，胜败之数愈明。然犹可曰再经若干年竭力之准备，必可以跂及敌人。顾我在准备时，人尤竭全力在准备。就物质建设已有之基础言,就国家富力言,就政府之预算言,吾继今以往之准备速率亦复远在人下,则去今愈远,亦相差愈远,乃愈无可以抗争之希望。如我之行动常在日本干涉之下,则未来之准备尤绝无希望。

如自身力有未逮而希望欧美诸强之助力,则目前外交上尚无肯为我援助者,遑论战争发生之后。将来国际局势变更,欧美诸强或尚有可以过问远东问题之日。但日本之激进,则正未肯待到诸强可以干涉日本即必要求中国之全部在日本掌握中。

与日本抗争既无希望于现在,复不可期诸将来。而日本之不断的要求提出其最后之苛酷必有绝非我可以接受者,纵在不能与彼抗争之形势下亦不能不为任何时间可以抗争之准备;虽困难亦只有超此困难,虽危险亦只有冒此危险也。

我之国防实力所最不若人者,为物质设备与各个的或集团的技术训练。若动员人数,则我现役军队二百余万,已几及日本总动员之半数。再补充此半数亦非甚困难之问题,不至更困难于日本。战斗之牺牲精神则蓄积累年之国民对日情感及二十余年内战之牺牲,训练亦当不让于日本。对日抗争之要求不在即获得最后之胜利,而在支持甚长之时间,此非绝对不能达到之条件。顾有必须解决之前提须以全国力图之者。

最重要必须全国一致,不仅全国之军队、政治上之各派别一致,尤须全国人民与政府一致。亦不仅全国人民一致拥护政府而已,必须中央与地方、公家与私人任何作为皆系连成一气以树国防之基础也。

第一,中央积极整顿海陆空军,亦指导各省为征兵训练及民间所组织之有关动员之准备,此则以政府为中心,人民立于协助之地位。

第二,矿山工厂农场火车轮船,凡有关国防之经营,由中央地方及人民之自由组织分工合作总动员为之,尤应以人民为主力。既避免敌人之注意,复易推动一切国防有关之经营,如一切由政府为之,或政府与人民间显然有重轻,则既碍民间之努力,政府财力亦有所未逮,徒使敌人非常注意。

第三,科学研究机关亦宜由中央与地方、公立与私立分工合作为之。

政府之要求只在完成国防之实力,只在指导各方面分工经营国防所需要之事业而不问其经营者为谁。例如工业则指导甲办机械厂,乙办化学工厂。甲办制造动力机之机械厂,乙办制造工作机之机器厂。或甲办硫酸厂,乙办硝酸厂。如同业则甲改良此一航线之航运,乙改良彼一航线之航运,要使相辅相成,不使相争,则财力物力人力皆有最经济、最实用之效用。反之则两败俱伤。就国家总体言,实有无限之损失,为今日穷困落后之国家所万万不容有者也。

吾人所要求之全国一致,绝不宜徒托空言,空言绝无补于实际,必须从各种实际活动上造成强烈之风气,鼓舞聪明才智之士竭其聪明才智于国家要求之活动上,尤其是国防要求之活动上。凡合国家要求之活动即为中央之所奖励,地方之所奖励,一切公众之所奖励,则为此种要求、此种奖励而竭力乃至于以身殉者,必比比皆是。

不仅国防之急遽准备需要全国一致,需要人民与政府一致,即国际关系所可为外交之协助者,亦须人民与政府一致。为应华北有事,东南沿海之被封锁,则须多辟与欧美列强间之交通路线,无论航路、铁路、汽车路以至航空路线,无论在西北或西南,均须政府与人民通力合作,在中日万一不幸发生战争以前,即须急遽完成与其他列强间最低需要之交通路线,不但在战争时藉此交通路线取得其他列强之物质供给,尤当于战争前藉此交通路线增进其他列强之密切关系。

第一亟须增进列强间之经济关系。竭困穷之国民财力无法建设以追踪列强之强,故国家无论自产业方面言,自交通方面言,凡可以为国防基础者,莫不需大量资金。此大量资金必须运用自国外。不仅政府须有此运用,尤不仅中央须有此运用。在合法及不失主权之条件下,必须全国人民有此运用。无论何方面之事业,无论事业之大小,皆当有此运用。多有介绍资金之组织,多有可以担保之事业,政府则立于指导监督之地位,予外资以保障,加强外资之信用,合人民之全力,运用外资必为广大,既增进国际关系之密切,而比较的散在民间亦可减少敌人之注视,此在建筑国防基础上及外交策略上皆值得竭力图之者也。

第二亟须增进列强间之文化关系。自政府以至人民竭力提倡个人或团体之往来考察游历,发起国际间各种文化团体之组织,提倡学术研究之相互提携,相互欢迎学者讲演,或任学校之教授,举国人对外有一致之态度,在竭全中国之人力提高全中国之文化,以追踪先进各国,求于世界文化多所贡献,多所帮助,且以几千年好尚和平之民族,进与列强相携,增进国际和平之局,此中国人努力之职志,全为和平非为战斗。此义不仅应求列强认识,尤应求敌人认识,不仅与列强间增加往还之密切,即与敌人亦当增加往还之密切,求生存于敌人监视之下,不得不有此十分悲壮之行动。一方面刻苦努力于国防基础上之经营,一方面仍以极亲切之态度,极可信之行动,感动列强乃至于感动敌国之人民,必须有此国民外交,以为政府外交之援助,由增加经济文化之关系,以减少国际之冲突,庶几得一拼命准备之时间,自然此时间亦至不可期且太有限也。

仅此关系,尤有未足。必须进一步与二三较可靠之列强为更深切之结合,至少期其可为武器供给及技术训练之帮助,尤其到不幸的事变发生之日,必须取得此种帮助,乃能作战。列强纵能助我,亦只能到此程度,至于列强之干涉,或竟加入战局,则国际局面变更以后之事,非今日所可期也。

应付当前困难之根本策略,仍在国民总动员之运动。平时则总动员为国民军事训练之各种活动,从保安组织,从学校或工厂,从都市或农村,从体育运动或卫生运动,从民众教育或民众娱乐,从合作组织或职业指导,从有系统之青年团体竭力提倡集团生活,寓以军事训练,输入现代的关于国防、交通、产业、文化必具之常识,引起其努力追踪现代的物质建设与社会组织尤其是引起对于群的兴趣,对于国家的热烈情感。因此政府所采方式,必须指导多而干涉少,奖励多而防止少。盖当前最大之困难问题不应太苦。最高领袖而应促起全国人共同担负共同行动,如能予全国人以指导,使行动在轨道上,在国家之要求上,则固无须乎防阻也。

战时尤须全国国民与政府一致,地方与中央一致,乃能造成不可叛之大义,乃能造成前线官员战死之决心。东北之损失,最严重不在土地而在人民,不在东北之损失而在国内人心之摇动。盖多数之人民不问政权谁属,无聊之读书人求为官吏以自活者又可供人豢养。日本不可怕,可怕乃此等国民心理也。其极可以减少平时奋发有为及战时决斗之勇气,可以产生无穷之汉奸。如不幸而战事发生,或竟有熟视无救或且利用敌国以倒政敌者。此唯有运用全国人民对国家之热烈情感即决心以克服之。

既认清今日应付国难在从根本上培植国民与政府一致之行动,则在积极方面必须运用在社会上一切有希望之人才,不仅运用官吏。在消极方面,不须有敌视敌人之态度,此态度一直当保存到不幸战争发生之前一小时为止,不问公开讲演或私人谈辩论文或标语,皆止于完成本国为一现代国家以与列强相携。在未收回失地以前,不谈收复失地,在未攘外以前,不谈攘外,乃至于一二宵小与敌人勾结者,亦只以情感与理智的感动包围之,不激使走极端也。

怵目于国难之日迫,有不能自已于言者。所见国内外大势未能澄澈,论列未必当于大体,然心爱国家及站在国难前线上之最高领袖,偶有所得,不应默如。有从容时间可达二三小时,愿更面竭陈述之。

1936 年 7 月 3 日

台北"国史馆"档案

我们的一切都要有计划和预算[①]

（1936年8月17日）

几年以前，民生公司的范围很小，大家的行动都容易一致，都能在一个秩序之下活动。但是，现在公司的事业，逐渐扩大起来了，上至嘉定，下至上海，中间有六十几个机关，三千多个人员，因之行动往往不一律，秩序也往往不一定了。现在的资产，专摆在航业方面的，就是五百万以上。假定我们的行动稍有出入，动辄就是几十万的差别。因此民生公司的事业，只可以成功，不可以失败。否则，将会发生动摇和危险。但是，这个成败与否的力量，完全是操在我们手里的。所以，我们要求三千多个人员的行动都要一致，都要在整个秩序之下活动。

另外，再讲这一桩事业的成败和它的关系。

民生公司在十一年来的发展，现在一般人都感觉到它是四川当中的一桩事业了。或者，有少数的人，也许认定它是中华民国里面的一桩事业了。然则，民生公司的事业，不仅仅是民生公司的事业，而是中华民国的事业，大家要请认清楚这一点。

中华民国的问题很多，同时也很严重，一个简单的原因，就是文化落后。世界上一部分的国家，已经突飞猛进的前进了，而中国却落后得很远，所以人们时时都感受着许多痛苦。大家要知道，世界上的物质文明，一天一天的进化

---

① 该文为卢作孚于1936年8月17日在民生公司朝会上的演讲。

着,而我们一方面生产落后,一方面物质的享用却又达到了世界的顶点。因此,我们只感觉物质享用的担子,重重的压在我们的身上。结果,我们边要诅咒命运太坏,谩骂社会对不住我们了。大家受了物质欲的压迫,于是每一个人都想在社会上取得个人的机会,以成功他自己,而为个人的享受。但是机会既谋得了,然而往往收入少而享用多,于是又只好赶快的再谋取个人的出路,不管那是军事的、教育的、政治的等,只要有机会,都去抓住。这样,社会便一天一天的更形紊乱,失业人数,也一天一天的更形增加了。那么,我们要如何才能解决这个严重的问题呢? 惟一的方法,就是要"生产超过享用"。我们不要去责备人,去责备社会,更不要去责备国家的对我们不好;我们要走到"努力生产,节省享用"的途径上去,才是我们的正当方法。大家要知道,我们从前洗脸的时候,只是一幅四方的土白布和一块皂角就行了的,而现在,却改成毛巾和香皂了;这还不够,水,也是用的自来水了。从前解便的时候,只是蹲在两块板板上就够了的,而现在,却改用拉水马桶了。如像这些享用,我们都已经跑到世界的顶点了。但是,我们为什么不把生产也设法使它跑到世界的顶点去咧?! 假定我们只图在社会上取得机会,取得个人成功的机会,那么,社会国家,就只有愈来愈糟。所以,目前,我们要急于解决的,就是生产问题。

当其中东之战的时候①,中国和日本的海军是平衡的,但是现在日本的海军,在世界上是列第三位了,而中国则没有地位! 国营招商局和日本的邮船会社,是同时开办的,现在比较起来,也是相差得很远。然则,为什么人家发展那样快,而我们为什么老是没有办法呢? 至于空军,昨天我在飞机场的时候,一位飞机师和我谈起,他说中国的空军,也是和日本的空军同时兴办的。那么,为什么人家现在的空军发展那么快,而我们的空军,为什么又发展这样慢呢? 中国的空军,截至一·二八事变止,据说能够应用的飞机只有八架,而日本则有三千几百架。

但是,好在近几年的中国,已经慢慢的觉悟了,各方面的事业,都有了大的

---

① 指甲午战争。

进步。例如飞机,据说,在世界上最新式每小时可飞行二百五十个 Miles 的格拉斯机,现在中国已有好几架,而日本才只有一架。这进步快的原因,就是我们"走了捷路"。日本人对于一样东西,他们是凭经验学识,慢慢的,一点一滴的去改良,去发明,而我们此刻却用了世界最时代的东西了。因此,我们落伍的国家,今后不跑则已,一跑就要跑到他们的前头去!所以,今后我们对于生产,是要提倡"走捷路"。

欧、美、日的物质文明,首先都是没有计划的。美孚油行无非要发财,才慢慢地经营起来的。三井、三菱也无非为了要发财,才慢慢经营起来的。看着社会上缺乏了帽子,然后大家才经营帽子;看见社会上缺乏了鞋子,然后大家才经营鞋子。但是这样无计划、无组织的经营,结果往往会闹到供过于求,经济恐慌和人民失业的境地,牺牲那是很大的。例如,一个人起初是只能纺一根纱的。后来有了一个人可以纺十根纱时,纺一根纱的便被打倒了。后来又有了一个人纺到二十根纱时,纺十根纱的人又被打倒了。如此递推至三十根纱,乃至五十根纱,逐次的改进,便逐次的成功了少数,打倒了多数。于是,多数的人,因生产方式的改进而被牺牲了,失业了,现在许多国家,你只是看着他开花,你却没有见着他流血!现在,我们应该是有方法避免的。这避免的方法,就是走捷路。走捷路的办法有两个:一个是同类的事业,联而为一;一个是相关的事业,也联而为一。联而为一以后,第一可以免除许多无谓的竞争,可以大胆的、拼命的改进、发展,事业只有成功,没有失败;第二是凡供给就有需要,凡需要就有供给。供给和需要,可以平衡的发展,不致有生产过剩和生产恐慌的毛病,所以事业只有发达,没有衰落。这是联而为一的好处。民生公司十年来就在作这个试验。现在川江的航业,虽然还没有联而为一,但是大体上也差不多了。等到完全联而为一以后,就可以尽量的改良一切。我们要提倡中国走捷路,就要促成"同类的事业只有一个;相关的事业都联络起来!"这是非常亟切的要求。我在民生公司是这样办,在别处也是这样办。假定民生公司试验成功,别处也会成功。总之,我们要提倡走捷路,才能与各国并肩进展!

生产有两个东西可以使它进步:一个是"技术",一个是"管理"。技术要有控制机器的能力,要有控制物质设备的能力;管理就是管理一群人的行动,管理一群人在整个秩序范围之内行动。旁的国家,现在已经有达到二百五十万吨的轮船公司了,而民生公司的轮船吨位,才不过两万吨上下;旁的国家的船,现在已有走遍世界的了,而民生公司的船,才仅仅走到中国的长江。这差别的原因,就是人家有"技术"、有"管理",而我们没有。学得"技术"和"管理"的方法很多,尤其是有现代物质的设备,和在大的人群当中,进步更为迅速。但是我们回头看看民生公司的情况,是不是有了大的进步咧?民生公司从开办起,一直到现在止,轮船由一只增加到四十几只,人员由几个人增加到三千几百人,差不多有四十几倍的进步,然而我们的"技术"和"管理"的进展,是不是也有了四十几倍?没有!像这样畸形的发展,那是危险的,可怕的!假定我们都有了"技术"和"管理"的能力了,我敢于相信,事业一定是成功的。

今天以前,大家只有一个不可脱离的家庭——事业可以解散,而家庭则不可以解散,于是每一个人都忠实于家庭,为家庭努力。今天以后,我们要建设一个不可脱离的事业,要我们依赖事业,要事业依赖我们。我们要努力于民生公司,有如努力自己的家庭一样!要忠实于民生公司,有如忠实自己的家庭一样!扩大起来说,我们努力于国家,忠实于国家,也如努力于家庭,忠实于家庭一样!要我们依赖国家,也要国家依赖我们!这样,我们才有进步,才能与旁的国家比赛。假定我们对于事业,让它失败下来,那大家还是只好走回老家去!

我们把民生公司关系之大,说得太多了。现在要求大家做到两点:一是"计划",二是"预算"。我们凡做一桩事情,从开头到终了,事前都应当计划得很清楚,如像会计处有会计处的计划,总公司有总公司的计划,全公司有全公司的计划,同时,个人也有个人的计划。例如郑经理这次到上海去,他就要计划办哪些事情,如何办,需要多少时间。每一个计划,我们都要使它达到一个段落,比方,民生公司是三十年的计划,那么我们就要逐渐去实现它,完成它。每一局部的计划,要在整个事业之下;每一个人的计划,要在人群的当中。至于"预算",今后凡涉及数目字的,都要有预算。如像郑经理这次到上海去,那么对于开支就要有预算,每天要用多少钱,总共要用多少钱,都应该预算清楚。

今天以后,我们要办到:没有预算,不准开支;没有计划,不准行动。凡超出预算的开支,要经总经理解决;原来无预算的,要经董事会解决。我们要这样,才能够控制"技术",把握"管理",推动事业。

《新世界》1936 年 9 月 1 日第 100 期

在民生公司十一周年纪念会上的讲话^①

（1936 年 10 月 10 日）

各位勉励的话，很感谢！

我们替国家想办法，为国家干事，一定要有一个着手之点。我们每人的立足地，无论是什么地方，都是机会。不要问社会有没有造成，不要问自己有没有力量和办法，只要自己有决心。从前在中国或四川，至少在合川，没有这样一个造成的社会，我们下了决心，才产生了现在民生公司这样一个社会。本公司有许多人，在未进公司之前，想像公司是怎样的一个理想的社会，是怎样一个完美的社会。然而进了公司以后，觉得公司的种种情形，和其他一般社会差不多，没有什么特殊的地方。本来我们这些船员，这一些人数，在中国算不得什么。我们一定另有一种好处，就是有大的决心，能继续不断的创造。

我们现在发生了两个极大的问题，就是技术和管理的问题。我们的技术不够，我们的管理能力和前十年还是一样。然而这个社会是一天一天的大了，这是很大的问题。我们的技术和管理，将使人不信了。别人不信不妨，只要自己能赶快增加我们的技术和管理的能力。我们不要自满，要自己虚心，自己知道自己的能力不够。要一方面学，一方面做，以便增加我们的技能。我们每个人都应留心着这两点——设法提高我们的技术和管理能力。

还有一点，我们有许多同事，时常出去考察，但结果没有什么报告，这就是

---

① 该文是卢作孚在上海分公司举行的民生公司十一周年纪念会上的讲话。

表现事前没有计划和预算。以后我们每一个部分,都应该有一个计划和预算,方才能把事情做得清清楚楚。做一件事,先要很清楚,很细密的想,并且能写出来。我们一定要有计划有预算,才能解决我们技术和管理能力的不够,方能增加我们的力量。

最后我们应认清我们做的意义。我们把事业做成功就是我们的报酬,不一定顾到自己和家里的吃饭、享用问题。因为这问题很小,饭可以少吃一些,享用也可以少享用一些,事业的成功,才算是我们的报酬。希望大家都明白这个意义。

《新世界》1936 年 11 月 1 日第 103、104 期合刊

如何加速国家的进步

（1936 年 10 月 10 日）

从我们的国家最近几年所受的外患看,虽然不幸,领土主权以及经济上的利益均损削甚巨。但从内部的动态看,则各方面皆有进步,比几年前显然不同。交通进步了,生产进步了,教育进步了,一切社会的秩序进步了,一切生活的训练进步了,尤其是促起了非常明了的进步的意识,以加速了进步的速度。

然而这样的进步和速度还不够,别的国家已先进步数十年乃至数百年了,我们瞠乎落后。他们在物质上,在人民的富力上,在国家的预算上,都已有远比我们雄厚的基础,他们凭着远比我们雄厚的基础还在拼命地进步。虽然我们比几年前进步了,而且加速度了,但究不若他们之更迅速,会永远落在他们之后,而且增加了前后的距离,永远不会到并驾齐驱的时候。

我们相信,世界进化到了今天,各先进国家的不断的进步诚然迅速,然而各个国家间的相互影响亦一样迅速,万一有不齐的文化程度终会在最短时间齐一的,虽然有些民族落后,终会在最短时间赶上先进民族。

我们尤其相信最落后的民族最幸福。一旦他们有了觉悟,他们的进步应比任何先进国家更迅速。因为他们省却了先进国家许多困难、许多失败的过程;先进各国的各种物质设备:矿山、工厂、农场、火车、轮船、飞机等①,好容易才进步到了今天的程度,落后的民族却一脚便踏到了这地步。就采用机器说

---

① "等"字原文为省略号。

罢,便一直用到1936年最新发明的了,或许还凭着这基础发明更新的。国防、交通、文化、产业,几大经营,先进的国家不一定全根据着整个的计划。尤其是产业之进化是凭藉着自由竞争,有少数的侥幸的成功,却有多数的残酷的失败。每有一个进步的阶段,即有一个少数毁灭多数的阶段。落后的国家则可确立整个计划,就生产言:依据着整个计划生产,消灭了同业的竞争,将供给与需要完全打成一片。缫好多丝,养好多蚕,制好多种,栽好多桑,完全在整个计划下经营,自然其间只有成功,没有失败。不但产业本身如此,举凡交通、文化、国防,莫不在整个计划下经营,自然会获得比任何先进的国家更经济的成功,亦自获得比他们更迅速的进步。

中华民国需要进步,尤其需要在整个计划下进步。整个计划必须决定于政府,尤其必须决定于中央政府。但计划之产生以至计划之推行必须中央与地方,政府与人民,甲机关与乙机关,甲事业与乙事业,整个分工合作,使每一个机关或每桩事业,各有明了的使命,各有到达的前途,各有安定的领域,各拼命地趋赴,而又相互联络,相互适应,以完成国家整个的要求,乃能促使国家有比今天以前更快的进步,有比先进国家更快的进步。到了国家危急存亡的时候,谁都想好,谁都想于国家有所帮助。但不知自己应做什么,应怎样做。急切需要集合各种专门人才,为整个国家定出计划来,让人在整个计划下划出努力的范围,选出终身的任务。不但是为国家安排了事,尤其是安排了人,使每个人都于推进国家建设有努力之处。奖励着人迅速为国家行动,不使有所徘徊瞻顾。

国际局势非常复杂,难于应付,不能从外交上确立出一种政策来,外交政策只能依附于国家根本政策上。故就国家对外言,亦须先行确立国家的根本政策,确立整个的经营计划,使我们的产业发达了,进一步与国家作有条约的经济交换;使我们的交通发达了,进一步与各个国家作有条约的交通往还;使我们的文化提高了,进一步与各个国家作有办法的相互贡献;使我们的国防巩固了,进一步与各个国家确立维持和平的条件;然后外交政策不空虚,任何国家皆可合作,且可造成国际间安定的新局面。

《大公报二十五年国庆特刊》1936年10月10日

一桩事业的几个要求

（1936 年 10 月 10 日）

（一）跑上世界最前线去

世界不幸而有几个文明先进国家太商业斗争化，不诱掖后进国家或后进民族使能并肩携手加速人类的进化，偏要相互斗争，加速商品生产，加速人口繁殖，以相互争市场，争殖民地，以造成若干民族闭塞，穷蹙乃至于销铄殆尽，以造成前二十年的世界大战和任何时间的世界不安。

这是非常不幸的现象，却也是甚短时间的现象。以现代的交通方法、生产方法、文化运动的方法和民族斗争的酷烈，相互影响非常迅速，总相信这万有不齐的人类文化，终会在甚短时间办到齐一的。不加人为的力量，也许相当延长；加上人为的力量，也可缩得更短。最好是先进国家肯诱掖后进国家或后进民族，实际上却不会有这段事，必须后进国家或后进民族自行加入赛跑，跑向前去，乃至于跑上最前线去！

这样的赛跑，是需要国家总动员，而且需要在政府整个策划下动员。我们站在人民地位的，似乎无绝大助力，却绝不能无助力。应选择一点或两点，一件或两年，努力做去，也许是去作前驱，也许是只作一度试验。

如果我们跟着许多文明国家的后面跑，凡他们经过的历程我们都经过——他们由手工业到机械工业，由小规模的机械工业到大规模的机械工业。反过来说：他们用机械工业打倒手工业，用大规模的机械工业打倒小规模的机械工业，凡有一桩事业成功，必有若干事业失败，这样的历程我们亦一步一步

695

地经过,则我们的文明程度会永远落在他们后面;而且不断的失败的残酷,因为加上了他们先进国家的压迫,会比他们厉害。

我们只好把所有先进国家经过的历程省略了!就物质建设言:我们省略了一千八百几十年使用的机器,而且省略了一千九百零几年、十几年乃至于二十几年使用的机器,我们一采用便采用到一千九百三十几年的机器。就社会组织言:我们省略了自由竞争的辗转失败的阶段。凡经济事业,都把有关系的联成一片,便有需要,便有供给;都把同样事业化零为整,使无同业间的无聊竞争;使凡生产事业都在整个筹划之下生产,只许有成功者,不许有失败者。不使社会上的物质供给,时虞不足,时虞有余,在不安的波状当中转变。

公司要求航业化零为整,合并了许多公司,同时把航业以外与有关系的事业都办起来,正是要求省略了先进国家产业失败的历程,一脚踏到成功阶段上去。假使这只是一度试验,亦是一度最有价值的试验,万万不可失败。为了集中全力于事业的成功,一时兼顾不了我们工作人员生活上的痛苦,我们亦须忍耐。我们决作国家进入现代的前驱,即须身先一般同胞荷戈负矢,趋赴前线。尤其是领导人员要身先士卒,抛开生活问题,用强力将一般苟偷风气转变过来,转变到事业上来,乃至广大的社会上来。

(二)把握着现代两个武器——技术与管理

我们的生产运动,我们的交通运动,我们的文化运动,必须跑到世界最前线去!但是我们的技术与管理落后了,则一切不安全!不需要残酷的同业竞争,不需要先进国家重重的压迫,本身也就满有失败的原因在。而这原因便是有现代的事业——现代的物质建设,而没有现代的技术与管理;事业前进,而所需要的技术与管理不前进。尽管政治维新了若干年,学校办了若干年,实业提倡了若干年,为什么成绩不容易看见?只因为我们取得这许多事业了,却还没有取得管理它们需要的技术与才能。今天以前以为政治维新了可以救国,学校办理起来了,实业提倡起来了,可以救国,而不知还要技术与管理才可以救国!

在我们没有现代的技术与管理以前,我们的政治不免腐败,我们的教育不免空疏,我们的实业不免毁坏。千万不要因此自馁,以为中国人是根本没有办法的!一切失败的原因,只在我们手里。只是因为没有现代的办法,而就有了现代的事业。中国人一向用在农业社会里的办法——用在农业社会里的技术与管理,仅仅根据了常识,仅仅根据了经验,而那经验并未经过科学方法的整理,用来应付非常繁复、非常正确的现代工商业的物质设备,非常繁复、非常紧张的现代工商业的社会组织,断未有不一切失败的。

我们要鼓起勇气,坚定信心!凡白种人做得来的,黄种人都做得来;凡日本人做得来的,中国人都做得来!只要学会了他们的技术与管理,便能做出他们的事业。今天以前一切事业的失败诚在我们手里,今天以后的成功亦在我们手里!只要先从先进的事业、先进的国家学会一切技术与管理。

我们的交通事业、生产事业和文化运动,都是现代的事业,即都需要现代的技术与管理。大多数人都在这些事业的机会当中去将技术与管理学得,还须有少数人或更少数人是先要从先进事业或先进国家去将技术与管理学得。我们的事业前进了,我们的技术与管理还得跑到事业前面去,提掣着事业更前进,不然,事业离开了我们的技术与管理便非常危险了!

我们的技术与管理既是现代的技术与管理,即不是每一个人可以坐在屋里用想象发明的。我们必须一足踏着现代的人已经有了的经验,然后才有新的经验。所以今天的问题,是如何赶快取得现代的人的经验,去从先进的事业乃至于先进的国家取得他们的技术与管理。凡先进国家办得好的事业,我们只要有了技术与管理,没有一样办不好的;而且后来居上,会办得更好。不但是我们采用的生产机械和产业政策省却了一切先进国家失败的历程,尤其是我们的技术与管理,因为凭借了他们,更当超越了他们。

每一个朋友应得天天要求技术与管理提高。一方面教人,一方面向人学。时时刻刻都在教人,而且时时刻刻都在向人学。把技术与管理当做虎烈拉或肠窒扶斯(即霍乱等传染病——编者注)。以极快的时间普遍传染到了全事业的人们,而且传染到了全社会,这是我们的责任!

（三）超工钱的与超赢余的

我们要求的两个运动非常明了。

第一是要使落后的国家向前，而且跑上世界的最前线。凡我们的交通事业、生产事业、文化运动，都省略先进国家经过的失败和迂回的历程，一脚便踏到他们的前面去！

第二是要以现代的技术与管理去办好现代的事业，并去影响社会的周围。

这两种最有价值的试验，是为了整个中华民国，用事实来贡献意见，不仅是为了我们的工钱或我们的赢余。即令缩小到我们生活上来，我们亦是停止了一切物质生活的比赛，离开了原有社会的物质诱惑，而要形成一种新社会生活的相互依赖。

中国原是一个农业社会，农业社会的经济单位非常简单，简单到只需要一个家庭，所以只有家庭成功了一种生活上的相互依赖不可脱离的关系。每个人牺牲了自己以为了家庭；同时只须依赖家庭，不须依赖家庭以外的社会。因应若干家庭间相互依赖的需要，产生了长时间往来关系的亲戚、邻里和朋友，其一切关系之形成，亦是个人与个人间相为的，而非为公众的；且往往为着个人，牺牲公众。所以公众的道德条件是消极的，不是积极的。不是叫你替公众做事，而是叫你做到公众无事；所以无为的政治是最好的政治。

现在文明的国家所以有坚强的力量，正因他们形成了繁复的生活相互依赖关系，超越了家庭，亦超越了亲戚、朋友和邻里。规模之大到几千人、几万人，乃至于几十万人；分布到若干城市，乃至于若干国家去。同时影响到政治上去，遂形成有组织的地方，乃至于组织坚强的国家。他们之替大的集团努力，亦正如中国人之替小的家庭努力。虽然他们在全世界里造出了许多的不安，在自己国家里造出了许多的不平。但究竟成功了比中国人更大的社会依赖关系，而且促进依赖关系之扩大，终究会扩大到全社会。

一个农业社会只需要甚少的工作人员，故生活相互依赖关系只需要一个家庭或大至于亲戚邻里朋友。一到现代，不管是交通、是生产，便常常需要甚多的工作人员，不是一个家庭担负得了的，亦不是亲戚邻里朋友担负得了的，更不是个人与个人间相为,甚至于牺牲公众以为了个人的人们担负得了的。凡现代的事业都是公众的事业,必须每一个人为了公众,即亦必须每一个人依赖着公众。要推动中华民国使一脚踏进现代的门,必须造成家庭以外乃至于亲戚邻里朋友以外的公众生活的依赖。每一个人得着帮助皆自公众,不自个人,亦皆帮助公众,不帮助个人,乃能完成现代的经济事业,乃能影响到文化事业、政治事业,使都进入现代去。

我们创造公司,也正是要扩大我们的生活依赖关系。每一个人都依赖着这一个事业,凡所需要的生活费用,住宅、医药、娱乐、教育都由事业供给,一直到老;而每一个人的努力,亦一直到老为着这桩事业。这个依赖的局面必须造成。这个目的,纯在造成一个社会,而非为着个人。任何时间不要忘却:我们努力,不是为了工钱与赢余,而是超工钱与赢余的!

第一是我们要助成国家跑到现代前面去;第二是要握着现代的武器——技术与管理;第三是要造成现代的社会生活依赖关系。我们要用全力达到这三个非常明了的要求,特在本公司十一周年纪念会中再郑重地将这要求提起!

《新世界》1936 年第 103—104 期

国民经济建设之一般原则

（1936 年 10 月）

一、生产

Ⅰ. 计划

1. 国家整个生产计划大纲由中央确定之；

2. 每一省之生产计划由省提出，中央审察［查］之；每一县之生产计划由县提出，省审察［查］之；

3. 私人经营之生产事业，在县计划内者，由县审察［查］之；在省计划内者，由省审察［查］之；在国家计划内者，由中央审察［查］之；

4. 一切公私经营之事业，皆须奖励其在县计划内，或省计划内，或国家计划内。

Ⅱ. 资本

1. 由国家或地方经营者，必须确定每年资本支出之预算收入，不足则确定其基金募债为之。国内或就地募债，不足则向国外募债为之，或就外商商得材料垫款办法；

2. 私人经营代为审察［查］其计划，如正确可靠，促成银行为之代募资金，或贷予资金，或于不抵触国家法律及条约范围内，助其商借外资，或助其商得材料垫款办法。

Ⅲ. 工作技术及管理方法

1. 国家或地方为生产事业培育技术及管理人才，或为之觅得培育之机会；

2.国家或地方举行技术及管理人才之调查及登记；

3.国家或地方为介绍需要之技术及管理人才；

4.国家或地方以专门人才指导其工作技术或管理方法。

Ⅳ.工具及原料

1.国家或地方为之调查或试验；

2.国家或地方为之选择或介绍；

3.国家或地方为之代买。

Ⅴ.成品及销场

1.国家或地方为之审察[查]成品；

2.国家或地方为之调查销场；

3.国家或地方为之介绍宣传或分配销场；

4.国家或地方为之推销。

Ⅵ.生产量与需求量

1.为之统计生产量与需要量；

2.生产量不足时则奖励生产,有余时则限制生产。

Ⅶ.发明

1.给予个人或事业以研究及发明之机会；

2.给予研究机关以设备费及经常费之补助,给予个人以设备费或生活费之补助；

3.给予发明人以报酬而不以专利限制其制造或使用。

Ⅷ.管理方法

1.采用竞赛制度——促使地方间比赛,各事业间比赛,一事业间之各部门比赛,工人与工人间、各人或组成集团比赛；

2.采用教育方法——教以工作需要之特殊技能及知识、现代国民需要之普通技能及知识,并使有游历、运动、练习音乐及其他种种娱乐事项之机会；

3.采用会议方法——予工作人员以建议的机会,如情形良好或竟予以决议的机会；

4.促成生产合作——从购买原料上,从购买工具上,从销售成品上,力谋合作组织。

二、分配

Ⅰ.工资

1.使能供生活之最低需要;

2.依年功加俸制逐渐提高。

Ⅱ.赢利

1.逐渐提高劳作方面之红酬;

2.逐渐降低资本方面之红利。

Ⅲ.待遇劳作之各种物质设备

1.公共住宅及住宅中电、火、水等设备;

2.公共饭堂之设备;

3.公共医院之设备;

4.公共娱乐(花园、运动场、游艺室、电影院、戏院)等之设备;

5.公共图书馆之设备;

6.子女教育之补助费及学校教育之设备。

Ⅳ.劳作之取缔

1.为定劳动时间之最大限度;

2.妇女生产前后不能工作为定休息期间之最小限度;

3.取缔工作危地带并为安全及卫生定最低需要之设备。

Ⅴ.救济

1.疾病时之救济;

2.残废及衰老之救济;

3.失业之救济。

Ⅵ.财产　使每人有职业,生活倚赖其职业。在不能有职业时,则倚赖社会。于是逐渐降低财产之倚赖关系。

1.以累进率征收有关财产之所得税,并将税率逐渐提高;

2.以累进率征收遗产税,并将税率逐渐提高;

3.奖励遗产捐与国家或地方或某种公共事业。

三、交换

Ⅰ.买卖机关

1.调查生产区域及消费区域,为调整其供给与需要之关系;

2.为防操纵,限制价格与赢利;

3.取缔附加在商品上之廉费,以公布或介绍之方法替代竞尚奢侈之广告,研究保护商品之方法,废除竞尚奢侈之装潢。

Ⅱ.运输关系

1.在水上扶助发展本国之航业,为各轮船公司妥为分配航线,并为定出逐步改良之计划,责令遵照改良;

2.在陆上建筑铁路,由人口繁密、物产丰富地带到最近之海口或最近之河流。不能建筑铁路之地方,乃助以能够载重之汽车路;

3.在空间多辟航空路线,并加密航行次数,使能担任紧迫需要之轻件运输。

Ⅲ.金融机关

1.保障金融事业之信用;

2.奖励金融事业作产业开发之必要投资;

3.促成金融事业投资之分工及合作;

4.消灭国内汇价,稳定国外汇价;

5.提倡信用合作。

Ⅳ.消费

1.提倡节约生活;

2.提倡购用国货;

3.提倡消费合作。

贵州省档案馆藏档案

703

我们要明了自身的工作①

（1936 年 10 月 23 日）

像这些错误，如果有人喜欢去发现，我不知道每天要发现多少！何以会有这些错误的现象咧？我想，非常明了的，就是民生公司办事的人，多半都是一些读书的人。读书人就不能做实际的事。只能做中国一般机关里的事，不能做现代的事。

兴趣能够集中在工作上面，那工作便是快乐的

我们要晓得，每一个人的工作是要有兴趣的。而兴趣点的集中，又是在问题上面的。没有问题，就没有兴趣；没有兴趣，就觉得无聊。假定我们的兴趣能够集中在工作的上面，我们就会感觉工作是快乐的，不是痛苦的。而且是任何力量都不能引诱他的。下象棋、围棋，为什么会有那么多的人围起来看？那就是因为对象棋、围棋已经有了兴趣的缘故。然则，我们办事的问题，是超过许多倍于象棋、围棋的，为什么还不会引起我们的兴趣呢？这，只怪我们还没有走进工作的兴趣中去。

盼望每一个工作的朋友都要有办事的方法和明了自身工作的内容

今天以后，我们盼望每一个工作的朋友，都要有办事的方法和明了自身工作的内容。例如，我是管理营业的或燃料的，那么我对于营业和燃料，就要彻

---

① 该文为卢作孚于 1936 年 10 月 23 日在民生公司朝会的演讲。

底的懂得,绝不办那种糊糊涂涂的事。以一张表来说,在我填写那张表格的时候,首先,我就要懂得那表格的内容,而且,即连主任经襄理,也要懂得那表格的内容。否则,我们每天办些糊里糊涂的事,精神上是很够痛苦的,痛苦得比和尚念经还厉害! 因为和尚念经,他还有个期望,期望将来可以成佛菩萨。而我们办事,自己如果不晓得办来做什么,岂不是比和尚念经还苦吗? 其次,在表格上填写的数字,我们要看是否与事实印证过,隔事实好远。假定我们的数字与事实不符——事实自事实,数字自数字,请问我们办些与事实不符的事来做什么!? 本公司万不可使办空事的人太多了,免再喊人不够用。总公司增加到一百人、两百人、三百人……,全公司水上岸上增加到一千人、两千人、三千六百多人,还是在喊人不够用! 人增多了不说,而且还养成一般做假事的习惯! 像这样糊里糊涂办事的人,我想,恐怕有十之七八! 这样怎能够感觉到工作有兴趣咧!? 对工作没有兴趣,于是就把精神移到工作以外的事情上去了!

要懂得工作的内容才容易进行才不至于错误

我这几天回来,有许多人都来找我解决问题,我非常欢喜。但是我对于好多问题,却不明了。问题既不明了,我当然不能解决。例如,一个船长拿一张单子来要我核,一个大副也拿一张单子来要我核,我不但对于单子上开的东西弄不清楚,而且就连某船长、某大副的名字,有时我也弄不清楚,这样我怎么能够核? 岂不是等于一个病了的人,要到菩萨面前问卦一样的滑稽吗? 但是,向菩萨问卦,他都还要一对卦才行——要凭他的阴卦或阳卦才可以定病人的吉凶,而我手里,却一样东西都没有,叫我怎么能够解决你那桩事情呢? 要解决一桩事情,自己就要懂得那桩事情的内容,然后进行起来才容易而不至于错误。例如这次上海同太古交涉一件事情,首先我们作一度谈话,仅仅说明要交涉的范围和交涉时需要的材料后,于是双方就各自把材料搜集起来,及到交涉的时候,便很顺利的解决下去了。所以说,我们每办一事,都要懂得内容,并要有材料以供我们的参考。又例如用煤,现在我们只用天府、炭坝的煤,那么我们对于天府和炭坝的煤价和煤质,都要懂得。

一个练习生能有这种精神去学习三五年后便要成功一个专家

这还不够。而且，就是太古、怡和、聚福等①公司所用的煤价和煤质，也要设法弄清楚，即是要把自身所办的同类的事要设法弄清楚。无论是四川的、中国的、世界的，也无论是听得的或看见的。如果一个练习生能有这种精神去学习，去努力，我想，三五年之后，他便要成功一个专家。所可惜者，只是我们自己不愿成功专家罢了！假定一个人，他是办理保险的，那么，他对于水险、火险……各种险的条例和情形，都要一一的懂得。水险，又有海洋的、长江的、川江的，各种情况，我们也要明了。同时，民生公司是保的哪几个条件，我们更应该切实的弄清楚。万一船舶发生危险，我们就可以知道哪个责任是该你负，哪个责任是该我负，再不像今天以前船舶发生了危险，还要另外去找专家来帮忙了。前几天我同魏文翰先生谈起关于保险人才的训练问题，他说，只要能够交几个聪明点的人与他，三个月的工夫就可成功。但是，如果不求甚解的话，我想，恐怕三年也不会成功吧，我想。

我们要清楚的分工要事前解决问题工作才能上轨道才不致忙乱而事业也才会有大的发展

再说另一方面，如果我们不是管理燃料或保险的，那么，我们对于燃料和保险的问题，就不能凭自己的想象去解决它，而定要有专家去解决。因为这样，我们办起事来，才能走到正当的轨道上去。要想工作有正当的轨道，这里有一前提，就是分工要分得很清楚。如果永远的不把工作分得清楚，那么事情就会永远的忙乱。事情一忙乱，于是乎就会感觉人不够用，东在抓人，西在抓人，时而把甲找来帮忙，时而把乙找来帮忙，时而把丙找来帮忙，时而把丁也找来帮忙。结果，甲、乙、丙、丁都一齐找来帮忙来了。但是，事情呢，忙乱依然忙乱，并无裨益。例如轮船每次到了码头，我们就会感觉忙乱，异常之忙乱。何以会忙乱呢？就是忙乱的人，只在轮船到码头那一时才觉得有事情，才觉得处处都是问题！而轮船开出后或轮船未到前，大家是不会感觉有问题的，所以轮

---

① "等"字原文为省略号。

船刚到码头那一刻,我们就要忙乱起来了。如果我们在轮船开出后,或轮船未到前,就把所有的问题先行解决了,等到轮船到码头的时候,我们还忙什么?自然就不忙了。今天以后,民生公司要进化到这种程度,事业才会有大的发展。能够这样努力的人,不论他是老年人、青年人,我们都应当尽量的给他一个机会,让他到某一个学校去学习,增长他们的知识和经验。

最后我们办事要由普通而专门

最后,总括起来说:我们办事要分工,每人要明了自身工作和同类事情的内容,要在工作中去发现问题,要由不懂得而懂得,由外行而内行,由普通而专门。

北碚图书馆藏单行本

中国应该怎样办

（1936 年 11 月 1 日）

一、未来是在我们手上的

中国应该怎样办？中国人应该怎样办？这是当前必须解决的问题，不容迟疑，亦不容模糊的。中国的未来完全产生在中国人的手上！中国人要将它造成什么，它便成功一个什么，只要定了办法，下了决心，持以毅力，贯彻下去，是绝对有把握不会错误的。最可靠的是人事，只要我们肯把握住人事，前途是非常光明，不会辜负我们；周围亦都是我们的助力，不会辜负我们的，我们会摆一个比现在世界上更好的国家给予人看，那一向瞧不起我们的朋友，都会另眼相看了。

大家须知道世界上许多所谓好的国家，并不是先定了整个好的计划然后依着那计划经营好了的，都是同着周围的进化，而逐渐进化。那所谓好，是由东补一块，西补一块的凑成，不是应着社会福利的需要成功的，而是应着自由主义的商业进展的需要成功的。他们的商业，几乎是一切的前驱，科学之表现在物质上，国力之伸张到海外，关税之壁垒森严，社会的组织之不断的扩大，几乎无不是为了商业进展的需要，而今他们的商业，已进展到日暮途穷了，不断地由竞争而增加商品生产，为已穷竭的或且降低的世界的市场和人们购买力所推阻，很严重的过剩生产，很严重的失业问题，许多互相传染与生俱来不可治疗的痼疾，而今到了不可治疗的时候了。

我们国家的未来，却可依了理想画成。一般已经成熟了的国家，是已经染污了的纸,我们却是在一张白纸上去着丹青,因此她的美丽是完全如我们的意,比世界任何国家,值得努力,而这一幅美丽的图画,是完全操在我们的手上,只看我们怎样画法了。

二、两幅图画

未来的中国是要从现在的中国着手创造起,因此应得画出两幅图画。一幅是中国的现在,一幅是中国的未来,还要画出若干道路,使每人知道如何由这幅图画走进那幅图画,而这两幅图画以及其间的道路都是不容易画出来的,须待若干自然科学和社会科学的专家,若干农业、林业的专家,若干采矿、冶金、电气、机械、土木、建筑、铁道、水利的专家,须待调查统计、研究、试验,以至于计划。这是绝大的工作,须用整个国家的人力、财力、总动员去解决它,这是不能想象,不能从文章上写出来的,今天却只介绍如何凭着画法而已,还不能算是明白的图画。

一幅是中国的现在

有过去二十余年的内战,政治上或社会上有拼命斗争的党派。有幼稚的空军,陈腐无用的海军,二百余万竭全国财力不能养的陆军。有取得东北之后,不断压迫中国的日本。有迫在眉睫的第二次世界大战。有日陷穷蹙的农村,日渐萧条的都市,有每年六万万以上的入超。有未能免除完的苛捐杂税。有布满全国的赌场和鸦片烟,布满都市的骄奢淫佚[逸]。有亲戚邻里朋友相为和相依赖的关系,足以破坏一切现代的生活,无论其为政治的、教育的或经济的。有极其重要的应酬往来,足以破坏一切正常工作和生活秩序。有只知解决生活问题,不知解决政治问题的官吏。有在城、在乡的土豪劣绅。有以受人害者害人的教师。有折本的公司成功的经理。有只说不做的知识阶级。有甚多的人无职业,更多的人无知识。有只顾身家,不顾公众的人民。

一幅是中国的未来

就国防言　空军:有若干队可任国际战斗的飞机。海军:有若干队在东南沿海可任自卫的舰队。陆军:有举国皆兵的征兵制。有完整的现代武器和编配,有战车队和化学战备。

就产业言 有充足的粮食和燃料。有可以自给的钢铁,和其他有色金属的矿产。有各种农产和矿产的原料。有机器耕种的农场。有各种重工业和轻工业的工厂。有各种调节货物的商业机关,有调节金融的银行。有若干万千瓦的电力供给,有若干万马力的动力供给。

就交通言 有若干里铁路,若干部车头和列车。有若干万里汽车路,若干万部汽车。有若干万里电线,若干无线电台和播音台。有若干万吨轮船,若干远洋航线。

就文化言 有若干小学校,足容纳全国学龄儿童。有若干中学校,足培养社会需要的青年。有若干大学校,应各种专门人才之需要。有若干研究机关,应各种专门科学的试验、发现和发明的需要。有若干图书馆,若干运动场,若干公园,若干电影院,若干戏院,应一切公共活动的需要。

就一般人民言 有知识,有职业,有勤俭的美德,有健康的体魄,有相勉为善的风气,有忠效人群乃至于国家的热忱、决心和勇气。无不良的嗜好,无疾病,无贫穷,无犯罪的行为。

就整个社会言 在整个计划上进展,在整个组织上分工合作,造成整个社会的财富依赖——减轻个人的财富依赖,造成整个社会生活的相互依赖——减轻家庭和亲戚邻里朋友的相互依赖。增加公共用的设备,例如图书馆、运动场、公园等,①减少个人享用设备。

三、前进的道路

第一是训练人才

Ⅰ.训练机关

1.从补习学校或中小学附设补习科,训练最低需要的技能人才;

2.从一切事业附设补习学校或补习科;

3.特设专门学校或大学校,培养高级技术及干部人才;

———————————

① “等”字原文为省略号。

4.特设研究机关或遣送留学生,培养各种专家。

Ⅱ.训练程序

1.凡有低级技能者,经相当工作时期有经验后,得进一步,入受专门教育;

2.凡有高级技能者,经相当工作时期有经验后,得进一步,入研究机关,或出国留学。

Ⅲ.适应需要绝不无目的训练:

1.需要某种人才,便训练某种人才;

2.需要若干人才,便训练若干人才。

第二是确定计划

Ⅰ.就程序言:

1.调查:要办一个工厂,先要调查原料和适宜设厂的地方,调查销场,调查机器和一切设备;

2.统计:凡有数目字的事物,均应从统计方法寻出问题所在;

3.研究:物质须经分析,制造须经试验,成品须经检查,事实须经比较整理,一切需经相当的研究时期;

4.计划:计划均应根据调查、统计、研究的结果而定。

Ⅱ.就范围言:

1.就全国言:有全国的具体计划;

2.就一省言:有一省的具体计划;

3.就一县言:有一县的具体计划;

4.就一市言:有一市的具体计划;

5.就一事业言:有一事业的具体计划。

Ⅲ.就时期言:

1.最后完整的计划——一个最后美满的理想;

2.划分每年为一段,有此几年内的计划;

3.有每年的计划。

Ⅳ.就主要意义言:

1. 集中全力于建设;

2. 集中全力于生产建设;

3. 在第一期,尤其是集中全力于有关国防的生产建设。

Ⅴ.就关系言:

1. 一切建设皆在整个计划上;

2. 同时建设皆在相互需要上。

第三是宣传

Ⅰ.目的　盼望每个人亲切认识,而且感有极浓厚的兴趣。

甲、世界的

1. 现代的经济问题——资本的集中,生产的过剩,失业的日多,国际市场斗争的剧烈,国际的汇兑不安定等;

2. 现代的国际问题,欧洲大陆国家德、法、意的对立,世界之海洋国家英、美、日的对立,殖民地逐渐与帝国主义对立,社会主义逐渐与资本主义国家对立;

3. 现代的社会问题,日益扩大,日益增加公共管理的范围;

4. 现代的物质建设,铁路在比赛里数,汽车在比赛部数,轮船在比赛载重吨数,大炮在比赛射程,电力在比赛启罗瓦特和启罗瓦特每小时的用量。

乙、中国的

1. 中国现在的问题和未来的理想;

2. 所在的地方,现在的问题和未来的理想;

3. 所在的事业,现在的问题和未来的理想。

丙、个人的

1. 降低个人兴趣:(1)不择地位;(2)不问报酬;(3)不求享受。

2. 提高社会兴趣:(1)工作是应当前社会需要,而且在群的组织当中的;(2)学问是应当前工作需要,而且在群的组织当中的;(3)暇余生活,是有助于工作和学问,而亦在群的组织当中的。

Ⅱ.宣传方式

甲、机会

1. 凡报纸杂志记载的论文、小说、诗歌、剧本、照片,或图画;

2. 凡社会问题丛书,或文学丛书;

3. 凡公共会场、办公室、客厅,一切壁间陈列照片或图画;

4. 凡个人接谈,或公共讲演;

5. 凡学校的课程,图书馆的收藏,博物馆的陈列;

6. 凡电影院的电影片或幻灯片,戏院的戏剧或歌舞;

7. 凡播音台的播音;

8. 凡公共会集中的唱歌,或口号;

9. 凡茶坊酒店的谈天。

乙、内容

1. 讨论、报告或描写现在的问题;

2. 讨论、报告或描写未来的计划;

3. 批评、报告或描写趋赴理想的工作;

4. 批评、报告或描写趋赴理想的成绩。

丙、奖励

1. 征求各种作品;

2. 征求各种作家;

3. 征求讲演或表演专家;

4. 训练各种工作人员,能对现在的问题,未来的计划,趋赴理想的工作或成绩,从文学上,口头上批评,报告或描写;

5. 训练举国人对于宣传艺术和内容的欣赏。

丁、会集

1. 举行讲演的会集——工作报告或读书报告;

2. 举行展览的会集——国防的、产业的、交通或文化的展览;

3. 举行纪念的会集——开会或游行;

4. 举行游艺的会集——戏剧音乐,或舞蹈等。

第四是实施和整理

Ⅰ.训练的中枢机关

甲、机关

1.全国以中央政府为训练的中枢机关;

2.一省以省政府为训练的中枢机关;

3.一县以县政府为训练的中枢机关;

4.一事业以总事务所为训练的中枢机关。

乙、任务

1.按照调查、统计、研究、计划、宣传以至实施的程序进行;

2.在严密组织中分工合作;

3.抽调所属的地方或事业人才实习,到成熟后仍令回去工作;

4.派人到所属的地方或事业视察和指导;

5.考核所属地方或事业的工作方法和成绩,而奖励、介绍其能实现未来的理想者。

Ⅱ.试验的区域或事业

甲、区域或事业

1.就全国言:指定试验省,作为各省经营的模范;

2.就全省言:指定试验县,作为各县经营的模范;

3.就一县言:指定试验的镇乡,作为各镇乡经营的模范;

4.就一般事业言:指定试验的事业,作为各事业经营的模范。

乙、任务

1.照一地方或一事业整个理想实施;

2.研究有效的实施方法;

3.抽调各地方或各事业的人员到试验点区实习,成熟后仍令回去工作;

4.予其他各地方或各事业以帮助和指导。

Ⅲ.会议

甲、组织

1. 主干人员会议；

2. 全体人员会议；

3. 局部人员会议，或最小的局部会议。

乙、期间——各依会议的需要和便利而决定

1. 每年一次最大的会议；

2. 每月一次较大的会议；

3. 每周一次较小的会议；

4. 每日一次最小的会议。

丙、任务

1. 整理已进行的事项；

2. 分配待进行的事项；

3. 讨论进行的方法。

Ⅳ. 工作

1. 必依据计划；

2. 必尊重组织；

3. 必执行法律；

4. 必依期到达决定的程度。

Ⅴ. 整理

1. 必有记录；

2. 必有统计；

3. 必考察其超越预算或达到预算与否；

4. 必考察其各地方、各事业、各部分或各个的成绩，相互比较的高低。

《工作月刊》1936 年 11 月 1 日第 1 卷第 3 期

在总公司朝会的讲话

（1936 年 11 月 18 日）

[昨日总公司朝会,卢总经理出席训话,勉励公司同人:]对于事务之管理及方法之改善,须先彻底明了内容,尤应多作调查,专心研究,庶几免临时周章之弊。[举例甚多,听众极为感动云。]

《民生公司简讯》1936 年 11 月 19 日第 492 号

中国人社会生活习惯[①]

（1936 年 12 月 1 日）

因中国人的两重社会生活（家庭和亲戚、朋友、邻里）造成了历史上一贯下来的"一群人靠一个人"的习惯。因而反映在社会上政治上，亦以个人为中心。自中国革命以来，数十年于兹矣，仍离成功甚远。勿[无]论怎么好的学说，好的主张，好的办法，一到中国就坏了。而自己最好的政治哲学如大学中庸，亦丢掉了。其弊在一个人利用一群人以巩固自己的地位，而这一群人则利用一个人以解生活问题。中国政治上有句俗话说："坐轿的人不愿坐，而抬轿的人必要抬。"以故结果是：成功则"一人成仙，鸡犬升天"，"一人有福，拖带一屋"。失败则"树倒猢狲散"，"一朝天子一朝臣"。这样的集团，怎能实现自由平等博爱和民治民有民享的政治？怎能实现人尽其才，地尽其利，物尽其用，货畅其流的理想呢？我们知道，一个团体能够坚强不破，必具备三个条件：（甲）生活全部倚赖，（乙）有比赛的标准，（丙）成为道德的习惯。三者具备则团体坚固矣。试观中国最坚固的组织，莫过于袍哥（红帮三合帮）与军队了。申言之，袍哥的组织，他们的生活是互相依赖的，他们是有福同享有祸同当的，只要是洪门弟兄，到一处，把片子拿出去一拜客，就有人来管他的伙食川资，不用一文钱可以走遍天下。这不也是事实吗？他们是有比赛标准的。例如某大哥很义气，为他挂红牌（荣耀）以鼓励之；某大哥没义气，对不起弟兄（以犯罪

---

① 这篇发表在《新世界》上的文章没有署名，从内容上看可断定为卢作孚所写。

在该管地区被捕),则挂他的黑牌(耻辱)以惩罚之。这都是看他对洪门弟兄的接济保护努力与否,为他们比赛的标准。他们有一种道德纪律:凡是身家不清的,己事不明的,卖弟兄的,或调戏自家人的,人人得而诛之。这三个条件不是具备了吗?惟其具备,故其团结最坚了。再看军队的组织又如何呢?勿论哪一个钢军铁军,如其士兵脱离了部队(不给他伙食),他就生活失了凭依,也就不能打仗了。某君尝谓愚曰:"王家烈的军队真奇怪,在火线上大骂王家烈,但他仍为王家烈很努力,拼命打仗!"这就是生活全部依赖的关系。因为他离开了王家烈的部队,立刻就要饿饭,但心里恨王家烈又确是事实,故有此矛盾现象也。生活倚赖的条件有了,军队中的各种检查、检阅、比武、考试,团旗维护,战史光荣的发扬等,无一不在比赛中过日子。比赛的条件亦有了。军队中开小差者(带枪),临阵退缩者,反火者,杀无赦。勇者不能独进,怯者不能独退,军纪是也。这就是成了法律习惯的原[缘]故。三者具备,自然团结坚固不破矣。中国今日能够维持现有局面者,只有靠这坚强的集团——武装同志所领导的军队了,这是铁一般的事实。中国家庭组织亦如是。我们一生不能离开家庭,家庭生我们,养我们,教我们,育我们,大了送我们进学堂,为我们结婚;失业了,家庭是旅馆;生病了,家庭是医院;年老了,家庭是养老院;死了,家庭葬我们;死后,家庭祭我们。我们能够一刻离开家庭吗?故家庭(是)完备生活倚赖的条件。能兴家立业,光前誉后的,便是上等儿子了。这不是以人子于家庭增加财富的多少为标准在比赛吗?尝闻"我们是书香人家","门当户对","隔壁张家今年安了好多田,你家呢?""王家少爷毕业了,你家少爷几时毕业呀?""没家教的东西"等,各种口吻,哪一句话不是以家庭为单位在比赛呢?故家庭完备了比赛的标准了。我亲眼看见了许多革命的青年,没有升官发财而回家,家庭便看不起,为社会所不齿。过去,季子之不礼于其嫂,买臣见弃于其妻,即其确证。又看到许多卑鄙龌龊的人(如贪官污吏军阀之类),只要有钱回家,哪一个不另眼相看呢?俗语云:"不信但看筵前酒,杯杯相劝有钱人!"这不是成了风俗习惯吗?家庭具备了第三个条件了。三者俱全,故家庭观念异常浓厚,团结非常坚固。中国人无公德心,是家庭鼓励成功的;中国人只不团结,亦是家庭制造出来的。因为他为了公,就无钱回家,家庭和社会也就看不起他。似此,你能怪中国人不爱国吗?爱了国,于他究有什么好处?似此,你能怪中国人贪赃枉法吗?他贪赃枉法了,可以发财,发财了可以处处当上宾,而且人们还要以他来作模范,鼓励子弟哩!假使他万一被法律抓住了,而且有钱亦可以通神,总是逍遥法外,多么快乐呀!他没有公德心,你把他怎样?他不爱国,国家有什么处分?他不要钱,失了业谁来管他?他爱国,被人诬告了,谁来怜他?总之,管他怜他,只有家庭。因此家庭重于一切了。离开了家庭就不能生存,至少得不着社会的同情。就是舜为天子,皋陶为士,瞽叟犯了法,舜亦只有顾孝道,不能讲国法。皇帝尚且如此,其他更无论矣!这是中国人的第一重社会生活——家庭生活。

再看,比家庭大的乡里,以母亲为中心的亲戚,或以父亲为中心的家族,和以学校为中心的同学,以社会为中心的朋友的第二重社会生活,又如何呢?他也具备了这三个条件:第一,可以看得出来的,只要有一个人有事,就会有一群同乡、亲戚、家族、同学或朋友去找他,替他策划出力,并且用他们,确也可以造成某项地位。他们有钱不存银行,愿意交给他;他们有过犯了,不去找法庭,而去找他们说人情。这是证明了生活的倚赖。第二,当着人们结婚丧葬做寿,或为着某事件请喜酒的时候,他们情愿债台高筑,而面子不能不争,这是为要比赛的原故。第三,就是你要不用同乡、亲戚、同学或朋友,而用人才的话,他们就共计你无义,社会就批评你无情;而且有时,他们亦确必人才可靠(这是国家对人才没有保障的原故,并不是人才不能用),这也是在社会上已成一种风俗习惯的明证。同时,中国还有个特点,就是一切家庭化。如在政治上称君为君父,自称臣子臣妾,是以父子夫妇的关系去解释君臣。有所谓以孝治天下,移孝作忠,尽忠即所以尽孝,亦是此意。又如因某种政治上利用好的需要,最好的法子,是连秦晋开亲之好,衙门内就是一个家庭。在教育上则称先生为师父,自称徒子、门生或弟子,是以父子的关系去解释师徒。在商业上也如之,以父子关系去解释老板学徒。在社会上更普遍化了,称父辈老伯、师伯、大叔、幺叔,自称愚侄、世侄、小侄,是以外侄关系去解释父辈与自己之关系。称朋友仁兄、老兄、大哥、贤弟、吾弟,自称小弟、愚弟、小兄、拙兄,是以兄弟关系去解释朋友。如大家要表示亲密,最好是换谱(拜把),变朋友为兰弟兰兄,是为异姓骨肉。此外,还有收干儿子种种。总而言之,一切都要以家庭的关系去解释,才觉得亲密可靠。有人谓中国是伦理的社会,故一切重情不重理,只有情,没有法律,就是这个道理。因为一切都社会化了。更可笑者,遇上风、雨、雷、电,亦称之曰雷公、电母、风伯、雨师。地下的土地,亦名之曰土地公公、土地婆婆,真是家庭的关系,放之则弥六合矣,岂不家庭大于一切哉? 这是中国人的第二重社会生活,亦即中国问题的核心。

凡是一种制度或学说,能维持到数千年以上的,必有它的道理,否则早已消灭了,岂能垂久? 我们再用客观的眼光来透视家庭,它除了有上列的种种弊端外,亦自有其永存的道理和根据。溯自中国立国以来,西有极高的大山,北有极大的沙漠,东南有一片汪洋的大海洋,在科学未发达时,当然无飞机可飞过高山广漠,亦无轮船可以漂洋过海,天下就是中国,中国居天下之中,而土地又很肥沃,天然形成了以农立国。国是虽然亡过几次,但都是这圈子以内的人,虽然换了朝代,而生活自若。此中国人没有民族精神的由来。因为以农立国,自然以农事为本,在农业工具未利用机器的时代,自然不需要大的集团,只要家庭就够了。因家庭过的是团体生活,故能维持长久。中国人之自私,绝不是为其自身,而是为了家庭这个团体,故中国人是家庭的奴隶,他愿意为儿孙作牛马,为家庭而牺牲一切。这种为家庭团体牺牲的精神,世界人种,实罕其匹。帝国主义者,挟其军舰、飞机、大炮、经济、文化的力量,猛烈侵袭,冲破了这种平衡,于是引起了一般忧国者,怀疑本身的文化,否定自己的文化,将自己的一切,概形抹杀,又因而急不暇择地搬了西洋的资本主义社会的东西来应急。岂知农业社会和工业社会所需不同,正如不能以治热病之药医凉病同理,故愈弄愈坏,竟至不可收拾也。否则吾恐再过万年,中国社会还是以家庭为基础而安若泰山,奚能动其毫末哉? 不过事实上西方实业革命后的侵略伟力冲来了,故一时转变不过来,暂存动摇现状罢了。但事实告诉我们,中国的家庭基础制度是不能再延续下去了。盖今后欲救中国,只有使中国赶紧工业化,由农业文明渡入工业文明,此孙总理实业计划之所作也。我们只要把中国人为家族、宗法、家乡诸小团体牺牲之精神,发扬其固有道德,去为国家民族的大团体奋斗牺牲,改变过去一群人靠一个人的习惯,为每个人都来靠一群人生活,变过去以家庭为中心的组织,以政治、产业、文化、经济、交通诸事业为中心,而使生活全部依赖,重新厘定新的比赛标准,并倡以事业为中心,以服务为目的之新道德,使其精神家庭化,则社会生活改变,而反映在政治上自然不同矣。

《新世界》1936 年 12 月 1 日第 106 期

建设的两个目的和两个方法^①

（1936 年 12 月 3 日）

　　今天要报告各位的,是建设的两个目的和两个方法。建设的目的,一个应是在作国防的准备,一个应是为提高人民的生计。每一个目的,都是非常伟大的。每一种建设,都是这样伟大的。建设是要解决问题,不是陈设,不是陈设起来供观赏的。因此不管是任何属于建设的事业,都是不大容易的事业,一个地方决不需要一个农事试验场或一个民生工厂,而是需要一个农事试验场,去解决农业问题,一个民生工厂去解决工业问题。请问以前许多地方,都有农场,曾经有一个农场解决农业问题没有。许多地方,都有工厂,曾经有一个工厂解决工业问题没有。一桩事业,办起来似乎容易,办到能够解决问题,便不太容易,要能够解决问题,要达到建设的伟大目的,便不得不问方法了,在方法未明白以前,无宁不建设,免到失败之后,丧失建设的信用。建设有两个,亦需要两个方法。第一是技术。是要有能够解决问题的技术,例如家畜品种改良,需要有改良的技术,期于改良到何种程度,家畜防疫,便要有防疫的技术,期于防疫到何种程度,技术是应有把握的,其把握是可以数目字列出来,方程式算出来的。第二是管理,管理是包含有指导、考察、比较、奖惩,种种方法在当中的,如果只有技术,只能个人做成功一件事务,必须再有管理方法,乃能教一群

　　① 该文是卢作孚于 1936 年 12 月 3 日在成都广播电台作的广播讲演,先以《建设的目的和方法》刊载于成都《新新新闻》1936 年 12 月 5 日,继在《广播月刊》1937 年第 1 期刊载。

人做成功一桩事业。这得举一个例,我们的蚕桑事业,是要有栽桑的技术,有制种的技术,有养蚕的技术,才能将蚕养得很好,但是,要办到一般人都有栽桑养蚕的技术,我们便不得不有供给桑苗的机关,供给蚕种的机关,指导栽桑和养蚕的人员,划定指导的区域,联络栽桑与养蚕的关系,联络养蚕与缫丝的关系,办到栽好多桑,养好多蚕,缫好多丝,相互适应,桑叶价、茧价,相当确定,然后各方面的经济,都有安定的利益,如果不然,蚕种坏了,蚕子大堆大堆死了,桑叶不够了,蚕子大堆大堆丢了,有时桑叶价钱,陡落陡涨,农工两方,均受莫大的影响,这些便都需要管理的方法,很盼望大家在认识建设事业以前,先认识建设的方法,先认识技术与管理,在建设任何事业以前,先解决技术与管理,建设厅是要这样责备自己,亦盼望各督察专员,各县长,留意到这里,不要问有没有建设,先要问有没有技术,能不能管理。

《广播月刊》1937 年 1 月 1 日第 1 期

在汉口对公司同人的讲话

（1937年1月11日）

【卢总经理十一日乘巨型机飞京,临行前召集汉公司全体人员个别垂询一切情况,殷殷下问,备极恳切,关于汉公司重大问题,如汉煤奇荒,如专船驶汉,如职务分配等,皆曾有详细之指示,以资遵循。末由总经理训示】以汉公司处长江之中心,交通辐辏,为公司各轮联络中枢,责任非常重大,务望与各部分亲切联络相互谅勉,事业而后有济。

《民生公司简讯》1937年1月1日第527号

如何帮助旅客与提高工作技术①

（1937 年 2 月 3 日）

报告几桩与公司有关的事情。

前次坐民本从南京回汉口，在船上和旅客服务员刘儒谈了两桩事情。刘儒建议一桩事情，又与账房于君九谈了一桩事情，都叫他们写起一个具体的计划来。后来，这计划，是由另外一个人代写的。

第一，和刘儒所谈的，是关于旅客服务员，在船上应该做些什么？应该帮助客人一些什么？

一个客人到了船上，我们应该帮助的，第一是有关生活的问题，即是衣食住行的帮助。衣，客人是自备的，不说了。食，民本轮的设备和招待都很好，但是伙食却平常。如果一个客人批评伙食不好，两个客人批评伙食不好，三个客人也批评伙食不好，那我们就应该十分注意了。上海有个法国人开一个馆子，名叫"马萨尔"，生意非常好，中国人、外国人都很多。生意好的原因，就是主人照料得当。凡厨房出菜的时候，老板必定站在通道上去监视，好的菜，拿出去，不好的菜，不拿出去。因此，客人都很满意。后来，这位老板的脚杆断了一只，然而他还是那样站在通道上监视出菜。可见人家事业的成功，是不无原因的了。其次，行，在路上，我们的船只，自然要使它走得快，走得安全。同时，举凡客人一行所经，都要使他得着我们的帮助。如像：第一，客人上船，往往找不

---

① 该文是卢作孚于 1937 年 2 月 3 日在民生公司总公司朝会上的讲话，周仁贵记录。

着住的地方,也找不着究竟该问哪一个人。也许,官舱的客人,要问到统舱的茶房,统舱的客人,要问到官舱的茶房。今后,我们应当在客人到了码头的时候,便得有人去帮助一切。第二,客人上船以后,一定需要很多帮助的事项的,如像安床铺,摆日历和告诉客人哪里是解便的地方,哪里是吃饭的地方,哪些地方去得,哪些地方去不得,船是什么时间开头等①,举凡与客人有关的事情,我们都要尽量的告诉和帮助他。第三,假定客人赶的官舱,或房舱,若是同舱的客人是一道的,不说了,若不是一道的,我们便要一一的问明白,一面作为我们的登记,一面就介绍客人与客人,使他们相互认识,相互谈话,在中途不致感受寂寞或无聊的痛苦。第四,船开动以后,例如我们船上有图书,有医药,有娱乐器具,有理发室,有沐浴室,有洗衣室等,便要一一的完全告诉客人,使他们感觉船上和岸上是一样的舒适。第五,船上应有消费合作社的组织。关于消费社出售的东西,我们或由书面的,或由茶房口头上的介绍给客人,使客人购买东西,有如岸上一样的方便,并比岸上购买还价廉。

这还不够。第二还要更进一步的帮助。例如船由上海开头,假定经过吴淞是早晨八点钟,那么我们就要介绍吴淞了。一·二八的战况和照片,每一舱位都陈设起来,使客人看了,对于当时的战况,得一个深刻的印象。又假定午后二三点钟,船过南通,那么我们又要开始介绍南通了。哪里是狼山,哪里是军山,哪里是箭山,都要简切明了的介绍给客人。又假定船是第二天早晨过南京,那么我们在事前,就以最准确的时间,告诉客人,船在什么时候可以到达南京,在南京要停靠几个钟头。同时,要问明客人上岸不,如果要上岸,第一,我们要小心照料着行李;第二,要问上岸的客人雇汽车不,如果要雇汽车,我们就打电话给南京办事处代雇;第三,告诉客人上岸后,要算准时间回船,免得差前错后,耽误行程。又假定船要到汉口了,我们事前便通知客人,船在什么时间可以到达汉口。同时更要知道有多少人上岸,有多少人不上岸,上岸的客人,有些什么事情须得帮助。例如某一个客人要雇汽车,某一个客人要叫家里的

---

① "等"字原文为省略号。

人来接,我们都在事前弄清楚,等到船到了码头,便可以很从容的,有条理的帮助客人了。

这些要帮助的事项,以后在我们的码头上将无线电收报机安好后,便可以办理起来的。

航空公司对于帮助客人的办法,早就实行起来了。记得有一次我们由上海坐飞机到天津,有丁在君先生在一道。起初,我们以为是坐大飞机,可以很快的到达天津,所以都没有吃饭。殊不知到了飞机场后,才知道是小飞机。小飞机飞得比较慢,所以在中途大家的肚子都饿得不得了,于是才同飞机师商量,请他打个电[报]到海州,请海州买点心由汽车带到青岛来,等到我们在青岛停落的时候,果然,得着东西吃了。航空公司对于旅客的帮助,尚且如此,然则,我们对于旅客的种种帮助,可不可以办得到呢?办得到的,只要我们自己肯办。关于帮助客人的事项,大概就像这一些。

在轮船上的书籍,都是由总公司巡回,这是不够的。我们应当问一问客人,问问客人究竟喜欢看哪一类的书最多,哪一类的书最少,然后根据这个事实,建议公司[添置]才行。例如各种周刊、画报,以及很简单的杂志,有趣味的册子,大致都是一般客人比较高兴的读物。因此,各种刊物,可以由上海分公司以及各轮介绍,不必都由总公司直接供给。能识字的客人,可以看看文字,不识字的客人,可以看看图画,万万不要成了"照例"。你尽管有若干箱子的书,但没有人看;你尽管有若干种的药品,但没有人知道。这就失去了我们帮助客人的意义了。

我们的轮船设备,应与航行大西洋的轮船设备一样,因为由上海到重庆,是与航行大西洋的途程差不多的。我们的轮船设备,有许多人以为现在就够了,其实这是不够的。因为我们已有了的设备,而别的轮船,亦争相进步的有了。要是我们以为设备够了的话,那是要失败下去的。

这是和刘儒所谈的大概情形。

后来,我们由上海到宁波,有上海旅客服务员刘海生一道,我请他注意看看上海、宁波间航行船只的设备,并请他看后写一个关于轮船设备的计划起来。现在计划已经写好了,写得很多,大概不久就可以寄到总公司来的。

第二,与于君九所谈的,是关于轮船上伙食的问题。轮船上的伙食,好的是例外,不好的是一般。于是乎便应该研究管理的方法了。管理方法,可以分成三点。

(一)管理厨房。第一登记。包伙食的老板,和做锅上的,刀上的,煮饭的,打杂的,都要登记。第二考察。登记好了,便要考察。考察他行不行,有没有手艺,忠实不,勤快不。第三去取。考察清楚了,如果是有手艺的、勤快的、忠实的,我们便录用;反之,开销。录用了的厨房,我们就应当以公司的厨房待遇而待遇。

(二)管理账项。有的船伙食很好,客人都满意,同时厨房也赚了钱。有的船伙食不好,客人不满意,但厨房却说折了本(某厨房说他折了八百几)。这不是厨房真的折了本,实在是厨房狡猾,不肯说实话。因为某船客人向来就很多,论说是不会折本的,为什么又会说折了本呢? 一面固然是厨房老板的狡猾,而一面又是我们船上的负责人不懂。何以会不懂呢? 就是不管理。凡不管理的事,我们都诿之曰"不懂"! 每个轮船的伙食,听说总公司已有了新的规定,要由伙食老板存钱在账房那里,这是很需要的事情。因为你买米、买肉、买菜的钱,都是由账房给你开支,自然,你赚钱折本,船上便可知道了。账房管理伙食账,起初是管他的大账,渐次就要管理他的细账,同时,不仅止于管理他的账,而且还要管理他的钱。管理的好方法,总公司应当由此船介绍到彼船去。

(三)管理食料分配。这也是非常要紧的,例如一个统舱要开多少席,要用多少肉,最低限度不能少到若干,都要有精确的计划和规定。这样一来,伙食即坏,也坏得有限了。

此外,岸上应帮助船上购买食品,使船上降低购价,不得因临时的仓卒,而上人家的当。船上该买多少伙食上的东西,应由船上管理伙食的人,通知岸上代买,这样,厨房便不敢有舞弊或剥削客人而优待船员的情形了。

我促起上海、汉口和船上办理这桩事情,不知他们办不办得起来。民生公司是取消包办制的，为什么包办伙食一项不该取消？平时一两角钱的开支，都非常注意，为什么一年几十万的开支，却不注意呢？

第三，在上海同郑经理、杨襄理商量了一个问题，就是"工作管理"问题。谈到工作管理，就要谈到人的技术问题，写字，管理图书，以及我们日常所做的各种事情，都是一种技术。要是技术不好，事业是无法推动的。有了好的技术，同时还要有好的管理，尤其是工商业，而管理的方式，又不是机关式、学校式和商店式的管理。因为机关式的管理，是用"核"，什么事情，都以图章来解决的。学校式的管理也不行，例如学生的行为，好多的管理人是无法管理的。至于商店式的管理，还是一样地不行。有掌柜"恒起"的时候，大家就肃然，掌柜走了的时候，大家就哗然。

工商业的管理，是要有新的方法的。而新方法的取得，是偏重于考察上。不过考察的事项，用不着关系到国家那么大，只要与公司有关的事项就行了。如像会计、统计、人事、管理等①，都值得找人去考察，去学习的。去学习、考察的人，自然一面要对于那件工作有相当的熟悉，同时，还要有相当学识和兴趣才行。至于学的方式，又有两种：一是进学校，由公司保送到专门学校去研究；一是进事业机关，由公司派送到全国对于某一种事业有专长特着的机关中去学习。我们一面要找成熟的人帮助，同时，一面我们自身也要尽力的去学。要这样，我们的技术，才能一天天的提高，而事业的推动，工作的管理，也才比较迅速、容易。关于培植公司人才的计划我已托上海杨襄理着手草拟大纲了。将来拟好寄与总公司赖彦于先生审核后，我们就可以实行起来的。

我们不要以为只是自己在进化，其实，别的人也在进化着的。如像由上海到宁波的新江天轮船，船上的一切设备，完全都有，而且比我们的还好。以收音机一项来说，哪一级舱位的声浪该高，哪一级舱位的声浪该低，哪些时间该放，哪些时间该关，都有一定的。房舱和官舱亦很清洁，每一房间我都一一的去看过，铺被什物，干净已极。茶房对于客人，都非常殷勤周到，每一级舱位，

---

① "等"字原文为省略号。

有一个招待员,而招待员又很有礼貌,说话也非常漂亮。又例如永康轮亦是在进化着的,它也设有收音机,茶房对待客人也很殷勤,也有整齐的制服。这些情形,如果我们不明了,还只以为自己是进化,这是非常危险的。要知我们的进化,是跳跃的不是继续的,有时进步一会,有时却又停顿了。这样,我们事业的进展,是很有限的。请大家要注意这一点。

《新世界》1937 年 3 月 1 日第 10 卷第 3、4 期合刊

四川省最近之经济建设行政

（1937 年 2 月 10 日）

四川省政府在廿四年底，即廿四年度上半期之末，以很短时间的筹备，急切创立了左列几个生产事业机关：

一、稻麦试验场

二、棉作试验场

三、蚕桑改良场

四、家畜保育所

五、甘蔗试验场

此数机关者，皆于筹备时间内，即已开始工作。如稻之第一期品种比较试验，购入脱字及孝感棉种二百担，购入改良蚕种发给川东、北两区蚕农，购入省外、国外优良猪种，运入爪哇甘蔗种等，皆在机关成立之前。又同时提挈新旧丝商，组成了一个四川生丝贸易公司。

又于廿四年度终，因全国稻麦改进所所长赵连方先生，来川考察稻麦之鼓励，并得该所技术及经费之最大协助，扩充稻麦试验场，改组为四川稻麦改进所，由全国稻麦改进所、四川大学、省政府三方面合作组织之。约于同时间，又会同实业部倡议，由川、鄂、湘、赣、浙五省及实业部共同创办了一个植物油料厂，以桐油之生产，贸易等之统整，为第一期之主要业务。至于已经确立了生产方式之组织，已经着手调查准备，而尚未实现，但即将实现者，为机器制糖厂。

又与铁道部及省外金融资本之合作,组织了川黔铁路公司,以建筑成渝铁路为第一路线。兹廿五年终矣,试将廿四年度下半期及廿五年度上半期,就以上所举之事项,从其各方面之成绩与表现,而一检讨其意义。

四川省政府廿五年度施政纲要,已经公布。其中于建设行政之兴举事项,说明颇详。本文范围,不涉及之,本文使命,乃专在检讨其已经表现者而揭橥其意义。

第一,四川几种重要产业之现状

(一)四川省粮食生产之总价格,据最低估计,亦年值四万万元。而粮食之产量,则仅在相当丰收之状况下,足敷全省之消费。稍遇荒歉,即须恃外省接济。一面在荒歉损失上价格数字的表现:歉收一成,则损失四千万元,而本省历年荒歉,廿五年报灾县份在八十以上,其数字之大,岂仅为经济上可惊的损失,亦政治上之最重的难题也。

(二)四川棉花只年产四五十万担,进口棉纱及匹头,年值三千万乃至五千万元,即此一端,已相当于全省之入超总价值,乃至超过之。

(三)蚕丝与桐油早为四川之重要出口物产,乃五年来日趋衰落,不及五年前出口额十分之一。在输出贸易上,损失收入年约二千万元。虽此并未足使入超数字特别增大,但乃为输入货额之相对的减退所致。正反映全省消费之没落,生产之衰竭,将渡入不能生产、不能消费之绝境耳。

(四)四川农家家畜,虽居副产地位,但一方为农作之主要动力,一方猪鬃、猪肠、牛羊皮等,亦为全省第二位出口物产,年值约一千余万元。分布最普遍之牛与猪只,就八个县之抽样调查结果,粗率估计之,全省当有牛一百二十万头,猪约八百万只,以牛一头值四十元,猪一只值十五元计之,其总价格约为一万六千余万元。而牛与猪之病疫死亡率,乃为百分之二十至三十,则财富之损失,遂年在三千万元以上。

第二,各事业机关已表现之成绩及其推进之方式

(一)稻麦改进所 在粮食生产方面,一成收获之丰歉,表现着四千万元之收益与损失,稻麦改进所之使命,即在保护并增进此收益数字与减少此损失

数字。故除稻麦外,即玉蜀黍、甘薯、马铃薯,亦为研究、试验、推广之必要工作。因此三种作物,亦为省内一部分之主要粮食。其工作方针从"检定品种"与"纯系育种"两方面分头并进。前者包括选种推广,为期效之速,后者企图根本改良品种以事推广,为期效之宏。以品种言,本省原有品种,至为复杂,一穗之稻有少之一百粒,多至二百粒者。若能利用检定品种及选种之较简而易行之方法,使尽以优良之稻种先事推广,已不难达到增收十分之一之期望。廿五年春季,该所前身之试验场,曾作水稻品种比较及各种试验于成都外东四川大学农学院附近,占地约五十亩。秋收时,曾作全省各县之水稻单穗征集,秋收后,曾作麦之品种比较及各式试验。据失盗方面之结果,已知用好的品种以代替劣的品种之决可增加产量,当无疑问。惟较好种子之数量,需何时始能供给全省需要之一问题,尚须努力耳。同时亦知生产在量的方面之未尽其效,非尽为品种问题。其与土壤、肥料及灌溉等亦有关系。土壤之改良与培壅,皆需资本,灌溉之得宜,又赖水利。故正面的求之于生产技术之方法,而侧面的又尤赖农村金融组织与水利设施之协助。故稻麦改进所与四川农村合作委员会,合作金库,农业仓库及水利局等机关,已取密切之联络,使各方协同推进,一贯的解决粮食之生产、储备、运销各级问题,亦即更完备的有助于产量增加问题之解决也。

稻麦改进所将于廿六年春季,即种植期间,完成合川、泸县、绵阳之川东、川南、川北三个试验分场之组织。同时在三区更完成合作指导,初级或中级农仓之组织,并侧重其水利设施指导。暂以此三区为推广中心点,各个发射其效果于各个中心之周围,又近及远,推及全部。每有优良品种之推广,农家不仅得到种子,更得利用新的金融组织,以作合理的施肥、工具改进及灌溉之需要。更得利用新的农业仓库之储押业务,使农村之金融组织,更增其活动的作用。

(二)棉作试验场 该场于筹备期间,已购入美国种脱字棉二百担,本国种孝感棉十担,设场自育及特约农家推广于遂宁、射洪、三台三县。其结果无论脱字棉或孝感棉,均较本省土种及退化之小样花与或多或少之量的增加,尤以每亩脱字棉种之收获量,计皮花四十至五十斤,较每亩土种之产量,增收约十斤以上。中央棉产改进所副所长冯泽芳先生秋间来川考察棉产,曾发表对本省棉产改进之意见:四川之适宜于棉的推广,在天候、土壤、技术各方面,似已无甚问题,惟腹区之耕地,将有若干地亩,以为棉作之使用,而不致影响粮食之生产,则甚可注意耳。本省原来产棉地区,有简阳、仁寿与遂宁、射洪一带,前者可容纳之于沱江流域,皆采土种,为纯粹之中棉区,后者可容纳之于涪江流域,自清末周孝怀氏输入美棉,即今俗称之小洋花,甚普遍,可称为美棉区。此两地之棉田,似均已达耕地分配之饱和度,则扩增棉产区,果为今日甚费考虑之问题也。棉作试验场除以第一期试验及推广工作,因棉种输达种地之时,已后于土棉之播种,且美棉本较中棉生长时间为长,尚须作美棉种早播早熟之继续试验外,并于秋间实验早熟之冬季作物,使提早春收,以与提早种棉之季节相适应。更从事涪江、沱江流域耕地之经济调查,以为扩充棉田之参考。至于推广于农民,则于稻麦改进所之程度同。

(三)蚕桑改良场,生丝贸易公司,蚕丝业管理局 蚕丝业管理局成立时间与生丝贸易公司约同,以其职务在调整蚕丝,自蚕桑以至输出之各级关系,多偏重行政管理方面。故未来各生产技术机关并列于前文。兹为说明蚕桑改良场之成就,遂必连同生丝公司与该局叙述之。

蚕桑改良场一廿六年春季,曾发放改良蚕种五万三千张,于川北之西充、南充、盐亭三县,川东之江北、巴县、璧山三县。其结果,茧之丝量增加,使每担丝之缫折,为一千零七十五斤茧,而土茧则需一千六百斤茧。蚕之死亡率,由从前百分之二三十,减至百分之十以下。缫折之减低,使丝商之成本减少,蚕死亡率之减低,使农民之收益增加,尤可称者,为秋蚕试育之成功,曾发放蚕种八千张于川东南北三区,其成绩皆不让于春蚕,更以死亡率常在百分之六十左右之嘉定,秋蚕在指导下饲育,其死亡率亦仅百分之十左右。

生丝公司与管理局一缫丝及运销方面之改进,使每担丝之缫丝费,从过去二百五十元、一百八十元减至一百二十元。改良场、丝公司、管理局,在更密切地联络进展之下,使川丝每担成本,迅速降至每担五百元以下,今已有相当把握,而同时农业有更优于前之效益。管理局之使命,正在使蚕丝事业农工商三方面,得相当的发展,各为相助的而非垄断与把持的也。

至于推进方式,除蚕桑在农村方面,亦与稻麦改进内所之推广程度相同外,在工商方面,更由省政府加投五十万建设公债之股份于生丝公司,增加一百万元之股东,以增厚其经营之能力。

(四)家畜保育所 已成立成华、荣隆、犍乐、江巴等四个实验区,于疫病方面,重在防止。夏秋间犍为牛炭疽之实验防治,已有相当之效用。畜牧方面,则选种育种推广之工作,颇需时日。兹选种工作尚在进行中,一时尚不能加以何种批评。

(五)甘蔗试验场 春季因建源公司赠送本省爪哇移植蔗种四种,急遽租地试验,为时已较晚于本省种蔗时间,爪哇种之生成期则甚长,故本届试验,未有满意之结果。但就生成状态言,则确较土蔗良好。除糖分之分析正在进行,尚未得比较之报告外,二十六年更拟作早播早熟种之试验。

(六)植物油料厂 因为联合五省组织之故,其间需时甚多,现在渝万两地之分厂,正设备中,故尚未有事实,以资检讨。

至于交通方面,除成渝铁路之兴筑,已只为工程进行问题,其余组织问题皆已解决外。公路之成就,亦有相当成绩,即川陕之完成与通车,及川湘、川鄂两路是大体完成是也。惟二十五年施政纲要,载在上半期之预定计划。因本省水旱特重之故,已须移诸下半年实施,则本年度公路计划,恐只能完成二分之一而已。

综上观之,可以看出今天建设行政之趋势:

(一)二十五年建设行政之事业,偏重在农业方面,因为原有的大产业都属农业。

(二)农业方面之事业,偏重在数量最大,价格最大,关系最大之几种物产。

(三)生产方式之组织,重在调整农工商各阶级利益之相对的发展,此可于生丝贸易公司之组织、章程第三十条之规定见之——红利以下列百分率分配:

一、特别公债　百分之十五

二、股东红利　百分之三十

三、农业分配　百分之廿五

四、职工酬劳　百分之三十

但股东所得之利息,以该年度重庆市场长期放款最高利率为限度,其超过额作为本公司扩充蚕桑改良之资金。

(四)认定生产事业与生产技术最有关系,改进一种产业,必先有此种产业之生产技术的组织。

此外,对于工商业、矿产等,则多致力于基本工作如资源、生产、运销等之调查。有此等材料之后,始能有所参考,有所设计。其事均载于施政纲要中。关于建设方面,建设厅已有单性小册子之刊印,可供留心本省经济建设现况者之一部分参考也。

《实业部月刊》1937 年第 2 卷第 2 期

《建设周讯》发刊词

（1937 年 3 月 1 日）

推行政治最有效之方法，非徒发布命令或仅施奖惩，而在：

（一）促进政治工作人员工作上之交互影响，集中政治推动之情报而整理之，公布于全体工作之人员，使于政治工作上自己之进步有所认识，他人之进步有所比较，采用之方法有所交换。此种交互影响愈繁密、愈深刻，则其及于政治推动之效力愈伟大。

（二）在使一切政治工作放在万目睽睽之下，使政治工作之敷衍或延宕者，无所逃于大众之监察与责备，他方面工作紧张而有成绩者，亦能显露于大众之前，取得周围仰望者同情之包围，而甘以身徇所有之工作，以副周围殷切之仰望。

建设周讯之使命，即在以简捷之方法，传布建设消息，集中建设工作之情报而整理之，公布于全体建设工作之人员，复使一切人员及其一切工作放在大众之前，万目监视之下。欲于其间发现建设行政上及事业上无数问题，发现解决问题之办法，以供工作人员之参考；发现若干试验与错误，以供工作人员之省查；发现每一时间、每一区域或每一事业工作之进度，供各区域互相间各事业相互间工作成绩之比较。不仅使全体建设工作人员明了，并以提供凡希望四川迅速建设之各界人士共同明了。促起各界人士加以批判，并加以督责，使工作人员之勤能者无所埋没而有所鼓励，偷惰者无所逃藏而有所愧恶。由是发生推动建设之伟大效力，此即建设周讯所负之重大使命。如何乃能完成此种使命,则周讯同人所需急切寻求之办法,或更有甚于一般建设工作之人员。建设工作,在四川已系创造之工作,非原有环境中之事物,今之建设周讯,抑又系建设工作中创造之工作,愈非原有环境中之事物,其为困难当为何如乎?

《建设周讯》,传达建设消息之利器也。但必须有建设工作,乃有建设消息。其所记录皆事实,皆工作人员所供给,皆工作人员活跃之实际情景。纵常及于建设之根本意义及其理论上之根据,然绝非凌空提出,亦自若干事实若干活动上发现之。

为要求工作记录有办法,即必须工作有办法,必须工作事前有计划,事后有整理,中间有若干段落可以划分,内容有若干部门可以分析。工作人员在工作上遭遇之困难及痛苦,获得之同情及协助,其进步超越他人或竟落他人后,皆必有描写或记录。凡此材料,皆为建设周讯所需要;皆须向各建设工作人员征求;皆须由各建设人员供给;皆须研讨其整理或分析,记录或描写之方式。

例如度量衡新制之推行,就全县言:第一期推行县城;第二期推行重要乡场;第三期推行一般乡场。就县城言:第一步调查;第二步宣传;第三步制造新器;第四步推行新器。就推行新器言:第一步推行度器;第二步推行衡器;第三步推行量器。

全部工作或每一时期每一步骤之工作,皆必先有工作之计划及其终了,必有工作之报告,报告调查与宣传必附有材料,必说明方法,宣传更必说明所生之影响。例如张贴布告或散发传单,竟少浏览者,虽浏览或竟少了解者,虽了解或竟少接受者,讲演或竟少集听者。于是有更进一步之宣传方法,以事实所显露者刺激之,欢迎人参观新器,参观如何使用新器,参观新器所量物品比较旧器多少上之差异与比例。更进而寻求宣传机会,学校上课或机关开会,私人宴会或庙宇神会,或乡人赶赴某种市集,于可用度量衡新器之时机,即必用度量衡新器。每一宣传,皆考察被宣传者了解程度与接受成分,工作报告即记录此类方法及其所得结果,以供其他工作人员之参证。

省度量衡检定所每月必于推行新器之各县就所达之途程列为榜次。某县已推行到一般场;某县仅及于乡场之重要者;某县之推行尚徜徉于城市;某县城市已到推行新制之时期;某县现正宣传;某县则调查尚未完成;某县城市推行新制已到量器;某县已到衡器,某县则仅及度器。此榜列出,使各县推行新器之检定员知其所占地位,使在前列者愈以兴奋,不幸落后者知所警惕,其于新制推行,裨助必巨。

建厅曾召集所属新器事业之有关生产运动者开会,将所提出之问题,分为(一)调查,(二)联络,(三)试验,(四)训练,(五)推广,(六)合作运动,等等①。每提出一部门,即由各事业之出席人报告其工作人员、工作方法、工作区域、工作内容、工作起讫时间及工作费用。因在同一时间,公开报告同一工作,其强弱优劣之比较,显然不同,颇引起全体列席人员之兴趣,颇足以资全体工作人员之策励。

家畜保育所曾一度召集成华、江巴、犍乐、荣隆各实验区之工作人员会议。余出席询问每区工作概况,请其说明如何调查,如何宣传,如何联络周围,如何训练乡人,如何改良畜种,如何实施防疫,其报告亲切活跃有感人甚深者,亦有显露其甚少办法者,当时听取报告者数十人,皆感非常浓厚之兴趣。

其盼此种会集,每一事业常有之,视召集之难易,以定一年举行一次,一季举行一次,一月举行一次,或竟一周举行一次。更盼《建设周讯》之所记录,每周皆有类于此种会议之精神,皆将各区域及各事业之工作分析段落或分析部门,比较其进度或成绩,交换其方法,愈多、愈速,则愈有效力。

即以此作建设运动之中心! 即以此祝建设周讯之前程!

《建设周讯》1937 年 3 月 1 日创刊号

---

① "等"字原文为省略号。

当前亟待解决之问题

（1937 年 4 月 1 日）

公司为继续前进之事业，自成立以来，历十一年，保持此精神。从资产负债额可以证明，从轮船只数及吨数可以证明，从一切数目字皆可证明其前进也。一方所以应社会之需要，一方亦为谋事业之安定，其应前进，毫无疑义，只人力与财力，必须与之相适应耳。

必须以两种方法，解决财力问题：第一，财力必须集中于主要之事业；第二，必须大量增加资本，且必须于今日见诸事实。

又必须以两种方法，解决人力问题：第一，从各方征求技术与管理之长才；第二，现在领导事业诸君子，必须训练所领导之人群，同时亦锻炼自己。要求事业前进，技术与管理之才能，亦必须与之俱进。

此种精神，公司同人，固已有之。于二十六年春，江水异常枯落时，航行无复办法，卒以三段航行解决之，足以证明。

但为期望工作人员，集中全副精神于事业，必须为工作人员及其家属生活之需要，作种种准备，使其生活安定，因此有各地住宅区之筹设。从宜昌、重庆工作人员集中之地起，逐渐及于其他各地，必须于事业稍稍有利时，拨款建筑，且完成之。

谨介绍此当前亟待解决之问题。

《新世界》1937 年 4 月 1 日第 10 卷第 5、6 期合刊

关于实业部长吴鼎昌到成都的书面谈话

（1937 年 4 月 9 日）

吴部长达铨①，为国民经济建设运动委员会委员，于前月三十一日飞蓉，先后与刘主席甫澄②亲切商谈两度，结果甚为圆满。关于今后经济建设事业，确定以商股为中心，商人力量不足，辅之以地方力量，地方力量不足，辅之以中央力量。据此原则商定：（一）于各县次第设立县合作金库，先选定二十县，每县定为资金十万，由农本局与省金库各任一半；（二）以成都及重庆为中心，建筑仓库网，成都、重庆两仓库，由省县设置，农本局协助资金；（三）四川采木公司大部分资金，由四川商人与省府担任，其余由实、铁两部及川黔公司担任，技术及管理，并由实、铁两部予以辅导；（四）各种特产之农贷，如无银行担任者，促成农本局担任，使能以极短时间发展各种特产，运销省外及国外；（五）促成中央农场农事试验所所长谢家生入川一游，以谋四川各县农场之进展；（六）助成四川组织国货公司，由中国国货联合营业公司扶助之，四川担任三分之二资金，联合营业投入三分之一，一谋各地土产之运销；（七）中央将组织一国际贸易公司，专营国际贸易，促成四川组织一出口贸易公司，以与国际贸易公司及中国植物油料厂联合，此外尚在各种中央与地方间达成一致之建设方案多项，未及备录云。

《嘉陵江日报》1937 年 4 月 9 日

---

① 吴鼎昌，字达铨。

② 刘湘，字甫澄。

应抱受气、吃亏两主义

（1937 年 6 月 13 日）

　　【十三日晨,卢总经理召集停泊在汉口的民风轮上事务、驾驶、轮机三部主干人,垂询各部事务极为详尽,并勉嘱同人】处事接物,应抱受气、吃亏两种主义。

　　　　　　　　　　《民生实业公司简讯》1937 年 6 月 24 日第 592 号

在总公司朝会上的讲话

（1937 年 7 月 14 日）

【卢总经理讲词约分三点：】（一）每人应弄清自己职务。如管理船员的人虽然坐在办公室，但是各轮船员状况，也须设法彻底明了。在十点钟的时候，民元的水手在做什么？民本轮的舵工，在十一点钟的时候应该何人当班等①。这些，我们都要了如指掌，然后才能管理和控制住我们的工作。一桩事业，在规模小的时候，一切都容易管理完善，但是规模一大了，往往就会弄得一塌糊涂。这原因是由于我们没有把管理的方法弄清楚；（二）每人要寻找作事的方法。作事方法的取得，是要参考已有的办法，不要凭我们的聪明才智，另外发明一些不适用的新办法。如果每一个人各有各的办法，结果等于没有办法，也就不是办法了。例如要开辟湖南航线，我们就必须要先派人到湖南去调查，然后才根据调查的事实，确定我们的办法。不合事实的办法，我们想他做什么；（三）健全公司组织。为健全公司组织，在总经理之下，决增设秘书、设计、稽核三室。秘书室管理全公司一切对内对外的文书，如果将一切文书全经过秘书看过，就不会再有甲处与乙处对于一件事情而有两样不同的办法；设计室管理全公司应兴应改事项之设计，今后凡作一事，必须要有计划，无计划不准行动；稽核各部事前事后账项，并督查一切，今后凡开支，必须要有预算，无预算

---

① "等"字原文为省略号。

不准开支。不过三室之设立,重在联系四处的工作,并不是由四处变成七处,那就失去三室的作用了。

《新世界》1937 年 7 月 16 日第 11 卷第 1 期

由整理膳务谈到今天的工商业管理方法

——在北温泉公园对总公司同仁及各轮经理一段谈话

（1937 年 7 月 16 日）

一

　　总公司大概是问题太多,去年经理会议决议案,多半未能见诸实现。据今年经理会议检讨旧案结果的人的解释说,已经执行者仍居多数,所有未办者,均系事实上有困难。可惜自己未能参加。据我的想象,要是我自己亲自参加检讨,恐怕未曾执行者或在十分之九以上,已经执行者也不过十分之一而已。譬如培植人材与整理膳务两案,俱为去年经理会议重大案子,但是到了今年经理会议,仍然原封未动!

　　原来议决案之可贵,是在付诸执行。假使不执行,根本就不该要有议决案。再则,议决案不是执行方案,执行方案内[是]要根据议决案重行拟定的。盼望今年所有议决案,都把它整理出来,要如何才能执行,要如何才更具体化,都得在最短期内重新拟定,付诸实行的。例如膳务问题,限在三星期内就须把它整理出来,而昨天会议席上,各轮经理所发表的意见,就须整理。

　　各轮膳务如要彻底加以整理,则各轮膳务现状,首先应该调查清楚。调查问一问经理,是不可靠的,因为经理未曾经管伙食。即使曾经经管,亦未经管其全部。问厨房老板,仍是不可靠的,因为他不肯说实话。今天搭民听轮,我问厨房老板每月开支,他说每月要三百余元,但实际上只领得船员膳食费一百余元，两相品迭，每月要赔本到一倍以上。但是，他已经干了好久了。谁相信？谁相信！

所以，我感觉今天要整理膳务，首先搜求材料就还没有方法。究竟今天民元实际膳务情况怎么样？民本实际膳务情况怎么样？民权实际膳务情况怎么样？以及所有各轮实际膳务情况怎么样？恐怕通通都不明白。既不明白，就要先调查清楚，不能凭想象订出一个方案来。想象其轮的统舱每人每日需要几两肉，每轮房舱每人每日需要几两肉，这都是不正确的，因为没有事实上的根据。要决定如何管理伙食，先要搜求正确材料。在经理未管理伙食以前，决不能答复；在经理既管伙食以后，仍不能答复。他一定要凭记录。因为这个缘故，我们今天一定要凭现状去搜求得事实。各轮的厨房老板对于买物是怎样的，分配是怎样的，以及钱的支付、账的记载、人的管理是怎样的，通通都要把它记录下来。假使不懂得这一着，任何人不懂得伙食！进而对于我们的船员，哪几个应同食，哪些人应分食，都要先有调查，然后可以定。今天如果盲目的增加膳食费，平白地把钱送与厨房，这是很危险的。因为厨房知识浅薄，如得到一笔意外收入，没有人去管理它，往往不是拿去赌了，就是拿去嫖了，结果并未曾用到伙食上来，以致伙食不但不能如预期的改好，且相反地变得更坏。厨房办不好，然则收回来自己办，就应该好了。但是，因为管理方法的不够，或者，因为适逢淡月份，结果折了本，于是乎说各轮伙食是绝对折本的。解答一个问题，哪里是这样的简单！

现代的工商业，是另有他的管理方法的。只是办到客人不叫喊伙食坏，仍然不是管理，因为他未在你那里叫喊，其实他已经向各方面都去叫喊了。现代的工商业管理是积极的，不是像旧式管理那样消极的。积极管理是：你办到什么程度，我懂得到什么程度。第一是如何买的问题。比如船到了汉口，厨房说要到二马路去买米多少，买菜多少，需钱若干，我就要考察他所买的数量是否适当，所付的价钱是否合适，又是否该在那条街买，通通都要弄清楚。因为只要有一件不对，就可隔离事实很远。其次是分配问题。统舱客各需若干两肉，房舱客各需若干两肉，乃至酱油、麸醋是如何分配的，都需要知道。再次是厨工问题,他炒菜手艺是否优良,保管是否忠实,乃至全部厨工是否尽皆可靠,都得要明了。今天一定要像这样的彻底管理,然后厨房老板说是折了本,我们才知道究竟是哪里错了。

我亦知道各轮经理在船抵码头时既熬更坐夜,开出后亦往往不能休息,哪能再分劳力来管理伙食。但这不是劳力问题,是方法问题。与其待纠纷来了说许多空话,有问题了才忙,不如先管理好,做到没有问题发生。你买十回、二十回菜,虽然我不能回回都来查,但我抽查一回或两回,这一定是可以的。你买十样、二十样菜,虽然我不能样样都称过,但我来称一样或两样,这一定是可能的。每月开九十多顿饭,虽然我不能每顿都来管理,但我来管理五顿、十顿,这一定是可能的。并且,自己职务忙,无暇分神管理,可以训练人出来代你管理,这管理结果,我相信船员伙食费不应该刚刚订为八元或九元,应该是更精致的订为八元三角或九元四角。一定要这样,然后才懂得确定办法的方式。所有此次经理会议的全部议决案,要拟具具体执行方案,都要先有具体调查,调查如不明了,还得先去管理现在的事实,然后明了现在的事实,膳务仅是一个例子。盼管理膳务主办股,先拿三个星期去调查,然后拿一个星期来拟具体办法。不然,我是深恐上游以及下游各轮仅将增加膳费数目字公布施行后,客人以及船员伙食仍旧不能办好。这是第一桩事情。

二

第二桩事情,此次曾同总公司及分公司数位经理研究出来一种《经理须知》。此事动机是因为有的经理初到公司不久,即因船上需人调上了船,以致不尽明了其本身职务。一俟整理后,即发交各船详加研究,再缴回公司,公司汇集各方意见重加修正,再行公布,以期此项《经理须知》,将来为各经理手中之至宝。《经理须知》上分了几个部门,详列航行、货运、客运以及事务上各方面的事情,这些事情都为经管理所应该通通弄懂得的。第一,由准备开航起至下一次开航止一段长时间内有些什么应注意事情。第二,从准备停航修理起至修好开航止一段长时间内有些什么应注意的事情。第三,从早到晚应做些什么事情,从一号至三十一号,应做些什么事情,通通都已列举出来。不过这订出来的办法,要望各轮经理多多参加意见,以便修正。轮船上的办法,绝不能由总公司产生,因为总公司的人不是天生的聪明。轮船上的办法,只有从轮船上才能够产生。盼望将来发到船上后,请各位经理约集有关人员一项项的细加研究,当谈天一样,——少谈无谓的事,多研究有系统的问题。这是第二桩事情。

三

还有第三桩事情,请各位注意管理方法。公司事业在逐渐前进,从总经理起都要跟着前进。假使不然,则只有两个结果,即:不是(一)自己落伍,就是(二)事业失败。今晚列席者,不是技术人员,都是负管理责任的。管理不是等事做,是要找事做的;不是做到天下无事,是要做到天下有事的。各位不是来自教育界,就是来自政治界,或者新闻界,也有极少数是来自商界的。因此所采用的管理方法大概为:

1.机关式管理方法:坐在屋子里就好比一个县长,有三十件公文来了批答三十件,有四十件公文来了批答四十件,还要批得使你到懂不懂的,因为你爱这样当糊涂虫,于是他有问题不肯自己想办法,动辄来向你请示办法。例如来向你说"厨房老板不做了",这不是办法,也绝不是问题——一个问题是附有它的办法的,是具有它的历史的。厨房老板折了本,不办了,究竟是他拿去赌了? 拿去嫖了? 是不会买? 是先就负了债? 这些都不明白,只拿着厨房老板不做了来请示——我常常有个笑话,毋宁带一副卦来卜,或带一筒签来抽签,办法印在签票上的,拿来对照好了。但是,他现在签筒与卦都不带来,而要向你请,这是因为你平常喜欢胡乱批示,他就认为你是万应灵丹。

2.学监式管理方法:船打烂了,赶紧忙,非常紧张;船员闹起来了,赶紧忙,非常紧张;但是,平时情况如何,绝不过问,犹如学生悄悄赌钱,学监可以不管一样。

3.旧商店式管理方法:衔起叶子烟袋,每天喊伙计们来问一问了事,这是旧商店式管理方法,结果是挂一漏万。

这些都是早已不适用的旧管理方法,而我们今天只有这些旧方法,于是随办随丢,始终没有一件办好了的事。

我们今天办事,要像新式图书馆一样,借出去的书,到了某天应该晓得收回哪些。英国海军总长,你问他某舰队现刻在哪里,他可以将箱子一抽,或指着图案马上告诉你,现在东经百三十二度行途中。法国教育总长,你问他此刻巴黎某校、某级学生现在作什么活动,他可以马上告诉你正在上历史或地理第几课课程。因此,我感觉我们每一个船上经理室内,应该时刻明了全船每一个船员的活动,否则淘神费力无效果,弄得每一个人都要急死。好比办统计表报,尽管忙,尽管办理了百分之九十九,刚刚把最后要参考的百分之一的统计材料遗漏未办,这有何用?

我觉得今天船上经理,有三桩事情一定要弄清楚:

1.关于人的方面:无论固定的人或临时的人,他每一天,以及每一轮水应做哪几桩事?勤惰怎样?忠实怎样?都要随时参察清楚,记录下来。某人能力和程度究竟有十八两或二十两,他早已称量得准准确确,不必再等公司每年派什么"考绩团"出去逛一趟,做些徒劳无益的事。

2.关于物的方面:所有全船器物共有若干,每月需薪工若干,燃料若干,轮机及驾驶方面机器情况怎样,码头设备情况怎样,以及它们怎样的在那里动,通通都要弄清楚,控制着它。

3.关于事的方面:究竟船到码头后,理货的有些什么事,船开后,驾驶、轮机两部有些什么事情,某一部门的某一个人在某一时间内应作些什么事情,全都在我的脑筋内,——不够,全都在我们的记录内。

公司事业前进,各位所管理的局面必渐宽大,内容必渐复杂,假使不将各方面的事实情报弄清楚,则不是贻累了自己,便是贻累了事业。要弄清楚事实,一定要讲求方法。不要待人来请求我,是我请求人。须知一个人的力量绝不能够背得起一个轮船,一定要请求人共努力,才管得好一个轮船。

如果有人来管理我了,说得对的即应接受;不对的即应参加意见,加以驳正。要知中国正在青黄不接的时候,事事都待我们努力。公司今天虽然有它成功的方面,但失败的也不知有多少,不过未看见罢了。自己就该负这失败方面的责任。今晚我将这个问题提出来,仿佛是责备大家,其实是责备自己,因为这些话都是自己体念出来的。盼望各位亲切地体念自己的困难,接受关切我们的人的责备。要这样才能够得人同情。如果有责备来,毫不接受,说是我没有做错事情,我做的事情全是对的,你谈的完全不对,这是关了人们帮助我们的门。

我们此次到温泉来,虽是游玩的性质,但同时也是团体活动的训练机会。今天已经过去了,明天哪些回渝,哪些到缙云山,以及全体活动怎么样,请陆鸣潘主任来报告,自己的话完了。

《新世界》1937 年 7 月 16 日第 11 卷第 1 期

讣

（1937 年 7 月 29 日）

　　不肖魁铨等，侍奉无状，痛遭显妣卢母李太夫人，恸于中华民国廿六年七月五日（即废历六月十八日）午后五时，因恙告终于巴县北碚寓所内寝，距生于前清同治十三年甲戌正月初二日午时[①]，享年六十有四岁。不肖魁铨、魁甲、魁杰亲侍在侧，不肖魁先因公在申，魁群因公在渝，闻电匍匐奔丧回籍，先后亲视含殓，即日遵礼成服，业于国历七月二十七日未刻发靷，随即抚柩登山，按厝于巴县北碚乡雨台山之阳。兹定于七月廿九日夜家祭，三十日（即废历六月二十三日）在北碚兼善大礼堂展奠。值此国难正殷，旱灾方止之际，谨遵遗命，概不受情。如蒙矜察，届时莅临，指示礼仪，没存均感！谨此讣闻。

　　孤哀子　魁铨（志林）　魁先（作孚）　魁甲（尔勤）　魁群（子英）　魁杰
魁秀　泣血稽颡

　　齐衰服孙　国维　国纪　国纶　国纲　泣稽颡

　　孙女　国懿　国仪　泣稽

《嘉陵江日报》1937 年 7 月 29 日第 3 版

---

① 1874 年 2 月 18 日。

在总公司朝会谈话

（1938 年 1 月 14 日）

【本月十四日（礼拜五）公司朝会，卢总经理特出席谈话，略谓】一月以前运输颇呈混乱现象，故军委会认为须有整个办法。经过几度会议，改为运输全由商营，废止扣船办法，于是对运输上发生了极大之效率。运输公物之轮船，本公司占百分之七十，所载吨数占百分之八十，故在运输上担负了最大责任，因之政府对民生公司之希望也很大。

《新世界》1938 年 2 月 1 日第 12 卷第 1 期

要解决当前的问题^①

（1938 年 2 月 28 日）

在经济事业中，民生公司至少是国内有希望的事业，尤其是在四川。有许多人相信民生公司是努力的，有办法的，我们自己也应当这样相信。民生公司的事业与其他事业比较，也应当努力。有人进公司看到同事们上上下下的往来着，感觉紧张的很厉害。同事们出去，也有特殊表现，制服、佩章，任何方面，都有令人注意的地方。走到川江，每天都可遇到民生公司的轮船，内河航线，华轮增加了很多。各方面的观感有这样的好，也确有相当的事实证明。

但有多人在未来以前，羡慕民生公司，以为有办法，愿意来受训练。一进来便不同了。因此，每在人未来以前，我常常纠正他许多错误。我说："你不要过分相信。民生公司绝对是人间，不是天堂，并且是中国的人间。不要在来以前想的太高，来了后失望。"

自己从沪到渝，一路观察，深感内部的不够。一般人的批评观感，超过了事实。若不辜负社会的期许，使社会的观感不至失望，不能不造新的行动机构，注重办事的方法。个人每次回来，常同经副襄理商讨方法，盼望实行。但是一实行起来，每使人感到困难，这是因为旧行动不易改除，旧的印象太深，无法用新的来代替，因此新方法就无从贯彻。常用会议的方法讨论，感到每个人要彻底检讨行动，看是否纠正过来。

---

① 该文为卢作孚在民生公司全体同人会上的演讲，由素石记录。

纠正，其实也不是什么难事。只要把每人做的事排列出来，做几桩事？每桩事有几个当前的问题？这些问题用什么方法才能解决？方法找着，一直不断的要求解决。什么时候完全解决，这问题才算取消。

前天到各办公室去看看，有许多人都觉得不甚紧张，尤其是无专门工作的人，在旁边莫名其妙。看文件的，文件摆在眼前，很愁苦的没有办法。会计写账，都仿佛越慢越好。假设那个人晓得办那件事，就不会有这样现象。这就证明这个人决无方法处理那件事。还有一个现象，就是根本没有问题要求解决。这就证明对于那件事决不清楚。若是内行，一定办得很快。

从前同彭经理参观上海的申新纱厂，看他们的纺纱工人，紧张到每分每秒要打出若干。还有监察的人，厉害得很。一趟跑过来，一趟跑过去快得很。决不像我们愁着时间挨不过。因为这些，感觉到民生公司就不晓得谁作什么工作，谁去清理他。单看船账股的事，只要紧张的办，有三分之一的人就可以处理了。别的部分更不必说了。每个人都能把自己的事情弄清，解决问题的方法弄清，就不会有这样尽愁尽慢的现象了，反转来说，每个人能彻底解决问题，自然就紧张了。

单说我们的敌人，我们二百几十人管理的生意，十年前敌人用五个人（中间有一个中国人）就管理了。请主干人检讨检讨，我们人数五十倍起来，为什么还弄不清楚？

试看太古公司，至少比民生公司大，但仅仅几个董事，在伦敦就把几万里外的事业管理了。有人去过，很诧异，几个董事在一间小屋里，怎么就能管理这样大、这样远的事业呢？他们，每年只有一个人到中国来看一下。中国人每到一处，必先拜客，拜完了，主人回拜，又请宴，还席。这是我们的办事方法。太古大班到这里来，先关上门把一切看清楚，然后访访海关、民生公司等几个对他们事业有关系的地方。拜访完了，晚上就上船。你想回拜他或请吃饭都来不及。这就是他知道到这里来办什么事，知道有些什么问题，和怎样去解决这些问题！

这次南京同上海的交通隔断，没有人敢走。苏州河只有一些小船。民生公司也曾到镇江去开辟业务,想那里有纱厂要搬的,派人去调查,有货装,才派船去。那时,太古由上海到汉口已经饱装几次了。太古大班亲到南通,到口岸,到汉口,往返巡视,最后返回时发生问题了,货被扣留。大班费了许多周折,托人,亲身办理。也曾恳切托过我,答应他三点半打电话通知。一到三点,便来电话催问,三点半又来,四点又来,如此紧张。直待电话里告诉他发货了,他才离开南京,又到南通口岸去探听,直到完全弄清楚才走回上海。在这时,才看出中国船和外国船的精神,这不叫人惭愧死吗!

所以我们做事,必要多想法,怎样解决问题,并且要紧张的解决,像太古大班那样。问题是自己的,不要怪人不爱帮助。我们在帮助别人解决问题时,还要想法使人怎样才能接受我们的帮助,何况求人时!不要求完就算了,这事就算被求者的了。一定要求出结果来。我常感觉到中国人有个守秘密的方法:说的不守,一定要听的人代守。听的人根据这个道理,再要第三人代守。我们办事也仿佛这样,总公司交船上经理,船上经理交茶房。我可以忘却,你却不能忘却。于是一个人的问题解决不完,交给第二人;第二人解决不完,交第三人。这样,很容易把困难放在旁人身上或一旁,就算没有困难了。这怎么得了?结果,一件事也办不成呵!这是大错误。必要:有困难自己克服,每个人执行自己任务,自己的事自己要求办完。有这样精神,什么事都能办了。有这样精神,才能与敌人抗战,因为什么事都准备完了。

譬如建一个飞机场,怎样平地基?地基有好大?飞机从什么地方来?都是什么样的?眼前发生了问题,就要解决。把尺寸弄好了不够,派人作去了不够,一直到飞机开来试试,真能停下,才算成功。

盼望民生公司的朋友们:每个人管理几桩事,排列出来;有些什么问题,排列出来;怎样解决它,排列出来。一直到解决完,才算完成。这样,才使我们的努力有结果,或事情有效率。我们要求的就在此效率与结果。

平日,对于重要的事,抓住,不重要的,排开。因为当前的多是严重问题,就像前方当战当守的问题,后方的补充问题,伤兵的医疗问题,兵的食粮问题等。再如,前方的东西怎样能运到后方?后方的运输是严重问题。要解决这问题,全靠车和船。我们民生公司的朋友,在办公室里就解决了国家运输问题,这是怎样严重!因此要求本公司的朋友,从主任领组起,彻底检讨一下,是不是每个人的问题排清做清,一直做到完全解决了?假若平时能这样做,许多海损不至发生,许多纠纷不至引起,一切都没有问题了。

能够无事时胆小,有事时胆大,还不够,必须无事时有事,有事时无事。民生公司的忠心苦干的朋友们,都要培养出来做事绝对紧张。要想敌人此时是怎样的紧张,我们至少要超过他的紧张才行。

今日恳切盼望同事们自己造行动,去影响别人,要大家都跟着学。要这样,中国才有救。"不失败的民族,是不甘心失败的民族,是拼命的民族。"民生公司的朋友要这样的报效国家,这样的自负!我虽站在会计室,要能影响全公司,才是有意义的自负。试看地图,可怜那样小的地方,侵略了这样大的国家,什么原因?是人的成分不够呵!所以每个人都要清楚认识,解决当前的问题。问题是社会的,不是自己的。一个练习生也可以影响社会,才是有力量,才是当前需要的力量。前次说过,一个人不要自己成散沙,把自己行动创出系统来,才是锋利不可当的,才能把周围克服。盼望人人有这样魄力,向前走去。这不只是个人的盼望,也是事业的盼望,社会的盼望。

《新世界》1938 年 2 月 28 日第 12 卷第 2 期

迁建委员会器材运输办法

（1938 年 4 月 15 日）

一、运输总量最低六万吨，最高八万吨。

二、用商运办法、实装吨数，按低廉运费，责成轮船公司负责承运，以提高运输效能。

三、全部华轮参加运输。

四、分汉宜、宜渝两段运输，因川江船只载重甚小，故必须集中行驶宜渝线，至汉宜线则以长江轮船及一部分海轮提往运输。

五、宜渝军品运输，以现有差轮同心、同德、民苏、民享四轮专运。如军品减少时，亦可加入帮助运输。如军品增多时，亦可加派轮船赶运。但于运出后，应立即恢复原状。

六、宜渝其他公物迁厂器材及商品之运输，以宜渝轮载量百分之三十为限。

七、运输价格之规定

甲、汉宜段　此时商品运价为每公吨廿五元，拟定为枯水（十一月一日起至四月卅日止）每公吨十五元（合商品运价百分之六十）。洪水（自五月一日起至卅一日止）每公吨十二元无角（合商品运价百分之五十）。

乙、宜渝段　此时商品运价为每公吨一百六十元，拟定为枯水（同前）每公吨三十七元（合商品运价百分之二十三）。洪水（同前）每公吨三十元（合商品运价百分之十九）。

八、全部运费预算

如以六万吨计

汉宜段　六万吨（合在洪水期间运出）每吨十二元半，计七十五万元。

宜渝段　五万一千四百吨（洪水期间运出者）每公吨三十元计，一百五十四万二千元。八千吨（枯水期间运出者）每吨三十七元，计六十一万八千二百元。

宜渝段合计一百八十六万二百元。

汉宜、宜渝共计运费二百六十一万二百元。

如以八万吨计

汉宜段　八万吨（合在洪水期间运出）每公吨十二元半，计一百万元。

宜渝段　五万一千四百吨（洪水期内运出者）每吨三十元，计一百五十四万二千元。

二万八千六百吨，每吨三十七元计一百零五万八千二百元。

汉宜、宜渝共计运费三百六十万二百元。

九、宜渝段运轮自五月一日开始装运，在七个月内约可运六万吨。在十二个月内乃能运到八万吨，其计算方法如下：

甲、每月可来回行驶三次者计三只

民元450吨，民本450吨，民风400吨，每月可运三千九百吨。

乙、每月可来回行使四次者计八只

民权400吨，民贵300吨，民俗300吨，民勤150吨，民俭150吨，民政190吨，协度160吨，富华220吨。

丙、每月可来回行使五次者计三只

民主190吨，民康180吨，民来160吨，每月可运2650吨。

每月共计13990吨，七个月可运97930吨，减去修理之耽误百分计，则只能运88137吨，再减去三成装其他公物、迁厂器材及商品，实际可运61695吨。此外之两万吨，则于十二月一日起开始装运，因系在枯水及极枯水期内，根据今年枯水宜渝运输量，每月约四千吨推算，需五个月方可运完。

说明事项：

1. 如军运繁忙，偶然有船调供差运，则运量当减少。如军运比以上预算更紧缩，则运量尚可加多。

2. 如遇海损事件轮船损失则运量当减少。

3. 在平水及枯水时，尚有少数小轮船可供使用，但载量甚微，即以帮助公物迁厂器材及商货之运输，故未计算在内。

台北"国史馆"档案

这才是伟大的力量①

(1938年4月21日)

在几年前,公司的朋友,当已知杜先生是举国钦佩的,尤其是青年。杜先生在东北很有建树,不仅为事业,是为的社会国家;不仅实行,并且有主张。在杜先生同个人认识的经过,杜先生已说得很清楚了。杜先生还有许多值得我们效法的地方,这里再简单的介绍一下。

杜先生生在东北,受刺激较深。他相信日本人能创造的,自己也能创造,他就创设了瓷业公司。他不仅自己努力,也曾帮助朋友;不仅努力事业,也曾帮助地方,曾被推为沈阳商会会长。这时他仅是在东北,他的力量,还不曾放到全中国。

九一八事迹后,他知道小小事业,不足以解决国家整个问题,便跑出到处征求人才,想挽救中国的危机。他几乎走遍了全中国。在三四年中,许多朋友都知道他的才干,都盼望他到事业上帮助,但他觉得有了固定事业,就无法用全力来帮助国家,所以终不肯束缚在一个事业上。虽然也曾与一二事业发生关系,但仍是想从事业去救国。

在杜先生方才说的两个朋友:一个的思想是领导未来的;一个的努力是在现实上的。从昨晚与杜先生研究题目,到今天介绍的两个朋友,在这中间,我们可以发现大的意义,就是做事的途径。昨晚研究的题目:是由小处到大处,

---

① 该文是卢作孚于1938年4月21日在民生公司欢迎杜重远来公司讲演时的发言。

就是要把当前的小问题,与大问题联系起来;再从杜先生今天介绍的两个朋友,一个努力现在,一个领导未来,是把现在和未来也要联系起来。

有人认为社会的改变,是要先毁坏,后建设。如果国际允许中国,中国允许我们,就把现在毁坏,重新建设起来。但是,事实上很困难,所以只好采用改良社会的方法。改良也许阻力很大,但要设法去消灭它。

革命不是一时的冲动,说得好听,是要有计划的继续努力。在民国十六年,个人在二十一军的一个研究班里上课,曾提过这问题:在革命高潮中,人人讲革命,请观察我,我是不讲的。三五年后,大家忘记了革命那一天,请来看我。后来,高唱革命的人,不但不曾把社会改革了,反被社会把他们改革了。他们会着我,都很诧异,发现我改变了。我说,大家应当问自己,那是你们自己变,不当来问我。这是课堂革命高潮时。

还有,九一八事变,当马占山将军最后挣扎时,四川青年组织敢死队到前方,经过北碚时,见着正在工作的朋友,就以为:国已危急了,哪有闲功夫还来建设乡村!后来,这些到外面救国的青年,不但没有把国救起,连自己吃饭也成了问题,在上海曾有几个来找我帮助找职业的。

凭着感情的刺激,无法产生有效的结果。若想改造社会,只有改造社会的行动。从当前个人所能接触的人起,只要能下决心,改革了自己,再改革一个人,让那个人有力量,再改革另一个人就够了。这就是力量。这力量,在相当时间,就能改造中国;在相当时间,就能改造世界。

拿数理来说,今天我一个人,明天两个人,后天四个人,这等比级数继续下去,几天就改完了。例如杜先生的奔走全国,不知有多少人受到他的影响!

每个人坚决造行动,继续不断的努力,不管地位名誉,不问个人的成功,只问社会的结果,我相信,这样一定有结果,这结果在社会,不在个人。

从前,有信连锁的,一人写十张,十个人再各写十张,不久就传遍各地方、各团体。最可怕的猩红热、肠热症等,一个人得了,也许要全家、全院都死光。行动真能有此力量,结果一定伟大。不必问社会是否知道,只要所要求的在社会全般实现。到那时,也许自己还在小事上,但心里安慰了。

有力学家算力量,算纺棉花和打铁锤,以为打铁锤的力量,绝没有纺棉花大。纺棉花每秒钟用一斤力量,十点钟就是三万六千斤,并且可以长久继续不断的纺;打铁锤打一百斤就费力,就须休息了;但表面看来,却以打铁锤为有力,以纺棉花为文弱。

民国十一年在川南努力时,曾邀一个川外人来演讲,他说:"请大家认识我,我是一颗炸弹。"我解释说:"炸弹力量小,不足以完全毁灭对方;你应当是微生物,微生物的力量才特别大,才使人无法抵抗。"看见的不是力量,看不见的才是力量。

世界哲学家博格森①曾说:"今天的人,不是昨天的人,今天的细胞不知有若干变化,不过当时没有认识,十年后才知道。"它的变化,是绵绵不断的,这才是伟大的力量。这力量,能把宇宙变了,何况人的行动!

绵延的变化,有快有慢。如中国在自然状态中,虽也变化,但变得很慢。若加以人力,就可以快了。尤其世界上其他一部分社会变了,在后面随着变的更快。晚近世界文明,由农业生活变成工商生活,变成欧洲、美洲及亚洲一部分的状态。中间,欧洲变得较慢,美洲最快,几百年就跑到前面去。日本只几十年,苏联二十年历史,就变成超现代的国家。只要变,越变得晚越快。但如不变,也许就没有再变的机会。九一八事变后,国人因安于现状,不想变,于是旁边小得可邻的国家,也就不容许我们再变。虽然东北地方很可爱,也有比东北地方还可爱的人才,但时间也不容许再变了。从前中国也有变化很快的时期,就是秦始皇统一以后,整个的变化,由封建到郡县,修长城,置兵戍边,兴办水利,凡军事、政治、经济、文化等无不变化。只可惜后来停了两千年。现在要想赶上,只有缩短进程,从自己开始起。不过这种力量是微生物,是纺棉花,是眼睛看不见的。

今天杜先生提起的注意,是应有未来的思想,更大同的思想,但实地做去,须从眼前做起。决心改造当前的环境,做法要彻底。未来社会的需要怎样,便

---

① 现在一般翻译为柏格森。

怎样变,严格的管束自己。同时原谅社会,因为它是几千年造成的。除埋怨自己外,不要埋怨他人。自己改变态度,不要责备别人态度不好。对周围绝对原谅,因为他们都是旧社会的产物。有四千同志,同时严格训练自己,再帮助他人改变行动,一定有很大力量和效果。但帮助人改变行动,决不如借他钱和帮他找事那么容易,要想法安慰他,增加他的兴味。这是最苦的工作,须有绝大忍耐力。

严责己,宽待人,改造社会行动,培养起这种运动,这是我们行动的要求。盼望每个人对杜先生的话有深切的了解,把行动和思想联系起来,从现在进到未来,从小处做到大处,先从自己变起,再改变周围,以社会的行动,去包围每一个人。这样,新运动就成功了。

《新世界》1938 年 4 月 30 日第 12 卷第 4 期

在长江航业联合办事处宜昌分办事处
临时会议上的讲话

（1938 年 7 月 25 日）

长联处情形,昨天曾向主干人员问询,工作推进迟缓原因,并归纳其原因有二。（一）各股负责人员均系兼职,本身事务已极纷繁,白天余暇抽调时间兼顾兼职每则兼职职务,即成荒废,故碍工作之推进。此其一。（二）各公司与航[长]联处职权未能划分清楚,办事未免混杂,致影响进行,亦为原因之一。现在为顺利推进今后工作起见,必须注意下列各项:

一、调派专人负各股责任,并将公司与长联处之职权确定。

二、港务股需扩大组织,应分南北两岸,设立囤船栈房驳船及雇佣力夫各项,需派专人负全责办理。

三、提装工作,在此第有分公司之各轮,由各该公司负责人办理。至于公司之各轮,该轮应委托其他公司代理。否则,责无专归。

四、水脚一项,应由交运人员先行付给,或交付一部分交付主管机关,则一切提卸费用,方不致发生无从垫付之困难。而宜处之代开支费用所垫付者,需取疤寄总处,以便向该论水脚项下扣还。

五、关于起卸之设备,应由长联处负全责办理,现宜已有工程师多人,需大家联络起来,共同确定一具体方式。

六、增加工作效率,最好设立一机关专负督促责任,此项组织,应以迁建会为重心,方足统筹统办,而增效率。

七、长联处应派专人在处与各机关及各处来洽商之人员接头,免致来人不知所措。

八、宜埠小火轮至为缺乏,个人返汉后当向有关方面洽租拖宜应用。

如上各项如能切实做到,则长联处之困难可不攻自破矣。

宜渝加速运输新计划

（1938 年 8 月 21 日）

　　查囤积宜昌之军品器材为数甚多，亟待疏运。关于运输办法也经本部卢次长与各有关机关商定之《宜渝加速运输新计划》详为规定。

　　甲、负责承运兵工航空及其他公物器材 46000 吨之商轮：

　　一、以民元、民本、民权、民风、民俗、民康、民俭（或民政）七轮，专运兵工器材。富华、协庆一部分载量分运兵工器材。

　　二、以民熙专运航委会之汽油，民苏兼运交通司航委会之汽油。

　　三、以民政、民勤（或民主）、富华、协庆部分载量分运航委会器材。

　　四、以民贵专运一般公物器材。富华、协庆、民主等轮之余位分运一般公物器材。

　　乙、应变更之航线：

　　一、第一期秋水未退、万县起重机未完成时，商轮中之民元、民本、民风、民权、民勤、民俭航行宜渝，民苏、民贵、民主、民康、民政、民俗、民熙、富华、协庆航行宜万（其有特别运输需要，得偶航宜渝一次）。

　　二、第二期秋水未全退，万县可起重后（大约 9 月底），商轮中之民元、民本、民风、民权航行宜渝，其余 11 轮航行宜万，民风、民权亦抽航宜万。

　　三、第三期秋水大退后（大约 10 月底），全部商轮航行宜以上各点仰即遵照办理为要。

在总公司讲演

（1938 年 8 月 24 日）

自迁川联合工厂计划决定后，待运器材，总量八万吨，后加其他工厂三万吨，共十一万吨，承运者除富华、协庆外，公司占主要地位。自五月迄今，三个月中共运三万余吨，其余七万余吨，预计于十一月底运完。今后以二万吨交民船，以四万吨交各轮船公司。公司中当以最大努力，增加运输量三分之一，以完成所负使命。今后要办到各只轮船到宜昌或重庆时平均只停二天或一天。如此，则工作效率可大增加，则四万余吨，足可如期运完而尚有余力。当前运输问题，是民生公司与其他轮船公司共同的责任。抗战期中，必须把全部责任担负了，要想尽办法，用尽力量。在工作进行中，所发生的困难，要求出症结所在。设法解决，同各方面互谋帮助，能解除别人的麻烦，则自己麻烦，亦因而减少。

《新世界》1938 年 10 月 31 日第 13 卷第 2、3、4 期合刊

《海事新闻·卢作孚在总公司讲演》

我总是希望大家继续为国家为公司努力①

（1938 年 10 月 10 日）

刚才听着各位的报告,知道了各位努力的状态,同时并证明民生公司是进步的。

中国历来都是帝王传统,直到前清宣统三年,这种帝王政治终于被同盟会推翻。由此知道一件事情,只要去干,莫有不会成功的。二十七年前的今天,是革命同盟会推倒满清建立民国的纪念日。但是在当年的三月间,同盟会在广州起事失败,已经是第十八次了。那次参加的人,都是挑选出来的优秀分子,结果死去了七十二人——就是黄花岗七十二烈士——仍是没有成功。这在他人,恐已认为无望了,因为这七十二人之死,是革命党人最后一次的试验,也是最后一次的牺牲。同时又鉴于清廷所设的广州官吏,都是些青年。如广东的总督张鸣岐,年仅三十二岁。水师提督李准,四川人,也是个青年。于是感觉到在珠江流域举义的可能较小,这才决定改向长江流域发展。武昌起义,原定在旧历八月十五日,后来因为防卫过严,无法入手,延至八月十九日(即公历十月十日)晚间才发动。

孙总理为什么要把国家变为民主政治? 简单的说,就是要使政治进步。当时世界上民主国家标榜的三个政策——民有、民治、民享——转用在中国,

---

① 该文是卢作孚于 1938 年 10 月 10 日在宜昌分公司庆祝民生公司成立十三周年纪念会上的讲话。

民有就变为民族,因为中国不应被少数满族来管理,少数满族自不能代表中华民族。其次是民治,国家既为人民所有,管理国家的事情,自然是操之于人民。人民有管理国家的权利,所以叫做民权。再有的是民享。老百姓要吃饭,要求生存,要想法安定他们的生活,所以转用为民生。为了要实现上面三个政策,才决定了革命的方针。中国并不是少数满族所能管理的;况且因为传统的关系,无论贤不肖都不能由人民选择,这岂是法律所能容许? 更因当时的法律,完全系出于少数人之手,自不能保全体的利益。因此种种,才决定改为民主。

后来民国成立,所有官吏,大多为腐败之徒。作的事情,并不能使人满意,当然不能使国家进步,以致当时中国有一个很好的进步机会,都把它放过了——这个机会,就是第一次世界大战。这就是由于那些官吏都是自私,只替自己想办法。另外还有要求其想办法的。有了这种障碍,就成了许许多多的小集团,这种集团就产生了以后若干的内战。最可恨的,就是这些官僚,占据政府机关,使人民无法管理。虽然有若干次的会议,而人民总是没有机会去表达他们的意思。

这几年始看见人民渐渐的在问政治。但是正因为这个缘故,就遭受了去年日本的侵略。一般人以为到了二十七年,还莫有把国家弄好,但竟忽略了这国家二十七年来仍是不断的在进步。只就老百姓的进步来讲:宣统年间的人,并不知道火车、飞机是什么。乡间的人,到了民国时代,还在问现在是宣统几年。以那时的川江来说,只是洪水天有二三条轮船。到了枯水期,一只也就没有了。一·二八中日战争,中国只有飞机十二架。去年与日本开战以后,我们就有不断的飞机在敌人头上飞。现在的人民知道问政治,政府的事业也是不断的在前进,这不算是国家的进步吗? 再拿我的家乡——合川——来讲:宣统年间的读书人,县中并找不出多少。到了现在,无论城市和乡村,都是遍设学校,读书人也就增加得很多了。可是国家的进步,总不如时间之快。辛亥革命,成都保路会发生事变,距今已是二十七年了。欧洲各国进化,谁个不是经过了几百年? 谁个是短期成功的? 但是也有例外。美洲进化,仅百余年,可是,她走了捷路,她把欧洲进化的方法搬去用了。日本进化仅六七十年,苏联仅二十一年,一切都超过人。德国在欧洲战后什么也没有了,余剩的商船不到一万吨。你看,现在仅隔二十年,德国哪一年没有进步?世界的列强,谁个不去迁就她,再就本公司来说:去年南京兵工署迁动,有器材二千吨,我们以为是很特别;谁知去年终汉口又有一万四千吨,今年五月又有八万吨。因为各方都在进步,致进步的速度,竟为梦想所不及。现在前方战士,看起来虽在退却,其实仍是在进步。再看后方的各项事业,又哪一样不是在进步呢?

民生公司初办的时候,总共只有几十吨的轮船,大家以为开玩笑。但是,公司里面的每一个人,都在要求进步,如航线由合川、重庆间伸至重庆、涪陵间。后来延展于重庆至上游各地,遂把上游的轮船化零为整,于是上游每天都有船开。旋即伸至下游,亦复如是。这种进步,当然是全公司的要求。如果每个人的心里,只是默想着薪给上甲乙丙丁,不去注意整个事业,哪里能够得到这样好的效果?我常说,只要每个人都好好的努力,一切事情都会有办法的,刚才陈主任的报告,我们已把许多外国船都变成了中国船,这可证明大家仍是在不断的努力着。

民生公司成立纪念,本是在明天,不在今天,因为大家要求简便,所以提它为今天。记得十四年前的十月十一日,民生公司创立的目的,不过是把渝合、渝涪两航线加以整顿。后于十八年自己到了航务处,知道重庆上游也要整顿,于是才想两个办法,第一是要求政府保护中国船,无论军人坐船或打差,都要出钱。第二是要把上下游轮船各设一个有力量的轮船公司来统制。谁知单靠政治的力量,并不能把他办到。嗣后我向刘甫澄①先生说,我要想从经济上去想办法。十九年辞去航务处的事,回到民生公司,当时各轮船公司,就请我吃饭,要我继续的帮助他们。当然,我不能说不帮助。但是,从没有想到"无办法"加"无办法"又加"无办法",得的结果还是"无办法"。再加"无办法"乘"无办法"又乘"无办法",得的结果仍是"无办法",民生公司开始整顿上游航线的时候,有两家公司值得感谢。第一是福川公司,第二是九江公司,这两家

---

① 刘湘,字甫澄。

公司经理,前者为连雅各布,后者为邓华益。他们共有轮船十一只,都全部拿来加入民生公司。民生公司在十九年仅有轮船三只,到二十年就增至十四只了。当时发生一些误会,说民生公司是藉二十一军的力量发展起来的,因此上游航线发生了一些障碍,这种误会直至二三月前始告解决。同时要想对下游轮船加以处理,谁意本公司同事就迟疑起来,因为要接收下游轮船,需要的钱,至少也得超过民生公司资本的五倍。更以当时要收买的船,无论如何,我总是主张不要惜钱,他要多少,我就给他多少。我的意思是在轮船收买以后的利益,至少比没有收买的为多。可是因为迟疑的关系,本来两三个月可以解决的,也拖至数年始解决下去。还有其他公司的川江船只,也曾愿意出售。后来因为看见川省各方面都在进步,他们此种拟议,遂亦未能实现。否则现在川江航运,恐怕更不止如现在的情况。因为建筑成渝铁路,有十万吨材料运,我也有新造船只的计划,预算把十万吨材料三年运完。大家以为太危险,仍是迟疑,致新船只未能成功。若是做到,不但今年的八万吨无问题,就再加上八万吨也无问题的。

去年战事发生,民生公司的轮船集中在两个地方,一是芜湖,一是镇江。在芜湖的是装运兵工器材,在镇江的,是装上海的迁厂机料。这些器材、机料运送后方,都是为了加大抗战的力量。开始运一万四千吨时,轮船集中汉口,运八万吨时,集中宜昌。我们大部轮船行驶宜渝,不行宜汉,有人曾提出弹劾,同时中国最有力的大公报也批评民生公司的不当。但是,无法顾及,我们仍然走宜昌。到了明年的今天,大家就可以看出伟大的成绩来了。到那时,大家可以在后方各地看见以前装运的破铜烂铁,都在机器间里动作起来,那才是惟一安慰我们的成绩。大家要把它认清楚!

再,川江航运,仍是在不断的进步。现在渝合线增加了民仁、民爱、民平等四轮,渝叙线增加了民昌、民光、民立等四轮。也许这些船只内的船壳机器,拆下安装后,可以加至十二只。同时,四川省政府又将巴渝、长江两舰,拨卖与民生公司改建商船。这两条船,都是无法装货的。我们现在也许只能提用它的机器、船壳另做别用。将来全部造好,可以增至十六只。这些改建的船,有的二三月即可用,有的四五月或须半年者。但半年的时间,转眼即可到来,并非长久。

童经理①昨天向我说一句很沉痛的话。他说:"民生公司只要能替国家想得出的办法,都是要去做到的。"今年我到香港,张澍霖经理拿了一本新购得的英国 P and O 公司百年纪念册给我看。这个公司,曾在两次大战里,替它的国家效过力的。中国抗战到了这个时候,最重要交通线只有两条,一是粤汉铁路,一是川江。川江运输,民生又占大半。我总是希望大家继续的为国家努力,为公司努力!

《新世界》1938 年 10 月 31 日第 13 卷第 2、3、4 期合刊

_____

① 童经理即童少生。

吊范筑先挽联

（1938 年 12 月 23 日）

具经文维武之才，功昭齐鲁；

为保国卫民而战，死重泰山。

《民生公司简讯》1938 年 12 月 27 日第 690 号

《山东烈士之哀荣》

吊蒋百里挽联

（1938 年 12 月 28 日）

砥柱中流，一片精诚安禹甸；

仪型后世，万方痛楚失良师。

《民生公司简讯》1939 年 1 月 3 日第 691 号

怎样出席朝会工作报告

（1939 年 2 月 6 日）

【总公司朝会,近两月来,积极整顿,气象益加蓬勃。二月六日晨,卢先生又详加指示。要点有四:】

一、为工作而报告。朝会是报告工作,有工作才有报告,没有工作,报告就没有根据。第一次报告是以往工作的检讨,报告后的工作,是准备下次。所以报告的准备,是在前月,不是在前夜晚。

二、报告要提出解决问题的方法。我们是工作者,不是观察者,发现问题,能针对着提出改善的方法,才是建设者应有的态度。朝会席上,不是提问题,是用什么方法解决问题。这许多单位的工作,事前都经过缜密的检讨,一定有许多方法,供给大家。所以朝会是方法荟集和交易的场所。社会是人与人间互相的影响,朝会就是造此运动。

三、实干,不发牢骚。一件事在无办法前容易动感情,找到办法,感请就平静,牢骚正是无办法的表示。作改善工作,一定引起埋怨,只看自己的方法能不能成功,埋怨来了,忍耐下去,成功后埋怨自然会消失。

四、多提数目字。凡有数目字可以提的,尽量提供,校正中国人怕数目字的旧习,但要注意数目字的正确。

【此次对于遵守时间,亦曾提起大家注意云】。

《新世界》1939 年 3 月 10 日第 14 卷第 4、5 期合刊

安全的最高要求

（1939 年 5 月 10 日）

重庆之必遭空袭，自抗战开始之日起，即可断定。自第一次遭受空袭起，即可证明。不应在狂炸之前，一切泰然，无所准备，不应在狂炸之后，一切恐惧，但图逃避。防御的准备而能坚强、周到，是避免危险最可靠的方法，逃避绝不是方法。敌机可以袭重庆，亦可以袭任何地方。无论你逃到任何地方，只要是人群之所归往，便可成敌机追逐的目标。

最可靠的方法是任何地方皆有可靠的防御准备，尤其是重庆。整个重庆的防御准备正由我们的政府规划部署中，我们一群工作人员工作的所在，则应由我们自己加上一重部署。我们要靠生命支持工作，我们为了支持工作自必保护生命。如果我们为了逃避敌机，而竟逃避了工作，实失掉了生命的意义，尤其是对敌示弱，而以此达到了敌机狂炸之所要求。敌机狂炸未必能危害及于我们的生命，但因我们不沉着，恰好扰乱了我们的工作。

我们如果有了坚强的防御准备，不但我们的生命安全了，尤其是我们的工作安全了。我们可以在敌机侵袭到我们头上的前一分钟和后一分钟照常工作，使敌人惊诧我们是这样有办法地在狂炸之下安全地工作着，不受着他们扰乱的影响，则他们的狂炸无所施其技巧，无谓的行动自然会停止了。这是阻止敌机最有效的方法，逃避绝不是方法。

我们负着交通的责任应尽量输送壮丁和武器到前方，以阻止敌人的前进，应尽量疏散人民和器材到后方，以求大众和一切国际有关的事业的安全。所以我们不应求自己的安全,而应求工作的安全;不应求个人的苟安和苟全,而应求工作人员在工作中间共有的安全。

在重庆遭受狂炸前我们已着手防御准备了,但究竟准备不充分,以致有一人死亡,数人受伤,数十人的宿舍、数人的家属住宅被炸坏或焚毁,而有多少不幸的牺牲。在重庆遭受狂炸经过教训后,我们便应充分准备起来了。非工作人员应疏散到四乡,工作人员应分别集中在坚强的防御工事下。为了尚有万一的事变,一部分工作较少或年富力强的人员,更应分别参加防护工作,使有更周密的防护准备,以求工作人员全部安全,以证明我们是这样有办法的人群,是这样有气魄的国民,是这样有伟大的民族精神。使全国人民更兴奋起来,各国人民有更深厚的同情,敌人则愈益证明其侵略行动一无所成,我们的坚强抗战便可凭获以得最后的胜利。

《新世界》1939 年 5 月 10 日第 14 卷第 10 期

对训练所毕业同学临别赠言

——七月三十一日在交通技术人员训练所演讲

（1939年7月31日）

如何克服解决生活上及工作上之困难

吾人进入社会，处处会遇到困难。这种困难，必须设法解决。在所时，有困难可以请先生设法解决，但到了社会，一切必须自己设法解决。若不解决，学识就没有进步。所以我们真正学问之获得，即在工作之时。吾人进入了社会，亦即真正为吾人受训之时。譬之一人路途不熟，到了十字街头，究竟应向左或向右，在所时有先生可以指导，但对于路途终不会熟悉，非要自己一人走，到十字街头，究应向左向右，非经过一番深思不可。因为若经自己审慎选择，因而达到了目的地，这就是真正的学问。这种学问，永远不会忘记。所以诸位若遇困难，必须自己设法解决。困难至何程度，我们解决的能力就应当达到何种程度。万一所遇困难太大，自己无法解决，求助于他人，而他人也爱莫能助，我们绝不能稍有退缩，必须与同学研究，或请教于管理人员。若皆无办法，更可设法请教本所原教的先生，务必使我们生活上或工作上的困难，谋得圆满解决。这样，我们的学问天天进步，工作的能力，天天增加。任何困难，没有不能解决的了。

以规律生活工作成绩换取精神的报酬

本所订有种种的规章条例，我们无论在生活上、习惯上，只要切实遵守，便无越轨之虞。但一旦到了社会实际工作时，即失去了遵守的范畴。这时，自己必须要有一种保持的力量,但往往一般青年,生活习惯,缺乏纪律,吃饭可以随意上哪一家饭馆,规定八时开车,可以延到九时开车。这样,生活堕落,就绝无纪律之可言。所以诸位在学时代所养成之生活习惯,极端宝贵,一旦破坏,即为最大之失败。

须知世界之进化,端赖于社会的一种压迫力量。我们非但自己应好,更须监察他人,每个人必须加上这种力量,庶能在现代社会中过着共同集团生活。所以现代的每个人都应有公共纪律,良好习惯,大家应做帮助众人者,监察众人者。我们绝不能随波逐流,同流合污。目前中国人民,就缺乏自己保持的力量,缺乏坚持果敢的精神。往往随着环境变迁。本所过着军事化的生活,能来所适应顺变。一进社会,若是狂嫖滥赌的环境,又很容易的陷入了黑暗的深渊了。这样,怎能办出好的事业呢?就是一时的幸运,能够得志,但是只能增加社会的罪恶。所以我们青年必须保持着纯洁的精神。这种精神,在我们生活习惯上,就能表现出来。所以精神寓之于学问,学问寓之于工作。人人都能自立,人人都能立人。这样,力量很大,不但能发展交通,亦能改造今日之中国!

这时我们绝不能求待遇求地位,我们时时要发挥我们工作的精神,增加我们工作的力量,努力求得我们工作的成绩。社会绝不会辜负我们,"成绩即是报酬",我们若能把重庆到北碚的一段客运办得好,博得大家的称赞,这就是至上无比的精神酬报!

组织毕业学生指导委员会的真正意义

本所对于毕业学生,特组织成立指导委员会。指导的意义,在于诸位将来事业上如何获得工作的方法,如何增加工作的力量。倘有认为这是帮助大家提高地位和待遇的机关,那就极端的错误了。

现在中国人的累赘,一是家庭,二是同乡,三是同学。倘若有同学舞弊,或狂嫖滥赌,而我们苟非不但不加监督,并且在经济上为之协助,那无疑为虎添翼,助其作恶,直接、间接阻止中国之进步。我们要勉励同学,鼓励同学大家来拯救中国。

　　诸位来此受训,短短数月,身体锻炼程度,还不够要求。故虽在此烈日下,已有很多同学支持不住。所以希望同学出去,一方保全工作成绩,一方还要保全身体的健康。静的工作,需要动的运动。动的工作,需要静的休息。务须动作配合得宜,三餐有定时,起居能安定,方有健全的体格。有了健全的体格,工作才能有好的成绩。

《抗战与交通》1939 年 10 月 16 日第 27、28 期

致金城银行戴自牧电

（1939 年 8 月 4 日）

江（三日）电悉。纱厂已商（康）心如同意,嘉陵纱厂暂将十万美金及六十三万汇划,分别就申退交各投资事业自行保存,地皮及机器仍留作该厂地产,俟将来时局好转,再行开办,到不能开办时再处理剩余财产,正式解散,请商（周）作民先生。

中国人民银行上海市分行金融研究所编:《金城银行史料》,
上海人民出版社 1983 年版

精神之改造①

（1939 年 8 月 14 日）

今天所讲者,为国民精神总动员纲领第五章,关于精神之改造。兹拟对于该章一项至五项,加以阐发。

一、醉生梦死之生活,必须改正

所谓醉生梦死之生活者,即指赌博饮酒种种不合理不正当之生活。此种生活,足使我人之兴趣集中,于是忘怀一切,甚至将一己之生命,亦沉溺其中。余意醉生梦死之态度,非必须予以消灭,但必须改变其对象。如我人将从事于不正当生活之精神,移之于我人之工作,我人之事业,以至于我人之国家社会种种问题上,则醉生梦死,忘怀一切,将一己之生命,沉溺其间之态度,正为其兴趣集中,精神集中,达于最高度之表现。本人以为今日我人之兴趣,即在吾人之工作。工作之外,别无兴趣可言。故每人必须将集中于不正当生活之精神与态度,移转其方向,而求能醉生梦死于一己之工作,一己之事业,与国家社会种种问题之间。

二、奋发蓬勃之朝气,必须养成

奋发蓬勃之朝气,如何养成? 一言以蔽之曰:"做"而已。不"做",决不会养成朝气。如"做"而未达于成功,稍遇挫折,即便放弃,亦不能养成奋发蓬勃之朝气。平常我人常见两种精神:(一)根本不做;(二)做虽做,但一遇困难,

---

① 原副标题为:卢次长于精神总动员国民月会对于大部同人演词。

或遇有困难之可能时，便放弃不干。此两种精神，决不能培养奋发之朝气。此种朝气，必须有百折不回，不成功不止之精神，方能培养成功。今日有许多新的发明，皆为成功之结果。然其在成功之前，不知已经几许失败。如当时一遇失败，即不再试验，[则]今日决不能有发明。然当时之发明者，不因失败而灰心，继续努力，及其成功，其发明之兴趣，更发蓬勃矣。又如我人走路，遇不能通行之处，更需研究如何得走通之法。如绝对无法通行时，即应立即变更方向，继续进行。有这种继续不断之兴趣，强烈之要求，及百折不回之努力，才能使奋发蓬勃之朝气，培养成功。

三、苟且偷生之习性，必须革除

我人平常确有苟且偷生之习惯。中国所传美德，有"安分守己""安土重迁""安居乐业"等。无论何种地土，移居其间，便安居而不思迁移。视迁移为畏途，举室迁移，更无论矣。但在近代生活中，旅行实占重要地位。吾人"逃难"，则至感痛苦。若视来至多山之西南为旅行，而不视为逃难，则此行实不啻为一件赏心乐事。但我人平日多习于苟安，则一切问题不至最后不想办法。须知近代世界，处处须事前准备。种种表面之行动，均为事前计划准备之结果。欧洲大战时，德国于七天之内，即动员完毕。所以能如此者，因有事前之准备。但苟且偷生者，决不作事前之准备。须知要苟安，则时时可发生事变，永远不得安。不苟安者，时作缜密之计划，有事前之准备，反得长治久安。本人曾遇一船中管机器者，彼谓"平常胆子小，有事胆子大"。在平常开机器之前，处处细心检查，决不苟安，且胆子极小，一旦有事，则绝对要能应付困难，胆子要大。个人之生活，亦应如此。平时处处细心，决不过一天算一天。能如此，然后始能使个人以至国家社会有办法。但平日习于苟安偷生者，处处待最后始想办法，甚至最后尚不想办法，彼等宁作顺民苟安之人，甚至即作汉奸亦无不可。此种习性，必须根本革除。且此项与第二项实互为表里。有奋发蓬勃之朝气者，决不苟且偷生。而习于苟且偷生者，亦决不能奋发蓬勃。我人只须向前做，百折不回的做，不顾困难，不避危险，有此种精神则不苟安偷生矣。

四、自私自利之企图，必须打破

在今天以前，中国坏人固不论。即所谓好人者，亦大有不妥处。我人所称之好人，往往即指不做坏事者之谓。不做坏事，亦即为己，因彼所为者，为一己成好人而已。不爱利而爱名，名即自身之名，中国不需要此种人。吾人做好人，必须使周围都好。只有兼善，没有独善。本人对自私自利，有新的解释。以为狭义之自私自利，仅为求一己衣食住行欲望之满足。由此解释，则破衣足以御寒，粗食足以果腹。但今日之衣服必求华丽，食物必求珍馐者，盖因流俗嗜好，故争趋之。由是相衍成风，而自私自利之欲望，乃无满足之境。所以我人必须变更此种倾向，改为欣赏他人良好之行动，及其对于国家社会之功绩，而对于自己的生活，应尽量俭省。

五、分歧错杂之思想，必须纠正

抗战以来，整个国民之思想，已趋于一致。不过尚有少数人，尤其为年轻之人，好标奇立异，喜欢新奇思想。实则今日之中国人，其问题不在选择某种思想，而在能否思想一点。我人能思想，则不必选择思想，必能对中国之问题，作清楚之分析，故我人时时刻刻应有思想。善思想者，处处能见其思想之痕迹。然中国人做事，以公事论，往往成篇大文，而内容极不清楚。以做事论，亦少能将事之周围安排周密，此为太少用思想之故。所以今后每人应练习其思想，使遇一问题，即能分析清楚，而求其适应之方法。

以上五点，应从我人生活根本加以纠正。国难当前，我人应以国家社会应做之事，作为我人之要求。交通部负有解决中国交通问题之责任，何者为我人之要求？整个国家之交通运输，通信之便利，为我人之要求，及我人之责任。如将此种责任心提出，则刚才所谓苟安偷生等习惯，自然消灭。而良好之精神，亦即于焉培养完成。

《西南公路》1939年8月14日、21日第52、53期

改良木船的四大意义^①

（1939 年 9 月 24 日）

今天木船在此地举行下水典礼，只有两只，每只只有六十吨，可是中央核定本年度制造木船数量，是三百二十只，共计七千六百四十四吨。此次下水的两只，可以说是代表三百二十只，代表七千六百四十四吨，并且这次的意义，非常的重大，约有数端：

第一，表现抗战运输的意义

当七七抗战之初，轮船、火车种种交通工具，应有尽有，尚未被敌破坏。全部铁路火车，每天至少要开到百列车以上，总其运输量至少要在万吨以下。以轮船论，大型江轮及海轮至少各有二十只以上，海轮每只可载重一二千吨至三四千吨，江轮每只可载重数百吨至于一二千吨。故各处军民运输方面，虽觉频繁，尚可供应需要。由京到汉以后，敌人侵入长江，航线已经缩短，江海各轮，有征充阻塞之用及未能驶至上游者，船只亦大为减少。至于各处铁路有全被敌占领或被敌切断者，关于运输方面，殊觉感受困难。此时尚有几条铁路和少数轮船，供其需要，但湘西常德以上，湘南衡阳以上，均不便通轮，全赖木船。宜昌至重庆虽通轮船，但装载量不大，而堆积宜昌亟待运输之重要器材数量甚巨，于是始想到利用木船装运，以补轮运所不及。在武汉撤退时，运湘器材，约有四五万吨，运川货物约十万吨，除轮船装运外，发动了大批木船，单以宜渝一

---

① 该文是作者在 1939 年 9 月 24 日交通部汉口航政局监造四川省改良木船在北碚举行下水典礼上的演讲。

段,所雇用之木船,计先后数约二千只,更得了木船很大的帮助。

自汉口撤退后,铁路益少,航线益短,中央乃召集交通会议,决议设法增进水陆运输,除陆路利用驮运板车外,筹拨建设专款,贷与航商制造大量木船,由交通部汉口航政局负责监造四川木船事宜。本年春间开始筹备,调查、设计、购料及训练工人,中间经过种种困难,单是动员全川各地制造木船的工人数约两千余人,把他们集中起来,才有今日的成功。故此次新造木船下水试航,不仅表现在抗战期内解决运输困难的意义,并且可以表现总动员的精神。

第二,表现建国运动的精神

抗战以前,各处企业家多以为四川处境困难,不愿来川投资开发。现在迁川工厂约一百二十家,泰半复工。所有大银行均已迁来,在从前希望开发西南,非数十年不能做到,现在一二年内,居然已有了相当的成绩,这实在足以表现建国的精神。因为如此,所以四川各项产业都向前突飞猛进。以农产品而论,据农业实验所报告,从前射洪三台地方曾种美棉,不知改进,遂致失败。该所从南京、徐州、河南、陕西等地先后运来美棉纯种,逐渐推广,今年散给农民播种约十万亩,明年或可增至五十万亩。从前吾国之丝,以江浙两省占主要地位。现因抗战关系,许多技术人才集中四川,今年出种六十万张,明年可出八十万张,今年产丝五千担,明年可产七千担,希望将来每年产四万担到八万担。说到小麦,以金陵大学农学院二九〇五的种子为最良,二十五年才到川试种,结果甚佳,比本地种产量可增百分之十及至二十。今年种有四万亩,如照应有发展效率计,明年约可增至二百万亩。此就种子之改良而言,至于水利关系增加产量更大,现在所有全国各处水利机关,均已入川,本省河流均已分别测量,次第疏浚,关于农田水利工程,亦能兼筹并顾。此外农村所缺乏的是法币,而农本局及其他银行复给与大量贷款,可以购买牲畜、肥料,结果将来年年都有丰收的希望。本年各省丰收,粮食过剩跌价,农民发生恐慌,所谓谷贱伤农,细考此中原因,大半由于运输困难,各地粮食不易输出流通之故。要想解决内地山乡运输问题,专靠汽车轮船不成功,非制造大量木船不可。就是沿江通商口岸轮船运输最便利的地方,也有需要大批木船的。有一年我往东北到大连考察,问及当地粮食输出,每天有一万吨输出量,以重庆普通轮船每只载二百吨计,也非五十只不可。有人顾虑将来战事结束后,木船有过剩或被淘汰之虞,如上述农产品将来大量增加的希望,还有各地正在开发的矿产,如綦江煤铁之类,不是目前所造三百二十只木船能够应付运输的,将来或许再加十倍,恐怕也有不能解决的时候,推而至于湘西及广西等处,现在以及将来需要木船,恐怕也像四川这样迫切。由此可以证明制造木船,不仅在战时需要它,就是战后,只要建国成功,产业发达,更需要大批木船了。所以这次制造木船,建国的前途上亦表现伟大的意义。

第三,表现制造技术的进步

就造船技术言,世界上造船进化,先有独木船(现在松花江还有),经过几千年才有今日各种形式的木船,可惜进步太慢,至十八世纪才有轮船,到现在始有近代化的使用动力的轮船。不但应由木船进化到轮船,木船本身亦应进化。去年利用木船运输,发现种种劣点,于是才有今日改造。当初木船帮还怀疑,现在大家才相信确比旧式的好,这可以说代表技术上进步的意义。目前世界上不仅技术进步最快,即建国的成功,也比从前迅速。如美国建国至今约有一百五十年,日本六七十年,苏俄革命后仅二十余年,我国国力恢复不过十余年。其各项事业之进步,殊堪惊人。这种种建国成功的迅捷,与技术进步上有互为因果的关系。十九年我在上海参观德国某洋行最新式柴油机器,买一对来试用。过数个月后,某洋行邀我再到该行样子间去看看,我说:"前次已经买了。"他说:"不是从前那个机器样子,他的小弟已经出来了,是另一副新式的样子。"数月后,又邀我去看再经改良的式样,可见他们对于技术方面,时时刻刻想法改良进步。嗣询我国几家制造柴油机工厂,何不设法改良。据云:"购买者不愿买新的,所以未加改良。"这也许是一种原因,技术守成的惰性,是一种更大的原因。特举此故事,以见我国技术的进步太慢,还有许多技术人才,专注意大工程,不注意小的,便不屑改良土法造的东西,要知土法造的东西使用最普遍,所以今后我们不仅对于土法制的水运工具,要设法改良,对于其他交通工具,都希望设法改良,便利大众使用。今天举行木船下水试航,可以表现制造木船技术进步的成功,希望把这种精神扩大起来,也许不出数月,再有新式改良木船出来,推而至于其他事业均能如此,那么我们建国必成,更属无可怀疑的事了。

第四,表现政府新颖的态度

记得从前我幼时读书,有一篇解释官的文章说:"官者管人者。"现在知道官的意义,应是替老百姓服务,所以研究数十年来为官的态度,约可分为三个时期:第一时期专替个人想办法;第二时期专替机关想办法;第三时期替管辖范围的老百姓想办法。以造木船说,现在机关既需要大批木船,不自造自运,而把巨款贷与航商制造营运,政府如需要此项木船,仍需要出资雇用,这可以说是彻底替老百姓想办法。不过一般人还怀疑,以为从来没有这样好的一回事,或许将来要运公物,没法付运费,于是大家相率裹足不前。嗣经多方开导,大家才明了才相信,所以替人家想办法,有时还会叫人家怀疑。即如本人在四川建设厅任内,免费散发优良蚕种与民间,有的吓得把桑树砍了,恐怕抽税,有的领取蚕种,所具姓名,都是假的。后来知道不要分文,真是为他们设法的,一到秋季,都争先恐后来登记,以此来证明将来一般船户知道政府态度与从前不同,知道这种造船的好处,都要来借款造船,恐怕航政局以后快要应接不暇了。可见只要真心替老百姓想办法,他们自然会相信,将来自然会有去找政府替他们想办法的时候。现在丹麦国家就是这样,世人均知丹麦农村合作社发达,可是老百姓如欲组织合作社,都去请政府替他们想办法,替他们派人。所以上下一致努力,各项事业都有进步。目前航政局所造木船及绞滩工程,可以说彻底为老百姓想办法,我想不论哪一机关,哪一件事,都应如是,并且希望要尽量发挥这种精神,将来有用民力之处,人民自然乐意报效国家。这次新造木船下水试航,可以表现政府对于老百姓新的态度。

今天新造木船下水只有两只,可以表现出四种伟大的意义。各位在这简单下水试航典礼当中,对于战时木船运输的功能和效率,应满怀着莫大的希望,无限的兴奋!

《抗战与交通》1939 年 10 月 16 日第 27、28 期合刊

怎样唤起我们的精神

（1939 年 11 月 1 日）

今天想和各位讲《怎样唤起我们的精神》。什么叫做精神？精神是抽象的，看不见也捉摸不着的。所以一定要先从精神的基础讲起。

我们从现代整个世界趋势看，知道现代整个世界，是物质的世界。没有物质，精神就无从附丽。这意思就是说精神的基础必须放在物质上。每个国家一定要有大量的兵舰、飞机、大炮、坦克车，这是属于物质的；每一个国家需要很多矿山、矿产品，农场、农产品。工厂、工业制造品，商场、商品，道路和交通工具等，这都是属于物质的。研究自然科学，绝对要有物质的设备，一定要有实验室，化学的设备；研究社会科学，也一定要有实验室，物质的设备。凡现代的一切，离开物质，就没有精神。就人说，人就是物质的，同时人也需要许多物质，才能维持我们的生命。我们生活上的需要，不仅仅是一点物质上的报酬，不仅仅是要求穿好的，吃好的，住好的，也要求怎样保障我们民族的生命，怎样建设庞大的海陆空军，怎样供给我们一切生活的需要，怎样建设矿山、农场、工厂、火车、轮船等。这种物质的要求，是精神当中必须有而不可或缺的。所以，物质是精神的第一个基础。

然则，物质从何处取得呢？今天我们绝对缺乏最强的海陆空军，绝对缺乏矿山、工厂、农场和一切物质上的东西是事实。可是，我们可开的矿产，可耕的田地多得很，即是地下地上的生产多得很，尽够我们建设强有力的国防和满足我们一切物质的需要。不过我们没有去开发就是了。像我们失了东北四省的

789

广大,还有三分之二土地没有开发。即就已开发的地亩说,在四川每亩仅可产甘蔗四十担,世界标准产量每亩约为一百五十担。这显示我们尚有地亩未尽开发或尚有地力未能用尽。我们的工业更不够,简直不能看到我们有几个大的工厂。无论重工业如钢铁工业、机器工业,轻工业如陶瓷、纺织等工业,都太不够。所以生产力量薄弱,物质感到异常的饥渴。但是,这些物质中国并不缺乏,无论农产、矿产,地上地下都有,并不稀奇,与其他现代国家比,只有种类和数量的不同罢了。我们的物质绝不缺乏,但是缺乏了技术。要把未开发的物质开发起来,必须要有技术。把原料制造为成品,也要技术。制造机器需要技术,使用机器,亦需要技术。有人羡慕美国人,一个人能使用机器达二百六十种,我们则没有,我们没有机器使用,我们更没有使用机器的技术。有一位化学家侯德榜先生从美国回来,他看见美国乡间的汽车不断在路上驶行,他很诧异这许多汽车是从哪里来的。以后他又到福特汽车厂去参观,见到每辆汽车的零件,都是每个专门机器造的,零件造好后,输送到装配部分去装配,直到最后一个装配部分,汽车就完成,这样继续不断的有完成的汽车送出厂。他又诧异,这大量生产的汽车到哪里去了呢?美国汽车之多,平均不到四个人即有一部汽车,大家都会自己驾驶汽车。他们驾驶汽车的技术,和我们吃饭时拿筷子一样的平凡,真算不得一回事。中国受过教育的人的技术,恐怕除吃饭用筷,写字用笔,走路用脚外,再也没有其他的技术了。所以中国非但物质贫穷,连我们的技术也太贫穷。我们虽有物质,但因没有技术,物质就不会给我们享用。所以技术是精神的第二个基础。

第三要有组织。非但人群要有组织,个人也要有组织。我曾经和各位讲过,中国人不但一群人是一盘散沙,就是一个人,也是一盘散沙。请各位试问自己,是不是行动集中一个事业上?是不是行动放在一个秩序上?我知道很多人的行动是从一时的高兴和偶然的感想产生的,没有系统的目的。他时刻在变更他的问题,随心所欲,想到哪样,就是哪样,就干哪样,这就是个人没有组织的表征。如果一个人的行动有秩序,吃饭睡觉就应该有一定的时间,但这两件简单的事,中国人就弄不好的。因之,中国人去到旁的任何国家去会感到不自由。因为在旁的国家，吃饭、睡觉的时间很有规律。过了吃饭时间，馆子就关了门，吃不着饭。睡觉时间又不睡觉，还在高声谈笑，警察就会来干涉你。中国人则完全相反，任何时间都可以进馆子吃饭，夜半还可打牌，还可闹一个通宵达旦。从这一点看来，中国人非但群众没有秩序，就是个人也没有秩序，不是假的。所谓组织就是秩序，我们吃饭、睡觉尚且没有秩序，旁的更不消说了。除吃饭睡觉之外，我们感有趣味的生活应是游戏。世界上的人都讲游戏的，但有一句格言：工作时候工作，游戏时候游戏，必须注意到时候决不可工作时候游戏，或游戏时候去工作的。中国人往往什么时候都可游戏，赌钱的人，动辄整天整夜。办公时候不到办公室，到了办公室却谈天。不要有时候，不要有秩序。在外国则不然，去在公园里不到玩的时候，没有人去玩。运动场不到运动的时候，没有人去运动。电影院不到玩的时候是关了门的。再说读书人最重视的生活是读书，大家知道整个世界上的人，在今天都需要读书的，旁的国家，都办有统计，晓得好多人读了书，或好多人读到什么程度。最进化的国家，是没有一个人不读书的了。所以读书的时候，必须读书。每天工作之后的休闲时间，务必抽一部分时间出来读书。学龄期间应该读书，工作之余也应该读书。生意界最发达的事业图书馆，每天总有几个几个钟头开放着，有很多人在里面图书。我也盼望我们的图书馆，和外国一样的发达，尤其要像电影院、戏院一样的发达。再说工作，更应该有秩序。在外国游憩都有秩序。无论电影院、戏院，进去时不挤不拥，看毕电影鱼贯而出，秩序井然。如果是有组织的活动，更要有秩序，依着秩序活动。假定有一个人不守秩序，一定会影响到全体，足球、篮球都是证明。工作则更不待说，更要有秩序。因为每个人做着不同的事，合起来方成一套。绝对不允许有一个人不守秩序的。就打锣打鼓说，如果有一个人打错一槌，会被满场哄笑起来。办事却常常打错一槌，或竟然槌槌打错，结果都不良好。这可证明个人行动对于团体关系的重要。现代社会的力量，都表现在组织上，中华民族是最大的集团，如果能够密切地组织起来，在世界上是个最大的不可侮的力量。所以组织是精神的第三个基础。

最后，最高的精神作用，便是最高的理想。我感觉一般人太缺乏精神了，不但是萎靡不振,而且精神上一点东西没有。我们不但物质的粮食缺乏,而且精神上的培养也太不够了。今日的整个世界,不仅在物质的笼罩当中,亦在精神的笼罩当中。每个进化的国家,都有他们整个的要求,愈进化的国家,愈能使他们的要求明朗化、具体化,成为他们整个国民最高的理想。中华民族最高的理想是三民主义,大家是公认的。但问三民主义的具体方案是什么? 一定有许多人回答不出,许多人的头脑中只装有三民主义的名词,没有三民主义的理想。中国人的缺乏理想,也可想见了。要知道一个现代的人是富于理想的。就国家说,有整个国家伟大的将来的理想。就事业说,参加某种事业,亦必须有对于某种事业的理想。好比一个医生,参加一个医院的工作。他的理想,应是怎样使医药设备完整,怎样解除求诊者的病厄,怎样发展医院使能适应求诊者的需要。就交通事业说,也应该有对于交通事业的理想,如何运用我们的运输力量,沟通各地的农产品、矿产品和工业制造品,加速我们的文化传播,加强我们的国防力量。再就民生公司的航业说,也要有整个理想,如何使我们的航业由内河扩展到沿海,乃至于远洋,使国内外到处看到我们的轮船。如何设备各埠的码头、趸船、仓库,如何提高我们的技术水准和改善我们的管理方法,这是我们对于自己事业应有的理想。美国有一个钢铁大王,他说:我要不做事则已,要做就要做出世界上第一的好。人人做事,都要确立这种理想。一个人在事业里,一个事业在国家里,一个国家在世界里,均应要求做到第一的好。我们应该有具体的好的理想,而且控制着我们的行动,在一个秩序上去实现它。

我们已经讲过了精神的基础,第一是物质,第二是技术,第三是组织,最后就是要有最高的理想去支配物质、技术和组织,然后可以经营好一桩事业,建设好一个国家。

现在就民生公司诸桩事业说,在五三、五四轰炸后,我们精神上有很大的损失。敌机多次的轰炸,毁坏我们的物质很少,但是摧毁我们的精神却很大。后来公司的主干人,每天开会讨论,如何解决安全的问题,如何恢复工作的秩序,直到今天才算勉强恢复秩序了。我们的安全保障,诚要有可靠的办法。敌机一来就跑,却不是办法。鲁敦道夫《全民战争》①一书当中有一段说:战争第一需有足以抵御敌人火力的火力,第二需有足以抵御敌人火力的防御工事。我们抵御敌机的坚固工事是防空洞,是整个石层下面的防空洞,绝不是跑。在那《全民战争》一书里,决没有说到跑是抵御敌人的方法。我们绝不应该用跑来作抵御敌机的方法。任你跑到什么地方,其不安全仍与重庆城里一样。最初认为重庆城里危险,跑到化龙桥、小龙坎一带应较安全,后来轰炸却到化龙桥、小龙坎一带了。最初认为重庆危险,跑到泸县、叙府、嘉定一带安全,后来轰炸却到泸县、叙府、嘉定一带了。这可证明跑到任何地方都不安全,只有在坚固的防空洞下才安全。公司先后由专人负责指导开凿有五处防空洞,模范市场一处,千斯门一处,滩盘一处,施家河一处,老君洞一处,民生厂尚有更大的防空工厂,在重庆工作的朋友,才算得到了安全的保障。盼望大家恢复工作的秩序,尤其是恢复工作的精神,如像五三轰炸以前一样。今天以后,敌机绝不会再将吾们的精神轰炸掉了。我们白天办事和夜晚睡觉的地方,都有我们的防空洞,白天可以安心办事,夜晚可以安心睡觉了。有警报来,然后从容走到防空洞去,一切不用顾虑。在抗战期间,国家一切都是进步的,比我们的事业进步还快。过去重庆防空情报不够,因为整个防空的进步,现在在敌机到万县以前,到宜昌以前,乃至在汉口起飞时,我们就可得到情报了,已经有充裕的时间给我们走进防空洞。有这可靠的物质基础,应是我们精神上的最大安慰,应影响到我们工作上去。

重庆市档案馆藏档案

---

① 鲁敦道夫又译鲁登道夫,德国元帅,1935 年出版《全民战争》(又译《全民族战争论》或《总体战》)。

本部同人应有的理想和抱负[①]

（1939 年 11 月 6 日）

铁路进步已多还须全体同人继续努力

今天想提出来说的,是交通部同人对于交通事业应有的理想和抱负。抗战以来,交通界对于国家负了很大的任务,也尽过很大的责任,有过很大的贡献。譬如粤汉铁路在战前每天只能开驶几次列车。抗战以后,渐渐增加到九次,最多的时候到过十二次,这是因抗战而得到的进步。关于陇海铁路方面,在徐州会战的时候,也发挥了很大的效能。徐州失守后,敌人本想从皖北一带抄袭到汉口。可是因为黄河决口,把敌人阻止了。于是敌人从长江方面,进攻我们的南昌和汉口。那时候我们的军队,都在陇海线上,还有一部分在后方,一部分在粤汉南段,急于要调动到粤汉路的北段和浙赣路的西段,都需要铁路来担负重大的任务,那时候总算发挥了它的运输能力。一个多月间军用车的开行,达二百五十列以上。在徐州失守以后,汉口万分紧迫的时候,幸而还有几段铁路,才能调动军队,阻止敌人,在汉口支持了几个月之久。还有我们的军需品,都从香港进口,从广九、粤汉两路,运输到前方和内地,数量相当的大。广九、粤汉两路,从来没有承受过这样大的运输数量。所有列车、机车、岔道、电报、电话等设备,都感到不够。然而每天进口的运输量,最高的时候居然可以达到两千吨以上。因为那时候有大量的运输,所以我们的军需品,至今还能够维持,这都是铁路方面的功效。

---

① 在交通部第六次国民月会上的讲演。

在最初我们从一个地方撤退的时候,往往遗留许多的物质,像南京退却的时候,我们遗留的东西最多了。到徐州退却的时候,已经较为减少。等到汉口退却,我们能把所有的东西,统统的运完。这是显然的,铁路、公路、水路以至于航空都进步了。从前在一块地方沦陷的时候,往往把一切交通设备,遗留给敌人。后来就不然了,要到沦陷的时候,我们就把铁路拆去。现在呢,在没有沦陷的时候,我们就拆走了。把拆下来的材料,用到后方来修铁路。在前方拆一公里的铁路,就在后方造一公里铁路,总之使敌人没有一点可以利用。而我们却得到利用,最初不过是没有车辆,后来钢轨也没有了,再后来连路基都没有了,我们已经把它铲平恢复原来的农田状态了。这也是显然的进步。我们的铁路办得成绩最好的最初是南浔路,但是还有未能运完的钢轨,其后湘黔铁路的撤除,比较进步了,简直一点东西都不留。像这种种的进步,还是不够的,这还是在敌人压迫之下的动作,我们要发挥我们自己的进步,要有自动的精神。交通道路和交通工具应该如何合理的建设? 运输能力如何增高? 以往缺点如何补救? 这都要用科学的方法,在事先充分的研究,等到敌人来的时候,我们一切都准备好了。

公路困难重重必须上下内外一致奋斗

公路方面,要抗战以前,我们的公路,已经相当的多,可是也相当的坏。那时候在路上走的汽车很少,其数目或不及坏在路旁的汽车多。战事刚起的时候,大量的运输,有铁路和水道来担任,所以汽车路的困难,还没有见到。那时候对于铁路和水道不能利用的时候的困难还没有看到。就四川而论,全省一百几十辆汽车,以前因有水道的关系,需用并不十分大,并没有想到现在的困难,抗战刚发生的时候,还有一部分集中到上海一带去,并未十分感觉后方的恐慌。等到汉口、广州沦陷,我们的国际运输由东南转到西南,由铁路转到公路,问题之严重,立即显著。现在西南各省汽车的数量,已经大量增加。只就渝筑而论,每日常有汽车五十到一百辆去去来来,此后还有增加的可能,这固然是进步,但是还不够,因为我们现在所能行驶的汽车,只有全数的百分之三十几,其效率异常低,还有百分之六十几,是坏在路旁,或停在厂里,我们应该想法提高效率到百分之八九十都能行驶才合我们的理想。在退出南京的时候,并未料到,西南各省的公路方面,有如此大量运输,那时候仅决定拿五百万元的经费,作为整个西南公路和汽车的全部建设,到后来才觉得,这个数目是不够的,去年开交通会议的时候,才决定用几千万元来建设,作进一步的建设!

同人应有整个的抱负对国家尽其责任

交通部同人,应该有整个的抱负。路、电、邮、航空各部门,时时刻刻要有进一步和退一步的计划和准备。军事失利以后,应该怎样? 军事胜利以后,应该怎样? 事先都要计划好,不仅是计划,而且要准备好。应当和军事、经济、政治各机关,时时刻刻取得密切的联络,以协助军事、经济、政治各方取得胜利。一切运输和通信的责任都要我们整个的负担下,即是来要求我们的。铁路、公路、航路、航空、电报、电话和邮政的,交通部都负担起来,即是要今天在座的同人负担起来。

我们应该问清整个国家各方面的需要,来准备交通方面必要的设施。这是每一个司厅处应有的责任,我们的工作不仅在应付公文,还有自发的精神,来恪尽我们对于抗战建国的伟大使命。我们要和军政部、军令部、后方勤务部、经济部等有关系的机关,切取联络,知道他们的布置和对交通的需要。我们要把周围的需要做起图表来,放在我们的案头,列出计划,去与周围商洽,去逐步设施,适应周围需要。我们要凭交通的力量,将整个国家的建设联系起来,配合起来。我们要凭本部的力量,将各种不同的交通工具建设起来,配合起来。这才算是完成了对于交通的责任,对于国家的责任。假使我们能够这样积极的工作,我们对于工作也可以感到兴趣。每次公报的时候,各司处的报告,都是进步的消息,使我们增加信念,凡有了问题便会有办法,有了办法便会有行动,有了行动便会有结果。这是我们应该共有的理想和抱负,交通部是含建设性质的机关,要把公文的应付减到最低的限度;把计划和行动,提到最高的程度,才能看到更大的进步。不但我们应具这种精神,还要把这种精神普遍到各方面,推动到各个附属机关里去。

《抗战与交通》1940 年 1 月 1 日第 33 期

新闻事业与社会运动①

（1939 年 12 月 1 日）

今天在座的都是新闻同业,我们就来谈谈新闻事业。新闻事业是创造社会运动的中心力量,它有宣传的武器,当某种新办法提出后,报纸就可以造成一种运动,使人对这新办法了解,对之发生浓厚的兴趣,同样还要使它成为一种实际的行动,这样实现出来的办法,才有效果。

新闻记者要采访政治消息,并要对于政治有彻底的了解,要和政治上的人物周旋,可以提供意见,采访经济、教育、文化、交通、生产建设等消息,亦都如此。举例来说,我从前做新闻记者的时候,当得到省参议会开会的消息,就设法与各县的省议员通信,先提出关于各地的烟、匪、教育等情形,征询他们的意见,等他们到了成都,首先去拜访,问他们准备提出的问题是什么,讨论的事项有哪些,及知道了他们的态度主张之后,再和政治上的负责人征求意见,来决定报纸的主张,这样言论就比较正确、周到,可以得到社会上多数人的采纳,以前反对省议员加薪问题,就因为言论的包围而罢!

又如以前开劝业会时,当省府决定后,我们即通函到各县,询问准备参加的出品种类及特产的制造过程,并可以提供意见,要他们如何陈列,提高他们的兴趣。这样的结果,不特可以得到许多消息,同时也得到了各地的物产知识。又如当省视学员出发之前,新闻记者应去前往交换意见,问他们视察的地

---

① 在《新民报》社举行的国民月会上的讲演。

方,留意的问题,请他们经常通信,以便提供许多实际教育问题的解决。所以我们要把什么人都视为我们的对象,把他们当为我们的新闻记者。新闻记者的任务,即在处处利用环境,创造环境,譬如国家需要什么,抗战中需要什么,新闻记者即有力量去创造起这种运动来适应它,使它成功为这种事业的中心。

再就新闻事业本身说,如印刷就是个工场管理,广告发行就是个商店营业,编辑就是文化事业,报馆的图书也可以使它丰富完善,供各方之参考。如要报纸输送的便利,即可与交通机关如何切取联络,要用纸的方便,即可与纸厂合力经营。总之,新闻事业是随处可以影响社会的周围,换言之,即随处都可以创造事业,成为社会运动的中心,但中国有个坏的毛病,总以为主持者才是负责人,不是大家的事。

我们应当个个人都是中心,每一个人有每一个人的工作,那每一个人每一个工作即须变成功一个事业的中心,这样,自能共同创造有力量的运动,希望《新民报》以小型报创造最大的力量,为社会上的中心力量。

《新民报》1939 年 12 月 2 日

怎样组织青年服务社

(1939 年 12 月 1 日)

怎样组织青年服务社？这是一个值得深切研究的问题。因为一个青年服务社成立以后，必须有社会服务工作表现在社会上，必须有"有实效的可以取得社会信仰的社会服务工作"。表现在社会上，必须有若干职员及社员担当社会服务工作，必须有若干职员及社员力能担当社会服务工作使能发生实效。因此，我们必须注意并努力于青年服务社成立以前，研究怎样组织青年服务社，以积极完成若干准备工作。无疑的，青年服务社成立前，必须有一相当筹备时间，调查所在地的人民，大多数是任哪一种工作的和过哪一等生活的？他们最感缺乏的，最感迫切需要的，最希望我们帮助的是什么？

假定那里是一个纯粹的农村，十有八九都是农人，过着非常简单的生活，他们最感困难的是农产品正在生长期，缺乏资金周转，最需要的是在这时候有低利贷款贷给他们，最需要的是农村信用合作社的组织，我们就得联络合作机关去帮助他们如何组织合作社，如何取得贷款，以资周转。他们最感困难的是天旱不雨，稻田无水，最需要的是完成水利工程，我们就得联络水利机关去帮助他们，如何做水利的测量、计划、贷取款项、开工建筑，短期完成。他们最感困难的是猪牛瘟疫夏令盛行，最需要的是如何救治，如何预防，我们就得联络农事机关或家畜保育机关去替他们谋预防，救治，并谋家畜保险的组织。他们最感困难的是目不识字或没有科学的常识，没有新的技术，不能增进他们的生产效率，不能应付一切自然灾害，最需要的是教育，尤其是与他们的生活有关的教育,我们就得联络教育机关去替他们办理补习学校,使他们接受实际的技术和各种常识的课程。

假定那里是一个工业的社会,大多数都是工人,他们最感缺乏的是日常需要品,从市场购买不便利,我们就得联络合作机关去替他们组织消费合作社。假如他们是靠手工业家庭工业生活的,例如织布,每家都可以有织布机,最感困难的是购买原料和推销布匹,染色准备和布匹整理,我们就得联络合作机关去替他们组织生产合作社,替他们购买原料或推销布匹,替他们作染色准备或布匹整理。同时他们最缺乏的是休闲时间的娱乐机会,我们就得供给他们以公共活动的地方和设备,让他们有参加运动、音乐、社交和旅行的机会,欣赏戏剧、电影和游览公园或名胜的机会。他们最感需要的是简单数字的计算,简单绘图或英文名词的使用,我们就得去替他们办补习学校,教他们必要的算术、几何画或英文。

假定那里是一个交通中心的地方,有密集的贫穷人家或甚多的苦力,他们最感缺乏的是食宿供给,我们就得替他们准备食堂和宿舍。他们最缺乏的是公共卫生的设备和管理,我们就得联络卫生机关替他们办理医院,提倡种痘、防疫,改良厕所和沟道,发起清洁运动。

假定那里是一个文化区域,是一群学校所在地,或有无数青年集中,最缺乏的是图书、文具、广大的会堂、运动场、音乐演奏台、电影院、戏院、食堂和宿舍,我们就得替他们作这种的准备。

要之,我们事前必须调查成立青年服务社的社会环境,是哪一类的社会?大多数人是任哪一类工作的或过哪一等生活的?他们有什么样的需要,我们才能作什么样的供给。我们应为大多数的人群服务,应有很显明的大多数人群作我们服务的对象。我们必须解决所在地的人群共同感有的问题,必须使我们服务的事项发生效力,必须使我们服务的工作表现成绩,使我们表现的成绩人人都能认识,由认识而起信心和同情,而协助我们,依着我们的要求行动起来,进一步加入我们的服务团体工作起来——这样,才算达到了我们服务的目的。

我们调查清楚了一个社会里面大多数人的实际需要,使立刻适应着他们的实际需要,决定服务事项,进一步联络专管机关或该项专门事业或该项专门人才,拟具计划,依据计划,拟具预算,报经上级机关核定后,便开始一切准备工作。服务社内部的工作人员尤其要找有技术的人,而且还应当予以必要的训练。此外,服务社所需要的地址也应当选择,需要的房屋应开始建造或即租定,需要的工具和材料妥为设置,一切准备都完成了,于是青年服务社宣告成立,开始服务——开始为大多数人服务。

我们绝不由想象决定服务事项,而必须根据实际调查,确立服务计划;绝不将人们偶然需要帮助的事项作为我们主要的服务事项,而必须以大多数人最迫切的需要为对象。我们绝不坐在服务社等待周围的人们来寻求我们帮助,而必须去寻求周围待我们帮助的人们,向他们宣传,运动他们接受我们的帮助。不仅使每一个接受我们帮助的人们得了好处,尤其需要解决社会公共的问题,使整个社会发生变动。我们不仅是自己为着接受我们帮助的人行动,并且要使接受我们帮助的人共同行动。我们绝不凭藉自己的聪明来解决问题,而是要设法使一切服务工作求其技术化,同时联络专管机关或该项专门事业或该项专门人才,请其主持或请其协助进行。如此才能发挥我们服务的力量,使工作效果能显著到社会上,才能于直接服务社会以外,发生更深切的影响给予社会。

因为我们服务的目的不仅在帮助个人,而且还要帮助社会,解决当前社会的问题,乃至逐渐扩广,帮助解决当前国家的问题。故不仅一个青年服务社应注意到该社所在的社会里面的需要,我们负领导责任的同志,尤当注意到整个国家共同的需要,以寻求各地青年服务社共同努力的径向。所以,调查、考察、计划与联络等筹备工作,是各地青年服务社成立以前,特别应当注意的事情。

《中国青年》1939 年 12 月 1 日第 1 卷第 5、6 期合刊

人人应明了交通设施之实况^①

（1939 年 12 月 11 日）

　　抗战建国的过程中,交通建设是扫除一切障碍的先头部队,是整个国家战时体系中最重要的一环。在交通界服务的人员,对于发展交通,推进抗建的工作,更不可不有深切的体会,而全国国民对于交通建设的关系重要,尤其不可不有切实的认识和热烈的援助,在今天已受教育的每一个国民,都应该认识整个国家的交通状况。怎样去使他们认识呢? 这就靠服务交通的人员来负责介绍。譬如我国的交通建设,现已进展到如何程度? 铁路有多少公里? 公路有多少公里? 它对于整个国家民族的前途关系如何? 先要自己认识清楚,然后将认识所得,去对外宣传。第一,我们应认识交通线路和交通工具的历史和现状。记得在民国二十三年的时候,本人因工作关系,时常往来上海、南京之间,那时候正在同时兴筑的,共有七条铁路:第一条是粤汉铁路的完成;第二条是陇海铁路展长到西安;第三条是玉萍铁路的建筑;第四条是沪杭甬铁路杭甬段的开工;第五条是江南铁路南京到芜湖段的建筑;第六条是山西省建筑的同蒲铁路;第七条是和同蒲平行的同成铁路。这些,都是本人从各方打听和接洽中偶然得到的消息。问起许多交通界的人,没有能详细知道的。教育界的人,也没有能详细知道的。新闻界的人,没有能详细知道的。这显然是宣传不够,像

---

　　① 该文是卢作孚于 1939 年 12 月 11 日在国民政府交通部举行的孙中山纪念周会上的讲演。

802

这样重要的铁路建筑，国民都没有知道，不仅是国民不知道，连职司教育的教育界也不知道，从事宣传的新闻界也不知道，甚至切身有关的交通界也不知道。虽当时的铁道部本身固知道得很清楚，但是还得要把它介绍出来，让人人知道。

去年在汉口的时候，曾经看敌人公布出来的情报，据他们统计，我们的十五条铁路，有十条又两段已经给他们占领了。其中北宁占多少公里，平绥占多少公里，正太占多少公里，同蒲占多少公里，津蒲占多少公里，胶济占多少公里，京沪占多少公里，沪杭甬占多少公里，江南占多少公里，淮南占多少公里，以上是全占的，还有部分占领的，如平汉北段多少公里，陇海东段多少公里，他们都列了一个详细的表。像这些情形，都是我们极应明了的，却不能够让敌人方面来宣传。我们截至今日为止，新的铁路完成了多少公里，旧的铁路还保持有多少公里，已经拆去的有多少公里，不仅是本部全体同人都应该知道，知道了还不够，应该把它介绍出去，使全体国民，都能了解，然后可以望他来辅助我们解决交通上的种种问题。

关于运输的能力，也是大家应该知道的。本人在民国十九年的时候，到东三省去调查，经过大连，一个管理埠头的日本人谈起，民国十八年东北方面在大连的出口货是七百七十万吨，进口货是一百五十万吨，出口货中煤占三百六十万吨，大豆约占一百五十万吨，豆油十二万吨，豆饼九十余万吨，高粱约五十多万吨，以粮食燃料为大宗，从东北到大连，全靠南满铁路来输送，由此可知南满铁路平均每天至少有二万吨的运输力量。试想这一类情形，敌人方面在事务机关里一个事务人员，尚且知道得很详细。

我们呢，抗战以后为了军事运输的重要，对于运输力量，才感到有留心和估计的必要。最重要的粤汉铁路，每天可往来多少列车，能装多少货物，然后才知道每天的运输量最大不过二千几百吨，才感到问题的严重。还有在汉口撤退以后，我们才知道水运的力量，长江从汉口起到川江间的水运力量，自去年六月到今年五月，总数不过十万吨左右，其中本国轮船占八万几千吨，外关轮船占一万几千吨，每月平均不过八千吨；至于公路的运输力量，更是小，虽然正谋逐渐增加，但尚未到达水运的同等力量。

我国铁路建筑，大约可划分为三个时期，第一个时期是清朝末年；第二个时期是张作霖在东北的时代；第三个时期是国民政府迄今。关于第二个时期的东北铁路建筑，我们特别要注意，要知道东北的人口，本来很少，荒地却是很多，其所以能开发繁荣，全靠铁路。每年春季，有一百多万的移民，均靠铁路运送，开辟荒地，在此一百万人中间，往往有四五十万就留在垦殖的地点了。上面所说的大量出口货物，就是因为东北的人数逐渐增多，荒地逐渐开发，生产逐渐增加的缘故，所以东北每年都是出超的。因为交通的便利，铁路沿线，亦渐次繁荣。而中日不幸事件的发端，就为肇因铁路而起，一方面是为了我们在东北建筑了许多铁路，把南满铁路包围，沈海吉海在它东面，打通四洮在它的西面，使南满大受影响。而葫芦岛的建筑，更使大连商业上蒙受不利。因为我们北方的进出口货物，可以直接由葫芦岛进出，节省许多运费，——普通铁路运输和海洋运输的运价比例大约是七比一，于是敌人在交通上受到极大威胁。再就敌人方面来说，他们有所谓三路二港的政策，所谓三路，就是安东、吉会和南满干路；二港就是大连和清津。敌人要求吉会的建筑权，我们始终没有答应，敌人侵略的原因很多，这却是一个最大的主因。东北的开发繁荣，成功于铁路，敌人交涉上既然失败，所以用武力来争夺。我们要知道这次的战事，发动于九一八事变，而九一八事变的起因，是由于东北的交通。可见交通问题是何等样的重大，我们要把这些情形使各方面都知道，使全国国民都知道，然后才可以得到很大的人力、很大的财力来共同建设交通。抗战以来，交通建设的财源，时常发生困难，这也是因为大家并未明了过去种种情形，要是大家都知道，国难之起，由于交通，建国复兴，也将由于交通时，一定都肯出钱出力，以辅助交通建设的成就了。

本人因为在乡间有些事情，每隔数星期总得往北碚去一次，从前坐汽车去的时候，过了小龙坎以后，就没有什么街市，自从渝市五三轰炸以后，确定了迁建区域，半年之中，重庆到小龙坎以迄新桥一带，沿途断断续续的都是新房子，差不多重庆的市场，一直延长到了新桥。而且山洞、歌乐山、金刚坡、赖家桥、陈家桥等处,也成了热闹的市镇,这为什么呢? 我们可以看到每处都有一个汽车站、有邮局、有电话、有电报,交通工具都很完备,直接予人以种种方便,因此大家都乐于迁过去了。在那边开店的,不仅是本地人,差不多各地的人都有,这也是靠交通的便利。由此更坚信要繁荣市面,必需要交通。

本部对于交通上的种种设施,铁路、公路、电信、航空各方面的统计数目字,都应使大家知道,此外关于路线的变动,对于抗战的影响,亦应随时使人家明了注意,现时国际交通路线,大家也不大明了,美国大使为了要明了滇缅公路能否解决我们的战时交通问题,特地在这条路走了一趟,也是为要获取相当认识之故。总之,我们要取得各方面的同情,取得各方面的帮助,必须先使人家认识我们的实际情况,换言之,即交通建设的情况,我们不能怪人家不认识我们,只怪我们自己不介绍自己,不做宣传工作。

此次杨司长从桂林回来,据谓自南海失守以后,运输方面,已经有八十列车,从衡阳输送到前方。像这一类的交通运输情形,应该让人家知道,因为过去有人对湘桂铁路的建筑,有些批评,现在可以明了,此项大量运输,便是湘桂铁路所发挥的功能。诸如此类,我们能够使各方面多明了一点,即能获得各方面多一点的赞助。今后交通建设,经纬万端,我人应如何将工作实际情形,随时可能的普遍介绍于社会各阶层,以唤起他们的注意,以博取他们的同情,使进行上先能得到一个彼此呼应的联系作用,然后才能共同向多难兴邦的大道迈进。

《抗战与交通》1940 年 5 月 1 日第 39 期

新生活运动是一种什么运动

（1940 年 1 月 1 日）

　　新生活运动，是一种什么运动呢？可以说，新生活运动是一种生活变动的运动。中国几千年来，一盘散沙，毫无团结。因为中国以农为本，是一个农业国家，人事单纯，并不需要组织。现在要适应社会，复兴民族，应该由个人到集体。本来中国人算是最聪明的人类，但是两个相加在一处，便成了愚蠢。这就是说明中国人不能集体工作，有两个便有了摩擦，所以人愈多而力量愈弱，这是一般最显著的现象。我以为要实行新生活，首先要能集体生活，这一点最好大家一致倡导集体旅行和参观，以养成良好习惯，而成功一种集体运动的风气。我们知道丹麦的农业合作的运动，成效显著，而在出口上尤有巨量收获。他们的出口，以鸡蛋、牛乳、火腿、猪肉为大宗，他们精密的集体出产，来尽量达到迅速的地步，能做到伦敦的每一个人吃到丹麦的一星期内生产的新鲜鸡蛋，故能渐渐成为大规模的事业，所以今天需要由个人生活变到集体生活。

　　以固定农业为生活的人，思想一隅，不求进展，往往依赖遗产，或是依靠偶然的获得，生活有着，不生恐怖，便抱消极了，所以，过去生活不是积极而渐成惰废。现在要使民众生活积极，一方面在其本身的自觉，一方面还希望领导民众者，要有良好的方法，或利用替代的东西，如加紧工作，提倡训练，劳动服务等。正当的方式增多，而消极思想便可无形消除，一切力量自可增加，所以今天要由消极生活变到积极生活。

　　创造的人是不需要所谓"享受"二字的，在他创造环境中，便得到了愉快的成分。过去有人拿兽类来比喻说,第一代的人是牛,只工作不享有。第二代的人是猪,专享有不工作。第三代的人是鸡,吃了还要抓乱掉,所以争夺紊乱,无有止境。如今要反转过来过合理的生活,就是要大家做牛,社会才有办法,民族才能复兴,所以今天需要由享有生活变到创造生活。

过去社会是表现得没有秩序,没有组织,故一切不能走上正常的轨道。举一个小事来证明,以前的每年植树节,每人植一棵树苗,竖一块某人手植的木牌子,结果东一棵,西一棵,无人培养与保护,徒浪费了时间和人力。以前我在某地曾集中了当地公共团体和各学校的人,举行了一次集体秩序植树,收到了意外的效果,可见得事在人为,没有办不成功的事情,所以今天需要由无秩序生活变到有秩序生活。

新生活运动是变动人类旧有生活的一种大的运动!在这划时代的优胜劣败状况之下,每一个国民都应该对国家担负起这种新生活的任务,中国才不会亡。

《新运导报》1940 年 1 月 1 日第 24 期(总 64 期)

一段错误的经历[①]

（1940 年 2 月 15 日）

今年本人四十七岁,回想由十八岁起在社会上奋斗的历史,可以分为几段来说。最初是做教师与新闻记者,但其间又穿插其他工作,并不十分衔接。

教师应以活的学问教给学生

做教师的时代,是先教数学,后教国文。本人对于数学,极感兴趣,以为数学,不仅是数目字的学问,量的学问,同时可以训练我们的思想,使紊乱的思想,变为有条理、有次序、有系统的思想。所以惟一的施教方法,就是教学生如何去思想,并且如何把思想活用到数学上去。譬如四则,由加法起,一步一步都要使学生去思想,甲加乙为何等于乙加甲? 甲减乙加丙为何等于甲加丙减乙? 五乘三为何等于三乘五? 六乘三除以二为何等于六除以二再乘三? 它的原因何在? 必须都要明了,都要透彻。不但是知道如何做,而且要知道为何如此做。要做到这个地步,并不困难,只要告诉学生五个秘诀:(1)看清楚,(2)听清楚,(3)想清楚,(4)说清楚,(5)写清楚。这样,使数学上的一字一句,都弄得十分明了,十分透彻,不许有丝毫模糊,将来应用于做事,也能如此,自然是事半功倍。记得那时是在一旧制中学担任低年级数学,学生对于四则均极清楚,偶有问之于最高班次之学生,或瞠目不能答,因为他们学数学没有这样的可靠基础,试举一例:

---

① 1940 年 2 月 15 日在交通部讲习班演讲。

在宣统元年冬季，当时本人未满十七岁，曾去成都投考四川陆军测绘学堂插班生，与考者共七百余人。以年龄论，本人年纪最幼。以学识论，许多投考者皆为四川高等学堂或优级师范学堂或铁道学堂学生。私自忖度，定是名落孙山。但结果，录取四十名，而本人已名列其内，许多留学成都的老前辈倒没有名字。因此可知弄清楚之力量，最为可靠。

有一次记得是教"单位"，就以温度举例，温度有华氏、摄氏、列氏三种不同计算法，三种表的冰点各如何？沸点各如何？华氏化为摄氏或列氏如何计算？摄氏化为列氏或华氏如何计算？学校内有寒暑表，附近医院有体温表，染织厂有染色用的温度表，理化研究所有化验用的温度表，要他们课余去亲自观摩试测，大家觉得异常兴趣，果然个个去试验测量，结果发现一个学生温度太高，已患病了。

后来在一女学校教国文，当时不但教，并且帮另一班改作文。记得有一次作文的命题为"欧化文体，何以不适宜于中国文学？"，"欧化"二字根本就欠妥，因为欧洲文体有法国、英国、德国、意大利等，究指何国文体，一般学生未尝一一学过，自然无法解答，仅有一个学生，做了几句极妙的文章，他说："我自顾我的能力，绝不能解答这一个问题，但是先生既出这一个题目了，没奈何也要勉强敷衍这一篇文章。"我看了这几句话，认为极好，因此批请学生传观，不但是请学生传观，并且请教师传观，大家引为笑柄。其实教国文犹如教说话，说话通畅，写下就成好文章。我认为教几十年国文，使学生说话不通，责任应在教师身上。

我教国文时，不用教科书，大家已引以为奇；作文时又不出题，大家觉得更奇。于是以前的国文教师要求来看我的教法，因为我觉得，文章易写，题目难做。所以作文时只要学生作文章，把文章内最精彩的一点或一句话作为文题即可，学生对此方法，起初认为困难，但我对他们说：大家一定有文章可写，并且是最好的文章。本人准备分几个时期来教：第一时期，专教他们写描写的文章，把自己最感兴趣的一点写下，最感兴趣的一点以前不要，最感兴趣的一点以后也不要，只要抓住最感兴趣的一点，作为描写的范围。过去何者为最感兴趣或最感刺激,写下即得。并由现代文章,选到五经诸子,均选描写文章,给学生课外阅读,使他们生活状态如何能变为一段文章,大家兴趣提高,随时随地都写成文章。第二时期,教他们要有系统的记载,将繁复的事项,提纲挈领,整理成系统。第三时期,为分析问题,例如教育分为学校教育、社会教育。学校教育分为专门教育、普通教育。普通教育分为中等教育、小学教育。生物分为动物、植物。动物又分为脊椎动物、无脊椎动物等。第四时期,为如何推证一个事理,由原因推论到结果。

中国人做文章,犹如四川有一句俗话,所谓"大脚板裹脚",又臭又长,说得天花乱坠,结果不知所云,这是文章没有内容的缘故。所以文章不应求其量的漫长,而应求其质的精警。有一次在四川公学讲演,题为"如何说话"。说话可分个人接谈与公众讲演。就以开会时来宾演讲来说,开始总有一套客气话,这套客气话,颇不简单。例如"今天承某先生约兄弟到此来讲话,兄弟觉得非常荣幸,但兄弟没有学问,又没有经验,又不擅于讲话,并且又没有预备今天讲话,不过兄弟既然到这里来,某先生又一定要兄弟出来讲话,不得不与诸位讲几句"这几句话,也许需要费时一刻钟,第二人则又来一套"今天能到此地来与诸位讲话,兄弟感觉非常荣幸,刚才听了某先生所发表的言论,很为佩服,一切好的意思,都被某先生说完了,兄弟再没有什么可以说的,不过某先生一定要我出来说几句,只好出来补充几句"。虽说补充几句,又延长了一刻钟。补充了不可以数目字计算的语句,他却说只有几句。至于第三人所讲的,又是这一套,使听讲的人,实在感到乏味。

隔一星期,该校开校友会的成立大会,先是校长报告,后是杨督理演讲,再次就是我自己讲,——那时我任该校副董事长,接下去的第四位先生开始讲的时候,就不折不扣的来了一套客气话,什么"……荣幸……佩服……补充……"未及终词,登时引起全体同学的哄堂大笑。那位演讲的先生,有点莫名其妙,瞠目半晌。殊不知是受了我上面的话的影响所致,这不过是一个说话说不清楚,敷衍时间的例子。

新闻记者的任务并非写文章

教书的时期已说了不少,再谈本人如何当新闻记者。新闻记者的任务并不是做文章,而是要采访新闻。一般采访的方法有三种:一种是看新闻,就是到壁上去看新闻;一种是听新闻,就是听人家说新闻;还有一种就是问新闻,就是问人家有什么新闻。但是真正新闻记者必须懂得新闻中所有的一切问题。譬如懂得经济,才可以采取经济新闻;懂得政治,才可以采取政治新闻;懂得教育,才可以采取教育新闻。

一个新闻记者,能够随时随地注意新闻,则随时随地都可得到新闻,问题是在新闻记者本身会不会去采访。譬如今日有友人陈某来访,谈及伊奉贸易委员会命令,派赴松潘改良羊毛:(问)松潘年产羊几头? (答)一百万头。(问)年产羊毛几担? (答)约三万担。(问)本国羊毛出口可制何物? (答)大多作毛毯原料。(问)中国羊毛以何处出产者为最佳? (答)青海羊毛最佳,松潘羊毛差一些。(问)此次前去松潘拟如何计划改良? (答)使羊之产量一百万头变为三百万头,羊毛年产三万担变为十二万担……以上就是一段关于本国羊毛产量之极好的经济新闻,只要分析问题,将答案写下,就是很好的新闻材料。

有一次本人在成都的一家汤圆店中,知道汤圆四个钱一个。记得宣统元年时,则为四个钱五个,由此"十年中成都物价之变迁",就以汤圆的价值来作引证,已经五倍起来了,岂不又是一段极好的经济新闻吗?

几点改良教育的理想和经过

民国十年,本人任川南永宁道教育科长时,对于教育上有两种理想,第一为改革学校教育,第二为建设社会教育。学校教育打算从改革川南师范着手,为使他人了解或博得他人同情起见,乃召集川南师范各教员,提出自己的教育理想。第一打破教科书,即不用教本,最低限度亦只能选择教本当中一部分适当的教材,作为一部分的教材,其余自学生环境中选出来。第二打开校门,使学生日常能与自然和社会接触。不但要让学生到自然界或社会里去,并且要让社会的或自然的教材到学校里来。此种教育理想,一经提出来,各教师默无一言,则再将理想具体化的解释一番,始有教员答以教书有十余年的经验,却没有此种经验。如此显然可见各教员尚未明了此意,更何能博得其同情?但为教育理想起见,不能改换教师的思想,则决定改换教师。当时北大、南高师范曾受新文化新教育的洗礼,就去请一批毕业生来施教。结果学校的设备变新了,学生的行动变新了,进步诚小少,但教育的根本方法仍未新,仍不得不认为是办教育的失败。

当时每县教育经费支出,本人主张应当大量增加,因此增加捐税。经费比以前加倍,大家都极高兴。按照理想,经费既已加倍,而成绩亦应加倍,但此主张又属错误。因各县分配,未尽妥善,教员月薪较多,闲暇时间之消遣活动亦加多,仅有不良影响于其所任教课,教育成绩反而退步。

后来对于教育,再图改革,即派各县教育局长和各中学校长赴各省考察。其后归来,一派骂川南教育太新,另一派又骂川南教育太旧。以前研究社会问题的人说,最讲理性的应莫过于学者,必须先有根据,然后始有判断。实则常常是先下判断,然后寻求根据,然后寻求可以掩护其判断的根据。这次考察人员,亦犯同样毛病,每派人都先对川南教育下了判断,然后在考察时间去选择可以掩护其判断的良好根据。合于判断者取之,不合于判断者删之。故新旧之说纷纭,莫衷一是。那时自己已离开川南,川南教育考察结果,依然如故,并未因此确定改革之大计。

因为各种方法皆无把握,故曾确定每县教育局长之三年训练计划。先使学习文书、会计、出纳、统计等,作为处理事务之基础。然后再学学校如何设置,设备如何充实,经费如何筹措,教师如何培育,教材如何选择,教育方法如何改善等,不但研究清楚,并且还要实地考察练习。俟成熟后,分发各县任用,定能胜任愉快。正拟将此计划付诸实行时,因政局发生变化而中辍。

莫嫌事小抱定一人一事主义

明年杨子惠[①]先生电召赴蓉办理教育行政,本人辞而不就,宁愿由小而

---

① 杨森,字子惠。

起。故决意由办理通俗教育着手,成立通俗教育馆,聘请专门人才,如音乐、体育、艺术、工程、古董、医学、戏剧等人才,无不搜罗尽致。一切设置,管理与范围,均由简而繁,小而大,近而远。故当地人民无论男女老幼,均感兴趣。办理之成绩,于本人离职时始知。因为于离职的一天,无论老幼无论文人、武人,一致挽留,于此始知小事比大事妥当。

在成都办理通俗教育的时候,亦曾与华西协和学校校长合作督造桥梁,以二夜一天的工夫造成。又将四个陈列馆的陈列品,以一晚工夫,完全变更,人民极感兴趣。又曾开一运动会,二十个学校单位,都有团体表演,共费时二小时半,结果分文未花。由此许多经验而得一句格言:"做事莫嫌小,愈小愈做得好。"

当时在成都尚拟成立一动物陈列馆,一植物陈列馆,各包括一动物园与一植物园,经费预算为四十万元。合办者有成都高等师范、华西协合学校等。但正拟成立间,又为他事所羁,而作罢论。

所以想到吾人对于一种事业,必须要继续的努力,然后事业始有进步,始可成功。所以竭力提倡"事业中心论",无论是新闻事业,是教育事业,是经济事业,都得集中吾人一身之全副精神与心力,去发展一个事业,则此事业庶对社会国家,可得到很大的裨益,很大的力量。本人所办的民生公司,就是一种经济事业,当时曾刊印一种小册子,即为《一个事一个村》。事即以创办民生公司为试验,村即以建设北碚为试验。建设北碚就是一种社会事业,是继续不断的一种社会事业。

我们中国对于努力于一种事业的人,因为他具有许多的经验,这种经验是宝贵的、丰富的、精彩的,能够裨益于社会国家,就应当对于此人加以保障,无论在积极方面、消极方面,使此努力于事的人,不感受任何困难。国联议决案说:1.各国不要采取任何行动,以妨害中国的抗战;2.要每一个国家考虑,如何积极的帮助中国抗战。所以我们对于努力事业的人,也要仿照国联的议决案说,不要消极的妨害他使用其经验,并且要考虑设法积极的去帮助他、促成他。恶意的攻击(如你做得好,倒掉你),好意的攻击(如你做得好,再做一件),都不行,其错误是一样大。所以近年来,本人提出一种主义,就是"一人一事主义"。每一个人,无论在一个空间[或]在一个时间,集中心力专做一种事业。

前奉故刘主席电召,要本人出任川省建设厅长。当时我认为建设一区(北碚)所对国家的贡献,比建设一省的效力来得更大。而建设一区所得的经验,若不加以培养,则比本人不主持建设川省所对国家的损失来得更重。但终以固辞不获勉为担任,而事实上本人所贡献的,实在比致力于北碚的,要少得多!

以上就是本人过去的一段经历,这些经历,本人很觉惭愧。因为不是错误,就是失败。

《抗战与交通》1940 年第 36、37 期

消费合作社六项进行办法

（1940 年 5 月 12 日）

【昨日交通部次长卢作孚氏，由渝返碚，视导各项建设进行事宜，对于本市消费合作社曾有详细指示】（一）今后消费社，须修建仓库，每年秋收后，即按各消费者之消费总量，收购粮食，储以备用，免由少许奸商操纵，任意抬高市价，苛索消费者；（二）今后当与各金融机关及生产事业，切取联络，对社内人力、财力，均可多得帮助；（三）优待社员，提高红息；（四）业务力求简单，当以日常生活必需品为主，如米、油、盐、炭等；（五）实行社员购货分配，不售与非社员为原则；（六）尽量增加股额云云。

《嘉陵江日报》1940 年 5 月 13 日

准备节约生产以挽救当前危机①

（1940 年 6 月 3 日）

从前四川的民众，留心到新闻，往往先注意成都的消息，其次是国内的消息，再次是国际的消息。那时候大家所留心的，是眼前的、手边的问题，以为如此已足够。其实现代的国际情形，一切都足以使我们受影响。看看美国，近来有过三个大预算，最初定的是陆军十八万几千万美金，海军是十一万几千万美金。欧洲的战争紧张以后，马上追加了十万万，从以前的总数三十万万，加到四十万万。隔了二星期，欧洲情势又变化，预算又追加了。据近日报载，又增加了十二万万，也许再隔两星期，还得要增，足见世界的变动，波荡全局，也可和我们息息相关。在美国仅仅经过二星期的变化，而影响它的预算，一增再增，要知道变化，并不是二星期内发生，而是在相当远以前德国早已造成的，早已有很大时间的准备的。它的准备时期，就军备而论，在一九二三年德国仅有飞机三百架，到一九三三年增加三千架，现在已经有了二万二千架以上，是否止于此数，尚不料定。七年之间的准备，真太快了。同时世界上的一切都是这么快，美国因此而发生反应，而二星期的反应又是如此之大。现在美国的预算，增加到五十万万以上，平均每人要担负三十四元美金，倘以国币计算，应在一千万万元以上。由我国人民四万万计算，每人要负担二百五十元左右，我们根本没有这个力量。要知道他的力量，是从何而来的呢？也许有一部分是得

天独厚,但是中国地面上的财富,也不弱于人,比美国,也许不及,比欧洲是有余的。地下的财富,也并不薄,我国的煤矿很多,现在北方的已经沦陷了,至于铁产本来是不够的,加以沦陷了些,更是不够,但是所谓不够,也许是调查不周。例如四川一省,以前曾经多少专家的调查考察,认为煤产是不够应用的,到现在才知道并不是煤产的不够,而是开发的不够。尤其是川东区域之内,其煤产已足供四川全省交通上和工业上的应用,假定真是不够的话,可以用水力来代替煤力,因为四川有天然的水力,很可利用,同时四川的雨量又很充沛。

仅靠四川的蕴藏,要成功一个现代国家,当然不够。如何补救呢?就得靠人力来补救。富源愈少,愈需要人力去补救。德国自一九一八年失败以后,其增加生产之方法,就在依战前的基础,用人力来补救。上次欧战以后,德国陆军只有一万人供国内防御之用,武器也有相当的限制,海军只以一万吨为限,轮船的总吨数,不到十万吨。然而到此次战事发动之前,一切都已恢复了。各种部门,都已恢复到第一次欧战以前的情况,不仅是恢复,而且扩大了。德国之所以能在世界上取得这样的地位,是由于政府辅助各种机器工厂与世界竞争,在竞争不了之时,政府给以百分之二十五的补助金,德国在如此的方法之下,以奖励生产,增加生产。所以到了战争发动之后,才能看到它的飞机优于英法,坦克车优于英法,虽然是短短的几年准备,成效已甚惊人。德国的资源并不丰富,北欧战事之起源,就在英法之封锁挪威、瑞典,自从它占领到挪威、瑞典,它的资源已可以得相当的资助。

在重庆的德国人近日听到本国胜利的消息,都欢喜若狂。有人问他们,德国陆军军事上虽然胜利了,但是国民所受的痛苦,如生计艰难、计口授粮的限制,痛苦万分,有何足喜?他们说:"只要国家取得胜利,个人的痛苦不足计。"他们这种忍受痛苦,以完成其国家强盛的精神,我们且不问其侵略之正当否,其精神很足为我人的模范。我国人民也须具有忍受个人痛苦,以增加国家力量的精神,才能恢复实力,完成我们整个国家民族的复兴。

就德国的计口授粮而论,每人或一家人,政府给以凭证,凭此证以取得其需要的粮食。据在德国来的人说,这种凭证上,注明是一九三六年印的。可知德国对于计口授粮,在一九三六年早就准备好了,不但对于粮食有所准备,而且对于需用的凭证,也准备好了。现在的国家,一切准备都应该如此的,我们的准备不到临时临事,向来不易上紧的。平时有许多人怕想不好的方面,而专从好的方面着想。就好的方面存着种种希望,以为由此希望,便认为可以成功,等于买彩票的人,总以为自己会得彩的,再有一般人以为敌机来的时候,炸弹不一定掉在自己头上,存着侥幸之心,而不去躲避,这是错误的心理。世界上的变化繁多,我们在事先都应有所准备,万不可存着侥幸之心,如果我们希望敌人崩溃,以为我们就可以取得胜利,因此就认为敌人一定会崩溃,而不再希望我们自己有办法,只希望敌人无办法,甚至相信我们没有危机,敌人才有危机,这是最坏的心理。因为有了此种心理,我们就不会准备了。

我们以前的准备,是如何的不够,我们虽然修铁路,但是太慢了,一直到现在为止,尚未恢复到战前原有的里程。在后方新筑的铁路,还赶不上前方沦陷的铁路,赶紧要想办法增加我们种种的力量,一直到比敌人还要强。我们不应当从敌人的不好方面想起,应反过来想想,也许敌人如何如何,我们应如何准备,迎头赶上。假定敌人的飞机大炮逐年增加,我们应准备对付之方,我们要造成自身的力量,要有超越敌人的力量。这就必须算清敌人可能的情况,而加以准备。英法目前的失败,就因为没有算清楚德国的力量,未有充分的准备,美国到现在还增加预算,可知民主国家准备太慢,凡是事先不能看清事态发展程序,等到发展之后才准备,已经来不及了。

我们留心局势,先要注意世界上的大问题,然后转到我们的小问题,一切事情都不是偶然的。德国的飞机,在前线活动的有二千架,坦克车有五万辆。这种力量的造成,绝不是偶然的,我们要看清世界的变化而加紧准备。美国人有一种计数政治学,将美国的国家状况,造成三个数目字,一个是人口,一个是生产力,一个是财产,这三个数字的增加,有人认为人口的增加太快,深恐造成恐慌状态。但是美国人的看法,以为人口增加比生产能力的增加还算小的,而发展最快是个人的财产。看到美国的三个数字,实在足以惊人,但是我们不必临渊羡鱼,只要我们能够加紧准备,像德国的那样五六年后,一定会有成效的。

大家要知道落后的国家，最为吃亏，自己的生存能力不够，就无法把握它的生产。卢森堡仅三夜就失败，就是国家力量不够的证明。所以我们要把握生存，而且要把握在自己身上，不要依靠别人。我们更要明白落后的国家，其前进较易。在一九四〇年作种种准备是容易的，目前一切都在进步，一九三九年以前的一切方法，已经不适用了。苏俄在革命之后，紊乱不堪，经过二十多年来的努力，已经成为不可侵犯的国家。德国在第一次欧战失败之余，努力复兴，乃成为超越英法的国力。只要每一个人都不落后，全国不留着一个十七八世纪式的人，一定可以站在人家的前面。

我国人努力的方法，可用固有的"勤、俭"二个字作标准。勤字是要做到什么时候都工作，只要有一部分人能如此，已经是了不得了。每人都如此，一定会有办法，希望大家要把工作加强到最高点。其次是俭，是中国原有的节约，许多人的财富是从节约而来。假定大家都能加强工作的效率，以节约所得集中于生产事业，而且要很快的利用现代科学的方法，使用在物质方面，才能生产现代的东西。当前惟一可靠的办法，是现代化的生产，我们必须用"勤俭"两字为基础，而集中力量于生产之途，才能应付当前的环境，才能生存于世界，诸位每天厘清了办公桌上的问题以后，也应该理一理当前的世界问题。美国物质基础比我们好，尚且在努力于安全的保障。我们是落后的国家，而且正在出生入死的抗战中，自更应努力于生产的增加，生产增加，然后可言建设。至于如何增加生产，就得想办法，而且要快，要有大的决心，必须如此，才能可以挽救当前的危机。

《抗战与交通》1940 年 9 月 16 日第 46、47 期

关于粮食管理办法的谈话

（1940 年 8 月 28 日）

　　【全国粮食管理局长卢作孚，廿八日由蓉返渝，临行对粮食管理问题发表谈话略谓】关于粮食调查及管理办法，已与省府商得大要，日内即可公布。调查在查明各县乡镇所有民间存粮及上年收获数量，管理重在各市场间之联络调查。所望舆论界促起各机关行政人员，负起全责执行，以管理粮食为目前第一重要之工作。促起有关机关团体及各界人士，一致予以协助，以加强执行力量，并促起对农村，凡有存粮，依照县府及粮食管理机关之指示，源源输入市场，以供军民需要。

《卢作孚谈话：粮食管理办法即公布》，

《新华日报》1940 年 8 月 29 日

全国粮食管理局粮食管理纲要[①]

（1940 年 9 月 6 日）

一、管理原则

1. 量的方面：使粮食之供给与需要相互适应。就时间言，使有余时为不足时之准备，丰年为歉年之准备，平时为战时之准备。就空间言，使有余的地方为不足的地方之准备，丰收地方为歉收地方之准备，农村为都市之准备，后方为前方之准备。

2. 价的方面：粮食价格应限于某种伸缩范围以内，其低应以生产成本为准，其高应在合理利润之下，勿使初收或丰收时过于跌落，歉收或青黄不接之时过于高涨；勿使有余的地方过于跌落，不足的地方过于高涨。其意义在刺激生产者勇于生产，而不使囤积者争先存储。

二、管理机构

1. 县设粮食管理委员会，以县长为主任委员，聘请有力士绅，并指派县府佐治人员为委员，附设于县府内，主办全县粮食管理事宜。其主要任务为：（一）统筹全县粮食之产储、运销；（二）调剂各镇乡间粮食之供给与需要；（三）管理全县之粮食仓库；（四）管理全县之粮食加工事业；（五）管理全县之粮食商人及其同业组织；（六）管理全县之积谷；（七）办理平粜。

2. 省设省粮食管理局（或就原有机构改组，加强其权力，充实其组织），主

---

① 该纲要为卢作孚所拟。

办全省粮食管理事宜。其主要任务为:(一)统筹全省粮食之产储运销;(二)调剂县与县间或县与市间粮食之供给与需要;(三)指挥监督各县管理粮食事宜;(四)管理省有粮食事宜。

3. 直辖市或市之粮食管理即由市政府负责。其关于粮食来源之疏通,得商请全国粮食管理局或省粮食管理局协助之,必要时得商请全国粮食管理局或省粮食管理局筹拨供给其粮食之一部分。

4. 全国粮食管理局主办全国粮食管理事宜。其主要任务为:(一)统筹全国粮食之产储运销;(二)调剂省与省间或省与直辖市间粮食之供给与需要;(三)指挥监督各省市直辖管理粮食事宜;(四)管理国有粮食事宜。

三、管理事项

1. 调查关于粮食之产储运销各事项。除已有详细登记者外,均须加以调查,已有调查者必须加以复查。(一)量的调查:甲、生产区域及生产量。乙、储藏处所及储藏量。丙、转输道路及转输量。丁、消费市场及消费量;(二)价的调查:甲、市价。乙、生产成本及其与市价之比较。丙、一般物价变化及其与粮价变化之比较。

2. 登记:(一)无论自用或营业之仓库必须办理登记,其粮食进出及储存量必须按期报告;(二)加工事业必须办理登记,其加工数量必须按期报告;(三)米粮商人(包括囤户、贩运商、米店及经纪人)必须办理登记,其粮食买卖数量及市价必须按期报告。

3. 公库设置:(一)完成各级仓库网。甲、每保如感必要,即当建造保有公仓;如其经济力不足,由镇乡协助之。乙、镇乡应就粮食流入市场之需要,设置镇乡应有之公仓。如其经济力不足,由县协助之。丙、县应就有供给市场粮食关系之生产区域,及储运便利地方并其市场储备需要,设置县有公仓。如其经济力不足,由省协助之。丁、省应就更大的粮食产品储运便利地方及其集散市场,设置省有公仓。如其经济不足,由中央协助之;(二)公仓所储藏之粮食。甲、公有粮食必须存储于公仓内。乙、民间粮食:(1)奖励自由寄储。子、取更低廉之寄储费。丑、使得更安全之保障。寅、予以分别品级保存之便利。卯、予以更优惠之保险及押款待遇。（2）限定必须寄储,必要时限定有流入市场关系之民有粮食一部分必须储入公仓。但仍为原主所有,仍应予以安全保障、押款及保险之优惠待遇,并免收寄储费。

4.粮食储备:(一)公有粮食之储备。甲、乡镇有积谷,储备在各保公仓及乡镇之公仓内。按地方出产多少,收获丰歉及人民负担能力大小,逐年征集,于秋收后举行之:(1)作青黄不接时之准备;(2)作歉收时之准备;(3)作上级管理机构征购时之准备。乙、县有积谷,储藏在县公仓或乡镇公仓内;(1)作青黄不接时之准备;(2)作歉收时之准备;(3)作城市需要之准备;(4)作上级管理机构征购时之准备;(5)作生产不足的乡镇之准备。丙、省有粮食,储藏在省公仓或县公仓内;(1)作青黄不接时之准备;(2)作歉收时之准备;(3)作较大的都市及工矿区域之准备;(4)作生产不足的地方之准备;(5)作上级管理机构征购时之准备。丁、国有粮食,储藏在国有公仓或省有公仓内;(1)作青黄不接时之准备;(2)作歉收时之准备;(3)作较大的都市及工矿区域之准备;(4)作不足的地区之准备;(5)作战时之准备。(二)公有粮食之管理:甲、粮食进出:(1)在收获时买入,在青黄不接时卖出;(2)在丰收时买入,在歉收时卖出;(3)在有余的地方买入,在不足的地方卖出。乙、粮食保管由各级公仓负责。丙、售价保管,除中央由四行保管外,省以下由县银行或省县合作金库保管。

5.粮食动员:(一)国家有需要,可先动员中央储藏之粮食,如果不足再动员各省以下之粮食;(二)省有需要,可先动员省有粮食,如果不足再动员各县以下之粮食;(三)县有需要,可先动员县有积谷,如果不足再动员各镇乡之粮食;(四)动员公有粮食不足时,再动员民有粮食;(五)动员原则,按自给以外之剩余额,依累进率征购之。甲、选择充裕地方。乙、分配适当数量。丙、评定公平市价。

6.市场管理:(一)调剂供需。甲、为消费市场指定粮食之区域,必要时并为限定最低供给量。乙、为粮食产区分配运销之市场,必要时并为分配运销量;(二)加强运销组织。甲、加强米粮商人同业公会之组织,使能协助米粮市场之管理。乙、加强米粮商人向供给市场采购之组织,必要时并为发给采购证。丙、加强米粮商人在消费市场配筹之组织,必要时并为(1)规定配售量;(2)规定购米者应有之限制及应守之秩序。丁、联络运输机关并调整运输道路之运输能力与米粮运输需要相互适应,必要时并规定办法征用民夫及舟车等工具,但仍给予应有之运费;(三)平价。甲、各地粮食价格由各该地管理机构随时召集有关机关及团体议定,悬牌公布。乙、为鼓励商运,使商人有相当利润,但不使有过分利润。丙、为防止粮价变动太剧,必须顾到各地间粮价之平衡。粮价低到某种限度以下时,公家应尽可能收买,高到某种限度以上时,公家应尽可能出售(或并限定民有粮食陆续出售)。丁、仿照旧时平粜办法设公卖处,用比市价更公道之价格计口售与贫者及收入较低之人民,使不受粮食高涨之压迫与恐慌。

重庆市档案馆编:《抗战时期国民政府经济法规》(下),档案出版社 1992 年版

四川省粮食管理局
征购军民粮食暂行办法大纲①

（1940 年 9 月 21 日）

一、总则

1. 为供给军糈调节民食之需要,在各县征购粮食特订定本大纲。

2. 就向有谷米供给市场之各县,斟酌其供给能力分配征购数量(另表规定)。

3. 组织四川省粮食购运处为购运之主管机关,指定购运有关各县之县政府为承办机关。

4. 购运有关之各行政专员区设督察长一人,由本局派用,受四川省购运处之指挥、监督、察核,该区所辖有关购运各县办理粮食条查、征购、验收、保管、运输等事务。

5. 与购运有关各县设督察员一人,由本局派用,受四川省粮食购运处及该管区督察长之指挥、监督,办理验收、保管、运输等事务,并协助县府办理调查、征购等事务。

6. 应行征购之粮食,首为各县学产及其他公产所收租谷之一部分,次为积谷之可售陈储新者,再次为人民购囤之存粮,再次为农户之余粮。

7. 购粮价格由各该县督察员会同县长考察各乡镇真实市价,并分别觅取可靠证明,商承督察长分别确定。如该县粮价突有剧烈变化,应将变化原因报

---

① 该大纲为卢作孚所拟。

请督察长核转请示,一面电省购运处。

8.购粮金以现款交易,无论其为公谷或人民承售之谷,如订定时立即指仓拨谷者,得预付价款八成,其尚待传集交割者,得预付价款二成,验收讫付清。

9.购粮现款由省购处汇存或运存于购粮县份之国家银行、省银行、县金库或县银行,如无银行或金库之处,应交由县政府会同征收局负责保管,到购粮付价时,由县长及财政负责人(即未实施新县制以前之财务委员长)会同省派督察员共同签字动支,并加盖县印。

10.购粮各区行政专员、各县县长及县属各级人员、各区督察长、各县督察员暨所属验收、保管、运输人员,凡是负责督促或办理购粮事务之责任者,由本局查核其成绩优劣,呈请四川省政府或全国粮食管理局分别奖惩之。甲、应予奖励者:子、购量如量或逾量,如限或提前办理完竣者;丑、办理妥善,与民无扰者;寅、经办事项手续清楚,无丝毫浪费者;卯、其他具有应奖励之成绩者。乙、应予惩罚者:子、利用购粮机会营私舞弊者;丑、挪移购粮款项以作别用者;寅、办理不力,不能如量如期完竣者;卯、办理不善有苛扰情事者;辰、经办事项手续不清者;巳、有其他应行惩罚之情事者。前项奖惩实施办法另订之。

二、关于征集事项

1.督察员及调查技术员到达购粮县份,应即商同县长召集主管科县财政负责人、各区区长(或指导员)、农业推广所主任、农业技士、农会主席、商会主席、米粮业同业公会主席及明了全县粮食状况之士绅一二人,询明各乡镇粮食生产数量,集散情形,来去路线及当时主要市场之确实价格,并觅取有关参考材料,依据该县应购总额,商讨各乡镇应行分配之数量及办理完结之限期。

2.商同县长召集乡镇长会议,前条列举人员均应出席。甲、召集乡镇长时,应令其先将该乡镇所有米粮时常最近场期之米粮价格及可靠证明携带到县,于会议前报告县长及督察员。乙、县长及督察员取齐前项报告后,于开会前即先据以分别酌定各乡镇粮食价格,由督察员商承该行政区督察员决定之。如督察长不在县时,督察员应以最迅速有效方法请示(急电或电话)。丙、在开会时,应即宣布:(一)接济军糈及调剂民食之重要性;(二)此次普遍调查及今后实施管理粮食之办法;(三)为作军糈民食之准备,必须在该县征购粮食之总额,各乡镇应行分配之数量及依据市价决定之价格。丁、于宣布前列事项后应为详细说明:(一)此次调查程序及乡镇长、保甲长应负之调查责任;(二)征购程序及乡镇长、保甲长应负之征购责任。

3. 乡镇长于会议后,应立即回到该乡镇,依据县府所分配于该乡镇之应购数额,斟酌各保耕地面积、收成数量与应存数量,先作公允适当之分配,不得畏势徇情,致令平民有过分之担负,一面召集各保保长会议:甲、依照乡镇长会议事项逐一转向各保保长剖切说明。乙、将所拟各保应行摊购之数额及办理完结之限期向各保保长明白宣布。丙、分别与各保保长商酌交谷地点。如在转运较便之处,可以租得临时仓库,应即租仓专用,否则将谷暂寄存于可靠之原仓。其不可靠者即指定交存于临近其他可靠仓内,均应酌给租金。

4. 保长于会议后立即按照会议事项偕同调查人员及甲长着手调查,同时进行征购。甲、依据乡镇长所分配于该保长乡镇长之应购数额及逐户调查所得实况,公允适当分配于应有存谷之人家。乙、洽订购买量发给订购单并取回认售单与认售人约定交谷付价日期及地点(付价地点在县府或乡镇共所,由认售人自行择定)。丙、于该保调查及订购手续办理完竣后,立即将调查表、认售单及订购存根填注完善,核对无讹,汇交乡镇公所。前项单表之填注、核对及征购期间,应随时在乡镇公所联络督促一切,并指导专人办理,不得推诿。

5. 乡镇长在各保进行调查及征购期间,应随时在乡镇公所联络督促一切并指定专人助其办理。甲、发给调查表格、订购单、认售单,收回已填就之调查表及认售单,计算已购谷量及应在城或在乡交付之款额,由乡镇长随时以最迅速有效方法,报告县府,以便县府分别配发现款,除认售单存乡镇公所外,应将订购单存根及调查表汇送县府,用备核对及统计。乙、乡镇公所发款时应凭认售人所持之订购单与存在乡镇公所之认售单核对清楚,如系预付价款,应在订购单上批明预付成数及款额。如系付清价款,应凭粮食验收人员在订购单上签字,批明收讫字样核付,并批明付款总额及付讫字样,收回汇交县府,一面发还认售单,在县城领款者,于粮食收讫后,应将认售单缴换县府核付。

三、关于验收、保管事项

1.验收所购之谷,其品质以干净纯洁,无灰沙杂质,每一市石108斤以上为合格,但为使当地人民彻底明了起见,得采用当地习用之旧量器而自行以新制量器换算之。

2.所购之谷,如需要一部分收米时,其折收成数碛米以1石收米5斗为原则,熟米以谷1石收4.6升为原则。如因各种特殊情形有极小量之出入得由督察员与县长商酌变通之,仍须呈报查考。

3.各乡镇订购之谷应由乡镇长督同保甲长就所选定暂时存放之仓库,逐一验收优劣,得由乡镇长觅雇能辨识稻谷之人员付验收之责,酌给费用。其费用多少由督察员与县长商定之。

4.验收之谷,应由乡镇长负责保管,分别仓库加封,并派人监守,于将来集中时照原收数量及原收合于标准之品质负责交出。

四、关于集中运输事项

1.在各县购得之谷,当由督察员商同县长就该县选择运输便利地点全数集中。

2.运集地点需要之仓库,尽先利用公家所有者,其次利用民有仓库,再次利用公共庙宇或民有房屋。此项仓库应于开始验收前准备完善。

3.运谷往集中地点,如须征雇民夫,以100市斤1华里计算运价,由督察员会同县长查明当地一般运价,酌定标准,再由督察员报请督察长核定(仍径电省购运处),一面由县长确定征雇民夫办法,转报备查。如须征雇水陆运输工具,应参酌当地习惯办理,或与交通管理机关商洽办法。

4.各县运达集中地点之谷,应由购运处所派仓库人员负责验收,如再转运到其他市场及其他仓库,督察员仍应商同县长,照前条规定办法办理。

附则:1.本办法大纲呈四川省政府暨全国粮食管理局核准施行。2.根据本办法大纲分别拟订各项实施细则,呈准四川省政府分发各承办及有关机关人员遵照办理。

重庆档案馆藏档案

在重庆市临时参议会第三次会议上关于管理粮食问题的报告

（1940 年 11 月 22 日）

本人前此到各行政督察区开会及先后赴蓉，曾经过十二行政督察区卅余县。今年全川稻谷以第一行政督察区所辖都江堰灌溉区域收获最丰，第三行政督察区次之，其他各区以在扬子江流域者较好，扬子江南岸由较北岸丰收。渠江、嘉陵江流域以及涪江流域中段较差，沱江流域大半皆歉，但杂粮较稻谷收成为优。按四川省在前两年皆告丰收，一部分农村尚有余粮，最近小麦播种状况良好，农田冬水亦复盈足，明年收获，已有几分丰稔希望。粮食耕地面积亦复增多，如果调节得宜，则民食应无问题。乃近来都市米价高涨间有供不应求现象，实系心理上造成的恐慌。卖粮食者观望，买粮食者竞争，各地不明过去供需状况，对于米粮流通加以遏止，于是货不畅流，消费市场感到米源缺乏，致愈引起人心恐慌，辗转相应，问题乃益觉严重。推究其实，均属错误心理所演成。全国粮食管理局自成立以来，为期未久，地方各级机关，尚未配备完成，先用力于排除粮食问题所有一切人为的原因，积极管理，间有未能发挥效能之处，致未能立即将全局控制。现决于四川几大部分分别统筹供应，指定江津、永川等二十一县为供应渝市区域，藉以减轻少数县份供应之困难，使有较为充裕之米源。同时，并为各县订有统筹办法，使各县市场，亦有米源。至渝市被阻于途之粮食，业已急电各县即日放行。

《川米近况：卢作孚在渝参会之报告》，

《新华日报》1940 年 11 月 23 日

粮食管理治本治标办法[①]

（1940 年 11 月 25 日）

甲、治本办法

一、各县粮食管理委员会应速算明白现在起到明年八月底止市场需要（包括本县城镇及对其他应行接济之都市或工矿区域之需要）之最低粮额，向县中地亩较多之粮户及农户分别约定售出，仍为各户保留足以自给之相当粮额；收租愈多者应售出愈多，勿使富有保留过多，无力者负担过重。

（说明）约定售出之粮，其价由省核定之。

二、各粮户及农户之地亩，应由各县县政府会同征收局查出之，并限定日期责令完成呈报，再派员会同各乡镇长就地检讨一度，并调查其过去蓄积及今年收获大概数量。

（说明）查明各粮户之地亩，限一星期内办完。约定售量，在查明地亩后半个月内办完。

三、凡经规定各粮户按期售出之粮，应由各级管理机关为之配售于当地市民及其他市场有组织之商人运往其他市场。但在其他市场商人尚未组织完成以前，仍应助其登记，准其购运。凡各市场之商人尚未组织完成者，应由政府限期组织完成。

（说明）应为规定按月送粮之最后限期。

---

① 该办法为卢作孚所拟。

四、应行购买粮食之民户,应按月购买其量,以一个月以内之需要为限。其过去已购粮额超过一个月以上之需要者,应限期向该市场粮食管理机关陈报,在能自给期间不得再向市场购买。违者查出应于(予)没收。

(说明)此项限期,最大在公布十日内。

五、凡经规定限期出售之粮食逾期不售者,均应半价征购。其规避藏匿者,应于(予)没收或按应有粮价科以罚金。半价征购由四川省粮食购运处办理,就汇运到县军粮款内拨给价款。

六、凡购粮囤积超过自用范围或粮商囤积未售者,限期全部陈报出售;逾限不售,应于(予)没收或按应有粮价科以罚金。今后发现有囤积情事,立予同样处分。

(说明)此项限期,最大在公布十日内。

七、凡反抗粮食管理者,以扰害治安论罪,并由军法机关按军法审判之。

八、各县粮户或囤户应行出售之粮食,应由限令各县及各乡镇于每月一日列榜公布之。如有漏列,应由乡镇保甲长负责检举,由县派人密查,并准人民密报。凡密报属实者,应按没收粮价半数给予奖金。

乙、治标办法

一、通令本年征购军粮之十三行政督察区一零二县,务照前此规定期限提前一个月将军粮集中完竣,与人民了清一切手续。即令军粮尚未完全集中,军粮以外之米粮亦应准许人民自由出售,不得借军粮为口实封闭民仓或限制米粮行动,致影响民食。如各乡镇保甲有此类情事,并应严密查禁。违者立予处分。各行政督察专员应赴各县督导进行。

(说明)行政督察专员到各县,应兼督导军粮之提前办完及粮食管理治标治本办法之全部执行。

二、通令各县,凡向有米粮输出之地方,严禁以任何口实变相阻米输出。省颁采购证办法在各地采购准备尚未完成以前,各县粮管会及所属乡镇公所对于无证购买米之商人仍应积极助其登记,准其购运,祇(并)与运往之市场管理机关密取联络,免被蒙蔽。不得凭借管理名义阻碍米运。违者应予处分。

三、通令各县于电到三日内,查出三百市石租谷以上之粮户,个别劝令售出一部分,即由县管会为支配销售于市场,或令售与需要米粮之机关团体,或由川省粮食购运处直接收购运济市场。其价款即在汇到各县之军粮款内拨垫。前项粮户姓名及售出粮额应列表报省备查。

(说明)系在治本办法派定售出总量以前,即先令三百市石以上之粮户先售出一部分,此须于文到十日内即办理完竣,并将每户售出量列表呈报。

四、通令各县,所有公学谷,除以明令指定用途,保留必需之最低数量外,余应陆续售卖之。

(说明)公学谷除必须保留一部分外,应于文到一周内,按市场之需要卖出一部分,或即电请四川粮食购运处核定,由汇县军粮款项内垫款定价购买一部分,以作接济市场之准备。

五、通令各县,凡发给抗战军人家属优待谷,一律自十二月一日起改为发给现款。此项现款由省府确定原则,令县筹集之。

(说明)十二月一日以后原发优待谷之积谷,即可照公学谷办法卖出一部分。

重庆市档案馆编:《抗战时期国民政府经济法规》(下),
档案出版社 1992 年版

签　　呈

（1941 年 1 月 6 日）

　　敬签呈者,窃职于二十九年一月二十一日起截至现在止参加四川省各区行政会议,检讨各县奉办粮食事项。除详细情形另案汇报外,谨先就征购军粮、捐献军粮及管理粮食三端,各县办理成绩撮要胪陈于后,拟恳钧座鉴核,于本日向第三、六、七、八、九各区出席人员训话时,赐予奖评,以资激励。

谨呈

委员长蒋

职　卢作孚

（一）征购军粮

征购军粮办理最快者:

第一行政区:成都、崇宁、新都

第三行政区:江津、铜梁、璧山

第四行政区:青神

第五行政区:犍为、峨嵋

第六行政区:江安

第七行政区:泸县

第八行政区:南川

第九行政区:万县、忠县

第十一行政区:遂安

第十二行政区:盐宁

第十三行政区:广汉、绵阳

第十四行政区:彰明

第十五行政区:达县、宣汉、开江、万源

(二)捐献军粮

捐献军粮就行政区言,以第三区较多,共捐三万三千余石。就县言,涪陵较多,达两万石。但大足县小而捐达六千石,亦属难能可贵。

(三)管理粮食

管理粮食遵照钧座核颁之治本治标办法切实施行者,有广元、忠县、威远、江安、江津等五县。

台北"国史馆"藏蒋中正档案

令各省粮食管理局电

（1941 年 2 月 4 日）

　　○○省粮食管理局○局长，本局为统筹全国军民粮食之产销储备，调节其供给关系起见，定于二月廿二日在渝召开全国粮食会议，讨论问题，定为：（一）今后军粮供应办法；（二）各省民食管理办法；（三）省际粮食调剂办法等问题。亟盼各省提出书面具体意见，同时准备以下具体材料：甲、粮食产销状况：（1）本年稻谷小麦及杂粮之产量及收获成数，过剩或不足；（2）有余向系输往何处，现系输往何处。不足向由何处运济，现由何处运济；（3）本省粮食较大集散市场，及每市场全年集散量。乙、军粮供应状况：（1）本年驻省中央部队人数，需要军粮总额及供应办法；（2）本年地方保安团队，警察人数及供应粮食办法；（3）军粮及其他公用粮食采购办法，分配地区及其数量。丙、粮食管理机构：（1）省粮食管理机关之现行组织；（2）各县有无管理机构，其组织如何，已有机构者若干县；（3）乡镇有无管理人员；（4）各级管理机构之经费预算。丁、粮食管理办法：（1）生产量与消费量调剂办法；（2）生产区与消费区盈虚调剂办法；（3）米粮业商人管理及组织方法；（4）运输工具类别能力及其管理方法；（5）加工工具类型、能力及其管理方法；（6）粮价历月指数及其管理方法；（7）管理消费办法曾否实行计口授粮制；（8）平粜或评价米粮管理方法。戊、粮款运用方式：（1）本年粮款来源及其总额，购粮总额及每市石之平均价；（2）购粮价款由省到县，由县到乡镇转发粮户之具体办法；（3）粮价成本计算方法。己、仓储设备：（1）国有省有县有仓库类别数量容量及其地点；（2）仓储管理实施办法;(3)包装材料来源及其制造。庚、积谷管理:(1)本年征募积谷总额及往年余积粮;(2)积谷保管方法及推陈储新办法。以上材料,共计七类二十七项,务希先期寄渝,以便汇办。合亟电仰遵照办理为要! 全国粮食管理局局长卢作孚亥虞秘印。

全国粮食管理局编印《全国粮食会议报告》1941 年 6 月

全国粮食会议开幕词

——在全国粮食会议上所致开幕词

（1941 年 2 月 20 日）

　　这次会议承孔副院长前来训话，使我们感到欣幸，尤其孔副院长清恙方好，且在百忙中惠临，谆谆勉嘱，更使我们兴奋。希望同人共同努力，遵照所指示的各点，切实商讨各省粮政，负责人员归去之后切实执行。

　　凡是一个国家，只要军事一动员，粮食就须同时动员，故无论何国战事何时发生，粮食就同时施以管理。不过中国是农业国家，而二十七、二十八两年，又值全国各处都是丰收，民食军粮均不感受困难，因此，也就没有实施管理。直到去年各省偶有歉收，才感到粮食有管理的必要。

　　去年七中全会开会时，粮食问题为主要讨论的问题，最高国防会议，还特召集了一个粮食会议，决定了几项管理原则。

　　第一，设立各级管理机构——中央成立全国粮食管理局，统筹全国粮食之产销储运调节其供求关系。各省成立省粮食管理局，管理全省及调剂各县之粮食。各县成立县粮食管理委员会，主任委员由县长兼任，副主任委员则由省派。此外还配合着新县制在乡镇设立粮食干事。各级组织完备后，不仅要积极的解决现有的粮食困难问题，并且还要积极的预作未来的根本准备，以便配合持久抗战，确立未来国家对于粮食管理的根本基础。

　　第二，为避免军队与民间纷扰起见，决定军粮应该统筹，至少要为前方作战部队全部统筹，并且决定每年在收获时期，将全年所需的军粮，一次办妥。

第三,管理粮食要从市场作起,然后再逐步推溯到生产地区,最后达到农村,将全部粮食动态掌握在粮食管理人员之手中。

全国粮食管理局成立的时候,恰值四川粮食问题在最紧迫的阶段,那时因为宜昌失陷,省内又逢歉收,粮食因而发生极大的困难。四川是陪都的所在地,而敌人就在四川大门口,前方有大批的作战部队,问题的解决亟为迫切,因此,全国粮食管理局成立后,工作便侧重于四川,统购了廿九年全年的军粮。当时人民心理本来不免恐慌,政府复大量购买军粮,愈发感受刺激,纷纷存积,各县各乡镇又先后封仓阻关,消费区域的民食,遂发生恐慌,增加了粮食问题的严重性,于是不得不回头来作民食的准备,经过很大的努力,才算把各地的封仓阻关现象打破,同时又以各大消费市场为中心,划分供需的区域,严格督导进行,力求四川的民食问题,得到解决。

至于其他各省,全国粮食管理局成立后,本打算由正副局长分往各地巡视,以便明了各省的情况,据以决定切实的管理办法。后来因为时间不允许,所以才决定召开全国粮食会议,这便是召开本会的原委。

这次会议召集参加的,共有十九个单位,据报除了山东、河北两省因情形特殊不能出席外,来参加的共有十七个单位。截至昨晚,已有十五个省的代表报到了。此外我们为了便于联络和共策进行起见,又邀请了中央各有关机关来参加。关于调整情报方面,请了中央调查统计局、军委会调查统计局。增加生产方面,请了农林部、中央农业实验所和经济部的水利司。管理商人方面,请了社会部、运销方面、请了交通部及合作事业管理局。军粮方面,请了军政部,后方勤务部,军粮总局及囤粮监理委员会。资金及税收方面,请了财政部和四联总处。积谷方面,请了内政部,此外还邀请了经济会议秘书处、卫生署、垦务总局和重庆市粮食管理委员会。一共十九个机关,现在都派有代表来参加会议。

这次大会,我们要集合各方面的意见,来共同解决粮食问题。管理方面,我们要从都市到产区各县,从县中较大市场到最小市场联络成管理之网,为使农村余粮上市,我们不仅要管理市场,还要管理农村,同时为了管理彻底起见,必须与其他各机关切实合作共同商讨办法。还有许多关于粮食制度的问题,例如是否公卖,是否计口授粮,都是需要我们缜密讨论的,此外还有若干实际问题,是要各位回到各省去商讨的。

　　总之,这次会议的使命,非常重大,要从生产联络起,管理的本身工作,要自消费市场,以至于农村是极其复杂的事体。同时我们的机构,更要健全,乃能发挥管理的效能。以上几点,希望在会议时,有详尽的讨论,得到圆满的结果,并且在会议后切实的推行。

载全国粮食管理局编印《全国粮食会议报告》1941 年 6 月

全国粮食会议闭幕词

（1941 年 2 月 25 日）

此次全国粮食会议自本月二十日起至今日止，共六日，第一日的大会时曾有中央两个机关报告和十六省的粮食管理局的代表报告，第二日、第三日整天审查，并且利用夜晚时间，与各省代表暨财政部、四联总处交换意见。昨日大会讨论全部提案并分别决议，今日举行闭幕，明日后方勤务部、屯粮监理委员会、全国粮食管理局等机关召集各省代表交换关于各省屯粮问题的意见。所有尚未解决的事项，盼望各省粮食管理局的代表或与全国粮食管理局商量，或由全国粮食管理局联络各主管机关商量妥当。

综观这次会议，感觉所获得的结果不少，兹分述于后：

一、各省报告：由各省代表书面和口头的报告，明了了各省粮食的一切状况和对于粮食问题处理的办法，现正由全国粮食管理局根据各省的报告，整理成一个全国粮食报告，一俟整理就绪，当即印发各省参考。从各省报告中，可知各省对其本省的粮食问题所做的事情，确实不少。例如：

1. 浙江省：曾也感受粮食问题的严重，而实行了两个办法，第一，县与县间的粮食，由政府支配，加以控制；第二，在重要地区，实行计口授粮。

2. 福建省：因有一部分地方粮食不敷，原倚海外粮食救济。年来海外接济困难，即对各县粮食买卖，加以统制，已有二十余县成立公沽局，经营粮食买卖，并将普及全省。

3. 广东省：一向缺粮，过去曾向海外购进洋米，并与广西、湖南、江西等省联络接济购米,现尚在与江西商量接济办法中,其苦心孤诣,克服困难,**诚属难能可贵**。

4.广西省:该省往昔有相当数量出口的粮食,但去岁产粮的地方歉收,亦对内对外加以统筹,对于广东的接济,由商人或政府代其准备,状况亦颇良好。对于本省粮食不敷的地方则向湖南联络购买,同时该省仓库完备并注意乡镇机构。正在该省研究乡村的彻底管理粮食的办法,前次广西省政府黄主席来渝,有一天晚上,亦曾与本人谈到这个问题。

5.江西省:该省粮食生产素丰,去岁有一部分地方旱歉,对于各省民食的供给,虽未能尽最大的责任,但对于军粮之贡献不少。如第三、第七、第九等三个战区,均是一省负起一部分的责任,此外,对于浙江亦曾以杂粮接济。对于广东现正在商量接济办法中,对于省内,曾因需粮的缘故,划分供需区域,加以配合,在今日以前,江西在粮食方面可谓用尽力量。

6.湖南省:该省原为余粮省份出口的粮食数量较大,其所负的责任亦较任何省份为多,除负担六、九两个战区的军粮外,尚负担旁省的军粮,并且仍须负担民食供给的责任,如对广西、广东等周围的省份皆曾负供给责任,虽然仍感不够,但已尽其最大的努力。

7.贵州省:该省原非粮食多余的省份,去年秋收虽好,但其所负责任较其收获量大,因安南发生问题,军队增加,所负军粮责任较往年为大,故贵州对省会及重要都市的管理早有准备,农村的余粮亦早经统筹,故民食军粮,皆未发生问题,对于四川亦增小有帮助。

8.云南省:该省前年曾感受粮食恐慌,粮价最高时达一元七八角一斤,自安南输入以补不足,过去亦曾向四川少量的购进救济,曾粜积谷以平米价,在昆明曾因需要而实行计口授粮,粮价降低,同时增产成绩,亦甚良好。

9.江苏省:该省的处境,较任何地方困难,游击队分配区域甚广,受敌伪之压迫最深,但就吾人所知,江苏对于粮食控制所用的力量并不弱于他省。

10.安徽省:该省沦陷的地方最多,但亦极尽抢购粮食之能事,并能自筹几百万款项抢购,确属不易。

11. 湖北省:该省有一部分地方要较任何地方困难,我们的军队驻在山地,而且数量甚多,虽然有很多因为办粮而自杀的因为根本不产粮食的原故;可是该省用尽民间力量,曾于短时内将军粮的困难支持下去,此种精神,实堪佩许。

12. 四川省:该省粮食本可自给,丰年有余,荒年虽然不敷,但相差数量有限,过去亦曾向湖北、安徽购进粮食,但目的在镇定人们心理上的恐慌,去岁本应相抵,惟因去岁歉收,都市人口与军用工程吃米的人口增加,食杂粮的人口减少,故曾一度发生问题;同时去岁秋收后,需要大量的米运出接济鄂西军粮,年达七八九十万市石,复以后方军队发粮,军队驻在四川者特别的多,故负担特大,秋收后四川对于军粮亦曾尽全力,总计采购和捐献的数量近五百万担,至于管理方面,因歉收之故,困难甚多,现在加紧进行中,因为地区广大,人事的调整,对于余粮的管理,容或不及他省之贯彻;所颁布之各种法令,以下级机构之有欠健全,亦曾稍收效果。

13. 西康省:该省向来缺粮,但以往对于军粮能尽其责任,并曾与四川联络,运往接济,可谓已用尽其力量解决今日的困难。

14. 河南省:人口本不算多,地方亦不算大,其中有一部分地方沦陷,而其所负担之军粮数额则甚大,除一战区外,尚须负担他省,日对晋南和鄂北需要的一部分军粮,对于军粮用尽全力,准备亦甚迅速。

15. 山西省:该省沦陷地区较多,最不易控制全局,但对粮食亦能准备,加以管理。今后已一部分向沦陷区及邻省取得帮助,并且准备了许多管制的办法。

16. 陕西省:该省关中虽然多粮,但军队亦多,贵在能于负担责任特别大时而能负其责任,且能予邻省以帮助,亦属不易。陕北方面或许要正研究从宁夏、绥远方面接济的办法,陕南方面较为困难,恐仍正与邻省湖北设法联络,取得帮助,在管理上各方曾予并顾,如民食之麦粉,曾用尽方法控制其来源分配并设法增加其来源数量,平抑其价格,收获甚大。

17. 甘肃省:该省的粮食,因为交通的关系,相互运输供给,恐较困难,省粮食管理局甫成立,拟从调查方面着手,预料今后对于军粮民食,一定会有很好的处理。

以上的报告资料,在会议中为最大的收获,可以供各方面、各省彼此间和全国粮食管理局的参考。

二、总裁训话要点、各级长官及中央机关代表的报告

会议中,总裁曾莅临剀切的训话,贺秘书长亦曾加以指示。总裁训话的要点有三:

1. 各省要使粮食得到互相调剂,盈虚共济,不要使缺粮的地方发生问题,而余粮的地方也闹恐慌,尤其是中国的粮食问题是"不患寡而患不均",今后一定要做到"均"字。

2. 各省对于下级粮管机构和人员,要切实监督、指导,避免一切舞弊事端,厉行信赏必罚。

3. 今后要用科学而有效的方法管理粮食,各地方的调查情报资料要能迅速获得,随时加以处理,无论好坏情况要立即传播各地,使之有所改进或有所准绳。虽然一个时间、一道命令,不能使全国一样,进步定有先后,此在外国亦然,即很有计划的国家,其进步亦有先后,不过,我们要用很迅速的方法,将各地好的现象坏的现象供给到全部范围,则为管理粮食所必要的方法。以前本人研究教育,深知美国并未设教育部,仅内政部有教育司,其工作:一为统计,一为视察,凭视察所得严定奖惩,用此方式促使各县教育进步甚速;再利用统计将各县办理教育状况加以比较,促使各县互相竞赛,这些方式都值得我们采取。

开幕的时候,行政院孔副院长莅临训话要点:大意认为粮食问题纯由于人心的恐慌,也许用几篇文章、几次闲谈,就会使很小的问题成很大的问题,如美国曾因福特厂有关之银行而引起全国金融界的恐慌。因此,我们今后管理粮食要注意镇定人民心理的恐慌。

此外,何总长训话提示军粮问题与粮食管理之重要,内政部周部长训话提示管理积谷之重要,经济部翁部长提示管理方法选择之重要,对于粮食管理的提示很多,对于军粮、积谷和管理帮助不少。农林部代表张司长的粮食增产报

告,使我们知道中央增产的计划,盼各省代表切实与农林部加以联络,粮食增产的结果对于军粮民食裨益甚大。关于军粮会议的结果,曾由全国粮食管理局翁处长代表端木副部长报告,军粮会议通过各议案之与全国粮食会议有关者,要知军粮与民食影响甚大,今后军粮的采购和分配均与管理民食有关,不能认为军粮仅是军粮机关的事情,希望各省代表认清粮食管理须军粮与民食兼顾,一定要负起军粮的责任,用尽力量去帮助,并须与原有的军粮机关密取联络。

余如卫生署金署长报告,食物营养会议所的结论,在粮食节约消费方面帮助甚大,各省代表返省后应商同有关机关联络,协助推广。中央调查统计局代表罗专员报告敌伪粮食管制的方法,其中有一点值得我们注意,就是对于粮食管制各地不一定要采取同一的办法,必须要定得有弹性,而后可望实施有效。因之,希望各位能够今后对于粮食管理要注意特殊环境而有特殊之设施。

以上乃在这次会议中从各级长官训词及各机关代表的报告中所获得的益处。

三、此次会议的重要决议案

此次会议所决议的案件很多,尚有临时动议的案件,兹归纳其重要者分述于后,希望各位加以注意:

(一)行政组方面:

1. 健全各县乡镇各级机构及人事:一切方案已于会议中提出决定,关于章则的修改,中央方面当速即办理,希望各省对于县以下之粮管机构力求健全,人员务须加以训练,使从事粮政的人员,对于粮食管理的一套技术,要彻底明了而力图推行有效。

2. 严格管理市场:管理市场不是每个市场单独管理,而是要造成整个的管理网。农村的粮食买卖在极小的市场,管理要从极小的市场做起,逐渐集中至大的市场,成为一个管理网。粮食买卖也许不能完全委托商人,有一部分要由公家来经营。公家经营的时候,要顾及下面两点:第一,地方的需要;第二,凭自己人力、运输和资金的能力。要知今日为求有效之管理起见,不能完全仰赖商人，须因时因地而制宜，也许必要时，自己要全部控制。不过，资金、人力要特别注意，就目前各省的情形以观，资金力量大半不够，但亦不能完全仰给于中央。经与财政部、四联总处商定：各省仍以自己负担为原则，实在无法时再请求中央补助，也许一时不能完全解决，但定可逐渐进步，得到部分的解决。

3. 控制粮食来源平定粮价：粮价的平定，一定要控制粮食来源。换句话说，控制粮价一定要先控制粮量。如能控制都市粮食来源，则都市的粮价定可加以控制。如能控制农村粮食来源，则全盘的粮价，一定皆可控制。全国各地粮价的平定，也许不能用同一的方法。将由全国粮食管理局根据过去中央和各省所施行的平定粮价的办法，重新厘定平定粮价的原则，分发各省，切实遵照施行。

4. 举办粮食有关之调查情报：以往各省对于调查情报，都缺乏基础，但为谋管理有效，一定要求调查情报。临时调查所提供的资料大半错误很多，如四川常提供某县粮食，差额甚多，类由耕地面积推算而得。我国耕地面积数字，除已办土地陈报者外，因田亩丈量之不同，而面积单位之有异，根本就不可靠。准此不可靠之耕地数字，再以最低之收获标准推算，故粮食相差甚多。至于消费则根据人口数字推算，我国一向人口数字不准，临时调查粮食附带调查人口所得数字正确与否，又堪怀疑，而且消费数量的估计，最大困难是消费标准的决定，各地每将粮食消费的标准提至最高，因之，计算的结果，原来有余粮的地方，也会不够起来。今后管理粮食要求各省调查情报的工作须是经常的，无论其为市场或农村，皆须继续不断地调查情报，以作管理根据。同时，现代的计划，一定要根据数字，数字一定要根据调查而得，仅制订管理办法是不行的，一定要办理调查情报。现在四川已经实行电报粮情，与交通部商定，已有一个地方实行，希望各省注意及此，迅即举办，将各地的粮情用几个简单的数字电报本局。

5. 造起节约消费运动：节约消费的工作，一定要联络卫生机关和农林机关来办理，造成很大的运动。例如成都附近用水碾者多，在最近期间内也许要规定碾米只能碾某种成分的米，希望对节约消费加以注意。如某省产谷数万担，碾精米假设打八折,碾糙米打九折,就有百分之十的差异。如倡食糙米,也许节省百分之十的数量,就能解决了本省或某一市场所缺的米。又如酿酒,四川高粱耕地面积,达四百多万亩,有六百万至八百万担的高粱用以酿酒,若节省此六百万至八百万担的粮食或可解决四川某一市场的粮食。所以节约消费这一点,也很重要。

6.改良仓库并建设仓库网:仓库今后成为管理粮食的主要物质设备,务须设法使县、区、乡镇以及各市场皆有完善的仓库,旧有的仓库亦须予以改善。

以上系行政组决议的要案,虽仅有原则的规定,希望今后拟定更详细办法,付诸实施。

(二)运济组方面:

1.粮食调剂:粮食调剂有两个部门:

甲、省际粮食调剂由全国粮食管理局负责与各省联络:如广东得湖南、广西帮助,四川与西康、山西与河南等皆须互相调剂,从此获得更清楚之认识,此对粮食管理帮助不少,全国粮食管理局对此当更用力量。

乙、省内粮食调剂由各省粮食管理局负责统筹:每省消费与供给的地方,要用力量将有余与不足加以分配,庶几不致发生不均现象,因之,各省对于供给区和消费区要划分清楚,根据交通运输的情形加以分配。

以上关于粮食调剂,可以说是这次会议最大的收获。

2.运输问题联络交通机关解决:谈到粮食调剂,一定牵涉到运输。今后粮食运输方面,也许利用原有交通道路工具,也许要陆续增加,也许要发动民力,利用政治力量来发动,以解决军粮民食的困难。

3.资金问题:经决定原则,由各省自己先筹,不足时向地方银行商借,及战区经委会、四行洽拨,不足时再向四行洽商办法。不过,希望各省要提出详细办法,当可逐步解决困难。例如福建省政府财政有准备,拟发行公债,故在与财政部门及四联总处商量时较易解决。

4.军粮:第一,三十年度采购军粮的准备要在收获以前准备妥当,庶几才能统筹。第二,二十九年度军粮一定要办足额,依照现在各省最地需要办足,不过,也得事先要有准备。第三,二十八年度军粮要结束,凡我们经手的军粮,一定要做到量、钱、账、事四种同时结束。

(三)增产组方面:

1.增加粮食作物生产:如面积、单位、产量皆须顾及。

2.实施农田水利工程:应切实注意与兴办。

今后务望各省与农林部及有关机关密切联络,尤其增产方面,农林部已有数字根据之计划,且经与各省代表交换意见,皆表赞同,希望切实办理。

(四)制度组:

1.公营及管理人民经营,由各省斟酌地方情形实施,昨曾经激烈讨论,今后不仅要注意公营,更须注意和管理所有的经营。

2.由中央颁布整个管理方案,将由全国粮食管理局根据原来的管理法大纲,各省代表的报告和这次大会的决议案,加以订定。

3.计工授粮,在必需的地方,得以斟酌实施。

4.田赋改征实物,在实施省份,粮食主管机关应与财政厅切取联络,分工合作,切实实行。

5.积谷问题由政府代收,或改交现金,或归入公仓等,由全国粮食管理局联合有关机关商定富有弹性之原则,再令各省施行。

6.捐献军粮运动,各省粮管局应联络有关方面共同策动,因总裁倡导此运动,且期望甚殷。

虽然在以上所述的决议案中,因时间关系,不容许详加说明,但将来须根据要点,造成详细之计划和办法。

四、最后报告今后全国粮食管理局应做的工作

1.各省书面报告分类整理后供给各省彼此参考,各省如将来有重要工作,应互通情报,取得联络。

2.除整理此次会议决议案外,尚应:

甲、依各个专案联合有关机关,制定各种法令;

乙、综合原有管理粮食办法、各省报告,与此次决议案,拟定管理粮食整个

方案；

丙、提出重要决议案呈请行政院提前通令各省实施；

丁、编制全国粮食会议报告书。

此外，务望这次会议所议决各案不要落空，一扫过去议而不决，决而不行的弊病，要能全部议案付诸实施，施而有效，这是本人最后的希望。

全国粮食管理局编印《全国粮食会议报告》1941 年 6 月

为重庆中华基督教青年会题词

（1941 年 5 月初）

　　以热诚会务之精神，谋社会进步之均齐。事业所树，造福此都。廿载苦诣，辉生竹帛。扩而充之，锲而不舍。行见利溥，人群跻于大同。

重庆市中华基督教青年会编《重庆市中华基督教

青年会二十周年纪念册》(1941 年)

现今粮食问题与营养

（1941 年 6 月 15 日）

（一）一个人每天需要多少粮食

一个人需要粮食的数量是依年龄性别工作情形而不同。年富力强的人，比老年或儿童，男人比女人，做繁重的筋肉劳动的人比做精神劳动的人需要粮食的量来得多，这是大家都知道的，但是究竟一个人需要多少粮食呢？这是可由学理一方面来说明的。

从学理方面说：根据每人每日所需要的热量来计算所需要的粮食，常人每天基础的需要是二千四百卡路里，工作轻的时候每小时另须增加七十五卡，繁重的工作，每小时依工作情形增加七十五卡至三百卡。据北平协和医学校调查，我国军人，平均六十公斤计算，每人每日所需热量为：

睡眠	约八小时	需热量	四四六点四卡
内务	约二点五小时	需热量	三六四点五卡
教练	约五小时	需热量	一点三二九点〇卡
休息	约八点五小时	需热量	七四九点七卡
合计	二四小时	共约	二九〇〇点〇卡

但计算食物时应另加不吸收率，所以都主张士兵每人每日需要三四〇〇卡的食物。

供给所需热量的来源，以碳水化合物为最宜。

通常米麦粮食及包谷、红苕等粮食，大量含此类蛋白质，生长及新陈代谢

（排泄及呼吸等作用），常需要蛋白质、肉类和多数动植物食品含有之脂肪，（动植物油）都是供给热量的主要物品。

卫生署根据这种供给热量的物品，配合每日应得之食物如下：

糙米　822 公分×3.38 卡（或白米 759 公分×306 卡）＝2778 卡（主食物热量）

脂肪　　16 公分×9.3 卡＝149 卡 ⎫

牛肉　　30 公分×2.78 卡＝83 卡 ⎪

青菜　　80 公分×0.15 卡＝12 卡 ⎬ ＝食物热量 570 卡

胡萝卜　70 公分×0.85 卡＝60 卡 ⎪

黄大豆　69 公分×4.4 卡＝304 卡 ⎭

其他　　　　　　　　52 卡

合计　　　　　　　　3400 卡

上表中七至九公分之白米约等于二四点六市两，但是我国一般家庭中的膳食，副食物极为富丰，由副食物供给的热量较多，所以需要米的量亦随之减少。根据卫生署新食谱的配合，普遍约四百五十公分（即十四两）即足，所以每人每月二斗是很可足够而有余的，我国人常有每顿饭吃四五碗的，这不免太多，不仅对营养无益，并由此形成百病的危险。假若为要增加营养，应该多吃蔬菜、大豆、植物油、骨血及肝肠等食物，尤宜多用杂粮。如高粱、小麦、玉蜀黍、红苕、白薯、马铃薯、芋山药及木薯等，均富营养素，作为米麦的代用品，或与米混合的吃，既可增加粮食的来源，复可减少因食料单纯引起的营养不良症。

（二）怎样吃饭和面

米不应选用上白米。因为米的内皮（即细糠）及胚芽含有乙种及其他的维他命，可以治脚气病，多吃上等白米就易生此病。最好能吃糙米，实更富营养而且可减少米消费量，（糙米研上熟米须减少二成。以四川为例。一年的米产量为八百万石，研成白米，即捐失一百六十万石）实属一举二得的事。

至于四川人煮饭通常都把米汤取去，实极不合营养原则。其实，米汤里面含有许多营养素，所以我们煮饭时不须将米滤出，像下江人的吃"锅饭"是很合宜的。

麦子内外定(即麦面)中含有多量维他命,土研面粉实较机研的上白粉为合于营养。最近全国粮食管理局即拟根据此原理,限制重庆面粉厂多制"通粉",(即不去麸皮的面粉)并可增加粉量(约增加二成)。

关于白米、白面粉与糙米及未去外皮即[的]麦子,其营养价值相差甚大,由下表就可知道:

名称	脂肪	蛋白质	面粉	磷	铁	维他命
糙米	2	8	76	十十	十十	十十一
白米	0	7	79	十	十	○
全麦子	2	12	74	十十	十十	十十十
上等白面粉	1	11	77	十	十	○

(三)多吃杂粮

四川的杂粮为小麦、玉米及甘薯等,其实小麦在北方系主要粮食,其营养价值较米为佳。欧美人视麦为上等食粮,米是劣等民族之粮食,至于玉米及甘薯的营养价值亦与米相等。在米价暴涨的现今,营养价值相等的米和杂粮,我们为何不选择廉价的杂粮呢? 当然由于习惯及味感不及米的缘故,人民不乐食用,但这是可由烹饪及调味的方法(或者磨粉后用酸醉方法制成面包)来改善的。

四川杂粮的种植面积及生产量与稻米有密切关系,即稻米歉收时下年小麦等杂粮种植面积及生产量即行增加。去年水稻虽略为歉收,杂粮方面有所增加,尤以甘薯为著,所以四川绝无饥馑之虞,只要我们有吃杂粮的决心。

结　　论

在现今米源略有问题的时候,应该减少米的消费,多吃糙米,吃面粉,吃杂粮,吃面菜、豆类等副食物。既有补于营养,节省金钱,并有助于粮食问题的解决。

录自《力行》1941 年 6 月第 1 卷第 2 期《粮食问题特辑》

嘉陵文化基金会设立理由书

（1941 年 6 月 27 日）

一、旨趣

吾国过去忽视科学,以致文化落后,贫弱不振,外人乘机侵略,富强无由臻进,有识之士,咸抱隐忧。值此国难严重,百物凋敝之秋,对于文化建设,亟应认定目标,先树基础,俾期逐渐发展,获得成效,以裨益国家,福利人民,进而探讨研究,日新月新,求与欧美文化并驾齐驱。故本会之设立,为目前惟一急务也。

二、业务

本会以经营矿产及其他生产事业,所得利润作发展地方文化及奖励科学研究经费。

三、经费

本会以卢尔勤、卢魁杰两先生捐赠煤矿全部资产,照时价应值四十万元,权作国币贰拾万元作为基础,并经营其他矿产及生产事业,以所得盈利充作本会开支。

嘉陵文化基金会董事长　卢作孚

三十年六月廿七日

重庆市档案馆藏档案

853

嘉陵文化基金董事会呈文

（1941 年 7 月 11 日）

为组设嘉陵文化基金董事会，拟具章程，连同理由书、董事履历赍请鉴核备案由。

窃本会之创立，系得卢君尔勤及其弟卢君魁杰以其所有振华、振隆两煤矿公司全部资产照时价应值四十万元，权作国币贰拾万元，捐出由会经营，作为基金。于此国难严重，百物凋敝之秋，对于文化建设亟应齐头并进，俾期于国家社会有所裨补。本会惟有认定目标，先树基础，以所得盈利，次第发展科学知识，改进文化，爰组织嘉陵文化基金董事会，公推卢作孚为董事长，主持会务。会址即设于北碚，理合拟具章程及董事履历表各一份，随文赍请钧部察核，准予设立，并填发许可证，以利进行，伏乞示遵。

谨呈

四川省党部直辖三峡实验区区党部。

计呈章程、理由书、董事履历表各一份。

嘉陵文化基金董事会董事长　卢作孚

重庆市档案馆藏档案

在民生实业股份有限公司
第十七届第二次常务董事会上的提议

（1942 年 6 月 25 日）

　　查本公司收入甚微，支出颇巨，而新造及修复船只所需钢料狂涨不已，且修建竣工之船，复以资金周转不灵，设备未完，不能开航，致蒙重大损失。为解决上述各项困难问题计，兹拟具办法四项以谋补救：一、力求收支平衡；二、将短期债变为长期债；三、变卖破旧船只将所得价款用以建造新船；四、被炸打捞之船只，请政府给予修复费。是否可行，敬请常董诸公表决。

困难为吾人毅力之试金石[①]

（1942 年 10 月 4 日）

各位同仁经一月以上之受训，自极辛劳。故本部拟借今日之宴会，以示慰劳之情，且以诸君平日散处各方，不易相聚，以训练之机会，能集数十位学员济济一堂，晤谈之中，使平常公文所不易述达之事，今日可交换其意见，中央训练团所不能提出之问题，今日可申说其见解。各省及本部之同仁，得利用此宝贵之时间，相互讨论报告说明种种，今日之宴会，其意义诚不仅慰劳而已。

诸同仁经一月之受训，对于国内、国外、前方、后方，以及在交通部以外与吾人配合之问题，应已有明白之认识，而在重庆之时，以与各司厅接洽之机会，对于本部之事亦有详密之了解。吾人对于任何事项，必须全部明了，然后本身之事可期尽善尽美。例如铁路站长，如仅明一站之事，而忽于与他站之配合，则其一站之事必不能得最好之成绩，所以一站站长，必须明一路之事，明一路之事，尚有不足，如在湘桂、粤汉任事者，不明粤汉、黔桂、湘桂数路之事，则其工作仍难求得与他路良好之配合。明数路之情形，尚有不足，在粤汉者，须知珠江以南、湘潭以北之情形，在黔桂路者，须知金城江以北之运输。故交通界之每一职员，必须知周围之状况，才能与周围有良好之配合。同仁经此一月之训练，余深信回其原来之岗位后，对于本身职务与周围之配合，必较今日以前

---

① 该文是卢作孚于 1942 年 10 月 4 日对交通部选派参加中央训练团学习期满人员的讲话。

更为洞悉。

吾人须知抗战初起,无人信其能演变至今日,在抗战初起时,敌人进展甚速,但愈后而愈慢,最近二年虽有前进之时,但继之者即为退出,可见敌人之力,已至再而衰之阶段。而吾国经多年之苦斗,军事上已产生一种自信,即吾国之抗战,决能支持。过去中国单独作战,今日则同盟国增加甚多,可见此后之局势,必能由退却至相持,由相持至反攻。同仁在中央训练团聆听各方面之报告与演讲,对于此点必甚明了。交通事业之变化与军事之进退,息息相关,但交通事业在因军事所感受之困难下,能保持今日之秩序与局面,可见吾人已有克服困难之力量。以吾人所有之基础,在军事推进之时,必随之而推进。今日以前,吾人支持日益困难之局面;今日以后,吾人必将担负更大之责任。希望同仁明了全国及周围状况之后,针对行将展开之局面,竭尽全力,稳定吾人当前之交通工作,随军事而前进,路、电、邮、航及驿运,莫不如此。吾人事业之数量必须尽量使其加大,错误必须减少至最少之限度。在军事停顿之阶段,实为吾人稳定巩固交通事业之良机。并盼望同仁,于未离开重庆之前,与本部各司处商洽,当前应行注意之问题,部座于此,更有厚望。

今日环境之艰难,远过于战争之初期:物价之高涨,材料之缺乏,人事管理之困难,均为吾人严重之威胁,而吾人之收入,又不能随物价而增高,如电政邮政,每月亏空甚多,故自部座以至各司处同仁,无时无刻不为所有人员之待遇着想。当然吾人不能解决整个困难,不满意自所难免,但必须将困难支持,国家之危急存亡,系此关头,今日之困难,非三五年前所能比拟,但困难正为吾人毅力之试金石,吾人必须鼓起勇气,竭尽所有之力量,克服此困难。吾人困难之克服,即为交通事业困难之克服;国家之存亡,未来国家地位之提高,均在吾人肩上。吾人须忍耐现在之痛苦,取得将来无穷之希望,以今日所有之基础与机会,作一番稳定与预备之工作,以待军事转变,恢复时期之发展,此为部座平日谆谆之训嘱,愿与同仁共勉,并望在离渝之前,尽量与各司处交换意见,以研究各方面交通困难克服及稳定之道。

《抗战与交通》1942 年 11 月 16 日第 95 期

在立信会计校开学典礼上的讲演

（1942 年 10 月 10 日）

刚才听了潘校长①详尽的校务报告，又听了陈部长②对诸位同学恳切的训示和期勉，因此也想提出两点建议：

第一，是量的发展——赶快应量的方面的需要而大量扩充。刚才潘校长说"今年报考学生达到一千二百几十名，还有一千余学生向隅，因此不忍心不收容，不忍心不图谋学校的发展"。我想，这还是一方面需求的情形，另一方面，一定还有许多事业尤其是经济事业，找他介绍学生担任会计工作。譬如我常和经济界的朋友接触，应有很多经济界的朋友托我转为设法介绍大批的会计人员。从这两种情形看来，一方面有着大量的学生恳切地要求到贵校来学习，一方面有着许多新兴的事业迫切地要求介绍会计学生去，学校应着这两方面的需要，当然需要作更大的扩充。

1. 自己从前在南京时，就晓得陈部长是研究经济的，尤其是研究计划经济的为了配合计划经济而又才研究计划教育。今天国家已在整个计划之下积极建设，陈部长亦正谋配合整个建设的需要帮助各校加紧人才的训练。今天对立信的帮助虽然很少，但这很少的帮助也极其困难。因为教育部未预先把它列入补助的预算，也许学校未预先作这种子选手请求，但是假定学校能照着陈

---

① 潘校长即潘序伦。
② 陈部长即陈立夫。

部长所期勉努力办去,则虽然今天未列入而明年必定列入。只要学校尽力为教育部培植整个建设所需要的会计人才,教育部是当然帮助学校的最高机关,当然愿意给予所需要的最大帮助。

2.除了陈部长算是最有兴趣,而且必用最大力量以帮助学校外,刚才说许多学生的家长都要求学校收录他们的子弟,许多事业尤其是经济事业都要求为他们介绍会计人才,然则他们也应该而且也必乐于帮助学校的发展,使学校有力量可能满足他们的需要。则所有学生的家长,所有需要人才的事业,都是立信的校董了,未来必遍地都有立信的学生亦必遍地都是立信的校董。刚才报告说"学校的经费年差九万元",那简直不成问题。所以学校应该赶快扩充,应着两方面的需要,赶快尽量的扩充,你能够租到好多房子,你就扩充到好多房子。

第二,是质的提高——有全国最好的会计先生,应该教得顶好。量的发展仅是扩充的广度,同时还要注意到扩充的精度方面——就是质的提高。因为我接触立信朋友机会少一点,所以还不很清楚他们服务的情形究在水准以下或在水准以上,但是我觉得应该在水准以上,因为主持校务的潘先生是全中国会计界中最好的先生,你约数全中国会计师有几个为潘先生者? 然则,如果学生不好,究竟是教的问题,还或者是学的问题呢? 我想,两方面都值得研究。说到这得想起一个"两样都有"的故事来:

德国威廉皇帝最留心士兵的选择,每个士兵他都认得,凡新初入者他必亲自召问,而每次问题都是那两三句,且程序亦从未变化。第一句问:"你好大年纪了?"第二句问:"你入伍几月了?"第三句问:"你得着面包和武器没有?"有一次培训军官收了一位外国人,因学不会德国语,又恐威廉来了无法应对,就赶快教他三句应答的德语,第一句答语"二十年",第二句"三个月",第三句"两样都有"。果然有一天威廉来了,照例的问他,但偏遇着那天偶然将一、二句话的秩序问倒了,先问他:"你入伍几个月了?"答曰:"廿年",威廉甚以为诧。再问他:"你好大年纪了?"答曰:"三个月"。威廉皇帝很诧异地说:"你到底是聋子或傻子?"彼继续答曰:"两样都有。"

这虽说偶然的事例,不足为凭,但努力提高学习的水准为两方面当然的需求。然而究竟提高到什么程度呢?以自己参加几桩事业的经验,觉得有几个原则,可提出来供大家的参考。

1. 具有最低限度水准的技术:本来现代教育即是技术的教育,技术有三个基本的条件,尤其是会计人员如无这三个条件,连记账员也不能作。(1)正确:记账尤其要正确。不要错了才来找,尤其不要自己有了错,让人家来找。现代的医生,进化到社会上没有病人,会计亦应进化到绝没有错账;(2)迅速:现在一桩事业[中]会计人员要占到20%,我想如果效率提高,至少还可减至好几倍。日本警察已由一个人管一千五百人,进化到一个人管一万人了。如北碚市场有一万人口,只需要一个警察就可管理了。假定会计人员以前每天记一百笔账,能够提高到日记一千笔,则一人可当十个。以前需要十万人的,现在只需一万人就行了,则有那九万人都是冤枉,所以我们要在正确基础之上还再要求迅速;(3)可观,美好(艺术):记得对,记得快,还不够,更要要求可观,笔笔都记得来,很清楚,都记得来非常整齐,不仅可以看得懂,而且还可以很容易地一直看下去。假如记得来很潦草模糊,等于发给大家的一本极坏的油印讲义,一望即令人愁闷。如果系一本精美的资料,阅读起来就可高兴极了。你所记的账,就等于一本教科书,而且是要永远保存,随时翻阅的一本极其重要的书,更应该要好好地去记录它。

2. 养成执行严格程序习惯:中国人往往讲得很严格,而做得不很严格。如会计上怎样收,怎样支,怎样记日记账,怎样记分户账。每日又有日结,每月又有月结,每年必有年结。这些都有一定的手续,有一定的严格的程序,应该在学校学的时候,就培养成功,将来到社会上才能严格地建立起来。

3. 要有最清楚的整理而为控制未来的根据。整理是会计必要的要求,不仅会计为此,任何事情都得为此。因为今天的整理即是明天计划的根据,甚至可控制未来的发展。

现代世界的进化,可说就是控制力量的进化。个人前因职务关系曾往参观中央广播电台,见其控制台极尽其复杂微妙,然而只需要一个管理员,三个开关就把它轻而易举地整个控制了,要它开就开,要它停就停,要它音大就大,要小就小。不仅如此,而且只收听伦敦的或只收听纽约的,并可只转播伦敦的或者只转播纽约的消息,要它转播远就远,近就近,不仅可控制周围世界的广播,那些可接收或不接收,而且可控制听众,哪些让你听或不让你听。

再如轮船。领江望在船头驾驶台上,手握把手一摇,机舱即依着信号叮叮当当响。大车即再一按机关,即可使船向左、向右,或开快,开慢,最进化的船,已可由领江直接指挥机器了,手一摇,机舱的机器操纵舵,即可跟着转动,现代的进化就像这样控制的进化。

会计的专责是控制钱的,控制钱的收支,按照着预算绝无出入。假使有出入,也一定很小。预算即是计划,任何事情的预算都叫计划。今天以前,很多人拟计划都是作一篇文章,而现代的一切计划却全是数目字。会计人员从这些满篇的数目字中,控制着未来的开展,已可产生浓厚的兴趣,进而随时可得着一个结果。每日、每月或每年的结算,一结出来,全部了如指掌,则更高兴了,而与今年实际收支的决策又为明年收支预算的根据,这就可很把握地控制着未来。

4. 要能善于用钱来解决事业的问题:单只控制钱的本身,还不能解决问题,而是要运用钱去解决事业的问题。例如在交通部任会计,不仅需要会计方面的专门学识,然后你才能够配合各方面的需要,解决事业的问题。否则,当工程进行急需时,忽而经费都不能如期如数的接济,则工程立即限于停顿,致一个机关业务人员每每与会计人员不相和谐。故会计人员除了控制钱以外,更应有广泛的至少对所服务机关的各项业务,有丰富而远大的识见,才能运用知识解决业务的实际问题。

这就是会计员质的训练,要由最低限度的技术起,到最高限度确能解决事业的问题止。如果立信校全体学生都能提高到这种程度,即使再扩充到今年十倍这样大的房子也不能容纳。我有一个朋友,在美国看见各乡村公路遍地都是汽车来来往往,不知多少,于是就起了一种疑问:"这样许许多多汽车是从哪里来的呢?"后来便有一天去参观福特最大的一个汽车工厂,眼看着一部部装好的汽车用皮带输送出去,一部跟着一部,快到每分钟就要出去一部,则一小时六〇部,一天一四四〇部,一年就要出五二、五六〇〇部。于是又发生了一个疑问:"这样多的汽车到那里去了呢?"如果立信校也发达到那种程度,平均每分钟出一个,一年也要造就五二五六〇〇个,这时大家一定又会发生疑问了:"这样多的学生到哪里去呢?"

如果要得答复:再请大家算一算。

假定全中国都现代化了,到处都是工厂,都是矿山,都是农场,则凡有一事业,必有管理。凡管理必有人、钱、物的关系,亦即有账的关系,亦即有会计人员。又假如中国至少有四万万人口,除开老幼残废外,有两万万人参加这些事业而这些事业人员中有百分之一为会计,则至少需要万个会计。于是我们又会发生疑问了:"这许许多多会计从哪里来呢?"现在立信校一年最多毕业几十个或几百,简直不够得很!所以要赶快扩充要大量供给,而且所供给的都是在水准以上。如果扩充学校要愁没有大笔钱吗?也简直不成问题。现代的一般的银行,就可以造钱,这种造并不是指国家银行的印刷钞票而是[依]赖信用的流通。他的资本,虽然少不够借,就个人的存款借出去。还不止此,他为便利取钱,就更可发行一种支票,可以凭支票向银行取钱。也许将支票拿在别的银行,或自己的银行兑现,接收支票那个银行就记笔账就是。于是账就转向记去,实际上有好多人取钱呢?而金融则非常活动,这就是以信用创造钱。会计人员如果信用良好,不但可控制钱,而且可创造钱,于是乎立信校就可不愁钱了。

重庆市档案馆档案

设立北泉图书馆呈请转呈文

（1942 年 10 月 14 日）

呈

为呈请转呈备案仰乞核准事：窃考北泉公园，位于缙云山脉横渡嘉陵江流之断港中，水木明瑟，冠绝川东，游履时至，不自今始。缙云山传为黄帝合乐之所，路史轩辕有子曰缙云氏，或为得名之由。惟书简脱阙，文献有难征之叹。嘉陵江乃巴子之故宇，汉族尝沿入奠于斯土者，此则近世治史者及考古家做共认，几为定谳者也。经此断山成峡，削石为峰。刘宋伽蓝渐起，遗塑尚存。唐宋石刻，犹多可考。赵宋并敕赐寺额，颜曰崇胜。理学大师周濂溪先生过此，曾序刻彭应求诗置诸寺堂。至元温塘之名乃见著于正史。旧刹接引、大雄两殿，为明代遗筑。观音殿成于清同治间，虽岁月不远，然全宇以铁民、石柱构成，工程伟巨，在今日即数百万金亦不能办矣。民国十六年五月作孚利其有温泉以筹办公园，事委之少琴。经营十有五载，乃有今日。自抗战幕启，其地密迩陪都，行在冠盖，休沐时至。四方学者，亦咸以此为其藏身休游之所。一岁之中，过客无虑十数万众。顾园丁之旨，原不以此为一游览区域，遂谓不负江山之胜，且拟恢弘其在历史上及地理上之特征，举办教育文化事业，使于川东文化，成一中心区域，则北泉一泓所沾溉于斯世者，将益广且大矣。适家骆自南都陷敌，于民国二十七年春以史纂阁所藏《国史通纂》《民国史稿》及《中国学术百科全书》《中国图书大辞典》稿本卡片资料八十余箱，捆载西来，修撰于园中，遂共议就北泉原设图书室，扩充为私立北泉图书馆，以为北泉次第举办各文化事业之准备。先是民国二十七年秋,公园已设立有私立北泉小学,经呈准官厅备案。兹乃复出其历年购藏之图书万数千册,古器风物二千余件,美术品千余帧,以奠本馆之础石。计自本年一月延聘董事,经九月之筹备,并互推家骆兼任馆长,乃得于今岁双十节开馆,以倡导学术之研究,辅助社会教育之推行。理合检同备案应呈事项册及馆章各一件,具文申请查核,转呈本省教育厅报部备案,伏乞俯准,实为公便!谨呈北碚管理局卢[子英]。

　　　　私立北泉图书馆董事会常务董事　　卢作孚　邓少琴
　　　　常务董事兼馆长　　杨家骆

重庆市档案馆藏档案

三十二年度生产计划

（1943 年 1 月 15 日）

　　关于周转资金,赵先生①已提出解决之办法,但吾人因此而联想及于其他
有关生产问题尚多,如原料问题,如三十一年度盈余则如何纳税,亏折则如何
救济,生产品过多寻求销场问题等,逐一讨论,非今日时间所许可。余今日所
欲言者,为限价问题。限价今日已开始,限价以后生产事业所受之影响如何?
赵先生提出银行与实业配合问题,余亦提配合问题,余希望以配合方法解决限
价问题。

　　今日限价中种种技术问题,已有管理当局负其责任,而吾人欲解决限价问
题,最积极有效者,即为解决物品需要问题。今日之生产事业,原料销场均有
困难。物价不断增高,最大之威胁为:赚钱不够者固为折本,所赚之钱不能使
购买力存在亦为折本。物价之增加,已不仅作等差级数之增加,而为等比级数
之增加,计算物价指数亦不能选定某一日为基准,而须以每前一日为基准。故
愈久已愈可畏,生产事业亦愈感困难。同时,交通不便,资金原料不敷,销场不
宽等问题,未必因限价即能解决。但如吾人真能配合,则不但限价可以有效解
决,各种问题均应有效解决。关于此点,本人已有若干意见提供政治当局,余
以为配合二字,政府与民间同样适用,今日愿就民间配合一点为实业界同人

---

①　赵先生即赵棣华(1895—1950),江苏镇江人,1942 年起担任交通银行代总经理。在本
次星五聚餐会上赵棣华讲《银行与实业配合问题》。

言之。

财政、金融及交通等整个社会配合,生产问题方能解决。今日舍财政、金融而仅言及生产与交通之配合。生产与交通之配合极为重要。三四月前,余与燃料管理处郑处长讨论燃料之需要,当时一月所需不过五万吨,需要若是增加,而供给并未按比例配合增加,于是乃有最近燃料之恐慌。所谓配合,不仅今日需要今日配合,更需要今日配合明日之需要,任何事情,皆需要与政府取得联络,不能专责政府;同时任何部分,一方面解决本身问题,一方面须使本身与周围配合,设法解决全盘问题。如吾人可根据本月之靠煤量以估计下月之用煤量,重庆用煤之增加,不由于人口之增加而由于工厂之增加,故如工厂与燃料管理处取得联系,使其明了最近之用煤增加情形,生产方面有此估计为据,自可谋增加产量。且工厂不断增加,故未开工前即须预算吾人之需要,与燃料机关取得联系,燃料机关可资以筹划下月之分配与供应。一方面又需要预计矿厂生产若干,运出若干,燃料机关将需要与供应作一配合,即可知差额若干,加以补救。

在煤之产量,冬季多而夏季少,故冬季如何为夏季储备稳定量,亦须有准备,加以详细研究,某矿可以增加若干,某线运量可以增加,于是乃将煤之生产量需要若干,设备若干,运输工具若干,作一统盘之配备,则煤之供应价格自可稳定。近年来粮价稳定,即赖粮米供应之稳定。近数月来钢铁价值最为稳定,即以钢铁根本滞销之故。故任何物品之生产,须视需要为转移。又如去年棉花生产未确定前,棉价相当平稳,待生产量一旦确定,不够供应需要,棉价立涨。虽棉花减产有种种原因,为余所尚不知者,但如纱厂希望纱价稳定,必须棉价稳定,即必须与棉花生产相配合。各纱厂联合尚不能解决此问题时,则仍需与政治机关联合,或关系农林部,或关系省政府,均需设法配合,并须立即配合,否则下半年困难即将莅临。故为本身着想计,并须为整个着想,为纱厂着想之外,尚须为整个后方所需要之棉花着想,计算各省之产量;如感觉不敷,即须增产,而增产又须于未种植前决定。增产方法,政治力量以外,更需要经济力量;即保证种棉花者每亩所得之利益必在水准之上,如产后无法销售,则由政府金融机构及商业机构负责购买。再棉花生产期较其他农产品时间较长，为保证棉花生产，又需与金融机关相配合，使棉花生产内得更多更长之周转资金，此种种方面之息息相关，尤可表现配合之重要。

就周转资金论，目前实为最困难之时期，因赚钱不足原来购买力之存在，均为亏折现象，而致周转不灵。欲解决该项问题，必须与银行配合，赵先生仅言战后生产事业与银行之配合，吾人则希望目前即有详细之配合办法。今日资金配合问题，颇不易解决（限价以后，当无此问题），盖过去三五万之周转资金，在今日则需数百万，此数欲银行负担，亦极困难；商业银行周转资金既有困难，国家银行之周转亦非毫无限制，故吾人须于商业工业之配合求周转资金困难之减少。余常觉生产商品不能供给需要之时，商品之转移仅为所有者之转移，即成为静止之状态，囤积之现象乃生。如商品继续不断供给，则成为动的状态，由工厂至商人而消费者，源源而出，囤积者不打自倒，但求商品源源供给，必须有周转资金，余深望生产事业中各位能够联合与金融事业者作一研究，如何使生产者手中货物不断轮流抵押。现在货物抵押在取缔之列，实则在商人方面应予取缔，至于生产者则应予以原料准备量，如自甲地至乙地，运输需时若干，则转运时间内之周转，即应研究设法。

现在金融界周转资金不足，国家银行所负责任太大，不但负生产事业之责任，并须负商业银行之责任，但国家银行或商业银行尚有一途可增加其力量。赵先生希望吸收民间资金，所谓吸收民间资金，金融方面为吸收存款，生产事业即接受股份。以金融力量吸收存款论，在都市商业较为发达之地，资金均相当紧缩，亦可谓其力量未达普及于各乡村之程度。中国之邮政事业，自清末提倡以迄于今，穷乡僻壤，凡有信件，无不投递邮局者；如仿此再造一运动，配合金融力量，使每县每乡今日以前有邮局，今日以后有金融事业，今日以前有交信之服务，今日以后有存款支付之服务。银行过去提倡十年二十年之储蓄，战时不希望此种长时期之准备，今日存入，明日即可取出。存取既如此便利，数额必相当巨大。因凡有交易必有银钱，凡有银钱必经过银行；现在糖之营业一年即在十万万以上，仅占四川省农业中百分之一耳。故余深信金融服务如较周到,则存款必有相当之数量,虽因准备金较高而不能尽量利用,但准备金以外仍可利用,虽不能长期运用于生产事业,然可用于周转资金。

赵先生谓重庆如能有交易所,许多证券即有办法;余信重庆必有交换银行票据机构,此机关推而广之,使凡有两家银行之地,即有交换票据机构发展之余地,且发展必甚为迅速。支票可替代一部分法币,亦可增加一部分社会周转资金。以余非金融行家之见解,如银行能如此配合,则社会资金必可相当运用于增加资金之方向,生产事业所得之帮助必大。

赵先生谓应联合国家银行准备战后之事业,余以为解决此刻之生产问题更为需要。准备虽大,未及完成而战争即告结束,即为失败;故必须求快求小,不应作大准备。事不必集中重庆,凡当地有资金者,即设法分配于该地,与当地合作而利用其民间之资本。金融及生产事业须迁就资金,因乡人多愿将钱存放于附近之地,求其资金远往数百里外,无不裹足趑趄。或谓内地情形困难,余谓过去各方对重庆之观念,与今日一般人对于内地之观念正同,而今日之重庆如何?故生产事业如与各方面配合,则民间资金之运用必较今日为易。重庆今日燃料恐慌问题,或不致发生。或谓内地动力缺乏,余谓四川境内遍地是动力,遍地皆煤,遍地皆水利,只须予以配合,配合可解决一切问题。至于如何配合,如何短期内有效解决限价问题,非短期所可详述。余所言者不一定有理由,贡献者不一定为意见,不过提此问题,以期抛砖引玉而已。

《西南实业通讯》1943 年 1 月 28 日第 7 卷第 2 期

抗战六年之交通运输

（1943 年 7 月 31 日）

自七七事变起,抗敌大军在时间上转战历六年,在空间上转战历十余省。国家动员一切,尤其动员交通事业。在前方,交通恒与军事共进退。军队撤退时,立须破坏交通工具,军队前进时又需恢复交通工具。在后方,国际道路时有更变,运输途程愈来愈远,困难亦愈增加。抗战支持到今日,交通事业亦幸能支持到今日。抗战须到最后胜利之日为止,交通事业自亦必支持至最后胜利之日也。

在抗战第一阶段(即武汉撤守以前),政府尚掌握全部铁路之时,最坚强之交通运输事业为铁路:淞沪战争之时为京沪路,徐州会战之时为陇海路,长江战争之时为浙赣路,当时国际交通路线为粤汉路。凡此铁路皆曾发挥其最大之效力,为国家解决最困难之运输问题。

在抗战第二阶段,铁路因路线缩短暂失效用,即由水路运输负起责任,以沟通前后方之交通运输,接济前方军队壮丁军实,撤退政府学校兵工及航空器材,并运输迁建后方之国营民营工厂机器材料等,尤其自汉口以上之一段航路,运务繁重,其工作紧张情形直与作战无异,卒能完成任务。纵航运本身因紧急运输遭敌机轰炸之危险,而终未让国家蒙受运输上之损失,此其至少足为吾人同情及回忆者也。

在铁路及水路运输均感困难之后,交通运输之重责,遂放置于基础未固力量未充之公路上,且使担负长时间之国际运输,其所感之艰难困苦,愈到后来愈为严重。惟有亲历其事者乃能有最沉痛之感觉,偶或有繁难问题未能于仓卒之间全部解决,然其已解决者为量已巨,于抗战前途为助已多,其功实不可没,惜常为人所忽略耳。

铁路公路类皆国营事业,其所感之困难,须由政府担当之,故较易为当局所了解。航业则以民营为主,其所感之困难,惟有当事者日夜衡虑始能彻底了解。其与航业有密切关系或为其服务所及者,类亦多所明了,其他人士究属相当隔膜,即或同情究未能洞悉其痛苦之底蕴也。

抗战期间交通运输所遭遇之困难,实属难以形容。如军事需要之紧迫,运输往返之不易协调,进退变化之不易调度,工具之不易补充,及修理材料之不易觅取,其困难情形实非他种事业所可比拟,亦非一般人士所易想象。其最感痛苦者,即为营业亏累日益加重。在一切物品尚未开始限价以前,交通运输即已实施限价,无论其为国营抑民营,无论其为客运或货运,运费水准远较一般物价水准为低,而其一部分材料及燃料向系购自国外,其购价乃远比一般物价水准为高,因此收支无法平衡。国营之铁路公路,除竭尽己力以为支持外,尚赖有残存旧料及国外供给之新料以为救济。民营之航业,则无此项援助,一切全须自力支持。因之一部分业已消沉,一部分责任更重,虽勉强以负债变产等方式苟延其生存,但终有穷竭之一日,目前且已濒于危殆矣。

窃以为一切事业(包括交通事业),凡能配合国家之需要,纯为国家效力,且为国家牺牲而不图私利者,无论其为国营民营及其性质之何属,政府与国人当能寄予深切同情,并作切实有效之援助也。

录自《经济新闻》(周刊)1943 年 7 月第 2 卷第 5 期

一桩惨淡经营的事业^①

——民生实业公司

（1943 年 8 月）

在航业消沉时产生

我起草这一本民生实业公司的小史，不是注视它如何成功，而是注视它如何经历艰难困苦，这一桩事业从降生起直到今天——也许直到无穷的未来——没有一天不在艰难困苦当中。我亲切地经历过，再亲切地写下来，应该有如何沉痛的感觉！

民生公司产生于民国十四年重庆嘉陵江上游五十二浬的合川，选择其着手的事业为航业，正是在扬子江上游一般航业十分消沉，任何公司都感无法撑持的时候，而不是在航业有利的时候。扬子江上游分为两段，宜昌至重庆为一段，重庆至宜宾为一段，有航业不过十几年，但已经过了极其复杂的发轫时期、发展时期、极盛时期、过剩时期，而进入了衰微时期。在这十几年中，由中国公司的创始，到外国公司的继起；由看重一时利益旋起旋落的若干中外公司的经营，到英商太古、怡和，日商日清，凭扬子江中下游的基础，有计划的伸入扬子江上游，以成不可拔的势力；因为内地一时的不宁，以致中国旗轮船日减，外国旗轮船日增，中国人所有的轮船，亦几乎无不挂外国旗。有一时期，扬子江上

---

① 原件没有时间，根据各种资料所提供的线索判断，该件至迟在 1943 年 9 月上旬已经刊行。

游宜渝一段,触目可见英、美、日、法、意、瑞典、挪威、芬兰等国国旗,倒不容易看见本国国旗。

在扬子江上游初有航业的时期,航业是最时髦的事业,由于轮船的不足,运货商人争先要求运货的迫切,运费提高到最有利的程度,几乎一只轮船一年可以赚回一只轮船,所以若干有力量的商人为了荣誉,为了利益,为了自己运货的便利,都欲经营航业。一个轮船公司的经理、业务主任、会计主任,一只轮船上的买办,都欲私自经营航业。所以航业以极短的时间,发展到极盛,而且发展到过剩。但是一到过剩时期,则一切都颠倒过来了,货物不够运输,船东争放运费,运费放低以后,货物仍不够运输,仅装少量货物往来,收入不够开支,甚至不够轮船上燃料的开支。重庆宜宾间的各公司,觉悟了相互竞争是各公司致命的打击,而约定轮船轮流开行。但是这样一来,轮船停歇的时候,远多于航行的时候,收入仍不够开支。而又因为一般采用买办制度,在有利的时候,一切管理放松到不能过问的程度,等到亏折太深,积重难返,不可爬梳。大多遂陷于股本折完,负债无法偿还,以至于转相卖船,其情势非常紊乱,尤其是中国籍轮船公司非常危殆。

第一只轮船"民生"

这就恰是民生公司开始经营航业的时候,当时我同一位发起的朋友,从重庆调查了所有的轮船公司和所有的轮船后,认定航业应作新的试探和新的试验,不应在原有轮船过剩的航线中去与正在失败的同业竞争,以加速其失败;遂决计经营短短的嘉陵江重庆合川间新辟的航线。一般轮船公司是以货运为主,是不定期航行的;民生公司应以客运为主,试试定期航行,以便利往来的客人。在上海与各船厂研究了两个月,订了一只长七十五呎,宽十四呎,深五呎,吃水较浅,专任客运的小轮,并订了德国 Bentz[奔驰]厂的体重较轻的一对九〇匹马力的柴油引擎。民国十五年夏季,这只小轮完成了,取名就叫做"民生",冒着洪水的危险,驶入了扬子江上游。初秋天气,开始在合川重庆间航行,数月之后,相当受人欢迎。正在大家感觉便利的时候,江水低落,水浅到比轮船吃水更浅,估计至少一年有五个月以上不能通航,公司的同人都很焦灼着:这只轮船一半成功却一半失败了! 不得已立刻为它觅求枯水季节的适宜的航线,遂向重庆下游重庆涪陵一段试航,这时这段没有其他轮船航行,客人不如重庆合川多,但兼有货运,可以维持过冬季,同时决计加造更浅水的轮船,期于终年能够行通重庆合川一线。

民生公司因为最初发起于合川,股东以合川人为最多,其投资大半为了朋友关系,而非为了事业关系;并非有了认识,而是为了尝试。募股欲到五万元,收股不过八千余元,事情既经决定了,不能等待,即刻开始订船。当时一部分股东听着过去若干轮船的失败,很怀疑新造的轮船的成功,尽管约定了投资,却想看看轮船或竟看看航行再行缴款。上海方面,轮船造成了,却须先汇款去,乃能接收过来。这个困难,很费踌躇。反复商量,只有借贷可以解决。但是那时还没有可以抵押借款的财产,在未经借款还款的试验以前,亦未确立其在市场上的借贷信用,所仰赖的只是创办的几位同人的自信和相互信赖,所需款额遂从多方面的个人关系或事业关系转相借贷而来。

为了证明发起的几位同人的要求,不在利益,而在事业,所以自行负起主持事业的责任,任总经理,一位幼时的老师陈伯遵先生,及一位同学黄云龙君任协理,彭瑞成君、陶建中君分担事业各部分的责任。报酬都定得非常低,低到总经理月薪不过三十元,协理月薪不过十五元,待遇较高的倒是船员,而非公司负责的人员。这时四川正是防区制最有权威的时候,每一防区的军人,都欲积极改善其所占地域的政治设施,争先恐后,罗致人才,民生公司的几位负责人亦常受周围的诱劝,待遇五倍十倍,地位在当时自然是政治高于一切,但是大家希望凭藉这一桩事业,作长时期的试验,所以始终没有一人离开,一经集合了,就决不容易分散,不仅是一时,事实证明,一直支持到了今天。

机器事业开始

当着轮船开始航行以后,客票收入相当盛旺,股东缴股亦因而相当踊跃,股额五万,二三月内,完全收足,于是决计加募股额五万,加订吃水更浅的小轮一只,以期先健全重庆合川线,使每日有船往返。同时感到许多轮船公司准备建造轮船,却没有准备修理轮船,重庆有了许多轮船公司,却只有两家小修理店,许多轮船需要修理,还得开往一三〇〇浬以外的上海,而重庆的修理,费用甚高,大的问题不能解决,工作时间又甚迟缓,遂决计自行设置一机器厂,以修理自有的轮船为主;应同业的需要修理轮船,并应社会的需要修理或制造机器为辅。机器事业遂从此开始了。后来航业发展,此一机器事业亦随之发展。

三只轮船两条航线

民国十七年另一只新轮开到重庆,重庆合川间每日有船往来了;机器厂同时开工,修理无复困难。民十八年为兼应渝涪、渝合二线的需要,又购得一只比民生稍大的、已造成的浅水轮船。曾以三只轮船全体船员之努力,办到两线每日都有船开。由涪到渝,由渝到合,系上水,船行各需整日;由合至渝,由渝至涪系下水,船行各需半日;可以一整日由合经渝一直到涪,各以三日往来二线,三只轮船轮流往来,遂办到每埠每日都有船开。在江水枯落渝合不易航行时,亦曾以一只轮船试航重庆宜宾间,所得不是利益,而是一种认识,从此认识航业整理之愈感迫切需要了。

运动航业化零为整

民十八年四川善后督办刘甫澄先生,感觉到航业整理的需要,再三要我任川江航务管理处处长,商量了两个月,推辞不得,请他准备了一位最好的副处长,约期半年,半年期满,即办移交,就任经一度调查后,愈知中国籍的轮船公司无不危在旦夕,遂决定第一件事,请求军事机关扶持航业,兵差必须给煤,给费。如果只用船舱上面装兵的时候,须让轮船公司在船舱下面装货。军人搭船,必须购票。严格维持码头秩序,使客人和货物上下轮船,均感便利。又促成外轮与华轮相当合作,维持运费;在内战发生时,拨一部外轮加增的运费,救济华轮因兵差而引起的意外损失。最后促起华轮在宜昌重庆间,及在重庆宜昌间,各自联合组织成为一个公司,以期结束竞争,节省开支,即在轮船过剩、业务萧条之情况下,亦能继续生存。但经半年的努力,盼望军事机关帮助轮船公司的,完全办到了;盼望外轮帮助华轮的,亦相当办到了;华轮本身究太散漫,各公司各有其特殊的困难,盼望其联合帮助自己,却不容易办到。半年期满,辞职未得,遂请假到各省考察去了。

回来的时候,决辞去了川江航务管理处的职务,但与许多朋友研究扬子江上游航业问题,皆认为关系于四川对外交通和未来的开发,非常重要。其垂危局面,不容坐视不救。每一个公司都感受了经济上的极大的困难,不是共同联合起来可以解决的,于是决计将民生公司由合川移到重庆,以民生公司为中心,增加资本,接收必须售卖的轮船,或合并可以合并于民生的公司。民二十年先与重庆宜宾间各公司商量,加入民生共同经营,将所有轮船估价移转,为偿清其债务,需要若干现金即交付若干现金,其余作为加入民生的股本。这个运动开始不到一年,重庆上游即合并了七个公司,接收了十一只轮船。其中三只枯水季节不能航行重庆上游,航线遂转而延展到重庆宜昌,尝尝重庆宜昌间的更大的困难。这时另有重庆上游的轮船四只,经另一个新的轮船公司收买。纷乱的重庆上游局面,遂成为两个较有组织的公司。民生仍以极大的努力,劝此另一个公司完全合并,三年之后,都并入民生了。

民二十一年,进一步整理重庆宜昌间的航业,在半年内接收了七只轮船,合并了四个中国轮船公司,接收了一个英国轮船公司,航线延展到了上海。第二年和第三年又接收了宜昌重庆间的三只轮船,合并了三个中国轮船公司,购买了太古沉在水底的轮船一只,美孚停在上海的轮船一只。第四年又接收了美籍捷江公司的轮船五只。这时除了英商太古、怡和,日商日清,法商聚福及华商招商、三北而外,差不多没有旁的轮船公司了。

面对着一切困难

航业化零为整之后,应该没有过去的一切困难了,却未想到有更集中了的几种困难。第一,接收了的轮船差不多都是年久失修,须一一加以彻底修理,一部分的轮船简直不适宜于航行,须更彻底加以改造,例如有一只长一四八呎的轮船,马力达一六〇〇匹,船尾有车拱,耗煤甚多,在扬子江上游的急流中嫌其航行太慢,上滩困难,装货仅一百五十余吨或棉纱七百余件,不得已加以改造,去掉车拱,接长七呎,用煤减少,速度加多一浬半,载货加多七十余吨或棉纱三百余件。又例如一只长一九二呎圆头的轮船,马力达二四〇〇匹,亦苦用煤太多,速度小,载货仅二百五十吨或棉纱一千二百余件,不得已接长一四呎,头改尖,用煤减少,速度加快约一浬,载货加多五十吨或棉纱加多二百余件。有的轮船仅用了原有的船壳而另装了机器,有的轮船仅用了原有的机器,而另造了船壳,不但大小改变,容量改变,甚至连航线都改变了。有两只轮船,购买的时候全在水底,一只太古的二〇六呎长的轮船,是沉在重庆附近水底的,施救起来拖到重庆,经民生自有的机器厂将其截断,接长,加以改装,使其成为打破川江纪录的最长的轮船。长达二二〇呎,速度比以前稍快,载重比以前多一百吨或棉纱多五百件。另一只是中国公司的轮船,沉在黄浦江水底,将机器锅炉救了起来,船壳拆卖,并拆下由美孚买来的二〇六呎长的轮船的机器和锅炉,另造两只长二二〇呎容量更大、装置更为良好的姊妹轮船,凡这些彻底整理、彻底改善的任务,都得由民生公司整个负担起来。这是化零为整后的第一个困难。

若干轮船公司诚然合并成为一个了,轮船只数却没有减少,因彻底整理、彻底改善之故,倒反有增加,其容量且愈加大,而可装之货物,有一时间,仍如往昔。重庆上游只有一家公司,尚可停一部轮船以解决此货运不足的问题,重庆下游则仍避免不了竞争,亦即避免不了放低运费。曾经一度采用了运费公摊办法以解决此问题,然不久亦废去了。过去只有日商经常滥放运费,但因中国人在经济方面早已对日绝交之故,任其如何滥放运费,终不能取得中国人的照顾。太古、怡和是一向主张维持运费的,现在亦争先放低运费了,致令棉纱一件,从上海运到重庆仅收国币二元,海带一担仅收国币二毛半,还不够船上的燃料及转口费用。完全靠这一条航线的业务来撑持全局的轮船公司,收入自然远不敷支出。如何能够撑持全局?有人认为这一年必倒两个轮船公司:一为美国籍的捷江公司,另一即为新起的中国籍的民生公司。捷江公司毕竟在这一个最困难的时候倒了,民生公司却仍岿然存在,而且接收了捷江公司五只轮船。如果不是太古公司竞买的话,捷江公司的轮船应该全被民生公司接收了。民生靠了全体船员的努力,及开始即经确定以客运代替货运的政策,竟能渡过了这货运不足竞放运费的最后难关。

这一重难关渡过以后，因为四川内战结束，政局统一，轻重工业逐渐发达，客货运也逐渐加多了，民生应了需要，亦即增造新的轮船，在扬子江上游控制了百分之七十以上的运输力，以结束了航业上残酷的竞争。停止扬子江上游航业作战，稳定运费，不使过高也不使过低，顾到航业，同时也顾到商人，本来是民生公司的口号。停止作战的方法却不是谈话、不是开会，而是以绝对优势的运输力支持其实施。后来太古、怡和等公司也都承认事实，相当尊重民生公司的意见了。

但是还有一重扬子江上游水上的困难，是不容易克服的。扬子江上游因为河床甚狭，水流甚急，四季水位变化甚大，低水位的礁石，高水位的泡漩，都是轮船不易对付的大敌，单就宜昌重庆一段海关四十一年的纪录，共有五百余件海损案件，民生公司不能例外，在海损最为频繁的时候，曾经两月间沉没三只轮船。正在积极培养人才改善航运当中，民二十六年春天，又突然遭遇到数十年来绝未曾有的江水奇落，落到零以下两呎余，而且有三个月又二十天都在零以下，向来江水落到零以上数寸，中外公司轮船均需停航，民生公司如也一样停航了，不但扬子江上游三个月以上断绝了交通，民生公司亦将三个月以上断绝了收入，这是何等可怕的问题！于是竭全公司岸上、水上人员之力，研究分段航行办法，避开险滩一处由陆上转输，调集所有大小轮船，适宜的划分全线为三段。公然这样航行了三个月，使上下交通没有断绝，成功了扬子江上游历史上有名的三段航行。而这一伟大的事迹，一位船长周海清的帮助是很大的，他利用了这最枯水位，领导了一群驾驶人员细细探察沿江航道和一切险滩，遂使一般航运的安全也大大的进步了。

民生公司在第一期一方面购买轮船，一方面还须彻底整理并改造所购买的轮船，在第二期又大量增造新的轮船，因为年年扩充，不免年年增加股本，而且年年增加债务，以前失败的公司，债务常常大于股本，而这个要求成功的公司，债务也常常大于股本。在那时重庆的事业，民生算是负债额最大的一桩事业，到将接收捷江公司的轮船的时候，负债已经七十多万元。接收捷江公司的轮船又需要七十多万元,而股本才得一百万元。由于中国银行总经理张公权①先生的主张,金城银行总经理周作民先生及金城天津分行经理王毅灵先生的赞助,向上海募集了公司债一百万元。这是四川的经济事业在上海第一次募债,而且第一次募公司债。财务是民生公司在不断的发展的途程当中一个大大的困难,总算始终得环境上的帮助,没有陷于挫败。

最感困难的问题还是人才问题。航业上缺乏人才,缺乏技术人才,尤其缺乏管理人才。就技术方面言:扬子江上游滩险无数,比中下游航行不同而更为艰难,开航的初期,无论是中国船或外国船,船长大半都是外国人。中国人有上游航行经验而取得船长资格的,并没有几位,而仅有的几位,也不是全受过高深的教育或全都有上游的经验,有的不但不能责其负起管理全船的责任,也不能责其负起驾驶的责任,而只仰赖其结关开船和靠船,此外责任都交付于专负引船上下的责任的引水人员,而这些引水人员,又只是凭个人的经验和记忆,没有正确的方式和公共的了解。轮机人员亦大半是技工出身,不尽有学问基础,去好好的省用燃料和保护轮机。轮船不断的增加,优良的技术人员,不能同样的增加,买办制度取消了,却更需要填补大批管理事务的人员,不得已选择比较有学问知识的,代表公司在船上管理事务,除业务有关如理货、售票、侍应、膳务而外,还得帮助一些有关驾驶、轮机和管理全船的事务。为了指导工作,编订了若干册子如驾驶须知、轮机须知、理货须知、水手须知、茶房须知等,内容都是实际的工作方式和程序,从早到晚,从开船到靠船,应有工作,一一说明,以此为训练船员的材料,颇获成效。

轮船公司如何管理全是一种新的学习。一只轮船无法全权付托于一个船主,管理自然有更大的困难,一切人事、物料、财务,都只好掌握在公司,下至于水手、茶房,均系由公司配派,细至于舱面油漆、机器配件和账房文具,均系由公司发给。一切集中管理,问题非常复杂,无论哪一部门都需要专门知识或专门技术去应付或处理;而竟没有一人不是航业外行,办事业如进学校,半工半

---

① 张嘉璈,字公权。

读,且学且教。自然迄今没有踏入世界航业管理之门,但在中国航业中总算是比较有管理方法的了,每日轮船航行和修理的动态,客货运输的动态,煤油供应的动态,款项出入的动态,公司总可全部明了,且可相当控制了。

进一步改善及发展

在叙述民生公司所遭遇的各种困难当中,曾经叙述了轮船改造,航行改善,及人才训练等重大的事件。就轮船改造言,一方面效能提高了,一方面装置也改善了。过去一只最大的轮船装货最多不过四百余吨,而新造最大的二只姊妹轮船可装货到六百余吨。过去一只最大轮船可容一百余客人,而这两只姊妹轮船可容二百余人。过去的三等舱容纳了所有三等舱的客人,而这两只姊妹轮船划分了若干间三等舱,每间只容纳十六个人,夏天可使空气自然对流,冬天却又易于保温,二、三等舱一样各有男女个别的自来水冲洗的厕所及浴间。过去扬子江的轮船,尤其中国轮船,很少有起重机,而这两只轮船的起重机都到达十五吨。过去一只轮船没有很大的货舱,更没有很大的舱口,而这两只姊妹轮船最大的舱口,长到四十余呎,最大的货舱长到八十余呎。舱面有放置卡车十辆以上的余地,舱底有铁道可以放置机车和车辆,船底有铁板两层。如果不幸触礁,破坏一层,还有一层。船上有一切救水险和救火险的设备,以察觉并应付水火意外的问题,这二艘姊妹轮船的改善,确立了以后一切轮船改善的标准。为了适应中国旅客生活水准的需要,凡新造的船二、三等舱的设备,都一样加以改良;为了适应内地开发取给机器材料的需要,凡一四〇呎长以上的新船都装有五吨以上的起重机。成渝铁路决定建筑了,公司新轮运货的装置便都研究适应路料运输的需要。为求航行安全,平时易于联络,变时易于援救,凡上海重庆间的轮船均装有无线电台。这些设备,本来是为了提高平时航行的效率,改善平时航运的服务,而其最大之效果,在对外战争开始以后,更显露出来了。

除此以外,还有许多服务的改善。首先自然是彻底取消了买办制,彻底管理每只轮船的人员、物料、收入及开支。接收一只轮船,即取消一个买办,即确立一个轮船的管理方案。实行几个口号:"个人为事业服务,事业为社会服务","个人的工作是超报酬的,事业的任务是超利益的","站在轮船的地位,一方面为客人服务,使一切客人感受舒服,一方面为货物服务,使一切货物得着保护,因此必须为船服务,使轮船健全,航行安全。"改善服务的运动,不仅表现在物质的设备上,而且表现在人的活动上;不仅普遍于船上,而且联络到岸上。对于客人上船时接收行李,安顿铺位和在船上的一切饮食起居以至于后来收拾行李,招呼力夫或划子,送客上岸,无不照料周到。长航轮船如像往来上海重庆间的,各级舱位,都可收听广播的音乐及新闻,每日都有新闻摘要,油印分送每位客人,沿江经过地方,都有风景照片,供客人传观;侍应人员都可将沿途风景、风俗、交通、出产及一切旅行应知事项,告诉客人。船上设有电台可为客人转达消息。客人到达码头后,岸上有服务人员可为代运行李,代觅住地。码头秩序,亦极良好,绝无强运行李和强索运费的力夫和划子。凡这种种减少了旅客在旅程中无限的困难,而使得到了无限的便利和安慰。曾经欢迎了若干入川考察和举行年会的团体,曾经欢送了若干出川旅行的团体,都使他们感觉了水上旅行的兴趣。对于货运,不但改善装卸以减少货物的损坏和损失;尤其提倡联运,不但自己的全部航线可以联运起来,对于太古、怡和、招商的长江航线,南洋航线,大来洋行的远洋航线,及津浦铁路、成渝公路等亦皆订立合同取得联运关系,省却商人无限的转运麻烦,加速而且保证了到达时间,以增进商货押汇甚至于预卖的便利。曾先后为四川水泥厂、重庆成都电力厂迅速地整批地运到了所有机器,曾为成渝路设计在两个夏季运完七万吨物料。所有重庆合川间,重庆涪陵间,及重庆宜宾间,皆成为定期航线,每埠每日皆有轮船开行。重庆上海间,每周亦有定期轮船两次,无论客人或货物,在上船前即可预定其到岸的日程,直使扬子江尤其是上游一段的航运气象焕然一新。

民国二十四年秋季以后,货客运增加,民生公司即开始建造新轮以适应新的需要,前后共计廿一只。截至民二十六年中日开战,已完成了十四只,编入航行,还有七只在船坞中,沦陷之后,不知其结局了。开战以前,轮船航行于上海宜昌间的经常有五只,上海重庆间的经常有七只,宜昌重庆间的经常有四只到八只,重庆宜宾间和重庆乐山间,经常有十只以上,重庆合川间及重庆涪陵间,经常有四只以上,其余则大半是轮换着修理,大小总共有轮船四十六只,总吨位有二万四千余吨。

当着轮船足应需要以后,复相当注意沿江码头、仓库、囤船、驳船的设备。重庆依各航线的需要,买了或租了码头九处,万县买了一处,宜昌南岸买了二处,北岸租了一处,沙市买了一处,汉口租了一处,上海租了二处,各处可能设置囤船的,都设置有囤船,需要驳船的,都设置有驳船。岸上都租有足够的仓库,上海且与市政府合作,建筑了最新式的钢骨水泥的仓库一所,内有运货上下的电梯,有自动灭火的水管;宜昌亦正准备建造最新式的用动力上下货物的码头和仓库;重庆亦已购有适宜的地基,预备建筑最新式的码头和仓库在两江汇流之处。

公司除作一切为客货运输服务的准备之外,亦正开始准备为职工服务。在重庆宜昌计划两个大的住宅区,在上海、汉口、万县及宜宾,计划四个小的住宅区。上海、宜昌均已购妥地基。上海系在市中心区内,准备利用市中心区的学校、医院、图书馆、博物馆、运动场、游泳池、电影院、戏院及公共花园之设备,宜昌准备在住宅区内自己设置学校、医院、图书馆、运动场、游泳池、电影院、戏院及公共花园,注意到职工家庭的经济、教育、卫生、娱乐及一切救助的问题。例如一个职工的家属病了,便可将他接到医院去为他医治,消息常常由医院通信告诉职工,一直到痊愈送回家里而后已;又例如职工子弟在学校的成绩,学校不仅报告其家庭,而且通信报告职工,使其安心工作,不致悬念家里一切问题;可惜正在计划建筑的时候,战事发生,工作尚未开始便结束了。

战时运输中最紧张的一幕

战前公司主要的业务是在上海重庆间,换言之主要是在这一线的两端,不在中间,对日作战以后,江阴封锁了,上海割断了,公司的业务即什九被割断。一部分杞忧的人们认为:国家对外的战争开始了,民生公司的生命就完结了;我的感觉,却恰相反,认定:"国家对外的战争开始了,民生公司的任务也就开始了。"那时自己正在南京帮助中央研究总动员计划草案的时候,告诉民生公司的人员:"民生公司应该首先动员起来参加战争。"这个期望,公司实践了。

四川需要赶运四个师、两个独立旅到前方,公司集中了所有的轮船,替他两个星期由重庆、万县赶运到宜昌。上海、苏州、无锡、常州的工厂撤退。民生公司的轮船即以镇江为接运的起点,协助撤退。接着又从南京起,撤退政府的人员和公物,学校的师生、仪器和图书。从芜湖起,撤退金陵兵工厂,从汉口起,撤退所有兵工厂及钢铁厂。第一期运一万二千吨,两个月间完成了,第二期运八万吨,分为两段,集中扬子江上游轮船,担任宜昌重庆间一段,集中扬子江中下游轮船,担任汉口宜昌间一段。这时除这八万吨以外,还有政府的全部,学校的大部,航空委员会航空器材的全部,民间工厂的大部,通通需要内迁,其总量又远在八万吨以上。大半年间,以扬子江中下游及海运轮船的全力,将所有一切人员和器材,集中到了宜昌。扬子江上游运输能力究嫌太小,汉口陷落后,还有三万以上待运的人员,九万吨以上待运的器材,在宜昌拥塞着。全中国的兵工工业、航空工业、重工业、轻工业的生命,完全交付在这里了,遍街皆是人员,遍地皆是器材,人心非常恐慌。因为争着抢运的关系,情形尤其紊乱,我恰飞到宜昌,看着各轮船公司从大门起,直到每一个办公室止,都塞满了交涉的人们,所有各公司办理运输的职员,都用全力办理交涉,没有时间去办运输了。管理运输的机关,责骂轮船公司,争运器材的人员,复相互责骂。我才商由船舶运输司令部召集会议吁请"停止交涉",以便"办理运输"。因为扬子江上游还有四十天左右是中水位,较大轮船尚能航行。于是估计轮船四十天的运输能力,请各机关据以分配吨位,各自选择重要器材,配合成套,先行起运,其余交由木船运输,或待四十天后,另订计划运输。如来不及,或竟准备抛弃。至于何轮装运何机关器材,由我帮助分配。各机关完全表示同意。于是开始执行,效能提高,不止加倍,四十天内,人员早已运完,器材运出三分之二。原来南北两岸各码头遍地堆满的器材,两个月后,不知道到哪里去了。两岸萧条,仅有若干零碎废铁抛在地面了。一位朋友晏阳初君称这个撤退为"中国实业上的敦刻尔克",其紧张或与"敦刻尔克"无多差异。廿四只扬子江上游的中国轮船当中,只有两只不是民生公司的轮船,外国轮船亦有数只,但因中立关系,只运商品,不运一切有关抗战的东西。中国轮船为了报效国家,兵工器材,每吨只收运费三十元到三十七元，其他公物只收四十余元，民间器材只收六十余元到八十余元，而外国轮船只装商品，每吨运费却收三百元到四百元，即此比较，可知中国公司尤其是民生公司牺牲之多，报效国家之大了。

因为扬子江上游的滩险太多，只能白昼航行，于是尽量利用夜晚装卸。因为宜昌重庆间上水至少需要四日，下水至少需要二日，于是尽量缩短航程。最不容易装卸的，才运到重庆，其次缩短一半运到万县，再其次缩短一半运到奉节巫山，甚至于巴东。一部分力量较大的轮船，除本身装运外，还得拖带一只驳船。尽量利用所有的力量和所有的时间，没有停顿一个日子，或枉费一个钟点。每晨宜昌总得开出五只、六只、七只轮船，下午总得有几只轮船回来，当着轮船刚要抵达码头的时候，舱口盖子早已揭开，窗门早已拉开，起重机的长臂，早已举起，两岸的器材，早已装在驳船上，拖头已靠近驳船。轮船刚抛了锚，驳船即已被拖到轮船边，开始紧张地装货了。两岸照耀着下货的灯光，船上照耀着装货的灯光，彻夜映在江上。岸上每数人或数十人一队，抬着沉重的机器，不断的歌唱，拖头往来的汽笛，不断的鸣叫，轮船上起重机的牙齿不断地呼号，配合成了一支极其悲壮的交响曲，写出了中国人动员起来反抗敌人的力量。

如何准备战时运输

宜昌这一段撤退工作，不但是民生公司的一段最艰巨的工作，也是整个抗战运输当中的一段最艰巨的工作，实则民生公司在抗战中最艰巨的还不是运输，而是如何准备运输。在抗战开始时，民生公司有四十六只轮船，中有三十二只都是以柴油为燃料的；江阴封锁，柴油断绝了来源，第一大事即是为搜求柴油。从香港、广州，从扬子江沿岸，尽量购买，总共得了四千多吨，但是汉口、宜昌撤退一役即用去了两千多吨。民生公司四十六只轮船，战前一半以上在上海修理，五金材料完全取给于上海，一部分外国制造的机器，其配件主要取给于国外；战争开始以后，这些完全断绝了来源，而修理的重担，又须搁上自己的两肩；寻求五金材料和扩充民生机器厂，就算是第二大事了。从上海、香港、汉口等地尽量购买，得了五金器材两千余吨。但是汉口撤退的第二年，因为必须改造和建造若干轮船，即使用一千余吨。公司使用柴油的轮船，如果全部动员,每月即需三百余吨,宜昌撤退后剩余之两千吨柴油,只够使用半年。半年之后,只好宣布大部分轮船停航了,必贻扬子江上游之交通运输,以极大的困难。好在民生公司一向习于改造轮船,于是尽量在宜昌及宜昌附近,接收扬子江中下游逃难而无所依归的轮船,准备将其锅炉机器及船壳,彻底加以配合及改善,使能勉强行航于扬子江上段。这样先后接收轮船六十余只,但觉可以配合改善,而适用的无多,于是决计订造以煤为燃料的新船,先后共十五只,和油为燃料的浅水船二只,以期后方航运绝对健全。最大的两只长一三七呎,宽二五呎,吃水七点五呎至八呎。其次长一一六呎,宽一九呎,吃水六呎的一只;长一○六呎,宽一八呎,吃水六呎的九只;长九○呎,宽一五呎,吃水五呎的一只;长八○呎,宽一五呎,吃水五呎的二只;长七六呎,宽一四呎,吃水二呎半的二只。中有四只均为铁壳,有十二只的机器是重庆制造,锅炉是民生机器厂自己制造。中间不知感受材料和人工的若干困难。例如锅炉钢板,香港买一批,早到海防,无法进来,上海买一批运到仰光,又无法进来,不得已又在昆明买一批。轮船订购已过两年,这最后购买的钢板,才最先到了重庆,又隔一年轮船才次第完成。又如冷作系从上海招致了来,木工系从湖南招致了来,工人何尝不同材料一样困难。现在一半的航线,主要就靠这些新轮服务了,因为有这一些新船和购买而加整理的旧船,填补了扬子江上游各长短航线的需要,原来烧油的轮船,就可以停了大半,而只使用了吃水最浅的烧油的船,还节省了大半的油和必须自国外所取给的配件。至在汉口宜昌撤退以后,剩下来的油和五金材料和配件,不但支持了这几年的使用,一直到今天;而且还支持了这几年的亏折,一直到今天。假若没有当年的若干油、五金材料和配件的准备,而完全靠今天的大量的高价的收购,来供给全部的使用,或且无法收购,则其亏折及其航行的困难,将更不堪言。

民生公司为了战时的需要,增加轮船最多的时候,为民国二十八年,共有轮船一一六只,三万零四百余吨。那时收购的旧轮达到了最高额,订造的新轮,则尚未完成,后来新轮先后十七只陆续加入航行,并先后购得海关轮船四只,应共有一三七只,三万六千余吨。但事实上数目却降低了,现在轮船为九十八只,二万六千吨。其原因:一部分是扬子江中下游的小轮,不适于上游航行,拆卸了二十余只。一部分是扬子江上游主要的轮船,被毁了十五只。这被毁而沉没的轮船,以施救人员的努力,已救起八只,且已修复七只,再加入航行了。还有数只尚在万难中施救,或在万难中挣扎修复,以为今后运输的准备。

一般觉得得有这许多轮船维持各航线的运输,绝不会觉得有无限的准备工作,在运输的背后。准备了燃料,准备了材料,准备了轮船,而且准备了船厂,才会不断航行起来。

巨大的损失与牺牲

以上的困难都由自身的努力和环境的助力克服了;但是还有两个更大的困难不是自身可以克服的。抗战期间,运费、票费由政府限定,开支则无法限定。远在一般物价尚未限价以前,轮船即已开始限价了,其水准比一般物价为低,更比轮船所需的一部分物价为低。例如今天钢板的价钱,超过战前千倍以上,圆条超过战前三百倍以上,柴油超过战前三百倍以上,机油超过战前二百倍以上,煤超过战前一百二十倍乃至一百六十倍以上,其他物价无不超过百余倍乃至数百倍,惟有轮船票、运价,价平均仅等于战前四十余倍,加上更困难的差运,遂使轮船公司收入支出,失其平衡,尤以民生公司为甚。因为民生最多时有一一五只轮船,现已被毁一部分轮船之后,还有九十八只;扬子江上游最大限度,只有可供民生轮船四十只航行的航线,其余轮船无法航行。但得准备航行,第一差运缓急需要准备,第二江水涨落的变化需要准备。例如嘉陵江江水易涨易退,涨时使用五只烧煤的船,退时需立即使用五只烧油的浅水船,维持一组轮船经常航行,即需有加倍以上的轮船准备航行。凡此困难,均不是局外人所容易明白的。这有计划的负起经常航行责任的轮船公司,在若干轮船公司当中,自然比较亏折最大。虽然每年曾蒙政府调整运价两次或三次,但以原有运价水准太低;准许调整,又远在请求调整若干日期以后;票价、运价调整的百分率,又在一般物价变化的百分率以下;其结果不但不能填补亏折,且使亏折愈来愈为严重,其尚幸而存在,全系金融界的力量,暂时维系着它存在,但绝不能永远维系着它存在,更不是它自身能够克服的困难,惟有政府的力量,足以将它挽救过来。还有一类继续不断的问题,为由战争而发生的意外损害。在敌机轰炸最烈的时候,岸上和码头设备,已有若干牺牲,及到敌机开始轰炸交通工具以后,活动于万县以下的轮船,损失更巨。第一次炸沉最大轮船一只,第二次沉没四只,损坏一只;第三次沉没一只,损坏两只;第四次沉没一只,损坏一只,这一本小册子正在草写的时候;第五次的轰炸又来了,又沉没一只,损坏一只。除中间一只系中、下游轮船,一只系拖船而外,其余皆系扬子江上游主要轮船。除轮船外,并牺牲有若干的船员。除敌机轰炸外,还有由装运炮弹、汽油而爆炸,或空船装兵而翻覆的轮船,先后亦达五只以上。因此航行特别小心,虽多少减少了危险,却延长了日期,增加了费用。为应战时运输继续不断的需要,已损坏的轮船,必须修复,已沉没的轮船,必须施救,因损失而减少了扬子江上游战前运输力一半,必须恢复十之八九,使军事紧急,或反攻的时候,尤其是复员的时候,不致感受运输的困难。此营业上过剩的轮船,事业本身不应需要,国家却大感需要,既为国家使用而牺牲了,复得为国家使用而恢复它。这一笔恢复的费用,竟达一万五千万元以上,这一个连年亏折的事业,罗掘俱穷,终于负担不了,还有一部分重要的恢复工程,在那里迁延着,不知何日才能完成呵!

有计划的投资

航业是民生公司的主要事业。但民生公司的事业,究不止于航业,伴随着航业发展的,为其直接经营的机器事业——民生机器厂。战前即随航业逐渐发展到可以胜任四十六只轮船当中一半较小的轮船的修理,战后更发展到胜任全部轮船的修理,加上新购轮船数十只的整理,再加上新轮十几只的建造。机器和厂房设备数倍扩充,为抵御敌机的侵袭,一方面向地下深入,一方面向周围疏开,都算在短时期中完成了。

现有一半机器在最坚固的石层下面工作,分厂最多的时候有五个,分布在卅里的途程间,算是后方最大的一个民间机械工厂,而且是惟一优良的锅炉制造工厂。在抗战期间造了二十几个锅炉,为了轮船、火车发电和炼油用。民生公司间接投资最早的,为与航业有关的煤矿。它协助嘉陵江边几个煤矿,建筑了一条轻便铁路,组织了一个北川铁路公司,并促成了这几个煤矿根本合并起来,组织了一个天府煤矿公司。抗战开始后,又促成这煤矿和铁路与河南的中福公司彻底合作,改组为天府矿业公司,获得了中福公司的机器和材料的帮助,尤其人才的帮助,将这矿山完全机器化起来。现在每日产量超过一千吨,每日运量也超过一千吨,供给战时首都需要的燃料三分之一以上。也供给民生公司需要的燃料三分之一以上。战时首都所需的燃料四倍于战前重庆所需的燃料,即是说天府现在的产量已超过了战前重庆需要的总量。它还在积极准备扩充,使产量比现在增加百分之五十,运量比现在增加百分之一百。而这一位主持的人才孙越琦[崎]君,同时主持了几个后方重要的煤矿,并主持了中国惟一的甘肃石油矿,成为战时中国的一位煤油大王了。当着我在汉口与孙越琦[崎]君商量天府北川与中福彻底合作的时候,不过五分钟,即一切决定;不过一星期即调集了两只扬子江上游的大轮,运出中福撤退到汉口的全部机器和材料;到达天府以后,不过半年就完成了厂房建筑,铁路改修,地下工程扩充和机器安装等工作;可见一切行动是何等的紧张。在汉口撤退之前,有一个从上海搬到汉口而不能再搬的大鑫炼铁厂,有一个从汉口搬到宜昌而不能再搬的周恒顺机器厂,民生公司各帮助了它们一半的资本,促成它们搬到重庆。还有一个常州的大成纺纱厂,仅仅搬出了布机,民生将自有的三峡染织厂提出与它合并,促成它搬到北碚。后来这几个厂在后方都占有重要的地位。大鑫名称变成了渝鑫,是迁川工厂开工最早的一个,主持的余名钰君是一位工业上的大胆者。他不但炼钢,他也冶炼与炼钢有关的原料如锡铁和锰铁,也制造和炼钢有关的材料,如火砖和炭精。他做人不肯做的事,为自己造轧钢机,同时也为其他钢厂造轧钢机。周恒顺的机器厂名称,变为恒顺机器厂,成为仅次于民生机器厂的一个最大的机器厂,主要制造蒸汽引擎、吸水机,打风机,其数量各以数十部计,曾帮助了政府和许多民间事业,也曾帮助了民生公司。主持恒顺厂的周茂柏君也兼主持民生机器厂。他的头脑相当精明,对内、对外都多办法,因此形成了后方机器业当中的一个权威。三峡染织厂的名称变为大明,完全交由大成纱厂的人经营,是后方一个最大的布厂。自从政府实施管制纱布之后,完全向政府领纱,为政府织布,其帮助亦自然在政府。此外,民生投资的事业很多,不投资而用人力帮助的亦不少,尤其是迁川的事业,无不受它运输的帮助的,国家今天亦受此许多事业的帮助了。

战时问题与战后问题

民生公司主要仍是用了水上的运输力量,帮助国家和社会,凡一切大的问题发生,都常常由这一个公司设计承运,撤退工作就是最大的证明。抗战以前,民生公司水运的事业,相当有利,周围的投资事业,倒常常亏折,成为它的累赘。抗战开始以后,情形完全颠倒过来了。水运事业,不断的亏折,股东没有分得红利,职工没有好的待遇,即可证明它所报效是在国家和社会了。它现在非常忙碌的仍是当前的运输问题、亏折问题和意外危险问题,一年到头苦于救死扶伤之不给。当着一般人都在高谈战后航业问题的时候,它还是只忙着战时问题,忙着解救战时的无限困难,尤其忙着战时应负的运输责任。不是它眼光短浅,不能看到战后,而是它认为问题排列的秩序,应该是第一为战时,第二乃为战后。它相信国家对于战后的航业,必有整个的筹划,必责成几个主要公司分担各主要航线的责任,而由政府妥为分配;何家公司主力用在远洋,何家公司主力用在南洋,何家公司主力用在沿海,何家公司主力用在扬子江,使各竭其全力发展其主要航线,相互间配合而不致相互间冲突,这是国家必定把握的大计。其余都是轮船公司自己的事。民生公司在国家整个航业筹划之下,也当然是主要负责的轮船公司之一,本着它战前的计划和现在的基础,扬子江上游仍应以绝对优势,保持航业上的长期和平,使不再发生惨酷的斗争,扬子江中下段,它应该是几个主力中的一个主力,使足以与它的上游航业联系;沿海它也许视能力参加,以与扬子江联系,它不得不有几条互相救济的航线,使不致因为一条航线不景气,而受致命的打击。这是它得自己努力的,也必荷蒙政府予以准许的。它虽然不是一个理想的轮船公司的组织,但是它在若干轮船公司组织当中,不是比较坏的。它的管理方法,虽然不一定已经良好,但是它们究竟天天在那里想方法,希望它良好。它的人才虽然不一定都有专门的训练,但也天天在那里搜求人才,而且在那里训练人才。最可怜的是航业上本来就缺乏人才,外国公司只为中国培养了若干买办,中国过去的公司,亦没有成为培养人才的机关,所以到今天,不得不有才难之叹。如果各界的人,感觉有不满意它的地方,它非常欢迎指导它如何改善,因为它本来就希望改善。

就民生公司这桩事业言,总是值得人同情的;只有我自己最惭愧,自始至终无以对事业。在开始经营五六年中,因为负了嘉陵江三峡的治安责任,准备将那一个区域,布置经营成一个现代乡镇的模型,不免分去一部分精神,民国二十四年秋天,正在上海为公司计划造船的时候,突然得最好的朋友何北衡由成都来电,转致省政府刘主席的意思,说是中央将要发表我任四川建设厅厅长,千万要担任。这一个消息使我和民生公司在上海的朋友,都感觉到非常的彷徨,民生公司正在前进的时候,怎么可以发生这巨大的变化,立刻发电说明种种困难,辞谢这新的使命。但是后来终于发表了,回到四川,同着何北衡一道,面向刘主席辞谢,整整说了十六个钟头,不得要领,不得已勉强承担了。在四川一年又半,没有做出多少事情,可对民生显然失去了一大助力,毕竟自己是民生一群朋友间兴趣的鼓舞者,离开之后一群人的兴趣,总不免低落些。好在一年半后,委员长要派人到欧洲考察,我也是被派之一,遂辞去了建设厅厅长,恰逢着七七事变发生,欧洲之行,又请求停止。方欲回到重庆,求以事业报效国家,但因为全面抗战发生,离开中央不得了。后来在交通部次长任内先后五年,中间复兼任了全国粮食管理局局长一年,除因为有国家水上运输的关系,督责民生公司勉为担负而外,个人与这事业竟愈隔愈远了。直到今年春天,才完全辞去了政治上的职务,而回复全副精神到事业上来,与许多良友共同担当这最大的困难。

帮助撑持这一桩困难事业的,除最早有一位幼时的老师陈伯遵先生外,还有几位朋友黄云龙君、彭瑞成君、郑璧成君、邓华益君、均曾先任公司协理,后来分任各部分的经理。公司发展到了上海,张澍霖君实负上海开创的责任。在我离开事业的时期,宋师度君、魏文翰君先后代理我的职务,应付了无限的纠纷,支持了无限的艰难与险阻,令我万分感动。在汉口撤退最紧张的时候,杨成质君实当其冲,在宜昌撤退最紧张的时候,童少生君实当其冲,李肇基君亦曾先后担任这两处撤退的工作。在抗战六年中,几个主要海口和扬子江上游各埠的负责人,曾完成了各别的任务。董事会则有老成持重、支持公司主张的董事长郑东翁,始终帮助最多的董事何北衡君,现在全力支持公司危局的是几位常务董事,尤其是在渝几位常务董事。此外中央和地方的长官,金融界的领袖,予这桩事业以无限的同情、关切、指导与扶持,都是事业和个人应得万分感激的。

铅印同名单行本

在民生公司总公司
第七十六次周会上的讲话

（1943年9月7日）

今天讲的是本公司的业务管理,首先应提出的就是各室处的办事细则。现在公司组织规程已经公布,各室处下面的各科应办的事项已有规定,可算已做到第一步了。我们应随即进行第二步,就是拟办事细则。各课应将所属的各股应办的事项,详细规定。第三步应将每一事项的办理程序,由头到尾详细规定,列于卡片之上,使办事的人有所遵循,将来他人亦易于接办。

第二是工作检讨。每人的工作应当每天自己检讨,不要随办随丢。每天上办公室就得检查昨日的工作,计划今日的工作。每天对每人的工作应有检讨,每课对每股的功过应有检讨,每室处对每课的工作应有检讨,全公司检讨就是每星期五召开的联席会议。各室处每内以课股为单位的检讨,可以随时个别进行,以各室处为单位的检讨业已规定每星期三至星期五由各室处分别集体进行,副主任以上人员皆须参加,将讨论的结果以书面提到星期五的联席会议上来讨论,俾可获得各室处的联系。联席会议上的书面报告,每月由秘书室汇集起来,每月编为公司报告,送到董事会,让公司董监也能明了公司的工作状况,还要报告到有关机关去,例如航政局、交通部等。

第三,一切管理皆要依近代作战的方式,就是要有一个参谋本部来集中情报,分析情报,然后根据情报发布命令,方可迅赴事机。民生公司多年来已采用此种方式,惜尚不完整。我们知道一般人家都晓得每天要纯被开门七件事,

并须知道每件事的数目字。民生公司每天也有七件事,就是:

1. 船舶的动态。我们第一件事就是要知道轮船所在的地位与行动状况。我们系利用无线电,凡一百三十呎以上的船以及比较重要的分公司办事处,皆设有无线电台,每日报告轮船动态两次。没有电台的船与分公司,就利用岸上有线电报及长途电话来报告,船位报告不仅船务处应明了,有关各处亦应知道。

2. 轮船修理情况。何时进厂,如何修理,何时出厂等,皆须有报告。

3. 客的动态。各航线客的增减及其数目,总公司要随时知道,才好调配适当的船只以配合需要,使不致发生船小客多船大客少等情形。同时,各船航行一次实际载运的客人数目和票费收入亦须汇表报告以资参考。

4. 货的动态。公司各码头待运货物的数目,每日皆有电报报告总公司,公司即可据以分配船只,以免船等货或货等船,或有船无货或有货无船等弊。同时各船航行一次实际载运的货物数目和运费收入亦须汇表报告,以资本参考。

5. 油的动态。买多少,用多少,存多少,如何分发,每小时烧多少等项,皆有报告。

6. 煤的动态。买进多少,发出多少,价格如何,以及装运存储等数量,各码头皆须有详细报告。

7. 钱的动态。任何经济事业都应当随时知道钱的动态,各部分虽不能每时报告,但至少应该五日一报,至总公司财务处一定要每日都要有报告。

以上七种情报,每天都要报告到总经理室,其他每天尚有水位报告、囤驳船动态报告等,每日,每五日,每半月,每月都要斟酌需要造具报告,均有专卷送达总经理室。卷内并有目录注明有无欠缺,公司即依据各种情报发布命令,指挥几十个码头,几十只囤船,百多只驳船,九十几只轮船。

此外我们对于表报文电,必须要由主管部门的负责人员办理,不能由他人代办,有些要有关部门会签的,即用电话或传阅方式或召集小组会议,便能迅速联络周到。对外发出表报的数目或文电,说明任何事项必须绝对正确,不能单凭脑筋记忆或想象随便写出,必须要考查卷宗,或主管部门的正式记录。

再,各送核的文件最好交还原办人员看看,使其知道何处曾经修改,这是很有益处的事。办理文件必须针对来文要点申复,不可文不对题,随便议论。且必须言之有物,极有根据。例如最近替航业同业公会代作的一篇呈文,其中列有详细数字,内容无不有事实的根据。有如物产部因内江存纱内封,呈请总动员会议解封的一件呈文,也极细致精密,皆是我们应当效法的。我最近写了一本小册子名为"一桩惨淡经营的事业——民生实业公司",因印刷困难,每课仅送到一两册,大家可以传观,可藉以知道这桩事业过去和现在是遭遇到何种困难,希望大家一致努力,渡过重重难关。

《民生公司简讯》1943 年 9 月 13 日第 709 号

我们要变,要不断地变

(1943 年 10 月 4 日)

一、引言

自己离开这里,整整快到八年了,但同大家仍随时有接触的机会:第一,北碚已成了自己第二家乡,虽然祖籍在合川,而个人小家庭也许一时在北碚一时在重庆,但我们一向是以大哥之家为家,同时因为自己身体不好,也时时回来。第二,总常常从电话上,从信函上可得着这里许多的消息,有时也间或看到嘉陵江日报,可从上面了解各方面状况,多少得到一些安慰。

二、北碚是从怎样环境变起来的

从民国十六年二月十五日起,那时候的北碚上不太令人感觉兴趣。第一治安就不可靠,不像现在这样的宁靖。第二市容也很难看,如那时北碚街道很小,小的街道中间,还有一条阴沟,每边只容许两个人侧身而过。记得自己曾骑匹马,想到街上一游而无法通过,而退了回来。街顶黑暗,不见天日,因下雨的关系,同时也就遮去了阳光。街上非常之脏,阴沟里塞着垃圾和腐水。现在顶好一条南京路,就是当时有名的九口缸——九口大缸摆在街旁,任何人都得掩鼻而过。第三无工作人员,除了赵秘书及今天在座青年中间有极少几位是在当时工作的朋友外,几无多少工作人员。地方人士对公共建设事业,亦无多少兴趣,不像现在有一群人,互相很了解,可信赖,并懂得要做些什么事,及如何做法的一大群人,尤其是从这一大群人手上,创造出一个自己相当喜欢而同时令人也相当喜欢的一个环境。

三、中国社会何以不大变

一个聪明的人最聪明的方法亦是最快乐的方法,就是凭自己的力量作出一桩事来让人看,让人欣赏,让人享受,也曾让人学习,能一样的创造起来,这就是人生最得意的事。过去的人也许认为这是不聪明的办法,因为那时的人只替自己做事,不替人做事,尤其不替社会做事。过去自己曾编演一剧,记得第二幕就是描写这种观念:一个儿子向父亲要求去读书,父亲就反对儿子读书,要他去学生意,为家里多挣几个钱,帮助帮助生活。如财运亨通,更可多买一些地亩。问他读了书有什么好处? 儿子说:读了书可以为社会做事。父亲听了勃然就向桌子一巴掌,大怒说:"老子拿钱你读书,你却去为社会做事?"不仅自己不在社会做事,而且不希望儿子等自己后人去在社会做事。今天这一群人也可以说一切人都是从旧社会出来的。他们愿望,不是出来做社会的事,尤其不是勉励出来作北碚这样的事,是想如何做个大官在乡里光彩光彩!并可随带几人。不然就多挣点钱,多买他几构几湾地方,从未想到要替人做事,还要做给人看。例如孰买了张家湾的、李家坝许多地方,却亦不过给人看而已。有好多勤俭持家的人,确实舍不得自己吃穿花用呢! 有时也帮助亲戚、邻里、朋友,甚至周济点平民,也就是愿意做事的人做来给人看,让人享受。不过给人享受的方法不同,是先拿在自己手上,然后再分配给人。同时也使人学。如他在那一乡里最有钱,便都教训儿子要学他,以他为一乡最光荣最模范的人物,这都是旧来那一套,可使中国几千年不进步!可使中国几千年不变样子。

四、看看世界是如何在剧烈地变

(一)我们尚不如印度

我们几千年不进不变,有什么坏处呢? 在平时不觉得,从廿六年七七事变起,就可以看出来了。以几千万人口的日本,能够占得住我们几万万人口的国家,这是何等危险! 这就是因为人家在变而我们未想变。

世界上曾亡了一个三万万多人口的国家,名字叫他是印度,英国的殖民地。其实到今天,已大大改变了样子,远胜过我们这号称独立的次殖民地。虽然国父谈我们是次殖民地,列在独立国的第二等,其实我们没有一样赶得上殖民地，真应列在次于殖民地的倒数第二等了。譬如工业，印度有年产四百万吨铜铁的力量，我们后方各省总共没有产到五万吨。四川产不到一万吨，就无生意了，大量存货销售不脱。他的煤在中日战争发生以后，曾输出上海，油也自给有余粮食更是经常大量输出。他们凡有农田，即有水利，不像我们现在才忙着办水利，所办也不过几十万亩而已。他的棉花在世界三大出口国中居第二位。他的交通到处都是铁路——有好几万公里，公路有几十万公里且大半都是柏油路。这些都没有一样赶得上，而且他还在天天不断地变——你想这是何等的可怜！

（二）几大列强进化的年程

我们再看看旁的国家，尤其是在加速度的变。降到后来，越变越快，快得令人惊心动魄。英国自十九世纪以来，首先开始变，而且到今天还是在变，德、法在第一阶段的变有一两百年，在普法战争时大家拼命前进，也变得快。美国从开国到今天只有一百几十年，日本维新也不过八十几年。苏俄自大彼得要求革新起，比日本进步得稍慢，但也远比中国快，在中国东三省修建中东铁路三年就完成，而他们在东北自己国土内，没一条自己的铁路。十月革命后，大规模地实施计划经济，建设廿几年即进化到今天，从对德国战争中证明他的力量，不仅能支持德国那样庞大的压力，而且能反攻节节胜利。第二阶段即现在，德国，自希特勒执政以来，今年刚才十年，自二次欧战开始时不到六年，从一九三五年起才开始实行德国四年计划，但转瞬间即恢复了国防，建立了震惊世界的军力，到开战时，证明了他是世界上最强大的国家，不但消灭了欧洲许多国家，而且到今天仍以一国势力，面对着周围一群国家。美国本来变得不快，无论工业、企业组织、人力物力、自然财富，要占世界第一已是了不得的成绩，但从来未向国防方面发展，其安全之迷信，与中国在一个天下时一样，而且东西两岸均为大洋，北美地广人稀的加拿大，并无中国常患的北□，南美各国均为弱小，所以他们心中无须强大国防。不过为保护仅次于英（二千万吨）、占世界第二位的商船（美一千一百万吨），而建造了差不多与英国相等的海军力量，可是陆军的力量还不够。到欧战开始时才整备国防，从太平洋战争爆发才正式宣战，总动员改造工业，建设国防。整算有三四年，实际动员不到两年。而他的国防生产力量，又是居世界第一了，大量地制造着飞机、军舰、战车、大炮及运用轮船，源源不断地供应给各战场。他们已不是论若干日造成一只轮船，而是讲小时了，一艘一万吨的巨轮，只须四十小时即可完成。人家是这样地变，快变，越变越快，快得来令人惊心动魄。我们怎可停止着不变，时代怎能容许我们仍缓步慢趋。

（三）怎可容许我们苟安不变

美国国务卿，曾有一段笑话，他的秘书每天上办公室总要迟五分钟。问他为什么原因，答说：我的表稍走慢了。国务卿书："对不住，有两个办法任你选择一个。要吗，你变更你的表。否则，我变更我的秘书！"世界政治，亦可承认有能力有实力的国家，要吗你变好，要吗就治你。今天利害相同，就加帮助，明天利害不同就走开。把我们自己的命运，放在人家手上，总是非常危险。一定要自力更生，不仅能自在、自主地存在，即使任何力量来侵犯我们，也能坚强地存在，要像这样的一条命，才能保持下去。中日战前，我们希望列强力量对中国能够造成均势，但日本以地位的优越，在华势力特大，一失去了均势的平衡，我们即遭遇到不幸的战争了，这就是靠国际均势以图苟安的教训。前两年，又苟安到这种程度。尽管敌人已侵略到腹心，只要尚未侵略到眼前都不着慌。好像生病一样，预先不注意，直到后来救也救不及。因为这个关系，所以我感觉得在这个地方有一个原则，就是要变。要今年与往年不同，甚至今天与明天也不同，决不要在现状之下自满、停顿、苟安。一定要时时刻刻向前，日新不已，自强不息而且愈肯变愈会变的人到后来愈变得快。因最初的人是自己去找路走，去走成一条路。过后的人只照着走成的大路追上前去，甚至是可以跑在他们的前头。如果老是停顿在原有社会生活状态之下中，连目前的北碚也不会有的。

五、北碚今后应该怎样变

（一）一个原则——自力创造

有人说：总算北碚有过的一些理想，如今都实现了。如教育有各级学校，游览有各处名胜,经济方面工业虽说不上,而矿业却占大后方第一的位置了,有好多甚至超过原来的想像。但是,我们又回转来想,有好多是我们自己创造的呢? 诚然自己创造的也不少,例如农业推广,家畜保育,市场整理,造林育苗等①,也做了不少的事情。但无论哪桩,周围作的比自己作的多得多。实现的工作,大多靠中央的力量帮助,现在倒是如何与中央希望的配合的问题了。但决不要等候、坐待,什么事情都靠中央:"你来办吧!"而中央是无法在每一处设一机关,直接代每个地方办事。他只能选择几个地方,作为推广的实验,北碚不过为被选据点之一。虽然北碚可以得着中央的帮助而建设起来,但旁的地方永远不可能得着这样的帮助,即永远无法仿效我们做起来。我们本来的希望,是由几个地方自己的努力,把各个地方办好,然后请中央作人力或技术的指导。如有财力不够的则得帮助,这样则一个技术人员可使若干地方得着好处。所以凡是一个地方应该作的事,即应该以自己力量通通作起来,对周围地方的影响,才更大一些。

(二)两个条件——人与地迥然不同

这个地方,不管怎样穷,怎样小,总有一个五百平方公里的区域,十万上下的人口,即应将他好好地建设起来。怎样才算真正的建设呢? 有两个条件:

第一,这十万人的行动都变了。变成:

1. 都有新的技术去工作,都有新的组织去工作,无论务农,做工,经商等②,由无技术而变成有技术,由无组织而变成有组织。

2. 都能识字,都好求学,由不读书变成好读书,由无智识变成有智识,不仅懂得油盐柴米,尤要懂得本乡本土的公共事情,更进而明白这个国家,认识这个世界,一定要认识清楚,然后才能跑上前去。

3. 工作学问之余,要有很好的闲暇生活,不仅对于身心有益的正当娱乐,尤其要以更新的行动,了解每个人的生活是有两重意义,不是为自己做事而是

---

① "等"字原文为省略号。
② "等"字原文为省略号。

为社会做事,除了将本份职务做得更好,以满足社会的需要外,还要在闲暇担任公共服务,如公共调查、公共救济、公共教育、公共警卫等,这些为社会做事的行动,尤其要培养起来,使人一与之接触便晓得就是北碚的人,凡北碚的人都有此行动。

第二,全区的地方都变了。建设的第一桩事,是把人建设起来,第二就是建设地方。不仅光是把北碚的街道变好了,树子活了,公园变美丽了,而且要周围几十里的地方都变好。如原来是荒地的,都变成耕地了。原来不是冬水田的,都变成冬水田了。原来的田种一季稻的,都变成为双季稻了。原来品种、肥料、农具是不顶用的,现在都变成适用的顶好的了。到处不是农田,便是森林。原来无铁路的,有铁路了,原来公路不行车的,都变成有充分的车辆行驶了。原来每家门前是光秃秃的,都栽了各种花果树木了。使你一走进这区域,到处都感觉得美丽,到处都整洁,到处都有秩序,到处都看得出一手一足的经营,然后才说得上人家来看一看,而且越看越看不完,才觉得这地方的可爱可慕。

(三)三面去做——经济教育政治

这怎样做法呢?有的要钱,有的不要钱。每家门前栽几株水果,塘堰可以养鱼,妇女则养猪养鸭。屋前屋后,提倡多种些蔬菜,不仅有丰富的经济收益,尤其对他们的营养有更大的帮助。将来北碚出来的人,一定都是高大雄壮的,一看就可认得出来。一方面变更了地方,一方面也变更了人。如要作,其实很简单,简单极了。

经济方面:如农业,只要多生产粮食、蔬菜、水果,并在水利技术等方面给他保证,不受天时灾害的影响,矿业则用力帮助煤的运出,使能真正繁荣地方,增加经济力量。至于工业,大的工业有待于大的动力,动力解决了,自然会发展。小的工业可以农村副业为主,尽量利用农民的空闲时间,增加生产,总是为老百姓想办法做吃做穿。商业也很简单,只须把大家组织起来,整买整卖。凡整卖的商品,都保持一定标准品质形式,予生产者以合理的规定和指导。凡买也整买,然后分配到乡镇同业组织,公平供应,使同业公会有多为同业做事的机会。这样组织坚强,不仅只挂块空招牌而已。

教育方面:就是教怎样学会生产技术,怎样加强生产组织,同时要大家都有现代智识,能认识整个国家整个世界,更要了解公共事情。举凡公共秩序、公共卫生、公共治安等都能懂得,并乐于参加。凡我们所做的事情,皆是顶好的教材,皆是最切实的教材。你做得如何切实,即可教得如何切实。

政治方面:最重要的在安排秩序,安排经济教育的秩序。一方面执行中央或省府的法令,同时要考虑到当前实际的环境。秩序一经建立,即决不轻易变更。曾和卫挺生先生谈起,实施新县制划分乡镇保甲的问题,本来很自然的,一定要用人力照机械式的划编下去,十家为甲,十甲为保,十保为乡镇。但又时而在扩大,时而在缩小。今天这样划,明天又那样编,把老百姓当成东西,天天编来编去。结果使老百姓编制越来越多,弄不清楚。同时,尚有加多经费,加重负担的问题。故希望政治秩序建立起来,即不随便破坏,改变以越少越好。如法令执行起来有困难,可当面或寄信商量,为求少变更秩序而可解决它。许多事情最初本来无绝对态度,只要我们如何做得通。我们要造成功一种信仰,凡做一桩事情不做则已,一做一定要做好,做得顶好。如栽花就要栽好看,修路一定要修的好走,植树一定要植的活,增加人民富力一定要有可计的数字。若能日日确实负责,则各方面尝试办的事情,就可以放心委托我们,只帮助我们以人力或物力,于我们整个计划秩序之下,自己作起来,这样才更可受一般地方仿效。

(四)两点注意——使人了解新时交际

我知道近两年来,对民间联系,相当的好。如开国民月会,我看过好几处,出席民众都很踊跃,情况相当良好。但更要要求他们参加实际工作的机会比参加集会的机会更多。而所有实际工作,都能产生具体的效果,足供他们欣赏,足资他们纪念。凡老百姓参加的工作,都要这样使他们明白,这桩工作作了能产生什么利益,这利益在什么地方,则老百姓参加公共活动的兴趣就越可提高了。如黎镇长在澄江镇肯做事,相信他得澄江镇的帮助必比旁的乡镇更多。除了使区内民众了解外,还得使周围了解,使周围对我们无隔阂,无误会,只有羡慕,只有信仰,并请求我们指导,帮助周围也好起来,用帮助方法,取得他们亲切的联系。

再有一点值得注意的,就是这是一个游览的地方,容易成为交际中心地点。大家都晓得,我在重庆是最少应酬。我以前在北碚虽然也讲交际应酬,但是都在公共食堂,在公共吃饭的时间吃公共同样的饭。当是受招待当中的一位伍朝枢先生回去之后,佩服得不得了,以中国尚有这样的一群人在这里拼命埋头吃苦,认为是最难得的现象。除了我们生活的一点一滴任人参观外也常常引导一大群人参观。那时多是找政治股主任黄子裳专门负责陪引解说。如我去的时候,我就利用这时间,沿途工作去,走到一个事业单位即欣赏工作、考察成绩或指导矫正工作方法的错误,绝不作无谓的应酬。如果妨碍了我的时间,则绝不来。我在成都通俗教育馆的时候,更是交际应酬的中心,整天有成千上万的观众。凡上午来会我,均在办公室里,没事的在窗子外面点点头,略表示一下招呼,有事就拿起笔站起来谈两句,表示赶快谈完了又要坐下办我的公。下午则到各处挨次视察修正,哪里未摆端,哪里未做圆。如果有朋友要跟着一路去看看,在走路的时间,也可和你谈谈。到了一处,我就料理我的工作去了,你如果无事就等一等,有事也请便。任你自由参观,但是并未开罪一个朋友。而且我那时的交游可算最广了,我随时也在请客,但全是一些技术专家,总是包围着工作,而含有社会的意义。凡我一切活动,让你欣赏,做成让你享受,这就是我对你的帮助,这就是我对你的答复。

(五)一句口号——一年超过十六年

我自己很惭愧,在这里只有八年的效力,而且八年当中只有一半的时间用在这里,实际不过四年。在座中大多有十年甚至整整廿年未离开过,而维系着继续不断的精神,远超过我。就如卢局长,从民国十六年一直工作到今天,也使我非常感动。不过我感觉得时间太容易混了,有许多工作的朋友那时尚是小孩,而现在已成三十几的壮年了。记得我在二十八岁的时候就已做了川南道教育科长,卅二岁创办成都通俗教育馆,卅四岁接长北碚峡防局。我在工作第五年以后,曾提出了一个口号,即要"以一年的努力打破过去五年的成绩"。

如以今天世界进化的速度和我们当前迫切的要求,更可把这句口号改为:"以明年一年的努力,打破过去十六年的成就!"为什么呢？就是因为时间太容易混了,希望大家要把时间看得重。举凡人的行动,地方的经营均要有显著的进化,而且是一次比一次加快,越来越快,不仅为作朋友的安慰,也是一群人共同的安慰。不仅供各位本身最得意的欣赏,即对大家家庭或亲戚、邻里、朋友等有关的人们也可共同来欣赏。例如家母,就是很自然的愿意在北碚住家,愿意随时出来到各处看看,连死那天也是为了孙儿女刚从学校放暑假回来,特为引导到公园去看看而中风致病的,可见死也死在心爱的北碚。这个事业上,证明原来社会的人欣赏我们为社会做的远比我们在旧社会所做的那一套更亲切些。

六、工作的报酬与营养

如果就欣赏工作来说,第一能欣赏大家工作的,可说要算我,我最能使大家工作不致于辜负。许多人认为好多钱做好多事,只有北碚青年朋友,可来一个不同的新的解释。十年前写了一篇文,题名《工作的报酬》,说工作最好的报酬,是求仁得仁,是你做什么,就成功什么。你要办个学校,就成功一个学校,要修一条铁路,就成功一条铁路,这便是最好的报酬。还有进一步的意义,就是你的成功在事业上,帮助却在社会上,你成功了一所学校,帮助了无数失学的儿童,或培植了未来社会上无数救国需要的人才。你成功了一条铁路,帮助了无数客货的运输,帮助了生产建设和文化传播,这便是间接的报酬。建设一个美好的公园,便报酬你一个美好的公园。建设一个完整的国家,便报酬你一个完整的国家,这是何等伟大而可爱的报酬！只要一点儿月薪、地位,只是你工作的帮助,并不是你工作的报酬。最大年的工作的报酬——直接的在事业上有最大的成功,间接的在社会上有最大的帮助,这是从来不辜负人的,所以我不要做大事,要做天下第一的事,譬如说北碚做到"中国第一"这已是了不得的成绩,比做一个省主席荣耀,社会是绝不会辜负大家的。

除了为伟大的社会服务外,先要为这一小群人服务。前曾为兼中学生解决营养问题,以往是用卖菜的办法,有钱的学生可添菜,以所得的盈余来普遍分吃。现在更可进一步，无钱的学生，都作点劳动，如养鸡、养猪、养羊，一方面可以卖它的钱来吃，一方面可以直接吃它！我对民生公司同样想办法，将民生新村大片土地，辟来种蔬菜，数百家人的残屑汤水用来养猪。有人有猪，肥料不成问题。大家在工作之余可以多研究，用恼恨正当的办法，群策群力，来公共造产。自然大家日里忙着公务，晚间需要休息，但可利用家属剩余劳动，或则雇佣几名长工就解决了。我们无论如何，要帮助每人能维持健康生活的必要水准，把这一段艰苦的战时生活支持过去，因为我们为众人服务，一方面是为这十万众的人，同时也要为这一群服务众人的人。

七、结语

我过去虽是常常回来，但不常常与诸位见面，有时即使见面，也很难有共同讲话的机会，所以这里将拉杂想到的问题，通行提出。如果大家肯更加力前进的话，个人不但也愿意加方法，同时更愿意加力量，使我们前进的效率更高一些，短时间内就可来个大大的猛进。

《嘉陵江日报》1943 年 10 月 4—5 日

民生公司成立十八周年纪念会报告

（1943 年 10 月 10 日）

今当三庆——双十节、国府蒋主席就职，及公司成立十八周年纪念，其意义重大。

本公司在这十八年经过当中，恰可分为三个阶段：

第一是十四年至二十年，可称为试验时期。其时仅有轮船三只，航线两条。试验项目，可分为航期、客运、货运三种。结果由无定期开航而有定期开航。但尚不能定期到达。有逐渐改善，而达到定期开航，定期到达。客运则不分舱级，乘客均得便利，如位置之均匀，饮食之供给，浴室之添设，安全设备之普遍，通风通光等卫生事项，以及茶房之训练等，均有显著成效。货运则注意交货提货之手续简便，货品务使其质量均无损失，时期务求其迅速准确，以及公路铁路等之联络运输，均使客商有手续简便，达到迅速之感。

第二是廿年至廿六年，可称为发展时期。航线、船只、吨数均大有增加。同时，增添机械试验，协同开矿，造铁路，并协助纺织事业。

第三是廿六年至卅二年，可称为撤退时期。由上海而镇江，而南京，而汉口，而沙市，而宜昌，而三斗坪，至最后的美人沱。船只损失甚多，但是，敌人虽然一面毁坏，我们却一面建造，同时又接收其他船只。

抗战胜利愈近，公司的困难也随着抗战接近胜利而日益加重。物价上涨不息，票价和运价却不能随物价的比例而增加。复因轰炸差运而损失更大，困难更多，不过我们总不要怕困难。民生公司全部历史就是困难两个字。我常

904

说:"困难来了,我就来了"。困难愈大,我们的力量愈大,有力量就没有困难。今后国家的困难,也许要一天一天的减少,但是事业的困难,也许一天一天的加多加重,这就要看任职人努力的力量了。

我们的目标,是发展航业。这部航业史是要我们共同努力去写。本公司是民营事业之一,我们所贡献于国家的虽不能在民营事业中者,但也当是大者之一。凡做一种事情,必有一种报酬。然而我们的报酬不是金钱,而是事功,而是我们对国家直接间接的贡献。希望今天以后的成绩,要大于今天以前的成绩,就是今天以后的努力,要大于今天以前的努力。今天以后一天的成绩,要大于今天以前一天二天三天乃至十天的成绩。今天以后一年的成绩,要大于今天以前一年二年三年乃至十年的成绩。这样才能证明出我们的努力来。

《民生公司简讯》1943 年 10 月 18 日第 714 号

在民生公司总公司周会上的讲话

（1943 年 11 月 3 日）

今天对大家提出三件事：一、十个月来困难情形，二、十个月来事业的进步，三、对于今后的希望。

（一）今年航行的船只损失最多，计有民主、民康、民俭、民勤，先后被炸。其次是海损：如民权、民文、民和、眉山等之重大损失。要知道我们现在的收入，大半靠长航。长航只有渝叙、渝万、渝坪三线。三线中，渝坪最重要。即万县以下最为重要。故万县以下停航收入所受影响最大。再就长航轮船装载客货相比，还是货运收入多。货运运费上下水相比，又是上水多，下水少。事实上，货运吨数是上水少，而下水多。往常上水货运是花纱布，吨数虽少，而容量并不少。最近乃因统制关系，容积也逐渐减少，而收入更形减少。再就运费说，下水运费较上水为廉，而下水货为米、盐，而米盐运费又较其他货物运费为廉。因此收入几乎每水不敷船上开支。虽然一、七两月曾经两度调整票价，然而增加之数，不能与物价上涨比例平衡，总是相差很多。我们的开支油煤占四分之一，薪津占四分之一，修理占四分之一，其他占四分之一，终于收支不得平衡。故上半年航业共亏四千五百万元，最近每月竟在一千二百万元以上。以开支说，十月份大于九月份，十月份自下旬调整票价后，收入可增加三数百万，但支出亦须增加，结果还是不敷。今年的亏损特别严重，第一因为过去有存余的低价油料五金可以补填一部分损失，现在则不然，不得不按月补充，以资接济。现在补充的价值，均高于过去的若干倍。第二物价不断上涨，开支仍不断

906

加大,多仪向后去的困难,还是一天加重一天。

(二)在万分困难情况之下,有安慰大家的,就是事业有进步。先就秘书室说,第一是材料的整理很有条理,各种表报,可使我一览无余的明了全公司各部分的实况。第二是各处室中心工作的汇编,可藉以明了各处室所正努力的事项。其次是文书方面有进步。文稿的撰拟,文件的联络等,均逐渐走上轨道。稽核室成立未久,检查工作已开始推动,预算的严密审核,亦有新的进展。总工程师室,对于修船提出好多重要建议。业务方面,短航客运及货运,改进很多,尤以渝合装货、渝涪办船装盐最为显著,运务处成立亦不久,现在做了两件大事,就是码头囤船的整理,客人上下轮船秩序的整理,都有显著进步——船务方面,如标准航运的研究,礁滩调查,过去出事原因调查与记录,各船个性考察与记录,行船章程等,均经积极准备,作为训练资料,船员——大副二副学习引水及舵工——训练与考试,均有显著成效。轮机课对于燃料之节省,颇用力量,且有效果。供应处,成立亦不久,油之贮备,煤之运输与收支等手续改善,以及弊端之铲除,亦颇有成绩。五金材料之供给无缺,在现时也算难能可贵了。财务方面,五天报告之实施,调款方式之改进,为助颇多,使公司少向外借款应付开支,省去不少利息。半月收入预算之实施,使全部收支,皆能控制,尤有显著进步。总务方面,对于办事室之布置改善,最为显著。过去民生公司的办事室,颇为零乱,看不出谁是公司办事人员,谁是外来接洽人员,颇有主客不分之嫌。(未完待续,以下缺)

《民生公司简讯》1943 年 11 月 15 日第 718 号

关于整顿各轮西崽的条示

（1943 年 12 月）

【各轮西崽现正加以整顿，主管部分顷奉卢总经理条示】自十二月十七日起，一律停止派用。其已派用如有不法行为，及不按公司规定者，经人举发或经公司派人查出之后，即予停职处分，不另补充。

《整顿年各轮西崽　卢总经理条示》，《民生公司简讯》
1943 年 12 月 27 日第 724 号

工 商 管 理①

（1944 年 1 月）

一、概论

工商管理肇端于工业管理，援用于商业管理，更援用于工商以外一切事业、一切机关的管理。具体言之：每一类事业，甚至每一种事业，有其特殊的性质，即有其特殊的管理。抽象言之：任何事业，任何机关，皆有若干共通的管理对象，即有若干共通的管理原则。兹编仅及于共通的几个管理原则，及其值得注意的若干要项，未能及于特殊的问题，亦未能及于具体的方式也。

工商管理所采用的方法系科学的方法。科学有两种方法：就纵的言之，寻求事物的因果必然的关系；就横的言之，分析或排列事物，使彻底系统化。科学有两大类：一系自然科学，一系社会科学。自然科学应用到农业、矿业、工业及交通事业等的物质方面，技术方面；社会科学应用到一切事业，一切机关的社会方面，管理方面。实则管理亦系技术，如何配合一切事业之物质设备，并控驭其活动，如何训练每一工作人员，使有控驭物质活动的技术，亦皆管理范围以内之事也。

工商管理的要求，在提高工商事业中全般活动的效率，在使工商事业中全般人力、物力配合的活动达到最高的效率，所谓最高效率，系要求以最少人力，

---

① 该文是卢作孚在中央训练团党政训练班演讲录，并见于《新世界》1945 年 2 月号《卢作孚讲业务管理》。

最少物力,最快时间,换得最多结果,最好结果。任何事业,任何机关,皆应有此要求,此其精神为经济的。

工商管理的方法,即系建设秩序的方法,建设每一工作人员活动的秩序,建设一群工作人员相互配合的活动的秩序。秩序而以成文表现之,即系"法"。任何管理皆有必不可少的三事:(一)创造"法";(二)执行"法";(三)遵守"法"。此其精神为政治的。

工商管理方法的实施,特别重在工作人员的训练。训练所有工作人员使有秩序的配合的活动,使其活动有效率,有技术,且有管理的技术。事业实即学校,且为最实际的学校,此其精神为教育的。

社会科学主要运用在经济、政治、教育三方面,尤其综合地应用在工商管理方面。其基本建设为心理的。必须工作人员有事业上远大的志趣与工作上当前的兴趣,必须工作人员要求有秩序的活动,有效率的活动,乃能接受并运用管理的方法,使管理充分发挥其效用。

二、工作人员的志趣与兴趣

工作人员必须有远大的志趣,乃能有浓厚的兴趣。第一,必须有个人职业的兴趣。从事于某种职业,即要求成功于某种职业。从既定的职业上要求继续提高其地位,而不随时改变其地位;继续积累其日益丰富的经验,而不随时放弃其经验。第二,必须有公共事业的志趣。个人不但不改变所择定之职业,亦不轻易改变所参加的事业。使所参加的事业逐渐扩大其经营,改善其设备,改善其服务的方式,使有更多裨益于社会。第三,从所择定的职业造成职业上一进步的运动,从所参加的事业造成事业上一般革新的运动。第四,从自己参加一种事业而认识国家整个的建设。就自己的地位推动事业的经营,就事业的地位推动国家整个的建设。

要使每一工作人员认识自己的地位,即是成功的地位。不仅可以造成自己的成功,抑且可以造成同样职业者的成功。不仅可以造成个人的成功,抑且可以造成事业的成功。不仅可以造成事业的成功,抑且可以造成国家整个建设的成功。要使每一工作人员有此要求,有此远大的志趣,乃能有工作上浓厚的兴趣。

从工作人员当前的工作言:亦须使其直接感有浓厚的兴趣,必须使其明了每一工作的目标远近,已有成绩多少,比较他人并比较自己的过去。必须使其明了工作的内容,分为若干部分及若干步骤,其与周围有何种关系,横的联系与纵的交替,其前进有何种困难,有何种方法可以克服困难;必须使其有工作即有成就,且有欣赏并鼓励其成就,乃能使直接感有工作上浓厚的兴趣。

从工作人员工作以外的生活言:应使建立整个生活的意义,以工作为中心,应使学问与工作联系,选择与自己的工作,自己参加的事业,自己参加的社会运动和整个国家的建设有关的题目,集合同志,读书讲学。应使旅行生活与工作联系,参观可供参考的事业,留心可供参考的方法和设备。应使一切娱乐生活与工作联系,电影选择有关的影片,戏剧选择有关的剧本,凡此皆有助于工作的兴趣。

从工作人员的家庭生活言,亦当予以联络及改善。学校,尤其小学校深知联络学生家庭的重要。事业与工作人员的家庭关系尤为密切,尤有联络的必要。应使家庭明了工作人员的地位与事业的关系,明了工作人员现在及未来可能对于事业及国家的贡献,欣赏其努力与成就。应使家人参加事业并相当参加与事业有关的公共生活,尤其旅行生活与娱乐生活。应以各种方法协助工作人员解决其家庭生活的困难,使家人对于事业有可以依靠的感觉,对于工作人员努力事业无反对或责难的态度。

三、组织

一事业而有一群人工作,即必须此一群人各有职掌而又相互配合;必就事业管辖之区域或范围或性质划分部门,或在某种范围之下再分性质,或在某种性质之下再分范围。就整个政府言,中央之下分省,省之下分县;就整个中央言,国民政府之下分院,院之下分部,部之下分署,分司,司之下分科;就整个股份有限公司言,总公司之下有分公司,分公司之下有办事处;就总公司言,总经理之下分几部或几处,每处分几科或几股,无不以区域或事的范围或事的性质分设机关或分设部门,或部门之下又分小组;要将所有事务划分到每人有显然不同的工作。即此工作,如何分析,仍当分析。不但供整个事业分析成为绝对严格的系统,直使每一工作人员的工作,亦各有其严格的系统,以此发挥每一工作人员的能力,使能担当最多的工作,然后能使每一事业,每一机关只需最少工作的人员也。

机关而必需层层节制,乃能使事业之推动如身之使臂,臂之使指。中央节制省,省节制县。总公司节制分公司,分公司节制办事处。此为纵的组织,然仍有其横的关系。一机关之人事部分,必须料理及于各部分的人事问题。统计部分必须料理及于各部分的统计问题。纵横错综乃成为灵活的有机体的组织。事业愈伟大,纵横错综的关系愈复杂。在纵的关系中,必须每层有其明了的责任;在横的关系中,必须相互有其明了的联系,乃不致职责混淆,系统紊乱。又上层机关常有若干专掌部门,每易直接指挥其下层机关的专掌部门,忽略其下层机关之整个体系,亦殊失层层节制之义,将降低其管理效能。

组织最重要之意义,在兼擅分工与合作的长处,尤其在以社会的秩序监督个人的行动。吾人不能相信任何人之任意行动,而应相信任何人在整个社会组织中秩序的行动。因整个社会有秩序,故个人在其中亦不得不有秩序。一事业而有最高才能的领导者,不在其凭个人的天才监督人群,而在能造起人群的秩序监督个人,不但应当发挥每一工作人员的能力,尤其应当发挥整个社会组织的能力。

四、管理上几个主要问题

人事　人事管理之第一问题在用人,用人之第一要义在为事择人。因此,第一必须明了何事需人? 事的范围及事的性质? 第二必须明了需何种人? 需何种知识及何种技能? 第三必须明了从何处可得所需的人? 从何学校或何事业或竟不可知的社会得所需的人? 第四必须明了用何种方法可以得之? 征求,托人推荐或与学校约定? 第五必须明了所觅的人是否有某种知识或某种技能? 予以考试或调查过去? 如竟无适当人选,更应如何事前储备之?

人事管理之第二问题在予工作人员以指导。每一工作人员进入事业,必先由人事管理部分予以生活上之指导。应在何处办公,何处领物,何处领款;

如供食宿,何处用餐,何处就寝。有何种公共规则,何种公共活动,尤其事业之整个组织内容及与环境之关系,皆应有书面说明,并应有人指导与解释。然后介绍工作人员到达工作地段,由主管者予以工作上之指导。第一指导其接收工作之交代,明了工作程序,方式与周围之关系及尚待解决之事项;接收文件之交代,明了应有之规章、专案及尚待裁发之文件;接收器物之交代,明了其应行保管或使用之文具、用具及用品。第二介绍其拜访周围有关之工作人员,明了其应接触之点。及其一切均已明了后,试令其说明工作概要,再令其试任工作,助其克服不可避免的困难,使其顺利工作,日有进步,兴趣日加浓厚。

人事管理之第三问题为工作检讨。主持一机关全局者对于各部门之工作,主持一部门者对于下一层组织之工作,主持最下一层者对于所属每一人员之工作均应逐日加以检讨。检讨方式用个别接谈或公共会报,藉表报审核或实际检查,期要对于每一部分或每一人员之工作效率有所考察,有所比较。一方面使事皆推进,一方面使考核成绩确有事实之依据。

人事管理之第四问题在实施奖惩,尤在多奖而少惩。最有效的奖励在使工作者有成绩,有成绩者得赏识,有才能者得上升。故第一奖励方法在为工作者作成绩的记录,第二奖励方法为宣布其成绩使人众皆知,第三奖励方法为给予成绩优异者以较高的地位或荣誉的机会,第四奖励方法为给予相当酬金。至于惩处在促人省悟,绝非表示厌恶。一日而仍留用成绩不良之人,即必一日仍寄以无穷之希望,不可使觉绝望。免职、解雇,诚为最后惩处之方法,但为不可轻用之方法。抑尚有进者,奖惩有力不在重轻,而在考核确有依据,无可侥幸。在经常举行,非偶然为之。旧时科举,今时学校考试,皆可鼓舞学子勤苦求学,即是明证。

人事管理之第五问题在谋职工福利。不仅为谋职工当前福利,并须为谋未来福利;不仅为谋职工个人福利,并须为谋家庭福利。有关福利的设施,如职工之补习教育,卫生环境运动及娱乐生活,医药及死亡保险,家庭住宅,家庭经济,家庭卫生,家庭娱乐及子女教育,皆所必需。其属于物质方面者应视经济能力设施之,其属于服务方面者应竭所有人力趋赴之。

财务　任何事业能有发展,及能发展到何种程度皆以财务为决定之条件,工商事业尤以财务决定其成败。财务部门所主管者为款项出入,建设款项出入的秩序为预算。惟有确立预算,并严格执行预算,乃能控制款项的出入,乃能使财务不紊乱。机关需要预算,工商事业亦何尝不需要预算?经常预算应按年、按季、按月为之。临时预算应按事为之。

无论预算政策系量入为出或量出为入或两者兼顾,非决定于财务之本身,而决定于全局之配合。最为重要在确立事业之计划,计划必须顾到预算,预算必须配合计划,计划之能执行在根据事实上所可取得之人力、物力与财力,预算即据以支配财力,预算即系支配财力的计划。

预算一经确立之后,即重在严格执行,除因事实上不可避免之变迁及计划上不可避免之修改及不得已修改预算外,必照预算收入支出,不得自由出入,严格执行预算,不仅是足以维持财务上本身的秩序,亦足以协助计划的执行,使全般秩序不易纷更。

财务收支应严格到无一非根据预算,同时应严格到无一非有记录,无一非有完全相符的记录。依据收支数目,确立传票,依据传票,确立账目。账目完成,收支手续乃告完成。依据依次记录之账目,分别科目登记,并分别户头登记,以为结算之根据。逐日整理,逐日累计;逐月整理,逐月累计;不但要求正确,亦且要求迅速。盖本月有结算,乃便确立下月之预算;本年有结算,乃便确立下年之预算。事实上纵难定此先后程序,但预算确立之时间与决算完成之时间愈接近乃愈少错误。

财务运用在调度。事业中不可有一件废物,亦不可有一笔废款。精当之预算及精明之执行预算,可使一钱不妄耗用;精明之调度,可使一钱不枉停搁。因此主持一事业之财务人员必须明了全事业之财务状态,必须明了各部分之收入支出及结余数目而善运用调度,尽量应付事业上之需要,而不至停搁于无用之处。

工具　各事业之工具视事业之性质而异其种类。铁路运输之工具为机车及车辆,公路运输之工具为汽车,航业之工具为轮船,机器厂之工具为工作机,各有不同之性质及用途,因而各有不同之管理方法。但如何以最少之工具发挥最大之效用,如何可使工具的活动力有最大的容量,最高的速度,最多的工作时间,最少的修理时间与停搁时间,要求相同,管理的原则亦大体相同。

第一须设备效率最高的工具。依世界进化的原则,效率最高的工具常是出品最新的工具,落后国家所可迎头赶上现代者,即赖得此时间上的便宜。不可太贪价钱上的便宜去专买他人废弃不用、效率太低的工具。

第二须保护工具,使之健全。须使用工具者有使用工具的技术。工头对于工人有严格的管理,工人对于工具有小心的照拂,须使工具保持正常的动作,减少修理时间到最低限度,增加使用时间到最高限度。

第三在使工具有灵敏之调度。尽量适应各方面之需要,不致有停搁或错误,时刻明了工具的动态,时刻明了各方对于工具的需要,时刻计划调度,使甲工作完结,乙工作衔接,不但使用工具到最大限度,且分缓急先后应付,使能达到最高效用。

第四节省工具的耗用。节省润滑油或燃料或其他开支到最低限度。

物料　物料应依事业之需要,有计划的整个的准备。(一)整个的准备较零碎购买为经济;(二)整个准备适于使用时必需的标准;(三)集中易于管理;(四)可省各部分分别采购所感之烦累。

物料之第一问题为选购。首须明了事业各部分所需要物料之多少,以何种标准为最适宜,最经济。经济非即价格便宜之谓,须就耐时长久,效用大小,耗用多少,各种条件比较之,往往竟以价昂贵者为经济。次须调查物料供给之来源——大量制造之厂,或大量生产之地。比较品质的优劣,价格的高低。有招标的方法,有特约的关系,有特订的标识。要之,不仅有确实可靠的采购人员,尤须有明白可信的采购方法,然后不致有任何错误或任何弊病发生。

物料之第二问题为保管。接收时检查数量与品质,接收后登记,登记后安置。一切须依确定程序,安置物料,期于保护周密,取携便利。时加检查整理,勿使损坏;如可修理,勿任废弃;最低储量,随时清理,如感不足,即刻添配。

物料之第三问题为分发。分发之主要任务为查明领物部分之确实需要。

根据一般使用标准,领物部分过去之使用实况及其存余数量,凭以核定发给数量。要求其于可能程度,经济使用,降低数量,手续上务须迅速周到,使领物部分感觉便利而不感觉烦扰。

　　文书　事业组织中常有专门办理文书之部分,实则事业中之各部分均须办理文件,故文件草拟为办公室人员一般必要之训练。每草拟一文件,必先明了所须提出之要点,所须根据之事实及理由,所须根据之法令规章及成案,不惮烦累,检讨一切,条分缕析,加以说明。如系裁答文件,尤须查明来文要点,斟对裁答。如事不只关系一部分,必须以迅速方法征求有关部分之意见。如须签请上级人员核示,必须说明事实及理由,提出方案,签请抉择。一切皆系明白负责之表现,而非含糊卸责或迁延时间。

　　次为收发文件。收发文件亦为一切机关之重要问题,大的机关有总收发,有各部分的收发,重叠登记,重叠延搁。文件出入经过最多的程序,迁延最多的时间。实则收发困难缘于机关组织未能十分明了,每一部分或每一人员办事地点,未能十分确定,致投文件者不能指定机关之某部分、某地点、某人员直接送达,或收发人员无此认识,尚需重叠转达。故机关中各部分各人员之任务及其办公地点之部署均须明确,至少收发人员全能认识,可以省略重叠之收发机关,缩短文件之出入时间。

　　再次为文件归档。文件归档的方法应参照图书管理方法,应有登记,有目录,并作有系统之架上陈列,期于检取便利,不致贻误。并期于任何人皆可依据登记编目,依据陈列检取,不使成为个人独具的技术。

　　会计　会计制度系财务记录的制度,已于财务一节中提及财务的记录。一切财务有关之事物均须记录,不仅款项出入,逐日记录、逐日整理,逐月记录、逐月整理,任何时间可以查出一事业之收入、支出、资产、负债。结算时间可以查出盈亏数额。从总表上可以查出大纲,从详表上可以查出细目。凡此记录,不仅要求正确,亦复要求迅速,不仅凭以查其过去核实与否,亦复凭以确定未来的业务方针及财务预算。成品制造,工具运用,更须确立成本会计,以查出其确实成本,乃能据以判断盈亏,确定价目。

统计 除与财务有关之数字记录,会计制度上有处理之规定外,凡与数字有关之事物皆须有统计。无论物价之涨落,业务之消长,开支之增减,员工之进退,物料之消耗及工具之运用,凡可以数字统计,从时间上或空间上比较查出其问题者,其材料须尽量搜求,尽量整理,尽量发现问题,以供主管人参证。现代事业常须若干专家作为顾问,统计数字尤为不可缺少之顾问,统计须应问题参考的需要,尤须应时间的需要,在事业上非以作学理的研究,乃以供业务的参考,故完成愈快愈于业务有助。主持事业者如不根据统计以决断一切,实为盲目的决断,纵无显然的失败,亦常有不可见的损害。因无数字上明了的表现,故无显著的发现。

编辑 一事业之编辑工作亦为重要问题。若干事业上之经过,除以会计或统计表现其数字外,常需文字记录、文字整理、文字报告。数字问题亦常需文字说明。无论经常的或特殊的事件,应用文字记录者,开始活动即当开始记录,活动完成,记录即当完成。或者依事之始末,具为报告,或按月、按年具为报告,此为历史上、宣传上、参考上均不可少之资料。

稽核 稽核制度为事业上最重要之制度。其第一工作为审核。事前审核重在预算,事后审核重在结算,中间重在监督预算的执行,随时发现错误,随时纠正。审核须有依据,依据预算,依据过去的成案,依据当前的事实,依据调查,依据统计,不可依据主观的意见。应协助问题之解决,不可牵制问题之解决;应迅速审核,不可延误时间。

稽核问题之第二工作为检查。审核究系纸面上的工作,必须以检查方法证实之。检查须执行于工作地点及其有关方面。无论检查账据,检查物料,检查工具,检查工程,检查来往关系,要皆重在核对事实与证件是否一致。

五、计划——安排事的秩序

任何事的进行,皆须先有计划。计划系有系统的办法而非文章,就根据事实不应凭空想像。应一方面顾到可资运用的人力、物力、财力。一方面顾到环境上的需要,先行搜集一切可供参考的资料,排列比较,选择其最适宜的方案,定为计划。

计划内容应分整个问题为若干部分及若干步骤;为配定人力物力的数字,尤其财力的预算,并确定开始及完成日期,事前准备事项,随时检讨及相互联络事项,使事的全部进行,有所依据,保持一定的秩序。

计划既定,应使执行人员彻底了解,按照执行。凡应准备事项,如期准备。凡应完成事项,应如期完成。如有困难、立刻排除,如有错误、立刻修正。务使一切在预定的秩序下进行,丝毫不紊。从最初起,即全力趋赴,如有充裕时间应留在最后。

任何事业,事业中任何部分之事务,乃至任何个人之工作,均须有计划,然后有效率,无计划即勿行动。管理问题全在安排秩序。组织系安排人的秩序;预算系安排钱的秩序;计划系安排事的秩序。

六、贤明的管理者

贤明的管理者不应处理纷乱的事务,陷自己入纷乱中,而应整理纷乱的事务,纳事务入秩序中,不应核定人如何活动,但应要求人如何活动。不应待人询问:"事应如何办理",而应问人:"事正如何办理"? 明了事的动态,乃能控制事的动态。不仅在消极方面防止弊端,尤应在积极方面建设秩序。严格的秩序之下,自然不容许发生弊端。管理问题的核心,全在建设秩序,在使每人行动有确定的秩序,全体行动有相互配合相互衔接的秩序,贤明的管理者即为此种秩序的建造者与执行者。如不能建造秩序或不能坚强执行既经建造的秩序,即非良好的管理者;即令其为人才,亦非良好的管理人才。

1944 年 1 月《工商管理》单行本

《新世界》复刊词

（1944 年 3 月 15 日）

  《新世界》是民生公司发行的一种定期出版物，最初是半月刊，后来改为月刊，发行了一百四十九期。因为敌机轰炸，印刷困难，于是乎停顿了。

  这一个刊物纯粹是为民生公司的同仁提高工作的志趣，鼓起工作的兴趣而出版的。其材料大概都是取给于事业的内部和工作同仁的活动。供给这些材料者大概都是工作同仁。部分同仁颇有写的兴趣，全体同仁都有读的兴趣。当然大有影响于他们的工作。中断几年是非常可惋惜的事。

  今天复刊，是更要将意义扩大，影响加深。故取给材料，不仅自事业，而自社会；写文章者，不仅系工作同仁，而且系各方面凡可以供给材料的人士。凡有新世界需要的材料，无论来自何处，一律欢迎。读者自然第一是希望工作同仁，但亦不限于工作同仁，凡有愿意订阅新世界者一律欢迎。

  然则复刊以后的新世界究竟是一个什么样的《新世界》呢？这要问：今天以后的世界是一个什么样的新世界了。世界大战结束以后，同盟军最后胜利以后，世界的局面，必定是一个新的局面。中国应以极快的时间，踏入这新的局面。中国的一切建设、一切事业自然包含着我们自己经营的事业，中国的一切人，自然包含着我们的工作同仁，均应踏入这新的世界。这新的世界应该有些什么，这新世界介绍的就应该是些什么。

  然则新的世界应该有些什么呢？第一是新的发现和发明。发现了油、煤、金属及其他矿藏,优良的农业品种,有效的药物等①,一切可供取给的资源;发明了矿业开发、农业耕种,或工业制造的,或水陆交通的工具,科学研究的仪器等②。这其中专门的科学的问题是专家所应研究的,都不是新世界所能介绍的,新世界所能介绍的是发现者和发明者所经过的艰难困苦的历程,及其所获致的伟大效果,可以鼓起我们的勇气和兴趣的。

第二是新的建设和改革。尤其是经济方面的,例如筑成了铁路或港口,创立了工厂或农场,垦辟了大的荒地,开发了大的森林等③。又如改革了事业管理的制度,农业的或工业的生产方法等④。凡所经过的艰难困苦的历程及其所获致的伟大的效果,可以鼓起我们的勇气和兴趣的,都是我们应介绍的。

第三是新的社会运动。支配人们行动的最大的力量是社会运动,它可以促起每一个人的行动,它可以利用社会的力量包围着个人的行动。例如农业改良运动,合作运动,公共卫生运动,工作竞赛运动等⑤。愈具体,愈于社会有裨助的运动,愈有支配人们行动的力量。愈是我们所应提倡的运动,愈是新世界所应介绍的运动。

我们介绍事的成功的方面,也介绍人的成功的方面。不一定事的全局,只要有一部分的或一段落的好的事实,即是我们所要介绍的事实。亦不一定人的终身,只要有一句佳言,一件懿行,即是我们所要介绍的言行。

中国人没有不想中国好的,每一个作事的人亦没有不想把事做好的。但是,不知道什么是好的,怎么样去做好,有好的愿望而没有好的办法,我们应尽量介绍好的办法。中国人的头脑足够地容纳了抽象的理论的材料,而极缺乏具体的事实的材料,我们应尽量的介绍具体的事实做材料。平常人议论一切事物,多注意到坏的方面,而少注意到好的方面,我们应尽量介绍事物的好的方面。

---

① "等"字原文为省略号。
② "等"字原文为省略号。
③ "等"字原文为省略号。
④ "等"字原文为省略号。
⑤ "等"字原文为省略号。

我们所介绍的材料,一部分应自国内调查得来,一部分应自国外翻译得来;我们盼望作者向各方面搜求,亦盼望读者从各方面予以赞助。内容盼望丰富,尤其盼望精到。盼望可以裨助读者,鼓起读者兴趣,供给读者参考,盼望办到谁都翻开篇页即不忍释手了。

《新世界》(月刊)1944 年 3 月 15 日复刊号

业务管理纲要①

（1944 年 4 月）

一、概论

兹所述之业务管理，系概论一般机关及一般事业的业务管理的原则，仅及一般机关及一般事业的全部管理问题，未及于管理上特殊的问题，具体的方式也。

业务管理的方法系科学的方法。科学有两种方法：就纵的在寻求事物的因果，必然的关系，管理方法即在把握着必要的原因以期望能产生出必然的效果。就横的在排列事务使有统系，管理方法即在排列所管理的一切事物，使有统系。科学有两大类：一类自然科学，应用在物质的技术的方面。一类社会科学，应用在社会的管理的方面。

业务管理的要求，在提高一机关或一事业全般的效率，在使一机关或事业中全般人力、物力配合的活动达到最高的效率，所谓最高效率，系要求以最少人力，最少物力，最快时间，换得最多结果，最好结果。此其要缔为经济的。

业务管理的主要方法为建设秩序。建设人的秩序、物的秩序。成文的规章，不成文的习惯，皆所以确定秩序。此其要缔为政治的。

---

① 该文是卢作孚在中央训练团党政高级训练班演讲录，又名《业务管理》，与 1945 年 2 月号《卢作孚讲业务管理》有所不同。

业务管理方法的实施特别重在工作人员的训练,训练所有工作人员,使有秩序的配合的活动,使其活动有技术,有效率。事业即学校,系为最实际的学校。此其要缔为教育的。

社会科学主要运用在经济、政治、教育三方面,尤其综合地应用在一般业务管理方面。其基本建设为心理的。如何使工作人员有志趣及兴趣,要求有秩序的活动,有效率的活动,此为管理工作最重要的第一步。

二、工作人员的志趣与兴趣

工作人员必须有远大的志趣,乃能有浓厚的兴趣。第一,必须有个人职业的兴趣。从事于某种职业,即要求成功于某种职业;第二,必须有公共事业的志趣。参加一事业的服务,即要求一事业的发展及成就;第三,从所择定的职业及所参加的事业造成社会运动,改善职业上的技术或事业上之设施,以促起社会的采用;第四,就自己参加的事业配合并推动整个国家的建设。

要使每一工作人员认识现有的职业地位即是成功的地位,不仅可以使自己成功,抑且可以使同类职业者成功。不仅可以使事业成功,抑且可以使整个国家建设成功。要使每一工作人员有此远大的志趣,乃能使工作人员有浓厚的兴趣。

从工作人员当前的工作言:应使其直接感有浓厚的兴趣,使其明了每一工作的直接目标,分为若干部分及若干步骤,其与周围有何种纵的交替及横的联系,其前进有何种方法可以克服何种困难。使其工作有成就,且使其自觉其有成就,乃能使其直接感有工作上浓厚的兴趣。

从工作人员工作以外的生活言:应使建立整个生活的意义,以工作为中心,应使学问与工作联系,研究与工作有关的问题,读与工作有关的书,应使旅行生活及一切娱乐生活与工作联系。参观有关的事业,看与事业有关的影片,听与事业有关的戏剧。此皆有助于工作的兴趣。

从工作人员的家庭生活言,亦当予以联络及改善。应使家人明了工作人员与事业的关系,与国家整个建设的关系,欣赏其努力与成就,就应使家人参加事业,参加事业有关的公共生活,尤其旅行生活与娱乐生活。

三、组织

一机关或一事业而有一群人工作,即必须有一群人共守的秩序,即必须每人各有确定的职掌,人与人[之]间有确定的配合的关系,必就事的范围或事的性质划分部门,规模较大的或且在部门之下划分部门,直将所有事务划分到每人有显然不同的工作。不但使全事业有秩序,且使每人工作亦自有统系。

一机关或一事业之工作,必须层层负责,必须每一阶层各有其应付的责任,各有其负责处理的问题。不宜事事均到上层,更不宜事事均到最上层。为虑下层处理错误,应有层层节制的可信的管理方法。惟有层层节制,可使事事推动,如身之使臂,臂之使指。万不可因虑下之层不能负责,遂替下层负责,致令任何文件,层层送达,任何事件,层层交下,迄无一明白负责处理之人,亦不能训练成功一明白负责处理之人。

机关层层节制,为必有的纵的组织。然若干部门的工作亦有其横的关系。管人事者必料理及于各部分的人事,办统计者必料理及于各部分的统计。事业愈伟大,纵横错综的关系愈复杂。在行政上整个政策的执行上,应以上层整个机关管理下层整个机关为原则,在专门技术上及法规上应以上层专掌部门指导下层专掌部门为原则,如有偏重,亦成问题。

组织最重要之意义,在兼擅分工与合作的长处,在以社会的秩序监督个人的行动。吾人不能相信任何人之任意行动,却应相信任何人在整个社会组织中秩序的行动。整个社会有秩序,个人在其中亦不得不有秩序。故主持一机关或一事业,第一任务即在建设一机关或一事业的秩序,组织即在完成一机关或一事业的秩序。

四、计划

任何事业,事业中任何部分之事务乃至任何个人之工作,均须先有计划。均须在工作开始之先,安排所有工作的全盘秩序,算明所需的及可能准备的人力及物力,分析互相衔接的步骤及相互配合的部门,确定应达程限及所需时限,写一计划即在写此安排的秩序,即在写此即将实现的事实,必须确有事实的根据,必须一切以数字正确表现之,绝非信笔写来的文章,尤非任何凭空的想像。

计划既定应使执行人员彻底了解,按照执行。凡应准备事项应如期准备,凡应完成事项应如期完成。如有困难立刻排除,如有错误立刻修正,务使一切在预定的秩序下进行。开始即全力趋赴,紧张工作应在最初,充裕时间留在最后。

凡事有计划乃有效率,无计划即无行动。

五、预算

预算本为事业中财务问题之一,但实涉及事业的全般的问题。事业所需的一切人力及物力,皆须以钱为计算的根据。钱的支出必须先有安排,钱的收入尤须先有准备,组织所以建立人的秩序,计划所以建立事的秩序,预算即在建立钱的秩序,组织与计划皆与预算有不可分离的关系。组织的确定须待预算的确定,计划的确定亦须待预算的确定。财力须配合事业的要求,事业亦须顾到财力的限度。

无论预算政策系量入为出或量出为入或两者兼顾,非仅决定财务之前途,实系决定事业之全局。但其主要任务究在控制财务,究在控制钱之出入。任何事之进行必需有计划,同样任何钱之出入必需有预算。政府机关需要预算,工商事业亦何尝不需要预算,经常预算应按月为之,临时预算应按事为之。

无计划勿行动,无预算勿开支。

预算一经确定即须严格执行,即须按照预算收入支出,不得自由出入。除非事实变迁或计划修改,因而预算有所修改。严格执行预算,不仅足以维持财务本身的秩序,亦足以协助全般计划的执行使全般秩序不易紊乱或变更。

六、管理上几个主要问题

人事——人事管理之第一问题在用人,在为事择人。必须明了何事需人,需何种人,需何种知识及技能,用何种联络及征求方法可以物色得人,用何种考试及调查方法可以了解其人。

人事管理之第二问题在,予工作人员以生活上的指导及工作上的指导,须使明了事业的整个要求及整个内容、公共规则及公共活动。须使明了工作上应有之交代事项,工作的内容程序方式及其与周围的关系,资助其克服不可避免的困难,使其顺利工作有进步,兴趣日加浓厚。

人事管理之第三问题为工作检讨。无论主持一机关全局或一事业局部,对于所直接管理的工作人员,须检讨其工作,检讨其能力是否与工作适合,检讨其成绩如何、勤惰如何,进步多少,比同事人员强弱如何。须有明白之标准以资考察及比较。

人事管理之第四问题在实施奖惩。最有效的奖励,在[记]录并宣布工作人员的成绩,使自认识自欣赏其成绩,并感觉有人认识且欣赏其成绩,使对工作成绩直接感有兴趣。奖励成绩优异者在使有更多的表现成绩的机会,报酬方法,乃在其次。至于惩罚重在促人省悟,不在表示厌恶。应寄人以无穷之希望,不可使觉绝望。免职解雇为最重要之惩处方法,亦为最后之惩处方法,如无不可饶恕之罪过,不得免职解雇。此为一切工作人员必要之保障。

人事管理之第五问题在谋职工福利。不仅为谋职工当前福利,并须为谋未来福利;不仅为谋职工个人福利,并须为谋家庭福利。有关福利的设施,如职工之卫生环境,补习教育运动及娱乐生活,医药及死亡保险,家庭住宅,卫生,家庭娱乐及子女教育,皆所必需。其属于物质方面者应视经济能力设施之,其属于服务方面者应竭所有人力趋赴之。

财务——任何机关或事业之业务能发展到何种程度,皆以财务为决定之条件,工商事业尤以财务决定其成败。故责成一机关负起某种业务责任,亦须准许其负起相当财务责任,使其在某种范围内,能自经营其收入,分配其支出,以自发展其业务。任何机关,机关的维持经费应尽可能的缩小,业务经费应尽可能的放大,以发挥其机关的效用。任何业务机关应培养金融的信用,以灵活其业务发展所需的资金运用,免为每月领款的预算所拘束,一机关的财务筹划实为财务上的第一任务。

处理财务应一切在预算中。惟有确立预算,并严格执行预算,乃能建设财务本身的秩序,并使财务配合业务的全局活动。经常收支需要预算,临时收支亦何尝不需要预算。如果有一财务问题必须在原有预算以外,即必须确立新预算。

无论预算政策系量入为出或量出为入或两者兼顾,非决定于财务之本身,而决定于全局之配合。最为重要在确立事业之计划,计划必须顾到预算,预算必须配合计划,计划之能执行在根据事实上所可取得之人力、物力与财力,预算即据以支配财力,预算即系支配财力的计划。

完全控制财务的活动,乃能据以指挥调度,不致紊乱或错误。

工具——铁路运输之工具为机车及车辆,公路运输之工具为汽车,航业之工具为轮船,机器厂之工具为工作机,各有不同之性质及用途,因而各有不同之管理方法。但如何以最少之工具发挥最大之效用,如何可使工具的动力有最大的容量,最高的速度,最多的工作时间,最少的修理时间与停搁时间,要求相同,管理的原则亦大体相同。

第一须设备效率最高的工具。依世界进化的原则,效率最高的工具常是出品最新的工具,落后国家所可迎头赶上现代者,即赖得此时间上的便宜。不可太贪价钱上的便宜去专买他人废弃不用、效率太低的工具。

第二须保护工具,使之健全。须使用工具者有使用工具的技术。工头对于工人有严格的管理,工人对于工具有小心的照拂,须使工具保持正常的动作,减少修理时间到最低限度,增加使用时间到最高限度。

第三在使工具有灵敏之调度。尽量适应各方面之需要,不致有停搁或错误,时刻明了工具的动态,时刻明了各方对于工具的需要,时刻计划调度,使甲工作完结,乙工作衔接,不但使用工具到最大限度,且分缓急先后应付,使能达到最高效用。

第四节省工具的耗用,节省润滑油或燃料或其他开支到最低限度。

物料——物料应依事业之需要,有计划的整个的准备。(一)整个的准备较零碎购买为经济;(二)整个准备适于使用时必需的标准;(三)集中易于管理;(四)可省各部分分别采购所感之烦累。

物料之第一问题为选购。首须明了事业各部分所需要物料之多少,以何种标准为最适宜,最经济。经济非即价格便宜之谓,须就耐时长久,效用多少,各种条件比较之,往往竟以价昂贵者为经济。次须调查物料供给之来源——大量制造之厂,或大量生产之地。比较品质的优劣,价格的高低。有招标的方法,有特约的关系,有特订的标识。要之,不仅有确实可靠的采购人员,尤须有明白可信的采购方法,然后不致有任何错误或任何弊病发生。

物料之第二问题为保管。接收时检查数量与品质,接收后登记,登记后安置。一切须依确定程序。安置物料,期于保护周密,取携便利。时加检查整理,勿使损坏。如可修理,勿任废弃;最低储量,随时清理,如感不足,即刻添配。

物料之第三问题为分发。分发之主要任务为查明领物部分之确实需要。根据一般使用标准,领物部分过去之使用实况及其存余数量,凭以核定发给数量。要求其于可能程度,经济使用,降低数量,手续上务须迅速周到,使领物部分感觉便利而不感觉烦扰。

文书——事业组织中常有专门办理文书之部分,实则事业中之各部分均须办理文件,故文件草拟为办公室人员一般必要之训练。每草拟一文件,必先明了所须提出之要点,所须根据之事实及理由,所须根据之法令规章及成案,不惮烦累,检讨一切,条分缕析加以说明。如系裁答文件,尤须查明来文要点,斟对裁答。如事不只关系一部分,必须以迅速方法征求有关部分之意见。如须签请上级人员核示,必须说明事实及理由,提出方案,签请抉择。一切皆系明白负责之表现,而非含糊卸责或迁延时间。

次为收发文件。收发文件亦为一切机关之重要问题,大的机关有总收发,有各部分的收发,重叠登记,重叠延搁。文件出入经过最多的程序,迁延最多的时间。实则收发困难缘于机关组织未能十分明了,每一部分或每一人员办事地点,未能十分确定,或收发人员无此认识,致需重叠转达。故机关中各部分各人员之任务及其办公地点之部署,均须明确,至少收发人员全部认识,可以省略重叠之收发机关,缩短文件之出入时间。

再次为文件归档。文件归档的方法应参照图书管理方法。应有登记,有目录,并作有系统之架上陈列,期于检取便利不致贻误。并期于任何人皆可依据登记编目,依据陈列检取,不使成为个人独具的技术。

七、几种必要的记录

会计——会计制度系财务记录的制度,已于财务一节中提及财务的记录。一切财务有关之事物均须记录,不仅款项出入。处理财务的时候即系记录的时候,记录完成,财务的处理乃告完成。逐日记录逐日整理,逐月记录逐月整理,任何时间可据以查出一机关之收入、支出。如系业务机关更可据以查出资产、负债,结算时间可以查出盈亏数额。从总表上可以查出大纲,从详表上可以查出细目。凡此记录不仅要求正确,亦复要求迅速,不仅凭以查其过去,核实与否,亦复凭以确定未来的业务方针及财务预算。成品制造,工具运用,更须确立成本会计,以查出其确实成本,乃能据以判断盈亏,确定价目。

统计——除与财务有关之数字记录,会计制度上有处理之规定外,凡与数字有关之事物皆须有统计。无论物价之涨落,业务之消长,开支之增减,员工之进退,物料之消耗及工具之运用,凡可以数字统计,从时间上或空间上比较查出其问题者,其材料须尽量搜求,尽量整理,尽量发现问题,以供主管人研究。现代事业常须若干专家作为顾问,统计数字尤为不可缺少之顾问,统计须应问题参考的需要,尤须应时间的需要,在事业上非以作学理的研究,乃以供业务的参考,故完成愈快愈于业务有助。主持事业者如不根据统计以决断一切,实为盲目的决断,纵无显然的失败,亦常有不可见的损害。这因无数字上明了的表现,故无显著的发现。

编辑——一事业之编辑工作亦为重要问题。若干事业上之经过,除以会计或统计表现其数字外,常需文字记录、文字整理、文字报告。数字问题亦常需文字说明。无论经常的或特殊的事件,应用文字记录者,开始活动即当开始记录,活动完成记录即当完成。或者依事之始末具为报告,或按月按年具为报告,此为历史上、宣传上、参考上均不可少之资料。

八、稽核与考核

稽查的主要任务在监督财务,在监督预算的执行,在使任何财务的处理者皆有预算的根据,皆有可信的方式,皆有符于事实的记录,皆有适于要求的整理,要在使财务有秩序。使财务无弊病仅稽核的消极目的,使财务有秩序,乃是积极目的。必须使财务有秩序,乃能使财务无弊病。

稽核有两种工作,其第一工作为审核。事前审核重在预算,事后审核重在结算,中间重在监督预算的执行,随时发现错误,随时纠正。审核须有依据,依据预算,依据过去的成案,依据当前的事实,依据调查,依据统计,不可依据主观的意见。应协助问题之解决,不可牵制问题之解决;应迅速审核,不可延误时间。

稽核问题之第二工作为检查。审核究系纸面上的工作,必须以检查方法证实之。检查须执行于工作地点及其有关方面。无论检查账据,检查物料,检查工具,检查工程,检查来往关系,要皆重在核对事实与证件是否一致。

考核——考核的对象系工作,狭义的范围常限于人事,但事业的活动系全般的考核的范围亦应考核全般的。主要在监督计划的执行,随时明了各部分的工作,随时明了执行计划的进度,由此比较各部分的成绩,乃至于各人员的成绩。

考核的方式:(一)为审核计划及报告;(二)为个别询问主办的人员;(三)为开会检讨;(四)为实地视察其重要的根据,为工作的分析与工作标准的确立,资以证明每部分成就的多少,并比较各部分成绩的高下。

九、管理者的使命

贤明的管理者不应处理纷乱的事务,陷自己入纷乱中,而应整理纷乱的事务,纳事务入秩序中。不应核定人如何活动,但应要求人如何活动。不应待人询问:"事应如何办理",而应问人:"事正如何办理"? 明了事的动态乃能控制事的动态。不仅在消极方面防止弊端,尤应在积极方面建设秩序。严格的秩序之下,自然不容许发生弊端。管理问题的核心,全在建设秩序,在使每人行动有确定的秩序,全体行动有相互配合相互衔接的秩序。贤明的管理者即为此种秩序的建造者与执行者。如不能建造秩序或不能坚强执行既经建造的秩序,即非良好的管理者;即令其为人才,亦非良好的管理人才。

张伯苓 70 华诞贺轴

（1944 年 5 月 5 日）

桃李满天下

《南开校友》1944 年第 7 卷第 4 期

《张校长七旬寿辰特辑》

在总公司第 121 次周会的讲话

（1944 年 7 月 19 日）

现值驾驶人员训练班第一期行将结束之时,今天特将有关驾驶部分管理问题提出来讲讲。驾驶部分之问题,粗看纯系技术问题,其实大部分是管理问题。盖纵有优良技术,而乏完善管理,则必发生种种事端,而使优良技术等于无有。本公司各轮船驾驶、引水员之技术,近年来颇有进步,如民权(即昔年之万流船)一类大船,以前须任重庆水位十二呎始敢开行,现则六呎水亦可开行自如。技术方面,实在有进步,但是海损及行船纠纷仍属层出不穷。自去年五月至今年四月,一年之间,搁浅、擦撞、浪沉木船等海损事件,为数极多,甚至一船竟在一年之内,海损五次。考察海损原因,皆属绝对可以控制避免者。徒因驾驶疏忽而失事,足见此实为管理问题而非技术问题。以擦浅而论,何处有沙碛,何处有暗礁,本为一般领江所习知者,如再时时阅图、书、记录,小心航行,本不应发生擦浅事件,而竟时常发生,并在洪水时期,亦竟有船擦浅,此全因疏忽而非技术不够。又如轮船靠囤或两船相靠,徐徐驶靠,当不致撞伤囤船或己船。复次,如浪沉木船事件,轮船如遇木船,应于何时慢车相让,如计算精确,当不致发生浪沉事件。凡上所述,都是一些稍加注意,即可避免的事。故今后希望各驾引人员,除求技术上之进步外,尚须有管理上之周到。欲管理之周到,必须驾驶部分船长、大二副对于有关航行河床的各种图、书、记录,仔细阅读,并于轮船航行之时,按图、书、记录,检讨航行前途可能发生的各项问题,随时通知领江留意。领江舵工等,亦应将其实际经验,与船主、大二副随时商讨,并予以记录,以为后学者之重要凭藉。人类进化,贵在能累积前人之经验,而发挥光大之。一人一生之经验有限,千百人千百年之经验,终属大有可观。吾人航行渝磁线,因只长三十里,航行极易明了,但若航行一千八百里之渝宜线,则沿途滩险之经验,必不容易获得。何则?盖渝宜线较渝磁线长六十倍,航线既长,滩陷数目自多,航行次数少,枯洪水以及平水位之变化大。反之,后者航行线短,滩险数目少,故航道容易明了熟悉。假使某人对于某段航道之航行,极为熟悉,而不将其宝贵经验,记录贡献于社会,则其经验只止于其本人,实则至为可惜,亦为我国不能进步之一大原因。最早航行川江一艘轮船的船长蒲蓝田氏,于航行川江每次水时,均有详细之测绘与记录,著为专书,至今仍为川江航行之重要参考资料。英国人航行数年,即有精详研究,而我国人航行轮只既多,时间亦久,至今尚无一本有价值之记录,实属憾事。本年较往年海损行船纠纷以及入厂修理之船只,特别较往年及他公司为多,吾人起初甚为诧异,后始悉并非本年轮船出事较多,往年轮船出事较少,实因往年船务处记录简略,本年记录较为完备之故,此点即系一进步。过去我国人多以为曲突徙薪无功德,焦头烂额为上客,此种观念实大错误。近代人作事,尤其航业界作事,最看重平常工作成绩与努力程度,临时出事而努力弥补应付,并不足取,最当记功与奖励之人,系多年不出一事之人,平时谨慎用事之人,亦即曲突徙薪之人。临时而致焦头烂额者最不可取。希望各位本此原则努力云。

《卢总经理讲话》,《民生公司简讯》1944 年 7 月 24 日第 754 号

论中国战后建设[①]

（1944 年 8 月）

一、胜利以后的希望是建设

七年来竭中国之全力对日寇作战,规模之大,在中国历史上为空前未有的局面;由侵略国家的结合与被侵略国家不断的更大的同盟结合,所演成的世界大战,在世界历史上尤为空前未有的局面。全世界几乎没有几个中立国家了,除了直接在侵略国家的占领或威胁之下者外,几乎全加入了盟国方面。

战争在心理上,以自身沉痛的心情与周围更大的同情为基础,此在盟国胜于敌人;在物质上,以人力物力及其所造成的生产力运输力为基础,此在盟国胜于敌人。故盟国方面已早在运筹帷幄中确定其最后的胜利,不必待诸战场局势,而年来的战场局势,亦复事实上证明了盟国胜利的加速度趋势,同时证明了敌人正在加速度的崩溃。

凡盟国人民没有不希望胜利早日降临的,尤其是几千年来爱好和平,七年来忍受战争痛苦的中国人民,不仅仅希望胜利降临了,立刻结束痛苦,恢复和平,其于和平恢复以后的国家前途,乃更怀抱有无限的希望的心情,希望国家迅速建设,迅速建设成为一个现代国家,现代强有力的国家,其自力可以防御今后任何强邻的侵略,其联合世界上爱好和平的国家的协力,更可以防御今后任何强国对于任何弱国的侵略,不要有下次的战争,不要有下次弱国再被侵略

[①] 该文写于 1944 年 8 月,原题为《战后中国究应如何建设》。

的战争。

假如中国本身仍是一个可被侵略的国家，即仍随时可被侵略而无任何保障，无任何外来的保障，可恃以作一切外来事变的预防。一个国家的安全，必须掌握在自己手上。过去曾有若干年间，希望国家能够苟且偷安于国际均势局面之下，以希望为判断，外患未发，即以为无外患，其结果均势局面一失，准备无素，外患骤至、应付无术。此为永远不可或忘的教训。吾人可以仰赖国际力量维持国际的和平，不可仰赖国际力量维持自己的生存。自己必须对自己的安全，负起绝对责任，必须自己支配自己的命运，必须装备自己，训练自己，使其强力足够维持自己的生活，自己力能抵御强敌的侵略，乃能遏止强敌侵略的野心。即令终可仰赖国际力量援助，国际力量往往只能加于事端发生或问题扩大以后，亦须本身力量能够先自支持足以等待其援助。中国危机依然存在，即远东问题，依然存在，影响之大，仍可及于世界。这次战争，从中日发端起，到全世界卷入止，便是一个事实上的证明。反过来说，假如中国强到可与世界爱好和平的国家携手维持亚洲乃至维持世界的和平，则维持世界和平的力量，有此强大的国家在内，绝对压倒一切了。此压倒一切的力量，战时有绝对的把握，获致最后的胜利，平时即有绝对的把握防止发生任何战争，任何侵略的战争。不仅自己获得保障，实可保障任何弱小国家，不使再被侵略，这是中国应对亚洲乃至应对世界负起的责任。

中国有数千年爱好和平的历史，自从春秋战国结束以后，即以其地理关系形成一个较为安全的世界，而非一个斗争群中的国家。此一世界东南有海洋，西南有大山，西北有大沙漠，东北有大荒原，以与其他世界隔绝，故无随时存在的国际间的复杂的斗争问题，虽然亦有外患。而其本身又系一农业民族，以每一家庭为一经济生活的单位，各自占有或租有一块土地，安居乐业，与人无争，只是馨香祷祝天下太平，因此人民生活习惯中实缺乏斗争成分。只有一部屡被侵略，屡次南迁以避敌人的历史，没有显然侵略他人，掠夺他人或奴役他人的历史，欧亚两洲只有此一大国有足够爱好和平的精神，犹如南北美洲之有美国一样。惜在今日武力斗争的世界上我无足够的力量维持世界的和平，甚至于无足够的力量保障自己的安全。今后诚须继续保持而且发扬此种爱好和平的精神,但是必须建树可以担当斗争,然后可以维持和平的力量,不仅应以此种力量结束过去被侵略的历史,尤须以此种力量联合世界爱好和平的若干强大国家,揭开今后世界上永久和平的历史。

战后国家的建设,不仅为了防御可以再来的侵略,防御侵略仅为其消极的目的,确立公众的良好秩序,完成一切物质基础的建设,提高人民的生活水准和文化水准,使国家成为一个本身健全的现代国家,尤为吾人必须全力趋赴的积极的目的。

一切都感落后的国家,事事皆系痛苦,不仅遭遇敌人的侵略而已。人民大多数穷困羸弱,食物营养不足,衣服洗涤更替不足,房屋空气光线不足,道路泥泞,市街拥挤,环境污秽,疾疫流行,荒年饥馑,或水患骤发,流离转徙者,动辄若干万户。凡此都是落后国家,随时随地可以遭遇到的问题,其与国际密切接触,互为比较之后,愈为显著。秩序清洁与混乱污浊,高楼大厅与茅屋棚户,轻车疾驶与徒步重荷,触目皆是天堂地狱,其不平与难堪,日趋严重。惟有从根本上建设国家,以机器替代人力,以科学方法替代迷信与积习,使农业增产,矿业开发,工业发达,陆有火车、汽车,水有轮船,空中有飞机,可资转运;人人皆有智慧,皆有工作的技术,皆有职业的机会,皆有服务公众的兴趣;以自力谋生者,收入增加,被雇用者,待遇改良,由此衣食丰裕,住处宽舒,旅行便利,污秽的环境变为清洁,混乱的环境变为秩序;有灌溉工程,防洪工程可以预防天灾,有医药卫生设备,可以预防疾疫;使一切都感落后的国家,短期内即一切进步到与先进国媲美,使全国人民在最大的痛苦后,获得最大的幸福和安慰,其他国家的人一向轻视中国者变为尊敬,批评中国者变为称誉。

世界上其他国家在战争结束之后,只须恢复秩序,中国则恢复秩序之后,尚有极繁重之建设工作开始。战争动员了壮丁千万,粮食数万万石,金钱数千万万元,究竟尚未动员四万万五千万人的全力。战后建设乃为全中国四万万五千万人的责任。在抗战结束以后,即当开始建设,抗战结束以前,自即日起,即当开始准备。

世界第一次大战以后，国父孙中山先生曾希望中国有迅速而更合理的建设，曾草拟实业计划，希望能在大战以后，利用列强过剩生产力，协助中国，完成实业建设。但那时，内有军阀把持政权相互斗争，南北分立足为一切建设的障碍，外有一切不平等条约存在。虽有计划，未能实现。自国民革命军胜利，国民政府定都南京以后，建设工作逐渐开始，但以全国尚未完全统一，仅系枝枝节节为之，未及根本。直到抗战前夕，统一大业乃告完成，亟当总动员以应付敌人，不能谈到建设了。当时若干建设在东南方面的，一经撤退，都被摧毁了。

全国既经统一了，不平等条约既经取消了，抗战胜利以后，一切建设的障碍都没有了，只有举国一致的希望着建设，希望着政府有整个建设的办法，有非常明白使人有所遵循并有所恃赖的办法。不但中国人希望如此，外国人之关切中国者，盟国政府之愿助中国战后建设以维持远东和平，以增进相互利益者亦应希望如此。

战争的准备应在秘密中进行，建设的准备，除有关国防必守秘密的部分外，应全部露布，以齐一全国人民的观听及其心志。尚在办法未经确定期间，亦即应使办法的研讨成为全国人民的兴趣，中国是要建设成功一个现代国家，即应参考现代国家建设的资料，图书馆应尽量搜集参考书籍，出版事业应尽量编译印行参考书籍，研究机关应尽量研究此类问题，报章杂志应尽量讨论此类问题，先使现代国家的建设经验成为举国［人］民的常识，尤其成为专门人才的专门知识，使对中国的建设前途，有较为接近、较为确定而且较为深刻的认识，使能提出若干建设性质的建议，以供政府的参考或依据。确定中国整个建设的办法，为决定中国若干代命运的大事，诚应迅速为之，尤应慎重为之，应注意有现代头脑的中国人的意见，并应注意有现代国家建设经验的外国人的意见。

二、建设应以经济为中心

几个主要问题和主要原则，现在或可得而提出的，拟试提出，以供研讨。

中国究竟准备建设成功一个什么样的国家呢？当然是一个三民主义的国

家。分析起来,很容易得以下三个解答:

政治方面,要求成功一个完全独立自主的民主国家,以实现民族主义和民权主义;

经济方面,要求工业化,人民的生活水准提高,以实现民生主义;

文化方面,要求教育普及,人民的文化水准提高,使能完全实现三民主义。

更具体的说起来,民主国家的人民应有一切的自由,同时国家应有整个的秩序,自由是有法律保障的,亦即是有法律范围的。官吏应有执行法律的训练,人民应有尊重法律的习惯。即没有法官裁判,亦有舆论裁判,即没有警察干涉,亦有旁人干涉,法律乃能彻底发生效力。立法之前,应极审慎,立法之后,应极森严,不准任何人违犯,整个国家的秩序乃能建设起来。

中华民国应是一个完全独立自主的民主国家,应有强大的海陆空军、国防力量,足以防御侵略,维持自己的安全,此为完全独立自主的必要条件。人民应有其贡献于国防力量的必要责任,不能避免。

教育普及是要科学和艺术的教育普及,是要运用科学方法的技术和管理的教育普及,是要了解现代和了解国家整个建设办法的教育普及,是要欣赏建设与社会进步的教育普及。除教育普及外,还得要科学和艺术的研究,继续不断的提高其程度,使能应用世界上已有的发现、发明和创作,而更进一步。

中国要工业化是要一切产业都工业化,是要工业机械化,要用机械替代手工,使有大量的生产,标准的生产和成本低廉的生产,要用工业解决一切生产问题、农业问题、林业问题、渔牧问题、矿冶问题;一切交通问题,铁路、公路、航路运输问题,电报、电话、通讯问题;乃至于一切建设问题。政治建设问题,文化建设问题;增进人民的富力,提高人民生活水准,巩固国防力量的基础。

这三方面的建设诚当并重,但更当以经济建设为中心,更当集中一切力量于经济建设。政府机关是用以管理经济建设的,法律是用以保障经济建设的,教育是用以培养经济建设所需要的人才的,科学研究是用以克服经济建设所遭遇的困难的。

为什么应以经济建设为中心呢?

第一,任何建设,政治的或文化的,皆应以经济建设为基础。政府要管理一个极大的国家,必须依赖铁路、公路、航路的运输便利,电报、电话的通讯便利。要能抵御侵略,必须有强大的陆海空军,必须有大量的大炮、坦克、军舰、飞机的装备,必须有大量制造大炮、坦克、军舰、飞机的工厂。学校要有实际的有效的教育,必须有丰富的图书、仪器、模型、标本;科学研究的实验室里,要做有结果的实验,必须有充分的图书、仪器、药品和一切实验必需的设备,必须有印行图书,制造仪器及供应一切设备的工厂。因此,必须首先着重经济建设,尤其发展工业,否则一切皆感空虚,皆成问题。

第二,必须增进人民的富力,乃能增进人民对于国家完纳赋税的负担力。大多数穷困的中国人民,仍然生活在农业社会当中,只有维持最低生活需要的收入,断无余力完纳过高的赋税,能负担一个现代国家的政治建设和文化建设的经费。战前和战时我们常可听得人民呼吁负担过重了,但所负担的数字,就战前言,中央支出预算最多不过九万万元,以四万万五千万人除之,每人不过平均负担二元。就战时言,除田赋征实作为军粮公粮外,三十三年度的支出预算,不过七百万万元。假定实际支出达一千万万,照物价指数计算,最多不过等于战前三万余万。假定以后方二万万人负担之,每人平均不过一元余,这比世界任何文明国家为低,一部分尚非直接取诸人民,人民已感负担过重了,其实何尝真正过重! 实在由于其负担能力太低了。战后建设开始以后,只有逐渐加重人民负担的趋势,绝非人民实在的负担能力所可胜任,故必须先致力于经济建设,增进人民的负担能力,而后其他建设乃能追随或并驾齐驱。

第三,经济活动为国家最大多数人所必须参加的活动,一个国家只需最少数人作政治活动和文化活动。管理的效率愈高,运输和通讯的设备愈进步,愈可减少政治活动的人数;有了广播、幻灯、电影的便利,愈可减少文化活动的人数。从事经济活动的人数将由此愈加增多,政治应为最多数谋最大幸福,对于最大多数人从事的经济活动,应首先予以帮助,故应先致全力于经济建设的运动。

三、经济建设必须有计划

经济建设又应采用何种政策呢？

这得检讨人类的历史。人类是进化的动物，而且是加速度进化的动物。因为人类有使用器具的经验，并能运用语言传达其经验于他人，遂远比其他动物进步，及其有了文字，能够将一人的经验更远的传达于各处，更久的传达于后代，于是人类的进化加速。最后有了科学方法，整理人们的经验，而且由于科学方法的运用，使人们经验的传达更为普遍而迅速，于是更加速了人类进步的速度。后一代人运用了前一代人的经验，总比前一代人进步。而且加速，只怕置前一代人的经验于不顾。

由近代的事实可以证明。英国工业进步最早，大约有二百年了，有一时期号称为世界的工厂。美国立国以来仅一百七十余年，日本维新以来仅七十余年，苏联革命以后重新建设仅二十余年，其进步愈迟的国家，一旦觉醒，即进步愈速，即因其善为运用了前人的经验。中国如果善运用上列国家的经验以从事于战后建设，其进步必比上列国家更速。纳粹德国重整军备仅仅六年，美国由平时工业改为战时工业仅仅两年，虽然两国各有其本国原已发达之工业为基础，故可以极快发展其兵工工业。中国却〔虽〕原来没有基础，但正有世界上其他各国原已发达之工业为基础，只要战后建设有确定的办法，善于运用现代先进国家的建设经验和他们的物质援助，其发展必最易且最速。

科学管理的方法，是用科学方法整理工厂管理的经验。由工厂管理发展到任何事业任何机关的管理，提高了每一事业、每一机关的工作效率，使以最少人力最少物力最快时间获致最大结果、最好结果。其方法若干端，要其原则，在为人、为事、为物安排秩序，使横的各部分相互配合，纵的各步骤相互衔接，预算清楚每一部分，每一步骤需要的人力、物力和财力，而预为准备，使无等待、无遗漏、无重复、无过剩或不足，使任何复杂的事物，成为有秩序的活动。这样的科学管理，这样的秩序安排，这样的配合工作，已使每一工厂产品加多，标准提高、成本降低、工作时间缩短，尤其在美国用以大量制造引擎、汽车、飞机，在这次战争期间用以大量制造轮船。过去几百天始能造成一只轮船，现在几十个钟头就可以造成一只轮船了。但在平时,除了苏联,还没有国家曾经用过这种配合的方法来管理整个国家的一切工厂,管理整个国家的经济建设的。

苏联曾以五年计划——第一五年计划,第二五年计划,第三五年计划——安排整个国家建设秩序,有效的配合一国的人力、物力和财力,在预定的秩序上前进,结果达到了预期,而且超过了预期,五年计划竟于四年完成了!可以证明运用科学管理的方法,在整个国家经济建设上或工业发展上,是犹如适用于每一经济事业或每一个工厂一样的有效。

有人批评:"一般资本主义国家里,第一经济事业有精密的计划,但是整个国家的经济发展却无计划;苏联有整个国家的经济计划,每一事业却嫌缺乏精密的计划",实则一般国家亦各多少有其整个经济政策,保育其国中若干经济事业,而那若干经济事业亦是凭藉资源或适应需要而发展的,只非由国家事前计划,确定其发展的,比较两种国家经济发展的成就,无计划即远不如有计划。如果中国整个经济建设有计划,每一经济事业又有其精密的计划,则中国未来的可能发展的速度,又当比苏联为大了。

使一切经济事业——生产事业、交通事业、贸易事业、金融事业——在国家的整个秩序上发展,在国家预定的计划上发展,这是经济建设最进步的方法,经济建设而有预定计划,应叫做计划的经济建设,或简称计划经济。我们可以从各方面证明,如果中国未来要作经济建设,不能不采用它。

计划经济最重要的要求在使一切供求配合。在过去自由经济的状况之下,亦自有其供求适应的定律,但其供求适应,是追随于过剩与不足之后,不能事前控制或适时应付。某种货物因供给不足而有利益,且有奇特的利益,于是人皆争趋,增加货物的产量,逐渐或竟迅速适应需要;但常由此超过需要,而降低利益,或竟陷于亏折,于是又减少产量,以逐渐或竟迅速适应需要,或又竟呈供给不足的现象。如此循环往复,成为波状,永远不会稳定在供求适应线上。世界的市场愈大,此种波状的往复亦愈大,货物由供求的量的起落,影响到价的起落。善经营者纵能改良其技术及管理方法,以降低其成本,但事实上所可降低的成本甚微,而原料购价及成品售价之起落甚大,世界的市场愈大,此种起落的因素愈复杂,纵有眼光敏锐者根据市场消息加以揣测,亦难正确,徒使投机者因此活跃。在工业尚未高度机械化以前,尚未极端专业化以前,市场的需要改变,生产计划或尚易于改变。工业愈高度机械化,愈专业化,即愈不易改变生产计划,以适应新的需要,故在今后中国经济建设的进展途程中,不可听任一切经济事业自由冲撞,在无政府状态下,必使供求相互配合,在预定计划上。不但国内供求须作有效的相互配合,国际供求亦须相互协商,力求其相互配合。

产业组织之逐渐集中,逐渐加大,乃机械生产规模愈大愈为经济的自然结果。此种趋势,听诸自由竞争,优胜劣败,少数事业最后成功,实成功于多数事业不断的失败,就是非常残酷的结果。尽管一个工厂长期存在,但已不知几易主人几易招牌。如此自由竞争,一方面诚造了若干英雄豪杰,他方面却葬埋了更多的英雄豪杰,为社会算总账,总是人力、物力莫大的损失,损失的量远比获得的为大。竞争诚为促进人类进步必要的方法,但是你存我亡的竞争究非惟一必要的方法。假如国家确定了经济计划,悬定了共同趋赴的目标,则相互竞赛谁先到达,促起进步,亦最有效。中国未来的经济建设,亟应以计划经济代替自由经济,以竞赛代替斗争,集中人力、物力在成功的事业上,减少无谓的损失,加速建设的完成。

产业经营之易于失败,不仅因为同业竞争,常常因为供求不相配合,而原料尤所缺乏,或工具有所等待,或销场尚待打开,或人才不能胜任,或资金不够支应,因而迟延了完成时间,或竟使其结果归为失败,故供求配合,在产业发展初期,有感需要,尤感有确立配合的计划的必要。

同业竞争即令不到你存我亡的程度,亦将浪费若干可以携手并进的力量于相互对峙上。最显著的为广告与装潢。为了争取顾主,有时费用比产品的成本为大。假定供求配合,有预定计划,则介绍商品与保护商品,均应有较为简单的方法,不必作巨额的浪费在广告和装潢上。

不但是为了以上种种理由,需要确立经济建设的计划。中国人是一向在农业社会生活中的,安分守己是他们的习惯,相互斗争不是他们的习惯。如果骤然变更了他们的生活,极易引起若干纷乱,引起若干不道德的事件。因为他们一向的道德基本,是确立于安分守己上的,不是确立于相互斗争上的。故最好以预定的计划,为从事于经济事业的中国人民安排妥当,为悬定目标划定范围,使在相当安定的局面之下竞赛,以此方法相当改善其生活习惯,而非急剧根本改变其生活状态。

中国人纵然有一盘散沙之称,但可以共同的目标和共同的行动团结起来,对日抗战是一个证明。计划的经济建设,是极其明了的举国人民的共同目标,应有共同行动去实现它、完成它,更可团结一盘散沙的中国人,一部分有知识的人,不喜欢接触事实,不喜欢接触数字,各有其冥思所得的偏执的理论,对于整个国家的问题,缺乏共同的了解,缺乏确切而接近的意见。计划的经济建设,是要根据无可争议的事实和无可置疑的数字作成计划,再依据计划,产生人人都得承认的事实和证明事实的数字,可以使这一部分人养成新的心理,了解整个国家的问题,意见确切而趋一致。一部分中国人偶一想到国家,即想到国家里面若干不满人意的事情,无由增进其爱好国家的感情。应以计划的经济建设代表最令人想望的国家,引起大家对于国家之深切的爱好,使因为深切的爱好国家,更努力的实现计划。

四、如何作成整个配合的计划

计划经济最大的原则在使整个国家经济建设有全盘的安排,相互配合在整个秩序上。过去只有一经济事业中或有良好的管理方法,有相互严密的配合,有完整的计划,但在整个国家一大群经济事业间,则相互无配合、无计划。过去政府中各机关,抑或各自草有一群事业的计划,抑或曾经实行若干事业的计划,然仍常感事业与事业间相互无配合,各机关相互间更无整个的配合。今后政府的责任,不是在计划甲事业或乙事业,亦不是在甲机关随便计划若干事业,或在乙机关随便计划若干事业,而是在中央设计机关就整个国家的需要,及其可能发展的若干力量,计划全盘相互配合的事业,而特别侧重在相互关系上。各机关仍应负责计划各部门的事业,但在相互关系上,则应由中央设计机关作整个的计划,且应先作整个的计划。

过去计划之所以不易配合成为整个的,常是由于计划机关立于被动地位,由各主管机关各自提出要求,而各主管机关亦常立于被动地位,由其所属各事业各自提出要求,甚至于主办事业者亦常立于被动地位,而由事业中各部门去支配他。即有所谓计划,亦视各部门要求的强弱,决定其范围之大小,而非依据整个需要和可能分配于各部门的力量。今后中央设计机关为整个国家作经济建设的计划,应自站在主动地位上,依据国家的整个需要和整个力量,作配合的计划。

计划必须安放在事实上,不能凭空想像。一个事实,必须先经调查,再经研讨;一个工程,必须先经察勘,再经测量,然后确定计划。整个国家的经济建设,经纬万端,里面包含有无数事业,无数工程,更须经过若干调查,若干探测,若干研讨,乃能确定计划。即在初期划一轮廓,亦须寻出若干基本事实以为依据,至少,以供参改。第一,人口的分布;第二,海口、河流及山脉的分布;第三,地土产物,农产、林产、畜产等的分布;第四,地下产物油、煤、铁等的分布;第五,水中产物分布,皆为最基本事实,必须搜得材料摆在案上。就生产言,据以算出应生产和可能生产的种类及数量。就运输言,据以算出应增加和可能增加的路线和运量。更分析言之,例如农产,战前年须进口大量粮食,付出大量外汇,战后须增加大量粮食产量,使能自给。战前工业尚未发达,所需工业原料之由农业供给者,除棉花外,为量甚少。战后适应国内乃至国际需要,大规模发展工业,即需适应工业需要,大规模增产原料。例如棉麻织品,为争取外汇,除供本国需要外,须大量输往南洋,即需大量增产棉麻。战前输出货物,除少数矿产品外,大量系农牧产品,战后外汇需要更大,农牧产品必须尽量增加,即令世界市场发生变化,某种产品需要减少,亦当尽量改变方针,适应他种需要。战前主要海口或接近海口地方,一部分木材运自海外,战后一切建设,需要木材之量更大,应尽量从自有的森林采伐。因为原有森林无多,更待从育苗起,大规模植造。总之,战后农林牧畜产品,须应本国人民消费增加的需要,须应工业发展,原料增加的需要,又须应换取外汇,输往国际的需要,须估计其需要数量,逐年增加多少,同时即须计划可能增加出产的方法。就农产品言,全国有已耕地若干万亩,就中每年可能解决若干万亩的灌溉工程,供给若干万亩的工业肥料,改良若干万亩的品种,减少若干万亩的病虫害。除已耕地外,每年以交通运输及人口移徙的可能性,增耕若干万亩荒地,算明每年可以各种方法增加农产品若干。就牧畜产品言,每年可能改良品种若干,原有牧地每年可能增加牲畜若干,除原有牧地外,可能新辟牧地若干,由此种种方法算明每年可能增加畜牧产品若干。凡此生产计划,须与需要相互配合,勿使有过剩或不足的现象。

地下产品:油、煤、铁等,主要是应工业和交通需要的。战前只有煤的生产可以勉应需要,没有油的生产,仅有甚少量的铁的生产。战后工业发达,尤其是工业机械化,需要大量钢铁,制造机械;工程众多,需要大量钢筋和钢架;铁路伸展修筑,需要大量钢轨、机车和车辆;轮船建造,需要大量钢板、角铁、锅炉和引擎,国防上需要大量大炮、坦克、飞机和军舰,亦需要各种钢铁材料;因此,需要钢铁增加之量最大,应尽量探察开采铁矿,冶铁炼钢,以应需要,以减少输入量。战前石油已为重要输入,战后汽车及飞机大量发展,尤其国防上需要量远比战前为大,亦应尽可能探察油矿,扩充采煤量,使能供应部分需要。煤的开发亦须适应铁路、航运、电力、钢铁冶炼及其他需要,陆续开采。铜的藏量,甚感不足,更应尽量采炼。钨、锑、锡等应增加产量,一方面供给国内工业发展的需要;一方面供给国际换取外汇的需要;铝、镁等战前未有生产,战后亦应大规模采炼,以应工业需要。

经济建设主要是要求工业化,更应集中最大的力量发展工业,便能适应一切需要。第一,适应农业的需要,发展肥料工业,农具工业,农产品加工工业。第二,交通方面,适应铁路需要,发展机车车辆制造厂;适应公路需要,发展汽车制造厂,适应航空需要,发展飞机制造厂;适应航运需要,发展造船厂。第三,适应工业本身配合的需要,发展动力厂,同时发展动力机制造工业;发展纺织厂,同时发展纺织机制造工业;应一切机器需要,发展工作机制造厂;应各种用电需要,发展电机器材制造厂;应各种工程需要,发展水泥厂;应陆海空军装备需要,发展兵工工业,军需工业。这不过略举重要者数端。任何生产事业或交通事业的发展,必有工业配合着发展;一种工业发展,同时必有多种工业配合着发展,不仅有相互配合的事业,尤其有相互配合的产量,使供给随时适应需要。甚至于选择地点亦应相互配合起来,以减少其运输往返的困难。

依据地上农、林、畜、牧,地下油、煤、铁等,各种产区的自然分布状态,其与海口、河流联络的方便,及其互相联络的方便,考虑各种工厂可能的集中地点,各种商品可能的集散市场,人口现有的分布和可能的移徙状态。用铁路网、公路网、水运网、航空网,以及各种通讯网联络起来,使所有运输和通讯事业,配合生产和商业的需要同时发展。不仅运输和通信路线,应并[同]运量和通讯容量配合着需要发展。

依据战后生产事业和交通事业的发展,所需资金总额非常庞大,政府可能从预算上担负的非常微小。政府所担负的纵在国家总预算上可能占最大成分,但在整个经济建设所需资金总额上,只能占最小成分;纵然机器材料可从国外输入,所需资金亦可从国外借得,但亦只能供给事业所需资金总额的一部,即此外资一部,如系借贷,亦须归还,且须以外汇归还。另一部国内资金,除政府可以供给最小成分外,其最大成分仍须来自民间。其集中方法:一是奖励直接投资。必须予以鼓励,使其投资比一般存款,并比商业投资有更优厚和更稳固的利益,并有信托投资的组织和股票交易的便利,乃能发生效力。二是银行吸收存款。必须银行事业普遍发展,能为人民存款普遍服务,有如邮政为人民信件服务一样,使人有钱不存在家中,而存在银行,乃能大量吸收存款。三是发展银行支票的信用,使银行相互服务,相互接收支票,相互抵解,而以中央银行的支票最后给付。使支票能在市场普遍使用,使银行贷出资金,除由存款集中一部分外,尚有支票的信用,创造另一部分。不过须有最低限度的准备,其余乃能运用。四是国家货币稳定后,随着生产、交通和贸易的发展,所需货币的量与日加大,法币亦可适应需要,增加发行。除一部分必要的准备外,亦可作贷出资金部分的来源。计划战后的经济建设,不仅应确定生产计划、交通计划,为筹资金来源,并须确定金融计划。

为了大量运用外资,必须筹还外债,必须确定国际商业计划,依据国际需要,确定一部分生产计划。若干战前输出的物资,农牧产品,矿产品和手工艺品,战后应尽可能增加其输出量。制造品不能销往欧美的应辟南洋为销场,应用各种方法换取外汇,若干战前输入的消费品,应力谋增加生产或减少消费,以减少其输入量,集中所有外汇归还外债,或使用于购买机器材料上。

生产事业和交通事业可先限制的发展,但为资金所限制,尤其为人才所限制。国家现有专门人才,仅敷现在需要。即在沦陷区连同东北一起收回之后,从日本人手中接收所有生产和交通事业,已大感困难。建设一旦开始,更需要大量的专门人才,其数量远比战前或战时为大,人才比资金更少来源,更会感应付无法,可从外国聘来若干专家,帮助建设,但不能填补本国所感人才的缺乏。亟应按照生产、交通、金融和国家贸易事业的需要,从各大学、各专科学校,大规模培养。不仅使有足数的学生,务使学生有足用的知识和技能。因此各校须有充分的设备,有学问和经验兼备的教授,并与各事业取得密切联系,取得学生实习的机会,使能应用到实际工作上去。同时须大批派送有工作经验的学生到国外去,不仅是去进学校研读,尤须去进工厂或其他事业实习,务得实际的技能,以供回国后实际的运用。更大量的低级干部,须从职业学校培养,或就高中毕业学生短期训练,专施技术或管理的训练,使能确实胜任低级干部而愉快。最大多数的工人,亦得就战后退伍兵士或就农村征募,施以技术上必要的训练,使能立刻担任工作,不致失败。同时人口太密、分地太少的农村,亦应转移一部分人到工业或交通事业上去,或转移一部分人到东北或西北垦荒去,以减低农村人口太密的压力。

在经济建设的计划中,产生一大群生产和交通事业,不是产生一群无组织的事业。每一事业应自有其严密的组织,事业与事业间亦应有其联合的组织,而这组织是在政府指导下的。凡是现代产业,为求其产量加大,成本减低,必采大规模组织,集中经营。有合并必要的小组织,必促其合并,使产业经营较为经济。产业由此愈少,政府亦愈易管理。同时若干同类的产业,亦须联合起来,组织同业团体,与政府管理机构配合解决原料及工具采购,成品标准,市场分配,人才培养,技术和管理改良等等问题,使政府管理愈少费力。

小工厂、手工业和农业,无法产生大的组织。为解决其原料、工具、销路及技术等问题,应促成其为合作社的组织。为适应农村副业的需要,用合作社的组织可分散若干工业到若干农家去。譬如织布工业,每家可以安设织布机,且只将必不可分的预备工作或整理工作集中于一工厂。此在工业发展的初期,尤为最切实际需要的组织,应特别注意及之。

政府的管理机构,亦应配合着产业的发展组织起来,其本身的组织和分支机构的分布,均应配合着整个国家的产业组织和产业分布。一切产业自负管理的责任,管理机构只负产业相互配合的责任。盈亏成败,应由产业自任之,不应由管理机构代任之。故产业本身的管理责任,应由主办产业者自负之,不应由管理机构代负之。盈亏成败实为管理最有效的驱迫力;驱迫主办事业者不得不改善其管理。政府的管理机构对于产业本身的管理,除多用奖励、指导、帮助的方法外,不能多加力量,政府的管理机构,只在要求整个的经济建设依照计划实施,要求整个国家的产业依照计划发展,要求产业与产业间相互配合,这是向来缺乏人管理的,今后正需要政府来管理。向来国家一大群产业在无政府状态下发展,今后应使变为有政府,在相互配合的计划上发展。

政府所要求于全国产业的为相互配合,为供求双方相互配合,以此保障供求双方的利益;其次是要求一切标准化,原料、成品以及任何零件均须标准化,大小形式以及品质均须标准化。不仅一切产品为然,举凡道路建筑、运输钟点、工作技术、管理方法,凡可以标准化的均须要求标准化。以此确立了社会上一切动作相互配合的保障,而且保障了供求双方交往的诚实与公道。再次要求成本降低,任何产业,无论其为生产或运输,均须确立成本会计;政府须鼓励其改良设备、改良技术和管理,以降低其成本。自无须相当保障其由降低成本而产生的利益。同时亦须相当促其售价降低,以保障消费者的利益,以增加购买力。再次要求劳工待遇水准提高。与产业负责者商定劳工待遇的最低水准,使劳工收入勉足自给。奖励产业界在此水准以上调整工资,并作种种福利设施,以此保障工人的利益,使其利害与所参加的产业一致,不与产业立于敌对地位。再次要求资金利润逐渐降低。在整个经济建设计划下,如能奖励民间投资,又能运用外资,又能以适当金融政策吸收资金,多方辟出资金来源,以供产业需要,自然可使一般存放利息相对降低,产业利润亦随以降低,但依投资期间长久及冒险程度大小,应让产业利润大于资金存放利息,工业利润大于商业利润。过度分配或应予以限制,平时不应有所干预。

依照以上复杂的配合状况,一个国家合理的经济建设真不容易急遽写出具体的计划,既不能由各执行机关各自写出,又不能由一设计机关代为写出;不但非数周可以成就,亦非数月可以成就。有若干程序必须经过。因为计划必须以过去事实为基础,故必须先由设计机关搜集材料,自各研究机关,各执行机关,各重要产业搜集所有一切材料、统计材料、研究报告、实施报告制为图表,以供参考。再由设计机关的负责设计人员与各研究机关,执行机关,重要产业的负责人员,分别商讨,草拟大纲。尽量取得国内各方面的意见,乃至国际各方面必要的意见。经过分组审查,集中检讨,然后提请政府核定,交各机关据以草拟各部门的详细计划,交各地方政府据以草拟各地方的详细计划;下至于各事业将要直接担负实施责任的,草拟各该事业的详细计划。在草拟计划期间,仍须时时刻刻交换情报、交换意见、召集会议、派员联络或指导,以期相互顾到配合的需要,使各部门、各地方、乃至于各事业作成的详细计划,次第综合起来,仍成一套。

战后的经济建设计划,应以几年为一期,不要急遽下一判断,各种产业建设完成,各需不同的时间,若干产业且系继续不断发展,不易从中划为一段。为了齐一步伐,划一时期,则愈短愈为适当。因为过去缺乏完备的调查记录和统计材料,缺乏研究和试验报告,尤其缺乏实施计划的经验,不易写成正确无误的计划。故第一期计划只能认为试验性质,只能划为最短期间。在此期间,开始调查,开始测量,开始试验,开始实施,以取得若干根据,若干经验,再定第二期较长时期的计划。在计划进行期间,根据事实的需要,还免不了随时修正计划。

五、计划究应广泛到何种程度

中国所作战后经济建设计划,究应广泛到何等程度呢?

　　一个政府确定计划,只限于政府直接设施的范围,不能为民间确定计划。无预算不成计划,政府只能在国家预算范围内定各机关的预算,故只能为政府直接经营的经济事业定计划,这样狭义的经济设施,不算是计划经济。经济计划是安排经济建设所需的人力、物力和财力,其中当然包含财力的预算,估计必需的和可能筹集的数字,却并不同于政府机关的机械性的预算。或谓应划定若干大的企业,包含国营和民营,作为战后的经济计划,其余琐细即不必去管它。但是国家产业的全部是互相有关系的,所以需要全部互相配合,不能就中划出若干大的企业,而遗弃其他一切有关的产业。如盼整个经济建设计划迅速完成,且比先进国家更迅速完成,则全部计划包含农林、牧畜、工矿、贸易、交通、金融及一切产业,集中所有人力、物力、财力在全部计划上经营,其范围必须包括四万万五千万人的活动在内,不仅包括政府直接经营的事业在内,亦不仅包括若干大的企业之由民间经营者在内,甚至于不仅包括大多数人民的经济活动在内,用以训练人民从事经济活动的教育事业,用以管理人民从事经济活动的政府机关,应通通包括在内。

　　有人批评苏联的五年计划,认为苏联五年计划之最足以令人惊异的,并不是某工厂在某天建设完成了,某工厂从某天起产量加多了,某工厂从某天起成本低了,而是设计委员会中十六个人规定了一万五千六百万人五年间的行动。而这一万五千六百万人在这五年间竟能完全依照规定行动起来。这个批评正是证明苏联计划经济是包括了全苏联一万五千六百万人的行动在内。如果中国必须实施计划经济,亦一样必须包括全中国四万五千六百万人的行动。

　　问题是苏联是一个实施社会主义国家,一切私有财产都收归国有了,一切产业、一切资金在国家手上,可以完全由国家布置分配,确定计划。中国则尚在私有财产的经济制度之下,一切产业,一切资金全都在私人手上,如何可由国家布置分配确定计划?尤其是一个民主国家,法律保障人民的自由,同时限制人民的行动妨碍他人的自由,政府亦自不能妨碍人民的自由。人民有选择职业及投资选择事业的自由,政府安能确定一个计划,确定民间选择职业和投资选择事业的行动?

殊不知计划经济的要求是以现有的经济状况为基础,一方面改善扩充原有的产业,一方面增加新的产业。新的产业无虑百千,尽有人民自由选择的余地。以前人民苦于情况不熟,或调查不足,盲目撞碰。今后国家所可为力的是奖励指导帮助人民,使国家有计划而明了全局,使在国家全部需要中选择自己更适当的事业或工作。举凡往时所感原料、工具、产品、人才、资金配合的困难,都可由政府助其配合。政府有财力和人力,不是自己选择要作的事业,而是以配合人民的需要,补助人民力量的不足。任何私人经营的事业,明了国家计划的全局,及其所可在计划中取得的地位,没有不乐于接受奖励指导和帮助的。国家的计划愈明了以全国人民趋赴的目标,人民愈乐于趋赴。国家愈能奖励指导帮助人民,人民愈乐于接受奖励指导和帮助。国家愈要求人民贡献其手脑,贡献其所有一切于国家的经济建设,人民愈乐于贡献一切,不但无妨于计划经济之执行,亦无妨于民主国家的人民的自由。

或谓私人投资,所获利润,为私人所有,厚利所在,人皆争趋。利或较薄,或竟无利,人辄避之。如果不幸而私人投资有所选择,或于生产事业以外,另有牟利机会,可以不劳获致,则安能为国家所定计划,一切皆有人投资?若干生产事业何由兴举?殊不知此种状态在自由经济之下最为显著。一切予人以自由,在生产事业以外,予人以若干投机的自由。例如交易场中,黄金、证券可以公开赌博;市场繁荣,土地涨价,可以投资地产,坐牟厚利;自然无人肯更甘冒困难,投资生产,以应国家的要求。计划经济之最大要求,即是人民一切经济活动都在国家计划中,一面奖励指导帮助国家所需的产业,一面关闭一切投机的门。土地由市场繁荣而有的利益,依照国父遗教应为国家所有,一切赌博及类似赌博的交易应予禁止。只有货物乃有交易,只有供求两方乃可举行交易。而且供求两方相互配合,市价自少起落,甲乙事业之间,利润自少出入。即有出入,政府为要各种产业平衡发展,还可以奖励指导帮助的程度高下,予以调节。

或谓私人企业究以私人利益为前提,奖励私人扩大企业组织,并助其加强同业联合的组织,结果将使私人团结起来,垄断市场,操纵市面,剥削公众。实则此种病状,则应产生于无整个经济计划和整个产业组织的国家,而让那一部分私人有了计划有了组织,造成供求失去平衡的现象。没有政府去管理他们,没有政府去指导帮助他们的对方,他们才可以垄断市场,操纵市价。如在计划经济制度之下,政府使供求两方相互配合,两方均有组织,两方利益均得保护,而且使产品成本逐渐降低,售价亦可能逐渐降低,尤其因为一切在政府奖励指导帮助之下,应能仰体政府的瞩望,其产量、其产品、其成本均为政府彻底明了,纵有只顾私人利益的私人企业,亦不能对政府有所欺骗,有所反抗。

或谓私人企业所获利益尽为私人所有,如此奖励帮助私人企业,是否无形中培养了若干大资本家在私人企业背后,逐渐把持企业,以为私人攫取利益,不但可以不顾国家的要求,亦复可以不顾事业前进,这种力量到了尾大不掉的时候,政府亦将束手无措,这与国父节制资本的主张实相刺谬。实则大资本家之能完全操纵事业,亦是在无政府状态中产生的,是利用供求状况不协调的机会中产生的。在计划经济供求配合之局面之下,私人企业不易有奇特的盈余,私人股本颇不易有过高红利的分配。必要时期,亦可定分配红利的最高限制,使企业盈余和个人分配为两事。一部分盈余保留在事业上,不被分配,依照国家计划的要求,继续运用在事业的发展上,应为政府所欢迎,即为私人分配所得,其愿省衣节食,将所蓄积再事投资,亦应为政府所欢迎,不应问其是否来自私人。至虑私人投资逐渐加大,结果企业可由私人把持,发纵指使,为所欲为,亦惟有在无政府下资本万能,乃有此种问题发生。在计划经济下,任何产业所需的原料供应,成品推销,人才培养,人力分配,资金接济,均由管理机关助其配合,管理机关虽然只用人奖励指导帮助的方法,但是掌握了产业全部的生命,即令有资本家产生,仅仅掌握了资金,亦不能操纵把持全部事业,以为私人攫利工具。

过去小规模产业时代,资本家常常即为企业管理者。因其私人资本有与企业同时发展的机会,故于企业扩大之后仍自为管理者。在计划经济制度下,企业发展不仅恃赖资本,尤恃赖管理人才。此等管理人才不仅应了解一企业的管理方法,同时应了解整个国家计划之所要求,并了解自己所在的地位,对于计划全局所负的使命,而厥竭其最善的努力,替国家负一部分责任。即或其为事业偶谋利益,亦系适用[应]国家需要发展其事业,而非为私人争分配。此在抗战以前,尤其抗战以来,有若干例证,若干与国家命运有关的大企业,无论其常有亏折,即令其偶有盈余,股东亦绝少分配,而倾其全力以为事业,以为社会。此中有若干可歌可泣的事,多所贡献而少所辜负于国家。如更得政府加以奖励指导和帮助,使更知所感激兴奋,其必更能为国家用,毫无疑义。

亦曾有若干无知识的投机商人,利用战时经济秩序混乱,最得厚利的机会。如果战后有了经济建设的秩序,一切企业、一切同业皆有严密的组织,此种投机商人无所施其技巧,如不归于失败,亦当改变作风走上轨道。如果国家培养了确有管理方法的人才,主持了一切事业,一切皆用进步的管理方法,则更不易有投机商人产生了。

私人资本应被鼓励集中在产业上,但依照国父节制资本的遗教,应防止集中在少数资本家手上。若干产业随国家的要求不断的发展,私人资本亦将随着不断的发展,其结果终会造成若干资本家。此则应从加重财产所得税和遗产税的税率上予以限制,或奖励其以财产捐作教育事业、科学研究事业或社会救济事业之用,以减低其财产的累积,不能从投资上予以限制。如果私人利益始终与国家要求相反,国家的利益就是他的损失,纵令私人资本已受限制,只要其尚存在,终将为国家害。不如改变私人的企图,使他不为个人而为公众,使他贡献个人所有于所努力的事业上。贡献事业于国家的要求上,他即以资金贡献于国家。此亦全靠国家有经济建设的计划。

六、最强有力的集体生活——国家

人类不能离开社会而生,尤其不能离开社会的核心集体组织而生活,人类是社会生活的动物,尤其是集体生活的动物。此所谓集体生活,是存在于两个原则上面的;集体以内是相互依赖着,集体与集体间是相互比赛或斗争着。基于这两个原则,产生了人必须忠于集体的道德条件,为了忠于集体,可以牺牲自己,也可以牺牲集体以外的一切。任何时代的人民都有其集体生活,尽管是各种各样的集体生活随时代而不同,但其以经济生活的单位为决定的原则则相同。渔猎时代有渔猎时代的集体生活,游牧时代有游牧时代的集体生活。中国几千年绵延在农业时代中,所以至今还过着农业时代的集体生活,以一家庭为一经济生活的单位。因为经济的依赖关系在家庭,所有教育、职业、衰养、死葬、疾病医药,都是家庭担负,所以家庭生活为中国人主要的集体生活。财产为家庭所企求的事物,在一个家庭的集体生活以内,要仰赖着的,在家庭与家庭间要比赛或斗争着的。其用以生利,则表现在地产、房产或其他产业上,用以消费,则表现在高大房屋,华美陈列,山珍海味,奇装异服上,都是他们所悬为比赛标准的,由趋赴这些比赛标准,使得他们集中全力以积聚其财产。

今天以后,因为产业发达,将由农业社会进入工业社会,经济生活的单位,将有相当改变。在私有财产尚未废除以前,虽然家庭仍为保有财产的一个单位,但不复是惟一单位,而且不复是人们运用财产的一个单位。人们将以其手脑,其所有一切,参加另一经济生活的单位——企业组织,或非企业性的社会组织,例如一个学校或一个医院。一部分经济的互相倚赖关系,亦移到第二个经济生活的单位——企业组织,或非企业性质的社会组织上去了。人们在参加此等集体生活时,其生活上所需要的收入,可以仰赖此等集体组织,而不必仰赖自己家庭。疾病医药、养老、死亡、抚恤或子女教育,亦可从此等集体组织上取得一部或全部的帮助,而不必完全得自家庭的帮助。此等集体组织,应给予工作人员以月薪或工资,并应给予工作人员以福利的设施。至于股东,则只分配红利,一年一次,家庭收益可得其相当帮助,但不能得红利以外的帮助。由现代的产业组织所形成的集体生活,工作人员的地位,实比股东更为重要。产业愈发达的国家所形成的集体生活愈加加强,不仅是产业内部的经济倚赖关系加强了,产业与产业间的比赛和争斗,益愈加剧烈了。人可忠于一个企业,纵然或没有忘了自己,但可忘了企业以外的一切。亟应形成更大的更强有力的集体生活,而以整个国家为一集体组织,使人在自己有财产的时候倚赖财产,有事业的时候倚赖事业,没有财产,没有事业的时候,或衰养死葬、天灾流行的时候,可得国家的救济和帮助;子女教育可得公立学校的相当帮助;疾病医药,可得公立医院的相当帮助。凡是现代国家,差不多都已形成这种集体生活了,在一个国家里,相互倚赖关系,一天比一天加强,国家与国家间相互的斗争,亦一天比一天的剧烈了。相互的斗争不仅表现在武力上、战场上,亦表现在一切产业上和文化上。如果用整个国家有计划的经济建设,可更加强此最后一种集体生活,不但使每人所需教育,所需职业和所需社会救济仰赖国家的帮助,各种产业亦都倚赖国家的帮助,使能由国家的帮助获得原料、工具、人才、成品、资金的适应和配合,使人感觉国家为力量最大的帮助者,它在国内造成了相互倚赖的生活,它在世界上与爱好和平的国家比赛,与侵略国家斗争;同时也造成了国际间互相倚赖的生活。它是一个最强有力的集体组织,使每一个人都效忠于这集体组织。人为事业服役,事业为国家服役。过去以个人或家庭所有的一切,表现在社会上,作为比赛的标准;今后应以个人在事业上所作出来的成绩,和事业在社会上所作出来的成绩,作为比赛的标准了。一切比赛的标准都依国家的要求修改了,尤其集中比赛在经济建设的成绩上,每人停止、至少减低饮食、衣服、装饰、陈列、建筑和拓殖私人财产的比赛,而为增加产量,提高标准[质量],降低成本,增进劳工福利,改良技术或管理的比赛。

如果以国家为范围的集体生活,由计划的经济建设而更加强了。人们有职业的时候,可以倚赖职业。没有职业的时候,可以倚赖国家,不必倚赖家庭,尤其不必倚赖财产了。又使比赛标准改变为国家整个的要求,为人在事业上表现的成绩,事业在社会上表现的成绩;非复过去财产所表现的夸大和浪费了。一切产业都在国家奖励指导帮助之下,不在财力支配之下,则人们对于财产的倚赖的兴趣都会降低。政府对于人民财产所得的收入,更可用降低利润,增高税率种种方法限制,自然不会有大资本家产生了!但是这是经济建设最后的事,不是最初的事。其所采用的方法是渐变的不是骤变的,是使大家感觉快乐的,不是使大家感觉痛苦的。

国家必须实施计划经济,计划经济必须包括人民经济活动的全部,必须包括由政府以至全国人民活动的全部,即是为了造成一个以国家为范围的最强有力的集体生活,使每一产业或其他事业,配合着国家的要求,使每人的活动配合着事业的要求。民主国家的主要精神,在使人民有机会自由发展其才能。

此一新的民主国家,更能在整个国家的要求上,使人民自由发展其才能;其桥梁为一切产业,其方法为计划的经济建设。苏联先没收了人民的私有财产,故只鼓励人民贡献其手脑,我们仍保持人民的私有财产,即不能不于鼓励人民贡献其手脑以外,并贡献其私有财产。苏联系一社会主义国家,私人所得一切物质上的分配,只能作消费用,不能再作生产用。中国还在私有财产制度下,财产应奖励作生产用。虽一般生活水准应提高,但富有者浪费应减少,应集中其财力在生产上。其如何支配,仍由人民自由选择,但全为国家整个计划所要求。人民因投资而有照料产业的关系,应为国家法律所许可,因为其系代国家照料事业的盈亏成败,正应为国家所要求,国家只应管理事业与事业间的配合。现代管理的原则,上级机构对于所辖下级机构,应让其自己负起处理自己范围内的事务的责任,政府更应让人民负起处理自己事务的责任。

国家既用全力于整个经济计划,亦当用其财力于整个经济计划。国家既掌握全部经济计划的配合,亦当以其财力配合在全部计划上。只要能吸引人民的财力,即用尽方法吸引之,而助以国家的财力。国家不必划开政府投资与人民投资的领域,而应以政府的资金与人民的资金配合。政府应以整个计划的要求和管理机构的地位控制产业全部,控制产业全部的相互配合,不宜以投资地位控制一部分产业,负责产业本身的盈亏成败。因此不必划定若干事业由政府投资,或在一产业中划定若干成分由政府投资,以便管理其本身。政府既以全力管理所计划的全部事业,不宜同时又直接投资经营一部分事业,因为这中间有矛盾的问题。如其希望直接投资的事业获有成绩,即不能同时希望所管理的同类事业与之竞争,获有更好的成绩。两种性质的事业,在业务上、在所得主管机关的帮助上,或难获得平等机会,徒使政府与人民立于竞争地位。即令一切平等,但国家究竟是最后权利者,亦容易使人民感觉恐惧忧虑,失却政府笼罩全体人民,管理机构笼罩全体被管理者的意义。计划经济即在使政府与人民成一气,造起整个国家的利害共同关系,而消灭任何对立关系。在计划经济原则下,政府所必须直接投资经营的事业,只限于人民不能经营的事业,此外则皆投资于人民所经营的事业,而让人民管理其盈亏成败。政府只站在全般产业的管理地位上,管理其相互关系,管理其相互配合的关系,而奖励指导帮助每一桩事业,但不直接管理每一桩事业。

在政治秩序、尤其是人事安定的秩序,尚未建设完成以前,在政治上的管理方法尚系权力集中于上层机构,下层机构必须请示的时候,决不宜直接管理产业。因为任何产业组织都是继续不断的事业,随时都受盈亏成败的压迫,各级工作人员,尤其是主持全局者,必须随时负起绝对责任,必须人事安定,必须每人的职权都有可以自由发展的范围,可以发展其才能,乃能发展其产业,此非现在政治机关的管理可以容许,故在计划经济下的一切产业,应尽量鼓励民营。

国家只要控制两个武器:第一是法律,以之保障人民的自由,同时范围人民的自由;第二是计划,是整个国家经济建设的计划,是一切经济事业相互配合的计划。法律从消极方面规定了人民行动的范围,计划从积极方面规定了人民行动的途程。两者都须明白公布,明白解释,使一般人了解全局,一部门执行的人们更了解其细目,只要是中华民国的人民,依照中华民国的规定,而有所贡献,为法律所准许和计划所要求,均应受政府的奖励指导和帮助;只要在国家领土以内,领海以内,以此运用了外资,运用了专家,运用了现代最进步的机器,运用了现代最进步的管理方法和技术,总是于国家建设的成就有帮助。只有国防秘密有关,中国人民在此产业幼稚期间,应有相当保护,若干范围内,应予外人参加以若干限制,但亦须有非常明白的办法和态度,使外人易于选择而且乐于参加,不复迟疑瞻顾。当我们还在单独对日作战时候,有美国空军志愿队来参加我们的战争,将来有办法从事于经济建设的时候,必有若干外国志愿队来参加我们经济建设的运动。

还有一个中心问题,是培养人才,培养计划经济实施时各方面所需要的人才,尤其培养政府机关执行法律和执行计划所需要的人才。教育计划原应配合在经济计划上,亦应如经济计划一样,鼓舞民间贡献其人力和财力于国家所要求的教育运动上。科学研究运动,乃至于一切文化运动莫不皆然,莫不需要人民共同造起运动,使一切成为全国人所要求,心理建设的前提,更应在全国造成此种心理建设的运动。站在全国领导地位的国民党,更有责任造成此心理建设的运动。

国家应以此种配合的要求,造成全国有力的集体生活,造起全国人民共同参加这一最强烈的运动,以加速一切建设的进步,以使中国提早完成现代建设,提早成为一个完全独立自主的民主国家,国防巩固,人民生活水准和文化水准提高,减少本身的危险和痛苦,加强国际维持和平的帮助。这伟大的事业正是全国人民所希望着的,全国的领袖,蒋主席所领导着的,应可以完全实现的。

《新世界》1946 年 2 月号

民主与胜利献言

（1944 年 9 月 1 日）

　　吾人痛心国难,怀匹夫有责之意,各就本位,惟力是视。兹者,抗战已入第八年,盟军节节告捷,敌国人心,均在动摇,物力亦日见枯竭,但暴日必将不顾一切,以求最后之一逞。我欲配合盟军,歼灭敌寇,争取全局胜利,自非齐一全民意志与力量,作最后之努力不可。我教育、文化、工商、金融,百业、各界,艰苦支撑,迄于今日,将如何抖擞精神,以迎新生命。况抗战胜利愈接近,千端万绪之战后问题,其需要解决愈迫切。将如何发挥民族潜在之生机,如何接受国际友邦之助力,出子遗于水火,重整河山,使和平与完好之世界,凡此种种,尤须仰赖全国军民文武,以一致革新之精神,完成重大使命。今日者,全国可歌可泣可崇敬之事实,诚亦甚多,但时有与之相反的表现,试为次第观察。从前方以及后方,从上层以及基层,如军队与民众结合问题,交通秩序问题,政军风纪问题,兵役工役纠纷问题,可云随时随地而存在。政府未尝不谆劝守法,而玩法自若,且多出自官吏,而非人民。约法未尝不尊重人权,而无罪被拘,且久羁不释者,所在多有。都市且然,遑论乡村。其获揭发者,千百中一二尔。领袖淬厉精神,殷殷求治,且正倡导实施宪政,而获此反应,何也? 则以社会舆论之不得畅发,以为政府助力故也,全国上下未尝厉行法治故也。法令不患密而患苛,赋税不患重而患扰,而尤以有权有势者,逍遥法外,使人咸叹不平。寇患深矣,而欲一新全民之精神,激起全民之意志,奋发全民之力量,恐不可得。处此千钧一发之时机,吾人心焉危之,愿就考虑所及,取其荦荦大端,认为必须急

959

付实施者,胪陈如下:

一、民主为我中华早定的国体,宪政是国父手订军政训政以后主要的政纲,实施宪政为领袖涣汗大号之政策,必须竭尽可能尽速实行。一切设施,均须本此精神,充分发挥,使人民渴望的民主制度,及早实现,不惟其名,务求其实。藉以范围全国之人心,使轨外纠纷之举,不因抗战结束而发生。

二、中华民国训政时期约法,为正在施行有效中之根本大法,必须合全国上下,切实执行,以迄于宪法之公布。

三、约法规定人民应尽的义务,亦既实际的充分的履行,所有规定各项权利,如身体与财产之保护,言论出版集会结社之自由等,亦须予以实际的充分的享受与保障;无论为人权为人道,政府皆宜尽力执行,无迟疑之余地。

四、凡百法令,皆须使之切实生效,普通人民大都不敢违法,必须严厉告诫文武官员,一致守法,一切设施,力行法制,有犯必惩。

五、切实开放言论,除图书事前审查,业已废止外,其他杂志日报凡受检查与限制,应以涉及军事秘密或反对抗战者为限,总须诱使昌言,以收舆论建议与监督之效。

六、兵役工役与一切赋税制度之订立与执行,皆须绝对公平;在税法上,尤须着重于民力之调节,藉以纠正社会贫富两极化之危险状态。

七、因民之利,为财务行政、经济行政不刊之原则,必须给产业界以一切解放,简化各项法令与手续,维护其一线生机,于积极辅助增进生产流通金融发展交通之中,使社会经济因之活动,政府财用因之取给。

八、学生在不妨碍学校纪律与普通法规之下,予以言论与行动之自由,使一变其畏祸拘谨,为活泼进取;一变其洁身自好,不谈政治,为明辨是非,倡扶正义,以身许国,养成新的学风。

九、行政机关,自中央以迄基层,一切政令,皆须绝对公开,与民更始。

以上为吾人公共之意见,认为非此不足以一新政象,激发人心,增进团结,以迎最后胜利。区区之诚,只知有国,不知其他,特因《宪政》《国讯》两刊物公布社会,希望政府采纳施行,尤赖全国同胞,呼吁倡导,抗战建国前途,庶几有幸。

黄炎培　张志让　杨卫玉　褚辅成　冷　遹　江恒源　王云五　薛明剑

吴蕴初　卢作孚　潘仰山　胡西园　张肖梅　章乃器　潘序伦　吴羹梅

张澍霖　尹致中　向乃祺　刘伯昌　傅彬然　陈乃昌　王印佛　徐子为

张雪澄　贾观仁　黄敬武　祝公健　孙起孟　陈北鹏

《宪政月刊》1944 年 9 月 1 日第 9 号

国际交往与中国建设①

（1944 年 10 月 1 日）

一、前言

谢谢章先生②，谢谢各位。刚才章先生讲，因为不知前次改期，赶来了两次，表示格外的诚意。自己很感激，尤其很惭愧！无以对章先生，无以对各位。上次□处长［文琦］、胡院长［安定］几位先生谈起，临时约定一个时间，举行这样一个集会。嗣因准备出发的事情，在重庆有好几处接头，尤其有几位美国朋友，研究一个中国未来最大的问题，不得不陪同几位到长寿去，一直到今天，才赶回到北碚来，很对不住各位的盛意。

二、国际商务会议的性质

这次国际商务会议，是由美国四大工商业团体所发起，邀请我国工商界举派代表出席。这次会议，大体是由美国工商界提出九个问题，希望探讨其他各国对这几个问题的意向。这九个问题是：

1. 维持私营企业的问题；

2. 国家商业政策；

3. 国际货币关系；

4. 新的区域之工业化；

---

① 卢作孚作为中国工商界出席在纽约召开的国际通商会议的代表，临行前夕，1944 年 10 月 1 日在北碚上海复旦大学、中国西部科学院等机关事业单位联合举行的欢送会上的讲话。

② 复旦大学校长章友三在该会上首先致词。

5. 如何鼓励及维持投资；

6. 航业政策；

7. 航空政策；

8. 世界原料供应问题；

9. 卡特尔——商业联合问题。

这几个问题，也许就是美国今天所感觉的问题，也许他们对这几个问题有一种倾向，希望探讨旁的国家对他们这种倾向是否相合，或有何出入。

中国工商业团体推选了几位出席代表，由政府最后核定，于是确定了五位代表及三位顾问。这五位代表是陈光甫、张公权①、范旭东、李铭诸先生及个人。这三位顾问是张嘉璈、王志莘、李国钦等三位先生。我想：其他各位代表对整个国家的和世界的工商业情况，都相当熟，还可以"代表"，而个人只有对北碚才熟，而且这几年因少过问北碚的事情，连北碚也不甚熟了。此外，则熟的问题太少，懂的也太少。诚然自己因为航业关系，与各方接头的颇多，但因为接头多了，也就很深刻。所以一得到被推为出席代表的消息之后，自己很恐慌，便赶快准备，赶快搜求问题。本来中国工商业还未进入世界商业之中，除有一小部分出口业与外国有关外，很少与世界商业有接触关系，故要了解问题的全部很难。尤其今天是在战时，比平常更难得到消息，所能在报章杂志上获得很少一点材料，实在太不够。同时也想请托现已经在美国的代表和顾问，探讨发起人或其他国家的意向如何，但是也无结果。只得到这样一个回电："发起人不在，其他国家代表还未来。"所以不得不提前去，希望多能用些力量于会议之外或于会议之前。不过自己实在了解太少，当然成功也将很少，不足以符诸位的期望。

中国人不可以有一个乞求人的态度，孙恩山先生谈："上海有一外国乞丐，常常伸手向人要钱，成了习惯，因此这只手便也常常伸起，再也收不回来了。"要知世界上绝无便宜的事，也绝无便宜可得。任何国家，第一总是先顾

---

① 张嘉璈，字公权。

自己,第二才帮助自己以外的友国,绝没有例外。前回在重庆,即有人间接的或暗示的提出,仅为其本身事业援助的问题,代表同仁即当场一致声明:这不是这种性质的会议所可解决的,更不能在这个会议的时候解决。

三、如何促进国际了解

中国的困难,需人了解,事实上也须得帮助才能解决。促进中外的相互了解,这是必要的,不然,不仅是中国前途的不幸,也是国际间很大的不幸。

章先生说:在国际外交上说话很困难,就是说得使人了解也很难。像我这样不会说话的人,去到国际上说话,尤其困难。但自己绝不减少勇气,也曾利用过机会及时间,去和纳尔逊先生晤谈,和美国大使馆的执事乃驻渝的美籍朋友晤谈,甚至也和英国大使馆的人士晤谈,虽然未能完全说服,至少已使他们对中国的真正问题有相当的了解。

首先要使明了的,中国自然是一个很困难的国家,其困难是一向都如此,并不是抗战后或最近才如此。性急的美国人来不及看清楚全面和前后,只就现在观察得的局部情事来作推断,这是很错误的。原来在太平洋战争前,中国抗战四年多,未引起世界的注意,美国亦未注意到中国的艰难及其支持的力量。一直到珍珠港事变发生以后,日本不数月而席卷了南洋,囊括了荷印,掠有了缅泰,直叩印度之门,英美遭受了惨重的打击,才尝到日本进攻的力量!才推想到中国抗战的力量,如何能支持这样久?把中国敬佩的了不得。尤其美国人,突然起了很大的惊异,以为中国一定是一个非常神奇的国家,以为政府或社会各方面都一定非常之好,就可以值得立刻去帮助它。本来这种太敬佩、太惊异,就是一种错觉。实地来到中国一看,才是各方面都不如想象那样之满人意。在大的惊异之后,遂来了一个大的失望,由失望而产生许多哲理,认为"中国不值得抬爱"便以这些错误的观察为事实。自然,我们也不能否认这些不是事实。例如走到重庆来看,有几条旧的街道有点不清洁,还有来访问的中国人很多,听中国人说的话也很多,而所说的话都各是一套,各不相同,没有共同的见解,没有共同的主张。中国人最喜欢批评,外国记者的新闻材料,也许就是从中国人的口头上得去的。在外国报章杂志上发表的批评,也许就是中国人自己的批评。例如,四川人就最会讲四川人的坏话。有一次,一个家庭请了十多个人在一个纪念的日子吃饭,自己和另一位四川朋友也在座。这位四川朋友就在席间大发感慨地说:"有十几年未回四川来了,这一次回到成都,感觉得成都非常之腐败。"我问:"何以见得呢?"他说:"有的人还在戴着一顶瓜皮帽,有时将瓜皮帽脱放在桌上,用长而黑的指甲,搔着头皮乱飞。"我说:"这固然是腐败。"他又说:"有的朋友脚上还踏着一个灰笼。"我说:"这尤其腐败。但是,你看见好的方面没有呢?深夜还有打锡箔的声音,缝纫的声音,黎明就有卖豆腐的声音,卖豆芽的声音,你听着没有呢?"答说:"我没注意。"又如天一亮,所有的店铺门都开齐了,你走到长江下游任何地方,商店开门都没有这样早。许多家铺子,外在是商店,里面便是工场。上海的大百货商店,一匹一匹的绸缎,五光十色地扯得很长,但很少是自己织造的。有一次在成都同晏阳初先生驱车出城,到处看见都是水头,凡水头都有水磨,凡水磨都在动。这些,你看着没有呢?他说:"也未注意。"还有,成都终年无一片闲土,一出城遍地都是黄金。因为那时的地种满了油菜和粮食,而菜花较其他作物为高,所以便只看着一片黄色的菜花了。我说:"我们是到了黄海!"晏先生说:"我们是到了金海!"这些,你看着没有呢?他说:"也未注意到。"我便说:"因为你只注意到腐败去了。所以从头上到脚下,看到的便都是腐败。如果你换一个镜头,从另一个立场去观察,则你所见所闻,即有很多好的事实,值得你称羡,值得你快慰不止的。"旁座的人都说:"四川倒需要像你这样一个宣传家!"其实,不过他提着成都,随便就成都举几个例子。至于四川,值得说的当然更多。例如,四川人种地,一直种到山顶上去了。省外的人对山坡地都放弃不种。所以我说:"外省的种植是计平面的,四川人的种植,已由平面进到立体了。再有,对中国抗战的支持,四川是尽了主要的力量。机器、物资的抢运,民众的撤退,都是靠四川的轮船搬运进来的;兵源的补充,军需的接济,也是靠四川的轮船输送出去的;迁到重庆的许多任务厂、学校,还靠重庆原有的电力,驻渝的机关商旅,还饮用重庆原有的自来水。如果没有四川的原有基础和努力,连你今天想回四川,也难能了。所以,四川人需要认识四川,中国人尤需要认识中国,万不可鄙薄自己,只批评自己的短处,而不去发扬自己的长处,更不去改善自己的短处。我这次出去,虽然积极的保证没有,便消极的保证却是有的,就是:'绝不说自己的坏话'"。

这还不够,更要促进相互的了解,而了解的促进,不是多请几次客,或以口头上,文字上的宣传,可以奏效的,而是要多看看实际做出来的事迹。例如,有些外国人到了成都飞机场,看着那样伟大的工程,是完全凭着人力,在那样短的时间内做成的,无不钦佩的了不得。又如,美国的新闻记者到北碚来看着北碚的复旦大学、江苏医学院、地质调查所、中工所的实验厂或中农所的农场、天府公司的铁路和矿厂,都非常惊诧。甚至惊诧道:何以到中国来这样久,还未看到这些东西呢?有的人说我:很会替北碚作宣传。其实,我从未替北碚宣传。北碚到现在连一本完整的介绍印刷品也还没有。我也未宣传自己,你在北碚任何地方,找不出"卢作孚"三个字。但因为北碚在做事,他应能把他所做的事说得明白,所以也阻止不住他的宣传。

抗战以前,四川人与省外人多不互相了解。我们即曾作过这样沟通工作的运动,即促起四川人多到省外去,促起省外人多到四川来。自己就曾先后率领了几个团体到上海、到青岛、到东北去考察,也曾首先促起一个科学团体到四川来举行一届盛大的年会,以后即随时欢迎各方面人士到四川来考察,今后更希望促进国内外人士多多相互往还。我们不怕美国人来,更欢迎美国人多来,欢迎世界上一切国家,尤其是各种物质文明比较先进的国家的人士都多来。中国人虽然还未把现代的技术,现代的管理方法学会、学好,然而还是一个刻苦的、勤奋的、有希望的民族。现在总是在往好的方面学,往好的方面变,而且证明是可以学得好,可以做得好的。同时,另一方面,还须促成中国人多到外国去。但不是像以往那样,把刚毕业甚至还未毕业的青年,大批大批地送出国去,而是要促起成熟的人多出去,促成头脑中问题装得更多的人、事业上负责的人多出去。这些人出去,自然思想、品行都不会有问题,然后可取得对世界的相当了解,可以增进多少认识,盼望大家都促成这个运动。只要人多往还,多研究,便不难做成中外的沟通。自己便是以这种的意义出国去,并盼望在这次出去的机会中,更吸引多少外国人到中国来,真正地看看中国的情形,不要匆匆忙忙地来一两天就走了,便认为这就认识了中国。记得十几年前读严复译的《群学肄言》,当中有一版,记述一个外国人到伦敦去住了三天,就认为了解了伦敦,要想写一本伦敦的书。但提笔的时候,觉得还有些问题未弄明了。又住了一星期,觉得不明了的问题还多。再住一个月,觉得问题更多。等到了三个月之后,他说:我这本伦敦的书写不出来了。所以必须有较长久的时间,了解才能越深切。

这次出去,还有一个须得国际了解的问题,便是中国需要一个国外的市场。外国人也很了解,一个国家要是没有出口货的时候,也不会有进口货。出口货不多的时候,进口货也不会多。国际间的帮助,即使再深切的友谊,也绝不是无偿的救济性质。如用钱帮助你,必需拿钱还他,而且要拿他的钱还他。用机器帮助你,也是卖给你,还是合成钱,需要用他的钱付他。但如何才能取得他的钱呢? 就必需拿东西出去卖。拿东西到哪里去卖呢? 就必需要一个国外市场,这是第一个前提。第二,中国多拿什么货出去卖呢? 这些货如何多起来? 以前出口的大宗是生丝、桐油、茶叶及一部分特种矿产原料,现在生丝已为人造丝所代替,桐油美国自己种植了很多,茶叶非所需要。此外农畜产品如粮食、鸡蛋,这些东西到底能增加多少呢? 是无法增加多少的。而且鸡蛋、肉食之类,并不是自己生产过多而输出口的,而是自己省下不吃,才输出去的。再如矿产,较大宗的是钨砂,一年也不过换几百万美金。中国需要工业化,需要大量的机器。只有利用大量的机器,才能增加大量的生产,也才能建设现代的完整的国家。如果只靠农产品或矿产品来掉换机器,是无法解决建国中庞大的需要的。故必需输出大量工业品,以掉换外汇。但如以我们幼稚的工业品,去和欧美先进国家的工业品竞争,根本就不可能,所以研究到只有南洋还是一个出路。南洋以往是日本的市场,日本战败之后,为防止其再度侵略,必得灭除他的军事力量,也必得降低他的经济力量。要降低他的经济活动的力量,即必得紧缩它经济活动的市场。日本原有的这部分南洋市场,就应得让中国去填充,则以后中、南(洋)、美的经济活动,就有如兜圈子一样。中国买美国的机器,美国买南洋的橡胶或锡,南洋买中国的布或工业品。因为这个关系,美国人纳尔逊便认为中国应该取得南洋的市场。甚至许多英国人士也有这样认识。这次出席国际通商会议,当利用机会,用尽方法去取得了解,并取得国际上大家共同的承认。但还得自己准备,谁快,谁就取得。机会绝不会为我们保留。所以,还须解决另外一个根本问题,就是:建设成功一个现代化的国家。

四、中国建设的前途

我们希望中国能够建设起来,先曾以北碚这个小小的地方作一度经营的试验,悬出了一个理想,叫做"将来的三峡"。最初进行起来颇困难,但毕竟能建设成功一个这样的局面。尤以迁建事业机关的帮助,两三年内完全实现了原来的理想,甚至超越了原来的理想。从这小小地方的经营,可以证明中华民国是可以建设得起来的,是能够建设得起来的,使别的国家也认识中国,必决有希望,有前途。

自然,以少数几个人来做建设中华民国的运动是不够的,但是许多人来做,即一定可成功。何况中国又有这么广大可爱的领土,有这样众多可爱的人民,有这样良好的际会,而又不像苏联建国初期那样孤立呢?

我们如何建设成功一个令人满意的国家?我最近在一本《战后中国究应如何建设》(即《论中国战后建设》——编者注)的小册子里,即引叙了这样一段:"英国工业进步最早,大约有二百年,美国立国以来,仅一百七十余年,日本维新以来,仅七十余年,苏联革命以后重新建设,仅二十余年,越是进步最迟的国家,一旦觉醒,其进步则愈快。"即因其善为运用了前人的经验。原应用于工商业的新的科学管理方法,今天已应用到整个国家建设上去了。最显著的莫过于战时的美国,尤其莫过于美国的制造轮船。过去几百天始能造成一只轮船,现在几十个小时就可以造成一只轮船了。将整个轮船的各部零件,分配到若干工厂去造,再将若干个工厂的制件,送到一个大的装配工厂,配合起来便成为一只轮船了。我们更可进而用这种方法,把整个国家的一切建设,一切事业,配合起来,便很快地建设成功一个现代化的国家了。只要有计划,有确定的办法,善于运用先进国家的建设经验,和他们的物质援助,其发展且必比苏联更易而更速。

美国人对于国家经济计划,最感觉头痛。这是颇费解释,而很难令其彻底明了的。美国人认为一桩事业可以有计划,而一个国家却不可以有计划。国家有了计划,即事业有了管制。有了管制,会发生弊害。他们认为战时才应有计划,平时就不应有计划。因为战时转变急遽,故必须有计划。殊不知在平时建设,经济情况转变得快的时候,也一样的须有计划。我举几个例:例如长江的重庆汉口间,原有一千只木船行驶,每船平均以二百工人计,即有二十万人靠这一千只木船生活。如以间接依赖的家属合并计算,当在百万上下。单是青滩一处拉纤的人家就是好几百户。自从行驶轮船之后,便代替了木船,原有靠木船为生的人,通通被消灭了。自己就曾亲去调查这青滩这几百户人家的生活,有少部分改业,大部分沦为乞丐,有的甚至冻饿以毙,情况非常之惨。又如上海地方,原有许多手工织袜厂,南通一带有许多手工织布厂,现通通已被大的电力机器织袜厂或织布厂所代替,所消灭了。近如璧山原来就是一个大的土布厂,现在亦通通被洋布抵倒了。所以如果只创办新的现代事业而没有整个妥善的安排,即易发生很大的弊害,引起整个社会的不安,尤其是中国的建设,更不能没有一个确当的计划。

又如,近拟利用长江水源,正筹划创办一个在世界上都空前甚或绝后的大动力——一个最大的发电厂,可以发到一千零几十万千瓦的电力,直径一千英里(也许还不止,据翁部长谈可到一千二百英里)的区域内,都可用电力实行高地灌溉,用电力实行农产加工,则对农村的改变,是何等重大! 还不止此,这样大的电力,如何利用,如何分配,还必须有一大群产业来配合它,有若干交通线配合它。必须改革长江中下游一带航路,使最大的海船能直达重庆。又如假定四川完全用化学肥料,只需一百到一百二十万吨,如拟以五百万千瓦的电力来办一大的肥料工厂,则可年产六百万吨的肥料,不仅可以供本国自用,而且还可以之出口,以之掉换外汇,以还外债。这一切一切,如何可以不要计划? 不要整个的计划? 如果没有计划,像这样大的动力事业,即会支持不了。

还有,像这样大的计划,恐怕中国人做不了,其实,计划何必一定要中国人做呢?更何必一定要政府做呢?像上面说的这个水力发电计划,就是一个美国人,一位世界上第一流的水电工程专家萨凡奇博士做的。但定计划的时候,政府必须参加;还不止政府,凡有执行关系的事业上的负责人都必须参加。只要计划决定了,不论谁来做都可以。政府做可以,人民来做也可以。中国人做可以,外国人来做还是可以。昨天同主席(章友三——整理者注)在船上谈:将来中国政府的资力,一定放在几个主要的事业上,如海港、铁路、电厂,其余的事业即放手中国人来做,甚或外国人来做,只要在国家整个计划之下(促起美国朋友参加上述的若干事业,亦为此行希望之一)。

此后,国家只须控制两个武器:第一是法律;第二是计划。两者都是维持秩序,法律从消极方面规定了人民行动的范围,计划更从积极方面规定了人们行动的方向和途程。有鲜明的目标,有前进的道路,有光明的前途,不仅鼓舞了中国人奋斗的力量,也鼓舞了外国人帮助的信心和同情。我想中国的十年计划,必比苏联的几个五年计划,规模更大,进步更[速]。例如苏联三个五年计划才建设成功六七百万千瓦的电力,而我们一建设,便是一千零几十万千瓦的电力。

五、结论

世界上要得永远地和平下去,必得要没有侵略的国家,同时更得要没有可能被侵略的国家。至少中国必须有足够的力量能保证自己的安全,乃能保证远东的安全;必须有力量能够维持远东的和平,乃能联合世界上爱好和平的若干强大国家,维持世界上今后永久的和平;才能不辜负这次战争,才能保证这次战争的功绩和无限代价的勋劳。

现在大家都有这种热情。如这次运动能促起美国人士甚至英国人士的了解和兴趣,也许对中国有所帮助。至于成功不成功,力量如何渺小,这是另一问题了,当尽力鼓起热情,勇气,努力去做。就这做的本身说,也可多少答谢各位这番盛意。

《嘉陵江日报》1944 年 10 月 12—15 日

致民生公司电

（1944 年 10 月 9 日）

【十月九日，卢总经理自卡剌齐来函略谓】别后昆明小停即继续飞印，飞行最高仅一万二千呎，无恶风，故毫无痛苦。只在渝昆间土地为云雾所隔，一切无所见耳。傍晚抵加城，在加停二日，曾参观海港及一自由式船，昨复续飞，中间曾停新德里，傍晚到卡剌齐，今在此休息一日，午前曾参观，海港系近年新建筑者，码头、仓库、铁路及起重机设备均极有计划。今晚或可由此起飞，三日或可到美。

《民生公司简讯》1944 年 10 月 23 日第 767 号

吁请美国增加对华援助联合宣言

（1944 年 12 月 17 日）

　　兹因日本在中国战场特加压力，同人等认为有请求同盟各国，尤其美国人民，对此严重局势深切注意之必要。目前受日敌威胁之地域，为全国教育与实业之所集中。抗战初期，万千之教授学生，千百之工厂与数十万之技工，历千辛万苦，自沿海深入内地，至今尚为世人所记忆。然此种与国家进步有重大关系之教育、实业，今正在遭受威胁。当英国受德人之威胁与苏联陷于极度危险之时，美国之适时与充分之援助，卒使局势转移。中国于盟邦决尽先打倒希特勒之际，独当亚洲战场之冲。中国以其重大之牺牲与长期之困苦，对于欧洲之胜利显有贡献。今者亚洲战场之紧急状态较欧洲更大。同人等吁请我盟邦人士注意于盟方战略有修正之必要，而对中国战场益加重视。设任日本为所欲为，则大陆战场将为日人所控制，结果将使战争延长若干年，美英诸国与其他盟邦之青年牺牲将必更大。中国人民在战场为忠实之盟友，在平时亦将为有力之盟友。目前局势严重，极盼联合国人民，尤其美国人民，督促其领袖，立取有效之军事行动，在中国战场上打击敌人，不稍延误，幸甚。

　　张伯苓、胡适、卢作孚、于斌、范锐、黄炎培、王云五、林语堂、胡霖、蒋梦麟、莫德惠、宋汉章、吴贻芳、李国钦、周鲠生、晏阳初、江庸、康心如、吴蕴初、钱端升、钱永铭同叩。

《卢总经理与实业文化银行界人士联名发表宣言》，

《民生公司简讯》1944 年 12 月 25 日第 776 号

民生公司总公司函

（1945 年 1 月）

【卢总经理一月间自华盛顿来函云：】民生厂工作效率须加高，必须解决运输问题，材料库配置问题、工场配置问题，尤其江边工场配置问题。冬季应以轻便铁路铺于江边绕经一切停船码头，直达厂下。再用绞车上下，使运输迅速而省人工，更不致因待人工而停运输。零料库废去后，应有材料配备室，有秩序的排列已经计划定的材料，以便取用。缺者立购。江边工场必须相当集中，待修轮船，依次停靠，应多加囤船，并加多跳板，使任何船上人员，可以直接上岸上船，不须绕越若干工作船只，或等待划子，每三数只必须有督工人员监督工作，并为联络周围解决困难。此大半在目前即可解决者，请商福海兄办理云云。

《民生公司简讯》1945 年 3 月 5 日第 786 号

以国际物资解决物价问题[①]

（1945 年 2 月）

  中国抗战七年以来，所艰难支持者，不仅军事问题，尤其经济问题。军事方面，除在初期相当撤退以外，对敌若干次战争，几无一不获胜利。最近以空军加强，且愈加强作战实力。惟有经济问题，则日难一日。自从长江封锁，粤汉截断，安南、缅甸先后被敌占领，海外物资日益窘蹙，终绝来路，物价之与海外供应有关者，逐次飞腾，盖极显著。国内生产惟赖农田收获，年岁偶差，或交通人工偶生障碍，物价即受刺激，辄复腾涌，有起无落。每年家一、二倍或二、三倍，其积累至可惊。盖物价涨落，源于物资赢绌，不可不自有效的控制物资，以有效的控制物价也。

  其次为战时财政之困难。支出不能不因作战而增加，收入不能不因若干重要地区及交通路线之失陷而减少，不能不自增加货币之发行额以谋填补财政之差额。货币之量愈大，其值愈低，乃为不可逃避之原则。如保持原货币之单位，则印刷之成本愈高，制造运输，皆日困难；如变更单位，则物价之腾贵愈甚。故不可不自弥补财政之收入以停止或约束货币之增加发行，以提高货币地位而使物价自然稳定或竟自然降低也。

  目前欲有效的解决此两问题，惟有请求吾盟邦英美予以更有效的助力。除助以大量空军与陆军有关之机械装备外，更助以相当物资。目前中印间空

[①] 这是卢作孚就当时物价问题的意见书，经过陈诚转给蒋介石。

军及陆军有关之军品运输月或达万吨以上,为将凭借中国基地以由空中进攻日本,为将保持中国陆军阵地或自必要据点反攻日军,因而必需加强战备,因而军品接济必需大增,将排挤使无运输余地。军事第一,任何军事以外之物资,不应与军品竞争,于此而提请兼运物资,似为不识时务之问题。

但目前中国经济问题,实与军事问题同等重要,且经济状况实比军事状况更为危急。政府实不能支持物价、更高之庞大预算。公务人员、军官、士兵及一切月薪生活者,实不能支持物价更高之生活困难。主要生产事业实不能支持物价更高之资金周转。其困难积累,有如累卵,有最后崩溃之点接近或竟达到此点,将有不可想象之危险。盟国既以全力助吾取得军事之胜利,即当全力助吾解决作战内在的困难,不让作战后方发生任何可能的危险。此所需之援助为物资,为有限之物资,远不如军品之重之大,更不如军品之日益增加。军品之日益增加,必需以日益增加之运量解决之,如能在日益增加之总运量上兼谋解决甚少之军品以外之物资,以此甚少量之物资,解决中国比军事更为困难之经济问题,消灭潜伏在军事后方最大之危机,必为吾盟邦所乐为。增加运量,尤其中印间空中运量诚为极困难之问题,但在物资设备上及技术上尚为可以设法解决之问题。就中国目前极感缺乏之物资言,及不能弥补之财政收入言,有绝不易自己设法解决者。如由盟邦予以协助,由租借法案或借款中让与少量物资,再由中印间增加空运总量以运入中国,以此物资,平抑市场之物价,以其收入,弥补财政上之收入,则一举而解决两问题。从此主要物资,不感缺乏,且控制在政府手上,货币不再大量增加,物价当有把握可以平抑,其偶有昂贵者,但非一般军民生活所必需,绝不致影响及于一般社会经济状况也。

最重要之物资为衣与食,应尽国内现有农田之全力解决食的问题,在目前国际运输困难状况之下,吾人绝不能以多少事物的供给仰赖于国际。但如以全力自谋解决食的问题之后,即不能同时解决衣的问题。纵勉力解决一部分,绝不能解决全部分。故一部分衣的供给须仰赖于国际。

战前中国年产棉花一千万担以上,供给四万万人的需要。目前仅产棉花二百万担,供给战时后方二万万人的需要。战前中国有四百万纺纱锭子,供给四万万人的需要。目前仅有二十余万纺纱锭子,供给后方二万万人的需要。军用棉花即需八十万担,仅余一百二十万担供给民间需要。此八十万担中三分之二须纺纱织布,尽后方全部纱机不能供给其需要。虽亦可大部分退步到手工纺纱,但手工纺纱需要更多的人力。战时一部分壮丁征任兵役,一部分女工须填补农田工作,不易较战前大量增加纺纱织布工作。

最大之困难仍为棉产。后方每亩地仅产棉二十余斤或三十余斤,后方缺少棉约三百万担,如欲尽量由农田生产,则需地千万亩。此千万亩可生产小麦约二千万担,可影响五六百万人以上之食粮。故为全力解决战时后方食的问题,绝不能兼顾衣的问题。但两者同为军民生活所必需,不可任令其一——衣的问题有如今日之缺乏与困难。盖中国究尚未脱离农业国家的生活,过去商业市场上之主要商业,仍为粮食与布匹,尤其为两者之交换。苟市场无相当布匹,即不能换得相当需要的粮食,遂使仰赖购粮食以资生活者,增加生活上之极大困窘。布匹不足,则布匹价涨,无布匹交换粮食。粮食不足,则粮食价涨,颇可造成循环之影响。故在目前之中国,布匹即等于粮食,中国之缺乏布匹即有等于英国之缺乏粮食,一样必需仰赖国际接济。但布匹究不如粮食为量之大。中印空运虽较其他任何国际运输为困难,但如运输少量之布匹,究非不能解决之困难也。

中国政府已用征实方法控制大量粮食在自己手上。目前此项征实额已相当达到人民负担力所能胜任之程度,且已解决军粮之需要,但究不能完全解决市场之需要,亦不能完全仰赖征实以解决市场之需要。最可靠之填补方法,惟以布匹掉换粮食,使一部分尚有被征以后剩余之粮食即以掉换布匹。布匹不能完全自给,即必需一部分来自国际。

中印间之空运,不但因空军及陆军军品之需要,运量必需增加。最近消息,巨型运输机将加入中印间飞行。事实上,亦必可能的增大其运量。假如目前可能的达到月运万吨以上,来月可达三数万吨以上,以其中三千吨运输布匹及其他必要之物资,应非大困难的问题。即以布匹为推算之例,三千吨布应有六十万匹,全年应有七百二十万匹,可以完全解决军队之需要而有余。如此艰难之运输,选运之布匹,当系品质优良而染色者。如以售于民间,另自国内供给军用布匹。又姑推算于民间,平均每十人分配布一匹,则全年七百二十万匹,可供给七千二百万人之需要。每匹平均售卖五千元,全年可得收入三百六十万万元。不但布价大平,政府缺少的收入亦可弥补大半。如以布匹换得粮食,更以粮食平价售出,则基本物价全可稳定。他如食盐、燃料,凡人民生活所必需者,均可随此转移。故此为救济目前物价上涨最可靠的办法。最要在使盟国明了吾最大之困难与未来可能的危险,对此可靠的办法,肯作有效的助力。

就世界棉业言,世界四大产区美国、印度、埃及及中国,吾与盟国英、美即有其中三大产区。世界两大销场,欧洲及亚洲,目前已沦陷大半,故盟国棉花生产应感过剩。以此推断,请求盟国供给纱布,不应困难。每年七百二十万匹布,不过值三数千万美金,过去所得英美资金之助力,远超过于此,故再请求英美以数千万美金价值之物资借用,应属可能。困难只在运输,只在中印间之空中运输。而此少量物资加入空运,在空运总量中仅占最小之地位,要求对敌战争之胜利,必需克服中印间空运之困难,必可包含少量经济上必需之物资,一并克服其困难。如就军用被服之需要者言,则布匹亦主要之军品,故亦应盼盟国列入军运计划,使得一并解决也。

布匹以外,药品为军民健康所必需,且为价值更高之物资。曾问卫生署金署长军民全般所需之药物,据言日约需五吨,月约需一百五十吨。每吨购价需一万美金以上,如此从英美借款购得运到国内平价售卖,每吨以法币三百万元计,不到战前百倍,但月可收入四万五千万,全年即可收入五十四万万。既可增进国民健康,复可弥补政府收入。运量极为细微,仅为每月三千吨物资运量二十分之一,如可给定每月三千吨物资运量,包含药物在内,亦不致影响大量布匹之供应,且可比全运布匹增加政府之总收入,似应同时考虑及之。

布匹药物以外,机器及交通工具之零件,国内不能自制者,亦可择其必要,自英美采购输入,以增加生产及交通之效能,以增加国内物资之供应,同时亦可增加政府之收入,似亦可一并考虑及之。

但就美国军部方面观察,则直接作战所需之军品更感急切,极难了解中国之需要布匹及其他军民生活所不可少之物资,与作战军品同样急切。故应动员舆论,以促起英美之了解,一方促起英美在华人士之了解,一方联络驻在英美之宣传人员,促起英美政府之了解。同时动员外交以促起英美政府之考虑,先作非正式研讨,然后作正式谈判,请其尽一切可能加强空运,同时解决作战军品及绝不可少之主要物资之供应问题,期于军品外,月运三千吨物资,包含布匹及其他必要物资。事诚困难,但为不可免避之困难,且万分迫切,不可不全力图之,且立刻图之也。

台北"国史馆"档案

致民生公司总公司函

（1945 年 3 月 12 日）

公司当局顷接卢总经理自美来函略云：本公司为作将来推进业务之准备，应即在现有职员中，选派适当人员赴美实习管理。兹为办理选派事宜便利起见，特由主管部门订立本公司选派职员赴美实习办法，即日发布实行。

《本公司将派员赴美学习管理　卢总经理自美国来函嘱办》，

《民生公司简讯》1945 年 3 月 12 日第 787 期

中国中心的伟大基地①

（1945 年 4 月）

蒋介石先生于抗日战争开始前两年第一次乘飞机到四川旅行时,曾经对我说:"一个人只要进入四川的上空,立即就看到了地球外貌的彻底改变。这个广阔的绿色省份最后一定会成为我国抗战的基地。"这一预见已经实现。

四川及其邻近地区对于中国的民族生命来说,不仅在抗日战争中重要,而且在战后的重建中也重要。作为大后方最重要省份的四川,有五千万人口。它已输送了 300 万新兵入伍。它的盐产量已由每年六百万担增加到一千万担。它供给了全国大部分的煤和百分之九十的抗战时期最重要的汽油代用品酒精。更重要的是,四川还为国家提供了一个十分理想的战时首都重庆。在那里,城市所在的山岭上,开凿了许多防空洞,这就使政府的日常工作在敌人狂轰滥炸的那几年里,只受到较小的干扰。现在,这个城市的周围已有许多兵工厂和其他工业企业,有的建在地下,有的分布在郊区。四川的那些为美国的空中堡垒及其他飞机使用而修建的许多空军基地的建设,是抗日战争的史诗之一。可以毫不夸张地说,一夜之间就征集了四十万人。他们除了双手外,几乎什么也没有,赤手空拳地劳动,三个月内即建成了那些机场。而在 1944 年,四川的无穷无尽的人力,主要靠人背,将六千二百万蒲式耳稻米从数不清的僻

① 本文原文为英文《The Great Base in The Heart of China》,载《Asia and The America's》第 44 卷,第 191—195 页,卢国仪翻译,翻译件为卢晓蓉提供,特此致谢。

远农村运到河道上和公路上,供应大后方的需要。

比田纳西还要大

但是,这个地区最惊人的是它的水力。一个可能修建比美国著名的田纳西水利枢纽大好几倍的、世界上最大的水电站的地址,最近已在宜昌附近找到。美国开垦局的顾问工程师约翰·沙维吉在帮助中国政府进行查勘之后,作了一个在长江三峡东端附近修建一个巨大水坝的初步计划。这个水坝将把水面升高一百六十米,产生足够的水力,发电一千五百万瓩。一半的电力即足以解决总人口约为两亿、直径为一千哩的地区内的供电问题,另外一半电力可用来制造年产数百万吨的化肥,除满足中国的需要外,尚可大量出口。

这个计划的最大受益者是农业。除了化肥而外,它将为灌溉提供丰富的水源。一些地方可用自流水;地势较高的地方则可安装动力抽水系统。这样大规模的灌溉必将大大提高食物、原材料的产量,并增加出口。

第二个受益者是工业。如此丰富的廉价电力必将给所有需要电解的化学工业和所有需要电能的其他工业以巨大的推动力。它将既有助于农村的小工厂,也有助于城市的大型工矿企业。

运输和交通将能得到引人注目的改进。这个区域的所有铁路都可以电气化。水坝将使长江上游的水位大大提高,终年四季通航大船。一万吨以上的海轮可以从海边上溯一千三百哩一直到达重庆,使这个内陆城市变成一个海港。这个方案需要建一个巨大的船闸,其高度比现在世界上已有的任何船闸还要高出五倍之多。

长江三峡水电站将是最大的一个水电站,但绝不是唯一的水电站,并且也不需要最先修建它。之所以首先引证它,是为了显示几乎没有止境的可能性。宜昌上游沿江一带及其支流将会找到许多适当的地点修建比较小的水电站,其中一部分发电量可能不超过几千瓩,但总和起来将能提供丰富的电力。有两处地方将能修建相当大的水电站,一个位于灌县沿岷江上游十哩的地方,可以发电八十二万瓩,另一个则在大渡河和马边河之间。这两条和差不多是紧挨着并排而流,然而大渡河的标高却高得多。如果用一条隧道将两条河连接起来,将有足够的水位落差发电两百万瓩。另外还有长江上游的主流金沙江,沿着西康和云南边界的大山脉迂回流过,最后与岷江汇合。所有沿江地带都可以修建水坝,以同时解决发电和航运问题。这些水电站的总发电能力如果超过巨大的长江三峡水电站,那将是毫不足怪的。

河 道 网

水不仅是电力的巨大来源,而且是中国中部和西部的主要运输渠道。四川的得名,就是因为它的四条主要的河流,然而实际上它却布满了由大小河流构成的整个河道网。其中一百一十条以上可以行驶木船。有的河流很小,一年只能通航几个月,但如兴建水利工程,就能大大改善其通航条件。例如重庆西南边的綦河,由于修建一系列二十一个船闸,将变成一条运输煤和铁的交通干道,其中已有一些船闸建设竣工。

兴建水利工程改造山区河流的一个有趣例子是缩短嘉陵江的计划。这条河流在一个名叫青居街的小镇处,围着一座大山迂回流了十七哩,也就是说相当于木船一整天的行程。可是如经由陆路,其真正距离还不到半哩。不知道这条河的地理状况的旅客们,在经过一整天乘船之后,竟发现自己又住进了前一天晚上住过的客店,无不感到惊奇莫解! 现在,计划修一条隧道穿过这座山,使江水穿过隧道抄近路流走,并在隧道低的一端修建一个足以灌溉一万英亩土地的水电站。原来绕道的河床,不再被水淹,也将变成良田。由于这里是一个生产桐油和生丝的重要地区,这一开发将给人民增加可观的收入。

灌溉和资源

四川有世界上最古老的灌溉系统之一。两千多年以前,李冰就将岷江分成无数的水渠和水沟,把江水送到成都平原的每一块田土里。经过了两千年之后,这个系统仍然完好存在。农民们需要干的工作,只是每年保持这些水渠和水沟畅通,而其余的工作,都由大自然完成了。一个世纪又一个世纪,这些河道给四十万英亩田土带来了生命之源的水和保持土壤肥沃的养份。平均每英亩的产量超过了九千蒲式耳,或者相当于未灌溉的土地的两倍。此外还能种一季豆子或小麦,有时候还能再种第三季别的作物。除了成都平原的这个主要灌溉系统之外,还有一些其他灌溉系统。但所有这些灌溉系统合在一起,也仅仅是应该做的一个开端而已。四川有六百万英亩稻田,现在只有百分之十得到灌溉,其余的只能在夏季种一季庄稼,一年内其余的时间只是用来作为自己的蓄水池。这个省的农业产量常有很大波动,如果能得到较好的灌溉,整个省都可以达到成都平原的生产水平,总产量将提高到六亿蒲式耳。四川的年降雨量很充足,但四季分布不均匀,又没有水库和灌溉设施,大部分水都浪费了。扩大自流水系统,将使四川的绝大部分农田得到灌溉,余下的农田则可采用电力抽水来浇灌。

四川的粮食基本上能自给。它有相当多的畜产品,可供出口。四川的羊皮和猪鬃是世界闻名的。四川产糖,其中一部分销往省外。桐油产量约占全国的三分之一,远销世界各地。四川的药材遍销于全中国和南洋群岛。

一幅普通的四川地图会使人对其真实大小得到错误印象。它那山岭重叠、绵延起伏的地形使它具有比地图所显示出来的更多的土地。从飞机上看,地形本身呈现出一幅巨大的、轮廓清楚的地图,由梯田的田埂自然地形成了等高线。这些稻田中的每一寸土地以及稻田间的田埂和斜坡上,都用来种植了农作物。尚未耕作的土地已经不多,开荒的可能性已经不大了。不管怎样,通过扩大灌溉和用肥,以及改进农艺方法,较大的增加产量还是可能的。已有的经验表明,由于改进农艺方法,稻子能增产百分之二十到四十,棉花百分之二十到五十;由于在适宜的地区引进新品种,小麦增产了百分之十到二十。本地甘蔗,每英亩平均产一千五百磅,但在同一地区引进爪哇品种,每英亩生产了三千三百磅,而从印度引进的一个品种,达到了三千六百磅。

四川有丰富的煤藏量。主要的煤层位于重庆地区沿江两岸,并已开始大规模开采。天府煤矿公司的年产量约为四十万吨,供应了战时首都总需煤量的百分之四十。从飞机上或从嘉陵江的船上,人们可以看到一条小的窄轨铁路弯弯曲曲地在山间穿行,这就是连接天府煤矿和它在嘉陵江上的木船船队装煤码头之间的运输线。更多的铁矿藏已在长江上游的南岸发现,在贵州的西北角,蕴藏量尤其丰富。紧挨着铁矿,还发现了优良的焦煤,这就提供了建设另一个重要的钢铁工业中心的可能性。

地方和人民

四川是从战争的废墟中涌现的新中国的地理中心。当中国的重建完成以后,这个地区和世界上其他地区之间的交流将大大扩展,将有不断的货物交换和人员往来。这个地区的自然景色将吸引世界各地的学生和旅游者。这样,交通运输的方式将成为最重要的要求。现在已有几条公路将长江与陆路连接起来通往各地。这里也将成为一个通往四面八方的铁路中心。若干"纵向的"铁路线同中国最大的横向河道长江连接起来,再加上战时修建的许多航空基地,将使中国的西南部成为世界上的巨大通衢之一。

任何开发计划,只有使人民生活得到改善,才是有意义的。当土地本身受到自然灾害的限制或危害时,生活就永远无法富裕起来。我的心中强烈地铭刻着一九三六年四川遭受的那一次近代史上最严重的旱灾之一的情景。从低空飞行的飞机上望去,数百哩范围内,只能见到干枯的田野由于缺水而开裂,覆盖着大地的不是新生作物的碧绿,而是头一年留下来的枯死的残梗。一星期以后,我又一次飞过那片农村,景色却完全改变了!代替旱灾劫掠的是一哩又一哩新生稻谷的美丽秧苗。雨已经下过,人们已经播种。迅速改变的景色使我留下一个信念:人的力量同等于大自然的力量。

四川的人民属于一个非常保守的农民社会。但是接受新的思想时,他们却远不是保守的。稻、麦、棉、甘蔗的新品种已以非凡的速度普及推广。蚕丝业也已以难以置信的速度由纯粹手工业发展成为机械化工业。

　　甚至在现在这场战争以前,社会建设和工业建设的结构就已经建立起来。可以期待,四川人民一定能为他们的国家的现代化做出更大的贡献,来证明他们自己是配得上大自然给予他们的惊人恩赐的。

战后的交通运输

（1945 年 7 月 15 日）

一、一般的展望

在这一次大战中,若干交战国家相互摧毁了无限量的生产工具和交通工具,亦各自发展了无限量的生产工具和交通工具,战败者被摧毁得更厉害些,战胜者更发展得厉害些。生产工具除开生产军火和军需品外,主要亦是为了生产交通工具。广义的解释起来,不但轮船、火车、汽车和运输用的飞机是交通工具用来帮助战争的,就是兵舰、战车、坦克车、战斗用的飞机,其本身亦何尝不是交通工具,不过是备带了武器的和有防御武器装置的。

交通工具的发展影响到这次战争,亦当影响到战争结束以后。战败的或曾经一度战败的国家,因为交通工具被毁坏了,必将在战后最短期间恢复起来,战胜国家必将利用其已经发展的交通工具的生产能力,彻底改善其战前的交通装备,提高运输的效率,加大其运输的能力,且将发展国际运输。

到了现代,交通运输是全世界的血脉,一个国家或地方的交通运输未发达,其影响会达到全世界。现代人们的经济生活,早进入了国际交换的经济生活,战后当更进一步。因此,国际运输的发展,亦自当更进一步。但是任何一个国家或区域以内的交通运输,莫不与国际有关系,且比战前会有更进一步的关系。因此,直接发展任何或国家或区域的交通运输,间接即所以发展国际运输。因此力谋发展国际运输的先进国家,必力谋发展尚未工业化或尚未完全工业化的国家或区域的交通运输。

就纵的方面说,交通运输是最容易合作的事业。若干长途的旅客和货物的运送,是仰赖若干段乃至于若干种类的运输事业和工具完成的。例如一个旅客或一件货物由美国内地一个乡村运送到中国内地一个城市,需要汽车由美国乡村送到城市,再由火车转到港口,再由轮船送到中国,又转火车或汽车送到中国内地。这一连串的运送工作,是需要若干运输事业合作起来,以减少旅客和货物的麻烦的。但就横的方面说,交通运输是竞争最为剧烈的事业。交通工具的设备是较固定的,而旅客和货物的盛率,是较为活动的;在运输业务旺盛的时候,很容易刺激交通工具增加起来,往往增加到过剩的程度,不幸这时商业又衰竭下来,剧烈的竞争是较其他任何经济事业更为显著。不仅竞争存在于同业间,而且存在于不同交通工具的事业间。例如航空与航运,铁路与公路,只要平行线上即不免竞争存在。尤其是国际运输,是在自由竞争的原则下经营的,愈不能避免竞争。纵然会产生合作的关系,而这种合作关系的产生必在饱受竞争的痛苦经验之后。

战后交通运输在任何国家以内或在国际,均应有合作组织,横的避免竞争剧烈过度,纵的促进联运业务。

二、各洲的概况

具体的说来,工业最为发达的美国,经过这一次战争,轮船、飞机增加生产最为迅速,为了适应战时的需要,而远超过了平时的需要。故较战前更进一步发展国际的航运和空运外,尚应有大量剩余的能力,可供他国需要,尤其是制造轮船和飞机的能力,不是仅仅关闭工厂可以解决的。关闭了船厂,尚有锅炉机器和钢铁材料的生产,关闭了飞机制造厂,还有铝镁等轻金属的生产,必将在国际市场上寻觅其出路,寻觅其容纳之处。汽车制造战后当更有惊人的发展,填补美国作战数年来的缺乏。然而,仅仅填补其本身的缺乏,亦不能继续容纳其生产量,必将向世界市场上寻觅发展的方向。因为钢的生产比较战前增加了百分之四十以上,其一部分出路应是铁路材料。战后美国的铁路必有一番彻底改造,机车及车辆制造事业亦当随以发达,其所能达到的程度,亦不止于供给本身的需要,而当发展销场到国际上。

北美不仅美国生产能力,尤其是生产交通工具的能力,如此发达。加拿大的若干生产亦有同样增加,其业务亦须向世界上伸张,亦正希望发展国际间的商业关系,其一部分商业关系正是出口交通工具。

欧洲是全世界的航运业务最为发达的所在。战前欧洲的航运国家把握了全世界轮船总量的百分之七十。第一当然是英国,它就差不多拥有全世界轮船百分之三十,经过这一次战争当然损失很大。为了保持战前的航运地位,必将点补战时的轮船损失,但所发展的造船业务,必不能长期限于填补本身的损失,而有余力供应国际。欧洲大陆上的铁路火车,尤其是德国,经过这一次大战的破坏,必将在短期内恢复,或更加以改善。公路恢复以后,必将充实汽车。以战时飞机场的增辟及战后更进一步的空运需要,不仅民航恢复战前的状况,战后即令与有关系的交通运输有更进一步的发展,亦自有其程度。但在恢复及发展期间,究须容纳大量的交通工具,除由其本国逐步恢复的生产能力供应一部分外,其另一部分尚须国际供应,尤其是美国供应。

非洲毕竟为沙漠所限,战后发展不能太大,战时毁坏较小,战后恢复亦较小。

南美洲是较有发展希望的地方,若干国家尚有可辟的耕地,可改良的农产,可开发的矿业,可以凭借若干原料发展若干工业,因此可以发展若干交通运输事业。无论本国的或国际的,无论内陆的或海洋的。无论铁路,公路,航运或航空,皆各有其发展的前途。美国到已视南美为发展国际间交通运输和贸易事业的一个方面所在。南美若干国家,亦正自谋进步,亦必容纳一部分美国乃至于美国以外的生产能力去帮助。

最后发展可能性最大的区域,自然是亚洲。亚洲若干岛屿出产丰富,只是工业发达尚嫌不够。大陆土地最为广大,人口最为众多,农业生产方法相当成熟,但以工业生产尚未发达,农业究未得工业之助。地下矿藏亦尚未能尽量发现和开发,尚有最大的水利资源未能大规模利用,或竟未能开始利用。因此战后亚洲的生产能力可能有最大的进步,自然需要与之相随发展交通运输。一部分的区域,交通运输的设备,受战争的摧毁,尚待恢复;一部分的区域,交通运输的发展尚感不足,需要延展铁路和公路,需要增加火车和汽车,需要增加航空路线和飞机,需要增加航运线和轮船,以运输战后必须增加的旅客和货物,此种交通工具的急剧增加,无疑的须由国际协助,尤其是初期,须大量利用北美战时发展的乃至于欧洲战后恢复的生产能力。

三、中国的几大运输

中国是在战后需要恢复并发展交通运输最为迫切的国家,兹就铁路,公路,航运,航空分别说明如下:

铁路　过去铁路的发展,第一期多在长江以北,以北平为中心,第二期多在东北,第三期多在长江以南,自中日开战起则多在西南。战后除恢复原有铁路外,建设应有全局的打算,应求其打通四隅,顾到国际铁路的联络。长江以南的横断铁路应一直通到西南边界与越南缅甸印度相连,长江以北的横断铁路,应一直通到西北与苏联相连;应在平汉粤汉以西再完成一条纵断铁路,由广西通过贵州四川,并由云南通过四川以达陕西。但为财力物力所限,应依先后缓急分期完成;应注意到沟通边远垦辟区域,亦应注意到沟通内地生产区域;应先完成运输量较大之路段。例如西北暂到兰州,西南或暂有一路先通越南。其运量较小处应暂辅之以公路,其有水路可通者,应避免建筑平行铁路,使铁路与水路成为相辅相成的运输。应订全国铁路的建筑标准和管理方法,必要的干线集中政府的财力经营。政府财力所不能及的路线,无妨鼓励民间,在政府管理之下经营,以期铁路建设提前完成。

公路　除迅速恢复并改善原有公路外,应尽量发展新的公路,不但以之沟通省与省的关系,并应以之沟通省区以内的政治关系,都市周围,铁路两旁,和河流两旁的经济问题。应将重要公路、行车往来较为频繁的公路建筑标准提高,宁使财力物力牺牲在公路上,以利交通运输,勿使财力物力牺牲在行车上,以碍交通运输。宁增加初期建筑费,勿增加以后改善费和长期维持费。应规定全国公路的建筑标准、行车管理的方法,以中央的财力建筑省与省间的公路,省的财力建筑省区域以内的公路,县的财力建筑县区以内的公路,仍须依经济条件分缓急先后次第兴工,应使路皆有用,且皆可用。应使国内生产和国际供应的汽油,润油,汽车和汽车零件,成本低廉,供应便利,以使运输成本低到可以大量发展的程度。车运事业应尽量鼓励民间有组织的经营,只要他们遵照行车管理的规定。即令必要路线需由政府投资,亦应组织公司,尽量避免公路管理机关自行经营一部分车业,致碍管理任务的无偏执行。

航运 内河和沿海的航运,战前半系外商经营,仅那一半自有的,战时又沉没十之七八,因此恢复航运为战后最迫切最困难的使命。急剧大量增加轮船,不但为财力物力所限,尤为人力所限。内河为量较少,尚非不可解决的问题,沿海则为量太大,必须有补救方法。在一定时间容纳部分外商资金和外国技术人才,应系补救方法之一。同时整理码头设备,使装卸便利,增加船厂,使修理便利,改善新轮装置,提高技术及管理人才水准,整理河流港口,并改善航标设备,以提高航运效率,减少意外损失。就其消极方面言,均系补救轮船不足之道。因为战后一切建设均在推进中,航运为配合环境的需要,亦当不断的推进。一方面向内河延长内河航线,另一方面更须向海洋发展航线。战后日本受了限制以后,中国应相当代替其地位,远洋一时不能大规模发展,应集中力量于近海。因为中国向是入超的国家,战后需要国际供应大量的机器材料,入超更大。出口货物值靠农矿产品为量为价均属有限,工业产品不易输往欧美,惟有近海区域可以替代日本若干商品市场。航运正所以辅助此种商业,其本身的收入亦是平衡外汇的助力,应为英美诸国所共同原谅。此种自由竞争的国际航线,惟有大的财力,效率甚高的商业组织,乃能立于不败之地。应鼓励民间有组织的经营,并应多与国际资金合作经营,政府投资亦应采取商业方式组织公司,乃能参加国际竞争。现有国营招商局亦应改组成为公司,使其组织健全,人事安定,不随今后政局转移,而以政府可能分配的财力扶持之。但以战后建设百端待举,政府财力究竟有限,不能集中于航运,内河及沿海亦应鼓励民间投资,使在国家航业政策和管理章程之下经营。

航空 中国飞机建造尚无基础,但因作战的需要,八年以来地上设备已有相当部署,可利用以发展战后民用航空。飞机是缩短空间距离最有力的交通工具,民用航空是发展最为迅速的交通事业。战前世界性的航空刚刚开始,中国国内的航空亦方发轫未久。战后世界航线必将密布,必将辐辏达于中国。中国为配合周围,必须同时发展国内和近距离间的国际航空,尤其铁路公路一时不能到达的处所,皆可以飞机作为前锋。政府应尽可能以其财力发展航空事业,然仍不足以应全国广大区域各方面急切的需求,除主要干线外,在国家管理章则下,亦可鼓励民间经营,并为加速其发展计,亦可准定期内少量容纳外资,使空运事业能在数年间突飞猛进,航线密布于全国。

总之,中国在战争结束以后,交通运输必须立谋恢复,为应战后建设和国际环境的需要,必须继之以发展,但究为财力所限,应同时鼓励民间投资,与政府的经营相配合。重要设备有必要的标准,管理有必要的章则,发展亦有相当的计划,政府站在指导和服务的地位上,以导一切民间力量,贡献于国家需要的建设上,尤其交通建设上。

《新世界》1945 年 7 月号

谈美国工业特质^①

（1945 年 8 月）

卢作孚赴美参加国际通商会议以后，又在美加各大都市，参观若干造船厂、钢铁厂、机器厂等，于月前回国，西南实业协会所主办之星五聚餐会，曾请其将留美观感作简短演说。卢氏以时间太短，未能多所阐述，只将中美两国工业最不相同之一个特性以及中国将来如何效法之处略为解说，时短言长，极可供工商界人士之参考，故为记录申述于本刊。惟为行文便利起见，本文多非演讲人原语，又为文气贯串起见，次序亦有倒换之点，如有误解之处，与演讲人无关，亦特声明于此。

卢氏认为美工业最大特质，即为专业化，而中国当前趋势，则正与之相反，一个公司要办许多业务，一个个人也要兼许多职办许多事。近年企业公司之类的全国性公司组织，更如雨后春笋，不知道有多少，即民生公司本身亦有同样缺点。卢氏认为普通企业公司，如果不设法专业，是不会使他成功而进步的。他早就有这种感想，早就不敢提倡这种普通企业公司，而在美国各地参观了以后，更证实了他的见解，加强了他的信心。本文便是他在美国观察的一般，和他自己解释的各点极可供工商界人士的玩味，一个纳尔逊专家使团的钢铁专家，在美国碰到了。他对中国最不了解的就是中国后方机器厂，为什么大

---

　　①　该文是《新世界》期刊编辑部根据卢作孚在重庆星五聚餐会上的演说整理的有关卢作孚对美国工业看法的专门报道。

家都有模样厂,有设计室,翻砂厂,敢制造一切机器,能制造一切机器?

大家分析的结果,以为战时的后方机器厂,或有不得不各如此办理之苦衷。第一后方各厂设备标准皆不一致,同时精确率也差,所以总不易如样交货,尤其不易各厂一样。其次战时材料不齐,运输困难,定货多不能如期交货,不如自己包办一切比较能控制时间。同时因为运费高昂,如果分批制造、分厂制造,材料配件运费将大为增加,成本也同时增加了。战时自给自足的风气,也不期而然的蔓延到了工业界,成为工业界的战时风气,战后我们自然应当设法改正的。

卢氏叙述其曾到匹兹堡参观美国钢铁公司船厂。因有人建议将该船厂迁至中国,所以该公司总经理吴尔夫氏曾召集若干技术专家与管理干部,与卢氏共同研究该厂是否可以迁来中国。结论是绝对不能,因为美国造船厂并不像中国的造船厂一切都是自己制造,而只是一个合龙厂或装配厂,一切零件都是由千百个工厂分别立约供应的。匹兹堡附近有若干专业制造厂,每厂都承包一种或几种机器,在船厂装配起来,便成功一只船,如果要迁船厂,也要迁其他的厂才能成为一个整套。其次船厂房屋是无法搬动的,设备拆运费极大,比购买新设备者省不了多少钱,甚至不如折成废铁重作机器的合算,所以中国战后要想利用美国战时设备,是不十分容易的。

卢氏曾经到过专业最精的辛辛纳底城。那里是美国工作机的生产地,卢氏首先参观一家工厂,发现其只制造铣床、车床两种工作机,其他一概不制造。卢氏曾在他处看到辛辛纳底出品之各色工作机,而此厂则只出两种,所以大为惊奇,乃以之质询陪同参观的厂主。厂主告以本厂虽只出此二种工作机,而其他厂则有专作其他工作机者,厂主又告以全城只有一个翻砂厂,均由其承包。此厂卢氏也去参观过,全部机械化了,和我们后方各厂附设的翻砂间比较起来,真有天渊之别,美国工业专业化程度之高,辛辛纳底之工作机器制造业,即为一良好的例证。不过分工之上,是有合作的,专门工厂虽只生产一二种精良出品,而装配工厂便要用数百种、数千种配件,才能装配成一种最后出品的。前面说到的船厂,便是一种需要利用几百家、几千家其他专业工厂的装配工厂。飞机厂、汽车厂也是一样的,大部分只作装配工作。福特公司自有附属工厂甚多,能制各种配件,而仍然和其他四千多家专业工厂订立合同,请其分别承造某些配件。所以美国各种工业已经融成了一体,彼此之间有分工,又有合作,谁也离不了谁,不像中国的工厂,家家都可以独立,可以自给,没有分工,也没有合作。

卢氏说明美国人之所以能如此分工合作,最重要的是有确切可靠的工业标准。任何厂家的出品,都要遵守同一的标准,都能达到同一的标准,所以各不同厂家所制造的不同配件,可以配合得不差一点,相同配件可以互相替换使用。大家都知道分工的好处,专精的好处,而如果各厂不遵守同一工业标准,则是无法分工,当然也无法合作的。美国是一个极端讲究经济自由,技术自由的国家,不假手于政府法令,政治压力,而能使全国如此标准化,如此整齐划一,真是值得我们工业界效法的。

其次美国可以说已经进入了一个预定时代,一切可以假想预定,其预定与事实相差极少。纳尔逊说办理美国生产局,比办理中国生产局容易得多了,他第一天到差,第二天就根据预定计划,签订了四百多个合同,各厂以后差不多都能按照合同预定条款办到,预定的后果是累积的,一件事根据若干预定而预定,其中之一如果发生问题,便要影响全局,这一件事未能按预定做到,又要影响其他若干预定的其他事件,所以忽略了一个预定,没有实行不预定,其后果也许会十分严重的。预定是全体性的,每一个因素都要预为规定,不能让一个因素而预定或不照预定实行的。

再次美国人极尊重对方立场,他人立场。而我们中国人便只见自己立场,只图自己方便,人家的不方便是不管的,不惟对待如此,即对待部属,亦系极为尊重主管职权。卢述及在美与各大厂家总经理及高级干部讨论时,总经理总是让每一部分主管人发表意见,本人极少说话。有时与总经理洽商某问题,必请有关部门主管人前来参观,他只作联系,综合工作,而不替各部门答复,解决专门问题。卢氏述及在美经验时,同时联想到以前在上海与太古英国大班,及华西大学与美籍校长交涉经验,都不侵越部属职权,都不代部属答复问题,而让他们个别负责。仅遇有牵涉较多时,或意见不一时,才由机关主管人亲自出马的。

卢氏最后认为美国人显然已有一种公共承认之共同作事原则办法,并且大家都在忠实地履行,忠实地遵守。不像我们中国一样,每一个首长都有他自己的一套特别办法,特殊作风,所以一换首长,一切办法也要改变。一个机关里面的工作人员,也没有共同信守遵行的工作办法,就有一点不大完全的办法,也大家视同官样文章,而不十分忠实地去实行。在这些地方,也可以看出美国实在是一个法治国家,不特国家大事如此,工厂管理也是如此;不特有成文法,也有不成文法,大家都行之若素,习以为常,不必监视,不督促,而人人自然奉行。

在美国,卢氏认为控制物质的技术,只是厂外少数科学家的事情,厂里设计室少数工程师的事情。因为分工精细,一个工人只消学习一二星期便可了解运用。他认为控制人事的管理是全厂大家的事,上至总经理,下至工人都要懂得管理,管理者要懂得管理,被管理者也要懂得管理,管理制度才能普遍树立起来,技术智识在短时间内可以学习,而管理才能则需要有长时间训练,才能历练出来的。凯赛尔若干船厂主持者,高级干部、中级干部,以前从没有主持过造船工作,有些人甚至连海船样子都没有看见过的。可是他们很顺利的,很成功的,在为美国战时造船业服务。卢氏曾问其何以能转业如此迅速,他们则以为要懂管理原则,有管理经验,管理船厂和管理水闸工程是没有多大差别的。

因此卢氏感觉到中国战后最大的需要是专业化,是树立现代管理制度。一个公司只办一种业务,一个人只担任一种职务,事不常常变更办法,人不常常变更职务。这样才能培养人才,建树事业,使人成器,使事成行。同时应以事为主,而不应以人为主,使事与事配合,而不要使人与人配合,使其一件事件与周围事件互相配合,互相联系形成一新的经济体系,新的工业程序。

《新世界》1945 年 8 月号

挽范旭东

（1945 年 10 月 21 日）

塘沽既成，犍乐又成，不朽清辉光史乘；

为建国惜，为人群惜，岂仅私痛哭先生。

《民生公司简讯》1945 年 10 月 29 日第 820 号

美 行 观 感

（1945 年 10 月）

　　此次赴美目的，是参加国际商业会议。这一个会议，是由美国全国总商会、美国制造业协会、美国国际商业协会和美国商业协会美国支会四个团体所召集。会议目的，是在发展战后国际商业，趁战争未了之时，邀集各国商界代表，聚集一堂，彼此交换意见，而且亦只限于交换意见，并不作任何决议，会议中研讨之问题，共有八项，其中有一项，是交通与运输。

　　我国出席代表，经工商团体选定后，各代表认为关于会议内容，有与美方交换意见之必要，故在到美以后，曾与召集会议之美四团体，交换意见，可是关于会议内容，四个团体并无成见，必须由美方选出之代表决定，在我国代表到达之后，美国始选举代表，等到他们代表选定以后，我国代表曾分别交换意见。

　　关于交通运输方面，讨论内容，第一是航业，第二是铁路，第三是公路，第四是电信，第五是广播。主要问题，共有三项：第一项是交通工具之恢复，在战争期中有若干国家（包括中国在内）之交通工具，遭受极大损害，倘其本身工业落后，或工业亦一并被破坏一时无法恢复，由工业先进及遭损害最小国家，在物质技术及资金方面，予以协助。第二项是限制敌国航业之发展，上次世界大战以后，战败国家之交通工具，都交给战胜国，但是这是一个愚笨的方法，因为他们把旧轮船交出以后，尽量建造年龄更新之轮船，参加竞争，德国曾在十数年之间，造了四百万吨新船。所以这一次应当更进一步，必须限制敌国再作航业上之发展以为其海军之助。第三项是各国航业之互助，各国航业应该尽量互助,减少竞争,提倡联运,进一步和铁路公路联运,使得一国任何内地货物,可以极便利地运到别国任何内地。

在开会时,采取分组办法,本人参加交通运输组,第一件事是参加研究议程,第二件事是小组会议尽量提出主张,取得机会参加草拟小组报告。吾人参加会议,第一须注意于会议以前交换意见,第二即须注意议程,第三须注意小组会议的讨论,第四须注意小组会议报告。大会不过是形式的报告,关键尤在小组会。

本人除参加会议以外,并曾接洽和考查航业,要和国际上交换或讨论航业,必须先了解对方航业情形。美国有航运委员会之组织,对于美国航业帮助甚多。美国战后政策,该会曾告诉我们,综合的说,在战前美国有轮船一千一百万吨,分为远洋、沿海、大湖及内河。其中远洋方面,占三百万吨,据统计美国远洋轮船运输量,仅占美国进出口货物百分之二十五。所以他们希望在战后加以发展,自运的进出口货物由百分之二十五增加到百分之五十,就是要比战前增加一倍。所以远洋轮船,在战后要增加三百万吨,同时把其他各航线轮船,也增加三百万吨,就是把轮船总吨位由一千一百万吨增加到一千七百万吨。远洋轮船运输之发展,主要的是在大西洋太平洋和南美洲三方面,以前远洋航线,共有三十一条,除一二例外,大概每一条航线限于一公司担任,至于战后,是否变更政策,尚未决定,须视原有各公司发展能力,是否能适战后的需要,这是美国航业政策,就是根据战前基础,以谋战后发展。战争发生以来,美国轮船增加非常迅速,据估计到战争结束时为止,可能剩余轮船四千六百万吨,所以有二千余万吨是过剩的,除了保留一部份运输船或备用船只外,其余均将出售,当然是优先把好的买[卖]给他们本国航商,所剩余的卖到国外,欧洲国家尚顾虑其不能作为远洋竞争之用,我国也不能大量购买,因为万吨级的大轮,大连秦皇岛运煤到另外的深水港口外,一般内河及沿海是不适用的,而且原来锅炉是烧油的,能否改为烧煤,尚属问题。还有一种登陆艇,为数最多,只能行驶于浅水港,一部分较大而又系使用柴油的,或可选购少量。我国各航线需用的特种船只,还得另行建造,建造亦得分期在战时从美制造,战争停止后运入机器材料,在国内制造。这样新造船只,美国能帮忙到如何程度,尚待用商业方式,与之接洽。至于在抗战胜利之日,急需应用船只,和技术人员,应当在战前赶速准备,向国外接洽制造。

美国对于中国发展航业的基本态度,有下列几点:第一认为内河沿海航运,必须即刻恢复,第二近海航业必须让中国尽力发展,也绝对承认中美两国必须多做生意,以前进出口无法平衡,以后想把工业制造品运至南洋,把南洋的橡胶运到美国,再把美国制成品尤其是机器材料运到中国,同时限制日本航业以后,近海航业尤其南洋航业尽量由中国发展,以便与商业配合。至于远洋方面,总得有中国轮船航行,美国也认为必要,关于其他交通工具,帮助也可能取得,只问帮助方式如何耳。

在美国短短两个月旅行参观时期内,观察美国战时情形,有几点值得我们注意:(一)美国参战以后,即致全力于战争,计有陆军六百九十余万,海军三百余万,空军百余万,总计动员在一千二百万左右,大约占全国人口百分之九。所有的青年,大都已到战场上去,除穿军服者外,在纽约看不到青年。各方都有人力缺乏之感,在工厂里女子也担任了笨重工作,不但工业生产数量大大的增加,就是农产品,也相当增加,可见美国人力运用,已经到了极点。(二)关于财力方面,美国全国每年总所得,达一千七百亿,一半以上都用之于战争,最近美国每小时战费,约需一千余万美金,每日二亿五千万,全年九百余亿美金。(三)在此次战争中,美国工业,得以前进不少。化学方面发明很多,轻金属亦有相当发展,大规模制造的工业,亦正从各方面发展,因此速度大,而数量多,而成本亦省,工业上的配合,也有极端发展。福特厂制造汽车的零件有四千家工厂分别承包,由此可知美国战时生产量如此之大,其主要原因,在于配合之得当,但亦赖于平时的基础,他们有此成就,不但有助于自身之作战,亦且帮助了所有的同盟国家,我国今后工业计画也应着重在如何配合着发展。

此外关于美国人服务态度,值得介绍:第一,美国人讲求舒服,不仅是求自己的舒服,而且还求人家的舒服。第二,今天应做的事,必定不等到明天做,而且立刻就做。第三,凡是自己本份内的事,决不推给别人。第四,可做可不做的事,倘然做了,可以有助于自己或他人的一定做。第五,虽然是万一或有的事变,一定不惜麻烦,设法预防。

最后介绍二种管理方法:(一)各级人员对于本身职务,必有相当训练,所以每一主管对于所担任的事务,绝对能够负责,不必一切由最高主管核定。这是分层负责的办法。(二)会签用电话互商决定。办理以后,补送复印的参考文件。这二点足供我们参考,他们的管理原则,是绝对标准化,以减轻管理的手续,技术方面由技术人员专心负责,管理人员只须明白管理的法则,有丰富的常识,和判断的能力,不必懂得技术。

《运输研究》,1945 年第 2 卷第 4 期

业务训练班讲话

（1945 年 11 月 12 日）

上周星期一（十一月十二日）适值总理诞辰例假，卢总经理作乎抽时间亲临本公司业务训练班训话。讲话时间达两小时，为卢总经理返国后第一次较长之讲话。总理历举以前担任峡防局局长时多次训练中种种极有意义之生活与活动，以证实团体生活有计划有组织有秩序为兴趣之最要条件，勖勉各学员尊重秩序组织学习体验。次论现代世界有两个宝贝东西，一个是自然科学的发展，一个是社会科学的发展。把自然科学运用起来，诸如机械工程、土木工程、化学工业等，就是技术。换言之，凡运用科学方法，加之于一种物质上，而使其有更好的结果，以供给人们享用的就是技术。至于把社会科学应用起来使两人以上的人群能够很好的共同工作，则为管理。真正运用技术的知识实验室中少数人，往后则仅须如法制造的一样做去，全属管理问题，诸位将来在公司担任的工作也都只要学习管理，并运用管理方面。极有兴趣之例，皆总经理经历及在美国所见，最后略述民生公司在战前及战后之工作任务，勖勉各学员努力刻苦学习，成为工商管理专家云。

《国父诞辰　卢总经理亲临业训班训话》，《民生公司简讯》
1945 年 11 月 19 日第 823 号

怎样提高工作兴趣

（1945 年 12 月 12 日）

【上周三总公司周会,卢总经理亲自出席训话,讲题为"怎样提高工作兴趣",剀切阐明工作兴趣对于工作效率之重要性,并对提高工作兴趣,指示三项办法】(一)要虚心检讨自己有无好的技能。(二)有无解决技能之办法。(三)有无解决技能之能力。最后并勖勉全体应努力加强工作秩序与建设,再在工作方面不断求进步与学习。【语重心长,听众莫不感奋云】。

《卢总经理训怎样提高工作兴趣》,《民生公司简讯》

1945 年 12 月 17 日第 827 号

向加拿大借款造船进行情况的报告

（1945 年 12 月 29 日）

本公司向加政府借款造船，关于呈请政府担保事，已于上月底奉交通部代电，转知行政院饬遵之政府担保办法。其条文如下：

（一）民生公司向加拿大政府造船借款百分之八十五长期借款，准由政府担保。其余百分之十五现款所需外汇，应由该公司自行筹供。

（二）购得之船舶，应全部抵押于政府，作为第一抵押品。

（三）造船借款合同，由民生公司与加拿大政府径行洽订。

（四）还款办法，依照民生公司与加拿大政府所定合同，从第三年起，按月提存本年应还之本息，缴存政府指定之国家银行。

（五）各该项船舶营业收入，不足偿还该年应还之本息时，应在其他航业收入项下按月提足。

（六）民生公司如不能还款，而由政府偿还时，作为第一抵押品之船只，应照抵押品惯例，改由政府处置，俾清债务。

（七）民生公司在借款未还清以前，对于该项船舶，不能设定任何权利或转移。

（八）该项船舶经营之帐目，应由政府指定存款之国家银行派稽查随时查核之。

（九）该项船舶修理费用，由民生公司负担。

（十）该项船舶在平时应保平安险，战时应保兵险及意外险。

（十一）政府如有运输上之需要，该项船舶应优先供应政府使用。

（十二）本办法经行政院核准后实行。

至于赴加订船，及赴美与凯塞尔商订合创[作]造船厂，与在美、加之一般业务活动，俱须请由董事会分别签发授权书，俾便进行。公司同行之人，为童经理少生、李总工程师允成、张经理澍霖、张工程师文治等，行期在明年二月中。

《民生实业股份有限公司董事会第二十届第四次
常务董事会议纪录》，重庆市档案馆藏

周 会 讲 话

（1946 年 1 月 30 日）

　　【本年度首次周会于上月三十日上八时正在朝天门举行，卢总经理亲临训话，指示两点】第一是明是非。凡是觉得不合理的事情，马上从良心上加以反省，负起责任，痛痛快快的改正。第二重方法，有条不紊，闲暇时希望多读书，多研究，日新月异，力求进步。【语多剀切，同人深为感动】。

《卢总经理剀切训话》，《民生公司简讯》

1946 年 2 月 4 日第 834 号

致民生实业公司董事会辞职函

（1946年2月26日）

作孚自民国三十二年回到公司以来，奉职无状，日益增加公司之困难。因为收入不敷支出，连年亏折，同人受尽生活之穷苦，股东甚至无股息可分，若于孤儿寡母文化事业，战前赖年终分息以为支撑者，今皆断绝生计或经费之来源，轮船则逐年减少，债累则逐年增加。初以为抗战胜利之后，营业可以自由，收入可以调整，股本可以扩充，政府顾念战时之努力，可以给予若干助力，职工生活可以由此稍舒，战时损失可以多少弥补，股东可以多少分红，今皆大谬不然，不但困苦如故，且愈加严重。最近因上海物价激涨，他公司调整船员待遇，本公司在万分无法中，亦正依据调整，但仍不为现在上海之船员所谅，屡经洽商，尚无结果。同时修理及燃料费用，亦复骤增，而各种收入，无相应之调整，实绝无法应付此收支相差太巨之困难。此外所感环境之牵掣，日甚一日，险象环呈，将使事业陷于绝境。此皆由于作孚应付无能，实应引咎辞去总经理职务，务请大会另拣贤能接替。最近作孚累夜失眠，精神亦难支持，自二十七日起，无法再照常办公，并请大会先指定人员料理日常事务。实为公司前途之幸。

此上

董事会。

附录：民生实业公司董事会致卢作孚慰留函（1946 年 2 月 26 日）

台端二月十六日函，为应付困难，引咎辞职，请另拣贤能接替，并因精神难支，自二十七日起，无法再照常办公，请先指定人员料理日常事务等因。本会特于是日午后，召开本届第五次常务董事会议，出席各常董金以本公司在抗战期间，对于国家社会，报效实多，关系极大，纵所损失一时无法弥补，而其功绩决不容如此埋没。目前困难虽益加重，但若共谋解决，究不至陷于绝境。至于上海部分船员之不体谅，多方劝解，比有感悟之时。环境之牵掣，虽日甚一日，然大局逐渐开朗，事业处境，亦将随之改变。台端艰苦卓绝，久为众股东之所信赖，各职工之所尊崇，凡属上开各事项，尤赖大力推动，方易收成果，使事业渡过难关，臻于发皇光大。当经一致决议，"慰留并请照常任职。一面再由本会分别签请政府及民意机关，予以救助，以减轻公司困难"等语，纪录在卷，相应函复，即希鉴察，照常办公，并盼善自珍卫为幸。此致

卢总经理。

重庆市档案馆藏档案

何为物价问题？ 何为解决方法？①

(1946年3月28日)

　　物价问题,是从抗战期间闹起,一直到现在,没有彻底解决的问题。物价每波动一次,自中央以至地方,必忙于寻求办法解决一次。然不久又波动一次,不在甲地,即在乙地;不系粮食,即系布匹。这,到底是由于物价问题太困难不易解决呢? 或许至今还没有觅着物价问题在哪里?

　　物价问题是从价上寻不出来的。它有两端:一端是货物,另一端是货币,价是两者的关系。把握住货物与货币,乃能把握住其间的关系。即是一方面解决了货币问题,使货币不膨胀;另一方面解决了货物问题,使货物够需要;乃能解决得了物价问题,使物价不上涨。如果货物增加,货币不增加,则物价自然降低;如果货币增加,货物不增加,则物价自然升高。如果货币增加甚为迅速,而货物没有增加,或竟减少,则物价升高更为迅速。如果作了迅速升高物价的事实,而来研究解决物价的办法,那真是南辕北辙,扬汤止沸,只能加重物价问题,哪能解决物价问题!

　　物价问题,如果没有解决的办法,便是一个循环的问题,是一个辗转相乘,辗转加重的问题。物价提高了,即是法币贬值了。第一,政府的收支预算愈不敷,会愈增加法币的发行,即会愈使法币充斥,物价高涨。第二,凡有法币或以

---

① 该文于1946年3月28日在上海《世界晨报》发表,上海《文粹》杂志以《论物价问题》为题转载。

法币为存款的人们，都得立刻换得货物，来作他的财产和他的购买力的保证。他纵无力可以换得可以售卖的货物，也必换得可以消费的货物。于是乎市场上的法币周转率提高了，货物流通量减少了，物价更是提高了。第三，凡有确定的月薪或工资收入的人们，因为物价逐日提高，购买力逐日降低，降低到不能生存的时候，不能不呼吁，不能不要求调整月薪或工资。酿起工潮的原因甚多，但是生活压迫，应是酿起工潮最大的原因。要求调整月薪与工资，系为物价高涨而起。等待月薪与工资普遍调整之后，一方面货物的生产成本与运输成本提高了；另一方面以月薪或工资为生活者的购买力恢复了，物价愈会高涨了。

现在，这样辗转相乘，辗转加重的物价问题，已到最严重的时候。因为社会上各种工潮的循环发生，已循环到金融机构，交通机构等①，不但一切生产成本与运输成本，将由此愈增高，政府开支亦将由此愈加大，发行将愈加多，物价将愈高涨，问题将愈困难到不能想象！

物价问题，不能从价上去解决，亦不能用黄金去解决。黄金诚可以吸收一部分游资，但用这种方法吸收游资，是不相干的事。被吸收了的游资，仍然是游资。我们须知道社会而有游资，是人们有资而无所用的表证。人们有资而无所用，是国家最不幸的事。国家不能引导人民的资金使用在正途上，不能吸收人民的资金在生产建设上，然后社会有游资，然后游资成问题。游资到货物上，货物成问题；游资到黄金上，金价成问题；游资到美钞上，美钞价成问题。如果游资竟能够到生产建设上，由生产建设而纳一部分在政府税收上，则货物可以增高产量，法币可以降低发行，物价问题可以有效解决。为什么不为人民辟出这一条大路，使他们有资金即有所运用，而竟让有用的资金成游资，游资到哪里，哪里就成问题呢？

物价上涨，本来是波动的状态：涨到相当程度则停，停到相当时候又涨。如果在涨的时候，随便抓住一个或几个不得要领的方法，亦并没有彻底实施，

---

① "等"字原文为省略号。

恰好波动过去了,就以为物价问题解决了,那就正是物价问题之经久存在的原因啊?

物价问题的一端是货物问题。要解决物价问题,首先必须解决货物来源的问题,尤其是人们生活必需品来源的问题。

第一是粮食问题。

中国人的食物主要是米麦,平时米麦已经是不敷需要,沿海都市一部分靠外洋米麦接济的。产麦的内地在北方,去年生产的情形不能完全明了,至少,在交通与秩序没有完全恢复以前,不能保证其接济都市需要的麦量。产米的内地在长江流域,最重要的湖南即闹饥荒,生产中心区每石米价到三万以上,我们便不要惊异汉口也会涨到三万以上,上海亦要同样上涨了。如果米麦水准,竟让它到三万以上,则一切人工物价水准都得重新检讨,都得随意上涨;政府开支亦得重新检讨,法币发行亦得随以增加,恶性循环又大规模活动起来了。治本的办法,在增加粮食的生产;治标的办法,应加速救济总署麦面的运济;并以政府的力量,从国外加购米麦或麦面来补给。在民国二十年和民国二十六年,重庆两次闹过米荒,都是靠从上海、芜湖购米来平定的,而且每次仅仅购米几万石,就足够了当时的需要。自然原是缺乏米麦,需要外洋接济的沿海都市,其恐慌不是点滴来源可以平定的,必须大量的经常的购运。尤其是内地的供给来源没有恢复的时期。如果不是这样有把握的供给粮源,粮价是不易平复的。

第二是燃料问题。

燃料不仅是有关于电力问题,轮船问题,火车问题。煤价高涨,不仅是影响及于生产成本,运输成本,尤其影响及于每一个人,每一家人的生活问题。我们仅仅能够准备电厂、轮船和火车需要的较为廉价的煤,而不管其余,则每一个人每一家人需要的煤,必须购自最高价的黑市。上海此刻黑市煤,价可以高到每吨五十余万元。如以六口之家,每月需煤三分之一吨计,即需煤价近二十万。仅仅用煤一项开支,就近二十万,靠月薪或工资来生活的人们,如何能够维持生活呢?目前上海沿海各埠以及长江下游各埠,煤的主要供给仅靠秦皇岛一处,自会大感不够。山东的煤,河南的煤,大半还在八路军占领区域内。一切军事冲突既经停止了,军事小组会议亦已圆满结束了,应得最紧急商讨的问题,即是恢复煤的生产与运输,使能在更短的海运的途程上,供给大量燃料,接济一般人民迫切的需要。

第三是衣服问题。

即是棉布问题。织布主要还是手工业,是遍地皆有的,不需用大力去解决。只要有纱,就容易有布。纺纱却已形成了大工业。在中国工业中,纺纱算是最大的产业。民营纱厂似乎还没有完全开工,如果为了缺乏原料——棉花,政府应为辟出花的来源,如果为了缺乏燃料——煤,政府亦应为辟出煤的来源。应从各种方法鼓励他们全部开工,以增加纱的产量。政府所接收的纱厂,与其自办,拼命从民营纱厂拉人来,致民营纱厂亦管困难,不如标价陆续卖与民间,并订一种鼓励方法:凡民营纱厂已开工若干锭子者,有购买若干锭子的优先权,此为加速纱厂开工最有效的方法,不要以为民间无力购买纱厂。他们有力到美国去订纱机,他们有钱买美钞、黄金,何尝没有钱买纱厂? 听说政府经营的纱厂。规定有售让股份的办法,如果认为他们能够购买股份,他们何尝不能够购买纱厂? 他们有钱交与人经营,更应乐意自己经营,尤其是自己正在经营纱厂的人们。或许有人觉得在物价尚未稳定的时候,纱厂是获利的事业,不应让与私人经营。殊不知只要纱厂速速开工,纱就可以充分接济市场,纱价即可稳定,即不易有奇特的盈利。政府的巧妙方法,应在促使纱厂全部开工,不管谁营。应为纱厂解决各种困难问题——棉花问题和煤的问题,不应集中兴趣于自己设厂,只管自己,不管人民。

第四是房屋问题。

此刻收复的大都市,都发生了房屋问题,房屋不是租金问题,而是顶费问题,顶费之高,以金条计。一个人家需要的房屋,需要顶费到几条黄金—几十两黄金,即是到数百万元及至千万以上的法币。这哪里是无财产而靠月薪或工资收入的人们所能住居的? 应于内地军队冲突停止以后,赶快恢复内地的秩序,使若干逃难住在都市的人们,可以回到乡里。另一方面,须赶快增加房

屋,解决人民居住问题,此已成了现代政府重要的设施。英国政府早已在战争
末了的时候,忙着替人民建筑房屋。甚至在美国订造了大批房屋,搬运回伦
敦,这真是有先见之明。我们亡羊补牢还来得及,应赶快向国外及内地准备材
料,替南京、上海、汉口等处,建造大批简单的房屋,以减轻人民住宅的压力。
此不必政府直接投资,而可鼓励金融事业投资为之。

第五是交通运输问题。

铁路应在各地军队冲突停止之后,斟酌缓急先后,修复通车,据闻政府正
加紧进行。公路应由政府担任修复工程,而鼓励民间投资,发展汽车运输。四
川公路局新近实施于成渝公路上的车运办法,发展民营,而由[公]路局妥为
管理,其成效是相当显著的。这样原则,是可以推广及于一般生产和运输的。
水运是更复杂的问题,更不宜集中全力发展国营。美国战后是准备以政府的
轮船卖与民间。中国政府有机会取得大量的轮船,应尽速取得。但是至少应
以原来条件,转让一部分与民营航业,尤其应受赔偿的民营航业。并应大规模
替民间训练技术和管理人员,使能安全运用所得的轮船。

如果政府主管各部,救济总署,国家银行,商业银行,以及工商业界配合起
来,将以上五种问题,大体解决了,至少主要的货物问题,就算大体解决了。如
果更继续不断地从国际运来,从内地运出各种必须的货物,鼓励各种工厂尽量
开工,则物价问题的一端,货物问题更会圆满解决了,但[终]究仅仅解决了一
端。还有一端,货币问题,如果没有解决,物价问题仍然没有解决。

所要求于解决货币问题的,是限制法币的发行额。法币之急剧增加发行,
是为了政府收入不敷支出,需要增加发行来填补;如欲限定其发行额,必须增
加政府收入,减少政府支出,办到政府收支完全平衡。如有不敷,亦用旁的方
法来填补。如何增加政府收入,减少政府支出? 谨将个人意见提供如后:

第一,赋税问题。免纳田赋一年,是政府收入上一个最大的打击。沦陷区
各省已经实施,后方各省亦已颁布明令,无法再作根本的变更。但为补救政府
一部分的收入,仍可变更其执行的方法。一年田赋的总额,照明令全免,但宜
分摊于三年或五年,每年减少三分之一或五分之一。不必全用征实的方法,尤

其没有征收机构的地方,可以粮额为标准,改照粮价,征收法币。其特别糜烂或灾苦的县区,乃可一次完全免纳。分摊年限长短,亦可斟酌各省情形确定,要使人民能力勉可负担。同时亦使人民了解政府需要的收入,横竖是人民负担,不分摊在赋税上,亦分摊在法币的贬值上。田赋为政府最大的收入,如竟全免,则在另外没有收入来填补的时候,即不免从增加法币的发行来填补。田赋之外,应鼓励进出口贸易活跃起来,增加关税;鼓励盐运活跃起来,增加盐税;鼓励工厂开工增加统税;鼓励内地商业恢复,增加营业税。须知一个国家的经济活动,全靠老百姓。老百姓有经济活动的机会,乃有纳税的机会。故最聪明的方法在指导帮助老百姓,解决其环境上的种种困难,使在经济活动上活动起来,纳税能力和纳税机会增加起来。万不可集中兴趣于自己经营几桩经济事业,而一切不管老百姓的,致老百姓无生产机会,纳税机会,只有游资,用以投机。政府无正当收入,只有拼命发行法币。造成提高物价的事实,如何能解决物价问题呢?

第二,以目前物价之高,利用政府掌握的外汇这一部分,从国外洽购适量的物资,使如上面解决货物来源中所列举,人民生活所必须的粮食、燃料、棉花和建筑材料等,运济国内的需要,并以换回大量的法币。既解决了货物问题,又解决了货币问题,对于稳定物价帮助必巨。此刻欧亚各国救济者甚多,主要生产的南北美国家亦感物资不敷分配,尚未完全撤销统制,洽购人民生活必要的物资还是困难的事,但不是不可解决的事。只要能够洽购物资若干,即可运济市场需要若干,即可增加政府收入若干,惟其是各国政府尚未撤销统制,政府洽办远较民间为易。自然,凡可由人民购办的,仍应尽量鼓励人民购办,期能增加各种来源。

第三,售卖政府所接收的敌伪产业,尤其是工厂,应让民间承买经营。我们知道政府已经注意到售卖一部分敌伪产业,以其所得价款,弥补一部分政府收入了。但似乎没有多大成效,其原因尚待考察。但有甚为明白的事实,纱厂,乃至于较大的染厂,织厂,交中纺公司;与丝有关的厂,交中丝公司;与重工业有关的厂,交资委会。各方面都不需要的厂,乃卖于人民。人民是否需要,和那些需要特殊技术的工业,愿意购买的人们,有无购买的能力,又是问题了。接收的产业最大的,最能卖得大量价款的,无疑的便是纺厂。如果全部卖出,政府或可收入价款一千万万以上;如果全部由政府经营,反需支出周转资金一千万万以上。这样减少收入,增加支出,正是有害于国家财政的。或许以为经营纱厂,可以所获盈利,弥补政府收入,但必须利用物价上涨,乃有较大的盈利。试以民国二十六年的物价水准为例,假定二百万纺纱锭子,全年产纱一百万件,售价约二万万余元。那时物价稳定,每件纱或仅盈利数元,全年不过获利数百万元。如由政府经营,希望获得加倍盈利,即必须物价倍增,就算因此获利二万万余元,而那年政府支出为九万万,如果物价倍增,政府即加支出九万万,这种入不抵出的政策,绝对是失败的政策!政府应要求物价稳定,不应要求棉纱涨价,取得利润;应卖与民间愿买的厂,并鼓励能够开工的厂,优先买厂,不应只卖政府选择剩余的厂。

第四,整编军队,既经确定方案,当必立刻付诸实行,以减少军费的支出和军粮的购入。士兵应尽量遣还乡里,并回到本业。军官之原无专业者可以遣还的,应给予建设需要之技术训练。此种训练应由建设机关主办,并应聘请外国专家担任。期有丰富设备和实习机会,使确实获得技术,并改良其生活习惯。

以上只是几个荦荦大端,凡在此刻可以增加政府收入,减少政府支出的事项,都得调查、计划、而且实施,乃能使政府收支逐渐平衡,不再仰赖法币的增加发行,乃能解决物价问题当中的货币问题。

货币整理,亦是必须解决的问题。华中、华北的伪币,政府业已确定逐渐收回,并限期停止使用的办法。但仅靠银行逐期收回,人民有拖延习惯的,常常延到最后,不肯持往掉取法币,而急于贬值抛出,掉取货物,因而影响及于物价。应稍宽停止使用之限,而联络税收机关、邮电机关,以及其他易于接收伪钞之事业,尽量接收伪钞,汇交银行,使能自然缩短收回期间。

物价稳定之后,当更着手整理法币。兹所提出的意见,只在如何增加货物的来源,限定法币的发行,以求稳定物价。上面的各种办法,必须全般实施,一切应得注意办到的事项,都注意办到,乃有确效。假如没有确效稳定物价,任其辗转相乘,愈益高涨,结果不仅在生活重压之下,激起了工潮,在成本重压之下,压碎了若干重要而有组织的事业;在预算重压之下,政府更担负不了。社会遍地不安,危机一触即发。欲不说话,实不能不说话。我不是专家,亦没有时间搜求一切材料,必不免见解错误,只要其中有多少可供参考的地方,总得提出,以供应局的参考。

《嘉陵江日报》1946 年 3 月 28 日

赴加拿大前临时赠言

（1946 年 4 月 9 日）

【卢总经理于四月十日晨由渝飞印转英赴美往加订购船只，同行有童经理少生、张经理澍霖、李总工程师允成、张副总工程师文治等。总经理起程之前一日（四月九日）正午十二时，曾召集总公司副襄理以上人员，在第一模范市场总办公处开会，并用餐，情况至为热烈。卢总经理临时赠言略分三点】

1. 严守办公时间。公司一部分同仁工作相当辛苦，常常超越办公时间几个钟头以上。但是有一部分同仁，却恰恰相反。希望此后严守办公时间，并将工作紧张起来。

2. 检讨各部门工作。各处室要检讨各课的工作，各课要检讨各股各组的工作，各股各组要检讨各个人的工作。使每一部门，每一个人的工作，都紧张起来，严肃起来！不必要的人员，立即抽调加以训练。训练的范围，有文书、会计、统计、物料管理。第一批抽调的人训练完毕，再换调第二批、第三批，一直全部人员训练完毕为止。这些技术的训练，每一个都是必要的，希望大家都有很浓厚的兴趣。

3. 相互联络。此次出国，正在公司空前未有的危险时刻，切望各处室遇事联络，相互帮助解决。尤其郑主任秘书璧成，与何经理乃仁，对内要联络，对外要多接头。财务上的困难，望李经理邦典多跑，不仅在重庆是不断地要研究清楚，船要跑得好，人要安排好，而且不要出事。业务上的困难，要望邓经理华益多帮助解决。此外,一部分重心在上海,杨经理成质一个人在那里,相当辛苦,李经理邦典,何经理乃仁如果有机会公出上海的话,亦望从旁加以帮助。

《总经理赴加拿大解决造船问题》,《民生公司简讯》

1946 年 4 月 15 日第 844 号

解决财务艰困的两项办法

（1946 年 4 月）

【兹因公司支出激增，收入有限，财务日趋艰困。卢总经理出国前，曾召集总公司高级职员指示办法两项】（一）凡公司职工非因最特殊事件一律停止借支，（二）停止私人委托各地公司垫款购买物品，其有生活必需品确因在某地价廉时，可集资以现金委托消费合作社代办，上列两项规定从五月十六日起实行。

《解决财务艰困卢总经理指示两项办法》，《民生公司简讯》
1946 年 5 月 13 日第 848 号

致国民政府教育部电

（1946 年 8 月 2 日）

南京教育部钧鉴：查自国府还都以来，原随政府迁渝各学校，均已先后迁返原址。以致陪都及四川原有大学顿感不敷，而莘莘学子多感升学无所遂，致本期重庆及四川两大学招生投考者均逾万人以上，以有限之学校何能容纳此众多之学子。远道而来此者多因升学失所而流落，且有因时久旅费耗尽而典质衣物，其状至为可怜，其志实堪嘉许。如不设法予以救济，对于社会秩序实不无相当影响。况彼等青年，意识尚未坚定，甚易受人诱惑而误入歧途。且四川人口众多，每期升学人数逐渐增加，似此现象值此建国时期，于国家实属重大损失，似有立予救济之必要。作孚因鉴及此，乃邀集社会贤达于右任、邵力子、钱新之、李登辉、于井塘、吴南轩、刘航琛、康心如、何北衡、康心之、杨成质、刘国钧、何乃仁、章友三等发起组织相辉学院。内设文史、英文、经济、会计、银行及农艺五系，以期救济一部分升学无条件之青年，并已筹足基金两亿元，从事筹备一切。兹以时间迫促，除正式立案手续另文呈请鉴核外，拟恳准予借用国立复旦大学北碚黄桷树旧址先行招生，并恳借调东北大学代理校长许逢熙先生为校长。是否有当，理合电呈，敬企迅予示遵。私立相辉学院筹备主任卢作孚叩冬①。

复旦大学档案馆编：《抗战时期复旦大学校史史料选编》，复旦大学出版社 2008 年版，第 188—189 页

---

① 查电报韵目代日表中"冬"指代 2 日，但复旦大学档案馆编《抗战时期复旦大学校史史料选编》中将该信注为"中华民国三十五年八月十日"显然有误，应为 8 月 2 日。

民生实业股份有限公司与加拿大帝国银行、透浪多银行、自治领银行签订合同

（1946 年 10 月 30 日）

本合约于一九四六年十月三十日由下列双方签订:民生实业股份有限公司,为依照中华民国法律组织,而在继续营业之公司,其总公司设在中国重庆（嗣后简称"公司"）,为本合约之甲方。

加拿大帝国银行、透浪多银行及自治领银行为加拿大特许银行中之三家,其总行各设于透浪多城、翁大利俄城（嗣后简称"银行"）,为本合约之乙方。

公司系在中国经营,自有轮船、矿场、电气、工业及其他事业,并经营之。公司为业务关系即将购买加拿大制造之货物,并需要加拿大人服务,准备制服各该货物之成本及服务之费用,要求银行借款,其最高总额,以加拿大法定货币一千二百七十五万元为限。

银行承允依照本合约随后所列之条款如数贷放,惟须俟奉到中华民国及加拿大政府之保证后方得为之。各该保证系依照《输出信用保险法案》（加拿大法案 1744—45 第 39 章及修正案）之规定,分别于此约附件（A）及（B）中,予以具体列明,以为公司确实履行合约义务,与确实偿还所述借款之依据。

一九四六年十月三十日

兹经双方同意签定合约如下:

第一条　银行将为公司开立信用透支账户,其累计总额以不超过加拿大

法定货币一千二百七十五万元为限,由公司络续使用,直到一九五一年六月一日并包括该日为止。各款支用方法说明如下:

(a)由公司提出书面要求,同时或先行备具加拿大财政部长或其正式委派之代表或代理人(嗣后统括简称为"部长")之核准书,经由加拿大帝国银行(嗣后简称"帝国银行")代表上述三家银行,随时依照本合约第一条(c)之规定,发出"不可撤之信用状",给予公司书面要求及财部核准书中所指定之输出商,其有效期限,不得超过一九五一年六月一日,而其支额不得使累计总额超过上述限额。各该信用状中所列举之付款,必须由指定之输出商,开具汇票并同时备具下列证明文件:(1)财政部长特派之人员或机关(嗣后简称"政府核准代理人")所签字之证明书,载明该笔款项,系依前述法案之规定,用以支付向加拿大输出商购买该国制造之货物所需之成本,或支付加拿大人服务之费用;(2)其他证明文件或单据,经公司要求,发给信用状之书面中提及或财政部核准书中提及者。

除第一条(a)说述者外,兹经了解与同意,设若在帝国银行发给信用状以前,财政部长于其核准书内,或其他致帝国银行之书面要求中,列明公司必须将有关之合约中所有公司之一切权利、名义及利益以移转或抵押形式,交与帝国银行,以为发给信用状之条件与附加保证时,公司必须照办,并以各该合约之正式或复本一份,交给帝国银行。

(b)帝国银行应依照各该信用状支付输出商所开汇票之款项,开立透支账户,当透支已达或超过六十万元时,公司经帝国银行之要求,应开出期票三纸,每张二十万元,抬头分别开明交由各该三银行各执一张。该项期票,由一九五一年六月三十日开始,分十年平均摊还,分别于开出期票之日起,按年利三厘(百分之三)计息,由民生实业股份有限公司每年分四期于三月、六月、九月及十二月之最后一日照付,惟公司亦得按第三条之规定,先期支付按期摊换之本金。

嗣后每当透支账户除已交之期票抵补者外,其余款已达或超过六十万元时,公司经帝国银行之要求,即经开交同样期票三纸,总额六十万元,并计利息,一如前述,分别交与各该银行,以迄一九五一年六月一日,或在较早期间,已将一千二百七十五万元借款提前支用净尽,则公司经帝国银行之要求,须开出同样形式之最后期票三纸,分别给予各该银行,每纸开明透支余额之三分之一,并计利息。设若所述透支账户在已交期票后之六个月中,其余款超过三十万元而尚未达到或超过六十万元,则帝国银行得于该六个月终了之日,要求公司开交同样形式之期票三纸,其合计数额为五万元之倍数,而尽可能近于所已透支之数额并计利息,分别交与各该银行。

在开具(b)所述之期票以前,所已透支之款项,其使用之一段期间,亦须依照前述利率,按季付息,于公司在银行开设之活期账户中出账。

(c)当信用状尚未发至一千二百七十五万元时,公司随时得以书面并附具即期期票,连同财政部长之核准书,要求帝国银行开立特别信用账户,每户以一万元或万元之倍数为额,一如核准书内所列明者。公司即可对该账户签发支票或支付单,又银行照付,惟该项支票或支付单必须先行附具由政府核准代理人签字之证明书,其条件或效用一如(a)内所述者。

当此即期期票之累计总额,已达或超过三十万元时,公司经由帝国银行之要求,应开具三张期票(译者按:此系指远期期票而言),每张十万元,分别开明各该银行抬头,交由各该银行收执。同时换回同额之即期期票。该项交由银行收执之期票,应依第一条(b)相同之条件,按同样方法,分期摊还,并计同额利息。嗣后得随时如此办理之。惟设于一九五一年六月一日或该日以前,或在较早期间,该项信用借款一千二百七十五万元已支用净尽,则公司经由帝国银行之要求,应按同样条件,开具最后期票三纸,交与帝国银行。每纸票额,为未经换回之即期期票总额之三分之一。

在开具(c)所述之期票以前,此项特别账户所已支用之款项,其使用之一段期间,并须依照前述利息以年利三厘(百分之三)按票付息,于公司在银行开设之活期账户中支出。

第二条 公司应于本合约依照第十条之规定生效后三十日以内,向此三家银行开设活期存款账户,以自己之款项存入,其数额每家不得少于五十五万元。各该银行对于公司向该账户签发之支票或支付单,同时或先行具备有财政部长之核准书者,照数付款,惟其累计总额不得超过存入之数额。公司得随时要求各该银行将该项活期存款转移为定期存款,由银行发给定期存款收据交由公司收执。该项定期存款收据不得抵押与转让,以年利半厘(百分之一或二分之一),按每期三十日或三十日之倍数,计算利息。该项利息须俟公司将该项定期存款收据交入银行时方予结算,而即转存于活期存款账户中。同时该项定期存款之本金,亦即复行转为活期存款,嗣后仍得随时依照本合约第二条之规定,转为定期存款。

第三条 依照第一条(b)(c)二节之规定,分期摊还之借款,公司有权先行于到期前一年之六月三十日或十二月二十一日,由公司任择一日清偿之。除上述情形外,各该银行亦得于利期之日以前,随时接受分期摊还之款项,惟接受与否听银行之便。

第四条 按照第一条(a)之规定,依据每一信用状而开发之每一汇票,经由帝国银行支付后,帝国银行应得手续费为其付款百分之八分之一(1/8×1/100)。此项应由公司于汇票支付后,立即照付。亦可由公司在该银行开设之活期存款中出账。

第五条 公司同意对于银行借支之款项系用以支付向输出商购买加拿大制造货物之成本,与加拿大人服务之费用,悉依前述法案之规定,而不作其他用途。银行对于依据信用状而发之汇票,以及公司所用之支票与支付单支付款项时,完全以第一条(a)与(c)规定之证明书为凭,即认为所付款项,系作为向输出商购买加拿大制造之货物,或加拿大人服务之费用,符合前述法案之规定,且此项证明书,应为确定之证件。

第六条 公司应依约确定履行其一切义务,偿还银行依据所发之信用状支付或待开各汇票之款项及其垫付之款项,以及公司依约所开期票之利息。

第七条 银行对于下列人员二人共同签名代表公司为任何要求、指示,或抵押合约或货物,申请发给信用状,出具期票、支票或支付单时,得即凭以照办。其姓名如下:童少生、张澍霖、杨成质、李邦典、王世钧。或任何一人,或多人,由卢作孚先生代表公司签名,以书面指派者。或任何一人或多人之签名,经财政部长批准,而认为系通过正式委派代表公司者。

第八条　公司对于各该银行之一切要求或通知,应按下列地址投寄:

魁北克省蒙特利亚市加拿大帝国银行经理

魁北克省蒙特利亚市自治领银行经理

魁北克省蒙特利亚市透浪多银行经理

或该银行之其他职员或办事处经各该银行以书面通知公司者。

各该银行对公司之一切要求或通知,应投寄魁北克省蒙特利亚市果捷丁西路 420 号或其他地址公司以书面通知银行者,上述对于公司之要求或通知,以平常邮件贴足邮票按上列地址寄出以后,即应认为业已妥当递达。

第九条　本合约认为系成立于加拿大之翁大利俄省,将来发生任何有关合约之问题,或因合约而引起之任何事故时,应依照该省法律解释并由公司提请该省法庭处断之。

第十条　本合约须俟帝国银行奉到中华民国政府保证书及加拿大政府之保证书(其形式分别如附件[A]及[B])后方生效力。关于加拿大政府之保证书必须由国务院令正式授权而其方式系经银行认为满意者。该项院定之签证抄本应送交一份与帝国银行,银行一经受到该抄本,即须正式通知财政部长与公司声明业已收到。

第十一条　本合约有副本数本同时执行,每本皆为原本,各副本合并之成为合约一件。

兹为证明起见,合约各本皆经各该银行正式委派之高级职员亲自加盖印章,公司方面则由总经理卢作孚先生依据授权书亲自签字盖章。该授权书之摄影抄本及公司董事会决议此事之决议案英译本,兹随附本合约之后,作为附件(C),签字之年月日,即为本合约开端所列之年月日。

签字者　卢作孚(签字)

其私人律师(签字)

加拿大帝国银行总经理 R.S Waldis(签字)

透浪多银行副总经理 J.N.Corson（签字）

自治领银行 R.Rol（签字 No.19208）

见证人 Tien Pao Sheng 民生实业股份有限公司方面

R.M.（签字）帝国银行方面

H.J.L.（签字）透浪多银行方面

D.H.H.（签字）自治领银行方面

一九四六年十月三十日

广东省档案馆藏档案

中国战后经济建设问题

（1946 年 12 月 23 日）

此系根据一个理想来讨论中国战后建设问题，未讲之前，先引两段话：

革命自然历史中，曾举出两大矛盾事实，一为经济的，一为政治的。在一方面，吾人政治已进步到民主时代，而经济却在专制时代。例如：美国人民不满大总统，得于四年后改选，但如不满于煤油大王，将无法改选他。又如美国不满于任何法定租税，可提出于国会修改，而煤油大王课的煤油税则无法予以取消；其次，在另一方面说，经济前进，而政治未前进。因经济已成世界交换的局面，而政治集体仍以国家为限。此两种矛盾现象，何时方能达到和谐，实为吾人所难预测。

同时一位学者曾有评论说：如分别了美英及苏联代表资本主义与共产主义来研究，即苏联国家对全国经济建设有整个的计划，但每一经济事业却不一定有良好计划，而在英美的经济制度下，每一事业计划极精密，（如尽力使产品优良，成本降低等）却是整个国家无计划，这又是一个矛盾现象。

对这两个矛盾现象，我希望用一种方法来求得解决——不论何种主义。我总希望根据事实来找到一个合理的和谐。

今再举一个极不精准的统计，就是愈后兴起的国家，进步也愈快。例如英国工业革命最早，二百年已有世界工厂之称。美国立国仅百余年，工业发达不过百年之内的事，而已有超过英国之势。日本维新不过七八十年历史，苏联革命仅二十余年，三个五年计划之后，国足以抵抗强大的德国。美国变为世界的兵工厂,不过费时两年。由此证明,进步愈后者进步愈速,终将使世界各国进步至于平衡。如此种推论无错误,则我国虽进步最迟,亦可与列强并驾齐驱,这却是对我们的一种安慰——如果我们要进步而且很努力的话。

因先进国家确有两点足供我们利用,一为知识之运用,因我们可以利用各先进国家迭经奋斗的成果,优良技术与管理,以帮助我们的进步;一为物质的利用,所有已发明的机器与物质装备,均足供吾人之利用,此可使吾人不再[重复]工业革命所必经之历程。

虽然,亦必有我们自己的努力,方得达成,兹提出数点:第一,战后当以经济建设为各项建设的中心。第二,经济建设应有整个的计划。第三,应就现在制度下从事计划。兹分论之。

一、经济建设为各项建设的中心

就我国来说,经济基础尚未培养起来,无法谈经济以外的建设。从我国预算看,民国二十六年为历年预算之最高者,约九万万元,全国人民平均担负每人约二元,而此九万万元中,包括政府一切开支及国防费用,由是知人民所担负之国防费用实太不足。就战时物价比例言,也未见若何增加。试与美国比较,美国今年一月估计国民全年总收入可达一七〇〇万万,其中战费约九〇〇万万,平均每年收入约一一三〇〇元以上,负担约七〇〇元之战费,是以美国能支持战争而得到胜利,较之我国,自有天渊之别,但若美国人民无如许收入,亦不能负担如许战费。故国民收入实极关重要,若人民无富利,则政府之一切建设,均无法实施。

今日言建设,人皆希望外国供给机器材料,假定这句话很对,但我们用什么与外货交换呢?如均为买进,而无贷卖出,终无法平衡外汇,故建设必增加生产,必从事经济建设。再说,以教育为例,劝小儿读书,被不吃饭则不可,而学校设备,亦非钱莫举。我曾就川南二十五县计,每人负担教育费一角,将何以言教育。故一切建设,均有赖金钱,故一切建设当以经济建设为中心。

二、计划经济

从事经济建设当用共产主义或资本主义呢?我想出一条新路,既可免除革命,又可达到目的,即"要在现在经济制度下,讲计划经济"。不论若何,一国经济发展必有计划。我国有中央设计局,但其任务仅限于中央的设施。真的计划应包括整个人民,使政府的工作与人民相配合。

学者曾提出,苏联工厂足使人惊异其能达到计划。尤其可贵者,十六个设计委员能在一室内决定全国一万五千万人在五年内之行动,且都能达到。中国人民的好自由,无法由政府确定其行动,而苏联人民无财产,中国则为私有财产制度,政府不能代表人民作计划。因为[无]计划,将遭受其他国家进化时所曾受到的困难:

甲、工业革命　产业之进步系由手工业进到半机械工业,再进化到机械工业,再进化到高度机械化工业。在此进化时期,一事业成功,常使另一事业失败。我们纵不同情这些失败者与失业者,能不珍惜这些社会人力与物力的损失吗?

乙、供需的波动　一切产品的供需均会自然适合,但总呈波动的形态。当生产过多时,生产者将受到损失,而生产不足时,又损失消费者,故当用计划经济以调和之。

由此,欲进步必有计划,有计划能使吾人节省一段必经之途程。例如建设工厂,必同时建设电厂,此两厂之建设若能相互配合,自能节省时间与财力。

如能集合官吏,商人,学者,或外国技术人员从事计划,使政府与人民合作起来,就现有制度下计划实属可能。

三、就现有制度下从事计划

就现有制度下,从事计划,应属可能,而使政府与人民分工合作,计划与配合由政府负责,而直接经营则待诸人民。

今就政府方面,提出数点:

(1)全国性的统计与调查,明了人民供需情形,指导并协助人民予以配合,使生产之增减有计划。

(2)技术之改进,管理方面由政府提出科学方法,并指导实施,如有专利权之发明,可令仿造者予以相当代价,使能普遍利用。

（3）集合技术人员，专门学者，及世界专家拟定计划，鼓励并协助人民实行，且此种计划可不断修改，总以确能达成，配合供需为原则。

人民方面应尽量贡献出本身之力量，除体力脑力，更贡献财产于建设方面。

外国人之富足，是由于增加生产，为积极的；中国之富足自节约而来，为消极的。中国人有两种美德，即勤与俭。中国人能每日工作十六小时，又能节衣缩食，此实有助于生产于投资。如按国家需要而投资，是促进国人生产之良法，此就心理学上讲，为积聚的本能。中国多有增加生产即是兴业者，故仍能适合中国之民情。

有人说如此足以形成资本家，而为进化国家所不免，我们将可设法补救：

（1）利用现行制度下之两种最良租税，即为所得税与遗产税之累进课征，自可防止资本过分累积，且可免去后代人之依赖与偷闲，他方面国家更可借此获得收入。美国一年九百万万战费即来自民间，民若不富，将何由取得，但目前此两税之未著成效者，在未大量施行。若大量施行必有两件要务，一为人口登记，一为财产登记，因为施行不严密，只有征收有组织的企业之税。

（2）计划经济可以减少投机机会，使暴发户不易产生。因投资利润最大者为投机事业，如使供需配合，自然无法投机，不致造成暴富。

（3）再者，资本之复利诚属可怕，其增加为等比级数的增加，此亦应视其用途。如仍用于投资而受国家的指导，则此等再投资亦为贡献与国家的，其资本不过为一种记录，但降低利息亦为必要。

有人说：资本家将形成穷奢极欲，但我亦以为有方法处理。

1. 昔年在北碚，生活最苦，教员家中穷至竟无咸菜，亦能安心工作。其原因在于当人在创造方面有兴趣时，在享受方面必无兴趣。故政府当以教导方法，使人民兴趣集中于整个计划之实行上，自能减低享用，而使其个人及家庭享用之兴趣，移至国家。

2. 设法改变国人生活比赛之观点，停止享用物质的比赛，而移及创造，人民均以享受为耻，限制资本家的享用标准，多数人之要求，（即社会要求力量）

是无人能及的,实则一切道德均赖此形成。试看美国目前情形,贫富衣食之相差并不大,其生活有一水准,中国未尝不可成一水准,或竟以法律作必要的限制,使人民以违背生活水准为耻。

例如今日重庆,若干企业家多关切国家,而从事生产。今日重庆之企业家已较过去上海企业家为进步,可能中国企业家已较外国为进步。如此从事生产,自能有益国家。

经济计划不仅求国内配合,更进而与世界配合,可能使政治联因而趋向世界,每一资本事业为其自身利益计,亦自能作精密的计划,当足谐合前叙两大矛盾。

此外尚能找出一种哲理的根据:

人的生活必建在物质上,因无物质即不能生存,但超过此一限度,即建立在社会关系上。社会生活的核心为集体的生活,(即社会的)此等集体如能扩大及于国家或社会,则人之生活自然超越其小集团(家庭亲戚邻里及朋友)。

集体生活之存在有三条件,一为集体内部的互相依赖,二为集体间之比赛或斗争,三为集体自私形成道德与法律。例如一宗之内相依赖两家之间相竞争,工厂与工厂见如是,更扩大而至国家亦然。

中国人的集体生活最显著为家庭,而外国则已移及社会,如疾病,失业,育孤养老,均逐渐由社会为之。如中国扩大至直接依赖社会国家,则小集体间之比赛与斗争,自然消减。

再者,世界系不断的进化,其进化时有其方法,即家庭的依赖降低,而对社会的依赖增高,育孤养老,疾病失业均可依赖社会,则对个人财产之依赖自降低。

最后,计划经济应利用金融政策降低利润,第一为降低利息,第二为商业利润应高于一般利润,第三为工业利润应高于高业利润,故降低一切利润,应降低利息。中国战前利息为七至八分,外国则已为三至四厘。如能再降低利息,逐渐发展公共资金,则私人资本利息当能递减,如此可以有计划的经济发展实现之。

《四川财政》1947 年第 5 期

游 美 观 感①

（1947 年 4 月 18 日）

　　余素主张工业专门化，因业专则精，易于达到消费者之廉价物美的愿望，西人之工业进步与发达皆由此得来，故工业应严格分工，而且应当本着两个先决条件即：一切希望应当放置于最好的地方，一切准备应当放置于最坏的地方。如此举办工业，是不难求其效果的。

　　余对西南经济，较为乐观，如四川出口货物，只要能运出四川就能获得利润。本人此次回国即欲把民生公司的船舶，调到重庆万县两个集散市场来，协助四川的出口货而间接的促进中国的对外贸易，但所感困难者是只有出口货而无进口货，从下游溯上的回空费开支甚大。如果能得到其他公司（如招商局等）的合作，每月即可望能得两万余吨至三万吨的输出，而回空时能载回西南的工业原料与机器，更进而能利用东南各地的物资帮助西南的出口，则不但可以增加后方人民的购买力，同时亦可以望能稳定后方的物价，则新西南的国民经济基础，可望由此奠定矣。

　　工业需要专门化，同时在这农业国度里，工业更需要为农村打算和设想。人民无购买力，成品无消费市场，工业的生存，当然即受到严重的打击。我国纱厂向美国订购纺纱锭两年尚未得其消息，向英订制，要在一九五〇年才能交货，但目前中国汽车机器配件厂，已能制造纱锭，不但成品精美，且出货时间只

---

　　①　该文为卢作孚 1947 年 4 月 18 日在重庆星五聚餐会上的演讲。

需八个月,可谓达到生产技术的最高效率,再如民生工厂之制造引擎,是很成功的。

目前川康黔诸省急需棉纱的自足自给,设能自造纱锭,自造机器,因成本低,则制成品当然能物美价廉。若能大量增产,农村副业可藉此昌盛,广大人民即能满足其消费愿望,当前的棉纱问题可得一解决途径了。

余再三呼吁工业到农村去,目前工业之失败,皆由于忽略农村问题所致。一般人都只注重到都市的繁荣,并忘去了物资最好市场的农村。如钢铁之外流数量甚大,而却不流入农村,这是错误的。因为你如果制造碾米机,打谷机,榨油机一类东西当然需用钢铁,且能进而制造改良活用之农具如锄、犁等钢铁之需用量将必甚大。

五金向为入口事业,而将来恐为出口事业了。因渝市铁价低廉,产品可以增加。余曾询渝鑫钢铁厂,何以不将产品改良为农人之锄、犁之最锋锐便利之农具,以减少人力、畜力之负担与时间。数年前余曾历自流井、荣县,见最善利用公路之板车马车等,若我们能将此等车子研究改良,使阻力减少速度加大,则加强运输矣。大竹等县,粮价特别低廉,即因运输不便,产物不能外销之故,如是即不足以调剂物资,平抑物价。

余觉后方之工业界应与政府密切合作,积极改良生产以应农村需要,并促进农业的大量生产。目前应速办者为:(1)发展水利灌溉工程。十年以来四川省府已造成灌溉约有二千亩以上,大多为引渠灌溉,若能普遍扩张,造成专门灌溉人才,西南的粮食可大量出口了。(2)遍设小规模的肥料厂。农村除猪牛人粪之外,鲜少有肥料工厂之制造肥料,川糖产量不及台糖,即因缺乏肥料之故。(3)应广设粮食仓库。因无设备较好之仓库,每年粮食损失不知若干。

本人由美归来,乘飞机越过纽约城,见道路纵横,环绕该城,配合高楼大厦,而感其建筑之伟大。但今年返江南时,亦见河川密布,林木青翠,江南风景尤较美国为优。因此感美国之 TVA 灌溉工程繁荣之美国西部,而中国之 RVA 应当积极兴建,以救济中国农村繁荣国民经济啊!

最后希望在政府领导下,各业通力合作开发农村,奠定吾国国民经济基础,此为余游美一年来之感想。

《西南实业通讯》1947 年 6 月 30 日第 15 卷第 4、5、6 期合刊

新北碚的建设

（1947 年 11 月 2 日）

一、新北碚的轮廓画

我们对于北碚市区的建设,应有一整个的理想,如今后的住宅区、文化区、工业区等①,如何发展,如何布置等,均应有具体的设计,并一一在地图上标明出来,使每一个北碚的人都知道而且都努力来完成这理想。

住宅区　北碚住宅区,有三个发展的区域:一是沿中山路两侧延伸直到儿童福利实验区后面一带,一是原有的新村,一是由大明厂到檀香山桥。将来到北泉的公路,或要新辟。这三个区域内的地权问题,用两个方式来解决:一是依法征购,一是评定现价——以后地价有变动,可按照米价指数来调整,每月公布地价一次。住宅区内应限定时间,建筑指定样式的房舍,公家专聘有建筑师,作若干种备选择之房屋图样,建筑预算以至于一切材料、人工等皆可为之介绍、帮助,使建筑者得到无比的便利,此种公共服务,也就是其真正民主的训练。此外,还有几件应注意的事。第一是到道路建筑:干道要简单,小道不妨多。第二是下水道和公厕,也是住宅区极为重要的建筑。以上两项的建设费用,应该由住户负担。第三是住宅建筑要由建筑师设计,其周围庭院的布置则请园艺家设计。现在北碚已有的住宅,亦应重新调整地积、点缀风景。

---

① "等"字原文为省略号。

文化区　每个文化事业,都应有一优美之环境,北碚未来的小学,第一个是摆在现在的北碚图书馆和朝阳镇公所一带,占有北碚第一风景线,再理想也没有了。第二个是儿童福利实验区附近。第三个就大明小学扩充。中等学校,如碚师、女师附中、立信等向李庄方面发展,与兼善中学联系起来。北碚图书馆新建于火焰山顶,动物园从现址内迁。目前的科学博物馆,则改作研究部,新建博物馆于自来水厂与地质调查所一带(水厂另图新发展)。至北碚管理局,应改作北碚惟一旅馆所在地。可在市中心觅一地作局址。

工业区　现在市区之工厂,尽可能移出。以离市区或向沿江两岸交通便利之处发展为原则。

二、今后应努力三桩事

吸引人居住北碚　因为,北碚有设备完善的医院和学校,有内容丰富的博物馆和图书馆,有环境优美的公园,有良好的社会秩序,这些都是最适于住居的条件,和训练儿童的好场所。前几天何乃仁兄建议:以后民生公司的股东会,都到北碚去举行。这可有几千人到北碚来消费,其他如有关的事业,天府公司等举行会议亦都会在北碚举行了,以后任何方面集会,都可以吸引到北碚来举行。不但如此,今后凡有国际访华的团体,未入国门,北碚就得去函欢迎,一以繁荣地方,一以取得世界的帮助。

发展动力建设　发展动力,以供应若干工厂,有了工业的生产,地方经济乃有基础。

提倡果树园艺　北碚是一个发展果树的最好区域,目前即以广柑为主,陈叔静经营果树最有成绩,如广柑虽然要花到每个三千元的成本(果品每枚三百,包装运销每枚二千七百元)运销上海,亦有厚利。民生公司现有冷藏设备,最为方便,最近即将运冻肉三吨销沪,希望北碚注意繁殖广柑优良品种,采取分散生产,集中运销方式。将来全区皆是美丽的果树,不仅充实了人民的经济,而且也增加了区内的风景。

为此北碚各事业,应该联合起来,对以上的工作循序努力。每月有一次检讨,有条不紊地再努力廿年,保证局面全变。假如作得好,不仅在中国有地位,就在世界上也有地位。在美国,在加拿大,我看过许多乡村和城市,其经济,其发展,亦不具有若何秩序。如果北碚能繁荣,万事皆有办法。今天北碚这群人,有许多是廿年以上的工作经历,这是何等难得的事。大家如能——切再忍耐的努力,北碚必然有新的希望的。

三、应改进的几项工作

民众会堂尽量利用 民众会堂应是我们教育市民和学生的良好场所,必须天天利用。凡入场的人即须训练其严守秩序(鱼贯而入,依次就座,鱼贯而出,依次离位)、清洁、静肃。此即是最好的教育。因为中国人每以最好的物质环境,而应用得不好,未能发生享受的效果。

科学院要引人入胜 一般的博物馆、图书馆,等于古庙,让人来求神烧香,我们博物馆不应有如此作风,应引人入胜。要为周围的学校服务,编排课程,准备教材(高、中、低级者),不仅帮助区内,甚至吸引渝合的学校来碚讲学。这样才是活的博物馆。如此次在渝运来的陈列品,就应作各种宣传或用展览方式,使人来参观。

各事业要分工合作 北碚的事业,是一个整体,有的性质相近的工作,应该归作一个机构管理。如北碚的公园、动物园以及市街的园艺布置,统交由科学院经营,希望未来的北碚,遍地是公园。

北碚是可爱的地方 北碚可爱的地方太多,以出产言,西瓜、香蕉,在偶尔外宾宴会的招待上,亦增加过川人的骄傲。其他如棕垫、水竹席,如果改进制成品,将来是可以出口的。须知:老百姓自然经济的发展,是不可忽视的。再以文化言,上次我参观儿童福利实验区和北碚图书馆阅览室,使我十分感动,因为他们的活动,对地方的帮助是伟大的。

我对北碚事业之关切,超过我对民生公司经营的兴趣。

《嘉陵江日报》1947 年 11 月 3 日

教育效果问题

（1947 年 11 月 4 日）

第一,课程相互间要发生关系,第二,课程与时代要发生关系,第三,课程与行动要发生联系。此外每一课程须使学生对它有概念,并发展其概念,启发其联想作用,最好一切工作都要和教育配合起来,应该做的事和应该建设的事也即是应该教育的,要造成良好的教育环境。教室内的活动应使学生自主、自觉、自动。如此教育才会收到最大的效果。

《嘉陵江日报》1947 年 11 月 4 日

如何彻底改革教育①

（1948 年 4 月 18 日）

昨夜晚,听着卢局长(即卢子英——编者注)谈到今天有三个师范学校的毕业生,要出发联合实习,并以北碚全部 76 所小学校为实习区域,这是惊人的盛举,自己特别感到兴趣,有几点意见,可供大家参考。

一、二十三年前的欢送会

第一要介绍一个同样性质的会,那是在民国十四年,自己办理成都通俗教育馆的时候举行的,有五个师范学校学生毕业,由通俗教育馆(即今之民众教育馆),举行了一个同样意义的欢送会,特别欢送他们毕了业后到学校去教书,因为那时很多穷学生,读师范是为省钱,而且一样可以升学的,所以有许多学生,学教育就不一定去办教育。那次会,凡成都所有的教育专家,都被邀参加了,有八个讲演,七个娱乐节目,每个讲演之后,都配上一个娱乐节目,所讲的都是具体问题:

1. 教育原理;2. 教学方法;3. 训导方法;4. 学校图书馆;5. 学校博物馆;6. 体育与卫生;7. 音乐;8. 一般管理。每一个问题,都是由每一个问题的专家讲演,娱乐也与所讲的内容性质有相当的配合。如讲音乐,便演奏乐歌;讲体育,便表演有关运动的游戏;最后由华西大学教授苏道朴氏放映了一部教育影片。当时大家情绪非常热烈,是极其富有意义的。

---

① 该文是卢作孚于 1948 年 4 月 18 日在民众会堂的讲演。

二、最有效的学习

我们感觉得每桩事情都要发展他的意义,教育的意义,是在教人学习,教人从实际生活上去实习。我们知道学骑马,要在马上学。学游泳,要在水上学。学用机器,要在机器前面学。我们今天学教育,就要从学校中去学。担任小学教育的,更一定要从小学中去学,课堂的讲授,仅是学习的准备,今天以后的实习,才是开始真正的学习。假定"作"是去获得经验,上讲堂便是整理经验的时候,最好先作实习工作,有了经验,然后再回到课堂上去整理经验。例如学英文,先学过几句话,才能讲文法,其印象才最清楚,最强固。我有一个感觉,大家也许要五年,十年甚至二十年之后才会觉得:在幼时作事之前读书,远不如作事之后再来读书,更特别感觉兴趣,更特别感觉亲切。作事越多,兴趣越浓,了解也越深刻。大家在实习之前,有了准备,实习之后,再有一段课堂时间去整理,这才是最有帮助,最有效力的学习。

三、创造教育的环境

自己现在是办实业的,但实际上是一个办教育的,几乎前半生的时间,都花在办教育上,而现在所办的实业,也等于是在办教育,是想把事业当中全部工作人员,培养起来,提高他们的技术和管理能力。这是非常困难的工作,因为有的人们早被学校教死了,有的人们竟被社会教坏了。一个人如从最初便好好地教起,最容易教好,但是想把学校已教死了的再教活,很困难。有的已在社会上作过事,受过一些坏的熏染,想把社会已教坏了的再教好,尤困难。脚已缠小了的,不容易再放大,不比今天大家都是天然脚,不放就大了。所以我们希望教育从小学起,把如一张白纸的儿童,一直教好下去,不要教成死人,甚或教成坏人。

教育应造成环境,无论是学校环境或社会环境。记得有一个教育哲学家杜威曾说:"教育就是环境",暗示教育本身,就得天天研究布置环境。我之喜欢北碚,胜于自己所主办的事业,也正因为它是一个优良的教育环境。许多人员在这里经营它,布置它,与其说是帮助北碚的老百姓,毋宁说是帮助各学校的学生。北碚现在不但在布置社会的环境以帮助学校,现在亦正布置学校的环境,改建校舍,充实设备。大家到学校去时,若干学校环境,也许还未改变,即有改变的,也还得研究再改变。我们建设国家,就要从立脚处起,立脚在什么地方,就从什么地方建设起,在农村,从农村建设起,在工厂,就从工厂建设起,在小学,就要从小学校建设起,就要从小学生的生活秩序及其一切环境建设起。

四、如何发展小学教育

前次游台湾,很惊异台湾的小学教育很普及,每一个小学校都有相当大的校舍、运动场,都有相当的图书、标本及仪器,可以说都很合标准。每校学生,少则四五百人,多到二千余人,有远到八九里路来读书的。北碚的小学教育,得着几个师范学校毕业生的帮助,已算比较进步了,但问小学生人数,还不到全人口的百分之十,北碚有十二万的人口,小学生仅一万一千五百八十六人。台湾若干地方小学生人数,则要占其全人口的百分之十二到百分之十五,占全部学龄儿童的百分之八十到百分之八十五。我们还要努力办到小学教育普及,使入学的儿童,达到应入学的100%。

我们应让所有的小孩都入学,但仍像过去那样读书,则完全不可以!我们国家之所以弄到今天全无办法,情势非常可怕,就是因为这种读书人太多了!在农村,本来可在田里做庄稼的小孩,读了书就不能做庄稼了,往哪里去?到都市,到政府机关去。此外便无事可做了。在都市,商店里的小孩,本可做生意的,读了书也不能守商店了,往哪里去?往更大的都市,还是往政府机关去。在工厂,工人的小孩,读了书,还是不得当工了,往哪里去?如无更多的银行、公司,还是到政府机关去。目前我国每年中学毕业的学生以十万计,大学毕业的也以万计,读书人年年加多,政府机关的人也年年加多。如果一国人口,全读了书,岂不全是公务人员,会没有一个老百姓了?

五、如何改进教学方法

现在一般教师,是如何教学生呢?可以说是"教师温习,学生旁听",譬如教代数二次方程式,老师是学熟了的,而且也是教熟了的,因为教过二班、三班、四班、五班等①,背着书本也可很快一溜顺地写下去;说下去,不管学生懂不懂,一页页只是往前拉,学生实在无法赶得上。自然科学比较规矩点,社会科学更可随教师乱说,学生莫名其妙地就过去了。无怪乎学生程度非常之低,一临考试,便感异常为难了。民生公司这次招收理货生,收初中毕业的,报名有好几百人,出题都是初中课程以内的,而考试结果,只有几个人合格。学生程度真的无法提高吗? 其实一个学期所有的功课,只须一个寒假或暑假便可学完了,而且还不要教,只要学生自己学,通通都可学完。自己的第三、第四、第五,几个小孩子,曾经作过这样的实验,每假期预先把那一个学期的课程学完了的,无论是英文、数学、或理化,都没有不可克服的困难。也许最初稍感困难,但一经得着学习道路以后,便可迎刃而解了。

我们最初办瑞山小学时,决定要教学生自己学,费了一些时间和教师们共同拟订了一个教育计划,以凭进行。后因事到重庆去,耽搁了两礼拜回来,看着先生和学生都好像放了两周假一样,完全没有动。我惊问何故,答说是因为未排课表。我说:"走时订了一个计划,那不就是课表了?"一个新的计划,教师就无法着手,因为他们从前就根本未这样实际的学习过,所以任何新的实际的工作,都不易做。不但是教育,我曾教过中学的算术,用学生自学的方法,最初教的很慢,整整一学期,才把基本四法教完,而那班学生即可拿他所学的问题,去考那些高班次的同学,而不能解答。至于他们以后学分数,学比例,学百分等②,太容易了。因为那都是由四法演变下去的,所以学生完全可以自己很快地学起走了。

我曾教省二女师第六班的国文,完全是让学生自己选文读,自己讲,我来听,我来问,教师、学生的教与学的关系简直把他颠倒过来了。学生真比先生讲得好,因为先生是马马虎虎,学生是用过一番功夫。至于学生作文,从不由先生出题,甚至把文章作好了,才来请我最后加上题目的。大家须知道富有天

---

① "等"字原文为省略号。
② "等"字原文为省略号。

才的好文章,就是一个人自己想说的话,恰如分际地写出来。必须自己有想说的话,自己有深刻的体会或感动,然后才能写得出很深刻,很生动的文章。当时二女师另外有一班的国文卷子送我改,因为那一班的国文教师出了一道国文题叫做:"欧化文体,何以不适宜于中国文学?"这样困难而非学生所要求的题目,没有一个学生做得来,有一个学生却有几句很自然的话,我觉得真是文章,并让学生和教师们都传观。那几句话是:"我自忖我的能力,实在不能够解答这个问题,但先生出着这一个题目了,没奈何也只好勉强敷衍,做这篇文章。"

每一个人都有天才,只需要教育去发展他。但是过去的教育,往往反把天才淹没了,受教育愈深,即淹没的愈深,只有小学生是活泼的。从瑞山小学一次的参观会中,发现十岁、八岁的小学生,有惊人的天才表现。那时是现任北碚图书馆馆长张从吾先生当校长,旅行到温泉,还打算到重庆参观。由小朋友开会讨论:到重庆住什么地方? 一个民生公司协理的儿子发言了:"当然住民生公司!"另一位小朋友反问他一句:"你那'当然'从哪来的? 我们这次旅行的目的是参观,我们是学生,首先便应参观学校,最好住在学校里。"主张住民生公司的立刻解释说:"我们如住民生公司,总经理就在这里,马上便可决定。如住学校,便不是我们自己可以决定的。"另一位学生说:"民生公司的总经理,也可以替我们介绍学校。"另一位建议:"我们先生中间,许多是省二女师出来的学生,不如我们自己直接写信,交民生公司的轮船带了去。"一位提醒道:"省二女师不应允呢?"另一位答:"还可以写信给巴女中,不妨多去函洽两个学校。"于是有一个学生问:"万一两个学校都谢绝,怎么办?"又一位小朋友问:"万一两个学校都欢迎,又怎么办呢?"这一场很厉害的辩论,也许在我们成人的会议中,还不容易找到!

所以最好的教师,是帮助学生自己学习,帮助学生自己解决实际问题,个个学生都有他的天才,要看教师如何去帮助发展他。

六、如何选用生活教材

二十七年前,我任永宁道尹公署教育科长时,办理了一个教育巡回指导人

1042

员训练所。一天,大家都在讨论教材问题,我也在台下尽量翻读共和国教科书初级小学国文课本第四册。他们讨论很久,无切实的结果,我就提出:这本国文教科书,其中只有四课在泸县用得着,而且还得选择相当的时机。例如,有一课《校园中桃花盛开了》。试问"哪几个学校校园有桃花?讲桃花那一课的时候,是否桃花盛开?"没有校园桃花,而这样教学生,不是对学生扯谎?于是乎使学生获得一个印象"所谓读书,就是听扯谎"。那本书的编者是江南人,依了江南的气候,正是江南桃花盛开的时候,但在泸县是桃花早已凋谢的时候。还有一课是"东门外正修建一座大桥,有五百人在桥上工作。"我说"泸县东门外,有条大河,如果要跨那条大河,修建一座大桥,那是机械化以后的事了,并没有修大桥,哪有五百人做工,岂非活见鬼?"教材务要真实,不可扯谎,要学生生活环境里面实有的事物,乃是真正的教材。

前次同一位美国朋友到自耕农示范区参观一个传习处,翻开他们所读的课本,哪里是他们应该读的呢?我问这课本是由哪里编的?说是歇马场编来的。歇马场离北碚很近,所编课本应该很适用,怎会如此不切合实际需要?原来他们编书,是坐在屋子里编的,没有从学生身上去打算,不过做起来也不很容易,二十七年前,我曾因此而变更了一个师范学校的校长和许多教师,后来才感到是我错了。改编教材,要有环境,要有生活,要有工作,不是凭空可做的事。今天有教育部的规定,非把他所规定的学完了,不能升学,要想自己编教科书,更困难了。但是,并没有限制作加授新的补充课程,而且加授的课程,更有助于原有课程的学习,一定要从最切近的与生活有关的教材学起,才更容易使学生了解,使更容易学完教育部所规定要学的东西,虽然这样教学起来,最初很困难,很慢,但越到后来越快。等于一件物体从空中落下,是加速度的进展的。教育部所规定的六学年的课程,用不着六年就可全部把它学完,必须充实很多实际生活上的教材,以助其取得实际经验。在北碚要教的生活上的教材,比旁的地方更要多些,凡是我们教现在成年人做的,也是要教小孩学的,无论是清洁卫生,生产技术和一切公共活动,都要尽量地让小学生们参加,让他们自己去活动,自己去学习活动,这些都是很好的教材。我们要记着:凡人们自己要做的，就是最好的要学的。这样用活的教材教学生，也非容易的事，尤其是初着手的时候。

有一次带着瑞山校一批学生去参观一家火柴厂，许多学生看到火柴头上药的部门，一口锅烧滚了药液，一个人拿着很整齐的一排火柴，在锅上轻点着，偶一不慎，落了一根下去便燃起来了。一个小朋友很感兴趣，也拿了一根丢下去，第二个、第三个，都各拿一根丢下去。过后又走到一个烘灶前面，看着一个工人抱了一把火柴丢进灶去，轰的一声就燃起来了，那些小孩又觉得这很好玩，于是又争相各抱一把火柴丢进去，看它轰的一声燃起来。一位老师不安地说："你看小孩子这样顽皮，见啥搞啥，怎好管！"我说："好办，只要厂主乐意，我们把学生排成行列，一个个去丢，让他们每个都有丢的经验和机会。"当我们去游桃花园，一进园门，学生一哄便散了，争着去爬树，去摘花，有两个小孩，甚至跌了下来。老师又皱着眉说："你看，这怎么可让学生出来呀！"我说："不要紧，可教他们有组织地去爬。"于是把他们集合起来，会爬的站一排，不会的站一排，点好了人数，每个人爬一根，替每个学生摘花一枝，每枝桃花摘好长，都商定。并由学生向园主交涉，我们是不是可以这样的一个人摘一枝花？园主同意，于是大家有秩序地去爬树子，摘桃花，转递给每一个学生。我们从小孩子有兴趣的实际生活中，去求知识，去找教材，去建设秩序，这便是很好的课程。教学生是麻烦的，乃是教师自己还无经验的关系。

因为自己对教育太感兴趣，所以拉杂地提供了这几点意见，让各位参考，并从实习中去体验。

最后，对于这次几校联合实习，相互切磋研究的精神，以为是教育上必须有的精神，值得全国仿效的，古人读书是讲究相互切磋的，凡任何人有一篇好的文章，或一首好诗，或一副好楹联，必人人吟诵，相互欣赏。现代的学人，亦靠共同研讨。只有今天中国的学校，不但各学校各自办学校，相互了无关系，各教师各自教书，各学生各自读书，亦相互了无关系。今天大家这种相互联合实习共同研讨的精神，就会彻底改变了教育。

《嘉陵江日报》1948 年 4 月 22 日

苦斗中成长的民生实业公司

（1948 年 7 月底）

草 创 时 期

民国十四年，在重庆嘉陵江上游五十二浬的合川，民生公司正式成立。它选择了航业作为事业开始的目标。这期间，外商轮船的魔手，已经有计划地伸入扬子江上游，同时争相竞航，终致大家亏蚀累累，情势非常混乱。

翌年夏季，民生公司第一艘轮船下水，取名"民生"，开始在合川重庆间航行，适当江水突然低落，不得已乃改向重庆涪陵一段试航，勉力维持，渡过严冬，于是决定加造更浅水的轮船。

民生公司初创时，股东投资，大半为了朋友关系，因此不能不设法贷款。当时民生尚未在市场上建立借贷信用，经费的困难可想而知。这时民生公司的创办人，为了事业，总经理卢作孚，报酬极低，月薪三十元，协理不过十五元。待遇最高的不是公司负责人员，而是船员。但是民生公司同人，一经集合，就不易分散。这个传统，一直保持到今天。

从纷乱到整体

民国十八年，四川当局感到航业的危机，坚聘卢氏任川江航务管理处处长。半年后卢氏辞去，致全力于民生公司业务，将公司由合川移到重庆，增加资本,一年之间,合并了七个公司,接收了十一只,又购买十八艘轮船,航线拓展到重庆宜昌。纷乱的扬子江上游的航运局面,就合并成有组织有建设抱负的一个民生公司。

民国二十一年航线延展到上海。三四年内,长江航运,除了英商太古怡和,日商日清,法商聚福,华商招商三北外,就只见民生的旗帜,飘扬在扬子江上。

进步中的困难

当时民生公司所遭遇的困难,第一,接收的轮船大多年久失修,必须彻底修理或改造,于是创设民生机器厂。第二是重庆下游,货运竞争剧烈,太古怡和竞争先减低运费。当时的运价竟减低到棉纱一件由上海运重庆只收二元,海带一担只收二角五分,亏损情形可以想见。幸而四川内战结束,客运逐渐加多,民生公司适应需要,添造新轮,在扬子江上游控制了百分之七十的运输力,结束了航业上的惨酷竞争。第三重困难是最不易克服的。扬子江上游河床甚狭,水流甚急,四季水位变化甚大,礁石险滩,都是航运大敌。民生公司在海损最频繁的时候,曾经在二日中沉没三轮。民国二十六年春天,江水奇落到〇下二呎,水上断绝了交通。民生公司自然也面对这可怕的严重问题。于是,他们集全公司岸上水上的人力研究分段航行法,避开险滩,由陆上转运,划分总线为三段,完成了扬子江上游历史上有名的三段航行。第四个困难是资本问题。资本年年扩充,债务也年年增多,到接收捷江公司时,负债已达七十多万元,接收捷江又需七十余万,而资本总额才只一百万元。于是由金融界的帮助在上海募集公司债一百万元,财务困难方得渡过。最后的困难就是人才问题。扬子江上游险滩无数,航行困难,国人有上游航运经验,取得船长资格的极少,轮机人员大半是技工出身,轮船不断增加,优良的技术人员却不能同样增加。于是公司方面,特编订教材,训练了大批新的船员,成效大著。

在艰苦中改造

民生公司克服了种种困难,建立了新的制度。值得一提的,就是首先彻底取消买办制度。民生做得很简单,接收一只船,取消一个买办,确立一个轮船的新的管理办法。其次还表现在服务方面,船上岸上,无不照料周到。船上添设广播、油印新闻、代客运送行李、代客通知亲友,减少其他剥削,使旅客在旅途中得到无限便利和安慰。

民国二十四年秋季,客货运增加,民生公司开始建造新轮,前后共计二十一只。至民国二十六年中日开战时止,已完成十四只,编入航行,还有七只在船坞中,沦陷之后,不知结局了。

这时沿江码头、仓库、囤船、驳船的设备,也次第添设。现在矗立在十六浦外滩的民生公司的水泥钢骨的仓库,是该公司与上海市政府合作建立的成就。

抗战开始,任务加重

抗战开始,民生公司业务什九被割断。但公司当局确认:"民生公司应该首先动员起来多加抗战。"四川需要赶运四个师,两个独立旅到前方,公司集中了所有轮船,两星期由重庆赶运到宜昌。上海苏州无锡常州的工厂撤退,民生公司的轮船即以镇江为接运的起点,协助撤退。接着又从南京起,撤退政府的人员和公物,学校的学生,仪器和图书。从芜湖起,撤退金陵兵工厂。从汉口起,撤退所有兵工厂及钢铁厂。第一期运一万二千吨,两个月完成了,第二期运八万吨,除这八万吨以外,还有政府的全部,学校的大部,航空委员会航空器材的全部,民间工厂的大部,都需要内迁,其总量又远在八万吨以上。汉口沦陷后,还有三万以上待运的人员,九万吨以上待运的器材,在宜昌拥塞着。全中国的兵工业、航空工业、重工业、轻工业的生命,完全交付在这里了,遍街皆是人员,遍地皆是器材,人心非常惶恐,争着抢运,情形紊乱。各轮船公司从大门起,直到每一个办公室止,都塞满交涉的人们。所有各公司办理运输的职员,都在全力办理交涉,没有时间去办运输了。管理运输的机关,责骂轮船公司。争运器材的人员,复相互责骂。这时民生公司卢总经理亲自飞到宜昌将所有轮船运量公开,计算公平,吁请各机关分配吨位,各自选择重要器材,配合成套,先行起运。竟在四十天内,人员早已运完,器材运出三分之二。原来南北两岸各码头遍地堆满的器材,两个月后,不知道到那(哪)里去了。两岸萧条,仅有若干零碎废铁抛在地面了。二十四只扬子江上游的中国轮船当中,只有两只不是民生公司的轮船,外国轮船也有数只,但因中立关系,只运商品,不运一切有关抗战的东西。

困苦卓绝的宜昌大撤退

扬子江上游险滩太多,只能白昼航行,于是尽量利用夜晚装卸。因为宜昌重庆间上水至少需要四日,下水二日,于是尽量缩短航程。最不容易装卸的,才运到重庆,其次缩短一半运到万县,再次缩短运到奉节巫山,甚至于巴东,一部分力量较大的轮船,除本身装载外,还得拖带一只驳船。尽量利用所有的力量和所有的时间,没有停顿一天,或枉费一小时。每晨宜昌总得开出六七只轮船,下午总得有几只轮船回来。当着轮船刚要抵达码头时,船口盖子早已揭开,窗门早已拉开,起重机的长臂,早已举起,两岸器材,早已装在驳船上,拖头靠近驳船,轮船刚抛了锚,驳船已拖到轮船边,开始紧张地装货了。两岸照耀着下货的灯光,船上照耀着装货的灯光,彻夜映在江上。岸上每数人或数十人一队,抬着沉重的机器,不断地歌唱,拖头往来的汽笛,不断地鸣叫,轮船上起重的牙齿,不断地呼号,配合成了一支极其悲壮的交响曲,写出了中国人动员起来反抗敌人的力量。

战时运输的准备

宜昌撤退,不但是民生公司最艰巨的工作,也是整个抗战运输最艰巨的工作。实则民生公司最困难的,是如何准备运输。四十六只轮船中有三十二只都是以柴油为燃料。江阴封锁,柴油断源,第一大事为搜求柴油。从香港、广州、扬子、沿岸,尽量购买,总共得了四千多吨,但是汉口宜昌撤退一役,用去二千多吨。民生公司战前轮船一半在上海修理,五金材料完全取给于上海,一部分外国制造的机器,其配件取给于国外,战争开始,这些完全断源,而修理的重担,又须搁上自己的两肩。搜求五金材料和扩充民生机器厂,是第二大事了。从上海、香港、汉口等地尽量购买,得了五金材料两千余吨。但是汉口撤退的第二年所用柴油轮船,只够使用半年,半年之后,只好宣布停航。于是尽量在宜昌及宜昌附近接收扬子江中下游逃难而无所依归的轮船,准备将其锅炉机器及船壳,彻底加以配合及改善,使能勉强航行于扬子江上段。所有先后接收的轮船六十余只,但觉适用的无多,于是决计订造以煤为燃料的新船,先后共十五只,这中间不知感受材料和人工的若干困难。例如锅炉钢板,香港买一批,早到海防,无法进来;上海买一批,运到仰光,又无法进来;不得已又在昆明买一批。轮船订购已过两年,这最后购的钢板,才最先到了重庆,又隔一年轮船才次第完成。又如冷作系从上海招致了来,木工系从湖南招致了来,工人何尝不同材料一样困难。现在一半的航线,主要就靠这些新轮服务了。

痛苦中的挣扎

民生公司战时,所遭遇的困难,无不次第克服,第一,运费由政府限定,物价猛涨,通货膨胀,收支失去平衡。第二个困难是江水涨落的变化,无法应付。民生公司最多时有一一五只轮船,被毁一部分以后,尚有九十八只,但在水位低落时,仅有四十只轮船航行,其余即无法航行。民生公司在这样困难下挣扎,自然亏损倍于其他公司。第三,是敌机猛烈轰炸,除了岸上码头设备受损外,航行于万县以下的轮船损失更大,船员蒙难的也不少,意外的灾祸又不断发生。如装载炮弹汽油,因而爆炸,空船装兵而覆舟,这一切困难的渡过,正如同战士胜利回来所付的代价相同。但是已损坏的轮船,必须修复,已沉没的轮船,必须施救,因损失而减少了扬子江上游战前运输力一半,必须恢复,使军事紧急,或反攻的时候,尤其是复员时候,不致感受运输的困难。这一笔恢复的费用,竟达一万五千万元以上。这一个连年亏折的事业,罗掘俱穷,终于负担不了,还有一部分重要的修复工程,在那里迁延着手,不知何日才能完成!

民生公司在抗战期内,被敌机炸毁的有:民主、民俗、民元、民泰、民愚、民欢、民俭、民康等八只,因装危险品而炸沉烧毁者有民风、民彝、民来、民熙等五只。

胜利后的重任

抗战中民生公司贡献了无比的血汗和物质的代价。胜利后,严重的复员运输,义不容辞的又落在他们肩上。除了少数用飞机运送的高级官员外,所有政府工作人员及重要档卷,悉数由轮船下运。航行船只中,民生即占那时总吨位百分之九十,动员服务时间达十五个月。扬子江上游水流湍急,吨位不大,往返的辛劳费力是可以想见的。

胜利后,民生公司除将损毁船只设法修复外,并先后在上海建造民铎民泰民风等三只江轮及修复民众海轮一只,在美加购置海船五只而开拓沿海航线,在加拿大新造二百八十尺江轮三只,一百六十尺江轮六只,最近又在上海完工的新造江轮一只(即新近开航于重庆的"民俗"号)。目前为止,共有江轮七十四艘,拖头十六只,海船九艘,总吨位五万余吨。民生公司在加所造新轮,为内河航运最豪华的客货江轮,舱面全部铝质,船身重量大为减轻,客货装置容积增加。该船所有客房及船员房间,皆装有空气调节,隔热、隔音、防火、防水等设备。本年八月间,新轮即可由加来沪。

民生公司现行组织,总公司设在重庆,区公司设在上海及沿江各处,皆由重庆总公司指挥。沿海天津、青岛、基隆各处,归上海区公司指挥,广州、香港、福州设办事处。由于该公司沿海航业的拓展,使我国航业更向前跃进了一步,然而漫天战火,军运频繁,经济危机,日益严重,民生公司是否能运筹帷幄,全力达成再接再厉的苦斗目标,这就要期望民生同人的更大的努力了。

《航务通讯》1948 年 7 月底第 5 期

北碚儿童福利区茶会上的谈话①

（1948 年 9 月 26 日）

【社会部儿童福利实验区，特于昨日上午八时，假该区儿童会堂，举行欢迎卢作孚先生茶话会，卢先生届时在掌声中由该区章主任牧夫陪同莅临会场。章主任首立致词，续由小朋友鲜献花。卢先生即于接花后发表谈话】刚才章主任介绍之八点，未免过誉。不过，一向本着一种信念：从小事做起。因为小事往往被别人忽略，同时小事比较容易作好。作好了，也就容易感应别人，这种感应，就是你的成功。

《北碚日报》1948 年 9 月 27 日

---

① 这是 1948 年 9 月 26 日上午约 8—10 时卢作孚在北碚儿童福利区儿童会堂谈话的新闻报道内容。

北碚管理局座谈会上的谈话①

（1948 年 9 月 26 日）

【北碚创建人卢作孚氏于前日傍晚返碚，昨日午前十时与北碚管理局各部门及各事业机关主持人在兼善礼堂举行座谈。卢氏首询及教育，对民教尤殷殷数询，在揭示教育不离生活原则之下，即历举日本、汕头、加拿大各种实例，认为】北碚今后民教，应从手工业，如棕器、竹器、篾器等某发展。继对于建设中之合作农场，稻种改良，油桐推广，合作中之机、织合作，市政中之分区建设指示甚详。卢氏以为将来之住宅区可于医院马路完工之后，向龙凤桥方面发展，檀香山桥沿北温马路至气象所一带亦为极佳之住宅区。学校集中一区，有公共之体育场，公共之图书馆，公共之实验室，在设备上可少耗费用，多得实益。最后于翻阅目前传习处所用之农民千字课后，对今后之民众教材，亦有所建议，谓应由目前逐渐扩大，以目前正进行之各项建设，计划及工作作为教材，亲切踏实。先由北碚及其周围，再及本国，再及世界，举凡生活有关之农、工、矿、冶以及交通产业必须知识，均应列入，必要时可分编数册，依次施教。

《北碚日报》1948 年 9 月 27 日

---

① 这是在 1948 年 9 月 26 日上午约 11—14 时北碚各事业机关于兼善礼堂所举行欢迎茶会上，卢作孚谈话的新闻报道。

1053

教育就是建设^①

（1948 年 9 月 26 日）

卢先生入席甫定，即垂询到近来北碚教育的概况，当他听取各种数字的概况之后，从这些数字里表现出来的地方教育的长脚进步，显然地在精神上给了他很大的安慰。然而根据报告，区内农民数字及其生活情况的贫困，卢认为今后的民众教育方针，还须应该不能与民众生活脱节。他说：中国今天的教育，只能做到一个教育"士"，没有做到教育"士农工商"，与如何做"士农工商"。因此他认为，教育如果不教人谋生，就是肤浅。故他主张要为农村的贫苦儿童和成人筹划出一种崭新的教育，这教育要教导他们如何去谋生的技术，去找寻出这一条应该走的道路。卢先生认为：第一应该走的道路，就是提倡小工艺。他指出：我们行销国外的福建漆器，汕头刺绣，甚至四川江安的竹器和北碚的棕垫与歇马场的女用草帽和□包，都是值得在北碚提倡和改良的。卢先生叙述一个朋友在台湾制造一种简单的装面包的竹兜，在美国销售的情形。如果说，我们把以上这些东西的形式再加以改良，并且在出口贸易方面取得联系，则将来不但能替国家挣得一部分外汇，而且农民的经济亦可因而充裕。实质上教育也帮助了他们的生活，这对于提高民众的文化水准，影响是如何的大。北碚是个游览区，日本的树皮艺术，加拿大的小花盆，瑞士的泥巴人，台湾的虾

---

① 这是在 1948 年 9 月 26 日上午约 11—14 时北碚各事业机关于兼善礼堂所举行欢迎茶会上，卢作孚谈话的新闻报道。

类的标本,都能造成每个地方不同的色彩,可以供给游人用作纪念品的。故今后应该设法创造地方的特产,用以吸引游人,并且赚游人的钱。这些,都是我们应该走的道路的一些例子。

其次,卢先生认为教育不但一方面要教人读书,甚至还要一方面造成一种环境。卢氏举例在加拿大可以用一本地图走遍全国,而不必问路。在日本,每一个入境的地方均有该地全图,全国各地皆普遍设立路标。工业和交通发达,故民众因为生活上之需要,自然求知欲望高,人民的程度自然就容易提高起来了。

卢先生话头接着转到了北碚的农业建设。他指出农村人口的繁荣,土地分配不敷,是值得忧虑的事。故除了提倡手工艺之外,还要为他们开辟新的道路。故关于北碚现有的合作土机织布,推广改良品种及杂交猪的工作,皆应积极的加强效率,还要普遍种植油桐,有计划的创办新式榨油厂等,以为将来的过剩人口求出路。在油桐栽培方面,卢先生并盼望北碚能够协助合川办理推广油桐栽培工作及派技术人员前往指导,为该县训练该技术工作人员。同时还要促成北碚至合川间经过之璧山段,沿江并普遍的栽植油桐,以使其成功一片广大的"油山"。这些都是北碚的当务之急;其次,要注意的是,要善于利用抽水机,使区域内农田经年不缺水,及如何充分利用农业指导员发挥其全部的能力,不让其兴趣贬值,要提高他们的兴趣,要使他们的兴趣互相传染,要随时帮助他们,而且还要使教育与建设不要完全分开,要认识教育就是建设。

卢先生的话头越来越多,而且每一句花都是箴言,都是办法,似乎虽然已经是两点多钟了,在座的人还不感到疲倦。最后,在卢局长的催促之下,对北碚市政和地政方面作了广泛的检讨之后,这个可以说是决定北碚整个工作方向的座谈会,始告圆满的结束。

卢氏在检讨时曾说:"政治,是要多用服务的方法来解决问题的",这包含着为广大人民谋福利的两个字是多么令人警惕的!记者认为它不但将立刻为从事建设北碚地方事业的朋友所采纳,而且在今天,整个的国家社会的当道诸公,也应当因此而有所警惕的。

《北碚日报》1948 年 9 月 27 日

北碚座谈会上谈教育与建设^①

（1948 年 9 月 27 日）

　　此次卢先生回碚视察各项建设,在兼善礼堂的座谈会中,对目前的教育,指导极详。他的极切要的一句话是:"教育与建设,简直无法分开。"他意念中的建设,有着个人与社会的种种关系,而主要则在于教育与生活打成一片,建设即生活,生活即教育。他说:要替他们(学众)想好生活的出路,使他们有谋生的技能,才是真正的教育。因此,他举了许多实例。

　　譬如日本(卢先生此次返国,曾往日本视察),处处用字来告诉人,处处用得着识字的知识。你如果识字,到其他地方也方便,作什么事也方便。假如不识字,那便会处处碰壁,走投无路。识字是他们的生活,自然便人人识字了。加拿大,你要开汽车,不熟悉路线不要紧,反正有详细的图,保你不会有丝毫的错误。假如开到市区,图穷了。然而,不久的是各种各样的指标,指标上有详细的路线、详细的说明,一看便知。大西洋中,一只可以用帆,可以用机器的船,有风张帆,无风便用机器。船主一具罗盘,一具风向仪,便安全的直抵海岸。这一只异乎寻常的船,当他还未到达目的地之前,几乎人人都知道了。因为每本杂志,每张报纸,都有详细的记载。从它的构造,它的制作的程序,下水的时期,什么时候启椗,船上载多少人,都有详细的记载。有详细的照片,详细

---

　　① 这是在 1948 年 9 月 26 日上午约 11—14 时北碚各事业机关于兼善礼堂所举行欢迎茶会上,卢作孚谈话的新闻报道。

的图样,在地下铁道的车厢里,几乎人人都在忙着翻书,翻报纸,实际上都在看这样的消息。所以船未到,每个人已非常的明白了。这些是教育的实例,也是生活的风尚。

此次美国需要大批的装面包的小篾篓,小巧、便利,需要量很大,周炳文为此特约台湾,浙江等四五个省为他们编造。这样的手工业,轻便,简单,妇孺都可工作,作一种农村副业,非常适当,也极易普遍。将来北碚也可以推行,把它改良作花篮的形式,既方便,又美观。

日本有一种纪念的东西,那树木的横断面截下作圆形,或斜断面截下作椭圆形,在这些圆形或椭圆形薄片上画些山水花鸟之类,卖给游客,以作纪念。图画并不高明,但游客人人都必买一点,以记游踪。

汕头的手工业,抽花或者挑花,大批的卖给美国人,可收入一个极大的数目。

刚才看见兼善公寓的棕垫,不整齐,作得很不好。假如把它改善一下,民生公司就需要得很多。这一项手工业,是极可推广的。

江安出竹器,但是江安并不产竹。假如在竹器上面,刻以名人书画,它就有另外一层意义了。在北碚这也是可作的。

生活要顾虑到每一个人,尤其是每一个 [农] 人,这不是很好的教育吗?这种例太多了。我们很可斟酌时宜,逐步分区的作起来,以合理的方式,用教育的力量,把他们组织起来,训练起来,生活上无问题,教育上也便是大功告成。

卢先生对于教科书的意义,在原则上,与教育意见是一致的。他认为教科书也应该以生活为出发点。先说本身的事物,再由近及远。凡是生活上必须知道的常识,都是教科书上最好的材料。好像北碚的农民、机织合作、灌溉、稻种改良、南瑞苕、杂交猪、油桐、广柑等,是现代的教材,也是最实际的教材。再推而至于璧山、合川,再推而至于四川、全国,再推而至于世界。除了目前,看到未来,看到宇宙。除了现状,看到理想。凡是农业上,工业上,商业上,交通上,产业上等,是一般人民必须知道的知识,都告诉他们。若编成教材,与工人用的,不能一样。市场上用的教材,与乡村用的,也不能一样,甚至可分别编,农工商版,各编一册。本地,本省,国内,世界也可以分别编。这样,就要更切实一些。

卢先生还注意到农佃的生活,再次问及穷苦人民的生活状况。他把集中发展工业,与普遍发展农村经济,分作两种看法。他说:这次看日本的乡村,同中国的乡村,并没有两样。屋子建筑极简单,几根小树条,钉上一些薄木板,十之九是草房。屋里,吃饭的时候,推出一张小桌,有的连小桌也没有,干脆就围坐在地上。晚上把棉垫拿出来,就席地而睡。可以说,生活较之我国农民,还要简单一些。不过有一点不同,政府帮助他们:第一,是电力的普遍,几十匹马力、几百以至于几千匹马力的发电设备,随处都是,农民可充分用电。因之,小工业也应运而生;第二,五万多公里的铁路,把交通弄得极其方便;第三,灌溉便利。这是替他们解决了生活问题。因之,也就解决了教育问题了。

《北碚日报》1948 年 9 月 28 日

民生实业股份有限公司
民国三十七年第廿三届决算书弁言

（1949 年 4 月 7 日）

　　本公司在过去抗战期间,经过一切艰难困苦,幸而凭抗战以前之基础,抗战开始时之准备,同仁之坚苦支持,政府及社会人士之协力扶助,得勉强维系到胜利之日。职工待遇太低,无以慰职工;股东赢利毫无,无以慰股东。方冀胜利之后,秩序恢复,建设开始,商业逐渐繁荣,航运逐渐展开。不谓胜利之后,公司最艰巨之工作为负责复员,复员未完成而战争又起。抗战时期由通货膨胀而物价波动,由物价波动而工商业萧条。胜利以后工商业未及恢复,通货膨胀乃更加速,物价波动乃更加剧,工商业乃更萧索。战前公司之收入大部在上海,主要靠上货,上货主要靠棉纱棉布。战时重庆、成都、合川、广元等地纱厂林立,产纱略可自给,无需申汉上运供给。其他工厂亦多移到重庆、长寿、叙、泸等地,若干杂货亦少由申汉供给。盖以内地物价太低,因而购买力亦低,同样货物来自申汉者其价往往低于申汉。因此占长江航运主要收入之上货仅占轮船运量百分之四十三十甚至于更低,公司一切支付主要乃赖下货之收入,此乃使公司境地足够困难矣。

　　抗战胜利后他公司迫于船员罢工要求,大规模调整船员待遇,影响不能不到本公司,致使本公司支出随员工待遇调整以增加,收入则为政府额定运费所限制。在民国三十五年春间,仅员工待遇一项,已逾公司全部支出百分之五十,已等于当时全部实际收入。在复员初期尚可仰赖政府部分补贴,以资应付。但复员未及终了,补贴即行停止,收执遂绝对无法平衡。此为公司最大之危机,非任何临时补苴方法可以根本克服者也。

在战时增加之轮船,除在战时为国家服役被敌机炸沉未能救起及修复者六艘外,经抗战八年之继续使用,不能不大加整理,其无法整理者不能不逐渐拆毁。为应付战时短航之需要,曾接收长江撤退之轮船,先后达九十二只,订造最适于短航需要之新船,先后达十八只。但战后短航业务骤感萧条,一部分战时需要之轮船,或以木壳关系,或以单车独舵马力太小关系,亦不能不逐渐拆毁或出售,计先后拆毁者达四十四只,出售者三十七只。复员后第一枯水季节,川江下运量每月仅达两千余吨,即可证明残余运力太微,以其收入仅能维持全公司一半以上之支出,即可想见其为何等困难及危险之问题也。

事业赢利非可以侥幸获致,部署之程序首在树立稳健与安全之基础,次则发展到进退裕如之地步,使有较为永久可靠之赢利可图。公司欲增加收入,维持开支,最可靠之方法在增加轮船,增加运量,因此不能不取得环境之助力,谋必要轮船之订购。

公司因战时轮船炸沉,战后轮船拆毁,人员遂大感过剩。但为社会问题所限,不能大规模予以裁减。战前人员开支占支出百分之二十以下,战后决不容许其占总支出百分之五十以上,惟一减轻人员支出方法,在增加轮船,以安插过剩人员。

公司最大成就为加拿大政府热心担保向加商业银行借币一千二百七十五万元,另由公司付现二百二十五万元,在加造船。经我国政府考虑后,准为第一担保人,加政府为第二担保人。原计划造川江枯水船六只、洪水船三只、拖头三只、铁驳四十只。其后因造船成本超过预算,加产钢料不够出口,仅在加造轮船大小九只,拖头驳子不能不在国内定造,且减少驳子数量。所需材料一部分由加款购买,一部分由美购买,拖头之锅炉及部分副机,利用战时公司从英信用借款中购得者,引擎及另一部分副机由民生厂制造,以此凑成全部造船计划。但在加造船,决定于两年以前,深知完成需时,在未完成以前,公司营业能力太感不足,不能不谋更急剧之补救。

二十五年秋江南厂有旧机炉欲建川江轮船两只,照最低成本售出,并商得交通银行同意,可以垫款,特别征求本公司意见,如本公司不订购,他公司即接受。因此决定建造民铎、民泰,用于川江枯水。公司战前购有英兵舰,其机炉全存在,由中华厂协助,廉价建造川江洪水轮船一只,堪补战时被敌机炸沉之民俗。在上海低价购拖头一只,其本身兼可装货。在加拿大购拖头三只,其价皆低,其修改费及送船回国费用则皆取自加借款。在美国购战时剩余之浅水海轮五只,价皆极廉,皆所以救川江长江枯水季节运量大减之困难。川江长江一入枯季,运量大减,因而公司收入大减,不能不仰赖一部分不受枯季影响之海轮收入,及可以利用枯季之江轮收入,以资挹注。

长江货运亟须铁驳周转,各港亟须囤船备用,适有美国战时囤驳材料,为价极廉,复由公司轮船开回,可以自行带回,因此购驳船料十六只,囤船料十一只,自行装配完成,以供利用。在上海购有冷藏铁驳三只、货驳一只,南京则有囤船一只。

凡此资金之来源,一部分系处理与航业发展无关之财产,一部分系国内外友好事业之借款,另一部分系运用公司原有按年所提公积金及其他准备之款。

此外政府曾于民国三十五年为赶运米粮,拨与公司登陆艇五只,其后准以抵偿公司在抗战时期为服役炸沉而未救起之轮船。去年救济总署结束时,复准公司分期付款,售予登陆艇三只,此款至今尚未付清。

凡此增加之轮船囤驳,自民国三十五年迄于去年先后加入航行或使用,以为平衡收支之助。如无以上轮船之填补,则公司之经常营业能力不足,收支不能平衡,绝不能苟延至今日。事业以存在与保持信用为第一。其安全之准备,不仅为经常收支确能平衡计,并应为新船全部完成后还本付息计,从加拿大借债造船之日起,即须按季付息,截至今日付息已达七年。在民国四十年六月起即须按年偿加拿大债。付息乃经常开支之款,还债须取自拆旧及其他准备金,即此两项已在支出上占甚大之地位。此为国际信用政府担保所关,不能不妥为筹计。幸有过去三年来之部署,以全部轮船活动之收入,在平时商业状况下,包括还本付息在内之开支,自可勉强应付,年终亦可维持战前应有之股息。

但不幸去秋以来,八一九政府颁布新经济方案,运费未及事前调整,收入绝对遵照限制,支出事实上不能完全限制。国内战争日益扩大,由北洋航线推至长江航线,公司业务日益缩减,早虑长江可能中断(写此报告之顷已事实上中断矣)。届时公司维持经常开支,甚至于维持职工生活费用,且无办法,因此不能不影响去年结算及此日分配,太无以对吾受苦十年之股东。自民国二十八年以来即未分配股、红息,在对日战争完结之后,复遇国内战争,经济市场日趋紊乱,远甚于抗战期间。迄于今日仍无合理之股、红息可供分配。半由同人办理不善,半亦由环境之太困难。公司在复员后,因收支不能平衡,曾屡濒破产之危境,幸赖同仁之努力,政府及社会人士之扶救,均幸一一克服,未贻吾股东之忧。今幸本身基础渐臻健全,如果国家迅速恢复和平,每年当有稳定之收入,足够应对各种必要之开支,而且稍有赢余,以为股东保持稳定之利息,此则同仁愿黾勉以求趋赴,亦盼吾爱护事业不遗余力之股东予以督策,使无辜负。后效或终可期,顾仍仰赖战争早日结束,秩序早恢复也。

在民生实业股份有限公司
第廿四届股东常会上的报告

（1949 年 4 月 12 日）

今天股东会,自己应该先把这一年来本公司的情况向各位股东报告。自前年冬季到去年春季,这一段枯水季节,公司业务情况较以往枯水季节为好,以往是头年冬季到次年春季为公司业务最困难之时期。抗战胜利复员后,一二年间,公司在冬季,每月收入只够开支之一半,从头年十二月起,至次年之一二三四各月,俱在此困难情况下。复员后一年,虽尚有政府部分补贴,以资部分弥补,但仍靠大量借债,始能勉强度过。前年政府补贴取消后,冬季损失,全赖借债弥补,此项债款,只有希望在洪水季节填补,但因损失在先,虽在法币数字上得以填补,但实值上,所填补之款远不及损失时之实值,结果仍系损失。

为解救枯水损失,只有增加轮船营业能力。在去年枯水季,收入已渐近开支。原望洪水收入稍多,年终稍有盈余,能保持股东红利,庶克稍补股东历年之损失。但去年却遭遇两大困难:

去年本公司一部分业务,如粮运与差运,费率太低,往往不能按月收清,必须俟每月月底结算后然后完全结付。而物价变动太大,币值贬低复剧,因此公司竟在洪水期间遭受损失。

八一九前,票运费系每月调整两次,每次调整之数,均须由轮船业公会呈奉交通部核准后,始能实行。八一九经改方案公布前,原已呈请调整运费百分之六十,适逢经改方案公布,实行限价,呈请调整遂遭搁置,当月遂少调整百分之六十,运费收入致短少百分之六十。九月以后,市场又复发生黑市,本公司一部分五金材料修理及其他开支不能避免黑市。运价既已限制,且成本早差百分之六十,限价政策延至去年十月底,各轮船公司无不困难万分,民生公司自亦不能例外。此去年公司遭受之一大困难也。

复次,去年因军事接近长江后,商货大为减少。在战前,本公司主要业务全靠运上货,收入中百分之六十靠上海上货运费。上货之主要者为棉纱、棉布、纸烟及运川之各项建设器材。胜利之后,情况大变:在内地,纱厂设立已有基础,又因农村购买力降低,故上海之棉纱棉布上运额已大为降低;纸烟亦因川省已有纸烟厂,纵有由沪上运者,数亦极少;至于建设性之材料,则因外国购买困难,除政府所有之少数建设材料外,一般之材料绝少。上货既濒断绝,全赖下货维持,但自战事愈迫近长江,货运几完全断绝。公司自去年十二月起,支出几全靠举债及预借运费,忍苦撑持。本公司设非早有安排布置,仍如两年前一入枯水,即系损失,盖以目前长江断航已二十余天,收入中断,恐已不能自存。故在去年,公司基础虽渐健全,仍无法增加股东应得之利益。

鉴于本公司长江业务遭受枯水季之种种困难,若专靠长江航运,绝难长久维持。为补救计,只有发展海洋业务,以减轻长江枯水季节之压迫;虽沿海船只冬季亦有困难之处,但终较川江为好。

为增加沿海轮船,复员后第二年,在美国购大型 L.S.T 型登陆艇四只,修改为商船;又购旧海轮一只,其价皆廉。此五只船参加沿海航行后,在冬季足以补贴长江损失之一部分。

胜利后,政府委托本公司以 L.S.M 型登陆艇试航川江成功,政府遂拨五只登陆艇交公司改修营业,于两年前参加航行。此五只中型登陆艇,政府原本定价出售,因本公司在抗战期中,担任差运及装运政府之危险物品而沉没之川江船只甚多,本公司叠请政府要求赔偿。嗣经交通部审核确定,以此五只登陆艇抵作赔偿。复另在美国购买四只中型登陆艇,其价甚廉,但修改及驶回费用仍巨。

是时感觉川江枯水船只尚有不足,适江南厂欲以旧锅炉建造川江船两只,并经洽请交通银行垫款,遂由本公司购买,定名民铎民泰。

在战前,本公司原购有英兵舰拆下之机器锅炉,拟用以造大型船一只。胜利后,将此机器锅炉清还,交由中华造船厂以之建造民俗轮一艘,填补战时被炸沉没之民俗轮。

除上述各船外,在国外购有扫雷艇三只,其改修及送船来华费用,经洽可在加拿大借款内开支。同时购买英国扫雷艇一只,均改修为拖头。同时又在美国购买运油艇两只,购价亦皆甚廉。

凡此国外购买之轮船,全系在战后廉价机会中购得;国内所造轮船,则又得助于借款;此等机会,现已不复再有矣。

此外,另一比较重要之加拿大借款造船计划,因国内外洽商费时,历两年始行签约。计订造中型船六只,大型船三只,现已陆续开回。最先完成之荆门夔门两轮,在军事危险及营业情况艰难期中,溯江而上,开到重庆。另两只石门祁门,现行港穗线。最后到之两只龙门剑门,一行香港江门线,一行香港澳门线。凡此皆暂时办法,一俟和平实现,长江畅通,仍将行长江。至于三只大型船,虎门已到,暂泊香港;玉门本月半后可到;雁门七月中可到。三船所行航线,现正在研讨中。

同时又利用英信贷款材料内之三副机器及锅炉,由中华造船厂承造船壳,民生厂建造一部分引擎及副机运沪,新建拖头三只。英信贷款材料全照官价结汇,所有其他建造材料,或由加借款购,或由公司供给,只付中华厂之工资。如不受国内战事影响,现亦已完成。

加拿大造船借款总额为加币一千五百万元,内有自行筹付之二百二十五万元。此项自筹之款,一部分系于极低价时购买教会外汇,一部分系国家银行及商业银行之帮助贷予。同时折旧不堪使用之船只,并收回大明恒顺两厂之投资款,以补不足之外汇。

从民国二十八年到民国三十八年,这十年中均因时局影响,太对不起各位股东。原希望抗战胜利后,业务展开,能多为股东谋得利益,然复因战事蔓延,物价飞涨较抗战时更快,本公司情况较抗战时更困难。抗战八年,公司旧有轮船，没有照例年年岁修，因之损坏甚大，几至不能使用。胜利后，仍勉强设法加以修理，但寿命究已短促，不能不设法填补新轮，以立公司稳固之基础，此亦胜利后不能不克服之问题也。

抗战时期，本公司员工待遇较战前甚低，高级者所得不及战前百分之十，低级者不及百分之三。当时员工生活极感困难，股东未得利益，职工亦备历艰苦。胜利后，因受环境影响，不能不调整员工待遇。在内地，本公司员工待遇或较其他机构事业为高，但在京沪及沿海各埠，物价指数俱较实际生活费用为低，故员工生活亦并不优裕。调整待遇系全般性者，故不能不及于全部员工；同时船岸员工常有相互调遣者，故亦不能不及于岸上。但岸上待遇较船上须打折扣，内地与京沪复有梯形折扣，现时员工得薪，受本票损失，已不易维持其一家之生活。

自然，本公司到此情况，也未尝不由于自己办理不善，今后自当在管理方法各项工作上力求进步，以图更大之成就。不过民生公司各种必要之管理方法，在其他事业中，容或有不易见者。即如每日之调船会议，有关人员均按时参加，依次检讨船舶之动向，油煤之供应，修理之准备，客货运之装卸等问题，行之有年，收甚大之效果。惟恐思虑未周，见闻不到之处，希望各位股东尽量以所发现之问题，多多指教，以资今后之改善，必尽量使计划周详，管理改善，服务周到，以增加公司收入，能够为各股东谋利益。盼各位股东随时予以监督及指导！

望大家明了公司情形，
并努力撑持当前困难

（1949 年 8 月 1 日）

这样大的会集，公司好久就停止了，以前是每周一次，把全公司的一切情形来互相交换，可听取各方的报告，现在因为此会停了很久，也许公司近来各部情形，大家相互减少了解。今天特借此机会，来向大家报告。

十二年来国家经过两次大战，在两次战争中，航业界遭受莫大困难，尤其在此次战争中，本公司遭受困难更大。民国二十六年上海战事发生，江阴封锁，当时还可由镇江运各厂、各机关材料到上游，后镇江及南京，芜湖相继失陷后，但由汉口可与内地通航，抢运大量内运物资，当时还可一面向鄂西运粮，一面向上游运货，故二十六年至二十九年均在忙碌的运输，至宜昌失掉以后，三斗坪还有相当运量，如由四川下运接济鄂西、湘西之盐、粮，由华南经津市到三斗坪运川之货物，均相当大量。当时民生公司全部可航行之船均在活动，不仅民生公司，其他轮船公司之船舶亦在活动。战火继续，物价高涨，各轮船公司船只集中川江，航业界困难有增无已，全赖全体同仁忍耐痛苦。回忆卅二年春我回到公司任职时，曾向大家报告，当时物价较战前高涨六十余倍，我们职工待遇较前涨七倍到八倍，与物价相较约八分之一。三十三年以政府开始补贴，直至日本战败后之第二年六月底止。但在今年从一月份起，长江虽未断航，而运输数量已极少，二月至三月断航二十几天，四月整个长江切断，川江运输亦同时减少，直至目前停泊川江船只数十艘，而行驶者仅十余艘。拿沿海运输来说，业务亦极不佳，北洋航线断航以后，船只均集中南洋，仅有单方面的运输，南下有货，北上空回，同时南方各港口码头原仅能容纳数艘船只，今驶往船只增多，停泊等候卸货，延误时日甚久。同时船只半任军差，再除轮船停修一二艘外，民生七只海船能经常驶营业者仅一二艘。至于穗港航线乃系短航，加拿大新船行驶，有如渝涪、渝合一样，穗市码头租费亦贵，□□□□□□，故穗港收入仅能维持支出，一切靠收旧账，好容易收得一笔款，必须汇往救济重庆、香港、台湾。前在加拿大造船借款必须付息，故须汇济国外。目前公司困难，不堪言状。目前物价高涨，公司为体念职工生活艰难，七月份曾略有津贴，特别顾及低级职工，薪级愈少故所加愈多。董事长、总经理及各部经理亦皆依靠公司□薪生活，仍一样吃苦。港穗同仁待遇仍然较高，然该地生活昂贵，也许家在内地的人要好一点，如家在华南与内地同仁苦况一样。我们今天再看周围其他事业，如水泥厂关门，渝鑫厂及许多银行仅能维持伙食，尤以公教人员、官兵生活比民生同仁更苦，目睹艰难，望大家共同努力支持，不要像大家庭，一切都堆在当家的人身上。更希望各个船员，各个职工，都能多多提供意见，提供在业务上增加收入的意见。如果公司收入能增加一点，大家的生活也就好一点，只要各位意见办法是好的，公司一定接受。不过大家要了解，现在的困难是事实，今天主要收入全靠短航，长航和沿海收入太少，大家要了解全部的问题，不明了的，可向主管方面询问，明了的人要尽量向不明了的人解释，务使每个职工对公司情形都弄得清楚。收入不够，待遇自然不够，但是物质食粮不够，可多多增加精神食粮，把困难撑持下去。今天大家不要浪费时间，只要有点时间就来多多学习。例如今天物价上涨，总有它上涨的原因，哪些是人为的，哪些是天然的，如果找出原因向当局贡献意见，也许可把人为的困难减少。我希望大家不但对公司提供意见，也能向社会提供意见，因为社会有困难，要民生公司单独不发生困难决办不到。

最后，希望从八月下半月起，恢复我们以前周会的集会。

《民生公司简讯》1948 年 8 月 1 日第 1009 号

公司的任务

（1950 年 7 月 24 日）

一九五〇年六月由香港回到北京，并出席中国人民政治协商会议第一届第二次会议后，到民生公司上海区公司视察期间，对公司主干人员的讲话纪要。

（一）信心的增加

回到上海来同各方面接谈以后，在个人来说对于公司经营的信心是大大的增加了。"民主"轮的偏差经过检讨以后，船员一致的保证在下次水到上海的时候，即是说再经过十多天以后，保证把一切搞好。工会的代表提出了很多可贵的意见，这就证明我们的劳资关系是正常的，我们的职工是有办法、也有决心克服困难搞好生产的。我希望、我也相信今天在座的各位等一等也提出很多可贵的意见来，因为各位都是负了一部分责任的主干人员。

（二）公司必须进步

1.民生公司现在在私营航业界中占第一位，对于私营航业是占着领导地位的，所以必须配合国营事业与招商局彻底合作。

2.以前的时候一切未上轨道，也许我们还可以推诿自慰着说：我们固然没有进步，但还有不如我们的哩！而现在基本不同了，国家的一切都在日飞猛进的进步，即以交通事业而论：铁路例如在服务上、在准点上，都每天在改进；招商局也在进步，事实放在眼前，不容许我们再推诿了，再自慰了，我们必须进步。

3.公司的债务与还利息要付备件,要买,一切要开支,财务的繁重任务不允许我们不进步。因此必须仰赖于全体职工的合作,同时更盼望各级主干人员领先进步起来。

(三)要求如何进步

公司有的是办法,有的是很好的办法。但是有了办法将如何彻底的执行,向来是没有人过问的。一本"驾驶须知"是一本印得令人羡慕的,那样精致的小册子,发到船上没有人看。有一次本人由宜昌乘"民风"因事希望三天到重庆,但是不是违反海关的规定,船上没有人知道,电报问总公司也没有人知道。结果二副或者是三副仿佛还记着有这样一本小册子,经过到处翻寻,才找了出来。在小册子上面就明明的有一条规定:川江下水不得少于十八小时,上水不得少于四十五小时。夏至前后白昼最多每天可以航行十五六小时,三天当然可以由宜昌到重庆,这是一个不注意规定的例子。在两年前上海有一部汽车因为冰冻将汽缸炸裂了,冰冻是因为没有放水。但汽车说明书上明明有在冬天可能冰冻的时候,必须放水的说明,可是没有人看。我们公司有这样多的机器,有这样多年的历史,可是没有人注意到这件事。所以在这事件发生以后,就立刻分电各部、各船提起警惕。可是不到一个月,我们有一只船的机器被冻炸裂了,于是乎追究这个责任,究竟是前次的通知没有送到吗? 还是船上看到了通知没有做,结果是两个原因都有。公司的通知是送出去了,但是究竟送到没有,没有人管。船上知道公司有这样的通知,但是也没有人管。于是就造成这样大大的错误。这就是管理不彻底的第二个例子。一个人在公司做好或做坏都没有人管,记得有一个青年在公司是很好的,因为他好,所以才调到船上去作会计,可是不久就开始作弊了,问他为何要作弊,他说:我本不晓得作弊的,但是有人对我说:"不作弊没有人晓得,作弊也没有人晓得,你为什么不作弊呢?"这就是管理不善的第三个例子。所以今天改善管理的问题,是要如何执行和如何检查执行的问题。公司对每一件事,事先都要有切实的计划,根据事实的发展,还要随时作合理的修正。对于每笔开支都要有预算,全公司有全公司的预算,各部分有各部分的预算,不作没有计划的事,不支没有预算的费用。凡事都以开会的方式传达,反映于各级人员,使彻上彻下的都彻底了解。

对于人事管理上的几个原则:

1.工作分配确立卡片制度。每一个人都要有一定的工作。一个人有一个工作就有一张卡片,有两个工作就有两张卡片,增加一个工作就增加一张卡片,减少一个工作就减少一张卡片。在卡片上把工作的一切情形都记得清清楚楚。让主干人明了,也让他本人明了。

2.工作检讨建立批评的制度。每天要有经常的检讨,每周或每月要有总结的检讨。主管人员每天必须抽出一二十分钟的时间,来冷静的考虑一下原则性的重要问题。

3.实地视察。做轮船的要和船时常接触,坐在办公室里不见得能了解船的全部情形,所以岸上的主干人员,要有组织的、有计划的到船上视察,公司的人上船检阅,船上的人可以参加,其他部分的人也可以参加,相互观摩了解实际情形。

4.定期检阅。规定一个期限来做工作的检阅。

5.然后才能确立奖惩制度,严明赏罚,多与同人接触,公开奖评,改正错误,发现人才。

(四)当前的任务

在收入方面:

1.争取货源:不仅顾及自己,也要顾及同业。所以民生揽货要与招商共同进行,要为大家揽货,凡大宗货物,都照各公司的轮船吨位、比例分装,彼此照顾。

2.加强服务:为争取货源、为争取客运,就必须加强服务,把客与货所感受的困难,都当作我们自己的困难。我们不仅要研究改善揽货、装货的技术,还要进一步研究货本身由产地到装船的运输和成本,还要研究货的销场,并且协助货主来解决这些问题,也惟有这样的服务,才能基本上解决我们公司货源的问题。

3.研究方法:例如装卸要有计划装卸,特殊货物要有办法,例如装运钢锭,登陆艇有没有开前门的,又没有吊杆怎么办? 经过很多人的研究,于是就知道没有前门的可以开后门,这个问题就算有办法了。凡事多同人商量,就有办法,就必须事前有准备、有计划,有了计划,就要同各部、各地妥取联络,照着计划同时进行。

在支出方面:

1. 修理问题:船上要随时检查,一有小的问题就立即修理,不要等着由小变大、坏到不能用了才进厂去修,一修就是几个月,所以船员应该随时注意保养,随时自己修理。岁修进坞只修船底及其他平时不能修理的部分,这样,修理的时间就可能减少多了。此次工会代表说,船上应该做些什么事,公司没有规定,没有人知道要做些什么? 所以我们各部分应该规定明白,船只进厂,船上人员应有工作计划,就从荆门起,驾驶部分从船长起,应该做些什么事,轮机部自轮机长起,应该做些什么事,都应规定明白,照计划进行。

2. 减少事变:一切事变,船上均应尽量避免,装载不可逾重,一切以安全为第一。船的航行,第一是安全,第二是安全,第三还是安全。

3. 配件问题:目前有许多配件不仅是贵重,且是买不着。香港对于登陆艇的许多配件,已经不准出口了,所以我们一定要设法解决。重庆有一家工厂正在计划制造轮船配件,不特对航业有了帮助,对于工厂的出品,也有了销路。

4. 减少各部分的人员,每人必须有工作,多余的人参加其他更有价值的工作,如工程队,如成本会计等。

5. 节省物料、燃料,这是多方面的,如修理机器,注意保养等。

我们公司要有办法,就必须从改善管理、减低成本着手。我希望大家多提意见,下一次来能够得到更多的意见。

据招商局档案馆档案整理

民生实业公司公私合营协议书

（1950 年 8 月 10 日）

民生实业公司创办于一九二五年，经历次发展，现已有江海轮船七万余吨及若干附属企业。在国民党反动统治时期，公司曾吸收了一部分官僚资本与豪门战犯的股金，如中国银行、交通银行、川康银行、四川省银行，及宋子文、宋子安、张群等之股金。

解放后，人民政府亟应接收官僚资本，参加公司管理，现经中央人民政府交通部与民生公司数次磋商，俱认按照该公司目前情况，即应改组公司组织，成为公私合营企业。但必须经过一个时期的筹备工作，以便在此期间，妥善解决民生公司目前存在的下列各项问题：

1. 清查官僚战犯股权。

2. 精简机构，节约开支。

3. 整顿业务。

4. 清查资产。

5. 筹措债款。

为使上项筹备工作顺利进行，中央人民政府交通部与民生公司双方共同协议，拟定《民生实业公司公私合营过渡办法》。并自即日起，民生公司应即按此过渡办法，逐步整理改组，在新的公私合营的民生公司组成时，此项过渡办法即行废止，另按新的公司章程执行。

兹将《民生实业公司公私合营过渡办法》附左：

民生实业公司公私合营过渡办法

一、民生实业公司(以下简称公司)公私合营之筹备及过渡期内之整理依本办法之规定。

二、过渡期内之组织:

1. 召开公司董事会,除原有私股董事外,由人民政府派公股代表参加。

2. 人民政府公股代表暂参照董事会原有之公股董事(四名)及战犯股权之董事(三名)名额定为七名,若实派不足七名时,仍具有等于七名董事之权益。

3. 董事会应成立常董会经常驻公司代表董事会执行职务。

4. 常董会之任务为监督下列诸项任务之执行。

(甲)清理股权及资产。

(乙)清理债务。

(丙)精简机构及节约开支。

(丁)配合人民政府航运计划并执行运价政策。

(戊)调整劳资关系。

(己)按期向人民政府提具业务与财务之书面报表。

5. 人民政府委派之公股代表得参加公司经理部门之工作。

三、股权及资产负债之清理:

1. 在常董会下设清理小组,专司清理股权资产与债务,并得聘专家协助工作。

2. 公私全部股权(以重庆交通银行初步清查之报告为根据)由清理小组加以审查,在审查时,公司应随时提供有关股权转移之具体资料,常董会根据清理小组之报告,审定公股及私股之确数。

3. 资产之清理以公司七月一日总盘点之报告为根据,由清理小组加以审核,必要时得由该组派员会同复盘。

4. 资产之估价由公司提出方案,经常董会核定后,照盘点清楚之资产估算。

5. 债务之清理由公司提具国内外债务详表及证件，送请清理小组审核，重要之债务公司必须附具说明书。

6. 公司全部资产价值，减去负债价值，其余数即公司之净值，由常董会建议在净值中酌提若干作公积金，其余为公司股本总额，以公司全部股份除之，即是每一股份之实值。

四、机构及人事之整理：

1. 根据现有机构，与目前情况，本精简原则，进行必要的调整。

2. 编余人员得视业务之需要与本人之条件分别处理，其有技能者，另组各种工程队机动服务，或另派其他工作，俾提高船岸工作效率，其暂无适当工作者，除能转业者外，应设法助其参加人民政府举办之各种短期训练，或由公司协助训练，学习完毕后，视需要或回公司工作或帮助其转业。

五、财务之整理：

1. 实行经济核算，确立成本会计制度。

2. 严格执行预算决算制度，统一调拨资金，并分别资负收支损益收支列具表报，每周应有检讨。

3. 确定以开展业务，节约支出为偿付债务之办法，必要时得处理不必要之资产，增加股本或发行公司债等以偿还公司债务。

4. 在最近业务未好转以前，下列事项拟请人民政府酌情予以照顾：

(甲)加拿大借款利息每三月一次，每次计加币九万五千余元及一九五一年六月第一次还本，计加币一百二十七万五千元。在未能全部自筹时，请酌予贷借。

(乙)前向中国银行所借偿付加拿大借款利息计港币一百万元，及清理停泊香港船只费用港币五十万元，请酌予展期。

(丙)为运成渝铁路所建造五百吨铁驳四只至六只，每只工程费用约上海折实三十万单位，请从运费项下预借。

六、业务之整理：

1. 航运业务应与人民政府各种建设及物资调配计划密切配合，切实负责承运。

2.执行人民政府运价政策。

3.与国营航业配合,增加申渝直航船及各线定期班轮,并改善服务制度以增进业务。

4.严格执行调船计划,轮船每次往来,航行计划及进出港期间,船岸工作配合计划,以增加运载效率。

5.严格实行维持船壳机器健全办法,并定期自行检修以节省修理费用与时间。

6.严格实行燃料、物料节约办法。

七、公司资产负债清理完毕及股权审核确定,经董事会通过,并呈请人民政府核准后,即召开股东大会,提出报告修改公司章程,改选董监事,正式成立公私合营之公司,是时本过渡办法,即行失效。

人民政府交通部部长　章伯钧

民生实业公司总经理　卢作孚

1950 年 8 月 10 日

重庆市档案馆藏档案

在民生公司第廿四届
第二次董监座谈会的讲话

（1950年9月16日）

我在香港时,曾接得重庆屡次电报催往北京与政府确立本公司公私关系。但是当时民生香港的一切尚未安排妥帖前,若骤然离开,定会发生绝大危险。第一当西南初解放时,本公司在港的船只吨位占全数的一半,亟待设法安排;其次是债务可能发生问题;再次是香港公司及在港船只的开支问题,都非有一定安排不可。在未离港前,每天都在忙于办此类事,幸而走前几天,一切已有头绪。

北京催要在六月十日以前到达。当我要启程时,香港人士议论纷纭,但已决计北上,虽经竭力控制离港的消息,结果还是未能,故离港后不久有太湖轮被台湾扣去之不幸事件。

到京后,前三周都在参加各种会议。后来与中央人民政府交通部商谈本公司公私合营事件时,我首先声明,此次民生到京之人为总经理及四位经理,凡是有所商讨,我们不能侵越董事会的权责。后来经协定公股董事由政府派出代表四人,以代原有之中国银行公股之赵雨圃、霍亚民,及交通银行之张叔毅、汤筱斋;又战犯股权由政府派出代表三人,以代原有之董事宋子安、刘航琛及徐可亭。

在京同中央人民政府交通部的代表协议之事项,大约可分为以下数端:

一、本公司自抗战以来,清理工作太缺乏,即如股东之住址变迁,至今有许多户的通讯处不能确知,正不断作调查工作。更重要的就是公股和私股股权的确定,究竟那(哪)些真算是公股,除最明确者外,必待详细清理审定。所以第一项事便是股权的清理。

二、本公司的资产,大部分为船舶,以前旧有之船及最近几年所造之船驳的价值都易算出,其他则为民生厂及岸上各项资产。公司本年七月已经有一次普遍的盘点,将来即可据以估算。至于如何估价,正由何乃仁经理在京请示交通部,俟公司将资产全部价值估定,即送请董事会审核。

三、负债的清理。本公司负债笔数并不多,除加拿大造船借款外,其余债务可分为两年至四年还清。偿债办法俟将债务清理后即可作决定。

四、精简机构。首先从总公司着手,如供应部门或另成处或属船处,稽核室须与财务处配合,俱须妥为筹划。至于总公司之改为总管理处,也是今后讨论机构时之一重要问题。

五、人事整理。在原则上希望今后人事问题处理得很简单。无工作者另派工作,如船厂之修理工程,办理成本会计,旅客服务,报关、联运等,无不需人去进行。所以现刻无工作者,只要能学习,不久之后,都会有相当技能,能担当某项有需要的工作。还有驾驶轮机及报务人员,亦常须训练补充,因之将来从事人事整理时,每个职工都不能发生失业的顾虑。还有船员可组织工程队,随时机动往各船担任修理工作,如此自己修理使船不进厂,对于公司节省最多。至于各项有关人事的重要规章,自然都要另行加以修改或另行制定。

六、财务业务之整理。首先要货运发展,在业务上要与招商局配合,一月来遇事商洽,已有了良好结果。小公司亦应加以照顾,商业上着重有联系,近来办理同业间的各项联系已经得到效果。

以上六项原则,经在北京与政府人员商订本公司公私合营过渡办法,成立协议,现在将协议书照印分送。

最后关于劳资问题,今后总基于劳资两利的原则将生产搞好。本公司之劳资协商会议,俟工会正式成立后亦即正式进行。

还有奖励办法亦正在研究,俟订定后将送董事会审查。

重庆市档案馆藏档案

致加拿大财政部长等声明函

(1950 年 10 月 14 日)

　　我等本函签署人中国四川重庆民生实业公司董事会董事长郑东琴、所谓民生实业公司总经理卢作孚及所谓民生实业公司副总经理童少生,兹敬谨申明:近有不法之徒,假借我公司名义,藉口将中国四川重庆民生实业公司迁移台湾,我等已予以注意。本公司为真正民生实业公司,我等分别任董事会董事长、总经理、副总经理,特别与郑东琴先生代表中国四川重庆民生实业公司董事会,授权卢作孚先生代表公司于 1946 年所签订之加拿大借款合同有关连(联),今为避免该伪公司损害我真正民生实业公司权益计,郑东琴先生已当重庆英国总领事面前宣誓,立一声明,特为附寄该声明正副本一份。该声明揭出事实真相,并能藉以察知最近在台湾组织之该公司系一伪公司,其假借中国四川重庆民生实业公司名义所擅有之一切主张及行为,应属无效。为进一步证明我等所代表之公司为惟一合法之公司,我等愿请将本函上郑东琴、卢作孚之印鉴及签名,与现存案于加拿大财政部之我董事长授权书上及其他文件如上述所签加拿大借款合同上彼二人之印鉴及签名相较对。本函由我等盖印签名,并加盖我等所代表之本公司印信,请烦查照。顺颂公绥。

重庆市档案馆藏档案

人事机构调整案(提纲)

(1950 年 10 月 21 日)

人事调整:

1. 用有余补不足;2. 化无用为有用;3. 化无技术为有技术。为实现上述三原则,一、内部专业如以服务员、长工等转为船上轮机打杂,汽车司机转为船上加油;二、拟办理技工、水手、会计、统计等训练班;4. 确定人事考核办法:一、平时考勤;二、年度考勤。

机构调整:

1. 总公司调整:一、秘书室主管之物料、油料、煤务各课可能改属船务处,以一副经理主持其有关事务;二、为未来简化总公司为总管理处计,拟在船、业、财三处各添设一计划课或管理课,其人员于各该处内部抽调,除掌管计划事项外,并管理总分各部属于该处应管之全局事项。到必要事,即将该课划出,简化总公司为总管理处,而改重庆为一分公司。

2. 申公司调整:上海区公司拟仍简化为一分公司。

3. 各办事处调整:拟撤销目前尚不需要之办事处如汕头、福州等办事处及成都通讯处,简化涪陵、北碚等办事处。

确定学习及检讨办法案:1. 思想及业务学习;2. 工作检讨及实地视察。

拟起草职工退休退职办法案(草案)

(1950 年 10 月 23 日)

甲、拟规定退休退职职工年龄年资之限制如次:

一、职工年满六十岁,服务年满二十年以上者退休,但如事业必须其继续工作,其本人体力尚能胜任并同意继续工作者,得延长其退休期间以五年为限;

二、技术职工于延长服务五年之后,如事业仍感需要,其本人体力亦能胜任并同意继续工作者,得再此斟酌较短之年限延长其服务期间;

三、职工年满六十岁,服务年资不满二十年者退职。但如事业必须其继续工作,其本人体力尚能胜任并经同意者得延长其退职期间,以五年为限,届满以达服务二十年以上者,以退休论,不满二十年者仍以退职论;

四、技术职工年满六十五岁,服务不满二十年者,如公司必须其继续工作,其本人体力能胜任并经同意者得再逐次斟酌较短之年限,延长其退职期间,最后届满如服务已达二十年以上者,照退休论。不满二十年者,仍照退职论。

乙、拟规定给予退休退职金之办法如次:

一、退休金按照退休职工最后一个月之薪工数额(不包括膳费)以逐年递减法计算之;

二、服务满二十年以上,不满二十五年者,第一年按月发给百分之六十退休金,逐年递减百分之五,至百分之三十为止,即不再减;

三、服务满二十五年以上,不满三十年者,第一年按月发给百分之七十退

休金,逐年递减百分之五,至百分之三十为止,即不再减;

四、服务满三十年以上,第一年按月发给百分之八十退休金,逐年递减百分之五,至百分之三十为止,即不再减;

五、退职金按每服务一年发给一个月计算,不满一年者仍按一个月计算,共分六次发给。自退职之日起每满半年,发给一次。至发满为止;

六、退休人员死亡时,除当月退休金仍照支给外,并依死亡时之退休金额标准一次发给六个月之抚恤费用。

丙、其他拟规定:

一、凡退休或退职之职工,自退休或退职之日起,所有公司规定职工其他福利事项一律停止;

二、凡曾经一次或二次以上离职之职工,其服务年资依其复职或最后一次复职之日起算,但由本公司调往相关事业服务调回公司者不受此限制。

重庆市档案馆藏档案

民生实业股份有限公司公函

（1950 年 10 月 23 日签发）

为加借款一九四九年十二月底及一九五〇年三、六、九月底应付利息之偿还经过，并附三次借款和约，请呈核备案由：

一九四九年十二月份应付加拿大借款利息加币九万六千四百一十点九七元，除当时已付四分之一计二万四千一百零二点七四元外，尚欠付四分之三，计应付七万二千三百零八点二三元。一九五〇年三月份应付利息加币九万四千三百一十五点零八元，连同一九四九年十二月欠数，共应付加币十六万六千六百二十二点三一元，每美金一元等于加币九千零七十五（原文如此，应为零点九零七五——引者），共折合为美金十五万一千一百零六元，一九五〇年三月受到北京中国银行第一次贷款一百万港币，得以偿付上项两次利息。

一九五〇年六月份应付息加币九万五千二百七十点四三元，按加币九千零七十五折合为美金八万六千五百元，此款系向中国银行第二次贷款港币五十一万六千元偿还，于六月底汇纽约转加。

一九五〇年九月份应付息加币九万六千二百零八点一一元（香港报章尚未到渝），除自筹五分之一约计人民币五亿余元外，其余五分之四系向人民银行贷人民币二十二亿元，于九月底向中国银行结港币汇，由港汇美转加偿付。以上三次向中国银行借款，合同□□□□□董事会。

附抄件三份（略）

总经理　卢作孚

公元一九五〇年十月二十三日

重庆市档案馆藏档案

在富源公司临时股东座谈会上的发言

（1950 年 10 月 28 日）

开股东会愈早愈好，富源一定要发展，因为富源还可以维持并且客观上也有此需要。目前一般事业都在好转，但每一事业本身的限制很多，因此就要政府再大力扶助。富源的再投资不一定按原有比例，水作动力究竟是合算的，眼前要加一千 K.V.A 的，要开时就得全开，若是原有的四百 K.V.A 就能供应，我们就作增加。二百开起，一千的也开，要是用不完是不经济的，假设现在有六百 K.V.A 就可以供应，我们就作增二百的打算。将来重庆多出的一千，我们就可争取，同时这二百的装起来也比一千的快。小（高）坑岩二百廿五 K.V.A 的，希望企业局大力协助以后，各股东若是无力投资，可以多出力量。在政府领导下，问题是可以解决的。末了，希望股东会早开。

重庆市档案馆藏档案

如何推行公私合营过渡办法，如何克服枯水季节业务困难

（1950 年 11 月 6 日）

董事长、各位董事、各位公股代表、各位工会代表、各位出席同人：

自从长江完全解放以来，这是举行第二次业务会议。

今年一月恰在重庆解放后的第二个月，曾经举行过一次业务会议。个人很抱歉，远在香港，未能参加，未能有点滴的贡献。但从会议的记录和各处室执行决议案的报告，知道那一次会议的结果，不只当时有丰富的议题和解答的方案，而且在后来继续不断的执行，若干事项已有显著的成绩，这是大家可以自慰的。

从一月到现在，公司事业得各位同人和海员弟兄们的努力，得中央人民政府和各大行政区的照顾，在行政上得航务局，在财政上得人民银行和交通银行，在业务上得招商局的指导和帮助，克服了无数的困难，渡过了国家大革命后商业骤感萧条、缺乏上下货物的枯水季节，担任了一时最紧张的粮运，迄今尚待完成的复员运输和甚盼及时完成的钢坯运输。

可是历史上积累下来的问题还多着。轮船要忙着航行，同时也要忙着修理。运输紧张的时候，感觉轮船不够，但另一方面感觉有了下货，上货不够，有了上货，下货不够，甚至于一些时候上下货都不够。内外债务积累太多，还本付息是太大的担负。困难的枯水季节，收入不敷支出，即在洪水季节，亦只能以当时收入勉强应付当时支出，而转瞬又是枯水季节，又到最困难的时候。这

不过略举问题数端,各位更有深切的感觉勿待一一举出。如无有效方法解决,即必日益增加其严重程度。

政府为了增加生产,繁荣经济,在财政统一、国库收支平衡、物价稳定之后,立刻调整工商业,调整公私关系和劳资关系。这是政府非常明确的政策,公司应立刻改善一切关系。同时公司原已有国家资本,照政协纲领的经济政策,应立即确立公司的公私关系。因此与交通部签订了公私合营的协议书。在协议书中规定了公私合营的过渡办法。在过渡办法中,规定了清理事项和整理事项。清理事项在确定公股和私股的成分,确定资产和负债的实值和合乎实值的股本。整理事项在调整机构,使体系清楚。调整人事,使人人有适当的工作并有工作的技术。在改善业务经营,使一切有事前的安排,有计划、有预算,实施生产节约办法、经济核算制度。期于增进船舶效能,对国家确实能负起一部分水上运输责任,对本身做到枯水季节收支勉能平衡,洪水季节稍有赢余,能自负起偿还债务的责任。一方顾到职工的福利,另一方顾到股东应分的股息,以期劳资两利。

枝枝节节应付当前的问题,绝不是解决问题有效的办法。公私合营过渡办法是从基本上解决公司的问题,是有效的解决公司问题的办法。经过董事会一致决议,要积极地推行它。推行的责任,正在我们身上。这一次业务会议的主题,正是如何使公私合营过渡办法具体化。分析起来,要是:

(一)确立生产计划实施办法,要使今后客货运输,轮船航行和修理、燃料和物料配备、港务配备,比今天以前更有计划。要使今后航运按季有计划,按月有计划,每轮每次航行有计划,每次进入港口亦有计划,同时即据以拟具明春枯水季节调配及其有关各种计划,一切作事前的安排,以减轻枯水季节的业务困难,亦即开始使生产计划实施办法具体化。计划不是具文,是要坚决执行的;不是臆造或一成不变的,是要依据事实确定,并根据事实修改的,但须竭尽全力避免修改,修改的原因如系由行动的不谨慎或不配合而发生,尤其应该避免。

(二)确立预算规程,要使今后业务损益、财务收付,按季有计划,按月有计划,既有不可避免的临时开支,亦应有必依手续的临时预算。同时据以拟具今冬以迄明春的业务预算和财务预算,一切作事前的安排,以减轻枯水季节的业务困难,亦即开始使生产计划实施办法具体化。预算不是具文,是要坚决执行的;预算是根据计划编造出来的,可能随计划的修改而修改,但要竭尽可能避免修改。

(三)确立会计规程和成本会计以为今后实施经济核算制度的依据。会计规程已经实施了若干年,但尚待改善,成本会计,自七月份开始试办,但尚未完全。希望经此次修改,据以作今后的结算,并从明年一月一日起全部的有效的实施,以会计的记录,掌握全部的收支损益,掌握全部的资产和负债。

(四)确立生产节约办法和奖励办法,以期增进轮船航行安全,减少海损到最低限,增进轮船保养健全,减少修理到最低限;提高燃料的品质,节省燃料的消费;改善客运服务,以增进旅客的便利和舒服,以减少货物的损坏和误差,坚决执行航行计划和港务计划,船上岸上人员一切照预定计划配合行动,无时间上和事物(务)上的任何贻误。如此必能提高运输能力,逐步减轻赋予公司的运输任务。同时比能增加收入,减少支出,作到收支平衡,包含合理的保险和折旧,使有还本付息的余力,逐步减轻积累太大的债务。

(五)调整必要的机构及人事,使总公司、分公司、办事处,有由繁而简的相似组织,体系分明,纵的一串的工作衔接更为密切,横的各别的工作划分更为清楚。公司需要的人员,有技术的甚感不足,无技术的却有多余之苦。特准备开技工班、木工班、会计统计班,以使无技术者有技术。今后必须减少间接生产的人,增加直接生产的人,不再有徒负名义或不劳而获或工作不够的人,原有顾问而系名誉职的,或少有舆马费的,亦正自请并办理结束中。

(六)确立学习和检讨的办法。加强思想学习、政治学习,以提高我们的政治觉悟;加强业务学习,以提高我们的工作能力,并培养我们在计划上配合行动。我们必须检讨每日的工作,每次航行计划和港务计划的实施,每月乃至每季调船及其有关各种计划的实施,在每次检讨中必须批评与自我批评,以期认识已有的成就或错误,并作未来调整计划的依据。

以上各种事项,全在推行公私合营过渡办法,全在使公私合营过渡办法具体化。并不是已经一切决定了,提出业务会议,正是盼望大家研究讨论加以改正,然后一方面送到董事会予以核定,另一方面送到工会,一部分问题经工会研究后,尚须经过劳资协商会议。未来的实施,不是公司行政可以单独担任的,必须仰赖海员弟兄们的努力,必须仰赖工会的号召,获得海员弟兄们一致的要求和决定,全体一致的起来热烈进行,才能发挥确实可靠的效力。生产节约运动本为重庆工会所倡导,其他各地工会且已全力推行,有相当成绩。生产计划本为上海工会所建议,且已见诸实施。此次所提各种办法,不过就业务上的需要加以具体整理,本与工会所悬目标是完全一致的。最近申汉渝工会委员会代表且有函致公股代表和我们,提出改进的事项,其建议精神是公司所接受的。希望业务会议之后,首先实施在即将到来的枯水季节,期能预算上收支的差额,减轻财务上不可能应付的困难。

公司必须改进,有董事会,有公股代表正确的领导,有工会恳切的盼望,如何改进,完全系在这一次业务会议上。相信各位必能竭尽全力给予最圆满的解答,不仅表现在未来的实施上,尤其是即将到来的枯水季节,即将是非常明显而且是完全成功的第一次考验。

重庆市档案馆藏档案

第二次业务会议大会总结报告①

（1950 年 11 月 13 日）

参加八天会议以后，很受感动。这次会议的准备时间太短，很多提出来的办法免不掉都有些草率，可是大家能够在这样很短时间中产生出许多办法，这许多办法都能够围绕着公私合营协议书，我感觉已经是件不容易的事情。开会以前，船务处、业务处、财务处、稽核室、人事室都在昼夜赶工，有的办法很专门，例如会计制度、成本会计制度，有的办法涉及的方面太多，例如生产节约，但是都能够在这样短的时期准备出来，已经第一步看出了依靠群众的力量。所提办法自然免不掉很多不周到不完备，可是在这八天会议当中，大家不仅是依靠会议时间在开会，会议时间过了还在开会，不但白天开会，夜晚也在开会，不但星期一到星期六在开会，星期天还在继续开会，一直到今天结束，而且全是群众的要求，大家都希望要延长会议时间，在延长的时间中讨论的精神比最初还要好。尤其昨天上午讨论预算，发现有很多新的意见，改善原来的办法，有许多都是原来想不到的很好的意见，已交各个小组修改原有办法提出今天通过，这是依靠群众力量的第二个证明。这次已经依靠了参加会议的群众——这还不是海员全体——产生出今天通过的各种议案，这些决议案如果一一按照内容报告，内容之多恐怕今天都报告不完，可见这次议案内容之丰富，而且都相当的具体，会议完后将来会把会议录成一本书，交印刷社付印，相

---

① 罗于明记录。

当时间后可能就发给大家。

但是不单是这样,我们讨论的议案,如预算规程、会计制度、成本会计制度、调船计划、业务预算、财务预算。只能说是原则性的,其中数目字都是假定的。自然这些数目不是凭空臆造,也是相当依据过去事实的,例如调船计划运输计划是依据过去船务情形,业务预算财务预算是依据过去收支状况,都不是凭空臆造的。但是这样的假定也还只是原则,不是具体数字,要具体化是要深入到总公司的每个部门,不仅每处每室,还要到每科每股,每个最小的单位,每个栈房,每个囤船,每个驳子。分公司也要到每个单位,每个船只,这样才能把原则性的东西具体化。但是不能仅靠行政方面片面的假定,还要取得工会的意见,希望工会领导号召起来,发动群众力量。我们在会议准备的时期,已取得了各处室草拟办法的意见,在会议当中又取得了各组的修改意见,会议以后,我们还要开全面的劳资协商会议,取得工会具体意见,取得每个单位,每个顶小的基本单位的意见。要这样,原则性的东西才能愈到后来愈具体化。

为什么这样说?例如现在谈增加收入,如果只限定了重庆有多少收入,汉口有多少收入,这样是不够的。我们还要每位代表回转去再同各单位业务人员再检讨,还应把收入数目检讨增加,因为我们收入并没有平衡。如果见到现在预算就认为妥当了,是不合宜的。如果只实现这些数目字,不是我们的成功,还是我们的失败。如果我们想不出一个办法弥补现在的业务损益,尤其是财政收支,我们的困难不能算是克服了。因为这个关系,还要公司的每个收入部门,从总公司到办事处,到每座栈房,每只拖轮,每条驳船,都要精打细算,不仅注意大的地方,而且注意小的地方。每个业务部门凡自己可以算盈亏的,都要努力有盈无亏。例如合川电水厂过去每月亏本,今后正努力想法如何先求平衡,后求有余。又如香港大家都感觉是个累赘,现在不断研究如何减少支出,到最近已有可能,假定没有意外困难,香港能够做到平衡。尽管过去债务必须另外想办法归还。又如一个栈房单位,有各种薪津人员杂缴出入,但是也有收入,存一吨货要收多少钱,可有一种计算方法,可以表示出它的盈亏,每个单位凡自己可以表示盈亏的努力于有盈余。如每个码头虽有租金、各项开支、职工薪津支出,每停靠一只轮船也有收入。每只轮船也是如此,希望走几趟水,有多少收入,可以作一种估计,自然这种估计只是比较平稳的估计,如果一切航行港务问题都能够普遍没有什么错误,如果油煤以及其他物料都能够适当配备,腾出吨位增加载量,一定可以把航行装卸时间缩短,货量增加。如果哪条船能够超过现在的假定,哪条船超过得最多,那就是模范。就可从这里去作生产竞赛。要使每条船都预算它的收入,而且都要尽量设法超过预计收入,如果我们每项收入都能比现在一般假定来得多,我相信总收入一定还可以增加。

这样的事也是有事实,就是前几天曾经举过的例。当一九三八年童少生任宜昌经理时期,我们会议时的预算是,从一九三八年十一月一日到十二月十日那四十天中,我们可能有运输能力一万四千吨,但是因为一切都上轨道,都有规律,都依照计划,就是中间最困难的几项都能够执行,就办到了那四十天中实际运的是二万六千吨。这里我只介绍三件事,大家可以了解几分为什么当时会达到这个成就?计划是怎样在执行?(一)我们决定,在每个轮船开到宜昌时,如仅仅装到二百几十吨一载的,就希望一晚上完成装出。如装到三百到五百吨一载的,两夜另一天完成装出。时间很紧迫,装的东西又都是重要的机器,或大件的,如飞机机身,很不好装。为了把握时间,我们的办法是,无论什么东西都在船到一点钟以前预备好,器材装到驳船上,再经过囤船上人员检查,如果他们已准备完成,轮船到时就装他们的东西。假定到一点钟他们还没有准备好,就是只差三十、五十、八十吨,也不装而装另外已经准备好的机关的东西。轮船如果到了宜昌,大家对每一分钟都把握得很紧,就办到了每一只轮船在未到宜昌前,货舱口已经揭开,起重吊杆已经举起,玻门窗口也已开启。驳船、拖轮也一切准备停当,只要一听到轮船汽笛声音,拖轮马上靠到驳船边上,等待轮船下尾,拖轮就带着驳船离岸。轮船一抛锚,拖轮已经靠在旁边,开始装货。真正作到了每一分点(钟)都没有牺牲。这完全是靠了群众一致的力量。看见岸上江边人的忙迫,人声、汽笛声、机器运转声交织成一片,真是令人感动。(二)宜昌到巫山航行时间限定是一天,有的船上水一天不够,就在下半夜离宜夜航一段时间,下水通常要不了一天,只需半天,就在中间担任工作。如每只铁驳子可装货八十至一百、一百五十吨,所有轮船由巫山下来时,就拖一个驳子上去,每天上水拖三四个钟头,下水再一二个钟头,把这半天走过,分三次或四次就带了一个驳子到巫山,这样一来下水的其余半天也决不浪费。而且除了船的本身载量以外,又增加了它所拖船的载量。(三)有次在一天中用五只船完成了四百吨以上的运输计划,那时民生公司自己有几百吨油需要运到巫山安全地带,但是不容许有多的时间。需要五只船配合行动。(1)民主。本身可以装油,同时可以拖驳。(2)生聚。本身不能装油,但可以泵油,可以拖驳。(3)民享。本身可以装油,但不能泵油,而且一天不能由宜昌开到巫山。(4)现在的生平。须生聚拖到巫山。(5)十一号驳子。须民主拖到巫山。另外还有一个小驳子装有部分油,要泵到十一号驳子。于是在宜昌的民生公司同仁大伙商量办法,要生聚在宜昌把小驳油泵到十一号驳,同时拖十一号驳到三斗坪,要民主、民享由巫山开到三斗坪。到了三斗坪后,生聚马上泵油驳油到民享。民主自己泵油,留一部分油在十一号驳中。随即民主拖十一号驳,生聚拖生平,"民享"自己走。而且都不能有误,都要当天赶到巫山,因为民主油要泵到十一号驳,生聚还要帮民享泵油回十一号驳。这样一个极为复杂的计划,可是完全执行到了。由此我感觉,什么事只要大众发挥力量,大家想办法,没有不能完成的,这就是个例子。

今天我们的计划也很相象,必须深入到每个单位,每个最小的单位,使计划更具体化起来,让执行的人和真正工作的人来研究办法,我想一定会比我们这几天中的研究更具体。我们这几天的研究已经比原来坐在屋子里拟的计划具体些,假定各单位转去后再详细研究,我想一定会更具体,更超过今天的假定数字。在这几天中,有天晚上我同童副总经理、周雁翔经理在会后同工会代表谈话,他们因为是站在实际工作岗位上,看到的较为确切,提了许多值得我们注意的意见。今天的这些计划,假定再深入到每个单位去重新检讨,让每个单位去研究如何执行这些计划与预算,相信这些单位执行结果可能会超过预算,因为我们今天的预算,仅仅是根据过去一般的经验推论的。

再就支出说，现在单举一件事。昨天在讨论管理费这项费用时，曾经硬性地规定八折，这是假定，但是是可以实现的，而且也许实现的还不止八折。为什么原因？我们可以检讨这几年的管理费用，如电灯费，假定过去全月是三千度，现在我们可以最低降到二千四百度，也许还可以降到两千度。我们管电灯的人如果努力于达到预算，用电就有把握。谁管理电灯？是大众、当班的职员和当班的服务员。假使他们能够控制电灯开关，电灯费就可以降低，所以这项预算之能否实现，就要问我们当班人员。船上招待费也是一样，假定过去每月有两百万招待费，现在我们重新拟预算，从十二月份起，一定要减为一百六十万，甚至一百二十万，假定每一项支出都这样检讨，预算一定有把握降低，因为现在的预算是根据过去的支出拟出的，假定能限制现在的支出，预算也可以随着减少。所以每个单位不仅要重新拟定，支出也要重新拟定，依据当地事实拟定预算，这个预算可能修改我们现在的预算，但是它的修改不是增加支出，而是增加收入，缩小差额，甚至保本且有盈余。

我们过去的经验已经不少，如果靠大众的力量解决现在的问题，一定比今天在桌子上的研究更具体。尤其在实施计划期中，一定天天都能够有新的经验贡献出来，使我们计划预算还可以不断改善，这样例子过去我们在实际工作中已经发现不少。例如机器配件来源不易，国内国外的同仁们都很忧虑这个问题，可是依靠群众的力量，大家想办法，配件问题大半解决。记得民生厂为了解决一件冷却器，厂内一位姓李的工程师发明了出来，比美国原来的东西还好得多，不但可以代替，而且比原来的更好用。我们为什么不拼命来用这样的经验，而且奖励这样的经验？尤其在技术改良上，和管理方法改进上，假定我们有新的方法、新的建议和新的发明，对我们事业前途，不知有多大的帮助，以后在应付问题时，我们一定可以随时发现新的方法来解决困难，希望以后在计划预算进行期间，我们能不断有新的方法。

一向公司有个最大的缺点，就是我们的组织有的太理想，有的又太牵[迁]就人，太理想和太牵[迁]就人都不是健全的。例如常见一件事分到三五个甚至七八个部门，一有了事情，不知道谁在管，愈到大的单位这种情况愈多，尤其是总公司,因为分公司的部分还不太多,它的分工没有这样复杂,大家都有这个感觉。今天谈人事调整,还有个调整方法。在我的感觉是,应该有个新的分工,解决今天人事的臃肿,也就是开会那天郝局长所提到的一个最好的指导:减少间接生产的人,增加直接生产的人。希望大家都不要落在间接生产当中,公司今天有许多方面需要人去做。例如今天就短航情形之复杂,是我们所不能想象的。我们坐在屋子里,哪能想到客人晨早在江边日晒雨淋等船,客人叫喊已不知叫喊了若干年,叫喊到后来已经没有了叫喊。我们一定要想法整理改善短航,必须作到使短航客人不以旅途为苦,争取能够坐汽车的改来坐船,坐木船的改来坐轮船,以增加我们的收入。对于做小生意的客人,更须努力争取,周到服务。因为做小生意的,是短航乘客的主要部分,他们原来感觉不便的地方,现在我们要给以帮助。所以每条短航航线,我们必须都有专人切实负责去改善服务,各方面才能了解清楚。还有,每每一只轮船走到一处码头时,发生了什么事情,不知道找哪个。我们一个地方总应该有个负责人,凡是有船到他那地方,必须把各方面联络清楚,使船缩短停泊时间。此外还有若干直接生产事务,都要专人料理。这些生产工作,都不是在办公室里面坐着所能作出来的。真正要解决问题,全在办公室以外。因为这个关系,一定要减少办公室以内的人。这样一来,也许今天的计划,不但能够执行,而且有希望能够超过。

还有,前两天业务处船务处的讨论中,曾提到联络问题。我们知道,联络在公司内部之间已经有问题,可是在各码头之间更有问题,常常两个码头之间没有妥当联系,闹出很多错误,耽误轮船航行时间。有次"民康"由重庆开宜昌,经过万县时要装油。但是船在重庆前后舱已经装平衡,并没有打算船到万县又怎样办,万县也没有事前检讨。结果装了以后,船头低船尾高,简直不能开行。问怎样办?船上的人没有办法,有的主张减少一部分货,有的主张提前舱货到后舱,一直闹到几个钟头,问万县分公司怎样办,答复是提前舱货到后舱,耽搁了半天。这个例,说明重庆与万县,岸上与船上,彼此之间没有联络,所以耽误航行,损失生产。又如民贵有次在宜昌几乎沉了,原因是民贵连煤带货只能装四百净吨,可是那次货装了三百吨,煤又装了一百五十吨,大家也不管,结果等到厨房进水有人大喊船要沉了,才惊动全船,想法把煤去掉一部,船才安全航行。这一下又耽误了很多时间,而且几乎沉船。又如上次民政刚刚由上海修理出来,马上就发生问题,说这条船不能进川江,勉强开了上来,又在中体擦了浅,这件事使公司不能解释。因为民政修理花的钱非常多,超过预算,今天第一趟水为何就走不上来?这一来又开到民生厂修理若干天,修理好后走了,但是下趟水上来时又喊,说舵又擦坏了,情形很严重,简直没有把握来航行,请赶快找船来拖,公司又规规矩矩另外派一只船去拖。民政船上当时还有很多客人,在船上等了几天,大家叫苦,还集体打电话来请公司想办法。结果船进厂一看,还是好好的,并无事,闹了这样一个笑话。一件很简单的事情,冤冤枉枉费了这么多事。又如民联在最近一次航行中,轮机人员说套筒有问题,响得很厉害,再走船上尖地轴可能要断,断了可能国内找不到地方修换。公司当然很考虑这个问题,就派人前去查看,又联络汉口和上海公司,说这条船如何问题严重,可能要修,希望先作准备。船上又跟即发电,说船如果不修,可能出事,出了事就不负责。公司当然尊重这个意见,就修。而且希望修后回重庆走一趟,因为现在复员的人很多,载客的船只有三只,民联每次装客最多,希望它赶回来走,但是上海的人打电话来了:船现在修了,不过修的是只好船,但也发现一桩事,就是舵上螺丝松了。所以,船上机器舵车叶等如果有问题,先自己弄清楚,如在水线下的先自己摸清楚,修理完好之后更要检查清楚,轮机人员小心照料机器,驾驶人员小心行船。假定用这种办法,相信今天的修理费一定可大大减少。有许多修理可以不必进厂,用我们船上或公司自己的力量,就可以简单的把问题解决了。

因此我感觉,如各方面不联络不检讨,就可能发生很严重的错误。如果联络得好,检讨得好,不但各种问题上可避免错误的发生,还可找出新的方法替代现在的方法,一定支出还可大大节省。例如昨天在大家研究每只船的修理费时,都感觉修理费不够,不但没有减少,而且还有增加。我想如果从现在起,找每只船机驾方面的负责人员都来商量研究,如这条船今年决定要修,修的地方就大家研讨,那些不须进厂修的,就自己动手修理,在停泊的时间内随时解决。那些必须进厂修的,在事前就准备好配件,不要到修的时候才拆下来。假定这样做,许多的修理费用一定可以降低,修理的时间也可减少。船上的每项预算,包括修理费在内,事先必须经过具体讨论,在执行的时候,能够更周密地去联络去分工,让每个地方都知道另地方的情形,相互配合很好,我们执行预算的结果,一定比今天以前的估计更来得好。

还有生产节约的奖励办法,草案上只提出了两项,一是航行安全,一是节省燃料。事实上生产节约是全面的,应当奖励的也不该只有这两项。不仅只着重于船上,也应该注重于岸上,各方面都应当推行生产节约。因此希望会议之后,岸上从总公司分公司办事处以至栈房,各方面都确立起生产节约办法,大家提供意见。一定要普遍的作到,谁作了事大家都晓得、都了解,谁工作作得好,全公司大众都知道。每个人该作什么事要确定,今天超过了或没有超过自己的工作,大家都看得很清楚,工作中谁是第一、第二、第三? 谁是劳动模范? 大家也找得出来。在确定的奖励办法中,不仅应该着重于精神上的奖励,也应兼及于物质上的奖励。但是奖励不是说调整我们的待遇,主要的意义是在提高工作标准,提高工作技术,使我们能不断的有新的发明和发现。希望这次会议以后,继续不断提出新的具体办法,全面的推进生产节约,不仅是船上,也推广到岸上,奖励也不应只限于两种奖励,应普及于各方面。

最后最重要的,就是今天主席团所提出的动员方案,我们要为了这次大会的决议案,一切都动员起来。怎样动员? 临时动议中只是几项原则,具体办法尚要大家研讨。希望这次业务会议以后,劳资协商会议马上举行,最好希望是能够在最短期内。资方代表要衷心竭诚参加,同时也要商请工会召集全面的劳资协商。同时每一分部、总公司、分公司、办事处以至每只轮船,都要进行劳资协商,不能举行劳资协商的就开座谈会,总要同工会研究动员方案,把整个公司动员起来,执行这次大会的决议案。

重庆市档案馆藏档案

在西南军政委员会
第二次委员会议上的发言

（1951 年 1 月）

　　我们听了邓副主席一九五一年工作任务的报告,张际春委员清匪反霸减租退押的工作报告和土改计划的报告,并听了各位委员和王副主席军事的、财经的、文教的、民族的、法院的、人民监察的工作报告,深深感觉到西南各方面的工作,在一九五〇年中,有非常迅速的进步,非常显著的伟大的成就。就进军西藏言,筑成了由四川深入西康最艰难险阻的公路,从基本上克服了进军西藏的困难,所以一举而解放了重要地区昌都。就剿匪清特言,彻底肃清了残敌最后留在西南的祸害土匪与特务,使西南广大地区完全成为一片干净土。从到处难通的交通道路,做到无往不通。就农村的清匪反霸减租退押的运动言,十一月才开始向全面发展,迄今不过两个月间,即已有广泛的基本的成就。就这几个例证,可以证明西南区在中央人民政府和毛主席的正确领导下,在军政委员会刘主席和各位副主席各委员的坚毅主持下,实获得各级干部的共同努力,各民族各民主团体的一致团结和广大人民的一致拥护,所以提出一个问题,必解决一个问题,发动一种运动,必完成一种运动。所以在这一年中,各方面的工作都有非常迅速的进步,非常显著的伟大的成就。

　　过去十余年中,西南人民受反动政府的毒害最重,尤其因为解放最后,一切毒害更集中在西南,现在一切都没有了。西南人民的生活已起了实质上的变动。过去农民在反动政府的驱使下,日夜恐怖着被拉为壮丁,一自解放以后,可以安心农作了。过去工人店员和教师靠固定工资或月薪为生的,日夜忧虑物价波动,现在物价完全稳定了。过去商人只图投机或囤积,现在恢复正常经营了。过去若干人只图不劳而获,靠财产剥削为生,现在都忙于求得工作机会了,过去若干人过着奢侈浮华的生活,现在变得俭朴了。过去在反动政府的压迫下,人民不能有自己的组织,现在农民已有普遍的农民协会,工人已有普遍的工会组织,工商业者有工商联的组织,妇女有妇联的组织,由于这些组织加强了团结,提高了政治觉悟,成功了一切改革运动的动力。在农村中能够很快展开清匪反霸减租退押的运动,在城市中能够很快展开抗美援朝保家卫国的运动,全靠这些组织起了很大的作用。

我们相信有了一九五〇年工作的成就,即是替一九五一年筑好了基础,铺平了前进的道路。进步总是加速度的,一九五一年工作的速度,必比一九五〇年更为迅速。西藏必完全解放,我们的五星国旗,必插在世界高原的边沿上,或竟插在世界的最高峰上。不但从此完全解放了大陆,还要进一步集聚西南的人力物力,支持解放残敌最后盘踞的台湾,打破海口的封锁,解放数百艘数十万吨的中国轮船,让我们的中国轮船,让我们的五星国旗,飘扬在世界的海洋上面。不管美帝如何支持残敌,由抗美援朝的决定性胜利,即可断定解放台湾的必然胜利。

土地改革为中国有史以来革命的最大运动,为一九五一年我们的最大任务,我们必以全力趋赴。让农民拿出自己的劳力,耕耘自己的土地,增加每一亩地的产量,以提高他们的生活水平,并由他们的合作组织,解决他们共同需要的种子问题、畜力问题、农具问题、水利工程问题、产品运销和消费品供应问题。在土改完成以后,将见大量的农产品,包括工业原料和出口物资,涌到城市,将见农民大量增加购买力,大量需要布匹和一般日用品。

城市工商业应在政府和公营事业的领导下,赶快面向农村,有组织的有计划的向农村采购产品,是工业原料,送到工厂去,是出口物资,送到省外或国外去,供给农村以必要的消费品和生产工具。须知农民才是最广大的买主和卖主,农村才是最广大的市场。必须先有农村生产才有工业生产,须先有城乡交流才有内外交流,盼望我们工商业界赶快作一切准备,迎接土改完成以后即将到来的最大任务,工商业界应准备一切,为农民服务。我们办理航运的人,包括自己,应准备一切,为工商业服务,应担负起城乡交流和内外交流所需要的运输任务。

　　谨祝西南区一九五一年的工作任务完全胜利。

四川省档案馆藏档案

后　记

　　编辑本书的初衷，是期望能为研究卢作孚的朋友们提供一个系统、完整、可靠的第一手资料。编者尽量从各种资料来源中广泛搜罗相关资料，既包括卢作孚的文章、讲话、谈话、书信等，也包括由卢作孚草拟或签署的合同、方案以及相关文献。同时，在编辑过程中，也参考和吸收了学术界研究的新旧成果，在经过认真核对、对比原文、校正讹误的前提下，加以使用。

　　本书能够出版，实际上也是许多人共同努力的结果。曾任中国社科院近代史所副所长的虞和平教授为本书撰写了序言，这篇序言对卢作孚的现代化思想和实践进行了深入的分析，给予高度而实事求是的评价，为读者认识卢作孚提供了重要的学术支撑，编者在此表示由衷的感谢。民生实业（集团）有限公司总裁卢晓钟先生对于本书的编辑出版给予了高度的关心和支持，卢作孚教育基金会为本书提供了出版资助，民生公司宣传部长牟莉在本书出版过程中给予了很多帮助，编者在此表示非常感谢。同时，本书也是"抗战'大后方资料'数据库建设"项目（15ZDB047）的一项成果，编者在此对国家社科基金的支持也要表示衷心的感谢。人民出版社为本书出版提供了大力支持，编者深表感谢，尤其是要感谢责编赵圣涛先生长期以来的大力支持。

　　在搜集相关资料的漫长过程中，原民生公司研究室主任项锦熙、《卢作孚文选》编者之一龙世和等人提供了若干稀见材料，大大丰富了本书的内容，编者向两位表示深深的感谢。

在文字校对方面,本人作为编者要特别感谢民生公司研究室的蔡艾玲、薛宇、牟其文给予的无私帮助。我还要感谢鲁静、白艺佳、王俞林三位研究生和张德民、陈碧颖、饶恺怡三位本科生的大力协助。

本书的不足之处在所难免,望读者不吝指正、指教。

张守广

2024 年 4 月

责任编辑：赵圣涛

封面设计：胡欣欣

图书在版编目（CIP）数据

卢作孚文集/张守广 编. —北京：人民出版社，2024.5

ISBN 978 - 7 - 01 - 026387 - 8

Ⅰ.①卢⋯　Ⅱ.①张⋯　Ⅲ.①卢作孚(1893-1952)-文集　Ⅳ.①C52

中国国家版本馆 CIP 数据核字（2024）第 051158 号

卢作孚文集

LUZUOFU WENJI

张守广　编

人民出版社 出版发行

（100706　北京市东城区隆福寺街 99 号）

中煤（北京）印务有限公司印刷　新华书店经销

2024 年 5 月第 1 版　2024 年 5 月北京第 1 次印刷

开本：710 毫米×1000 毫米 1/16　印张：71.75

字数：1000 千字

ISBN 978 - 7 - 01 - 026387 - 8　定价：198.00 元（上、下册）

邮购地址 100706　北京市东城区隆福寺街 99 号

人民东方图书销售中心　电话 （010）65250042　65289539